W0369725

Muster eines Behandlungsbogens zur Dekorativen Gesichtsgestaltung

1. Personalien

Name: ______________________ Anschrift: ______________________

Telefonnummer: ______________________ Geburtsdatum: ______________________

2. Kundenwunschermittlung

Anlass: ______________________

Kleidung: ______________________ Sonstiges: ______________________

3. Beurteilung des Kundentypus und des Gesichtes

3.1. Kundenbefragung

Beruf: ______________________

Sonnengewohnheiten/Solarium: _____ x pro ______________ Sonstiges: ______________________

Gesundheitliche Beeinträchtigungen: ☐ Bluter/in ☐ Raucher/in ☐ Diabetiker/in ☐ Schwangerschaft
☐ Sonstiges: ______________________

Allergien und Unverträglichkeiten: ☐ nein ☐ ja wogegen? ______________________

Medikationen: ______________________

Besondere Hautprobleme: ______________________

Kontaktlinsen: ☐ nein ☐ ja

Hautpflegegewohnheiten	Präparat	Anwendung
Gesichtsreinigung:		
Gesichtswasser:		
Tages- und Nachtpflege:		
Intensivpflege/Spezialpräparate:		

Schminkgewohnheiten	Präparat	Anwendung
Grundierung:		
Fixierpuder:		
Augen-Make-up:		
Lippen-Make-up:		
Rouge:		

3.2 Beurteilung des Stil- und Farbtyps

Stiltyp: ☐ natürlich ☐ sportlich ☐ klassisch ☐ avangardistisch ☐ romantisch

Farbrichtung der Naturhaarfarbe: ☐ aschig ☐ goldig

Eigenfarbe der Haut: ☐ gelblich ☐ bläulich-rosig

Augenfarbe: ☐ braun ☐ blau ☐ grün ☐ sontiges: ______________

Farbtyp: ☐ warm-hell ☐ kalt-hell ☐ warm-dunkel ☐ kalt-dunkel

Momentane Haarfarbe: ______________________

Farbe der Kleidung: ______________________

3.3 Beurteilung des Gesichtes

Porengröße: T-Zone ☐ feinporig ☐ mittel ☐ großporig
Wangen ☐ feinporig ☐ mittel ☐ großporig

Hautoberflächenfilm: T-Zone ☐ nicht spürbar ☐ fettig-wachsartig ☐ fettig-ölig
Wangen ☐ nicht spürbar ☐ fettig-wachsartig ☐ fettig-ölig

Hauttyp: ☐ normal ☐ trocken (Sebostase) ☐ Mischhaut (Seborrhoe sicca) ☐ Fettige Haut (Seborrhoe oleosa)

Hautzustand: ☐ atrophisch/reif ☐ regenerationsbedürftig ☐ normal ☐ jugendlich/unrein
☐ überempfindlich ☐ feuchtigkeitsarm ☐ gefäßlabil ☐ sonnengeschädigt

Spannungszustand (Turgor) ☐ sehr gut ☐ gut ☐ nachlassend ☐ schlecht

Feuchtigkeitsgehalt (Tonus) ☐ sehr gut ☐ gut ☐ nachlassend ☐ schlecht

Empfindlichkeit ☐ unempfindlich ☐ normal empfindlich ☐ stark empfindlich ☐ atopisch

Besonderheiten des Gesichtes

Hautunreinheiten: ☐ nicht entzündlich: ☐ Komedone wo? __________ ☐ Milien wo? __________
☐ entzündlich: ☐ Papeln wo? __________ ☐ Pusteln wo? __________

Pigmentveränderungen: ☐ Leberflecken wo? __________ ☐ Sommersprossen wo? __________
☐ Altersflecken wo? __________

Gefäßveränderungen: ☐ Blutschwamm wo? __________ ☐ Rötungen wo? __________
☐ Teleangiektasien/Couperose wo? __________ ☐ Rosacea wo? __________
☐ Spinnenmal wo? __________ ☐ Feuermal wo? __________

Verhornungsstörungen: ☐ Schwielen wo? __________ ☐ vermehrte Schuppung wo? __________
☐ Schuppenflechte (Psoriasis) wo? __________

Fältchen: ☐ mimisch wo? __________ ☐ atrophisch wo? __________

Sonstiges: ☐ Warzen wo? __________ ☐ Narben wo? __________
☐ Überbehaarung wo? __________

Gesichtsform: ☐ rund ☐ quadratisch ☐ dreieckig ☐ trapezförmig ☐ rechteckig/länglich-schmal

Besonderheiten: ☐ niedrige Stirn ☐ breite Stirn ☐ hohe Stirn ☐ spitzes Kinn
☐ breites Kinn ☐ schmales Kinn ☐ Doppelkinn

Nasenform: ☐ kurz ☐ lang ☐ schmal ☐ breit ☐ Stupsnase

Augenform: ☐ groß ☐ klein ☐ rund ☐ Schlupflider

Augenstellung: ☐ eng zusammenstehend ☐ weit auseinander stehend ☐ hervorstehend ☐ tiefliegend

Brillenträger/in: ☐ nein ☐ ja ☐ kurzsichtig ☐ weitsichtig

Mundform: ☐ groß ☐ klein ☐ breit ☐ asymmetrisch
☐ ungleichmäßige Lippengrößen: ______________ voller ☐ hängende Mundwinkel

Haut und Haar Friseurfachkunde

8. Auflage

VERLAG EUROPA-LEHRMITTEL · Nourney, Vollmer GmbH & Co. KG
Düsselberger Straße 23 · 42781 Haan-Gruiten

Europa-Nr.: 65810

Autoren:
Gero Buhmann, Recklinghausen
Birgit Fedke, Hamburg
Isabell Feigel, Halle (Saale)
Elbie Picker, Hamburg
Juliane Oelßner, Hamburg
Jutta Sauermann, Dinslaken
Annette Strecker, Düsseldorf
Babett Friedewold, Hamburg (Autorin bis zur 7. Auflage)
Britta ter Jung, Gelsenkirchen (Autorin bis zur 7. Auflage)

Verlagslektorat: Anke Horst

Illustrationen:
Grafische Produktionen Jürgen Neumann, 97222 Rimpar
Michael Hecht, 29614 Soltau
Erika Hedfeld, 42477 Radevormwald
Wolfgang Herzig, 45134 Essen
Henriette Rintelen, 52555 Velbert
Gabriele Timm, 41564 Kaarst
Dave Vaughan, 81547 München

Fotografien:
Guido Adolphs, 42277 Wuppertal
Daniel Attia, 40233 Düsseldorf www.attia-fotografie.com
Stephan Werk, 20535 Hamburg

Für die freundliche Unterstützung bei der Erstellung des Buches danken wir besonders:
- Salon Schön & Werden, Solingen – insbesondere Havva und Ömer Aslan
- Haarmoden Beckmann, Recklinghausen – insbesondere Frau Randa Abdul-Majid
- Katharina Rogalla, Warendorf (Hairstyling und Make-up)

8. Auflage 2019

Druck 5 4 3 2 1

Alle Drucke derselben Auflage sind parallel einsetzbar, da sie bis auf die Behebung von Druckfehlern untereinander unverändert sind.

ISBN 978-3-8085-6792-0

Satz, Grafik, Illustration und Layout: tiff.any GmbH, 10999 Berlin
Umschlag: tiff.any GmbH, 10999 Berlin
Druck: Himmer GmbH, 86167 Augsburg

Vorwort

Die vorliegende 8. Auflage der Friseurfachkunde „Haut & Haar" richtet sich sowohl an Auszubildende im Beruf Friseur/Friseurin, als auch an die Absolventen der Meisterschulen. Der Inhalt basiert auf den 13 Lernfeldern des KMK-Rahmenlehrplans. Zusätzlich gibt es weiterhin den Naturwissenschaftlichen Exkurs mit Chemie und Mathematik.

Behandlungsplan

Auf der vorderen Innenseite des Umschlags befindet sich ein ausklappbarer Behandlungsplan. Dieser dient als Leitfaden für die vielschichtigen Beratungsgespräche, die innerhalb der Friseurdienstleistungen geführt werden.

Salon Haargenau

Kapitel 1. Ordnung werden mit einem Szenario eingeleitet. Im Mittelpunkt steht jeweils der Friseursalon Haargenau mit seinen Mitarbeitern, Auszubildenden und Kunden. Der Grundriss des Salons wird auf den Seiten 2 bis 3 präsentiert; die Beschriftung erfolgt parallel in Deutsch und Englisch. Die Mitarbeiter werden im Lernfeld 1 ab S. 17 vorgestellt.

Handlungsschleife

In jedes Lernfeld wird mit einer Handlungsschleife eingeführt. Diese beschreibt mittels eines handlungsorientierten Szenarios die verschiedenen Phasen der spezifischen Friseurdienstleistung.

Englisch

Am Ende jedes Lernfelds sind Englisch-Seiten integriert, die sich inhaltlich mit der Thematik des Lernfelds beschäftigen. Der Fokus dieser Seiten liegt auf der englischen Kommunikation, speziell dem Führen von Beratungsgesprächen mit fremdsprachigen Kunden zu allen friseurexklusiven Dienstleistungen. Den Lernenden wird das für ein Beratungs- und Fachgespräch notwendige (Fach-)Vokabular sowie ein authentischer und einfacher Sprachgebrauch nahegebracht. Somit werden die Lernenden aller Niveaustufen befähigt, neben Smalltalk und allgemeiner Kommunikation auch Beratungs- und Fachgespräche mit Kunden und Kollegen zu führen.

Des Weiteren werden Anknüpfungspunkte zu den vorangehenden deutschsprachigen Fachbuchseiten hergestellt. Die Struktur des Fachbuches ermöglicht so, neben einem separaten Englischunterricht, auch die durch den Rahmenlehrplan angestrebte Integration von Englisch in den Fachunterricht umzusetzen.

Fachmathematik

Zusätzlich zu den Mathematischen Grundlagen, die ab S. 488 vermittelt werden, enthalten die Lernfelder Mathematikaufgaben. Alle Ergebnisse werden im dazugehörigen Löser (Europa-Nr. 65853) angegeben.

Aufgaben, Aufgaben PLUS, Projekte

Abwechslungsreiche Aufgabenstellungen auf unterschiedlichen Niveaustufen, z. B. Gruppenarbeit, Projektarbeit. Aufgaben PLUS für leistungsstarke Lernende fördern die Kompetenzentwicklung und bereiten gezielt auf die Gesellenprüfung vor.

Innerhalb der Texte wird von der Friseurin, der Kosmetikerin und meistens auch von der Kundin gesprochen. Die weibliche Form wurde bewusst gewählt, weil der größte Teil der Auszubildenden weiblich ist. Wir bitten die männlichen Auszubildenden hierfür um Verständnis.

Neu in der 8. Auflage

Die Auflage wurde aktualisiert und mit neuem Bildmaterial ausgestattet. Insbesondere das Lernfeld 5 hat eine große Überarbeitung erfahren. Grundsätzlich wurden neue Trends aufgenommen, die gerade im Friseurhandwerk von großer Bedeutung sind.

Haut & Haar – Bilder & Tabellen online; Europa-Nr. E86450

EUROPA THEK

Passend zur 8. Auflage gibt es ausgewählte Bilder und Tabellen, sowie Lernbilder und zusätzliches Material online. Dort gibt es beispielsweise den Behandlungsplan (am Anfang des Buches zum Ausklappen) zum Ausfüllen oder den Salonplan als Lernbild für die englischsprachigen Bezeichnungen.

Wir wünschen allen Auszubildenden und denen, die sich beruflich fortbilden wollen, viel Freude und Erfolg mit diesem Buch.

Kritische Hinweise und Vorschläge, die der Weiterentwicklung der Fachkunde dienen, nehmen wir per E-Mail dankbar entgegen: lektorat@europa-lehrmittel.de.

Im Sommer 2019 *Autoren und Verlag*

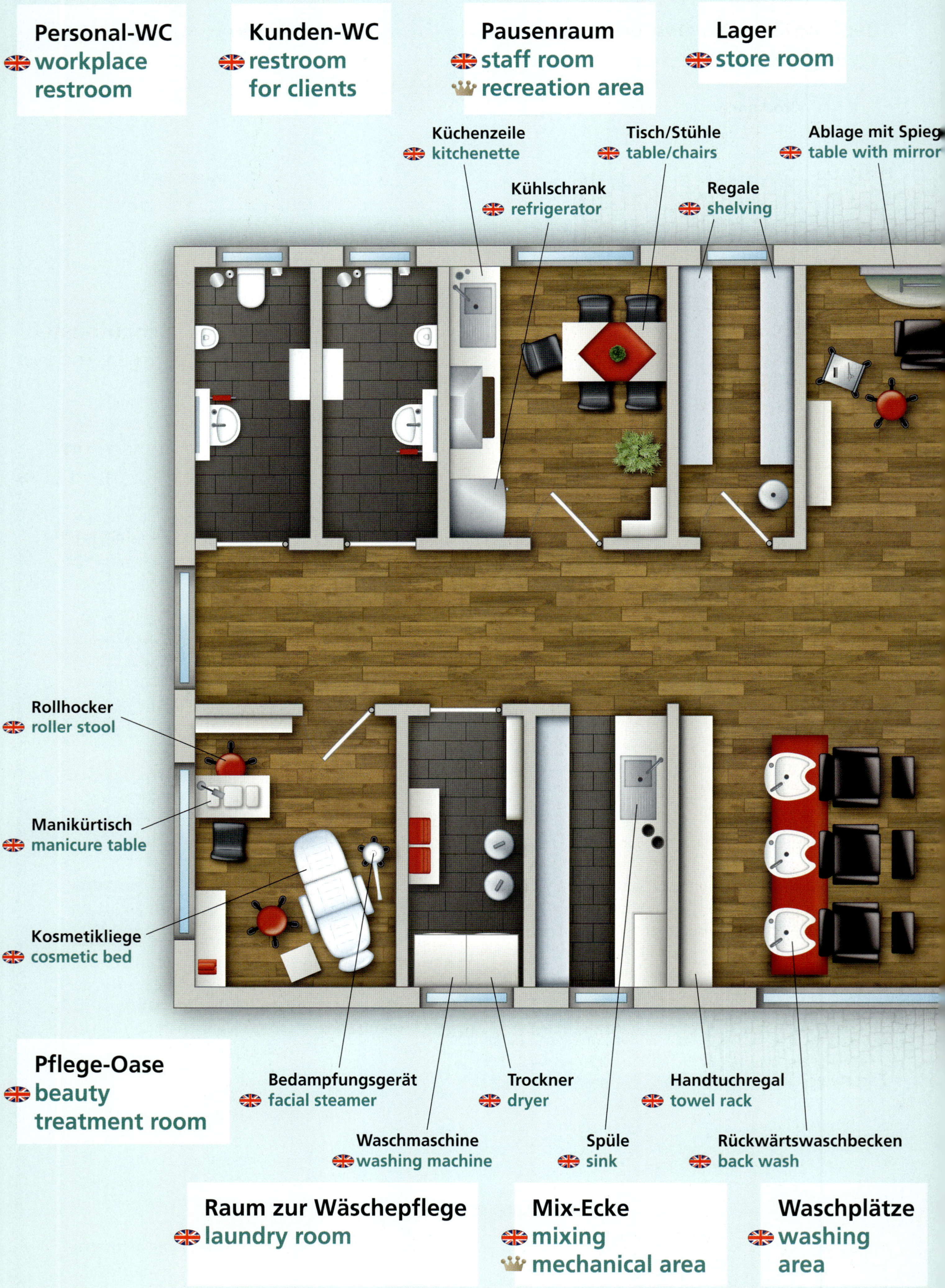
Personal-WC
workplace restroom
Kunden-WC
restroom for clients
Pausenraum
staff room
recreation area
Lager
store room
Küchenzeile
kitchenette
Tisch/Stühle
table/chairs
Ablage mit Spieg
table with mirror
Kühlschrank
refrigerator
Regale
shelving
Rollhocker
roller stool
Maniküretisch
manicure table
Kosmetikliege
cosmetic bed
Pflege-Oase
beauty treatment room
Bedampfungsgerät
facial steamer
Trockner
dryer
Handtuchregal
towel rack
Waschmaschine
washing machine
Spüle
sink
Rückwärtswaschbecken
back wash
Raum zur Wäschepflege
laundry room
Mix-Ecke
mixing
mechanical area
Waschplätze
washing area

Bedienplätze für Damen und Herren
styling area for men and women
Produktverkauf
retail area
Trockenhaube/Climazon
hood dryer/heat accelerator
Arbeitswagen
trolley
Fußstütze
foot rest
Friseurstuhl
styling chair
Warenregal
retail shelf
Poster
poster
Schaufenster
shop window
Rezeption
reception area
Empfangstresen
reception desk
Eingang
entrance
Garderobe
coat rack
Poster
poster
Computer
PC
Fernseher
TV
Bar
counter
Kaffeemaschine
coffee machine
Zeitschriften-Ablage
magazine rack
Sofa
couch
Warte-Lounge
waiting area

Inhalt

Lernfeld 6
Frisuren erstellen . . . 202

Lernfeld 7
Haare dauerhaft umformen . . . 236

Lernfeld 1

Kontaktieren

Sie bekommen von Ihrer Chefin die Aufgabe, dem Team in allen Bereichen zu helfen und Arbeiten zu übernehmen.
Die Chefin Frau Müller und das Team mit der Rezeptionistin Frau Wilde, der Kosmetikerin Frau Schneider und dem Mit-Auszubildenden Florian sowie die Gesellin Randa möchten Sie so schnell es geht ins Team integrieren.

Informieren

Sie sehen, dass die Rezeptionistin Frau Wilde für die Gesellin Randa eine Neukundin eingetragen hat. Für die Kundin sind zwei Zeitstunden im Terminplan eingetragen.

Nachbereiten

Sie beobachten, wie die Gesellin die Kundin fragt, ob sie mit dem Ergebnis zufrieden ist und ob es ihren Vorstellungen entspricht.
Im Teamraum sprechen Sie auch mit der Gesellin über die Arbeit.
Gut Gelungenes und Verbesserungen werden besprochen und für eine neue Kundin überlegt.

Verabschieden

Die Kundin wird so von Ihnen verabschiedet, wie Sie es im Salon gelernt haben und verlässt den Salon.
Sie bereiten sich nun auf eine neue Kundin vor.
Sie beginnen gedanklich wieder mit dem Prozess der vollständigen Handlung von der Kontakt aufnahme bis zur Verabschiedung.

In Ausbildung und Beruf orientieren

Ausgangssituation analysieren

Sie sprechen mit der Rezeptionistin und fragen, welche Angaben die Kundin am Telefon bereits bei der Terminvereinbarung gemacht hat.
Die Kundin hat sich zum Haarschnitt und zur Farbveränderung angemeldet und deutlich gesagt, dass sie nur 2 Stunden Zeit hat und alles bis dahin fertig sein muss.

Entscheiden

Sie machen sich Gedanken, welche Aufgaben, Vorbereitungen und Arbeiten auf Sie zukommen können. Sie besprechen diese mit der Gesellin, um bereits bevor die Kundin kommt, planen zu können.

Handeln

Sie bereiten den Bedienungsplatz und den Waschplatz vor und sorgen für hygienisches und sauberes Material. Auch für den eigenen Hautschutz suchen Sie sich das geeignete Material heraus und legen dieses an den Arbeitsplatz.
Die Begrüßung der Kundin geschieht so, wie Sie es in Ihrem Salon gelernt haben. Sie führen die Kundin zum Bedienungsplatz und fragen sie, welches Getränk und welche Zeitschrift sie gerne bekommen möchte. Die Gesellin kann nun mit der Beratung beginnen.

1 Der Friseurberuf – Das Berufsbild analysieren und die eigene Rolle finden

SZENARIO

Der erste Tag in der Berufsschule. Ehemalige Schülerinnen aus dem 3. Ausbildungsjahr begrüßen die neuen Schülerinnen. Für die Auszubildende Anja aus dem Salon Haargenau ergibt sich die Möglichkeit, einige ihrer neuen Mitschülerinnen kennenzulernen und mit ehemaligen Schülerinnen ins Gespräch zu kommen.
Im Gespräch stellt man schnell fest, dass die Eingewöhnungsphasen in den Salonalltag ähnlich ablaufen, die Mitschülerinnen ähnliche Aufgaben, aber auch Unsicherheiten haben. Die ehemaligen Schülerinnen berichten, dass die Rollenfindung und die Routine im Salonteam Zeit brauchen. „Ich kann mich noch gut an die ersten Wochen meiner Ausbildung im Salon erinnern." Die Auszubildende Anja denkt: „Was kommt da wohl auf mich zu?"

Sie haben sich für eine Ausbildung in einem sehr vielfältigen Beruf entschieden. Sie werden Friseurin oder Friseur – ein Traumberuf.

Dieses Kapitel soll helfen, einen ersten Einblick in das Berufsbild zu erlangen und den Einstieg in den Beruf zu erleichtern. Es soll eine erste Orientierungshilfe im Berufsalltag sein und dabei helfen, sich in der Rolle im Mitarbeiterteam des Ausbildungssalons als eigenverantwortlich, selbstständig und fachkundig arbeitende Friseurin und Friseur zurecht zu finden.

Im Übergang in die nun beginnende Ausbildung stehen Veränderungen an. Wissenschaftliche Studien belegen, dass es in der Übergangsphase in die Ausbildung zu Veränderungen kommt und sich die Anforderungen erhöhen.

Die Auszubildenden erleben die ersten Wochen unterschiedlich. Nutzen Sie die methodische Hilfe der komplexen Aufgabe auf Seite 41, um aus diesen Erfahrungen Themen für den Unterricht zu gestalten.

1.1 Anforderungen an den Friseurberuf

Von Friseurinnen oder Friseuren werden neben dem handwerklichen Können ein hohes Maß an fachlichem Wissen, Einfühlungsvermögen, Menschenkenntnis, Kommunikationsfähigkeit, Kreativität und Flexibilität erwartet.

Dafür sind bestimmte Fertigkeiten und Kenntnisse die Voraussetzung. Die Friseurin muss Haut und Haare beurteilen, die gestalterischen Möglichkeiten abwägen und die Wirkungen der Präparate kennen. Wichtig ist auch, dass sie die Wünsche der Kundin ermitteln und Vorschläge, z. B. zur Frisurengestaltung, erläutern kann. Bei der Beratung muss sie sich an den Grundsätzen der Gestaltungslehre und den aktuellen Modetrends orientieren.

Neben der reinen Dienstleistung erwarten Kundinnen und Kunden heute von einer Friseurin, dass sie sich in allen Fragen der Haar- und Hautpflege und bei der Auswahl geeigneter Produkte für die Heimbehandlung auskennt und sachkundig beraten kann.

Der Friseurberuf ist so vielseitig, dass man ihn kaum in wenigen Sätzen vollständig beschreiben kann. In der Tabelle 1 (s. S. 13) ist das moderne Berufsbild der Friseurin/des Friseurs dargestellt.

Der Beginn der Ausbildung, die Orientierung in einem neuen Umfeld und in einer neuen Rolle sind oft schwierig. Aktuelle Studien stellen drei zentrale Probleme beim Übergang in den Beruf in den Vordergrund:

- Die Zeit für Freizeitaktivitäten wird weniger,
- die Angst, Fehler zu machen steigt und
- die Sorge, nicht die notwendigen Fähigkeiten zu haben, belastet.

Bild 1 *Auszubildende im Kundengespräch in entspannter Atmosphäre*

Bild 1 (s. S. 13) verdeutlicht, von welchen Seiten nun Anforderungen an die Auszubildende gestellt werden.

Modernes Berufsbild
• Kreativität, Gestaltung, Design
• Kompetente und serviceorientierte Kundenberatung und -betreuung
• Kommunikation und soziale Kompetenz
• Professionelle Produktpräsentation
• Planung von Arbeitsabläufen
• Betriebswirtschaftliche Organisation
• Kontinuierliche Weiterbildung

Tabelle 1 *Quelle: Zentralverband des Deutschen Friseurhandwerks, Internetseite*

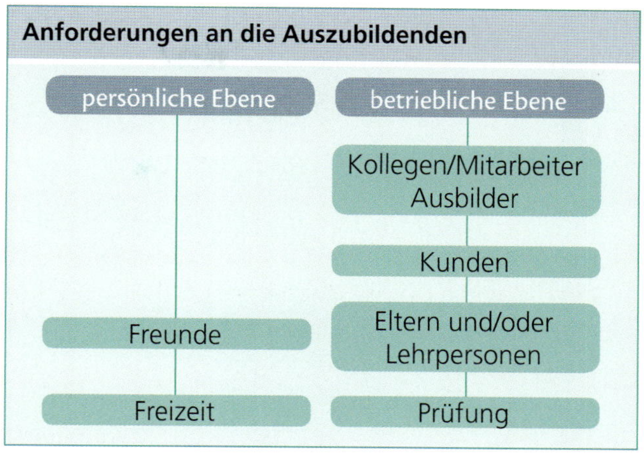

Bild 1 *Anforderungsprofil in der Eingangsphase der Ausbildung*

Das Ziel der Berufsausbildung ist, die Auszubildenden zur Ausübung einer qualifizierten beruflichen Tätigkeit zu befähigen, die insbesondere **selbstständiges Planen, Durchführen und Beurteilen** einschließt. Diese Befähigung ist auch in der Zwischen- und Abschlussprüfung nachzuweisen.

In der Dokumentation des Prüfungsvorhabens für die Gesellenprüfung des Friseurhandwerks (Teil 1 und 2) muss ein Zeitplan für den Prüfungsablauf erstellt werden (selbstständiges Planen).

Das situative Fachgespräch in der Praxisprüfung ist im Anschluss an die durchgeführte Prüfungsleistung das Instrument, um eine kritische Analyse und Selbstbewertung des Arbeitsergebnisses durchzuführen. Hier kann unter Beweis gestellt werden, dass Fehler oder Probleme bei der Ausführung erkannt werden. Es besteht hier die Chance Alternativen aufzuzeigen, die beim nächsten Mal zu einem besseren Ergebnis führen (Beurteilen).

Der Unterricht in der Berufsschule orientiert sich immer an beruflichem Handeln. Um beruflich handlungsfähig zu werden, arbeitet die Schule an Situationen, die für die Berufsausbildung wichtig sind. Berufliche Situationen werden in der Schule nur manchmal praktisch ausgeführt, immer aber gedanklich nachvollzogen. Dieser gedankliche Prozess orientiert sich an folgenden Schritten nach dem Prinzip der vollständigen Handlung:

1. Informieren über den Kundenwunsch
2. Ausgangssituation analysieren
3. Entscheiden – Beraten und Empfehlen
4. Handlungsplan umsetzen
5. Nachbereiten – Reflektieren und Überprüfen

Diese Struktur findet sich in Form einer Abbildung zu Beginn eines jeden Lernfeldes (s. Bild 2). Die Grundstruktur der vollständigen Handlung wird dabei mit einem konkreten Beispiel verknüpft und dargestellt.

Die **erste berufliche Situation**, die Auszubildende zu bewältigen haben, ist die Orientierung im Salonalltag. War die Auszubildende Anja aus dem Salon Haargenau bis vor einiger Zeit selbst noch Kundin, so ist sie jetzt in der Rolle der Dienstleisterin, der Verkäuferin und der Zu-

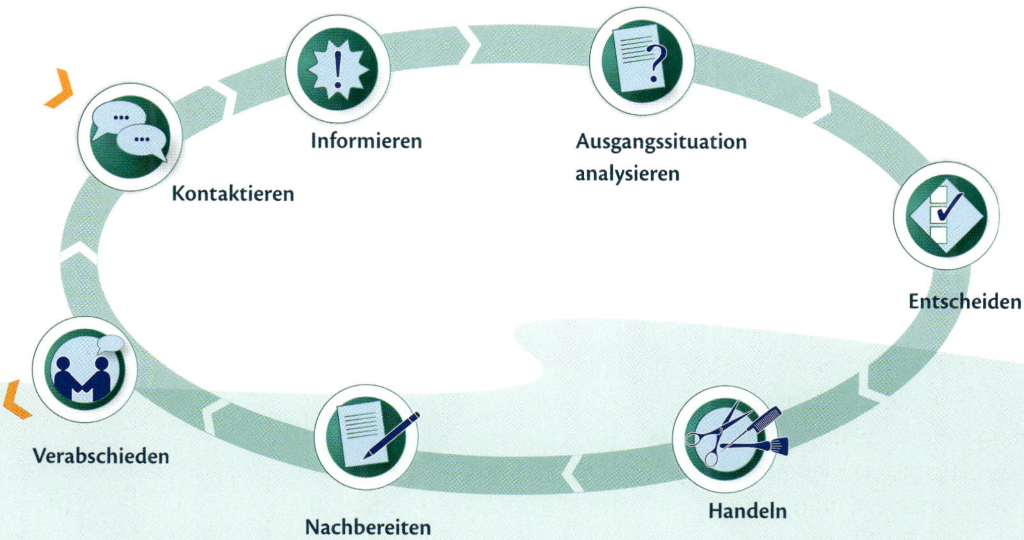

Bild 2 *Handlungsschleife*

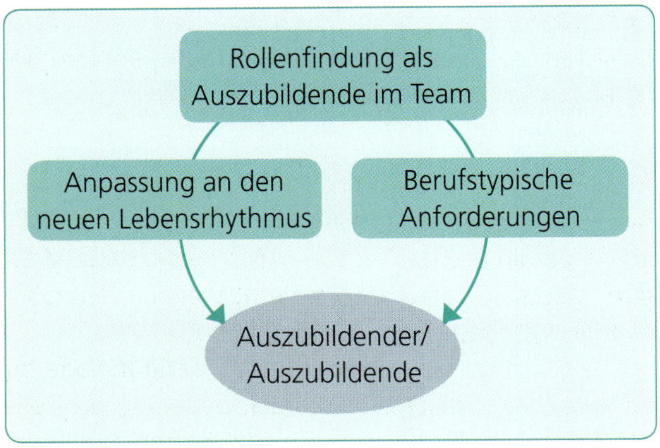

Bild 1 *Spannungsfeld in der Eingangsphase nach Beginn der Ausbildung*

hörerin. Im direkten Kontakt mit den Kunden beeinflusst Anja nun mit ihrem Verhalten nicht nur das Image des Salons sondern auch die Servicequalität und die Wahrnehmung der Kunden vom ersten Tag an (s. Bild 1)

Dazu kommt die Eingewöhnung in die Hierarchie im Salonteam und die Rolle, die sie als Auszubildende einnehmen muss.

In den ersten Wochen seit Beginn der Ausbildung findet ein reger Austausch über bisher gemachte Erfahrungen im Arbeitsalltag statt. Die Auszubildenden stellen gemeinsam fest, dass die Eingewöhnung Zeit braucht und Unsicherheiten dazu gehören. Viele Auszubildende fühlen sich immer noch unsicher, da immer neue Tätigkeiten auf sie zukommen und die Einarbeitung Zeit benötigt. Auch der Umgang mit den Kunden ist noch sehr ungewohnt.

Welche Möglichkeiten hat die Auszubildende, sich mit der noch neuen Situation im Salon schnell vertraut zu machen?

In diesem Kapitel wird diese Fragestellung konkret im Rahmen einer vollständigen Handlung (s. S. 13, Bild 2) betrachtet.

1. Phase: Informieren

In den ersten Wochen im Betriebsalltag ergeben sich die konkreten Ziele den ersten praktischen Anforderungen zu genügen, sich in das Salonteam einzufinden und schon im Rahmen der eigenen Möglichkeiten mitarbeiten zu können.

2. Phase: Ausgangssituation analysieren

In dieser Phase sollte man sich Gedanken machen, wo die bereits vorhandenen Stärken und die größten Schwierigkeiten liegen. Es bietet sich an, dies in ein persönliches Tagebuch zu schreiben, um Veränderungen selbst beobachten zu können.

Eine Grundvoraussetzung für erfolgreiche Arbeit ist der „Wohlfühlfaktor". Wer sich an seinem Arbeitsplatz wohlfühlt, geht gerne zur Arbeit, bleibt motiviert und kann optimale Leistung erbringen. Zunächst kann die persönliche, also die Gefühlsebene, betrachtet werden. Folgende Fragen helfen dabei:

- Wie fühle ich mich?
- Belastet mich derzeit eine besondere Situation im Betriebsalltag oder in der Umstellung auf den Arbeitsalltag?
- Was gelingt mir besonders gut?
- Wo sehe ich meine Stärken?
- Wo sehe ich meine Schwächen?

Folgende Fragen und Denkanstöße bezogen auf die fachliche Arbeit helfen weiter:

- Welche Aufgaben übernehme ich in diesen Wochen ersten Wochen?
- Mache ich mir Sorgen, „Fehler zu machen"? Wie gehe ich mit dieser Unsicherheit um?
- Was erwarten die Mitarbeiter des Salons von mir?
- Wo sehe ich meine Rolle im Salonteam?
- Was sind eigentlich meine Aufgaben, wer teilt mir diese zu?
- Welche Vorschriften sind zu beachten?

Bild 2 *Kundenbegrüßung im Salon Haargenau*

Bild 3 *Erste Kontaktaufnahme der Auszubildenden mit der Kundschaft*

3. Phase: Entscheiden

In der Phase der Entscheidung kommt es gedanklich zu einer Vorbereitung oder Vorwegnahme einer konkreten Ausführung. Hier geht es insbesondere um den Gedanken, was benötigt wird, um die persönlichen Stärken weiterhin auszubauen und Schwierigkeiten zu verbessern.

Mögliche Hilfsfragen:
- Welche Informationen benötige ich noch und wo kann ich diese nachlesen oder erfragen?
- Welche Situation will ich konkret ändern?
- Welche Fragen muss ich an die Mitarbeiterinnen noch stellen?
- Wie gehe ich vor? Welche konkreten Schritte zur Verbesserung der Situation will ich gehen?

4. Phase: Handlung umsetzen

In dieser Phase wird gehandelt. Man führt sein Vorhaben durch und verschafft sich alle notwendigen Informationen. Antworten und Vereinbarungen hält man im Tagebuch fest.

5. Phase: Nachbereiten, Reflektieren und Überprüfen

In dieser Phase muss kritisch hinterfragt werden, wie weit man mit seinem Vorhaben gekommen ist.
Mögliche Hilfsfragen:
- Sind meine Ziele erreicht worden?
- Sind noch Ziele offen oder ergeben sich neue Ziele?

Abschließend setzt man sich konkrete Vorgaben/Zeiträume, um immer mal wieder auf die Situation zu schauen, die Veränderungen bewusst wahrzunehmen und aufzuschreiben.

Auch bietet diese Phase die Möglichkeit, sich neue Ziele zu setzen.

Der Salon Haargenau

Der Salon Haargenau ist Arbeits- und Ausbildungsplatz der Auszubildenden Anja und Florian. Der Salon strahlt eine exklusive Atmosphäre aus. Er verwirklicht nicht nur eine hohe Qualität in den Friseurdienstleistungen, sondern auch die Aspekte Wellness und Entspannung gehören zur Salonphilosophie.

Teamarbeit

Anja und Florian sind im Salon Haargenau in ein mehr oder weniger großes Team von Mitarbeitern, wie Meistern, Gesellen oder Facharbeitern, weiterer Auszubildender und Hilfskräften eingebunden (Bild 1).

Die **Teamarbeit** im Friseurbetrieb ist Grundlage für erfolgreiches Arbeiten. Teamarbeit bedeutet, dass alle Mitglieder mit ihren jeweiligen Fähigkeiten eingesetzt werden sollten und so zur Erreichung der Teamziele beitragen. Dabei müssen die verschiedenen Rollen der Mitglieder des Teams festgelegt und die Arbeitsstile aufeinander abgestimmt werden. Alle Teammitglieder teilen sich so die Aufgaben, die Verantwortung, motivieren sich gegenseitig und verfolgen ein gemeinsames Ziel.

Auch die Auzubildenden tragen mit ihren Fähigkeiten, die kontinuierlich erweitert werden, zum Gesamterfolg des Teams bei.

Fähigkeiten, sogenannte Schlüsselqualifikationen oder „Soft Skills", die man durch die Arbeit in einem Team erlernt, kann man auf jeden weiteren Beruf übertragen. Der Wechsel in ein anderes Team wird dadurch enorm erleichtert.

Mit individueller, zum Image des Salons passender Kleidung kann man die Teamzugehörigkeit und das positive Auftreten der Mitarbeiter unterstützen und die Arbeit in einer „erkennbar starken Gemeinschaft" tun. Man unterscheidet im Bereich Salonkleidung die Arbeitskleidung von der Schutzkleidung. Blusen, Hosen, T-Shirts, Sweatshirts und Polohemden sind angenehm zu tragen und aus einem pflegeleichten Gewebe, aus dem sich Verunreinigungen leicht entfernen lassen. Sie können als „Marketingfläche" mit einem individuell auf den Salon abgestimmten Aufdruck versehen sein. Schutzkleidung, wie z. B. Schürzen oder Westen, sind im Besonderen wasserdicht und abweisend gegenüber Chemikalien.

Bild 1 *Team des Salons Haargenau*

Die Fähigkeiten, sich sachgerecht, durchdacht und verantwortlich zu verhalten, sind die Grundlagen, die jede Auszubildende bis zum Ende der Ausbildung erlernt haben sollte.

Grundlage dafür ist die umfassende Vermittlung von praktischen und theoretischen Inhalten in der Schule wie auch im Ausbildungsbetrieb.

Die Auszubildende soll sich schnell als aktiv und kompetent handelnde Mitarbeiterin eines Betriebes erleben. Der schulische Teil der Ausbildung soll den Aufbau von Wissen und auch die Weiterentwicklung von vorhandenem Wissen ermöglichen. Die Verknüpfung des Wissens mit den Fertigkeiten im Betrieb ermöglicht der Auszubildenden ihre **Handlungskompetenz**. Denn die Situationen im Friseuralltag sind zu bewältigende Handlungen, für die man bestimmte Kompetenzen und Qualifikationen erwerben muss. Eine Kompetenz zeigt sich also erst im handelnden Umgang mit dem Wissen.

Der „Deutsche Qualifikationsrahmen für lebenslanges Lernen" (DQR) beschreibt seit Mai 2013 auf acht Niveaustufen die fachlichen und personalen Kompetenzen unter anderem für die berufliche Ausbildung. Die Niveaustufen beschreiben die Kompetenzen, die für den Abschluss einer Qualifikation erforderlich sind. Der Abschluss der dreijährigen Ausbildung zur Friseurin/zum Friseur ist der Stufe 4 des DQR zugeordnet. Die Niveaustufe 4 beschreibt folgende Kompetenzen, die erworben werden müssen: Kompetenzen, die „zur selbstständigen Planung und Bearbeitung fachlicher Aufgabenstellungen in einem umfassenden, sich verändernden Lernbereich oder beruflichen Tätigkeitsfeld" benötigt werden.

Welche Anforderungen in der Fachkompetenz und der personalen Kompetenz an die Ausbildende gestellt werden, kann man der nachfolgenden Abbildung entnehmen.

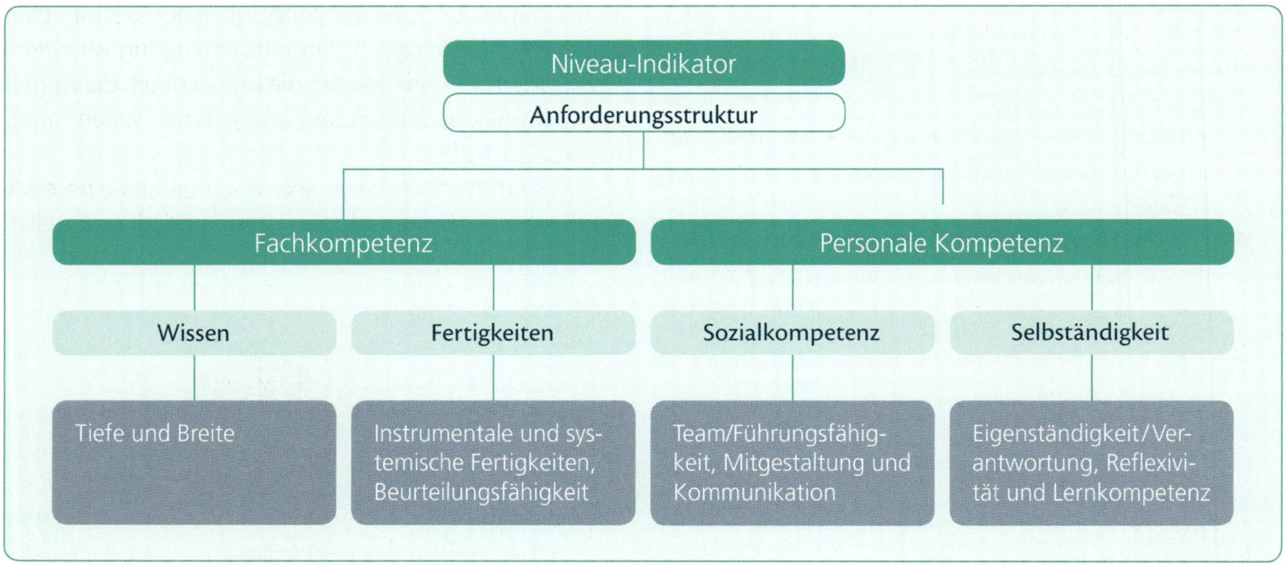

Bild 1 *Anforderungen im DQR (Quelle: Deutscher Qualifikationsrahmen für lebenslanges Lernen)*

1.2 Organisatorischer Aufbau des Friseurbetriebes

Die Kenntnisse zum organisatorischen Aufbau eines Betriebes helfen den Auszubildenden Anja und Florian bei der Eingewöhnung. Die einzelnen Bereiche des Betriebes sind mit unterschiedlichen Aufgaben verbunden.

Die Inhaberin des Salons Haargenau, Frau Müller, hat viele Entscheidungen treffen müssen, bevor der Salon an dem gewählten Standort und in dieser Größe entstanden ist. Eine unternehmerische Analyse umfasst rein betriebliche Entscheidungen, die Gedanken zum Salonkonzept und der Dienstleistungsphilosophie des Salons. Ebenso berücksichtigt die Inhaberin Entscheidungen zur Darstellung des Salons nach außen und die Wahl der Unternehmensform.

Eine Analyse des Salonskonzepts und der unternehmerischen Entscheidungen wird in Lernfeld 12 detailliert erläutert.

Das Mitarbeiter-Team des Salons Haargenau

Zum Mitarbeiter-Team des Salons Haargenau gehören neben der Chefin Frau Müller (Bild 1) noch zwei Auszubildende. Auszubildende Anja ist im 1. Ausbildungsjahr (Bild 2) Auszubildender Florian hat sein 3. Ausbildungsjahr begonnen (Bild 3). Das Team besteht weiterhin aus der Gesellin Randa sowie Frau Schneider und Frau Wilde.

Frau Schneider (Bild 4) ist die Kosmetikerin im Salon Haargenau. Sie hat auch eine Friseurausbildung und arbeitet sowohl im Friseurbereich als auch in der eigenen Kosmetikkabine.

An der Rezeption arbeitet Frau Wilde (Bild 5). Sie ist ausschließlich für die Rezeption, den Wartebereich, den Verkauf und die Aktualisierung der Homepage, also den Internetauftritt des Salons, zuständig. Ihre Aufgaben gehören in den Bereich des Verkaufs und der Kundenbindung.

Gesellin Randa (Bild 6) arbeitet seit dem Abschluss ihrer Prüfung bereits seit vier Jahren im Salon Haargenau. Sie hat ihre Meisterprüfung erfolgreich absolviert.

Der Salon ist so aufgebaut, dass die verschiedenen Salonbereiche mit unterschiedlichen Funktionen (z. B. der Warte-Bereich, die Bedienungsbereiche oder der Pausenraum) räumlich voneinander getrennt sind (s. S. 18, Bild rechts).

Das Wissen zu den verschiedenen Bereichen im Salon ist eine wichtige Voraussetzung, um Arbeitsprozesse der Kollegen unterstützen oder diese selbst vorbereiten zu können.

Der Eingangsbereich mit Rezeption und Produktverkauf

Dieser Bereich dient dem **Kundenempfang** und der **Verabschiedung** der Kunden.

Die ersten Augenblicke beim Betreten dieser Salonzone prägen auch die ersten Eindrücke der Kundin im Hinblick auf die Saloneinrichtung und die Mitarbeiter. Die Kundin orientiert sich in dieser Salonzone und gelangt dann zur Rezeption. Hier wird der erste persönliche Kontakt hergestellt.

Zum Abschluss der Behandlung dient die Rezeption der Verabschiedung der Kunden. Die Kunden verweilen hier meist einige Zeit und können sich so Sonderangebote und Kleinstartikel vor dem Verlassen des Salons in Vitrinen und Thekendisplays ansehen.

Die Warte-Lounge

In diesem Bereich können Kunden kurzzeitig auf ihre Behandlung warten. Frisurenzeitschriften mit aktuellen Trendthemen und das Angebot an einer Getränkebar verkürzen die Wartezeit. Ein Internetzugang an einem Computer für Kunden bietet die Möglichkeit, die Homepage des Salons und andere interessante Seiten im Internet aufzurufen.

Der Wartebereich kann aber auch bereits eine erste Kontaktzone für Produktneuheiten und die aktuellen Dienstleistungsangebote des Salons sein.

***Bild 1:* Frau Müller, Inhaberin**

Bild 2: *Anja, Auszubildende*

Bild 3: *Florian, Auszubildender*

Bild 4: *Frau Schneider, Kosmetikerin*

Bild 5: *Frau Wilde, Rezeptionistin*

Bild 6: *Randa, Gesellin*

Die Bedienplätze

In dieser Zone wird die Kundin behandelt. Ausreichende und spezielle Beleuchtung unterstützt die kompetente Kundenberatung und die Arbeitsbedingungen. Die Bedienplätze sind für das Mitarbeiter-Team des Salons Haargenau nach ergonomischen Gesichtspunkten und somit arbeitserleichternd ausgestattet. Zusätzliches Warenangebot in Regalen unterstützt hier die Beratung zu Pflegeprodukten. Jede Mitarbeiterin arbeitet an diesem Arbeitsplatz mit ihren Werkzeugen und Geräten, die auf einem Arbeitswagen abgelegt werden können.

Die Mix-Ecke und Waschplätze

Dieser Bereich ist unter ergonomischen und arbeitstechnischen Bedingungen optimal ausgestattet. Rückwärtswaschbecken mit höhenverschiebbaren Kundenstühlen erhöhen den Entspannungseffekt bei den Kundinnen. Die Friseurin findet in dieser Zone das benötigte Arbeitsmaterial in Reichweite (z. B. Handtücher, Pflegepräparate) und eine **„Handschuh-Bar“** mit den für sie passenden Handschuhen, einem Handschuhtrockner und einem eigenen Handtuch. Die „Handschuh-Bar“ bietet alle Handschuharten für die verschiedensten Tätigkeiten (s. S. 32, Bild 1).

Der Pausenraum

Dieser Raum dient den Mitarbeitern zur Pausengestaltung. Er ist eine rauchfreie, helle und ausreichend gelüftete Zone zum Entspannen und zum Essen und Trinken. Eine bequeme Ausstattung und ausreichend Platz bieten die Gelegenheit für eine **rückenfreundliche Erholungspause**, in der auch Ausgleichsübungen zum Salonalltag (s. S. 36 f.) stattfinden können.

Bild 1 Beispiel für Eingangsbereich mit Rezeption und Produktverkauf

Einen Platz für private Utensilien und möglicherweise ein paar Ersatzschuhe hat dieser Raum auch anzubieten.

Hier halten sich ausschließlich Mitarbeiter auf und dieser Bereich sollte vom Bedienungsbereich räumlich abgetrennt sein.

Die Pflege-Oase in der Kosmetikzone

Die eigene Kosmetikkabine bietet den Kundinnen einen exklusiven Hautpflegeservice in ruhiger Atmosphäre. Für die Herrenkunden bietet der Salon speziell einen abgetrennten Wellnessbereich an. Der Friseurbesuch wird für diese Zielgruppe durch das Zusatzangebot einer Wellnessrasur in einer exklusiven Wohlfühlatmosphäre bereichert (s. S. 196).

Bild 1 *Waschplätze*

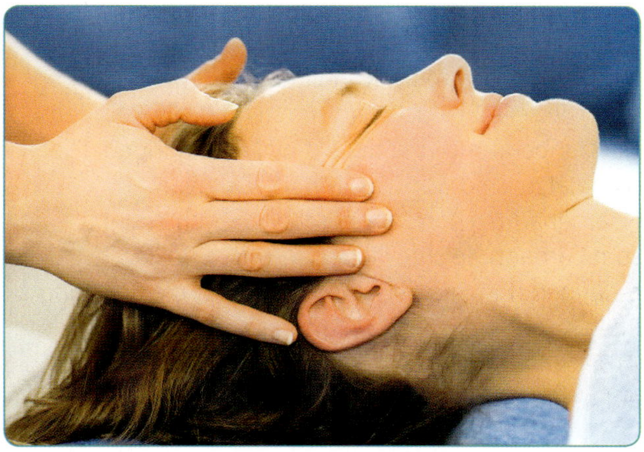

Bild 2 *Pflege-Oase*

Der Raum zur Wäschepflege und das Lager

Das Lager dient der sachgerechten Lagerung (z. B. kühl und dunkel) von Produkten und sonstigen Arbeitsmaterialien. Eine übersichtliche Anordnung ermöglicht einen schnellen Überblick über den Warenbestand.

Die Räumlichkeiten zur Wäschepflege sind vom Pausenraum und dem Lager getrennt eingerichtet worden. Somit vermeidet man eventuellen Kontakt mit Friseurchemikalien an den Handtüchern und eine Lärmbelästigung sowie Erhöhung der Lufttemperatur z. B. durch den Wäschetrockner.

1.3 Berufsgeschichte

Friseurinnen und Friseure nennen sich heute Hairdresser, Coiffeur, Figaro, Haarkünstler, Haarschneider, Haircutter, Hairstylist, Hairartist usw.

So komfortabel wie heute, in einem ausgebildeten Team von Fachkräften und in einem stylisch aufgemachten Salon war das Arbeiten der Friseure aber nicht immer. Ein Blick zurück lohnt sich. Archäologische Funde sind erste Belege, die uns berichten, dass der Beruf des Friseurs schon sehr alt ist.

Der Friseurberuf im Wandel der Zeit

Der Friseurberuf entwickelte sich seit dem Mittelalter aus den Berufen des **Barbiers**, des **Baders** und später des **Perückenmachers**. „Friseur" leitet sich aus dem französischen Wort „friser" für „kräuseln" ab.

Ägyptische Kultur und Antike

Die Arbeiten des „Barbiers" dienten vor allem hygienischen Zwecken, z. B. dem Schutz vor Insekten und Ungeziefer oder zur Vorbereitung der Köpfe für das Tragen von Perücken. Zu den Aufgaben der Barbiere gehörten sowohl das **Reinigen** des Körpers als auch die **Rasur** der Körper-, der Kopf- und der Barthaare, das Feilen der Nägel und die Herstellung von Perücken.

In der ägyptischen Kultur gehörte der Barbier zu den Angestellten des Hofes und galt als angesehener Beruf. Für die Bevölkerung arbeitete er außer Haus.

Diese Aufgaben des Barbiers veränderten sich im Laufe der antiken Epochen kaum. Zusätzlich wurden später auch kleine hautkosmetische Behandlungen durchgeführt, wie das Beseitigen von Hautschwielen, Warzen und Hühneraugen. Zum Handwerkszeug gehörten Scheren, Kämme, Salben, Nadeln, Brenneisen, Pinzetten und Spiegel. Für die Gestaltung der Haare waren die sogenannten **Kosmeten** zuständig.

Mittelalter

In dieser Epoche unterscheidet man zwei Berufsbilder: den Bader und den Barbier. Die Tätigkeit des **Baders** beschränkte sich im Mittelalter zunächst auf das Zubereiten von Bädern. Zusätzlich erledigte er das Haar-und Bartscheren in den Badestuben vor. Eine Badestube besaß mehrere Räume, in denen sich die Badegänge abspielten.

Der **Barbier** verrichtete ähnliche Aufgaben. Er war dagegen nicht an die Badestube gebunden und ging von Haus zu Haus.

Beide übten neben diesen Tätigkeiten medizinische Wundversorgung aus. So gehörte zu einer weiteren Hauptaufgabe der Bader und Barbiere der als Allheilmittel gepriesene **Aderlass** und das **Schröpfen**. Hintergrund dieser Therapie ist die antike Lehre von den Körpersäften. Krankheit galt als äußeres Zeichen der in Unordnung geratenen Körpersäfte und nur durch Blutentzug zu heilen (S. 20, Bild 2).

Einem Großteil der Bevölkerung war es aus finanziellen Gründen nicht möglich, die Hilfe von studierten Ärzten zu beanspruchen. Sie nahmen die handwerklichen Chirurgentätigeiten der Bader und Barbiere für fast alle Leiden und Verwundungen in Anspruch. Dazu gehörten Erkrankungen, die heute in die Fachgebiete Augenheilkunde, Chirurgie, Urologie, Orthopädie, Dermatologie, Zahnheilkunde, Hals-, Nasen-, und Ohrenheilkunde und sogar Gerichtsmedizin fallen würden.

In manchen Ländern Europas war die soziale Stellung der Bader und Barbiere schlecht. Sie gehörten lange Zeit, wie die Henker, Gaukler und Tänzer, zu den „unehrlichen" Leuten, die sich erst sehr spät, im 14. und 15. Jahrhundert, zu **Zünften** (Organisation der Handwerker einzelner Gewerbe mit besonderen Rechten und Regeln) organisieren durften.

Aus den verschiedensten Gründen lässt sich in der zweiten Hälfte des 16. Jahrhunderts ein Rückgang der Badestuben feststellen. Ein Grund war der Widerstand der Kirchen gegen die Freizügigkeit in den Badehäusern, aber auch eine Verteuerung der Badepreise. Viele reiche Bürger richteten sich ihre Badestube zuhause ein. Bedeutender in diesem Zusammenhang war sicherlich die Angst vor der Ansteckung während der Pestzeiten.

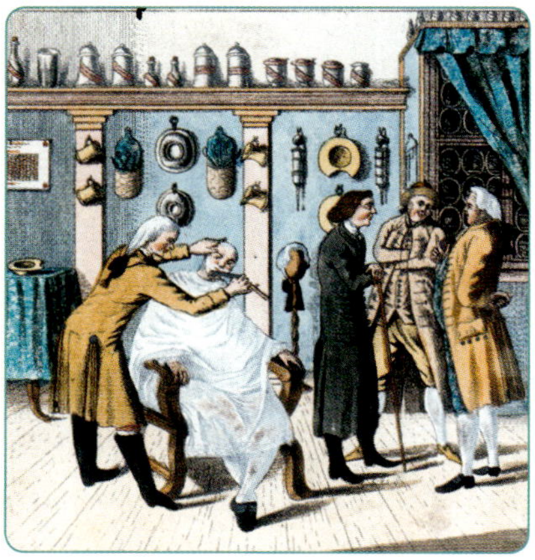

Bild 1 *Szene in einer Barbierstube, um 1790*

Nach dem Rückgang der Badekultur in den Badestuben wurden die Bader und Barbiere allerdings nicht arbeitslos, denn die an den Universitäten ausgebildeten Ärzte hielten es für unter ihrer Würde, blutige Eingriffe vorzunehmen. So übernahmen Bader und Barbiere neben der Haar- und Bartpflege immer mehr auch chirurgische Arbeiten, konnten ihr Können auf diesem Gebiet in Prüfungen nachweisen und durften dann den Titel des Wundarztes führen.

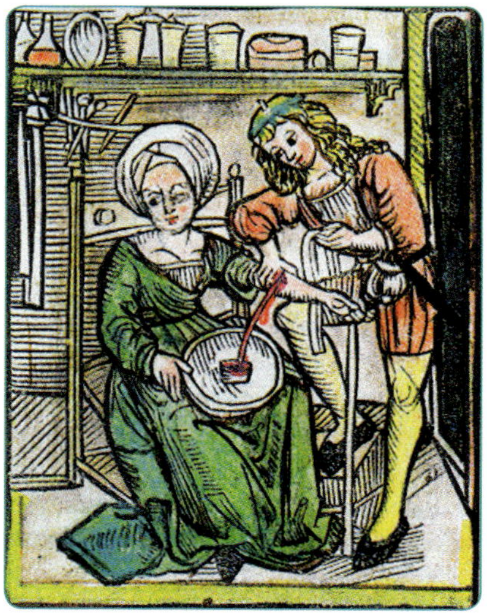

Bild 2 *Bader beim Aderlass*
Quelle: Badhaus Museum, Kulmbach

Im 16. Jahrhundert etablierte sich in Frankreich das Handwerk des Perückenmachers – die neue Konkurrenz für die Bader und Barbiere. Die handwerklichen Tätigkeiten des Perückenmachers bestanden im Vorbereiten der Perückenmontur, im **Tressieren** (frz: tresser = flechten) von Echthaar oder Haaren von Ziegen und Schafen und im Befestigen der Tressen. Bis zu 115 verschiedene Perückenformen konnten in der Hochzeit der Perückenkunst hergestellt werden.

Die Perücke eines Königs konnte bis zu zwei Pfund wiegen. Neben der Herstellung der Perücken gehörten auch die Pflege der Perücken und das Frisieren am Kopf des Kunden zu den Aufgaben des Perückenmachers. Später kam auch noch das Pudern der Perücken als Aufgabe dazu. Weitere Leistungen waren die Rasur und der Bartschnitt. Allerdings durften die Perückenmacher keine chirurgischen Eingriffe vornehmen.

Neuzeit

Im späten 18. Jahrhundert, nach der französischen Revolution, löste die natürliche Haarpflege die Perückenmode ab. Damit konkurrierten die Perückenmacher zunächst mit den Barbieren um die Arbeit, verloren aber dann ganz an Bedeutung und der Handwerkszweig verschwand.

Rechtliche Regelungen zur Arbeitsteilung der Bader, Barbiere und Wundärzte wurden eingerichtet und langsam aber sicher vollzog sich die Loslösung des Barbierberufs von dem des Chirurgen.

Ende des 19. Jahrhunderts entstanden Innungen, die die Gruppen der Barbiere, Bader, Heilgehilfen und Damen- und Herrenfriseure zusammenfassten. In einer Innung schließen sich selbstständige Handwerker der gleichen oder ähnlicher Handwerke zusammen, um ihre gemeinsamen Interessen zu fördern und zu vertreten. Zu den Aufgabenbereichen der Innung gehört unter anderem die Überwachung und Regelung der Ausbildung im dualen System und die Abnahme der Prüfungen.

Das Wissen und Können aller nun vereinigten Berufsgruppen prägen auch heute noch das Berufsbild Friseur/ Friseurin. Entscheidende Weiterentwicklungen des Berufsbildes wurden durch bedeutsame Erfindungen und Entdeckungen des 19. und 20. Jahrhunderts vorangetrieben. Als Beispiele sind die Entwicklung des Wasserstoffperoxids, der chemischen Grundlagen zur dauerhaften Veränderung der Haarfarben, der Ondulation und der dauerhaften Formveränderung zu nennen.

1.4 Ausbildung im dualen System

Den Lernort „Betrieb" gibt es schon seit alters her. Man lernte durch praktisches Tun. Während dieser „Lehrzeit" gab es keine zusätzliche theoretische Schulausbildung. Die theoretische Ausbildung fand durch den Meister statt, für den man gearbeitet hat. Erst im 19. Jahrhundert wurden die Anfänge unseres heute bestehenden „dualen Systems" eingeführt. Theoretischer Unterricht in der Berufsschule sollte die praktische Ausbildung im Betrieb ergänzen.

Mit „Ausbildung im **dualen System**" wird das duale Berufsausbildungssystem in Deutschland bezeichnet. Im dualen System findet die Lehrlingsausbildung an **zwei sich ergänzenden Lernorten** statt. Nämlich im Ausbildungsbetrieb und in der Berufsschule.

Seit dem 1. August 2008 ist die Berufsausbildung zum Friseur/zur Friseurin grundsätzlich neu geordnet worden und hat eine neue Ausbildungs- und Prüfungsordnung erhalten.

Die gesetzliche Grundlage für den Berufsschulunterricht stellt der bundeseinheitliche Rahmenlehrplan mit 13 Lernfeldern (s. Tabelle 1) dar. Vom **Rahmenlehrplan** der schulischen Ausbildung ist der **Ausbildungsrahmenplan** der betrieblichen Ausbildung zu unterscheiden. Dieser Ausbildungsrahmenplan enthält als Anhang eine grobe zeitliche Gliederung der betrieblichen Ausbildungsinhalte. Damit haben sowohl die Ausbilder als auch die Auszubildenden eine Übersicht über die Verteilung der Inhalte in den drei Ausbildungsjahren.

Gliederung der Ausbildung

Der erste Ausbildungsabschnitt endet nach 18 Monaten mit Teil 1 der **gestreckten Gesellenprüfung**. Diese umfasst eine praktische und eine theoretische Prüfung. Die Noten dieses Prüfungsteiles fließen in die Endnote der Prüfung mit ein. Der praktische Teil umfasst klassische Friseurarbeiten im Damen- und Herrenfach, die durch ein situatives **Fachgespräch** ergänzt werden.

Der zweite Teil der gestreckten Gesellenprüfung gliedert sich ebenfalls in einen theoretischen und einen praktischen Prüfungsteil. Die praktischen Arbeitsaufgaben hier beinhalten modische Friseurarbeiten im Damen- und Herrenfach mit zusätzlichem Schwerpunkt im Bereich der Kundenberatung. Die praktischen Arbeiten werden durch eine zu Beginn der Ausbildung im Ausbildungsvertrag festgelegte Wahlqualifikation ergänzt (Pflegende Kosmetik, Visagistik, Langhaarfrisuren, Nageldesign und Nagelmodellage, Haarersatz und Haarverlängerung sowie Coloration).

Zu Beginn der Ausbildung wird der **Berufsausbildungsvertrag** abgeschlossen. Dieser wird vom Ausbilder des Betriebes oder auch vom Inhaber, von der Auszubildenden und, bei Nichtvolljährigkeit, vom gesetzlichen Vertreter der Auszubildenden unterschrieben. Das Vertragsformular wird dann der **Handwerkskammer** geschickt, um im Verzeichnis der Berufsausbildungsverhältnisse aufgenommen zu werden.

Im Berufsausbildungsvertrag sind die beiderseitigen Rechte und Pflichten aufgeführt sowie z. B. Arbeitszeiten, Urlaubsregelungen, Lohnzahlungen.

Schon bei Vertragsabschluss müssen übergeordnete gesetzliche Regelungen, z. B. das Jugendarbeitsschutzgesetz, Arbeitszeitgesetz, Bundesurlaubsgesetz, sowie die Tarifverträge berücksichtigt werden.

1. Ausbildungsjahr	2. Ausbildungsjahr	3. Ausbildungsjahr
Lernfeld 1 In Ausbildung und Beruf orientieren	*Lernfeld 6* Frisuren erstellen	*Lernfeld 10* Hände und Nägel pflegen und gestalten
Lernfeld 2 Kunden empfangen und betreuen	*Lernfeld 7* Haare dauerhaft umformen	*Lernfeld 11* Haut dekorativ gestalten
Lernfeld 3 Haare und Kopfhaut pflegen	*Lernfeld 8* Haare tönen	*Lernfeld 12* Betriebliche Prozesse mitgestalten
Lernfeld 4 Frisuren empfehlen	*Lernfeld 9* Haare färben und blondieren	*Lernfeld 13* Komplexe Frisurendienstleistungen durchführen
Lernfeld 5 Haare schneiden		

Tabelle 1 *Lernfelder des KMK-Rahmenlehrplans Friseur/Friseurin, gültig seit 1. 8. 2008*

Weiterhin enthalten sind:
- Namen und Anschriften der Vertragspartner
- Ziel der Ausbildung, Gliederung der Ausbildung
- Beginn und Dauer der Ausbildung
- Dauer der Probezeit, max. 4 Monate
- Ort der Ausbildung
- Voraussetzungen für Kündigungen
- Sonstige Vereinbarungen (z. B. zu den Wahlqualifikationen)
- Unterschriften aller Vertragspartner
- Eintragungsvermerk der zuständigen Stelle

Die Beendigung des Ausbildungsvertrages erfolgt nach Ablauf der Ausbildungszeit und endet mit der bestandenen Prüfung. Eine vorzeitige Kündigung ist nur in besonderen Fällen möglich und durch das Kündigungsschutzgesetz geregelt.

Der **Manteltarifvertrag** ist eine Sonderform des Tarifvertrages und wird zwischen den Tarifpartnern, also den Arbeitgeberverbänden und den Gewerkschaften ausgehandelt. Durch eine Allgemeinverbindlichkeitserklärung wird eine Ungleichbehandlung der nicht gewerkschaftlich organisierten Arbeitnehmer verhindert.

Manteltarifverträge enthalten unter anderem Regelungen zu den Kündigungsbedingungen, der Dauer des Urlaubs, den Arbeitszeitregelungen und Regelungen zu Krankheit. Sie haben häufig eine längere Laufzeit als die **Lohn- oder Gehalts-Tarifverträge**. Diese regeln unter anderem die Höhe der Löhne und Gehälter sowie die Ausbildungsvergütung.

Für die Rechte der Arbeitnehmer, der Friseure, ist in Deutschland die Gewerkschaft ver.di (Vereinte Dienstleistungsgewerkschaft) zuständig. Sie ist eine Mitgliedsgewerkschaft im Deutschen Gewerkschaftsbund (DGB).

Die Bezahlung der Vergütung ist im Tarifvertrag festgelegt. Die Bezahlung wird in § 17 des Berufsbildungsgesetzes (BBiG) nach Lebensalter der Auszubildenden bezahlt. Die Bezahlung wird in jedem Ausbildungsjahr erhöht. Weiterhin gilt: „Eine über die vereinbarte regelmäßige Ausbildungszeit hinausgehende Beschäftigung ist besonders zu vergüten oder durch entsprechende Freizeit auszugleichen." (siehe § 17 des Berufsbildungsgesetzes)

1.5 Berufliche Fort- und Weiterbildungsmöglichkeiten

Die berufliche **Weiterbildung** dient laut Berufsbildungsgesetz (§ 1 Abs. 4 BBiG) dazu, „die berufliche Handlungsfähigkeit zu erhalten, anzupassen oder zu erweitern und beruflich aufzusteigen."

Die Friseurausbildung ist die Grundlage für unterschiedliche berufliche Tätigkeiten. Durch entsprechende **Fortbildungen** kann sich die Friseurin weiter qualifizieren, z. B. zur Friseurkosmetikerin, Maskenbildnerin, Visagistin, Make-up-Artist, Special-Make-up-Artist, geprüfte Nail-Designerin, Nail-Assistentin oder Kosmetikerin im Friseurhandwerk. Damit ergeben sich als weitere Arbeitsfelder beispielsweise Wellness-Einrichtungen in Hotels und den Beautybereichen der Kreuzfahrtschiffe sowie Fitnesszentren, Moderedaktionen, Foto- und Fernsehstudios, Werbeagenturen. Informationen dazu bieten unter anderem alle zuständigen Handwerkskammern, die friseurkosmetische Industrie, Privatschulen, Berufskollegs, Fachhochschulen und die Agentur für Arbeit.

Strebt die Friseurin den Aufstieg zur Salonleitung an oder möchte sie sich mit einem eigenen Salon selbstständig machen, sollte sie die Meisterprüfung ablegen. Für die Weiterbildung zur Ausbilderin ist die Ausbildereignungsprüfung oder die **Meisterprüfung** erforderlich.

Um als Geschäftsführerin tätig zu sein, ist es vorteilhaft, eine Zusatzausbildung zur Betriebswirtin des Handwerks zu absolvieren. Über der Qualifizierungsebene der Meister und Betriebswirte etabliert sich derzeit ein berufsbegleitender Bachelor-Studiengang an der Fachhochschule zur „Unternehmensführung im Mittelstand". Im Bachelor-Studiengang werden Kenntnisse und Fertigkeiten in der Kosmetik und Waschmittelbranche vermittelt. Zusätzliche Kenntnisse im Bereich EDV sowie Englisch und Seminare der Friseur- und Kosmetikfirmen ermöglichen den Auszubildenden, Gesellinnen oder Facharbeiterinnen, auf dem aktuellsten Stand der Trends und Arbeitstechniken zu bleiben.

Die Tabelle zeigt Bereiche für Fortbildungsmöglichkeiten auf:

Beispiele
• Schnitt-, Styling- und Färbetechniken
• Neue Frisurenlooks
• Kosmetik/Make-up, Typberatung
• Nail Design
• Marketing, Werbung, EDV
• Produktverkauf, Kundengespräch
• Personalmanagement
• Englisch

Tabelle 1 Bereiche für Fortbildungsmöglichkeiten
Quelle: Zentralverband des deutschen Friseurhandwerks (ZV)

2 Betrieblichen und persönlichen Gesundheitsschutz verantwortungsvoll praktizieren

SZENARIO

Die Gesundheit und Sicherheit im Betrieb und das Wohlbefinden der Mitarbeiter im Team sind die Säulen für den gesunden Arbeitsalltag und ein Faktor für den wirtschaftlichen Erfolg des Betriebes. Für den betrieblichen Gesundheitsschutz sind sowohl die Betriebsinhaberin Frau Müller als auch die Mitarbeiterinnen und die Auszubildenden Anja und Florian verantwortlich. Sicheres und gesundes Arbeiten ermöglicht eine Reihe an Vorschriften, über die die Betriebsinhaberin Frau Müller die Mitarbeiter und Auszubildenden verpflichtend informieren muss und zu deren Einhaltung sie sie regelmäßig motivieren sollte.

Bild 1 *Hygienepräparate*

2.1 Hygiene im Friseurberuf

Alle hygienischen Arbeiten im Salon werden unter dem Begriff Berufshygiene zusammengefasst.

Das Wort **Hygiene** kommt aus dem Griechischen und es leitet sich von der griechischen Göttin der Gesundheit, Hygieia, ab. Im engeren Sinn werden unter Hygiene die Maßnahmen zur Vorbeugung von Infektionskrankheiten für mich selbst und deren Übertragung auf andere Personen bezeichnet.

2.1.1 Gesetzliche Regelungen zur Berufshygiene

Die Hygiene im Friseurhandwerk wird durch folgende gesetzliche Vorschriften geregelt:

Das Infektionsschutzgesetz (IfSG)

Das Infektionsschutzgesetz ist ein bundeseinheitliches Gesetz zur Verhütung und Bekämpfung von Infektionskrankheiten beim Menschen. Zweck des Gesetzes ist es, „übertragbaren Krankheiten beim Menschen vorzubeugen, Infektionen frühzeitig zu erkennen und ihre Weiterverbreitung zu verhindern." Dazu gehört eine Meldepflicht bestimmter Infektionskrankheiten durch ausgewiesene Berufsgruppen. Die Hygiene-Verordnungen der Bundesländer werden auf Grundlage des Infektionsschutzgesetzes (IfSG) erlassen.

Die Hygiene-Verordnung (HyV)

Die in der Hygiene-Verordnung aufgeführten Maßnahmen dienen dem Schutz der Mitarbeiter sowie der Kunden. Diese Verordnung soll verhindern, dass Krankheiten (wie z. B. Hepatitis C und B oder AIDS) durch Blut übertragen werden können. Insbesondere wird in der Hygiene-Verordnung darauf hingewiesen, dass infektiöse Personen nicht als solche zu erkennen sind. Daher sollte vorsorglich immer die Vermutung gelten, „dass Blut und andere Körperflüssigkeiten eines Menschen infektiös sind."

2.1.2 Vermeidung von Infektionskrankheiten

Verantwortungsvolles Arbeiten im Salon verpflichtet zur Einhaltung der hygienischen Standards. Die Friseurin ist dafür verantwortlich, dass die Kundin nicht mit Krankheiten infiziert wird. Infektionen werden durch Krankheitserreger hervorgerufen.

2.1.3 Krankheitserreger

Sie waren bis ins 19. Jahrhundert noch nicht bekannt. Die Menschen standen deshalb den Infektionskrankheiten hilflos gegenüber. Der Pest fielen von 1349 bis 1351 in Europa 25 Millionen Menschen zum Opfer, das war ein Viertel der damaligen Bevölkerung. Cholera und Pocken traten ebenfalls als Seuchen auf und führten zum Tode von Millionen von Menschen.

Für die Infektionskrankheiten wurden verschiedene Erklärungen gesucht. Sie wurden als Strafe Gottes oder als Teufelswerk bezeichnet. Für ihre Verbreitung machte man die schlechte Luft verantwortlich. Deshalb dienten Duftstoffe und Essenzen zu ihrer Bekämpfung. Von der Entdeckung der ersten **Mikroorganismen** im 17. Jahrhundert bis zur Erkenntnis, dass von ihnen krankmachende Wirkungen ausgehen, vergingen nochmals mehr als 200 Jahre.

Erst durch viele einfache Maßnahmen (z. B. Händewaschen, tägliche Körperpflege mit Wasser und Seife) sowie Desinfektionsmöglichkeiten konnte die Verbreitung von Infektionskrankheiten eingeschränkt werden. Zudem trug die Verbesserung des Immunsystems dazu bei, dass sich die Ansteckungsgefahr insgesamt verringerte. Fortschritte auf dem Gebiet der Biologie ermöglichten es, Ansteckungsmechanismen und Übertragungswege von Infektionen zu erkennen und somit gezielte Hygienemaßnahmen zu erarbeiten.

Heute orientieren wir uns an berufsfeldspezifischen Hygiene-Verordnungen (s. S. 27 ff.).

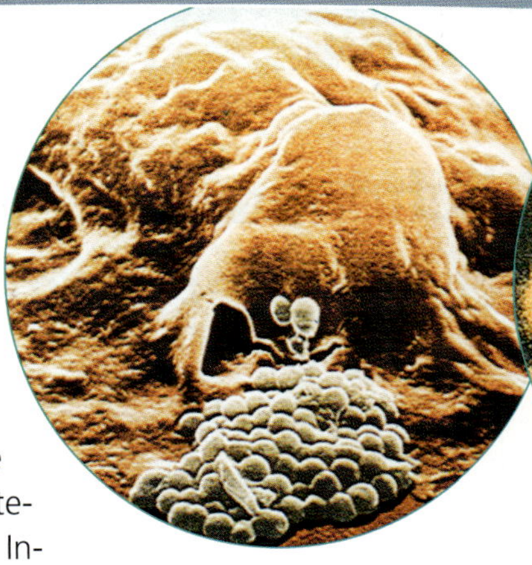

Bild 1 *Weißes Blutkörperchen frisst Bakterien*

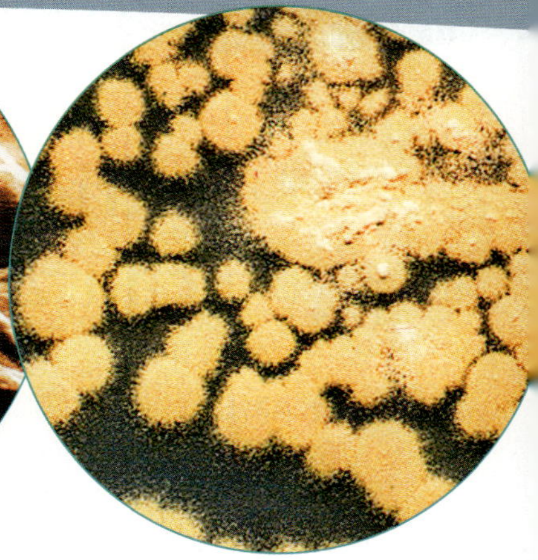

Bild 2 *Hautpilz*

Bakterien (Bild 1)

Bakterien sind einzellige Lebewesen, die sich durch direkte Zellteilung vermehren. Die Haut des gesunden Menschen ist von harmlosen Bakterien besiedelt, die die Hautflora bilden und zum körpereigenen Schutzmechanismus gegen Erkrankungen gehören. Auch im menschlichen Körper lebt (z. B. im Darm) eine Vielzahl von Bakterien, die eine nützliche Funktion für den Körper haben.

Bakterien können aber auch als Krankheitserreger wirken und Infektionskrankheiten verursachen (s. Tabelle 1). Sie vermehren sich unter für sie günstigen Lebensbedingungen sehr schnell.

Nach ihrer äußeren Form werden die Bakterien unterteilt in:

- Kokken (kugelförmige Bakterien)
- Bazillen (stäbchenförmige Bakterien)
- Spirillen (schraubenförmige Bakterien)

Viren

Sie sind die kleinsten bekannten Krankheitserreger, die nur aus dem Erbmaterial und einer schützenden Hülle bestehen und keinen eigenen Stoffwechsel haben. Sie befallen Zellen, geben ihre Erbinformationen an diese sogenannten Wirtszellen ab und veranlassen sie, gleichartige Viren herzustellen.

Viren sind sehr schwer zu bekämpfen. Oft behandelt man nur die Beschwerden und wartet, bis das körpereigene Immunsystem die Erreger vernichtet hat. Sogenannte Virustatika können gezielt gegen die Viren vorgehen. Viruserkrankungen sollten auf jeden Fall vom Arzt behandelt werden.

Pilze (Mykosen) (Bild 2)

Die Krankheitserreger unter ihnen sind mikroskopisch kleine Lebewesen. Sie werden in Hautpilze, Hefepilze und Schimmelpilze unterteilt. Die Hautpilze befallen nur die keratinhaltigen Substanzen der Haut, der Haare und der Nägel. An feuchtwarmen Stellen des Körpers (z. B. Zehenzwischenräumen) und bei einem geschwächten Immunsystem des Körpers vermehren sich Pilze schnell und breiten sich ungehindert aus.

Der **Kopfpilz** ist eine Erkrankung der behaarten Kopfhaut und kommt vor allem im Kindesalter vor (Mikrosporie). Bei männlichen Erwachsenen zeigt sich dieses Krankheitsbild im Barthaarbereich **(Bartflechte)**. Alle Pilzerkrankungen sind ansteckend und dürfen vom Friseur nicht behandelt werden.

Folgende Tabelle gibt einen Überblick über mögliche von Bakterien, Viren oder Pilzen hervorgerufene Krankheiten sowie über Behandlung und Vorbeugung.

Krankheits-erreger	Hauterkrankungen	Sonstige Krankheiten	Medika-mente	Vorbeugung medizinisch	Allgemein
Bakterien	Akne Haarbalgentzündung Furunkel	Typhus, Lungenentzündung Blasenentzündung	Antibiotika (Penicillin)	Schutzimpfung	• Erhöhung der Widerstandskraft • Vermeiden der Infektionsquelle • Desinfektion
Viren	Warzen Herpes simplex	Virus-Grippe, HIV-Infektion, Hepatitis C	Virustatika	Schutzimpfung sofern Impfstoff vorhanden	
Pilze	Pilzinfektionen (Fußpilz, Nagelpilz, Bartflechte, Mikrosporie)	Systemmykosen (Pilzbefall der inneren Organe)	Antimykotika (pilztötende Präparate)	keine	

Tabelle 1 *Infektionskrankheiten, Behandlung und Vorbeugung*

2.1.4 Infektion und Übertragungswege

Unter Infektion versteht man allgemein das Übertragen, Anhaften/Festkleben und Eindringen von Krankheitserregern in den Körper.

Krankheitserreger wie Bakterien, Viren oder Pilze dringen durch die Körperöffnungen, die Schleimhäute oder die geschädigte Haut in den Organismus ein. Körpereigene Abwehrkräfte versuchen die Krankheitserreger unschädlich zu machen. Werden die Abwehrkräfte überwunden, kommt es zur Erkrankung. Die Zeit zwischen der Infektion mit einem Erreger und dem Ausbruch der Krankheit wird als **Inkubationszeit** bezeichnet.

Folgende Übertragungswege einer Infektion werden unterschieden:

Direkte Infektion

In diesem Fall werden die Krankheitserreger unmittelbar von einem Menschen zum anderen übertragen durch:

Tröpfcheninfektion
Übertragung von Krankheitserregern über das Einatmen von Tröpfchen, nach dem Niesen oder Husten eines Infizierten (Bild 1)

Indirekte Infektion

In diesem Fall werden die Krankheitserreger durch sogenannte Zwischenträger übertragen wie z. B.
- Lebewesen, wie Läuse oder Krätzmilbe,
- infizierte Lebensmittel,
- Werkzeuge, Hände, Haare, Handtücher oder Kleidung.

2.1.5 Hygienemaßnahmen im Friseurberuf

„Krankheitserreger wie Viren, Bakterien oder Pilze können auf unterschiedlichen Wegen übertragen werden: z. B. über die Hände, nicht fachgerecht aufbereitete Instrumente oder über verunreinigte Gegenstände und Arbeits- bzw. Ablageflächen."

Speziell für das Friseurhandwerk ergeben sich aus § 2 (Absatz 3) der **Hygiene-Verordnung** folgende Pflichten:
- „Wer Handlungen vornimmt, die mit einer Verletzung der Haut oder der Schleimhaut einhergehen, hat vorher seine Hände sorgfältig zu reinigen und diese sowie die zu behandelnden Haut- und Schleimhautflächen zu desinfizieren. Bei der Ausübung der Tätigkeit sind Einmalhandschuhe zu tragen. Für jeden neuen Kunden sind neue Einmalhandschuhe zu verwenden."
- „Geräte und Werkzeuge im Friseurbetrieb, deren Nutzung eine Verletzung der Haut nicht direkt vorsieht, bei deren Anwendung es aber zu Verletzungen kommen kann, sind nach jedem Gebrauch zu reinigen und mindestens an jedem Arbeitstag zu desinfizieren."
- Die Arbeitsflächen im Salon müssen so beschaffen sein, dass sie leicht zu reinigen und zu desinfizieren sind. Sie sind täglich mindestens einmal gründlich zu reinigen und zu desinfizieren.
- Scharfe und spitze Werkzeuge (z. B. Rasierklingen) dürfen erst im Abfall entsorgt werden, wenn durch die Verpackung eine Verletzungsgefahr ausgeschlossen werden kann. Sollten sie mit Blut in Kontakt gekommen sein, sind sie vorher ausreichend zu desinfizieren.

„Wegen des Restrisikos einer unbemerkten, geringfügigen Verletzung ist für alle Instrumente beim Friseur (z. B. Maniküre) eine mindestens arbeitstägliche Aufbereitung erforderlich."

Zur Aufbereitung gilt grundsätzlich folgende schrittweise Vorgehensweise:
- Erst sofortige **Desinfektion** zur Vermeidung von Keimverschleppung durch eine Desinfektionslösung.
- Dann **Reinigung** zur Beseitigung von Schmutz- und Desinfektionsmittelrückständen. Falls die Instrumente massiv verschmutzt und verklebt sind, ist gegebenenfalls eine aktive mechanische Reinigung erforderlich.
- Zuletzt Nachbereitung und Aufbewahrung: Die Instrumente und Geräte sind nach der Aufbereitung sauber und trocken aufzubewahren.

Die Auswahl des geeigneten Desinfektionsmittels ist von der Materialbeschaffenheit der Werkzeuge und Geräte abhängig. Die Hygiene-Verordnung unterscheidet chemische und thermische Desinfektionsverfahren.

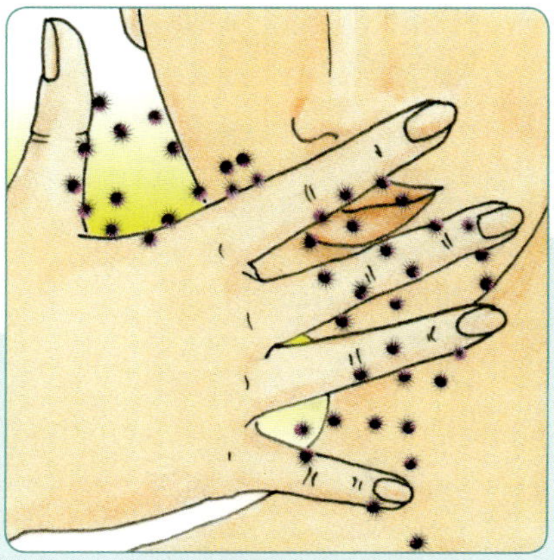

Bild 1 Direkte Infektion durch Tröpfcheninfektion

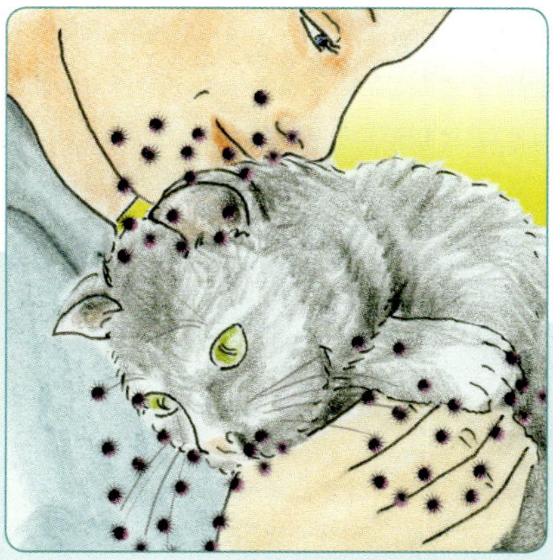

Bild 2 Indirekte Infektion durch Zwischenträger

Für ausführliche Informationen zu den geeigneten chemischen Desinfektionsverfahren im Friseurbereich ist nachfolgend eine bearbeitete Mustervorlage abgebildet:

Bereiche	Präparat, Einwirkzeit	Vorgehensweise	Häufigkeit	Verantwortliche
Hygienische Hände-desinfektion	Hände- und Haut-desinfektion (siehe Einwirkzeit auf dem Etikett)	Auf die trockenen Hände geben, 30 Sek. gründlich einreiben	Bei sichtbaren Kopfhautveränderungen des Kunden bei Verletzungen der Haut vor kosmetischen Behandlungen	alle Mitarbeiter
Arbeitsflächen, Gerätewagen, Oberflächen von Geräten	Wischdesinfektion (siehe Einwirkzeit auf dem Etikett) Schnelldesinfektion (siehe Einwirkzeit auf dem Etikett)	Gründlich wischdesinfizieren, einwirken lassen, entweder Tuch benetzen und wischen oder aufsprühen und ggf. wischen, einwirken lassen	1 × täglich (nach Geschäftsschluss)	alle Mitarbeiter
Behandlungs-sessel	Schnelldesinfektion, (siehe Einwirkzeit auf dem Etikett)	Entweder Tuch benetzen und wischen oder aufsprühen und ggf. wischen, einwirken lassen	1 × täglich (nach Geschäftsschluss)	alle Mitarbeiter
Fußböden	Besen, Staubsauger	Fegen des Bodens oder Saugen (mit Bakterienfilter)	nach jeder Behandlung und bei Bedarf	alle Mitarbeiter/ Reinigungsdienst
Sanitärbereiche, z. B. Toiletten, Waschbecken	Wischdesinfektion, (siehe Einwirkzeit auf dem Etikett) Schnelldesinfektion, (siehe Einwirkzeit auf dem Etikett)	Oberfläche mit Tuch gründlich benetzen, einwirken lassen oder aufsprühen und ggf. wischen, einwirken lassen	1 × täglich nach Geschäftsschluss bei Bedarf	alle Mitarbeiter/ Reinigungsdienst
Instrumente, z. B. Kämme, Scheren, Wickler, Instrumente für kosmetische Behandlungen etc.	Instrumenten-desinfektion (siehe Einwirkzeit auf dem Etikett) Schnelldesinfektion (siehe Einwirkzeit auf dem Etikett)	Mit Haaren behaftete Instrumente zuerst von Haaren befreien Instrumente geöffnet in die Instrumentenwanne einlegen, sie müssen vollständig mit Lösung bedeckt sein, einwirken lassen, gründlich mit Wasser abspülen, ggf. reinigen, trocknen, anschl. trocken und staubfrei lagern	Nach jedem Gebrauch, mind. jedoch 1 × täglich und bei Kontamination (z. B. mit Blut) bzw. Kunden mit Kopfhautveränderungen und Parasitenbefall	alle Mitarbeiter
Nackenbürsten	in Seifenlösung reinigen		1 × wöchentlich und bei Bedarf	alle Mitarbeiter
Wäscheaufbereitung (z. B. Handtücher)	Waschmaschine ≥ 60 °C, Waschmittel, Trockner	Sammeln in geeigneten Wäschebehältern für Schmutzwäsche, waschen und trocknen	Nach jedem Kunden wechseln	alle Mitarbeiter
Abfälle: scharfe oder spitze Gegenstände (z. B. Rasierklingen, Glasampullen)	Sammelbehälter	Nicht zwischenlagern, sammeln und entsorgen in stichsicheren, verschließbaren Behältern (z. B. leere Kanister für Desinfektionsmittel); volle Behälter verschlossen in den Hausmüll geben	Sofort nach Gebrauch entsorgen	alle Mitarbeiter
Haare	Geschlossene Behälter	Sammeln und entsorgen über den Hausmüll	Nach dem Schneiden, bei Bedarf leeren	alle Mitarbeiter

Tabelle 1 *Musterhygieneplan für chemische Desinfektionsverfahren* **Quelle: www.orochemie.de**

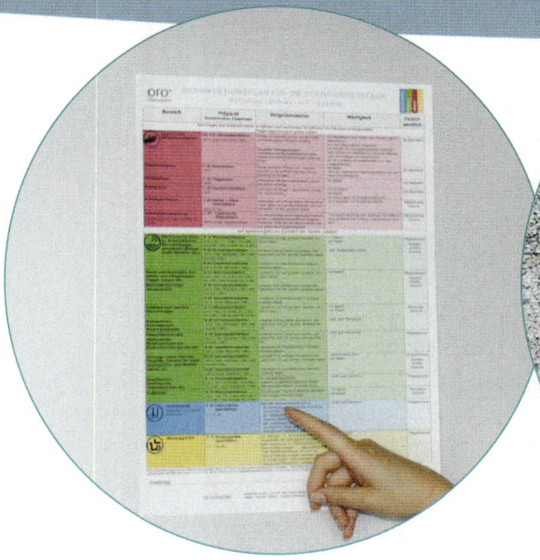

Bild 1 *Desinfektionsplan*

Bild 2 *Wischdesinfektion des Bodens*

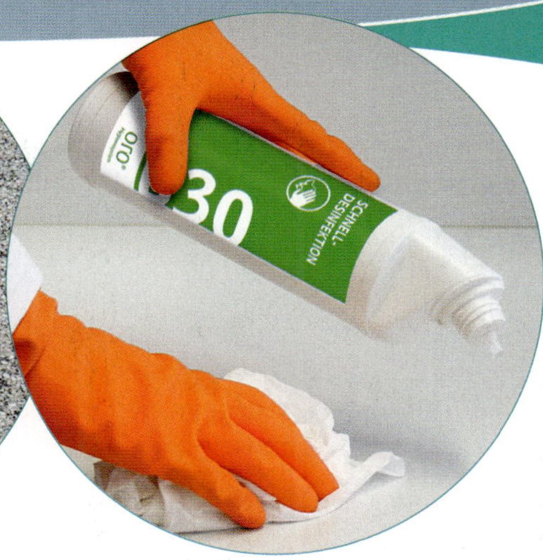

Bild 3 *Spritzflasche für die Schnelldesinfektion*

Bei den **chemischen Verfahren** handelt es sich z.B. um Eintauchverfahren in Desinfektionsmittel. Als **thermisches Verfahren** wird das Kochen mit Wasser als die praktikabelste Lösung angegeben. Als ausreichendes Aufbereitungsverfahren für Wäsche gilt das Kochen der Wäsche bei 95 °C oder das Einlegen der Wäsche in ein Wäschedesinfektionsmittel.

Der **Desinfektionsplan** sollte für alle Beschäftigten gut einsehbar im Salon aushängen (Bild 1).

In dem Musterhygieneplan (s. S. 26) werden zwei Desinfektionskategorien unterschieden:

- Wischdesinfektion
- Schnelldesinfektion

Die **Wischdesinfektion** wird mit einer aus einem Konzentrat angesetzten Desinfektionslösung und einem Tuch durchgeführt und dient zur Desinfektion aller gut abwaschbaren Flächen und Gegenstände (Bild 2).

Schnelldesinfektionslösungen sind gebrauchsfertige Lösungen zum Sprühen und Wischen für kleine und schwer zugängliche Flächen (Bild 3).

Bei Benutzung chemischer Desinfektionsverfahren sollten unbedingt die Wirkungsbereiche beachtet und die Gebrauchsanweisung bezüglich der Einwirkzeiten eingehalten werden.

Geeignete Desinfektionsmittel wirken z. B. gegen:

- Bakterien,
- Pilze und
- Viren (z. B. Hepatitis-B-, Hepatitis-C-Viren, HIV, Polyoma-Viren SV 40, Noro-Viren).

2.2 Arbeitsschutz im Friseurberuf

Beim Arbeitsschutz muss zwischen dem **„allgemeinen Arbeitsschutz"** und dem **„sozialen Arbeitsschutz"** unterschieden werden.

- Regelungen zum „allgemeinen Arbeitsschutz" sollen das Leben und die Gesundheit der Arbeitnehmer schützen.
- Der „soziale Arbeitsschutz" hat allgemeine Regeln zu Arbeitszeiten, zum Kündigungsschutz und dem Jugendarbeitsschutz.

Zu den Regeln des „allgemeinen Arbeitsschutzes" gehören für den Friseurberuf:

Die Arbeitsstättenverordnung (ArbStättV)

Sie schreibt vor, wie gewerblich genutzte Räume beschaffen sein müssen, damit von ihnen keine Gefahr für die Gesundheit der Beschäftigten ausgeht. Für das Friseurhandwerk gelten Bestimmungen unter anderem zur Lüftung, Beleuchtung, Beschaffenheit der Fußböden und zum Nichtraucherschutz.

Hier werden einige Vorgaben verkürzt wiedergegeben, die in der Arbeitsstättenverordnung konkret nachzulesen sind:

- Es muss möglich sein, ausreichend zu lüften und frische Luft einzulassen.
- Die Arbeitsstätten müssen ausreichend Tageslicht erhalten oder mit geeigneter künstlicher Beleuchtung ausgestattet sein.
- Es muss Pausenräume geben, die ausreichend groß sind und mit leicht zu reinigenden Stühlen mit Rückenlehne und einem Tisch ausgestattet sind.
- Die Fußböden der Räume dürfen keine Unebenheiten, Löcher, Stolperstellen aufweisen und müssen rutschhemmend sein.

- Auch der Nichtraucherschutz ist in der Arbeitsstättenverordnung (ArbStättV) in § 5 (Absatz 1) geregelt. Danach hat der Arbeitgeber am Arbeitsplatz die „erforderlichen Maßnahmen zu treffen, damit die nicht rauchenden Beschäftigten in Arbeitsstätten wirksam vor den Gesundheitsgefahren durch Tabakrauch geschützt sind. Soweit erforderlich, hat der Arbeitgeber ein allgemeines oder auf einzelne Bereiche der Arbeitsstätte beschränktes Rauchverbot zu erlassen."

Diese Regelung gilt nicht nur für Pausenräume. Spezielle Regelungen sind gegebenenfalls in den neuen Länderverordnungen enthalten, die jedes Bundesland in eigener Zuständigkeit erlässt.

Die Gefahrstoffverordnung (GefStoffV)

Der Umgang mit kosmetischen Mitteln im Salon fällt unter die Gefahrstoffverordnung.

In der Gefahrstoffverordnung wird unter anderem gefordert, dass Gefahrstoffe so aufzubewahren und zu lagern sind, dass die menschliche Gesundheit und die Umwelt nicht gefährdet werden.

Zur Verhütung von Unfällen und Berufskrankheiten hat die Berufsgenossenschaft für Gesundheitsdienst und Wohlfahrtspflege (BGW) zwei wichtige Vorschriften veröffentlicht. Für den Friseur gelten:

- **Die allgemeinen Vorschriften zur Unfallverhütung** (s. Kap. 2.2.1)
- **Die Technische Regel für Gefahrstoffe für das Friseurhandwerk (TRGS 530)** (s. Kap. 2.3.3, S. 31)

2.2.1 Gesetzliche Regelungen zum Unfallschutz

Im Friseurberuf kommt es immer wieder zu Unfällen. Die meisten Unfälle können jedoch vermieden werden, wenn die Unfallgefahren erkannt und die gesetzlichen Regelungen zur Unfallverhütung eingehalten werden.

Verantwortlich für die gesetzliche Unfallversicherung ist im Friseurhandwerk die Berufsgenossenschaft für Gesundheitsdienst und Wohlfahrtpflege (BGW). Die Berufsgenossenschaften erlassen Unfallverhütungsvorschriften, die für die Betriebe verbindlich sind. Die Unfallverhütungsvorschrift „Grundsätze der Prävention" (BGV 41) werden regelmäßig überarbeitet und können unter „DGUV Vorschriften" nachgelesen werden.

2.2.2 Unfallgefahren im Friseurbereich

Folgende Tabelle gibt eine Übersicht über die Gefahrenquellen für Unfälle, die möglichen Unfallschäden und Grundregeln zur Vermeidung von Unfällen.

Hauptgefahrenquellen	Mögliche Unfallschäden	Grundregeln zur Vermeidung von Unfällen
Scharfe und spitze Werkzeuge	Verletzungen der Haut, Stichwunden, Stichverletzungen	Keine scharfen und spitzen Werkzeuge in der Kitteltasche aufbewahren. Scheren und Rasiermesser sofort nach dem Gebrauch schließen. Geschlossene Schuhe tragen.
Chemikalien	Verätzungen	Gebrauchs- und Verdünnungsvorschriften beachten, Hautkontakt mit Präparaten vermeiden. Blondiervorgänge bei Wärme- und Dampfentwicklung sofort abbrechen.
Hohe Temperaturen	Verbrennungen	Beim Haarewaschen mit einer mittleren Temperatur beginnen und nach Bedarf wärmeres Wasser hinzumischen. Beim Haaretrocknen mit nur mittlerer Temperatur beginnen und gegen Ende die Temperatur reduzieren.
Elektrischer Strom	Stromschlag, Herzflimmern	Nur intakte Elektrowerkzeuge mit dem VDE-Zeichen benutzen. Kabel nur am Stecker aus der Steckdose ziehen. Elektrogeräte nur am isolierten Griff anfassen. Elektrogeräte nicht mit Wasser in Berührung bringen. Beim Arbeiten mit Elektrogeräten keine Metallleitungen anfassen. Sie sind geerdet, der Strom fließt bei einem Defekt im Gerät durch den Körper.
Präparate, Wasser, Haare auf dem Boden	Verletzungen durch Ausrutschen und Stürzen	Sorgsam mit den Präparaten umgehen, sodass nichts verschüttet wird. Flüssigkeiten sofort wegwischen, Haare auffegen.

***Tabelle 1** Unfallgefahren bei Friseurfacharbeiten*

Zu den Grundpflichten des Arbeitgebers gehören nach § 2 Absatz 1, dass „der Unternehmer erforderliche Maßnahmen zur Verhütung von Arbeitsunfällen, Berufskrankheiten und arbeitsbedingten Gesundheitsgefahren sowie eine wirksame Erste Hilfe zu treffen hat."

Nach § 20 Absatz 1 hat „ein Unternehmen mit regelmäßig mehr als 20 Beschäftigten unter Berücksichtigung der im Unternehmen bestehenden Verhältnisse hinsichtlich der Arbeitsbedingungen, der Arbeitsumgebung sowie der Arbeitsorganisation, Sicherheitsbeauftragte in der erforderlichen Anzahl zu bestellen." Nach § 20 Absatz 2 haben „die Sicherheitsbeauftragten den Unternehmer bei der Durchführung der Maßnahmen zur Verhütung von Arbeitsunfällen und Berufskrankheiten zu unterstützen."

Der Arbeitgeber hat den Versicherten die für sein Unternehmen geltenden Unfallverhütungsvorschriften an geeigneter Stelle auszuhängen.

Der Unternehmer hat gemäß § 29 der Unfallverhütungsvorschrift „Grundsätze der Prävention" (BGV/GUV-V A1) Hautschutzmittel zur Verfügung zu stellen. Die Versicherten haben gemäß § 30 UVV „Grundsätze der Prävention" (BGV/GUV-V A1) die zur Verfügung gestellten Hautschutzmittel bestimmungsgemäß zu benutzen.

Nach § 30 Absatz 2 müssen die Versicherten die persönlichen Schutzausrüstungen bestimmungsgemäß benutzen und regelmäßig auf ihren ordnungsgemäßen Zustand prüfen, um festgestellte Mängel dem Arbeitgeber sofort zu melden.

2.3 Vermeidung von Hauterkrankungen und Allergien

Schöne und gesunde Hände sind das wichtigste Kapital und eine Visitenkarte der Friseurin. Der häufige Kontakt mit Wasser, Shampoo und vielen Friseurchemikalien stört die Barrierefunktion der Haut, den biologischen Fettsäureschutzmantel oder auch Hydrolipidmantel. Das kann zu Hautveränderungen führen. Wenige Schutz- und Pflegemaßnahmen reichen aus, um die Haut zu unterstützen und sie vor äußeren Einflüssen zu schützen.

Der Arbeitgeber ist verpflichtet, geeignete Schutzmaßnahmen, z. B. Handschuhe und Pflegeprodukte für die Mitarbeiter, bereitzustellen. Pflege- und Schutzmaßnahmen für die Haut sind leicht anzuwenden und sollten zu den selbstverständlichen Tätigkeiten im Arbeitsalltag gehören.

Die Haut hat, wenn sie gesund ist, eine große Widerstandsfähigkeit. Wird sie zu stark belastet, kann sie jedoch mit Erkrankungen reagieren. Sobald man erste Hautveränderungen an den Händen bemerkt, könnten dies erste Anzeichen für eine Hautschädigung sein. Hautschäden, die durch den Friseurberuf entstehen, können langfristig zu schweren Hauterkrankungen und zur Berufsunfähigkeit in diesem Berufsfeld führen.

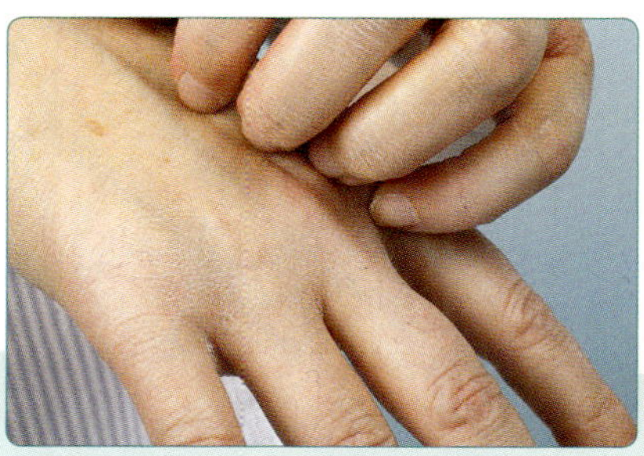

Bild 1 Trockene und gerötete Haut, Abnutzungsekzem (Quelle: Berufsgenossenschaft für Gesundheitsdienst und Wohlfahrtspflege (BGW) / Werner Bartsch)

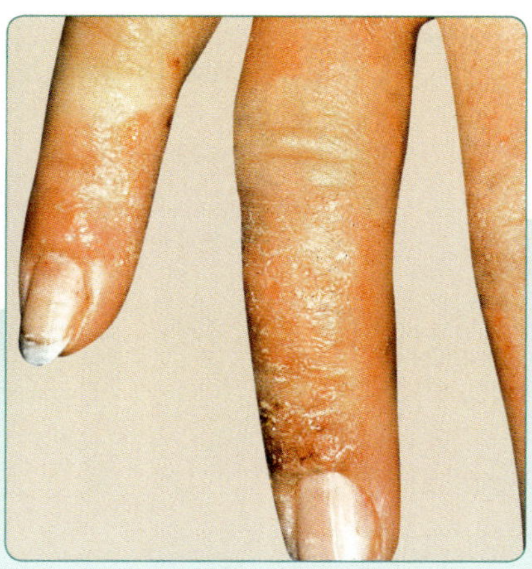

Bild 2 Allergisches Kontaktekzem

2.3.1 Entstehung eines Abnutzungsekzems

Als Schutzhülle kann die Haut Schadstoffe abwehren und vor Krankheitserregern schützen. Eine geschmeidige Oberhaut mit einem biologischen Fettsäureschutzmantel / Hydrolipidmantel auf der Hornzellschicht und harmlosen Hautbakterien (siehe Kapitel 2.3.1) helfen als eine natürliche Barriere gegen äußere Einflüsse.

Unterstützt wird die Hautbarriere durch Vorgänge im Verlauf der Erneuerung der Oberhaut (siehe Lernfeld 3, S. 92 ff.). Die Oberhautzellen verändern sich und setzen in den Bereichen der Körnerzellschicht und der Hornschicht eine kittartige Substanz (sogenannte Hornschichtlipide) frei, die in den Zwischenräumen zwischen den Zellen liegen. Diese hauteigenen Fette funktionieren wie Zement zwischen den einzelnen Zellen. Damit erhält die Hornschicht ihre Barrierefunktion wie bei einer „Backsteinmauer". Wird diese Barrierefunktion gestört, besteht die Gefahr eines Ekzems.

Das Arbeiten mit Wasser bzw. Feuchtarbeit nehmen der Haut die schützenden Fette weg. Feuchtarbeit bedeutet nicht nur das Waschen ohne Handschuhe, sondern auch das Schwitzen in Handschuhen und das nicht ausreichende Abtrocknen der Hände, vor allem in den Zwischenräumen der Finger. Das Wasser und die Feuchtigkeit quellen/öffnen die Hornzellschicht auf, entziehen der Haut die hauteigenen Fette und ihre natürlichen Feuchthaltefaktoren.

Der schützende Film wird löchrig und der Zusammenhalt der Zellen lässt nach. Hautrötungen und Abschuppungen sind die ersten Anzeichen eines Abnutzungsekzems: Die Haut brennt, reißt ein, juckt und wird schuppig. Als Folge davon können Schadstoffe relativ ungehindert in die Haut eindringen und Allergien auslösen.

Wird das **Abnutzungsekzem** nicht behandelt, kann es schlimmer werden. Die Haut kann ihre natürliche Schutzfunktion nicht mehr wahrnehmen und Stoffe aus den Friseurprodukten können relativ ungehindert in die Haut eindringen und Allergien auslösen.

2.3.2 Entstehung eines allergischen Kontaktekzems

Das **allergische Kontaktekzem** ist eine folgenschwere Berufserkrankung und kann zur Berufsaufgabe führen.

Eine Allergie ist eine Überreaktion des Immunsystems auf eigentlich bisher harmlose Stoffe. Diese allergieauslösenden Stoffe werden als **Allergene** bezeichnet. Zu ihnen gehören viele Friseurchemikalien, aber auch Emulgatoren, Konservierungsmittel und Duftstoffe sowie das Metall Nickel und das Latexprotein.

Die Allergene werden nach dem Hautkontakt oder dem Kontakt über die Atemwege von den weißen Blutkörperchen zu den Lymphknoten tranportiert. Hier werden Antikörper gegen das Allergen produziert **(Sensibilisierungsphase)**. Manche zunächst harmlosen Stoffe stuft das Immunsystem irrtümlich als gefährlich ein. Bei jedem weiteren Kontakt „erinnert" sich das Immunsystem an diese Sensibilisierung. Es kann dann zu einer allergischen Reaktion, also einer Überreaktion des Körpers, kommen **(Auslösephase)**. Dabei wirkt das Histamin als Auslöser für die Veränderungen der Haut.

Die Hautallergien treten häufig an den Stellen auf, an denen die Haut mit dem Allergen in Kontakt gekommen ist. Daher spricht man auch von einem Kontaktekzem. Es zeigen sich deutlich Hautrötungen, Schwellungen, Knötchen, Bläschen und Krusten. Wird der Hautkontakt mit dem Allergen gemieden, heilt das Ekzem wieder ab, die Allergie bleibt allerdings bestehen.

Es gibt zwei Formen der allergischen Reaktion:
- Die **Sofort-Allergie**, die innerhalb weniger Minuten bis einigen Stunden auftritt, nachdem man mit dem Allergen in Kontakt gekommen ist.
- Die **Spät-Allergie**, die bis zu 24 Stunden oder Tagen auftreten kann, nachdem der Körper mit dem Allergen in Kontakt gekommen ist.

Als Auslöser dieser Allergieform kommen vor allem Duft- und Konservierungsstoffe sowie Dauerwellflüssigkeit, Blondierung und Desinfektionsmittel in Frage.

Allergien sind nicht angeboren, aber bestimmte „Risikogruppen" sind eher gefährdet. Dazu gehören:
- Menschen mit deutlich erhöhter Neigung zu trockener Haut.
- Menschen mit Neurodermitis, bei denen genetisch bedingt der hauteigene Schutz der Oberhaut schwächer ausgebildet ist.
- Menschen, bei denen bereits andere Formen von Allergien vorliegen.

Wer diesen Personengruppen angehört, sollte sich erst nach Absprache mit einem Hautarzt für den Friseurberuf entscheiden.

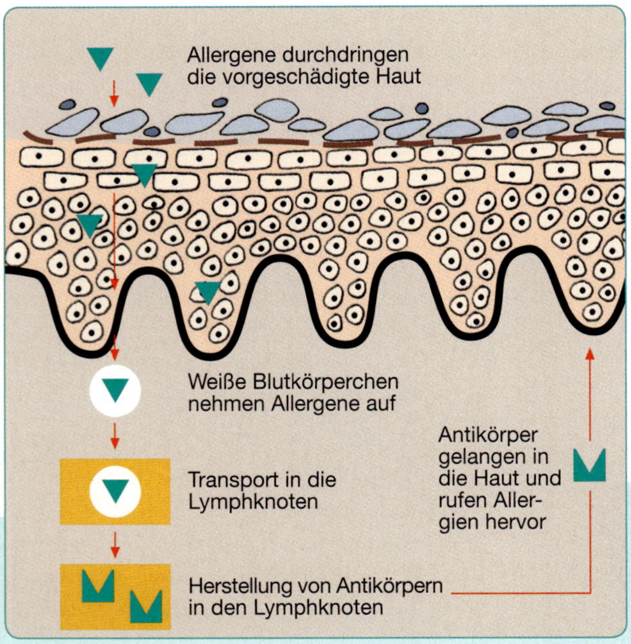

Bild 1 Entstehung einer Allergie

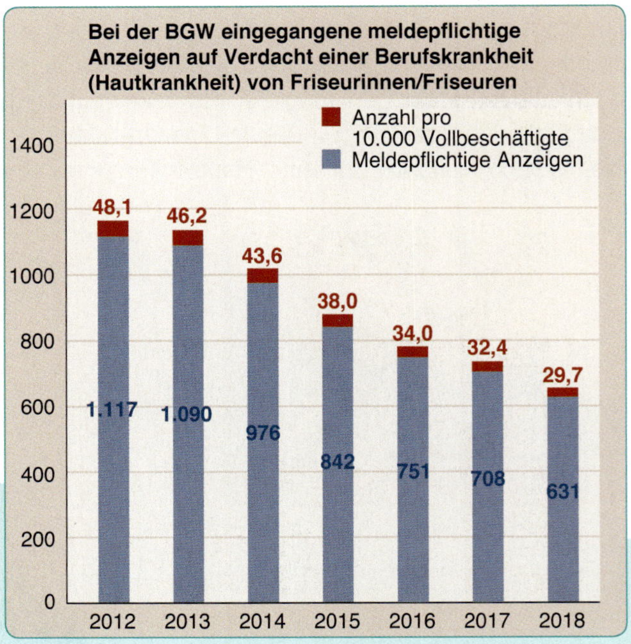

Bild 2 Meldungen des Verdachts beruflich bedingter Hauterkrankungen (Quelle: BGW)

2.3.3 Gesetzliche Regelungen zur Vermeidung von Hauterkrankungen

„Um die Beschäftigten im Friseurhandwerk bei der Umsetzung gesunder Arbeitsweisen zu unterstützen, hat die Berufsgenossenschaft für Gesundheitsdienst und Wohlfahrtspflege (BGW) für den Friseurberuf spezielle Hautschutzvorschriften erlassen." Sie sind seit 1992 in der „**Technischen Regel für Gefahrstoffe (TRGS) 530** Friseurhandwerk" zusammengefasst. Die TRGS 530 enthält Vorgaben zur Betriebsanweisung und zum Hautschutzplan.

Zwar sind die Verdachtsmeldungen zu beruflich verursachten Hauterkrankungen in den letzten Jahren zurückgegangen, doch bleiben die Hauterkrankungen Hauptproblematik im Friseurbereich.

Die BGW hat die Statistik zu den meldepflichtigen Anzeigen auf Verdacht einer Berufskrankheit (Hautkrankheit) von Friseuren veröffentlicht (s. S. 30, Bild 2). Der Hautschutz wirkt; die gemeldeten Fälle sinken laufend.

Die Betriebanweisung

Die Betriebsanweisung muss die folgenden Bereiche regeln:

- Mit welchen gesundheitsgefährdenden Substanzen wird gearbeitet? Bezeichnung der Arbeitsstoffe.
- Welche Gefährdungen bestehen bei Tätigkeiten wie Haarwäsche, Färben, Dauerwellen usw.?
- Allgemeine Verhaltensregeln, organisatorische und hygienische Schutzmaßnahmen und Verbote.
- Erste-Hilfe-Maßnahmen.

Die Betriebsanweisung ist aushangpflichtig und sollte für alle Mitarbeiter gut einsehbar sein.

Die Inhalte der Betriebsanweisung müssen den Mitarbeitern vor Beginn der Beschäftigung und mindestens einmal jährlich mündlich und arbeitsplatzbezogen vermittelt werden. Inhalt und Zeitpunkt der Unterweisungen sind schriftlich festzuhalten und von den Mitarbeitern durch Unterschrift zu bestätigen.

Der Hautschutzplan

Zusätzlich zur Betriebsanweisung gibt es für die Mitarbeiter im Friseurhandwerk den Hautschutzplan, der auch aushangpflichtig ist. Er zeigt übersichtlich auf, bei welchen Tätigkeiten die Hände mit welchen Produkten geschützt, gereinigt und gepflegt werden sollten.

- Zu einem umfassenden Hautschutz gehört, dass bereits vor Beginn der Arbeit der Schmuck abgelegt wird und die Hände mit einem Hautschutzmittel sorgfältig eingecremt werden. Dabei sind besonders

www.bgw-online.de

Hautschutz- und Händehygieneplan
für Friseurinnen und Friseure

Datum | Unterschrift

1. Vor der einzelnen Tätigkeit					
Hautschutz	• Hände mit Hautschutzcreme eincremen				
2. Während der Tätigkeit					
Handschuhe	**Haare waschen und pflegen** • Shampoonieren • Kopfmassagen mit Haarbehandlungsmitteln • Auftragen und Auswaschen von Pflegemittelpräparaten	**Farbe, Dauerwelle, Blondierung** • Mischen • Auftragen • Überprüfen • Probewickeln • Fixieren	**Farbe, Dauerwelle, Blondierung** • Aufemulgieren • Auswaschen	**Styling, Kopfmassage ohne Haarbehandlungsmittel**	**Reinigung, Desinfektion** • Arbeitsgeräte • Räume
• **Handschuhart** *keine gepuderten Handschuhe benutzen	• **langstulpige Einmalhandschuhe*** oder **Waschhandschuhe**	• **Einmalhandschuhe***	• **langstulpige Einmalhandschuhe***	• **Einmalhandschuhe*** (bei empfindlicher Haut)	• **chemikalienbeständige Schutzhandschuhe**
3. Nach der einzelnen Tätigkeit					
Hände waschen	1. Händewaschen nur bei verschmutzten Händen und gegebenenfalls mit pH-hautneutralem Reinigungsmittel		2. Hände gut abtrocknen		3. Hände eincremen
4. Nach Arbeitsende					
Hände pflegen	• Hände mit Pflegecreme eincremen				

Bild 1 *Hautschutzplan der Berufsgenossenschaft für Gesundheitsdienst und Wohlfahrtspflege (BGW, Stand: 10/2015)*

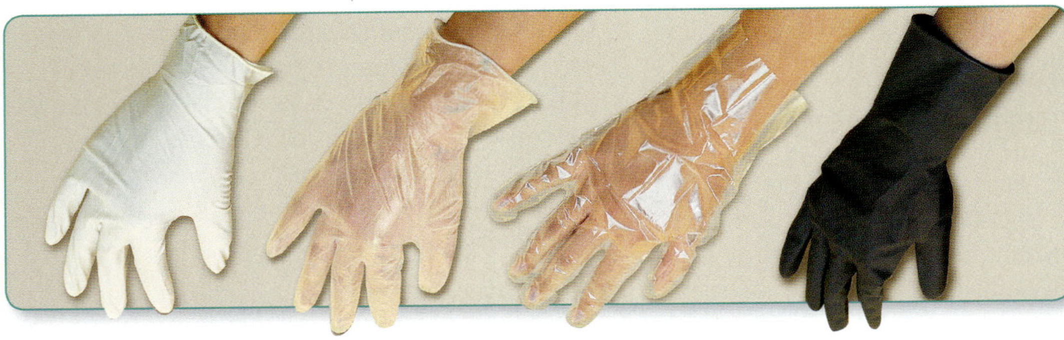

Bild 1 *Ideale Schutzhandschuhe*

die empfindlichen Fingerzwischenräume zu berücksichtigen.

- Nach dem Tragen der Handschuhe sollte bei Bedarf eine geeignete Hautreinigung erfolgen. Dabei muss nicht in jedem Fall mit einem Reinigungsmittel gewaschen werden. Häufig reicht auch lauwarmes Wasser aus. Wichtig ist, dass danach die Hände gründlich abgetrocknet werden. Dazu sollte kein Kundenhandtuch verwendet werden, da die Gefahr besteht, in Kontakt mit Restchemikalien zu kommen. Geeignet ist ein eigenes Handtuch oder ein Einmal-Papierhandtuch.
- Die Hände sind zusätzlich mit einem Pflegemittel zu behandeln. Dafür sollte man eine schnell einziehende Creme verwenden. Diese sollte man vor allem in der Freizeit zur Unterstützung des Hautschutzes auftragen.

2.3.4 Schutzhandschuhe

Das Tragen von Schutzhandschuhen ist in Verbindung mit einem geeigneten Hautschutz die wirksamste Möglichkeit, sich vor Hauterkrankungen zu schützen. Bei der Auswahl von Handschuhen sollte man auf folgende Gesichtspunkte achten.

Bild 2 *Becherglas-Piktogramm*

Schutzhandschuhe sollten größtmöglichen Schutz bieten und grundsätzlich wasserdicht, chemikalienbeständig und reißfest sein.

Handschuhe, die diese Anforderungen erfüllen tragen ein „Becherglas-Piktogramm" als Kennzeichen (Bild 2).

Es gibt keinen universellen Handschuh. Jede im Salon anfallende Facharbeit hat einen geeigneten Handschuh.

- **Latexhandschuhe** (Bild 3) werden aus Naturkautschuk hergestellt. Sie haben eine gute mechanische Beständigkeit und lassen sich angenehm tragen. Man kann sie für die Haarwäsche verwenden. Allerdings können die im Handschuh enthaltenen Latexproteine Allergien auslösen.
- Die Verwendung von gepuderten Latexhandschuhen ist unzulässig. Die Puderkörper können beim Ausziehen der Handschuhe umherfliegen und die Latex-Allergene in die Luft bringen. Kundin und Friseurin mit einer Latex-Allergie sind damit gefährdet.
- **Vinyl- oder PVC-Handschuhe** (Bild 4) bieten beim Shampoonieren und Spülen auch einen hohen Tragekomfort und schützen ausreichend bei diesen Tätigkeiten. Verlängerte Stulpen bieten zusätzlich Schutz vor dem Eindringen von Wasser. Sie sind als Einmalhandschuh anzuwenden.
- Der **Nitrilhandschuh** (Bild 5) besteht aus synthetischem Gummi. Er ist ein sehr elastischer Handschuh im Vergleich zum Vinyl-Handschuh und ermöglicht daher ein feines Tastgefühl. Er ist als Einmalhandschuh anzuwenden. Für Dauerwellen, Färbungen, das Tönen und Blondieren der Haare sowie für das Auswaschen von Chemikalien bietet sich besonders dieser Handschuh an.
- Der häufig angewendete **Polyethylen(PE)-Handschuh** (Bild 6) ist für den Einsatz im Friseurbetrieb unzulässig. Er hat nach DIN EN 374 nicht das notwendige Piktogramm (siehe Bild 2). Damit ist er laut TRGS für den Friseurgebrauch nicht zulässig.

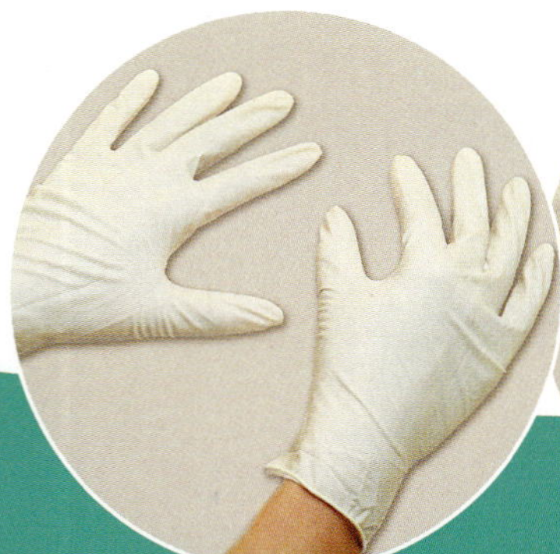

Bild 3 *Latexhandschuhe*

Bild 4 *Vinylhandschuh*

Bild 5 *Nitrilhandschuh*

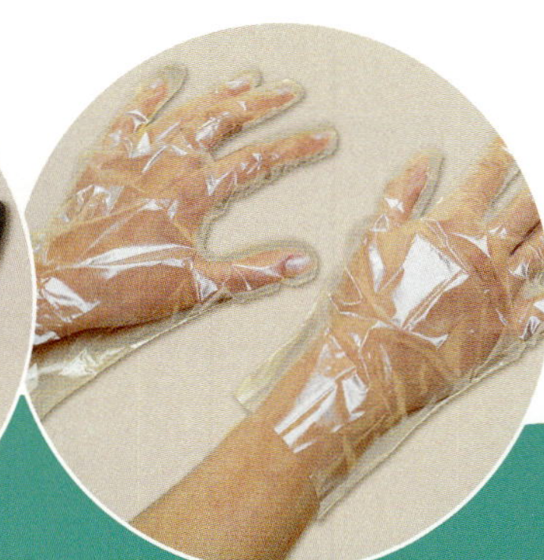

Bild 6 *Einmalhandschuh aus PE*

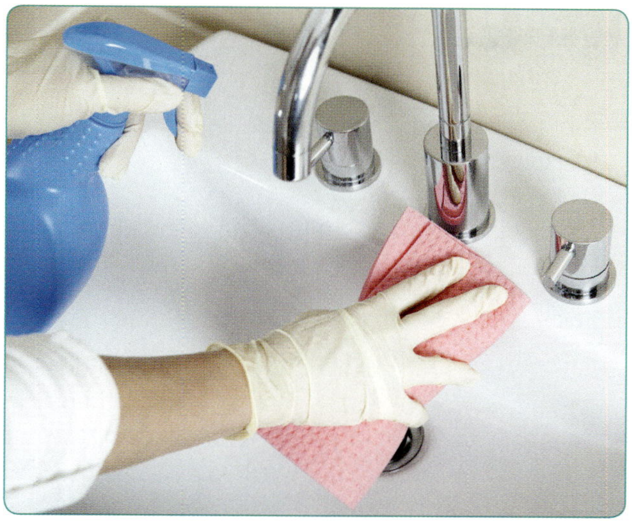

Bild 1 Reinigungstätigkeit

- Man geht davon aus, dass die Hände nach ca. 20 Minuten in Handschuhen zu schwitzen beginnen. Bei Tätigkeiten also, die eine längere Zeit in Anspruch nehmen, kann man als Schutz vor zu viel Feuchtigkeit in den Handschuhen Baumwollhandschuhe als Unterziehhandschuhe tragen. Die Baumwollhandschuhe sind nahtlos und bieten einen hohen Tragekomfort. Sie saugen den Schweiß auf und halten die Hände so eine längere Zeit trocken.
- Feuchte Baumwollhandschuhe sind nach dem Gebrauch immer zu waschen oder durch ein neues Paar auszutauschen. Sie sind in der Waschmaschine waschbar und somit mehrfach verwendbar. Eine weitere Möglichkeit der Vorbeugung vor zu viel Feuchtigkeit im Handschuh sind gerbstoffhaltige Schutzcremes, die vor Beginn der Tätigkeit aufgetragen werden.
- Für Reinigungstätigkeiten und die Desinfektion verwendet man am besten gröbere Haushaltshandschuhe aus Nitril oder Vinyl. Sie können mehrmals für diese Tätigkeiten verwendet werden. Auch hier können die Hände bei längeren Tätigkeiten zusätzlich durch Baumwollhandschuhe vor Feuchtigkeit geschützt werden.
- Nach Ende der Tätigkeit sollten die Handschuhe zum Trocknen aufgehängt werden. Um die Handschuhe vor der nächsten Benutzung wieder in Form zu bringen, sollte man das Hineinpusten vermeiden, denn Atemluft feuchtet den Handschuh von innen an.

Beim Tragen von Schutzhandschuhen müssen folgende Regeln beachtet werden:

- Handschuhe vor dem Tragen auf auf sichtbare Schäden prüfen.
- Einmalhandschuhe dürfen nicht mehrmals verwendet werden. Die Durchlässigkeit ändert sich bei häufigerem Gebrauch, da sich Friseurchemikalien im Material anlagern können.
- Baumwollhandschuhe kann man gegen nasse Hände tragen, da sie den Schweiß aufsaugen. Allergiker können diese als weiteren Schutz unter den Schutzhandschuhen tragen.
- Schutzhandschuhe dürfen nicht ohne Pausen getragen werden. Zeiten, in denen nur Arbeiten ohne Wasser ausgeführt werden, sollten mindestens genauso lang sein wie Zeiten, in denen Handschuhe getragen werden.
- Schutzhandschuhe dürfen innen nicht feucht sein (bitte nicht hinein pusten) und sollten keinen Puder enthalten. Wer Puder an den Händen hat, wäscht diese öfter und belastet damit wieder die Haut.
- Vor dem Anziehen der Handschuhe sollte die Haut sauber sein und vor allem, vollständig trocken.
- Arbeit sollte im Team verteilt werden, damit hautbelastende Tätigkeiten (vor allem das Waschen) nicht nur einige Mitarbeiter machen müssen.
- Nach dem Tragen von Handschuhen sind die Hände mit lauwarmem Wasser und nur bei Bedarf mit einem milden Reinigungsmittel abzuspülen. Anschließend sind die Hände gut zu trocknen und mit einem Pflegepräparat einzucremen.
- Bei Arbeiten mit Reinigungsmitteln die Stulpe umschlagen, damit Flüssigkeit nicht in den Handschuh laufen kann.

Facharbeiten	Art der Handschuhe
Haarwäsche	Einmalhandschuhe aus Vinyl oder Nitril, Einweghandschuh aus Naturkautschuk (Latex), aber ungepudert, Mehrweghandschuh aus PVC
Kopfmassage mit Haarwasser	Einmalhandschuh aus Vinyl oder Nitril
Färben, Blondieren, Tönen	Einmalhandschuh aus Vinyl oder Nitril
Dauerwellen und Fixieren	Einmalhandschuh aus Vinyl oder Nitril
Nassreinigung und Desinfizieren von Werkzeugen und Räumen	Mehrweghandschuh/Haushaltshandschuhe aus Vinyl/PVC mit längerer Stulpe

Tabelle 1 Tragen von Handschuhen bei Facharbeiten

2.4 Verhinderung von Atemwegserkrankungen

Gesundheitsschädigende Stoffe greifen nicht nur die Haut, sondern auch die Atemwege an. Was die Haut reizen kann, belastet auch die Atemwege. Reizungen der Atemwege und Asthma können die Folge sein.

Wie kann man vorbeugen:
- Blondiermittel und Pflanzenfarben in Pasten- oder Granulatform verwenden
- Für ausreichende Raumbelüftung sorgen
- Misch- und Umfüllarbeiten an einem separaten Arbeitsplatz durchführen
- Nicht rauchen
- Möglichkeiten zu einer Mittagspause an der frischen Luft nutzen

In folgender Tabelle sind die Hauptgefahren für die Atemwege aufgeführt:

Gefahrenquellen	Mögliche Schäden	Vermeidung
Dämpfe, die aus chemischen Präparaten wie Dauerwellflüssigkeit, Haarfarbe und Blondierung frei werden	• Reizung der Atemwege • Aufnahme von Dämpfen mit Atmung ins Blut • Eventuell Kopfschmerzen und Schwindelgefühl	• Zügig Arbeiten beim Auftragen Abstand halten • Gut lüften, natürliche Frischluftzufuhr
Staub- und Schwebstoffe, die beim Arbeiten mit Blondierpulver und Pflanzenfarbe in die Atemluft entweichen. Haarpartikel und Haarstaub	• Reizung der Atemwege • Gefährdung der Bronchien	• Staubfreie Produkte verwenden Vorsichtig arbeiten • Gut lüften, natürliche Frischluftzufuhr Abzüge installieren
Gelöste Kunstharze, die beim Arbeiten mit Haarspray in die Atemluft gelangen	• Reizung der Atemwege • Verkleben der Bronchien	• Sorgfältiges, vorsichtiges Arbeiten Abstand halten • Gut lüften, natürliche Frischluftzufuhr Sprühnebel nicht direkt einatmen Pumphaarsprays nutzen, sie haben größere und schwerere Schwebteilchen

Tabelle 1 *Vermeidung von Atemwegserkrankungen*

2.5 Persönliches Gesundheitsmanagment

Gesundheit ist die Grundlage für einen zufriedenen und leistungsfähigen Arbeitsalltag. Jeden Tag kommen auf die Auszubildenden neue Anforderungen zu, denn das Arbeitsleben hat noch wenig Routine. Auszubildende beschreiben in Befragungen häufig verschiedene Belastungen durch die Umstellung von Schule auf den Berufsalltag und die Ausbildung. Hinzu kommen veränderte Gewohnheiten zu essen und der fehlende Ausgleich durch Sport und Freizeit mit den Freunden.

Zusammenfassend werden zwei Themenschwerpunkte betrachtet:
- Psychische Belastungen
- Körperliche Belastungen

Hinzu kommen Belastungen durch veränderte Ernährungsgewohnheiten und der fehlende Ausgleich zum Arbeitsalltag.

Die Belastungen (Stressfaktoren) in Ausbildung und Beruf sind sehr individuell zu betrachten und können nicht verallgemeinert werden, denn jeder Mensch hat unterschiedliche Belastungsgrenzen. Belastungen, wenn sie persönlich als solche empfunden werden, können Risiken für die Gesundheit darstellen.

Um den persönlichen Stressfaktoren auf die Spur zu kommen, bietet es sich an, über eine gewisse Zeit ein Stresstagebuch zu führen. Beobachtet wird, welche Situationen, Ereignisse und Personen Stress auslösen.

2.5.1 Psychische Belastungsmuster im Friseurberuf

Stress ist eine Reaktion des Körpers, die den Menschen aus seinem persönlichen Gleichgewicht bringen kann und damit psychische und körperliche Auswirkungen hat. Stress muss aber nicht unbedingt negativ sein, sondern kann auch leistungssteigernd wirken. Man unterscheidet daher zwischen **Eustress** und **Disstress**.

Für den Arbeitsalltag helfen einige Regeln zur Vermeidung von Stress:

- Die gemeinsame Planung und Absprache sinnvoller Arbeitsabläufe im Team
- Der regelmäßige Wechsel der Tätigkeitsbereiche
- Die Möglichkeit zu regelmäßigen Kurzpausen
- Einhaltung von Mittagspausen mit der Möglichkeit, eine kleine Mahlzeit einzunehmen
- Die Vermittlung von Kompetenzen im Bereich Kommunikation für den Umgang mit schwierigen Kunden oder Problemen mit Mitarbeitern
- Die rechtzeitige Bekanntgabe, wann längere Arbeitszeiten zu erwarten sind
- Gezielter Stressabbau durch Entspannungsverfahren in der Freizeit
- Ausgleichsübungen am Arbeitsplatz
- Bewegung in der Freizeit

Einige Stressfaktoren, die sowohl in der Ausbildung als auch im Berufsleben auftreten können, zeigt Tabelle 1.

2.5.2 Körperliche Belastungsmuster im Friseurberuf

Viele Friseure arbeiten die meiste Zeit im Stehen. Die Tabelle 2 zeigt typische Bewegungen im Friseuralltag, die zu körperlichen Problemen führen können:

Das lange Stehen und die statische Muskelarbeit (also das Arbeiten ohne viel Bewegung) tun dem Körper nicht gut. Die Blutgefäße brauchen Bewegung und eine wechselnde Haltung.

Die stehende Tätigkeit erschwert den Rückfluss des Blutes und der Lymphflüssigkeit aus den Beinen in den Körper. Denn weder im Stehen noch im Sitzen wird die sogenannte Muskelpumpe aktiviert. Durch Anspannen der Wadenmuskulatur (siehe Übung Bild 5, S. 36) werden die Blutgefäße dabei unterstützt, das Blut zurück zum Herzen zu transportieren.

Steht die Muskelpumpe bei langem Stehen ohne Bewegung in den Beinen still, gelangt nur noch ein Teil des Blutes zum Herzen, der Rest drückt in die Blutgefäße (oberflächliche Venen). Diese dehnen sich dadurch aus. Es können sogenannte Krampfadern entstehen (siehe Bild 1).

Nach einem langen Tag sind die Beine abends schwer, geschwollen und schmerzen.

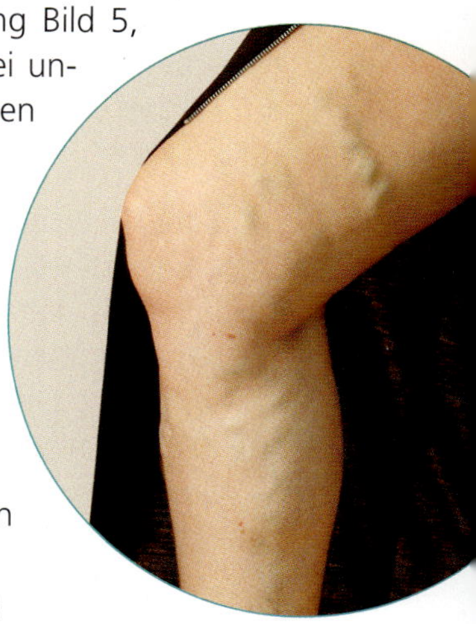

Bild 1 *Krampfadern*

Die Friseurin kann etwas dagegen tun. Einige Tipps für den Arbeitsalltag:

- Öfter mal das Gewicht vom linken auf das rechte Bein verlagern und umgekehrt. Oder, von der Fußspitze auf die Ferse wechseln und umgekehrt (siehe Bild 5, S. 36)
- In den Pausen die Füße hochlagern, die Schuhe ausziehen und die Fußsohlen massieren.
- Ein regelmäßiger Bewegungsausgleich in der Freizeit und das Hochlegen der Beine unterstützen die Stärkung und Regeneration der Muskulatur.
- Stützstrümpfe aus dem Fachgeschäft zur mechanischen Unterstützung der Muskelpumpe tragen.

Stressfaktoren im Berufsleben	Folgen
• Private und berufliche Konflikte • Unklare Arbeitsaufträge und Erwartungen • Termindruck/Hektik • Schlechtes Arbeitsklima • Überforderung durch Übertragung neuer Aufgabengebiete • Unregelmäßige Pausen • Schlechte Vereinbarkeit von Familie/Freundeskreis und Beruf • Fehlender Ausgleich zum Arbeitsalltag • Belastungen durch persönliche Probleme der Kunden	**Direkte Stressfolgen:** • Spannungsgefühl • Innere Unruhe • Angst • Ärger • Frustration **Langfristige Stressfolgen:** • Schlaflosigkeit • Krankheit

Tabelle 1 *Ursachen für Stress und mögliche Folgen*

Bewegungsformen und Körperhaltung	Beispiel-Tätigkeiten im Friseursalon
Statische und dynamische Schulter- und Armarbeit	Föhnen, Schneiden, farbverändernde Maßnahmen, formverändernde Maßnahmen, Kopfmassage, Lagerarbeiten, Reinigungstätigkeiten
Stehen	Anreichen von Gegenständen, alle Tätigkeiten am Kunden, die nicht mithilfe von Stehhilfen durchgeführt werden können, Beobachtungen verschiedener Techniken im Rahmen der Ausbildung
Gebücktes Stehen	Vorwärts- und Rückwärtshaarwäsche

Tabelle 2 *Körperliche Belastungsmuster im Friseurberuf*

- Bei erhöhter familiärer Neigung zu Thrombose das Rauchen und die gleichzeitige Einnahme von hormoneller Kontrazeption (Pille) vermeiden.
- Keine Schuhe mit hohen Absätzen tragen.
- Bei Übergewicht sollte das Gewicht reduziert werden.
- Tägliches Ausstreichen der Beine in Richtung des Herzens.

Nicht nur die Beine, auch die Füße werden durch langes Stehen belastet. Ein gesunder Fuß verfügt über ein gewölbtes Fußskelett, das durch Muskeln, Sehnen und Bänder zusammengehalten wird. Durch eine stehende Arbeitshaltung wird das Fußgewölbe stark belastet.

Um ein Durchdrücken zu vermeiden und dem sogenannten Senkfuß vorzubeugen, sollten geeignete Schuhe getragen werden. Regelmäßig sollten die Schuhe zur Unterstützung der Fußgesundheit gewechselt werden. Also am besten ein zweites Paar Schuhe im Salon vorhalten.

Sind ausgleichende Übungen während der Arbeitszeit oder in den Pausen nicht möglich und ist längeres Stehen unvermeidbar, sollte zur Entlastung des Rückens und der Füße die richtige Haltung im Stehen eingenommen werden. Das „richtige Stehen" gehört zu den Grundvoraussetzungen für einen rückenschonenden Arbeitsalltag.

Das rückenentlastende Stehen

Anhand folgender Checkpunkte kann man kontrollieren, ob beim Arbeiten eine rückenentlastende Stehposition eingenommen wird:

- Der Kopf ist gerade in Verlängerung der Wirbelsäule. Man stelle sich vor, durch die Körpermitte verläuft eine Kordel und das Ende wäre über dem Kopf zum Beispiel an der Decke befestigt.
- Das Becken wird leicht nach vorne gekippt.
- Die Kniegelenke und das Hüftgelenk sind leicht gebeugt, wobei die Knie senkrecht über den Füßen stehen sollten.
- Die Füße stehen etwa hüftbreit auseinander. Dabei besteht voller Bodenkontakt der Füße im „Dreipunkt-Kontakt": Fersen-, Großzehen- und Kleinzehenballen sind gleichmäßig belastet.

Die gebückte Arbeitshaltung

Für gebückte Arbeitshaltungen, wie z. B. das Arbeiten am Rückwärtswaschbecken, gilt, dass der Oberkörper nicht über die Rückwand des Waschbeckens gekrümmt werden darf. Der Rücken sollte stabilisiert werden und der Kopf verbleibt in Verlängerung der Wirbelsäule. Der Rücken bleibt also in aufrechter Position, nur das Becken wird gebeugt und die Fußstellung verändert sich. Kontrollkriterien sind:

- Fester Stand in der Schritt- oder Grätschstellung, die Knie und vor allem die Hüfte leicht gebeugt (Bild 2).

Das „richtige Stehen" und die Beugung mit geradem Rücken sind Idealhaltungen, die häufig als ungewohnt und anstrengend beschrieben werden. Das lässt sich dadurch erklären, dass diese Bewegungsabläufe noch nicht ausreichend trainiert sind. Es wird aber im Laufe der Zeit zur Gewohnheit und zu einer echten Entlastung der Wirbelsäule und der Füße.

Bild 1 *Arme ausschütteln (Quelle: IKK-Nordrhein)*

Bild 2 *Ergonomische Arbeitshaltung am Waschbecken (Quelle: IKK-Nordrhein)*

Bild 3 *Kopfseitneigen (Quelle: IKK Nordrhein)*

Bild 4 *Dehnung der Beinmuskulatur (Quelle: IKK Nordrhein)*

Bild 5 *Übung zum Zehenstand (Quelle: IKK-Nordrhein)*

2.5.3 Ernährung im Friseurberuf

Um beruflich leistungsfähig und gesund zu bleiben, sollte man verschiedene Regeln beachten: Ernährung sollte ausgewogen, abwechslungsreich und vollwertig sein. Abends vorbereitete Mahlzeiten, können am nächsten Tag mit zur Arbeit genommen werden.

Das Essen sowie die Pause während der Arbeitszeit darf in Ruhe genossen werden.

Eine vielseitige und bewusste Ernährung gibt Energie. Nährstoffe (Eiweiß, Fett, Kohlenhydrate) sowie Vitamine und Mineralstoffe verbessern die Leistungsfähigkeit des Körpers. Eine ausreichende Menge an Flüssigkeit (täglich am besten mindestens 1,5 Liter Wasser) machen den Speiseplan komplett.

Bild 1 *DGE-Ernährungskreis®*
(Copyright: Deutsche Gesellschaft für Ernährung e. V., Bonn)

Bild 2 *Beispiel für eine leichte Zwischenmahlzeit*

Der Ernährungskreis der **Deutschen Gesellschaft für Ernährung e.V. (DGE)** dient als Wegweiser für eine vollwertige Ernährung. Er teilt das reichhaltige Lebensmittelangebot in sieben Gruppen ein und erleichtert so die tägliche Lebensmittelauswahl. Je größer ein Segment des Kreises ist, desto größere Mengen sollten aus der Gruppe verzehrt werden. Lebensmittel aus kleinen Segmenten sollten dagegen sparsam verwendet werden. Für eine abwechslungsreiche Ernährung sollte die Lebensmittelvielfalt der einzelnen Gruppen genutzt werden. (© DGE, Bonn)

Die 10 Regeln der DGE (Deutsche Gesellschaft für Ernährung e.V., Bonn)

Vollwertig essen und trinken hält gesund, fördert Leistung und Wohlbefinden.
Wie sich das umsetzen lässt, hat die Deutsche Gesellschaft für Ernährung auf Basis aktueller wissenschaftlicher Erkenntnisse in 10 Regeln formuliert.

1. Lebensmittelvielfalt genießen

Nutzen Sie die Lebensmittelvielfalt und essen Sie abwechslungsreich. Wählen Sie überwiegend pflanzliche Lebensmittel.
Kein Lebensmittel allein enthält alle Nährstoffe. Je abwechslungsreicher Sie essen, desto geringer ist das Risiko einer einseitigen Ernährung.

2. Gemüse und Obst – nimm „5 am Tag"

Genießen Sie mindestens 3 Portionen Gemüse und 2 Portionen Obst am Tag. Zur bunten Auswahl gehören auch Hülsenfrüchte wie Linsen, Kichererbsen und Bohnen sowie (ungesalzene) Nüsse
Gemüse und Obst versorgen Sie reichlich mit Nährstoffen, Ballaststoffen sowie sekundären Pflanzenstoffen und tragen zur Sättigung bei. Gemüse und Obst zu essen, senkt das Risiko für Herz-Kreislauf- und andere Erkrankungen.

Fortsetzung nächste Seite

3. Vollkorn wählen

Bei Getreideprodukten wie Brot, Nudeln, Reis und Mehl ist die Vollkornvariante die beste Wahl für Ihre Gesundheit.

Lebensmittel aus Vollkorn sättigen länger und enthalten mehr Nährstoffe als Weißmehlprodukte. Ballaststoffe aus Vollkorn senken das Risiko für Diabetes mellitus Typ 2, Fettstoffwechselstörungen, Dickdarmkrebs und Herz-Kreislauf-Erkrankungen.

4. Mit tierischen Lebensmitteln die Auswahl ergänzen

Essen Sie Milch und Milchprodukte wie Joghurt und Käse täglich, Fisch ein- bis zweimal pro Woche. Wenn Sie Fleisch essen, dann nicht mehr als 300 bis 600 g pro Woche.

Milch und Milchprodukte liefern gut verfügbares Protein, Vitamin B und Calcium. Seefisch versorgt Sie mit Jod und fetter Fisch mit wichtigen Omega-3-Fettsäuren. Fleisch enthält gutverfügbares Eisen sowie Selen und Zink. Fleisch und insbesondere Wurst enthalten aber auch ungünstige Inhaltsstoffe.

5. Gesundheitsfördernde Fette nutzen

Bevorzugen Sie pflanzliche Öle wie Rapsöl und daraus hergestellte Streichfette. Vermeiden Sie versteckte Fette. Fett steckt oft „unsichtbar" in verarbeiteten Lebensmitteln wie Wurst, Gebäck, Süßwaren, Fast-Food und Fertigprodukten.

Pflanzliche Öle liefern, wie alle Fette, viele Kalorien. Sie liefern aber auch lebensnotwendige Fettsäuren und Vitamin E.

6. Zucker und Salz einsparen

Mit Zucker gesüßte Lebensmittel und Getränke sind nicht empfehlenswert. Vermeiden Sie diese möglichst und setzen Sie Zucker sparsam ein. Sparen Sie Salz und reduzieren Sie den Anteil salzreicher Lebensmittel. Würzen Sie kreativ mit Kräutern und Gewürzen.

Zuckergesüßte Lebensmittel und Getränke sind meist nährstoffarm und enthalten unnötige Kalorien. Zudem erhöht Zucker das Kariesrisiko. Zu viel Salz im Essen kann den Blutdruck erhöhen. Mehr als 6 g am Tag sollten es nicht sein. Wenn Sie Salz verwenden, dann angereichert mit Jod und Fluorid.

7. Am besten Wasser trinken

Trinken Sie rund 1,5 Liter jeden Tag. Am besten Wasser oder andere kalorienfreie Getränke wie ungesüßten Tee. Zuckergesüßte und alkoholische Getränke sind nicht empfehlenswert.

Ihr Körper braucht Flüssigkeit in Form von Wasser. Zuckergesüßte Getränke liefern unnötige Kalorien und kaum wichtige Nährstoffe. Der Konsum kann die Entstehung von Übergewicht und Diabetes mellitus Typ 2 fördern. Alkoholische Getränke sind ebenfalls kalorienreich. Außerdem fördert Alkohol die Entstehung von Krebs und ist mit weiteren gesundheitlichen Risiken verbunden.

8. Schonend zubereiten

Garen Sie Lebensmittel so lange wie nötig und so kurz wie möglich, mit wenig Wasser und wenig Fett. Vermeiden Sie beim Braten, Grillen, Backen und Frittieren das Verbrennen von Lebensmitteln.

Eine schonende Zubereitung erhält den natürlichen Geschmack und schont die Nährstoffe. Verbrannte Stellen enthalten schädliche Stoffe.

9. Achtsam essen und genießen

Gönnen Sie sich eine Pause für Ihre Mahlzeiten und lassen Sie sich Zeit beim Essen.

Langsames, bewusstes Essen fördert den Genuss und das Sättigungsempfinden.

10. Auf das Gewicht achten und in Bewegung bleiben

Vollwertige Ernährung und körperliche Aktivität gehören zusammen. Dabei ist nicht nur regelmäßiger Sport hilfreich, sondern auch ein aktiver Alltag, in dem Sie z. B. öfter zu Fuß gehen oder Fahrrad fahren.

Pro Tag 30 bis 60 Minuten moderate körperliche Aktivität fördern Ihre Gesundheit und helfen Ihnen dabei, Ihr Gewicht zu regulieren.

Unter Ergonomie versteht man die Optimierung der Arbeitsbedingungen des Menschen am Arbeitsplatz. Dazu gehören auch die Werkzeuge und die Beleuchtung, das Licht im Salon.

Ergonomische Aspekte zur Entlastung im Arbeitsalltag

- Verwendung von Arbeitshockern beim Haareschneiden.
- Bedienungsstühle sollten auf eine individuelle, körpergerechte Arbeitshöhe eingestellt werden können.
- Sicheres Schuhwerk anschaffen: geschlossen, in der richtigen Größe, keine hohen Absätze, rutschsichere, weiche Sohle.
- Ergonomische Körperhaltung bei allen Arbeiten einnehmen.
- Arbeitsgeräte (z. B. Haarschneidescheren mit beweglichem Daumenauge) unter ergonomischen Aspekten kaufen (Bild 1).
- Drehungen des Oberkörpers beispielsweise beim Föhnen vermeiden.
- Möglichst mit am Körper eng anliegenden Oberarmen arbeiten.
- Bürste und Föhn bei der Tätigkeit hin und wieder von einer in die andere Hand wechseln.

Auch außerhalb der Arbeitszeit sollte die Friseurin den Rückenproblemen durch entsprechendes Verhalten entgegenwirken:

- Auf gerade Haltung des Rückens achten.
- Gekrümmten Rücken vermeiden, stattdessen in die Knie gehen.
- Keine schweren Gegenstände heben.
- Sportarten wie Rückenschwimmen, Radfahren zur Entlastung der Bandscheiben bevorzugen.
- Rückengymnastik zur Stärkung der Rückenmuskulatur betreiben.

Die Lichtverhältnisse im Friseurbetrieb

Die richtige Beleuchtung ist auch ein wichtiger Bestandteil eines ergonomischen Arbeitsplatzes. Um optimal sehen zu können, benötigt der Salon ausreichend natürliches oder auch künstliches Licht. Die Räume sollten gleichmäßig gut beleuchtet sein, damit nicht ein ständiger Wechsel der Lichtverhältnisse die Augen zu sehr anstrengt.

Schlechtes Licht schadet nicht nur den Augen und erhöht die Unfallgefahr, sondern beeinträchtigt auch das Wohlbefinden von Mitarbeitern und Kunden. Tageslicht und geeignete Lichtquellen verbessern das Sehen und die Augen werden geschont.

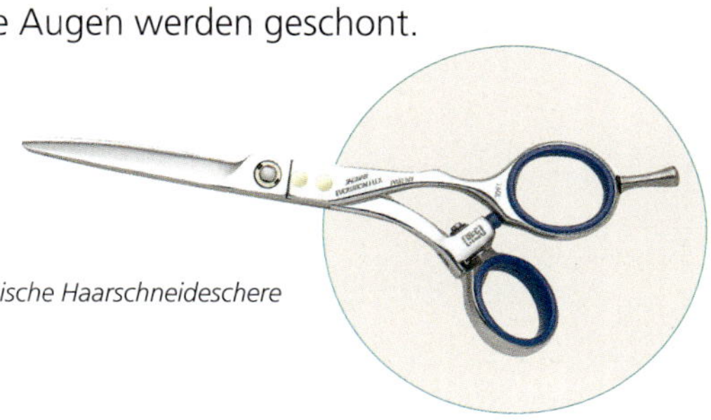

Bild 1 Ergonomische Haarschneideschere

2.6 Umweltschutz im Friseurberuf

Die Umweltschutzprobleme in Friseurbetrieben entstehen in der Regel durch große Mengen an Verpackungsmaterial (Kunststoffbehälter, Spraydosen, Umverpackungen etc.) und durch den Umgang mit Stoffen, die das Abwasser belasten (z. B. Dauerwellmitteln).

Alle Mitarbeiter des Salons sollten in den Bereichen Energie, Abfall, Verpackungen und Wasserverbrauch zu einem umweltfreundlichen Verhalten motiviert werden.

Hier einige Tipps zu umweltbewusstem Verhalten im Friseursalon:

- Arbeiten Sie mit Kanistern zum Abfüllen (sogenannten Großgebinden) und vermeiden Sie Verpackungsmüll durch viele kleine Portionspackungen.
- Bieten Sie Nachfüllsysteme für Shampoos und Haarspray an.
- Messen Sie den Verbrauch von Chemikalien möglichst genau ab. Damit entsteht wenig Restmüll.
- Verzichten Sie auf Umhänge, die man nur einmal benutzen kann.
- Entsorgen Sie den Müll richtig. Folgen Sie den Regeln der Mülltrennung.
- Geben Sie dem Lieferanten oder dem Hersteller die Verpackungen für den Transport zurück.
- Energie- und wassersparende Geräte anschaffen.
- Benutzen Sie Energiesparlampen für die Beleuchtung im Salon.
- Regeln Sie die Schaufensterbeleuchtung über eine Zeitschaltuhr.
- Öffnen Sie die Fenster für nur einige Minuten und lassen Sie diese nicht dauerhaft geöffnet (sogenannte „Stoßlüftung")
- Kaufen Sie für die Wasserhähne sogenannte Sparperlatoren zur Reduktion der Wasserdurchflussmenge. Diese verringern den Verbrauch von Wasser.
- Lassen Sie das Wasser nicht ohne Grund lange laufen.

Mathematik-Aufgaben

1. Eine Friseurmeisterin erhält von ihrem Lieferanten 12 Kartons mit jeweils 12 Dosen Haarspray zu je 500 ml. Der Rechnungspreis beträgt 648,00 €. Wie teuer ist eine Dose Haarspray?

2. Eine Auszubildende überprüft die Durchschrift eines Kassenzettels. Den Betrag für das Färben kann sie nicht entziffern.

Haarschnitt komplett	22,50 €
Färben	? €
Spezialkur	2,40 €
Shampoo	1,10 €
Gesamt	41,30 €

Wie viel kostet die Farbbehandlung?

3. Auf dem Kontoauszug eines Girokontos sind die folgenden Buchungen zu erkennen:

03.11.	Bestand	875,30 €
03.11.	Überweisung	620,00 €
18.11.	Scheckgutschrift	425,00 €
27.11.	Barauszahlung	250,00 €
27.11.	Überweisung	114,75 €
29.11.	Lastschrift	375,50 €
02.12.	Gehaltseingang	1074,50 €

a. Berechnen Sie, wie hoch das Guthaben oder die Kontoüberziehung am 30.11.war.

b. Wie hoch ist der augenblickliche Kontostand?

4. Friseurin Sabine übernimmt das Geschäft ihres Vaters. Sie möchte den Salon modernisieren und daher den Bodenbelag neu gestalten. Das Ladenlokal hat eine Länge von 12,75 m und eine Breite von 80 dm. Sie kauft Laminat zum Paketpreis von 32,70 €/m². Ein Paket reicht für eine Fläche von 2,6 m².

a Wie viel Pakete Laminat benötigt sie, um den gesamten Raum neu auszulegen?

b Wie hoch sind die Materialkosten?

c Es bleibt ein kleiner Rest an Laminat übrig. Wie viel ist dies und welchen Wert hat dieser Rest?

5. Ein Betrieb bestellt Schutzhandschuhe zum Preis von 10,30 € für 100 Stück. Dieser Vorrat reicht für 1 ¾ Monate. Wie viel Kosten entstehen für einen Handschuhvorrat von 7 Monaten?

Aufgaben

1. Erläutern Sie den Begriff »duales System«. Informieren Sie sich im Internet über die Friseur-Ausbildung in anderen EU-Ländern.

2. Informieren Sie sich im Berufsbildungsgesetz (BBiG) und listen Sie in einer Tabelle Rechte und Pflichten der Ausbildenden und Auszubildenden auf.

3. Informieren Sie sich im Internet über Ausbildungsmöglichkeiten im Bereich Maskenbildner und Kosmetikerin. Bringen Sie in Erfahrung, welchen schulischen Abschluss oder welche Grundqualifikationen man jeweils als Einstiegsvoraussetzung braucht. Unterscheiden Sie bei Ihren Recherchen weiterhin zwischen vollzeitschulischer Ausbildung und der Ausbildung im dualen System.

4. Erläutern Sie Reinigungs- und Desinfektionsmaßnahmen für Scheren und andere Werkzeuge, die Berufskleidung und die Arbeitsflächen.

5. Was unterscheidet das allergische Kontaktekzem vom Abnutzungsekzem? Erläutern Sie dabei die Vorgänge, die bei einem allergischen Kontaktekzem im Körper ablaufen.

6. Nennen Sie die häufigsten Unfallursachen im Salon. Tauschen Sie sich mit Ihren Mitschülerinnen darüber aus, zu welchen Unfällen es im Betrieb schon gekommen ist und wie man diese Unfälle hätte vermeiden können.

7. Sichten Sie die Tagesberichte der letzten Arbeitswoche in Ihrem Berichtsheft. Notieren Sie die praktischen Tätigkeiten, die Sie ausgeführt haben. Ermitteln Sie mithilfe des Hautschutzplanes, welche Handschuhe Sie für die jeweiligen Tätigkeiten tragen müssen.

8. Welche Maßnahmen ergreifen Sie im Salon unter den Aspekten des verantwortungsvollen Umweltschutzes. Tauschen Sie sich mit Ihren Mitschülerinnen aus.

9. Auszubildende Anja steht neben ihrer Kollegin Anke und gibt dieser Alufolie für Strähnen an. Dabei beobachtet Anja eine andere Kollegin, wie diese zum Skaten in die Mittagspause geht. Unbewusst wippt Anja mit den Füßen auf und ab. Die Kundin Frau Schmittberg beobachtet sie und fragt nach einiger Zeit, ob Anja nicht ruhig stehen bleiben könne oder es einen besonderen Sinn mache, dass sie sich bewege.
Was würden Sie der Kundin antworten?

Aufgaben PLUS

Brainstorming und Erstellung einer Rangfolge zur Bearbeitung im Unterricht/Lernfeld 1

Führen Sie ein Brainstorming zum Thema „Meine ersten Erfahrungen in der Ausbildung zur Friseurin/zum Friseur" durch und erarbeiten Sie daraus eine Rangfolge für die weitere Arbeit im Unterricht.

Dabei gelten folgende Regeln für die Durchführung des Brainstormings:

1. Es wird zügig und in Einzelarbeit gearbeitet; Jeder macht so viele Anmerkungen wie möglich.
2. Alle Gedanken sind relevant und werden gesammelt.
3. Alle Beiträge werden laut vorgestellt.
4. Nun wird in der Gesamtgruppe gemeinsam festgelegt, welche Fragen sich aktuell aus der Arbeitsphase ergeben haben und wie man diese unter Oberbegriffen zusammenfassen kann.

Nun hilft die Methode: RANKING LADDER zur Festlegung der Reihenfolge der Bearbeitung.

Die Ranking Ladder ist eine Visualisierungshilfe für die Auswertung und weitere Planung der Unterrichtsreihe. Nun werden die Themen auf den Sprossen angeordnet, in der Reihenfolge ihrer Bearbeitung

Aufgabenstellung:
Nehmen Sie zu folgenden Aussagen Stellung.

- „Na Klasse! Wieder keine Zeit zum Essen. Der kalte Kaffee hält mich auch nicht mehr fit."
- Immer nur Haare waschen...! Der Chef sagt: „Hautschutz ist wichtigstes Gebot in unserem Salon. Wer ohne Handschuhe wäscht bekommt Ärger".
- „So wenig Geld? Was ziehen die mir denn alles ab und wie soll ich davon bloß leben?!"
- „Oh man, heute Morgen bin ich kaum aus dem Bett gekommen. Gestern habe ich so lange gearbeitet. Und dazu diese elenden Rückenschmerzen."
- Wieder Stress mit der Gesellin. Die behandelt mich, als sei ich ihre Auszubildende/ Mitarbeiterin.

Methodentraining zur Concept Map (Begriffslandkarte):

Concept Maps sind „Begriffs-Landkarten". Sie sollen Ihnen bei der Wiederholung von Themen und beim Lernen für Klassenarbeiten und die Gesellenprüfung helfen. Begriffslandkarten zeigen welche Begriffe zu einem Thema gehören und was diese Begriffe miteinander zu tun haben oder wie sie zusammenhängen. Diese Methode kann am Ende eines jeden Lernfeldes angewendet werden.

Bei der Erstellung einer Begriffs-Landkarte sollte man sich an folgende Grundregeln und Arbeitsschritte halten.

Grundregeln

- Jeder arbeitet für sich alleine.
- Unterbrechen Sie das Sammeln von Begriffen nicht! Ein direktes Ordnen stört die Kreativität.
- Schreiben Sie alle Stichworte auf, die Ihnen zur Aufgabe einfallen, ohne diese zu beurteilen.
- Verwenden Sie auch Symbole und Bilder.

Arbeitsschritte

1. Listen Sie auf einem Extra-Blatt alle Stichworte auf, die Ihnen zum Thema „Hautschutz" einfallen. Nutzen Sie nach einer ersten gedanklichen Sammlung das Fachbuch, um weitere Begriffe zu ergänzen.
2. Notieren Sie von diesen Stichworten sogenannte Oberbegriffe auf kleine Karten (nur wenige) und legen Sie diese mit etwas Abstand zentral auf ein DIN A4- oder DIN A3-Blatt im Querformat.
3. Die Oberbegriffe, die zusammen passen, sollen nahe beieinander liegen. Kleben Sie die Karten auf und umranden Sie diese farbig.
4. Notieren Sie auf der Begriffslandkarte nun in der Nachbarschaft weitere Stichworte, die dazu passen.
5. Verbinden Sie nun die Begriffe, die miteinander in Zusammenhang stehen durch Pfeile.
6. Kommentieren Sie die Verbindungen und Pfeile mit einer kurzen, präzisen Beschreibung. Verwenden Sie dabei Verbindungsworte, wie z. B. „ist", „gehört zu", „ist Ursache von", „entsteht durch".
7. Lassen Sie sich nun die Begriffslandkarte eines Mitschülers, einer Mitschülerin erklären.
8. Stellen Sie Fragen, wenn Sie etwas nicht verstanden haben.

Hilft Ihnen diese Vorgehensweise bei der Vorbereitung einer Klassenarbeit oder der Gesellenprüfung? Diskutieren Sie mit Ihren Mitschülern und Ihrer Lehrperson.

3 English

SCENARIO

All about Anja: Anja is an apprentice hairdresser in the salon, Haargenau, situated in the city centre. They have a lot of English-speaking clients who come to the salon regularly to have their hair styled. There are also often tourists, who don't speak German but speak English, who come into the salon to have their hair done or to buy products.

3.1 A multi-lingual salon

Anja is in her first year of apprenticeship and so she has to welcome the clients, seat them and offer them something to drink. Anja had English lessons in school, but she sometimes still feels very unsure when she has to speak English. Frau Schmidt, the owner of the salon, lived in London for ten years and so she speaks English fluently and she encourages Anja to speak English.

Picture 1 *Anja*

Personal details of Anja:

Family name: Mahoula
First name: Anja
Adress: Richtenbergstraße 98
23095 Hamburg
Germany
Telephone: 0049-40-5476987095
Email: anja.mahoula@pinkmail.com
Date of birth: 10.10.2001
Place of birth: Hamburg
Nationality: German
Family: Mother: Hannah Mahoula
Father: Reza Mahoula
Sister: Ronja Mahoula
Start of apprenticeship: 2018
Completion of apprenticeship: 2021
Work place: Salon Haargenau
Frau Regine Schmidt
An der Alster 65
20087 Hamburg
Qualifications / Certificates: Visagistik-Diplom, Hamburg Make-up-Artist School; Diplom für Farb- und Stilberatung, Hamburg Make-up-Artist School
Professional skills and achievements: student contest for best hair colour, 2019, 1st place, fluent in English at B1 level; MS Word, Excel and PowerPoint (good knowledge); Facebook page for Salon Haargenau; client consultation forms and helpful phrases for performing client consultations in English
Shape of face: slightly round
Special head and face features: double chin
Eye colour: grey-blue
Complexion: pale
Hair colour: light blond with a golden shimmer
Hair growth patterns: cowlick
Height: 167 cm
Build: small
Type: classic
Tattoos: none
Piercings: none
Allergies: hay fever
Hobbies and interests: socializing with friends; surfing the internet; reading beauty and hairdressing magazines in English
Sign: libra
Favourite colour: black
Favourite meal: Spaghetti Bolognese
Favourite magazine: Vogue

Picture 2 *Personal details of Anja*

Your tasks

1. What are the tasks of an apprentice hairdresser in their first year of apprenticeship?
2. Answer the following questions:
   a) Who is Anja and how old is she?
   b) Where does she work?
   c) What do you know about her boss?
   d) Why is it important for Anja to speak English?
   e) When did she start her apprenticeship?
   f) What is special about Anja?
3. Create an identity card for yourself using Anja's as an example. Be sure to include all important information about yourself.
4. Discuss which information you think is important for you to know about your clients.

3.2 Describing the salon

As you know, this is the ground view (floor plan) of the salon where Anja works.

Notice:
In the U.S.A the term „toilet" is rarely used. It is more polite to say restroom or lavatory. The mixing area is also called mechanical area. And, finally, If you work in a posh salon , the styling area is probably called treatment area and your staff room might be called recreation area.

Your tasks

1. Look at the detailed ground plan on page 2–3. List all areas and rooms shown in the ground view.
2. What happens in these areas? Describe two activities for each area and room.
3. List all furniture found in these areas and search the internet or magazines for pictures of the furniture.
4. Draw a ground view of the salon where **you** work. Label the areas and the furniture.
5. Describe your salon to a classmate.

As a hairdresser you need a lot of tools and equipment.
Examples of tools are hairdressers' scissors, combs and brushes.
Examples of equipment are gowns to protect the client's clothes, protective gloves to protect the hairdresser's hands and towels to dry the client's hair after shampooing.

6. Search the internet or look through magazines for tools and equipment needed in a hairdressing salon. Make a list of names and pictures of the tools and equipment you found.

Presentation: "My own dream salon"

7. In groups of four design your own salon.
   - This could be a map or a model.
   - You could draw, cut and stick or model the furniture.
   - Make it special.
8. Present your results to the class:
   - Name all areas and the furniture in your salon.
   - Why did you design the salon like this?
   - What makes your salon special?

Lernfeld 2

Kontaktieren

Sie sollen sich zu Beginn Ihrer Ausbildung in erster Linie um den Empfang der Kundinnen kümmern. „Wichtig ist dabei vor allem, dass Sie dabei einen guten Eindruck bei den Kunden hinterlassen!“, ist der allgemeine Hinweis Ihres Chefs.

Informieren

Sie überlegen für sich selbst, welche Erwartungen mit Ihrer Aufgabe bzw. Rolle verbunden sind.

Verabschieden

Bei der Verabschiedung fragen Sie die Kundin freundlich, ob Sie ihr in den Mantel helfen dürfen. Anschließend begleiten Sie die Kundin zur Tür. Dort verabschieden Sie diese mit Namen und halten ihr als freundliche Geste die Tür auf.

Nachbereiten

Sie überlegen, ob Sie die Wirkung auf die Kundin hatten, wie es Ihr Chef vorgegeben hat: „Anfangs war ich etwas zögerlich und habe dadurch insgesamt vielleicht zu unsicher gewirkt. Doch je öfter ich den Kontakt mit den Kunden hatte, desto sicherer habe ich mich dabei gefühlt und auch gespürt, dass die Kundinnen mich als Ansprechpartner wahrgenommen und akzeptiert haben.“

Kunden empfangen und betreuen

Ausgangssituation analysieren

Die Erwartungen der Kunden richten sich zunächst auf:
- das äußere Erscheinungsbild
- die zwischenmenschlichen Umgangsformen
- die persönliche Einstellung zum Friseurberuf

Entscheiden

- Sie achten darauf, dass Sie mit einer sauberen und passenden Kleidung am Arbeitsplatz erscheinen. Auch Ihre Fingernägel sollten ordentlich und gepflegt sein. Besonderen persönlichen Wert sollten Sie auf die eigene Frisur legen, denn Kunden achten bei einer Friseurin gerade darauf.
- Ihr persönliches Verhalten sollte von Freundlichkeit und Offenheit geprägt sein. Schlechte Laune lässt sich vor den Kunden nicht verbergen lässt und diese darüber irritiert reagieren.
- Gehen Sie selbstbewusst auf die Kunden zu und vermitteln Sie so Sicherheit und Souveränität.

Handeln

Sie tragen sportliche und saubere Kleidung. Sie haben Ihre Haare modern und professionell gestylt.
Als die erste Kundin den Salon betritt, gehen Sie mit einem freundlichen Lächeln auf sie zu und erkundigen sich, ob Sie ihr aus dem Mantel helfen können. Anschließend begleiten Sie die Kundin zur Warteecke und sagen ihr, dass Sie die für sie zuständige Friseurin informieren werden.

Kunden empfangen und betreuen

In kaum einem anderen Beruf ist die Nähe zur Kundin so ausgeprägt und bedeutsam für deren grundsätzliche Zufriedenheit wie beim Beruf der Friseurin. Die Voraussetzung dafür schafft die Friseurin, wenn sie ihrer Kundin gegenüber von Beginn bis zum Abschluss der Behandlung ein freundliches sowie höfliches Verhalten an den Tag legt und sich bei der Betreuung respektvoll, hilfsbereit und zuvorkommend zeigt.
Auch bei der Beratung sind Erkennen und Einfühlen (Empathie) in die persönlichen Vorstellungen und Bedürfnisse der Kundin von besonderer Bedeutung. Die Umsetzung des Kundenwunsches erfordert nicht nur theoretisches Wissen, praktisches Können und Kreativität, sondern vor allem die Fähigkeit des guten Zuhörens.

Bild 1 *Freundlicher Umgang mit der Kundin*

Schließlich hängen gute Kundenorientierung und -bezogenheit auch von den individuellen Fähigkeiten ab, kundengerecht zu kommunizieren. Das bedeutet natürlich nicht nur, sich bei der Beschreibung von Dienstleistungen, Handlungsschritten oder Beratungsaspekten verständlich auszudrücken, sondern auch die alltäglichen Kommunikationssituationen im Salon kompetent zu regeln. Diese reichen von dem Telefonat zur Terminvergabe, dem Verkaufsgespräch über den Small Talk bis zu den Fachgesprächen unter Kolleginnen.

1 Die Rolle als Friseurin annehmen

SZENARIO

Wenn Kundinnen den Salon betreten, wissen sie manchmal nicht genau, was sie möchten oder was für sie das Beste ist. Sie erwarten von ihrer Friseurin eine fachkundige Beratung. Um eine qualifizierte Beratung durchführen zu können, bedarf es einer umfangreichen Fachkompetenz. Anja weiß, dass sie als Berufsanfängerin noch nicht über die erforderlichen Kompetenzen verfügt. Sie erhofft sich jedoch, dass sie schon bald grundlegende Fähigkeiten erwirbt und damit die Erwartungen der Kundin erfüllen kann. Über ihre Kolleginnen hat sie erfahren, dass neben dem erfolgreichen Abschluss der Berufsausbildung der regelmäßige Besuch von Seminaren und Fortbildungen notwendig ist. Hierdurch werden die Fähigkeiten und das Fachwissen einer Friseurin zusätzlich geschult und weiterentwickelt. Aber zunächst ist ebenso wichtig, dass ihr ein persönlicher Zugang zur Kundin gelingt und sie deren Vertrauen gewinnt. Das sind grundlegende Voraussetzungen dafür, dass die Friseurin von der Kundin deren umfassende Erwartung an die Dienstleistung sowie ihre ehrliche Einschätzung des Arbeitsergebnisses erfährt. Eine solch ausgeprägte Beziehungsstruktur hängt wesentlich von dem Persönlichkeitsbild der Friseurin ab. Dieses Bild ergibt sich aus dem äußeren Erscheinungsbild, dem Verhalten und ebenso der Fachkompetenz einer Friseurin.

1.1 Gesellschaftsnormen im beruflichen Zusammenhang

Unter gesellschaftlichen Normen versteht man Regeln, Maßstäbe und Verhaltensweisen, die allgemeingültig sind oder zumindest von den meisten Menschen als solche anerkannt und beachtet werden.

Normen gelten in den verschiedenen gesellschaftlichen Bereichen, wie z. B. im Recht, in der Religion, in der Politik, im sozialen Umfeld, im Beruf. Normen im beruflichen Umfeld der Friseurin sind z. B., dass eine gewisse Form der Hilfsbereitschaft gegenüber alten Menschen aufgebracht wird, dass Kunden höflich begegnet wird oder dass Respekt von jüngeren Menschen gegenüber älteren erwartet werden darf.

Auch die Art und Weise der Sprachverwendung ist im Salon in gewisser Weise normiert. Das bedeutet etwa, dass nicht nur richtiges Deutsch gesprochen werden muss, sondern dass Sprache auch situationsgerecht eingesetzt wird, also kundenbezogen. Bei diesen Beispielen werden in erster Linie zwischenmenschliche Verhaltensweisen als Normen beschrieben.

Ebenso wird auch das äußere Erscheinungsbild der Mitmenschen danach beurteilt, ob es normgerecht ist und somit in das allgemeine Erwartungsschema passt. Mit seinem Äußeren erzielt der Mensch also eine ganz bestimmte Wirkung. Das ist ihm nicht in jedem Moment bewusst. Viele Menschen vertreten außerdem den Standpunkt, dass der wahre Kern einer Person nicht an seinem Äußeren erkennbar ist und schon gar nicht daran fest gemacht werden sollte.

Die Wirklichkeit ist aber leider häufig anders. Der erste Eindruck, den wir vom Äußeren einer Person gewinnen, entscheidet vielfach darüber, ob überhaupt die Chance auf ein weiteres Miteinander besteht und wie die zwischenmenschliche Atmosphäre (Sympathie/Antipathie, Harmonie/Disharmonie, Nähe/Distanz, Offenheit/Verschlossenheit, Freundlichkeit/Unfreundlichkeit, Kälte/Wärme) angelegt wird. Bezüglich der Kleidung am Arbeitsplatz gilt z. B., dass sie ein bedeutsamer Gesichtspunkt bei der Selbstdarstellung des Betriebes ist. Grundsätzlich muss die Kleidung daher sauber und gepflegt sein. Farbflecken auf der Kleidung, Make-up auf dem Hemdkragen und verschmutzte Schuhe stehen dem Anspruch der Kundin auf kompetente Beratung hinsichtlich Pflege und Schönheit entgegen. Zudem könnte bei der Kundin möglicherweise das beunruhigende Gefühl aufkommen, dass auch bei der Arbeitsausführung die notwendige Sauberkeit und Sorgfalt nicht aufgebracht werden.

Bestehen hinsichtlich der Einheitlichkeit von Kleidung betriebliche Absprachen, so sind diese unbedingt einzuhalten. Ein einheitliches Auftreten der Mitarbeiter unterstreicht den Teamgedanken, vermittelt Harmonie, Stärke und Zusammengehörigkeit und schafft bei den Kundinnen Vertrauen.

Auch die persönliche Körperpflege sollte ein absolutes Muss für jede Mitarbeiterin sein. Mangelnde Körperhygiene passt in keiner Weise zum Profil des Körperpflegeberufes. Intensiver Geruch aus den Achselhöhlen oder dem Mund ist für jede Kundin, zu der eine berufsbedingte Nähe eingenommen werden muss, eine Zumutung. Daher müssen Mitarbeiter, die derartige „Duftnoten" verbreiten, selbstverständlich darauf aufmerksam gemacht werden. Gleiches gilt auch für den Fall verschmutzter und unfrisierter Haare sowie ungepflegter Nägel, die nicht geformt, vielleicht eingerissen oder gar abgekaut sind und bei denen der Nagellack absplittert.

Betriebliche Normen stellen folglich die Rahmenbedingungen dar, unter denen die optimale Funktionalität des Unternehmens gesichert ist. Daher müssen diese Regeln unbedingt eingehalten werden. Werden sie missachtet, führt das zur Sanktionierung (Bestrafung). Umgekehrt wird das Befolgen der Regeln mehr oder weniger offen belohnt. Im Salon fördert ihre Beachtung die positive Grundhaltung und Einstellung der Mitarbeiter untereinander und wirkt sich dadurch ebenfalls positiv auf das Verhältnis zur Kundin aus.

1.2 Erscheinungsbild der Friseurin

Für ihre Kundinnen hat die Friseurin eine Vorbildfunktion. Wenn eine Kundin den Salon betritt und noch eine kurze Zeit in der Warteecke Platz nimmt, ist der erste Eindruck, den die Friseurin der Kundin vermittelt, enorm wichtig. Er ist oft mitentscheidend für Vertrauen und Sympathie. Daher muss die Friseurin verstärkt auf ihr äußeres Erscheinungsbild achten.

In den Salons gibt es unterschiedliche Einstellungen zur Berufskleidung. In vielen besteht eine salonspezifische Kleiderordnung, z. B. bestimmte Farben und Formen, in anderen Salons dürfen die Mitarbeiter ihre Berufskleidung ohne Vorgaben auswählen. In jedem Fall ist es wichtig, dass die Berufskleidung immer gepflegt und zweckmäßig ist und dass sie dem Typ und dem Alter der Friseurin entspricht. Bedingt durch den täglichen Umgang der Friseurin mit Kundinnen ist die Körperpflege ebenso wichtig wie die Kleidung. Gepflegte Zähne und angenehmer Mundgeruch sind genauso selbstverständlich wie gepflegte Hände und Fingernägel. Für viele Kundinnen ist die Frisur, manchmal auch das Make-up, einer Friseurin ausschlaggebend für den eigenen Frisurenwunsch. Viele Kundinnen bekommen durch das Aussehen der Friseurin Impulse und Anregungen, aber auch eine bessere Vorstellung von ihrer Wunschfrisur. Da sich der Friseurberuf stets mit Mode und Trends auseinandersetzt, sollte die Friseurin ihr Make-up, ihre Frisur und Kleidung zwar typgerecht, aber auch nach modischen Gesichtspunkten auswählen (Bild 1).

Bild 1 *Der erste Eindruck*

1.3 Umgangsformen der Friseurin

Gute Umgangsformen der Friseurin beeinflussen nicht nur das Betriebsklima, sondern auch das tägliche Miteinander von Kundin und Friseurin positiv. Dazu zählen:

- Freundlichkeit
- Taktgefühl
- Höflichkeit
- Etikette
- Verschwiegenheit
- Gestik und Mimik

Vieles lässt sich durch gute Umgangsformen einfacher erreichen. Werden im Salon gewisse Spielregeln von den Mitarbeitern untereinander eingehalten, verbessert dies die Atmosphäre im Salon. Diese Spielregeln setzen auch einen respektvollen Umgang mit Vorgesetzten voraus.

Das freundliche Miteinander des gesamten Salonteams wird von den Kundinnen als angenehm empfunden. Die Umgangsformen müssen natürlich auf die Kundin und die Situation abgestimmt sein. Für die Friseurin bedeutet es, dass sie ein gewisses Maß an Flexibilität besitzen muss. Ihr Verhalten gegenüber Kundinnen, Kolleginnen oder Vorgesetzten sollte sie von den Antworten auf diese fünf Fragen abhängig machen:

- Wie sage ich etwas meinem Gegenüber?
- Wie antworte ich meinem Gegenüber?
- Wie bitte ich mein Gegenüber um etwas?
- Wie mache ich meinem Gegenüber etwas verständlich?
- Wie kann ich mein Gegenüber überzeugen?

Unter Berücksichtigung dieser vielen „Wie" wird der tägliche Umgang miteinander erleichtert.

1.4 Einstellung zum Friseurberuf

Die persönliche Einstellung zum Friseurberuf ist wichtig für den Erfolg. Dabei sollte man nachfolgende Aspekte berücksichtigen:

Einstellung zu sich selbst

Eine positive Einstellung zu sich selbst wird geprägt durch:

- Optimismus
- Gelassenheit
- Sicherheit
- Kritikfähigkeit
- Glaubwürdigkeit

Diese Eigenschaften stärken das Selbstbewusstsein der Friseurin, unterstreichen ihre positive Ausstrahlung und Überzeugungskraft. Sie haben einen bedeutenden Einfluss auf die Kommunikation, das Beraten und Verkaufen von Dienstleistungen oder Produkten. Die Friseurin wird als Fachfrau und Expertin für gepflegte Haare und schönes Aussehen von den Kundinnen akzeptiert.

Auch das offene Verhalten gegenüber den Kundinnen, den Kolleginnen oder den Vorgesetzten wird durch ein gesundes Selbstbewusstsein gefördert. Eine negative Einstellung zu sich selbst kann durch folgende Punkte geprägt sein:

- Pessimismus
- Ängstlichkeit
- Unsicherheit
- Zweifel
- Ungeduld

Sie mindern das Selbstwertgefühl, meistens sind Fehler in der Beratung und Behandlung der Kundinnen vorprogrammiert.

Diese Misserfolge können eine Friseurin verunsichern, oft entwickelt sich für sie daraus Verschlossenheit und Misstrauen.

Versucht eine Friseurin, ihre Unsicherheit zu verbergen, wird dies leicht von den Kundinnen als arrogantes Verhalten empfunden. Ebenso wenig darf die Friseurin

Bild 1 Ungepflegtes Erscheinungsbild der Friseurin

Bild 2 Gepflegtes Erscheinungsbild der Friseurin

Bild 3 Gute Umgangsformen

ihre Unsicherheit gegenüber der Kundin zeigen, sonst verliert diese ihr Vertrauen in eine fachgerechte Behandlung. Für Erfolg im Beruf ist es daher besonders wichtig, an einem gesunden Selbstbewusstsein zu arbeiten.

Einstellung gegenüber den Kundinnen

Ebenso wie die Einstellung zu sich selbst ist die Einstellung der Friseurin gegenüber den Kundinnen für eine gute Kommunikationsebene von besonderer Bedeutung. Eine positive Einstellung zu Kundinnen zeichnet sich durch folgende Charaktereigenschaften aus:

- Freude am Umgang mit Menschen und deren Problemen
- Hilfsbereitschaft
- Geduld
- Ehrlichkeit
- Empathie (Einfühlungsvermögen)

Diese Eigenschaften sind wichtig für ein erfolgreiches Beratungs- und Verkaufsgespräch. Sie ermöglichen ein vertrauensvolles Verhältnis zur Kundin, lassen aus einer Neukundin eine Stammkundin werden und bringen der Friseurin die Anerkennung als Problemlöserin.

Eine negative Einstellung zu Kundinnen kann durch folgende Eigenschaften zum Ausdruck kommen:

- Antipathie
- Desinteresse
- Ungeduld
- Unzureichende Konfliktfähigkeit

Wenn die ersten drei Punkte bei einer Friseurin sehr stark ausgeprägt sind, sollte sie die Ursachen erforschen und an ihrer Persönlichkeit arbeiten. Sind es Konflikte, die sie in ihrer täglichen Arbeit behindern, so sollte auch hier die Ursache erforscht werden. Dabei können die Ursachen für Unzufriedenheit auf verschiedenen Ebenen zu finden sein:

- Im privaten Bereich
- Im Verhältnis zu Kolleginnen und Kollegen
- Im Verhältnis zu der Vorgesetzten
- Im Verhältnis zur Kundin

Erst das Erkennen der Ursachen für die persönliche Unzufriedenheit und deren Beseitigung ermöglichen es der Friseurin, wieder gute Leistungen im Salon zu erbringen.

Einstellung zur Dienstleistung und Ware

Die Einstellung der Friseurin zu den Dienstleistungen und zur Ware im Salon muss positiv sein, damit sich ein erfolgreiches Verkaufsgespräch ergeben kann. Wichtige Voraussetzungen sind:

- Trend- und Modekenntnisse
- Spaß am Frisieren und Gestalten
- Einsatz der entsprechenden Produkte zur hilfreichen Unterstützung
- Kenntnisse der Inhaltsstoffe, Eigenschaften und Zweckmäßigkeit ihrer Anwendung

Nur wenn die Friseurin von den Dienstleistungen und Produkten im Salon überzeugt ist, kann sie ihre Kundinnen entsprechend beraten und behandeln, ihnen darüber hinaus wertvolle Tipps für die Pflege und das Styling zu Hause geben.

Um diese Überzeugungskraft zu erlangen, sollte die Friseurin neuen Trends und neuer Mode gegenüber aufgeschlossen sein und sie tragbar für ihre Kundinnen präsentieren. Die Kundinnen müssen merken, dass die Friseurin gerne kreativ und gestalterisch tätig ist und die im Salon angebotenen Produkte bei sich selbst anwendet. Nur so können sie zu der Überzeugung gelangen, dass sie mit den neuesten Techniken und Produkten versorgt werden sowie hilfreiche und wertvolle Tipps für das Styling zu Hause erhalten.

Auf keinen Fall sollte die Friseurin auf negative Aspekte mit Techniken und Produkten, die vom Grundsatz her unbedeutend sind, hinweisen. Solche Anmerkungen könnten nicht nur eine Verunsicherung der Kundin zum Beratungsangebot bewirken, sondern letztlich das Ziel einer erfolgreichen Beratung – den Verkauf von Dienstleistungen und/ oder Produkten – scheitern lassen.

Bild 1 *Freude am Umgang mit Menschen*

Bild 2 *Genaue Produktkenntnisse*

Bild 3 *Engagierte Produktberatung gegenüber der Kundin*

2 Die Kundin im Friseursalon

SZENARIO

Zu Beginn ihrer Ausbildung wurde Anja von ihrer Chefin Frau Müller darüber aufgeklärt, dass die Kundinnen von ihrer Friseurin viel erwarten, wenn es um schönes Aussehen und Wohlbefinden geht. Sie setzen absolutes Vertrauen in die Friseurin und bauen darauf, nicht enttäuscht zu werden. „Daher müssen Sie ständig an sich arbeiten – auch schon als Berufsanfängerin – und in den Bereichen „Persönlichkeit", „Kommunikation", „Kundenumgang", „Mode und innovative Techniken" ein eigenes Profil entwickeln", appelliert die Meisterin.

Bild 1 *Kundenempfang*

2.1 Kundenempfang

Die Kundin wird sofort, wenn sie den Salon betritt, von der Rezeptionistin oder der Friseurin angesprochen und begrüßt. Beim Kundenempfang kann die Friseurin folgendermaßen vorgehen:

- Blickkontakt zur Kundin herstellen und halten, denn mit offenem Blick kann man den Blick der Kundin festhalten.
- Positive Gefühle bei der Kundin wecken, indem man eine freundliche Grundeinstellung zeigt.
- Kundin nicht hilflos im Salon stehen lassen.
- Eine angenehme Atmosphäre schaffen, in der sich die Kundin wohlfühlt (Mantel abnehmen, Platz anbieten, Zeitschriften oder Frisurenbücher reichen, Getränk anbieten).

Eine Stammkundin sollte mit ihrem Namen angesprochen werden. Diesen kann die Friseurin bei ihren Kolleginnen erfragen oder bei einer angemeldeten Kundin vorher in der Kundenkartei nachsehen. Die Anrede der Kundin mit ihrem eigenen Namen ist für viele Kundinnen wichtig und sollte deshalb zu den guten Umgangsformen einer Friseurin gehören.

Wenn die Kundin den Namen der Friseurin nicht kennt, muss sich die Friseurin vorstellen. Anschließend hilft sie der Kundin aus dem Mantel und bietet ihr einen Platz an.

Dabei sollten Sie mit einer hinweisenden Geste der Kundin die Richtung angeben. Eine höfliche Form der Aufforderung gelingt, wenn Sie die rhetorische Frage verwenden, z. B.: „Würden Sie bitte dort drüben Platz nehmen?"

Wenn eine Kundin warten muss, ist es wichtig, dass Sie ihr mitteilen, wie lange die Wartezeit dauern wird. Diese Zeit kann man durch Serviceleistungen, wie z. B. Getränke, frisches Obst, Zeitschriften, Frisurenbücher, überbrücken.

2.2 Erhebung von Kundendaten

Wenn eine Friseurin von der Kundin Daten erhebt, dann hat das den Grund, dass dadurch zwei Aspekte für das Verhältnis Kunde und Betrieb verbindlicher geregelt werden können. Diese Aspekte sind im Einzelnen:

- Kundenkontakt
- Fachliche Betreuung

Kundenkontakt

Hierbei geht es um die Möglichkeiten des Betriebes, die Kundin persönlicher wahrzunehmen. Dies gelingt beispielsweise durch die Ermittlung des Kundennamens, mit dem die Kundin bei zukünftigen Besuchen im Betrieb direkter angesprochen werden kann. Außerdem wird durch die persönliche Ansprache eine Vertrauensbasis geschaffen, die für einen Austauschen von Wünschen, Anregungen und ehrlichen Einschätzungen hinsichtlich der Dienstleistungsergebnisse förderlich sein kann. Durch die Nutzung von Geburtsdaten hat der Betrieb ebenfalls die Gelegenheit, bei der Übermittlung von Glückwünschen oder kleinen Präsenten das zwischenmenschliche Verhältnis zu intensivieren und ein höheres Maß an Kundenbindung zu erreichen. Wenn sich nach Terminansprachen im nachhinein Schwierigkeiten ergeben den vereinbarten Termin wahrzunehmen, können entsprechende Informationen über registrierte Telefon- oder Handynummern ausgetauscht werden.

Fachliche Betreuung

Die in der Kundenkartei erfassten Datenmaterialien zu Behandlungsarten, Rezepturen, Umsätzen sowie möglicherweise aufgetretenen Problemen bei der Kundin können zur planbaren Kundenzufriedenheit genutzt werden. Zudem sichern sie eine gleichbleibende Qualität der nachgefragten Dienstleistungen, da die Mitarbeiter auf Erfahrungswerte zurückgreifen können.

Mit Blick auf die zuvor dargestellten Gesellschaftsnormen gilt auch bei der Erhebung von Kundendaten die Einhaltung von Regeln:

- Bevor Kundendaten aufgenommen werden können, muss sich die Friseurin des Einverständnisses der Kundin versichern. Ratsam ist es in diesem Zusammenhang auch, auf die Notwendigkeit für diese Informationen hinzuweisen.
- Anschließend ist darauf zu achten, dass bei der Ermittlung der Informationen Diskretion gewahrt bleibt. Das bedeutet, dass sich die Kundin sicher sein darf, dass kein Dritter die mitgeteilten Angaben mitbekommt. Um diese Gefahr auszuschließen, können persönliche Angaben auch über einen Datenerfassungsbogen eingeholt werden, der von der Kundin persönlich ausgefüllt wird.
- Wenn die Daten schriftlich auf einer Karteikarte oder im Computer niedergelegt sind, müssen sie regelmäßig gepflegt werden. Das bedeutet, dass jede Behandlung im Datensatz erfasst wird und auch persönliche Änderungen – etwa eine neue Wohnanschrift oder andere Telefonnummern – aufgenommen werden.

2.3 Kundenbetreuung

Eine Betreuung der Kundinnen findet sowohl am Telefon als auch persönlich im Salon statt.

Die Friseurin sollte ihre Kundin unabhängig von Alter, Geschlecht, äußerem Erscheinungsbild, sozialer Schicht, Kundenwunsch und Besuchshäufigkeit betreuen. Sie muss beim Telefonieren stets freundlich und aufmerksam sein.

2.3.1 Betreuung am Telefon

In einigen Salons gibt es eine Rezeptionistin, die für die Bedienung des Telefons zuständig ist. In den meisten Salons muss jedoch die Friseurin zwischendurch zum Telefon gehen. Dies sollte jedoch nicht geschehen, wenn sie gerade eine Kundin bedient. Durch eine Unterbrechung der Behandlung erhält die Kundin leicht das Gefühl, dass sie unwichtiger ist als das Telefongespräch. Die Kundin im Salon geht immer vor. Trotzdem erfordert der Berufsalltag manchmal die Notwendigkeit, beiden Situationen – Kundenbetreuung vor Ort und am Telefon – gerecht zu werden. Dann ist es wichtig, der Kundin im Salon zu erklären, warum die Arbeit kurz unterbrochen werden muss. Außerdem erbittet die Friseurin dafür die Zustimmung. Beim anschließenden Telefonat fasst sie sich möglichst kurz.

Kehrt sie nach dem Telefonat zu der Kundin zurück, so sollte sie sich bei ihr für das aufgebrachte Verständnis bedanken. Privatgespräche sollten während der Arbeitszeit nur in ganz dringenden Fällen geführt werden.

Beim Telefonieren können sich die Gesprächspartner nicht sehen. Alle Informationen, die z. B. durch die Körpersprache vermittelt werden, kommen beim Empfänger nicht an. Deshalb sollte man etwas langsamer und deutlicher sprechen als in normalen Gesprächen.

Das wichtigste Ausdrucksmittel im Telefongespräch ist die Stimme. An ihr muss die Kundin erkennen, dass die Friseurin freundlich und aufmerksam ist. Ein kleines Hilfsmittel hierzu ist, während des Telefonierens zu lächeln.

Auch wenn die Kundin das Lächeln der Friseurin nicht sieht, so überträgt es sich doch auf die Stimme und wird von der Kundin wahrgenommen. Professionelles Telefonieren kann man leicht erlernen.

Bild 1 *Lächeln am Telefon*

Folgende Grundregeln sollten unbedingt beachtet werden:
- Seien Sie freundlich am Telefon.
- Lächeln Sie beim Telefonieren (s. S. 51 Bild 1).
- Melden Sie sich immer zunächst mit dem Salonnamen, dann dem eigenen Namen und einer festgelegten Begrüßungsformel am Telefon.
- Falls erforderlich, fragen Sie nach dem Namen des Anrufers.
- Im weiteren Gesprächsverlauf sollte der Anrufer mit seinem Namen angeredet werden.
- Erkundigen Sie sich nach dem Wunsch des Anrufers. Wichtige Informationen werden sofort notiert. Wenn der Anrufer einen Termin absagt oder verschiebt, bedanken Sie sich für den Anruf und bieten einen neuen Termin an.
- Bieten Sie einen Rückruf an, wenn Wünsche nicht direkt am Telefon erledigt werden können. Dafür wird die Telefonnummer erfragt und notiert.
- Wiederholen Sie zum Abschluss des Gespräches wichtige Dinge, damit Missverständnisse ausgeschlossen werden.
- Beenden Sie das Gespräch mit einer freundlichen Verabschiedung. Es ist gut, wenn Sie dabei noch einmal das Anliegen des Telefonpartners ansprechen oder sich bei ihm für den Anruf bedanken.

2.3.2 Betreuung der Kundentermine

Um die Wartezeit der Kundin zu verkürzen oder zu vermeiden, empfiehlt sich die Vergabe von Behandlungsterminen. Zusätzlich gewähren sie einen Überblick über den Tagesablauf, ermöglichen dadurch eine gleichmäßige Verteilung der Kundinnen am Tag und eine bessere Auslastung der Friseurin. Damit die Terminplanung für alle Mitarbeiter im Salon verständlich ist, sollten folgende Grundregeln beachtet werden:
- Die Terminwünsche der Kundin müssen berücksichtigt werden.
- Bei jeder Terminvereinbarung sollten Sie danach fragen, welche Wünsche die Kundin hat, von wem sie bedient werden möchte und unter welcher Telefonnummer sie eventuell zurückgerufen werden kann.
- Für regelmäßige Stammkundinnen sind Termine im Voraus einzutragen.
- Terminverschiebungen oder Terminstornierungen werden unmittelbar mit der betroffenen Kollegin besprochen und im Terminbuch vermerkt.
- Für die einzelnen Dienstleistungen sind festgelegte Blockzeiten einzutragen, wie z. B. Damenhaarschnitt 30 Minuten.
- Schon während der Behandlung sollten Sie mit der Kundin einen neuen Termin besprechen.
- Das Terminbuch sollte ordentlich und leserlich geführt werden.

2.3.3 Service an der Kundin

Allgemein versteht man unter Service Kundendienst, Bedienung sowie Kundenbetreuung. Im Friseurhandwerk hat der Service unterschiedliche Bedeutungen, wie z. B. die Tasse Kaffee, das Glas Sekt, die angenehme Salonatmosphäre, die Zeitschriften oder das kostenlose Nacharbeiten innerhalb einer bestimmten Frist. Diese Beispiele verdeutlichen auch, wie unterschiedlich die Auffassung von Service im Friseurhandwerk sein kann. Für die eine Kundin bedeutet Service die Art und Weise der Kundenbetreuung, für die andere sind es die Leistungen, die über die eigentlichen Friseurdienstleistungen hinausgehen.

Art und Weise der Kundenbetreuung

Unter erstklassigem Service verstehen die Kundinnen die vollständige Erfüllung ihrer Erwartungen. Die Erwartungshaltung der Kundin wird unter anderem geprägt durch:
- Bisher gemachte Erfahrungen
- Selbstdarstellung des Friseursalons
- Mündliche Empfehlungen
- Eigene persönliche Bedürfnisse

Bild 1 Angenehme Beratungsatmosphäre

Jede Kundin hat also, wenn sie den Salon betritt, eine vorgeformte Erwartungshaltung. Das bedeutet für die Friseurin, dass sie die Erwartungen und Wünsche ihrer Kundin sehr gut kennen muss. Ein hervorragender Service kann also nur dann geleistet werden, wenn die Friseurin ein intensives Beratungsgespräch führt. Als Ergebnis der Befragung fanden amerikanische Meinungsforscher folgende Kundenkriterien für Servicequalität heraus:

Zuverlässigkeit

Die Kundin erwartet von ihrer Friseurin ein Leistungsversprechen. Die Friseurin hat die Vereinbarungen, die sie mit der Kundin getroffen hat, pünktlich, präzise, zuverlässig und bedingungslos einzuhalten.

Entgegenkommen

Damit ist die Bereitschaft der Friseurin gemeint, auf die Kundin einzugehen, freundlich, sympathisch, ehrlich und hilfsbereit zu sein.

Einfühlungsvermögen

Die Friseurin sollte jeder Kundin Aufmerksamkeit und Verständnis entgegenbringen. Die Kundin muss sich verstanden und als Partnerin fühlen.

Souveränität

Die Friseurin sollte die Kundin durch ihre Fachkompetenz davon überzeugen, dass sie im richtigen Salon und in den besten Händen ist. Denn sie ist die Fachfrau, der die Kundin vertrauen kann.

Konkretes

Saloneinrichtung, Arbeitsmaterialien, technische Ausstattung, Hygiene, Schaufenster, Dekorationen, Außenfassade, Werbemittel und insbesondere das Erscheinungsbild der Friseurin und des gesamten Teams werden von der Kundin sehr bewusst wahrgenommen und prägen ihre Einstellung und Erwartung. Bei Beachtung und Einhaltung dieser Faktoren entwickelt sich sehr schnell aus der Neukundin eine Stammkundin. Fühlt sich die Kundin gleichgültig behandelt, so wird sie nicht wieder in den Salon zurückkommen. In ihren Augen stimmt dann der Service nicht mehr. Um dies zu vermeiden, sollte die Friseurin neben den aufgeführten Punkten folgende Grundregeln beachten:

- Jede Kundin muss als eigene Persönlichkeit wahrgenommen werden.
- Die Wünsche der Kundin müssen respektiert werden.
- Die Friseurin sollte der Kundin gut zuhören.
- Die Kundin muss möglichst genau über die voraussichtliche Warte- und Behandlungszeit informiert werden.
- Die Friseurin sollte der Kundin Arbeitsschritte, Präparate und Unterbrechungen erklären.
- Die Friseurin sollte ihre Vorbildfunktion bewusst wahrnehmen.

Leistungen, die über die eigentliche Dienstleistung hinausgehen

Um die Kundinnen über einen langen Zeitraum zu begeistern, muss sich die Friseurin immer wieder etwas Neues einfallen lassen. Viele nützliche Ideen hierzu erhält sie auch durch zufriedene Kundinnen. Deshalb sollte das Salonteam in regelmäßigen Zeitabständen die Serviceleistungen aktualisieren.

Zusätzliche Leistungen zur Dienstleistung können wie folgt sein:

- Jede Haarwäsche wird mit einer angenehmen Kopfmassage verbunden.
- Jede Kundin bekommt nach der Haarwäsche einen Turban gewickelt, damit sie nicht mit nassen Haaren im Salon sitzen muss.
- Während einer großen Behandlung bekommt jede Kundin eine Hand- und Fingermassage zum Entspannen.
- Jede Kundin wird gefragt, ob sie sich wohlfühlt oder ob sie etwas benötigt.
- Jede Kundin wird mit frischem Kaffee und Zeitschriften versorgt.

***Bild 1** Hand- und Fingermassage als Serviceleistung*

Bild 1 *Augenbrauen zupfen mit Faden als Serviceleistung*

- Für die Kundinnen steht immer ein Korb mit frischem Obst bereit.
- Nach dem Haarschnitt bekommt jede Kundin eine feuchtwarme Duftkompresse, damit die Arbeit mit dem Nackenpinsel entfällt.
- Jede Kundin erhält nach einer Frisurenveränderung ein kostenloses Service-Make-up.
- Bei Regenwetter wird die Kundin mit dem Schirm bis zum Auto begleitet.
- Kostenloses Seminar zum professionellen Föhnen.
- Wellness-Rasur für den Mann.
- Erinnerungsservice für regelmäßige Termine zur Dauerwelle oder Farbbehandlung.

Die Liste der zusätzlichen Serviceleistungen kann beliebig erweitert werden. Wichtig ist jedoch, dass dieser Service sowohl kunden- als auch salongerecht ist und kontinuierlich ausgeführt wird.

2.4 Kundenverabschiedung

Eine Kundin sollte immer freundlich verabschiedet werden, denn der letzte Eindruck wirkt noch lange nach. Wenn möglich, sollte die Friseurin die Kundin zur Rezeption bzw. Kasse begleiten.

Bevor die Kundin den Salon verlässt, sollte die Friseurin ihrer Kundin im Spiegel an der Rezeption noch einmal erklären, wie sie ihre Haare zu Hause pflegen und frisieren kann. Hier kann sich die Kundin abschließend von allen Seiten betrachten und die Friseurin erhält die letzte Gelegenheit zur Überprüfung, ob ihre Kundin wirklich zufrieden ist.

Danach sollte sie ihrer Kundin in den Mantel helfen und sie zur Tür begleiten. Dort wird die Kundin mit ihrem Namen verabschiedet und ihr die Tür aufgehalten. Erst nachdem sich die Kundin verabschiedet hat, darf sich die Friseurin einer neuen Kundin zuwenden.

Bild 2 *Verabschiedung der Kundin*

3 Kundencharaktere und Kundenpsychologie in der Beratungs- und Verkaufssituation berücksichtigen

SZENARIO

Anja hat im Laufe der noch recht kurzen Ausbildungszeit festgestellt, dass man die verschiedenen Kundinnen nicht alle über einen Kamm scheren kann. Mit manchen von ihnen kommt sie gut zurecht, sie sind verständnisvoll und nett, andere dagegen können ihr die Arbeit schon erheblich erschweren. Sie denkt dabei insbesondere an eine Person, der man gar nichts recht machen kann und die zudem sehr schnell ungehalten und aufbrausend wird. Ihre Kolleginnen sehen das auch so und haben sich damit bereits abgefunden. „Wir haben in unserem Beruf nun einmal mit den unterschiedlichsten Charaktertypen zu tun und haben irgendwann gelernt, wie wir uns am besten darauf einzustellen haben", trösten sie Anja.

3.1 Charaktertypen und Kundenpsychologie

Beratung muss typbezogen ausgerichtet sein. Das betrifft nicht nur das Äußere der Kundinnen, sondern schließt auch Kenntnisse über deren verschiedene Wesensarten ein.

Beschränkt man sich dabei auf wenige Merkmale, z. B. das Verhalten der Person, wird das Typisierung genannt. Es gibt unterschiedliche Typisierungen.

3.1.1 Charaktertypen nach Hippokrates und Galeanus

Schon in der Antike wurden Untersuchungen durchgeführt, bei denen das besondere Augenmerk den Verhaltensweisen und Charaktereigenschaften der Menschen galt. Hippokrates und Galeanus unterschieden vier Charaktertypen:

- Sanguinikerin, Phlegmatikerin, Melancholikerin, Cholerikerin

Bild 1 Die Sanguinikerin

Bild 2 Die Phlegmatikerin

Sanguinikerin (Bild 1)

Die **Sanguinikerin** entspricht nach Hippokrates und Galeanus dem Element Luft und dem Körpersaft Blut. Ihren Charakter beschreiben die Wissenschaftler als genussorientiert und oberflächlich. Als Kundin schätzt sie grundsätzlich die Dienstleistung beim Friseur, lässt sich gerne verwöhnen und sucht die Entspannung.

Kundenpsychologischer Beratungsaspekt

Der Sanguinikerin kommt es vermutlich auf Details und Spitzfindigkeiten in der Ausführung nicht so sehr an. Ebenfalls muss aus ihrer Sicht eine intensive und ausführliche Beratung nicht unbedingt erfolgen, entscheidend ist vielmehr ein zufriedenstellendes Gesamtergebnis.

Phlegmatikerin (Bild 2)

Die **Phlegmatikerin** wird mit dem Element Wasser und dem Körpersaft Schleim in Zusammenhang gebracht. Charakterlich präsentiert sie sich bequem und antriebsschwach. Für sie ist der Besuch beim Friseur eher ein notwendiges Übel.

Kundenpsychologischer Beratungsaspekt
Meist zeigt sie wenig Interesse an Veränderungsvorschlägen oder Empfehlungen für die Haar- und Kopfhautpflege. Auf die Frage „Haben Sie bestimmte Vorstellungen über die Frisurengestaltung?" wird wahrscheinlich die Antwort „Wie immer!" oder „Alles im Ganzen etwas kürzer." folgen. Mit viel Engagement geführte Verkaufs- oder Beratungsempfehlungen können aber auch bei diesem Typen zu dem gewünschten Erfolg führen.

Konkrete – mit der Kundin abgestimmte – Dienstleistungen – minimieren zudem Situationen, in denen sich aufgrund unterschiedlicher Erwartungen hinsichtlich der Gestaltungsgrundsätze und des tatsächlichen Arbeitsergebnisses Missstimmungen entwickeln. Der ansonsten scheinbar phlegmatischen Kundin ist dann doch nichts mehr gleichgültig und sie wird in einer bestimmten Weise Konsequenzen daraus ziehen. Daher darf die Friseurin niemals der Verlockung erliegen, den vermeintlich bequemeren Weg zu gehen und in ihrem Beratungsengagement nachzulassen.

Melancholikerin (Bild 1)

Der Melancholikerin werden das Element Erde und der Körpersaft schwarze Galle zugeordnet.

Das Wesen dieses Menschentyps zeichnet sich durch Schwermut und Introvertiertheit aus.

- **Kundenpsychologischer Beratungsaspekt**

Soll die Beratung auf diesen Typ abgestimmt werden, ist eine einfühlsame Vorgehensweise angezeigt.

Eine konsequent höfliche Distanz zur Kundin sollte eingenommen werden, denn eine unmittelbare und unangekündigte Berührung oder eine unverbindliche Ansprache werden von ihr als unangenehm empfunden.

Vor der Haar- und Kopfhautdiagnose wird das Einverständnis der Kundin eingeholt, zum Beispiel durch die Frage: „Darf ich mir zur Beurteilung des Ausgangszustandes Ihre Kopfhaut näher anschauen? Ich benötige diese Diagnoseergebnisse, um abschätzen zu können, inwieweit sich der Frisurenwunsch umsetzen lässt."

Das Diagnoseergebnis sollte sie eher in umschreibender Weise formulieren, z. B.: „Ihre Kopfhaut neigt zu einer verstärkten Talgproduktion."

Dies ist bei diesem Charaktertyp eher angebracht als die Äußerung: „Ihre Kopfhaut ist fettig!"

Cholerikerin (Bild 2)

Die Cholerikerin ist mit dem Element Feuer und dem Körpersaft gelbe Galle verbunden. Sie gilt als jähzorniger, aufbrausender, ungeduldiger und dominanter Typ.

Kundenpsychologischer Beratungsaspekt
Die Friseurin ist gut beraten, das Kundengespräch zielgerichtet, überlegt und selbstbewusst zu gestalten. Einwände dieser Kundin werden als konstruktive Beratungsaspekte aufgenommen und durch entsprechende Vorschläge zur Frisurengestaltung und für die Kosmetik bestätigt.

Durch regelmäßige Erläuterung und Kommentierung des momentanen Arbeitsprozesses versichert sich die Friseurin der Akzeptanz seitens der Kundin.

3.1.2 Kundentypen in der Verkaufs- und Beratungssituation

Jeder Kundenkontakt erfordert die Notwendigkeit abschätzen zu können, zu welcher Gruppe von Kundinnen die jeweilige Person gehört. Gemeint ist damit eine Typisierung nach dem spezifischen verbalen und nonverbalen Verhalten der Kundin in Verkaufs- und Beratungssituationen. Gelingt der Beraterin eine Zuordnung ihrer Kundin, ist es ihr möglich, sich schnell und effektiv in ihrer Erwartung, Denk- und Verhaltensweise auf die Person einzustellen. Das sichert den notwendigen Zugang und die Nähe zur Kundin und ist in der Regel Garantie dafür, dass die Beraterin mit ihren Angeboten erfolgreich ist.

Bild 1 *Die Melancholikerin*

Bild 2 *Die Cholerikerin*

Je nachdem, wie sich die Kundin auf das Verkaufs- und Beratungsangebot einlässt, repräsentiert sie einen bestimmten Kundentypus:

- Die Traditionelle
- Die Qualitätsbewusste
- Die Preisbewusste
- Die Skeptische
- Die Unsichere und Unentschlossene
- Die Eilige
- Die Bedächtige

Die Traditionelle (Bild 1)

Diese Kundin kennzeichnet eine herkömmliche, althergebrachte Lebens- und Denkweise, was sich unter anderem in einem klassischen bis konservativen Erscheinungsbild bezüglich Kleidung, Frisur und Schmuck zeigt. Ihr Augenmerk gilt insbesondere den Produkten einer besseren Qualität. Die Kundin ist bzw. gibt sich gewöhnlich sachkundig und hat eine klare Vorstellung von ihren Wünschen.

Kundenpsychologischer Beratungsaspekt

Eine Beratung wird nur bedingt gewünscht, da die Kundin im Grunde auf Art, Qualität und Umfang der Dienstleistungen festgelegt ist.

Das Beratungsgespräch erfüllt hierbei lediglich die Funktion, den Kundenwunsch aufzunehmen, zu bestätigen und zu unterstützen. Mit Probierangeboten im Rahmen eines besonderen Kundenservices kann in der Zukunft möglicherweise eine Änderung des Kundenwunsches angestoßen werden.

Die Qualitätsbewusste (Bild 2)

Diese Kundin tritt selbstbewusst und selbstsicher auf, bevorzugt eine moderne und hochwertige Kleidung und schätzt eine gepflegte Sprache. Die Gesprächsthemen sind überwiegend ernsthaft und anspruchsvoll.

Kundenpsychologischer Beratungsaspekt

Die Kundin erwartet ein gehobenes und zum Teil ausgefallenes Dienstleistungsangebot, hochwertige Produkte und ein ansprechendes Salonkonzept (Ambiente, Mitarbeiterstruktur, Kundenservice).

Sie weiß, dass hochwertige Leistungen auch ihren Preis haben. Die Kundenbetreuung und -beratung müssen engagiert und mit großer Aufmerksamkeit geführt werden. Es können hochpreisige Artikel angeboten werden. Wichtig ist, dass dabei Qualität und Nutzen besonders eindeutig herausgestellt werden. Die Kundin ist offen für zeitgemäße und moderne Frisurenempfehlungen, wenn dabei deutlich gemacht wird, inwieweit das ihren Persönlichkeitstyp unterstreicht.

Die Preisbewusste (Bild 3)

Diese Kundin möchte das Dienstleistungsangebot im gesamten Spektrum nutzen, entscheidet aber letztendlich nach preislichen Gesichtspunkten. Daher erwartet sie ein reelles Preis-Leistungs-Verhältnis und möchte nicht mit dem Gefühl den Salon verlassen, man habe sie „über den Tisch gezogen". Auf Leistungen, die ihrer Ansicht nach nicht unbedingt erforderlich sind, verzichtet sie von vornherein. Sie wechselt bei einer sich ständig ändernden Preisstruktur oder für sie nicht durchsichtigen Abrechnung schnell den Dienstleister. Das Gleiche gilt, wenn sie im Rahmen eines Preisvergleiches erhebliche Unterschiede feststellt.

Kundenpsychologischer Beratungsaspekt

Im Beratungsgespräch müssen in erster Linie Notwendigkeiten für bestimmte Arbeiten und Produktanwendungen herausgestellt werden. Wichtig ist dabei, dass die Friseurin offen auf die Preisstruktur für die angeratene Dienstleistung hinweist und diese gegebenenfalls mit dem notwendigen Aufwand begründet. Die Preisnennung ist auf jeden Fall verbindlich. Der Preis darf lediglich nach unten verändert werden.

Bild 1 *Die Traditionelle*

Bild 2 *Die Qualitätsbewusste*

Bild 3 *Die Preisbewusste*

Die Skeptische (Bild 1)

Diese Kundin äußert in ihrer Grundhaltung Bedenken gegenüber allem Neuen und Unbekannten. Veränderungsvorschläge für ihr Äußeres nimmt sie zurückhaltend auf. An Neuem sucht sie zur Bestätigung ihrer Skepsis nach Mängeln oder Kritikpunkten. Äußerungen wie „Ich gehe davon aus, dass das mit meinem Haar nicht zu machen ist." oder „Ich habe schon so viele Sachen probiert, von denen man mir wer weiß was versprochen hat und die letztlich nichts bewirkt haben." sind typisch.

Kundenpsychologischer Beratungsaspekt

Die Friseurin muss ihren Standpunkt, ihren Vorschlag selbstbewusst vertreten. Voraussetzung dafür ist, dass sie fachkompetent ist und mit Hintergrundinformationen überzeugen kann. Ungenaue Formulierungen und zögerliche Beschreibungen provozieren Skepsis.

Die Sachargumente sollten beim Verkaufs- und Beratungsgespräch im Vordergrund stehen und der Redeanteil insgesamt deutlich eingeschränkt werden. Es müssen darüber hinaus der Kundin Gelegenheit und ausreichend Zeit gegeben werden, Ware selbst zu prüfen und auszuprobieren.

Die Unsichere und Unentschlossene (Bild 2)

Auftreten und Verhalten dieser Kundin sind insgesamt von großer Unsicherheit und mangelnder Entscheidungsfreudigkeit geprägt.

Mehrmaliges Rückversichern, ob die Beratungsempfehlung oder schließlich die getroffene Entscheidung auch wirklich die richtige war, ist für sie typisch.

Kundenpsychologischer Beratungsaspekt

Die Beratung darf nur auf ein deutlich eingeschränktes Angebot an Alternativen aufbauen.

Das bedeutet zum Beispiel, dass bei einer grundsätzlichen Verständigung über einen Bobhaarschnitt nicht noch zusätzliche Varianten mit uniformer Stufung oder erweiternd verlaufender Stufung, einer kompakten oder fransig-fedrigen Kontur in die Überlegung einbezogen werden. Als Ermutigung zur Entscheidung für das jeweilige Dienstleistungs- und Verkaufsangebot ist es unabdingbar, wenn deren individuelle Vorteile oder persönlicher Nutzen herausgestellt werden.

So ließe sich etwa mit der Frisurenempfehlung der Gesichtspunkt verknüpfen, dass der Schnitt zum einen die gegebene Gesichtskontur besonders hervorheben könne, zum anderen durch seine einfache Ausführung leicht zu stylen sei und schnell für unterschiedliche gesellschaftliche Anlässe umgestaltet werden kann.

Darüber hinaus muss der Kundin genügend Raum für den Entscheidungsprozess gegeben werden. Die Friseurin sollte nachfragen, wenn sie das Gefühl hat, dass die Kundin noch nicht völlig von ihren Vorschlägen überzeugt ist. Ein Bedrängen durch die Friseurin kann unter Umständen zu einer völligen Verweigerung des Angebotes führen. Vorteilhaft ist es, der Kundin anzubieten, die vorgeschlagene Veränderung im Moment noch einmal zurückzustellen und in Ruhe zu überdenken.

Die Eilige (Bild 3)

Diese Kundin steht immer unter Zeitdruck und erwartet, dass sich alle auf ihren Zeitplan einstellen können. Betont langsames Arbeiten oder Bedienen durch die Friseurin machen sie nervös und gereizt. Auch eine umständliche oder langatmige Beratung lassen sie z. T. ungehalten werden.

Kundenpsychologischer Beratungsaspekt

Die Friseurin muss der Kundin deutlich machen, dass sie um eine zügige Bearbeitung ihres Wunsches bemüht ist. Der gesamte Beratungs- und Verkaufsvorgang sollte beschleunigt werden. Das bedeutet für die Friseurin u. a. schneller und strukturierter zu sprechen, Anschauungsmaterialien griffbereit zu halten, sich bei der Beurteilung auf die wesentlichsten Gesichtspunkte zu beschränken und Präparate zügig vorzulegen.

Bild 1 Die Skeptische

Bild 2 Die Unsichere und Unentschlossene

Bild 3 Die Eilige

Die Bedächtige (Bild 1)

Diese Kundin braucht Zeit für ihre Entscheidungen und nimmt sich diese auch. Sie spricht langsam und bedächtig, klärt ihre Fragen und Überlegungen bis ins Kleinste ab. Es ist kein Problem für sie, vermeintlich geklärte Dinge erneut anzusprechen und aus einem anderen Blickwinkel auszuleuchten.

Kundenpsychologischer Beratungsaspekt

Die Friseurin muss geduldig bleiben und die an sie gerichteten Fragen ernsthaft und gewissenhaft beantworten. Die Kundin darf nicht zu einer schnelleren Entscheidung gedrängt werden.

Bild 1 *Die Bedächtige*

Aufgaben

1. Erklären Sie, warum die bewusste Selbstwahrnehmung für eine Friseurin wichtig ist.
2. Beschreiben Sie das optimale Erscheinungsbild einer Friseurin.
3. Erläutern Sie die Bedeutung guter Umgangsformen für Ihren Beruf.
4. Welche Bedeutung hat die Einstellung zum Friseurberuf für Ihren Erfolg im Salon?
5. Welche Eigenschaften fördern das vertrauensvolle Verhältnis zwischen Kundin und Friseurin?
6. Beschreiben Sie, warum das Erscheinungsbild der Friseurin für die Kundinnen wichtig ist.

Mathematik-Aufgaben

1. Die Friseurauszubildende Anja ist an diesem Arbeitstag ausschließlich für den Kundenempfang und deren Betreuung zuständig. Als Serviceleistung bietet sie jeder Kundin eine Tasse Kaffee an.
   Wie viel Liter Kaffee hat sie ausgeschenkt, wenn 46 Kundinnen je eine Tasse Kaffee (95 ml) trinken?
2. Während des gesamten Tages wird für die Kundinnen in einem Kaffeeautomaten frischer Kaffee aufgebrüht. Der Automat verbraucht pro Stunde Betriebszeit 1200 Watt Energie.
   a) Wie hoch sind die Energiekosten, wenn die Kaffeemaschine 7,45 Stunden in Betrieb ist und die Kilowattstunde 4,95 Cent kostet?
   b) Wie hoch sind die Kosten bei einem Betrieb an 234 Tagen?
3. Die Mitarbeiter eines Salons rufen im Monat auf dem Festnetz im Schnitt 3 Stunden, 25 Minuten und 45 Sekunden ihre Kundinnen für Rückfragen an. Der Chef hat für das Diensttelefon einen Tarif von 2,9 Cent pro Minute in das gesamte deutsche Festnetz vereinbart.
   Wie hoch sind die auf telefonische Rückfragen entfallenen Kosten im Jahr?
4. Der Vorrat an Kaltgetränken reicht für durchschnittlich 38 Kunden pro Tag 7 Tage lang.
   Wie viel Tage reicht der gleiche Vorrat, wenn sich die durchschnittliche Kundenzahl pro Tag auf 42 erhöht?
5. Als Serviceleistung bietet der Salon Anja jedem Kunden eine Handmassage an. Für die dazu erforderliche Massagecreme werden jeweils 1,2 ml benötigt.
   a) Wie hoch sind die Materialkosten im Jahr (237 Tage), wenn die Großpackung der Creme (1 Liter) 19,95 € betragen und diese Serviceleistung täglich 47 Kunden angeboten wird?
   b) Wie hoch sind die dabei entstehenden Personalkosten bei einer durchschnittlichen Bedienzeit von 7,5 Minuten und einem Stundenlohn von 7,95 €?

4 Ansprüche der Kundinnen ermitteln

SZENARIO

Anja findet es sehr ermutigend, dass ihre Kolleginnen ihr zutrauen, sich schon sehr bald auf die unterschiedlichen Kundentypen einzustellen.
„Außerdem", erklärt ihr Sarah, „wirst du dich selbst bei diesem Prozess in deiner Persönlichkeit weiterentwickeln, weil du dich stets neu auf die individuellen Kundenwünsche ausrichten musst. Das gelingt nur, wenn man die vielen Kundinnen in ihren Erwartungen und Wünschen hinsichtlich der persönlichen Ansprache, der Dienstleistung und der Serviceleistungen genau zu beobachten vermag und einzuschätzen weiß."

4.1 Ansprüche der Kundinnen

Der Kundenwunsch steht im Mittelpunkt der gesamten Friseurarbeit. Jede Kundin möchte ihre individuellen Bedürfnisse nach Schönheit oder Wohlbefinden befriedigen.

Die Kundin erwartet, dass die Friseurin ihr z. B. eine Frisur erstellt, die folgende Ansprüche erfüllt:

- Die Frisur sollte den Vorstellungen der Kundin entsprechen.
- Die Kundin möchte sich mit der Frisur wohlfühlen.
- Die Kundin will sich mit der Frisur identifizieren können (modern, sportlich, konservativ oder elegant).
- Der Typ der Kundin sollte durch die Frisur optimal zur Geltung kommen.
- Die Frisur muss von der Kundin allein wiederhergestellt werden können.

Deshalb ist zu Beginn der Beratung und Behandlung zuerst der Kundenwunsch zu ermitteln. Diese Aufgabe sollte die Friseurin ernst nehmen und dabei systematisch vorgehen.

Um die Wünsche der Kundin eindeutig zu ermitteln, sollte die Friseurin das Beratungsgespräch mit offenen Fragen beginnen und aktiv zuhören. Mit offenen Fragen erhält die Friseurin informative Antworten von der Kundin. Die ausgesprochenen Wünsche können dann anhand von Frisurenbildern, Farbkarten oder anderen visuellen Hilfsmitteln für die Kundin sichtbar gemacht werden. So lassen sich Missverständnisse vermeiden, zumal sich jeder unter ein und demselben Wort etwas anderes vorstellt.

Ist durch Wort und Bild geklärt, was die Kundin wünscht, kann die Friseurin gezielt und individuell beraten und verkaufen.

Die Erwartungsgründe für den Kauf bezeichnet man auch als **Ansprüche**. Die tieferen Beweggründe sind die **Motive**. Aus ihnen werden die Ansprüche entwickelt.

Die Kundenmotive kann man **rational** (verstandesmäßig) und **emotional** (gefühlsmäßig) unterteilen. Eine exakte Unterteilung ist aber nicht immer möglich, da die meisten Kaufentscheidungen gefühlsmäßig zustande kommen.

In der folgenden Tabelle sind die häufig vorkommenden Motive der Kundinnen aufgeführt.

***Bild 1** Frisur ohne und mit Volumenwelle*

***Bild 2** Frisur mit und ohne Farbbehandlung der Haare*

Rationale Motive	Emotionale Motive
Ersatz	Bequemlichkeit
Gesundheit	Ästhetik
Funktionalität	Geltungsbedürfnis
Umweltschutz	Nachahmung
Zeitersparnis	Erlebnis
Preis	

Tabelle 1 *Unterteilung der Motive*

4.1.1 Rationale Kundenansprüche

Zu den rationalen Kundenansprüchen zählen:

Ersatz

Bei diesem Anspruch möchte die Kundin von ihrer Friseurin keine vollkommen neue Frisur, sondern nur ihre alte Frisur nachgearbeitet haben. Die Kundin möchte in Bezug auf Haarlänge, Haarfarbe und Umformung keine Veränderungen.

Gesundheit

Bei vielen Kundinnen gewinnt die Gesundheit als Beweggrund zunehmend an Bedeutung. Daher sollen die Produkte der Gesunderhaltung von Haar und Haut dienen.

Funktionalität

Die Dienstleistungen oder Produkte sollen bestimmte Funktionen erfüllen oder bestimmte Wirkungen erzielen:

Durch eine Volumenwelle erwartet die Kundin mehr Fülle und Halt für ihre neue Frisur.

Umweltschutz

Die Kundin erwartet besonders umweltfreundliche Produkte und Verpackungen. Deshalb achtet sie beim Kauf auf umweltfreundliche Eigenschaften, z. B. Haarspray ohne Treibgas oder Shampoo zum Nachfüllen.

Zeitersparnis

Die Kundin möchte ohne Zeitverzögerungen planmäßig ihre neue Frisur bekommen. Sie hat zu Hause wenig Zeit für ihr Styling und erwartet deshalb eine termingerechte Behandlung und ein pflegeleichtes Styling.

Preis

Die Kundin hat bestimmte Preisvorstellungen. Sie setzt sich ein Limit für ihre Geldausgaben beim Friseurbesuch, d. h., sie möchte Dienstleistung und Produkte preisgünstig einkaufen. Produkte sollen zudem günstig im Verbrauch sein.

4.1.2 Emotionale Kundenansprüche

Beispiele emotionaler Kundenansprüche sind:

Bequemlichkeit

Der Friseurbesuch soll angenehm und entspannend sein. Die Kundin hat keine Lust, ihre Haare selbst zu tönen oder zu föhnen, sie möchte sich lieber ausruhen und von der Friseurin verwöhnen lassen.

Ästhetik

Die Kundin wünscht eine Dienstleistung oder ein Produkt, das ihrem Schönheitsempfinden entspricht. Sie möchte z. B. eine neue Haarfarbe, weil sie die ersten grauen Haare stören.

Geltungsbedürfnis

Die Kundin will mithilfe der Dienstleistung oder der Produkte Aufmerksamkeit erregen. Sie möchte z. B. durch Strähnen in einer Mehrfarbentechnik nicht nur ihre Frisur interessanter gestalten, sondern auch ihr gesamtes Erscheinungsbild in den Vordergrund stellen.

Nachahmung

Viele Kundinnen sehen in Stars oder anderen Persönlichkeiten Vorbilder für ihr Aussehen. Nicht selten kommt eine Kundin mit dem Bild einer Schauspielerin zur Friseurin, um auszusehen wie diese (Bild 1).

Bild 1 *Nachahmung der Frisuren von Stars*

Erlebnis

Der Friseurbesuch soll für einige Kundinnen auch einen Erlebniswert besitzen. Sie möchten vom normalen Alltag abschalten oder Stress abbauen. Ihr Bedürfnis ist es, zu entspannen und verwöhnt zu werden.

Das kann die Friseurin z. B. durch ein ausführliches Beratungsgespräch, eine Kopfmassage oder andere Serviceleistungen bewirken. Auch das Ambiente eines Salons trägt entscheidend zum Erlebniswert für die Kundin bei.

Mode, Farbe, Duft oder Neugierde können ebenfalls Kundenansprüche sein. Wenn die Kundin einen modischen Haarschnitt wünscht, möchte sie damit signalisieren, dass sie modebewusst ist. Legt die Kundin Wert auf bestimmte Farben, z. B. bei ihrer Haarfarbe oder bei ihrem Lippenstift, so möchte sie ihre persönlichen Farbvorstellungen verwirklichen. Achtet die Kundin beim Kauf eines Haarfestigers auch auf die Duftnote, so ist für sie ein angenehmer Duft ein wichtiger Anspruch. Die Neugierde einer Kundin kann durch die Präsentation neuer Modefarben an der Kasse geweckt werden. Die Kundin verspürt dann möglicherweise den Wunsch, unbedingt die neuen Farben der Kosmetikprodukte auszuprobieren.

4.1.3 Haupt- und Nebenansprüche der Kundinnen

Kundinnen haben oft mehrere Ansprüche gleichzeitig. Die Friseurin muss die Haupt- und Nebenansprüche erkennen und ihr Beratungsgespräch darauf aufbauen.

Bei der Analyse muss zwischen deutlichen, unausgesprochenen und ungenauen Ansprüchen unterschieden werden.

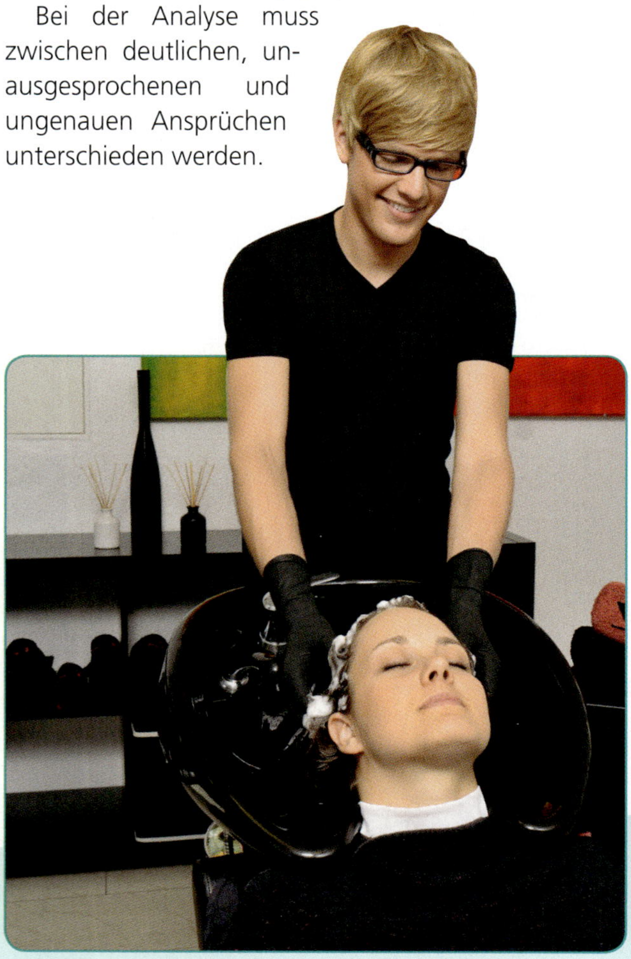

Bild 1 *Erlebniswelt Friseursalon*

Genaue Ansprüche

Manche Kundinnen wissen sehr genau, welche Ansprüche sie an die Ware oder Dienstleistung stellen. Sie sind selbstbewusst und redegewandt und können ihre Ansprüche gezielt formulieren.
In diesen Fällen ist es leicht, die entsprechende Ware oder Dienstleistung herauszusuchen und passende Verkaufsargumente zu formulieren.

Beispiele:
„Ich möchte ein Shampoo, das ich täglich anwenden kann und das meine gefärbten Haare pflegt."
„Meine ersten grauen Haare werden sichtbar. Ich möchte gerne Strähnen, damit sie nicht so auffallen. Meine Naturhaarfarbe möchte ich aber nicht großartig verändern."

Ungenaue Ansprüche

Oft haben Kundinnen nur ungenaue Vorstellungen und Kaufwünsche. In diesen Fällen muss die Friseurin zuerst die Ansprüche der Kundin ermitteln, bevor sie die geeignete Ware oder Dienstleistung empfiehlt.

Beispiele:
„Ich möchte gerne eine neue Frisur."
„Meine Haare benötigen dringend eine Kur."

Unausgesprochene Ansprüche

Nur selten kommt es vor, dass eine Kundin alle ihre Ansprüche nennt. Oft erwartet sie, dass die Friseurin selbstständig bestimmte Ansprüche ihrerseits berücksichtigt.

Je besser sich die Friseurin in die Probleme und Erwartungen ihrer Kundin hineinversetzen kann, desto

Bild 2 *Kundenansprüche: Mode, Farbe, Duft, Neugierde*

Kundenwunsch	Kundenanspruch
Eine Kundin mit sehr feinen Haaren, klassischem Bob und mittelblonder Haarfarbe wünscht sich für ihren Mittelmeerurlaub eine Urlaubsfrisur. Sie möchte ihre Frisur schnell und unkompliziert selbst stylen und die Frisur verändern können.	• Hauptansprüche: • Wenig Zeitaufwand • Pflegeleichte Frisur • Haltbare Frisur • Nebenansprüche: • Variable Frisurengestaltung • Stylingtipps • Pflegetipps

Tabelle 1 *Vom individuellen Kundenwusch abgeleitete Ansprüche*

leichter kann sie unausgesprochene Ansprüche erkennen und in ihrer Argumentation berücksichtigen.

Eine gute Hilfe ist es, wenn sie dabei vom Problem, das gelöst werden soll, oder vom Verwendungszweck der Ware ausgeht. In den meisten Fällen lassen sich daraus bereits bestimmte Ansprüche ableiten. Die einzelnen Ansprüche sind unterschiedlich intensiv. Starke Ansprüche müssen auf jeden Fall erfüllt werden. Bei schwächeren Ansprüchen ist die Kundin eher bereit, nachzugeben oder auszuweichen. Tabelle 1 zeigt ein Beispiel zur Ermittlung der Haupt- und Nebenansprüche von Kunden.

4.2 Methoden der Anspruchsermittlung

„Wer fragt, führt das Gespräch." Diese alte Weisheit gilt auch für jedes Beratungsgespräch. Die richtigen Fragen an der richtigen Stelle im Verlauf des Beratungsgespräches verschaffen der Friseurin die Informationen, die sie benötigt, um ein anspruchsgerechtes Angebot machen zu können.

In vielen Fällen kann man unterschiedliche Produkte anbieten und zu jedem Produkt eine Vielzahl von Argumenten finden. Die Kundin möchte aber ein auf ihre Person zugeschnittenes Angebot bekommen und nur die Argumente hören, für die sie sich ganz persönlich interessiert.

Bei der Anspruchsermittlung ist es deshalb wichtig herauszufinden, wo diese individuellen Interessen und Erwartungen der Kundin liegen. Wenn die Friseurin anschließend durch die Produktauswahl und in der Argumentation diesen Erwartungen entspricht, wird die Kundin mit der Beratung zufrieden sein. Kundenansprüche können direkt oder indirekt ermittelt werden.

4.2.1 Kundenansprüche direkt ermitteln

Eine direkte Ermittlung des Kundenanspruchs kann die Friseurin mithilfe von **Erkundungsfragen** (z. B. „Wie soll denn Ihr Pony geschnitten werden?„) oder **Entscheidungsfragen** (z. B. „Möchten Sie eine Intensivkur oder ein Pflegebalsam?") vornehmen.

Am Anfang des Beratungsgespräches ist die Kundin nicht immer in der Lage, Entscheidungsfragen zu beantworten, da sie weitere Informationen von der Friseurin benötigt, um eine Entscheidung treffen zu können.

Für die Kundin ist es sehr hilfreich, wenn die Friseurin die geeignete Ware auswählt, sie der Kundin vorlegt, erklärt und das angestrebte Ergebnis demonstriert.

Beispiel:
Eine Kundin wünscht eine Haarkur. Die Friseurin zeigt ihr eine Intensivkur, eine Schnellkur sowie ein Pflegebalsam und erläutert die Unterschiede. Nach dieser Beratung entscheidet sich die Kundin für die Schnellkur. Die Friseurin legt daraufhin Schnellkuren für verschiedene Haarprobleme und in verschiedenen Preisklassen vor.

Die Entscheidungsfrage: „Möchten Sie eine Intensivkur oder ein Pflegebalsam?" hätte diese Kundin zu Beginn des Verkaufsgespräches nicht sinnvoll beantworten können.

Entscheidungsfragen sind zum Beginn der Anspruchsermittlung nur in Ausnahmefällen, z. B. bei Stammkunden, deren Wissen man kennt, anzuwenden. Im späteren Verlauf kann man aber mit ihrer Hilfe die erkannten Ansprüche eingrenzen und ihre Wichtigkeit bestimmen.

Beispiel:
Frau Bunk, eine Stammkundin, ist zum Färben angemeldet. Die Friseurin fragt Frau Bunk während des Abwaschens der Haarfarbe: „Möchten Sie heute wieder die Intensivkur aufgetragen bekommen?"

4.2.2 Kundenansprüche indirekt ermitteln

Wenn sich die Kundin bereits mit einer Ware oder Dienstleistung beschäftigt, kann die Friseurin oftmals nur durch Beobachtungen herausfinden, welche Ansprüche die Kundin hat. Im Rahmen der Bedienung bringt die Friseurin die Kundin möglichst schnell mit der Ware in Kontakt und gibt Erläuterungen zu den einzelnen Produkten. Aus den Antworten und Reaktionen der Kundin kann die Friseurin die Kundenansprüche ableiten. Beim Verkauf von Dienstleistungen, z. B. Farbveränderungen der Haare, kann die Friseurin mithilfe der Farbkarten oder Farbsträhnen ausgewählte Farben vorstellen oder erläutern. Auch hier kann sie anhand der Kundenreaktionen die Kundenansprüche ableiten. Diese Methode der Anspruchsermittlung verlangt, dass die Friseurin das Beratungsgespräch zielbewusst und konzentriert führt. Die Produkte, die sie auswählt und der Kundin vorstellt, müssen jeweils typisch für eine ganze Produktgruppe sein. Der Vorteil der indirekten Anspruchsermittlung ist, dass die Kundin nicht durch eine Serie von Fragen belästigt wird und sich „ausgefragt" fühlt.

4.3 Ermittlung der Ansprüche in Abhängigkeit vom Kundentyp

Eine Hilfe zur Ermittlung der Kundenansprüche bietet die Einteilung in bestimmte Kundentypen. Durch Typisierungen soll das Beratungsgespräch vereinfacht werden.

Jedoch sollte man alle Typisierungen, die einen engen Zusammenhang zwischen Kundin und Ware bzw. Dienstleistung herstellen, mit Vorsicht betrachten. Jede Kundin ist ein Individuum, das sich abhängig von der aktuellen Situation, Bedürfnislage oder Stimmung verhält. Die im Folgenden dargestellten Typologien haben sich im Friseursalon als brauchbar erwiesen.

4.3.1 Leitbilder

Diese Typologie geht davon aus, dass sich der Geschmack und damit der Kaufwunsch der Kundin wesentlich von bestimmten Personen des öffentlichen Lebens beeinflussen lässt. Filmschauspielerinnen oder Fernsehmoderatorinnen werden zum Vorbild genommen. Bekannte Personen werden als Leitbilder benannt. In den Branchen, in denen durch Äußerlichkeiten wie Frisuren oder Kleidung eine bestimmte Einstellung zum Leben oder ein bestimmter Lebensstil demonstriert wird, kann diese Typenbildung hilfreich sein. Die Friseurin muss aber in jedem Einzelfall herausfinden, ob das augenblickliche Aussehen der Kundin schon ihrem Leitbild entspricht oder ob sie sich an einem neuen Leitbild orientieren will. So kann es notwendig sein, dass eine lässige Kundin, die an ihrem neuen Arbeitsplatz mit korrekten oder eleganten Kunden in Kontakt kommt, ihr Outfit unter Umständen stärker verändern muss, als sie es von ihrer Grundeinstellung her möchte.

Bild 1 Typisierung

In vielen Fällen ist es auch so, dass durch die Leitbilder Trends gesetzt werden. Diejenigen, die diesen Leitbildern folgen, sind lediglich modisch interessiert.

4.3.2 Einstellungen

Einstellungen sind grundsätzliche Auffassungen, die das allgemeine Denken und Verhalten bestimmen. Sie entwickeln sich langsam und sind auch nicht kurzfristig im Beratungsgespräch zu verändern. Grundeinstellungen sind z. B. Qualitätsbewusstsein, Modebewusstsein, Geltungsdrang und das Bedürfnis, immer das Neueste zu besitzen oder zu tragen. So wird z. B. eine Kundin, die qualitätsbewusst ist, Wert auf einen exakten Haarschnitt legen, Pflegeprodukte mit hochwertigen Inhaltsstoffen verlangen und eine unsachgemäße Kopfmassage bei der Haarwäsche nicht akzeptieren.

Grundlegende Einstellungen beeinflussen die Ansprüche an ein konkretes Produkt. Kundinnen mit gleichen Ansprüchen kann man zu Gruppen zusammenfassen. Dies erleichtert das Beratungsgespräch, weil bei gleichen Ansprüchen häufig auch die gleichen oder ähnliche Argumente verwendet werden können. Diese Gruppenbildung muss aber immer auf das konkrete Produkt ausgerichtet sein. Wünscht eine Kundin aus Gründen der Arbeitsersparnis oder Bequemlichkeit eine pflegeleichte Frisur, bedeutet das nicht, dass sie grundsätzlich in erster Linie an bequemen Produkten interessiert ist. Bei anderen Produkten können ganz andere Ansprüche im Vordergrund stehen. Die Hilfe für die Friseurin besteht darin, dass sie für alle Kundinnen, die eine Frisur wünschen, die

ihnen wenig Arbeit verursacht, ähnliche Argumente in der Beratung verwenden kann.
Friseursalons, die sich auf eine bestimmte Kundenzielgruppe spezialisieren, haben damit auch häufig bereits eine Vorauswahl bei ihren Kundengruppen bzw. Kundentypen getroffen.

4.3.3 Typgerechte Dienstleistung

Jede Friseurin muss in der Lage sein, bei einer Kundin eine typgerechte Frisur oder ein typgerechtes Make-up zu erstellen. Dafür muss sie bei den Kundinnen Folgendes berücksichtigen:

- Kopf- und Gesichtsform
- Erscheinungsbild, Statur
- Farbtyp, z. B. Frühlings-, Sommer-, Herbst- oder Wintertyp
- Einstellung der Kundin und ihre Ansprüche an die Dienstleistung

Für die ersten drei Merkmale gibt es fachliche Grundregeln, die dazu führen, dass ein harmonisches Erscheinungsbild entstehen kann. In vielen Fällen haben die Kundinnen aber andere Ansprüche. Für sie steht nicht das harmonische Bild im Vordergrund. Sie wollen sich stärker an der Mode orientieren oder mit ihrer Erscheinung auffallen bzw. provozieren. Wenn dieses auffällige Aussehen zur Grundeinstellung der Kundin passt und ihre Lebenseinstellung widerspiegelt, ist auch die von ihr gewünschte Dienstleistung typgerecht.

Bezüglich der oben genannten Kriterien zur Bestimmung des Typs kann etwa einer Kundin, die viel Sport treibt und von sportlicher Statur ist, vom Grundsatz ein Kurzhaarschnitt angeboten werden. Hinsichtlich ihrer Gesichts- und Kopfform ist zusätzlich zu überlegen, ob bestimmte Frisurenelemente die Funktion des Ausgleichs übernehmen müssen.

Bild 1 *An Mode orientierter Kundenanspruch*

4.3.4 Geschlecht

Haare haben bei Männern und Frauen gleichermaßen eine hohe emotionale Bedeutung.

Männer sehen aufgrund ihrer Erwartungen an konkrete Dienstleistungen die Friseurin mehr als Technikerin statt als Künstlerin. Das Beratungsgespräch dient zur Klärung der Aufgabe. In den meisten Fällen lautet der Kundenwunsch: „Schneiden bitte, wie immer!" Das Interesse an Umformung oder Farbveränderung ist bei männlichen Kunden geringer als bei weiblichen.

Für Tipps zur Haarpflege und zur Behandlung von Haarproblemen interessieren sie sich jedoch stärker, denn volles und gesundes Haar wünschen sich viele Männer an erster Stelle. Daher achten sie mehr noch als Frauen auf überzeugende Argumente und den Nutzen der empfohlenen Produkte. Männer sind oft zuverlässigere Kunden als Frauen. Sind sie zufrieden, bleiben sie ihrer Friseurin erhalten.

Frauen haben im Gegensatz zu den Männern oft anspruchsvollere Wünsche und Erwartungen. Deshalb kann es auch manchmal zu Missverständnissen zwischen Kundin und Friseurin kommen, da sich ihre Erwartungen und Vorstellungen in manchen Punkten unterscheiden.

Für Kundinnen sind nicht nur die fachlichen Leistungen der Friseurin von Bedeutung, sie legen auch großen Wert auf ihre kommunikativen und kreativen Fähigkeiten. Die Friseurin ist die Partnerin für Mode und Haarpflege. In Bezug auf Mode und Trends sind sie experimentierfreudig.

Bild 2 *Kundenansprüche und Lebensalter*

Daher ist es sehr wichtig, dass die Friseurin mit ihrer Kundin gemeinsam die optimale Frisur findet, die zum Typ passt und den persönlichen Stil unterstreicht.

Das Maß der Veränderungen muss an den Kundentyp angepasst werden. Eine konservative Kundin akzeptiert Veränderungen nur im Rahmen des bereits gefundenen persönlichen Stils, eine experimentierfreudige Kundin hat hingegen auch Mut zur kompletten Veränderung.

Die Friseurin kann eine Veränderung des Aussehens der Kundin durch den Haarschnitt, die Dauerwelle oder die Farbe bewirken. Bei der Veränderung durch den Haarschnitt, von lang auf kurz, muss die emotionale Schwelle überwunden werden, da die Kundin nicht genau weiß, wie sie mit der neuen Frisur aussieht.

Bei der Farbveränderung oder Dauerwelle kommen Bedenken der Kundin hinzu, dass ihre Haare stark strapaziert werden. Hier muss die Friseurin die Ängste der Kundin abbauen, indem sie sie über neueste Entwicklungen in diesem Bereich informiert.

4.3.5 Alter

Auch das Alter der Kundin kann eine Orientierungshilfe bei der Typisierung sein.

Kinder sollten genauso freundlich begrüßt werden wie Erwachsene. Nach Möglichkeit sollte die Friseurin sie beim Vornamen nennen, um Kontakt zu schaffen, aber auch, um Ängste und Hemmungen abzubauen. Für Kinder ist es außerdem sehr wichtig, dass sie in ihrer Erlebniswelt angesprochen werden. Das schafft Sympathie und Vertrauen. Die Friseurin sollte auch auf die richtige Reihenfolge des Bedienens achten. Denn Kinder, die einfach übergangen werden, „weil sie ja Zeit haben", empfinden dieses Verhalten als ungerecht. Während der Behandlung kann die Friseurin durch Lob das Selbstbewusstsein des Kindes stärken und das gewonnene Vertrauen vertiefen. Sie sollte keinesfalls versuchen, dem Kind etwas Minderwertiges oder zu Teures zu verkaufen. Da die Frisur auch den Wünschen des Kindes entsprechen muss, sollte die Friseurin bei Meinungsverschiedenheiten zwischen Eltern und Kind vermitteln. Wichtig ist, dass den Kindern der Haarschnitt verständlich, geduldig, altersgemäß und anschaulich erklärt wird. Finden diese Punkte Berücksichtigung, so wird den Kindern ein positives Friseurbesuchserlebnis vermittelt und sie entwickeln sich im Laufe der Zeit zu Stammkunden.

Senioren verändern aufgrund ihres Alters und ihrer Erfahrungen ihre Ansprüche. Für sie ist es sehr wichtig, dass die Friseurin sie mit Namen anspricht und nette Worte für sie findet. Die Friseurin sollte Senioren gegenüber Verständnis zeigen sowie Geduld und Zeit für ihre Probleme finden. Denn für Senioren steht nicht der Wunsch nach neuester Mode oder das Geltungsbedürfnis an erster Stelle. Ihre Motive für einen Friseurbesuch sind neben der Frisur und Haarpflege auch Gesundheit, soziales Mitgefühl und Bequemlichkeit, Sympathie und Vertrauen.

Aufgaben

1. Die Friseurin hat gegenüber der Kundin eine Vorbildfunktion.
   a) Begründen Sie diese Aussage.
   b) Auf welche Art und Weise erfüllt die Friseurin diese Vorgabe?
2. Wie verhält sich die Friseurin richtig, wenn sie während einer Kundenbetreuung an das Telefon gerufen wird?
3. Welche Erwartungen hat eine Kundin im Zusammenhang mit Serviceleistungen?
4. Jeder Kunde/jede Kundin sollte selbstverständlich freundlich verabschiedet werden.
   a) Begründen Sie diese allgemeingültige Vorgabe.
   b) Wodurch wird eine Verabschiedung im Sinne der Kundenbindung nachhaltig gestaltet?
5. Beschreiben Sie, wie Sie sich in geeigneter Weise auf phlegmatische Kundinnen einstellen können.
6. Es gibt Kundinnen, denen Entscheidungen schwerfallen. Auf welche Weise können Sie diese in ihrer Entscheidungsfindung unterstützen?

5 Kommunikationssituationen des Salonalltags bewältigen

SZENARIO

Anja hat bereits erkannt, dass für die Atmosphäre im Salon und bei der Kundenbetreuung die Kommunikation eine bedeutende Rolle spielt. Eine wichtige Eigenschaft, so erklärt man ihr, sei dabei das genaue und aktive Zuhören. „Aber ich höre doch immer zu!", erklärt sie ihrer Ausbilderin. „Das weiß ich doch", sagt diese lächelnd, „aber aktives Zuhören bedeutet noch etwas mehr!"

Kommunikation bedeutet „Verständigung untereinander". Dabei gibt es zwei unterschiedliche Möglichkeiten, sich zu verständigen:

- Verbale Kommunikation:
  Verständigung durch Sprache
- Nonverbale Kommunikation:
  Verständigung durch Körpersprache

Jedes Gespräch findet auf verschiedenen Ebenen statt. Es kommt nicht nur darauf an, wer etwas sagt, sondern auch, wie er es sagt und was er sagt. Das „Wie" entspricht der **Gefühls- oder Beziehungsebene** und das „Was" der **Sach- bzw. Verstandesebene** (Bild 1).

Zu einer guten Verständigung gehört auch das aktive Zuhören, d. h., dass die Gesprächspartner einander bewusst zuhören. Man hört dem anderen aufmerksam zu, lässt ihn ausreden und fragt nach, falls etwas nicht verstanden wurde. Das aktive Zuhören ist ein wesentlicher Bestandteil der verbalen Kommunikation. Die Wirkung gesprochener Worte hängt nicht zuletzt davon ab, wie intensiv der Gesprächspartner zuhört.

Kommunikation läuft nach bestimmten Grundregeln ab. Nur wenn die Friseurin diese Regeln kennt, kann sie ein vielleicht nicht so erfolgreich verlaufenes Kundengespräch weitergehend hinterfragen. Das hilft, persönliche Fehler herauszufinden und diese beim nächsten Gespräch zu vermeiden. Kommunikationsabläufe werden in Modellen dargestellt.

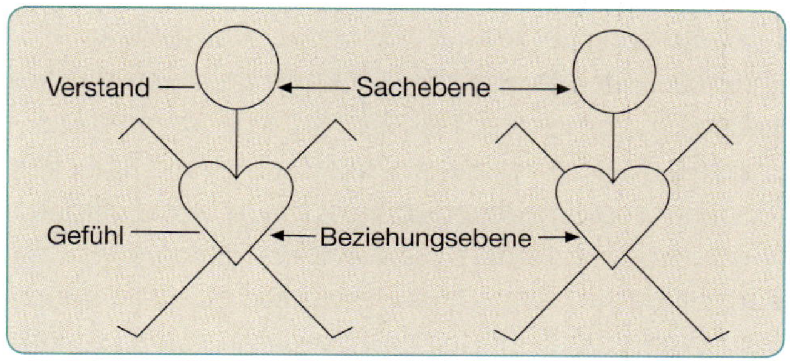

Bild 1 Verschiedene Gesprächsebenen

5.1 Nonverbale Kommunikation

Nonverbale Kommunikation bedeutet Sprache ohne Worte. Sie wird auch als Körpersprache bezeichnet. Immer dann, wenn Menschen in direkten Kontakt zueinander treten, spricht ihr Körper mit. Im täglichen Umgang miteinander sollte man sich dessen bewusst sein, dass man über den Körper Signale sendet. Dann kann man andere Menschen besser verstehen und die eigene Körpersprache bewusster einsetzen.

Die Ausdrucksbewegungen des Gesichts (Mimik) und des Körpers (Gestik, Körperhaltung, Körperbewegung usw.) informieren den Gesprächspartner z. B. über die Gefühle, Wahrnehmungen, Interessenslagen seines Gegenübers. Diese Signale sind oftmals ehrlicher als das gesprochene Wort.

Die Friseurin sollte die Bedeutung der Körpersprache kennen. Dadurch kann sie ihre Kundinnen besser verstehen und sich ihnen gegenüber verständlicher mitteilen. Anhand körpersprachlicher Signale kann sie Zustimmung, Ablehnung oder Unsicherheit der Kundinnen erkennen und dies im Beratungsgespräch und bei der Behandlung berücksichtigen. Die Körpersprache der Friseurin ist natürlich auch für Kundinnen informativ. Die Friseurin muss sich um ein positives Auftreten bemühen, d. h., sie muss ihre Körpersprache trainieren und gezielt einsetzen.

Bild 2 Erster Eindruck

Für den ersten Eindruck gibt es keine zweite Chance!

Es trifft häufig zu, dass der erste Eindruck, den man von einem Menschen hat, der treffendste ist. Ohne jegliche

Informationen über einen Menschen beurteilt man ihn zuerst einmal aufgrund:
- seines Aussehens,
- seiner Kleidung,
- seiner Bewegungen.

Diese Situation tritt immer dann ein, wenn eine Friseurin eine Neukundin begrüßt. Die Phase des ersten Kontakts ist für die Friseurin genauso wichtig wie für die Kundin.

Deshalb muss die Friseurin der Neukundin gerade in dieser Phase viele positive Informationen über sich selbst vermitteln:
- Gepflegtes Erscheinungsbild
- Freundliches Lächeln
- Höflichkeit
- Offener Blick
- Einladende Hand

Wenn die Friseurin ihre Kundinnen länger kennt, nimmt die Bedeutung der Körpersprache ein wenig ab, doch sie wird weiterhin sowohl von der Kundin als auch von der Friseurin als wichtige Informationsquelle benutzt.

Körpersprache kommt entweder spontan aus dem Unterbewusstsein oder sie erfolgt gezielt über das Bewusstsein. Im letzteren Fall dient sie dazu, einen sprachlichen Beitrag zu verstärken und dadurch die Botschaft für den Angesprochenen zu verstärken und zu verdeutlichen. Ebenso fördert die gezielte Verwendung der Körpersprache durch die Friseurin das Vorstellungsvermögen der Kundin hinsichtlich der empfohlenen Dienstleistung, etwa der Frisurengestaltung.

Da Körpersprache in der Regel ein (spontanes) Spiegelbild der inneren Befindlichkeit liefert, kann an ihr auch unmittelbar abgelesen werden, welche Wirkungen der Gesprächspartner mit seinen Einlassungen beim Gegenüber erzielt hat. Hat die Friseurin beispielsweise eine komplizierte Frisurengestaltung erläutert, kann sie an dem Gesichtsausdruck der Kundin ziemlich genau ablesen, ob diese ihren Ausführungen folgen konnte.

Körpersprachliche Signale aufmerksam zu beobachten und richtig zu verstehen, bringt der Friseurin folgende Vorteile:
- Durch die Beobachtung körpersprachlicher Signale ihrer Kundin erfährt die Friseurin wortlos einiges über deren Wünsche, Empfindungen und Absichten.
- Durch die Deutung körpersprachlicher Signale kann die Friseurin bestehendes Interesse, Desinteresse oder Meinungsverschiedenheiten schneller erkennen.
- Durch die richtige Reaktion auf körpersprachliche Signale kann die Friseurin den Anforderungen der Kundin gerecht werden.

Um die mithilfe der Körpersprache ausgesendeten Signale richtig deuten zu können, muss man zunächst die unterschiedlichen Ausdrucksmittel kennen.

Diese sind:
- Mimik: Gesichtsbewegungen, Stellung und Bewegung der Augenbrauen, Mundhaltung, Stirnfalten
- Blickkontakt: Richtung, Länge und Art des Blicks
- Gestik: Armbewegungen, Kopfhaltung und Bewegung der Hände
- Körperhaltung: Stellung des gesamten Körpers, insbesondere des Rückens und der Beine beim Stehen, Gehen und Sitzen

Körpersprache ist immer ganzheitlich zu sehen, d. h., es müssen immer mehrere Ausdrücke der Körpersprache, z. B. Bewegung der Hände, Gesichtsbewegung, Stirnfalten und Körperhaltung, zusammen betrachtet werden.

In vielen Fällen lässt sich auch nicht aus dem Ausdruck, sondern aus der Veränderung des Ausdrucks die Information ableiten. Darüber hinaus muss man berücksichtigen, dass Körpersprache in verschiedenen Kulturen unterschiedlich gedeutet wird.

So kann z. B. ein langer Blick, der bei uns Interesse signalisiert, in anderen Kulturen bereits als aufdringlich oder aggressiv empfunden werden. Das Gleiche gilt auch für einige Gesten. In unserer Kultur werden einige körpersprachliche Ausdrücke ziemlich eindeutig bewertet. In der folgenden Tabelle sind ausgewählte Beispiele aufgelistet:

Körpersprachlicher Ausdruck	Wirkung
• Offener Blickkontakt	• Interesse
• Kurzer Blickkontakt	• Missachtung
• Freundlich lächeln	• Freundlichkeit, Zustimmung
• Zusammengezogene Augenbrauen	• Ablehnung
• Leicht schräge Kopfhaltung	• Interesse
• Verschränkte Arme	• Ablehnung
• Hängende Körperhaltung	• Unsicherheit
• Zugewandter Oberkörper	• Interesse, Zuwendungsbereitschaft
• Angespannte Körperhaltung	• Aufmerksamkeit, Konzentration
• Lässige Körperhaltung	• Desinteresse, Langeweile
• Schleichender Gang	• Müdigkeit, Lustlosigkeit
• Forscher Gang	• Dynamik, Aktivität, Schaffensdrang
• Fester Stand	• Sicherheit, Selbstbewusstsein

Tabelle 1 Wirkung körpersprachlicher Mittel

Im Beratungs- und Verkaufsgespräch, aber auch während der Behandlung, kann die Friseurin durch gezielten Einsatz ihrer Körpersprache der Kundin Signale senden. In den folgenden sechs Bildern sind entsprechende Beispiele dargestellt:

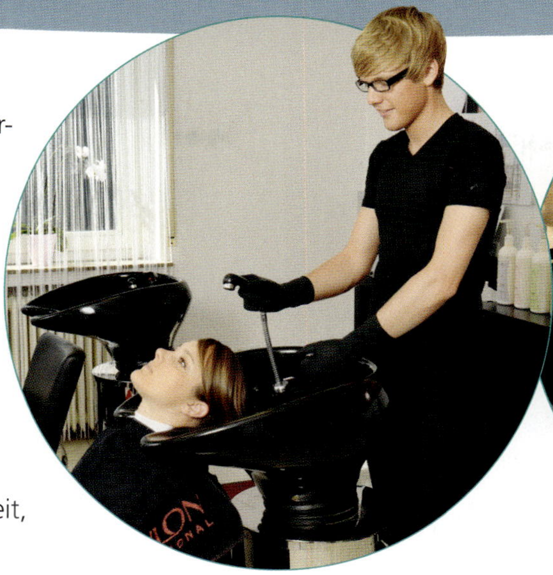

Bild 1 *Persönliche Distanz*

Bild 2 *Intimdistanz*

Einstellung: Freundlichkeit, Interesse, Bereitschaft

Körpersprache: sich sofort der Kundin zuwenden, lächeln, die Kundin aufmerksam ansehen, offene Handhaltung

Einstellung: Desinteresse

Körpersprache: die Kundin unnötig lange warten lassen, gelangweilter Blick, kein Blickkontakt, das Kinn aufstützen, langsame Bewegungen

Einstellung: Selbstsicherheit

Körpersprache: ruhige und angemessene Bewegungen, aufrechter Gang, gerade Körperhaltung

Einstellung: Unsicherheit

Körpersprache: nervöse Bewegungen, verkrampfte Körperhaltung, Augen zur Seite richten, kein Blickkontakt, unruhiger Blick, knetende Hände, verlegenes Lächeln

Distanzbereiche

Es gibt ein „ungeschriebenes Gesetz", dass bei Kontakten zwischen Menschen Distanzbereiche eingehalten werden müssen.
Es werden vier Distanzbereiche unterschieden:

- Öffentliche Distanz 4–8 m
- Gesellschaftliche Distanz 1,5–4 m
- Persönliche Distanz 0,4–1,5 m
- Intime Distanz 0–0,4 m

Im Salon spielt sich der Umgang mit Kunden in erster Linie im Bereich der persönlichen und intimen Distanzen ab (Bild 1 und Bild 2).

Insbesondere das Eindringen in den intimen Distanzbereich wird eigentlich nur persönlich nahe stehenden Personen gestattet. Bei der Diagnose und Ausführung von Facharbeiten ist es unerlässlich, dass die Friseurin in diesen Bereich vordringt. Dies macht deutlich, zu welch hohem Maß an Umsichtigkeit und Sensibilität die Friseurin verpflichtet ist.

Unabhängig davon wird den Salonkräften dieser Freiraum nur zugestanden, wenn sie zuvor durch ihr Verhalten das Vertrauen und die Zuneigung der Kundin gewonnen haben. Zuneigung und Vertrauen gewinnt man schnell über ein verbindliches Lächeln. Aber auch mit einer offenen und zuvorkommenden Haltung schafft sich die Friseurin einen Zugang zur Kundin. Im Gespräch mit ihr kann sie darüber hinaus durch aufmerksames und interessiertes Zuhören sowie durch

Bild 3 *Freundlichkeit*

Bild 4 *Desinteresse*

Bild 5 *Selbstsicherheit*

Bild 6 *Unsicherheit*

Nachfragen die Bindung zur Kundin verstärken.Zusätzlich versichert sich die Friseurin aber auch des Kundeneinverständnisses, wenn diese körperliche Nähe zur Kundin notwendig wird, etwa bei einer genaueren Diagnose von Haut und Haar. Dies geschieht in der Regel mit den nachfolgenden beispielhaften Fragen:

„Darf ich mir Ihre Haare/Haut einmal näher anschauen?" oder „Sind Sie damit einverstanden, dass ich mir auch persönlich einen Eindruck vom Pflegezustand Ihres Haares verschaffe? Dadurch kann ich genauer beurteilen, welche Reinigungs- und Pflegeprodukte ich gleich verwenden muss."

Werden diese Gesichtspunkte bedacht, sind die wichtigen Voraussetzungen für einen vertrauensvollen und kundenorientierten Umgang geschaffen.

5.2 Verbale Kommunikation

Mit dem Begriff „Verbale Kommunikation" ist das eigentliche Sprechen gemeint. Dazu bedarf es mindestens eines Sprechers und eines Hörers. Im Friseurberuf kommt der Kommunikation ein sehr hoher Stellenwert zu. Sie ist die wichtigste Voraussetzung dafür, dass die Kundinnen die angebotenen Dienstleistungen gerne in Anspruch nehmen.

Im Salon versteht man unter „Kommunikation" Folgendes:

- **Austausch von Informationen**, z. B. das Beratungsgespräch zwischen Kundin und Friseurin
- **Anbieten von Dienstleistungen**, z. B. Waschen, Schneiden, Föhnen, Einlegen, dekorative Kosmetik, Maniküre usw.
- **Anbieten von Produkten**, z. B. von Shampoos, Haarbädern, Haarkuren und Stylingprodukten, mit denen die Kundin im Salon in Kontakt kommt

Das bedeutet für eine erfolgreiche Friseurin, dass ihre kommunikative Leistung genauso gut sein muss wie ihre fachliche Leistung. Damit die Botschaften der Friseurin bei all ihren Kundinnen auf große Resonanz treffen, muss sie in der Lage sein, ihre Kundinnen zeit- und zielgruppengerecht anzusprechen. So muss sie z. B. auf die Wünsche einer älteren Dame anders eingehen als auf die Wünsche einer sehr jungen trendorientierten Kundin. Dazu benötigt die Friseurin Grundkenntnisse der verbalen Kommunikation.

5.2.1 Grundzüge des Kommunikationsmodells

Kommunikation läuft nach bestimmten Grundregeln ab. Nur wenn die Friseurin diese Regeln kennt, kann sie ein vielleicht nicht so erfolgreich verlaufenes Kundengespräch überdenken. Sie kann ihre Fehler herausfinden und sie beim nächsten Gespräch vermeiden.

Das einfache Kommunikationsmodell

Bei einer Kommunikation wechseln mindestens zwei Personen ständig die Rollen. In einem Moment ist man Sprecher, im anderen Moment redet der andere, man selbst ist Empfänger. Für die Kommunikationspartner bedeutet das einen permanenten Wechsel zwischen Sprechen und Zuhören.

Weitere wichtige Aspekte einer Kommunikation sind:

- Inhaltsaspekt
- Beziehungsaspekt

Inhaltsaspekt bedeutet, dass in einem Gespräch bestimmte Inhalte mithilfe der Sprache ausgetauscht werden. Damit diese Informationen den Empfänger wirklich erreichen, muss der Sprecher folgende Voraussetzungen erfüllen:

- Der Sprecher muss sich verständlich ausdrücken und die richtigen Worte wählen.
- Die Grammatik und der Satzbau (Sprachstruktur) müssen stimmen.
- Der Sprecher muss hinreichend laut und deutlich sprechen.

Wenn eine Botschaft nicht oder nur unvollständig ankommt, muss der Empfänger rückfragen oder sich auf andere Weise über das Gesagte informieren. Die Friseurin sollte deshalb während des Beratungsgespräches immer wieder Rückfragen stellen und sich dadurch von der Kundin bestätigen lassen, dass man sich noch richtig versteht und nicht aneinander vorbeiredet. Diese Fragen werden auch als Bestätigungsfragen bezeichnet.

Auch der **Beziehungsaspekt**, die Sympathie oder Antipathie zwischen Friseurin und Kundin, beeinflusst den Ablauf der Kommunikation. Jede Mitteilung enthält Hinweise darauf, wie der Sender sie vom Empfänger verstanden wissen möchte. Die Mitteilung sagt somit etwas über die Beziehung zwischen dem Sender und dem Empfänger aus. Eine Friseurin kann eine Kundin sehr gerne bedienen, eine andere Kundin ist ihr hingegen unsympathisch. Die persönliche Grundhaltung wird im Gespräch schnell deutlich. Da die Kommunikation wechselseitig verläuft, gilt dies in gleichem Maße für die Empfindungen der Kundin.

Beispiel:
Eine Auszubildende wäscht einer Kundin am Rückwärtswaschbecken die Haare. Sie möchte, dass sich die Kundin entspannt und die Haarwäsche genießt. Damit der Kundin kein Wasser in das Gesicht läuft, sagt sie: „Würden Sie bitte den Kopf etwas weiter nach hinten zurücklegen?"

Der Inhaltsaspekt ist eindeutig: Die Kundin soll ihre Kopfhaltung verändern. Auf der Beziehungsebene könnte die Kundin aber unterschiedliche Empfindungen haben. Sie könnte denken: „Diese Auszubildende ist aber freundlich. Ihre Kollegin hat beim letzten Mal immer nur fest meinen Kopf zurückgedrückt." In diesem Fall versteht die Kundin den Grund für den Wunsch der Friseurin; es besteht eine freundliche Beziehung.

Die Kundin könnte aber auch denken: „Die Auszubildende sagt das doch nur, damit sie es bei der Arbeit bequemer hat." oder „Das ist doch eine Auszubildende im ersten Lehrjahr; die hat mir überhaupt nichts zu sagen."

Die Folge ist eine unfreundliche Beziehung zwischen der Kundin und der Friseurin.

Viele Störungen in der Kommunikation entstehen, weil es Missverständnisse auf der Beziehungsebene gibt. Der Beziehungsaspekt überlagert dann den Inhaltsaspekt. Die Kundin hört und versteht zwar, was die Friseurin sagt, sie ist aber eigentlich nicht mehr gesprächsbereit. Hinweise auf die persönliche Einstellung des Sprechers bezieht der Empfänger in besonderer Weise aus der Art des Sprechens und aus dem Tonfall.

Wenn eine Friseurin ehrlich und kundenorientiert beraten will, wird das auch an ihrem Tonfall deutlich und die Kundin kann eine positive Beziehung zur Friseurin aufbauen. Auf dieser Grundlage werden dann auch die Inhalte des Gespräches, die Sachargumente, besser verstanden.

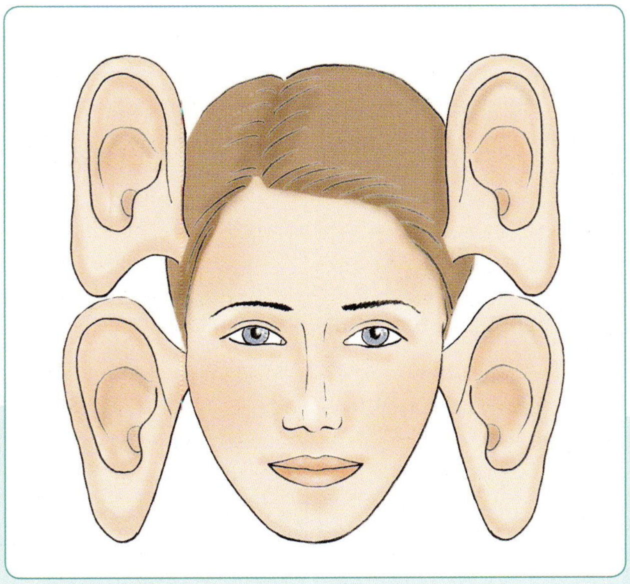

***Bild 1** Eine Nachricht – vier Botschaften hören*

5.2.2 Das erweiterte Kommunikationsmodell nach Schulz von Thun

Wenn man Kommunikationsstörungen noch besser analysieren und verstehen will, müssen neben dem Inhalts- und Beziehungsaspekt weitere für den Verständigungsvorgang bedeutsame Gesichtspunkte bedacht werden. Da sind zum einen der Appell, die Aufforderung, zum anderen der Hinweis über den Sprecher selbst (Selbstoffenbarung) zu nennen, die ebenfalls in jeder Aussage stecken.

Jede Aussage – oder „Nachricht", wie Kommunikationsforscher allgemein sagen – beinhaltet zugleich vier Botschaften. Welche davon der Empfänger verstärkt heraushört, liegt an ihm. Dies ist insbesondere abhängig von:

- Dem Sachinhalt
- Der Persönlichkeit des Empfängers
- Der Beziehung vom Empfänger zum Sprecher
- Der Gesprächssituation

Beispiel:
Eine Kundin sagt zu ihrer Friseurin: „Meiner Freundin haben Sie letzte Woche einen ganz tollen modischen Haarschnitt gemacht."

Auf welche Weise die Friseurin diese Informationen verstehen kann, ist in Tabelle 1 zusammengefasst.

Kommunikationsebene	Information
Sachinhalt	Der Haarschnitt meiner Freundin hat mir sehr gut gefallen!
Beziehung	Ich halte Sie für eine sehr gute und fähige Friseurin.
Selbstoffenbarung	Ich würde auch gerne modischer aussehen.
Appell	Machen Sie mir auch einen entsprechenden Haarschnitt.

***Tabelle 1** Kundenaussagen und ihre möglichen Botschaften*

Nimmt der Empfänger einen Aspekt übermäßig stark wahr und vernachlässigt die anderen Aspekte, so kommt es zur Kommunikationsstörung. Würde die Friseurin z. B. nur die Sachinformation aufnehmen, würde sie den wirklichen Wunsch der Kundin, der hinter dieser Aussage steht, nicht erkennen. Die Kundin würde unzufrieden den Salon verlassen.

Eine Friseurin, die stark auf den Appell achtet, vermutet in jeder Aussage zuerst einmal eine Aufforderung, etwas zu tun. Ist z. B. die Beziehung der Friseurin zu ihrer Kundin gespannt, vermutet die Friseurin unter Umständen in der Aussage einen Vorwurf, obwohl der Hinweis ganz anders von der Kundin gemeint war.

Eine Botschaft wird nur dann richtig verstanden, wenn alle Aspekte einer Nachricht in der Stärke wahrgenommen werden, wie es der Sprecher beabsichtigt hatte.

Die Friseurin sollte deshalb prüfen, ob die Kundin ihre Absichten wahrgenommen hat oder ob sie einen Aspekt übermäßig stark betont. Sie sollte aber auch ihre eigenen Empfindungen überprüfen. Besonders wenn bei der Beziehung und Selbstoffenbarung Gefühle eine Rolle spielen, kann es schnell zu Missverständnissen kommen.

Oft führt auch eine ungeschickte Wortwahl in einem Gespräch dazu, dass der Gesprächspartner nur noch auf der Beziehungsebene wahrnimmt. Die negativen Gefühle führen dann dazu, dass der Sachinhalt überhaupt nicht mehr aufgenommen wird.

Beispiel für ungeschickte Wortwahl:

Eine Friseurin empfiehlt ihrer angemeldeten Kundin einen neuen Haarschnitt: „Zuerst werde ich die Nackenhaare graduieren. Dann werde ich das gesamte Haar auf Kinnlänge schneiden, damit Ihre dreieckige Gesichtsform abgeschwächt wird. Abschließend werde ich die Haare, die in das Gesicht fallen, effilieren. Das lässt Ihr Gesicht weicher erscheinen."

Ehe die Friseurin den Haarschnitt weiter erklären kann, entscheidet sich die Kundin, den Haarschnitt nicht ausführen zu lassen. Sie antwortet der Friseurin: „Wenn Ihnen mein dreieckiges Gesicht nicht gefällt, dann bin ich wohl in falschen Händen bei Ihnen. Bitte waschen und föhnen Sie mir nur meine Haare!" Danach verlässt die Kundin den Salon, ohne einen neuen Termin zu vereinbaren.

Die Friseurin muss wissen, dass das Verhalten der Kundin ihr gegenüber oft auch eine Reaktion auf ihr eigenes Verhalten ist. Es verändert sich mit ihr. Wenn die Friseurin ihr Gesprächsverhalten, ihre Signale ändert, verändert sich möglicherweise auch das Gesprächsverhalten der Kundin.

Das bedeutet konkret, je freundlicher und ungezwungener sie auf die Kundin zugeht beziehungsweise sie anspricht, desto größer ist die Chance auf ein spiegelbildliches (Rede-)Verhalten der Kundin. Auf diesen Sachverhalt lässt sich passend die Redensart übertragen: „Je lauter in den Wald gerufen wird, desto lauter schallt es auch wieder heraus."

Ein Beratungsgespräch ist umso erfolgreicher, je besser die Friseurin sich auf die Kundin einstellt, d. h., je adressatenbezogener sie spricht. Gegenüber Kindern sind z. B. eine einfache Sprechweise sowie der Einsatz vieler veranschaulichender Hilfsmittel angezeigt. Das Reden miteinander besteht immer aus Sprechen und Zuhören. Dabei ist das Zuhören genauso wichtig wie das Sprechen. Ein gelungenes Beratungsgespräch ergibt sich im Idealfall aus dem Dialog Friseurin und Kundin.

Bild 1 „Die Wahl des Shampoos müssen Sie mir überlassen"

5.2.3 Kommunikationsstrukturen nach Paul Watzlawick

Paul Watzlawick (1921 – 2007) war ein Kommunikationswissenschaftler, Psychotherapeut, Psychoanalytiker, Soziologe, Philosoph und Autor.

Szenario: Die Friseurin wartet ungeduldig auf eine Kundin, schaut ständig auf die Uhr und schüttelt den Kopf. „Wo bleibt sie denn nur?", denkt sie. Die Salontür öffnet sich und die erwartete Kundin hastet in den Salon.

Kundin: „Entschuldigen Sie die Verspätung – Parkplatzprobleme, Sie wissen schon ..."

Friseurin: „Tag!"

Die Kundin müht sich aus dem Mantel. Die Friseurin schlendert währenddessen zum Arbeitsplatz. Die Kundin nimmt Platz.

Kundin: „Waschen, schneiden, föhnen, bitte."

Friseurin: „Ich weiß." (beginnt die Haare mit warmem Wasser anzufeuchten) „Angenehm?!"

Kundin: „Ja, ja ..." Die Friseurin nimmt ein Shampoo gegen Schuppen und emulgiert es ins Haar.

Kundin: (entrüstet) „Die Meisterin hat aber beim letzten Mal ein anderes Shampoo genommen, eines gegen trockenes Haar!"

Friseurin: „Die Wahl des Shampoos müssen Sie schon mir überlassen. Sie haben doch Schuppen, oder? Außerdem wasche ich Ihnen die Haare und nicht die Meisterin!"

Nach Paul Watzlawick bestimmen im Wesentlichen fünf Axiome (Grundregeln, die keiner Beweise bedürfen) jeden Kommunikationsvorgang. Mit ihrer Hilfe lassen sich Kommunikations-/Verständigungsvorgänge – wie auch im obigen Beispiel – analysieren und eventuelle Störungen erklären.

Die Axiome im Einzelnen sind:

- Menschliche Kommunikation bedient sich analoger und digitaler Modalitäten
- Kommunikation ist immer Ursache und Wirkung (Interpunktion)
- Jede Kommunikation hat einen Inhalts- und einen Beziehungsaspekt
- Kommunikation ist symmetrisch oder komplementär"
- Man kann nicht nicht kommunizieren

Analoge und digitale Kommunikation (Bild 1)

Menschliche Kommunikationsvorgänge werden analog oder digital geregelt. Damit sind die verschiedenen Zeichen gemeint, die der Mensch nutzt, um Botschaften einer anderen Person zu übermitteln.

Analoge Darstellungsform

Auf der einen Seite sind es körpersprachliche Signale wie Mimik, Gestik, Körperhaltung, Körperbewegung und Körperdistanzen, die Watzlawick als **analoge** Darstellungsformen bezeichnet. In der beschriebenen Situation zeigt die Friseurin analoges Kommunikationsverhalten, indem sie ihre Unruhe und ihren Unmut über die Verspätung der Kundin durch Kopfschütteln oder regelmäßige Blicke auf die Uhr nach außen hin zeigt. Auch die Kundin deutet analog an, dass es ihr unangenehm ist, sich zu verspäten.

Sie „hastet" in den Salon. Durch die Verwendung analoger Signale ergibt sich eine viel direktere und oftmals ausdrucksstärkere Verständigung. Jedoch birgt sie in sich auch die Gefahr von Missverständnissen, was oft zu Störungen bei zwischenmenschlichen Beziehungen führt.

Digitale Komunikationsmittel

Daneben bedient sich der Mensch bei der Kommunikation des geschriebenen und gesprochenen Wortes, was nach Watzlawick **digitale** Kommunikationsmittel sind. Die digitale Sprache liefert in erster Linie Informationen und vermittelt Wissen. Die Kundin vermittelt der Friseurin digital, dass die Verspätung durch Parkprobleme begründet ist.

Bei alltäglichen Verständigungsvorgängen ergänzen sich analoge und digitale Kommunikationsformen gegenseitig. Eine Verknüpfung von verbaler und nonverbaler Frisurenbeschreibung im Beratungsgespräch steigert die Vorstellungskraft der Kundin hinsichtlich des geplanten Frisurenergebnisses.

Ursache und Wirkung Interpunktionen (Bild 2)

Kommunikationsabläufe werden von **Interpunktionen** der Kommunikationspartner bestimmt. Diese Regel beschreibt, dass Art und Verlauf von Verständigungsvorgängen von dem Verhalten und der Einstellung der Gesprächspartner in der Kommunikationssituation abhängen. Steigt man also entspannt und fröhlich in ein Gespräch ein, wird diese Stimmung von dem Gesprächspartner aufgenommen und der weitere Verlauf der Verständigung ist davon geprägt. Umgekehrt wird eine bedrückte oder aggressive Gesprächshaltung schon zu Beginn des Verständigungsvorgangs für einen Misston sorgen, der während des gesamten Kommunikationsprozesses vorhält. Es gilt in diesem Zusammenhang die Volksweisheit: „Wie man in den Wald ruft, so schallt es auch heraus."

Bild 1 *Zusammenspiel von digitaler und analoger Kommunikation*

Bild 2 *Das Echo ist um so stärker, je lauter man in den Wald ruft*

In der beschriebenen Situation ist die Friseurin darüber ungehalten, dass die Kundin unpünktlich erscheint. Diese Stimmung nimmt sie mit in das Gespräch. Sie ist wortkarg, antwortet nur knapp und unverbindlich. Das bewirkt bei der Kundin ein ähnliches, spiegelbildliches Verhalten. Sie gibt nur die notwendigsten Antworten und zeigt sich sehr reserviert.

Es ist naheliegend, dass bei längerem Austausch dieser Art, die Reaktionen der Gesprächspartner immer heftiger und ausgeprägter werden können. Der Ton wird schärfer. Erklärbar wird ein solcher Gesprächsverlauf durch ein typisches Wahrnehmungsverhalten der Kommunikationspartner. Beide betrachten und bewerten ihr eigenes Verhalten lediglich als Reaktion auf das Verhalten des anderen. Es gilt das Motto: „Ich reagiere und handle nur so, weil der andere so ist." Eine kritische Betrachtung des eigenen Verhaltens und gegebenenfalls eine Verhaltensänderung können diesen Teufelskreis aufbrechen oder erst gar nicht entstehen lassen.

Inhalts- und Beziehungsaspekte (Bild 1)

Jede Mitteilung beinhaltet im Kern ein mehr oder weniger hohes Maß an Information. Bei dem Informationsgehalt einer Äußerung spricht man von ihrem Inhaltsaspekt. Die Aussage „Tag!" ist rein sachlich betrachtet eine Information in Form einer Begrüßung. Gleichzeitig wird durch diese kurze und knappe Art der Begrüßung dem Kommunikationspartner u. U. mitgeteilt, dass man wenig Zeit für ihn hat, verstimmt ist und keine weitergehende Kommunikation wünscht. Diesen zweiten Bestandteil der Mitteilung, der etwas über das Verhältnis der Kommunikationspartner zueinander aussagt, nennt man Beziehungsaspekt.

Bild 1 Gesagtes und Gemeintes bei der Kommunikation

Inhalts- und Beziehungsaspekte lassen sich an jeder Äußerung fest machen. Es gibt also keine rein informative Kommunikation, denn sie ist immer verbunden mit einer Beziehungsaussage, wie beispielsweise Anerkennung, Ablehnung, Bewunderung.

An Konfliktsituationen kann manchmal beobachtet werden, dass die Kontrahenten über Inhaltliches streiten, obwohl die Störungen auf der Beziehungsebene liegen und umgekehrt. In dem Situationsbeispiel wird die Beziehung Friseurin/Kundin durch die Verspätung der Kundin getrübt. Anstatt nun auf dieser Ebene (Beziehungsebene) das klärende Gespräch zu suchen, „streiten" die beiden Personen auf der Inhaltsebene über die Wahl des richtigen Shampoos.

Symmetrische und komplementäre Kommunikation (Bild 2)

Kommunikationsabläufe hängen weiterhin von den grundlegenden Verhaltensweisen der Kommunikationspartner zueinander ab. Damit sind beispielsweise deren Einstellungen, Reaktionen, Meinungen, Interessen und Entscheidungen gemeint. Gibt es hierin weitgehende Übereinstimmung zwischen den Kommunikationspartnern, sind auch Kommunikation, Kommunikationsabläufe und Kommunikationsverhalten zueinander spiegelbildlich.

In diesem Fall spricht man auch von symmetrischer Kommunikation. Diese ergibt sich meist unter Personen, die gleiche oder ähnliche soziale Rollen besetzen, sozusagen im selben Boot sitzen. Die Verständigung unter Schülern einer bestimmten Klasse, unter den Jugendlichen einer Clique, unter den Auszubildenden eines Betriebes verläuft demnach in der Regel symmetrisch. Alle Kommunikationspartner zeigen das Bestreben, eine weitgehend übereinstimmende Kommunikation zu führen und Unterschiede auszugleichen oder abzuschwächen.

Bild 2 Wer hat denn hier das Sagen?

Demgegenüber ergibt sich eine **komplementäre Kommunikation**, wenn das Grundverhalten der Kommunikationspartner unterschiedlich ist. Diese Unterschiedlichkeit steht in engem Zusammenhang mit der sozialen Rolle, die beide Gesprächspartner besetzen.

Beispiele für derartige komplementäre Beziehungen sind das Mutter/Kind-, Arzt/Patient-, Arbeitgeber/Arbeitnehmer- und Kundin/ Friseurin-Verhältnis. Kennzeichen dieser komplementären Beziehungen ist die Tatsache, dass eine Person die primäre oder auch **superiore Position** (z. B. Friseurin), die andere die sekundäre oder **inferiore Position** (z. B. Kundin) besetzt.

Es ist naheliegend, dass der Kommunikationsverlauf in einem derartigen Beziehungsgefüge von dem superioren Kommunikationspartner bestimmt wird. Ein Arbeitgeber lässt sich demnach selten von seiner Auszubildenden das „Gesprächszepter" aus der Hand nehmen und auch eine Friseurin wird in dem Beratungsgespräch mit der Kundin dessen Inhalt und Verlauf maßgeblich mitbestimmen.

Meist werden diese Unterschiedlichkeit der Positionen und die damit zusammenhängende Kommunikation akzeptiert und somit Konflikte grundsätzlicher Art vermieden. Allerdings entstehen solche unweigerlich, wenn bei einem komplementären Beziehungsgefüge der inferiore Partner seine Rolle vertauscht und symmetrisch, also als ebenbürtiger Partner, kommuniziert.

Einen solchen Sachverhalt vermittelt die Situation in Bild 2. Die Kundin gibt darin einen Hinweis zum Shampoo, das ihrer Meinung nach für ihr Haar das richtige ist. Dadurch stellt sie automatisch die Kompetenz und damit die superiore Position der Fachfrau in Frage. Die barsche Reaktion der Friseurin: „Die Wahl des Shampoos müssen Sie schon mir überlassen" belegt eindrucksvoll, wie von ihr diese Form der symmetrischen Kommunikation aufgefasst wird.

***Bild 1** Kommunikation – ein ständiger Prozess*

Man kann nicht nicht kommunizieren (Bild 1)

Von jedem menschlichen Verhalten in einer Situation geht eine Mitteilung aus. Dabei ist es nicht entscheidend, ob der Mensch handelt oder nicht handelt, etwas sagt oder schweigt. Er steht folglich in einem ständigen Kommunikationsprozess mit seiner Umwelt. Die Kundin, die während der Kopfmassage die Augen schließt, signalisiert der Friseurin, dass sie zufrieden und entspannt ist. Geht eine Friseurin ihrer momentanen Beschäftigung weiter nach, während eine Kundin den Salon betritt, vermittelt sie ihr damit möglicherweise Desinteresse und Unaufmerksamkeit. Jede Kommunikation, ob nonverbal oder verbal, hat also Mitteilungscharakter. Das bedeutet, dass der Mensch eigentlich nicht nicht kommunizieren kann. Er vermittelt immer etwas, auch wenn er nichts sagt.

Beleuchtet man nun die Grundregeln (Axiome) Watzlawicks in ihrer Bedeutsamkeit für die Friseurin, so ergeben sich daraus folgende Aspekte für die Kommunikation im Beruf:

Eine optimale Verständigung über Dienstleistungsangebote (z. B. Frisur) wird durch den Einsatz aller digitalen (Betonung, Wortwahl, Satzbau usw.) und analogen Mittel (Bilder, Vergleiche, Demonstrationen usw.) gewährleistet.

Der Friseurin muss bewusst sein, dass jede Kommunikation auf der Inhalts- und Beziehungsebene erfolgt. Störungen können vermieden werden, wenn auftretende Probleme mit der Kundin auf der Ebene besprochen werden, auf der sie entstanden sind. Dazu ist erforderlich, dass die Friseurin den Hintergrund der Störung möglichst genau ermittelt.

Mit positivem Auftreten und angemessenem Kommunikationsverhalten schafft die Friseurin die besten Voraussetzungen für einen störungsfreien Interpunktionsverlauf. Diese Eigenschaften sind daher für sie ein absolutes Muss während der gesamten Interaktion mit der Kundin.

Die Friseurin muss sich im beruflichen Kontext rollenspezifisch verhalten. Bei Gesprächen über Fachthemen kommuniziert sie mit den Mitarbeiterinnen symmetrisch, mit der Kundin komplementär. Sollte die Kundin das superiore und inferiore Beziehungsgefüge missachten, darf die Friseurin sich in keinem Fall provozieren lassen und respektlos verhalten.

Dadurch, dass auch die Friseurin immer in einem Kommunikationsprozess steht, muss ihr gesamtes Kommunikationsverhalten stets kontrolliert, überlegt und zielgerichtet angelegt sein.

5.2.4 Sprache als Medium

Die gesprochene und geschriebene Sprache ist ein Zeichensystem. Der Mensch kann mit diesem System seine Umgebung mit Namen versehen. Auf diese Weise kann er:

- sich mit anderen Menschen über Dinge und Sachverhalte verständigen,
- sein Wissen weitergeben,
- seine Gedanken, Gefühle und Absichten mitteilen,
- andere zu bestimmtem Handeln auffordern, ermutigen.

Dieses Zeichensystem mit den oben beschriebenen Grundfunktionen hat sich im Verlauf der Menschengeschichte weiterentwickelt. Von allen Teilnehmern einer Sprachgemeinschaft werden für Gegenstände und Sachverhalte die gleichen Bezeichnungen benutzt.

Bild 1 *Schneidekamm und Schere: Eindeutige Sprache erleichtert die Kommunikation*

Beispiel: Schere

Alle Friseurinnen sagen zu dem Gegenstand, mit dem sie Haare schneiden, „Schere"; genauso könnten sie aber auch den Gegenstand als „Schneide" bezeichnen. Irgendwann hat man sich auf Schere geeinigt, sodass niemand dafür ein anderes Wort benutzen würde. Nur durch diese konkrete Namensgebung ist eine sinnvolle Verständigung möglich.

In unserer Welt existieren für alle Dinge allgemein vereinbarte Begriffe. Wird in der Kommunikation so ein Wort benutzt, ruft es beim Gesprächspartner ein Bild von dem Gegenstand hervor.

Beispiel: Schneidekamm

Mit einem Schneidekamm verbinden wir einen Gegenstand mit ganz bestimmter Funktion, ein Hilfsmittel zur Erstellung eines Haarschnitts. An dieser Stelle endet aber schon die Allgemeinverbindlichkeit des hervorgerufenen Bildes. Denn wie der Kamm aussieht, welche Farbe er hat, wie groß er ist und aus welchem Material er besteht, darüber gibt der Begriff „Schneidekamm" keine Auskunft.

Das bedeutet, dass der Gesprächspartner, der den Begriff „Schneidekamm" nennt, ein völlig anderes Bild im Kopf haben kann als sein Kommunikationspartner, der diesen Begriff hört.

Die Ursache hierfür liegt darin, dass jeder Mensch andere Erfahrungen gemacht hat, die seine Vorstellungen prägen. Dadurch fällt das Verständnis der bezeichneten Dinge unterschiedlich aus.

Bei den Kommunikationspartnern können aber auch durch ein und dasselbe Wort völlig unterschiedliche Emotionen hervorgerufen werden. Deshalb ist es ganz wichtig, dass die Kommunikationspartner genau wissen, worüber sie sich verständigen.
Die Sprache wird auch entscheidend durch die Situation und die Art und Weise, wie man etwas sagt, geprägt. Eine klare Aussage, z. B. „Tolle Haarfarbe heute", kann je nachdem, in welcher Situation und mit welchem Tonfall sie gesagt wurde, ganz Unterschiedliches zum Ausdruck bringen. Wurde die Kundin schlecht bedient und liegt Ironie in ihrer Stimme, so will sie damit ausdrücken, dass die Haarfarbe nicht gut ausgefallen ist. Eine zufriedene Kundin hingegen will mit der gleichen Aussage Lob aussprechen. Die Friseurin muss ihre Sprache stets an die Kundin und die spezielle Situation anpassen.

Folgende Aspekte sind dabei zu berücksichtigen:

Sprech- und Ausdrucksweise

Die Stimme kann überzeugend, sachlich, überheblich oder gleichgültig klingen. Die Friseurin muss ihre Stimme als Instrument einsetzen, das bei ihrer Kundin angenehme Empfindungen weckt.

Der Tonfall und die Sprachmelodie übermitteln in besonderem Maße die Gefühle der Sprecherin. Sie zeigen z. B. Sachlichkeit, Freude oder Ärger deutlicher als die dazu gesprochenen Worte. Durch Betonung oder durch eine kurze Pause vor einer Aussage kann man die Aufmerksamkeit erhöhen und die Aussagekraft verstärken.

Lautstärke

Spricht die Friseurin sehr leise, wirkt sie unsicher und nicht überzeugend. Die Kundin versteht aus rein akustischen Gründen einen Teil der Verkaufsargumente nicht. Spricht die Friseurin zu laut, fühlt sich die Kundin belästigt.

Viele Beratungsgespräche, vor allem bei Haar- und Hautproblemen, erfordern eine gewisse Intimität und somit eine leise, aber verständliche Lautstärke. Bei Verkaufsgesprächen im Behandlungsbereich muss die Friseurin ihre Stimme der jeweiligen Situation und Geräuschkulisse anpassen.

Aussprache

Sie muss klar, deutlich und fehlerfrei sein. Dies gilt besonders für fremdsprachliche Produktbezeichnungen.

Sprechtempo

Bei der Wahl des Sprechtempos muss die Friseurin die Besonderheiten der Kundin, z. B. ihr Alter, berücksichtigen.

Spricht die Friseurin zu langsam, wirkt sie gelangweilt und ermüdend auf die Kundin. Ist ihr Sprechtempo zu schnell, wirkt sie hektisch und nervös.

Auch komplizierte Sachverhalte dürfen nicht zu schnell erklärt werden. Die Friseurin muss Sprechpausen machen und der Kundin Gelegenheit zu Zwischenfragen geben. Stellt sie der Kundin eine Frage, muss sie ihr eine angemessene Zeit zum Nachdenken einräumen. Erst danach darf sie das Gespräch wieder aufnehmen.

Sprechweise

Die Friseurin sollte sich in ihrer Sprechweise dem Sprachniveau der Kundin anpassen. Die Worte bei einer jungen, modischen Kundin sind anders auszuwählen als bei einer konservativen, älteren Kundin. Generell gilt, dass man möglichst wenig Dialekt und Modewörter verwenden soll. Die gewählten Wörter müssen die Vorteile eines Produktes oder einer Dienstleistung anschaulich und wirkungsvoll darstellen. Fremdwörter und Fachausdrücke kann man nur verwenden, wenn man sich sicher ist, dass die Kundin sie versteht. Das wichtigste Mittel zur Verständigung ist also die Sprache. Damit die Friseurin beim Beraten und Bedienen störungsfreie und verkaufsfördernde Gespräche führen kann, sollte sie immer im Hinterkopf behalten, dass es **„Gesprächsstörer"** und **„Gesprächsförderer"** gibt.

Gesprächsstörer können Aussagen und Verhaltensweisen sein, die das Beratungs- oder Verkaufsgespräch stören bzw. abrupt beenden.

Dazu zählen z. B.:
- Killerphrasen
- Befehle
- Vorwürfe
- Überredungen

Killerphrasen sind Aussagen oder Feststellungen im Gesprächsverlauf, die den Gesprächspartner in ganz bestimmter Weise überfordern. Er sieht sich nämlich mit Behauptungen, Unterstellungen, Vorhaltungen konfrontiert, die so pauschal angelegt sind, dass sich eine ernsthafte und sachbezogene Auseinandersetzung nahezu ausschließt. Killerphrasen wirken daher auf den Angesprochenen herausfordernd und beeinträchtigen seine Gesprächsbereitschaft. Aus diesem Grund solllten sie in einem Beratungs- und Verkaufsgespräch tunlichst vermieden werden. Es besteht die Gefahr, dass die Kundin ihre Bindung an die Mitarbeiterin und ggf. an den Salon aufkündigt.

Beispiele für Killerphrasen:
- *„Das können Sie ja überhaupt nicht wissen."*
- *„Das sehen Sie total falsch."*
- *„Sie haben gar keine Ahnung davon."*

Durch **Befehle** nimmt die Friseurin ihrer Kundin die eigene Entscheidungsfreiheit, setzt sie unter Druck und löst oftmals Widerstände bei ihr aus. Befehle sollte eine Friseurin niemals verwenden, da sie erkennen lassen, dass sich die Friseurin der Kundin überlegen fühlt.

Beispiele für Befehle:
- *„Sie müssen noch einen Moment Platz nehmen. Sie sehen ja, dass ich noch beschäftigt bin."*
- *„Entscheiden Sie sich doch endlich für eine neue Haarfarbe."*
- *„Setzen Sie sich schon einmal ans Waschbecken. Ich bin gleich so weit."*

Bild 1 *Kommunikation mit Sprache und Bild*

Bild 2 *Gestörtes Beratungsgespräch*

Auch durch Vorwürfe, die die Friseurin gegenüber einer Kundin erhebt, wird eine Gesprächssituation stark belastet. Dabei ist unerheblich, ob die Friseurin in der Sache Recht hat und ein objektives Fehlverhalten der Kundin den Vorwurf begründet. Im Salonalltag ergeben sich solche Situationen z. B., wenn Kundinnen nach einer missratenen Heimbehandlung den Rat und die Hilfe der Friseurin suchen. Häme oder eine Von-Oben-Herab-Behandlung ist dann der falsche Ansatz. Stattdessen sollte die Friseurin der Kundin ruhig und verständlich erläutern, was sie falsch gemacht hat und wie der Schaden möglicherweise behoben werden kann.

Beispiele für Vorwürfe:

- *„Ich habe Ihnen doch genau erklärt, dass Sie den Kopf stillhalten müssen, da sonst der Pony schief wird."*
- *„Hätten Sie nicht so mutig an Ihren Haaren herumgeschnitten, dann hätte ich vielleicht noch etwas retten können."*
- *„Bei diesen porösen Haaren hätten Sie sich niemals Blondiersträhnen machen lassen dürfen. Jetzt hilft nur noch die Schere."*

Wird die Kundin zu einer Entscheidung überredet, fühlt sie sich im Nachhinein überrumpelt.

Sie hat den Eindruck, im Beratungsgespräch fehlten ihr die Zeit und Informationen, um eine eigene Entscheidung treffen zu können.

Ist die Kundin zum Kauf einer Dienstleistung oder eines Produktes überredet worden, ist sie noch lange nach dem Kauf unsicher oder unzufrieden mit dieser Kaufentscheidung.

Die Unzufriedenheit überträgt sie auch auf das Vertrauensverhältnis zu ihrer Friseurin.

Beispiele für Überredungen:

„Die blonden Strähnen haben Sie doch schon so lange. Warum möchten Sie nicht mal eine neue Haarfarbe haben? Die neuen Brauntöne würden zu Ihrer neuen Herbst- und Wintergarderobe ganz toll aussehen. Ich halte Ihnen mal eine Haarsträhne ans Gesicht. Schauen Sie mal, dieser warme Braunton steht Ihnen ausgezeichnet. Er sieht viel hübscher und interessanter aus. Ich glaube, da brauchen Sie gar nicht lange zu überlegen, wir sollten die neue Haarfarbe einfach mal ausprobieren."

Gesprächsstörer jeglicher Art sollte die Friseurin vermeiden, damit die Beratungs- und Verkaufsgespräche erfolgreich und konfliktfrei verlaufen.

Stattdessen sollte sie durch Gesprächsförderer die Chance erhöhen, dass die Kundin mehr über ihre eigentlichen Wünsche und Vorstellungen erzählt. Das erleichtert die Verständigung und die Friseurin kann gezielter auf die Kundin eingehen.

Gesprächsförderer

Gesprächsförderer sind Aussagen und Verhaltensweisen, die ein individuelles Beratungs- oder Verkaufsgespräch ermöglichen. Sie signalisieren der Kundin das Interesse der Friseurin und ihre Bereitschaft zu einem Gespräch.

Zu den Gesprächsförderern gehören:

- Zuhören
- Nachfragen
- Zustimmen

In einem Beratungs- oder Verkaufsgespräch ist es wichtig, den richtigen Moment zum Zuhören zu finden. Die Friseurin sollte schweigen, wenn die Kundin beginnt, ihre Vorstellungen, Wünsche, Meinungen, Absichten oder Einwände vorzubringen. Leicht merkt die Kundin, ob die Friseurin wirkliches Interesse an ihrem individuellen Problem hat oder ob die Aufmerksamkeit der Friseurin nur vorgetäuscht ist.

Insbesondere durch ihre Körpersprache kann eine Dienstleisterin nachhaltig deutlich machen, in welchem Maße sie die Hinweise der Kundin aufnimmt und verstanden hat. Aber auch mithilfe bestimmter sprachlicher Hinweise wird bewusst unterstrichen, dass dem Gedankengang des Gesprächspartners nachgegangen und so seinem Mitteilungsbedürfnis entsprochen wird. Solche Verhaltensweisen werden auch „aktives Zuhören" genannt.

Beispiele für Verhaltensweisen der Friseurin beim Zuhören:

- Weit geöffnete Augen
- Blickkontakt
- Bestätigendes Nicken
- Wörter, die Anteilnahme zeigen, wie z. B. „tatsächlich", „interessant", „hm", „ah ja"

Durch Nachfragen bekundet die Friseurin Interesse für die Wünsche und Bedürfnisse ihrer Kundin. Sie macht es ihr leichter, darüber zu berichten.

Bild 1 Blickkontakt

Mit geeigneten Fragen kann die Friseurin somit den Informationsaustausch positiv fördern.

Nachfragen

Kundin: „Ich bin in zwei Wochen auf einer Hochzeit eingeladen und möchte eine Frisur und ein Make-up haben, die etwas festlicher aussehen."

Friseurin: „Wissen Sie denn schon, welches Kleid Sie tragen werden? Das wäre für mich wichtig zu wissen, damit ich die Frisur und das Make-up dem Stil des Kleides anpassen kann. Ich könnte Ihnen bei einer Hochsteckfrisur farbliche Accessoires mit einarbeiten, die zur Farbe des Kleides passen und das Make-up mit winzigen Strasssteinchen betonen."

Mithilfe der Gesprächsförderer kann die Friseurin zeigen, dass sie sich auf die Person der Kundin einstellt und versucht, ihr Problem oder ihren Wunsch zu verstehen. Zusätzlich eröffnet sie der Kundin die Möglichkeit, sich selbst über ihre Bedürfnisse und Wünsche Klarheit zu verschaffen. Vermittelt die Friseurin ihrer Kundin ausreichende Zustimmung und Anerkennung, empfindet die Kundin die Friseurin als sympathisch. Die Beratungsatmosphäre wird dadurch angenehm.

Beispiele für Zustimmung:

- „Ja, richtig."
- „Das trifft zu."
- „Ich kann Sie sehr gut verstehen."
- „Das ist völlig richtig, aber bedenken Sie bitte, dass sich diese Farbe nicht auswaschen lässt."

Ist die Friseurin anderer Meinung als die Kundin oder widerspricht der Wunsch der Kundin ihrem fachlichen Verständnis, darf sie der Kundin natürlich auf keinen Fall zustimmen. Sie sollte der Kundin in einem freundlichen Gespräch erläutern, worin die Nachteile der gewünschten Behandlung bestehen.

Beispiel:

„Zum Sommer sehen blondierte Strähnen toll aus, doch aufgrund der stark strapazierten Längen und Spitzen rate ich Ihnen von einer Strähnenbehandlung ab. Ihre Haare werden dadurch noch mehr strapaziert."

„Eine Behandlung mit Pflanzenhaarfarbe schadet Ihrem Haar überhaupt nicht. Jedoch kann ich Ihren Wunsch nicht erfüllen, dass hiermit die grauen Haare 100%ig abgedeckt werden."

„Eine Volumenwelle wäre sicherlich gut für die neue Frisur, jedoch würde Ihr feines, blondiertes Haar dadurch nur noch poröser. Es hätte zur Folge, dass die Haare abbrechen würden. Aus diesem Grund kann ich Ihrem Haar keine Volumenwelle zumuten."

5.2.5 Rhetorik

Rhetorik bedeutet optimale Überzeugungskraft durch gezielten Einsatz von verbaler und nonverbaler Sprache. Dabei muss die Wortwahl stets an den Gesprächspartner und an die Situation angepasst sein. Mit Kindern redet man anders als mit Erwachsenen, mit Bekannten anders als mit Vorgesetzten.

Ein guter Rhetoriker zeichnet sich durch die Fähigkeit aus, sich genau auf den jeweiligen Gesprächspartner einstellen zu können. Er wählt seine Worte so gezielt, dass der Gesprächspartner ihn gut verstehen kann. Dementsprechend muss die Friseurin die Verwendung von Fachwörtern davon abhängig machen, ob eine Kundin die Grundkenntnisse besitzt, die für das gegenseitige Verstehen notwendig sind.

In den meisten Fällen sind diese Kenntnisse nicht vorhanden. Die Friseurin sollte dann mit einfachen bildhaften Vergleichen arbeiten, damit die Kundin sie richtig versteht. Durch solche Umschreibungen fördert sie das Vorstellungsvermögen und kann zugleich komplexe Zusammenhänge leicht darstellen.

Um den Kundinnen beispielsweise zur Struktur des Haares etwas zu erläutern, eignet sich der bildhafte Vergleich mit einem Tannenzapfen.

Beispiel:

„Stellen Sie sich die Haaroberfläche wie das Äußere eines Tannenzapfens vor. Ist der Tannenzapfen geschlossen, sieht er gesund und glatt aus. Er reflektiert das Licht, wodurch er leicht glänzt. Ist er jedoch geöffnet, so ist er aufgeraut und wirkt durch die großen Öffnungen matt. Das hat damit zu tun, dass in diesem Fall das Licht verschluckt wird. Genauso ist es mit trockenem, porösem Haar. Durch seine raue Oberfläche wird das meiste Licht verschluckt und das Ergebnis ist ein Haar, das nur wenig Glanz zeigt. Wir können mithilfe spezieller Pflegeprodukte erreichen, dass sich die Haaroberfläche glättet und sich wieder ein natürlicher Haarglanz einstellt."

Bild 1 Bildhafte Sprache – Vergleich Haaroberfläche mit Tannenzapfen

Hinter jedem Gespräch steckt die Absicht, beim Kommunikationspartner etwas zu bewirken, z. B.:

- Interesse wecken
- Informationen weiterleiten
- Selbstdarstellung der eigenen Person

Jemanden zu überzeugen, ist die Absicht vieler Gesprächspartner. Das gelingt aber nur, wenn man selbst akzeptabel und glaubhaft wirkt.

Darum sollte die Friseurin folgende Regeln für erfolgreiche Gespräche mit ihren Kundinnen berücksichtigen:

- Die Friseurin sollte sich grundsätzlich in ihren Aussagen selbst vertreten, d. h., dass sie auch „ich" sagt und sich nicht hinter dem unpersönlichen „man" oder „wir" versteckt.
- Wenn sie eine Frage stellt, sollte sie erklären, warum sie fragt und was die Frage für sie bedeutet. Damit wird der Kundin aufrichtiges Interesse vermittelt und der Eindruck eines Verhörs vermieden.
- Die eigene Meinung sollte nicht im Vordergrund stehen. Vielmehr sollte das Gespräch mit Aussagen begonnen werden, denen die Kundin zustimmen kann.

Die Friseurin sollte zu Anfang des Gespräches das Ziel haben, ihre Kundin zum Sprechen zu bringen, um möglichst viele Informationen zu erhalten.
Sie sollte vor allem offene Fragen stellen.

- Während des Zuhörens sollte die Friseurin der Kundin Zustimmung zeigen, um ihr zu vermitteln, dass ihre Aussagen aufgenommen werden. Durch Reaktionen des Erstaunens, z. B. „Ach was?!" oder „Tatsächlich?" wird die Kundin bestärkt, ihre Rede fortzusetzen.
- Die Wörter sollten so geschickt gewählt werden, dass die Kundin die Friseurin als Fachfrau akzeptiert und Gefallen an den Vorschlägen der Friseurin findet.

Vermittelt die Friseurin ihrer Kundin das Gefühl, dass ihre Aussagen wichtig sind und aktiv aufgenommen werden, findet sie in der Kundin eine aufgeschlossene Kommunikationspartnerin.

5.2.6 Fragetechniken

Der Erfolg eines Beratungs- und Verkaufsgespräches hängt wesentlich von der richtigen Fragestellung ab. Durch gezielte Fragen können die Wünsche der Kundin in ihren Einzelheiten ermittelt werden. Deshalb sollten folgende Regeln berücksichtigt werden:

- Fragewörter immer an den Anfang der Frage setzen
- Kettenfragen vermeiden
- Verschiedene Fragetechniken einsetzen

Für das Beratungsgespräch sollten Sie sich ausreichend Zeit nehmen, um zu ermitteln, was die Kundin wirklich möchte. Dazu können Sie beim Verkauf von Produkten im Beratungsgespräch und auch während der Behandlung verschiedene Fragetechniken einsetzen (s. Tabelle 1).

Fragetechniken	Beispiele	Ziel
Offene Fragen (W-Fragen = Erkundungsfragen)	Welches Shampoo benutzen Sie zu Hause? Was halten Sie von einer Volumenwelle? Wie kommen Sie mit Ihrer neuen Frisur zurecht?	Die Kundin wird persönlich angesprochen. Sie liefert der Friseurin viele Informationen über ihre Motive und Wünsche.
Geschlossene Fragen (Entscheidungsfragen)	Möchten Sie die Haare geschnitten haben? Haben Sie das neue Haarspray ausprobiert? Benutzen Sie Stylingprodukte?	Auf diese Fragen wird mit Ja oder mit Nein geantwortet. Sie schränken den Dialog zwischen Friseurin und Kundin ein.
Alternativfragen	Möchten Sie lieber das Haarspray oder den Haarlack mitnehmen? Gefällt Ihnen die rote oder die braune Haarfarbe besser? Benutzen Sie lieber Schaumfestiger oder Sprühfestiger?	Durch die Vorgabe von Alternativen wird das Thema gelenkt und somit eingeschränkt.
Suggestivfragen	Sie möchten sicher einen neuen Termin mitnehmen? Ich darf Ihnen doch bestimmt die neuen Make-up-Farben empfehlen?	Da diese Fragen eigentlich nur mit Ja beantwortet werden können, wird der Kundin die gewünschte Antwort in den Mund gelegt.
Rhetorische Fragen	Denken Sie nicht auch, dass eine Intensivpflegekur Ihrem Haar gut tut? Darf ich Ihnen schon einmal die Haare shampoonieren?	Rhetorische Fragen sind keine richtigen Fragen, weil man eigentlich keine Antwort erwartet oder sie selbst gibt.
Kontaktfragen	Wie ist denn Ihr selbst entworfener Teppich ausgefallen? Waren Sie schon in dem neuen Kino? Wie ist Ihr Polterabend am letzten Samstag verlaufen?	Diese Fragen stellen den persönlichen Kontakt zwischen Friseurin und Kundin her, bevor das eigentliche Beratungsgespräch beginnt.
Bestätigungsfragen	Prima, also möchten Sie jetzt die neue Volumenwelle und anschließend den neuen Haarschnitt?	Anhand der Bestätigungsfrage kann die Friseurin Teilergebnisse festhalten, um das Gespräch entsprechend weiterführen zu können.

Tabelle 1 Verschiedene Fragetechniken

5.2.7 Small Talk

Die wenigsten Gesprächssituationen im Salon sind ausschließlich fach- und sachbezogen ausgerichtet. Meist werden vor, nach und bisweilen während der unterschiedlichsten Kommunikationsanlässe nachrangige Themen, wie z. B. das Wetter, angesprochen.

Dieser eher lockere Teilbereich der Unterhaltung, das oberflächliche und belanglose Geplauder, wird Small Talk genannt. Er erfüllt den Sinn, dass sich Gesprächspartner auf ungezwungene Weise kennen lernen, ihre Beziehung zueinander ausloten oder behutsam aufbauen können. Der Small Talk ist neben der wichtigen Orientierung an körpersprachlichen Signalen eine weitere Möglichkeit für eine ungezwungene Kontaktaufnahme.

Für eine Friseurin, die einen Small Talk führen kann, ergeben sich aber auch ganz persönliche Nutzen: Mit dieser Fähigkeit sorgt sie für eine sympathische Ausstrahlung und findet auf diese Art einen leichten Zugang zu anderen Menschen.
Hat man herausgefunden, nach welchem einfachen „Strickmuster" der Small Talk funktioniert, kann es sogar Spaß bereiten, auf diese Weise zu kommunizieren. Für den Small Talk sind folgende Gesichtspunkte bedeutsam:

- Themen des Small Talks
- Techniken des Small Talks
- Grundregeln beim Small Talk

Themen des Small Talks

Entscheidende Voraussetzung für den Small Talk ist zunächst einmal die richtige Einstellung dazu. Der Gesprächsinhalt muss nicht besonders geistreich, witzig oder die Sprecherin nicht zwingend schlagfertig sein. Wäre das die Voraussetzung für Small Talk, könnten die Gesprächspartner innerlich verkrampfen. Außerdem widerspräche dies dem ursprünglichen Sinn des Small Talks. Der Small Talk nimmt einen spontanen, situationsbezogenen und zufälligen Kommunikationsverlauf und schafft eine innere Lockerheit. Jede Planung und Vorüberlegung von inhaltlichen Aussagen verbieten sich danach. Small Talk bedeutet folglich, über etwas zu reden, auf das man ohne großes Nachdenken kommt. Meist sind dies ganz nahe liegende Themen wie z. B.:

- Wetter
- Zeit (Jahreszeit, Zeitgeschehen, persönliche Zeit, Freizeit, Urlaub usw.)
- Ort der Kommunikation und seine Gegebenheiten (im Salon die Veränderungen bei der Einrichtung, dem Personal, den Dienstleistungsangeboten usw.)
- Persönliche Situation (Beruf, Familie, Gesundheit, Interessen usw.)

Eigentlich darf alles Gesprächsgegenstand sein, was unmittelbar in dem Moment der Begegnung von unseren Sinnen (Sehen, Hören, Riechen, Fühlen, Schmecken) wahrgenommen wird.

Im Grunde sollten sich die Gesprächspartner vom Standort inspirieren lassen, an dem sie gerade sind, um so ganz selbstverständlich die möglichen Themen für den Small Talk zu finden.

Neben diesen Möglichkeiten ist auch der Beruf des Gesprächspartners ein dankbares Thema. Die meisten Menschen erzählen gerne über die Betätigungen und Aufgaben in ihrem Beruf, die Mitarbeiter, den Chef, die hergestellten Produkte, den Vertrieb der Produkte oder die Konkurrenzsituation in der Branche.

Die verschiedenen Facetten eines solchen Themenbereiches bieten daher zahlreiche Gelegenheiten, mit dem eigenen Beruf oder anderen Berufssparten zu vergleichen, Unterschiede und Gemeinsamkeiten herauszustellen, Unbekanntes erklären zu lassen. Auch auf die Frage nach der Freizeitbeschäftigung, dem Hobby, geben viele Personen bereitwillig Auskunft und freuen sich über das Interesse.

Technik des Small Talks

Durch das Anwenden von **„W-Fragen"** wird der Gesprächspartner eingeladen, ein Thema weitreichender und tiefgreifender auszuführen. Die Anwendung dieser Fragetechnik hilft auch häufig in Situationen, in denen man persönlich zum Thema nichts oder nur wenig sagen kann.

Bezieht man seine W-Fragen auf **einzelne Wörter** des Satzes oder der Satzaussagen, wirkt das auf den

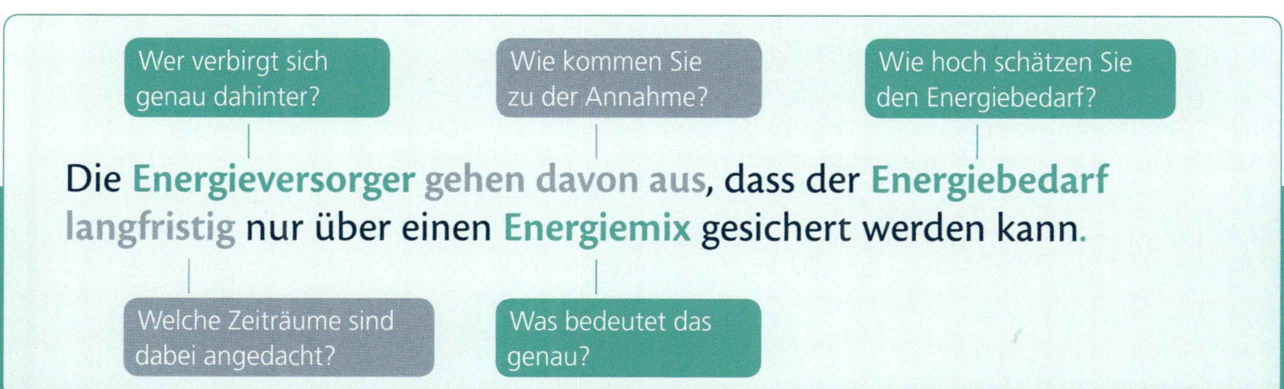

***Bild 1** W-Fragen zu einzelnen Wörtern einer Aussage*

Angesprochenen sachorientiert und interessiert. Am Beispiel des Satzes in Bild 1 auf der vorherigen Seite soll diese Technik verdeutlicht werden. Die einzelnen Wörter der Aussage und die Fragen, die sich auf diese Wörter beziehen, werden jeweils durch dieselbe Farbe gekennzeichnet.

Beispiele für W-Fragen zur **Satzaussage** in Bild 1 auf der vorherigen Seite:
- Wodurch ergeben sich denn insbesondere mögliche Engpässe?
- Welche Alternativen sind denkbar?
- Wird diese Ansicht auch von der Politik getragen?
- Welche Bedeutung hat diese Einschätzung für den Umweltschutz?
- Wie schätzen die Umweltverbände diesen Sachverhalt ein?

Eigene Unzulänglichkeiten in der Thematik werden auf diese Weise nicht so offenkundig wie etwa beim ratlosen Schweigen oder der inhaltsleeren Kommentierung, wie z. B.: „Mmh", „Aha" oder „Ja?".

Grundregeln beim Small Talk

Obwohl der Small Talk von Lockerheit, Spontaneität und Zufälligkeit bestimmt sein soll, gibt es auch hier Grundsätzliches zu beachten:
- Diejenige, die einen Small Talk anstrebt, leitet das Gespräch. Das bedeutet, dass von ihr Impulse ausgehen müssen, die als Anstoß für Redebeiträge aufgenommen werden können. Die Steuerung eines Small Talks gleicht somit den Aufgaben, die ein Moderator zu erfüllen hat.
- „Springt" die Kundin auf diese Impulse an, werden ihre Beiträge möglichst nicht unterbrochen. Oberstes Ziel ist es schließlich, die Kundin zum Reden zu bringen. Ist das gelungen, gilt bei ihr das Gleiche wie für viele Menschen; sie redet gerne selbst und genießt es, wenn sie in der Friseurin eine aufmerksame Zuhörerin gefunden hat. Unterbrechungen werden daher als Störung empfunden und beeinträchtigen die Redebereitschaft.
- Ein Redefluss wird auch dann zum Versiegen gebracht, wenn in der Weise nachgefragt wird, dass nur mit „ja" oder „nein" geantwortet werden kann. Dadurch ergibt sich für die Angesprochene keine zwingende Notwendigkeit einer weiteren Ausführung des Themas.
- Beim Small Talk gilt auch der körpersprachliche Grundsatz, niemals die Distanz zum Gesprächspartner zu überschreiten. Damit ist gemeint, niemanden auszuhorchen oder durch Nachfragen bis in seine Intimsphäre vorzudringen.

Bild 1 *Gelegenheit für Small Talk*

5.3 Argumentation

Im Beratungsgespräch soll die Kundin davon überzeugt werden, dass die angebotene Ware oder Dienstleistung die optimale Lösung für ihre Wünsche darstellt. Die Art und Weise, wie die Friseurin die Kundin wirkungsvoll von ihrem persönlichen Nutzen überzeugt, wird Argumentation genannt. Deshalb muss die Friseurin ihre Argumentation so wählen, dass sie zu den Ansprüchen der Kundin passt.

Die Argumentation muss
- **anspruchsgerecht** sowie
- für die Kundin **einsichtig**
- und **nachvollziehbar** sein.

Im Verlauf des Beratungsgespräches versucht die Friseurin, durch gut gewählte Argumente möglichst viele Übereinstimmungen zwischen ihren Aussagen und denen der Kundin zu erzielen. Durch Bestätigungs- oder Suggestivfragen kann sie die Übereinstimmung überprüfen.

Da die Suggestivfrage eine Beeinflussung enthält, muss sie sehr vorsichtig verwendet werden. Keinesfalls sollte die Kundin durch Argumente überredet oder überrumpelt werden. Eine Kundin, die diese Erfahrung gemacht hat, verliert das Vertrauen zu ihrer Friseurin. Die allgemeine Bedarfsermittlung und die spezielle Anspruchsermittlung sind die Grundlage einer anspruchsgerechten Argumentation.

5.3.1 Grundlagen der Argumentation

Die klassische Argumentation besteht aus folgenden Schritten:
1. Behauptung
2. Begründung
3. Beweis

In vielen Fällen besteht das Ziel der Argumentation darin, dem Gesprächspartner zu beweisen, dass man selbst Recht hat.

Beispiel:
1. Behauptung:
Dieser Schaumfestiger ist sehr preiswert.
2. Begründung:
Weil die Dose größer ist und 100 ml Schaumfestiger mehr beinhaltet.
3. Beweis:
Der Schaumfestiger ist zurzeit im Angebot. Die 400-ml-Dose hat den gleichen Preis wie die 300-ml-Dose.

Um überzeugend argumentieren zu können, sollte die Friseurin über folgende Fähigkeiten verfügen:
- Ausreichende Warenkenntnisse
- Beherrschen optimaler Präsentationstechniken
- Einfache, verständliche Ausdrucksweise
- Beherrschen bestimmter Fragetechniken
- Kenntnisse verbaler und nonverbaler Kommunikation und deren gezielter Einsatz

5.3.2 Verkaufsargumentation

Das Ziel der Verkaufsargumentation besteht darin, die Kundin entscheidungsfähig zu machen. Die Friseurin bereitet die Argumentation vor, indem sie ermittelt, welche Ansprüche die Kundin hat. Auf dieser Basis überlegt sie, welches Angebot sie der Kundin machen will und welche Produktmerkmale zu diesen Ansprüchen passen. Auf diese Ansprüche richtet sie ihre Argumentation aus. Eine Verkaufsargumentation besteht deshalb aus drei Stufen.

1. Allgemeine Aussage

Beispiel: „Strähnen würden Ihnen sehr gut stehen." Die Friseurin nennt das Produktmerkmal.

2. Ableiten einer speziellen Eigenschaft oder eines Produktnutzens

Beispiel: „Die Strähnen geben Ihrem Haar mehr Halt und Fülle." Die Friseurin nennt die Produkteigenschaft.

3. Schlussfolgerung aus Stufe 1 und 2

Beispiel: „Durch die Strähnen wirkt die Haarfarbe lebendiger. Gleichzeitig bekommen Ihre feinen Haare mehr Halt und Fülle." Die Friseurin verbindet Kundenanspruch und Produkteigenschaft zu einer Begründung oder Empfehlung.

In einigen Fällen ist auch eine vierte Stufe, der Beweis, möglich. Der Beweis gelingt, wenn die Aussage direkt überprüfbar ist.

Beispiel:
Zu dem oben aufgeführten 3-Stufen-Modell würde die Friseurin in der 4. Stufe der Kundin Musterfarbsträhnen in das Haar einkämmen. Hier kann sie der Kundin beweisen, wie sich die Haarfarbe positiv verändert.

Im normalen Beratungsgespräch kann aber oftmals der Beweis nicht angetreten werden. Die Friseurin ist darauf angewiesen, dass die Kundin ihr glaubt. Sie hat aber die Möglichkeit, die Kundin von der Wirksamkeit eines Produkts zu überzeugen, indem sie das Produkt auch bei ihren Dienstleistungen verwendet.

Wenn die Kundin die versprochene Wirkung bei einem Produkt selbst sehen und fühlen kann, vertraut sie der Friseurin auch bei anderen Angeboten.

Die Reihenfolge der Stufen kann beliebig verändert werden. Grundsätzlich sollten immer die drei Stufen verwendet werden.

5.3.3 Formulierung der Argumente

Die Formulierung von Argumenten sollte grundsätzlich positiv, informativ, kundenbezogen und verständlich sein.

Eine gute Argumentation wird immer positiv ausgedrückt. Negative Formulierungen beeinträchtigen die Kaufstimmung. Sind mit einem Produkt neben einer Reihe von Vorteilen auch Nachteile verbunden, müssen diese genannt werden. Den Nachteilen sollten aber immer entsprechende Vorteile gegenübergestellt werden, damit es nicht zu einer Abwertung des Produkts kommt.

Nach Abwägung der Vor- und Nachteile kann die Kundin dann entscheiden, ob ihre Ansprüche erfüllt werden, und eine begründete Kaufentscheidung treffen.
In Tabelle 1 sind entsprechend formulierte Argumente beispielhaft dargestellt.

Art der Formulierung	Beispiel
• Positiv	„Diese Haarkuren enthalten natürliche Pflegestoffe, die Ihre Haare vor Witterungseinflüssen, wie z. B. Sonne und Wind, schützen. Sie können unter zwei Größen auswählen."
• Negativ	„Diese Haarkuren gibt es leider nur in einer Größe."
• Gegenüberstellung	„Es ist richtig, Ihr Haar benötigt im Urlaub mehr Pflege. Mit dem kleineren Tiegel kommen Sie im Urlaub aus. Aber Ihre Haare müssen sicherlich auch noch nach dem Urlaub verwöhnt werden, daher wäre der Kauf des größeren Tiegels ratsamer."

Tabelle 1 Formulierung der Argumente

Die Verkaufsargumente sollen der Kundin Entscheidungshilfen geben. Deshalb müssen die Produktvorteile präzise gekennzeichnet werden. Nichtssagende Floskeln, wie z. B. „Das ist eine gute Haarkur" oder „Das ist ein schöner Farbton", helfen der Kundin nicht und sollten deshalb nicht verwendet werden.

Zu allen Produkten und Dienstleistungen gibt es eine Vielzahl an Verkaufsargumenten. Die Friseurin muss die Argumente gezielt auswählen, um den Ansprüchen der Kundin gerecht zu werden. Dabei können die Vorteile des Produktes selbst, z. B. bestimmte Inhaltsstoffe, die Vorteile bei der Verwendung oder auch der Preis des Produkts im Vordergrund der Argumentation stehen.

Entscheidend ist bei der Vorgehensweise jedoch, dass immer der Nutzen der Dienstleistung oder eines Produktes mit Blick auf das Bedürfnis der Kundin herausgestellt wird. Eine diesbezüglich kundenbezogene Argumentation zeichnet sich durch die persönliche Anredeform aus. Im Zusammenhang mit dem Bedürfnis „Bequemlichkeit" bieten sich etwa Formulierungen an, wie „... das erleichtert Ihnen...", „... das vereinfacht Ihnen...", „... dadurch wird Ihnen ermöglicht...", „... dann können Sie einfach und leicht...".

Produktbezogene Argumentation

Produktbezogene Argumente sind positive Aussagen über das Produkt.

Beispiele:
„Diese Haarkur enthält Pflegestoffe."
„Diese Haarkur enthält drei verschiedene Kräuterwirkstoffe."

Produktbezogene Argumente sollte die Friseurin nur einsetzen, wenn die Kundin Vorkenntnisse besitzt und ihr bestimmte Fakten für ihre endgültige Entscheidung fehlen.

Das bedeutet, die Friseurin muss in ihrer Wortwahl die Vorkenntnisse und Erfahrungen der Kundin berücksichtigen.

So kann sie z. B. mit einer Stammkundin, die bereits seit mehreren Jahren regelmäßig die gleiche Farbveränderung der Haare bekommt, anders reden als mit einer Kundin, die bisher noch keine Farbveränderung der Haare erhalten hat. Die Stammkundin kennt unter Umständen bereits Begriffe wie „Ansatzfärbung", „Vorpigmentieren" oder „Farbausgleich". Einer Neukundin müssen die notwendigen Inhalte erst in einer kundengerechten Sprache erklärt werden. Die Argumente sollten für die Kundin verständlich sein. Dabei hat die Friseurin darauf zu achten, dass sie die Kundin nicht mit zu vielen Einzelheiten überschüttet.

Verwendungsbezogene Argumentation

Im Normalfall besitzt die Kundin genügend Kenntnisse über die Inhaltsstoffe von Produkten. In dem Fall ist es verkaufsfördernder, der Kundin zu sagen, welche Vorteile sie persönlich durch die Verwendung des Produkts hat.

Dabei muss die Friseurin auf die bisher geäußerten Ansprüche und Erwartungen eingehen.

Verwendungsbezogene Argumente sind positive Aussagen über die Eigenschaften des Produkts.

Beispiele:
„Diese Haarkur ist wegen ihrer Pflegestoffe bei diesem Sommerwetter besonders geeignet."
„Diese Haarkur ist durch ihre speziellen Wirkstoffkombinationen besonders gut für sonnengestresstes Haar geeignet."

Preisbezogene Argumentation

Der Preis ist eines von den vielen Produktmerkmalen der Waren und Dienstleistungen. Keine Kundin kauft Produkte, ohne auf den Preis zu achten. Aufgrund des besonderen Vertrauensverhältnisses zwischen Friseurin und Kundin ist der Preis bei einer Dienstleistung aber nur selten das wichtigste und entscheidende Produktmerkmal.

Trotzdem kommt in einigen Fällen ein Kaufabschluss nicht zustande, weil die Kundin im entscheidenden Moment den Preis nicht kennt. Wenn sich die Kundin z. B. für eine neue Frisur entschieden hat, könnte die Friseurin ihr zusätzlich Strähnen anbieten, um die Frisur individueller und ausdrucksstärker zu gestalten.

Hat die Kundin aber keine genaue Vorstellung vom Preis der Strähnen, wird sie häufig erst einmal ablehnend reagieren.

Die Kundin muss also über den Preis informiert werden, damit sie entscheidungsfähig wird. In seltenen Fällen fragt die Kundin nach dem Preis und bekommt die gewünschte Auskunft. Meistens entscheidet die Friseurin im Verlauf des Beratungsgespräches, wann sie den Preis nennen will.

Eine Kundin kauft die Ware oder Dienstleistung nur, wenn sie überzeugt ist, dass Warenwert und Geldwert übereinstimmen. Den Geldwert kann sie aus dem Preis ablesen, den vollständigen Warenwert kennt sie in der Regel nicht. Dazu fehlen ihr das Fachwissen und die Übersicht über das Angebot. Die Friseurin sollte deshalb der Kundin im Beratungsgespräch die Produktvorteile nennen, um somit das nötige Wertbewusstsein aufzubauen.

Auch in der Preisargumentation gilt der Grundsatz, dass die Aussage positiv sein soll. Begriffe wie „billig" oder „sehr teuer" sollten daher nicht verwendet werden.

Für Beratungsgespräche eignet sich besonders die Sandwich-Methode. Bei dieser Methode wird der Preis zwischen Verkaufsargumenten eingepackt.

Wenn die Friseurin den Zeitpunkt selbst bestimmt, an dem sie den Preis nennen will, kann sie vorher einige Verkaufsargumente nennen und damit die Kundin vom Wert der Ware oder Dienstleistung überzeugen. Nachdem sie den Preis genannt hat, sollte sie einen weiteren Produktvorteil nennen, damit der Preis nicht als letzte Aussage stehen bleibt und zu stark nachwirkt.

Beispiel:
„Dieses Sonnenschutzspray bietet dem Haar und der Haut Schutz und Pflege während des Sonnenbades. Der wasserfeste Lichtschutzfaktor 14 schützt Haar und Haut vor intensiver Sonneneinstrahlung. Der Preis dieses Sprays beträgt 11,90 € Sie können das Sonnenschutzspray vor dem Sonnenbad direkt ins nasse oder trockene Haar und auf den Körper sprühen. Zusätzlich enthält es auch noch Minzextrakt, was gleichzeitig erfrischend wirkt."

Fragt die Kundin nach dem Preis, muss die Friseurin reagieren. Auch in diesem Fall kann sie ein gewisses Wertbewusstsein aufbauen. Kaum eine Kundin kennt alle Produktvorteile, die eine Ware bietet. Die Friseurin kann deshalb auch hier den Preis zwischen Verkaufsargumenten einpacken. Ist der Preis ein wesentlicher Produktvorteil, z. B. bei Sondergrößen, wird er nicht verpackt, sondern bewusst herausgestellt. In diesem Fall soll gerade der günstige Preis im Bewusstsein der Kundin nachwirken.

Beispiel:
„Hallo Frau Berken, ich habe einige Produkte Ihrer dekorativen Kosmetik im Angebot. Möchten Sie nachher noch einen Lippenstift passend zu Ihrer neuen Garderobe mitnehmen?"

Bild 1 *Beispiel für die Anwendung der Sandwichmethode*

Mathematik-Aufgaben

1. Der Grundriss (Maßstab 1 : 250) entspricht der Größe des Herrensalons „Mancut".

   Wie viel Quadratmeter hat der Salon insgesamt?

   Wie viel Quadratmeter machen davon die Warteecke aus (rote Fläche)?

   Wie hoch ist der monatliche Mietzins bei einem Quadratmeterpreis von 22,70 €?

2. Für das Beheizen von 2,6 m³ in einem Salon werden 100 Watt Energie benötigt.

   Wie viel Watt Wärmeenergie erfordert der Salon „Mancut" bei einer Raumhöhe von 2,60 m²?

3. Die Warteecke ist mit 6 Lampen zu je 50 Watt ausgeleuchtet. Die Lampen leuchten während der gesamten Betriebszeit (9,5 Stunden am Tag) und im Jahr an 242 Arbeitstagen.

   Berechnen Sie die Jahreskosten bei einem kWh-Preis von 20,2 Cent inklusive Mehrwertsteuer.

4. Der Betrieb stellt in der Warteecke verschiedene Zeitungen und Zeitschriften zur Verfügung: Lokalzeitung, Überregionale Zeitung, Zeitschrift „Sport". Die Abogebühren/Erscheinung betragen jeweils:
   Lokalzeitung 1,10 €/täglich
   Überregionale Zeitung 4,10 €/wöchentlich
   Zeitschrift „Sport" 2,65 €/14 täglich

   Berechnen Sie die Jahreskosten für das Lesematerial bei 240 Arbeitstagen.

5. Dem Chef des Salons „Mancut" ist es wichtig, dass der Kundenservice zufriedenstellend geregelt ist.
   Er berechnet, dass dafür am Tage Betreuungszeiten von exakt 235 Minuten und 36 Sekunden erforderlich sind.
   Wie hoch sind für diese Leistungen die Personalkosten, wenn er einen Stundenlohn von 10,85 € zahlt?

Aufgaben

1. Warum sollte eine Friseurin auf ihren eigenen körpersprachlichen Ausdruck viel Augenmerk legen?
2. Geben Sie drei Beispiele für körpersprachliche Ausdrucksformen und deren Botschaft(en).
3. Beschreiben Sie sämtliche körpersprachliche Ausdrucksmittel und-formen bei einer Friseurin, die damit den Eindruck von ‚Lustlosigkeit' am Arbeitsplatz vermittelt.
4. Welche Vor- und Nachteile sehen Sie in der bewussten Wahrnehmung von Körpersprache?
5. **a)** Was verstehen Sie unter dem „Inhalts- und Beziehungsaspekt" einer Kommunikation?
   b) Erläutern Sie diesen Zusammenhang an einem geeigneten Beispiel.
6. Beschreiben Sie, welche Folgen sich bei einer Störung auf der Beziehungsebene für die weitere Kommunikation ergeben (können).
7. Stellen Sie an der Aussage einer Meisterin, „Anja, das Waschbecken ist schmutzig!", die verschiedenen Kommunikationsebenen dar.
8. **a)** Welche Kriterien gelten für eine angemessene Sprechweise im Salon?
   b) Begründen Sie die jeweiligen Kriterien.
9. Geben Sie Beispiele für Gesprächsförderer und Gesprächsstörer in der alltäglichen Salonkommunikation.
10. Welche Vorteile ergeben sich, wenn der Kundenwunsch durch „offene" Fragen ermittelt wird?
11. **a)** In welchen Situationen sind aus Ihrer Sicht geschlossene Fragen angezeigt?
    b) Begründen Sie Ihre Beispiele.
12. Inwieweit unterscheiden sich rhetorische Fragen und Bestätigungsfragen voneinander?
13. „Nach einer Studie der Polizei sind Jugendliche heute gewaltbereiter als noch vor einigen Jahren!" Wenden Sie auf diese Aussage Techniken des Small Talks an!
14. Entwickeln Sie zu dem Begriff „Haarstruktur" eine vollständige Argumentation.
15. **a)** Was verstehen Sie unter einer „produktbezogenen" Argumentation?
    b) Geben Sie ein Beispiel für das Produkt „Shampoo".
16. Geben Sie ein Beispiel für eine „verwendungsbezogene" Argumentation zum Thema „Packung".
17. Entscheiden Sie, welche der nachfolgenden Formulierungen kunden-, waren- oder verwendungsbezogen ist:
    a) „Bei einem Badeurlaub sollte man diese Haarkur mit UV-Schutz verwenden. Sie lässt sich schnell und bequem auftragen."
    b) „Diese Haarkur enthält einen UV-Schutz."
    c) „Wenn Sie einen Badeurlaub machen, sollten Sie diese Haarkur mit UV-Schutz verwenden. Ihre Haare werden gepflegt und gleichzeitig vor der Sonnenstrahlung geschützt."
18. Geben Sie an, wie Argumente formuliert werden sollten.
19. Erklären Sie den Begriff „Sandwich-Methode". Wann wird sie angewendet?
20. In welchen Fällen ist es bei der Preisnennung sinnvoll, die Sandwich-Methode nicht anzuwenden?
21. Geben Sie die Bedeutung des Begriffs „Kundenansprüche" im Beratungsgespräch an.
22. Eine Stammkundin wünscht einen neuen Haarschnitt. Sie sagt: „Ich möchte gerne eine neue Frisur haben. Irgendwie gefällt mir mein Haar so nicht mehr. Was würden Sie mir empfehlen?"
    a) Schreiben Sie einen Dialog für die Anspruchsermittlung.
    b) Beschreiben Sie, welche Hilfsmittel Sie dabei einsetzen.

Aufgabe PLUS

23. Anja benutzt bei der Haar- und Kopfhautreinigung regelmäßig Schutzhandschuhe. Bei der Haarreinigung des Kunden Pfleger reagiert dieser sehr verständnislos: „Also, bei mir brauchen Sie keine Handschuhe zu tragen, ich leide nämlich im Moment an keiner ansteckenden Krankheit. Außerdem kann ich das sehr eindeutig einschätzen, wann Handschuhe getragen werden müssen und wann nicht, denn ich bin im Krankenhaus der Leiter der Hygieneabteilung!"
    a) Beurteilen Sie die Einlassung von Herrn Pfleger unter Berücksichtigung der Kommunikationsregeln und –theorien von Schulz von Thun und Watzlawick!
    b) Worin unterscheiden sich die beiden Kommunikationsansätze?
    c) Welches Verhalten/welche Reaktion wird von Anja in dieser Situation erwartet?
24. Anjas Chef erfährt von der Auszubildenden, dass sie sich in der Berufsschule im Lernfeld 2 gerade mit verschiedenen Kommunikationstheorien beschäftigt. Etwas ungehalten äußert er sich: „ Es ist viel entscheidender, dass ihr in der Schule mehr von den Haaren und ihren Eigenschaften erfahrt, als dass ihr euch mit solchen Nebensächlichkeiten auseinandersetzt. „Warum muss man denn heute im Dienstleistungsbereich ‚Friseur' über diese Theorien Bescheid wissen!?"
    Anja überlegt kurz und antwortet dann: „...."

6 English

SCENARIO

There are three qualified hairdressers working in the salon Haargenau and they are usually very busy. Anja and Florian are the apprentices in the salon. Therefore, one of them has to work at reception when Frau Schmidt isn't there. Today it's Anja's turn.

6.1 At the reception: Making appointments

Her duties at reception are:

- making appointments for salon services
- greeting and serving the clients
- answering the telephone
- selling products
- handling payments from the clients

Picture 1 *At reception*

Useful skills for making appointments on the telephone:

- smile while talking to the client
- sound professional, courteous and friendly
- identify your salon and yourself
- be able to spell and write down the names correctly
- be able to note telephone numbers correctly
- know the time needed for different services
- be able to refuse a requested appointment time
- be able to make suggestions for an alternative appointment
- confirm the appointment by repeating the client's name, the required service, date and time

Anja: *Salon Haargenau, guten Tag. Sie sprechen mit Anja. Wie kann ich Ihnen helfen?*
Client: *Oh hello. Excuse me. Do you speak English?*
Anja: *Oh yes, sure. How may I help you?*
Client: *I would like to make an appointment, please.*
Anja: *Ah yes! May I have your name, please?*
Client: *My name is Jill Manson.*
Anja: *Right Ms Manson. What would you like to have done?*
Client: *I'm getting very tired of my current hairstyle. I think I need a new haircut and a colour treatment – this week if possible?*
Anja: *Let me see. This week…. hm. Would you like to be served by any particular hairstylist?*
Client: *No. It's my first visit to your salon, so I don't know any of your hairstylists. But your salon was recommended to me by a friend of mine.*
Anja: *How nice! Please thank your friend for us. Would you like to come on Wednesday 2nd December at 10 o'clock ?*
Client: *Oh sorry. I work until 3 o'clock every day. But what about Wednesday at 3:30 p.m.?*
Anja: *I'm sorry, Ms Manson, but we're completely booked on Wednesday afternoon. How about Thursday 3rd December at 3:30 p.m.?*
Client: *Yes, that sounds wonderful. Thursday at 3:30 p.m. Let me note that in my timeplanner.*
Anja: *Ms Manson, could you spell your name for me, please, just to make sure that I've got it right?*
Client: *No problem. It's Jill Manson. That's M-A-N-S-O-N.*
Anja: *Thanks, Ms Manson. Lastly, could I have your phone number, please? You know, just in case….*
Client: *Yes of course. It's 675 83 921.*
Anja: *Thank you very much. So, that's Ms Manson, for a haircut and colour treatment on Thursday 3rd December at 3:30 p.m. We look forward to seeing you then. Goodbye Ms Manson.*
Client: *Thank you so much, Anja. Bye-bye!*

Picture 2 *Making an appointment*

It is important to make appointments as this allows the staff to:
- plan their time well
- prepare and plan the services

The dates and times are in the appointment book, as well as a column for each hairdresser working at the salon.

Information needed when making appointments:
- client's name
- required salon service
- preferred hairstylist
- preferred date and time for the service
- client's telephone number

	W/S: 1h		Farbe: 1h		DW: 2h		HS: 45min		
	Dienstag, 1.12.			Mittwoch, 2.12.			Donnerstag, 3.12.		
	Schneider	Randa	Sarah	Schneider	Randa	Sarah	Schneider	Randa	Sarah
10:00		DW				Ganz		Ralf	Huber
10:30			Caro			W/S	Academie	HS	W/S
11:00			W/S			DW			DW
11:30			HS						
12:00		Ria							
12:30		W/S			Erika			Meier	
13:00		HS		Frau Engel	W/S			W/S	
13:30			Schulz	W/S	Farbe	Lau		Farbe	
14:00			W/S	DW	HS	W/S	Frau Hut	HS	
14:30			Farbe	HS		HS	W/S		
15:00		Müller	HS		Frau Riebe	Farbe	DW		
15:30		Farbe			DW				

Picture 1 *Appointment book*

Your tasks

1. Have you worked at reception? What did you do there?
2. Advise your colleague in German about the skills needed for making appointments on the telephone.
3. Read the dialogue on the previons page and answer the following questions:
   a) Why did Ms Manson need an appointment?
   b) Did Ms Manson get the appointment she wanted? If not, why not?
4. Look at the extract from the appointment book. Which hairdresser will serve Ms Manson?
5. Create a memory game with questions and answers for making an appointment.

6.2 At reception: Receiving and serving clients

Greeting and receiving the client is very important no matter what nationality they are. Making a good impression at reception is very important for the success of the salon. We only have one chance to make a good first impression.

First impressions count

Remember to:
- look professional
- act in a professional manner
- be courteous and friendly
- greet the client with a smile
- greet the client by name, if you know it
- identify yourself
- help the client with their coat or jacket
- confirm the appointment
- show the client where to sit and wait
- apologize to the client if there is any delay
- offer the client something to drink and books or magazines to read.

Small talk

Engaging in small talk is a good way to bridge the waiting time for the clients. The weather is always a good small talk topic, especially for English-speaking people. They can talk about the weather for a long time. How do we start?

H: Good weather we're having today, isn't it?
C: Yes, wonderful. It's lovely to see the sun again.

H. What a day! Rain, rain and more rain.
C: Yes, it's really terrible. I prefer the sunshine.

The weather:

	hairstylist	client
the greeting	Hello/Good morning/afternoon/evening, Sir/Madam/Mrs/Ms/Mr My name is … (name). How are you? May I have your name, please?/What's your name, please?/Could you tell me your name, please?	Hello/Good morning/afternoon/evening. Nice to see you. Fine/I'm fine, thank you. Yes certainly, my name is … (name).
the client's requirements	How may I help you?/What can I do for you?/How can I help you/What kind of treatment would you like to get?	I need a haircut/I'd like a haircut/a new hair-style/a new hair colour/some streaks / a perm/a hair style (e.g. for a wedding)/ some ideas/some advice/a consultation/I have a problem. I have dry/greasy hair, an itchy/ flaky scalp, split ends.
the appointment	Do you have an appointment?/Did you make an appointment? At what time?/When? Who's your hairstylist?	No, I haven't. I walked in by chance. Yes, I have. At …(time). It's …(name)
the service	May I help you with/take your coat/jacket? Could you wait a moment, please? My colleagues are all busy at the moment. I/Your hairstylist will be with you soon/in a minute. My colleague , …(name) will be ready for you in a moment/in a few minutes. We can start right now. Please take a seat (over here). Let me show you to your seat. Would you follow me to the waiting area/styling area/washing area, please? Would you like/May I offer you something to drink/something to read? You're welcome.	No, thank you. Yes, please. Yes, no problem. How long will I have to wait? Yes, I would like a cup of coffee/a cup of tea/ a glass of mineral water, please. Yes, I would like a magazine/hairstyle book.

Table 1 *Helpful phrases to receive and serve clients*

Your tasks

1. Create a dialogue using the phrases above and the information about Ms Manson (s. p. 87).
2. Extend the memory game from page 88, task 5 with questions and answers for greeting and serving clients.
3. Work with a partner and practise engaging in small talk about the weather. Write down the phrases you use.
4. There could be a lot of reasons, why clients would like an appointment. Look at the client consultation form on page 126 and search the internet for examples of scalp conditions, disorders, diseases, and other requirements a client could have. Create a reference chart to present to the class.

Lernfeld 3

Kontaktieren

Eine ältere Dame betritt den Salon, Sie begrüßen sie freundlich. Die Dame klagt über Kopfhaut-jucken.

Informieren

Durch gezielte Fragen ermitteln Sie die Pflege-gewohnheiten und die derzeitigen Produkte der Kundin. Dabei stellen Sie fest, dass die Kundin ihre Haare täglich mit einem Shampoo gegen fettige Kopfhaut gründlich reinigt.

Nachbereiten

Im Anschluss an die Haarwäsche weisen Sie die Kundin auf den sichtbaren Nutzen des Shampoos hin und stellen noch mal deutlich die Wirkung der Inhaltsstoffe heraus. Sie bieten der Kundin das Shampoo zum Kauf an.
Sämtliche Entscheidungsschritte halten Sie in der Kundenkartei fest. Anschließend reflektieren Sie Ihren Arbeitsprozess.

Verabschieden

Die Kundin wird in die nächste Dienstleistung, die von einer Kollegin durchgeführt wird, entlassen. Sie bereiten sich auf die nächste Kundin vor.

Haare und Kopfhaut pflegen

Ausgangssituation analysieren

Die Kopfhaut und die Haare werden mithilfe eines Beurteilungsbogens analysiert. Hierbei wird festgestellt, dass die Kopfhaut gerötet ist, empfindlich ist und schuppig erscheint. Außerdem sind offensichtlich Reste des Shampoos auf der Kopfhaut und im Haar verblieben.

Entscheiden

Sie gleichen Ihr Fachwissen mit den Gegebenheiten, die Sie bei der Kundin festgestellt haben, ab. Sie sprechen eine Produktempfehlung für ein mildes Shampoo mit rückfettenden Inhaltsstoffen aus.

Handeln

Sie wenden das empfohlene Shampoo bei der Haarwäsche an. Außerdem erläutern Sie der Kundin, wie sie das Shampoo richtig auswäscht.

1 Grundwissen über die Kopfhaut für die Behandlung aneignen

SZENARIO

Florian hält die Kundenkartei in der Hand. Beim Durchlesen stellt er sich Fragen: Hautsekretionstyp? Veränderungen? Muss er das alles wissen?

Bevor Sie eine Kundenkartei ausfüllen können, müssen Sie die Ausgangssituation des Zustandes der Kopfhaut der Kundin beurteilen können. Dazu benötigen Sie vorab Wissen über die Haut und das Haar. Dieses Wissen gehört zu Ihrer Fachkompetenz und unterscheidet Sie von einem Laien. Mithilfe des erworbenen Fachwissens können Sie die Kundenkartei fachlich korrekt ausfüllen. Des Weiteren hilft es Ihnen Ursachen und ihre Wirkungen zu verstehen und diese in Zusammenhänge einzuordnen.

1.1 Den Aufbau der Kopfhaut beschreiben

Die Kopfhaut ist aus drei unterschiedlichen Schichten aufgebaut, der **Oberhaut**, der **Lederhaut** und dem **Unterhautfettgewebe**.

Sie ist durch Sehnen sehr straff mit den Schädelknochen verbunden.

1.1.1 Oberhaut (Epidermis)

Die Oberhaut ist das äußere Gewebe der Haut (Deckgewebe). Sie umschließt den Körper. Durch ihren hohen Anteil an Keratin erreicht die Oberhaut eine Festigkeit, die sie vor äußeren Belastungen schützt. Durchschnittlich alle vier Wochen wird die Epidermis erneuert, indem sich neue Zellen bilden und die vorhandenen Zellen nach oben schieben. Dabei verändern die Zellen ihr Aussehen und werden zum Schluss an der Oberfläche als feine Hornschüppchen abgestoßen.

Aufgrund des unterschiedlichen Aussehens der Zellen lassen sich 5 Schichten unterscheiden:

- Basalzellenschicht
- Stachelzellenschicht
- Körnerzellenschicht
- Leuchtschicht
- Hornschicht

Die **Basalzellenschicht** (Bild 1, 5) ist die innerste Schicht der Epidermis. Sie besteht aus einer Lage von Zellen, den Keratinozyten. Die Basalzellenschicht ist die Grenze zur Lederhaut. Durch Zellteilung entstehen neue Zellen, die nach oben geschoben werden. Zwischen den Basalzellen befinden sich **Melanozyten**, die das Hautpigment Melanin herstellen. Die Zellen dieser Schicht, werden durch Gewebsflüssigkeit aus den darunterliegenden Zellen ernährt.

Die **Stachelzellenschicht** (Bild 1, 4) besteht aus acht bis zehn Lagen von Zellen. Diese sind mit stachelförmigen Ausläufern untereinander verbunden. Die nährstoffreiche Lymphflüssigkeit der Lederhaut erreicht auch diese Zellen, sodass noch Zellteilungen möglich sind. Die Zellen sondern Eiweiß- und Fettstoffe ab. Diese Stoffe bilden die kittartige Zwischenzellsubstanz, die die Einzelzellen zusätzlich verbindet. Auf diese Weise bildet sich bereits ein festes Gewebe.

Weil in der Basalzellenschicht und der Stachelzellenschicht Zellteilungen ablaufen, werden diese Schichten auch als **Keimzone** der Oberhaut bezeichnet.

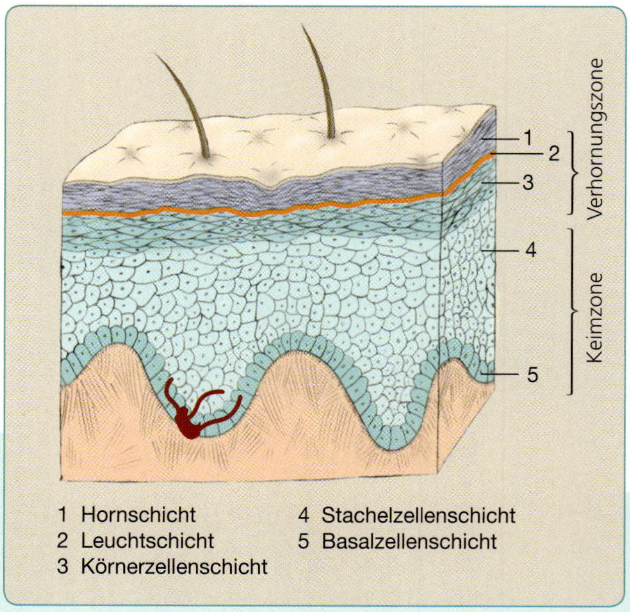

Bild 1 Schichten der Oberhaut

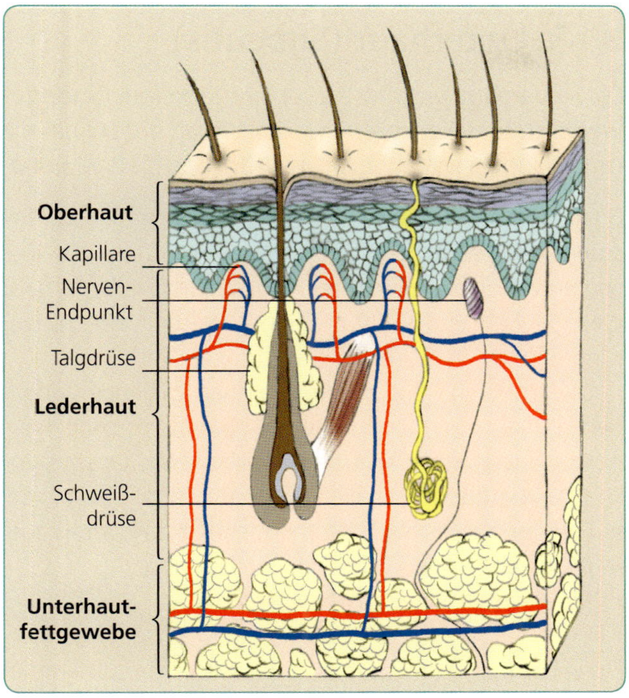

Bild 1 Aufbau der Haut

Körnerzellenschicht, Leuchtschicht und Hornschicht werden zusammen als Verhornungszone bezeichnet.

Die Körnerzellenschicht (s. S. 92, Bild 1 – Nr. 3) besteht aus drei bis fünf Lagen abgeflachter Zellen. Diese scheiden eine ölige Substanz aus, durch die die Epidermis geschmeidig wird. Unter dem Mikroskop erkennt man körnige Einlagerungen, die aus einer Vorstufe des Keratins bestehen und auf die beginnende Verhornung hinweisen.

Die Leuchtschicht (s. S. 92, Bild 1 – Nr. 2) setzt sich aus wenigen Lagen durchscheinender Zellen zusammen. Sie ist an den Handinnenflächen und Fußsohlen stärker ausgeprägt als an der übrigen Haut. Dort dient sie zum Schutz der Oberhaut vor starken mechanischen Belastungen.

Die Hornschicht (s. S. 92, Bild 1 – Nr. 1) besteht aus 15 bis 20 Lagen flacher, vorwiegend mit Keratin gefüllter Zellen, die zu einer festen Schicht verbunden sind. Der Verhornungsprozess dauert ca. zwei Wochen. Dann lösen sich die oberen Lagen auf und werden schließlich als feine, kaum sichtbare Hornschüppchen abgestoßen.

Die Hornschicht weist neben dem hohen Keratinanteil auch Fett und Wasser auf. Diese haben folgende Funktionen:

- Fett hält die Hornschicht ebenfalls geschmeidig und verhindert, dass Wasser von außen in die tieferen Schichten der Oberhaut eindringt, und dass das Wasser der Haut nach außen abgegeben wird.
- Wasser hält die Hornschicht geschmeidig und verhindert, dass sie brüchig und rissig wird.

Auf der Oberhaut befindet sich ein natürlicher saurer Schutzfilm (Hydrolipidfilm), der auch als Säureschutzmantel bezeichnet wird. Er wird aus dem Talg der Talgdrüsen und dem sauer eingestellten Schweiß gebildet.

Der Säureschutzmantel

- hemmt das Wachstum von Krankheitserregern und
- schwächt die Wirkung von alkalischen Substanzen ab.

Wird der Hydrolipidfilm durch Waschen entfernt oder durch Alkalien neutralisiert, so wird er von einer gesunden Haut in wenigen Stunden wieder hergestellt.

Dagegen wird der Säureschutzmantel durch das Auftragen von Pflegepräparaten wie Packungen und Kuren sowie Gesichtscremes sofort wieder erneuert.

1.1.2 Lederhaut (Corium)

Die Lederhaut ist mit der Epidermis durch die Hautpapillen verzahnt. In den Papillen verlaufen die Kapillaren, die die Oberhaut mit Nährstoffen versorgen.

Die Lederhaut ist ein Bindegewebe. Es besteht im Wesentlichen aus elastischen und kollagenen Fasern, die folgende Funktionen haben:

- Die elastischen Fasern geben der Lederhaut Elastizität und Festigkeit (s. S. 93, Bild 1 – Nr. 3).
- Die kollagenen Fasern geben der Lederhaut Elastizität und Feuchtigkeit (s. S. 93, Bild 1 – Nr. 3).

Beide Fasern bestimmen die Gewebsspannung und das Aussehen der Haut.

Das Kollagen wird im Laufe der Jahre durch Vernetzung fester und seine Fähigkeit, Wasser zu binden, nimmt ab. Gleichzeitig verlieren die elastischen Fasern einen Teil ihrer Elastizität. Dadurch entstehen Falten (Hautalterung).

Die Lederhaut der Kopfhaut ist durch die große Dichte von Haarfollikeln und Talgdrüsen gekennzeichnet.

In der Lederhaut befinden sich Talgdrüsen, Schweißdrüsen und die Hautnerven.

Schweißdrüsen (s. S. 94, Bild 1)

Es werden die ekkrinen und die apokrinen Schweißdrüsen unterschieden.

- Die ekkrinen Schweißdrüsen befinden sich am ganzen Körper und enden auf der Haut. Ihre wichtigste Aufgabe besteht in der Wärmeregulierung. Bei großer Hitze und bei körperlichen Belastungen wird verstärkt Schweiß abgesondert. Durch die Verdunstung von Schweiß wird Wärme verbraucht. Es entsteht die sogenannte Verdunstungskälte, durch die der Körper gekühlt und vor Überhitzung geschützt wird.
- Die apokrinen Schweißdrüsen liegen hauptsächlich im Achsel- und Genitalbereich und enden im Haarfollikel. Sie werden durch Sexualhormone gesteuert und erst nach der Pubertät aktiv. Die Inhaltsstoffe des Schweißes werden durch Bakterien zersetzt. Dabei entsteht der typische Schweißgeruch.

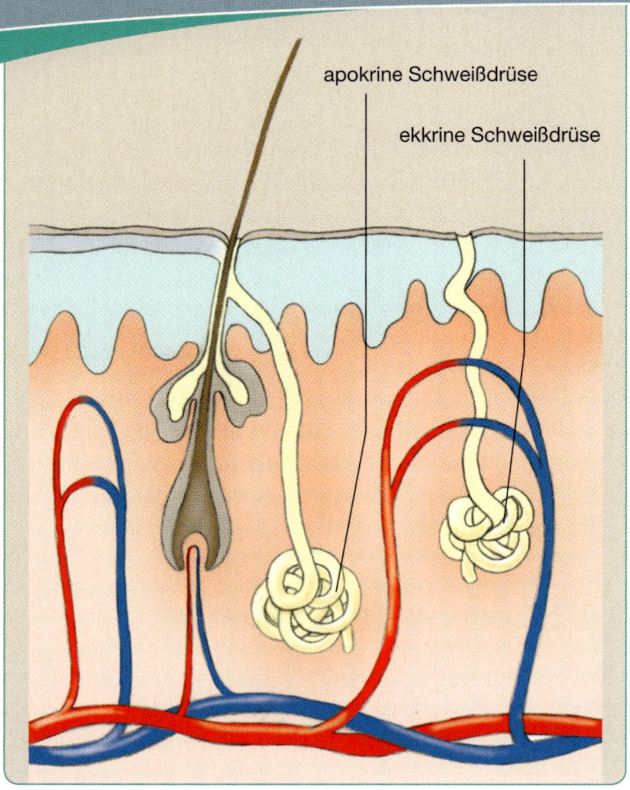

Bild 1 Schweißdrüsen

Antitranspirantien (Deodorantien) verschließen die Ausgänge der Schweißdrüsen und verhindern so das Austreten von Schweiß. Zusätzlich enthalten sie desinfizierende Substanzen.

Hautnerven

Sie nehmen Wärme, Kälte, Schmerz und Juckreiz wahr. Die Haarfollikel sind von dichten Nervengeflechten umgeben. Deshalb kann der Mensch mit seinen Haaren feinste Berührungsreize empfinden.

1.1.3 Unterhaut (Subcutis)

Die Unterhaut besteht aus einem lockeren Bindegewebe, das mit Fettzellen gefüllt ist. Man bezeichnet die Unterhaut deswegen auch als Unterhautfettgewebe.

Die Unterhaut ist die dickste der drei Hautschichten. Bei einem normalgewichtigen Menschen beträgt ihr Gewicht ca. 13 bis 15 kg. Im Alter lagert die Unterhaut weniger Fett ein. Wegen der geringeren Unterpolsterung wird die Haut schlaffer und faltig.

Die Unterhaut hat im Wesentlichen folgende Aufgaben:

- Im Bauchbereich schützt sie die inneren Organe vor Druck und Stoß.
- Fett wirkt isolierend. Deshalb schützt das Unterhautfettgewebe den Körper vor Auskühlung.
- Sie dient als Nährstoffspeicher.

Diese Form des Nährstoffspeichers lernen gerade Frauen kennen, und zwar als unliebsames Phänomen der Cellulite. Die Fettzellen liegen wie kleine Traubenhaufen zwischen dem Bindegewebsfasern. Sind die Fettzellen gut gefüllt, drücken sie nach außen. Dadurch sieht die Haut am Gesäß- und Oberschenkelbereich aus wie die Schale einer Orange. Die Dellen sind bei Frauen eher sichtbar als bei Männern, da die Bindegewebsfasern nicht so vernetzt sind wie bei Männern. Dadurch drücken die Fettzellen stärker auf die Lederhaut. So entsteht je nach Grad der Cellulite der Eindruck von Dellen in der Haut.

1.2 Erscheinungsbild der Kopfhaut unterscheiden

SZENARIO

Anja weiß, dass die Kopfhaut der Kundinnen oftmals sehr unterschiedlich aussieht und manchmal auch krankhafte Veränderungen aufweist. Sie interessiert sich für die Erscheinungsformen der Kopfhaut, deren Ursachen und mögliche Behandlungen.

1.2.1 Talgproduktion

Die Talgproduktion erfolgt in den Talgdrüsen. Ihre Wände bestehen aus teilungsfähigen Zellen, die vorwiegend fettende Substanzen herstellen. Nach der Zellteilung zerfallen die entstandenen Tochterzellen und bilden das talgartige Sekret, das auch Sebum genannt wird.

Zwei Faktoren beeinflussen im Wesentlichen die Menge der Talgproduktion:

- die genetisch festgelegte Talgdrüsengröße
- die männlichen Geschlechtshormone (Androgene)

Unter dem Einfluss der männlichen Hormone erreichen die Talgdrüsen die genetisch vorbestimmte Größe. Wegen des höheren Androgenspiegels kommt bei Männern die vermehrte Talgproduktion häufiger vor als bei Frauen.

Der Talg gelangt in den Haarfollikel und fettet Haut und Haar (s. S. 95, Bild 1). Er erfüllt dabei mehrere Aufgaben:

- Talg hält Haut und Haar geschmeidig.
- Er sorgt für natürlichen Glanz.

- Er schützt vor äußeren Einflüssen.
- Er verhindert das Austrocknen von Haut und Haar.

In Abhängigkeit von der Talgproduktion werden folgende Hautsekretionstypen unterschieden:
- Normale Haut
- Trockene Haut
- Fettige Haut

Bei der **normalen Haut** weist das Haar einen natürlichen Glanz auf; die Kopfhaut ist weder trocken noch übermäßig empfindlich.

Die Gesichtshaut ist mittel- bis feinporig, hat einen matten Glanz, einen klaren, reinen Teint und wird gut durchblutet. Bei diesem Hauttyp treten kaum Hautunreinheiten auf.

Bei der **trockenen Haut (Sebostase)** liegt eine Unterfunktion der Talgdrüsen vor. Das Haar ist trocken und glanzlos, die Kopfhaut ist eher empfindlich.

Die Gesichtshaut ist feinporig, ebenfalls glanzlos und wegen ihres Fettmangels spröde und rau.

Die Kunden klagen besonders nach der Haarwäsche über Rötungen und Spannungsgefühle.

Bei der **fettigen Haut (Seborrhö)** (Bild 2) liegt eine Überfunktion der Talgdrüsen vor. Je nach der Konsistenz des Talgs ergeben sich die Unterformen:
- Seborrhö oleosa (ölige Seborrhö)
- Seborrhö sicca (trockene Seborrhö)

Bei der **Seborrhö oleosa** ist der Talg ölig. Das Fett verteilt sich auf der Kopfhaut, wird vom Haar aufgenommen und gelangt in kurzer Zeit vom Ansatz bis zu den Spitzen. Das Haar sieht fettig und strähnig aus.

Die Gesichtshaut neigt verstärkt zu Hautunreinheiten. Die seborrhöische Zone (Stirn, Nase, Kinn) ist der Bereich der größten Talgproduktion. Der Wangenbereich ist großporig und neigt zu Unreinheiten.

Die Talgproduktion kann mit kosmetischen Mitteln nicht reduziert werden.

Bei der **Seborrhö sicca** ist der Hauttalg fester. Er gelangt deshalb nur auf die Kopfhaut und den Haaransatz. Die Längen und Spitzen sind eher trocken. Mit den abschuppenden Hornteilchen der Oberhaut bildet der Talg die sogenannten Talgschuppen.

Die Gesichtshaut ist im Bereich von Stirn, Nase und Kinn (T-Zone) fettig und großporig, die Wangenpartie ist dagegen eher trocken, feinporig und leicht schuppig.

Der **Hautzustand** beschreibt das augenblickliche Aussehen der Haut. Er ist das Ergebnis unterschiedlicher Einflüsse, wie z.B. Alter, Stress, berufliche Tätigkeit, häufiger Aufenthalt im Freien oder in Räumen etc.

1.2.2 Schuppenbildung

Die Oberhaut wächst durch Teilung der Basalzellen und der Stachelzellen. Die neugebildeten Zellen werden durch die nachfolgenden Zellen immer weiter in Richtung der Hautoberfläche geschoben, wo sie in Form von sehr kleinen, kaum sichtbaren Hornteilchen abgeschuppt werden. Dieser Vorgang kann durch Krankheiten und durch äußere Faktoren gestört sein. Es kommt zu beschleunigter Zellteilung und zur Schuppenbildung.

Gewöhnliche Schuppen (Bild 2, Seite 96)

Bei den gewöhnlichen Schuppen, die auch als Hornschuppen bezeichnet werden, ist das Zellwachstum erheblich beschleunigt. Innerhalb von einer Woche durchlaufen nun die Zellen von ihrer Entstehung bis zur Abschuppung die Schichten der Oberhaut. Das Zellmaterial hat nicht genügend Zeit, vollständig zu verhornen und sich aufzulösen. Es verklebt zu Zellkomplexen von mehr als 500 Zellen, den sichtbaren Schup-

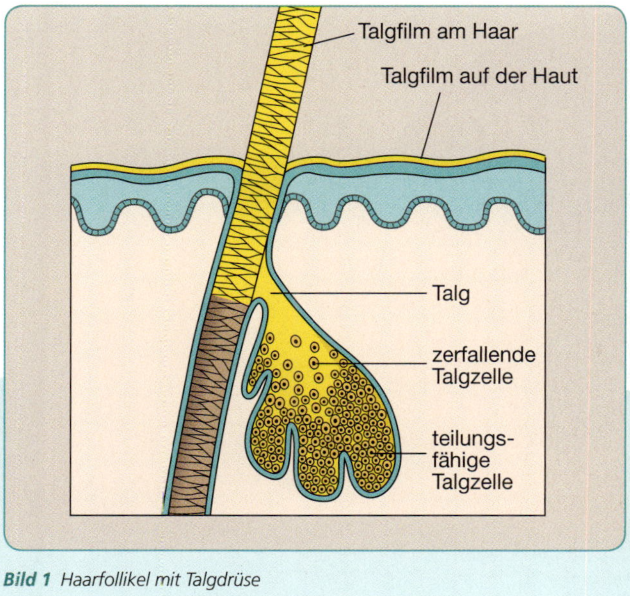

Bild 1 *Haarfollikel mit Talgdrüse*

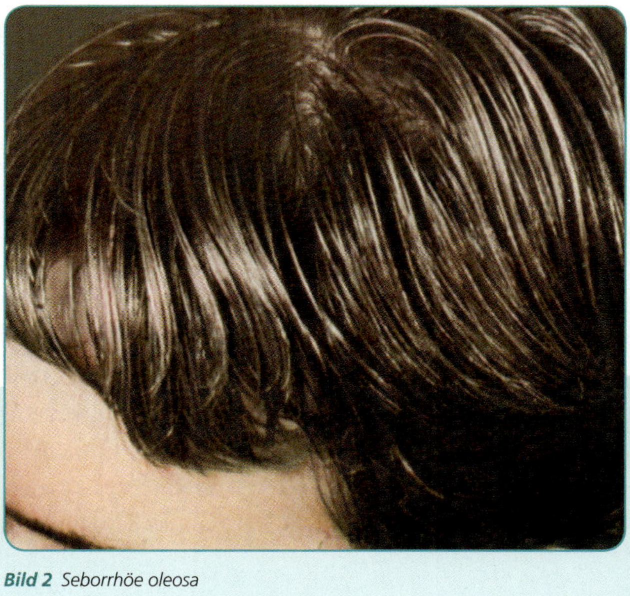

Bild 2 *Seborrhöe oleosa*

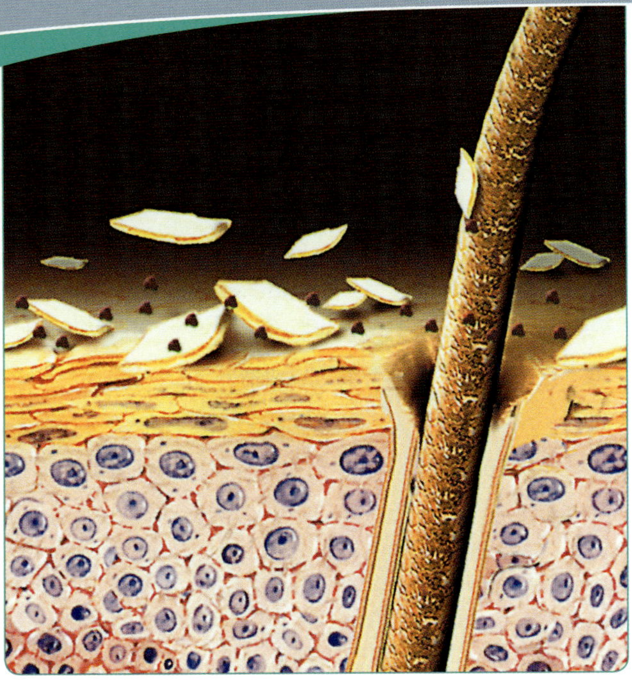

Bild 1 *Schematische Darstellung der Schuppenbildung*

pen. Der Grund für die beschleunigte Zellteilung ist in den meisten Fällen ein Hefepilz namens Pityrosporum ovale.

Dieser Pilz gehört neben anderen Pilzen und Bakterien zur Hautflora (Besiedlungszone) eines jeden Menschen. Erreicht er jedoch einen höheren Anteil an der Gesamtflora, bilden sich die gewöhnlichen Schuppen. Folgende Faktoren begünstigen die Vermehrung dieses Pilzes:

- Talg und Schuppen sind Nährstoffe für Pilze.
- Stress und allgemeines Unwohlsein schwächen das Immunsystem. Pilze können sich stärker vermehren.
- Genetische Faktoren begünstigen die Vermehrung des Pilzes.

Bei gleichzeitigem Vorliegen einer Seborrhö saugen die Schuppen das Fett auf. Es entstehen Talgschuppen.

Die Friseurin verfügt über wirksame Präparate mit entsprechenden Substanzen, die die Schuppen und ihre Begleiterscheinungen bekämpfen:

- Schwefel und die noch besser geeigneten neueren Wirkstoffe (Pyrithionverbindungen) wirken keratolytisch (hornlösend).
- Salicylsäure wirkt ebenfalls keratolytisch und fungizid (pilztötend).
- Teerverbindungen und Menthol lindern den Juckreiz.

Diese Wirkstoffe sind vor allem in Spezialshampoos enthalten, sodass in einem Arbeitsgang Haar und Kopfhaut gereinigt und die Schuppen entfernt werden. Damit ist die Schuppenbildung jedoch nicht beseitigt. Nach wenigen Tagen entstehen die Schuppen erneut. Deshalb ist eine regelmäßige Behandlung erforderlich.

Schuppenbildung durch Einwirkung von Chemikalien

Wird die Haut von Chemikalien angegriffen, so neigt sie zum Abschuppen.

Die Gesichtshaut kann bereits bei Überempfindlichkeit gegenüber Seifen mit Schuppenbildung reagieren.

Die Kopfhaut wird häufig stärkeren Chemikalien ausgesetzt. Hierzu gehören ungeeignete Haarwaschmittel, aber auch Dauerwellflüssigkeit oder Blondierpräparate, die auf die Kopfhaut gelangen.

Eine besondere Behandlung ist bei den aufgeführten Formen der Schuppenbildung nicht erforderlich, da sich die Haut selbstständig regeneriert.

Schuppende Hauterkrankungen

Im Bereich der behaarten Kopfhaut treten vorwiegend zwei unterschiedliche schuppende Hauterkrankungen auf, die Schuppenflechte und die Pilzflechte (Bild 3, 4).

Die **Schuppenflechte** (Psoriasis) kann die Kopfhaut und den ganzen Körper befallen. Beim Ablösen von Schuppenteilen wird die gerötete Haut sichtbar. Die

Bild 2 *Gewöhnliche Schuppen*

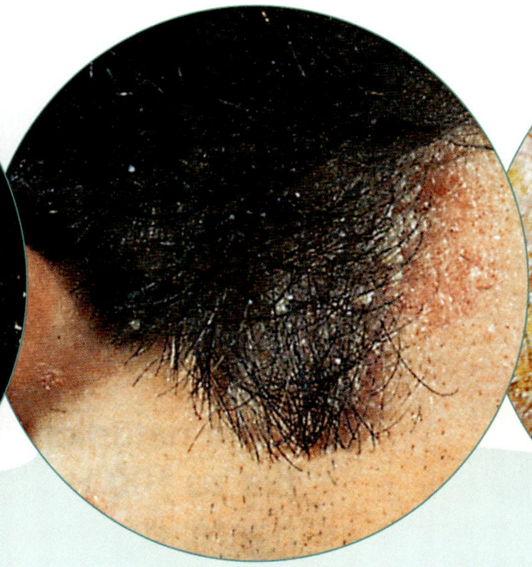

Bild 3 *Schuppenflechte*

Bild 4 *Pilzflechte*

Schuppenflechte ist genetisch bedingt. Sie kann in jedem Lebensalter auftreten.

Die Friseurin sollte Folgendes beachten:

- Die Schuppenflechte ist nicht ansteckend. Der Kunde darf bedient werden.
- Die Schuppenflechte ist eine Krankheit, die nur vom Arzt behandelt werden darf.

Pilzflechten (Dermatomykosen) sind schuppende Hautkrankheiten, die durch Pilzinfektion hervorgerufen werden. Spezielle Pilze befallen die behaarte Kopfhaut. Bei der Mikrosporie, der häufigsten Form der Pilzflechte im Bereich der Kopfhaut, brechen die Haare ab. Die entstandenen Kahlstellen sind mit Schuppen belegt.

- Die Pilzflechten sind ansteckend. Deshalb dürfen die Kunden mit dieser Erkrankung im Salon nicht bedient werden.
- Wird der Pilzbefall erst während der Behandlung entdeckt, muss die Arbeit so schnell wie möglich beendet werden. Die benutzten Werkzeuge werden desinfiziert und der Kunde wird auf die Ansteckungsgefahr der Pilzflechte hingewiesen.

1.2.3 Grützbeutel (Atherom)

Grützbeutel (Bild 1) sind Zysten, die mit Talg und Hornmaterial gefüllt sind. Grützbeutel kommen vorwiegend auf dem Kopf vor. Zunächst sind sie flach, erlangen aber mit zunehmendem Inhalt eine rundliche Form. Aufgrund des Drucks, den sie auf die Haarwurzeln ausüben, entwickeln sich die Haare zurück, sodass die Grützbeutel in der Regel kahl sind. Befinden sich auf dem Kopf eines Kunden Grützbeutel, so sollte das in der Karteikarte vermerkt werden, damit sich die Friseurin bei einem erneuten Besuch darauf einstellen kann.

Bei der Durchführung von Facharbeiten können Grützbeutel stören. Die Friseurin sollte besonders vorsichtig arbeiten, damit es nicht zu Verletzungen und Infektionen kommt.

Im Gespräch mit betroffenen Kunden sollte sie darauf hinweisen, dass Grützbeutel vom Arzt operativ entfernt werden können.

1.2.4 Warzen

Es werden ansteckende und nicht ansteckende Warzen unterschieden. Zu den ansteckenden Warzen gehören die **gewöhnlichen** und die **jugendlichen** Warzen.

Gewöhnliche Warzen (Bild 3) sind Wucherungen der Epidermis, die durch eine Virusinfektion hervorgerufen werden. Man erkennt sie an ihrer grau- bis gelbschwarzen Farbe und an ihrer charakteristischen höckerigen Form.

Die jugendlichen Warzen sind in der Regel hautfarbene Knötchen, die vorwiegend bei Kindern und Jugendlichen auftreten.

Die Friseurin muss auf ausreichenden Hautschutz achten und alles, was in Kontakt mit den Viruswarzen gekommen ist, gründlich desinfizieren.

Zu den nicht ansteckenden Warzen zählen die **seborrhöischen Warzen**. Sie entstehen in Bereichen, in denen sich auch vermehrt Talgdrüsen befinden.

Es sind bräunliche bis schwarze, meist breite Bindegewebswucherungen, die in der Regel erst nach dem 40. Lebensjahr entstehen. Sie werden deshalb auch als **Alterswarzen** bezeichnet.

Warzen sind oftmals nur ein kosmetisches Problem. Sie können vom Arzt durch Abschleifen, Auskratzen, Vereisen, Verätzen oder mit Laserstrahlen leicht entfernt werden.

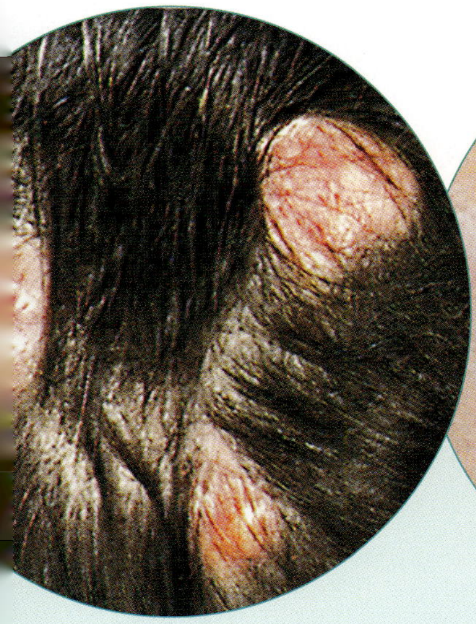

Bild 1 Grützbeutel

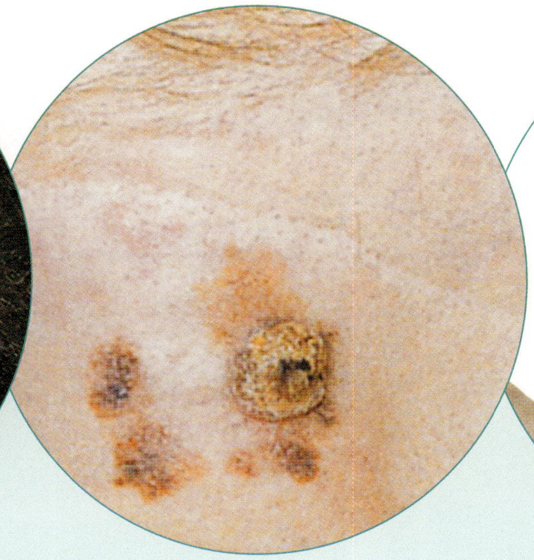

Bild 2 Melanom

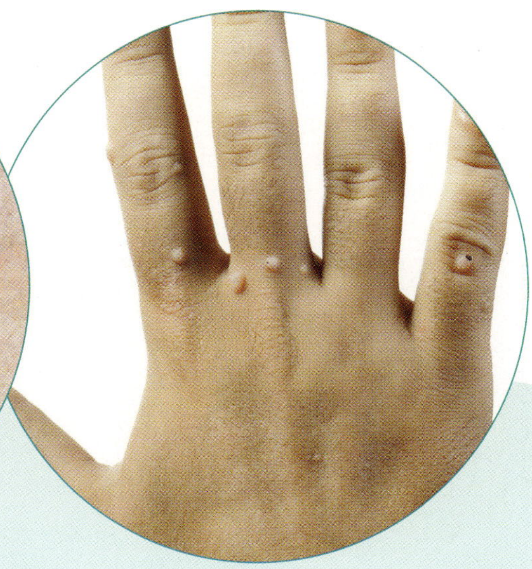

Bild 3 Warzen

1.2.5 Pigmentflecken

Pigmentflecken auf der behaarten Kopfhaut werden oftmals von den Kunden nicht bemerkt. Die Friseurin sollte deshalb die Kopfhaut gewissenhaft auf Pigmentflecken untersuchen und gegebenenfalls die Kundin informieren. Pigmentflecken der Kopfhaut können **Muttermale**, **Leberflecken** und seltener **maligne** (bösartige) **Melanome** sein.

- **Muttermale** sind braune, gutartige Hautveränderungen, die über das Hautniveau hinausragen. Bei Reizungen besteht die Gefahr, dass sich ein malignes Melanom entwickelt. Die Friseurin sollte ihre Kundin immer darüber informieren.
- **Leberflecken** sind braune Flecken, die sich im Hautniveau befinden.
- **Maligne Melanome** (s. S. 97, Bild 2) sind bösartige Pigmentflecken. Sie können „aus dem Nichts" entstehen oder sich aus Muttermalen entwickeln. Typisch für ein malignes Melanom sind folgende Merkmale (ABCD-Regel):
  A Sie sind asymmetrisch.
  B Die Begrenzungslinie ist ausgefranst.
  C Die Farbe (Colour) ist ungleichmäßig.
  D Der Durchmesser ist größer als 6 mm.
- Maligne Melanome können vom Hautarzt entfernt werden. Bleiben sie unentdeckt, bilden sie Metastasen, die sich im ganzen Körper ansiedeln können und Krebs hervorrufen. Ein nicht behandeltes malignes Melanom führt in der Regel zum Tod.

1.2.6 Altershaut

Im Laufe des Lebens altern Haut und Haare. Meist ist dies an den ersten Falten zu erkennen, welche je nach Lebensart und Erbgut, früher oder später einsetzen.

Die Elastin- und Kollagenfasern des Bindegwebes verlieren ihre Flexibilität und werden starrer. Des Weiteren verlangsamt sich der Stoffwechsel, dadurch ist die Nährstoffzufuhr nicht mehr optimal. Somit ist die Ernährung der Gewebe und des Haares nicht mehr ausreichend vorhanden. Diese Faktoren haben Auswirkungen auf die Talgdrüsen, sowie die Haarwurzeln (diese schrumpfen) und die Wasserbindefähigkeit lässt auch nach. Daher ist der Hydrolipidmantel auf der Haut nicht mehr so gut. Die Kopfhaut wird nach und nach trocken, hart und unelastisch. Zusätzlich verändert sich der Haarfollikel und die Haare werden immer dünner. Bei Frauen kommt noch der Östrogenmangel im Alter hinzu, der dazu führt, dass die Haare dünner werden und die Anzahl sinkt.

1.2.7 Kopfläuse

Kopfläuse befallen ausschließlich die behaarte Kopfhaut. Mit ihren krallenartigen Beinen klammern sie sich an den Kopfhaaren fest, sodass sie beim Kämmen nicht entfernt werden. Sie ernähren sich vom Blut, das sie im Abstand von zwei bis drei Stunden aus der Kopfhaut saugen.

Die weiblichen Kopfläuse legen täglich bis zu vier Eier, die sie mit einem Klebesekret am Haar befestigen. Aus diesen Nissen entwickeln sich in etwa 18 Tagen geschlechtsreife Läuse, die dann noch eine Lebenserwartung von drei Wochen haben.
Die folgenden Merkmale deuten auf einen Befall mit Kopfläusen hin:

- Starker Juckreiz
- Häufiges Kratzen, besonders bei Kindern
- Entzündungen an den Einstichstellen
- Hellgraue Nissen am Haar

Mit Kopfläusen infizierte Kunden dürfen im Salon nicht behandelt werden. Die Friseurin sollte sie aber beraten und auf Präparate aus der Apotheke hinweisen.

Falls der Kopflausbefall erst während der Behandlung bemerkt wird, müssen die Haare vorschriftsmäßig entsorgt und das Werkzeug desinfiziert werden.

Aufgabe

Suchen Sie mithilfe des Internets verschiedene Pigmentflecke heraus und wenden Sie die ABCD-Regel an.

Bild 1 Kopflaus

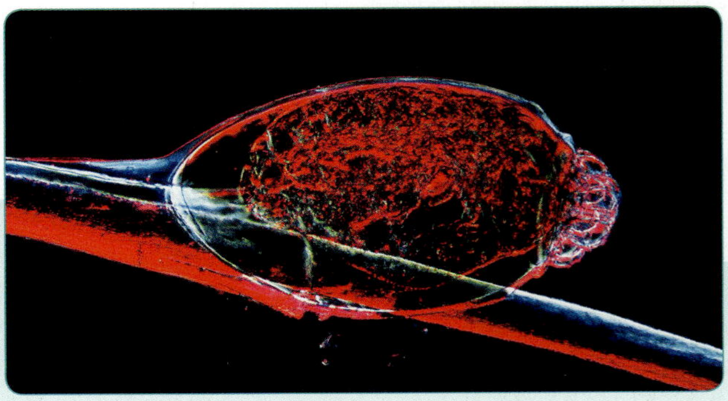

Bild 2 Haar mit Nisse bei Kopflausbefall

2 Grundwissen für die Beurteilung des Haares aneignen

SZENARIO

Anjas Freundin zeigt ihr eine Abbildung, in der eine Artistin an ihrem Haarschopf hängt. „Bei mir reißen die Haare schon beim Bürsten aus. Das ist doch eine Fotomontage?"

2.1 Aufgaben des menschlichen Haares kennen

Die ursprünglich wichtigste Aufgabe des menschlichen Haares bestand darin, den Körper vor Kälte, Wärme und UV-Strahlen zu schützen. Im Laufe der Evolution entwickelte sich die Behaarung zurück, aber ein Teil der Restbehaarung übernimmt weiterhin Schutzaufgaben. So schützen z. B. Augenbrauen und Wimpern das Auge vor Schweiß und Staub. Die Nasenbehaarung hält wie ein Filter Schmutzteilchen aus der eingeatmeten Luft zurück.

Die wichtigste Aufgabe des Kopfhaares ist seine schmückende Wirkung.

2.2 Haararten unterscheiden

Das menschliche Haarkleid wird nach Länge und Stärke in Langhaar, Kurzhaar und Wollhaar unterteilt:

- Zum Langhaar gehören Kopfhaar, Barthaar, Achsel- und Schambehaarung.
- Zum Kurzhaar gehören Augenbrauen, Wimpern sowie Nasen- und Ohrenbehaarung. Es wird wegen seiner kräftigen Struktur auch als Borstenhaar bezeichnet.
- Das dünnere Wollhaar (Vellushaar) bedeckt die übrigen Körperstellen mit Ausnahme der Handinnenflächen, der Fußsohlen und der Lippen.Es enthält keinen Markkanal und ist meist unpigmentiert.

Nach dem Zeitpunkt seines Entstehens gliedert es sich in Primär-, Sekundär- und Terminalbehaarung:

- Die Primärbehaarung entsteht bereits während der Embryonalzeit. Sie fällt entweder vor oder nach der Geburt aus. Die Primärbehaarung kann deutlich dunkler sein als das nachfolgende Haar.

Da diese Behaarung wie ein Flaum den Körper überzieht, wird sie auch als Lanugohaar bezeichnet. Diese findet man bei stark magersüchtigen Personen wieder.

- Die Sekundärbehaarung ist das nachfolgende Haarkleid. Die einzelnen Haararten der Sekundärbehaarung entwickeln sich nach und nach zur endgültigen Form. So kann die Entwicklung des Kopfhaares bereits im ersten Lebensjahrzehnt abgeschlossen sein. Es hat dann die endgültige Stärke und Form erreicht. Die Bartbehaarung hingegen entsteht nach der Pubertät und erreicht ihre endgültige Stärke erst im dritten Lebensjahrzehnt.
- Als Terminalbehaarung wird das endgültige Haarkleid bezeichnet. Erst im 6. Lebensjahrzehnt erreicht es seine letzte Ausprägung. Bis dahin können z. B. bei Männern die Augenbrauen buschiger werden und die Ohrenbehaarung kann zunehmen.

2.3 Den Haarfollikel erklären

Als Haarfollikel wird die schlauchartige Hautvertiefung bezeichnet, aus der das Haar wächst. Er entsteht beim Embryo bereits im 3. Schwangerschaftsmonat, indem die Oberhaut durch ständige Zellteilung in die Lederhaut hineinwächst.

Der Haarfollikel besteht aus Epidermisgewebe und dem umgebenden Bindegewebe der Lederhaut.

- Das Epidermisgewebe wird als Wurzelscheide bezeichnet. Diese gliedert sich in zwei Bereiche. Die innere Wurzelscheide ist fest mit dem Haar verzahnt und wächst mit ihm gemeinsam nach oben. An der äußeren Wurzelscheide gleitet die innere Wurzelscheide mit dem Haar entlang.
- Das Bindegewebe bildet den Haarbalg, der die Wurzelscheide umgibt.

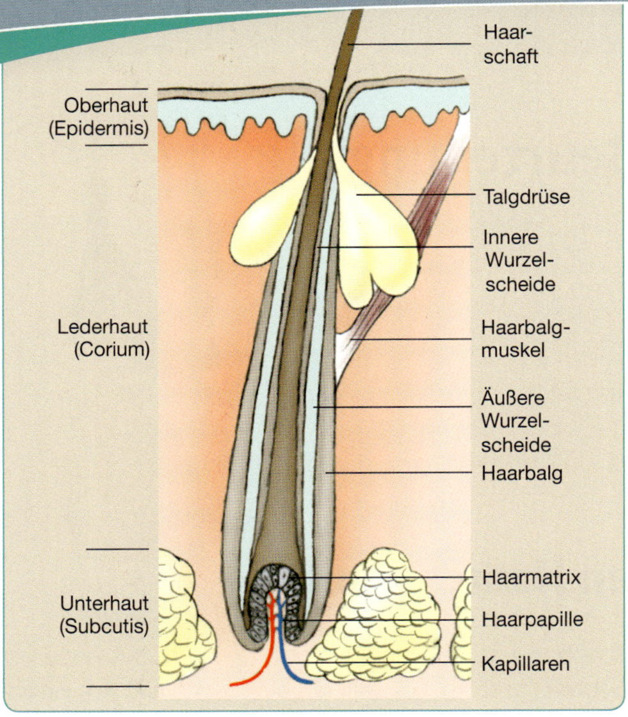

Bild 1 *Schematische Darstellung des Haarfollikels*

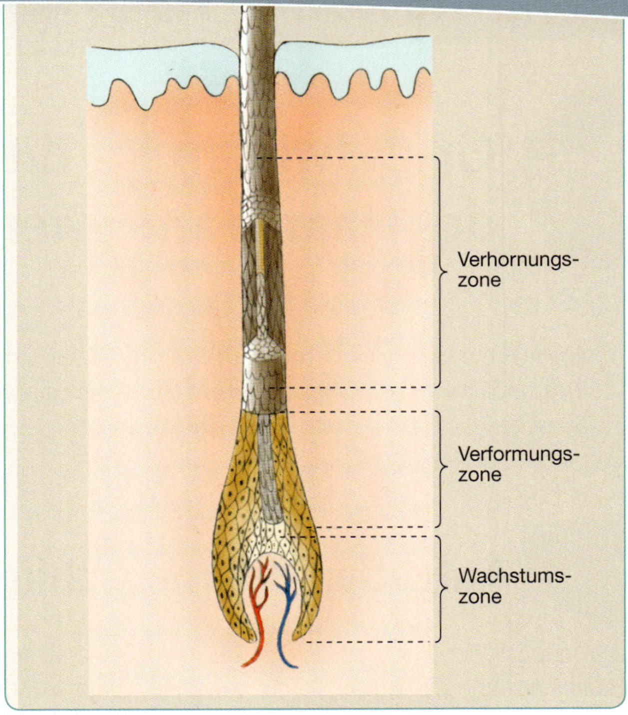

Bild 2 *Schichten des Haares (Längsschnitt)*

Im unteren Teil des Haarfollikels liegt die Haarpapille. Darin befinden sich die Kapillaren, aus denen die nährstoffreiche Lymphflüssigkeit austritt.

Die Nährstoffe gelangen in die darüber liegende Haarmatrix, eine Schicht teilungsfähiger Zellen, die sogenannten Keratinozyten. Sie nehmen die Nährstoffe auf und stellen aus den Aminosäuren (Eiweißbausteinen) körpereigenes Eiweiß (Protein) her, der Hauptbestandteil der weichen Haarzellen.

Zu den Anhangsgebilden des Follikels gehören die Talgdrüse und der Haarbalgmuskel.

- Die apokrine Talgdrüse mündet in den Haarfollikel. Ihr Sekret überzieht Haut und Haar mit einem Fettfilm.
- Der Haarbalgmuskel wird durch die vegetativen Nerven gesteuert. Unter dem Einfluss von Kälte und Gemütsregungen kann er sich zusammenziehen. Dadurch verändert der Follikel seine Lage, das Haar richtet sich auf und es entsteht die Gänsehaut.

Die Vorgänge von der Bildung der Haarzellen bis zur endgültigen Formgebung des Haares laufen in den drei Zonen des Haarfollikels ab (Bild 2).

- In der Wachstumszone des Follikels befinden sich die Keratinozyten, die die Haarzellen bilden. Diese werden durch die nachwachsenden Zellen ständig nach oben geschoben.
- In der Verformungszone werden die zuvor rundlichen Zellen verformt. Dabei entstehen drei unterschiedliche Zellformen, nach denen das Haar im Querschnitt in drei Schichten unterteilt wird.
- In der Verhornungszone entsteht aus dem weichen Protein das festere Keratin. Der Verhornungsprozess setzt sich auch außerhalb des Follikels fort, sodass das Haar mit zunehmender Länge fester wird.

2.4 Schichten des Haares

Das Haar besteht aus drei Schichten:

- Schuppenschicht
- Faserschicht
- Mark

Schuppenschicht (Cuticula)

Die Schuppenschicht besteht aus sechs bis acht Lagen übereinanderliegender Cuticulazellen, die durch eine Kittsubstanz miteinander verbunden sind.

Bei anliegenden Cuticulazellen weist das Haar eine glatte Oberfläche auf. Das auffallende Licht wird gleichmäßig reflektiert, dadurch entsteht der natürliche Glanz des Haares.

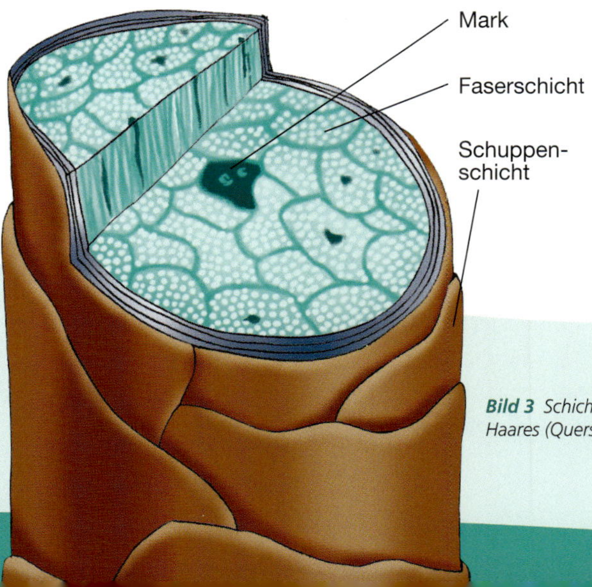

Bild 3 *Schichten des Haares (Querschnitt)*

Die Schuppenschicht umgibt die darunter liegende Faserschicht und verhindert das Aufspleißen des Haares. Bei Facharbeiten wie Blondieren und Färben wird die Schuppenschicht durch alkalisch eingestellte Präparate gelockert. Dieser Vorgang wird auch als Öffnen der Schuppenschicht bezeichnet.

Ein Haar mit geöffneter Schuppenschicht sieht glanzlos aus, weil es das auffallende Licht ungleichmäßig reflektiert (s. S. 276, Bild 2). Nach einer alkalischen Behandlung wird die Cuticula durch eine saure Nachbehandlung wieder geschlossen (adstringiert).

Faserschicht (Cortex)

Die Faserschicht besteht aus Zellen von einer spindelähnlichen Form (Spindelzellen). Die ineinander geschobenen Zellen sind durch die Kittsubstanz miteinander verbunden. Je nach Haarstärke besteht die Faserschicht aus 100–200 Spindelzellen. Wird ein Haar mit einer Bruchstelle unter dem Mikroskop betrachet, so sind faserförmige Strukturen zu erkennen (s. S. 103, Bild 1). Deshalb wird diese Schicht als Faserschicht bezeichnet.

Die Faserschicht ist mit einem Anteil von ca. 80 % die wichtigste Schicht des Haares. Sie ist für die Farbe, die Reißfestigkeit und die Elastizität des Haares verantwortlich.

Hier laufen die chemischen Vorgänge der Form- und Farbveränderung ab.

Mark (Medulla)

In der Mitte eines Haares befindet sich das Mark, das aus schwammigem Zellmaterial und Lufteinschlüssen besteht. Bei sehr dünnem Haar kann das Mark vollständig fehlen.

2.5 Zusammensetzung des Haarkeratins

Für den Bereich der Haar- und Kopfhautpflege sind zusätzliche Kenntnisse über das **Keratin** erforderlich.

Keratin ist die Grundsubstanz, aus der das Haar, die Hornschicht der Oberhaut und die Nägel bestehen. Es gibt dem Haar die Festigkeit, Elastizität und Sprungkraft.

Das Keratin entsteht in den Keratinozyten. Das sind beim Haar die Matrixzellen und bei der Oberhaut die Basalzellen. Dort werden die **Aminosäuren** zu **Proteinmolekülen** verknüpft, aus denen **Peptidspiralen** entstehen. Diese Peptidspiralen können die drei unterschiedlichen Keratinarten bilden:

- Sie können sich zu Flächen anordnen. Aus diesem **flächigen Keratin** bestehen die Schuppenschicht, die Hornschicht der Oberhaut und die Nägel.
- Sie können sich zu **Fasern** anordnen. Aus diesem faserigen Keratin bestehen die Spindelzellen (s. Bild 6).
- Sie können sich zu einer formlosen Kertinmasse anordnen, dem **amorphen (formlosen) Keratin**. Es verbindet die Fasern in den Spindelzellen miteinander und verklebt die Cuticulazellen untereinander.

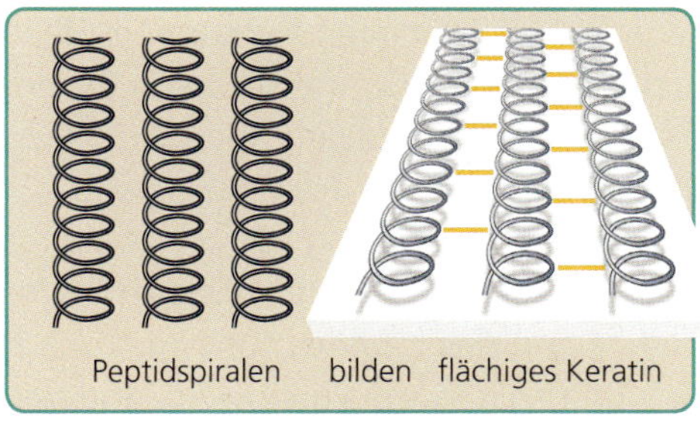

Bild 1 Bildung des flächigen Keratins

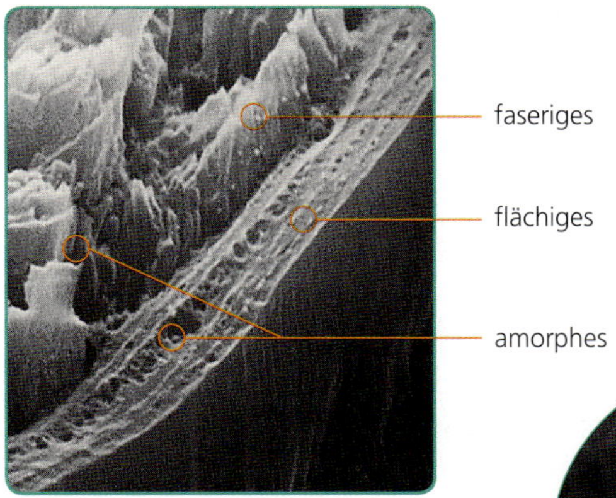

Bild 2 Keratinarten im Überblick

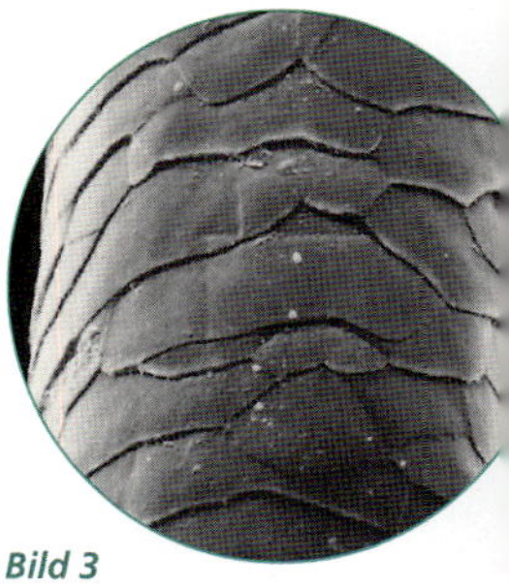

Bild 3 Flächiges Keratin

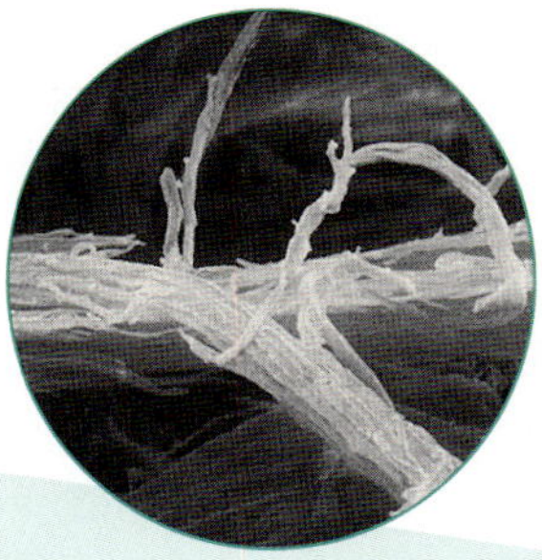

Bild 4 Faseriges Keratin

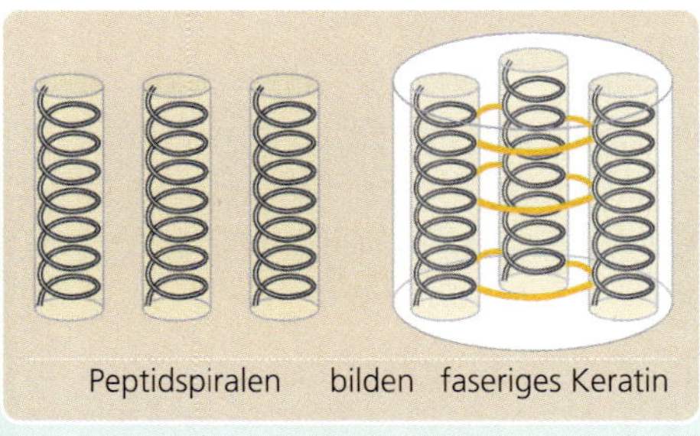

Bild 5 Bildung des faserigen Keratins

Bild 6 Spindelzellen

Aufgaben

1. Legen Sie sich ein Vokabelheft für den Friseur an und ergänzen Sie dieses in den nächsten Kapiteln.
2. Erstellen Sie eine Tabelle zu den unterschiedlichen Schuppenarten.
3. Erläutern Sie die Begriffe Primär-, Sekundär- und Terminalbehaarung.
4. Recherchieren Sie, welche Aufgabe die Gänsehaut hatte.
5. Wie ist der Haarfollikel aufgebaut?
6. Welche Aufgaben hat die Schuppenschicht?
7. Wie reagiert die Cuticula auf Alkalien und Säuren?
8. Beschreiben Sie den Aufbau und die Aufgaben der Faserschicht.
9. Welche Keratinarten unterscheiden Sie?

2.6 Eigenschaften des Haares

2.6.1 Reißfestigkeit

Die Reißfestigkeit eines Haares ist abhängig von seinem Durchmesser und seiner Struktur. Strukturgeschädigtes Haar hat eine geringere Reißfestigkeit als gesundes Haar.

Gesundes Haar mit einem Durchmesser von 0,09 mm (besonders dickes Haar) kann eine Belastung von 200 g aushalten. Besonders dünnes Haar (0,03 mm) kann nur 25 g aushalten. Dies ist eine wichtige Information für die Friseurin, um Produkte zu empfehlen, die die Kämmbarkeit erleichtern. Denn das Kämmen übt immer Zug auf das Haar aus und sollte deshalb so schonend wie möglich erfolgen.

Bild 1 *Elektrostatische Aufladung der Haare*

2.6.2 Elektrostatische Aufladung

Das Haar weist elektrisch positive und negative Ladungen auf. Sie sind jedoch nicht gleichmäßig im Haar verteilt. Im inneren Bereich des Haares befinden sich mehr positive und außen mehr negative Ladungen (s. S. 284, Bild 2).

Die Anziehung unterschiedlicher elektrischer Ladungen kann die Friseurin bei ihren Arbeiten sinnvoll nutzen. Pflegestoffe und Tönungsmittel, die besonders gut am Haar haften sollen, sind mit einer positiven Ladung versehen. Sie haften am äußeren, negativ geladenen Haarbereich. Wirkstoffe, die eine positive Ladung tragen, werden als kationisch oder kationaktiv bezeichnet.

Das Ladungsgleichgewicht des Haares kann durch äußere Einflüsse gestört werden. Beim Kämmen und Föhnen kann sich das gesamte Haar negativ aufladen (Bild 1). Die Haare stoßen sich gegenseitig ab, sie sind schwer frisierbar. Durch kationaktive Substanzen, die in Shampoo und Pflegemitteln enthalten sind, wird die überschüssige negative Ladung ausgeglichen, das Haar ist nun „frisierwillig".

Aufgaben

1. Ein Haar von 0,06 mm kann 90 g tragen. Wie viel können 100 000 Haare tragen?
2. Sie haben auf S. 101 etwas über den Aufbau des Keratins im Haar erfahren. Erklären Sie den Zusammenhang zwischen Haarkeratin und der Reißfestigkeit.
3. Geben Sie einer Kundin mit strukturgeschädigtem Haar eine Begründung, warum sie ein Produkt zur besseren Kämmbarkeit der Haare erwerben sollte.
4. Eine Kundin kommt im Winter zu Ihnen und klagt über „fliegende" Haare. Erläutern Sie ihr die Ursache und geben Sie ihr Ratschläge, damit die Haare wieder frisierbar werden.
5. Erstellen Sie eine Zeichnung zu den Ladungen im Haar.

2.7 Unterscheidung der Haarschaftveränderungen

SZENARIO

Anja wird häufig von Kundinnen angesprochen, die Probleme mit ihren Haaren haben. Sie möchte wissen, welche Veränderungen ein Haar aufweisen kann und in welchen Fällen sie mit den Friseurpräparaten und speziellen Techniken den Kundinnen helfen kann.

Im vorherigen Kapitel haben Sie gelernt, dass Haare aus Keratin bestehen. Keratin ist eine besondere Eiweißstruktur. Jeder, der sich einmal mit einem Frühstücksei beschäftigt hat kann daher nachvollziehen, dass alles, was ein Ei verändert (Hitze, Säure, starkes Rühren) auch Auswirkungen auf das Eiweiß in den Haaren hat.

Je gesünder ein Haar ist, desto besser ist seine Struktur. Strukturschäden entstehen durch mechanische, physikalische (thermische, UV-Licht), chemische oder genetische (vererbte) Ursachen.

Bild 1 Haarbruch

2.7.1 Haarschäden

Die häufigsten Haarschäden sind strukturgeschädigtes Haar, Haarbruch und Haarspliss.

Strukturgeschädigtes Haar

Stukturschäden umfassen alle Veränderungen des Haarkeratins und der Haarschichten. Sie reichen von leichter Porosität bis zu starken Strukturverlusten.

Liegen die Zellen der Schuppenschicht nicht mehr an, sondern sind abgespreizt, führt dies zu glanzlosem Haar. Wird dieser Zustand nicht behoben, kommt es zu weiteren Substanzverlusten des Haarkeratins.

Mit zunehmender Haarschädigung verändern sich die Eigenschaften des Haares. Es wird glanzlos und stumpf, es verliert an Elastizität und Reißfestigkeit.

Haarbruch

Haarbruch (Bild 1) liegt vor, wenn ein großer Teil der Haare abgebrochen ist. Besonders bruchgefährdet ist stark strukturgeschädigtes Haar, da es bereits bei geringer mechanischer Belastung wie beim Ausbürsten reißt.

Haarspliss (Trichoptilosis)

Beim Haarspliss ist das Haar in Längsrichtung aufgespalten, sodass die Faserstrukturen des Cortex (Faserschicht) zu erkennen sind (Bild 2).

Zum Haarspliss neigt strukturgeschädigtes Haar, wenn stumpfe Scheren, scharfkantige Kämme und Bürsten eingesetzt werden oder wenn es oft auf Kleidung aufstößt.

Folgende Behandlungsmöglichkeiten haben sich als hilfreich erwiesen:

- Durch einen Splissschnitt werden viele der gespaltenen Spitzen abgeschnitten (Bild 3).
- Beim Schneiden mit der „heißen Schere" werden die Haare in einem Arbeitsgang geschnitten und bei einer Temperatur von 170 bis 210° Celsius versiegelt.

Bild 2 Haarspliss

2.7.2 Ursachen für Haarschäden

Das Haar wird oftmals durch folgende Einflüsse geschädigt:

Mechanische Einflüsse
Beim Kämmen, Bürsten und Toupieren können bei chemischer Vorschädigung Teile aus der Cuticula herausbrechen, Haare abbrechen oder aufspleißen.

Physikalische Eigenschaften
UV-Strahlen schaden dem Haar ebenfalls. Das Melanin und das Haarkeratin werden dadurch geschädigt. Das Haar wird spröde, brüchig und glanzlos.

Bild 3 Spitzenhaarschnitt

Bild 1 Ringelhaar

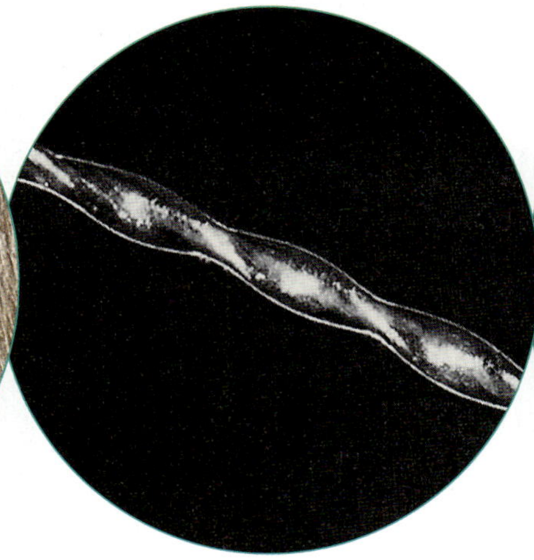

Bild 2 Gedrehtes Haar

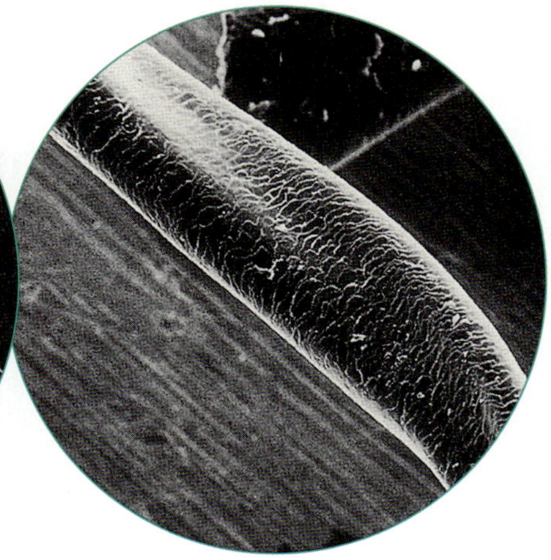

Bild 3 Bandhaar

Thermische Einflüsse

Jeder, der sich ein Spiegelei gebraten hat, weiß, dass Hitze das Eiweiß denaturieren lässt. Das bedeutet, das Eiweiß (im Fall des Haares das Keratin) verändert seine Form schon bei 60–80 °C. Auch das zu lange und zu heiße Trocknen der Haare trägt zum Entfernen des Keratins bei, wobei die Hornsubstanz spröde und brüchig wird.

Das falsche Ausrichten des Luftstroms des Haartrockners entgegen der Liegerichtung der Schuppenschicht führt auch zu spröder, brüchiger und glanzloser Schuppenschicht.

Chemische Einflüsse

Bestimmt können Sie sich vorstellen, dass wenn Sie Zitronensaft (Säure) oder Essig (Base) zu einem rohen Ei hinzugeben, das Ei sein Aussehen (= die Struktur) verändert. Somit haben die chemischen Vorgänge bei den Dauerwellen, Blondieren und hochgradigen Hellerfärben immer etwas mit Strukturveränderungen im Haar zu tun. Dies führt zu Verlusten der Keratinfasern.

2.7.3 Haaranomalien

Unter dem Begriff Haaranomalien werden alle wachstumsbedingten Veränderungen des Haarschafts zusammengefasst. Sie sind angeboren, also genetisch bedingt. Im Gegensatz zu den Haarschäden kommen sie sehr selten vor.

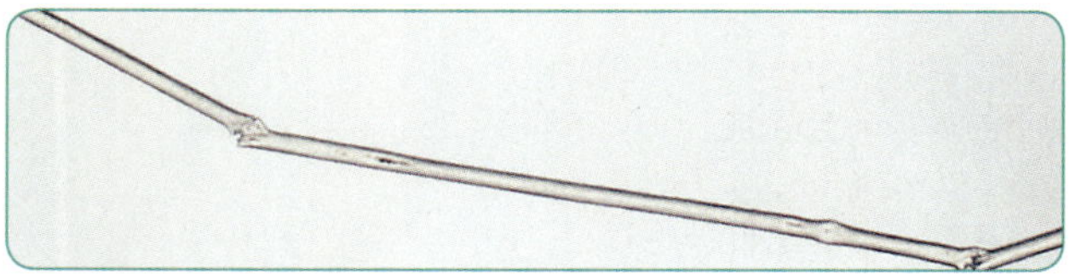

Bild 4 Haarknötchen

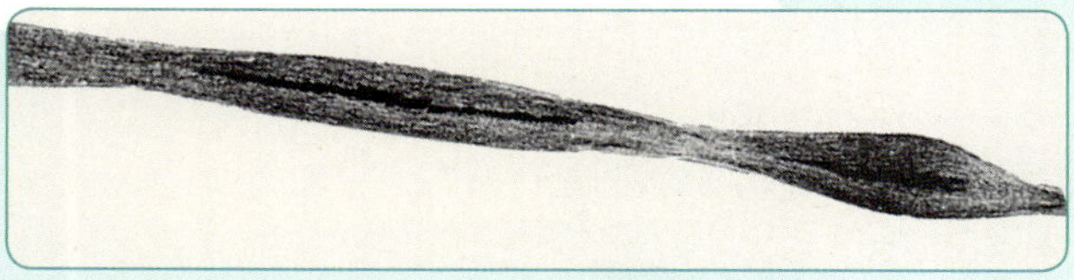

Bild 5 Spindelhaar

Ringelhaar (Pili anulati)

Die Farbe des Ringelhaars ist uneinheitlich. Helle und dunkle Stellen wechseln sich ab. Dadurch erscheint das Gesamtbild scheckig.

Gedrehtes Haar (Pili torti)

Das einzelne Haar ist abgeflacht und um seine Längsachse gedreht. Das Gesamthaar erzeugt auffällige Lichtreflexe.

Bandhaar

Das Bandhaar ist stark abgeflacht. Es hat keinen Stand und ist kaum form- und frisierbar. Deshalb empfiehlt sich das Tragen einer Kurzhaarfrisur.

Haarknötchen (Trichorrhexis nodosa)

Es handelt sich bei dieser Haaranomalie um knötchenförmige Verdickungen und Aufsplitterungen des Haarschafts. Das Haar bricht an diesen Stellen leicht ab und franst pinselförmig aus.

Spindelhaar (Monilethrix)

Am einzelnen Haar wechseln Einschnürungen und spindelförmige Verdickungen ab. Diese Haaranomalie ist nur im Kindesalter zu beobachten. Sehr bald entwickelt sich bleibende Kahlheit. Aus den Follikeln entstehen kleine Hornkegel.

Aufgaben

1. Unterscheiden Sie den Begriff „Haarschaden" von dem Begriff „Haaranomalie".
2. Warum sollte der Kundin erklärt werden, wie sie sich die Haare richtig trocknet?
3. Erstellen Sie eine Tabelle zu den Haaranomalien.

3 Haar- und Kopfhautpflege planen und vorbereiten

SZENARIO

Florians Schwester fragt ihn: „ Na, was hast du heute in deinem Salon gelernt?" Florian sagt ihr, dass er alles um die Haarwäsche mit seiner Chefin besprochen hat. Florians Schwester ist irritiert.

Bild 1 Begrüßung der Kundin

Den Satz: „Haare waschen kann doch jeder!" hören Sie oft. Denn wie oft haben Sie sich schon die Haare gewaschen? Aber die Dienstleistung „Haarwäsche" im Salon bedeutet Professionalität. Zum einen zahlen die Kunden Geld und wollen ein Wohlfühlerlebnis verspüren. Zum anderen müssen für dieses Wohlfühlerlebnis viele Informationen ermittelt, mit vorhandenem Wissen durchdacht und Produkte für die Haarwäsche individuell ausgewählt und angewendet werden.

Die Gründe für die Durchführung einer Haarwäsche sind:

- Hygiene
- Pflege
- Frisierbarkeit
- Wellness
- Vorbereitung auf nachfolgende Behandlungen.

Um den Erwartungen der Kundinnen gerecht zu werden, muss die Friseurin über Kenntnisse und Fertigkeiten aus folgenden Bereichen verfügen:

- Gesprächsführung
- Beratungskompetenz
- Kenntnisse über die Merkmale von Haut und Haar
- Kenntnisse über Haar- und Hautveränderungen
- Pflegetechniken
- Produktkunde

Das gewissenhafte Aufstellen von Behandlungsplänen in Zusammenarbeit mit der Kundin ist eine wesentliche Voraussetzung für den Erfolg eines Beratungs- und Verkaufsgespräches. Die Kundin fühlt sich mit ihren Problemen und Wünschen ernst genommen und sieht, dass von der Friseurin konkrete Lösungsvorschläge gemacht werden. Das fördert das Vertrauen und die Kundenbindung.

Für dieses Vertrauen ist es sehr wichtig, dass sich die Friseurin Zeit für die Kundin nimmt und während des Beratungsgespräches alle Schritte, auf die darauf folgenden Behandlungen bezogen, begründet und erläutert. Ein **Behandlungsplan** setzt sich aus folgenden Gliederungspunkten zusammen:

- Personalien der Kundin
- Kundenwunschermittlung
- Haar- und Kopfhautdiagnose
- Behandlungsberatung für den Salon
- Präparateempfehlungen für zu Hause

Jeder dieser Gliederungspunkte wird in seinen Inhalten individuell auf die Behandlung im Salon abgestimmt.

Dadurch ergeben sich für die weiteren Lernfelder mit zusätzlichen Dienstleistungen entsprechende Ergänzungen zum Behandlungsplan (s. vorne im Buchdeckel).

3.1 Einrichten des Arbeitsplatzes

Bevor mit dem eigentlichen Beratungsgespräch angefangen werden kann, sollte auf den Arbeitsplatz und dessen Gestaltung eingegangen werden. Der ergonomische und funktionelle Arbeitsplatz sieht wie folgt aus:

- Tageslichthelle Beleuchtung
- Komfortablerer, höhenverstellbarer Stuhl
- Spiegel mit Ablage
- Arbeitswagen, der die benötigten Materialen enthält und zum Ablegen dienen kann
- Ggf. ein separater Stuhl für die Friseurin, um auf Augenhöhe mit der Kundin kommunizieren zu können
- Kundenkartei bzw. Behandlungsplan
- Stift
- Kamm

Die Kundin möchte in einer annehmen Atmosphäre beraten werden. Entsteht Hektik, indem die Friseurin sich erst Stift, Karteikarte, Kamm zusammensuchen muss oder durch Unordnung und Unsauberkeit der Eindruck von fehlender Organisation entsteht, verliert die Friseurin ggf. die Kundin, bevor sie diese von ihrer fachlichen Kompetenz überzeugen konnte.

Somit sollten Sie immer Ihren Arbeitsplatz mit dem „Auge des Kunden" betrachten und nicht durch Routine den Blick für das Wesentliche verlieren. Besteht bei der Kundin das Bedürfnis nach Wellness und Entspannung, sollte die Friseurin ihr dieses von der ersten Minute an vermitteln.

Bild 1 *Vorbereiteter Arbeitsplatz*

3.2 Erfassen der Kundendaten

Die Personalien der Kundin ermöglichen der Friseurin eine individuelle Betreuung, auch bei nachfolgenden Besuchen im Salon.

Wichtig für die Kundin ist in diesem Zusammenhang, dass die Friseurin ihr erläutert, dass die erhobenen Daten nur für den internen Gebrauch bestimmt sind und nicht an Dritte weitergegeben werden.

Name

Der Name der Kundin ermöglicht es der Friseurin, ihre Kundin gezielt damit anzusprechen. Das verbessert die Beziehungsebene zwischen Friseurin und Kundin und schafft Vertrauen.

Anschrift

Die Anschrift ermöglicht der Friseurin, der Kundin auch zu Hause spezielle Angebote und Aufmerksamkeiten zukommen zu lassen. Das verbessert die Kundenbindung.

Telefonnummer

Die Telefonnummer dient vor allem der schnellen Kontaktaufnahme, wenn z. B. Termine verschoben werden müssen oder sonstige unvorhergesehene Begebenheiten einen Termin gefährden.

Geburtsdatum

Durch das Geburtsdatum weiß die Friseurin zum einen, wie alt die Kundin ist, was eventuell spezielle Behandlungen notwendig macht. Zum anderen kann die Friseurin so der Kundin zum Beispiel zum Geburtstag gratulieren, was als nette Aufmerksamkeit ebenfalls die Kundenbindung und das Vertrauensverhältnis verbessert.

3.3 Ermittlung des Kundenwunsches

Der Kundenwunsch muss, auf die Behandlung bezogen, so genau wie möglich erfolgen. So werden Missverständnisse und damit falsche Empfehlungen vermieden.

Eine möglichst exakte Ermittlung des Kundenwunsches für eine Pflegeberatung umfasst also:

- Probleme mit der Kopfhaut
- Probleme mit dem Haar und der Frisurengestaltung

Durch die Antworten auf diese zwei Punkte erhält die Friseurin eine Vorabinformation, welche Pflegebedürfnisse der Kundin aktuell wichtig sind. Sie kann sich dann, auch wenn sie bei der Haar- und Kopfhautdiagnose noch andere Probleme feststellt, im Beratungsgespräch darauf beziehen.

Bild 2 *Ermittlung des Kundenwunsches*

3.4 Haar- und Kopfhautanalyse

Mit der Haar- und Kopfhautanalyse werden die individuellen natürlichen Gegebenheiten, die bei der Kundin vorliegen, ermittelt, um sie dann mit dem Kundenwunsch abzugleichen. Nur dann ist die Entscheidung möglich, welche Haar- und Kopfhautprobleme der Kundin am dringlichsten behandelt werden müssen.

Bild 1 *Ermittlung des Kopfhautzustandes*

3.4.1 Pflegegewohnheiten

Die Ermittlung der Pflegegewohnheiten schließt nahtlos an den Kundenwunsch an und verschafft der Friseurin einen Überblick darüber, wann sich die Kundin das letzte Mal die Haare gewaschen hat, wie oft sie sich in der Regel die Haare wäscht und welche Präparate sie dafür verwendet.

- Zeitpunkt der letzten Haarwäsche
- Häufigkeit der Haarwäschen und Gründe dafür
- Verwendete Präparate zur Haarreinigung, Haarpflege, zum Styling und Finish

Die Frage nach der letzten Haarwäsche zeigt der Friseurin, ob Talgablagerungen auf der Haut überhaupt erkennbar sind. Hat die Kundin sich gerade an diesem Morgen die Haare gewaschen, kann der Zustand der Kopfhaut und die Haarstruktur nur erfragt werden.

Die Häufigkeit der Haarwäschen gibt der Friseurin Aufschluss über die **Gründe**, warum sich die Kundin die Haare wäscht. Muss sie jeden zweiten Tag waschen, weil die Frisur nicht mehr sitzt und die Haare fettig aussehen, kann das daran liegen, dass die Kundin eine schnell fettende Kopfhaut hat. Muss sie aber jeden zweiten Tag waschen, weil dann zu viele Stylingpräparate im Haar sind, können Rückschlüsse auf das Stylingverhalten gezogen werden.

Die Frage nach den verwendeten Präparaten präzisiert das Gesamtbild der Pflegegewohnheiten. Die Friseurin erhält wichtige Hinweise für spätere Pflegeempfehlungen.

3.4.2 Kopfhautanalyse

Die Kopfhautanalyse gehört zum Standardprogramm einer jeden Haar- und Kopfhautdiagnose und ist in ihrem Inhalt unabhängig von der angestrebten Behandlung.

Zustand der Kopfhaut

Der Zustand der Kopfhaut hängt von der Talgproduktion und von der Abschuppung der Oberhaut ab. Er kann entweder trocken oder fettig sein. Zusätzlich können sich Horn- oder Talgschuppen darauf befinden (s. S. 96, Bild 2).

Um den Zustand der Kopfhaut zu ermitteln, scheitelt die Friseurin die Haare und fährt leicht mit dem Finger darüber. Verbleibt ein leichter Fettfilm auf dem Finger, kann von einer fettigen Kopfhaut ausgegangen werden. Auch Schuppen werden auf ähnliche Weise untersucht. Fettschuppen lassen sich zwischen den Fingern verreiben, trockene Schuppen springen weg.

Diese Informationen sind für die spätere Empfehlung von Pflege- und Stylingpräparaten wichtig, um Kopfhautprobleme sinnvoll zu verringern.

Besonderheiten der Kopfhaut

Zu den Besonderheiten, die eine Kopfhaut aufweisen kann, gehören neben Verletzungen auch Narben, Atherome (Grützbeutel), Furunkel und Krankheiten wie Schuppen- oder Pilzflechte. Viele Besonderheiten verlangen einen sorgsamen Umgang, damit sie nicht verletzt werden und aufbrechen oder sich verschlimmern. Bei ansteckenden Krankheiten wie der **Pilzflechte** ist von einer Behandlung abzusehen und die Kundin zum Arzt zu schicken, sofern sie dort nicht schon in Behandlung ist (s. S. 96, 97).

Um die Besonderheiten zu ermitteln, wird die gesamte Kopfhaut scheitelweise sorgfältig untersucht und abgetastet.

Empfindlichkeit

Die Kopfhaut kann auf verschiedene Reize unterschiedlich stark empfindlich reagieren.

Zu diesen Reizen zählen:

- Druck und Stoß
- Reibung
- Chemikalien

Die individuelle Empfindlichkeit ist abhängig von der genetisch vorgegebenen Empfindlichkeit der in der Haut befindlichen einzelnen Sinnesrezeptoren für diese

Reize. Während der Durchführung der Behandlung müssen diese Faktoren beachtet werden, um die Haut nicht zu stark mechanisch und chemisch zu reizen. Wichtig ist hierbei, die natürliche Empfindlichkeit der Haut gegenüber Chemikalien von der Allergie abzugrenzen. Während bei der natürlichen Empfindlichkeit die Menge der Chemikalien, die auf die Haut aufgebracht wird, die Stärke der Hautreaktion bestimmt, reichen bei einer Allergie kleinste Mengen der Chemikalie, um die Haut überproportional stark reagieren zu lassen.

Die Empfindlichkeit der Kundin kann nicht durch Untersuchungen überprüft werden. Die Friseurin muss sie erfragen.

Allergien

Allergien sind meist von einem Arzt diagnostiziert worden und in einem Allergiepass eingetragen. Da bei einer Allergie die Haut auf winzigste Mengen extrem stark reagiert, ist eine Behandlung mit in einem Allergiepass stehenden Substanzen strikt zu vermeiden (s. S. 29, Bild 2).

3.4.3 Haaranalyse

Die Haardiagnose steht in direktem Zusammenhang mit der angestrebten Behandlung. Sie besteht daher sowohl aus Inhalten, die bei jeder Behandlung ermittelt werden, als auch aus solchen, die speziell für die Erstellung der jeweiligen Behandlung von Bedeutung sind.

Folgende Gegebenheiten müssen für eine Pflegeberatung untersucht oder erfragt werden:
- Chemische und thermische Vorbehandlungen
- Haarstruktur am Ansatz, in den Längen und Spitzen
- Haarqualität
- Sprungkraft
- Besonderheiten der Haare
- Haarstärke und -form
- Haarlänge
- Haarfülle
- Wellung
- Aktuelle Haarfarbe

Chemische und thermische Vorbehandlungen

Die zu erfragenden chemischen und thermischen Vorbehandlungen lassen Rückschlüsse auf die Haarstruktur zu.

Bei den chemischen Vorbehandlungen wie Farb- oder Formveränderungen ist es daher wichtig zu wissen, wann diese Behandlungen stattgefunden haben. Die Friseurin kann dann abschätzen, wie stark die Restschädigung noch ist: Eine Dauerwelle, die drei Jahre zuvor gemacht wurde, ist bei kinnlangem Haar nicht mehr von Belang, eine oxidative Haarfarbe ein halbes Jahr zuvor aber schon (Bild 1).

Die Erfragung der thermischen Vorbehandlungen ermöglicht ebenfalls Rückschlüsse auf die Haarstruktur. Durch zu heißes Föhnen oder den täglichen Einsatz eines Glätteisens wird die Schuppenschicht stark strapaziert und die Haare trocknen sehr stark aus. Die Folge sind Strukturschäden, die mithilfe von Pflegepräparaten gemildert werden müssen.

Haarstruktur (Bild 2)

Die Haarstruktur ist zunächst durch die Veranlagung vorgegeben. Beeinflusst wird sie durch
- den Hauttyp, durch den bestimmt wird, wie stark das Haar mit natürlichem Fett versorgt wird, und
- durch äußere Einflüsse wie chemische und thermische Vorbehandlungen sowie Sonneneinstrahlung und Salzwasser.

Alle diese Faktoren haben einen direkten Einfluss auf die Schuppenschicht des Haares, die die Haarstruktur maßgeblich ausmacht.

Die Haarstruktur wird an der Haarlänge und in der Haarspitze untersucht. Hierzu wird an unterschiedlichen Stellen des Kopfes jeweils ein einzelnes Haar genauer betrachtet. Zusätzlich wird das Haar vom Ansatz bis zur Spitze vorsichtig mit Daumen und Zeigefinger abgetastet, um die Abspreizung der Schuppenschicht zu überprüfen.

Haarqualität

Die Haarqualität gibt an, ob es sich bei dem Haar der Kundin um weiches, hartes oder ein borstiges Haar handelt.

Bild 1 Chemisch vorbehandeltes Haar

Bild 2 Ermittlung der Haarstuktur

Während sich weiches Haar zwar leicht frisieren lässt, aber auch schnell seine Form wieder verliert, ist hartes, borstiges Haar schwerer zu frisieren, dafür aber sehr formstabil.

Hinzu kommt, dass weiches Haar sehr empfindlich auf ein Zuviel an Stylingpräparaten reagiert, auf der anderen Seite aber durchaus etwas mehr davon benötigt, wenn es seine Form länger behalten soll.

Hartes, borstiges Haar steht oft senkrecht von der Kopfhaut ab und lässt sich schwer frisieren. Es benötigt daher mehr Pflege- und auch Stylingprodukte.

Sprungkraft (Bild 1)

Die Sprungkraft des Haares bestätigt die Untersuchung der Haarstruktur und lässt darüber hinaus Rückschlüsse auf Schädigungen der Faserschicht zu.

Zur Ermittlung der Sprungkraft wird ein Knoten in eine dünne Haarsträhne gemacht und dann beobachtet, ob und wie schnell der Knoten wieder aufspringt.

Während ein gesundes Haar eine gute Sprungkraft aufweist und der Testknoten schnell wieder aufspringt, bleibt er in strukturgeschädigtem Haar fest zusammengezogen und kann oft nur von Hand wieder gelöst werden.

Besonderheiten der Haare

Zu den Besonderheiten der Haare zählen Haarschaftveränderungen, also vor allem Haarschäden wie Knickstellen, Spliss und Haarbruch, sowie Haaranomalien wie Haarknötchen, gedrehte Haare, Spindelhaar und Bandhaar (s. S. 103, 104).

Haarschäden sind meistenteils nicht reparabel und müssen weggeschnitten werden. Bei jeder der genannten Haaranomalien empfiehlt sich vor allem eine Kurzhaarfrisur, weil die Haare so schwer form- und frisierbar sind, dass das Stylen von langen Haaren nicht möglich ist.

Haarstärke (Bild 2)

Die Haarstärke des einzelnen Haares ist einer der wichtigsten Inhalte einer Haar- und Kopfhautdiagnose. Sie wird mithilfe eines Haarstärkenmessgerätes ermittelt:

- Feines Haar < 0,05 mm
- Normales Haar 0,05–0,07 mm
- Starkes Haar > 0,07 mm

Für eine Pflegeempfehlung muss die Haarstärke aus folgenden Gründen beachtet werden:

- Feines Haar kann durch zu schwere Pflegepräparate „erdrückt" werden. Es ist dann nicht mehr frisierbar. Die Friseurin spricht in diesem Fall von „überpflegten" Haaren.
- Kräftiges, dickes Haar benötigt oftmals erheblich mehr Pflege, um frisierbar zu sein.

Die Haarstärke hat zudem auch Auswirkungen auf die Auswahl der Stylingpräparate: Präparate mit „starkem Halt" eignen sich meist nicht für feine Haare. Sie beschweren die Haare zu sehr und erschweren dadurch die Frisierbarkeit.

Haarlänge

Die Haarlänge verschiedener Haarpartien ist für die Auswahl und Menge der zu empfehlenden Präparate von Belang. Lange Haare benötigen wegen ihres Alters in den Längen und Spitzen oftmals mehr Pflege als kurze Haare und auch speziellere Präparate.

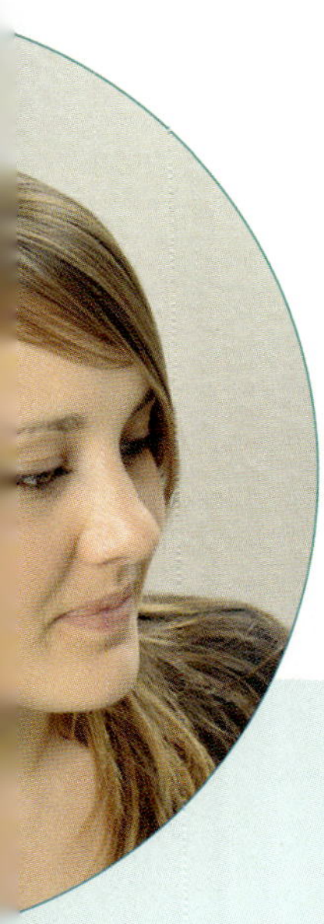

Bild 1 *Prüfung der Sprungkraft*

Bild 2 *Ermittlung der Haarstärke*

Bild 1 Ermittlung der aktuellen Haarfarbe

Haarfülle

Unter Haarfülle, Haardichte bzw. Haarvolumen versteht man die Anzahl der Haare in einem festgelegten Bereich. An dieser Stelle werden auch Lichtungen und Kahlstellen ermittelt.

Die Haarfülle hat Auswirkungen auf die Auswahl der Pflege- und Stylingpräparate. An Stellen mit geringer Haarfülle können spezielle volumengebende Präparate angewandt werden.

Bei anderen Behandlungen bestimmt die Haarfülle vor allem die Menge der zu verwendenden Präparate.

Wellung

Die Wellung der Haare ist von Bedeutung, da es spezielle Pflege- und Stylingpräparate auf dem Markt gibt, die Wellen und Locken wieder auffrischen. Außerdem dürfen bei Wellen und Locken keine zu stark beschwerenden Präparate eingesetzt werden. Dies gilt für die natürliche Wellung und die künstliche Umformung.

Aktuelle Haarfarbe (Bild 1)

Die aktuelle Haarfarbe wird mithilfe der Farbkarte oder Farbsträhnen am Ansatz und in den Längen und Spitzen der Haare überprüft. Sie gibt Aufschluss darüber, ob farbauffrischende Pflegepräparate empfohlen werden können.

Sonstige Gegebenheiten

Zu den sonstigen Gegebenheiten zählt der Parasitenbefall von Haar und Kopfhaut. Haarparasiten wie Läuse (s. S. 98) sind sehr leicht von Mensch zu Mensch übertragbar. Eine Behandlung einer Kundin mit Lausbefall darf daher im Salon nicht erfolgen. Eine Ausnahme besteht dann, wenn der Friseursalon über ein medizinisches Shampoo zur Bekämpfung von Lausbefall verfügt.

Ebenfalls dürfen keine Personen mit ansteckenden Hauterkrankungen im Salon bedient werden. Zu diesen Erkrankungen gehören Pilzflechten (s. S. 96), aber auch die Bartflechte, eine schuppende Hauterkrankung im Gesichtsbereich. In allen Fällen muss die Kundin über die Ansteckungsgefahr informiert und in die nächstgelegene Apotheke verwiesen werden. Bei den ansteckenden Hauterkrankungen ist ein Arztbesuch unumgänglich. Eventuell eingesetzte Arbeitsmittel und der Arbeitsplatz müssen gründlich desinfiziert werden.

Behandlungsberatung

Für die Kundenzufriedenheit ist es von größter Wichtigkeit, vor Beginn der Behandlung ganz konkret zu erfahren, wie genau und womit die Behandlung durchgeführt wird. Die Friseurin gibt der Kundin damit eine Vorstellung davon, in wie weit ihr spezieller Wunsch auf der Grundlage der ermittelten Gegebenheiten aus der Haar- und Kopfhautdiagnose umgesetzt wird.

Die Behandlungsberatung für eine Haar- und Kopfhautpflege gliedert sich in folgende Bereiche:

- Haarreinigung
- Haarpflege
- Haarstyling und Finish

Für jeden Bereich werden die einzusetzenden Präparate und deren Wirkungsweisen erläutert. Gleichzeitig werden die Methoden erklärt, mit denen die ausgewählten Präparate zum Einsatz kommen.

Aufgaben

1. Erläutern Sie die Methoden zur Ermittlung folgender Inhalte der Haar- und Kopfhautdiagnose:
   a) Zustand der Kopfhaut
   b) Besonderheiten der Kopfhaut
   c) Haarstruktur
   d) Haarstärke
   e) aktuelle Haarfarbe
2. Führen Sie mit einer Mitschülerin eine Begrüßung und ein Beratungsgespräch zur Haar- und Kopfhautpflege durch.
3. Warum sollte die Friseurin bei Neukundinnen vor einer Haarwäsche die Haarstärke ermitteln?
4. Welche Bedeutung hat die Ermittlung der Haarqualität für die Auswahl der Reinigungs- und Pflegepräparate?
5. Warum ist es sinnvoll, vor der Haarwäsche die Kopfhaut genauer zu untersuchen?

4 Präparate zur Reinigung und Pflege auswählen und empfehlen

SZENARIO

Anja hat sich das Haar und die Kopfhaut der Kundin gründlich angesehen. Nun muss sie sich für die richtigen Präparate zur Reinigung und Pflege entscheiden.

4.1 Reinigungspräparate

Zur Reinigung von Haar- und Kopfhaut dienen Shampoos. Alle Shampoos enthalten Basiswirkstoffe und spezielle Wirkstoffe zur Lösung individueller Haarprobleme, wie z. B. trockenes Haar oder Schuppen.

4.1.1 Basiswirkstoffe

Basiswirkstoffe sind die in allen Shampoos enthaltenen Tenside, Rückfetter und Konditionierungsmittel.

Tenside als Hauptwirkstoffe von Shampoos

Haar und Kopfhaut sind in der Regel mit einem Fettschmutz verunreinigt, in dem mehrere Substanzen enthalten sind:

- Natürliche Komponenten wie Talg, Schweiß und Hornpartikel
- Fremdsubstanzen aus der verschmutzten Luft
- Rückstände haarkosmetischer Produkte

Tenside sind waschaktive Substanzen (WAS). Dies bedeutet, dass es langkettige Moleküle sind, die durch ihre besondere Struktur Fettschmutz mit Wasser von Oberflächen entfernen können.

Die waschaktiven Substanzen werden in Seifen und synthetische Detergenzien (kurz: Syndets) unterteilt. Wobei nur die Syndets in Shampoos als Hauptbestandteil eingesetzt werden. Auf den Einsatz von Seifen wird aus folgenden Gründen verzichtet:

- Sie reagieren stark alkalisch,
- sie können Allergien auslösen,
- sie bilden mit kalkhaltigem Wasser die sogenannte Kalkseife. Diese setzt sich als grauer Belag auf dem Haar ab.

Da Fett und Wasser sich nicht mischen lassen, übernimmt das Tensid im Shampoo die Rolle eines Vermittlers. Damit diese Funktion erfüllt werden kann, ist das Molekül auf der lipophilen Seite nicht geladen und auf der hydrophilen Seite geladen.

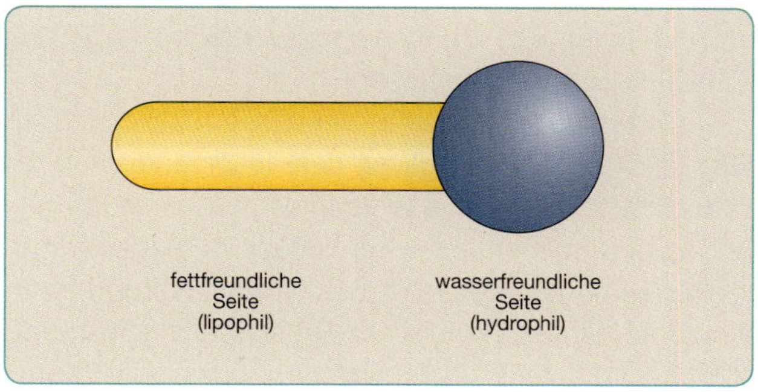

Bild 1 Tensidmolekül

Aus dieser unterschiedlichen elektrischen Ladung auf der wasserfreundlichen Seite ergeben sich folgende Tenside:

- Ein anionisches Tensidmolekül trägt eine negative Ladung, es ist ein Anion.
- Kationische Tenside bestehen aus positiv geladenen Ionen.
- Amphotere Tensidmoleküle tragen sowohl eine positive als auch eine negative Ladung.
- Nichtionogene Tenside sind neutral, ihre Moleküle tragen keine Ladungen.

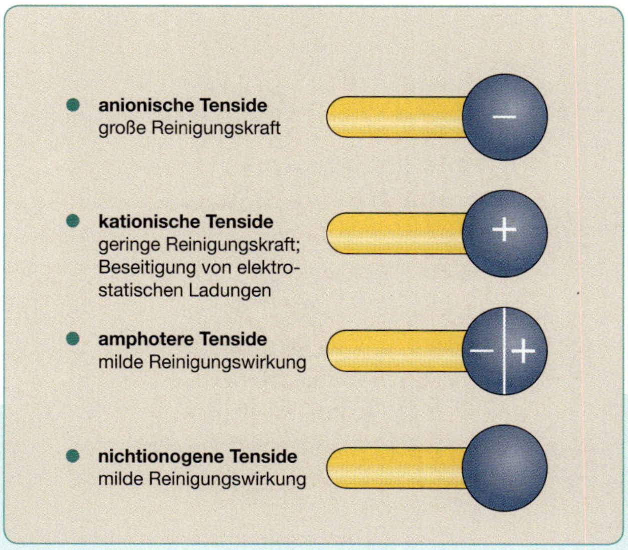

Bild 2 Unterschiedliche Tensidmoleküle

Die Waschwirkung von Tensiden beruht auf dem Zusammenspiel von drei Eigenschaften:

Herabsetzen der Oberflächenspannung des Wassers. Dadurch wird das Waschgut (Haar, Haut) mit Wasser benetzt.

Emulgieren des Fetts. Die fettfreundliche Seite dringt in die Fetttröpfchen, die wasserfreundliche Seite ragt aus den Fetttröpfchen heraus und hält das Wasser fest. Dadurch werden Öltröpfchen vom Wasser eingeschlossen und können abgespült werden.

Bildung von Schaum. Dadurch wird der Schmutz vom Waschgut abgehoben. Der Schaum dient auch als Kontrolle für die Sauberkeit des Waschguts. Gefördert wird die Waschwirkung durch Wärme und Bewegung.

Im Folgenden wird die Reinigungswirkung der Tenside Schritt für Schritt beschrieben:

Die Waschwirkung eines Tensids entfaltet sich im Wasser. Das Tensid dringt mit dem fettfreundlichen Teil in den Fettschmutz ein, während der wasserfreundliche Teil in das umgebende Wasser eintaucht. Die Tensidmoleküle halten den Fettschmutz fest (Bild 1 a) und lösen ihn vom Haar (Bild 1 b). Ist der Fettschmutz gelöst, umschließen die Tensidmoleküle ihn, sodass eine Kugel (Micelle) entsteht und die Schmutzteilchen vom Wasser umschlossen werden (Bild 1 c).

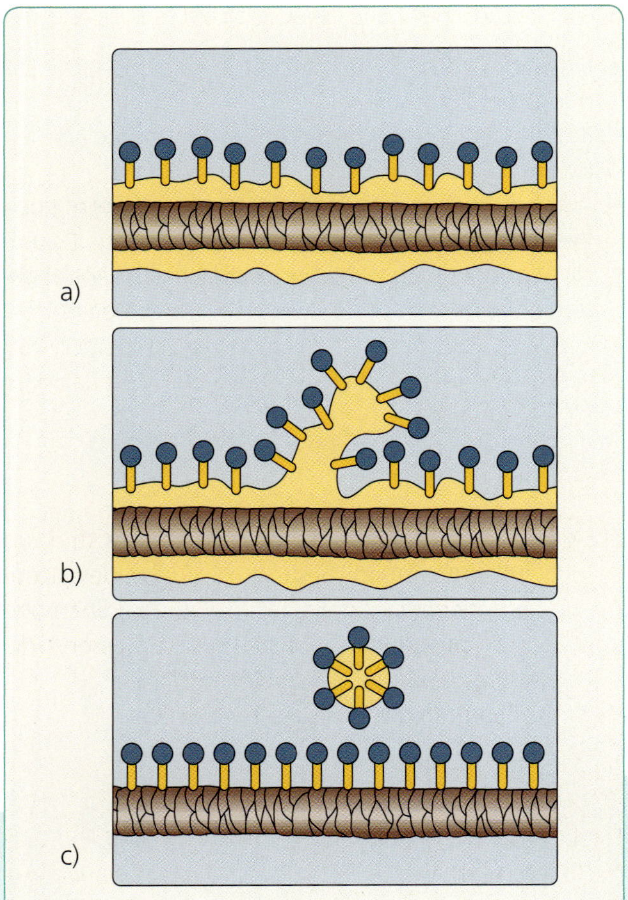

Bild 1 Reinigungswirkung der Tenside

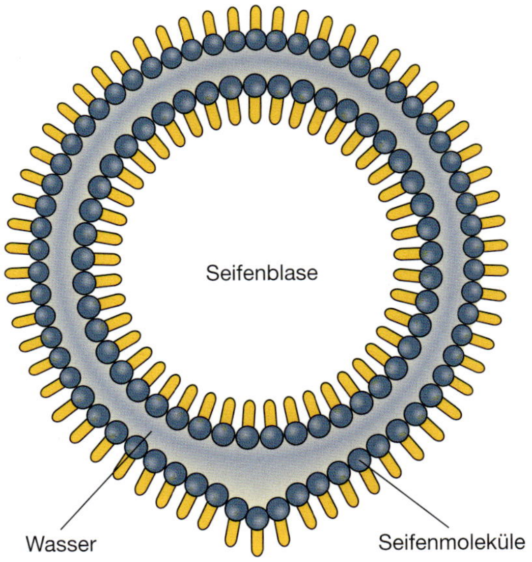

Bild 2 Seifenmoleküle bilden Schaum

Durch die Waschbewegungen entsteht Schaum, der die abgelösten Schmutzpartikel aufnimmt und bis zum Abspülen trägt. Bei starker Verschmutzung kann der Schaum den Schmutz nicht tragen, es entsteht wenig Schaum. Eine gute Schaumbildung beim zweiten Waschvorgang zeigt an, dass Haar und Kopfhaut sauber sind. Der Schaum dient somit auch als „Sauberkeitskontrolle".

Rückfetter zur Pflege von Haut und Haar

Bei der Haar- und Kopfhautreinigung wird auch ein Teil des Hautfetts entzogen. Es ist deshalb wichtig, dass Shampoos **Fettstoffe** enthalten, die beim Waschvorgang der Haut wieder zugeführt werden. Dadurch werden Juckreiz und Spannungsgefühle auf der Kopfhaut verhindert. Dem Haar wird auch ein Teil des entzogenen Fettes zurückgegeben, sodass ein natürlicher Glanz erzielt wird.

Konditionierungsmittel

Haare, die ausschließlich mit Tensiden gereinigt werden, weisen folgende Mängel auf:

- Nasse Haare verhaken sich mit ihrer Schuppenschicht aneinander. Sie lassen sich nur mit größerem Kraftaufwand durchkämmen. Dabei wird das Haar durch die mechanischen Kräfte geschädigt.
- Das getrocknete Haar ist elektrostatisch aufgeladen, Haare stehen ab, sie lassen sich nicht frisieren.

Die im Shampoo enthaltenen **Konditionierungsmittel** verbessern die Kämmbarkeit des Haares und verhindern eine elektrostatische Aufladung.

Rezeptur für ein Standardshampoo

In der folgenden Tabelle ist die Rezeptur für einen Liter eines Standardshampoos angegeben.

Inhaltsstoffe	Aufgaben	Menge
Tenside	Reinigen das Haar und die Kopfhaut	450 ml/l
Rückfetter	Verhindern Austrocknen der Haut, vermeiden Juckreiz	40 ml/l
Konditionierungsmittel	Verbessern die Kämmbarkeit, verhindern elektrostatische Aufladung	10 ml/l
Verdickungsmittel	Verhindern das Ablaufen	10 ml/l
Komplexbildner	Binden die Mineralien des Wassers wie z. B. Kalk	10 ml/l
UV-Filter	Schützen vor photochemischen Schäden	10 ml/l
Konservierungsmittel	Verhindern Besiedlung mit Keimen	10 ml/l
Parfümöle	Geben spezielle Duftnote	10 ml/l
Wasser	Löst und verdünnt Wirkstoffe	450 ml/l

Tabelle 1 *Zusammensetzung eines Standardshampoos*

4.1.2 Einsatzgebiete für Shampoos

Die auf dem Markt angebotenen Shampoos sind auf die unterschiedlichen Haare und die Kopfhauttypen abgestimmt. Sie werden somit den verschiedensten Anforderungen der Kundinnen gerecht. Voraussetzung für die Wahl des richtigen Shampoos ist jedoch eine gewissenhafte Beurteilung von Haar und Kopfhaut.

Folgende Shampoos werden angeboten:

Shampoo für normales Haar

Das Shampoo für normales Haar weist ein ausgewogenes Verhältnis von Tensiden, Rückfettern und Konditionierungsmitteln auf. Die eingesetzten Tenside sind überwiegend anionisch. Durch diese Kombination werden Haut und Haar besonders mild gereinigt. Deshalb eignet es sich für den häufigen Gebrauch.

Shampoo für fettiges Haar

Es enthält einen höheren Anteil an anionischen Tensiden mit großer Waschkraft. Zusätzliche Wirkstoffe binden das Fett in Kopfhautnähe und verhindern so ein schnelles Nachfetten. Der geringere Anteil an Pflegestoffen soll die Haare nicht zusätzlich beschweren.

Shampoo gegen Schuppen

Schuppenshampoos enthalten keratolytische Wirkstoffkombinationen, die die Schuppen auflösen. Zusätzliche pilztötende (fungizide) Wirkstoffe reduzieren die Pilze der Kopfhaut, die die Schuppenbildung in erster Linie verursachen. Die Schuppenshampoos sollten nur bei Bedarf eingesetzt werden, damit die Kopfhaut nicht mehr als nötig gereizt wird.

Shampoo für trockenes Haar

Die eingesetzten Tenside sind sehr mild, damit eine zu starke Entfettung ausgeschlossen wird. Das Shampoo enthält feuchtigkeitsspendende Wirkstoffe und mehr Pflegestoffe als das normale Shampoo. Diese Stoffe lagern sich bei der Haarwäsche an den Haarschaft an. So wird verhindert, dass es spröde und brüchig wird.

Shampoo für strapaziertes Haar

Sie enthalten besondere Pflegemittel und zusätzliche Rückfetter. Zu den Wirkstoffen gehören haarfreundliche Fette und Substanzen, die in ihrem Aufbau dem Keratin ähnlich sind (keratinaffine Stoffe). Zusätzlich verleihen sie dem Haar mehr Widerstandskraft und verbessern die Kämmbarkeit. Hierzu gehören auch Spezialshampoos für „Altershaar“.

Shampoo für feines Haar

Es enthält milde Tenside, damit das Haar möglichst schonend gereinigt wird. Haarkräftigende Pflegesubstanzen bauen das feine Haar auf und stabilisieren es. Somit erhält das Haar mehr Standfestigkeit, sodass mehr Volumen entsteht und die Frisur länger hält.

Shampoo für coloriertes Haar

Farblich behandelte und blondierte Haare benötigen eine farb- und strukturschonende Reinigung. Darum enthalten die Shampoos für colorierte Haare Farbschutzmoleküle und ein hohes Maß an Pflegestoffen. Diese Wirkstoffe gelangen tief ins Haar und binden dort die künstlichen Farbpigmente. Dadurch behält das Haar seine Farbintensität.

Shampoo für dauergewelltes Haar

Das dauergewellte Haar ist mehr oder weniger strukturgeschädigt und benötigt deshalb eine besonders schonende und pflegende Reinigung. Die in dem Shampoo enthaltenen pflegenden Substanzen verbessern die Elastizität des Haares und geben dem Haar die gewünschte Sprungkraft und Geschmeidigkeit.

Color-Reflex-Shampoos

Direktziehende Farbpigmente sorgen für eine Farbauffrischung von Naturhaar und farblich behandeltem Haar. Bei regelmäßiger Anwendung werden Farbintensität und Farbglanz des Haares verstärkt.

4.2 Pflegepräparate

Pflegepräparate für das Haar werden zur Verbesserung der Haarqualität ausgewählt. Besondere Einsatzbereiche für Pflegepräparate sind:

- dünnes Haar
- trockenes, strapaziertes Haar
- poröses, strukturgeschädigtes Haar
- coloriertes Haar
- dauergewelltes Haar

Die Pflegepräparate gelangen auch auf die Kopfhaut und verbessern gleichzeitig den Hautzustand.

Spezielle Pflegepräparate für die Kopfhaut stehen für folgende Einsatzbereiche zur Verfügung:

- Schuppenbildung
- Kopfhautjucken

4.2.1 Basiswirkstoffe

Durch die Haarwäsche wird dem Haar und der Kopfhaut Fett entzogen. Das Haar fühlt sich häufig rau und spröde an, lässt sich nicht gut kämmen und ist elektrostatisch aufgeladen. Bei chemischen Eingriffen wie Dauerwellen, Blondieren und Färben treten Veränderungen am Haar verstärkt auf. Außerdem ist das Haar oft gequollen und seine Struktur kann durch die chemischen Eingriffe geschädigt sein.

Die Haarpflegepräparate enthalten Wirkstoffe, die diese Haarveränderungen wieder beheben und ihm Glanz und Kämmbarkeit zurückgeben.

Wesentliche Inhaltsstoffe der Pflegepräparate sind:

Organische Säuren

Häufig eingesetzte organische Säuren sind Weinsäure, Zitronensäure, Gerbsäure und Milchsäure. Sie neutralisieren im Haar vorhandene Alkalireste und adstringieren das Haar.

***Bild 1** Hamamelis*

***Bild 2** Aloe Vera*

Kationaktive Substanzen

Hierbei handelt es sich um positiv geladene Verbindungen. Sie lagern sich am negativ geladenen Haar an und gleichen den negativen Ladungsüberschuss aus. Auf diese Weise wird das „Fliegen" der Haare verhindert und das Haar wird „frisierwillig".

Keratinaffine Substanzen

Es sind Stoffe, die von ihrem chemischen Aufbau dem Haar ähnlich sind. Sie lagern sich an den geschädigten Stellen des Haares an und gleichen so die Strukturschäden aus. Aufgrund ihrer Ähnlichkeit mit dem Haarkeratin geben sie dem Haar das natürliche Aussehen zurück und ermöglichen weitere Haarbehandlungen.

Fettähnliche Substanzen

Zu ihnen gehören Lanolin, Lezithin, Walrat, Nerzöl, Kakaobutter etc. Sie geben dem Haar und der Haut das durch die Haarwäsche entzogene Fett zurück und sorgen so für den natürlichen Glanz des Haares und verhindern das Austrocknen der Haut.

Feuchthaltefaktoren

Es sind Stoffe, wie z. B. Harnstoff, Glycerin, Hyaluronsäure, die ins Haar und in die Haut eindringen und dort kleine Mengen von Wasser binden. Sie sorgen so für das Feuchtigkeitsgleichgewicht von Haar und Haut. Auf diese Weise wird die Elastizität der Haare verbessert.

Haltgebende Substanzen

Hierzu gehören Filmbildner und Kunstharze. Sie legen sich um das Haar und geben ihm Halt, Festigkeit und Volumen.

Pflanzenextrakte

Bisabol ist der Hauptwirkstoff der Kamille. Es wirkt entzündungshemmend.

Aloe vera ist der Saft aus den Blättern der gleichnamigen Pflanze. Es soll in besonderer Weise Haar und Haut pflegen.

Hamamelis wird bei trockenem Haar und trockener Haut eingesetzt.

Vitamine

Folgende Vitamine werden in Pflegepräparaten häufig eingesetzt:

Panthenol ist wirksam gegen Seborrhö und verzögert den männlichen Haarausfall.

Biotin (Vitamin H) fördert die Durchblutung und den Stoffwechsel der Haut.

Vitamin E ist ein Antioxidant, das restliches Wasserstoffperoxid im Haar unwirksam macht. Es verhindert so eine schleichende Oxidation.

Ö/W-Emulsionen

Bei der Ö/W-Emulsion sind feine Öltröpfchen im Wasser fein verteilt. Sie werden durch einen Emulgator stabilisiert.

Diese Emulsionen dienen in der Haar- und Hautpflege als Trägersubstanz. In der äußeren Phase sind die wasserlöslichen Inhaltsstoffe der Präparate gelöst. Dagegen befinden sich die fettlöslichen Substanzen in der Fettphase.

Durch ihren Fettanteil pflegen sie das Haar. Sie lassen sich leicht wieder auswaschen.

4.2.2 Haarpflegepräparate empfehlen

Die Pflegepräparate enthalten die auf der Seite 113 aufgeführten Basiswirkstoffe. Je nach Aufgabenbereich sind sie unterschiedlich zusammengesetzt.

Als Trägersubstanz dienen Ö/W-Emulsionen oder auch verschiedene Mischformen Ö/W-Emulsionen und Gel. Spülungen, Intensivkuren und Packungen enthalten in jedem Fall organische Säuren, um als Nachbehandlungsmittel nach chemischen Behandlungen die Alkalireste zu neutralisieren und das Haar zu adstringieren.

Die Verschwartung der Haut (Altershaut) hat Einfluss auf das Haar (s. S. 98). Natürlich können Alterungsprozesse nicht aufgehalten werden, aber mit den richtigen Pflegeprodukten und Massagen der Kopfhaut kann der Prozess zumindest verlangsamt werden. Die Pflegeprodukte für die Altershaut sollten mild sein, mit nachfettenden und aufbauenden Wirkstoffen für Haut und Haare.

Bild 1 Emulsionen

Bild 2 Pflegeprodukte

Präparate	Anwendung	Wirkung
Spülungen	Nach chemischen Behandlungen Für trockenes Haar Für schlecht kämmbares Haar	Verbessern die Kämmbarkeit Beseitigen elektrostatische Ladungen des Haares Neutralisieren restliches Alkali
Intensivkuren/ Packungen	Nach chemischen Behandlungen, bei denen das Haar stärker strapaziert wird Für stark strapaziertes und trockenes Haar	Verbessern die Kämmbarkeit Beseitigen elektrostatische Ladungen des Haares Neutralisieren restliches Alkali Verbessern und reparieren die Haarstruktur durch Anlagerung von Proteinen und keratinaffinen Stoffen Pflegen die Kopfhaut
Kurschäume	Zur besonderen Pflege nach jeder Haarwäsche einsetzbar	Verbessern die Kämmbarkeit Geben der Frisur Volumen Erhöhen den Glanz
Schnellkuren	Zur besonderen Pflege nach jeder Haarwäsche einsetzbar Als Zwischenbehandlung bei chemischen Behandlungen	Verbessern die Kämmbarkeit Geben der Frisur Volumen Erhöhen den Glanz Stellen als Zwischenbehandlung einheitliche Haarstruktur her

Tabelle 1 Haarpflegepräparate

4.3 Haar- und Kopfhautwässer

Haar- und Kopfhautwässer werden zur Pflege der Kopfhaut und des Haares sowie bei speziellen Kopfhautproblemen, wie z.B. Schuppenbildung, Juckreiz oder bei Problemen des Haarwuchses, eingesetzt.

Bild 2 *Ginseng*

4.3.1 Basiswirkstoffe

Menthol

Es ist ein ätherisches Öl, das aus der Pfefferminze gewonnen wird. Es wirkt kühlend, juckreizlindernd, erfrischend, belebend und desinfizierend.

Koffein

Es regt die Durchblutung an und soll so den Haarwuchs fördern.

Organische Schwefelverbindungen

Hierzu gehören Pyrithione und Octopyrox. Sie wirken keratolytisch (hornlösend). Aufgrund dieser Eigenschaft lösen sie die Kopfschuppen.

Alkohol-Wasser-Lösungen

Alkohol löst Wirkstoffe, wirkt erfrischend, durchblutungsfördernd und entzündungshemmend und ab ca. 60%-iger Konzentration desinfizierend. In alkoholischen Lösungen werden **Ethanol** und **Isopropanol** eingesetzt.

Ethanol ist geruchsneutral und eignet sich besonders für Haarwässer bzw. Duftwässer.

Isopropanol hat einen strengeren Eigengeruch. Er wird vorwiegend für medizinische Kopfhautwässer verwendet.

Minoxidil

Hierbei handelt es sich um einen medizinischen Wirkstoff, der die Versorgung der Papille mit Nährstoffen verbessern und so dem androgenetischen Haarausfall entgegenwirken soll. Kopfhautwässer mit diesem Wirkstoff sind in Apotheken rezeptfrei erhältlich.

Duftstoffe

Verwendet werden pflanzliche und synthetische Duftstoffe. Sie geben dem Haar eine angenehme Duftnote.

Bild 1 *Brennessel*

Pflanzenextrakte

Sie dienen zur Beruhigung der Kopfhaut und wirken leicht desinfizierend und schwach entzündungshemmend.

Häufig eingesetzt werden Pflanzenextrakte wie Kamille, Aloe vera, Brennessel, Hamamelis sowie Ginseng.

4.3.2 Anwendungsunterscheidungen

Die Begriffe Haar- und Kopfhautwasser haben in der Friseurpraxis oft die gleiche oder ähnliche Bedeutung. Sie können aber auch je nach vorrangiger Funktion und Zusammensetzung unterschieden werden.

Haarwässer verbessern die Eigenschaften des Haares, während die Kopfhautwässer der Pflege der Kopfhaut und der Behandlung von Kopfhautproblemen dienen.

Haarwässer

Sie dienen der Haarpflege, erhöhen den Glanz des Haares und die Frisierbarkeit. Sie wirken erfrischend und geben dem Haar einen angenehmen Duft.

Kopfhautwässer

Sie werden nach ihren Funktionen unterteilt.

Kopfhautwässer zur Verbesserung der Kopfhautfunktionen

Sie fördern die Durchblutung der Kopfhaut. Dadurch wird die Versorgung des Haares mit Nährstoffen verbessert und das Haarwachstum angeregt. Sie binden das Fett und verzögern das Nachfetten des Haares.

Kopfhautwässer für hautspezifische Probleme

Sie beseitigen die Kopfhautschuppen und lindern den Juckreiz der Kopfhaut.

Medizinische Kopfhautwässer gegen Haarausfall

Sie enthalten den Wirkstoff Minoxidil, durch den der Haarausfall vom männlichen Typ gestoppt oder verzögert werden soll.

4.4 Nomenklatur der Inhaltsstoffe

Die Kosmetikverordnung (KVO) schreibt die weltweit einheitliche Angabe aller in einem Präparat enthaltenen Inhaltsstoffe verbindlich vor. Hierzu werden EU-weit laut INCI-Deklaration (International Nomenclature Cosmetic Ingredients) die englischen Bezeichnungen für einzelne Wirkstoffe verwendet. Allergiker können so z.B. erkennen, ob die für sie bedeutsamen Inhaltsstoffe in den Produkten enthalten sind.

Die wichtigsten Inhaltsstoffe von Haarpflegemitteln und ihre möglichen INCI-Deklarationen sind in der folgenden Tabelle festgehalten.

Deutsche Bezeichnung	INCI-Bezeichnung
Alkohol	Alcohol Denat isopropyl alcohol
Allantoin	Allantoin
Aloe vera	Aloe Baebadensis
Campher	Camphor
Duftstoffe	Parfum
Farbstoffe	C.I. 12345
Feuchtigkeitsspender	Glycerine Sorbitol
Filmbildner, Kunstharze	Chitosan (Formate) Carbomer
Kationische Substanzen	Quaternium-18 Stearamidopropyl
Kamille (Bisabolol)	Bisabolol Chamomilla Recutita
Koffein	Coffein
Konservierungsmittel	Methylparaben
Öle, Fette	Paraffinum Liquidum Castor Oil Paraffin Lanolin Cera Cera Alba
Organische Säuren	Citric Acid Lactic Acid
Panthenol (Provitamin B5)	Panthenol
Pfefferminzöl, ätherisch	Menthol
Proteine (Keratin, Eiweißhydrolysat, Aminosäuren)	Hydrolyzed Keratin Hydrolyzed Silk Silk Amino Acids
Salicylsäure	Salicylic Acid
Schuppenwirkstoffe	Climbazole Zinc Pyrithione
Schwefel	Sulfur
Silikonöle	Silicones Dimethicone
Tocopherol (Vitamin E)	Tocopherol
UV-Filter	Benzophenone-3 (-4) PEG-25 PABA
Wasser	Aqua
Waschaktive Substanzen	Sodium Lauryl Sulfate Ammonium Laureth Sulfate

***Tabelle 1** INCI-Bezeichnungen für Inhaltsstoffe in Haarpflegemitteln*

Aufgaben

1. Nennen Sie die Basiswirkstoffe eines Shampoos und deren Aufgaben.
2. Beschreiben Sie die Reinigungswirkung von Tensiden.
3. Welche Funktion hat der Schaum bei der Haarwäsche?
4. Welche speziellen Wirkstoffe sind in einem Schuppenshampoo enthalten?
5. Nennen Sie weitere Spezialshampoos, die Sie in Ihrem Salon führen.
6. Beschreiben Sie den Unterschied zwischen Spülungen und Intensivkuren.
7. Welcher Unterschied besteht zwischen Haarwässern und Kopfhautwässern?
8. Analysieren Sie Ihr Shampoo mithilfe der INCI-Liste (Internet).

5 Planung und Durchführung der Pflege

SZENARIO

Anja weiß, dass die Haarwäsche und Pflege von Haar und Kopfhaut für die Kundin von besonderer Bedeutung sind. Durch Massagen empfindet diese zusätzlich Entspannung und ein besonderes Wohlgefühl.
Anja möchte bei der Vorbereitung und Durchführung alles beachten, um die Kundin zur vollsten Zufriedenheit zu bedienen.

Nach der Wahl des geeigneten Shampoos muss entschieden werden, wie intensiv das Haar gereinigt werden soll. Die Friseurin muss Folgendes beachten:

- Leicht verschmutztes Haar wird in der Regel nur einmal gewaschen.
- Bei starker Verschmutzung des Haares ist eine Vorwäsche erforderlich.
- Bei fettigem Ansatz und trockenen Längen und Spitzen wird eine Ansatzwäsche durchgeführt.
- Vor der Dauerwelle werden die Haare nur einmal vorsichtig gewaschen.
- Vor Färbungen und Blondierungen werden die Haare in der Regel nicht gewaschen.

Der Arbeitsablauf der Haarwäsche schließt auch die Vor- und Nachbereitung mit ein. Die Friseurin steht während des gesamten Vorgangs mit der Kundin im Kontakt. Dadurch erfährt sie, ob die einzelnen Arbeitsschritte für die Kundin angenehm sind.

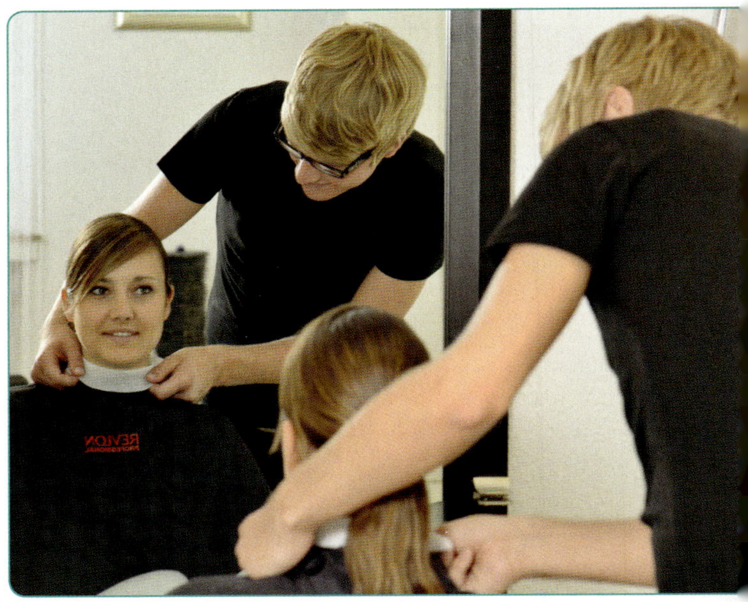

Bild 1 *Schutzkleidung*

5.1 Haarwäsche vorbereiten

Bevor die Haarwäsche durchgeführt werden kann, müssen folgende Vorbereitungen getroffen werden:

- Kundin Platz nehmen lassen
- Werkzeuge und Hilfsmittel bereitstellen: wasserdichter Umhang, Halskrause, Gesichtstuch, Frottiertücher, Griffkamm, Bürste und Waschhandschuhe
- Halskrause und Umhang umlegen
- Haare kämmen oder bürsten
- Beurteilung von Haar und Kopfhaut durchführen
- Shampoo auswählen und bei Bedarf verdünnen
- Waschhandschuhe anziehen (siehe TRGS 530)
- Sitzposition und Sitzhöhe der Kundin einrichten
- Wahl des Waschbeckens

Die Haarwäsche kann am Vorwärtswaschbecken oder am Rückwärtswaschbecken durchgeführt werden (Tab. 1 zeigt jeweils die Vor- und Nachteile).

Vorwärtswäsche	Rückwärtswäsche
Friseurin steht seitlich neben der Kundin und beugt sich nach vorne. Der Rücken wird belastet.	Friseurin steht hinter oder neben der Kundin. Sie arbeitet in aufrechter Körperhaltung. Der Rücken wird wenig belastet.
Kundin beugt sich nach vorne. Die Haltung ist für sie unbequem. Ihr Make-up kann verschmiert werden.	Kundin beugt den Nacken nach hinten. Die Sitzhaltung ist für sie bequem. Ihr Make-up wird geschont.
Reinigungsmassage verläuft vom Nacken zur Stirn.	Reinigungsmassage verläuft von der Stirn zum Nacken.

Tabelle 1 *Vorwärts-/Rückwärtswäsche*

5.2 Haarwäsche ausführen

Die Haarwäsche wird in folgenden Schritten durchgeführt:

- Kopf der Kundin an den Waschbeckenrand beugen
- Wassertemperatur regulieren
- Die Wassertemperatur sollte möglichst niedrig, aber für die Kundin angenehm sein
- Haare anfeuchten

Beim Anfeuchten wird mit einer Hand das Gesicht der Kundin vor herablaufendem Wasser geschützt und die Handbrause nahe an das Haar gehalten (Bild 1) .

Shampoo gleichmäßig verteilen

Die Menge des Shampoos richtet sich nach Fülle, Länge und Verschmutzungsgrad der Haare. Das Shampoo wird zuerst auf den Handinnenflächen und dann auf dem Haar verteilt.

Reinigungsmassage durchführen

Die Reinigungsmassage erfolgt mit kreisenden Bewegungen der Fingerkuppen. Das Shampoo wird dadurch verteilt und der Schmutz von der Kopfhaut und dem Haar besser abgelöst. Man beginnt an der Stirnpartie und massiert bis zum Nacken hin. Danach erfolgt die Massage von der Stirnpartie über die Seitenpartien bis zum Nacken (Bild 2).

Ausspülen

Das Haar wird beim Ausspülen mehrmals aufgelockert. So werden auch die letzten Schmutz- und Shampooreste ausgespült.

Frottieren der Haare

Restliches Wasser wird mit einem Frottiertuch vom Haaransatz zu den Spitzen hin ausgedrückt und vom Handtuch aufgesogen. Danach wird ein trockenes Handtuch um den Kopf der Kundin gelegt.

Kämmen der Haare

Mit einem Griffkamm werden die Haare Strähne für Strähne von unten nach oben durchgekämmt.

Bild 1 *Anfeuchten der Haare*

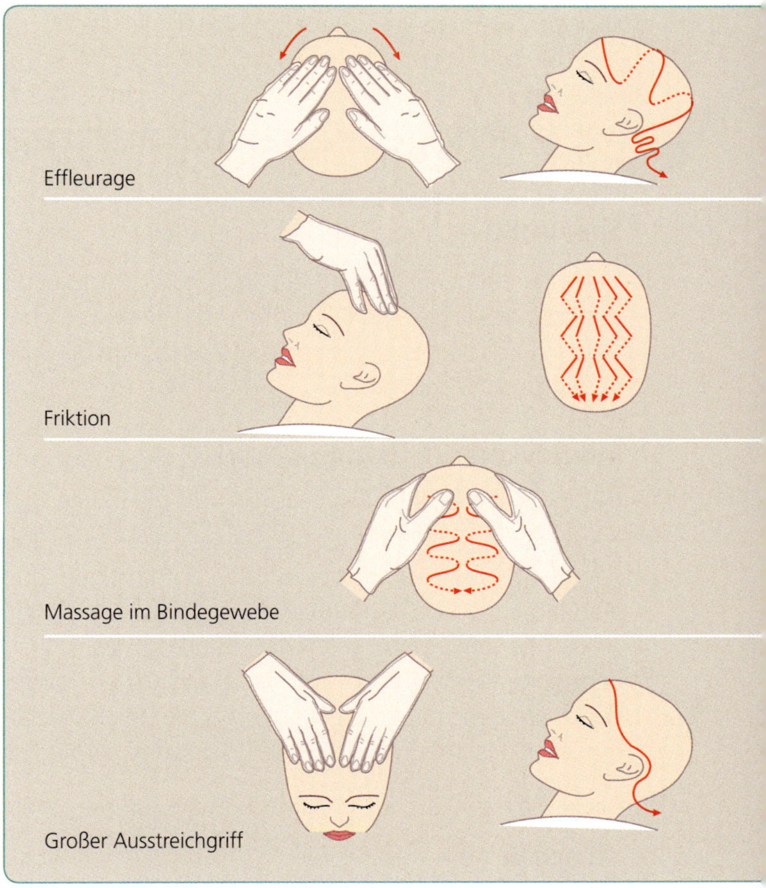

Bild 2 *Ablauf einer Reinigungsmassage*

Bild 3 *Nach dem Frottieren der Haare*

Bild 4 *Kämmen der Haare*

5.3 Alternative Reinigungsmethoden

Die Ansatzwäsche empfiehlt sich bei häufiger Wäsche von langem Haar, das am Ansatz fettig ist und dessen Längen und Spitzen sauber und trocken sind.

Die Ansatzwäsche erfolgt in folgenden Schritten:
- Shampoo mit Wasser verdünnen
- Shampoo auf die trockenen Haaransätze auftragen, leicht einmassieren und evtl. einwirken lassen
- Spezialshampoo für die Längen und Spitzen auftragen und leicht einmassieren
- Gründlich ausspülen

Zur oberflächlichen Reinigung der Haare oder einzelner Bereiche kann man Trockenshampoos verwenden. Sie enthalten keine Tenside und sind deshalb im strengen Sinn auch keine Shampoos. Sie werden als Puder oder Pudersprays angeboten. Man gibt das Präparat auf das Haar und bürstet es nach kurzer Einwirkzeit kräftig aus. Die Puderstoffe saugen lediglich das Fett auf, das sich am Haar befindet. Die Kopfhaut wird kaum gereinigt. An dunklem Haar ist nach der Trockenreinigung ein grauer Belag von Puderrückständen festzustellen. Diese Art der Haarreinigung ist jedoch nur eine Notlösung.

5.4 Pflegepräparate auftragen

Spülungen

Nach der Haarwäsche wird die Spülung im handtuchtrockenen Haar gleichmäßig verteilt. Die Einwirkzeit beträgt je nach Bedarf 3–5 Minuten. Danach wird die Spülung gründlich ausgespült.

Intensivkuren/Packungen (Bild 1)

Eine Intensivhaarkur bzw. Packung wird nach der Haarwäsche und zum Abschluss einer chemischen Behandlung, auf das frottierte Haar aufgetragen und eingearbeitet. Sie benötigt eine Einwirkzeit von ca. 5–15 Minuten. Das Haar sollte während des Einwirkens mit warmen und feuchten Handtüchern abgedeckt werden, damit die Körperwärme zurückgehalten und das Austrocknen des Präparates verhindert wird.

Kurschäume

Kurschaum wird nach jeder Haarwäsche im handtuchtrockenen Haar verteilt und nicht wieder ausgespült.

Das Haar wird abschließend durchgekämmt und kann wie gewohnt gestylt werden.

Schnellkuren/Strukturanten

Nach der Haarwäsche oder einer chemischen Behandlung werden Strukturanten gleichmäßig im Haar verteilt. Sie verbleiben im Haar. Aus diesem Grund entfällt die Einwirkzeit.

Pflegelotionen

Die Pflegelotionen werden nach Bedarf im gereinigten Haar verteilt oder gezielt auf die Kopfhaut aufgetragen, leicht einmassiert und nicht wieder ausgespült.

Kopfhautwässer (Bild 2)

Das Kopfhautwasser wird nach der Haarwäsche scheitelweise direkt aus der Flasche oder mit einer Pipette auf die Kopfhaut aufgetragen. Danach wird es auf der Kopfhaut verteilt. Die nachfolgende Kopfmassage erhöht die Wirksamkeit des Tonikums.

Bild 1 Auftragen einer Haarkur in Scheiteltechnik

Bild 2 Auftragen eines Kopfhautwassers

5.5 Kopfmassage ausführen

Bei der Durchführung der Kopfmassage ist immer auf eine sinnvolle Reihenfolge der Griffe zu achten. Die Kopfmassage wird mit streichenden Massagegriffen (Effleurage) eröffnet. Dadurch wird die Kundin aufnahmebereit für die nachfolgenden Massagegriffe.

Der Abschluss der Kopfmassage wird der Kundin durch streichende Massagegriffe signalisiert.

Während der gesamten Kopfmassage sollten nach anregenden Massagegriffen immer beruhigende Massagegriffe folgen. Dadurch wird erst die Durchblutung angeregt und dann werden die Muskeln gelockert und Ruhe und Entspannung vermittelt.

Eine Kopfmassage kann wie folgt durchgeführt werden (Beschreibung s. S. 122–123):
- Beidseitiges Ausstreichen der Nackenmuskulatur
- Einseitiges Ausstreichen der Nackenmuskulatur von oben nach unten
- Ausstreichen des Hinterkopfes und der Nackenpartie
- Friktionen in den Nackenkuhlen
- Plissieren der Kopfhaut = Lockerungsmassage
- Massage im Bindegewebe = Durchblutungsmassage
- Ausstreichen des vorderen Haaransatzes
- Großer Ausstreichgriff

Massageart	Durchführung	Wirkung
Streichende Griffe (Effleurage)	Je nach Griff streicht man mit der flachen Hand oder den Fingerflächen, mit sehr mäßigem Druck in Richtung Herz, über die Haut.	• dient zur Kontaktaufnahme • beruhigend und entspannend • verbessert Lymphstrom und Durchblutung
Reibende Griffe (Friktionen)	Unter leichtem Druck reibt man kreisförmig mit den Fingerkuppen auf der Kopfhaut in Schwimmrichtung.	• dient zur Verteilung des Präparates • verbessert die Durchblutung • lockert verspannte Muskeln • trainiert die Bindegewebsfasern
Massage im Bindegewebe	Mit fest aufgesetzten Fingerkuppen verschiebt man die Kopfhaut kreisförmig mit erhöhtem Druck gegen die Schwimmrichtung.	• intensive Steigerung der Durchblutung • trainiert die Bindegewebsfasern • intensivere Zufuhr der Wirkstoffe in die Haut
Lockernde Griffe (Plissieren, Walken)	Mit fest aufgesetzten Fingerkuppen verschiebt man zügig und locker die Haut und Muskeln gegeneinander.	• steigert die Durchblutung • lockert die Muskulatur und das Bindegewebe
Klopfende Griffe (Tapotement)	Mit senkrecht gehaltenen Fingerkuppen trommelt man auf der Kopfhaut.	• aktiviert die Hautnerven • erhöht die Muskelspannung
Nervenpunktmassage	Mit den Kuppen der Mittelfinger übt man Druck auf die Austrittsstellen der Nervenäste aus.	• belebt durch Reizung der Nerven

Tabelle 1 Verschiedene Arten der Massagegriffe

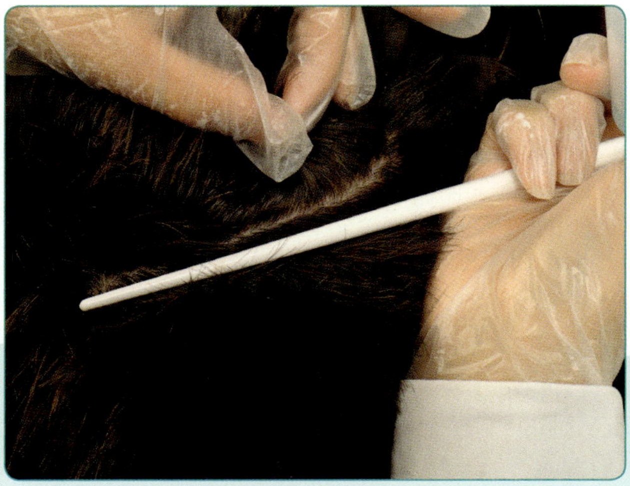

Bild 1 Abteilen, um das Haarwasser aufzutragen

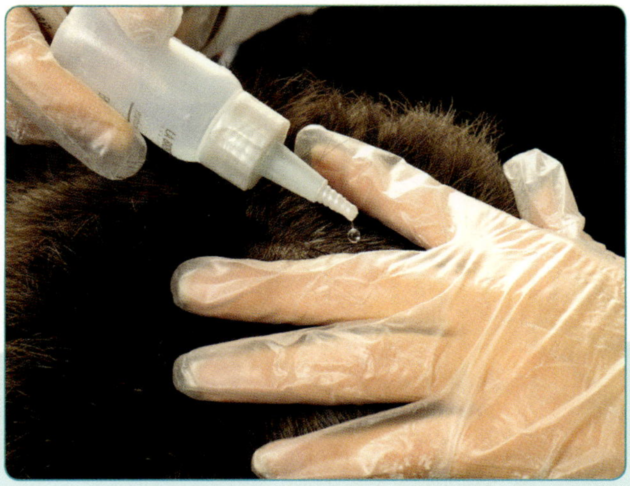

Bild 2 Auftragen des Haawassers

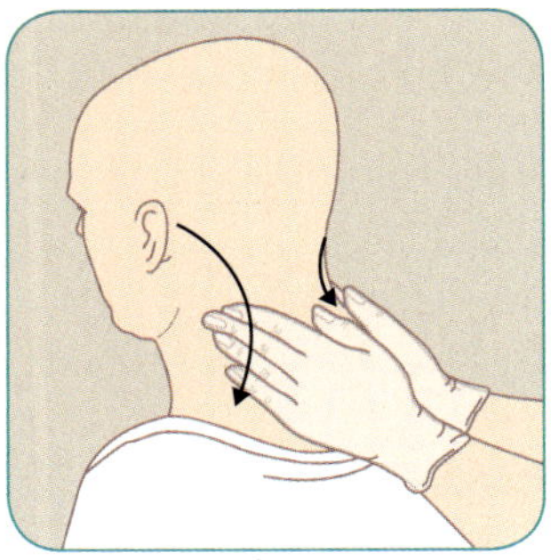

1. Beidseitiges Ausstreichen der Nackenmuskulatur von oben nach unten

- Beide Hände hinter den Ohren ansetzen.
- Mit Zeige-, Mittel- und Ringfinger entlang der hinteren Haargrenze zu den Schultern ausstreichen.

Wichtig

- Finger liegen beim Ausstreichen flach an.
- Ohne Druck arbeiten.
- Griff dreimal wiederholen.
- Hände abwechselnd umsetzen.

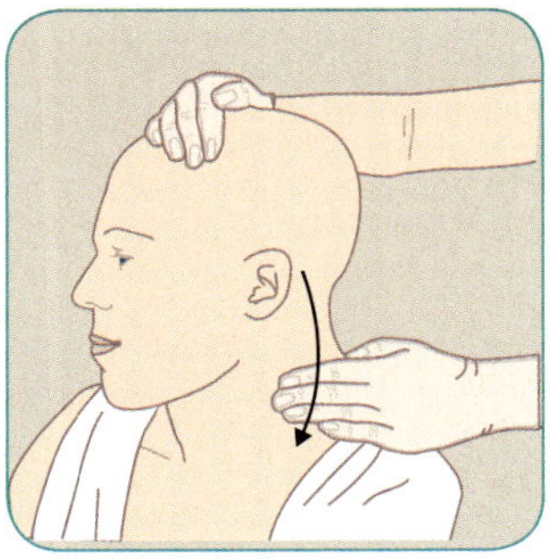

2. Einseitiges Ausstreichen der Nackenmuskulatur von oben nach unten

- Mit einer Hand, links und rechts im Wechsel, von der Nackenkuhle entlang der Halswirbelsäule streichen.

Wichtig

- Ohne Druck arbeiten.
- Eine Hand stützt den Kopf, die andere Hand arbeitet.
- Hände abwechselnd umsetzen.

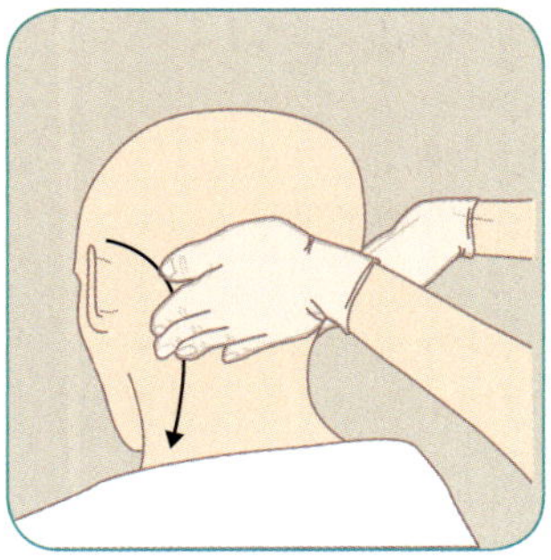

3. Ausstreichen des Hinterkopfes und der Nackenpartie

- Daumen beidseitig hinter den Ohren ansetzen, die restlichen Finger zeigen auf dem Hinterkopf zueinander.
- Erst mit dem Daumen, dann mit dem Handballen sichelförmig vom Ohr über die Nackenkuhlen zum Hinterkopf streichen.

Wichtig

- Mit mäßigem Druck arbeiten.
- Die Handballen müssen spürbar durch die Nackenkuhlen gleiten.
- Griff dreimal wiederholen.
- Finger halten stetigen Kontakt zum Kopf.

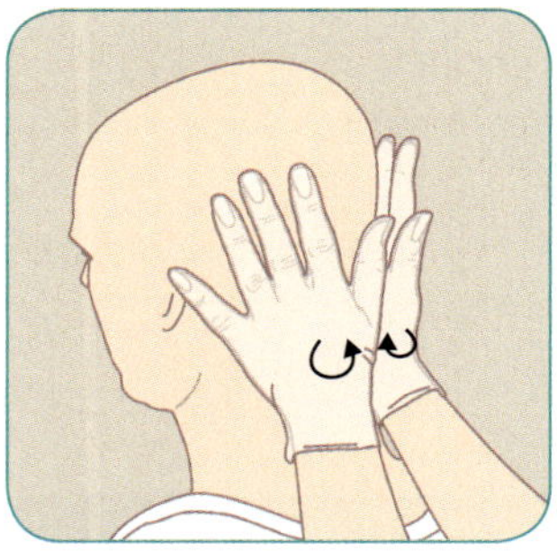

4. Friktionen in den Nackenkuhlen

- Handballen liegen in den Nackenkuhlen.
- Kreisende Bewegungen mit den Handballen in den Nackenkuhlen in Schwimmrichtung.

Wichtig

- Mit leichtem Druck arbeiten.
- Dauer ca. 7 Sekunden

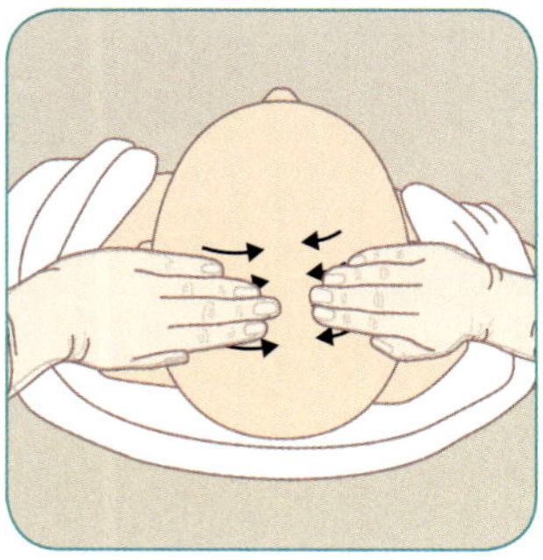

5. Plissieren der Kopfhaut = Lockerungsmassage

- Die Fingerkuppen werden auf die Kopfhaut aufgesetzt.
- Sie stehen zueinander und halten einen Abstand von 2 cm.
- Die Kopfhaut wird mit leichtem Druck zügig und locker in die Mitte zusammengeschoben.

Wichtig

- Gelockert wird nur der Oberkopf zwischen Stirn- und Atlasknochen in W-Form von Schläfe zu Schläfe.
- Während der gesamten Massage sind die Finger gestreckt, bleiben geschlossen und stehen nicht weiter als 2 cm auseinander.

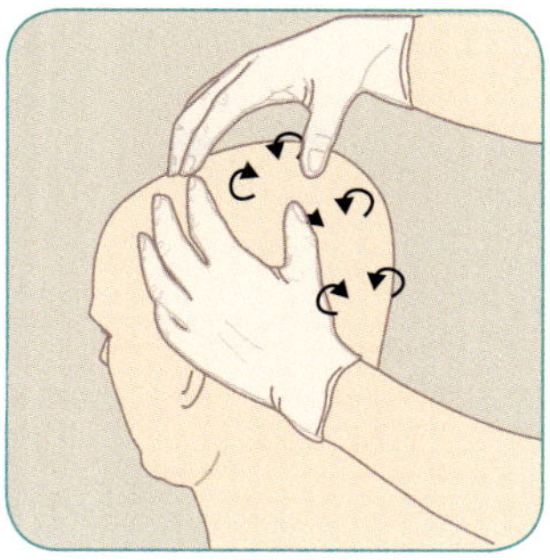

6. Massage im Bindegewebe auf der Kopfhaut = Durchblutungsmassage

- Mit fest aufgesetzten Fingerkuppen die Kopfhaut kreisend gegen die Schwimmrichtung massieren.
- Am vorderen mittleren Haaransatz beginnen und zum Nacken arbeiten.
- Die Seiten werden im Wechsel von der vorderen Haarkontur zum Nacken massiert.

Wichtig

- Die Fingerkuppen massieren nur die Kopfhaut und dürfen nicht die Haare hin- und herschieben.
- Die Finger sollten leicht angewinkelt sein, um den Druck je nach Wunsch der Kundin anzupassen.
- Nach 7 Sekunden die Hände im Wechsel versetzen.
- In drei Bahnen vom Haaransatz zum Nacken massieren.

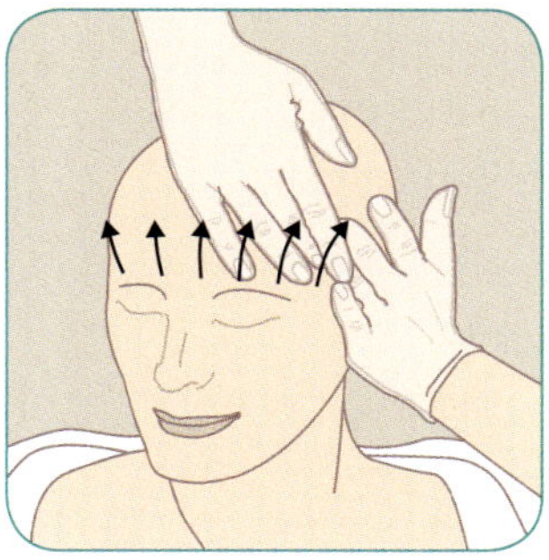

7. Ausstreichen des vorderen Haaransatzes

- Der vordere Haaransatz wird mit zwei Fingerkuppen nach hinten ausgestrichen.
- Im Wechsel wird der vordere Haaransatz von Ohr zu Ohr ausgestrichen.

Wichtig

- Es werden die Fingerkuppen des Mittel- und Ringfingers oder des Mittel- und Zeigefingers eingesetzt.
- Die Fingerkuppen massieren langsam und ohne Druck.
- Es wird im Wechsel dreimal nach links und dreimal nach rechts gearbeitet.

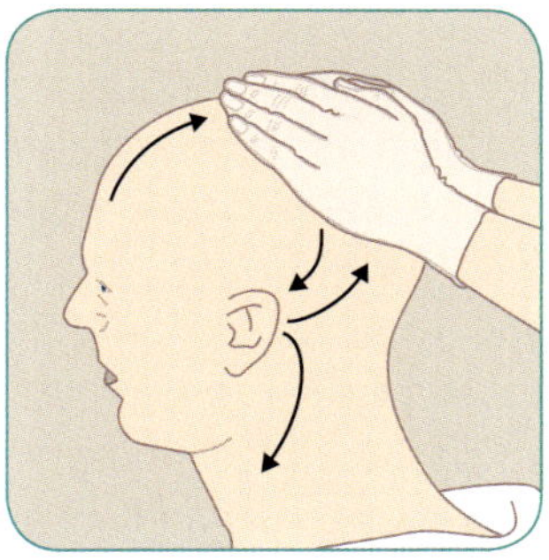

8. Großer Ausstreichgriff

- Beide Hände liegen flach nebeneinander auf dem Vorderkopf. Die Fingerkuppen berühren leicht den vorderen Haaransatz.
- Die Hände streichen mit leichtem Druck zurück bis zum Hinterkopf.
- Die Hände bzw. die Handballen werden nach außen gedreht, sodass die Daumen hinter dem Ohr (s. Griff 3) aufgesetzt werden können.
- Die Daumen und die Handballen gleiten durch die Nackenkuhlen hoch zum Hinterkopf.
- Die Daumen bleiben auf dem Kopf liegen. Die Finger werden nach außen geführt und streichen von dort aus herunter zu den Schultern.

Wichtig

- Mit leichtem Druck der Hände auf den Schultern wird bei der dritten Wiederholung die Massage beendet.

6 Nachbereitung der Haarpflege

Achten Sie auf Fehler, die Ihnen während der Haarwäsche unterlaufen sind. Die Haarwäsche sollte dem Kunden ein Wellness-Gefühl vermitteln. Dies ist es nicht, wenn der Kunde eine unbequeme Sitzposition hatte, das Wasser nicht wohltemperiert war oder Wasser in den Nacken oder die Ohren gelaufen ist. Bleiben Sie mit dem Kunden im Gesprächskontakt, um diese Dinge sofort festzustellen und abzuändern. Lassen Sie die Haarwäsche nicht zur Routinearbeit werden.

Überdenken Sie die Aspekte des Gesundheits- und des Umweltschutzes (sparsamer Umgang mit Wasser, (s. S. 39, 481). Überlegen Sie sich, was Sie bei der nächsten Haarwäsche professioneller ausführen können.

Nach der Behandlung räumen und reinigen Sie den Wasch- und Arbeitsplatz auf, sodass die nächste Kundin sich auch willkommen fühlt. Leeres Verpackungsmaterial wird umweltgerecht entsorgt.

Muss die Kundin auf die anschließende Behandlung noch warten, legen Sie ihr das Handtuch um oder wickeln Sie ihr einen Turban. Gestalten Sie der Kundin die Wartezeit so angenehm wie möglich. Bieten Sie ihr Zusatzleistungen an, wie z. B. Augenbrauenkorrektur, Handmassage oder das Färben der Wimpern.

Sie können das Gespräch nochmals auf die Haarwäsche und die eingesetzten Produkte gelenkt werden. Somit können Sie die die Reinigungs- und Pflegepräparate für die Heimbehandlung empfehlen.

Bild 1 Produktberatung mit allen Sinnen

Bei der Haarwäsche können durch sparsamen Umgang mit Wasser die Kosten für Wasser, Abwasser und Energie gesenkt und die Umwelt entlastet werden.

Rechnen Sie hierzu die folgenden Aufgaben: S. 491, Nr. 9 und S. 497, Nr. 3.

Reinigungs- und Pflegepräparate empfehlen

Die individuelle Präparatempfehlung bezieht sich auf die Behandlung der Haare der Kundin zu Hause.

Grundlage dafür bilden folgende Faktoren:
- Der ermittelte Kundenwunsch
- Die Ergebnisse der Haar- und Kopfhautdiagnose
- Die zuvor im Salon erfolgte Behandlung

Zu den zu empfehlenden Präparategruppen gehören:
- Reinigungspräparate
- Pflegepräparate
- Styling- und Finishpräparate

Für jede dieser Präparategruppen ist es notwendig, der Kundin zu erläutern, warum diese Empfehlung erfolgt, welches der Kundennutzen ist und wie sie das Präparat zu Hause anzuwenden hat.

Beachtet werden muss außerdem, dass die Präparate in ihrer Wirkung aufeinander abgestimmt sind und sich gegenseitig ergänzen, damit der Kundennutzen möglichst groß und umfassend ist.

Grundsätzlich ist es schwierig, einer Kundin mehr als drei Präparate auf einmal zu empfehlen, sodass die Auswahl sehr gezielt und durchdacht erfolgen muss.

Im Falle einer Pflegeberatung können Behandlungsberatung und Präparateempfehlung auch zusammen erfolgen, wenn die Präparate, die im Salon zum Einsatz kommen, identisch sind mit denen, die für die Heimbehandlung empfohlen werden.

Sie sollten die Kundin immer mit Argumenten vom Kauf überzeugen und nicht überreden. Deshalb sollten Sie immer Ihre fachliche und kommunikative Beratung mit anderen Mitarbeitern schulen, dadurch fallen Ihnen Verkaufsgespräche leichter.

Nimmt die Kundin Produkte für die Heimpflege mit, ist es wichtig, dies in der Karteikarte zu vermerken. Beim nächsten Besuch sollten Sie erfragen, wie zufrieden die Kundin mit den Präparaten war.

Aufgaben

1. Entwerfen Sie einen eigenen Behandlungsplan für die Diagnose von Haar- und Kopfhaut, mit dem der Bereich Reinigen und Pflegen abgedeckt wird.
2. Beschreiben Sie Ihre Vorgehensweise bei einer Haarwäsche.
3. Eine Kundin möchte wissen, warum Sie in Ihrem Salon Vorwärts- und Rückwärtswaschbecken haben.
   Erklären Sie ihr die Vorteile der Rückwärtswäsche.
4. Eine Kundin leidet unter stark fettendem Haar. Sie kann sich nicht tagsüber die Haare waschen. Aus diesem Grund will sie ein Trockenshampoo ausprobieren.
   Schildern Sie der Kundin die Vor- und Nachteile einer Haarreinigung mit einem Trockenshampoo.
5. In welchen Fällen können Sie einer Kundin eine Ansatzwäsche empfehlen?
6. Sie lesen auf einem Nachbehandlungspräparat, dass Vitamine darin enthalten sind.
   Erklären Sie die Funktion von Vitamin E in Friseurpräparaten.
7. Beschaffen Sie Informationen über die Pflegepräparate aus Ihrem Salon (Flyer, Prospekte, Handbücher usw.). Bilden Sie kleine Arbeitsgruppen und vergleichen Sie das vorhandene Informationsmaterial.
   a) Suchen Sie die beste Pflegeserie heraus und begründen Sie Ihre Auswahl.
   b) Erstellen Sie abschließend in der Klasse eine Kurzübersicht, aus der die Vollständigkeit der Pflegeserien ersichtlich ist.
8. Bei einer Neukundin erstellen Sie die Haar- und Kopfhautdiagnose, um die richtigen Pflegepräparate auswählen zu können.
   Sie stellen fest, dass der Haaransatz leicht fettig ist, die Haarlängen trocken und die Spitzen strapaziert sind. Während der Diagnose erzählt Ihnen die Kundin, dass ihr verstärkt die Haare ausfallen und sie Kahlstellen befürchtet.
   a) Welche Pflegepräparate empfehlen Sie der Neukundin?
   b) Worauf achten Sie bei der Auswahl der o.g. Pflegepräparate?
   c) Formulieren Sie zu jedem Pflegepräparat, das Sie ausgewählt haben, ein positives Verkaufsargument.

Mathematik-Aufgaben

1. Die Kräuterspülung für 24 Kundinnen kostet bei einem Verbrauch von je 8 ml je Behandlung insgesamt 6,20 €.
   Wie viele Behandlungen sind bei einem Verbrauch von 6 ml möglich, wenn für 18.60 € Kräuterspülung vorrätig ist?
2. Eine bestimmte Menge einer Kräuterspülung im Werte von 9,50 € steht zur Verfügung. Werden 8 ml für eine Behandlung verbraucht, so reicht die Menge für 42 Kundinnen.
   Wie teuer sind die Kräuterspülungen für 35 Kundinnen, wenn bei sparsamerem Umgang jeweils nur 6 ml verbraucht werden?
3. Zur Herstellung eines Kopfhautwassers nach einer Spezialrezeptur kauft eine Friseurmeisterin kosmetisch vorbehandeltes Ethanol, das wegen seiner Zusätze nicht trinkbar ist, aber für alle kosmetischen Präparate genommen werden kann. Sie zahlt für 1 Liter des 95 % igen Alkohols 12,50 €.
   Wie teuer sind die 120 ml 45 % igen Alkohol, die sie zur Herstellung einer Flasche ihres Kopfhautwassers benötigt.
4. Zur Herstellung von handgeknüpften Perücken wird Steiftüll benötigt. Ein Meter dieses Stoffes von 0,60 m Breite kostet 32 €.
   Wie viel kostet ein Stück Tüll von 12 cm Länge und 8 cm Breite?
5. Für die Haarwäsche bei 30 Kundinnen werden je 5 ml Shampookonzentrat benötigt. Der Einkaufspreis von einem Liter Shampookonzentrat beträgt 30 €.
   Berechnen Sie die den Materialpreis für die 30 Haarwäschen!
6. Im Salon wird ein Shampookonzentrat zur Herstellung einer gebrauchsfertigen Waschlösung verwendet. Das Konzentrat soll mit Wasser im Verhältnis 1 : 7 gemischt werden. Pro Waschvorgang sind insgesamt 64 ml erforderlich.
   Wie viel ml Konzentrat werden dazu benötigt?
7. Anja hat noch einen kleinen Rest (12 ml) eines Shampookonzentrats zur Verfügung.
   Wie viel Milliliter an gebrauchsfertiger Waschlösung erhält sie, wenn das Konzentrat im Verhältnis 3 : 7 verdünnen soll?
8. Für ein Fingerbad soll Anja Shampoo, Wasserstoffperoxid (H_2O_2) und Wasser im Verhältnis 1 : 2 : 7 mischen. Es werden insgesamt 350 ml benötigt.
   Berechnen Sie die jeweiligen Mengen!

7 English

7.1 Keeping client records

SCENARIO

Susan has joined the team at salon **Haargenau.** She is from London and is the daughter of one of Frau Schmidt's friends. She is doing her work experience in Germany as she wants to improve her German. She and Anja have become friends and they enjoy comparing hairdressing salons in London and Germany.

Picture 1 *Susan*

Today they are talking about the differences between a client consultation form and a client record card:
A client consultation form focuses on needs and recommendations.
A client record card is used to record the visits and treatments of a client.

Client consultation form

Contents are
- client requirements in detail → a detailed client survey
- detailed analysis of hair and skin conditions
- detailed explanation of the recommended treatment
- detailed recommendation for home treatment

Some advantages are
- clients feel they receive professional treatment
- a useful guideline for a professional consultation
- treatment and recommendation is based on detailed information
- can be used and extended for future treatments

The client consultation form for hair care services is the basis for all hair treatment as for example haircuts, perming and colouring.

Client record card

Contents are
- personal details → client name, address, phone number, date of birth
- record of treatments → date, stylist, technique, products, development time, result
- homecare sales

Advantages of record keeping are
- the client feels they receive professional treatment
- the hairstylist knows exactly which products and techniques were used on previous occassions which is important for:
  - repeating the treatment
  - improving the treatment
  - dealing with complaints (s. p. 442)
- another stylist can serve the client if the regular stylist is, for example, ill or on holiday
- the client can be contacted if an appointment needs to be changed
- reminder cards can be sent

Your tasks

1. Mind map for client consultations.
   a) Look at the table on the following page and create a mind map showing the phases and contents of a client consultation form. Note: leave enough space for additional contents explained in LF 6 (s. p. 234), 7 (s. p. 267) and 9 (s. p. 326).
   b) Mark the contents of this "Lernfeld" in a special colour. Note: For additional contents from other "Lernfelder" use a different colour for each "Lernfeld".
   c) Look for pictures showing or explaining the contents above. Add them to your mind map.
2. Explain the differences between a client consultation form and a client record card.
3. Create a client consultation form for hair care treatment. Use the German "Behandlungsplan" as a guideline.
4. Create a client record card.

phase	contents
personal details	• name • address • phone number • date of birth
client requirements	• skin problems • problems with hair and hairstyle
hair and skin test	**hair care analysis:** • last hair wash • shampoo and conditioning products used **scalp analysis:** • scalp condition (dry, normal, oily) • scalp disorders and diseases (dandruff, moles, infections, wounds, scars, head lice) • sensitivity (low, middle, high) and to what? • allergies (to what?) **hair analysis:** • previous chemical treatments (virgin, coloured, bleached, permed) • hair condition (normal, greasy, dry, resistant, damaged) • hair disorders and diseases (split ends, broken hair shaft, thinning hair, male-pattern baldness) • hair volume, what is the thickness of each individual strand of hair (fine, normal, coarse) • hair density, what is the amount of hair per square centimetre (thin, medium, thick) • natural hair shape (straight, wavy, curly) • overall hair length (e.g. chin-length, shoulder-length) • current hair colour (depth, shade (s. p. 110))
treatment explanation	**shampooing:** • tools and equipment (e.g. gowns, protective gloves, towels) • products (shampoo, conditioner) • methods (shampooing, conditioning) • client benefits (advantage of the chosen treatment)
recommendation for home treatment	**products:** • for shampooing (client benefits, application and usage) • for conditioning (client benefits, application and usage)

Table 1 *Client consultation form for hair care services*

Picture 1 *Hair care products*

7.2 Recommending hair care products/Retailing

SCENARIO

The two girls discuss the different hair care products and selling skills needed to advise the client.

Types of shampoo

- **Conditioning shampoo** contains less detergent and more emollients, e.g. lanolin to soften the hair and protect against frizz.
- **Medicated shampoo** contains special and very effective ingredients for special hair and scalp conditions, for example, dandruff.
- **Balancing shampoo** contains more detergent and less emollients and balances out the activity of the sebaceous gland.
- **Dry shampoo** is a powder and cleanses the hair without using soap and water.
- **Colour-enhancing shampoo** contains basic colour pigments.
- **Protein-conditioning shampoo** contains a large amount of protein such as keratin to renew the hair structure.
- **Volumising shampoo** contains more detergent and less emollients but does not weigh the hair down.

Types of conditioner

- **Acid rinse** and other rinse-out conditioners: to close the cuticle and disentangle the hair. They need to be rinsed out after a short processing time (1–3 min).
- **Hair mask**: a deep-penetrating repair conditioner containing concentrated proteins and an intensive moisturizer. Needs a longer processing time (5–10 min) before rinsing.
- **Leave-in conditioner**: containing moisturising and protective ingredients, is applied to the hair and not rinsed out.

Basic retailing skills

- base all recommendations on the client's needs
- name key ingredients
- describe the client's benefits
- describe how to use the products
- allow the client to handle the products
- supply leaflets on the product
- use the products on the client

Helpful phrases to recommend hair care products

"I would like to recommend …"

- **Client's need:** "It is specially formulated for/especially designed for … hair/to fight dandruff"
- **Key ingredients:** "The key ingredients are …"
  "It is enriched with …"
- **Client's benefits:** "… adds shine/texture/volume/moisture"
  "… makes your hair shiny/voluminous/soft/strong"
  "… defines curls/single strands"
  "… leaves your hair full of body/bouncy/fresh"
  "… reduces/alleviates/fights/controlls the flaking and itching/dandruff"
  "… without adding weight/weighing your hair down"
  "… (deeply) cleanses and removes build-up and product or environmental residue"
  "… soothes a dry/sensitive scalp"
- **How to use:** "Use daily/every other day/twice a week …"
  "Apply a small amount/hazelnut size …"
  "Massage into a rich lather"
  "… focusing on the roots/through to ends"
  "… working it into the hair and scalp with finger tips"
  "Rinse off thoroughly"
  "Repeat if necessary"
  "Follow with …"

Your tasks

1. Work together with a partner, look at the table on the following page and quiz each other about the client's benefits and the application of the different hair care products a) – j) in picture on page 127 For example:
   "What is a … for?" "A … ."
   "How should I use the …?" "Apply …."
2. Write down recommendations for hair care products for the following hair and scalp conditions:
   a) fine hair
   b) scalp with dandruff
   c) tinted hair
   d) permed hair
   e) greasy scalp and roots with dry length and ends
3. Find a partner and exercise the recommendations.

hair and scalp conditions	shampoo		conditioner	
	client's benefits	application	client's benefits	application
fine or limp hair	**volumizing shampoo**		**acid rinse**	
	• doesn't leave a heavy residue on the hair • adds and replaces moisture	• apply a small amount of shampoo in several places over the hair • massage thoroughly • rinse and towel-dry the hair	• makes the hair easier to comb • prevents split ends • does not over-soften the hair	• apply to length and ends (not to scalp and roots) • rinse out after 1-3 min • use after each shampoo
coarse and curly hair	**conditioning shampoo**		**leave-in conditioner**	
	• softens the hair • adds and replaces moisture	• apply shampoo in several places over the hair • massage thoroughly • rinse and towel-dry the hair	• makes the hair-easier to comb • softens the hair • prevents split ends • defines curls	• apply to length and ends (not to scalp and roots) • do not rinse out • use after each shampoo
chemically dry hair with split ends and damaged cuticle	**protein-conditioning shampoo for damaged hair**		**deep-acting conditioner for damaged hair**	
	• improves texture of the hair shaft • adds and replaces moisture and protein	• apply a small amount of shampoo in several places over the hair • massage carefully • rinse and towel-dry the hair	• improves the texture of the hair shaft • makes the hair easier to comb • prevents split ends	• apply to length and ends or on specific areas of the hair shaft • process with heat • rinse out after 5–10 min • use only once a week
coloured hair	**colour-enhancing shampoo**		**leave-in conditioner for coloured hair**	
	• adds basic colour to the hair • adds and replaces moisture and protein	• apply shampoo in several places over the hair • massage carefully • rinse and towel-dry the hair	• makes the hair easier to comb • softens the hair • adds basic colour to the hair • prevents split ends	• apply to length and ends (not to scalp and roots) • do not rinse out • use after each shampoo
dry, flaky scalp with dandruff	**medicated shampoo**		**deep-acting moisturizing conditioner**	
	• reduces dandruff • acts antibiotically and fungi-destroy-ing	• apply only to scalp and roots • massage thoroughly • rinse and towel-dry the hair	• adds moisture to the dry skin	• apply only to scalp and roots • process with heat • rinse out after 5-10 min
oily scalp with greasy hair	**balancing shampoo for greasy hair**		**acid rinse/rinse-out conditioner**	
	• thoroughly reduces sebum and greasy ingredients of hair care and styling products	• apply only to scalp and roots • massage carefully • rinse and towel-dry the hair	• makes the hair easier to comb • prevents split ends • deoes not over-soften the hair	• apply to length and ends (not to scalp and roots) • rinse out after 1–3 min • use after each shampoo

Table 1 *Recommending hair care products for special hair and scalp conditions*

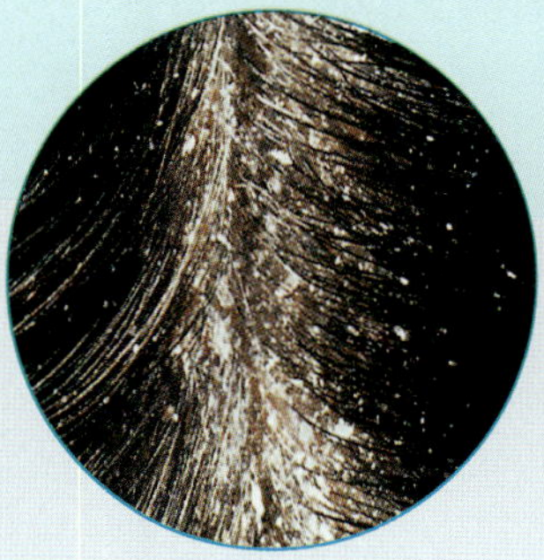

Picture 1 *Dandruff*

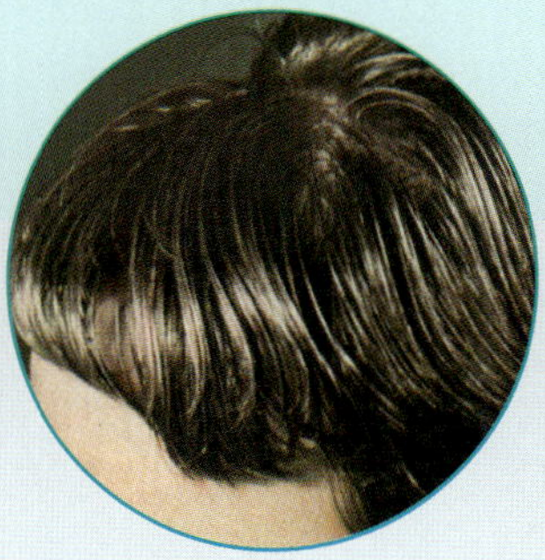

Picture 2 *Greasy hair*

Picture 3 *Split ends*

Picture 4 *Coloured hair*

Lernfeld 4

Kontaktieren

Eine Kundin betritt den Salon. Sie begrüßen die Neukundin freundlich. Die Kundin findet, dass die aktuelle Frisur nicht zu ihr passt.

Informieren

Auf Nachfrage antwortet die Kundin, dass ihr Gesicht mit der aktuellen Frisur zu breit erscheint. Weiterhin erfragen Sie persönliche Vorlieben und Freizeitaktivitäten. Sie erfahren über die Kundin, dass diese sportlich ist und eine eher praktische und wenig aufwendige Frisur wünscht.

Nachbereiten

Anschließend dokumentieren Sie das Ergebnis im Behandlungsplan. Ebenfalls notieren Sie die von der Kollegin verwendeten Styling- und Finishprodukte sowie den Behandlungspreis.

Verabschieden

Sie leiten die Kundin an ihre Kollegin weiter und informieren sie über Kundenwunsch und Beratungsergebnis.
Die Kollegin erstellt den modischen Kurzhaarschnitt und stylt diesen nach Kundenwunsch.

Frisuren empfehlen

Ausgangssituation analysieren

Sie ermitteln mithilfe des Behandlungsplans zur Frisurengestaltung sowie durch Betrachten und Erfühlen die Gesichtsform und weitere relevante Haareigenschaften. Dabei stellen Sie fest, dass die Kundin ein rundes Gesicht hat und eher klein und ein sportlicher Typ ist. Die aktuelle Frisur ist eine Frisur mit viel Volumen und einem geradem Pony. Die Haarqualität und Haarstärke sind normal und die Haare sind modisch gefärbt.

Entscheiden

Sie gleichen die Gegebenheiten mit Ihrem erlernten Fachwissen ab und kommen zu dem Ergebnis, dass für die Kundin eine modische, pflegeleichte Kurzhaarfrisur geeignet wäre. Weiterhin empfehlen Sie, die Seiten ins Gesicht zu föhnen und die Ponypartie schräg zu gestalten, um den inneren Frisurenumriss einzuengen. Damit wird die vorliegende Gesichtsform schmaler und dem Kundenwunsch entsprechend ausgeglichen.

Handeln

Sie demonstrieren der Kundin mithilfe moderner Medien entsprechende Frisurenvorschläge und entscheiden sich gemeinsam für eine typgerechte Frisur. Weiterhin zeigen Sie ihr Frisurenhefte und Abbildungen, die die Entscheidung erleichtern sollen.

Frisuren empfehlen

Um Frisuren empfehlen zu können, muss die Friseurin die gestalterischen Schwerpunkte kennen und anwenden können. Aufgrund dieser Kenntnisse und unter Berücksichtigung des Kundenwunsches kann die Friseurin eine fachkompetente Beratung durchführen und ein optimales Ergebnis erzielen.

Hierbei bedarf es eines gewissen Fingerspitzengefühls (Sensibilität). Die Friseurin muss durch rhetorische Fähigkeiten den Kundenwunsch ermitteln und mit den vorliegenden kundenspezifischen Gegebenheiten abgleichen. Die Wünsche der Kundin können aufgrund der vorliegenden Gegebenheiten nicht immer umgesetzt werden. Somit liegt es an der Friseurin, realitätsbezogene Änderungswünsche einfühlsam und argumentativ zu vermitteln. Damit Sie dazu in der Lage sind, ist es unerlässlich, sich mit den naturgegebenen Voraussetzungen und den gestalterischen Grundlagen auseinanderzusetzen. Dadurch entwickelt sich Geschmackssicherheit und Kreativität.

Folgende Fragen sollten vor dem Haarschnitt ausführlich geklärt werden:
- Welche Erwartungen und Wünsche hat die Kundin?
- Welche naturgegebenen Grundlagen sind bei der Kundin vorhanden, z. B. Haarmenge, Haarstruktur oder Profil?
- Welche Frisurarten sind bei Beschaffenheit des Haares zu empfehlen?
- Welche gestalterischen Grundlagen unterstreichen die Persönlichkeit der Kundin?

1 Naturgegebene Grundlagen analysieren

SZENARIO

Anja hört, wie die Chefin Frau Müller während des Beratungsgespräches zu Frau Süß sagt: „Wir kaschieren Ihre Problemzonen mit der neuen Frisur und Ihre Freundinnen werden begeistert sein." Anja wendet sich an Sarah und möchte wissen, was Frau Müller damit meint. Sarah erklärt ihr die naturgegebenen Voraussetzungen einer Person und wie diese ausgeglichen werden können.

1.1 Haarkontur

Die äußere Umrisslinie der Haargrenze wird natürliche Kontur genannt. Konturlinien können beeinflusst werden durch die Haarfarbe, das Alter und die Haarform. Bei der Haarkontur werden Tampeln und Ansätze unterschieden. Als Tampel bezeichnet die Friseurin den hervorspringenden Teil der Haargrenze und als Ansatz die entsprechende Verbindungslinie zwischen den Tampeln. Dadurch werden acht Bereiche unterteilt.

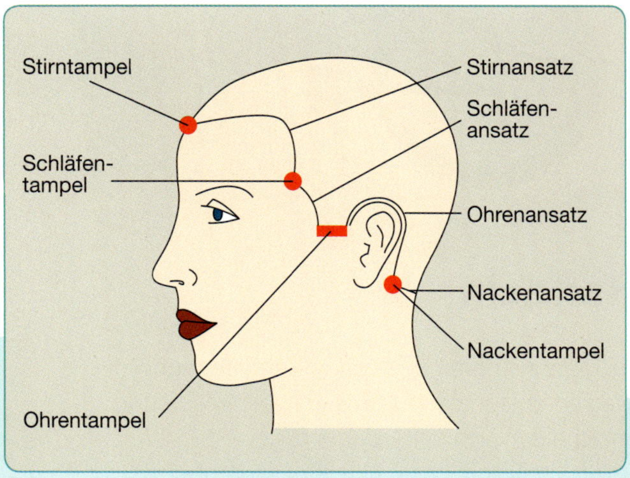

Bild 1 Die Haarkontur

1.2 Beschaffenheit des Haares

Die Haarqualität sollte bei der Frisurempfehlung berücksichtigt werden, da man zwar durch bestimmte Schneidetechniken (LF 5, S. 179 f.) Einfluss nehmen kann, doch sollten die Grundvoraussetzungen stimmen. Unter Haarbeschaffenheit werden die Haarstärke, die Haarmenge, die Wirbel, die Haaranomalien sowie der Hautsekretionstyp verstanden. Die Auswirkungen der verschiedenen Haaranomalien (LF 3, S. 104) wurden in den aufgeführten Kapiteln beschrieben.

Hier soll speziell auf die Auswirkung des **Volumens** eingegangen werden, das nicht über die Schneidetechnik, sondern über die natürlichen Gegebenheiten entsteht. Unter natürlichem Haarvolumen versteht man die Haarmenge im Verhältnis zur Haarstärke.

Bei der **Haarmenge** muss der gesamte Kopf berücksichtigt werden, das heißt Vorderkopf, Oberkopf, Hinterkopf und Seiten. Die Haarmenge wird unterteilt in sehr voll, normal voll oder spärlich, wobei hier die Kopfhaut durchschimmert.

Dieses natürliche Haarvolumen beeinflusst die spätere Frisur. Hat die Kundin feine und spärliche Haare, sollte die Friseurin ihr von Langhaarfrisuren abraten, da die Wirkung der Frisur verloren geht. Alternativ kann die Friseurin, bei entsprechendem Wunsch der Kundin, diese hinsichtlich einer Haarverdichtung beraten.

Der **Hautsekretionstyp** spielt auch bei der Frisurempfehlung eine Rolle. Neigt eine Kundin beispielsweise zu Sebborhö oleosa (fettiger Haut), sind Langhaarfrisuren nicht empfehlenswert, da das schnelle Nachfetten des Ansatzes die Haare schnell strähnig aussehen lässt und die Haare im Laufe des Tages so an Volumen verlieren. Somit sieht die Frisur ungepflegt aus (s. LF 3, S. 94 ff.).

1.3 Wuchsrichtungen und Wirbel

Die Haarwuchsrichtung und die Wirbel fallen bei jeder Kundin sehr unterschiedlich aus. Der Ausgangspunkt für die Wuchsrichtungen der Kopfhaare ist immer ein Wirbel, der die Richtung für den Haarwuchs vorgibt.
Die Friseurin unterscheidet:

- Gerade Wirbel
- Gedrehte Wirbel

Die Wuchsrichtung der Haare beim geraden Wirbel verläuft sternförmig vom Wirbel ausgehend.

Beim gedrehten Wirbel hingegen verläuft die Wuchsrichtung der Haare kreisförmig um den Wirbel herum. Von der Hauptwuchsrichtung können einzelne Haare oder Haarpartien abweichen.

Extreme Abweichungen treten besonders an den Konturen und im Nackenbereich auf. Dort können sogar zusätzliche Wirbel ausgebildet sein.

Haarwirbel, natürliche Scheitelungen und ungewöhnliche Ausrichtungen des Haarfollikels beeinflussen den Fall der Haare. Sie können die Gestaltungsmöglichkeiten einer Frisur wesentlich einschränken. Oft erfordern sie einen neuen Frisurenentwurf oder spezielle Haarschneidetechniken.

Wird in der Vorüberlegung zum Haarschnitt die Haarwuchsrichtung berücksichtigt, so entstehen natürlich wirkende und haltbare Frisuren.

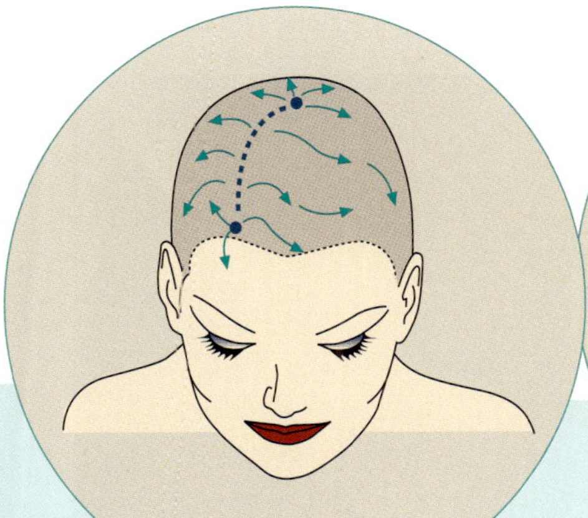

Bild 1 *Gerader Wirbel am Oberkopf und in der vorderen Kontur*

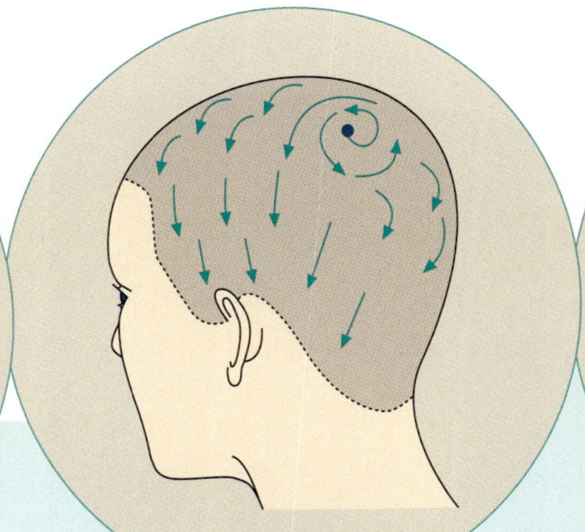

Bild 2 *Gedrehter Wirbel am Hinterkopf*

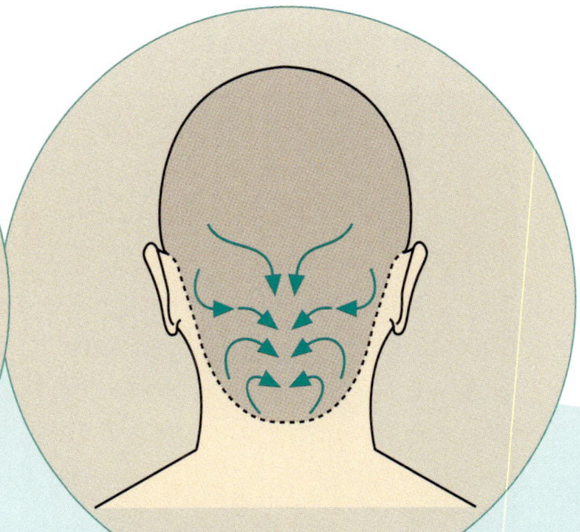

Bild 3 *Wirbel im Nackenbereich*

1.4 Haarwechsel und Haarverluste

SZENARIO

Anja beobachtet, dass beim Waschen und Kämmen des Haares häufig welche ausfallen. Sie wundert sich, dass dabei keine kahlen Stellen entstehen.

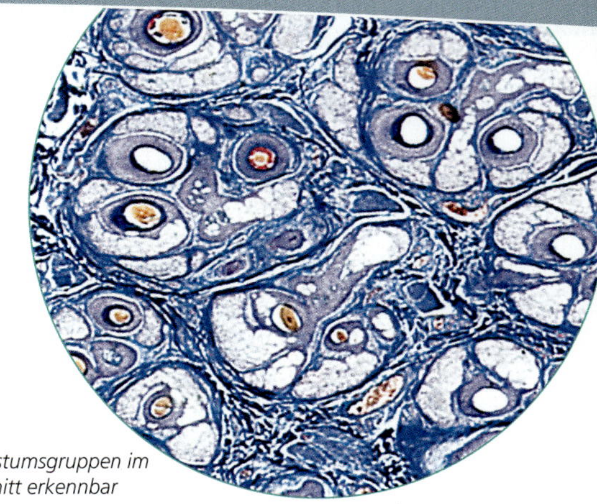

Bild 1 *Wachstumsgruppen im Hautquerschnitt erkennbar*

1.4.1 Haarwechsel

Von den ca. 100 000 Kopfhaaren fallen täglich etwa 60 bis 80 Haare aus. Durch den Haarwechsel wird vermieden, dass Haare die genetisch vorbestimmte Länge überschreiten. Haare sind in Wachstumsgruppen angeordnet (Bild 1). Innerhalb einer solchen Gruppe fallen die Haare zeitlich versetzt aus, sodass keine Kahlstellen entstehen können.

Der Haarwechsel vollzieht sich in drei Phasen:

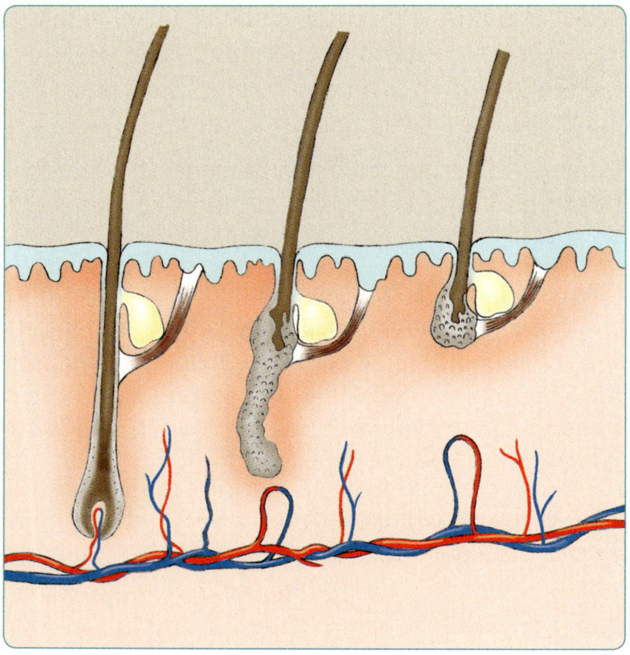

Bild 2 *Phasen des Haarwechsels*

Wachstumsphase (Anagenphase) (Bild 3)
In der Haarmatrix werden ständig neue Zellen gebildet, das Haar wächst. Es ist mit der Haarpapille verbunden. Deshalb wird das Haar in dieser Phase, die beim Kopfhaar 4 bis 6 Jahre dauert, als Papillarhaar bezeichnet. Der Anteil der Papillarhaare am gesamten Kopfhaar beträgt 80 % bis 90 %.

Nach einer Wachstumsphase von ca. sechs Jahren kann ein Haar eine Länge von 70 cm bis 80 cm erreichen.

Extrem langes Kopfhaar, das bei Frauen gelegentlich vorkommt, ist auf eine außergewöhnlich lange Wachstumsphase zurückzuführen.

Übergangsphase (Katagenphase) (Bild 4)
Sie stellt den Übergang von der Wachstumsphase zur nachfolgenden Ruhephase dar. Papille und Follikel bilden sich zurück. Die Papille füllt noch den entstehenden Hohlraum mit Zellmaterial aus. Dabei verändert sich das Ende der Haarwurzel, es macht in der 2- bis 4-wöchigen Übergangsphase alle Übergänge vom Papillarhaar bis zum Kolbenhaar durch. Man bezeichnet das Haar in dieser Phase deshalb als Übergangshaar (Beethaar). Der Anteil der Übergangshaare liegt bei ca. 1 %.

Ruhephase (Telogenphase)
Das von der Papille losgelöste Haar ruht als Kolbenhaar (Bild 5) im Follikel. In der Ruhephase erlangen Follikel und Papille ihre alte Größe und ihre Funktionsfähigkeit zurück. Es wird ein neues Haar gebildet. Das

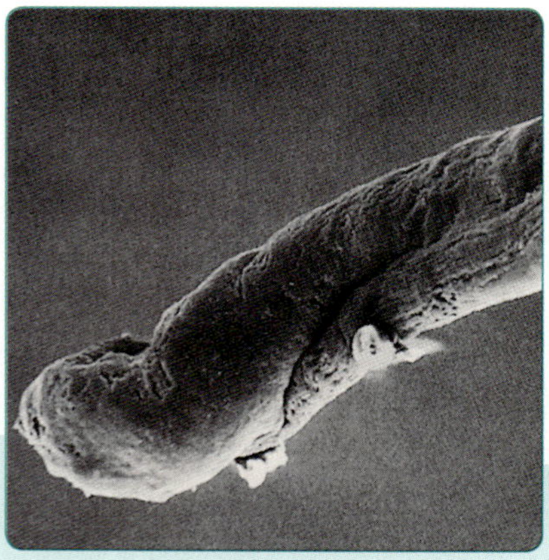

Bild 3 *Wurzel eines Papillarhaares (Anagene Haarwurzel)*

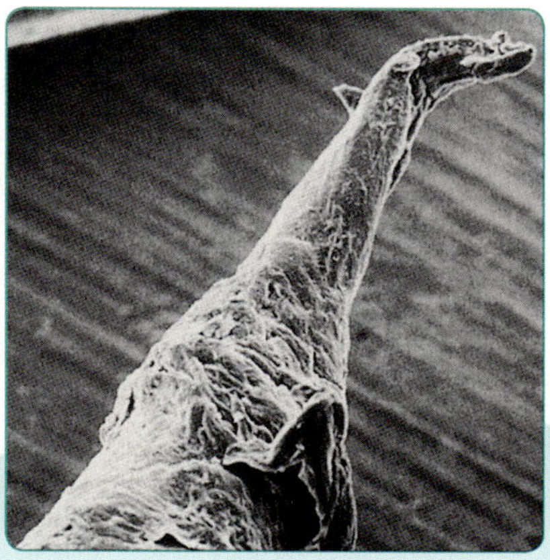

Bild 4 *Wurzel eines Beethaares (Katagene Haarwurzel)*

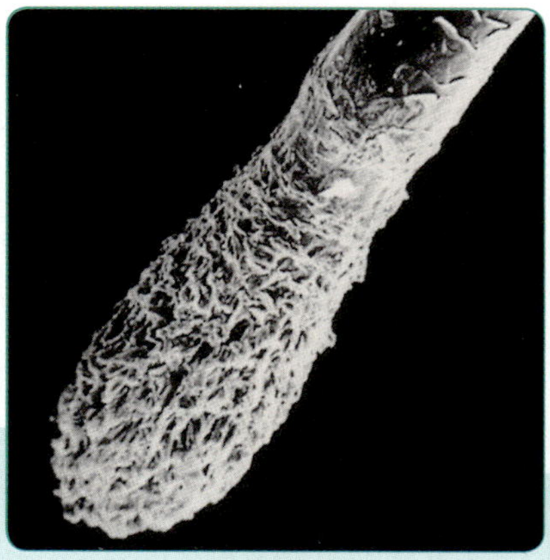

Bild 5 *Wurzel eines Kolbenhaares (Telogene Haarwurzel)*

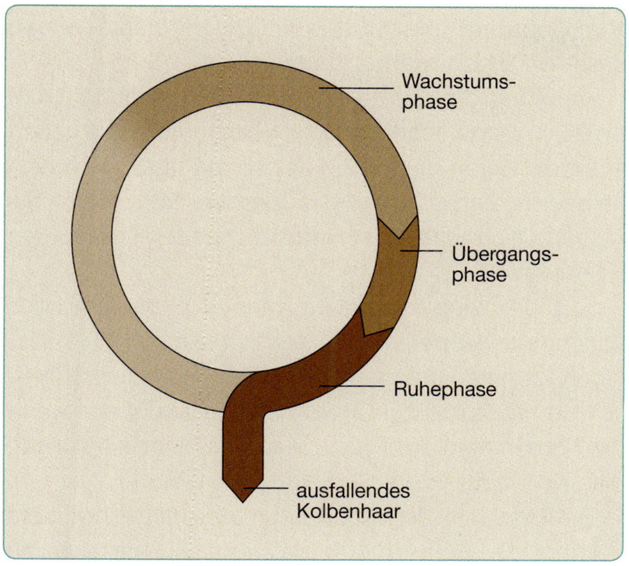

Bild 1 *Haarzyklus*

Kolbenhaar wird am Ende der dreimonatigen Ruhephase entweder beim Waschen und Kämmen herausgezogen oder von dem neuen Haar aus dem Follikel geschoben.

Je nach Beanspruchung dauert diese Phase ca. drei Monate.

Der Anteil der Kolbenhaare am gesamten Kopfhaar beträgt ca. 9 % bis 19 %.

Wachstumskreislauf des Haares (Haarzyklus)

Die drei Phasen des Haarwachstums bilden den Wachstumskreislauf des Haares, der auch Haarzyklus genannt wird. Dieser Haarzyklus kann sich beim Kopfhaar bis zu 15-mal im Laufe eines Menschenlebens wiederholen (Bild 1).

1.4.2 Haarausfall

Die beim natürlichen Haarwechsel ausfallenden Haare sind stets Kolbenhaare, deren Lebenszeit abgelaufen ist und die durch gleichwertige Haare ersetzt werden.

Fallen zusätzlich zum natürlichen Haarwechsel weitere Haare aus, so entstehen kahle oder gelichtete Stellen. Der vermehrte Haarausfall wird als **Effluvium** bezeichnet, die entstandenen Kahlstellen als **Alopecia**.

Entsprechend ihrer Ursachen und Erscheinungsformen werden drei Gruppen des Haarausfalls unterschieden:

- Haarausfall des männlichen Typs
- Kreisrunder Haarausfall
- Symptomatisch-diffuser Haarausfall

Haarausfall des männlichen Typs (S. 136, Bild 1)

Der Haarausfall dieses Typs ist die Glatze mit ihren unterschiedlichen Erscheinungsformen:

- Kahlstellen im Bereich des Wirbels
- Geheimratsecken
- Stirnglatze
- Glatze mit verbleibendem Haarkranz

Der Haarausfall des männlichen Typs setzt ein, wenn folgende zwei Faktoren zusammenkommen:

- Androgene (männliche Geschlechtshormone)
- Erbliche Veranlagung

Weil die männlichen Hormone wesentlich an der Entstehung der Glatze beteiligt sind, wird diese Form als **androgenetischer Haarausfall** bezeichnet.

Entstehung einer Glatze

Bei einer Veranlagung zur Glatze befinden sich an den Haarfollikeln Rezeptoren, die männliche Hormone aufnehmen. Unter dem Einfluss der Hormone bilden sich die Haarfollikel zurück. Der natürliche Haarwechsel findet noch statt, aber die neuen Haare werden in den folgenden Wachstumsphasen immer dünner und ihre Lebenszeit kürzer. Am Ende dieses andauernden Schrumpfungsprozesses hat sich der gesamte Follikel zurückgebildet.

Die Glatze kann sich bereits wenige Jahre nach der Pubertät durch erste Lichtungen an den beschriebenen Stellen ankündigen. Bis die endgültige Form der Glatze ausgebildet ist, vergehen dann noch mehrere Jahre bis Jahrzehnte.

Behandlung einer Glatze

Gegen die Glatze beim Mann gibt es keine erfolgversprechende Behandlung mit kosmetischen Mitteln.

Medizinische Kopfhautwässer mit dem Wirkstoff Minoxidil wirken der Glatzenbildung entgegen bzw. verzögern die Entstehung einer Glatze. Er regt die Mikrozirkulation in der Papille an. Diese Kopfhautwässer sind rezeptfrei in Apotheken erhältlich.

Dagegen greift ein spezielles rezeptpflichtiges Medikament in den männlichen Hormonhaushalt ein und verhindert so den androgenetischen Haarausfall. Wird das Medikament abgesetzt, fallen die Haare wieder aus. Das Medikament Finasterid erhöht sogar die Haardichte.

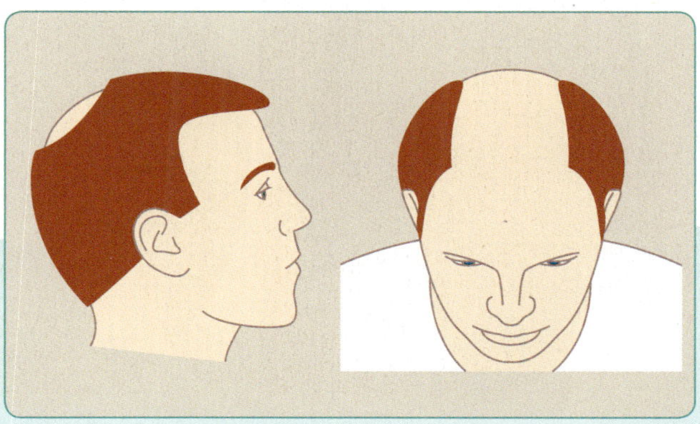

Bild 2 *Beispiele für zwei Stadien des Haarausfalls*

Androgenetischer Haarausfall bei Frauen

Der weibliche Körper stellt sowohl weibliche als auch männliche Hormone her. Nach dem Klimakterium (Wechseljahre) nimmt die Produktion der weiblichen Hormone ab, dadurch ist der Anteil der Androgene im Hormonhaushalt erhöht. (Bild 2)

Bei einem sehr hohen Androgenanteil und entsprechender Veranlagung zur Glatze kann sich auch bei der Frau das Haar lichten. Dabei entstehen an den Stellen, an denen beim Mann das Haar ausfällt, Haarlichtungen. Zu ausgeprägten Kahlstellen kommt es jedoch äußerst selten.

Treten die Symptome einer Glatze bei einer Frau bereits vor den Wechseljahren auf, so ist das häufig auf eine Störung im Hormonhaushalt zurückzuführen.

Die Entstehung einer Glatze bei der Frau kann durch Hormonbehandlungen verhindert werden. Bereits vorhandene Kahlstellen sind jedoch auch durch medizinische Behandlungen kaum rückgängig zu machen, weil sich die Haarfollikel bereits zurückgebildet haben.

Die Friseurin erklärt der betroffenen Kundin die Ursachen der weiblichen Glatzenbildung und empfiehlt ihr eine ärztliche Behandlung. Bei bereits bestehenden Kahlstellen können Haarteile oder eine Perücke empfohlen werden.

Kreisrunder Haarausfall (Alopecia areata)

Der kreisrunde Haarausfall ist nach der Glatzenbildung die häufigste Ursache für Kahlstellen oder völlige Kahlheit. Bei dieser Form fallen die Haare innerhalb kurzer Zeit aus. Dabei entstehen mehr oder weniger runde Kahlstellen, die diesem Haarausfall ihren Namen gegeben haben. (Bild 3)

Der kreisrunde Haarausfall beginnt damit, dass die gesamte Haaranlage schrumpft. Der sich verkleinernde Follikel stellt eine immer dünner werdende Haarwurzel her. So entsteht die nach unten spitz auslaufende Form des Haares, die der Form eines Kommas ähnelt. Die vom kreisrunden Haarausfall betroffenen Haare werden deshalb als **Kommahaare** bezeichnet.

Am Rand der Kahlstelle befinden sich häufig 2 mm bis 3 mm lange abgebrochene Haarstümpfe. Sie haben sich bereits von der Papille gelöst und lassen sich deshalb leicht und schmerzlos ausziehen. Sie sind für die Friseurin ein zusätzlicher Nachweis für den kreisrunden Haarausfall.

Aus der Alopecia areata kann sich die erheblich schlimmere **Alopecia totalis** entwickeln, bei der in wenigen Monaten am ganzen Kopf alle Haare einschließlich der Wimpern und Augenbrauen ausfallen. Wenn die Körperhaare auch noch ausfallen, liegt die **Alopecia universalis** vor.

Die Ursachen der Alopecia areata sind bisher nicht bekannt. Es wird vermutet, dass es eine Fehlsteuerung des Immunsystems ist.

Bei der einfachen Form mit den kreisförmigen Kahlstellen wachsen die Haare nach einigen Monaten wieder nach. Das neue Haar ist noch flaumartig und farblos. Für die anderen Formen des kreisrunden Haarausfalls sind die Heilungschancen sehr gering.

Die Behandlung der Alopecia areata darf nur durch den Arzt erfolgen.

Symptomatisch-diffuser Haarausfall

Alle Arten des Haarausfalls, die auf Krankheiten oder Veränderungen im Körper zurückzuführen sind, werden unter dem Begriff symptomatisch-diffuser Haarausfall zusammengefasst. Der Haarausfall gilt als **Symptom** (Zeichen), das auf eine Krankheit hinweist. Die Haare fallen oft **diffus** (nicht vollständig) aus.

Ursachen des symptomatisch-diffusen Haarausfalls:
- Fiebrige Infektionskrankheiten
- Vergiftungen durch Schwermetalle (Thallium)
- Schwere seelische Belastungen (psychogene Alopecia)

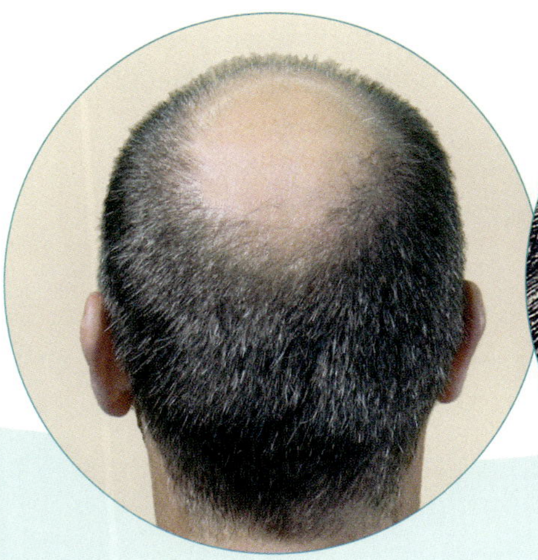

Bild 1 *Männliche Glatze*

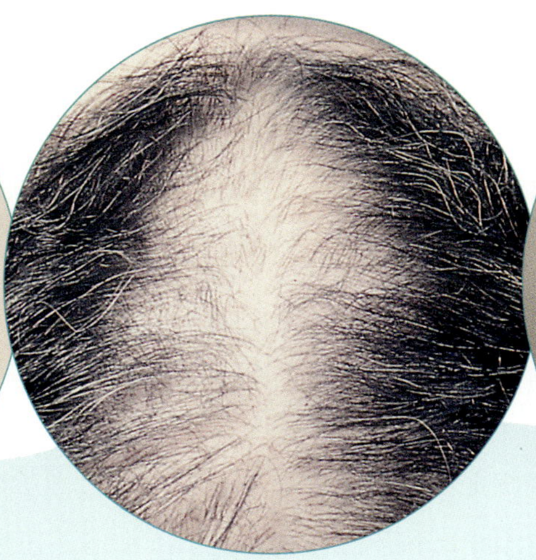

Bild 2 *Weibliches Gegenstück der männlichen Glatze*

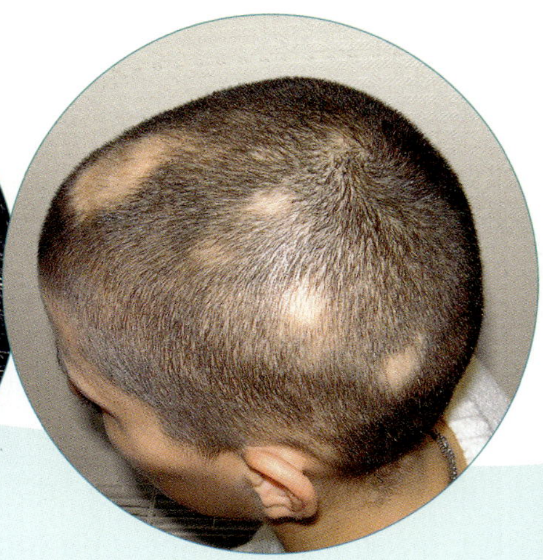

Bild 3 *Kreisrunder Haarausfall*

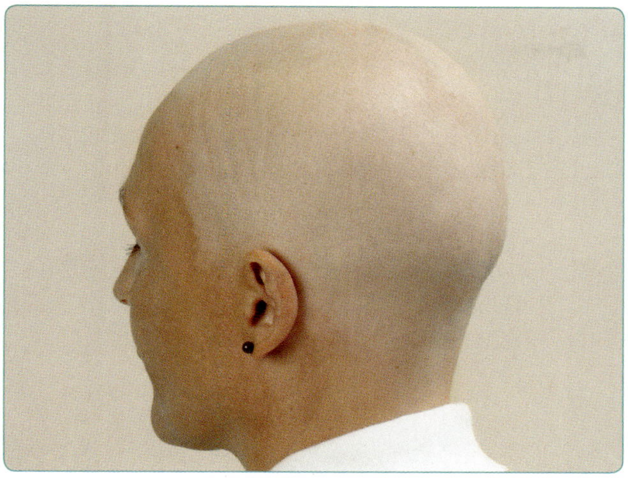

Bild 1 Haarausfall nach Chemotherapie

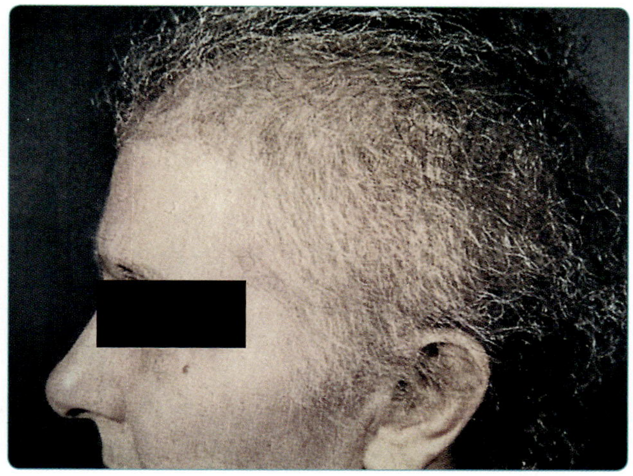

Bild 2 Haarausfall nach Medikamenteneinnahme

- Einnahme von Medikamenten zur Verzögerung der Blutgerinnung, von Ovulationshemmern (Antibabypille) oder von Zytostatika (Chemotherapie) (Bild 1)
- Hormonumstellung nach der Entbindung

Die aufgeführten Ursachen für diesen Haarausfall greifen in den Wachstumsprozess des Haares ein und beeinflussen die Wachstumsphase. Dabei treten folgende Störungen in den Wachstumsprozessen auf:

Unterbrechung der Wachstumsphase

Thallium und Zytostatika stoppen die Zellteilung und unterbrechen so die Wachstumsphase. Die Haare fallen nach zwei bis drei Wochen aus. An den Haarwurzeln ist ein Bruchende erkennbar. Sobald der schädigende Einfluss nachlässt, erholt sich die Haarmatrix wieder. Nach zwei bis drei Monaten wird die Wachstumsphase fortgesetzt.

Vorzeitige Beendigung der Wachstumsphase

Durch die aufgeführten Krankheiten wird die Wachstumsphase vorzeitig beendet. Das Haar durchläuft noch die Übergangs- und Ruhephase und fällt nach ca. drei Monaten als Kolbenhaar aus. Es entstehen Lichtungen oder kahle Stellen. Sobald die Ursachen für den Haarausfall beseitigt sind, beginnt eine neue Wachstumsphase.

Verlängerung der Wachstumsphase

Weibliche Hormone, die bei der Schwangerschaft gebildet werden, aber auch in Ovulationshemmern enthalten sind, können die Wachstumsphase verlängern. Sobald sich der Hormonhaushalt wieder normalisiert, beginnt für diese Haare die Übergangsphase. Die Haare fallen z. B. nach der Entbindung als Kolbenhaare aus. Im Schläfenbereich können vorübergehend Lichtungen auftreten.

1.4.3 Kahlstellen durch äußere Einflüsse

Mechanische, chemische und thermische Einwirkungen auf die Kopfhaut und die Haarfollikel können zu Kahlstellen führen. Bereits durch anhaltenden Zug wird das Haar von der Matrix oder der Papille getrennt und aus dem Follikel gezogen. Ein typisches Beispiel hierfür ist die Pferdeschwanzfrisur.

Durch die Haarrupfsucht (Trichotillomanie), bei der die Haare einzeln oder in Büscheln ausgerissen werden, kommt es auch zu Kahlstellen.

Ätzende Chemikalien und Verbrennungen können die gesamte Haut zerstören. Die sich bildende Sekundär- oder Narbenhaut bleibt für immer haarlos.

1.5 Kundentyp

Bei der Beratung und Auswahl muss auch auf den Kundentyp und seine Motive geachtet werden. Hierbei sollten verschiedene Fragen eine Rolle spielen:

- Wie viel Zeit möchte die Kundin mit dem Styling und Finish der Frisur verbringen?
- Handelt es sich um einen sportlichen Typ, bei dem eine kurze und pflegeleichte Frisur von Vorteil wäre?
- Welcher Anlass liegt dem Friseurbesuch zugrunde?
- Möchte die Kundin eine Typveränderung?
- Welche Motive hat die Kundin, z. B. Individualität, Nachahmung eines bestimmten Typs?
- Welchen Beruf übt die Kundin aus?

Aufgaben

1. Untersuchen Sie mithilfe eines Mikroskops die Haarwurzeln von ausgekämmten und ausgezogenen Haaren.
2. Zeichnen Sie die Haarwurzeln des ausgekämmten und ausgezogenen Haares.
3. Erstellen Sie eine Tabelle zum Haarwechsel.
4. Warum kommt es beim natürlichen Haarwechsel nicht zu Kahlstellen?
5. Erstellen Sie eine übersichtliche Tabelle zum Haarwechsel.
6. Zeichnen Sie die einzelnen Schritte der Glatzenbildung in Ihren Hefter.
7. Nennen Sie Einflüsse, die zu Kahlstellen führen.
8. Erstellen Sie eine übersichtliche Tabelle zu den unterschiedlichen Formen des Haarausfalls.
9. Vervollständigen Sie Ihr Vokabelheft mit den neuen Fachbegriffen.

Mathematik-Aufgaben

1. Es stehen im Salon regelmäßig Aufräumarbeiten an. Diese können in der Regel von sechs Friseurinnen in 25 Minuten erledigt werden.

   Wie viel Zeit benötigen dazu acht Friseurinnen?
2. Sieben Mitarbeiter erhalten für 56 Stunden Arbeit insgesamt 515,– € Lohn.

   Wie viel Lohn erhalten 12 Mitarbeiter, wenn gemeinsam 115 Arbeitsstunden geleistet haben?
3. Anja bringt zur Arbeit 1,5 l ihres geliebten Eistees mit. Laut Angaben sind in 100 ml des Tees 7,5 g Zucker enthalten.
   - **a)** Wie viel Kilogramm Zucker sind in 1,5 l Eistee enthalten?
   - **b)** Wie viel Stückchen Zucker entspricht das?
   - **c)** Wie viel kcal sind das?
   - **d)** Wie viel Prozent sind das vom Tagesbedarf einer erwachsenen Frau? (Internetrecherche)

Mathematik-Aufgaben

4. Die 116.935 Haare von Frau Meier sind zu 17,4 % mit weißen Haaren durchzogen.

   Wie viel Haare sind das?
5. Von den Haaren des Kunden Kurz sind 16 % in der Übergangs- und Ruhephase. Das sind 17 920 Haare.

   Wie viel Haare befinden sich in der Anagenphase?
6. Für eine Frisurenempfehlung muss auch die Haardicke berücksichtigt werden. Das Haar der Kundin Kraft weist im Schnitt einen Durchmesser von 0.08 mm, das Haar der Kundin Fein einen von 0.05 mm auf.

   Um wie viel Prozent ist das Haar von Frau Kraft dicker als das von Frau Fein?
7. Ein Clip-in-Extension Set wird zum Nettopreis von 79,50 € angeboten.

   Wie viel muss eine Käuferin einschließlich der Mehrwertsteuer bezahlen?
8. Im Salon werden auch Spezialshampoos für Haarverlängerung angeboten. Im Rahmen einer Aktion wird der Preis für eine 250 ml Shampooflasche von ursprünglich 5,40 € auf 4,20 € gesenkt.

   Wie viel Prozent beträgt der Preisnachlass?
9. Zu welchem Bruttoverkaufspreis wird ein Spezialshampoo angeboten, wenn zum Nettopreis von 3,90 € eine Teuerungsrate von 2 % aufgeschlagen wurde?
10. Mit dem goldenen Schnitt beschreibt man ein bestimmtes Verhältnis eines größeren Teils zu einer Gesamtstrecke, z. B. die Länge von der Taille bis zu den Füßen im Verhältnis zur gesamten Körperlänge (1 : 1,6)

    Wie groß müsste demnach eine Kundin sein, deren Körper von der Taille bis zu den Füßen 1,05 m misst?

2 Gestalterische Schwerpunkte kennen und anwenden

SZENARIO

Seit einigen Wochen beobachtet Anja ihre Kolleginnen bei der Beratung von Frisuren. Immer wieder hört sie, dass über die Kopfform der Kundin gesprochen wird und über verschiedene Wirkungen von unterschiedlichen Frisuren. Anja bittet die Gesellin Sarah, ihr die Grundlagen und Einflüsse zu erklären.

2.1 Dreidimensionalität bei der Frisurerstellung und -gestaltung

Die Friseurin muss sich bei der Erstellung der Frisur bewusst sein, dass sie in drei Dimensionen arbeitet (Bild 1). Nur so kann sie die Form der Frisur an die Kopfform und Gesichtsform der Kundin anpassen und eine Frisur schaffen, die mit dem Typ der Kundin **Harmonie** schafft. Als harmonisch wird vom Betrachter jeglicher Ausgleich von unerwünschten Kopf- oder Gesichtsformen zur Idealform (Oval) verstanden. Unter **Dimensionen** (D) versteht man die Abmessung eines Körpers in Breite, Höhe und Tiefe.

Da der Mensch nicht als Ideal zur Welt kommt, hat er z. B. ein dreieckiglängliches Gesicht mit einem sehr flachen Hinterkopf. Nun ist es an der Friseurin, zu erkennen, dass die dreieckige Gesichtsform die Breite darstellt, das Längliche für die Einflüsse auf die Höhe steht und der flache Hinterkopf sich auf die Tiefe auswirkt. Somit muss die Friseurin die Kundin von allen Seiten betrachten und Abweichungen zur Idealform wahrnehmen. Nur dann kann die Friseurin im zweiten Schritt den Ausgleich der entsprechenden Verhältnisse **(= Proportionen)** hinsichtlich der Dimensionen zueinander vornehmen. Wichtig ist, dass die Friseurin ein Gefühl für Harmonie entwickelt. Sie darf sich nicht sklavisch daran halten, immer die Idealform anzustreben. Im Laufe der Zeit entwickelt sie einen kreativen Blick. Dieser versetzt sie in die Lage zu erkennen, wann die Individualität durch Disharmonie positiv hervorgehoben wird und somit Reize schafft.

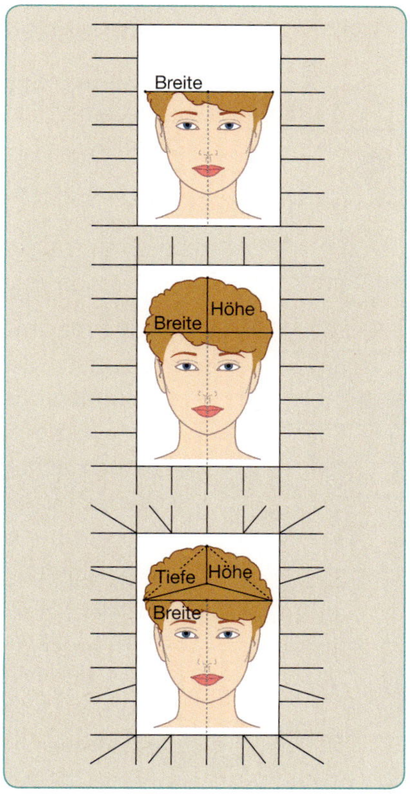

Bild 1 Drei Dimensionen in der Frisurgestaltung

2.2 Proportionen

Unter Proportionen versteht man das Verhältnis der einzelnen Linien, Flächen oder Körper zueinander und zum Gesamten.

Eine ideale Form für Proportionen gibt es nicht, sie hängt vom jeweiligen Modediktat, der Kultur (vgl. Barock mit Moderne) und dem persönlichen Stil ab.

Auch Frisuren haben gedachte Linien, die in einem gewissen Verhältnis zueinander stehen sollten, damit die Frisur harmonisch wirkt. Das Gleiche gilt für die Proportionen zwischen Frisur und Gesicht oder das Verhältnis vom gesamten Körper zum Kopf.

Folgende Teilungen werden berücksichtigt:

1. Halbierende Teilung

Das Prinzip dieser Teilung wird zum Beispiel bei einem Mittelscheitel und gleicher Frisurengestaltung auf beiden Seiten des Kopfes eingesetzt. Derartige Frisuren sind unproblematisch zu erstellen. Sie symbolisieren Gleichmäßigkeit und helfen beispielsweise, sehr ungleiche Gesichtshälften oder unterschiedlich große Augen zu kaschieren.

Bild 2 Halbierende Teilung

Bild 1 Freie Teilung

2. Freie Teilung

Die freie Teilung kommt zur Anwendung, wenn Frisurenteile nach ihrer Bedeutung zueinander proportioniert werden (Bild 1). Dabei treten die wichtigen Frisurenteile, wie z. B. der Mikropony, Seitenscheitel oder Haarschmuck, in den Vordergrund. Aber auch die individuelle Frisurengestaltung und Modetrends, wie z. B. modische Haarfarben, werden oft von diesen Proportionen bestimmt.

3. Teilung nach dem Goldenen Schnitt

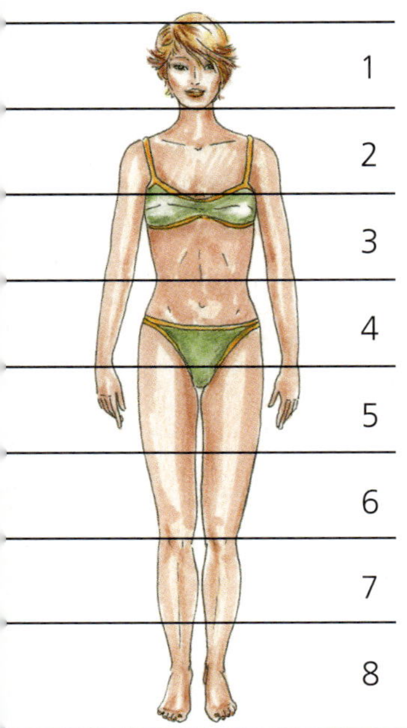

Bild 2 Goldener Schnitt

In der Kunst und auch in der Natur gilt **„der Goldene Schnitt"** als ideale Proportion. Damit ist die Teilung einer Strecke in zwei Abschnitte von unterschiedlicher Länge gemeint, die man als harmonisch empfindet. Das als harmonisch empfundene Teilungsverhältnis einer kleineren zur größeren Strecke lässt sich annähernd mit den Zahlenverhältnissen 3:5, 5:8, 8:13 oder 13:21 ausdrücken.

Der Goldene Schnitt beschreibt die Teilung einer Strecke in zwei Abschnitte von verschiedener Länge, die auf den Menschen harmonisch wirken. In der Praxis bedeutet dies, dass der kleine Abschnitt A–B sich zum großen Abschnitt B–C verhält wie der größere Abschnitt B–C zur gesamten Strecke A–C (Bild 2). Hierbei verhalten sich die Strecken folgendermaßen

- A–B entspricht dem höchsten Punkt des Kopfes bis zur Taille (kleine Strecke) = 3 cm
- B–C entspricht der Taille bis zu den Fußspitzen (große Strecke) = 5 cm
- A–C entspricht der gesamten Körpergröße = 8 cm
  Somit ergibt sich folgendes Zahlenverhältnis:
  3 cm : 5 cm steht im Verhältnis 5 cm : 8 cm (entnommen aus den unterschiedlichen Streckenlängen). Die Harmonie entsteht, weil der kleinere Abschnitt sich zum größeren Abschnitt ähnlich verhält wie der größere Abschnitt zur Gesamtlänge. Im Idealfall immer im Faktor 1 zu 1,6.

Diese Teilungen führen bei einem gut durchdachten Einsatz, möglicherweise auch in Kombination miteinander, zu erstaunlichen Ergebnissen. Wichtig ist, dass nicht nur die Frisur isoliert gesehen wird. Die Proportionen der Frisur müssen in einem harmonischen Verhältnis zum Gesicht, zur Halspartie und zum Gesamtkörper der Kundin stehen.

Der Goldene Schnitt mit seinen Verhältnissen von 1 zu 1,6 gilt hierbei als ausgewogen und stellt Harmonie her. Doch zeigt der Wandel von Schönheitsidealen in den einzelnen Stilepochen, dass sich Einstellungen zur Harmonie und Ästhetik auch modischen Diktaten unterwerfen.
Beispiele hierfür sind:

Verhältnis von Frisur zu Gesicht

Bild 3 Proportion Frisur–Gesicht

Ein längliches Gesicht (Bild 3) wird durch eine flach anliegende Langhaarfrisur betont. Um die längliche Gesichtsform zu kaschieren und die Proportionen von Gesicht und Frisur harmonisch aufeinander abzustimmen, sollte die Haarlänge wie in Bild 5 ca. auf Kinnlänge gekürzt werden.

Verhältnis von Frisur zum Körper (Bild 4)

Bild 4 Proportion Frisur–Gesamtkörper

Bild 5 Proportion Frisur–Oberkörper

Auch in diesem Verhältnis spielt die Frisur, bezogen auf das gesamte Erscheinungsbild, eine wichtige Rolle. So müssen z. B. das Volumen der Frisur und die Haarlänge auf die Statur bzw. die Größe der Kundin abgestimmt werden. Die Frisurengestaltung nimmt nicht nur Einfluss auf das gesamte Erscheinungsbild der Kundin, sondern sie kann auch die Ausstrahlung der Kundin unterstützen. Den Bildbeispielen Seite 140, Bilder 3 und 5 ist diese Wirkung zu entnehmen.

Für eine harmonische Gestaltung ist der Goldene Schnitt als Orientierung oder Kontrollinstrument hilfreich. Dabei ist das Gefühl für Harmonie modischen Tendenzen unterworfen.

2.3 Formelemente

Hierunter versteht die Friseurin Punkte, Linien, Flächen und Körper. Diese verschiedenen Elemente finden sich in der Frisur und am Kopf-/Gesichtsbereich wieder.

2.3.1 Punkte

Der Punkt ist die einfachste Form. Er ist eindimensional. Obwohl er so einfach ist, zieht er den Blick des Betrachters auf sich. Er findet sich als natürlicher Blickfang z. B. im Wirbel. Wirbel müssen entscheidend bei der Frisurengestaltung berücksichtigt werden. Denn ein natürlicher Wirbel (Wuchsrichtung der Haare) beeinflusst den Fall und die Lage der Haare. Je nach Lage und Stärke des Wirbels wirkt sich dieser auf die Frisurgestaltung aus. Der Punkt kann **Ausgangspunkt** einer Frisur sein oder als **Orientierungspunkt** bei der Schnittbeschreibung dienen (Bild 2). Gerade der klassische Bob, aber auch abgewandelte moderne Frisuren, werden ohne Scheitel vom Punkt aus frisiert. Moderne sternförmigen Abteilungen beim Färben orientieren sich auch am Wirbel (s. Orientierungspunkt 2). Als **Accessoire** kann er z. B. als Einzelpunkt in Form einer Perle in die Frisur eingearbeitet werden. Mehrere Punkte können als Reihe oder Gruppe in Form von unterschiedlichem Haarschmuck das Auge des Betrachters auf sich ziehen (Bild 1).

Bild 1 Der Punkt in Form von Haarschmuck

2.3.2 Linien und ihr Verlauf

Der gesamte Haarschopf kann als eine Vielzahl von Linien angesehen werden. Der Verlauf einer Linie wird dabei als Richtung bezeichnet. Linien spielen nicht nur bei der fertigen Frisur eine Rolle, sondern auch beim Erstellen dieser. Dies erfolgt z. B. bei

- sämtlichen Abteillinien (Haarschnitt, Einlegen usw.),
- der Verteilung der Haare,
- der Fingerhaltung beim Schneiden der Haare,
- allen Arbeitswinkeln,
- den Neigungswinkeln (Winkel zwischen 0° und 90° im natürlichen Fall der Haare),
- inneren und äußeren Designlinien (Führungslinien),
- der Kämmrichtung der Haare (Kammführungslinie).

In der Praxis ergeben sich unzählige Kombinationsmöglichkeiten zwischen geraden und gebogenen Linien, die eine sehr interessante und kreative Frisurgestaltung ermöglichen. Um die unzähligen Kombinationsmöglichkeiten in der Frisurenerstellung optimal nutzen zu können, muss die Friseurin die Auswirkung von Linien auf die gesamte Frisur (3 D) stets berücksichtigen.

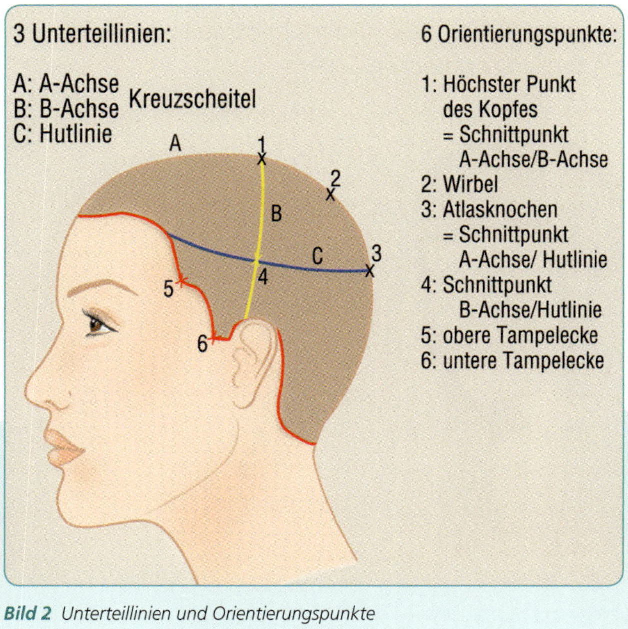

Bild 2 Unterteillinien und Orientierungspunkte

Gerade Linien (Bild 1)

Die vier geraden Grundlinien verlaufen horizontal, vertikal, diagonal nach links und diagonal nach rechts. Es kann sich um den Scheitel oder um den Konturenverlauf der Frisur handeln. Eine gerade Linie kann unterschiedlich dick und unterbrochen sein. Hierdurch können gerade Linien einen Eindruck von Härte, Stärke, Schwäche, Brutalität, Empfindsamkeit zum Ausdruck bringen. Während vertikale und horizontale Linien eher starr wirken, bringen diagonale Linien Bewegung in eine Frisur.

In Tabelle 1 (s. S. 143) werden die vier Grundlinienarten sowohl in der Zweidimensionalität als auch in der Dreidimensionalität mit entsprechendem Frisurenbeispiel und jeweiliger Wirkung dargestellt. Gerade Linien können aber auch durch Strähnchen hervorgerufen werden. Je nach Art und Farbe können hierbei Akzente gesetzt (einfarbige Strähne) oder Lebendigkeit vermittelt werden.

Gezackte Linien

Gezackte Linien werden auch Sägelinien oder Zick-Zack-Linien genannt. Die Friseurin findet diese im Zick-Zack-Scheitel oder in gefransten Umrisslinien wieder. Diese Linienform wirkt extrovertiert, auffallend, modern und erzeugt Dynamik. Je nach Styling können diese zu einem Blickpunkt (Eyecatcher) werden. In kurzhaarigen Männerfrisuren werden zackige Linien als Muster einrasiert (= Tribal). Sie können weich oder hart erscheinen, dies hängt von ihrer Form und dem Haar-Haut-Kontrast ab.

Gebogene Linien (Bild 2–4)

Gebogene Linien bringen durch ihren Verlauf Bewegung und Dynamik in eine Frisur. Sie wirken meistens harmonisch und weich. Wichtige Beispiele hierfür sind die Konturlinien beim Haarschnitt oder die Kreislinien bei Wellen und Locken.

Allein die Bogenlinie bei der Gestaltung des Ponys als Kontur kann die Wahrnehmung der Gesichtsform verändern. Dadurch kann es schmaler oder runder wirken.

Je nach Öffnung des Bogens werden konkave und konvexe Linien unterschieden.

Das **Konkav** begrenzt eine nach innen gebogene Oberfläche. Die Haarlänge nimmt im Bogen nach außen zu. Das **Konvex** begrenzt eine nach außen gebogene Oberfläche. Die Haarlänge nimmt im Bogen nach außen ab.

Linien in der Frisur- und Schnittbeschreibung

Hierbei sollte unterschieden werden in die natürliche Linie, die der **Haarkontur** entspricht und in Kapitel 1.1 als natürliche Grundlage besprochen wurde.

Des Weiteren gibt es die Linien zur Erstellung der Frisur.

Hierzu gehören

- **Unterteilungs- und Abteillinien**, die Bedeutungen für den Haarschnitt besitzen (s. S. 141, Bild 2 und S. 143, Bild 1). Hierbei kann der Kopf in horizontale und vertikale Linien eingeteilt werden.
- **Grund- und Führungslinien**, die beim Schneiden der Haare eingehalten werden müssen.
- Die **Schneidetechnik**, die zu einem unterschiedlichen Fall der Haare führt, was sich auf die „Textur" auswirkt (s. S. 146 ff.). Diese Linien werden ausführlich im LF 5, Kapitel 2.3 beschrieben.
- Der Scheitel zählt zu den **Baulinien**, muss aber auch vor der Erstellung der Frisur berücksichtigt werden. Er kann gerade oder als Sägelinie verlaufen und kann dazu genutzt werden, die Frisur symmetrisch oder asymmetrisch verlaufen zu lassen.

Bild 1 Geradliniger und gebogener Verlauf der inneren Umrisslinie

Bild 2 Unterschiedlich gebogene Linien

Bild 3 Gebogene Linie, nach innen

Bild 4 Gebogene Linie, nach außen

Weitere **Baulinien** unterteilen sich in

- Kammführungslinien
- Wellenkanten
- Schmucklinien

Diese Linien entstehen erst beim Frisieren.

Die Kämmrichtung wird als **Kammführungslinie** bezeichnet. Es werden folgende Richtungen unterschieden:

- nach unten,
- nach oben,
- nach hinten,
- gemischt.

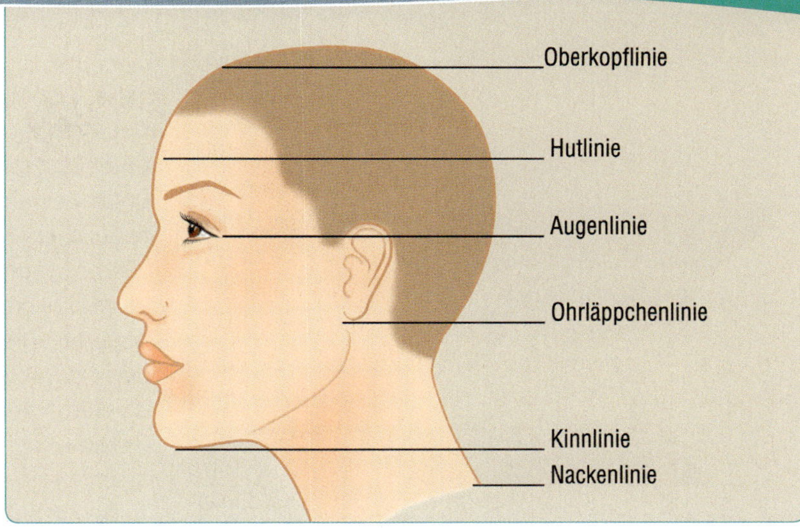

Bild 1 *Horizontal verlaufende Linien zur Schnittbeschreibung*

Horizontal	Vertikal	Diagonal nach rechts	Diagonal nach links
2 D 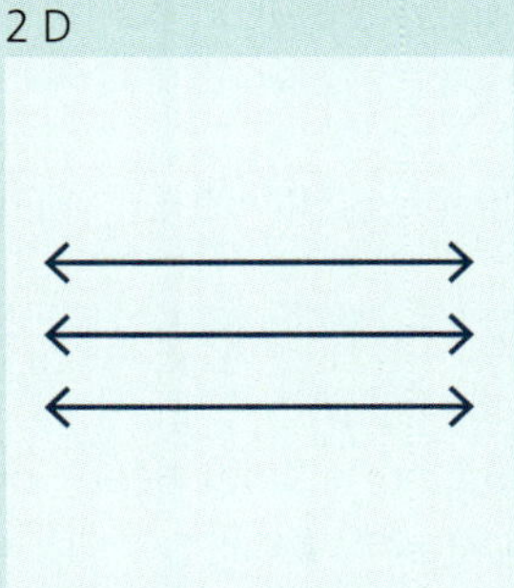	2 D 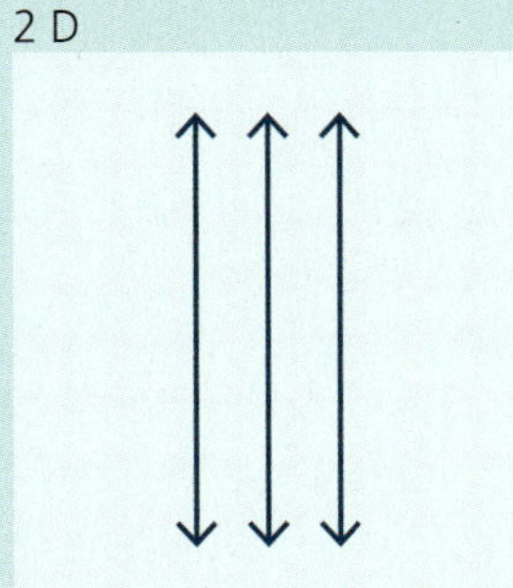	2 D 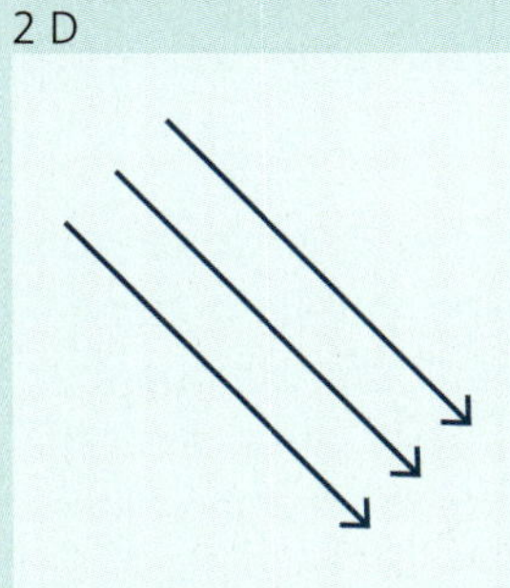	2 D 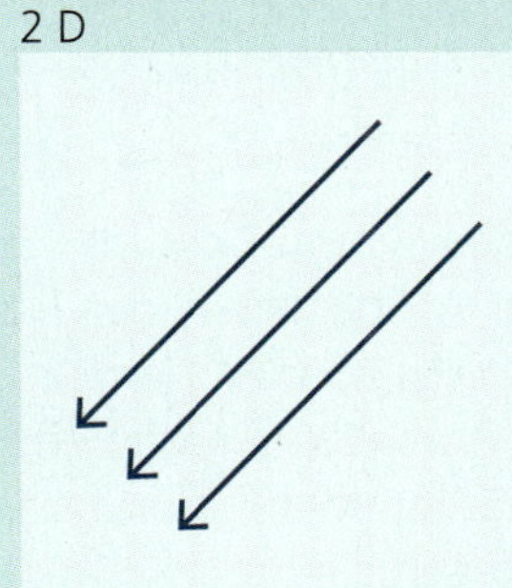
3 D 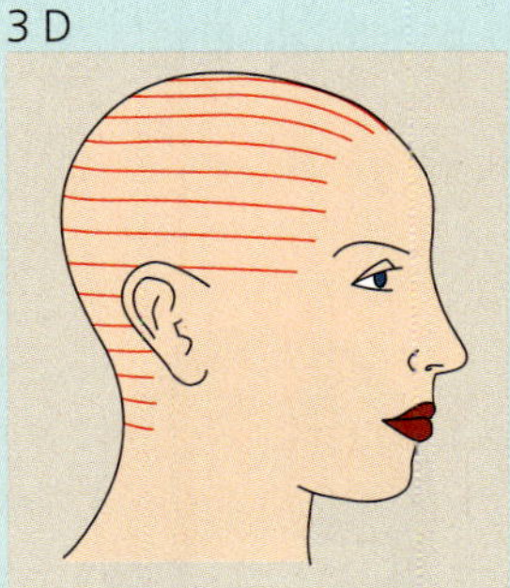	3 D 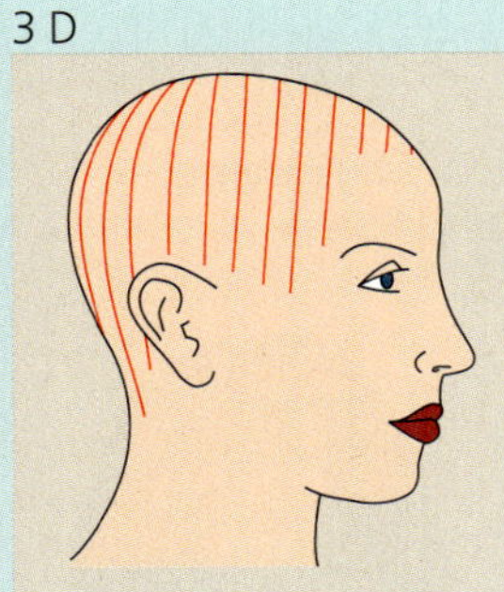	3 D 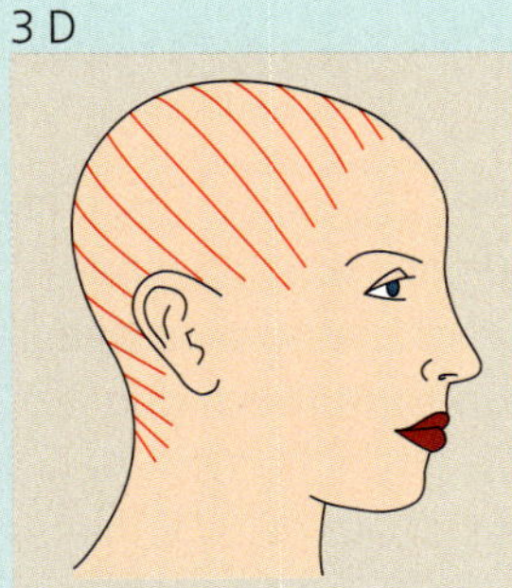	3 D 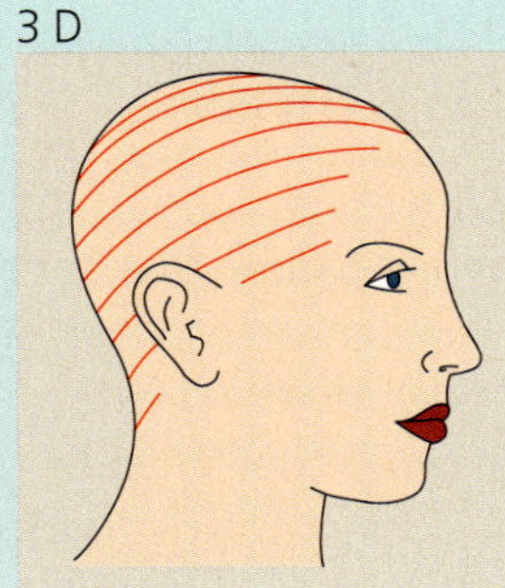
Horizontale Linien wirken geschlossen und kompakt (s. 2D). Bedingt durch die Kopfrundung (s. 3D) verlieren sie an Härte.	Vertikale Linien wirken in jeder Hinsicht (Schnitt-, Begrenzungs- oder Kammführungslinie) klar, hart und bestimmend	Der Verlauf der diagonalen Linie gibt die Richtung an: – in 2 D von oben nach unten, – in 3 D vom Hinterkopf nach vorne. Grundsätzlich wirken sie im Gegensatz zu horizontalen und vertikalen Linien dynamischer.	

Tabelle 1 *Verlauf der vier Grundlinien*

Bild 1 Wellenkanten an der Wasserwelle

Wellenkanten treten z. B. beim Erstellen einer Wasserwelle auf. Hierbei besteht die Welle aus dem Wellenbogen, der durch das Tal und die Wellenbreite gekennzeichnet ist, und aus den beiden Wellenkanten, die die Welle begrenzen und die Richtungsänderung in ihrem Verlauf anzeigen.

Zu den Schmucklinien zählen alle Accessoires, die beim Ausgestalten der Frisur eine Verwendung finden. Dies können Kordeln, kleine Zöpfe, Haarbänder, Spangen und Haarreifen sein. Aber auch einzelne hervorgehobene bunte Haarsträhnen erheben diesen Anspruch.

2.3.3 Umriss

Der Umriss ist die flächige Darstellung einer Frisur in Breite und Länge. Man unterscheidet zwischen inneren und äußeren Umrisslinien. Die Gesichtsform wird dabei durch den inneren Umriss, die Kopfform durch den äußeren Umriss beeinflusst.

Die äußere Umrisslinie ergibt sich aus der Volumenzone nach außen. Diese Linie wird auch als äußere Silhouette der Frisur bezeichnet. Verändert man die äußere Umrisslinie z. B. durch Kürzen der Haarlängen unter Beibehaltung der Frisurenform und des Frisurentyps, so erscheint die Gesichtsform verändert.

Der innere Umriss einer Frisur wird durch die Haarkonturenlinie zur Gesichtshaut begrenzt (= innere Silhouette). Diese Linie ist von besonderer Bedeutung für den Charakter einer Frisur, weil je nach Gestaltung der inneren Silhouette unterschiedliche Wirkungen erzielt werden. Die in der Friseurpraxis gebräuchlichsten Umrisslinien sind in Tabelle 1 beispielhaft dargestellt.

Der Verlauf der inneren Umrisslinie prägt zusätzlich auch stark den Bezug einer Frisur zu Gesicht und Hals. Den folgenden Bildbeispielen können die unterschiedlichen Wirkungen entnommen werden:

- Gerundete Konturen wirken weich. (s. S. 145, Bild 1)
- Je stärker die Kontur graduiert und effiliert ist, umso stärker ist der Bezug der Frisur zu Gesicht und Hals. (s. S. 145, Bild 2)
- Gerade verlaufende Umrisslinien wirken hart, sachlich und streng.
- Je stumpfer die Kontur geschnitten ist, umso gesichts- und halsferner wirkt die Frisur.
- Spitze Winkel verstärken den Eindruck der Härte.
- Je offener der innere Umriss ist, desto mehr wird das Gesicht betont.
- Die Gesichtsform wird durch den Pony beeinflusst.

Bild 2 Innere und äußere Umrisslinien

Klar, abgegrenzt, geschlossen	Leicht geöffnet

Tiefer geöffnet, jedoch im Wechsel mit klarer Abgrenzung	**Stark geöffnet, aufgelöst**

Tabelle 1 Innere Umrisslinien

Bild 1 *Gerundeter Verlauf der inneren Umrisslinie*

Bild 2 *Effilierter Verlauf der inneren Umrisslinie*

2.3.4 Flächen und Körper

Linien haben nur eine Dimension, die Länge. Flächen haben zwei Dimensionen, die Länge und die Breite. Mögliche Formen des Gesichts sind das **Rechteck,** das **Quadrat,** das **Dreieck** oder der **Kreis**.

Wird der Fläche eine weitere Dimension, die Tiefe, hinzugefügt, erhält man den Körper. Körper sind somit dreidimensional. Sie können unterschiedliche Formen haben. Gleichmäßige Körperformen sind Quader, Würfel, Pyramide und Kugel (Tabelle 1).

Da Frisuren drei Dimensionen aufweisen, zählen sie auch zu den geometrischen Körpern. Ebenso wie der gleichmäßig geformte Würfel haben Frisuren auch Linien, insbesondere die Begrenzungslinie. In Frisuren treten aber auch Flächen auf. Diese typischen Merkmale sind in Bild 3 deutlich erkennbar.

Mithilfe dieser geometrischen Formen kann sowohl die Kopf- und Gesichtsform positiv beeinflusst werden als auch der Hals- und Nackenbereich. Hat die Kundin beispielsweise eine vier- oder rechteckige Kopfform, sollten die „Kanten" durch Rundungen ausgeglichen werden. Somit sollte die Friseurin der Kundin die runde Schnittform empfehlen. Dadurch wird wieder die Idealform des Ovalen angestrebt.

Ein breiter Nacken sollte keinesfalls durch eine rechteckige Frisurenform negativ beeinflusst werden. Er würde noch breiter wirken. Hier wäre es ideal, die Haare kurz zu tragen (s. S. 146, Bild 2) oder die Nackenhaare zur Wirbelsäule spitz zusammenlaufend zu gestalten. Dieses streckt den Nacken und lässt ihn schmaler und länger erscheinen.

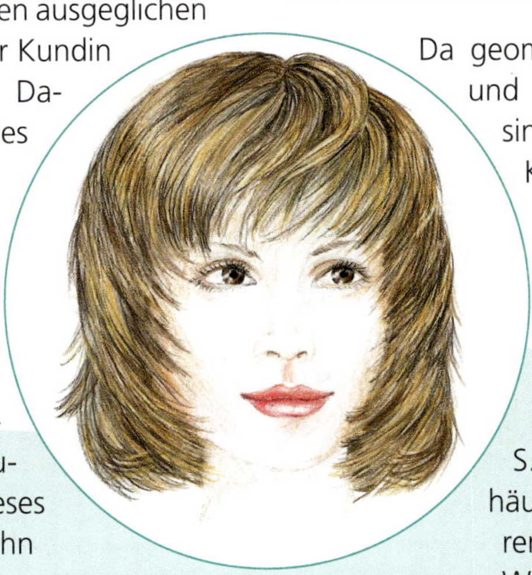

Bild 3 *Merkmale geometrischer Frisurenformen*

2D-Form, z. B. Gesicht	3D-Form, z. B. Kopf
Rechteck	Quader
Quadrat	Würfel
Kreis	Kugel
Dreieck	Pyramide

Tabelle 1 *Flächen und Körper*

Hingegen wirkt sich eine rechteckige Form positiv auf einen langen Hals aus und verkürzt ihn optisch. Bei einem kurzen Hals wären das Quadrat oder der Kreis zu wählen. **Mischformen** sind auch möglich.

Die Friseurin muss das Gesamtbild der Kundin betrachten, um die richtige Entscheidung zu treffen. Auch hier zeigt es sich, dass Kreativität und Harmoniegefühl sich entwickeln müssen.

Da geometrische Formen in ihrer Wirkung und Aussagekraft sehr unterschiedlich sind, ist es wichtig, dass die Friseurin Kenntnisse darüber besitzt. Bereits bei der Frisurenberatung kann sie auf die natürlichen Gegebenheiten der Kundin eingehen und durch die passende Wahl der geometrischen Form der Frisur ausgewogene Proportionen erzielen. Die Bilder 1 bis 4, S. 146 geben einen Überblick über häufig verwendete geometrische Frisurenformen und ihre unterschiedlichen Wirkungen:

Rechteck

Die Frisur wirkt streng und sachlich. Je nach Anordnung des Rechtecks nimmt der Kopf an Höhe oder Breite zu. In der Fläche und in der Tiefe ähnelt die Form dem Quader.

Quadrat

Bedingt durch die Gleichmäßigkeit wirkt diese Frisur eckig, fast quadratisch. Betrachtet man diese Frisurenform jedoch von allen Seiten, so wirkt sie wie ein Würfel.

Kreis

Von vorne betrachtet wirkt diese Frisur wie ein Kreis. In ihrer Gesamtheit ähnelt sie einer Kugel. In sich wirken diese Frisurenformen geschlossen, füllig und gleichmäßig (Bild 3).

Dreieck

Diese Frisur wirkt von vorne wie ein Dreieck, spitz und scharfkantig (Bild 4). Je nach Anordnung des Dreiecks in der Frisur findet die Betonung statt:

- Zeigt die Spitze nach unten, wirkt die Frisur insgesamt aufsteigend.
- Zeigt die Spitze nach oben, werden Gesichtspartien umrandet oder teilweise verdeckt. In dieser Umkehrung wirkt die Frisur fülliger und geschlossener.

Schwerpunkte

Durch die Verteilung der Haarfläche lassen sich Schwerpunkte in der Frisur erreichen. Diese können die Gesichts- und Körperform positiv verändern. Beim Kreis (Bild 3), wie sie z. B. einem Bob entspricht, ist der Schwerpunkt gleichmäßig verteilt. Hingegen ist beim Dreieck (Bild 4) der Schwerpunkt nach unten verlagert. Dies muss besonders beachtet werden bei Frauen mit „birnenförmiger" Statur. Durch einen nach unten ausgerichteten Schwerpunkt wird die Statur zusätzlich negativ betont. Bei kleinen Frauen sollte darauf geachtet werden, dass der flächige Schwerpunkt der Frisur nach oben gerichtet wird, dadurch wird die Figur gestreckt und wirkt größer. Flächen und Körper gehören in der Frisurenbetrachtung immer zusammen. Flächen können, wie schon vorher erwähnt, das Auge des Betrachters lenken. Bei den Flächen finden wir Frisurelemente, wie z. B. den Pony oder Blocksträhnen, die den Blick des Betrachters auf sich ziehen können und somit Effekte in der Frisur setzen. Ein glatt gestylter Bob kann durch Blocksträhnen unterbrochen werden und dadurch in seiner Schlichtheit und Ruhe plötzlich in das Gegenteil gewandelt werden.

Des Weiteren können Flächen, genau wie Linien, Emotionen (Gefühle) vermitteln. Hierbei spielt die Textur (Frisuroberfläche) eine bedeutende Rolle.

Bild 1 Rechteckige Form

Bild 2 Quadratische Form

Bild 3 Runde Form

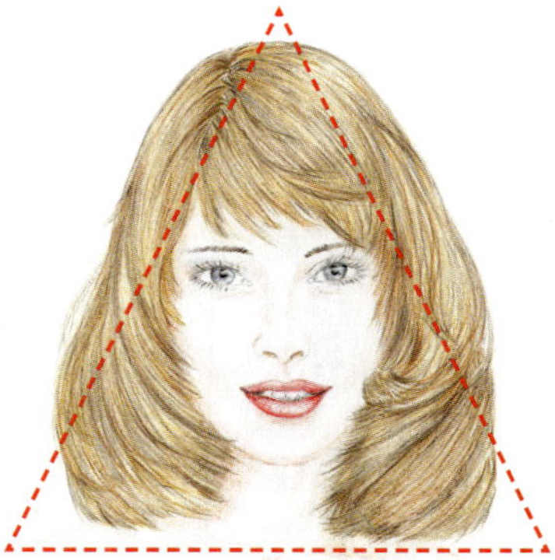

Bild 4 Dreieckige Form

Textur

Die Textur ist die Oberfläche der Frisur, die man sehen und auch fühlen kann. Der Gesamteindruck einer Frisur wird wesentlich von der Oberflächengestaltung der Haare bestimmt. Die Textur wird vorrangig durch den Haarschnitt geprägt. Aber auch die vielen technischen Möglichkeiten, z. B. Kreppeisen, Glätteisen, Lockenstab, prägen die Oberflächengestaltung der Textur mit. Man kann grundsätzlich zwei Arten der Textur unterscheiden:

Aktivierte Textur

Die Oberfläche der Frisur ist aufgelockert. Diese Textur wird durch die Graduierung im Haarschnitt oder durch vollständig gestufte Haarschnitte erzielt. Bei sehr kurzen gestuften Haaren, gelockten bis krausen Deckhaaren oder sehr leger frisierten Haaren ist eine bewegte und geöffnete Textur sichtbar (s. S. 147, Bild 1).

Diese Frisuren werden durch Kammführungslinien bestimmt, die gemischt oder nach oben gerichtet sind. Dies erfolgt durch das Frisieren der Haare gegen den natürlichen Fall.

Nichtaktivierte Textur

Bei der nichtaktivierten Textur ist die Oberfläche der Frisur glatt, sie zeigt eine kompakte Form. Diese glatte und geschlossene Textur ist ein typisches Merkmal für Frisuren mit glatten Deckhaaren. Die Gestaltung der Oberfläche

Bild 1 *Aktivierte Textur*

Bild 2 *Nichtaktivierte Textur*

Bild 3 *Teilaktivierte Textur*

zeigt einen Linienverlauf nach unten (Bild 2). Hierbei verlaufen die Kammführungslinien immer nach unten.
Die nichtaktivierte Textur findet sich im Bob oder Pagenkopf wieder.

Durch gezielte Arbeitstechniken erhält man bei einigen Frisuren zugleich eine aktivierte und nichtaktivierte Textur, z. B. die Kombination einer Graduierung und einer kompakten Form beim Haarschnitt. Die dadurch entstehende Textur wird auch als **teilaktivierte Textur** bezeichnet (Bild 3).

Flächen in der Schnittbeschreibung

Zur exakten **Schnittbeschreibung** wird der Kopf in Flächen eingeteilt, die der Orientierung dienen.

Die Flächen des Hinterkopfes können in Vorderkopf-, Oberkopf-, Hinterkopf- und Nackenbereich eingeteilt werden. Für bestimmte Färbe- und Schnitttechniken können **Abteilungen** nach sternenförmigen Flächen erfolgen. Für den Aufbau vieler Dauerwelltechniken wird der Kopf je nach gewünschtem Ergebnis in Flächen eingeteilt.

Zusammenspiel von Körper und Kopf

Unter **Körper** versteht die Friseurin die **Körperform** der Kundin als auch die **Kopfform mit Profil**.

Die Körperform kann grob in drei Bereiche unterteilt werden:
- Leptosom (sehr schlank, geradlinig)
- Athletisch (groß, gut proportioniert)
- Pyknisch (klein, untersetzt)

Dabei gibt es immer Zwischenformen, wie z. B. groß und rundlich oder klein und zart.
- Kleine, rundliche Typen sollten keine voluminösen Frisuren tragen, dies betont die Figur.
- Große, schmale Frauen sollten keine Hochsteckfrisur tragen, diese lässt sie noch größer und strenger wirken.
- Kleine Typen sollten keine Langhaarfrisur tragen, diese lässt sie noch kleiner wirken.

Körper und Kopf muss vor der Beratung eingehend betrachtet werden, um bei der Frisurengestaltung keine negative Wirkung auszulösen bzw. positive Wirkungen durch das Kaschieren von Problemzonen zu erreichen.

Schiefe Augen-, Mund- oder Nasenformen können auch durch die Frisurgestaltung ausgeglichen werden.

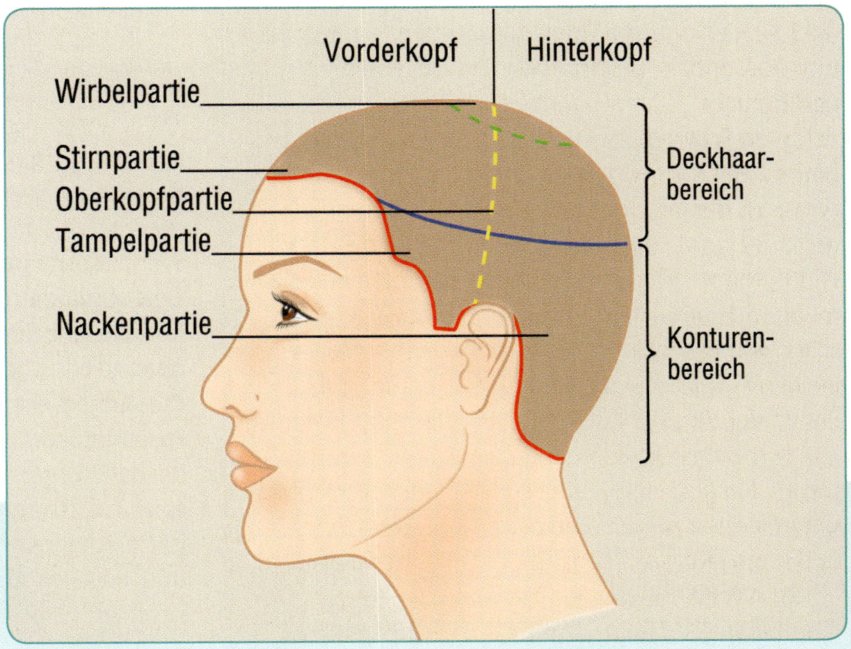

Bild 4 *Haarflächen*

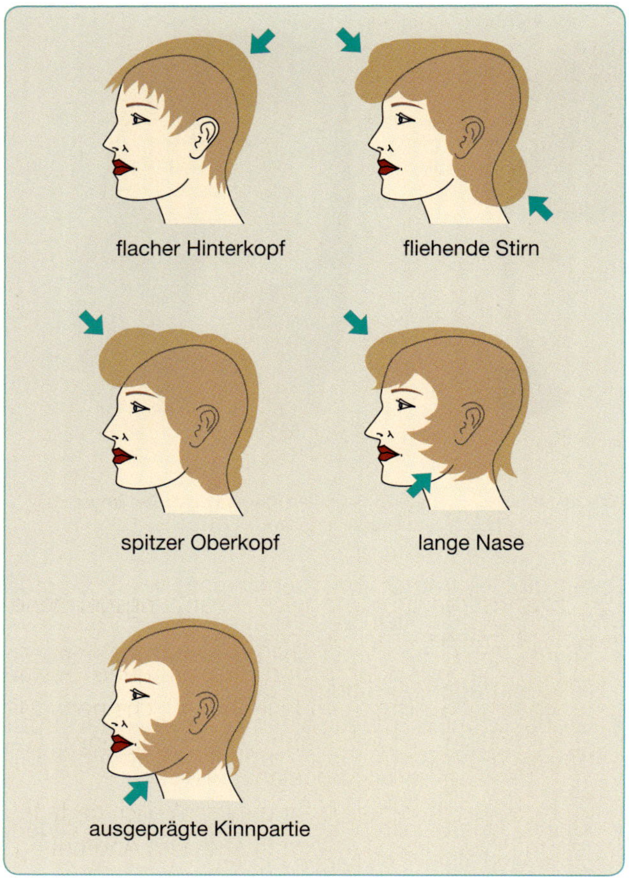

Bild 1 *Frisurengestaltung bei ungünstiger Kopfform*

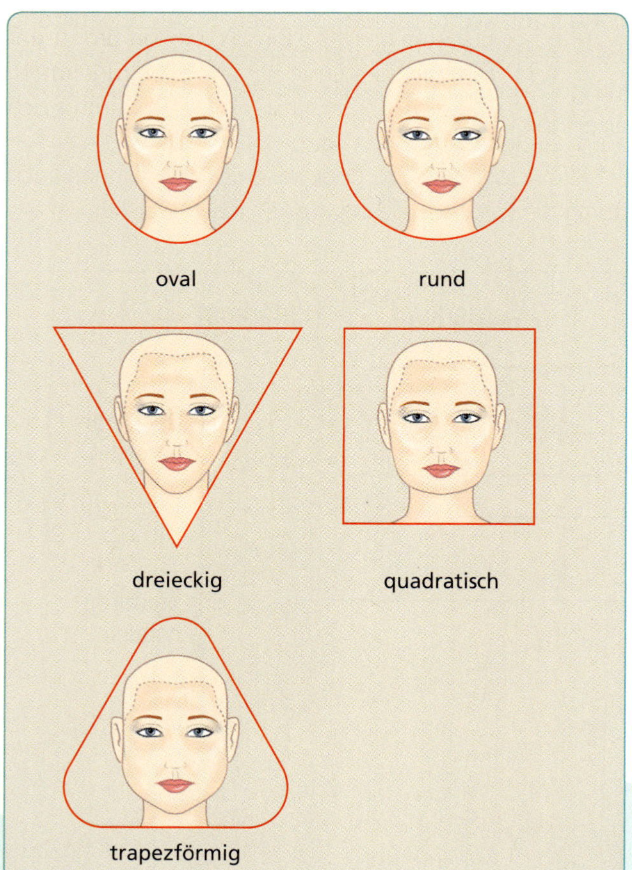

Bild 2 *Verschiedene Gesichtsformen*

2.3.5 Gesichts- und Kopfform

Als ideale Form gilt das Oval. Die individuelle Gesichts- und Kopfform der Kundin sollte bei der Frisurgestaltung in jedem Fall berücksichtigt werden. Diese unvorteilhaften Formen kann die Friseurin durch die Haarlänge sowie durch die Lage und Fülle des Volumens innerhalb der Frisur abschwächen oder ausgleichen.

Um Problemzonen im Profil auszugleichen, sollten als Grundlage zwei Regeln beachtet werden: (s. Bild 1)

- Stirn, Hinterkopf und Ohren als Problemzonen können mit Haaren verdeckt werden.
- Nase und Kinn müssen durch entgegengesetzt verlaufende Linien und somit entsprechendes Volumen ausgeglichen werden.

Um Gesicht und Frisur vorteilhaft in Einklang zu bringen, muss die Friseurin in der Typenlehre die verschiedenen Gesichtsformen unterscheiden und sie in der Beratung berücksichtigen. Hierbei sollte die Frisur so gestaltet werden, dass sich der innere und äußere Umriss der Frisur (s. S. 144) der Idealform des Ovals annähert. Beispiele: Bei einem runden Gesicht werden die Haare mindestens schulterlang gelassen und durch Fransen, die in das Gesicht fallen, wird die runde in die ovale Form ausgeglichen.

Eckige Gesichter wirken durch rundlich fallende Formen des Haarschnittes harmonischer.

Bild 3 *Ausgleich einer nicht ovalen Gesichtsform durch die Frisur*

Wenn Kopf- oder Gesichtsform von dem klassischen Oval abweichen, kann die Friseurin, je nach Wunsch der Kundin, eine Betonung oder aber einen Ausgleich durch gezielte Frisurgestaltung bewirken. Da in der Regel von Kundinnen ein Ausgleich gewünscht wird, muss eine Friseurin über umfassende Kenntnisse und Fertigkeiten bei der Frisurengestaltung verfügen. Bild 3 zeigt ein Beispiel für eine modische Abwandlung einer Frisur. Es ist zu erkennen, dass durch die Änderung des inneren und äußeren Umrisses die Gesichtsform betont oder kaschiert wird.

Bild 1 *Symmetrische Frisur*

Bild 2 *Leichte Asymmetrie in der Gesamtform*

Bild 3 *Starke Asymmetrie durch den langen Pony auf der linken Seite*

2.3.6 Formanordnungen (Anordnung einzelner Formelemente)

Formelemente einer Frisur können wie folgt sein:
- punktförmig, wie Wirbel und Perlenschmuck,
- linienförmig, wie Fransen und Wellenbögen,
- flächig, wie Blocksträhnen und Schnittmuster,
- oder dreidimensional, wie Zopfabteilungen und Hochsteckgebilde

Deren Anordnung in der Frisur bezeichnet man als Formanordnung. In der Praxis unterscheidet man diese in:
- Symmetrie
- Asymmetrie
- Reihung
- Rhythmus
- Steigerung
- Kontrast

Bei einer **Symmetrie** sind beide Seiten spiegelbildlich (deckungsgleich). Haarschnitte bzw. Frisuren mit diesem Gleichgewichtsprinzip wirken geordnet, gleichmäßig, klar und ausgewogen. Sie wirken ruhig und harmonisch auf den Betrachter.

Asymmetrie ist der Gegensatz von Symmetrie, d.h., die Frisurenhälften sind nicht deckungsgleich. Bei Haarschnitten bzw. Frisurenformen mit einer Asymmetrie treten durch Gewichtsverlagerung Dynamik und Spannung auf. Andere Formelemente können die Gewichtsverlagerung auffangen.

Für Tagesfrisuren ist diese leicht spannungsgeladene, reizvolle Frisurenart sehr gut geeignet.

Durch eine interessante und ausgewogene Gestaltung können Gesichter vorteilhafter erscheinen. Mit asymmetrischen Frisuren kann von ungünstigen Gesichts- oder Kopfformen abgelenkt werden.

Werden die Frisurenteile sehr unterschiedlich gestaltet, spricht man von einer stark asymmetrischen Anordnung.

Bei der **Steigerung** sind alle Formelemente gleich. Jedoch ändern sie sich in ihren Proportionen. Diese Veränderung bewirkt eine gleichmäßige Folge von proportionalen Schritten, die zum Ende hin ab- oder zunehmen. Gesteigerte Bereiche einer Frisur müssen harmonisch aufeinander abgestimmt sein.

Bild 4 *Steigerung der flächigen Haarpartien am Hinterkopf*

Bei der **Reihung** sind alle sich wiederholenden Formelemente in der Frisur in Form und Größe gleich. Die Wiederholung der Gestaltungselemente kann sowohl linear als auch flächig auftreten. Die Reihung bewirkt klare, ruhige Effekte in der Frisur.

Während die Reihung eine regelmäßige Wiederholung des gleichen Elementes darstellt, kommen beim Rhythmus verschiedene Elemente ins Spiel.

Unter **Rhythmus** ist die Wiederholung zweier oder mehrerer Formelemente in gleicher Reihenfolge zu verstehen. Die Formelemente können dabei unterschiedlich in Form und Größe sein. Rhythmus kann linear im Konturenbereich oder flächig in der Frisurenanlage eingesetzt werden. Das Abwechseln der Gestaltungselemente erzielt bewegte dynamische Effekte.

Bild 1 *Reihung des Ponys*

Bild 2 *Rhythmus durch unterschiedliche Ponylängen*

Bild 3 *Farbkontrast*

Unter **Kontrasten** versteht man die Beziehung von Gegensätzen in der Form- und Farbanordnung. Kontrastmöglichkeiten in der Frisurengestaltung sind beispielsweise:

- Kurzes und langes Haar
- Lockiges und glattes Haar
- Kleine und große Frisurenelemente
- Hellere und dunklere Haarfarben
- Auf- und absteigende Haarpartien

Jede Frisur setzt sich immer aus mehreren Formstrukturen zusammen, sodass bei deren Beschreibung die Ausführungen sehr wichtig sind (vgl. die Bilder zu Reihung, Rhythmus und Steigerung).

Bild 4 *Frisurenkontrast*

3 Haarersatz empfehlen

SZENARIO

Florians Opa bittet ihn, sein Toupet zu waschen und zu schauen, ob etwas repariert werden muss. Florian überlegt, ob das die einzige Lösung gegen lichtes Haar ist.

3.1 Haararten

Der Haarersatz kann je nach Bedarf in Echt- oder Kunsthaar mit den entsprechenden Materialien gefertigt werden.

Menschenhaar

Europäisches Haar ist bei uns sehr begehrt, da es in Stärke, Form und Farbe dem Durchschnittshaar der Mitteleuropäer entspricht. Es wird für hochwertigen Haarersatz verwendet. Allerdings ist es nur in geringen Mengen im Handel erhältlich und daher recht teuer.

Asiatisches Haar wird durch chemische Prozesse so verändert, dass es ähnlich wie das europäische Haar aussieht. Das geschieht durch:

- Entfernen eines Teils der Schuppenschicht
- Aufhellung der Pigmente
- Einfärbung mit Textilfarben

Synthetikhaar

Statt Echthaar werden heute vielfach vollsynthetische Fasern für die Herstellung von Haarersatz und Haarzusatz verwendet. Synthetikhaar ist mit speziellen Farbstoffen eingefärbt, d. h., der Farbstoff wird bei der Herstellung in die Fasern eingeschmolzen. Man kann die Farben nicht mit Haarfarben oder Blondiermitteln verändern.

Synthetikhaar besteht im Gegensatz zu Naturhaar nicht aus Keratin. Deshalb können Dauerwellmittel nicht für Formveränderungen genutzt werden. Wegen der fehlenden Schuppenschicht kann es nicht verfilzen.

Damit Synthetikhaar natürlich wirkt, muss die Oberfläche so aufgeraut werden, dass sie eine ähnliche Lichtreflexion und Lichtbrechung hervorruft wie die Schuppenschicht des gesunden Naturhaares.

3.2 Materialien

Zur Herstellung von Haarersatz werden Bespannstoffe und Bänder benötigt. Sie bilden das Gerüst einer Haararbeit. Die Bänder bestimmen die Form des Haarersatzes und auf dem Bespannstoff werden die Haare befestigt.

Bespannstoffe

Steiftüll besteht aus Baumwolle, Nylon oder Seide.
Durch Imprägnieren erhält er seine Festigkeit.
Gaze (Mull) ist ein feinmaschiger Stoff. Sie wird für Partien verwendet, die besonders echt wirken sollen, z. B. Wirbel oder Scheitel.
Folien aus Kunststoff werden für Toupets verwendet.

Bänder

Die Bänder sind passend in Farbe und Material (Seide, Baumwolle, Perlon) zu den Stoffen erhältlich (Bild 1).

Bild 1 *Bänder und Stoffe*

3.3 Arten des Haarersatzes

In der Praxis werden folgende Arten von Haarersatz angeboten:

- Haarteile
- Perücken
- Toupets
- Haarergänzungen (Extensions)
- Haartransplantationen

Haarteile

Haarteile haben die Aufgabe, fehlendes Eigenhaar teilweise zu ersetzen oder für modische Akzente zu sorgen.

Sie sind in verschiedenen Größen, Haararten und -farben erhältlich. Je nach Art des Haarteils erzielt man fülligere Frisurenformen oder modische Frisurenvariationen (Bild 2).

Perücken

Sie haben die Aufgabe, fehlendes Eigenhaar ganz oder teilweise zu ersetzen. Durch Erkrankungen, Verletzungen und medizinische Behandlungen kann es zur Kahlheit oder zur Volumenverminderung des Haarschopfes kommen. Eine dem echten Haar gleichende Perücke fördert die Selbstsicherheit des Betroffenen und unterstützt das Wohlbefinden. Um eine natürlich wirkende Perücke fertigen zu können, muss man sich an den natürlichen Gegebenheiten der betroffenen Person orientieren. Besonders im Krankheitsfall ist dies rechtzeitig zu berücksichtigen (Bild 3).

Toupets

Sie ersetzen bei den Männern fehlendes oder schütteres Eigenhaar an Ober- und Hinterkopf. Das Toupet wird unter gleichen Bedingungen wie eine Perücke gefertigt (Bild 4).

Haarergänzungen

Bild 1 *Vor der Haarverlängerung und Verdichtung*

Hierzu zählen Haarverdichtung und Haarverlängerung. Diese erfreuen sich immer größerer Beliebtheit.

Gegenüber dem Haarersatz haben sie folgende Vorteile:

- Ermöglichen eine Hautatmung
- Führen nicht zum Wärmestau
- Sehen natürlich aus

Eine Haarverlängerung bzw. Haarverdichtung muss darüber hinaus folgende Kriterien erfüllen:

- Verbindungsstellen dürfen nicht sichtbar sein
- Verbindungen müssen ohne Beschädigung des Eigenhaares lösbar sein
- Strähnen müssen wiederverwendbar sein

Haarverdichtung

Sie wird vor allem bei feinem und brüchigem Haar angewandt. Durch die Haarverdichtung wird der Frisur mehr Volumen gegeben. Außerdem können lichte Haarstellen durch Haarverdichtung kaschiert werden.

Die Haarverdichtung ist eine federleichte Netzkonstruktion, die in das Haar integriert wird. Sie wird fest oder abnehmbar eingefügt.

Haarverlängerung (Hairextension)

Die Haarverlängerung wird eingesetzt, wenn für das Frisurenbild, wie z. B. Hochsteck- oder Langhaarfrisur, deutlich längeres Haar erforderlich ist.

Oder um der Kundin die Übergangszeit zwischen kurzem und langem Haar einfacher zu gestalten.

Verwendete Haararten

Am besten geeignet ist unbehandeltes, europäisches Schnitthaar. Häufig wird auch indisches Schnitthaar ver-

Bild 2 *Haarteile*

Bild 3 *Perücken*

Bild 4 *Toupets*

Bild 1 Haar verlängert und verdichtet

wendet, das durch Vorbehandlung dem europäischen Haar farblich angepasst wird.

Für preiswerte Arbeiten wird auch Synthetikhaar genommen, das von den Herstellern in allen modischen Farbtönen angeboten wird.

Befestigungstechniken

Die Haarsträhnen werden im Abstand von ca. 2 cm oberhalb der Kopfhaut mit dem Eigenhaar verbunden. Diese Verbindung wird auch als **Bonding** bezeichnet.

Das Wort „bond" (englisch) bedeutet Verbindung. Für diese Haarverbindungen sind unterschiedliche Verfahren entwickelt worden:

a) Verbinden durch Verklebung
Als Werkzeug dienen aufheizbare Spezialzangen, mit denen durch Wärmezufuhr der Kleber oder eine Keratinsubstanz verflüssigt und die Strähne durch Druck am Echthaar verklebt wird. Durch Erwärmen oder mithilfe eines Lösungsmittels (Remover) werden die Strähnen wieder entfernt, wenn sie rausgewachsen sind.

b) Verbinden mit Hülsen
Um das Haar und die Haarsträhne wird eine mit Kunststoff beschichtete Hülse gelegt und mit einer Zange zusammengepresst. Vor der nächsten Behandlung werden die Hülsen mithilfe eines speziellen Werkzeugs wieder gelöst.

Haartransplantationen

Kommt es zu einem dauerhaften Haarausfall, z. B. durch Alopecia areata, hilft nur noch die Haartransplantation. Sie ist keine Aufgabe der Friseurin, sondern wird in Fachkliniken durch einen Arzt ausgeführt. Die besten Erfolge erzielt der Arzt durch die Transplantation von Eigenhaar. Bei Fremd- oder Kunsthaar kommt es meist zu Abstoßungsreaktionen, d. h. der Körper akzeptiert das fremde Gewebe der Haarwurzeln nicht. Es gibt zwei Methoden der Haartransplantation.

Strip-Technik (Bild 3)
Bei dieser wird ein Streifen (engl. Strip) von Haaren aus dem Hinterhauptbereich entfernt. Diese Stelle muss wieder vernäht werden, eine dezente Narbe entsteht. Diese hat den Nachteil, dass sie bei späterer Glatzenbildung sichtbar ist. Die Haarwurzeln dieses Haarstreifens werden aufgearbeitet und einzeln an der entsprechenden kahlen Stelle wieder eingesetzt. Dazu werden kleine Schnitte oder Löcher an die entsprechende Stelle gebohrt und vernäht.

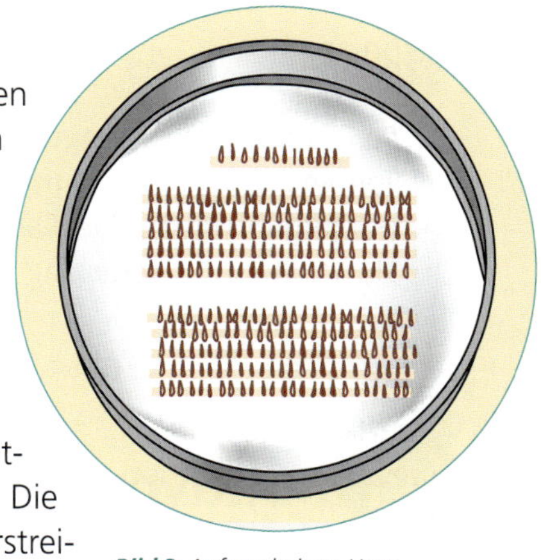

Bild 3 Aufgearbeitete Haarwurzel nach der Strip-Technik

FUE-Technik (Follicular Unit Extraction) (Bild 4)
Es bedeutet, dass Haargruppen (Unit) entnommen (engl. Extraction) werden. Dies geschieht, indem an unterschiedlichen Stellen Haarfollikel mithilfe eines Bohrers ausgestanzt und direkt in dem Bereich der Glatze implantiert (= eingepflanzt) werden.

Bis die implantierten Haarwurzeln angewachsen sind, dauert es zwei bis drei Tage. Zuerst bildet sich Schorf, wie bei normalen Wunden. Erfolge sieht der Patient nach etwa einem Monat, da die neu gebildeten Haare erst nachwachsen müssen.

Äußert der Kunde den Wunsch nach einer Haartransplantation, sollte die Friseurin ihn darauf hinweisen, dass er einen erfahrenen Arzt aufsuchen sollte. Somit kann das Risiko von Komplikationen, wie z. B. Infektionen und Abstoßungen, möglichst gering gehalten werden.

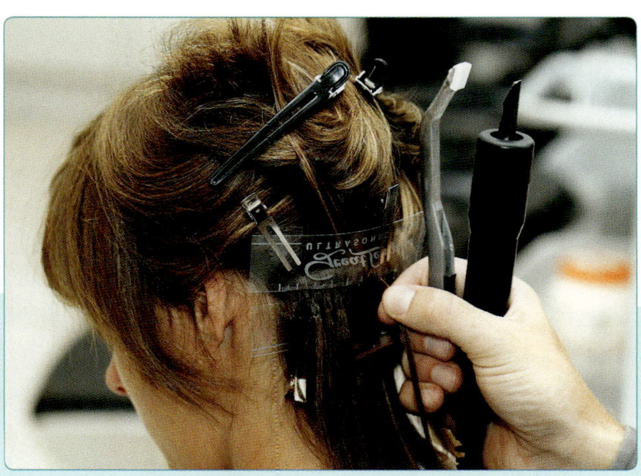

Bild 2 Eingearbeitete Strähnen

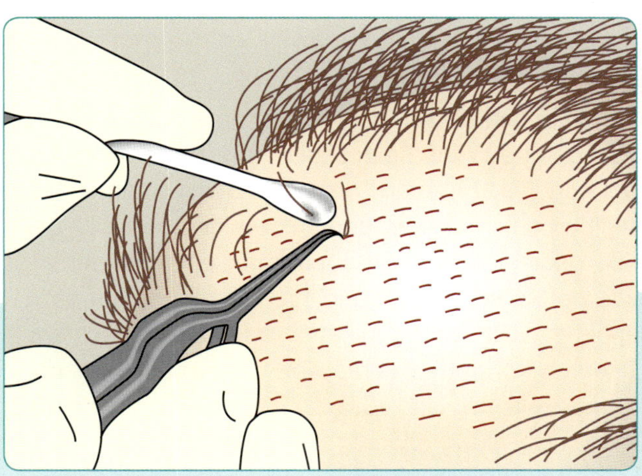

Bild 4 Haartransplantation mit FUE-Technik

4 Frisuren empfehlen

Bild 1 *Fachzeitschriften*

SZENARIO

Anja hat die Grundlagen für eine Frisurempfehlung erarbeitet. Nun möchte sie wissen, wie sie ihre fachliche Vorstellung der Kundin noch besser empfehlen kann. Frau Müller sagt: „Natürlich können Sie jede Frisur bildlich darstellen. Dies hilft der Kundin, sich ein genaueres Bild ihrer Frisur vorzustellen, und Sie sind sicher, dass Ihr Vorschlag der Kundin gefällt." Frau Müller bittet Sarah, Anja alle Möglichkeiten aufzuzeigen.

4.1 Bildvorlage

Nach den neuesten Modetrends, den Modevorführungen und klassischen Gesichtspunkten werden Frisurenfachzeitschriften und Bildbände erstellt. In der Fachzeitschrift Top Hair werden monatlich die neuesten Modetrends, teilweise mit Arbeitsanweisungen, veröffentlicht. Aber auch auf speziellen Internetseiten können sich Friseurin und Kundin über die Vielfalt unterschiedlichster Frisuren informieren.

Beispieladressen sind:

- www.cosmoty.de
- www.hairweb.de

Der Vorteil ist, dass die Kundin einen ersten Eindruck ihrer späteren Frisur auf einem Bild sieht und gegebenenfalls Änderungen sofort besprochen werden können. Der Nachteil ist, dass es sich um eine zweidimensionale Vorlage handelt, die nicht die Proportionen zeigt.

4.2 Frisuren-Simulations-Software

Simulations-Programme für Frisuren arbeiten so, dass zuerst ein Bild des Gesichts des Kunden erstellt wird. Mittlerweile sind einige Apps für Smartphones und Tablet PCs erhältlich, die über die eingebaute Kamera Bilder der Kundin aufnehmen können.

Bei der Aufnahme muss die Kundin alle Haare aus dem Gesicht frisiert haben. Über das Bild werden unterschiedliche Frisuren mithilfe des Computerprogramms gelegt. Die einzelnen Ergebnisse können ausgedruckt oder per E-Mail verschickt werden, falls die Kundin Bedenkzeit benötigt.

Im Gegensatz zur Bildvorlage hat Frisuren-Simulations-Software den Vorteil, dass Friseur und Kundin ihre Vorschläge und Wünsche in Bildern ausdrücken können: Die Kundin kann jeden Vorschlag schon vor der Fertigstellung an sich sehen und entscheiden ob er ihr gefällt oder nicht. Die Friseurin kann ebenfalls sehen, was der Kundin gefiele und ihren fachlichen Rat dazu abgeben. Die Kommunikation wird also erleichtert. Dadurch kommt es gerade bei starken Typveränderungen, wie von lang zu kurz oder einer Farbveränderung, nicht zu unerwünschten Überraschungen. Die Beratungskompetenz der Friseurin und die Zufriedenheit der Kundin wird erhöht.

Es können auch Style-Varianten und Accessoires gezeigt werden. Der Nachteil ist der Kostenfaktor. Diese Dienstleistung wird in der Branche meist extra berechnet, da sie neben den Anschaffungskosten mit einem erhöhten Zeitaufwand und einer Schulung der Mitarbeiter verbunden ist.

Die Frisuren-Simulations-Software sollte regelmäßig aktualisiert werden. Vor dem Kaufentscheid sollte man sich ausreichend informieren und es auch praktisch ausprobieren, um sicher zu sein, dass es benutzerfreundlich ist.

Beispiele für Software sind: Hair Zapp von Style Concept – Virtual Makeover von ModiFace

Bild 2 *Screenshot: Hair Concept 3D von Style Concept*

5 Bartformen empfehlen

SZENARIO

Anjas Vater kommt heute als Modell in den Salon. Während sie ihm die Haare wäscht, erzählt er ihr, dass er früher einen Bart hatte, den er sich beim Friseur pflegen ließ. Anja möchte sich daraufhin informieren, warum man einen Bart trägt und welche Bartformen es gibt.

5.1 Bedeutung des Bartes

Bild 1 *Jüdischer Bart*

Obwohl die Barthaare zu den Langhaaren gehört, entwickelt er sich als sekundäres Geschlechtsmerkmal in der Pubertät. Dies wird durch das männliche Hormon (Testosteron) ausgelöst. Im Gegensatz zu den Kopfhaaren ist das Haar meist langsamer im Wachstum und besitzt einen dickeren Schaft.

Je nach Epoche und Erscheinungsbild galt der Bart als politisches Erkennungszeichen für Umstürzler und Demokraten oder in gepflegter Form als hoffähig. Des Weiteren gilt er in einigen Kulturen als Symbol für Manneskraft und Weisheit. Während in der Antike und im Mittelalter der Friseur mit der Rasur und dem modischen Gestalten sein Geld verdiente, ist das heute nicht mehr möglich – die Kunden pflegen ihren Bart selbst.

Jedoch steigt wieder das Interesse an der Bartgestaltung, da dies vom Mann nicht nur zum Ausgleich unerwünschter Makel im Gesicht, sondern auch als Ausdruck von Mode, Individualität (Persönlichkeitsmerkmal) und Aufmerksamkeit genutzt wird. Der kulturelle Hintergrund bestimmt auch, wie der Bart getragen wird. Hierzu zählt die typische Bartform, wie man sie in jüdischen und muslimischen Religionsgemeinschaften kennt, wobei die jüdischen Bartformen durch die Kotelettenlocken gekennzeichnet sind.

Mithilfe des Bartes kann der Kunde seine Gesichtsform beeinflussen oder optische Mängel, wie z. B. eine Hasenscharte, ausgleichen.

5.2 Bartformen

Die Bartformen sind vielfältig. Es werden die vier Gruppen Backen-, Kinn-, Oberlippen- und Vollbart unterschieden, wobei auch Kombinationen möglich sind. Aus modischen Anlässen trägt der jüngere Mann einen Dreitagebart oder eine Kombination aus Oberlippen- und Kinnbart. Dabei setzen Idole wie Rockstars oder Schauspieler Trends. Gerade für junge Leute ist der Bart modisches Accessoire und wird zum Kult. Dies zeigen die Bilder 3 und 4, wobei der junge Mann durch die Bartvariationen seine Individualität unter-

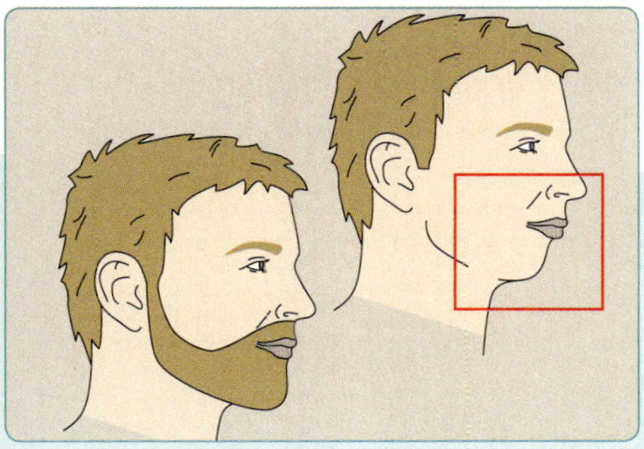

Bild 2 *Ausgleich eines fliehenden Kinns*

Bild 3 *Bartvariation 1*

Bild 4 *Bartvariation 2*

Bild 1 *Drei-Tage-Bart*

Bild 2 *Victor-Emanuel-Bart*

Bild 3 *Henriquatre-Bart*

streicht. Dient der Bart der Korrektur der Gesichtsform, ist auch die Farbe des Bartes entscheidend. Kleine Gesichter werden durch einen hellen Vollbart optisch vergrößert. Umgekehrt sorgen dunkle Farben für weniger Fülle. Neben dem Verdecken von Narben kann ein Vollbart ein Doppelkinn oder ein fliehendes Kinn kaschieren. Jede Gesichtsform kann durch den Einsatz gestalterischer Mittel optisch ausgeglichen werden (s. S. 155, Bild 2).

Während des Beratungsgespräches ist es wichtig, die Form und die Länge der Bartvariation genauestens festzulegen, da schon geringe Veränderungen sich auf das Gesamtbild des Gesichts auswirken können. Außerdem sollte das Pflegeverhalten sowie die Dichte des Bartwuchses berücksichtigt werden. Bei filigranen Mustern muss der Kunde öfter den Bart nacharbeiten. Bei ungleichmäßigem Wuchs eignen sich nicht alle Bartformen.

Aufgaben

1. Analysieren Sie bei Ihrem Mitschüler die naturgegebenen Grundlagen.
2. Suchen Sie aus Zeitschriften verschiedene Haarkonturen heraus und kennzeichnen Sie diese.
3. Nehmen Sie ein weißes Blatt Papier und zeichnen Sie drei kreative Ohrentampeln.
4. Beschreiben Sie die ungünstigen Kopfformen und ihren Ausgleich, siehe Seite 148, Bild 1.
5. Überlegen Sie, wie eine Frisur gestaltet werden muss, die ein fliehendes Kinn ausgleicht.
6. Suchen Sie aus Zeitschriften Beispiele für die verschiedenen Gesichtsformen.
7. Erstellen Sie ein Übersichts-Mindmap zu den naturgegebenen Grundlagen und den gestalterischen Schwerpunkten.
8. Suchen Sie unter www.cosmoty.de drei verschiedene Frisuren heraus und kennzeichnen Sie den inneren und äußeren Umriss farblich.
9. Beschreiben Sie die Frisuren nach den bekannten gestalterischen Schwerpunkten.
10. Geben Sie Möglichkeiten an, wie mithilfe des Gestaltungselements „Volumen" bei verschiedenen Gesichtsformen ein Ausgleich erzielt werden kann.
11. Suchen Sie sich drei verschiedene Frisurenbeispiele aus und beschreiben Sie den Kundentyp.
12. Informieren Sie sich im Internet über verschiedene Arten der Haartransplantation und erstellen Sie im Anschluss eine Pro- und Contra-Liste.
13. Führen Sie ein Beratungsgespräch mit einem Kunden, der eine beginnende Glatze hat, zu unterschiedlichen Methoden des Haarersatzes.
14. Zeigen Sie anhand verschiedener Bartformen, wie Gesichtsformen ausgeglichen werden können.
15. Suchen Sie auf der Seite www.bartfrisuren.de drei unterschiedliche Bärte und zeichnen Sie diese ab.
16. Welche Gründe gibt es, einen Bart zu tragen?

6 Projekte planen am Beispiel „Frisurenempfehlung“

Nachdem Sie sich theoretisch das Lernfeld „Frisuren empfehlen“ erarbeitet haben, sollen die gewonnenen Informationen nun in eine praktische Handlung umgesetzt werden! Diese soll Ihnen nicht nur im Alltag Sicherheit geben, sondern auch die berufliche Kompetenz für die bevorstehende Gesellenprüfung vermitteln. Je teamfähiger und zielorientierter Sie arbeiten, desto motivierter sind Sie und desto erfolgreicher ist Ihr Handeln.

Ein Projekt gliedert sich in sechs Schritte:

1. Projektplanung vorbereiten
2. Projektziel prüfen und festlegen
3. Projektplan erstellen
4. Projektdurchführung nach den Vorgaben
5. Projektpräsentation ausführen
6. Projektreflexion erstellen

Projektplanung vorbereiten

Bedenken Sie, dass alle Gruppenmitglieder beteiligt werden sollten. Sie benötigen eine Kundin, einen Zeitwächter, einen Protokollführer, jemanden, der präsentiert, und ggf. einen Organisator. Doch sollten alle gleich viel arbeiten und Starke sollten Schwächere unterstützen. Denn nur gemeinsam sind Sie stark. Wenn Sie Ihr Team gefunden haben, sollten Sie das Organisatorische zuerst klären. D. h.:

- Welche Mittel stehen uns zur Verfügung?
- Welches Material benötigen wir (Eddings, Plakate, Kleber, Schere usw.)?
- Welche Medien benötigen wir (Computer, Drucker, Fotoapparat, Kopien usw.)?
- Wer hilft uns bei Problemen, wie z. B. Rechtschreibschwierigkeiten, Umgang mit den Medien?

Projektziel prüfen und festlegen

Klare und eindeutige Ziele sind eine wichtige Voraussetzung, um erfolgreich und gemeinsam zu arbeiten. Das Grobziel ist es, eine Frisur zu empfehlen. Über folgende Punkte sollten Sie sich klar werden:

- Wem empfehlen Sie eine Frisur? (realem Gruppenmitglied oder einer Bildvorlagen)
- Wie ermitteln Sie den Kundenwunsch? (Fragetechniken, Kundentyp, Motive und Anlässe)
- Welche kundenspezifischen Gegebenheiten liegen vor? (Betrachten, Befühlen, Analysieren)
- Welche Möglichkeiten setzen Sie ein, um Lösungsvorschläge zu entwickeln? (Gespräch, Bildvorlage, Frisurenprogramm)
- Wie dokumentieren Sie die einzelnen Schritte und Ihr Ergebnis?
- Welche Zeit steht Ihnen zur Verfügung und wie gestalten Sie diese?
- Welche Kosten entstehen? (s. Kalkulation S. 509 ff.)

Projektplan erstellen

Hierbei gilt das Prinzip: „Keep it small and simple“, also: „Je einfacher, desto besser!“ Verteilen Sie die Aufgaben.

Jeder sollte eine Aufgabe haben, aber alle sollten sich gegenseitig unterstützen und auf die Zeit achten.

Beispiel:

Während einer im Internet Informationen sammelt, sollte ein anderer aus Ihrer Gruppe Informationen aus Büchern heraussuchen und ein weiterer könnte erklärende Skizzen anfertigen. Aber diese Aufteilung sollte sich nach Ihren persönlichen Stärken richten!

Projektdurchführung

Nun werden nach den Vorgaben ergebnisorientiert und zielstrebig

- der Ist-Zustand (= Kundenwunsch, naturgegebene Grundlagen, gestalterische Schwerpunkte) und
- der Soll-Zustand (Frisurvorschlag mit Argumentation) dokumentiert.

Dabei sollte jedes Mitglied noch einmal auf die Verständlichkeit und die inhaltliche Umsetzung achten.

Projektpräsentation ausführen

Im Vorfeld sollten Sie sich schon Gedanken machen, wie Ihre Gruppe das Ergebnis der Klasse präsentiert.

- Gestalten Sie ein Plakat, die Informationen sollten groß, übersichtlich und klar strukturiert sein.
- Drehen Sie einen Videofilm, benötigen Sie viel Zeit, können aber die Präsentation entspannt genießen.
- Simulieren (künstliches Vorführen) Sie ein Beratungsgespräch, müssen Sie langsam, deutlich und entspannt auftreten. Ggf. müssen die einzelnen Beratungssequenzen von einzelnen Schülern gespielt werden.

- Erarbeiten Sie eine Power-Point-Präsentation, müssen Sie den Umgang mit dem Medium beherrschen und es erfordert von den Zuschauern die Motivation, Inhalte zu lesen. (Eignet sich für die Demonstration von Frisurenprogrammen.)

Egal welche Form die Gruppe wählt, die Präsentation muss: **ansprechend, verständlich, informativ und kurzweilig** sein.

Projektreflexion erstellen

Das Projekt soll Ihnen berufliche Handlungskompetenz vermitteln. Um diese zu erlangen, müssen Ihnen die Mitschüler eine Rückmeldung über positive und negative Aspekte Ihrer Projektarbeit geben. Machen Sie sich bewusst, dass nicht nur Sie bewertet werden, sondern Sie im Anschluss auch andere bewerten. Damit diese Bewertung fair und hilfreich ist, sollten Sie sich im Vorfeld einen Bewertungsbogen zur Reflexion erstellen, der für alle Gruppen gilt.

Bild 1 *Informationen sammeln*

Bild 2 *Präsentation*

Der Bewertungsbogen sollte Folgendes beinhalten:

- Auftreten der Gruppe (verbal/nonverbal),
- Präsentation der Ergebnisse,
- Informationsgehalt,
- Verständlichkeit.

Diese Bewertung sollte in Form eines Notensystems abgegeben werden, aber auch Platz für freie Meinungen enthalten.

Mathematik-Aufgaben

1. Zur Herstellung einer Desinfektionslösung werden auf 0,6 l Wasser 5 ml Konzentrat gegeben. Der Vorrat im Salon Cut & Go ist leer. Die Auszubildende Nadine soll mit 10 l Wasser eine gebrauchsfertige Lösung herstellen.
Wie viel ml des Konzentrats benötigt sie?

2. Eine Friseurmeisterin hat mit ihrem Lieferanten die Vereinbarung getroffen, dass beim Einkauf von Waren im Wert von mindestens 3000,00 € innerhalb eines Kalenderjahres ein Bonus (Rückvergütung) in Höhe von 5 % gewährt wird.
Bisherige Bestellungen:

11.01.	248,50 €
04.03.	840,75 €
27.04.	112,30 €
17.06.	785,50 €
07.09.	615,20 €

Wie hoch muss die letzte Bestellung innerhalb des Jahres mindestens sein, damit die Meisterin den Bonus erhält?

3. Ein Lieferant macht einer Friseurmeisterin ein Angebot, für den Umsatz der letzten drei Jahre einen Treuebonus von 6,5 % zu gewähren, wenn der Gesamtumsatz in diesem Zeitraum 15.000 € übersteigt.
Im ersten Jahr hat die Meisterin Waren im Wert von 5450,00 €, im zweiten Jahr Waren im Wert von 3712,00 € bezogen. Im dritten Jahr sind bisher folgende Bestellungen erfolgt:

21.02.	1115,00 €
19.07.	932,00 €
14.10.	895,00 €

Für welchen Betrag muss die Meisterin in diesem Jahr noch Waren bestellen, damit sie den Treuebonus erhält?

7 English

7.1 Choosing suitable hairstyles to balance head and face shapes and other special features

SCENARIO

Susan: "Anja, I love your hairstyle. It really suits you. You could straighten your curly hair and wear it lose or done up in a knot like today."
Anja: Thanks, my face is slightly round and that's why I chose this style.
Susan: Hairstyles should always suit the face shape. Unfortunately, clients often want a hairstyle that doesn't suit their face shape. It can be difficult to persuade them to choose another hairstyle. But it is important because otherwise they will be dissatisfied and complain. And we can't then say: "I told you so." Can we?

In order to recommend suitable hairstyles the hairdresser needs to take the client's face shape and any special features into account during consultation.

Helpful phrases to recommend suitable hairstyles by considering shape and special features:

- client's needs

"To balance your … I would like to …"
"Your face is a bit … and therefore, i would recommend to … to make it…"
"To focus attention on your …, I would suggest to …"
"To elongate your neck a bit, we should refrain from …"
"Long hair makes the face look … Therefore, I'd like to suggest a … cut."

- client's benefits

"A … face looks gorgeous with …/benefits from … This face shape is suited by …/is well served by …"
"… should avoid …"
"… should refrain from …"

face shape	styling choice
An oval face	
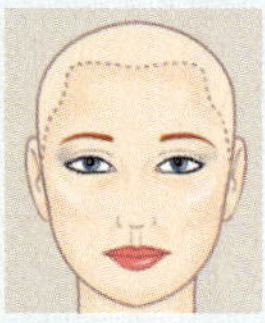	can be chosen without any limitation This is considered the ideal face shape and therefore any hairstyle will suit this shape
A round face	
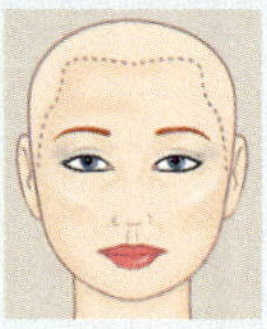	should reduce the width of the face: • straight centre parting • no full, heavy bangs • volume at the top • no volume at the sides • sides styled into the face • blunt layer cuts • length below chin-length
A square face	
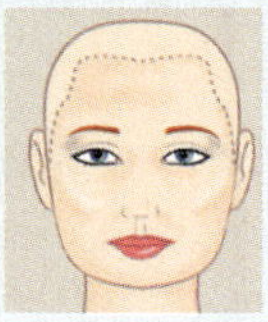	should soften and narrow the width of the face: • round shapes • soft and bouncy styles • strands of hair on the face • side-swept bangs • soft waves and curls • volume at the top • sides styled into the face

face shape	styling choice
A heart-shaped face	
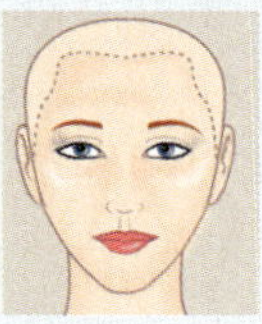	should narrow the forehead and widen the cheekbone and chin area: • volume from ears on downwards • waves and curls the jaw line downwards • hair dressed fairly close to the top of the head • fringe/bangs or hair dressed forward • face-framing layers • curtain bangs, or • heavy side swept bangs • diagonal side parting • avoid jaw-length sides
An oblong face	
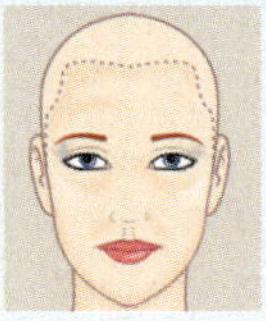	should make the face look shorter and wider: • hair dressed fairly close to the top of the head • long and heavy bangs • sides styled voluminous off the face • curls and wide waves • avoid super straight hair • avoid hairstyles hugging your face • short, wider hairstyles dressed around the sides of the face

***Table 1** Balancing different face shapes*

To see the face shape pull the client's hair completely back out of the face using clips, a towel or a hair band.

feature	styling choice
prominent nose 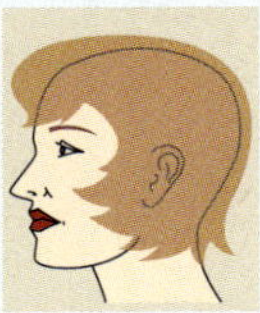	should distract attention from the nose: • bangs or hair dressed forwards • side parting • waves and curls around the face
large ears 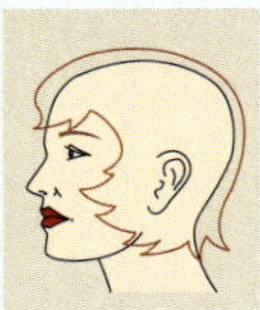	should cover the ears: • longer hair over the ears at least half way down • volume at the sides • bangs down the front of face and ears
prominent or double chin 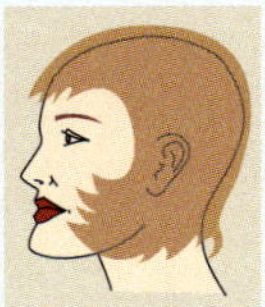	should distract attention from the chin: • the hair should be shorter or longer than the chin line • soft wisps of hair around the chin
receding forehead 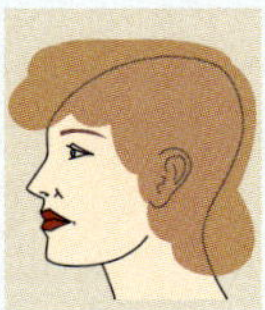	should cover the forehead: • curls and bangs on the forehead • outwardly directed volume in the front
flat top 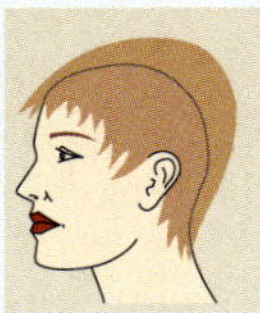	should lift the top and the crown: • volume at the top • volume at the crown area • short lifting crown hair

For special head and facial features the client's hair should lie flat against the scalp.

feature	styling choice
long neck 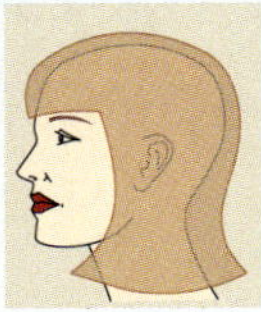	should cover the neck: • longer hair around the neck
short neck 	should make the neck look longer: • needs an upswept or flicked style

Table 1 *Balancing special head and face features*

Some clients might be a bit touchy about their face shape or a prominant feature. So it is very important to be polite and careful with the words you choose.

Try to scale down, to paraphraze and to treat the subject sympathetically. Try to focus on the effect, not on "problem-zones". By recommending a suitable styling choice and naming one or two benefits this can be handled very sensitive.

Let's say our client has a heart-shaped face, here is an example of a recommondation:

"One of my favourite haircuts for your face shape is a wavy, maybe curly bob with side-swept bangs. you will get great texture and layers – which will widen the jawline and balance your face perfectly. You will look gorgeous!"

7.2 Choosing suitable hairstyles by considering other conditions

Other conditions to be taken into account are hair growth patterns, the buildt and height and also the client's type.

Usualley, with hair growth patterns and the type of a client we can communicate very straight forward with our clients and talk about the pros and cons of a hairstyle. Coming to the heigth and build of a client, we have to be careful again. Again, sometimes an easy way is to give recommendations and wrap additional benefits into them.

Additional client's benefits

„… super easy to create …"
„The secret to looking gorgeous …"
„… can look simply amazing/stunning …"
„… looks super elegant/romantic/natural/stylish/…"
„… accentuate the angles on your face …"
„… draws attention to your eyes/cheekbones/neckline/hair texture …"
„Your … look(s) gorgeous with this …"
„… tucked behind your ear showing off your (beautyful) eyes /your cheekbones/neckline/face shape …"
„… will emphazise your lovely mouth/lips/eyes/ears/…"
„It will make your … look magnificent."
„This style is easy to manage and it …"

Considering hair growth patterns

The hair growth pattern is the direction in which the hair grows and needs to be integrated into the hairstyle.

hair growth patterns	styling choice
nape whorl	
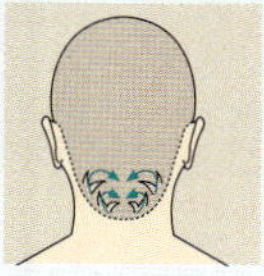	hair grows in a circular pattern, no straight hairline achievable • longer hair in the nape area • short V-shaped cut
double crown	
	crown hair stands straight up in every direction: • longer hair in crown area
cowlicks	
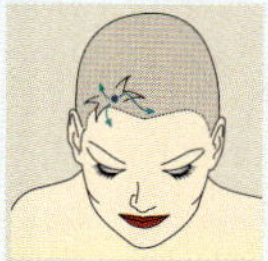	tufts of hair standing straight up, no straight bangs achievable: • side-swept bangs • long, heavy bangs • uplift bangs
widow's peak	
	hairline forms a strong centre peak in the centre of the fore-head, the hair tends to separate and lift: • very heavy bangs • front styled off the face

Table 1 Considering hair growth patterns

Considering body build and height

A suitable hairstyle should create a balance between the client's head and body.

height and body build	styling choice
short	
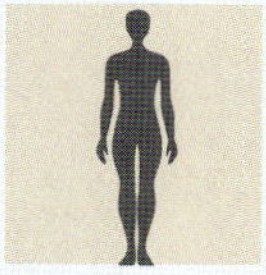	to make the person look taller: • volume at the top • chin-to-shoulder-length hairstyles
tall	
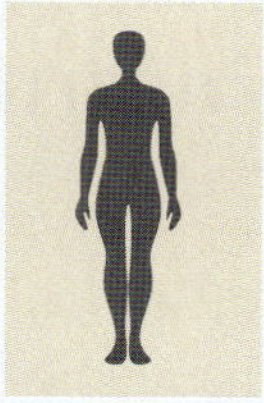	to make the person look shorter: • flat at the top • long hair
small body	
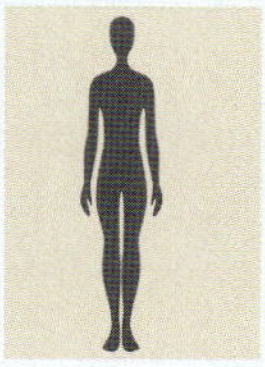	to make the person appear larger: • voluminous hairstyle • waves and curls • neck-length or long hairstyles • layer cuts
large body	
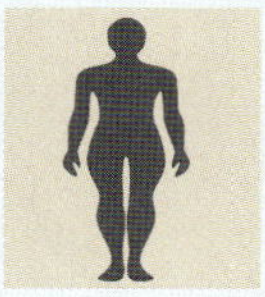	to make the person appear smaller: • flat hairstyle • short or medium-length hairstyles

Table 2 Considering body build and height

Considering client types:

Lifestyle and hairstyle need to be in-sync.

client type	styling choice
classic	
	needs a conservative hairstyle: • one-length cut • straight hair • smooth and well-groomed
athletic	
	needs a practical hair-style: • easy to care for • short hair • layered cuts • natural hairstyles
trendy	
	needs a modern and often extravagant hairstyle: • unusual, unique hairstyles • multiple colours • major changes are possible, e.g. long to very short hair
romantic	
	needs a romantic hairstyle: • waves and curls • long hair • fringes • soft and bouncy styles

Table 3 Considering client types

Your tasks

1. Find a partner. Analyse their head and face shape, as well as any special features, and recommend a suitable hairstyle.
2. Your client wants a hairstyle that doesn't suit their face shape. Suggest a different hairstyle. Role play this situation with a partner.
3. Find a partner. Analyse their body build and other features as above and recommend a suitable hairstyle.
4. Study the picture of Susan (s. p. 125). Recommend a new hairstyle for her. Explain why you have chosen this particular style.

Lernfeld 5

Kontaktieren

Ein Neukunde betritt den Salon.
Die Rezeptionistin begrüßt den Kunden freundlich und fragen ihn nach seinen Wünschen.
Bis zum Beginn der Behandlung wird der Kunde in den Wartebereich geführt, wo ihm Getränke und Literatur angeboten werden.
Sie holen den Kunden dort ab und geleiten ihn an Ihren Bedienplatz.

Informieren

Nach seinen Wünschen gefragt, erzählt der Kunde Ihnen, dass er morgen ein Vorstellungsgespräch hat und dafür Haare und Bart dem Anlass entsprechend geschnitten haben möchte. Sie fragen detailliert nach und erfahren, dass es sich bei dem Vorstellungsgespräch um den Job eines Bankkaufmanns in einer renommierten Bank handelt, der ihm sehr wichtig ist. Er ist sich etwas unsicher, ob er sich dafür seinen Vollbart abrasieren sollte.

Nachbereiten

Noch vor dem Föhnen und Stylen überprüfen Sie Ihr Schneideergebnis mithilfe des Kontrollschnitts. Alle weiteren Schnittkontrollen führen Sie an der fertigen Frisur durch, da kleine Fehler, wie Absätze und Unregelmäßigkeiten, im trockenen Haar besser zu sehen sind.
Überprüfen Sie das Ergebnis der Rasur, indem Sie besonders auf die spiegelbildliche Symmetrie, Sauberkeit und einheitliche Länge achten.
Anschließend notieren Sie im Behandlungsplan, wo Sie Abweichungen von der ursprünglichen Planung vorgenommen haben.
Nach der Verabschiedung des Kunden desinfizieren, reinigen und pflegen Sie den Arbeitsplatz und Ihre Arbeitsmittel nach den gültigen Hygienerichtlinien.

Verabschieden

An der Rezeption übergeben Sie dem Kunden seinen Pflegepass, zusammen mit den empfohlenen Pflege- und Stylingprodukten und sprechen die Details gegebenenfalls noch einmal mit ihm durch.
Nachdem Sie Dienstleistung und Verkauf mit dem Kunden abgerechnet haben, vereinbaren Sie den nächsten Termin und notieren diesen im Terminbuch.
Abschließend verabschieden Sie den Kunden freundlich und geleiten ihn zur Tür.

Haare schneiden

Ausgangssituation analysieren

Um für den Kunden das bestmögliche Ergebnis zu erzielen, führen Sie mithilfe der Behandlungspläne eine detaillierte Haar- und Kopfhautdiagnose und für die Rasur eine Beurteilung der Gesichtshaut durch.
Bei der Haar- und Kopfhautdiagnose stellen Sie fest, dass die ansonsten ovale Kopfform des Kunden einen abgeflachten Hinterkopf aufweist und sich in der Stirnpartie in dem ansonsten noch vollen und starken Haar beginnende Geheimratsecken zeigen. Die Nackenkontur ist stark verwirbelt.
Die Beurteilung der Gesichtsform und -haut ergibt, dass der Kunde ein ovales Gesicht hat, allerdings mit ausgeprägten Kieferknochen. Des Weiteren neigt seine sensible Haut zu Rötungen und Unreinheiten.

Entscheiden

Sie beraten den Kunden dahingehend, dass Sie ihm für diesen seriösen Anlass einen Fasson mit relativ langem Deckhaar empfehlen, das in die Stirn frisiert wird. Sie erklären damit, dass durch den angeschnittenen Nacken die Wirbel nicht zum Tragen kommen und dass das längere Deckhaar am Hinterkopf mehr Volumen bewirkt und dass es, in die Stirn frisiert, das Gesicht frischer aussehen lässt.
Für die Rasur empfehlen Sie dem Kunden, den vorhandenen Vollbart zu belassen, um zum einen die leicht markanten Wangenknochen auszugleichen, zum anderen aber auch die unter dem Bart befindliche Hautirritationen, die bis morgen nicht weg wären, verborgen sind. Um den seriösen Eindruck zu unterstreichen, empfehlen Sie ihm, den Bart sauber zu stutzen und in Form bringen zu lassen.
Anschießend geben Sie dem Kunden noch Tipps für die Pflege von Haar, Bart, Kopf- und Gesichtshaut zu Hause, sowie für Stylingmöglichkeiten und empfehlen ihm geeignete Pflege- und Stylingprodukte.
Die Ergebnisse notieren Sie in den Behandlungsplänen und stellen dem Kunden einen Pflegepass für zu Hause aus.

Handeln

Anschließend richten Sie Ihren Arbeitsplatz unter Berücksichtigung der Hygienevorschriften mit allen notwendigen Arbeitsmaterialien und Hilfsmitteln für den Haarschnitt und die Rasur ein und bereiten den Kunden auf die nachfolgenden Behandlungen vor.
Beim Schneiden des Nackens achten Sie darauf, dass Sie am Atlasknochen die Deckhaarlänge erreicht haben, damit Hinterkopf und Wirbelpartie nicht zu kurz werden. Für die Übergänge benutzen Sie eine Modellierschere, um Stufungen zu vermeiden.
Bevor Sie die Haare föhnen und stylen, bereiten Sie die Gesichtshaut des Kunden mit einer warmen Kompresse auf die Rasur vor. Dann formen Sie den Bart, indem Sie die Konturen sauber ausrasieren und den Bart auf eine einheitliche Länge stutzen

Haare schneiden

Der Haarschnitt ist zusammen mit Form und Farbe die Grundlage für jede Frisur. Daher ist es für die Friseurin wichtig, sich mit dem Grundwissen und den Basistechniken des Haarschnitts ausführlich auseinanderzusetzen. Erst wenn sie diese Kenntnisse und Fertigkeiten beherrscht, sind der Kreativität in der typgerechten Frisurengestaltung keine Grenzen gesetzt.

Bild 1 Beratungsgespräche führen

1 Haarschnitte planen und vorbereiten

SZENARIO

Anja ist jetzt seit fast einem Jahr in ihrem Salon und hat schon einige Schneideübungen am Puppenkopf gemacht. Heute kommt ihre Freundin Regine als Modell. Ihre Chefin Frau Müller möchte gerne, dass Anja Regine einen neuen Haarschnitt empfiehlt und erklärt ihr in einem Vorgespräch, wie sie bei der individuellen Beratung und Planung vorzugehen hat.

1.1 Beratungsgespräche zu Haarschnitten führen

Ein gutes **Beratungsgespräch** zeigt Ihrer Kundin, wie der neue Haarschnitt später aussehen soll und wie die neue Frisur gepflegt und gestylt werden kann, um lange Freude daran zu haben.

Wie in Lernfeld 3 beschrieben, dient auch hier der **Behandlungsplan** als Leitfaden für das Beratungsgespräch. Die Abfolge, in der ein Beratungsgespräch für einen Haarschnitt geführt wird, ist identisch mit einem Beratungsgespräch zur Pflegeberatung (s. S. 105 ff):

- Personalien der Kundin aufnehmen
- Kundenwunsch ermitteln
- Kopfhaut und Haare beurteilen
- Behandlungsberatung durchführen
- Pflege- und Stylingpräparate für die Heimbehandlung empfehlen

Gezielt für die Erstellung eines neuen Haarschnitts müssen Sie allerdings zusätzliche Informationen einholen und der Kundin den neuen Haarschnitt und den Umgang damit zu Hause erläutern.

Daher enhalten Behandlungspläne für einen Haarschnitt Ergänzungen, die speziell auf die nachfolgende Schnittbehandlung abgestimmt sind.

1.1.1 Kundenwunsch ermitteln

Viele Kunden kommen mit konkreten Vorstellungen zu Ihnen in den Friseursalon. Sie bringen entweder Bilder aus Zeitschriften mit oder äußern doch zumindest detaillierte Wünsche. Daneben gibt es aber auch eine hohe Anzahl an Kunden, die mit ihrer momentanen Frisur einfach nur unzufrieden sind, aber keine genauen Vorstellungen davon haben, wie der ideale Haarschnitt für sie aussehen könnte. Bei beiden Kundentypen ist ist es sehr wichtig, dass Sie möglichst konkrete die Vorstellungen, die die Kundin von ihrer neuen Frisur hat, erfragen, um spätere Enttäuschungen zu vermeiden.

Die erste wichtige Ergänzungsfrage zur im Lernfeld 3 beschriebenen Ermittlung des Kundenwunsches (s. S. 106) ist daher die Frage nach der **gewünschten Haarlänge**. Viele Kundinnen „hängen" an ihren Haaren und bangen um jeden Zentimeter, der da abgeschnitten werden könnte. Hinzu kommt, dass die meisten Kunden keine genauen Vorstellungen davon haben, welche Haarlänge für eine bestimmte Wunschfrisur notwendig ist.

Desweitern ist es für die Friseurin wichtig zu wissen, ob die Kundin **besondere Wünsche und Ansprüche** an die neue Frisur hat. Das kann zum Beispiel im Zusammenhang mit Problemen stehen, die sie mit der bisherigen Frisur hatte und die die Friseurin ja auch schon erfragt hat. Es kann aber auch sein, dass die Kundin jetzt z. B. einen Pony haben möchte, weil er gerade „in" ist. Auch die **Haarwuchsrichtung** wie ein auseinanderfallender Wirbel am Hinterkopf ist ebenfalls bei der Erstellung eines Haarschnitts zu beachten.

Für eine lange Zufriedenheit mit der neuen Frisur ist es notwendig, dass Sie als Friseurin erfragen, wieviel **Zeit** die Kundin **für das tägliche Styling** aufwendet. Einer Kundin, die nur wenig Zeit für die tägliche Frisurengestaltung aufbringt bzw. aufbringen möchte oder kann, kann kein Haarschnitt empfohlen werden, dessen Styling morgens sehr aufwendig und zeitintensiv ist.

Die gewünschte **Wandelbarkeit** der Frisur ist ein weiterer wichtiger Punkt, den Sie erfragen sollten. Eine Kundin, die gerne ihr Aussehen verändert, wäre mit einem Haarschnitt, der nur eine Stylingvariante zulässt, wahrscheinlich sehr unzufrieden.

1.1.2 Kopfhaut und Haare beurteilen

Mit der Haar- und Kopfhautbeurteilung ermitteln Sie die individuellen natürlichen Gegebenheiten der Kundin, um sie danach mit dem Kundenwunsch abzugleichen. Nur dann ist die Entscheidung möglich, ob und mit welchen notwendigen Abänderungen der Kundenwunsch realisierbar ist.

Für die Erstellung eines Haarschnittes müssen die in Lernfeld 3 beschriebenen Inhalte einer Haar- und Kopfhautbeurteilung (s. S. 107 ff.) um folgende Punkte ergänzt werden:

Zu Gliederungspunkt 3d) „Ermittlung sonstiger Gegebenheiten":
- Kopf- und Gesichtsform der Kundin
- Besonderheiten des Kopfes und des Gesichts
- Körperform der Kundin
- Kundenstil

Kopf- und Gesichtsform der Kundin

Der passende Haarschnitt ist der erste Schritt zu einer Frisur, mit der die Kundin in der Lage ist, die natürliche Kopf- und Gesichtsform zu unterstreichen oder zu kaschieren (s. S. 148).

Besonderheiten des Kopfes und des Gesichts

Zu den Besonderheiten von Kopf und Gesicht zählen z. B. die Nasenform, ein fliehendes Kinn, eine fliehende Stirn, ein flacher Hinterkopf, ein langer oder kurzer Hals oder ein spitzer Oberkopf (s. S. 148). Auch diese natürlichen Gegebenheiten können mithilfe der richtigen Frisur geschickt kaschiert werden.

Körperform der Kundin

Selbst auf die Körperform der Kundin kann eine Frisur Einfluss nehmen, indem z. B. lange Haare eine kleine Kundin noch kleiner und eine volumige Frisur eine vollschlanke Person noch fülliger erscheinen lassen (s. S. 147 f.).

Kundenstil

Das **Erscheinungsbild** einer Person ist immer nur dann harmonisch, wenn Frisur, Make-up und Kleidung aufeinander abgestimmt sind und einem Stil entsprechen. Dementsprechend kann eine neue Frisur das Erscheinungsbild der Kundin entweder unterstreichen oder aber auch total verändern. Die Abklärung des Kundenstils ist daher immer verbunden mit der Frage nach dem **Grad der angestrebten Veränderung**, den die Kundin wünscht, um die Möglichkeit zu haben, Frisur, Make-up und Outfit stilistisch wieder in Harmonie zu bringen.

Den **Stiltyp** einer Kundin festzulegen, ist oftmals nicht ganz so einfach. Abgesehen davon, dass es keine einheitlichen Bezeichnungen und Definitionen für unterschiedliche Stiltypen gibt, gibt es auch Kunden, die sich in Stilfragen nicht festlegen lassen.

Trotzdem ist es wichtig, dass Sie als Friseurin eine grobe Einschätzung der Grundtendenz bezüglich des Kundenstils vornehmen, um Ihrer Kundin Frisuren empfehlen zu können, die am besten ihr Erscheinungsbild unterstreichen.

Die vier Grundtendenzen der Stiltypisierung sind:

Der klassisch-elegante Stiltyp • eher konservativer und zeitloser Look • bevorzugt klare Formen und Schnitte • neigt nicht zu plötzlichen Veränderungen und Experimenten	
Der modisch-trendige Stiltyp • modischer, oft auch ungewöhnlicher/extravaganter Look • ist immer nach der neuesten Mode gekleidet und setzt auch selber gerne mal Trends • ist sehr experimentierfreudig und liebt wandelbare Stylings	
Der sportlich-natürliche Stiltyp • natürlicher, legerer Look • trägt gerne Jeans und Turnschuhe • bevorzugt einen geringer Zeitaufwand für das tägliche Styling	
Der romantisch-verspielte Stiltyp • femininer, zeitloser Look • liebt Blümchenmuster, Rüschen, Pastellfarben und weiche, fließende Formen und Materialien • ist wenig experimentierfreudig und bevorzugt natürliche, weibliche Stylings	

Tabelle 1 Beschreibung der vier grundlegenden Stiltypen

Fragen Sie Ihre Kundin, welche Kleidung sie bevorzugt oder zeigen Sie ihr Bilder von Prominenten mit unterschiedlichem Stiltypus. Sie werden feststellen, dass es durchaus Mixformen dieser Stiltypen oder auch andere Tendenzen, wie z. B. Jugendlichkeit, bei Ihren Kunden zu beobachten gibt. Auch ist es möglich, dass eine Kundin häufig und gerne, je nach Anlass oder Laune, ihren Stil wechselt. Im Behandlungsplan haben Sie die Möglichkeit, solche Gegebenheiten unter „Sonstiges" zu notieren.

1.1.3 Behandlungsberatung durchführen

Die Beratung legt den Grundstein für ein gelungenes Endergebnis. Je genauer hier kommuniziert wird, desto wahrscheinlicher ist eine hohe Kundenzufriendenheit und das Risiko einer Reklamation kann durch eine ausführliche, konkrete Beratung weitestgehend vermieden werden.

Für Ihre Kundin ist es von größter Wichtigkeit, vor Beginn der Behandlung ganz konkret zu erfahren, wie nun der Haarschnitt und die Frisur, die daraus erstellt werden soll, genau aussehen werden. Sie erhält so eine Vorstellung davon, inwieweit ihr spezieller Kundenwunsch auf der Basis der ermittelten Gegebenheiten aus der Haar- und Kopfhautdiagnose umgesetzt wird.

Neben der schon in Lernfeld 3 genauer erörterten Beschreibung der neuen Wunschfrisur und deren Erstellung, gehört dazu eine möglichst detaillierte Schnittbeschreibung.

Grundlage einer solchen Schnittbeschreibung ist solides Fachwissen über die Technik des Haareschneidens.

Natürlich kann man auch nach „Gefühl" schneiden, spätestens jedoch bei konkreten Nachfragen seitens der Kundin, bei Erklärungswünschen von Auszubildenden und bei Fachdiskussionen mit Kolleginnen braucht es detaillierte Kenntnis über den Aufbau des Haarschnitts. Wissen über die einzelnen Arbeitsschritte und deren Einfluss auf das Endergebnis ermöglichen gezieltes Gestalten. So lässt sich auch jeder Haarschnitt reproduzieren.

In einer professionellen Schnittbeschreibung finden sich Angaben zu allen Aspekten des Haarschnitts, die im Laufe dieses Lernfeldes (s. S. 172 ff.) näher beleuchtet werden:

- Einteilungen des Kopfes
- Abteilungen
- Kämmrichtung/Kämmwinkel des Passés
- Abhebewinkel des Passés
- Kamm-, Finger- und Scherenhaltung
- Schnittlinien und Führungslinien
- Schneidetechniken
- Längenangaben

Diese Angaben werden ergänzt durch eine grafische Darstellung des Haarschnitts, die Schnittgrafik (Bild 2), und durch eine grafische Darstellung der einzelnen Haarlängen im Haarschnitt, die Längengrafik (Bild 3).

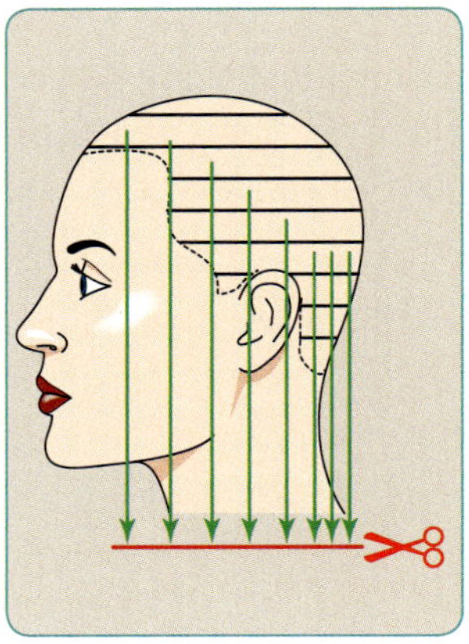

Bild 2 *Schnittgrafik kompakt*

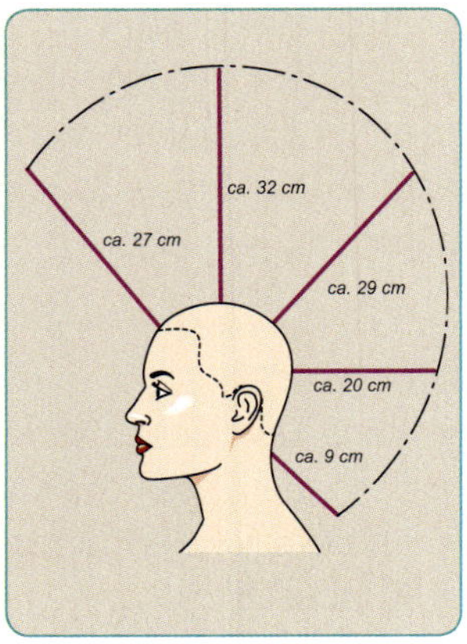

Bild 3 *Längengrafik kompakt*

Die in Bild 1 gezeigten Basishaarschnitte sind die Grundlage für jeden Haarschnitt. Aus der Kombination ihrer Elemente können alle anderen Haarschnitte aufgebaut werden. Diese Basishaarschnitte werden, nach Erklärung der Fachbegriffe und ihrer Unterbegriffe, ab Seite 179 vorgestellt.

Bild 1 *Die vier Basishaarschnitte: a) die kompakte Form b) die uniforme Stufung c) die graduierte Form d) die erweitert verlaufende Form*

1.2 Arbeitsplatz einrichten

Bevor mit der Erstellung des Haarschnitts begonnen werden kann, richtet sich die Friseurin ihren Arbeitsplatz ein. Hierzu gehört es, alle **Arbeits- und Hilfsmittel** (Bild 1), die für die Erstellung des Haarschnitts benötigt werden (s. S. 168 ff.), im gereinigten und ggf. desinfizierten Zustand (s. S. 195) parat zu haben, um zeitraubende Unterbrechungen durch die Suche nach dem geeigneten Werkzeug zu vermeiden.

Ein Bild der fertigen Wunschfrisur kann die Friseurin, zusammen mit dem Behandlungsplan, am Spiegel befestigen. Dadurch erleichtert sie sich zum einen die Umsetzung der Schnittplanung und zum anderen wird die Kundin stärker in die Frisurenerstellung mit einbezogen.

Ein **Nackenpinsel**, um nach dem Schnitt die Haare von der Haut der Kundin zu entfernen, und ein **Handspiegel** zur späteren Kontrolle des Haarschnitts (s. S. 185) komplettieren den Arbeitsplatz.

Nachdem die Kundin Platz genommen hat, wird ihr vor Beginn des Haarschnitts ein **Schneideumhang**, evtl. mit **Schneidekragen** oder **Halskrause**, umgelegt (s. S. 171 f.). Er verhindert, dass feine Schnitthaare auf die Kleidung und Haut der Kundin gelangen, wo sie unangenehm jucken oder sich auch schmerzhaft ins Fleisch bohren können.

Aus dem gleichen Grund sollte die Friseurin darauf achten, beim Haare schneiden geschlossenes Schuhwerk zu tragen.

Aufgaben

1. Erstellen Sie für die typische „Waschen-Schneiden-Legen"-Kundin einen Behandlungsplan, der ALLE für diese friseurkosmetischen Behandlungen notwendigen Aspekte enthält.
2. Begründen Sie die während der Haar- und Kopfhautbeurteilung zu erfragenden Inhalte in Bezug auf die durchzuführende Behandlung.
3. Erstellen Sie eine Liste aller für eine Haarschnitt benötigten Arbeits- und Hilfsmittel. Gleichen Sie Ihre Liste mit den Angaben auf dieser Seite und den Seiten 172 ff. ab.

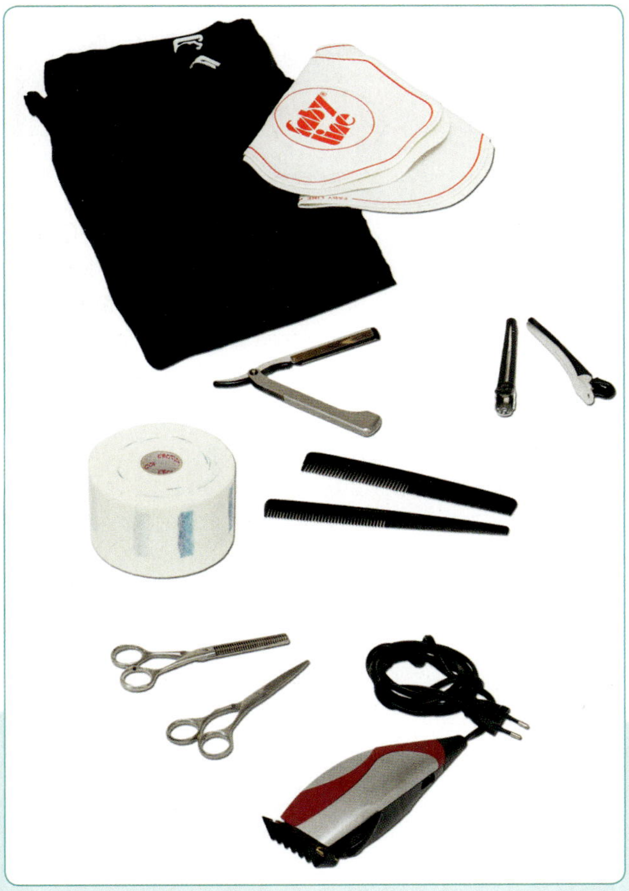

Bild 1 *Arbeits- und Hilfsmittel für einen Haarschnitt*

Bild 2 *Arbeit an einem fertig eingerichteten Arbeitsplatz*

2 Haarschnitte erstellen

SZENARIO

Anja muss sich nun überlegen, wie sie den gewünschten Haarschnitt umsetzt und informiert sich mithilfe von Fachliteratur und Internet über Werkzeuge und deren Anwendungsmöglichkeiten, die unterschiedliche Schnittformen, sowie Möglichkeiten der Schnittumsetzung.
Zum besseren Verständnis der Fachbegriffe benutzt sie das Fachwörterverzeichnis auf Seite 184.

2.1 Arbeits- und Hilfsmittel

Zum Schneiden der Haare werden je nach Frisurenziel in der Praxis unterschiedliche Scheren, Messer, Effiliergeräte und Haarschneidemaschinen eingesetzt.

Das Messer ist das älteste Schneidegerät. Erst Mitte des 20. Jahrhunderts kam die Haarschneideschere ergänzend dazu. Mit ihr können exaktere Grundlinien geschnitten werden, wie sie z.B. für die geometrischen Schnittformen von Vidal Sassoons charakteristisch sind.

2.1.1 Haarschneidescheren

Eine Haarschneideschere ist ein Präzisionswerkzeug, das besonderer Wartung und Pflege bedarf (s. S. 195).

In der Praxis sollte jede Friseurin ihre eigenen Scheren verwenden. Die Schneideeigenschaften einer Schere passen sich mit der Benutzung der individuellen Handhabung der Friseurin an.

Schneidewerkzeuge werden so aufbewahrt, dass sie niemanden verletzen können. Im Handel werden dafür besondere Scherentaschen angeboten. So wird gleichzeitig verhindert, dass eine Schere auf den Boden fällt, wodurch die empfindlichen Schneiden geschädigt werden und die Schere unbrauchbar werden kann.

Haarschneidescheren bestehen vorwiegend aus rostfreiem Edelstahl. Es gibt sie aber auch in weiteren Qualitätsausführungen wie z.B. Keramik oder Titan. Je nach Anspruch und Vorlieben der Friseurin finden sie in der Praxis Verwendung.

Aufbau einer Haarschneideschere

Eine Schere setzt sich aus folgenden Bestandteilen zusammen:

- Scherenblätter mit Schneiden
- Schloss beziehungsweise Schraube
- Holme
- Augen

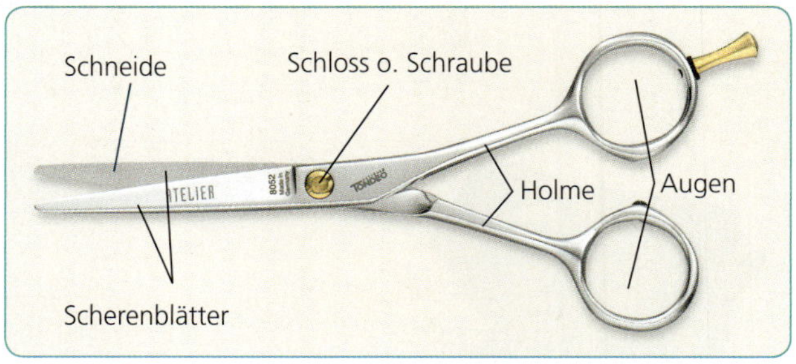

Bild 1 Bestandteile einer Haarschneideschere

Qualitätsmerkmale einer Haarschneideschere

Puffer

Der Puffer sitzt zwischen den Augen oder Holmen der Haarschneideschere. Er vermindert die Klappergeräusche beim Schneiden. Man unterscheidet zwischen Standard-Puffer mit einem gedämpften Anschlag und Soft-Puffer, der durch elastisch gedämpfte Abfederung einen geräuschlosen Anschlag hat.

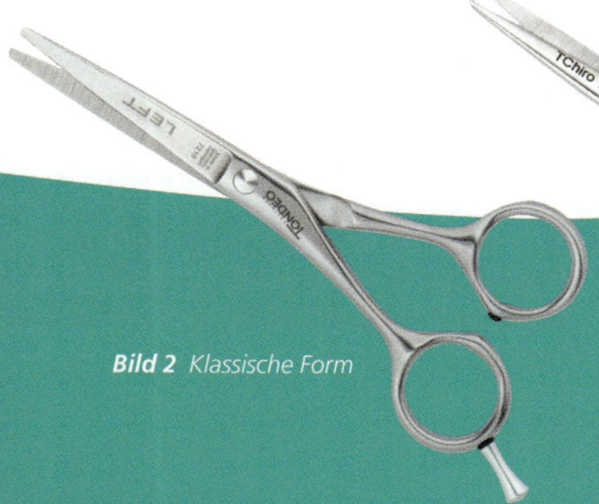

Bild 2 Klassische Form

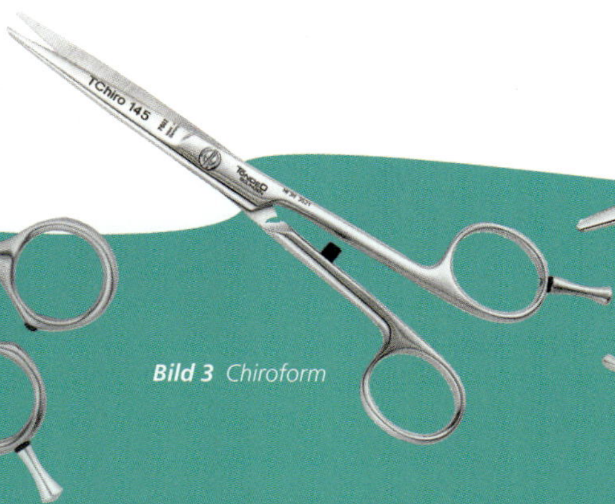

Bild 3 Chiroform

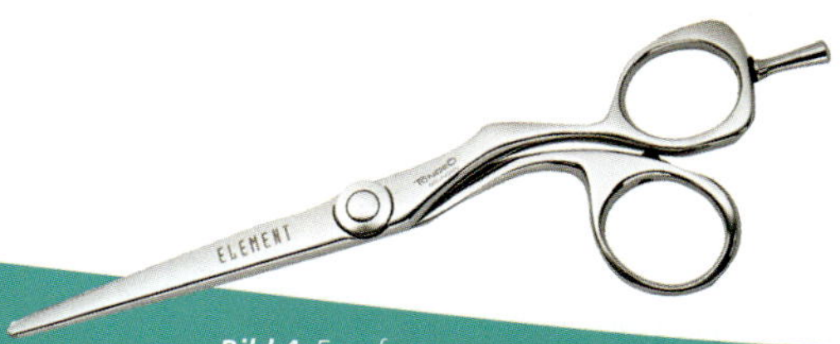

Bild 4 Ergoform

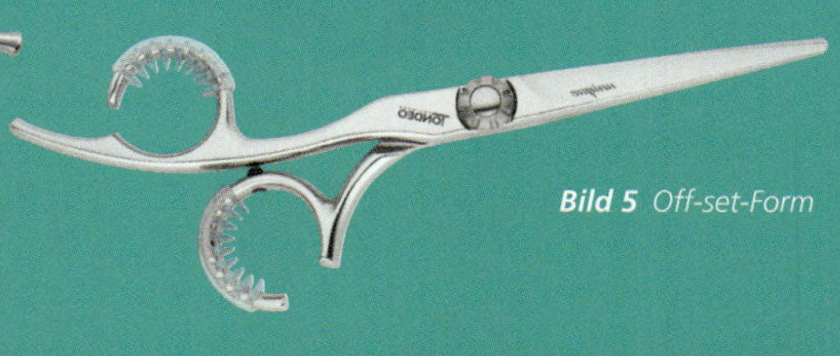

Bild 5 Off-set-Form

Augen und Fingerhaken

Die Augen einer Haarschneideschere müssen der Fingerdicke des Benutzers angepasst sein, um die Schnittführung kontrollieren zu können. Gummiringe ermöglichen die individuelle Anpassung der Augen an die Fingerdicke und verhindern gleichzeitig den ständigen Kontakt mit dem Material der Schere, was eventuell Allergien auslösen könnte. Der Fingerhaken bewirkt eine höhere Führungssicherheit der Schere und eine gute Ergonomie.

Schneidentypen

Mikrogezahnte Schneiden ermöglichen einen genaueren Schnitt, da die Zahnung die glatten trockenen und auch die nassen Haare festhält. Sie sind aber nicht zum Ausdünnen oder Slicen geeignet, weil die Mikroverzahnung verhindert, dass die Schere widerstandslos am Haarschaft entlang gleitet. (s. Bild 1)

Ungezahnte Schneiden haben einen weichen Schnitt und eine optimale Slicefähigkeit. Sie sind für alle Schnitttechniken geeignet, bereiten aber beim glatten Schnitt im trockenen Haar Schwierigkeiten, da die Haare nach vorne zwischen den Scherenblättern herausgeschoben werden. (s. Bild 2)

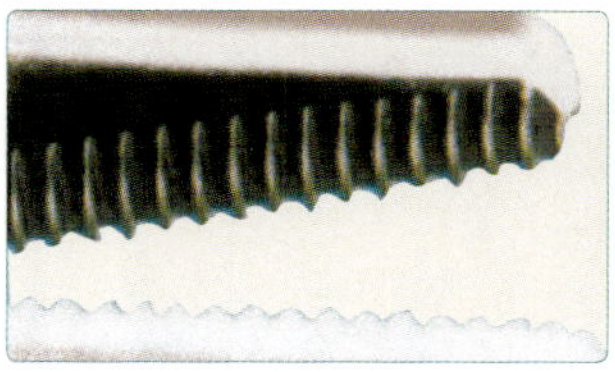

Bild 1 *Mikrogezahnte Schneide*

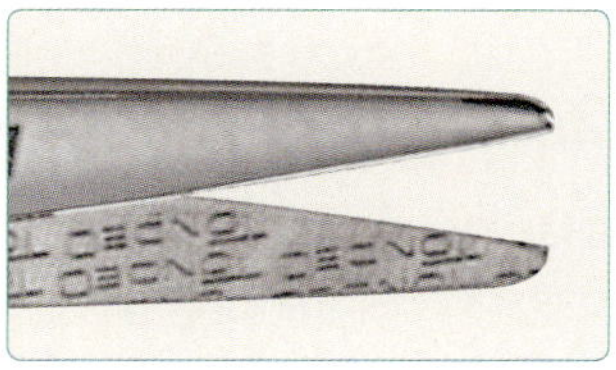

Bild 2 *Ungezahnte Schneiden*

Scherengröße

Bei den Haarschneidescheren gibt es verschiedene Größen. In der Praxis reichen die gebräuchlichsten Maße von 5–7 Zoll, das sind 12,7–17,8 cm. Die Auswahl der Scherengröße richtet sich vorrangig nach der Handgröße, erst dann nach dem Einsatzgebiet. Eine Haarschere sollte nicht länger sein als die ausgestreckte Hand der Friseurin, die damit arbeitet (Bild 3).

Kleine Haarschneidescheren eignen sich besonders zum Schneiden der Haare in der Hand und für die Konturen, vor allem im Ohrbereich. Auch zum Slicen lässt sich eine kleine Schere leichter handhaben.

Große Haarschneidescheren eignen sich in erster Linie zum Schneiden über Kamm und Finger sowie zum Schneiden von Übergängen.

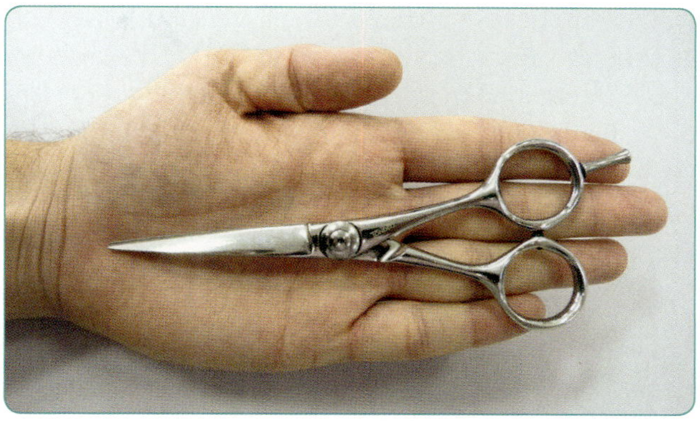

Bild 3 *Die richtige Größe einer Haarschneideschere*

Scherenformen

Bei den Haarschneidescheren gibt es eine Vielzahl unterschiedlicher Formen. Die drei Grundformen sind die klassische Form, die Chiroform, und die Ergoform.

Klassische Form (s. S. 168, Bild 2)
Bei dieser Scherenform sind Holme und Scherenblätter gleich lang. Die Augen bilden die direkte Verlängerung der Holme. Sie eignen sich für alle Schneideanwendungen.

Chiroform (s. S. 168, Bild 3)
Der Name „Chiroform" leitet sich von den gleichartig gestalteten chirurgischen Instrumenten ab. Die Augen liegen hier außen an den Holmen. Gleichzeitig ist der Abstand von der Schraube zu den Augen länger als die Scherenblätter. Dadurch wird eine größere Hebelwirkung erzielt und der Kraftaufwand beim Schneiden verringert. Gleichzeitig wird die Daumenmuskulatur entlastet, da die Schließpunkte weiter auseinander liegen.

Ergoform (s. S. 168, Bild 4)
Ergonomisch geformte Scheren berücksichtigen die natürlichen Bewegungsabläufe der Hand. Bei der Ergoform ist die Gestaltung der Holme ausschlaggebend. Zum Beispiel haben diese Scheren ergonomische Stützmulden, die das Ablegen der Finger unterstützen und ein angenehmeres Arbeiten ermöglichen. Praktisch kann jede Scherenform ergonomisch sein, so ist auch

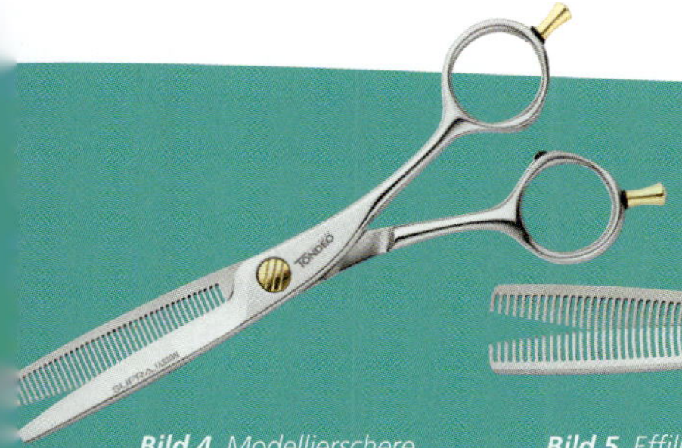

Bild 4 *Modellierschere*

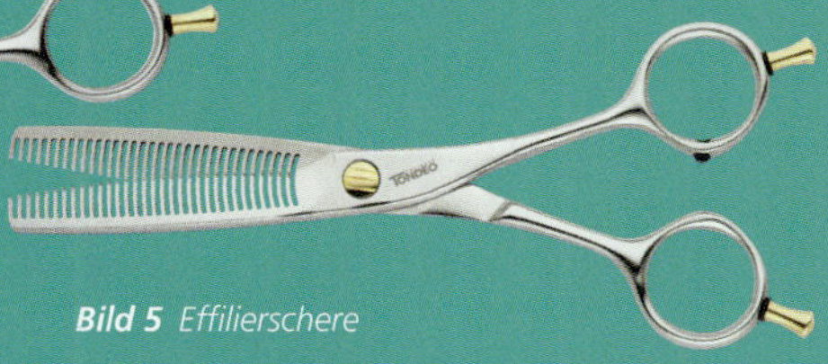

Bild 5 *Effilierschere*

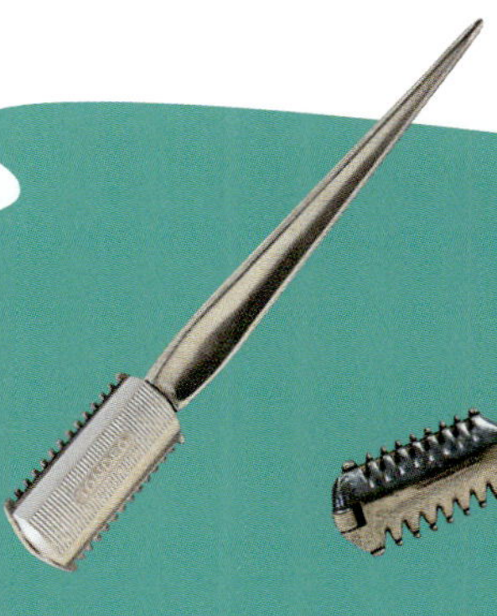

Bild 6 *Modellierer*

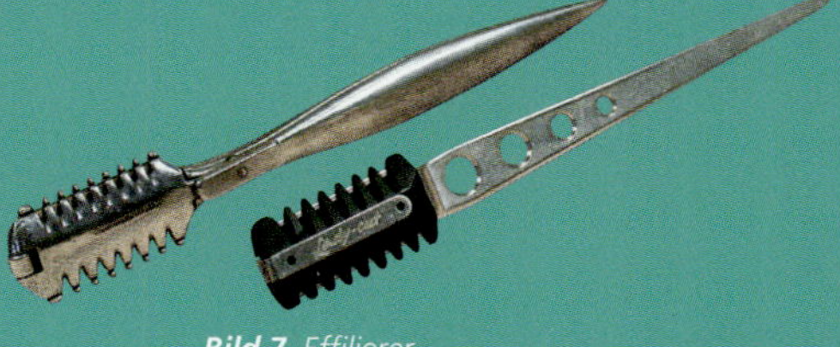

Bild 7 *Effilierer*

eine Kombination aus Ergo und Off-sett-Form oder Ergo und Klassisch möglich.

„Off-set-Form" (s. S. 168, Bild 5)
„Offset" ist das englische Wort für „Versatz" bzw. „Verschiebung". Bei Scheren werden so Formen bezeichnet, deren Daumenholm um ein Auge kürzer ist als der andere Holm. Der Weg des Daumens wird dadurch noch weiter verkürzt und die Schneidebewegung schneller. Gleichzeitig bleibt die Hand entspannter als bei der Ergoform.

„The CareCut"
Das Produkt „The CareCut" ist für einen pflegenden Haarschnitt mit einer sanft erwärmten Schere. Die Erwärmung wird elektronisch gesteuert.

Durch die elektrisch erwärmte Schere wird das Keratin (der Baustoff des Haares) während des Schneidens schonend erwärmt und legt sich gleichmäßig über die Schnittfläche, d. h. die Haarstruktur bleibt geschlossen. Das bedeutet, dass Feuchtigkeit und Pflegestoffe im Haar bleiben. So ist das Haar langanhaltend vor dem Austrocknen geschützt. Die versiegelten Schnittflächen ermöglichen eine gleichmäßige Haarstruktur und verleihen feinem Haar zusätzliches Volumen.

2.1.2 Effilierscheren und -geräte

Effilierscheren

Effilierscheren haben gezahnte Schneideblätter. Die Zähne sind an den Spitzen eingekerbt, damit die Haare nicht von den Zähnen abrutschen. Aufgrund der Zahnung erfassen die Effilierscheren nicht alle Haare eines Passés. Die Haarpartie wird effiliert (ausgedünnt).

Einseitig gezahnte Effilierschere (Modellierschere) (s. S. 169, Bild 4)

- Sie ist nur auf einem Scherenblatt gezahnt.
- Sie schneidet beim einmaligen Schließen je nach Zahnungsabstand ungefähr die Hälfte der Haare ab.
- Sie wird überwiegend zum Schneiden von Übergängen verwendet.

Zweiseitig gezahnte Effilierschere (Effilierschere) (s. S. 169, Bild 5)

- Sie ist auf beiden Scherenblättern gezahnt.
- Sie schneidet beim einmaligen Schließen etwa ein Drittel aller erfassten Haare ab.
- Sie ist vorwiegend zum Ausdünnen am trockenen Haar geeignet.

Effiliergeräte

Effiliergeräte können wie die Effilierscheren zum Übergangsschneiden und Ausdünnen verwendet werden. Man unterscheidet zwischen dem Modellierer und dem Effilierer.

Beide Arten sind mit auswechselbaren Rasierklingen ausgestattet. Durch den Druck und Winkel des Effiliergerätes auf die Haarpartie wird der Ausdünnungsgrad bestimmt. Mit Effiliergeräten wird ausschließlich am nassen Haar gearbeitet.

Modellierer (s. S. 169, Bild 6)

- Er hat die Kammzahnung nur auf einer Seite.
- Die glatte Seite des Modellierers ermöglicht ein Stumpfschneiden mit geringer Graduierung/Stufung.
- Die gezahnte Flachseite wird zum Effilieren eingesetzt.

Effilierer (s. S. 169, Bild 7)

- Er hat auf beiden Flachseiten der eingespannten Rasierklinge eine kammartig gezahnte Platte.
- Durch die schabenden Bewegungen des Effiliergerätes zur Haarspitze hin werden die Haare ausgedünnt.

2.1.3 Messer

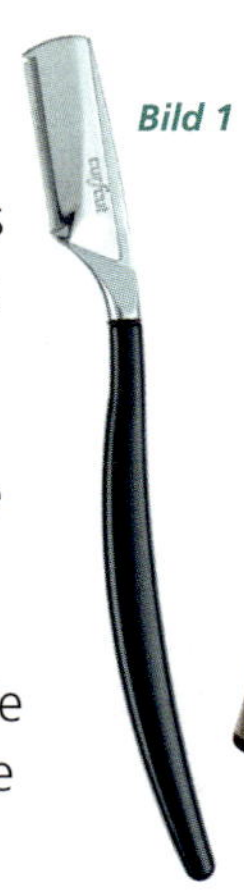

Bild 1 *Razor*

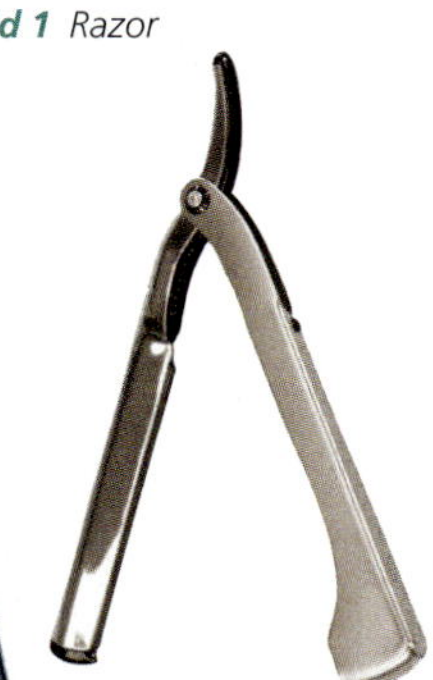

Bild 2 *Sifter*

Man unterscheidet in der Praxis das Rasier- oder Klingenmesser, den Sifter und den Razor voneinander. Alle Werkzeuge sind Klingengeräte, die für folgende Tätigkeiten eingesetzt werden:

- Rasieren der Barthaare
- Ausrasieren der Konturenlinie
- Ausrasieren der Nackenhaare
- Messerhaarschnitt
- Effilieren

Beim Schneiden mit dem Klingenmesser erzielt man weiche und sanft verlaufende Konturen in der Frisur. Das Haar erhält eine lockere Fülle.

Für die tägliche Arbeit mit diesem Gerät benötigt man scharfe Klingen. Dadurch werden Schädigungen des Haarschaftes vermieden und die Haarschnitte gelingen sauber. Um das zu erreichen, sollten Sie die Klingen nach jeder Benutzung auswechseln. Gleichzeitg wird durch den regelmäßigen Austausch die Einhaltung der Hygieneverordnung erleichtert, die für jeden Kunden die Benutzung einer neuen oder desinfizierten Klinge vorsieht (s. S. 26).

Bei den Klingenmessern unterscheidet der Friseur zwischen der Kurzform mit einem kurzen Klingenkopf und der Langform mit langer Klinge, dem sogenannten Sifter. Für den **Sifter** (s. S. 170, Bild 2) gibt es zusätzlich einen kleinen Aufsteckkamm. Dieser ermöglicht der Friseurin ähnliches Arbeiten wie mit dem Modellierer. Alternativ dazu wird in der Praxis der **Razor** (s. S. 170, Bild 1) eingesetzt.

2.1.4 Haarschneidemaschinen

Elektrische Haarschneidemaschinen (Bild 1) benutzt man für:

- Ausrasieren der Konturen
- Konturenschneiden
- Übergangsschneiden mit dem Kamm
- Maschinenhaarschnitte

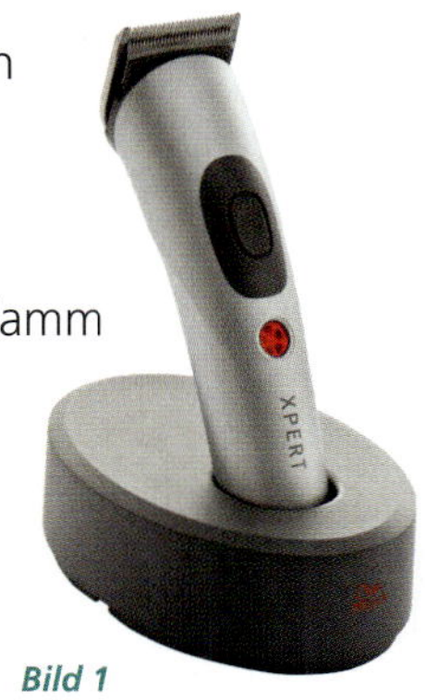

Bild 1 *Haarschneidemaschine mit Ladestation*

Durch auswechselbare Schneideköpfe und Aufsätze sind verschiedene Schnittlängen möglich. Für das Übergangsschneiden werden hauptsächlich Schneideköpfe in den Bereichen $^1/_{20}$ mm, $^1/_{10}$ mm, 1 mm und 3 mm verwendet. Für eine zusätzliche Verlängerung des Schnittabstandes gibt es Aufsteckkämme.

Haarschneidemaschinen mit einem festen Schneidekopf besitzen eine stufenlose Schnittstellenverlängerung. Sie machen das Wechseln der Kämme überflüssig.

Die Haarschneidemaschinen verfügen in der Regel über zwei Laufgeschwindigkeiten. Der Langsamlauf ist ideal zum Ausarbeiten der Konturen, zum Übergangsschneiden und zum Schneiden feiner Haare. Der Schnelllauf eignet sich für alle Nass- und Trockenhaarschnitte.

Kabellose, aufladbare Haarschneidemaschinen ermöglichen durch die Unabhängigkeit vom Stromkabel mehr Bewegungsfreiheit. Sie sind aufgrund ihrer geringen Größe ergonomischer, durch den eingebauten Akku aber auch erheblich schwerer.

2.1.5 Haarschneidekämme

Haarschneidekämme sind neben der Schere Ihre wichtigsten Werkzeuge für einen Haarschnitt. Mit ihrer Hilfe können Sie die Haare zum einen abteilen und zum anderen innerhalb eines Passés möglichst parallel nebeneinander anordnen. Je exakter diese Ordnung ist, desto gerader und genauer ist auch der Schnitt. Das ist vor allem für Haarschnitte mit kompakten Grundlinien und exakten geometrischen Formen, wie z. B. einem Pagenkopf, sehr wichtig, damit kein Haar der Grundlinie in der Länge abweicht. Die Zahnung von Haarschneidekämmen ist daher auf der einen Seite sehr fein, um möglichst jedes Haar einzeln zu erfassen. Die grobgezahnte Seite ermöglicht Ihnen ein leichtes Durchkämmen der Haare. Eine gute Qualität des Kammes ohne scharfe Gussränder ist wichtig, um die empfindliche Schuppenschicht der Haare, vor allem im nassen Haar, nicht zu beschädigen.

Der **Haarschneidekamm** (Bild 2) ist im feinen und im grobgezahnten Teil fast gleich dick und relativ stabil, um eine gerade Linie beim Schneiden über den Kamm zu gewährleisten. Er ist universell für fast alle Haarschnitte einsetzbar.

Der **Fassonkamm** (Bild 3) ist eine spezielle Abwandlung des Haarschneidekamms. Sein feinzahniges Ende wird extrem schmal und er ist sehr biegsam. Dadurch ist gewährleistet, dass er an den Konturen eng an die Haut angelegt werden kann und so die Haare sehr dicht über der Kopfhaut gekürzt werden.

Je fransiger ein Haarschnitt ausfallen soll, desto unwichtiger wird die Ordnung der Haare innerhalb des Passés. Ganz im Gegensatz zu den exakten Haarschnitten eines Vidal Sassoons wird hier durch freihändiges Schneiden ohne Kamm oder die Benutzung grober Kämme, wie Griffkamm und Styler, möglichst viel Unruhe und Egalität in die Schnittlinie gebracht. Trotzdem muss die Führungslinie gewahrt werden. Dadurch wird der Fall möglichst fransig und natürlich, damit keine harten Schneidekanten zu sehen sind.

2.1.6 Hilfsmittel

Neben Haarschneideschere und Haarschneidekamm benötigt die Friseurin weitere Hilfsmittel:

- Schneideumhang
- Schneidekragen
- Halskrause
- Watte
- Nackenpinsel
- Schneidehocker

Diese Hilfsmittel haben arbeits- und gesundheitsschutztechnische Funktionen:

Der **Schneideumhang** dient vor allem dem Schutz der Kleidung der Kundin. Er sollte möglichst eng am Hals anliegen, um zu verhindern, dass Schnitthaare in den Nacken fallen und sich zwischen Kleidung und Haut festsetzen. Diese Haare können sich, wenn sie sehr klein und fein sind, regulär in die Haut hineinbohren und dort zu schmerzhaften Entzündungen führen.

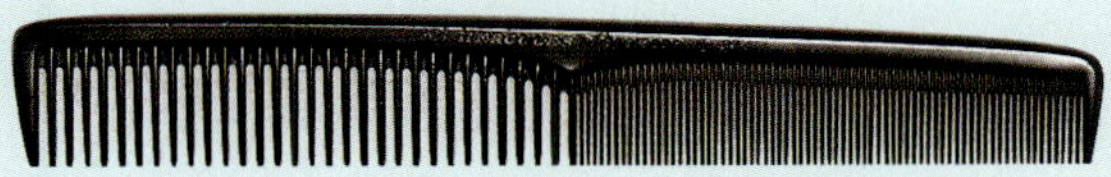

Bild 2 *Haarschneidekamm*

Bild 3 *Fassonkamm*

Der Schneidekragen unterstützt die Wirkung des Umhangs, indem er ihn mit seinem Gewicht eng auf die Schultern der Kundin legt. Zudem bietet er der Friseurin eine glatte Unterlage für Schnitte, die mehr als schulterlang sind und kompakt auf eine Grundlinie geschnitten werden.

Die Halskrause besteht aus einem sehr dehnbaren Gemisch aus Kreppapier und Gummi. Sie wird vor dem Anlegen des Schneideumhangs eng um den Hals des Kunden gelegt und dann über den Umhang geschlagen. Dadurch wird verhindert, dass selbst kleinste Härchen zwischen Haut und Kleidung des Kunden gelangen und sich dort festsetzen.

Watte wird vor allem bei Herrenhaarschnitten gerne zum Schutz vor feinen Schnitthaaren in die Ohren gesteckt.

Der Nackenpinsel befreit die Haut von den feinen Schnitthaaren, die sich schmerzhaft in die Haut bohren könnten. Alternativ kann aus hygienischen Gründen ein warmes, feuchtes Handtuch verwendet werden.

Der Schneidehocker ist höhenverstellbar und die Sitzfläche ergonomisch geformt. Er ermöglicht der Friseurin, immer auf Augenhöhe schneiden zu können, ohne sich bücken zu müssen. Dies ist vor allem beim Schneiden von Übergängen wichtig, um eine exakte Schnittfläche ohne erkennbare Kanten zu erzielen. Die Friseurin kann mit geradem Rücken in Augenhöhe schneiden. So werden Deformierungen und Schädigungen der Wirbelsäule mit starken Rückenschmerzen vermieden.

2.2 Schnittumsetzung

Zur Umsetzung des Haarschnitts müssen Sie Entscheidungen zu folgenden Fragestellungen treffen:

- Wird im trockenen oder nassen Haar geschnitten?
- Wird direkt auf der Haut geschnitten oder werden die Passés mithife von Finger oder Kamm fixiert?
- Wie teile ich mir den Kopf ein?
- Wie teile ich innerhalb dieser Partien ab?
- In welche Richtung kämme ich das Passé?
- Wie hebe ich das Passé zum Schneiden ab?
- Wie halte ich Kamm, bzw. Finger und Schere?
- Wie verlaufen meine Schnittlinien?
- Wie soll die Haarlänge sein?
- Welche Schneidetechnik soll angewendet werden?

Einige dieser Fragestellungen werden schon alleine durch die gewählte Schnittform entschieden, andere hingegen bleiben Ihnen überlassen. Oftmals können Sie ein und denselben Haarschnitt auf viele unterschiedliche Arten und Weisen erstellen.
Während vor allem die ersten drei bzw. vier Fragen sehr stark von Ihren individuellen Vorlieben und Fertigkeiten abhängig.ist, haben die weiteren Fragen große Auswirkungen auf die Schnittform und deren Ausgestaltung.

Grundsätzlich kann jeder Haarschnitt im nassen oder trockenen Haar ausgeführt werden.
Nasses Haar (Bild 1–2) bietet den Vorteil, dass man es durch die Feuchtigkeit erheblich besser fixieren kann und somit ein präziserer Schnitt möglich ist. Allerdings muss immer beachtet werden, dass sich das Haar beim Trocknen verkürzt und damit der gesamte Haarschnitt kürzer erscheint, als im nassen Zustand geschnitten wurde. Hinzu kommt, dass der natürliche Fall und Besonderheiten, wie Vorsprünge durch die Ohren, im nassen Zustand nicht so gut beachtet werden können.

Bild 1 Im nassen Haar: Schneiden über den Finger

Bild 2 Im nassen Haar: Schneiden auf der Haut

Bild 3 Im trockenen Haar: Schneiden über den Kamm

Bild 4 Im trockenen Haar: Kordeleffilation

Trockenes Haar (s. S. 172, Bild 3–4) bietet den Vorteil, dass der natürliche Fall, das Haarvolumen und auch die Auswirkungen, die z. B. die Ohrform auf die Haarlänge haben, genau zu sehen sind. Gezieltes, frisurengerechtes Ausdünnen, Slicen und Fransen sollte daher immer am trockenen Haar ausgeführt werden.

Allerdings müssen Sie beachten, dass die Haare im trockenen Zustand nicht so sicher fixiert werden können. Das führt dazu, dass die Haare trotz Mikroverzahnung vorne zwischen den Scherenblättern herausrutschen. Daher sind die Schnittlinien nicht so exakt wie im nassen Haar.

In der Praxis wird die Grundform eines Haarschnittes wegen der Schnittgenauigkeit oft im nassen Haar geschnitten. Am trockenen Haar erfolgt dann die kreative und typgerechte Ausgestaltung der Frisur.

Sie können zur Bestimmung der Schnittlinie und der Fixierung des zu schneidenden Passés unterschiedliche Methoden anwenden: Oberkopf und Übergänge werden häufig „über den Finger" oder „in der Hand" geschnitten. Für diese Methode fixieren Sie das zu schneidende Passé zwischen Zeige- und Mittelfinger und kürzen es dann in der Hand oder über den Fingern (s. S. 172, Bild 1). Vor allem für Graduierungen und Stufungen, wo ein gleichmäßiger Verlauf der Führungslinie wichtig ist, wird diese Methode bevorzugt, da so durch die Handhaltung der Schneidewinkel bestimmt wird und ein Teil des schon geschnittenen Passés als Längenvorlage dient. Auf dem Oberkopf wird meist über den Fingern und an Hinterkopf und Seiten aus ergonomischen Gründen in der Hand geschnitten.

Alternativ besteht die Möglichkeit, das Passé mit dem Kamm zu fixieren (s. S. 172, Bild 3). Diese Methode findet vor allem beim Übergangschneiden Verwendung und erfordert eine ruhige und gleichmäßig abhebende Kammführung, damit ein fehlerfreier Übergang geschnitten wird. Die Schneidebewegungen selbst sind sehr kurz und schnell und werden nur vom Daumen ausgeführt. Das untere Scherenblatt bleibt als Führungsglied für eine saubere Schnittkante absolut ruhig. Achten Sie beim Schneiden darauf, dass Sie die Schere immer parallel zum Kamm führen. So werden sichtbare „Löcher" und Kanten in den Übergängen vermieden.

Für Konturenschnitte und die Bestimmung der Grundlinien an den Seiten und im Nackenbereich wird das Passé glatt auf der Haut fixiert und dann gekürzt (s. S. 172, Bild 2).

2.2.1 Einteilung des Kopfes

Um sicher und systematisch die einzelnen Schnittvorgänge des Haarschnittes durchführen zu können, braucht es als Grundgerüst eine Voreinteilung des Kopfes. Der Kopf wird durch Scheitelung in Bereiche, in sogenannte Partien oder Felder einteilt. Die erste Scheitelung teilt meist den Oberkopf in zwei Felder. Die zweite Scheitelung unterteilt den Hinterkopf. Die Scheitelungen richten sich entweder nach natürlichen Scheitelpunkten und Wirbeln (Bild 1) oder werden künstlich gesetzt, wie zum Beispiel der Kreuzscheitel (Bild 2), der den Kopf relativ gleichmäßig einteilt.

Der Kreuzscheitel wird zuerst als Mittelscheitel mittig von Stirntampel über den höchsten Punkt des Kopfes gezogen und bis hinunter zur Nackenmitte verlängert. (A-Achse nach Pivot Point). Ein zweiter Scheitel wird vom höchsten Punkt des einen Ohres über den höchsten Punkt des Kopfes zum anderen Ohr gezogen (B-Achse nach Pivot Point). Eine häufige Ergänzung findet sich in Scheitelungen auf, oberhalb oder unterhalb der Hutlinie (Bild 2).

Im Hinterkopfbereich wird außerdem gern eine Scheitelung in A-Form (Bild 3) vorgenommen, um die Nackenpartie gesonders einzuteilen.

Auch bietet sich zum Schneiden der Ponypartie eine zusätzliche Scheitelung an, oft in Form des Ponydreiecks (Bild 4).

Je nach Haarschnitt kann es selbstverständlich auch andere Einteilungen erfordern.

2.2.2 Abteilungen der Passés

Die Abteillinien bestimmen die Unterteilung der einzelnen Partien des Kopfes zur Erstellung des Haarschnittes. Sie können entweder für den gesamten Kopf einheitlich sein oder aber von Partie zu Partie unterschiedlich sein.

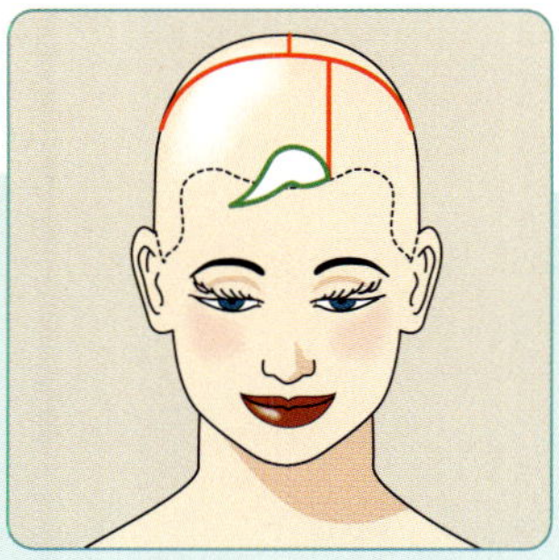

Bild 1 *Scheitelung mit Seitenscheitel und Wirbel*

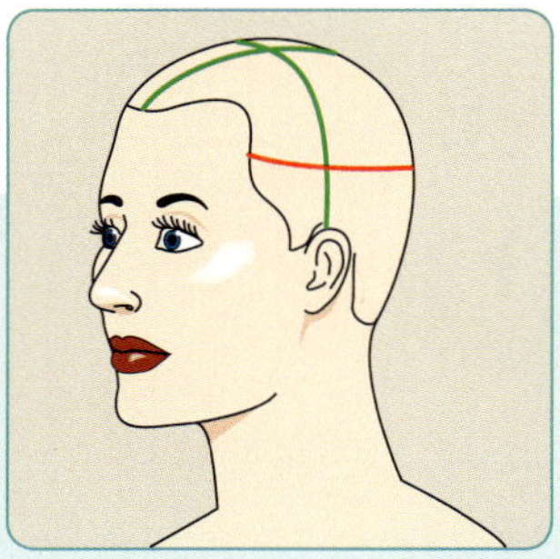

Bild 2 *Kreuzscheitel und Hutlinie*

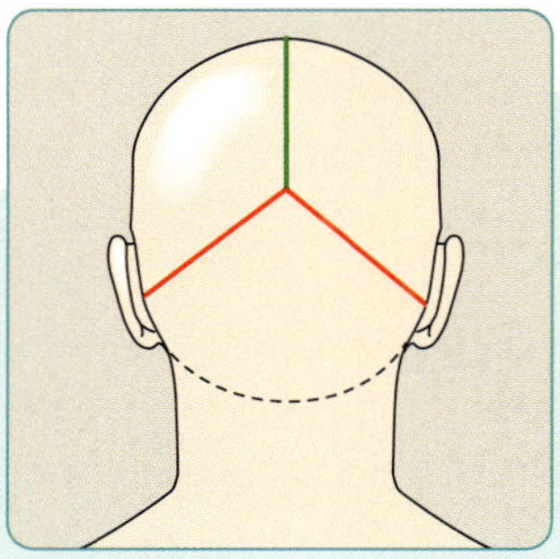

Bild 3 *A-Form*

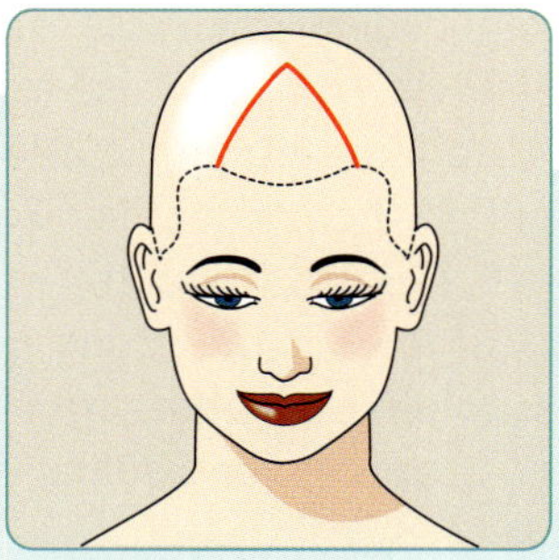

Bild 4 *Ponydreieck*

Durch diese Abteilungen entstehen neue Unterpartien, die sogenannten Passés, die die Friseurin im natürlichen Fall oder mit Abheben von Kopf bearbeitet. Für ein opftimales Schnittergebnis sind diese Passés ca. fünf Zentimeter lang und ca. ein oder anderthalb Zentimeter dick. Als Grundregel lässt sich sagen, dass durch jedes neu abgeteilte Passé die zuvor geschnittene Schnittlinie klar zu erkennen sein sollte. Deshalb sind bei besonders dichtem Haare dünnere Passés empfehlenswert. Aber auch bei sehr feinem Haar sollte dünner abgeteilt werden, damit sich nicht zu dick abgeteilte Passés optisch als ungewollte Absätze bemerkbar machen.

Meist werden die Abteillinien parallel zu der für diesen Bereich festgelegten Schnittlinie gezogen. Sie übertragen so deren Verlauf und Länge auf jeden Teil der zu schneidenden Partie. Aber auch eigene Vorlieben, ergonomische Bedingungen oder zum Beispiel angestrebte starke Längenunterschiede beeinflussen die Wahl der Abteilungen.

Der Verlauf der Abteillinien wird nach dem Linienverlauf benannt. So werden zum Beispiel **waagerecht** verlaufende Abteilungen **horizontal** genannt und lotrechte, **senkrechte** Abteilungen heißen **vertikale** Abteilungen (Bild 3).

Zu beachten ist, dass Abteilungen, die am Oberkopf horizontal aussehen, an den Seiten dann vertikal sind (Bild 1). Ebenso umgekehrt: Sehen die Abteilungen am Oberkopf vertikal aus, sind sie an den Seiten horizontal (Bild 2).

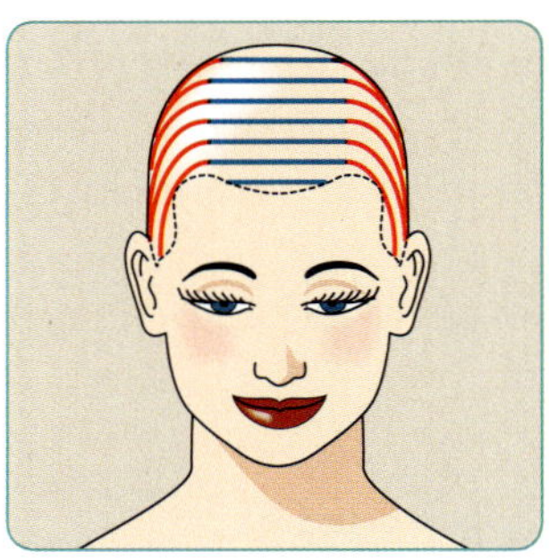

Bild 1 *Horizontaler Oberkopf, vertikale Seiten*

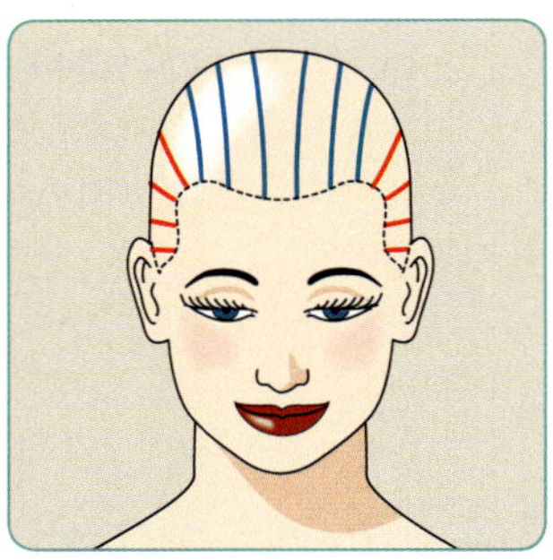

Bild 2 *Vertikaler Oberkopf, horizontale Seiten*

2.2.3 Kämmrichtung

Die Kämmrichtung beschreibt zum einen die Richtung, in die das Passé gekämmt wird, zum anderen den Winkel, in dem das Passé zur Abteillinie gekämmt wird. Sehr oft wird das Passé **im rechten Winkel (90°) zur Abteillinie** gekämmt. Die Richtung wird mit den Begriffen horizontal, vertikal oder diagonal präzisiert (s. S. 175 Bild 1 und 2).

Ist die Kämmrichtung aus dem rechten Winkel **verschoben** oder **überzogen**, erfolgt meist keine Gradangabe sondern es wird mit ebendiesen Worten beschrieben (s. S. 175, Bild 3).

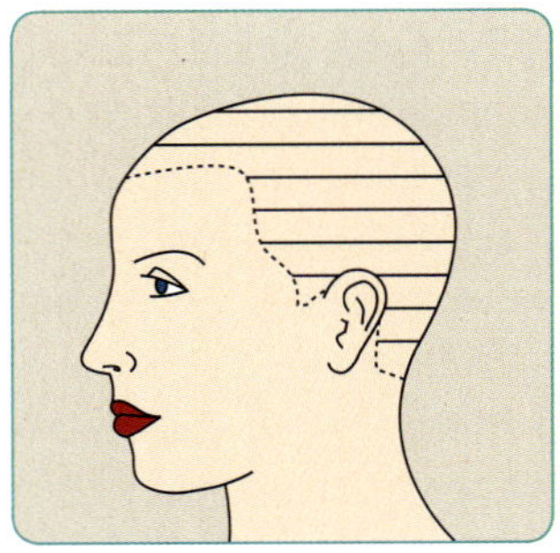

Bild 3 *Abteilung horizontal*

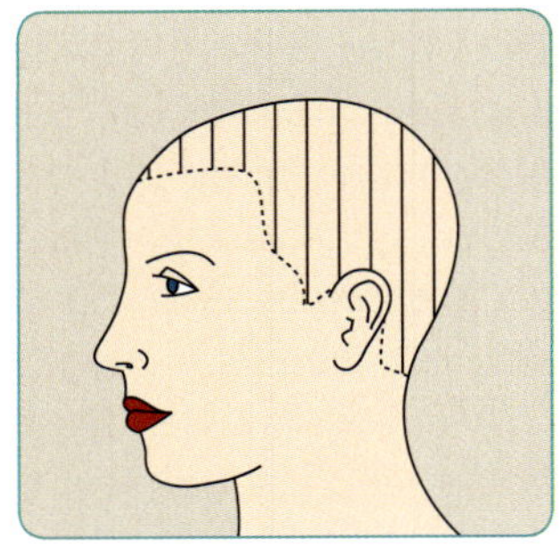

Bild 4 *Abteilung vertikal*

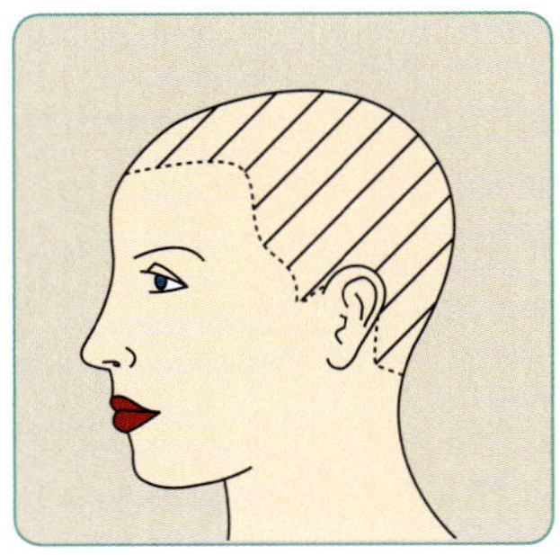

Bild 5 *diagonal nach vorne*

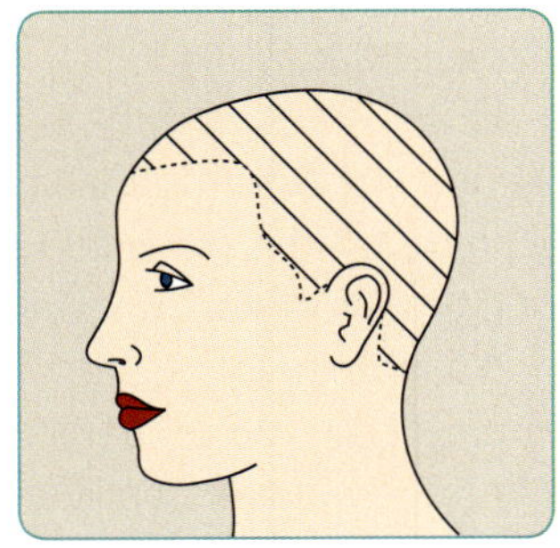

Bild 6 *Abteilung diagonal nach hinten*

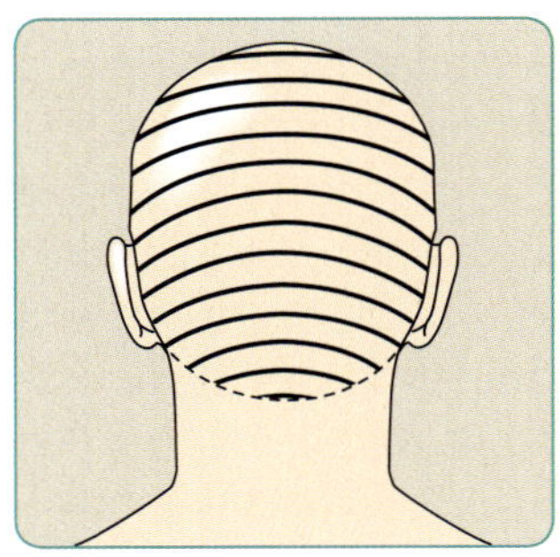

Bild 7 *Abteilung konkav*

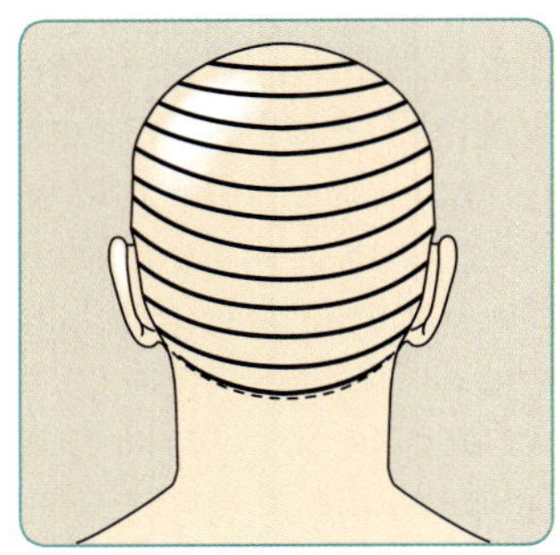

Bild 8 *Abteilung konvex*

Bild 9 *Abteilung pivotal kreisförmig*

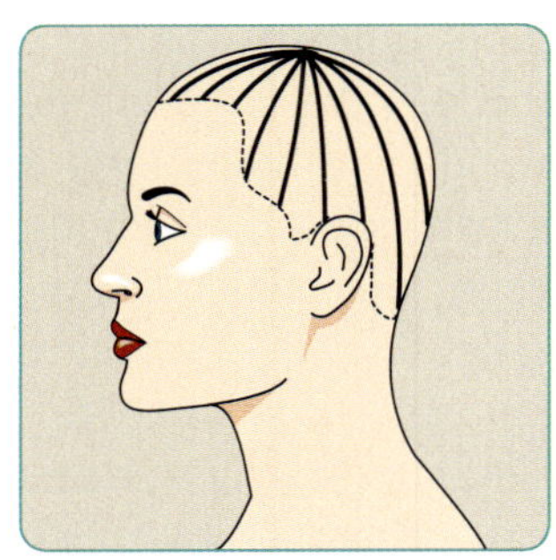

Bild 10 *Abteilung pivotal sternförmig*

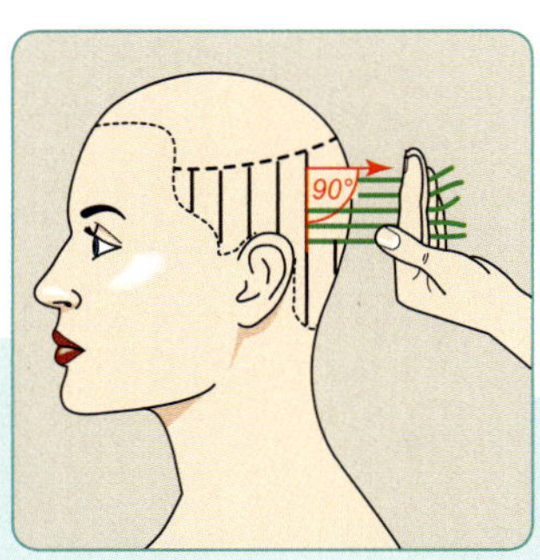

Bild 11 *Kammrichtung im rechten Winkel / horizontal nach hinten*

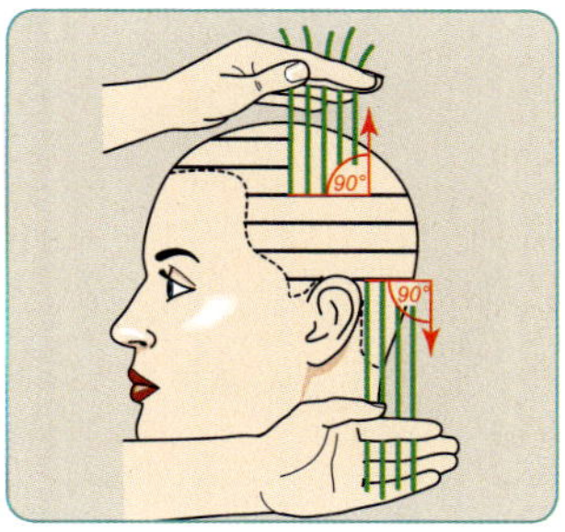

Bild 1 Kämmrichtung im rechten Winkel / vertikal nach oben und unten

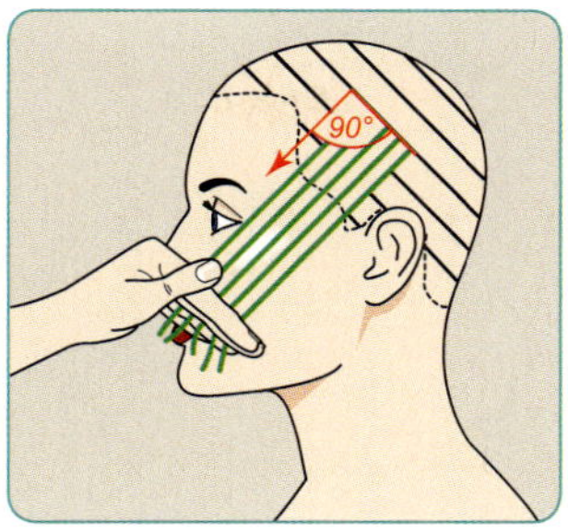

Bild 2 Kämmrichtung im rechten Winkel / diagonal nach vorn

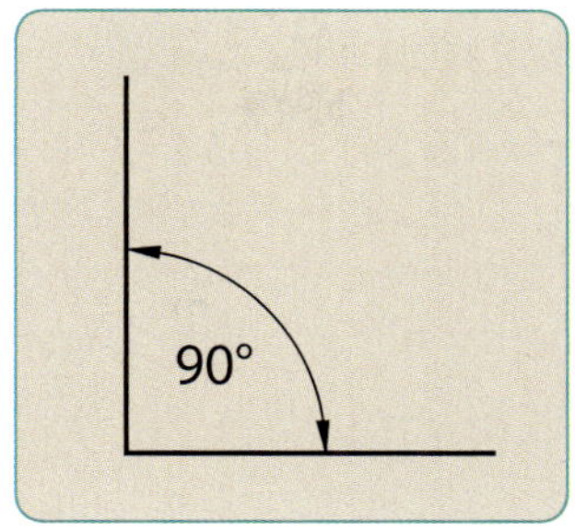

Bild 6 Exakt 90 Grad ist ein rechter Winkel

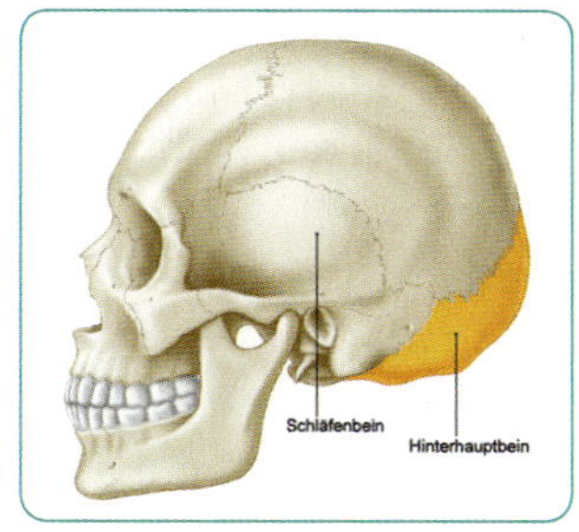

Bild 7 Lage des Hinterhauptbeins im Schädel (Seitenansicht)

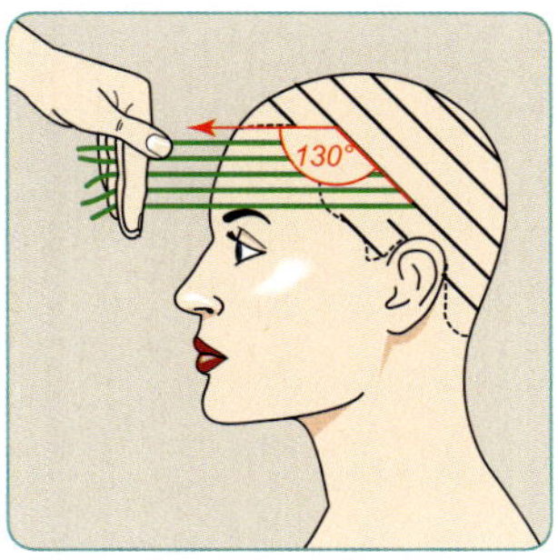

Bild 3 Kämmrichtung verzogen.

2.2.4 Abhebewinkel

Die Angabe des Abhebewinkels erklärt, ob und wie das Passé aus dem natürlichen Fall vom Kopf abgehoben wird. Hier wird immer von der Kopfrundung ausgegangen. Zur Vereinfachung wird der Kopf als relativ gleichmäßig rund gesehen und es werden grobe Winkelangaben genommen.

Die Winkelangaben werden zum jeweiligen Punkt der Kopfrundung errechnet.

Wird das Passé im rechten Winkel (s. S. 176, Bild 3) abgehoben, spricht man von einem **Winkel von 90°**. Wenn das Passé nicht abgehoben wird, spricht man von einen **Abhebewinkel von 0°** (Bild 4).

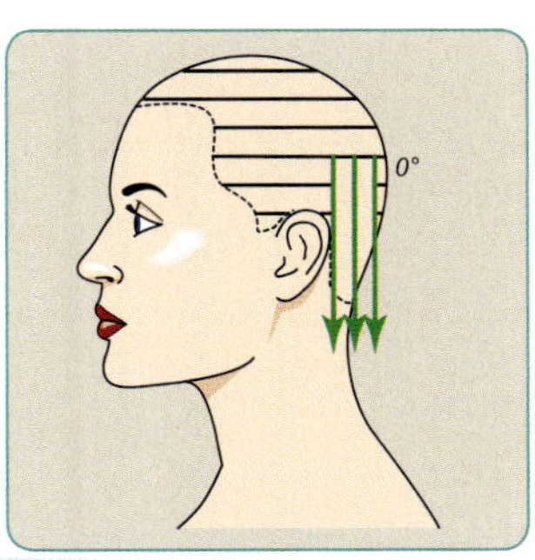

Bild 4 Abhebewinkel von 0°

Bild 5 Kompakte Form

Würde man sich auch unterhalb der Hutlinie, also **unterhalb des Hinterhauptbeins** an dem rechten Winkel (90° zur Kopfrundung) ausrichten, würde dies bedeuten, dass im Nackenbereich dann 0° und der natürliche Fall nicht mehr übereinstimmen, sondern dass ein Winkel von 0° in den Kopf hineinlaufen würde. Deshalb richtet man sich hier an dem 0° Winkel des natürlichen Falls der Haare aus und aus diesem Grund ergibt sich eine unterschiedliche Messweise oberhalb und unterhalb des Hinterhauptbeins (Bild 8).

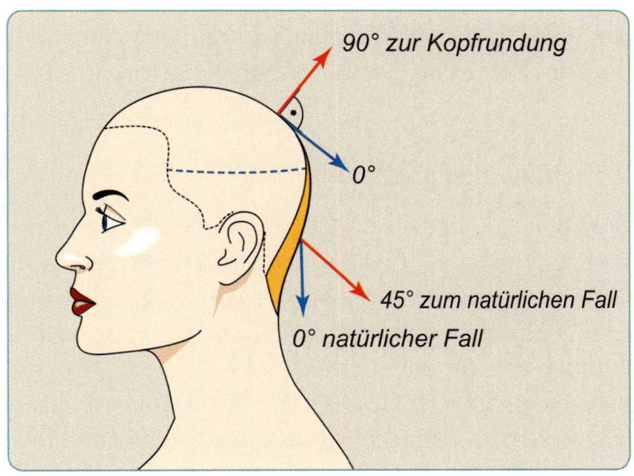

Bild 8 Abhebewinkel oberhalb und unterhalb der Hutlinie (des Hinterhauptbeins)

Unterhalb des Hinterhauptbeins ändern sich die Grad-Angaben, weil das Haar im natürlichen Fall, also bei 0° Abhebung nicht mehr am Kopf anliegt, sondern nach unten hängt. Dem folgend entspricht im Nacken der rechte Winkel zur Kopfrundung etwa einem 45° Winkel (im Verhältnis zu dem natürlichen Fall).

Abhebewinkel von 0°

Bei einem Abhebewinkel von 0° wird das Passé nicht vom Kopf abgehoben. Das Haar fällt in seinem natürlichen Fall. Oberhalb des Hinterhauptbeins liegt das Haar am Kopf an. Die Haare erhalten so keinerlei Stufung. Wenn eine ganze Partie so geschnitten wird, enden alle Haare auf der gleichen Grundlinie und somit ist das Deckhaar das längste Haar. Dies ergibt eine **kompakte Form** (Bild 5).

<Abhebewinkel zwischen 0° und 45°

Diese niedrigen Abhebewinkel zwischen 0 ° und 45 ° erzielen nur eine leichte Stufung. Dies wird oft als **leichte Gradation** bezeichnet. Die Längenunterschiede sind gering, das Deckhaar ist weiterhin beim Schnitt länger als das Konturenhaar, fällt aber im natürlichen Fall leicht stufig.

Abhebewinkel zwischen 45 ° und 90 °

Sämtliche Abhebewinkel zwischen 45 ° und bis 89° bewirken eine deutliche Stufung, die Längenunterschiede werden größer. Hier spricht man von einer variablen Stufung oder variablen Gradation. Auch hier bleibt das Deckhaar beim Schnitt länger als das Konturenhaar, die Stufung im natürlichen Fall wird aber größer. Das Ergebnis ist eine **graduierte Form**.

Abhebewinkel von 90 °

Ein Abhebewinkel von 90 ° bedeutet, dass das Passé im rechten Winkel zur Kopfrundung abgehoben wird.
So erhalten Sie Haare, die innerhalb der so geschnittenen Partie genau gleich lang sind und somit einheitlich gestuft sind. Man spricht von einer **uniformen Stufung**.

Abhebewinkel größer als 90 °

Abhebwinkel von über 90 ° werden erzielt, wenn die Haarsträhne nach oben hin überzogen wird. Hier wird im Gegensatz zu den Abhebewinkeln unter 90 ° keine Gradangabe benannt, man spricht von **überzogen**. Die Friseurin erreicht damit eine extreme Stufung smit großen Längenunterschieden. Das Deckhaar ist beim Schnitt und im natürlichen Fall kürzer als das Konturenhaar. Die Stärke der Stufung kann auch hier wieder mit dem Grad des Abhebewinkels variiert werden. Dies ist eine **erweiternd verlaufende Stufung**.

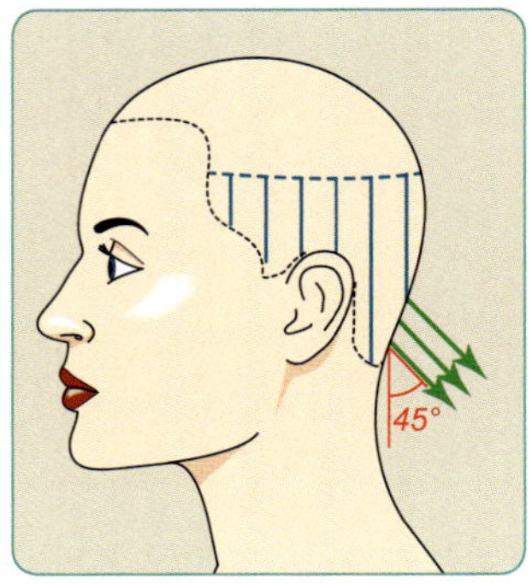

Bild 1 *Abhebewinkel 45°*

Bild 2 *Graduierte Form*

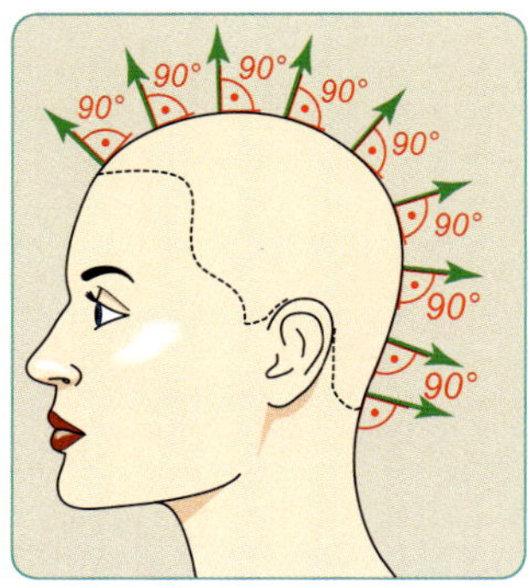

Bild 3 *Abhebewinkel 90 °*

Bild 4 *Uniforme Stufung*

Bild 5 *Abhebewinkel überzogen über 90°*

Bild 6 *Erweitert verlaufende Form*

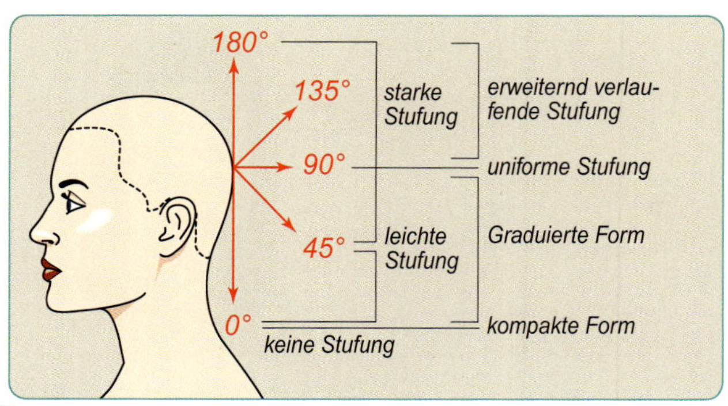

Bild 7 *Übersicht Abhebewinkel*

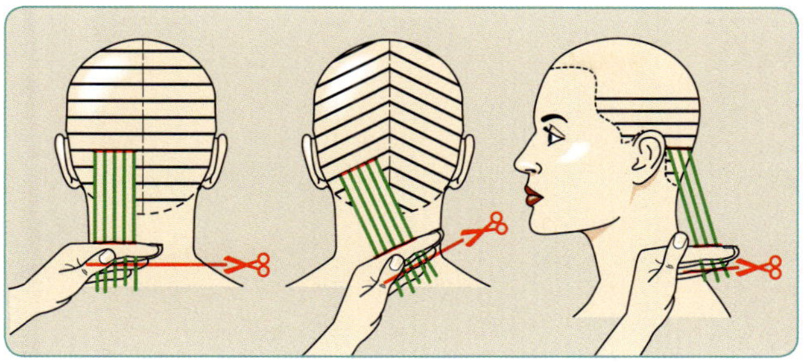

Bild 1 Paralle Kamm-, Finger-, Scherenhaltung

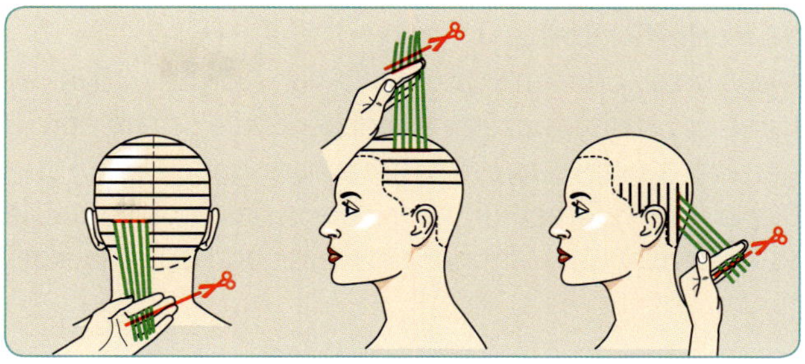

Bild 3 Nicht paralle Kamm-, Finger-, Scherenhaltung

2.2.5 Kamm-, Finger-, Scherenhaltung

Mit Ihrem Kamm oder Ihren Fingern fixieren Sie das zu schneidende Passé, um dann mit der Schere entsprechend einen Schnitt auszuführen. Die Kamm- oder Fingerhaltung und die Scherenhaltung wird in Bezug gesetzt zur Abteilung und so als parallel oder nicht parallel zur Abteilung definiert (Bild 1 + 3). Parallel bedeutet, dass – je nach Schneidetechnik – der Kamm, die Finger und die Schere im gleichbleibenden Abstand zur Abteilung des Passés gehalten werden.

2.2.6 Schneidetechniken

Hier entscheiden Sie, wie die einzelnen Passés geschnitten werden. Es werden folgende Arten von Schnittlinien unterschieden:

- Glatte Schnittlinie beim Stumpfschnitt
- Ungleichmäßige Schnittlinie durch Effilieren, Pointen und Slicen.

Weiterhin entscheiden Sie durch das Festlegen der Position der Schnittlinie innerhalb einer Partie, ob diese Partie des Haarschnitts kompakt wird oder wie stufig sie wird. Hier gibt es zwei Unterscheidungen:

- Stationäre Schnittlinien
- Mobile Schnittlinien

Stationäre Schnittlinie

Bei der stationären Schnittlinie erfolgt der Schnitt aller Passés innerhalb einer Partie immer an der gleichen Position.

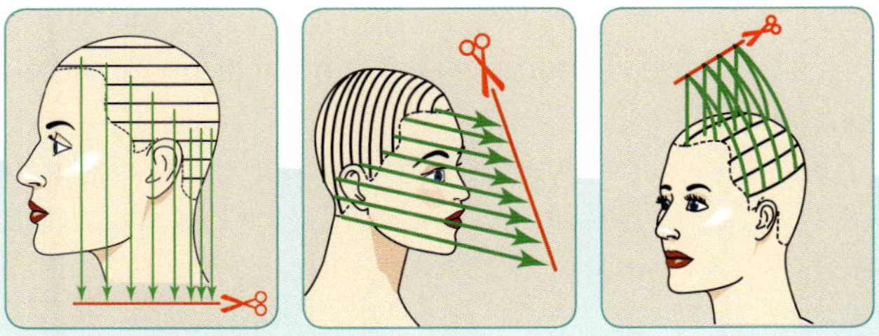

Bild 2 a-c Stationäre Schnittlinien

So wird entweder eine kompakte Partie erzielt (Bild 2a) oder es entsteht zum Beispiel eine Stufung mit einer Längenzunahme (Bild 2b + c).

Mobile Schnittlinie

Die Positionen der mobilen Schnittlinie hingegen sind variabel und wandern mit den einzelnen Abteilungen und Passés mit.

Die mobile Grundlinie kann für eine einheitliche Länge jedes Passés innerhalb der Haarpartie genutzt werden (Bild 4a), aber auch für eine Längenzu- oder -abnahme (Bild 4b).

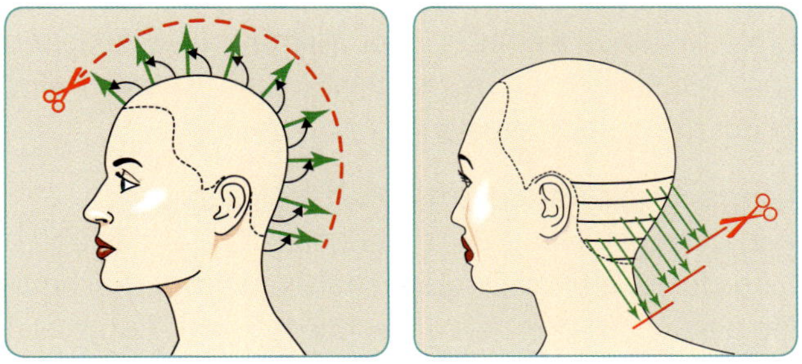

Bild 4a und b Mobile Schnittlinien

Stumpfschnitt

Beim Stumpfschneiden werden alle Haare eines Passés erfasst und auf eine einheitliche Länge gekürzt. Die Haarfülle bleibt erhalten und das Passé fällt dadurch stumpf und breit auseinander. Es entsteht eine harte und kompakte Schnittlinie.

Diese Technik eignet sich vor allem zur Längebestimmung, also dem Schneiden von Grundlinien, und zum Konturenschneiden. Aber auch bei feinem Haar wird gerne stumpf geschnitten, um das Haar fülliger erscheinen zu lassen.

Effilieren

Beim Effilieren wird aus einer Haarsträhne eine bestimmte Menge Haare herausgeschnitten. Die Haarfülle wird verringert, man erhält innerhalb des Passés unterschiedliche Haarlängen. Im Folgenden werden je zwei Grundvarianten und zwei Spezialtechniken der Effilation vorgestellt.

Wurzeleffilation

Die Wurzel- oder auch Stützeffilation (Bild 1) wird in der Nähe des Haaransatzes mithilfe der Effilierschere durchgeführt. Kurze Haare als Stützhaare geben der Frisur Stand und Volumen und erleichtern das Toupieren. Die Wurzeleffilation sollte nur bei kräftigen Haaren ausgeführt werden.

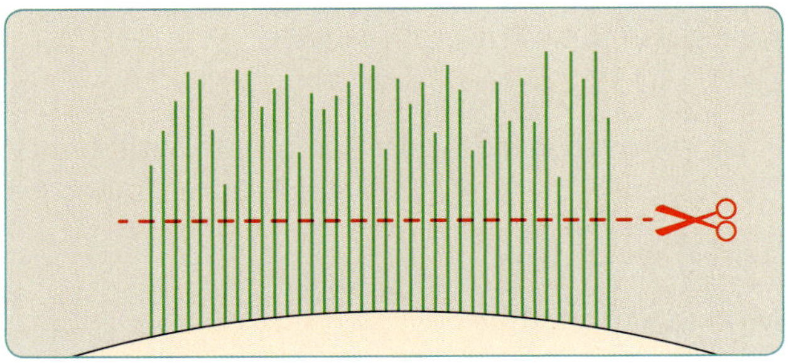

Bild 1 Wurzeleffilation

Kordeleffilation

Bei der Kordeleffilation (s. S. 172, Bild 4) werden kleine quadratische Passés von ca. 1 × 1 cm abgeteilt und fest verkordelt. Anschließend wird mit der Spitze der Modellierschere vorsichtig in unterschiedlichen Abständen vom Haaransatz in die gekordelte Strähne geschnitten. Diese Methode eignet sich vor allem für die Erzeugung von Stützhaaren im Wirbelbereich und ist somit eine Sonderform der Wurzeleffilation.

Längen- und Spitzeneffilation/Pointen

Die Spitzeneffilation wird im oberen Drittel der Abteilung durchgeführt. Die Haarsträhne wird ungleichmäßig gekürzt. Man erzielt, je nachdem, wie tief angesetzt wird, entweder fedrige, fransige Spitzeneffekte oder aber dünnt das gesamte HaarPassé aus.

Zum Fransen der Spitzen eignet sich vor allem das sogenannte Pointen, auch Stechschnitt genannt (Bild 2). Hierbei wird die Schere in unterschiedlich großem Winkel von oben in das Passé geführt. Je nach Schnittwinkel und -tiefe werden unterschiedlich große Mengen an Haar aus der Strähne herausgeschnitten.

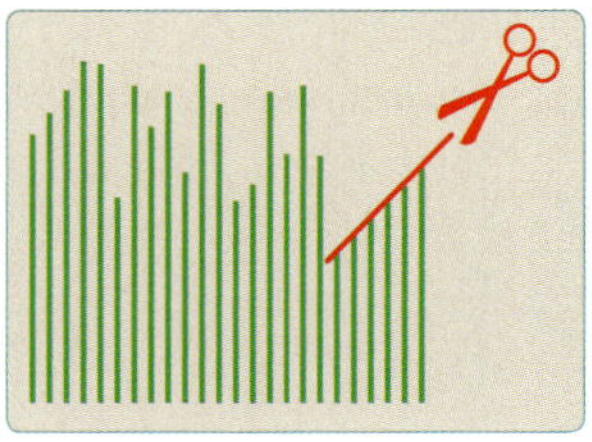

Bild 2 Pointen

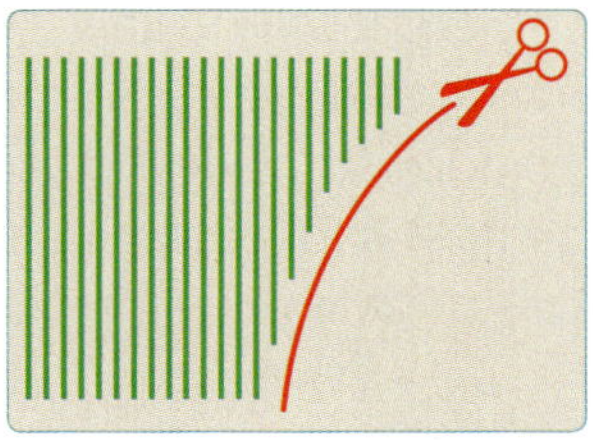

Bild 3 Slicen

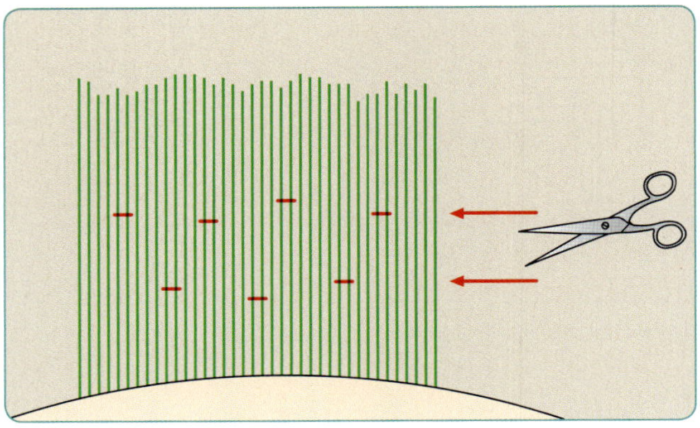

Bild 4 Webschnitt

Webschnitt

Mit dem Webschnitt (Bild 4) bezeichnet man das gezielte, Passéweise Einschneiden von auffälligen Lücken in den Haaransatz, die Längen und die Spitzen.

Slicen

Beim Slicen (Bild 3) wird die geöffnete Schere in Richtung des natürlichen Falls der Haare durch die Oberfläche der Frisur geführt. Die verwendete Schere muss slicefähig und darf nicht mikrogezahnt sein. Dabei kann die Friseurin entweder ohne führendes Hilfsmittel arbeiten oder die Haarpartie kaum merklich durch die Hand oder den Kamm halten.

- Das Slicen erzielt eine stärkere Bewegung als das Effilieren oder Pointen in der Frisur.
- Es bringt verstärkt Unter- und Zwischenlängen in eine Frisur.
- Durch starkes Slicen erzielt man das Aufspringen bzw. das Aufstellen der Haare.
- Das Slicen kann sowohl im trockenen als auch im nassen Haar durchgeführt werden.
- Die Öffnung der Schere beim Slicen bestimmt den Grad der Bewegung in der Frisur.

Effilation mit Effiliergeräten und Klingenmesser

Eine weitere Möglichkeit, Haare auszudünnen, ist das Effilieren der Haare mit Effiliergeräten oder dem Klingenmesser. Bei dieser Technik muss Folgendes berück sichtigt werden: Setzt man das Effiliergerät oberhalb der Haarsträhne an, so kürzt man die Haare auf der Strähne. Die Haarspitzen können leicht aufspringen. Wird das Effiliergerät unterhalb der Haarsträhne angesetzt, so erzielt man eine glatte Oberfläche mit Stützhaaren von der Unterseite, z. B. um eine Innenrolle zu verstärken.

Bei beiden Methoden wird der Ausdünnungsgrad von der Stärke des Drucks und der Länge des Strichs mit dem Klingenmesser oder Effilierer bestimmt.

2.3 Basishaarschnitte und ihre Schnittbeschreibungen

Perfekte Haarschnitte erfordern neben ständiger Übung und Routine ein vertieftes Wissen über die form- und typgerechte Veränderung der Haarlänge. Die jährlichen Modeempfehlungen des Friseurhandwerks machen deutlich, dass Sie als Friseurin Ihre Arbeitstechniken ständig kontrollieren und weiterentwickeln müssen, um den individuellen Frisurenwünschen Ihrer Kundschaft gerecht zu werden.

Jeder Haarschnitt kann mithilfe der im vorangegangenen Kapitel 2.3 erklärten Kriterien für eine Schnittbeschreibung definiert werden:
- Einteilungen und Abteilungen (s. S. 173 f.)
- Kämmrichtung, Abhebewinkel und die dazugehörige Kamm-, Finger-, Scherenhaltung (s. S. 174 ff.)
- Schnittlinien (s. S. 177)

Auch kann eine Entscheidung über das zu verwendende Werkzeuge (s. S. 168 ff.) getroffen werden.
Eine Schnittbeschreibung wird ergänzt durch eine Schnittgrafik und eine Längengrafik.

In einer **Schnittgrafik** (Bild 1) findet sich die zeichnerische Umsetzung des Haarschnitts in den jeweiligen Partien. Je nach Partie und Schnitt werden hier Einteilungen, Abteilungen, Abhebewinkel und Schnittlinien eingezeichnet.

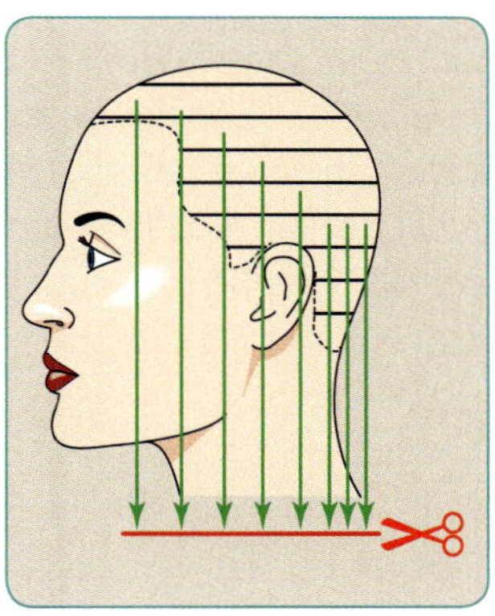

Bild 1 Schnittgrafik kompakte Form

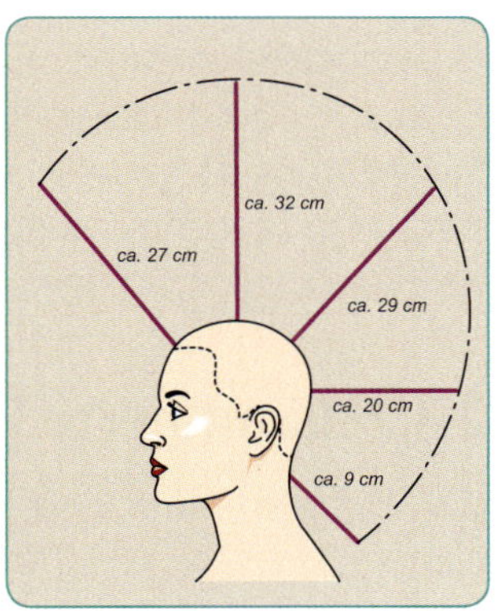

Bild 2 Längengrafik kompakte Form

In einer **Längengrafik** (Bild 2) wird die Haarlänge visualisiert. Hierzu werden Längenanangaben an markanten **Längenmessungspunkten** fächerförmig in 90° Winkeln von der Kopfhaut weg eingezeichnet. In der **Seitenansicht** (Tabelle 1) wird auf der A-Achse des Kreuzscheitels an folgenden Punkten eine Längenangabe im 90° Winkel eingezeichnet:
- Stirnkontur
- Höchster Punkt des Kopfes
- Wirbelbereich
- Hutlinie / Atlasknochen
- Nackenkontur

Für die **Vorderansicht** (Tabelle 1) werden folgende Punkte aud der B-Achse des Kreuzscheitels eingezeichnet:
- Nackenkontur
- Ohrbogen links und rechts
- Hutlinie links und rechts
- Höchster Punkt des Kopfes

Die folgenden vier Basishaarschnitte (Bild 3 a–d) stellen die Grundformen eines jeden Haarschnittes dar.
- Kompakte Form
- Graduierte Form
- Uniforme Stufung
- Erweiternd verlaufende Stufung

Bild 3 a Kompakte Form

Bild 3 b Graduierte Form

Bild 3 c Uniforme Stufung

Bild 3 d Erweiternd verlaufende Stufung

Längenmesspunkte Seitenansicht			Längenmesspunkte Vorderansicht			
Stirnkontur Nackenkontur	Höchster Punkt des Kopfes	Wirbel + Hutlinie	Nackenkontur	Ohrbogen rechts + links	Hutlinie rechts + links	Höchster Punkt des Kopfes
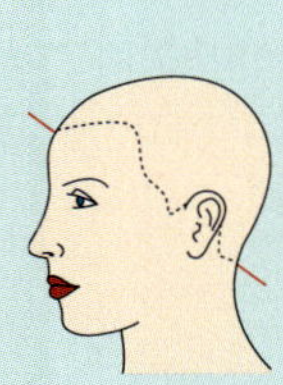	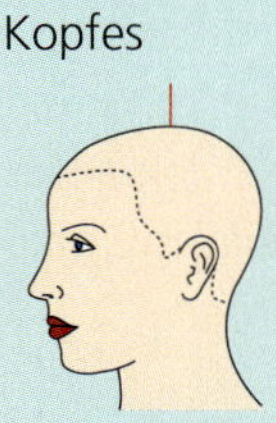	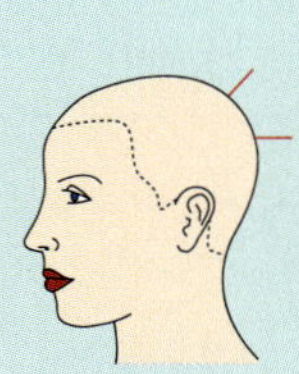	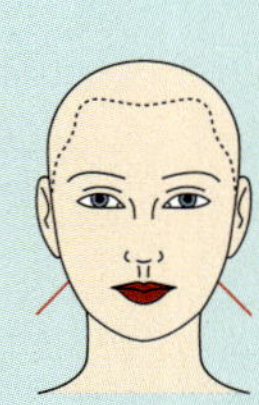	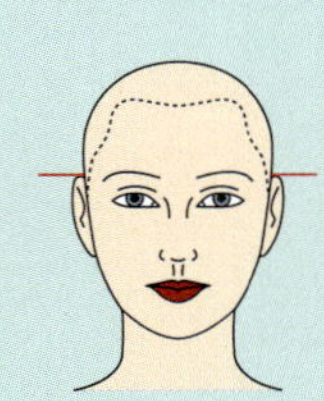	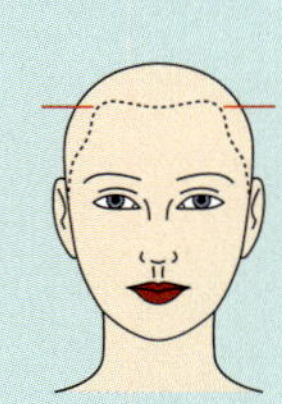	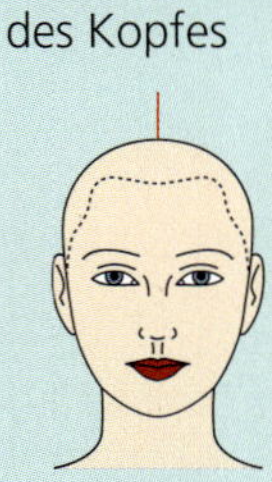

Tabelle 1 Längenmesspunkte

Entweder können Sie einen gesamten Kopf mit nur einem Basishaarschnitt gestalten oder aber an den einzel- nen Kopfpartien werden unterschiedliche Grundformen umgesetzt. Die einzelnen Basishaarschnitte können je nach Frisurenwunsch abgewandelt und gestalterisch miteinander kombiniert werden. So entstehen individuell unterschiedliche Haarschnitte mit einer der modischen Vielfalt angemessenen Variationsbreite.

Nachfolgend werden diese vier Grundformen erläutert und zu jedem Basishaarschnitt wird eine Arbeitsanleitung zum Erstellen des Harschnittes und die entsprechenden Fachbegriffe der Schnittbeschreibung genannt.

Bitte beachten Sie, dass es oft mehrere Möglichkeiten gibt, einen Haarschnitt zu erstellen. Wenn Sie also zum Beispiel anders abteilen als hier in dem jeweiligen Beispiel, dann ändern sich Ihre Bezeichnungen und Ihre Schnittgrafik entsprechend

2.3.1 Kompakte Form

Die kompakte Form eignet sich vor allem für glattes mittellanges und langes feines Haar.

Ein typisches Beispiel für eine kompakte Form in der Gesamtfrisur ist der Pagenkopf (Bild 1a).

Auch Einzelpartien wie der Ponybereich (Bild 1b) können in kompakter Form geschnitten werden.

Generell werden für eine kompakte Form alle Passés der so zu gestaltenden Partie auf immer derselben Schnittlinie, also einer stationären Schnittlinie, geschnitten.

Bild 1a *Pagenkopf (kompakte Form)*

Bild 1b *Ponybereich in kompakter Form*

Arbeitsanleitung zum Erstellen der kompakten Form (beispielhaft)

1. Die Kundin hällt den Kopf gerade. (hier: Kopfhaltung: gerade)
2. Teilen Sie den Kopf in entsprechende Partien ein. (hier: Einteilung: Kreuzscheitel)
3. Teilen Sie das erste Passé einer Partie ca. 1 cm dick ab. (hier: Abteilung: horizontal)
4. Das Passé wird im rechten Winkel, ohne es abzuheben, in Fallrichtung gekämmt. (hier: Kämmwinkel: im rechten Winkel, Abhebewinkel: 0°)
5. Das Passé wird mit dem Kamm fixiert und auf der Haut parallel zur Abteillinie stumpf mit der Haarschneideschere gekürzt. (hier: Kamm-, Finger-; Scherenhaltung: Parallel)
6. Alle weiteren Passés dieser Partie werden auf dieser Schnittlinie geschnitten. (hier: Schnittlinie horizontal und stationär)

Zusätzlich sollten Sie bei diesem Basishaarschnitt immer vermeiden, die Haare unter Spannung zu schneiden, um den natürlichen Fall und hervortretende Kopfteile, wie z. B. die Ohren, zu berücksichtigen. Ansonsten kann es passieren, dass sich die Haare durch die Längenunterschiede im Konturen- und Deckhaarbereich beim Trocknen unterschiedlich stark verkürzen und eine kompakte Grundlinie ist nicht mehr gegeben ist.

Die Haarlängen werden zum Deckhaarbereich hin immer länger, sodass der längste Punkt des Haaschnittes am höchsten Punkt des Kopfes ist. Dies zeigt sich

auch in der Längengrafik, in der die Länge der Haare fächerförmig dargestellt wird. Die Länge wird als die Distanz vom Längenmessungspunkt auf der Kopfhaut hin zur Haarspitze in cm gemessen (s. S. 179, Bild 2).

2.3.2 Graduierte Form

Die graduierte Form ist durch die Vielzahl der Möglichkeiten unterschiedlicher Abhebewinkel der variabelste Basishaarschnitt. Er eignet sich sowohl für kurzes als auch für längeres Haar.

Ein typisches Beispiel ist der Haarschnitt in Bild S. 181, Bild 1: Deutlich ist zu sehen, dass die Stufung im Konturenbereich stärker ist als im Deckhaarbereich.

Bei der graduierten Form wird Anstieg der Stufung durch den Abhebewinkel bestimmt (s. S. 176, Bild 1). Es wird fast immer mit einer mobilen Schnittlinie gearbeitet (s. S. 177, Bild 5), nur bei einer extremen Längenzunahme von Mitte der Nackenpartie zur Schläfe kann auch, bei vertikaler Abteilung, mit einer stationären Schnittlinie gearbeitet werden.

Bild 1 Graduierte Form

Bild 2 Graduierte Form

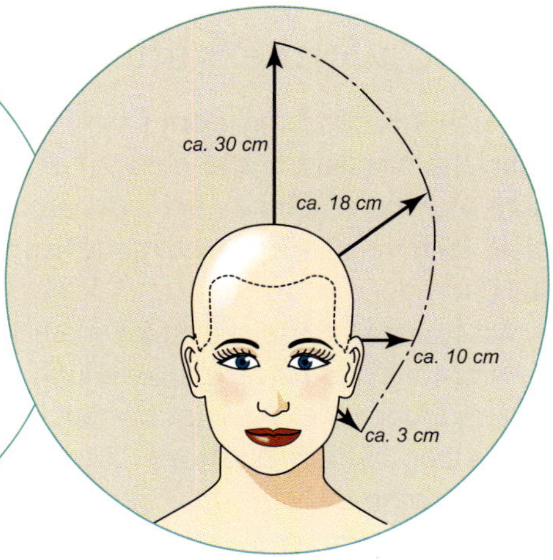

Bild 3 Längengrafik graduierte Form

Arbeitsanleitung zur Erstellung einer graduierten Form mit vertikaler Abteilungen (beispielhaft)

1. Die Kundin hällt den Kopf leicht nach vorn gebeugt. (hier: Kopfhaltung: leicht nach vorne)
2. Teilen Sie den Kopf in entsprechende Partien ein (hier: Einteilung: Kreuzscheitel und Hutlinie)
3. Teilen Sie das erste Passé in der Nackenpartie ca. 1 cm dick vertikal ab. (hier: Abteilung: vertikal)
4. Das Passé wird im rechten Winkel gekämmt und in einem ca. 45° Winkel abgehoben (hier: Kämmwinkel: im rechten Winkel, Abhebewinkel: ca. 45°)
5. Das Passé wird mit Fingern gehalten und nicht parallel zur Abteillinie mit der Haarschneideschere gekürzt. (hier: K.-, F.-; S.-haltung: nicht parallel)
6. Alle weiteren Passés dieser Partie wandern unter Beibehaltung des Abhebewinkels nach außen. Sie werden jeweils um die Passébreite versetzt genau so geschnitten wie das Ausgangspassé. (hier: Schnittlinie schräg und mobil)
7. Ab der Hutlinie verändern Sie den Abhebewinkel auf ca. 25° und arbeiten sich so bis über den Wirbel vor. Damit bleibt die Fülle am Hinterkopf erhalten und die Haare teilen sich nicht im Wirbelbereich. Die Seiten und der Oberkopfpartie können wieder mit einem Abhebewinkel von 45° geschnitten werden. Oft werden Seiten und Oberkopfpartie auch kompakt oder mit nur einem sehr geringen Abhebewinkel geschnitten, um diese dann voller aussehen zu lassen.
8. Den Kontrollschnitt führen Sie durch horizontales Abkämmen der Haare vom Kopf durch.

Während der gesamten Graduierung sollten Sie zwischendurch den Abhebewinkel überprüfen, damit Sie einen gleichmäßigen Längenanstieg in den Partien erzielen.

Die Schneidetechniken können variieren, je nachdem, wie fransig der Haarschnitt gestaltet werden soll. Bei dem Frisurenbeispiel in Bild 1 ist der gesamte Haarschnitt, bis auf den Vorderkopf, stumpf geschnitten.

Bei der Erstellung des Haarschnitts mit horizontalen Abteilungen wird der Abhebewinkel beibehalten, es wird jedoch von Passé zu Passé mit einer Längenzunahme gearbeitet (Bild 5).

Für die Längengrafik (Bild 3) bieten sich die Konturen, die Hutlinie und der Wirbel als längster Punkt der Frisur als Längenmessungspunkte an.

Graduierte Schnittformen sind sehr variabel in ihrem Aussehen, da der Stufungsgrad in den einzelnen Partien sehr unterschiedlich sein kann.

Eine Sonderform der graduierten Form stellt der Fasson dar. Bei ihm ist der Längenunterschied zwischen Kontur- und Deckhaarbereich am größten. Die Frisurenkontur ist die natürliche Haarkontur und an der Hutlinie muss die gewünschte Länge des Deckhaarbereiches erreicht sein. Den Haarschnitt im Konturenbereich des Fassons über den Kamm bezeichnet man als Übergangsschneiden.

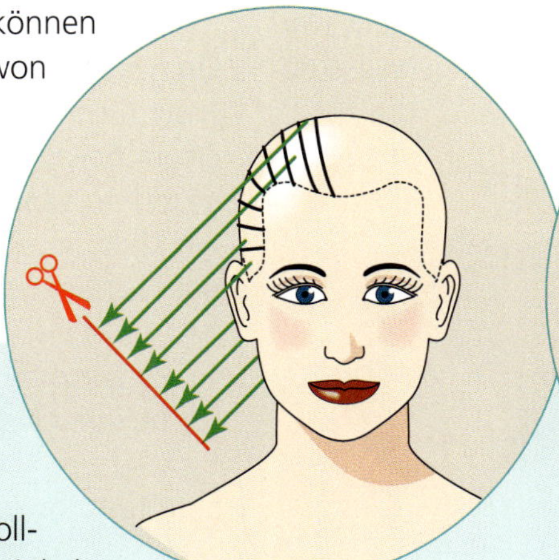
Bild 4 Schnittgrafik graduierte Form, Vorderansicht

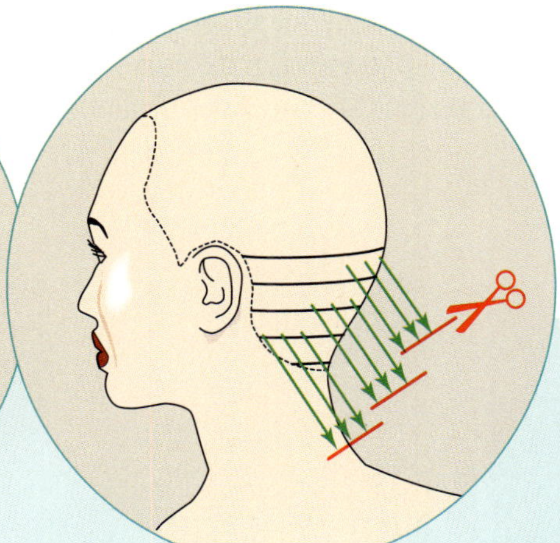
Bild 5 Schnittgrafik graudierte Form, Nackenpartie

2.3.3 Uniforme Stufung

Die uniforme Stufung eignet sich für trendige Kurzhaarvarianten (Bild 1) und ist auch bei feinem Haar eine gute Alternative (Bild 2). Bei lockigem Haar bietet sich diese Stufung an, wenn eine runde Form erzielt werden soll (Bild 3).

Ein typisches Beispiel ist folgende Frisur: Deutlich zu sehen ist die gleiche Längenverteilung um die gesamte Kopfrundung: Das Haar an der Nackenkontur ist genauso lang wie am Oberkopf, über den Ohren und an der Stirnkontur.

Generell wird bei der Uniformen Stufung jedes Passé im 90° Winkel abgehoben und die mobile Schnittlinie wandert mit der Kopfrundung.

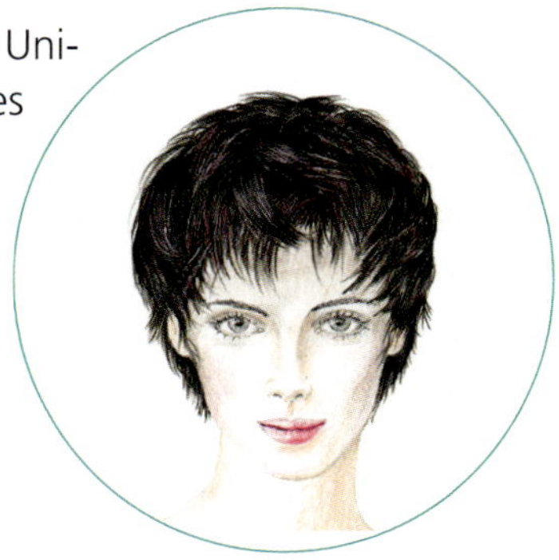

Bild 1 *Uniforme Stufung*

Arbeitsanleitung zur uniformen Stufung (Bsp.)

Bei der uniformen Stufung ist jede beliebige Abteilungart, ob mit oder ohne vorheriger Einteilung des Kopfes, möglich. Die nachfolgende Arbeitsanleitung ist wieder nur exemplarisch zu verstehen.

1. Die Kundin hällt den Kopf gerade.
   (hier: Kopfhaltung: gerade)
2. Teilen Sie das erste Passé am Oberkopf ca. 1 cm dick ab. Das Passé wird im rechten Winkel gekämmt und in einem 90° Winkel abgehoben.
   (hier: Kämmwinkel: im rechten Winkel, Abhebewinkel: 90°)
3. Das Passé wird mit Fingern gehalten und parallel zur Kopfrundung mit der Haarschneideschere gekürzt.
   (hier: Kamm-, Finger-; Scherenhaltung: parallel)
4. Alle weiteren Passés wandern unter Beibehaltung des Abhebewinkels ringförmig nach außen. Sie werden jeweils um die Passébreite versetzt genau so geschnitten wie das Ausgangspassé.
   (hier: Abteilung: ringförmig, Schnittlinie: der Kopfrundung folgend und mobil)
   Ein zwischenzeitliches Überprüfen des 90°-Winkels und der abgerundeten Fingerhaltung zur Kopfrundung dient dem Erzielen eines gleichmäßigen Ergebnisses.
5. Den Kontrollschnitt führen Sie im rechten Winkel zu den zuvor gewählten Abteillinien durch. Das heißt, wenn Sie den gesamten Schnitt mit horizontalen Abteillinien erstellt haben, überprüfen Sie den Schnitt nun, indem Sie vertikal abteilen und umgekehrt. So wird gewährleistet, dass die mobile Grundlinie exakt genutzt wurde und keine Überziehungen einzelner Passés erfolgten.

Bild 2 + 3 *Uniforme Stufungen*

Je nach Frisurenwunsch kann dieser Basishaarschnitt an einzelnen Haarpartien oder für den gesamten Kopf a gewendet werden

Bei der uniformen Stufung gleicht die Längengrafik (Bild 4a) der Schnittgrafik (Bild 4b), da für den Haarschnitt alle Passés in einem 90° Winkel abgehoben werden.

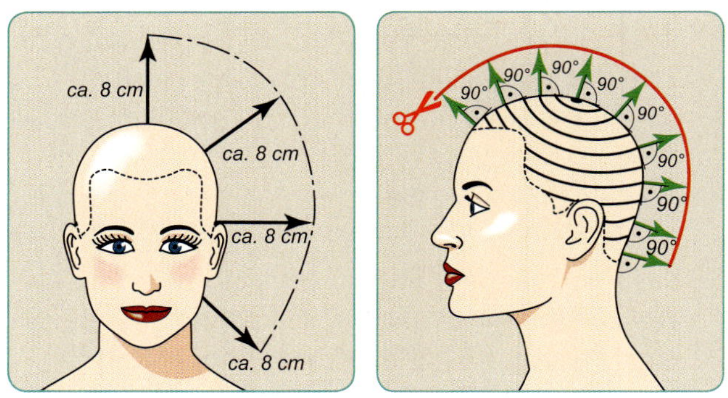

4 a + b *Längengrafik und Schnittgrafik Uniforme Stufung*

2.3.4 Erweiternd verlaufende Stufung

Die erweiternd verlaufende Stufung wird auch Pyramidenhaarschnitt oder Vokuhila („vorne kurz, hinten lang") genannt. Sie ist vor allem für Langhaarschnitte geeignet, die stufig und fransig gestaltet werden sollen.

Ein typisches Beispiel ist folgende Frisur (Bild 5):
Deutlich ist die genau umgekehrte Längenverteilung am Kopf, im Gegensatz zur graduierten Form, erkennbar:

Der längste Punkt der Frisur befindet sich an der Kontur und der kürzeste am Oberkopf bzw. im Ponybereich.

Bild 5 *Erweiternd verlaufende Stufung*

Arbeitsanleitung zur erweiternd verlaufenden Stufung (beispielhaft)

1. Teilen Sie den Kopf in entsprechende Partien ein. (hier: Einteilung: Kreuzscheitel)
2. Die Kundin hällt den Kopf gerade. (hier: Kopfhaltung: gerade)
3. Bestimmen Sie nun den kürzesten Punkt der Frisur. Teilen Sie hier das erste Passé am Oberkopf ca. 1 cm dick vertikal ab. (hier: Abteilung: Oberkopf vertikal)
4. Nur das erste Passé wird im rechten Winkel gekämmt und in einem 90° Winkel abgehoben. (hier erstes Passé: Kämmwinkel: im rechten Winkel, Abhebewinkel: 90°)
5. Die Finger, die das Passé halten und auch die Schere sind parallel zu dieser Abteilung. (hier: K.-, F.-, S-Haltung: parallel)
6. Schneiden Sie das erste Passé präzise. Es gilt als Maßstab für alle folgenden Abteilungen
   Alle weiteren Passés dieser Partie werden zu dieser Schnittlinie hingezogen und somit über 90° überzogen. Sie werden auf immer derselben Schnittlinie geschnitten.
   (hier: Abhebewinkeln: überzogen, Schnittlinie horizontal und stationär)
   Durch das Hinziehen zum kürzesten Passé erfolgt ein gleichmäßiger Längenzuwachs zur Kontur hin.
7. Setzen Sie das Abteilungsschema so lange fort, bis Sie bei allen Partien die Haarkontur erreicht haben.
8. Um die Gleichmäßigkeit der Längenerweiterung zu kontrollieren, wird das gesamte Haar im 90°-Winkel von der Kopfhaut weg gekämmt und überprüft.

Begrenzt wird die erweiternd verlaufende Stufung durch die Länge der Nackenkontur. Meistenteils haben die Haare dort nicht die Länge, die nötig wäre, um den begonnenen Schneidewinkel konsequent bis in den Nacken hinein durchzusetzen. Haare im Nacken, die nicht auf die stationäre Grundlinie hochgezogen werden können, werden daher nicht mehr gekürzt. Dadurch wird auch verhindert, dass der Nackenbereich zu dünn ausfällt.

Bild 2 *Erweiternd verlaufende Stufung*

Sie können die Stufung verstärken, indem Sie die Passés weiter überziehen und die Schnittlinie somit schräger ansetzen. Hiermit wird das Deckhaar stärker gestuft und das Nackenhaar bleibt voller (Bild 1 a+b).

Eine extreme Methode, die erweiternd verlaufende Stufung zu schneiden, ist der **Haarschnitt über den Kopf**. Der kürzeste Punkt liegt dabei im Oberkopfbereich. Die Haare werden alle nach und nach über den Kopf der Kundin hinweg nach vorne gezogen und auf die stationäre Schnittlinie gekürzt. Auch der Haarschnitt, bei dem alle Haare zu einem **Pferdeschwanz im Oberkopfbereich** zusammengefasst werden, und dann am Punkt des Gummibandes abgeschnitten werden, folgt dem gleichen Prinzip. Auf diese Weise kann eine sehr starke Stufung mit extremen Längenunterschieden zwischen Deckhaar und Konturenbereich erzielt werden. Das Haar fällt bei diesen Methoden im Nacken leicht V-förmig, da die Haare im Seitenbereich kürzer als im Nackenbereich bleiben.

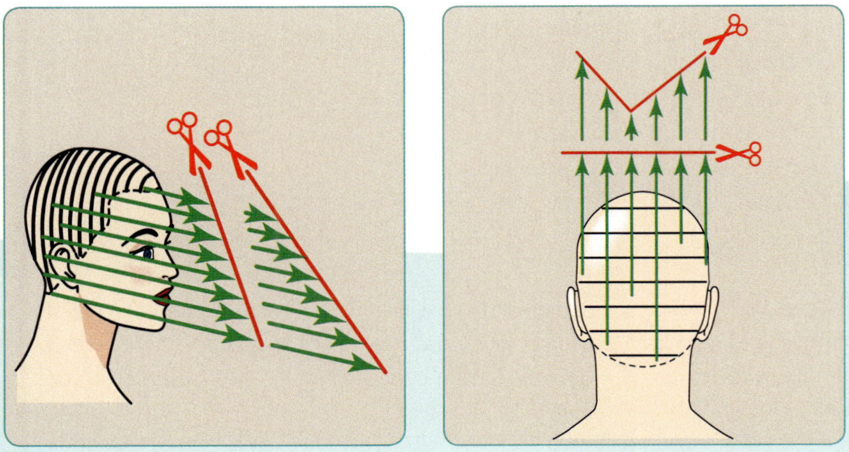

Bild 1 a+b *Schnittlinien*

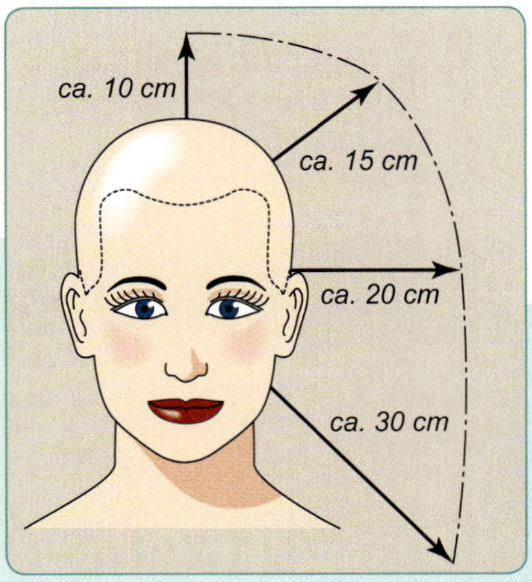

Bild 3 *Längengrafik erweiternd verlaufende Stufung*

2.4 Fachwörterverzeichnis

Fachwort	Bedeutung
Schnittformen	
Kompakt	Deckhaare sind am längsten, alle Haarlängen enden ohne Stufung auf einer Schnittlinie, Abhebewinkel 0°
Graduiert	Feinabstufung mit gleichmäßiger Längenzunahme (meist zwischen Nacken und Hutlinie); Abhebewinkel 1° bis 89°
Uniform/einheitlich gestuft	Alle Haarlängen sind um die gesamte Kopfrundung gleichlang; Abhebewinkel 90°
Erweiternd verlaufend gestuft/ansteigend gestuft	Längenzunahme verläuft vom Deckhaar zur Kontur, Abhebewinkel größer als 90°
Aufteilung des Kopfes	
Pivot Point	Ein Fix- oder Drehpunkt zur Ausrichtung, meist in Oberkopf- oder Wirbelpartie.
pivotal	von einem feststehenden Fixpunkt ausgehend
Hinterhauptbein	Konvexer Schädelknochen über Atlasknochen
Atlasknochen	Erster (ringförmiger) Halswirbel, der den Kopf trägt → Kreuzungspunkt zwischen A-Achse und Hutlinie
A-Achse	Scheitel von der Stirnmitte zur Nackenmitte → teilt den Kopf in die rechte und linke Kopfhälfte
B-Achse	Scheitel von Ohr zu Ohr → teilt den Kopf in Vorderkopf- und Hinterkopfbereich
Hutlinie/C-Achse	Weitester Umfang des Kopfes, oberhalb des HinterhauptbeinsA-Achse + B-Achse
Kreuzscheitel	A-Achse + B-Achse
Kontur	Natürliche Haarwuchsgrenze
Deckhaarbereich	Haarbereich oberhalb der Hutlinie → Stirn, Oberkopf- und Wirbelpartie
Konturenbereich	Haarbereich unterhalb der Hutlinie → Seiten-, Hinterkopf- und Nackenpartie
Partie	Bereich des Kopfes
• Stirnpartie	Stirnbereich → vorderster Teil des Oberkopfes
• Oberkopfpartie	Oberkopfbereich zwischen Stirn- und Wirbelpartie
• Wirbelpartie	Wirbelbereich zwischen Oberkopf- und Hinterkopfpartie
• Hinterkopfpartie	Hinterkopfbereich zwischen Wirbel- und Nackenpartie
• Nackenpartie	Nackenbereich → unterster Teil des Hinterkopfes
• Seitenpartie	Seitenbereich über den Ohren
Passé	Abteilung des Haares
Frisurenkontur	Grenzlinie zwischen Frisur und Gesicht → innerer Umriss
Linienführung	
Horizontal	Waagerecht
Vertikal	Senkrecht/lotrecht
Diagonal	Schräg (nach vorne, hinten oben oder unten)
Konkav	Bogenförmig mit Innenwölbung → die Haare werden zu den Seiten länger
Konvex	bogenförmig mit Außenwölbung → die Haare werden zu den Seiten hin kürzer
Natürlicher Fall	Fall der Haare, bedingt durch die eigene Schwerkraft und den Haarwuchs
Schneidetechniken	
Effilieren	Haarfülle wird verringert, indem ca. 30 % des HaarPassés herausgeschnitten werden
Modellieren	Haarfülle wird verringert, indem ca. 50 % des HaarPassés herausgeschnitten werden
Slicen	Haarfülle wird verringert, indem die Schere oder das Messer in Passéverlauf an der Haarsträhne entlang geführt wird
Pointen	Haarfülle wird verringert, indem mit der Schere an unterschiedlichen Stellen in das Passé im 90°-Winkel hineingeschnitten wird

2.5 Schneideergebnisse überprüfen

Sie sollten den erstellten Haarschnitt grundsätzlich überprüfen, damit Ihre Kundin möglichst lange Freude an ihrer neuen Frisur hat. Hierzu stehen Ihnen unterschiedliche Kontrollmöglichkeiten zur Verfügung:

- der Kontrollschnitt
- die Kontrolle durch Kopfbewegungen
- die Spiegelkontrolle
- die Perspektivenkontrolle
- die Gleichmäßigkeitskontrolle

Kontrollschnitt (Bild 1)

Einen Kontrollschnitt führen Sie entlang der Führungslinien des Haarschnitts, also immer im rechten Winkel zu den Abteillinien (s. S. 180, Bild 3), durch So können überstehende Haarspitzen und unerwünschte Kanten beseitigt werden. Bitte beachten Sie während der Durchführung, dass bei einem fransigen Haarschnitt der Kontrollschnitt nicht stumpf durchgeführt werden darf, da ansonsten alle Fransen wieder herausgeschnitten werden. Auch sollten Sie bedenken, dass jeder Schnitt die Haare weiter verkürzt. Der Kontrollschnitt darf die Gesamtlänge des Haarschnittes nicht verändern.

Einige Haarschnitte teilen den Kopf in zwei Hälften, die vollständig unabhängig voneinander geschnitten werden. Zwischen den Hälften werden nur grobe Übergänge geschaffen. Das muss beim Kontrollschnitt berücksichtigt werden.

Ein Pagenkopf oder Bob wird auf Scheitel geschnitten. Zwischen beiden Scheitelseiten werden ebenfalls nur grobe Übergänge eingearbeitet. So wird verhindert, dass später beim Kämmen, wenn der eingearbeitete Scheitel nicht direkt getroffen wird, die Frisurenform verloren geht. Daher ist auch bei diesen Schnitten im Scheitelbereich keine klare Kontrolllinie erkennbar.

Kontrolle durch Kopfbewegungen (Bild 2)

Für diese Form der Schnittkontrolle können Sie Ihre Kundin bitten, nach dem Haarschnitt den Kopf kräftig zu schütteln. Durch das Schütteln werden Schnittfehler sichtbar. Ein Haarschnitt muss so geschnitten sein, dass das Haar, egal in welche Richtung es fällt, in der Frisurenform bleibt.

Je nach Haarschnitt kann die Friseurin die Kundin auch bitten, den Kopf zu beugen. Wird der Kopf nach vorne gebeugt, werden z. B. beim Bob unerwünschte Unterlängen sichtbar.

Spiegelkontrolle (Bild 3)

Bei dieser Möglichkeit wird der Handspiegel unter eine oder mehrere Schnittlinien gehalten. Im Spiegel werden nicht erwünschte Abstufungen sichtbar, die vielleicht nach dem Haarschnitt nicht unbedingt stören, jedoch später das Frisurenbild beeinträchtigen.

Diese Form der Kontrolle empfiehlt sich vor allem bei Übergangshaarschnitten wie dem Fasson (s. S. 170).

Bild 1 *Kontrollschnitt*

Bild 2 *Kontrolle durch Kopfbewegung*

Bild 3 *Spiegelkontrolle*

Bild 1 *Perspektivenkontrolle*

Bild 2 *Gleichmäßigkeitskontrolle*

Perspektivenkontrolle (Bild 1)

Eine weitere Kontollmöglichkeit haben Sie, indem Sie den Haarschnitt aus unterschiedlichen Perspektiven bzw. Blickwinkeln betrachten. Was aus Ihrer Sicht, wenn Sie hinter dem Kunden stehend, symmetrisch und sauber geschnitten wirkt, kann von der Seite aus betrachtet, unsauber aussehen.

Daher sollten Sie, nachdem Sie den Vorderkopfbereich mithilfe des Spiegels kontrolliert haben, ein paar Schritte zurücktreten und den Schnitt nochmal von allen Seiten betrachten. Mit etwas Abstand fallen Unregelmäßigkeiten besser auf.

Gleichmäßigkeitskontrolle (Bild 2)

Sie stellen sich dabei hinter die Kundin und heben an jeder Seite des Kopfes eine Haarsträhne im gleichen Winkel parallel an und überprüfen dabei die Gleichmäßigkeit der Seiten.

Gleichermaßen verfahren Sie bei einem Pagenkopf oder Bob mit den längsten Strähnen im Gesichtsbereich (s. S. 168 f). Sie werden gleichmäßig an beiden Seiten gleichzeitig nach unten gezogen und so auf eine einheitliche Länge kontrolliert.

Aufgaben

1. Benennen Sie die Bestandteile einer Haarschneideschere.
2. Vergleichen Sie Modellier- und Effilierschere miteinander bezüglich
   a) Aufbau
   b) Schneidewirkung
3. Nennen Sie die Unterschiede eines Fassonkamms gegenüber eines Haarschneidekamms.
4. Listen Sie Hilfsmittel auf, die für einen Haarschnitt benötigt werden, und begründen Sie deren Notwendigkeit.
5. Beschreiben Sie drei Möglichkeiten, die Haarfülle in einem Passé zu verringern.
6. Nennen Sie die Schnittformen, für die folgende Schneidewinkel charakteristisch sind:
   a) 0°
   b) 22,5°
   c) 45°
   d) 90°
   e) über 90°
7. Charakterisieren Sie die kompakte Form.
8. Beschreiben Sie die Erstellung einer uniformen Stufung.
9. Erstellen Sie eine Schnitt- und eine Längengrafik für folgende Frisuren:
   a) kompakte Form
   b) uniforme Stufung
   c) erweiternd verlaufende Stufung
10. Beschreiben Sie drei Möglichkeiten, einen Haarschnitt zu überprüfen.
11. Erstellen Sie eine Schnittbeschreibung für eine aktuelle Modeempfehlung. Gehen Sie dabei auf folgende Punkte ein:
    a) Ein- und Abteilungen
    b) Kämmrichtung, Abhebewinkel und die dazugehörige Kamm-, Finger-, Scherenhaltung
    c) Schneidetechniken
    d) Schnittlinien
    e) Längenangaben
    f) Werkzeuge

3 Rasur und Bartformung planen und durchführen

SZENARIO

Anjas Kunde möchte sich seinen Vollbart zu einem hippen, modernen Bart umgestalten lassen. Dazu muss ein Teil des Bartes abrasiert werden, um die neue Form zu erzielen, und der Bart im Ganzen gestutzt werden.
Sie erkundigt sich mithilfe von Fachliteratur und des Internets über die möglichen Vorgehensweisen bei einer Rasur und die benötigten Arbeits- und Hilfsmittel.

Bild 1 *Beratungsgespräch zur Rasur*

3.1 Beratungsgespräche zur Rasur und Bartformung führen

Rasur und Bartformung gehören seit dem Altertum zu den Aufgaben der Barbiere und später Friseure. Heutzutage ist die Kunst einer professionellen Rasur bei vielen Friseuren aber fast ausgestorben, da sie das Übertragungsrisiko von Infektionen wie AIDS und Hepatitis fürchten. Für den Kunden bedeutet eine professionell durchgeführte Messerrasur allerdings einen starken Zugewinn an Gründlichkeit und Wohlbefinden. Die Einhaltung der Hygienevorschriften verhindert die Übertragungsmöglichkeiten von Infektionen (s. S. 23 ff.).

Die Gründe, warum sich Männer Bärte stehen lassen, sind vielfältig:

- Ausgleich von Kopf- und Gesichtsformen
- Überdecken von Hautveränderungen
- Älter aussehen
- Zugehörigkeit zu bestimmten Personengruppen, z. B. mit religiösem Hintergrund
- Zusätzlicher Schmuck des Gesichts
- Nacheifern von Idolen
- Modetrends und Bartmoden

Während Bärte vor allem im Altertum und Mittelalter ein Statussymbol waren oder die Zugehörigkeit zu bestimmten Berufsständen oder religiösen Gruppen herausstellten, dienen sie heutzutage vor allem der Verschönerung des Gesichts und setzen Modetrends.

3.1.1 Kundenwunsch ermitteln

Neben der Kreation neuer Bartformen bestehen die Hauptaufgaben einer Friseurin meistenteils darin, nachgewachsene Bartansätze zu beseitigen und/oder bestehende Bärte zu stutzen und nachzuformen. Zusätzlich werden heutzutage immer mehr auch farbliche Veränderungen wie Färben und Blondieren an Bärten vorgenommen.

Sie sollten als Friseurin daher ganz gezielt nachfragen, zu welchem Zweck der Kunde seinen Bart trägt:

- Gehört der Kunde z. B. einer speziellen Glaubensgemeinschaft an, sind Bartform und Länge vorgegeben.
- Dient der Bart vor allem der Verschönerung des Gesichts, muss er neben den Kriterien Männlichkeit und Kreativität vor allem die Kopf- und Gesichtsform unterstreichen und unschöne Besonderheiten verdecken (s. S. 148, Bild 1).
- Viele Kunden bringen auch ein Bild der Bartgestaltung mit, wie sie sie z. B. bei einem Pop- oder Filmstar gesehen haben, und möchten die gleiche Form erhalten.

3.1.2 Gesichtshaut beurteilen

Auch vor einer Rasur oder Bartformung müssen Sie eine gründliche Beurteilung der Gesichtshaut vornehmen. Das ermöglicht Ihnen die typgerechte Vorbereitung und Pflege der Haut. Zusätzlich ermitteln Sie so Besonderheiten, die bei der Rasur beachtet werden müssen.

Zu den zu ermittelnden Inhalten einer Hautbeurteilung für eine Bartformung und Rasur gehören:

- Hauttyp und Hautzustand
- Empfindlichkeit
- Allergien
- zu verdeckende Hautveränderungen
- Kopf- und Gesichtsform
- Konturenverlauf des Bartes
- Wuchsrichtungen der Barthaare

Hauttyp und Hautzustand

Während der Hauttyp genetisch festgelegt ist, ändert sich der Hautzustand mit der Zeit und ist nicht zuletzt von den Lebensumständen des Kunden abhängig (s. LF 11 „Haut dekorativ gestalten").

Vom Hauttyp und -zustand ist abhängig, wie die Haut auf die Rasur vorbereitet wird und welche Präparate verwendet werden müssen.

Empfindlichkeit

Die Empfindlichkeit der Haut ist eng mit dem Hauttyp und Hautzustand verbunden. Sie muss beachtet werden, damit der Kunde nach der Rasur nicht mit einer irritiert-roten Gesichtshaut den Salon verlässt.

Allergien

Allergien auf bestimmte Inhaltsstoffe von Pflegepräparaten schließen deren Anwendung aus. Alternativen müssen ausgesucht werden (s. S. 29 ff. und 108).

Zu verdeckende Hautveränderungen

Das Gesicht ist der Teil des menschlichen Körpers, der von den Mitmenschen als erster wahrgenommen wird. Unschöne Hautveränderungen im Gesicht werden daher verstärkt als störend eingestuft. Zu diesen Hautveränderungen gehören:

- Große Pigmentmale
- Hyper- oder Depigmentierungen der Haut, wie Vitiligo (= Weißfleckenkrankheit)
- Veränderungen der Blutgefäße, wie Teleangiektasien (= Äderchenzeichnung) oder Blutschwamm
- Hauterhebungen, wie Hyperkeratosen oder Warzen
- Infektiöse Hauterkrankungen, wie Bartflechte, Pilzflechte oder Herpes (s. S. 96).

Eine Frau kann „optischen Makel" mithilfe von Make-up kaschieren. Ein Mann nutzt diese Möglichkeit eher seltener. Er überdeckt sie lieber mithilfe eines Bartes.

Neben diesen rein optischen Hautveränderungen können sich aber auch Hautveränderungen unter dem Bart befinden, die entweder eine Verletzungsgefahr darstellen oder, wie durch Pilze oder Bakterien hervorgerufene Flechten oder Herpesbläschen, eine Behandlung im Friseursalon ausschließen (Bild 2).

Kopf- und Gesichtsform

Die Kopf- und Gesichtsform kann mithilfe von Bartformen individuell entweder optisch ausgeglichen oder hervorgehoben werden (s. LF 4 „Bartformen empfehlen").

Konturenverlauf des Bartes

Der Konturenverlauf eines Bartes kann individuell sehr unterschiedlich sein. Einige Männer haben sehr großflächigen und auch dichten Bartwuchs, während andere eher wenig Haarwuchs im Gesicht haben.

Einige Bartformen, wie z. B. ein Vollbart, sehen bei wenig Barthaar und engen Konturen unvorteilhaft aus.

Auf einzelne Inhalte einer Hautbeurteilung, wie Hauttyp, Hautzustand und Hautveränderungen, wird in Lernfeld 11 „Haut dekorativ gestalten" noch vertiefend eingegangen.

Wuchsrichtungen der Barthaare

Die Wuchsrichtung der Barthaare (s. Bild 3) ist meistenteils bis auf den Bereich unterhalb des Kehlkopfes einheitlich nach unten. Sie muss für die Klingenführung bei der Rasur beachtet werden, da immer in Richtung des Bartwuchses rasiert werden muss, um Hautirritationen zu vermeiden.

3.1.3 Bartformen beschreiben

Die zu erstellende Bartform richtet sich nach dem Kundenwunsch und den Ergebnissen der Hautbeurteilung.

Um dem Kunden die angestrebte Form möglichst genau beschreiben zu können, können Sie sich nach folgenden Punkten richten:

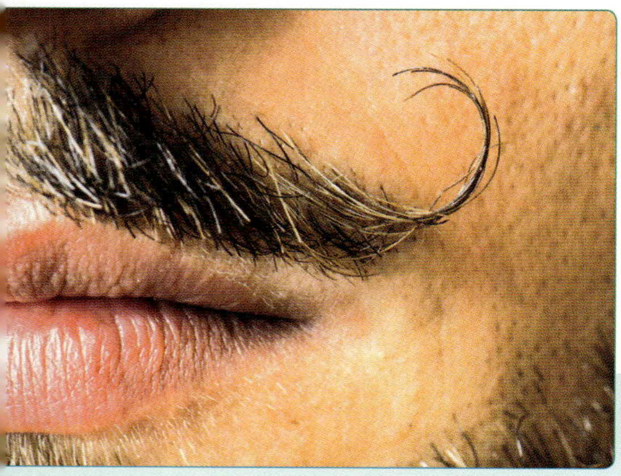

Bild 1 *Moderne Bartgestaltung*

Bild 2 *Pilzflechte*

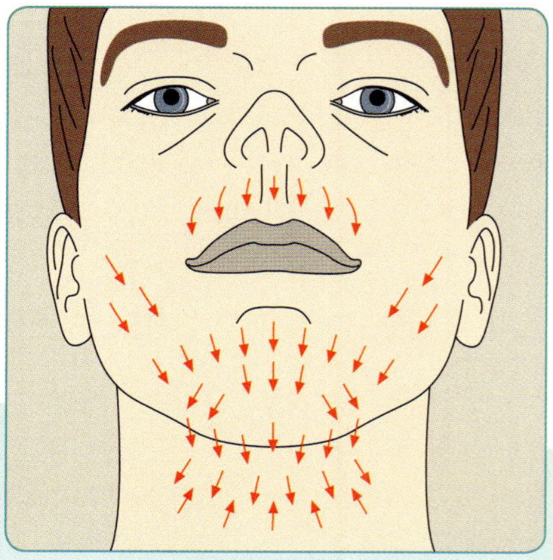

Bild 3 *Wuchsrichtungen von Barthaaren*

- **Gesamtform**, z. B. Vollbart oder Oberlippenbart
- **Gesamtlänge**, z. B. in mm
- **Beschreibung der einzelnen Ansichten: Wangenbereich, Oberlippe, Kinnbereich, Halsbereich**, z. B. bezüglich Konturenverlauf und Haarlänge

3.1.4 Pflegepräparate empfehlen

Pflegepräparate für die Rasur dienen der Vorbereitung der Haut auf die Rasur, helfen bei der Durchführung und pflegen die Haut im Nachhinein.

Sie werden in drei Präparategruppen unterteilt:

- Preshave-Präparate
- Rasierpräparate
- Aftershave-Präparate

Jede dieser Präparategruppen hat ihre spezifische Aufgabe, die für die erfolgreiche Durchführung der Rasur unerlässlich ist.

Preshave-Präparate

„Preshave" bedeutet „vor der Rasur". Preshave-Präparate sollen die Haut auf die Rasur vorbereiten. Dazu soll die Haut gestrafft werden, um die Gleitfähigkeit zu erhöhen. Gleichzeitig sollen die Barthaare aufgerichtet und erweicht werden, um sie dichter über der Haut abtrennen zu können.

Da diese Aufgaben bei der Nassrasur die Rasierpräparate übernehmen, werden Preshave-Präparate für die elektrische Trockenrasur angeboten. Sie sind meistenteils auf Alkoholbasis aufgebaut. Weitere Inhaltsstoffe sind Filmbildner, Gleitmittel, Wasser, Parfumöle und Farbstoffe.

Rasierpräparate

Das Rasierpräparat unterstützt das Messer bei der Rasur, indem es die Haut und die Barthaare erweicht und einen Gleitfilm für die Klinge bildet, um Hautirritationen vorzubeugen.

Die Friseurin unterscheidet

- Rasierseife,
- Rasiercreme,
- Rasierschaum und
- Rasiergel.

Rasierschaum (s. Bild 1 a) ist flüssige Rasierseife, die mithilfe eines Aerosols und Schütteln der Dose zu feinem Schaum wird. Er kann direkt mit der Hand auf die Haut aufgetragen werden.

Rasiergel (s. Bild 1 b) wird erst auf der Haut durch kreisende Bewegungen zu Schaum. So ergibt eine kleine Menge Gel eine große Menge Schaum.

Rasierseife (s. Bild 1 c) ist entweder in Stiftform oder in einem Tiegel im Handel, **Rasiercreme** (s. Bild 1 d) wird immer in Tiegeln oder Tuben angeboten. Beide Präparate müssen mithilfe eines Rasierpinsels oder mit den Fingern aufgeschäumt und dann im Gesicht verteilt werden. Der so entstehende Schaum ist alkalisch und quillt die Haut und das Barthaar auf. Die Haare werden weiter aus dem Follikel herausgeschoben und durch den sehr feinporigen Schaum in ihrer Position festgehalten. Die Klinge kann so das Barthaar sehr dicht über der Haut abschneiden und das Ergebnis ist eine sehr gründliche, lang anhaltende Rasur. Rasierseife und -creme werden heutzutage nur noch selten angeboten und meist durch die leichter zu handhabenden Rasierschäume und -gels ersetzt.

Bild 1a *Rasierschaum*

Bild 1b *Rasiergel*

Bild 1d *Rasiercreme*

Bild 1c *Rasierseife*

Inhaltsstoff	Wirkungsweise
Alkohol z. B. Isopropanol	Verdunstungskälte → Aufrichten der Haare und Glättung der Haut Verfliegt sehr schnell → kein nasser Film auf der Haut Lösungsmittel für alle nicht wasserlöslichen Inhaltsstoffe
Filmbildner z. B. Polymere wie in Haarspray	Erhöhen die Festigkeit des Haares
Wasser	Gleitmittel
Parfümöle	Für einen angenehmen Geruch des Präparates
Farbstoffe	Für ein ansprechendes Aussehen des Präparates

Tabelle 1 *Inhaltsstoffe von Preshave-Präparaten*

Allen Rasierpräparaten gemeinsam ist ihre hohe Alkalität von bis zu pH 10. Sie müssen daher nach der Rasur wieder sehr gründlich abgespült und die Haut neutralisiert werden. Allerdings werden heutzutage auch seifenfreie Rasierschäume und -gels angeboten, deren Wirksamkeit im Vergleich zu alkalischen Präparaten allerdings umstritten ist, da sie die Haut nicht so stark quellen.

Aftershave-Präparate

„Aftershave" heißt „nach der Rasur". Aftershave-Präparate neutralisieren den pH-Wert, wirken adstringierend (verkleinern die Hautporen) und pflegen die Haut nach der Rasur.

Wie die Preshave-Präparate sind sie meist auf Alkoholbasis aufgebaut und in flüssiger Form oder als Lotion im Handel. Sie enthalten zusätzlich weitere neutralisierende, adstringierende, beruhigende und pflegende Inhaltsstoffe.

Inhaltsstoff	Wirkungsweise
Alkohol	s. S. 189, Tabelle 1 zusätzlich: Desinfizierend
Organische Säuren	Adstringierend Neutralisierend
Menthol	Erfrischend
Aloe Vera oder Panthenol	Beruhigend
Fettalkohole	Rückfettend
Glycerin	Feuchtigkeitsspendend

Tabelle 1 Inhaltsstoffe von Aftershave-Präparaten

3.2 Arbeitsplatz einrichten

Neben den Pflegepräparaten für eine Rasur, wie Preshave oder Rasierpräparat und Aftershave, benötigen Sie folgende Arbeitsmaterialien und Hilfsmittel für eine Rasur:

- Rasierapparat oder -messer
- Sonstige Hilfsmittel, wie z. B. Kompressen, Handtuch, Rasierpinsel

Rasierapparate und -messer

Die Frage, welche Form eines Rasierers benutzt werden soll, hängt von der Art der Rasur ab, ob trocken oder nass, der Gründlichkeit und vom Stil.

Elektrische Rasierapparate (s. S. 191, Bild 1 a) eignen sich für die Trockenrasur. Sie arbeiten mit rotierenden und meist flexibel gelagerten Klingensystemen, die sich möglichst gut an die Kopfform anpassen sollen, um das Haar so dicht wie möglich über der Haut abzuschneiden. Sie sind allerdings bei weitem nicht so effektiv wie die Nassrasur und die Haut wird stärker gereizt, da die Gleitmittel eines Preshaves dem Schaum in seiner Wirkung nicht ebenbürtig sind. Daher gibt es auch schon kombinierte elektrische Nass-Trocken-Rasierer auf dem Markt, die die Anwendung von Rasierschaum ermöglichen.

Sicherheitsrasierer (s. S. 191, Bild 1 b) für die Nassrasur bekommt man im Handel entweder als Einweg-Rasierer oder mit Wechselklingensystem. Sie haben meist mehrere hintereinander gesetzte Klingen, die oft durch auf die Klingen aufgelagerte Bügel die Haut schützen. Daher ist die Rasur mit einem Sicherheitsrasierer sehr sicher, zumal der bewegliche Klingenkopf ein Verkanten und damit Verletzen der Haut verhindert. Sicherheitsrasierer sind einfach zu handhaben und erfordern keine besondere Übung. Für die professionelle Nassrasur sind sie allerdings nicht gründlich genug.

Rasiermesser sind für die professionelle Nassrasur am besten geeignet, da sie am gründlichsten rasieren. Allerdings sind sie in der Handhabung erheblich aufwendiger als Sicherheits- oder Elektrorasierer (s. S. 191).

Messer für die Rasur werden entweder als **Klingenmesser** mit Wechselklingen (s. S. 191, Bild 1 c) oder als reguläre **Rasiermesser** mit fester Klinge (s. S. 191, Bild 1 d) angeboten.

Während bei einem Klingenmesser eine stumpfe Klinge einfach ausgetauscht wird (s. S. 195) muss ein Rasiermesser mit fester Klinge, neben der Reinigung und Desinfektion nach jeder Rasur, regelmäßig aufwendig geschärft und entgratet werden (s. S. 195).

Sonstige Hilfsmittel

Die für eine Rasur benötigten Hilfsmittel richten sich nach der Art der Rasur und der im Salon vorhandenen Ausstattung:

Handtuch (s. S. 191, Bild 2 c) und **Umhang** (s. S. 167, Bild 2) dienen bei jeder Rasur vor allem dem Schutz der Kleidung vor Wasser, Schaum und Barthaaren. Ergänzt werden kann der Schutz durch Kosmetikservietten, die in den Halsausschnitt des Umhangs gesteckt und leicht entfernt und entsorgt werden können. Zum Abtrocknen des Gesichts und Entfernen von Schaumresten wird ein zusätzliches Handtuch benötigt.

Kompressen (s. S. 191, Bild 2 c) sollen die Gesichtshaut vor der Rasur erweichen und vorbereiten und nach der Rasur wieder adstringieren. Hierzu werden spezielle Kompressenhandtücher aus der Kosmetik verwendet.

Streichriemen (s. S. 191, Bild 2 e) und **Schleifpaste** werden benötigt, um Rasiermesser vor der Rasur zu entgraten und so die Klinge für die Rasur zu schärfen. Ein

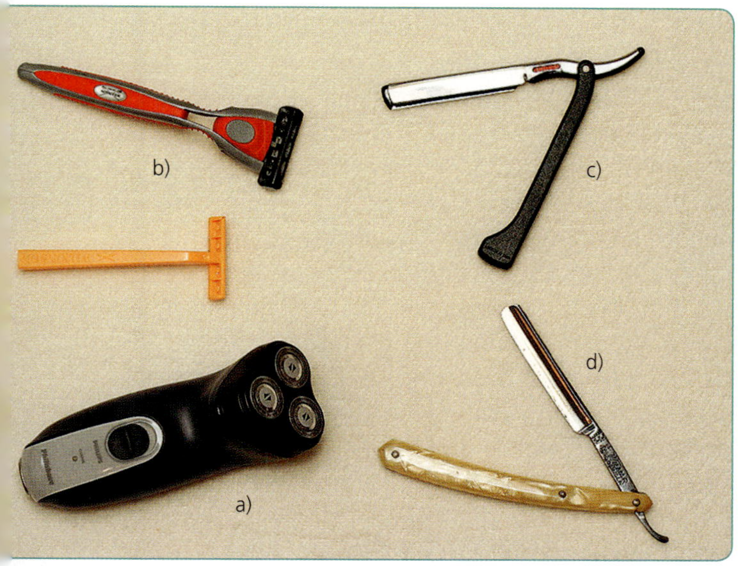

***Bild 1** Rasierapparate und -messer*

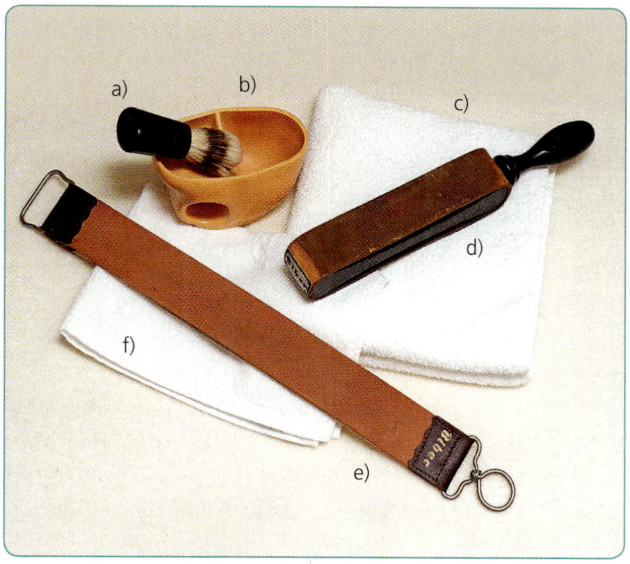

***Bild 2** Hilfsmittel für die Rasur: a) Rasierpinsel; b) Rasierschale; c) Handtuch; d) Stoßriemen; e) Streichriemen; f) Kompressen*

Streichriemen besteht aus Leder, das üblicherweise am einen Ende in einem Metallring zum Einhängen und am anderen Ende in einem Griffring oder einem richtigen (Kunst-)Ledergriff endet. Seine Breite sollte der Länge der Klinge des Rasiermessers entsprechen. Schleifpasten gibt es in unterschiedlichen Körnungsstufen. Sie werden zum Feinschliff auf die rückseitige Leinen- oder Hanfschicht des Streichriemens aufgetragen. Eine andere Form des Streichriemens ist der nur aus Leder bestehende **Stoßriemen** (s. Bild 2 d). Auf ihm wird der Grat des Rasiermessers regulär abgestoßen.

Rasierschale (s. Bild 2 b) und **Rasierpinsel** (s Bild 2 a) verwandeln Rasierseife oder -creme in einen möglichst feinporigen Schaum. Rasierschalen sind meist aus Keramik oder Hartgummi, das nicht mit der alkalischen Rasierseife oder -creme reagiert. Rasierpinsel sind aus Dachshaar, womit der feinste und beständigste Schaum erzielt wird.

3.3 Rasieren

Die Friseurin wird sich bei einer professionellen Rasur immer für die Nassrasur mit Rasierseife oder -creme und ein Klingen- oder Rasiermesser entscheiden.

Vorbereitung der Rasur

Vor der Rasur mit Rasierschaum oder -gel reinigen Sie die Haut mit einer Waschemulsion von störenden Creme- und Fettresten, damit der Rasierschaum seine volle Wirkung entfalten kann. Wird für die Rasur Rasierseife oder Rasiercreme verwendet, sollten Sie aufgrund der hohen Alkalität des Rasierpräparates zum Schutz der Haut auf die Reinigung verzichten. Bei stark empfindlicher Haut kann sogar eine leichte Tagescreme zum stärkeren Schutz aufgetragen werden. Anschließend wird eine warme, feuchte Kompresse auf die zu rasierenden Hautpartien gelegt. Die warme Feuchtigkeit erweicht Haut und Barthaar und regt die Durchblutung an. Die Haarbalgmuskeln werden entspannt und das Barthaar schiebt sich weiter aus dem Haarfollikel heraus. Die Kompresse verbleibt ein paar Minuten auf der Haut. In der Zwischenzeit bereiten Sie das Rasiermesser und den Rasierschaum vor.

Die Klinge eines Rasiermessers ist extrem scharf und dementsprechend dünn. Daher bildet sich bei der Lagerung und auch bei der Rasur an der äußersten Kante ein kleiner Grat. Dieser Grat muss vor jeder Rasur aufgerichtet bzw. entfernt werden. Diesen Vorgang nennt man **„Abziehen"**. Die Friseurin benutzt dazu einen Streichriemen (s. o.).

Das Rasiermesser wird mit dem Messerrücken voran in zwei langen, gleichmäßigen Strichen so über die Lederseite des Streichriemens geführt, dass sowohl der Rücken wie auch die Schneide auf dem Riemen aufliegen. Am Ende wird das Messer über den Rücken gewendet und die andere Schneidenseite abgezogen (s. S. 192, Bild 1).

Schleifpaste wird nur dann auf die Rückseite des Streichriemens aufgetragen, wenn das Abziehen des Messers auf der Lederseite nicht mehr ausreicht, um das Messer ausreichend zu schärfen.

Klingenmesser brauchen nicht entgratet oder geschärft zu werden. Vor jeder Rasur wird einfach eine neue Klinge eingeschoben.

Zur Vorbereitung des Rasierschaums geben Sie die Rasierseife oder die Rasiercreme mit etwas warmem Wasser in die vorgewärmte Rasierschale. Mit dem Rasierpinsel wird daraus ein möglichst feinporiger, steifer Schaum geschlagen, der dann sofort mit dem Pinsel oder mit den Händen auf die zu rasierende Haut aufgetragen wird. Das Einseifen sollte zwei- bis dreimal wiederholt werden, um das Barthaar gut zu erweichen.

Fertiger Rasierschaum aus der Dose oder Rasiergel wird mit der Hand in kreisenden Bewegungen verteilt.

Nach dem Einseifen müssen eventuell gefährdete Stellen wie Warzen, Narben usw. durch Abstreifen des Schaums kenntlich gemacht werden.

Rasur

Bei der **Trockenrasur** wird der elektrische Rasierapparat ohne Druck in leicht kreisenden Bewegungen über die Haut geführt. Die rotierenden Klingenköpfe erfassen die Barthaare und schneiden sie dicht über der Haut ab.

Bei der **Nassrasur** mit dem Sicherheitsrasierer wird in gleichmäßigen Bahnen und leicht schrägem Winkel in Richtung des Bartwuchses gearbeitet. Der bewegliche Klingenkopf passt sich von alleine der Gesichtsform an und bestimmt so automatisch den idealen Schnittwinkel.

Die Gründlichkeit der Nassrasur mit dem Klingen- oder Rasiermesser ist entscheidend vom Anstellwinkel des Messers abhängig. Ist er zu flach, wird das Barthaar zu weit von der Haut weg gekürzt. Ist er zu steil, kann es zu Schnittverletzungen kommen. Das Messer wird aufgeklappt und mit Daumen, Zeige-, Mittel- und Ringfinger am Hals gehalten. Der kleine Finger stabilisiert die Haltung, indem er hinter der Schale in die Angel gelegt wird. Dieser Griff wird als **„Vorhandgriff“** bezeichnet und ermöglicht für einen Rechtshänder die Führung des Messers nach links. Durch die Drehung des Handgelenks wird aus dem „Vorhandgriff“ ein **„Rückhandgriff“** und das Messer kann nach rechts geführt werden.

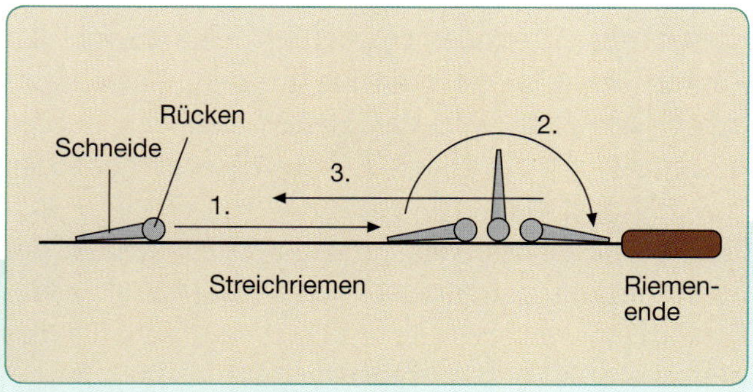

Bild 1 *Abziehen eines Rasiermessers*

Rasieren Sie immer in Richtung des Bartwuchses, um Hautirritationen zu vermeiden. Mit der freien Hand spannen Sie dabei die Gesichtshaut in die Gegenrichtung, damit die Haare sich möglichst weit aufrichten. Auf ein Nachrasieren bei starkem Bartwuchs gegen die Wuchsrichtung sollten Sie verzichten, da die Barthaare danach leicht in die Haut einwachsen können, was zu schmerzhaften Entzündungen führen kann.

Der Rasierschaum erleichtert die Orientierung an den schon rasierten Bahnen und nimmt die abgeschnittenen Barthaare auf. Deswegen muss der Rasierer oder das Messer nach jedem Strich von Schaumresten und Barthaaren befreit werden, indem Sie es entweder mit Wasser abspülen oder an der Serviette abstreifen.

Nachbereitung der Gesichtshaut nach der Rasur

Nach der Rasur entfernen Sie zunächst Schaum- und Barthaarreste mithilfe eines Handtuchs aus dem Gesicht.

Eine kalte Kompresse beruhigt die Haut und wirkt adstringierend. Sie sollten sie etwa 1–2 Minuten auf der Haut liegen lassen. Das nachfolgend aufzutragende Aftershave-Präparat ergänzt diese Wirkung, neutralisiert die Haut zusätzlich und wirkt rückfettend. Durch das alkalische Rasierpräparat ist die Haut aufgequollen und der schützende Säureschutzmantel der Haut wurde entfernt. Ein Aftershave stellt den natürlichen pH-Wert der Haut von 5,5–6,5 wieder her und unterstützt die Haut beim Wiederaufbau des Säureschutzmantels. Erst nach seiner Verwendung ist die Haut wieder vor Umwelteinflüssen geschützt.

Aftershave-Präparate sollten nur leicht in die Haut eingeklopft oder leicht streichend verteilt werden, um die Haut nicht weiter durch Reibung zu irritieren.

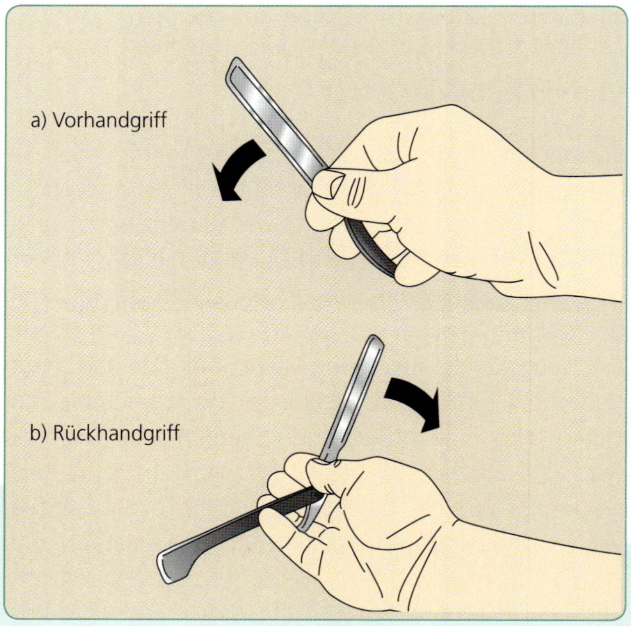

Bild 2 *Rasur im Vorhand- und Rückhandgriff*

3.4 Bärte formen

Die Formung eines schon vorhandenen Bartes richtet sich nach dem Kundenwunsch und den Ergebnissen der Hautbeurteilung. In den meisten Fällen weiß der Kunde, welche Bartform er tragen möchte.

Für eine schöne Form müssen die Konturen sauber ausgearbeitet und das Barthaar auf die gewünschte Länge gestutzt werden:

- Zur Formung der Konturen wird das Rasier- oder Klingenmesser verwendet, um eine möglichst saubere Schnittkante zu erzielen.
- Die Bartlänge wird mithilfe der Haarschneidemaschine oder Haarschneideschere in Über-Kamm-Technik bestimmt.

In die Formung des Bartes werden meistenteils die Koteletten, die die natürliche Verbindung zwischen Kopfhaar und Bart darstellen, mit einbezogen.

Eine Sonderstellung nimmt der sogenannte Dreitagebart (Bild 1) ein. Er hat keine sauber ausgearbeiteten Konturen und eine Länge von ca. 3 mm. Da seine Konturen die natürliche Bartwuchsgrenze sind, kann er nur von Männern mit entsprechend vollem Bartwuchs getragen werden.

Aufgaben

1. Listen Sie die Inhalte eines Behandlungsplans für eine Rasur auf.
2. Nennen Sie drei mögliche Ergebnisse einer Hautbeurteilung und beschreiben Sie jeweils deren Einfluss auf eine Rasur.
3. Beschreiben Sie einem Kunden einen Bart Ihrer Wahl.
4. Nennen Sie die Funktionen von
   a) Preshave-Präparaten
   b) Aftershave-Präparaten
5. Erstellen Sie eine Arbeitsanleitung für eine Rasur.
6. Begründen Sie die Notwendigkeit eines Aftershaves nach der Nassrasur.

Bild 1 *Sechsagebart*

Bild 2 *Vollbart*

Bild 3 *Hipster-Bart*

Bild 4 *Van-Dyke-Bart*

4 Haarschnitte und Rasuren nachbereiten

SZENARIO

Beim Haarschnitt hat Anja dem Kunden eine leichte Schnittverletzung am Ohr zugefügt, die leicht blutet. Nun muss sie sich informieren, wie solche Schnittverletzungen zu versorgen sind und was aus hygienischer Sicht zu beachten ist.

4.1 Schnittverletzungen versorgen

Die gesetzliche Basis für den Umgang mit Schnittverletzungen bildet das Infektionsschutzgesetz (IfSG), das 2001 das alte Bundes-Seuchengesetz abgelöst hat. Auf seiner Grundlage haben die einzelnen Bundesländer Hygiene-Verordnungen (HygieneVO) oder ähnlich lautende Verordnungen erlassen, die das Gesetz weiter spezifizieren und seine Ausführung konkretisieren (vgl. LF 1, S. 27 ff.).

Da es sich bei Schnittverletzungen um blutende Wunden handelt, sind in diesem Zusammenhang vor allem die durch Blut, Körperflüssigkeiten oder direkten Hautkontakt übertragbaren Krankheiten von Bedeutung. Eine Übersicht über diese Infektionen gibt Tabelle 1 (s. u):

Kunden, die an einer dieser Krankheiten leiden und in den zu behandelnden Bereichen offene Wunden aufweisen, dürfen dort nicht behandelt werden.

Alle hygienischen Maßnahmen, die die Friseurin ergreift, dienen der Vorbeugung von Übertragungen, also der Prophylaxe. Sie gliedern sich in folgende Bereiche:

- Schutz des Kunden,
- Schutz der Friseurin,
- Schutz vor Ausbreitung der Keime durch verunreinigte (= kontaminierte) Arbeitsmittel.

Nach einer Verletzung steht der direkte Schutz des Kunden und der Friseurin an erster Stelle. Der Schutz vor Ausbreitung innerhalb des Salons erfolgt nach Beendigung der Behandlung.

Bevor also der Haarschnitt oder die Rasur zu Ende geführt werden kann, muss die blutende Wunde versorgt werden, um eine weitere Verteilung möglicher Krankheitserreger zu verhindern.

Vorgehensweise zur Versorgung von Schnittverletzungen:

1. Hände mit einem Händedesinfektionsmittel desinfizieren und ca. 30 Sekunden einwirken lassen (s. LF 1, S. 26).
2. Flüssigkeitsundurchlässige und allergenarme Schutzhandschuhe anziehen.
3. Blutung über einen Druckverband, z. B. mit einer Mullbinde, die auf die Wunde gedrückt wird, stillen. Bei sehr kleinen Wunden kann die Blutung mithilfe eines Allaunstiftes gestillt werden (Tabelle 2).
4. Wunde mit einem sterilen Pflaster oder Verband abdecken.
5. Kann die Blutung nicht gestillt werden, sollte die Chefin informiert und der Notarzt gerufen werden.
6. Arbeitsmittel, die mit dem Blut oder der Körperflüssigkeit in Kontakt gekommen sind, mithilfe einer Sprühdesinfektion kurzfristig reinigen oder entsorgen.

Erst nach diesen Maßnahmen darf der Haarschnitt oder die Rasur zu Ende geführt werden.

Virusinfektionen:
AIDS Hepatitis B Hepatitis C Warzen Herpes
Pilzinfektionen:
Pilzflechte
Bakterieninfektionen:
Haarbalgentzündungen (Bartflechte)

Tabelle 1 Durch Blutkontakt, Körperflüssigkeiten oder direkten Hautkontakt übertragbare Infektionen

Chemische Zusammensetzung:
Salz von Kalium, Aluminium und Schwefelsäure
Wirkungsweise:
Adstringierend, wodurch kleinere Wunden sich zusammenziehen und die Blutung so gestoppt wird Desinfizierend, wodurch kleinere Mengen an Krankheitserregern vernichtet werden
Handelsformen:
Als Stift oder Kristall in Apotheken

Tabelle 2 Zusatzinformationen „Allaun"

4.2 Arbeitsmittel reinigen, pflegen oder entsorgen

Grundsätzlich dürfen Arbeiten, bei denen es zu einer Verletzung der Haut kommen könnte, nur mit desinfizierten Arbeitsmitteln durchgeführt werden.

Für jedes Arbeitsmittel gibt es unterschiedliche Desinfektionsmethoden (s. LF 1, S. 26). Die Desinfektion sollte nach jeder Behandlung erfolgen, ist aber vor allem nach Schnittverletzungen absolut notwendig und bezieht sich auf alle Arbeitsmittel, die mit dem Blut oder der möglicherweise infektiösen Körperflüssigkeit oder Haut in Kontakt gekommen sein könnten.

Vorgehensweise beim Schutz vor Ausbreitung von Keimen durch verunreinigte Arbeitsmittel:

- Flüssigkeitsundurchlässige und allergenarme Einmalhandschuhe anziehen.
- Scheren, Schneideköpfe Rasierapparate, Haarklemmen und Kämme grob von Schnitthaaren reinigen und in ein Desinfektionsbad legen.
- Umhang mit einem desinfizierenden Waschmittel waschen.
- Arbeitsflächen und Stuhl mit Sprühdesinfektion desinfizieren.
- Rasierklingen, Kosmetikservietten, Watte, Einmalhandschuhe und evtl. Haare in einem Plastikbeutel luftdicht verpacken und entsorgen.
- Scheren, Schneideköpfe und Rasierapparate nach der Desinfektion nachreinigen und gegebenenfalls mit Spezialöl pflegen.

Ist es bei der Behandlung zu keinerlei Verletzungen gekommen, reicht oftmals eine gründliche Reinigung der Geräte und Arbeitsflächen. Ausgenommen davon sind allerdings Scheren, Scherköpfe, Rasiermesser und Haarklammern, die prinzipiell nach jeder Benutzung desinfiziert werden müssen. Allerdings reicht dann das Abwischen dieser Arbeitsmittel mit einem mit Desinfektionsmittel getränkten Tuch, nachdem sie von Schnitthaarresten befreit wurden.

Pflege einer Haarschneideschere:

- Die Schere leicht öffnen und mit einem weichen Tuch oder feinen Pinsel von anhaftenden Schnitthaaren befreien.
- Die Schneiden von hinten mit einem desinfektionsmittelgetränkten Tuch umfassen und zur Spitze hin abwischen.
- Das Scherenschloss mit zwei Tropfen Scherenöl zwischen den Scherenblättern ölen.
- Die Schere mehrmals öffnen und schließen, um das Öl zu verteilen.
- Schraube nachziehen.
- Eine Schere sollte bei häufigem Gebrauch mindestens einmal im Jahr vom Fachmann nachgeschliffen werden.

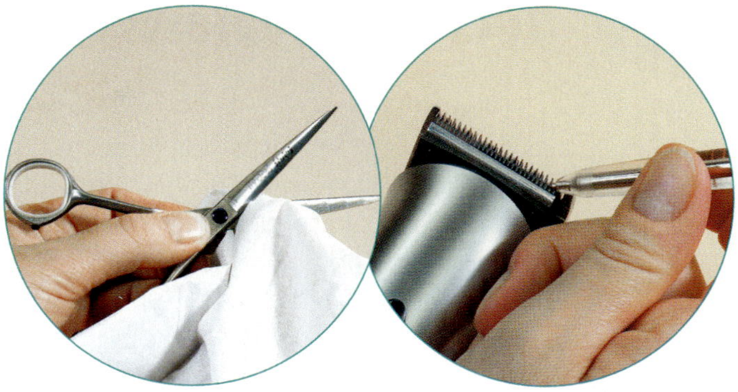

Bild 1 *Reinigen der Haarschneideschere* ***Bild 2*** *Ölen des Messerkopfes*

Pflege einer Haarschneidemaschine:

- Vor der Reinigung und Pflege ist das Gerät auszuschalten und bei nicht akkubetriebenen Geräten der Stecker zu ziehen.
- Mit einem feinen Pinsel werden die Haare von dem Gehäuse entfernt.
- Bei starker Verschmutzung ist das Gehäuse mit einem leicht angefeuchteten Tuch abzuwischen und anschließend trockenzureiben.
- Verschmutzungen an den Ladekontakten oder Kontaktstecker werden mit einem in Alkohol getauchten Tuch gereinigt.
- Der Messerkopf muss gründlich desinfiziert und geölt werden.

Pflege eines Klingen- und Rasiermessers:

- Die Klinge des Klingenmessers nach jeder Benutzung austauschen.
- Das Messer mit einem weichen, mit Desinfektionsmittel getränkten Tuch gründlich abwischen.
- Die Schale ebenfalls gründlich von Haarresten befreien und mit Desinfektionsmittel auswischen.
- Das Nachschleifen der Klinge eines Rasiermessers sollte von einem professionellen Instrumentenschleifer durchgeführt werden, um die empfindliche Klinge zu schützen.

Aufgaben

1. Nennen Sie die Gesetze, die den Infektionsschutz auf Bundes- und Landesebene regeln.
2. Nennen Sie je eine durch Blut, Körperflüssigkeiten oder direkten Hautkontakt übertragbare Krankheit, deren Ursachen
   a) Viren sind.
   b) Pilze sind.
   c) Bakterien sind.
3. Erstellen Sie eine Arbeitsanweisung zur Versorgung von Schnittverletzungen.

5 Exkurs: Ein Plädoyer für eine traditionelle Technik – Die Wellnessrasur für den Mann

Wellness – das englische Wort für „Güte" – ist im heutigen Sprachgebrauch das Synonym für Entspannung, Genuss und sich wohlfühlen. In der Hektik von heute eine Notwendigkeit, um das Morgen entspannt erleben und genießen zu können.

Für die Frau ist Wellness mittlerweile eine Selbstverständlichkeit. Beim Friseurbesuch wird sie ihr z. B. in Form von Massagen, Masken, Aromahauben geboten. Aber was ist mit dem Mann? Eine Handmassage? Eher selten. Eine Kopfmassage? Ja, wenn ein Haarwasser einmassiert werden soll. Damit erschöpft sich das Wellness-Angebot häufig. Und dabei kann es so einfach sein, auch für den Mann den Friseurbesuch zu einem Wellness-Erlebnis zu machen. Entdecken Sie die Wellnessrasur für den Mann von heute wied er neu!

Schauen Sie Anja im Salon Haargenau bei der Durchführung einer Wellnessrasur über die Schulter und lassen Sie sich inspirieren:

Nach der Begrüßung führt Anja den Kunden in den Bereich des Salons, der speziell für die Rasur vorbereitet ist. Ruhige, leise Hintergrundmusik entspannt den Kunden. Anja lässt ihn in einem bequemen Stuhl mit Nackenlehne Platz nehmen und bietet ihm Getränke an. Sie erklärt ihm, dass der angegebene Preis für die Rasur all-inclusive ist und so durch Getränke oder für die Rasur notwendige Sonderbehandlungen keine weiteren Kosten anfallen.

Auf einem kleinen Nebentisch sind die für die Rasur benötigten Arbeitsmittel dekorativ aufgebaut und an der Wand hängen Bilder von Männern mit gepflegten Bärten. Über dem Spiegel ist ein kleiner Monitor angebracht, auf dem, wenn der Kunde es wünscht, ein Video oder die neuesten Börsennachrichten eingespielt werden können.

Der Kunde lehnt sich entspannt zurück und genießt sein Getränk, während Anja mit ihm das Beratungsgespräch führt. Dabei wird auch geklärt, ob sich der Kunde während der Rasur mit Anja unterhalten, ein Video schauen oder lieber die Augen schließen und entspannen möchte.

Anja bereitet in Ruhe die warmen Kompressen, das Rasiermesser und den Rasierschaum vor den Augen des Kunden vor und lässt so dem Kunden die Zeit, sich auf die Behandlung einzustimmen.

Bei der Durchführung der Rasur achtet Anja darauf, dass alles in entspannter Atmosphäre stattfindet. Störungen durch Kollegen sollten ausgeschlossen werden. Die warmen Kompressen dürfen gerne etwas länger auf dem Gesicht bleiben, da sie die Haut und den Kunden sehr entspannen. Der Rasierschaum ist mit warmem Wasser zubereitet und hat eine cremig-leichte Konsistenz, die sich angenehm auf der Haut anfühlt. Während der Rasur achtet Anja darauf, dass sie systematisch vorgeht und mit ruhigen, gleichmäßigen Bewegungen arbeitet.

Nach der Rasur desinfiziert und reinigt Anja die benutzten Arbeitsmittel in einem Nebenraum. Derweil darf der Kunde gerne noch etwas verweilen, in Ruhe die Zeitung oder eine Zeitschrift lesen, im Internet surfen und seinen Kaffee genießen.

Ein Blick in die Geschichte des Friseurberufs belegt: Rasieren gehörte immer schon zum Handwerk des Friseurs. Heute beherrschen nur noch wenige den Umgang mit dem Rasiermesser, denn Rasuren werden eher selten im Salon angeboten. Teilweise aus der unbegründeten Angst vor Infektionen (s. S. 19 f.), teilweise aber auch, weil dieses sehr alte Handwerk nicht mehr gelehrt wird. Die „echte" Rasur ist zeitaufwendig und der fachgerechte Umgang mit dem Rasiermesser erfordert viel Übung. Jedoch birgt sie Vorteile: Der Kunde fühlt sich wohl, ist entspannt und hat ingesamt eine gründlichere Rasur, als er sie selbst zu Hause mit den üblichen Mitteln erreichen könnte.

Bild 1 *Durchführung einer Wellnessrasur*

Bild 2 *Die Wellness-Oase für den Mann von heute*

Aufgabe PLUS

Level I Klassischer Basishaarschnitt

Ihre Stammkundin Beate tritt zu Beginn des nächsten Monats einen neuen Job in einer Bank an. Dazu wünscht sie sich den passenden, klassischen Haarschnitt. Allerdings ist es ihr wichtig, dass die neue Frisur auch modisch wandelbar ist und morgens nicht allzuviel Zeit für das Styling benötigt. Mithilfe des Frisurenbuches einigen Sie sich auf folgende Frisur:

Für die Lösung der folgenden Aufgaben benutzen Sie bitte den in Kapitel 1 „Haarschnitte planen und vorbereiten" erstellten Behandlungsplan (s. S. 167, Aufgabe 1).

1. Ausgangssituation anlysieren
- **a)** Notieren Sie den Kundenwunsch und die Ergebnisse der Haar- und Kopfhautdiagnose in Ihrem Behandlungsplan.

2. Beraten und Entscheiden
- **a)** Füllen Sie den 4. Teil des Behandlungsplans „Behandlungsberatung" aus.
- **b)** Erstellen Sie eine Schnittbeschreibung inkl. Schnitt- und Längengrafik.

3. Handeln
- **a)** Erstellen Sie eine Liste aller für den Haarschnitt benötigten Arbeits- und Hilfsmittel, und richten Sie Ihren Arbeitsplatz ein.
- **b)** Notieren Sie Ihre Arbeitsschritte zur Erstellung des Haarschnitts.
- **c)** Führen Sie den Haarschnitt an einem Modell oder Übungskopf durch.

4. Nachbereiten/Situatives Fachgespräch
- **a)** Vergleichen Sie Ihre Schnittgrafik mit der erstellten Frisur (s. S. 166).

Überprüfen Sie Ihre Vorgehensweise, auch im Hinblick auf ein situative Fachgespräch mit Ihrer Ausbilderin, mithilfe folgender Fragestellungen:
- **a)** Wie bin ich vorgegangen?
- **b)** Wo bin ich von meiner Vorlage und Planung abgewichen? Warum?
- **c)** Was würde ich beim nächsten Mal anders machen? Warum?

Ihre Ausbilderin fragt Sie, wie Sie diese Frisur abändern würden, wenn Ihre Kundin ein länglichschmales Gesicht mit hoher Stirn hätte. Erläutern und begründen Sie.

Level II Moderner zusammengesetzter Haarschnitt

Ria, eine gute Freundin von Ihnen, ist frisch verliebt. Da ihr neuer Freund sehr flippig und modern ist, möchte sie sich mit ihrer Frisur auch in diese Richtung verändern. Aus einer Zeitschrift hat sie folgendes Bild mitgebracht:

Für die Lösung der folgenden Aufgaben benutzen Sie bitte den in Kapitel 1 „Haarschnitte planen und vorbereiten" erstellten Behandlungsplan (s. S. 167, Aufgabe 1).

1. Ausgangssituation analysieren
- **a)** Notieren Sie den Kundenwunsch und die Ergebnisse der Haar- und Kopfhautdiagnose in Ihrem Behandlungsplan.
- **b)** Hierbei stellen Sie fest, dass die Wunschfrisur aufgrund vorhandener Gegebenheiten nicht zu 100% identisch realisiert werden kann. Notieren Sie diese Gegebenheiten.

2. Beraten und Entscheiden
- **a)** Erläutern Sie Ihrer Kundin, welche Abwandlungen Sie bei der gewünschten Frisur aufgrund der vorhandenen Gegebenheiten vornehmen werden.
- **b)** Füllen Sie den 4. Teil des Behandlungsplans „Behandlungsberatung" aus.
- **c)** Erstellen Sie eine Schnittbeschreibung inkl. Schnitt- und Längengrafik.

3. Handeln
- **a)** Erstellen Sie eine Liste aller für den Haarschnitt benötigten Arbeits- und Hilfsmittel, und richten Sie Ihren Arbeitsplatz ein.
- **b)** Notieren Sie Ihre Arbeitsschritte zur Erstellung des Haarschnitts.
- **c)** Führen Sie den Haarschnitt an einem Modell oder Übungskopf durch.

4. Nachbereiten/Situatives Fachgespräch
- **a)** Vergleichen Sie Ihre Schnittgrafik mit der erstellten Frisur (s. S. 166).

Überprüfen Sie Ihre Vorgehensweise, auch im Hinblick auf ein situative Fachgespräch mit Ihrer Ausbilderin, mithilfe folgender Fragestellungen:
- **b)** Wie bin ich vorgegangen?
- **c)** Wo bin ich von meiner Vorlage und Planung abgewichen? Warum?
- **d)** Was würde ich beim nächsten Mal anders machen? Warum?

Mathematik-Aufgaben

1. Nach einer Lohnerhöhung ist der Preis für einen Herrenhaarschnitt von 16,50 € auf 18,00 € heraufgesetzt worden.
Berechnen Sie die prozentuale Preiserhöhung.

2. Zum 1.8. erhöhte eine Friseurmeisterin die Preise um durchschnittlich 8 %.
a) Um wie viel würde sich der Haarschnitt, der zuvor 21,00 € gekostet hat, verteuern?
b) Um wie viel Prozent hat die Meisterin den Preis tatsächlich erhöht, wenn er nach der Preiserhöhung 22,50 € beträgt?

3. Der Preis eines Trockenhaarschnittes beträgt 15,50 € und der Preis für den Komplettservice einschließlich Waschen und Föhnen 25,50 €.
Um wie viel Prozent ist der Komplettservice teurer als der Trockenhaarschnitt?

4. In einem Friseurbetrieb wurde im „Herrenfach" ein Umsatz von 16 320,– € in einem Monat erwirtschaftet. Der Gesamtumsatz des Salons belief sich im gleichen Zeitraum auf 54 620,– €.
Wie viel Prozent des Gesamtumsatzes erzielte der Herrensalon?

5. In einer Aktionswoche reduzierte die Meisterin die Preise für Kinderhaarschnitte von 12,– € auf 9,50 €. Wegen des größeren Kundenandrangs stieg der Gesamtumsatz in dieser Woche auf 399,– €. In der vorhergehenden Woche wurden trotz des höheren Preises nur 84,21 % dieses Betrages eingenommen.
Wie viele Haarschnitte wurden in den beiden Wochen ausgeführt?

6. Von den 14 Mitarbeitern eines Salons haben in dieser Woche 4 Friseurinnen ihr Umsatzziel verfehlt.
Wie viel Prozent sind das?

7. Im Rahmen einer Renovierungsmaßnahme im Salon „Flinke Schere", bei der sämtliche Fenster ausgetauscht werden, erhöht der Eigentümer die Miete von 1 200,– € auf 1 455,– €.
Wie viel Prozent beträgt die Mieterhöhung?

8. Nach der Renovierung des Salons können die Energiekosten von monatlich 285,– € um 7,5 % gesenkt werden.
Wie viel € beträgt die Einsparung?

9. Der Friseurgeselle Klaus, der sich überwiegend im Herrensalon betätigt, vereinbart mit seiner Chefin eine Provision von 7 % auf den erzielten Umsatz.
a) Wie viel Provision erhält Klaus bei einem Umsatz von 16 800,– € im Monat Mai?
b) Wie viel Provision erhält Klaus, wenn sich im Juni sein Umsatz im Vergleich zum Vormonat um 14 % verringert hat?

10. Die Chefin plant für alle sieben Mitarbeiter eine Grundausstattung an Scheren bereit zu stellen. Zur Grundausstattung gehören eine klassische Haarschneideschere extra leicht mit Teflonbeschichtung für 129,– €, eine Effilierschere mit 30 Zähnen für eine Ausdünnung unter 40 % zum Preis von 139,– € und eine Modellierschere mit versetzbarem Fingerhalter zum Preise von 299,– €.
Welchen Betrag muss die Chefin dem Lieferanten überweisen, wenn sie einen Rabatt von 4 % erhält und bei Zahlung innerhalb einer Woche Skonto in Höhe von 2,5 % ziehen darf?

11. Die neue Effilierschere dünnt ein zu schneidendes Passé um 36 % aus. Das Passé weist danach noch 1 465 Haare auf.
Wie viel Haare umfasste das Passé vor dem Schnitt mit der Effilierschere?

12. Ein junger Mann mit Geheimratsecken beklagt seinen Haarverlust. Auf die Nachfrage des Friseurs erklärt der Kunde, dass ihm täglich etwa 375 Haare ausfielen.
Um wie viel Prozent höher ist dieser Haarverlust als der normale Haarausfall von täglich 85 Haaren?

13. Der Verkaufsumsatz an pflegenden Haarkosmetika beläuft sich im Salon auf insgesamt 7 468,– €. Das entspricht 9,5 % des gesamten Jahresumsatzes an Verkaufsprodukten.
Wie hoch ist demnach der gesamte Umsatz an verkauften Waren?

14. An einem Schneideseminar der Friseurinnung haben mehrere Auszubildende des ersten Ausbildungsjahres teilgenommen. Nach Einschätzung der Übungsleiterin haben 25 % der Teilnehmer die kompakte Form zufriedenstellend geschnitten, $^2/_3$ die uniforme Stufung und der übrige Rest (3 Auszubildende) die erweiternd verlaufende Stufung.
Wie viel Auszubildende haben das Seminar besucht?

6 English

SCENARIO

Susan agreed to be Anja's model and now Anja wants to cut her hair. Unfortunately, Anja hasn't bought her own cutting tools yet. So she can't cut Susan's hair because every hairstylist has their own cutting tools which only they use. However, other tools and equipment in the salon are used by all who work there. Anja and Susan are discussing which tools she should buy

6.1 Choosing cutting tools and techniques

tools/ equipment	explanation
protective gown	is placed over the client's clothes to prevent the cut hair from falling onto the client's clothing
cutting collar	is placed around the client's shoulders to create a flat cutting area and to allow the hair to fall easily from the collar
neck strip	are placed between the gown and the client's neck to prevent any hair clippings falling into the client's collar
sectioning clips	are used to keep sections of hair apart
cutting comb	are used to sub-section the hair and for scissor over comb cutting
(haircutting) scissors	are used to shorten the hair and to cut straight lines in the hair
thinning scissors	are used to thin out the hair, this only removes thickness not length
razor	is used to shorten the hair creating a softer effect to the ends of the hair and to remove thickness
(electric) clippers/ trimmers	are used to shorten the hair in order to create short haircuts and to remove unwanted hair at the neckline and around the ears also used for clipper over comb cutting

Table 1 *Haircutting tools and equipment*

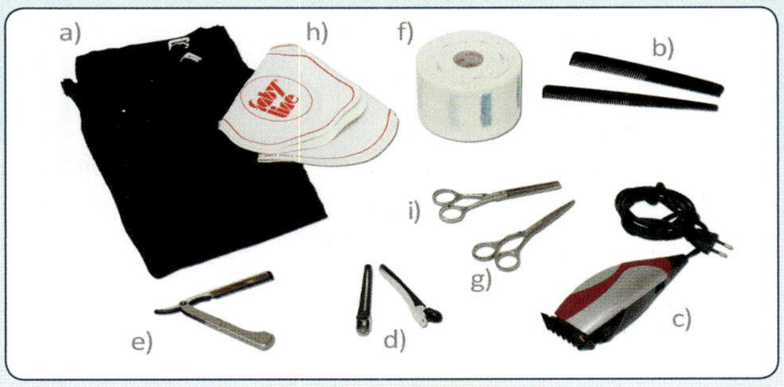

Picture 1 *Tools and equipment for haircuts*

Helpful phrases to explain the usage of tools and equipment for haircuts:

"I'm going to use a ... to ..."
"The .... is important to thin out the hair/crop the hair short/remove thickness."
"I'm using a .... to .... your hair."

Cutting techniques

The way in which a subsection of hair is cut can be the same or different for each area of the head:

technique		effects
	**club cutting**	to reduce the length of the hair: • the scissors cut each sub-section of hair which is held evenly in place by the fingers
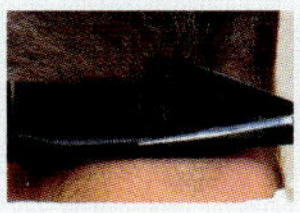	**scissors or clipper over comb cutting**	to cut the hair short around the nape and sides, following the contours of the head: • comb and scissors or clippers are moved continually parallel from the hairline upwards to the top of the head
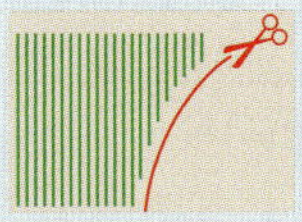	**feathering or slicing**	to achieve feathered effects to soften hard lines and remove thickness: • the scissor blades are moved firmly downwards along a strand of hair
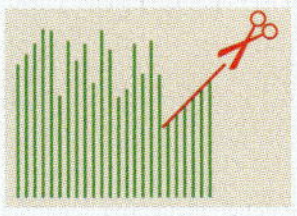	**pointing or texturing**	to reduce the length and thickness of the hair, to soften hard lines and to remove thickness: • the scissor-tips are inserted over the fingers to clip out small pieces of the ends of the hair

6.2 Explaining haircuts

SCENARIO

Now Anja has gathered her tools and is ready to cut Susan's hair. Before she starts, she explains the cutting process to Susan.

Some clients may ask technical terms, but first and foremost a client wants to know how their haircut will look like at the different areas of the head.
Primarely they are interested in these aspects:

- How is the outline shape in that area?
- How is the overall length in that area?
- Is the baseline cut blunt or pointed?

In addition, some clients may ask if that area is cut layered or one-length. And they can be curious about certain steps. They might ask, for example, how the head is sectioned or why some sub-sections are lifted while cutting.

Sectioning and subsectioning

The hair is sectioned and subsectioned according to the preferences of the hairdresser and the requirements of the style plan. The subsectioning can be the same or different for each section or area of the head.

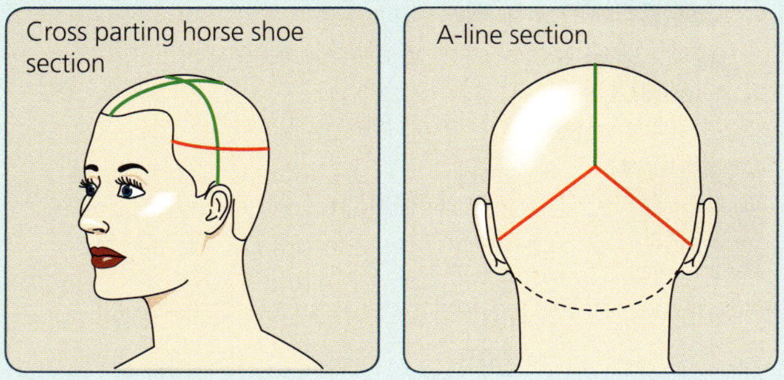

Picture 1 Sections

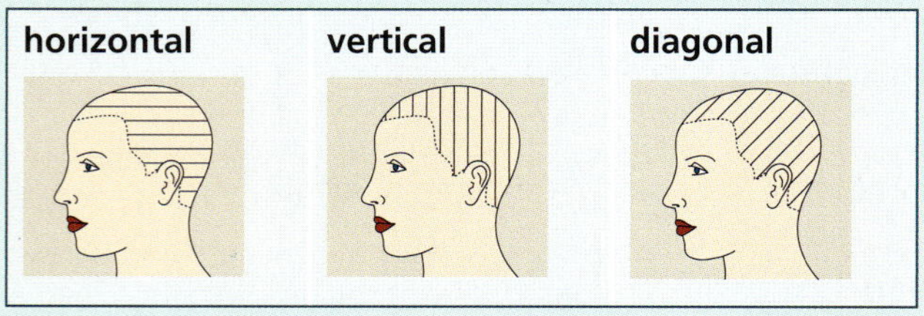

Picture 2 subsections

Cutting angles

A cutting angle is the angle at which the hair is held out or lifted from the head or the direction in which the hair is cut. These angles define the falling position of the hair which can be the same or different for each area of the head.

For each area, the way the baseline ist cut determines the outline for this area.

Outline shape

For each area the baseline defines the outline shape, for example curved, straight or slanting (diagonal).

Picture 3 A curved front and slanting sides *Picture 4* straight sides and back

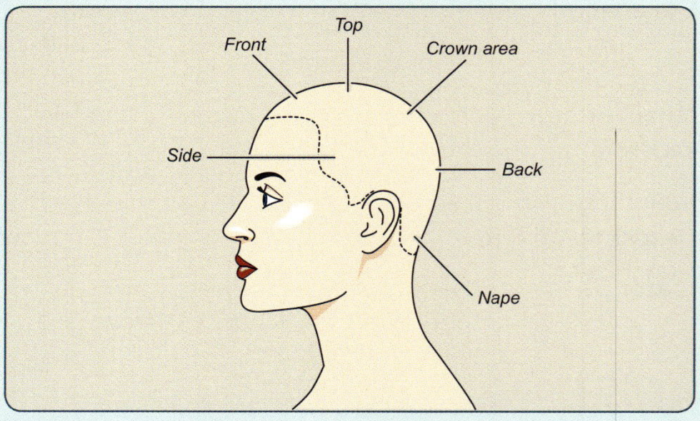

Picture 5 Areas of the head

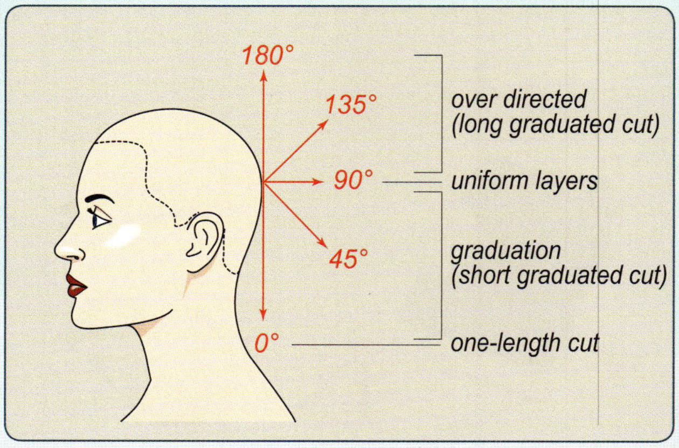

Picture 6 Cutting angles

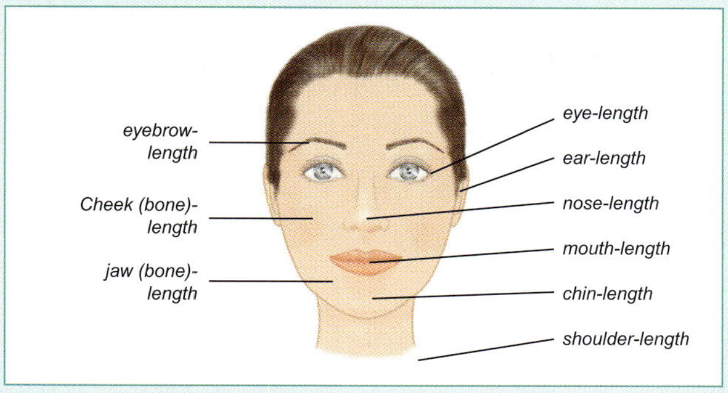

***Picture 1** The hair length*

Cutting technique

It might seem like a subtle distinction between a baseline that is cut blunt and a baseline that is cut pointed but a significant change in looks can be created this way. It is a difference immediately seen by the client and therefore it needs to be discussed

Hair-length

For all areas, including the back, the hairlength is defined by facial or body parts. At the back you elongate (in a figurative sense) your baseline and see what facial part would be met.

Helpful phrases to explain haircuts:

„At the (area) I'm going to create…"
„To sweep the hair towards /to one side…"
„The weight of the hair holds it down…."
„To unweighten (that area)…."
„To soften (that area)…
„The hair tends to seperate, so…"
„To create more volume…"
„To blend (these areas)…."
„To maintain the hair-lenght…"

Your tasks

1. Work together with a partner and quiz each other about the reasons for using the different tools a) – i) in picture 1. For example: "What is a)?" "It's a protective gown and it's used to protect the client's clothing."
2. Recommend a suitable haircut to your partner and explain it step by step.

Basic style plans

The four basic style plans can be the same or different for each area of the head.

picture	diagram	description
one-length cut 	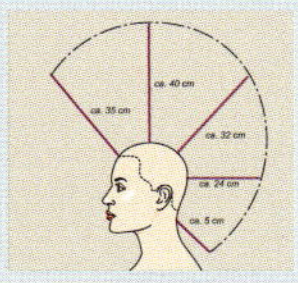	the hair is cut to fall at the same baseline outside length hair at the top is longest hair often looks thicker when cut in this style • cutting line: stationary • subsections: either horizontally or diagonally • cut from natural fall
short graduated layer cut 	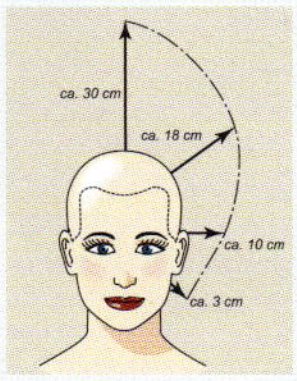	the inner layers of the hair length are longer than the outline hair length below the occipital bone, back and sides: • cutting line: moving • held at an angle of 45° to create graduation • At the top • for a fuller look lessen the the elevation angle
uniform layer cut 	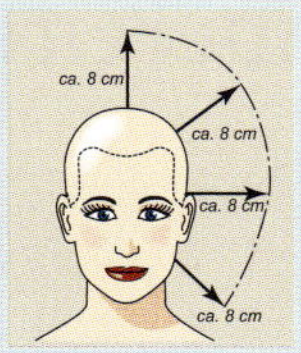	all sections of the hair are cut to the exact same length • cutting line: moving • all ways of subsectioning can be chosen • held at an angle of 90°
long graduated layer cut 	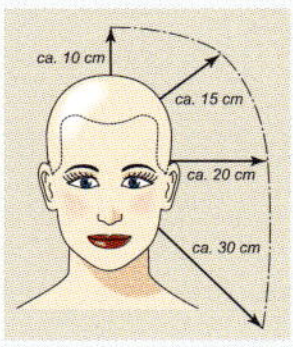	the inner layers of the hair length are shorter than the outline hair length • cutting line: stationary • the layers have to be over-directed to match shorter layers • ensure the previous cut section at the top is blended

***Table 1** Basic style plans*

Lernfeld 6

Kontaktieren

Eine Kundin kommt mit dem Wunsch für heute Abend eine besondere Frisur anlässlich eines Maskenballs erstellt zu bekommen.

Informieren

Durch gezielte Fragestellung ermitteln Sie den Kostümwunsch und die Epoche, aus der das Kostüm kommt.

Nachbereiten

Die Frisiertechnik wird nochmals auf Löcher und Übergänge überprüft.

Verabschieden

Sie wünschen der Kundin einen schönen Abend und bitten sie, die Haarteile nach dem Fest wieder im Salon abzugeben.

Frisuren erstellen

Ausgangssituation analysieren

Die Kundin wünscht eine barocke Frisur. Sie prüfen die Haarbeschaffenheit in Bezug auf die Haltbarkeit einer nicht permanenten Umformung.

Entscheiden

Gemeinsam mit der Kundin einigen Sie sich auf das Erstellen einer klassischen Hochsteckfrisur mit dem Einsatz von Haarteilen.

Handeln

Sie gestalten mithilfe der Papillotier- und Toupiertechnik eine barocke Frisur. Des Weiteren erhöhen Sie das Haarvolumen durch Haarteile. Mit Festiger und Haarspray erhält die Frisur für den Abend mehr Stand.

Frisuren erstellen

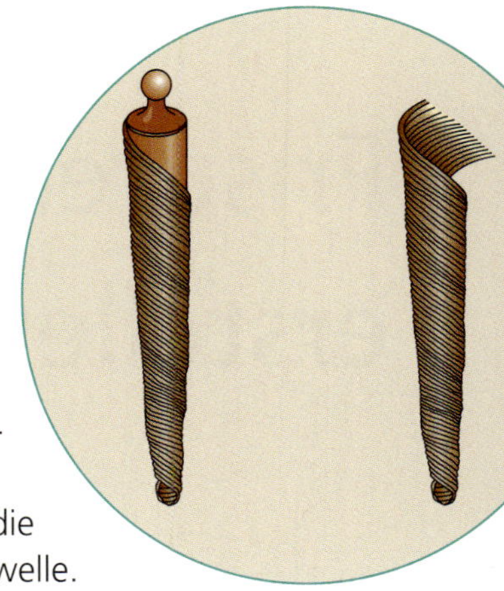

Bild 1 *Calamistrum*

Damit ein entsprechendes Frisurenbild entsteht, benötigt die Friseurin Kenntnisse über die entsprechenden technologischen Voraussetzungen, wie Eigenschaften des Haares, Auswahl an Werkzeugen zur kurzfristigen Umformung, Wirkung und Anwendung verschiedener Techniken, Einsatz von Präparaten, sowie handwerkliches Geschick und Kenntnisse über aktuelle Trends. Des Weiteren braucht sie für besondere Anlässe Grundlagen über geschichtliche Epochen (Stilkunde).
Die Formveränderung der Haare wird eingeteilt in die kurzfristig haltbare Umformung, die auch als Wasserwelle bezeichnet wird, und in die permanente Umformung, die Dauerwelle. Die Techniken der kurzfristigen Umformung, auch nicht-permanente Umformung genannt, waren schon 3000 v. Chr. bekannt, aber das Finish wurde durch entsprechende Präparate und Werkzeuge immer einfacher und weniger zeitaufwendig.

1 Geschichtliche Entwicklung der Frisurerstellung begreifen

SZENARIO

Die Chefin von Anja möchte sich zu Karneval als Römerin verkleiden. Nun fehlt noch die Frisur. Sie bittet die Gesellin, die entsprechende Frisur zu erstellen, und Anja soll ihr dabei helfen. Anja ist ganz erstaunt, welche Kenntnisse zu ihrem Beruf gehören. Sie bittet Randa, die Gesellin, ihr mehr zu erzählen.

Bereits im Altertum (3000 v. Chr. bis 300 v. Chr.) wurden glatte Haare auf erhitzte Tonwickel gedreht und dadurch gewellt. Die Ägypter galten als „Erfinder" der Dauerwelle Sie legten größten Wert auf Körper- und Haarpflege. Zu dieser Zeit entwickelte sich der Beruf des Friseurs. Damit die Haare glänzten, trugen die Ägypter Balsamkegel auf dem Kopf, die in der heißen Sonne schmolzen. Dadurch wurde ihren schwarzen Haaren Glanz und Duft verliehen und die Haare hatten gleichzeitig einen natürlichen Schutz vor der intensiven Sonnenbestrahlung.

Zuerst trugen die Ägypter Frisuren in Form eines Pagenkopfes. Im Verlauf der Entwicklung ihrer Hochkultur veränderten sich die Frisuren zu Stufen, Zöpfen oder es wurden sogar Perücken getragen. Die Perücken trugen die Ägypter auf ihrem rasierten Kopf. Mit der Pflege von Haut und Haar sowie der Rasur sämtlicher Körperhaare waren Sklaven beschäftigt, sogenannte Kosmeten.

In der Epoche der Griechen (500 v. Chr. bis 150 n. Chr.) wurde mehr Wert auf natürliche Schönheit gelegt. Es hieß „Schönheit kommt von innen." In dieser Zeit wurden Flecht-, Locken- und Hochsteckfrisuren bevorzugt (Bild 3).

Zur Zeit der Römer (500 v. Chr. bis 500 n. Chr.) formte man die Haare mit dem Calamistrum um (Bild 1). Dabei wurden die Haare um ein Röhrchen gewickelt, in das ein

Bild 2 *Ägyptische Frisuren und Perücken*

Bild 3 *Typische Flämmchenfrisur einer Griechin*

Bild 1 *Frisur à la Fontanage (1670–1710)*

Bild 2 *Frisur Lamballe (= Rosenkranzfrisur, um 1780)*

Bild 3 *Französische Allonge-Perücke (1660–1720)*

erhitzter Stab geschoben wurde, oder es wurde eine Metallhülse um den Stab geschoben. Da im Altertum Metall ein kostbares Gut war, konnten sich solche Frisiertechniken nur die Reichen erlauben. Hierzu hatten sie Diener, die diese Schönheitspflege übernahmen.

Im **Mittelalter** (500 n. Chr. bis 1500 n. Chr.) entwickelte sich der Beruf des **Baders** (s. S. 19 f.).

Während dieser Zeit nahm die Frisurengestaltung eine entscheidende Wende. Nachdem sich das Christentum ausgebreitet hatte, war es für verheiratete Frauen verpönt, die Haare unbedeckt zu zeigen. Diese wurden unter Schleiern und Hauben versteckt. Sichtbare Haare wurden abrasiert. Nur junge Mädchen zeigten ihre Haare noch geflochten oder in Zöpfen. Die Kirche hatte großen Einfluss auf die Bevölkerung und übernahm das Modediktat. Doch da Frauen sich von jeher der Schönheit und Ästhetik verschrieben, galt auch hier, dass sie die Haare verdeckt trugen, aber auf die Gestaltung der Schleier, Hauben und zuckerhutförmigen Hennins großer Wert gelegt wurde. Des Weiteren galt die Haarfarbe Rot als Teufelswerk. Frauen mit roten Haaren versteckten diese oder färbten sie um, aus Angst als Hexen verbrannt zu werden.

Adelige Männer trugen die Haare zu einem kurzen Pagenkopf geschnitten. Aber sie waren auch nicht abgeneigt, die Haare zu Zöpfen zu flechten oder sie mithilfe des Brenneisens in Locken zu wellen.

In der **Neuzeit** (ab 1500) wurde die Haartracht wieder geschätzt. Die Frisuren wurden ab der **Renaissance** (= Wiedergeburt) bis hin zum **Rokoko** (1720 bis 1789) immer aufwendiger und pompöser. Das Berufsbild des Friseurs wurde wieder aufgewertet.

In der Epoche des **Barocks** (= unregelmäßige Perle) waren üppige Proportionen und das Tragen von Perücken beliebt. Selbst die Männer ließen sich die Haare abrasieren und trugen Allonge-Perücken (= Löwenmähne).

Es gab richtige Haarkünstler unter den Friseuren. Sie bauten zu Zeiten des **Rokoko** turmartige Perücken, sodass die Trägerin sie nur im Sitzen präsentieren konnte, da sie sehr schwer waren. Das Hygieneverhalten war weiterhin schlecht. Wasser galt als Überträger von Krankheiten. Um unangenehme Gerüche zu überdecken, wurde der Körper täglich mehrmals parfümiert. Die Frauen trugen sogenannte Flohfallen, um den übermäßigen Stichen des Ungeziefers zu entgehen, und bedeckten Hautunreinheiten mit Schönheitspflastern.

Die Erkenntnis, dass man mit Wärme die Haare umformen kann, führte zu den verschiedensten Formen von Krepp- und Brenneisen. Damit wurden glatte Haare in Wellen und Locken gelegt. Diese Verfahren erzielten jedoch nie das Aussehen von Naturlocken.

Erst um 1750 setzte sich eine Methode durch, bei der die Haare mit einem erhitzten Quetsch- oder Papillotiereisen mit recht guten Ergebnissen umgeformt werden konnten. Die von dem Franzosen **Marcel Grateau** um 1880 entwickelte Ondulation ermöglichte es, natürlich wirkende, länger haltbare Wellen in das Haar zu legen. Bei all diesen Verfahren wurden trockene Haare durch Zugabe von Wärme umgeformt.

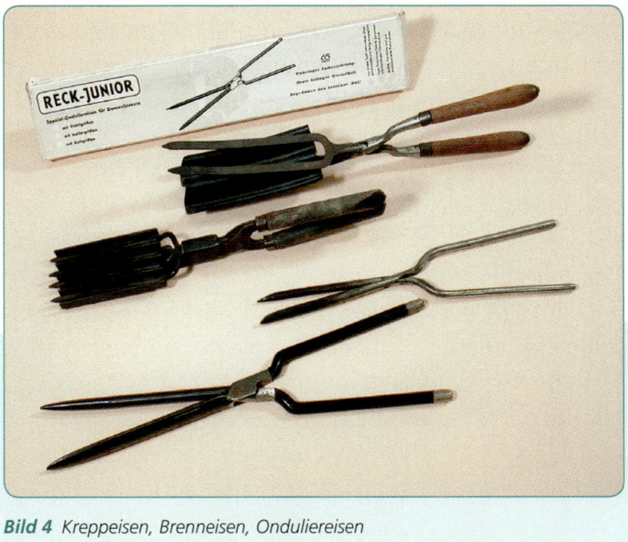

Bild 4 *Kreppeisen, Brenneisen, Onduliereisen*

Bild 1 Biedermeierfrisur (um 1845)

Bild 2 Reformerin

Bild 3 Charleston-Bubikopf

Die Französische Revolution (1789–1795) bereitete dem luxuriösen Leben der Adligen ein jähes Ende.

Es wird behauptet, die Französische Revolution wurde angezettelt, weil die Reichen den Armen das Mehl wegnahmen, um damit ihre Frisuren weiß zu pudern. Dadurch fehlte den Armen das Mehl, um Brot zu backen, und sie mussten Hunger leiden. Diese Schmach führte dazu, dass die einfachen Leute sich gegen den Adel erhoben und für ihre Menschenrechte kämpften. Der Adel wurde gestürzt. Die Bevölkerung besann sich auf einen einfachen, bürgerlichen Stil. Mit den pompösen Auswüchsen der Frisurkunst war es vorbei. Es wurde mehr Wert auf Körperhygiene gelegt.
Der Höhepunkt der Bürgerlichkeit zeigte sich während des Biedermeiers (1815–1848). Typisch waren zu dieser Zeit aufwendige Scheitel- und Ohrenpartien sowie pomadisierte Haare. Hier dominierten kontrastreiche, verspielte Frisuren mit glatten, lockigen und geflochtenen Anteilen, die mit Blüten und Ketten ergänzt wurden.

Das Biedermeier stand, wie der Name schon sagt, für Bürgerlichkeit, Romantik und Verspieltheit. Es wurde sich auf natürliche Weise geschminkt.

In der Gründerzeit (um 1900) war das friseurtechnische Zeitalter der Krepp- und Onduliereisen. Bedingt durch den 1. Weltkrieg wurde aus dem typischen Männerberuf „Friseur", der Frauenberuf „Friseurin", da die Männer an die Front ziehen mussten. Insgesamt wandelte sich das Frauenbild. Reformerinnen traten für die Gleichberechtigung von Mann und Frau ein. Die typische Frisur der Reformerin (emanzipierte Frau) war gekennzeichnet durch die einfach eingeschlagene Haarrolle.

Um 1920 entwickelte sich die handgelegte Wasserwelle. Hierbei müssen die Haare gut befeuchtet sein, um umgeformt werden zu können. Durch das Trocknen bei Raumtemperatur wurde die Umformung stabilisiert. In der Folgezeit wurden weitere Techniken zur Haarumformung entwickelt. Alle Verfahren hatten jedoch gemeinsam, dass die Umformung des Haares nur kurzfristig haltbar war. So ging die Umformung unter Einwirkung von Feuchtigkeit wieder verloren.

Nach dem ersten Weltkrieg kamen die Kurzhaarfrisuren (Bubikopf) in Mode. Bedingt durch die Mode der Kurzhaarfrisuren, wurde der regelmäßige Friseurbesuch Pflicht. Der Bubikopf wurde auch durch bestimmte Musikrichtungen mit beeinflusst und führte zu Extremen in den Tampelformen.

Ab dieser Zeit wurden die Moderichtungen in der Frisur von Trendsettern, wie Musikern, Schauspielern und Modemachern, mit geprägt.

Auch heutzutage wird die aktuelle Frisurenmode zu jeder Saison auf Modemessen und Modeproklamationen sowie in Fachzeitschriften präsentiert. Doch ist der Einfluss nicht mehr so stark, da die moderne Frau trägt, was ihr gefällt. Sie unterwirft sich nicht mehr so strikt einem Modediktat.

Aufgaben

1. Benennen Sie Besonderheiten der Haargestaltung, Kosmetik und Köperpflege einzelner Epochen und suchen Sie Bildbeispiele.
2. Mit welchen Techniken wurden früher Haare umgeformt?
3. Wann und warum wurde rasiert?
4. Welche Umformungstechnik wurde von Marcel Grateau entwickelt?
5. Suchen Sie aus Fachbüchern oder dem Internet die 4 verschiedenen Scheitelformen des Biedermeier heraus und zeichnen Sie diese.
6. Erklären Sie einer Kundin den Begriff „kurzfristig haltbare Umformung".
7. Dokumentieren Sie, wie sich die Frisurengeschichte nach der Epoche des Biedermeiers entwickelt hat.

2 Projekt Stilkunde „Schönheit im Wandel der Zeit“

Bei diesem Projekt sollen die Schülerinnen theoretisch und praktisch in Gruppen die Stilepochen durchleben. Als Grundlage zur Projektarbeit soll noch einmal auf LF 4, Seite 157 ff. hingewiesen werden, wo es einen theoretischen Hinweis zur Projektarbeit gibt.

Das Projekt „Schönheit im Wandel der Zeit“ ist ein fächerübergreifendes Projekt, bei dem jedes Fach inhaltliche Schwerpunkte setzt, die im Folgenden näher erläutert werden. Das Fach Deutsch kann die Plakate und die Präsentationstechnik bewerten. Politik, Wirtschafts- und Betriebslehre können die Darstellungen der politischen sowie der sozialen Lage bewerten. Technologie und Gestalten können die inhaltlichen Aspekte bewerten. Gleichzeitig wird auch die Sozial- und Methodenkompetenz der Schülerinnen gestärkt. Bei Parallelklassen kann auch klassenübergreifend gearbeitet werden.

Es wird, je nach Schülerzahl, in Gruppen mit je drei bis fünf Schülerinnen gearbeitet.

Folgende Epochen können bearbeitet werden:

- Ägypter
- Griechen
- Römer
- Germanen
- Romanik
- Gotik
- Renaissance
- Barock
- Rokoko
- Biedermeier
- Jugendstil
- 20er–30er Jahre
- 50er Jahre (Rock 'n' Roll)
- 60er Jahre (Hippies)
- 80er Jahre (Popper)

Neben dem Zugang zum Computerraum benötigen die Schülerinnen des Weiteren:

- Bücher
- Kopien
- Plakate
- Dicke Filzstifte
- Kleber
- Scheren
- Wolle oder Kunsthaare
- Draht
- Finishpräparate
- Stylingwerkzeuge
- Übungsköpfe

Neben der theoretischen Arbeit der Recherche und Gestaltung von Informationsplakaten zu ihrer Epoche sollen die Schülerinnen Frisuren und Kleidung stilecht nachbilden. Dies kann mit dem Fundus auf elterlichen Dachböden und Kellern improvisiert werden oder professionell, mithilfe eines Kostümverleihs, erfolgen. Die Präsentation der Ergebnisse kann als würdiger Abschluss beispielsweise am Ende eines Schuljahres stattfinden, während eines Sommerfestes oder bei der Verabschiedung von Abschlussklassen. Hier könnten die Schülerinnen ihr Projekt als „Modenschau im Wandel der Zeit“ präsentieren und gleichzeitig vor einem größeren Publikum das freie Reden üben, indem einer oder zwei aus der Gruppe die wichtigsten Erkenntnisse aus ihrer Epoche referieren.

Fächerübergreifende Fragestellungen zu den Epochen könnten sein:

- Welche Proportionen und gestalterischen Elemente standen im Vordergrund?
- Welche Hilfsmittel wurden zur Frisurenerstellung genutzt?
- Welche Rollenverteilung gab es?
- Wie gestaltete sich die Körperhygiene?
- Wie sahen die wirtschaftlichen und sozialen Verhältnisse aus?
- Welche Erfindungen prägten die Menschen zu dieser Zeit?
- Welche besonderen Bauwerke/Bauweisen gab es?
- Welche klimatischen und geografischen Gegebenheiten lagen vor?

Bild 1 *Elvis Presley – Rock-'n'-Roll-Idol aus den 50er Jahren*

Bild 2 *Teamarbeit*

3 Wichtige Merkmale des Haares für die kurzfristig haltbare Umformung beschreiben

SZENARIO

Anja lässt sich abends von Randa die Haare flechten. Am nächsten Morgen sagt Anja: „Ich habe die gleichen Locken wie Frau Süß!" Randa antwortet: „Nein, Frau Süß hat Naturlocken." Anja möchte nun wissen, warum Locken unterschiedlich sein können. Aufgrund seines Aufbaus und seiner physikalischen Eigenschaften kann das Haar umgeformt werden.

3.1 Aufbau des Haares

Das Haar besteht aus Keratin, Fett und Wasser. Keratin ist die wichtigste Substanz, weil sie dem Haar die Struktur sowie Elastizität und Festigkeit gibt. Das Fett schützt das Haar vor äußeren Einflüssen, hält es geschmeidig und gibt ihm den natürlichen Glanz. Der Wasseranteil, der selbst im getrockneten Haar enthalten ist, trägt ebenfalls zur Geschmeidigkeit des Haares bei. Diese Restmenge an Wasser ermöglicht die Umformung von trockenem Haar.

Die kurzfristige haltbare Umformung ist mit einer Veränderung im Keratin zu erklären. Die Peptidspiralen, aus denen das Keratin aufgebaut ist, sind durch Wasserstoffbrücken stabilisiert (Bild 1) und durch Salz- und Schwefelbrücken untereinander zu Fasern verknüpft.

Wasserstoffbrücken sind lockere Verbindungen, die bereits durch Wasseraufnahme gelöst werden können. Die Peptidspiralen werden beweglicher und können z. B. durch die Arbeit mit einer Rundbürste gegeneinander verschoben werden. Beim Trocknen wird das Wasser wieder entzogen und die Wasserstoffbrücken geschlossen (Bild 2). Hierbei ist zu beachten, dass die Umformung erst dann stabilisiert ist, wenn das Haar vollständig durchgetrocknet ist.

Beim Umformen von trockenem Haar wird durch Wärmezufuhr, z. B. durch den Lockenstab, die Restfeuchtigkeit des Haares aktiviert. Dadurch öffnen sich die Wasserstoffbrücken und das Haar wird verformt. Durch weitere Wärmeeinwirkung werden die Haare im gleichen Arbeitsgang wieder geschlossen. Die Umformung ist gefestigt. Tabelle 1, S. 209, zeigt den Anteil von Wasser und Wärme bei den unterschiedlichen Wasserwelltechniken.

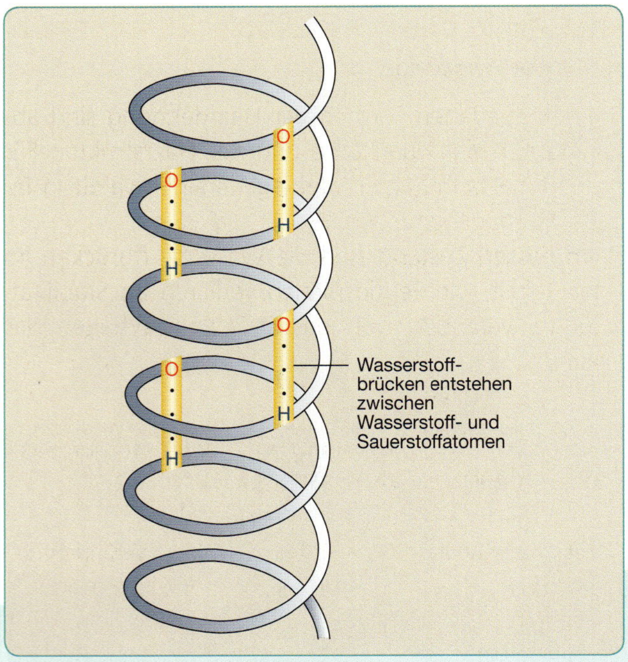

Bild 1 Peptidspiralen mit Wasserstoffbrücken

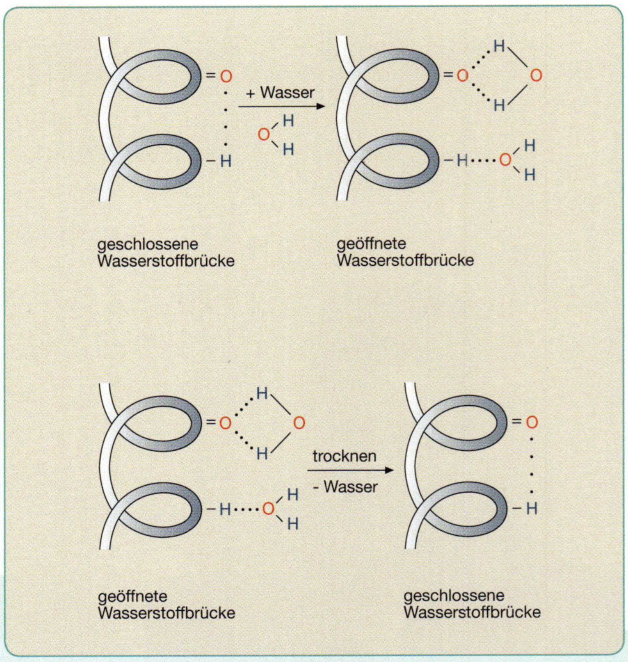

Bild 2 Lösen und Schließen der Wasserstoffbrücken

3.2 Eigenschaften des Haares

Die Umformung der Haare und die Haltbarkeit der erstellten Frisur werden von den folgenden Haareigenschaften beeinflusst:

- Elastizität
- Plastizität
- Dehnbarkeit
- Wasseraufnahmefähigkeit

3.2.1 Elastizität

Das Haar ist ein elastischer Körper. Im trockenen Zustand lässt es sich drehen und verbiegen, springt aber sofort in seine alte Form zurück. Je besser der Zustand des Haarkeratins und je dicker das Haar ist, desto größer ist seine Elastizität.

Die Elastizität eines Haares wird mit den Begriffen **Spannkraft** und **Sprungkraft** näher beschrieben.

Die Spannkraft wirkt der Verformung entgegen. Bei kurzem Haar ist die Spannkraft besonders gut zu erkennen. Wird es gegen die Fallrichtung gekämmt, sorgt die Spannkraft dafür, dass es sofort wieder in die alte Form zurückspringt.

Die Elastizität eines gelockten Haares wird als Sprungkraft bezeichnet. Locken können glatt gekämmt, auseinandergezogen oder zusammengedrückt werden, sie springen anschließend wieder in ihre ursprüngliche Form zurück.

3.2.2 Plastizität

Plastizität heißt Verformbarkeit. Bei der Wasserwelle wird das Haar, durch Lösen der Wasserstoffbrücken, vom elastischen Zustand in den plastischen Zustand versetzt. Durch das Trocknen werden die Wasserstoffbrücken wieder geschlossen und das Haar erlangt seine volle Elastizität zurück.

Wasserwellfrisuren	Anteil von Wasser und Wärme
	Wärme
Handgelegte Wasserwelle	
Papillote	
Eingelegte Frisur	
Föhnfrisur	
Lockenstabfrisur	
	Wasser

Tabelle 1 Wasser und Wärme bewirken die Umformung

Bei der Dauerwelle erzielt man durch zusätzliches Lösen der Salz- und Schwefelbrücken einen noch höheren Grad der Plastizität.

3.2.3 Dehnbarkeit

Das Haar kann solange gedehnt werden, bis es bei Überdehnung schließlich reißt. Solange sich ein gedehntes Haar nach dem Entspannen in seine ursprüngliche Länge zurückzieht, spricht man von elastischer Dehnung (reversible Dehnung). Sie ist mit dem Aufbau des Haares aus Peptidspiralen zu erklären. Wird das Haar jedoch über diese Elastizitätsgrenze hinaus gedehnt, reißen die Wasserstoffbrücken und die Keratinstruktur wird verändert. Das Haar zieht sich nicht mehr auf seine Ausgangslänge zurück. Die Dehnung über die Elastizitätsgrenze hinaus ist irreversibel, es bleibt ein Dehnungsrückstand. Bei weiterer Dehnung reißen die Peptidspiralen und schließlich das gesamte Haar.

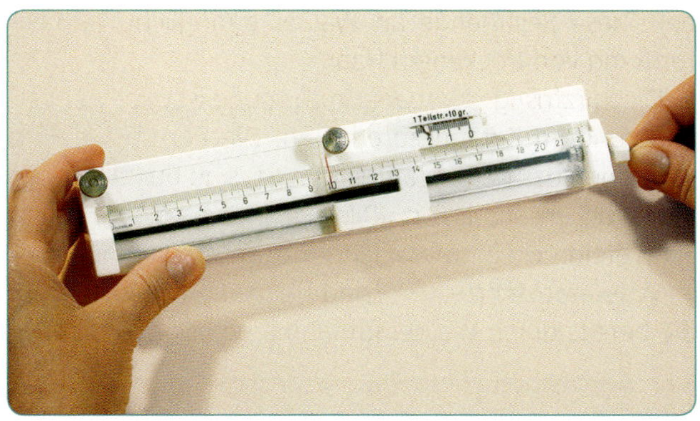

Bild 1 Haardehnungsgerät

Die verschiedenen Formen der Haardehnung sind abhängig von der Haarstärke und der Haarstruktur. Für gesundes Haar mittlerer Stärke gelten in etwa die in Tabelle 2 angegebenen Werte.

Im nassen Zustand sind die Wasserstoffbrücken im Haar gelöst. Die Peptidspiralen verlieren an Stabilität. Dadurch verändert sich das Dehnungsverhalten des Haares.

Arten der Dehnung	Dehnung in % der Haarlänge	Veränderung des Haares
Elastische Dehnung	Bis ca. 10 %	Keine Veränderung
Irreversible Dehnung	Ab 10 % bis ca. 30 %	Schädigung des Keratins
Reißdehnung	Ab 30 %	Das Haar reißt

Tabelle 2 Arten der Haardehnung

Sobald das Haar Wasser aufnimmt, dehnt es sich ohne Krafteinwirkung, es wird länger. Beim Stumpfschneiden von nassem Haar, z. B. im Nackenbereich, entsteht nach dem Trocknen eine leichte Graduierung, weil das längere Deckhaar sich beim Trocknen stärker verkürzt als die darunter liegenden kürzeren Haarpartien.

Die Dehnung von nassem Haar kann durch Zugwirkung verstärkt werden. Beim Schneiden des Ponys wird das Haar oft sehr straff geführt, wodurch es zusätzlich gedehnt wird. Beim Trocknen verkürzt es sich wieder. Aufgrund seiner Sprungkraft hängt das trockene Haar nicht mehr glatt herunter. Der Pony der fertigen Frisur ist erheblich kürzer als im nassen Zustand.

In folgenden Fällen muss durch die richtige Arbeitstechnik eine Überdehnung vermieden werden:

- Beim Föhnen wird feuchtes Haar mit der Bürste gespannt und dabei zusätzlich gedehnt. Wird das Haar während des Trocknens in zu starker Spannung gehalten, kann es sich nicht in seine Ausgangslänge zurückziehen. Es wird überdehnt, die Dehnung ist irreversibel.
- Blondiertes Haar ist im nassen Zustand besonders leicht dehnbar. Es darf beim Föhnen auf keinen Fall stark gezogen werden.

Arbeitsauftrag

1. Versuchen Sie, die Elastizitätsgrenze Ihres Haares durch Steigerung der Dehnung zu ermitteln.
2. Um wie viel Prozent ist Ihr Haar bei maximaler Ausdehnung länger als ursprünglich?
3. Stellen Sie fest, bei welcher prozentualen Dehnung Ihr Haar reißt.

3.2.4 Wasseraufnahmefähigkeit

Das Haar kann Wasser aufnehmen. Diese Eigenschaft ergibt sich aus der Struktur des Wassermoleküls und der Struktur des Keratins. Das Wassermolekül hat einen elektrisch positiven und einen elektrisch negativ geladenen Bereich.

- Das Haar besitzt elektrische Ladungen, die Wasser anziehen.
- Im Haar befindet sich Wasser, durch das weitere Wassermoleküle angezogen werden.

Dies liegt daran, dass das Wassermolekül einen Dipol besitzt. Das bedeutet, dass aufgrund der höheren Anziehungskraft des Sauerstoffatoms (O) die Elektronen der Wasserstoffatome (H) rübergezogen werden. Somit entstehen im Molekül Teilladungen.

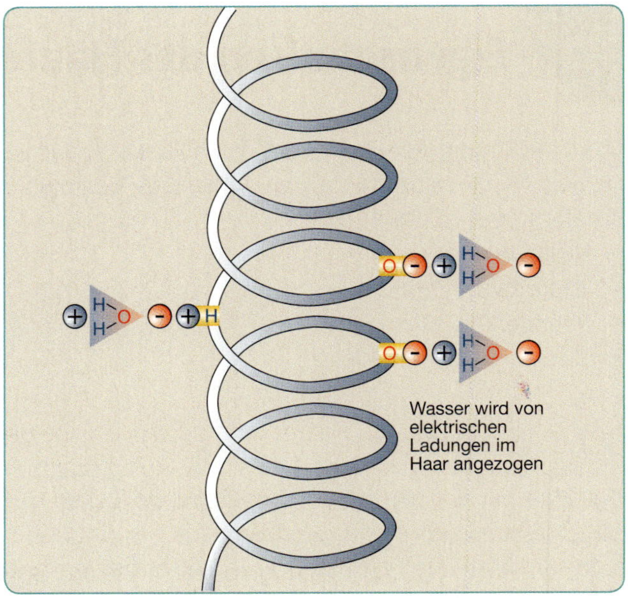

__Bild 1__ Wasser wird von elektrischen Ladungen im Haar angezogen

Es sind zwei Formen der Wasseraufnahme zu unterscheiden:

- **Hygroskopizität**
- **Saugfähigkeit**

Das Haar kann aus feuchter Luft Wasser aufnehmen. Diese Eigenschaft wird als **Hygroskopizität** bezeichnet. Das aufgenommene Wasser löst die Wasserstoffbrücken. Dadurch verliert das Haar die Form, die es beim Trocknen erhalten hat. Die Frisur fällt zusammen, die Dauerwelle oder die Naturkrause „schlägt durch". Mit wasserabweisenden Substanzen in den Finishprodukten kann das Haar vor der Luftfeuchtigkeit geschützt werden.

Sobald das Haar direkt mit Wasser in Berührung kommt, saugt es sich damit voll. Diese Eigenschaft wird als **Saugfähigkeit** bezeichnet. Bei einer Wasserwelle muss sich das Haar mit Wasser voll saugen, damit alle Wasserstoffbrücken gelöst werden und das Haar plastisch wird.

Mithilfe der Saugfähigkeit des Haares werden auch chemische Präparate ins Haarinnere transportiert.

Arbeitsauftrag

1. Eine Haarsträhne wird gewogen, dann über Wasserdampf gehalten und nochmals gewogen. Berechnen Sie die prozentuale Gewichtszunahme.
2. Eine Haarsträhne wird gewogen und dann einige Minuten in Wasser gelegt. Im handtuchtrockenen Zustand wird wieder das Gewicht bestimmt. Berechnen Sie die prozentuale Gewichtszunahme.

3.3 Haarwuchs und Form des Haares

Zusätzlich sind folgende Faktoren für die Erstellung kurzfristig haltbarer Umformungen von Bedeutung:

- Wuchsrichtung der Haare
- Natürliche Wellung der Haare
- Haarquerschnitt

3.3.1 Wuchsrichtung (Bild 1)

Die Wuchsrichtung des Haares wird durch die Lage des Haarfollikels in der Haut bestimmt. Der Ausgangspunkt für die Hauptwuchsrichtung des Kopfhaares und auch der Körperbehaarung ist der Wirbel.

Von der Hauptwuchsrichtung können einzelne Haare oder Haarpartien (Wuchsbereiche) abweichen. Extreme Abweichungen treten besonders an den Konturen und im Nackenbereich auf. Hier können zusätzliche Wirbel sein.

Wird die Wuchsrichtung des Haares bei der Frisurengestaltung berücksichtigt, entstehen natürlich wirkende und haltbare Frisuren.

3.3.2 Natürliche Wellung

Das Haar kann von Natur aus glatt, gewellt oder gelockt sein. Diese vorgegebene Form spielt bei der Erstellung von Frisuren und für ihre Haltbarkeit eine wichtige Rolle. Für die Entstehung von natürlichen Locken und Wellen gibt es folgende Erklärungen:

Gebogene Form des Haarfollikels

Je nach Ausbildung des Follikels kann ein glattes, welliges, lockiges oder gekraustes Haar entstehen. In der Verformungszone eines gekrümmten Follikels nimmt das Haar eine gebogene Form an, dabei werden die Zellen im äußeren Bogen stärker gestreckt als im inneren Bogen. In der Verhornungszone wird diese Form stabilisiert.

Stark gekrümmte Form des Haarfollikels

Das naturkrause Haar der Afrikaner entsteht durch einen sehr stark gekrümmten Haarfollikel (Bild 2).

Unterschiedlich schnelle Zellteilung

In den Fällen, in denen das Haar im Laufe des Lebens seine Wellung verliert oder erst später kraus wird, z. B. nach medizinischen Behandlungen oder nach der Pubertät, wird das naturkrause Haar mit unterschiedlich schneller Zellteilung in der Wachstumszone erklärt. An der Seite des Follikels, an der mehr Zellen gebildet werden, wird das Haar länger, sodass es zwangsläufig eine gebogene Form annimmt.

3.3.3 Stärke des Haares

Als Haarstärke wird der Durchmesser des Haares bezeichnet. Es werden für Mitteleuropa drei Haarstärken unterschieden (s. LF 3, S. 109).

Die Friseurpräparate der einzelnen Hersteller sind für den westeuropäischen Markt auf die mittlere Haarstärke abgestimmt. In der Regel lassen sich alle Arbeiten mit diesen Präparaten gemäß Herstellerangaben durchführen. Bei extrem dünnen oder extrem dicken Haaren kann die Konzentration der Präparate oder aber die Einwirkzeit bei der Behandlung verändert werden, um die gewünschten Ergebnisse zu erzielen.

Die einzelnen Haararten eines Menschen haben unterschiedliche Stärken. Die Körperbehaarung ist feiner und das Borstenhaar ist dicker als das Kopfhaar.

Im Laufe des Lebens ändert sich die Stärke der Sekundärbehaarung. Das dünne Kopfhaar des Babys

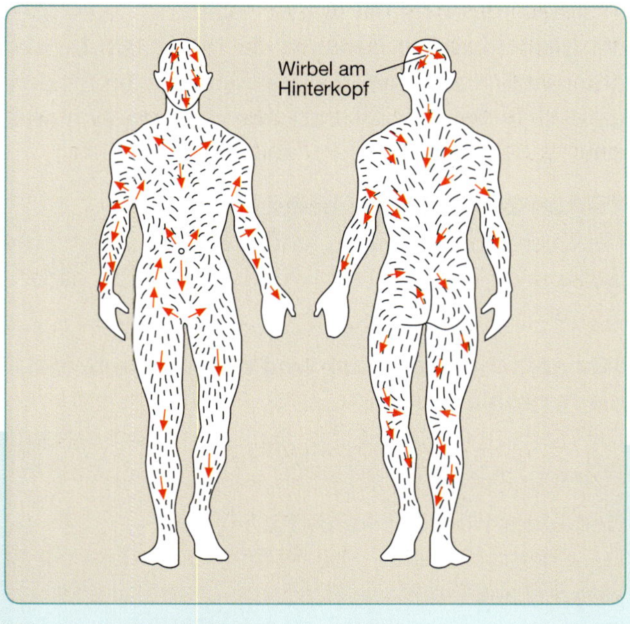

Bild 1 *Wuchsrichtungen des Haares*

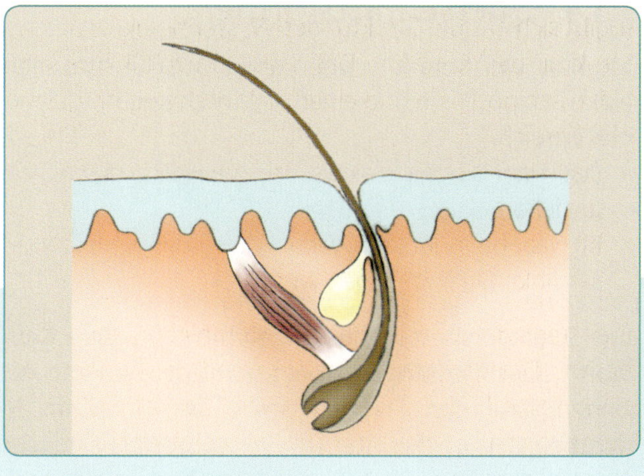

Bild 2 *Sichelförmiger Follikel*

Kaukasisches Haar	Mongolisches Haar, rund	Negroides Haar, oval

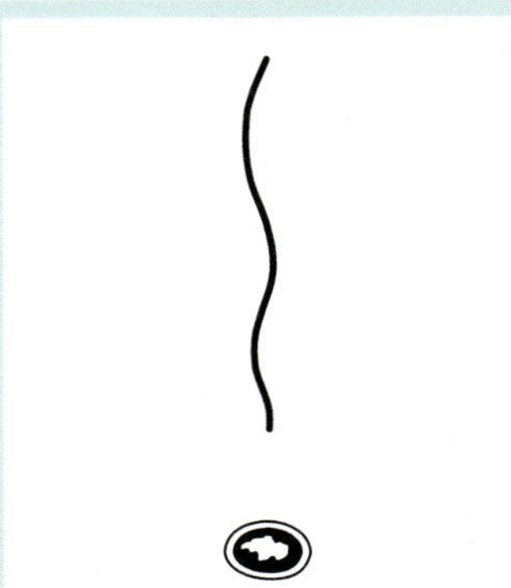	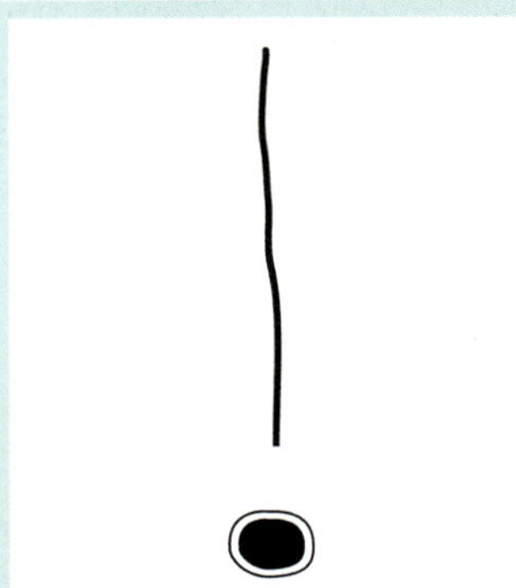	

Tabelle 1 Haartypen und ihre Merkmale

entwickelt sich in den ersten Lebensjahren zur vollen Stärke. Nach der Pubertät wird es als Terminalhaar bezeichnet. Später kann das Haar wieder dünner werden. Blondes Haar ist häufig dünner als schwarzes oder rotes Haar.

Die Keratinmenge eines Haares hängt von seiner Stärke ab. Mit der Verdopplung des Durchmessers eines Haares vervierfacht sich seine Querschnittsfläche. Dickeres Haar enthält also ein Mehrfaches an Keratin, das für die Elastizität verantwortlich ist. Aus diesem Grund lässt sich dickes Haar gut umformen. Um die Spannkraft eines dünnen Haares zu verbessern, werden Finishprodukte mit einer stärker festigenden Wirkung eingesetzt.

3.3.4 Querschnittsformen

Das Haar weist die folgenden drei Querschnittsformen auf:

- Rund
- Oval
- Stark abgeflacht (Bandhaar)

Der Querschnitt eines Haares wird mit dem Haarmessgerät festgestellt. Es wird eine Planmessung und eine Schlaufenmessung durchgeführt. Sind die Ergebnisse beider Messungen gleich, so liegt ein Haar mit rundem Querschnitt vor. Je größer der Unterschiede zwischen den beiden Messungen ist, desto flacher ist das Haar.

Haar mit einem runden Querschnitt lässt sich problemlos umformen, es hat einen guten Stand. Mit zunehmender Abflachung verliert das Haar diese positiven Eigenschaften. Es legt sich flach auf den Wickel, sodass seine Umformungsdicke einem dünneren Haar entspricht. Der Extremfall ist das selten vorkommende stark abgeflachte Bandhaar, in dem keine Umformung hält.

Sollte eine Frisur trotz fachgerechter Arbeitsdurchführung nicht halten, kann ein stark abgeflachtes Haar vorliegen. In diesem Fall ist eine Querschnittsmessung des Haares zu empfehlen (s. LF 7, S. 239).

Die Haarquerschnitte unterscheiden sich auch nach der geographischen Herkunft der Menschen. Es wird grundsätzlich zwischen drei Haartypen unterschieden, die auch in der Wellung und Farbe voneinander abweichen:

Kaukasisches Haar (europäisch)

Der Querschnitt ist oval bis rund. Das Haar ist glatt oder wellig, die Haarfarbe reicht von lichtblond bis nahezu schwarz.

Mongolisches Haar (süd- und nordasiatisch, indianisch, grönländisch)

Der Querschnitt ist rund, das Haar ist glatt, sehr dick und fest. Die Farbe ist blauschwarz.

Negroides Haar (afrikanisch)

Der Querschnitt ist ein abgeflachtes Oval. Das Haar ist sehr fest und kraus. Die Haarfarbe ist schwarz. Es enthält, wie das mongolische Haar, viel Melanin.

3.4 Medizinische Haaranalyse

Das Haar eines Menschen ist so einzigartig wie sein Fingerabdruck. Dies liegt an zwei Dingen. Zum einen enthalten die Zellen DNS (Desoxiribonucleinsäure = Erbmaterial). Zum anderen speichert es alle aufgenommenen Substanzen. Dies erfolgt über die Matrixzellen. Nähr- und Giftstoffe werden über das Blut, bei der Versorgung der Haarwurzel, in die Matrixzelle aufgenommen und dort eingelagert.

Wird das Haar abschnittsweise untersucht, können Aussagen über Stoffwechselvorgänge von länger zurückliegenden Zeiträumen gemacht werden. Dagegen erlaubt eine Blutanalyse nur Aussagen über den momentanen Zustand des Körpers. Die Haaranalyse hingegen gibt Auskunft über die Ernährung und Versorgung des Körpers mit Mineralien und Spurenelementen sowie den Medikamenten- und Drogenkonsum.

In der Gerichtsmedizin dient das Haar als Beweismittel. Länger zurückliegende Vergiftungen können durch Haaranalysen nachgewiesen werden. Mithilfe eines einzelnen Haares kann eine DNS-Analyse durchgeführt werden und ein Verbrechen noch nach Jahren aufgeklärt werden.

In der Arbeitsmedizin werden Haaranalysen durchgeführt, um z. B. gesundheitliche Belastungen am Arbeitsplatz zu untersuchen.

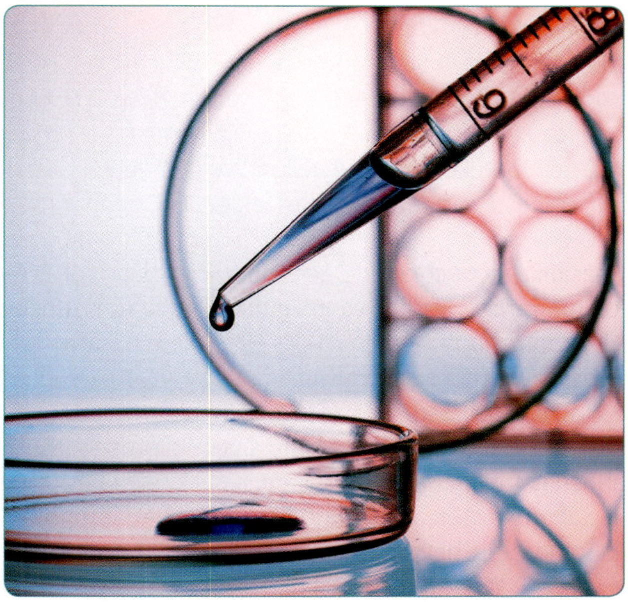

Bild 1 *Pipette und Petri-Schale*

Bild 2 *Laborantin*

Bild 3 *Haare – einzigartig wie ein Fingerabdruck*

Aufgaben

1. Erklären Sie die Begriffe Hygroskopizität und Saugfähigkeit.
2. Wie wird das Haarkeratin plastisch gemacht?
3. Beschreiben Sie die Entstehung von natürlichen Wellen und Locken?
4. Welche unterschiedlichen Querschnittsformen von Haaren gibt es?
5. Erklären Sie, wie Haarstärke und Querschnittsform ermittelt werden können?
6. Welche Bedeutung hat der Haarquerschnitt für die Gestaltung einer Frisur?

4 Werkzeuge und Finishpräparate auswählen

SZENARIO

Frau Schönlein will auf eine Galaveranstaltung. Dazu will sie sich von der Gesellin eine kunstvolle Abendfrisur erstellen lassen. Randa bittet Anja, die Werkzeuge und Präparate herauszusuchen. Anja bittet Randa, ihr die einzelnen Werkzeuge und Präparate zu erläutern.

Kämme, Bürsten, Wickel und Finishpräparate sind nicht nur das Handwerkszeug des Friseurs, sondern sie sind auch Verkaufsartikel. Somit muss die Friseurin die entsprechenden Fachkenntnisse über diese Produkte nicht nur zur Gestaltung der Frisur einsetzen, sondern auch ihre Kompetenz im Beratungsgespräch zeigen, um die Kundin zu informieren und dieser gegebenenfalls ein Präparat empfehlen zu können.

4.1 Ansprüche an Werkzeuge

An jedes Werkzeug der Friseurin wird erst einmal der Anspruch gestellt, dass es leicht zu säubern, ergonomisch in der Bedienung und haltbar sein muss, da es im ständigen Gebrauch ist. Da Reibung zu negativen Veränderungen an der Cuticula (Schuppenschicht) des Haares führt, werden noch andere Ansprüche an die einzelnen Werkzeuge gestellt:

4.1.1 Kämme

Kämme bestehen aus unterschiedlichen Materialien, wie Holz, Hartgummi, Kunststoff (Celuloid, Perlon, Nylon), Metall oder Horn. Je nach Material werden sie bei der Herstellung gesägt, gepresst oder gegossen. In der Friseurpraxis haben sich Kämme aus **Hartgummi** bewährt. Dies liegt daran, dass **Kunststoffkämme** sich leicht elektrostatisch aufladen. Außerdem werden sie im Spritzgussverfahren hergestellt, was zu scharfkantigen Gräten führt. Diese verletzen das Haar und die Haut. Der Vorteil dieser Kämme ist lediglich ihr Preis.

Kämme aus **Horn** sind hingegen sehr teuer. Aber dafür sind sie sehr haarschonend, da das Material wie das Haar aus Keratin besteht. Sie werden handgesägt.

Holzkämme bestehen meist aus Ebenholz. Dieses wird gesägt. Holzkämme sind nicht so beständig gegen Feuchtigkeit, zerbrechlich und zudem teuer.

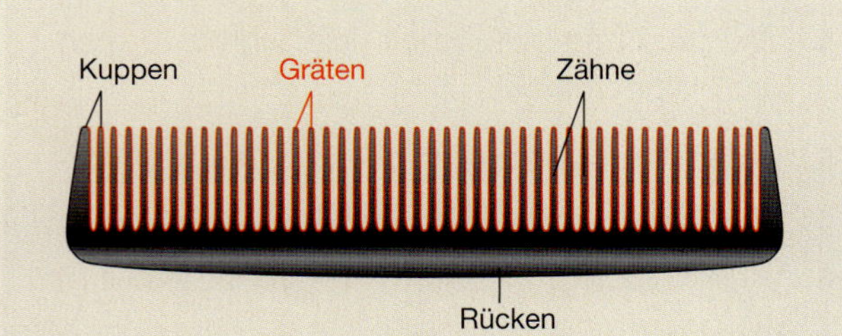

Bild 1 Beschriftung Kamm

Metallkämme können bei Kunden Allergien auslösen und sind zu hart, das heißt beim Kämmen nicht flexibel genug. Da sie antistatisch wirken, werden sie in der Haarteil- und Perückenherstellung verwendet.

Ein echter **Profikamm** sollte folgende Eigenschaften haben:

- Haarschonend sein
- Gut in der Hand liegen und ein ermüdungsfreies Arbeiten ermöglichen
- Leicht zu reinigen sein
- Tägliche, längere Belastungen aushalten
- Beständig gegen Wasser und Chemikalien sein
- Feingeschliffene Zähne, Gräte und Kuppen besitzen
- Zähne müssen an der Kuppe abgerundet sein
- Sich nicht elektrostatisch aufladen lassen
- Hohe Elastizität besitzen
- Geringe Wärmeempfindlichkeit haben

4.1.2 Bürsten

Wie bei den Kämmen gelten die gleichen Qualitätskriterien.

Hierbei gibt es aber auch Unterschiede im Material sowie in der Befestigung der Borsten. Bürsten werden unterteilt in den Bürstenkörper und die Borsten. Der Bürstenkörper kann aus Holz (meist glasiert), Metall oder Kunststoff bestehen. Die Borsten bestehen aus Metall, Kunststoff oder Schweineborsten. Auch hier gilt das Gleiche wie beim Kamm. Naturmaterial, wie Schweineborsten, ist teuer, aber haarschonend. Es gibt aber auch Mischformen aus Kunststoff- und Naturborsten. Metallbürsten werden meist aus sehr dünnen Drahtstiften gefertigt. Damit diese flexibel sind, werden sie in Gummiplatten eingelassen. Diese Stifte geben beim Bürsten nach. Praktisch ist, dass sie das Haar nicht elektrostatisch aufladen und beim Föhnen die Wärme leiten. Dagegen spricht, dass sie auf der Kopfhaut kratzen. Für alle Bürsten gilt, dass sie flexibel, aber hart genug sein müssen, damit sie bis zur Kopfhaut dringen und das Haar durchbürsten. Außerdem sollten sie abgerundete Borsten besitzen, welche das Haar und die Kopfhaut schonen.

Unterschiede gibt es auch in der Befestigung der Borsten. Hier wird unterschieden in eingezogen, geklebt oder gestanzt. Wobei die erste Variante die haltbarste und teuerste ist.

4.2 Einsatz der Werkzeuge

4.2.1 Volumenwickel

Volumenwickel sind Werkzeuge für die Formgebung der Haare. Zur Größenunterscheidung der Wickeldurchmesser sind sie durch verschiedene Farben gekennzeichnet. Die Frisur erhält je nach Wickeldicke eine geringere oder stärkere Sprungkraft. Die Wickel werden mit Haltenadeln aus Draht oder Kunststoff befestigt.
Im Gebrauch sind:

- Vollkunststoffwickel
- Drahtwickel (oft mit Borsteneinsätzen)
- beflockte Metallwickel
- Klettwickel
- Heizwickel

Außerdem kann die Friseurin Locken und Wellen mithilfe von Dauerwell- und Papillotierwickeln erzeugen. Hierbei werden die feuchten Haare aufgewickelt und mit dem Climazon getrocknet.

4.2.2 Bürsten

Bei Bürsten werden Föhn- und Frisierbürsten unterschieden.

Nur zur Vervollständigung sollte im Sinne des Wellnessgedankens erwähnt werden, dass es **Massagebürsten** für Haar und Kopfhaut gibt. Diese werden während der Haarwäsche zur Durchblutungsanregung und Lockerung festsitzender Pflegeprodukte und Schuppen angewandt. Im trockenen Haar angewandt, dienen sie der Durchblutungsanregung und Entspannung (Bild 3).

Bild 3 *Massagebürste*

Föhnbürsten (Bild 4) bestehen aus Metall- oder Kunststoffborsten. Sie haben weniger Borsten als Frisierbürsten, da sie sich leicht im Haar drehen lassen müssen. Außerdem sollten sie hitzebeständig sein, damit die

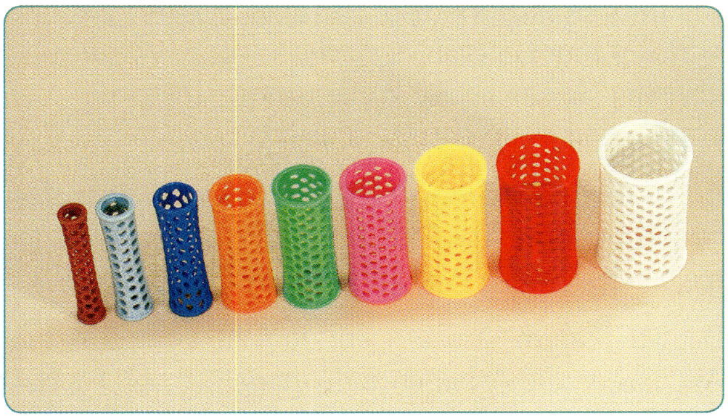

Bild 1 *Volumenwickel*

Bild 4 *Föhnbürsten*

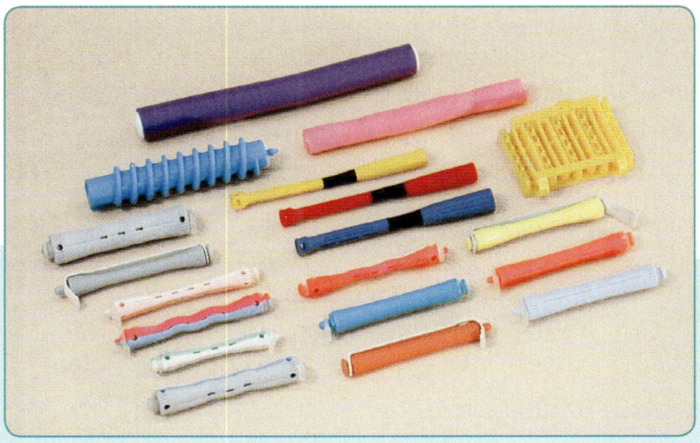

Bild 2 *Papillotier- und Dauerwellwickel*

Bild 5 *Frisierbürstem*

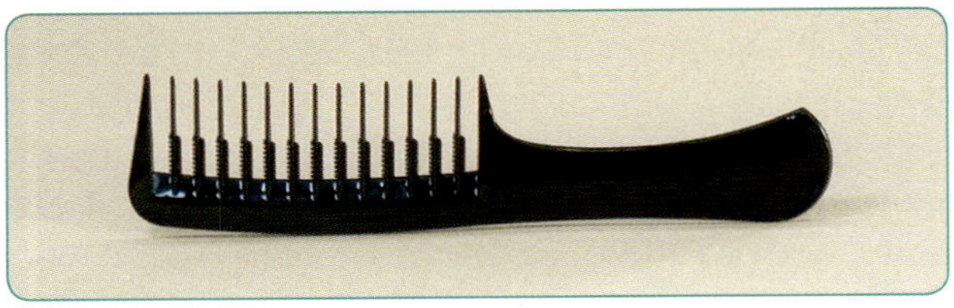

Bild 1 Griffkamm

Bild 2 Universalkamm

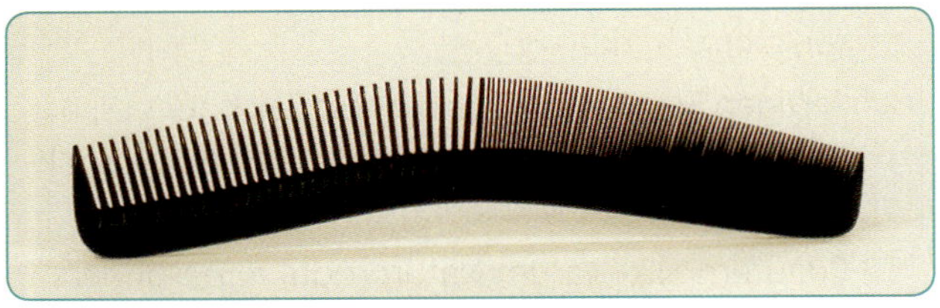

Bild 3 Wasserwellkamm

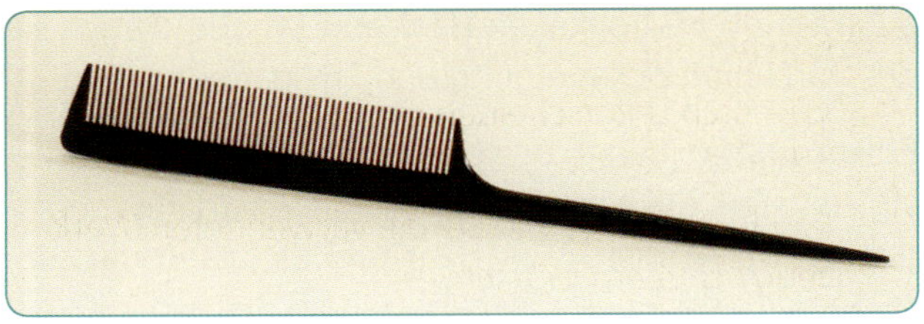

Bild 4 Stielkamm

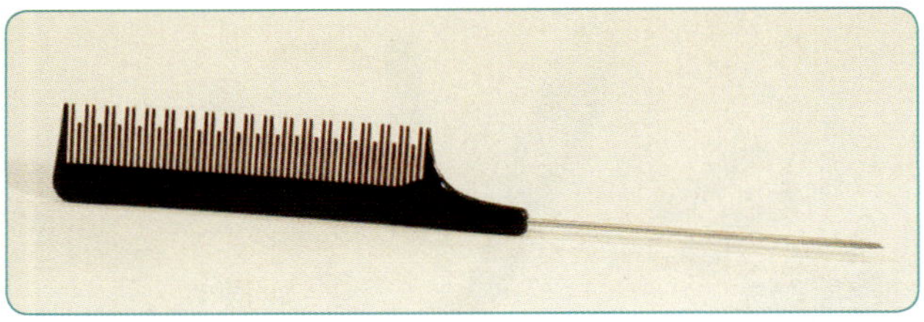

Bild 5 Toupierkamm

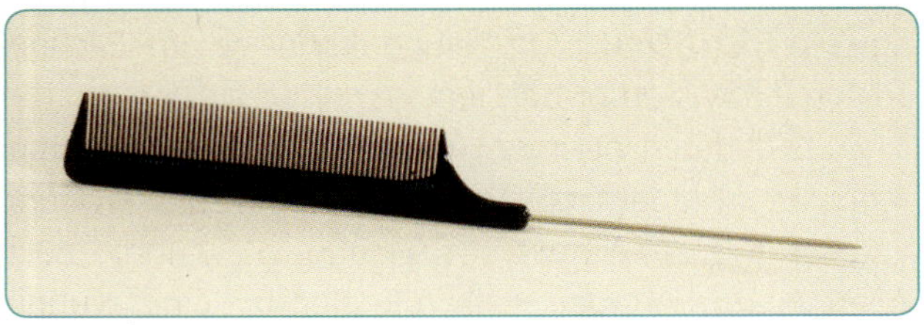

Bild 6 Nadelkamm

Bild 7 Styler

Borsten nicht schmelzen und nicht mit dem Haar verkleben. Sie sollten auch Luft durchlassen, damit es nicht zu einem Wärmestau kommt, da die extreme Wärme das Haarkeratin schädigt. Um dieses zu verhindern, sind sie mit Löchern im Bürstenkörper ausgestattet.

Frisierbürsten (Bild 5, S. 215) nimmt die Friseurin zum Durchbürsten vor der Haarwäsche, zum Ordnen der Haare vor dem Eindrehen oder zum Ausbürsten der Frisur vor der Toupage.

Außerdem dienen Frisierbürsten dazu, bei längeren Haaren den Hauttalg bzw. Pflegemittel über das Haar zu verteilen, sodass es glänzt und geschmeidig wird. Bürsten für Männer sind kleiner als für Frauen.

4.2.3 Kämme

Die Kämme sind neben Scheren und Bürsten das wichtigste Werkzeug der Friseurin. Der Verwendungszweck bestimmt die Kammform.

Neben den auf S. 171 beschriebenen Haarschneidekämmen können die Kämme nach ihren Einsatzgebieten unterteilt werden. Dabei unterscheiden sie sich durch Zahn- und Griffform.

Der **Griffkamm** (Bild 1) wird zum Durchkämmen vor und nach der Haarwäsche sowie zum Einkämmen von Haarpackungen und Haarfarbe in die Haarlängen benutzt. Dementsprechend muss er besonders beständig gegen Chemikalien sein.

Der **Universalkamm** (Bild 2) ist zum Frisieren, Ondulieren und zum Erstellen der handgelegten Wasserwelle geeignet. Er kann aber auch als Hitzeschutz zwischen Kopfhaut und Lockenstab verwendet werden.

Der **Wasserwellkamm** (Bild 3) ermöglicht wegen seiner gebogenen Form das Erstellen von Wasserwellen, ohne die bereits fertigen Wellenpartien wieder zu zerstören.

Der **Stielkamm** (Bild 4) dient zum Abteilen und zum Auflockern und Anheben von Haarpartien und Locken.

Der **Toupierkamm** (Bild 5) mit seinen kurzen und langen Kammzähnen ermöglicht bei der Toupage, dass nur ein Teil der Haare als Stützhaare zurückgeschoben wird.

Der **Nadelkamm** (Bild 6) wird zur Feinabteilung von Wickelsträhnen gebraucht. Mit der Nadel lassen sich Haarspitzen sauber um die Wickel legen.

Der **Styler** (Bild 7), auch Meschenkamm genannt, dient zum Auflockern von Frisuren. Des Weiteren eignet er sich besonders bei lockigem Haar, da diese sehr schnell verfilzen. Er wird auch als „Afro-Kamm" bezeichnet.

4.3 Reinigung des Werkzeuges

Stellen Sie sich vor, Sie werden mit Werkzeugen bedient, in denen sich noch die Haare des zuvor bedienten Kunden befinden. Wie fühlen Sie sich? Dementsprechend ist bei dem Werkzeug auf Hygiene zu achten.

Die **Kämme** sollten nach der Behandlung von den Haaren befreit werden. Am Ende des Arbeitstages sollten sie mit Wasser und Shampoo gewaschen und mit einem Desinfektionsmittel desinfiziert werden. Horn- und Holzkämme verbiegen sich durch Wärme und Feuchtigkeit, sie dürfen somit nicht längere Zeit in der Waschlauge liegen.

Bürsten müssen ebenso wie Kämme von Haaren befreit werden. Hinzu kommt, dass in Bürsten noch schneller Schuppen, Reste von Pflege- und Stylingprodukten sowie Staub und Mirkoorganismen hängen bleiben. Bürsten müssen genauso gereinigt werden wie Kämme. Die Friseurin sollte darauf achten, dass die Bürste nur in der Waschlösung geschwenkt wird, da sonst je nach Material der Bürstenkörper aufquillt. Außerdem darf eine Bürste nicht zu heiß gewaschen werden, da sich bei geklebten Borsten diese lösen können. Zum Trocknen wird der Bürstenkörper nach unten gelegt, damit die Feuchtigkeit aus dem Bürstenkörper entweicht.

Sollte während der Behandlung einer Kundin festgestellt werden, dass sie an einer Mykose (Pilzinfektion) oder an Läusen leidet, muss das Werkzeug sofort entsprechend desinfiziert werden.

Wickel sollten von losen Haaren befreit, gründlich gespült und getrocknet werden.

Aufgaben

1. Nennen Sie Merkmale für gutes Profiwerkzeug.
2. Erläutern Sie den Begriff „antistatisch".
3. Was verstehen Sie unter ergonomisch geformtem Werkzeug?
4. Fertigen Sie in Ihrem Arbeitsheft Zeichnungen der verschiedenen Kämme an und schreiben Sie stichpunktartig die Anwendungsgebiete dahinter.
5. Erläutern Sie, warum Naturprodukte besonders empfehlenswert für die Haarpflege sind.
6. Führen Sie ein Beratungsgespräch über Haarbürsten.
7. Wodurch unterscheiden sich die unterschiedlichen Wickel?
8. Beschreiben Sie, wie Sie die verwendeten Werkzeuge säubern müssen.
9. Welche Vorschrift gilt für die Reinigung?

4.4 Styling- und Finishpräparate

Die Präparate, die bei der Gestaltung der Frisur eingesetzt werden und ihre Haltbarkeit verbessern sollen, werden als Finishpräparate bezeichnet.

Die Produkte können in zwei Gruppen unterteilt werden, wobei diese noch nach ihrem Anwendungsgebiet gegliedert werden (s. S. 218, Tab. 1).

Die Präparate der einzelnen Gruppen unterscheiden sich in ihrer Zusammensetzung, Anwendung und Wirkung. Im Folgenden sollen die handelsüblichen Produkte näher beschrieben werden.

4.4.1 Inhaltstoffe von Styling- und Finishpräparaten

Zu den speziellen Inhaltstoffen gehören die:

- Tenside
- Pflegestoff- und Rückfetter
- Konservierungsstoffe
- Konsistenzgeber
- Duftstoffe
- Farbstoffe

Eine Friseurin sollte sich mit den Inhaltstoffen intensiv auseinandersetzen. Zum einen kann sie im Fachgespräch ihr Wissen präsentieren.

Zum anderen nehmen Allergien heutzutage immer mehr zu. Dementsprechend ist es für die Friseurin aufgrund ihres Fachwissens wichtig, die Kundin nach Allergien zu befragen. Falls Allergien bei einer Kundin vorliegen sollten, meist Duft- und Konservierungsstoffallergien, muss die Friseurin das entsprechend geeignete Produkt für die Kundin auswählen und ihr anbieten können. Eine gute und kompetente Beratung schafft Vertrauen.

Im Folgenden sollen die wichtigsten Aufgaben der Inhaltstoffe nochmals erläutert werden:

- **Tenside** in Finishpräparaten werden als Netzmittel und Emulgator eingesetzt. Sie dienen der besseren Verteilung auf dem Haar sowie dem Vermischen der

Styling		Finish
Festiger	**Wachs, Gel**	**Spray**
Wirkung: • Geben Stand und Sprungkraft • Verhindern elektrostatische Aufladung • Verbesserte Kämmbarkeit • Pflege durch Inhaltstoffe • Hitzeschutz • Rückfettung bei trockenem Haar • Anti-Frizz	• Gestalten bestimmter Haarpartien • Wet-Effekte • Rückfettung bei trockenem Haar	• Halt • Schutz vor Witterungseinflüssen (Feuchtigkeit), • Schutz vor Feuchtigkeitsverlusten (UV-Licht) • Verstärken des Glanzes • Farbeffekte
Einsatzgebiet		
• Vor dem Frisieren • Einlegen • Hilfsmittel beim Föhnen	• Beim Frisieren • Modellieren • Effekte	• Am Ende des Frisierens

Tabelle 1 Anwendungsgebiete und Styling-Finishprodukte

einzelnen Inhaltsstoffe miteinander. Es handelt sich um kationische und amphothere Tenside (PEG 40).

- **Pflegestoff- und Rückfetter** haben einen pflegenden Effekt für Haut und Haar. Sie sollen das Haar vor zu heißer Föhnluft schützen und die Schuppenschicht des Haares glätten (Provitamin B_5: Panthenol).
- **Konservierungsstoffe** machen das Produkt haltbar und verringern die Keimzahl (Methylparaben).
- **Konsistenzgeber** haben zwei Aufgaben: Zum einen verfestigen sie Produkte wie Schaumfestiger und Haargel. Zum anderen dienen sie aber auch dazu, dass das Präparat nicht austrocknet (Sorbit, Glycerin, Selicia).
- **Duftstoffe** überdecken unangenehme Gerüche von anderen Inhaltstoffen und geben dem Produkt eine angenehme Note (Parfum).
- **Farbstoffe** können z. B. in Farbfestiger unerwünschte Farbtöne mattieren. Sie dienen aber auch einem Wiedererkennungseffekt oder sollen, wie z. B. Perlglanz oder Glitzer, einen Schimmer auf das Haar legen (Magnesiumstereate).

4.4.2 Zusammensetzung und Wirkung

Festiger

Haarfestiger geben dem Haar Stand. Je nach Bedarf des Haares, können diese durch spezielle Inhaltstoffe zusätzlich für Feuchtigkeit, Geschmeidigkeit, gegen elektrostatische Aufladung oder Strukturschäden wirken. Sie werden nach ihrer Konsistenz eingeteilt in Liquids und Schäume.

Liquids

Die Haarfestiger werden für Einlegefrisuren verwendet und enthalten als Hauptwirkstoffe **Kunstharze**, die in Alkohol gelöst sind. Diese geben dem Haar Elastizität, Volumen und Halt. Außerdem schützen sie das Haar vor Luftfeuchtigkeit.

Weichmacher geben den Filmbildnern die erforderliche Geschmeidigkeit. Der Kunstharzfilm soll nicht brüchig und spröde werden, er muss sich leicht wieder ausbürsten lassen (Anti-Frizz-Formel). Weitere Inhaltstoffe sind Pflegestoffe zur Verbesserung der Haarstruktur, kationische Wirkstoffe für eine gute Kämmbarkeit, UV-Filter und Duftstoffe. Haarfestiger werden auf das handtuchfeuchte Haar aufgetragen und gleichmäßig verteilt. Anschließend wird die gewünschte Frisur eingelegt, das Haar getrocknet und ausfrisiert. **Farbfestiger** enthalten direktziehende Farbstoffe, die sich mit den Filmbildnern auf dem Haar ablagern oder in geringem Maße die Schuppenschicht anfärben. Sie verstärken die Ausgangsfarbe, erzielen modische Reflexe, beleben und nuancieren ergraute Haare oder Strähnen.

Durch den Einsatz von Glätteisen sind Festiger mit Hitzeschutzformeln besonders wichtig.

Schaumfestiger

Sie sind wie die Haarfestiger zusammengesetzt. Zusätzlich enthalten diese **spezielle Tenside** als Schaumbildner sowie ein Treibgas. In der Praxis kommen Schaumfestiger überwiegend bei Föhnfrisuren zur Anwendung. Sie können sowohl auf nassem als auch auf trockenem Haar aufgetragen werden. Schaumfestiger lassen sich leicht verteilen und laufen nicht ab. Sie werden auch mit Farbzusätzen angeboten.

Haargel

Hierbei handelt es sich um Stylingprodukte von flüssiger bis dickflüssiger Konsistenz. Je nach Präparat werden sie auf das trockene oder handtuchfeuchte Haar gegeben. Durch die Einarbeitung auf dem gesamten Kopf erzielt man einen Wet-Look. Auch die Betonung einzelner Haarsträhnen oder nur der Haarspitzen ist möglich. Haargele werden aus **Gelbildnern** und alkoholischen oder wässrigen Flüssigkeiten hergestellt. Durch Zusatzstoffe können Glitter-, Glanz-, Farb- und Nasseffekte erzielt werden.

Folgende Gele sind im Handel erhältlich:

- **Kompaktgel:** feste Konsistenz, starke Stützwirkung. Zum Modellieren von Haarsträhnen oder Einarbeiten in die gesamte Frisur geeignet.
- **Cremegel:** mittlere Konsistenz, normale Stützwirkung. Es ist ideal zum Modellieren einzelner Haarsträhnen oder der gesamten Frisur. Es verleiht dem Haar intensive Pflege und Brillanz.
- **Flüssiggel:** flüssige Konsistenz, leichte Stützwirkung. Zum Formen, Kneten, Modellieren und Akzentuieren geeignet. Es gibt Glanz, Volumen und Stand.

Haarwachs

Haarwachs ist ein Gemisch aus Fetten und Wachsen. Je nach Grundsubstanz gibt es sie in unterschiedlichen Härtegraden. Gutes Haarwachs darf nicht kleben und lässt sich leicht wieder auswaschen. Es wird mit den Fingerspitzen in das trockene oder leicht feuchte Haar eingearbeitet. Haarwachs eignet sich zum Modellieren der gesamten Frisur oder einzelner Haarsträhnen. Es verleiht dem Haar Stand und intensiven Glanz.

Ein weiteres wachshaltiges Pflegeprodukt ist die Pomade. Ihre Wirkweise entspricht dem Haarwachs.

Frisiercreme

Frisiercremes sind Emulsionen mit speziellen Zusätzen. Sie werden überwiegend als Ö/W-Emulsionen angeboten. Dieser Emulsionstyp hinterlässt einen natürlichen Glanz. Eine Ö/W-Emulsion lässt sich leicht auswaschen.

Haarspray

Haarsprays sind ähnlich wie Haarfestiger aufgebaut. Als Lösungsmittel dürfen sie jedoch **kein Wasser** enthalten, da sonst die beim Trocknen geschlossenen Wasserstoffbrücken wieder gelöst würden. Es gibt Sprays für:

- Farbbrillianz
- Schnell fettendes Haar
- Repair

Haarspray wird auf die fertige Frisur aufgesprüht. Der Kunstharzfilm legt sich um das Haar und bildet zwischen den Haaren feine Kunstharzbrücken. Der Kunstharzüberzug gibt der Frisur Halt, schützt sie vor Witterungseinflüssen und erhöht den Glanz der Haare. Haarsprays werden mit und ohne Treibgas angeboten.

Das Haarspray ohne Treibgas ist mit einem Mikropumpsystem versehen. Es eignet sich sowohl für die gesamte Frisur als auch für das Stylen einzelner Haarpartien.

Haarsprays mit Treibgas ermöglichen eine feinere Zerstäubung.

Treibgase sind unter Druck verflüssigte Gase, die bei Zimmertemperatur verdampfen. Dosen mit Treibgas stehen unter Druck. Sie dürfen nicht gewaltsam geöffnet oder Temperaturen über 60 °C ausgesetzt werden. Der Sprühkopf sorgt für eine gleichmäßige Verteilung des Haarsprays auf dem Haar.

Haarlack

Haarlacke sind ähnlich wie Haarsprays zusammengesetzt. Sie werden mit unterschiedlich festigender Wirkung angeboten:

- Stark
- Extrastark
- Ultrastark

Im Gegensatz zum Haarspray wird Haarlack sowohl auf trockenes wie auf feuchtes Haar gesprüht. Haarlack gibt dem Haar dauerhaften Stand, Volumen, Halt und natürlichen Glanz. Er eignet sich aber auch zum Modellieren einzelner Haarsträhnen.

Bild 1 Finishpräparate

Gesundheits- und Umweltschutz

Bedenken Sie, dass Inhaltsstoffe von Haarsprays, Haarlacken und Schaumfestigern die Raumluft und somit auch die Atemluft belasten. Diese können sich gesundheitsschädlich auf Ihre Lungen auswirken. Daher sollten Sie, auch an kalten Wintertagen, auf ein regelmäßiges Durchlüften des Salons achten.

Treibgase (Butan und Propan), die in Sprays und Schäumen eingesetzt werden, wirken sich auch auf die Atemluft aus. Achten Sie somit auf umweltfreundliche Pumpsysteme ohne Treibgase. Außerdem handelt es sich um brennbare Stoffe. Lagern Sie nie die Schaumfestiger oder Spraydosen in der Nähe von Heizkörpern. Achten Sie auch darauf, dass die Kundin keine Zigarette raucht, wenn Sie ihr die Haare einsprühen.

4.4.3 Pflege- und Stylingpräparate empfehlen

Grundlage für eine individuelle Präparateempfehlung sind neben den Ergebnissen der Haar- und Kopfhautdiagnose die Art des neuen Haarschnittes und dessen Stylingvarianten.
Zu den zu empfehlenden Präparategruppen gehören:

- Haarreinigungspräparate
- Pflegepräparate
- Styling- und Finishpräparate

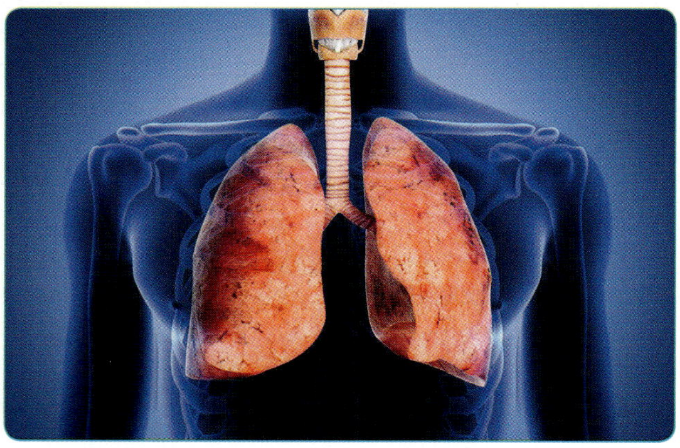

Bild 1 Lunge

Bild 2 Haarsprays können die Atemluft belasten

Für jede dieser Präparategruppen ist es notwendig, der Kundin zu erläutern, warum diese Empfehlung erfolgt, welches der Kundennutzen ist und wie sie das Präparat zu Hause anzuwenden hat.

Beachtet werden muss außerdem, dass die Präparate in ihrer Wirkung aufeinander abgestimmt sind und sich gegenseitig ergänzen, damit der Kundennutzen möglichst groß und umfassend ist (s. LF 3, S. 113 ff.). Kundinnen mit Haarersatz benötigen spezielle Präparate zur Pflege. Diese gewährleisten, dass die Haare nicht verfilzen und das Ergebnis lange hält.

Grundsätzlich können einer Kundin bis zu drei Präparate auf einmal empfohlen werden, sodass die Auswahl sehr gezielt und durchdacht erfolgen muss.

Aufgaben

1. Worin liegt die unterschiedliche Wirkung von Haarspray und Festiger?
2. Welche Gefahren bestehen beim Umgang mit Treibgasen?
3. Führen Sie ein Beratungsgespräch zu Finishpräparaten.
4. Suchen Sie im Internet Informationen über Styling- und Finishpräparate.

Mathematik-Aufgaben

1. Der Preis für „Waschen und Legen" ist um 6,5 % erhöht worden, was einer Teuerung von 1,30 € entspricht.
   Wie hoch war der Preis vor der Erhöhung?
2. Im Bereich der der nicht dauerhaften Umformung sind folgende Dienstleistungen an einem Tag in Anspruch genommen worden:
   6-mal „Waschen und Legen"
   14-mal Föhnfrisuren
   4,76 % handgelegte Wasserwellen
   Wie viele Dienstleistungen sind an diesem Tag erbracht worden?
3. Einer Friseurmeisterin sind die Räume eines Friseursalons zur Miete oder zum Kauf angeboten worden. Die Monatsmiete des Salons beträgt 1.200,– €. Der Jahresmietzins entspricht 8 % des Immobilienwertes.
   Wie viel Geld müsste die Meisterin für den Kauf aufbringen?
4. Nach einer Preiserhöhung von 8 % beträgt der Bedienpreis für einen Nachschnitt 13,50 €.
   Wie hoch war der Preis vor der Erhöhung?

5 Kurzfristige Umformungen durchführen

SZENARIO

Nachdem Werkzeuge und Präparate bereitliegen, soll jetzt Frau Schönleins Galafrisur ausgeführt werden. Anja will auch Anregungen für ihre Gesellenprüfung erhalten und bittet Randa, ihr die einzelnen Arbeitsschritte ausführlich zu erläutern.

Bild 1 *Ansatzwelle*

Der Wunsch nach gelocktem Haar bestand schon seit der Antike. Die Friseurin kann sich heute über aktuelle Modetrends in der festlichen und Abendfrisur in entsprechenden Fachzeitschriften oder im Internet bei bekannten Friseurfirmen informieren. Für die Umsetzung stehen der Friseurin folgende Methoden der kurzfristigen Umformung (nichtpermanente) zur Verfügung:
- Welltechniken
- Lockentechniken
- Föhntechniken

Nach der Anwendung der entsprechenden Technik muss die Friseurin durch entsprechende Frisier- und Finishtechniken die Frisur ausstylen. Dies muss form- und typgerecht erfolgen.

5.1 Welltechniken

Wellen als einzelne Frisurenelemente oder als komplette Wellenfrisuren können durch folgende Arbeitstechniken erstellt werden:
- Ondulation
- Handgelegte Wasserwelle
- Föhnwelle

5.1.1 Ondulation

Der Name leitet sich aus dem französischen Wort für Welle (= onde) ab. Der Erfinder war Marcel Grateau. Die Ondulation erfolgt im trockenen Haar mithilfe von Kamm und Brenneisen. Hierbei werden gleichmäßige Wellen mit intensiven Wellenkanten geformt. Dieses Verfahren wurde hauptsächlich um 1900 eingesetzt und ist heute nicht mehr üblich.

5.1.2 Handgelegte Wasserwelle

Beim Wellenlegen mit der Hand wird das nasse Haar in den gewünschten Wellenverlauf gekämmt. Bevor die Ansatzwelle gelegt wird, schiebt man das Haar etwas an, damit der natürliche Fall des Haares ermittelt werden kann.

Die Ansatzwelle muss mit der Wachstumsrichtung der Haare nach links oder nach rechts übereinstimmen (Bild 1). Werden Wellen über den ganzen Kopf gelegt, wird die Welle immer von einer Seite zur anderen gelegt.

Erst dann wird mit der nächsten Welle in die entgegengesetzte Richtung begonnen. Mit Clipsen oder Wasserwellkämmchen wird die Form der Welle gehalten (s. S. 222, Bild 1).

Die wichtigsten Merkmale einer handgelegten Wasserwelle sind:
- Halbkreisförmig angeordnete **Wellenbögen**
- In abwechselnder Richtung verlaufende Wellenbögen
- Sauber ausgearbeitetes **Wellental** mit entsprechender **Wellenkante**

Die ersten Übungen zur handgelegten Wasserwelle sollten an einem schmalen Haarteil durchgeführt werden, damit zuerst die Fingerfertigkeit erlernt wird. Erst danach ist es sinnvoll, die handgelegte Wasserwelle am Übungskopf zu erstellen, um auch das Legen der Übergänge zu den Seitenpartien zu erlernen (s. S. 222, Bild 2–3).

Arbeitsplan beim Legen einer Wasserwelle

1. Schieben Sie das Haar etwas nach vorne, bestimmen Sie die natürliche Fallrichtung der Ansatzwelle.
2. Formen Sie mit dem Kamm die Ansatzwelle vor, legen Sie den gestreckten Mittelfinger auf den geformten Ansatz und den Zeigefinger vor die sich bil-

dende Wellenkante. Zwischen Mittel- und Zeigefinger wird die Wellenkante festgehalten.

3. Kämmen Sie die Haare vor Ihrem Zeigefinger, vom Ansatz her, sauber in die entgegengesetzt gerichtete Wellenform. Das neugebildete Wellental halten Sie mit dem Mittelfinger fest. Kämmen Sie anschließend die neue Wellenkante. Die Wellenkante wird wieder mit Mittel- und Zeigefinger festgehalten.
4. Die folgenden Wellen werden ebenso geformt bis zu den „Geheimratsecken", dann beginnt das Formen der Wellen am Ohr. Arbeiten Sie z. B. an einer nach rechts gerichteten Welle, sollte die Welle auf der linken Seite etwas schmaler beginnen und auf der rechten Seite über bzw. auf dem Ohr als rechte Ohrenwelle etwas breiter auslaufen. Die folgende nach links verlaufende Welle ist gegenläufig zu arbeiten. Die Wellen über den Ohren sollten nach Möglichkeit auf beiden Seiten gleich groß sein und über den Hinterkopf verlaufen.
5. Führen Sie die restlichen Wellen, wieder in etwa gleicher Wellenbreite, mit wechselnder Richtung weiter.
6. Befestigen Sie die Wellen mit Wellenkämmchen oder Clipsen. Achten Sie darauf, dass die Wellentäler nicht auseinandergezogen oder in ihrer Form beeinträchtigt werden. Clipse sind in Wellenrichtung zu setzen.

5.1.3 Wellen mit Föhnwellkamm

Das Erstellen einer Wellenfrisur mit dem Föhnwellkamm erfolgt in ähnlicher Weise wie die handgelegte Wasserwelle. Für das Föhnen von Wellen ist das Beherrschen der handgelegten Wasserwelle eine wichtige Voraussetzung. Bei der geföhnten Welle erhält man mehr Volumen als bei der handgelegten Wasserwelle und die Wellenkanten fallen nicht so scharf aus. Dadurch wirken die Wellen natürlicher und weicher (Bild 4).

5.2 Lockentechnik

Mit den folgenden Techniken erzielt man Locken, die auch zu Wellen frisiert werden können.

5.2.1 Papillotiertechnik

Papilloten sind Locken, die mit den Fingern geformt werden. Man unterscheidet folgende Techniken:

Liegende Papilloten (S. 223, Bild 1)

Sie ergeben flach anliegende Frisurenteile. Werden sie reihenweise in wechselnder Richtung angeordnet, entstehen wellenförmige Frisurenteile oder Wellenfrisuren. Für sehr langes und krauses Haar ist diese Technik nicht geeignet. Der Durchmesser der Papilloten bestimmt die Größe der abzuteilenden Haarpartie, die Sprungkraft der Haare und die Wellenbreite.

Stehende Papilloten (S. 223, Bild 2)

Sie erzeugen volumige, füllige Frisurenteile. Je mehr Volumen am Ansatz gewünscht wird, umso größer muss der Winkel zwischen Haarpartie und Kopf sein. Der Durchmesser der Papilloten bestimmt die Größe der Abteilungen. Er ist entscheidend für das Volumen der Frisur und für die Sprungkraft der Haare.

Neben den oben aufgeführten Techniken gibt es noch weitere Varianten des Papillotierens, die von den liegenden oder stehenden Papilloten abgeleitet sind.

Bild 1 *Handgelegte Wasserwelle*

Bild 2 *Handgelegte Wasserwelle am Haarteil*

Bild 3 *Handgelegte Wasserwelle am Übungskopf*

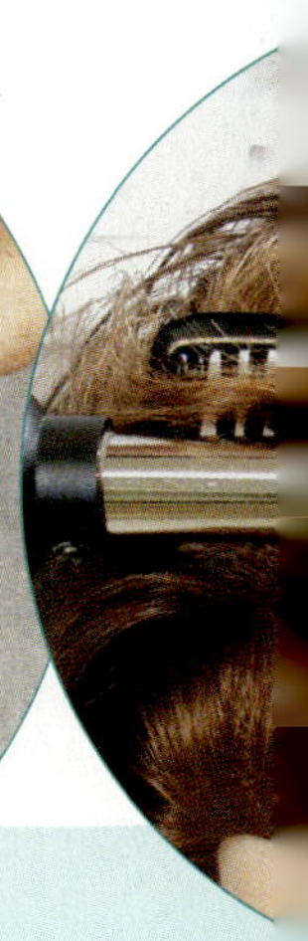

Bild 4 *Form*

Bild 1 Liegende Papilloten

Bild 2 Stehende Papilloten

Bild 3 Papillotiertechnik mit Steilformwickeln

Die gebräuchlichsten Techniken sind z. B. die Ansatzpapilloten und die Spitzenpapilloten.

Grundsätzlich werden alle Papilloten mit Clipsen befestigt. Um Druckstellen an der Locke zu vermeiden, darf der Clip nicht über die gesamte Papillote gesetzt werden. Beim Papillotieren ist das Clipsen die klassische Befestigungstechnik. Papilloten können aber auch mit Steilform- oder Volumenwickeln erarbeitet werden (Bild 3 und 4). Beide Möglichkeiten eignen sich gut für langes, dauergewelltes oder naturkrauses Haar. Das Papillotieren gehört mit zu den klassischen Arbeitstechniken der Formveränderung von Haaren, auch hier sind der Kreativität des Friseurs keine Grenzen gesetzt.

Der Durchmesser der Wickel ist auch hier entscheidend für die Sprungkraft und die Wellenbreite bzw. die Größe der Locken. Die Auswahl des Wickeldurchmessers und die Anordnung der Wickel richtet sich nach der gewünschten Frisur und der Haarwuchsrichtung.

Bild 4 Papillotiertechnik mit Volumenwickeln

5.2.2 Einlegen mit Volumenwickel

Sie sind die gebräuchlichsten Hilfsmittel zur Erstellung fülliger Frisurenbereiche. Der Durchmesser des Volumenwickels bestimmt die Sprungkraft der Locken und Wellen:

- Kleiner Durchmesser – starke Sprungkraft
- Großer Durchmesser – geringere Sprungkraft

Das Wickeln der Haare auf Volumenwickel erfolgt unter Berücksichtigung

- des erforderlichen Winkels zwischen Haarpartie und Kopfhaut,
- der richtigen Breite und Dicke der Haarpartien.

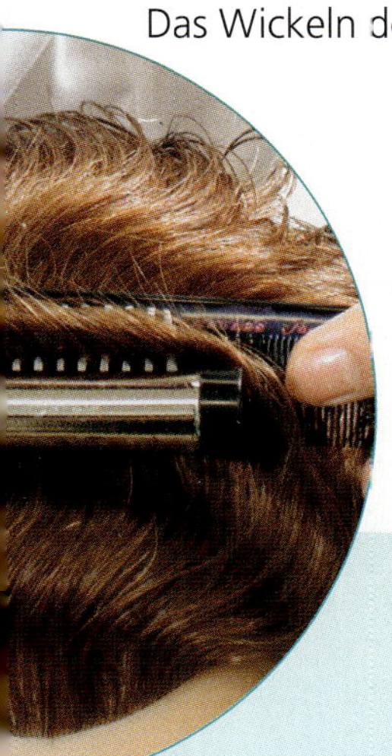

mit dem Föhnwellkamm

Die Anordnung der Volumenwickel muss der Wuchsrichtung und der Frisur entsprechen. Die Volumenwickeltechnik kann auch mit anderen formgebenden Arbeitstechniken, z. B. Papillotieren oder handgelegter Wasserwelle, kombiniert werden (Bild 5).

Bild 5 Kombinierte Einlegetechnik

Beim Setzen der Volumenwickel sollte Folgendes beachtet werden:

- Das Abteilen der Haarsträhne erfolgt entsprechend den Ausmaßen des Wickels:
  Breite des Passés – Wickellänge
  Dicke des Passés – Wickeldurchmesser
- Die Haarsträhne ist sauber durchzukämmen.
- Die Haarspitzen sind rund und nicht geknickt um die Mitte des Volumenwickels zu legen.
- Das Haar ist gleichmäßig fest und verteilt aufzuwickeln.

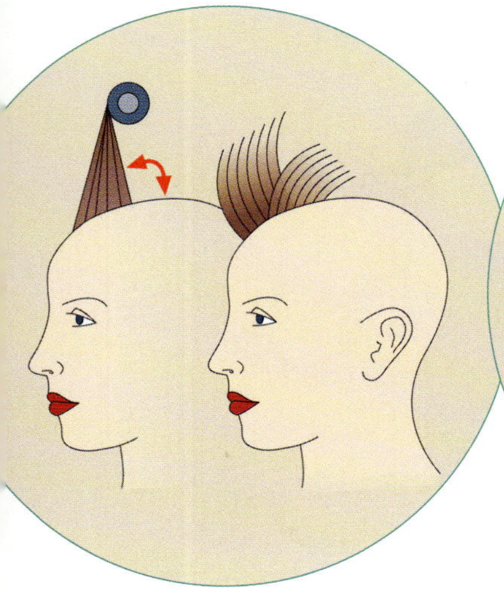

Bild 1 Haarsträhne im rechten Winkel zur Kopfhaut

Bild 2 Haarsträhne im stumpfen Winkel zur Kopfhaut

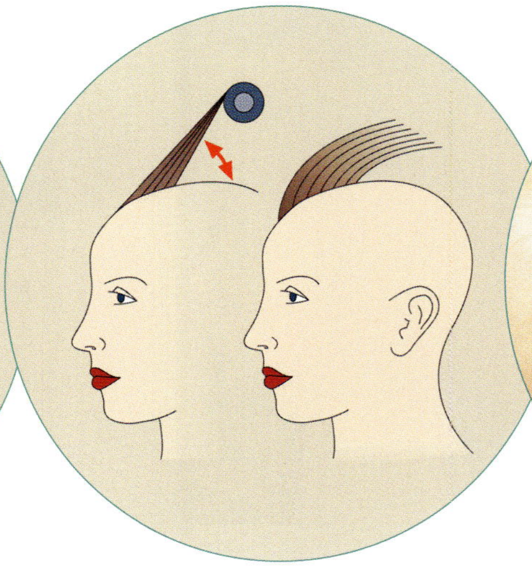

Bild 3 Haarsträhne im spitzen Winkel zur Kopfhaut

Bild 4 Abteilen nach Ausm des Wickels

- Der Haltewinkel der Haarsträhne zur Kopfhaut ist auf die geplante Frisur abzustimmen und einzuhalten.

Der **Haltewinkel** zwischen Haarsträhne und Kopfhaut bestimmt das Volumen der geplanten Frisur:

Rechtwinkeliger Haltewinkel (Bild 1)
Dieser Haltewinkel eignet sich für Frisuren, bei denen viel Volumen und Stand am Ansatz erforderlich ist.

Stumpfwinkeliger Haltewinkel (Bild 2)
Bei Frisuren mit Volumen und lockerem Fall ist dieser Haltewinkel erforderlich.

Spitzwinkeliger Haltewinkel (Bild 3)
Dieser Haltewinkel hat kein Ansatzvolumen zur Folge.

5.3 Föhntechniken

Das Föhnen ermöglicht der Friseurin eine vielseitige Frisurengestaltung. Auf diese Weise lassen sich sowohl wellige, flache als auch lockige Formen erstellen. Je nach Frisurenwunsch und vorhandener Haarlänge können verschiedene Föhntechniken mit entsprechenden Föhnbürsten (runde, halbrunde, kleine bis große) eingesetzt werden.
Bei allen Föhntechniken ist Folgendes zu beachten:

- Kleine Rundbürsten führen zu starker Sprungkraft.
- Größere Rundbürsten führen zu geringerer Sprungkraft.
- Der Haltewinkel der Föhnbürste zur Kopfhaut bewirkt unterschiedliche Ergebnisse (s. Haltewinkel bei den Volumenwickeln).
- Haare sollen beim Föhnen nur leicht angefeuchtet sein.

Bild 5 Betonung des Scheitels

Bild 6 Volumen ins Haar föhnen

Bild 7 Formgebung der Längen und Spitzen

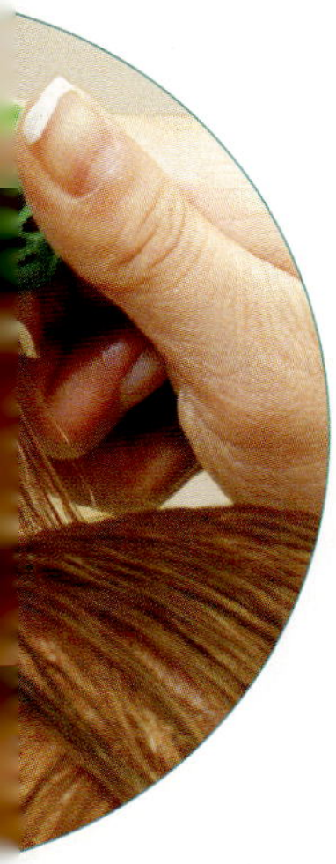

- Durch das Abteilen dünner Haarpartien zum Föhnen wird die Trockenzeit verkürzt und die Haare erhalten eine bessere Sprungkraft.
- Der Warmluftstrahl muss immer vom Haaransatz in Richtung der Haarspitzen geführt werden.
- Der Föhn darf nicht zu nah an die Kopfhaut und die Haare gehalten werden.
- Bei strukturgeschädigtem, feinem Haar und in Kopfhautnähe sollte eine niedrige Föhntemperatur gewählt werden. Bei gesundem, dickem Haar ist dagegen eine höhere Temperatur zu wählen, damit das Haar besser durchtrocknet.
- Föhnschaum und Föhnlotionen schützen die Haare vor zu großer Hitzeeinwirkung.

5.3.1 Formgebung am Ansatz

Das gezielte Föhnen des Haaransatzes erfolgt, um Volumen zu erzeugen oder bestimmte Frisurenschwerpunkte, z. B. Scheitel oder Wirbel, zu betonen. Zum Föhnen von Wölbungen und Kanten wird eine halbrunde Föhnbürste oder Skelettbürste eingesetzt (Bild 2).

Bei Problemzonen, z. B. abfallendem Hinterkopf oder zu schmalem Gesicht, benötigt man oft mehr Volumen und verstärkten Stand am Ansatz. Hier sollte die Friseurin zuerst ganz gezielt gegen die Wuchsrichtung der Haare und erst dann die Haare in Wuchsrichtung föhnen (Bild 1).

5.3.2 Formgebung von Haarlängen und Spitzen

Das Haar wird unter Spannung gleichzeitig geformt und getrocknet. Mit dieser Technik können Innen- und Außenrollen sowie Locken geformt werden. Zum Föhnen von Innen- und Außenrollen sowie zum Föhnen der Locken können, je nach Frisurenwunsch, runde und halbrunde Föhnbürsten benutzt werden.

5.3.3 Volumen und Bewegung in das Haar föhnen

Soll das Haar beim Föhnen Volumen erhalten, werden die Haare zuerst am Ansatz mit einer Skelettbürste in Stand gebracht. Je stärker die Haare zu Beginn der Föhnarbeit gerade am Ansatz entgegengesetzt der Haarwuchsrichtung geföhnt werden, desto volumiger wird die Frisur. Danach wird das Haar mit einer Rundbürste geformt. Beim Föhnen mit der Rundbürste ist genau wie beim Setzen der Volumenwickel auf den Haltewinkel zu achten (s. S. 224). Ebenso ist die Größe der Rundbürste mitentscheidend für das Volumen der Frisur. Größere Rundbürsten erzielen viel Volumen, kleinere Rundbürsten erreichen wenig Volumen, aber dafür mehr Locken.

Um Bewegung in das Haar zu bringen, erfolgt das Trocknen und Formen der Haare mit einer Skelettbürste.

5.3.4 Gestalten der Frisur mit den Fingern

Für das Formen der Haare mit den Fingern ist das Vortrocknen mit einem Föhn unerlässlich, da nur eine Restfeuchtigkeit im Haar verbleiben darf. Diese Gestaltungsmöglichkeit kann die Friseurin zum Ausarbeiten oder Betonen bestimmter Details einer Frisur einsetzen.

Werden die Haare beim Föhnen mit den Fingern geformt, erzielt man legere Frisuren.

Das abschließende Frisieren kann mit einem grobzahnigen Kamm erfolgen. Einzelne Strähnen werden mit den Fingern in die gewünschte Richtung gezupft. Um die erstellte Frisurenform wirkungsvoller zu gestalten, sollte die Friseurin entsprechende Finishprodukte einsetzen.

Bild 1 *Föhnen gegen die Wuchsrichtung der Haare*

Bild 2 *Bewegung ins Haar föhnen*

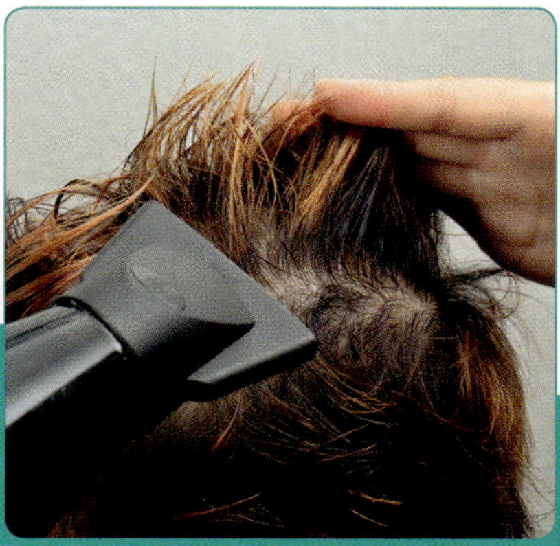

Bild 3 *Fingerföhntechnik*

5.4 Frisiertechniken

Bedingt durch den stetigen Wechsel in der Frisurenmode kommen die verschiedenen Frisiertechniken unterschiedlich stark zum Einsatz. Kundinnen haben jedoch immer den Wunsch nach einer problemlosen Frisur. Sie möchten ihre Haare so frisiert haben, dass die Frisur

- gepflegt und typgerecht aussieht,
- sehr gut und lange hält,
- problemlos nachgearbeitet werden kann.

Um diesen Ansprüchen gerecht zu werden, muss die Friseurin schon beim Einlegen oder Föhnen der Haare auf die Frisurenform und besondere Schwerpunkte der Frisur hinarbeiten.

5.4.1 Haare ausbürsten und kämmen

Bevor die Friseurin die Haare nach dem Einlegen bzw. Föhnen ausbürstet und kämmt, sollte sie sich davon überzeugen, dass die Haare vollkommen trocken und ausgekühlt sind. Ansonsten verliert das Haar beim Ausfrisieren an Sprungkraft.

Durch das Ausbürsten wird das Haar entspannt und gelockert. Wie stark das Haar entspannt wird, ist von den folgenden Faktoren abhängig:

- Qualität und Vorbehandlung der Haare
- Einlegetechnik
- Festigerart
- Intensität des Durchbürstens und Durchkämmens der Haare
- Borstendichte der Frisierbürste
- Zahnung des Kamms
- Häufigkeit des Kämmens und Bürstens

Um die unerwünschten Abteilscheitel zu beseitigen, kann das Haar in alle Richtungen gebürstet werden. Die Form der eingelegten Frisur geht nicht verloren. Das kräftige Bürsten der Haare erleichtert das Formen der Frisur. Werden die Haare abschließend in die gewünschte Frisurenform gebürstet, dürfen sie nicht mehr zurückspringen. Danach wird das Haar mit einem Frisierkamm nachgearbeitet und je nach Frisurenziel erfolgt die Feinarbeit des Frisierens.

Als Frisierhilfsmittel gegen das „Fliegen" der Haare und für den Glanz eignen sich Frisiercremes, Glanzsprays, Wachse und gelförmige Finishprodukte.

5.4.2 Haare toupieren und in Form frisieren

Das Toupieren ist eine spezielle Frisiertechnik. Mit dieser Technik kann die Friseurin gezielt Volumen und Stand in die vorgeformte Frisur bringen (Bild 1). Zum Toupieren und Ausfrisieren sind folgende Kenntnisse wichtig:

- Haare unterschiedlicher Länge (z. B. effilierte Haare) lassen sich besonders gut toupieren.
- Poröse Haare lassen sich sehr leicht toupieren, da die aufgeraute Schuppenschicht gut miteinander „verhakt".
- Haare mit sehr glatter Oberfläche (z. B. Kunsthaare) und Haare gleicher Länge lassen sich schwer toupieren.
- Einzelne Frisurenteile können fülliger als der Rest der Frisur, aber auch anliegender frisiert werden (Bild 2).
- Das Toupierergebnis ist abhängig von der Zahnung des Kamms und der Häufigkeit der Toupierbewegung.

Bild 1 Stand und Volumen in das Haar toupieren

Bild 2 Anliegende Frisurenteile toupieren

Bild 3 Sauber ausfrisierte Frisur

Bild 1 *Steckfrisur*

Bild 2 *Finish mit dem Kreppeisen*

Bild 3 *Styling mit Glätteisen*

Arbeitsanweisung

Beim Toupieren geht man folgendermaßen vor:

1. Die Haarpartie großzügig abteilen. Der Abteilungsscheitel sollte nicht mit dem der vorherigen Einlegetechnik übereinstimmen.
2. Die Haarpartie nach oben kämmen und die Haarspitzen unter Spannung festhalten.
3. Den Kamm ca. 3 cm von der Kopfhaut entfernt an der unteren Seite der Haarpartie ansetzen.
4. Den Kamm bis zur Kopfhaut zurückschieben. Den Vorgang je nach gewünschtem Volumen wiederholen, dabei den Kamm immer etwas höher in die Haarpartie einsetzen.
5. Weitere Haarpartien gleicher Größe, auf Lücke versetzt, abteilen.
6. Toupiervorgang wiederholen.
7. Nach dem Toupieren der Haarpartie erfolgt das „Glätten" und Frisieren der Haare.
8. Die toupierte Haarpartie auf die flache Hand legen, glatt frisieren und danach in die gewünschte Frisurenform kämmen.
9. Die Haare Partie für Partie weiter ausfrisieren, bis das Frisurenziel erreicht ist.

4 Flechtfrisur

Werden flach anliegende Frisurenteile gewünscht, hält man die Haarpartie in Frisurenrichtung flach am Kopf anliegend unter Spannung fest. Die Haarpartie wird nun von oben toupiert und in die gewünschte Frisurenform gekämmt (Bild 1, S. 226). Bei lockigen Frisurenteilen erfolgt das Toupieren je nach gewünschtem Volumen im Bereich der Längen und Spitzen. Die Spitzen dürfen nur leicht toupiert werden, damit die Toupage der Frisur nicht sichtbar wird.

Unabhängig von der Vorgehensweise beim Toupieren und Ausfrisieren sollte die Friseurin ihre Arbeit folgendermaßen beenden:

- Verbindung einzelner Frisurenteile kontrollieren und Übergänge sauber frisieren (Bild 3, S. 226).
- Form der Frisur im Spiegel kontrollieren. Zu flach anliegende Partien mit dem Stielkamm anheben – zu volumige Partien mit der Hand flach andrücken.
- Finishprodukte verwenden, um der Frisur Halt zu geben.

5.4.3 Besondere Finishtechniken

Für das Nacharbeiten einer Frisur, oder um eine Frisur stärker zu akzentuieren, kann die Friseurin je nach Frisurenwunsch verschiedene technische Geräte und Hilfsmittel einsetzen. Alle Geräte formen das Haar durch Druck und Hitze im trockenen Zustand. Die natürliche im Haar vorhandene Feuchtigkeit ermöglicht den Umformungsvorgang (Bild 3).

Unter besonderen Finishtechniken im trockenen Haar versteht man:

- Das Entspannen und Nacharbeiten mit dem Föhn, um nach dem Einlegen die übermäßige Sprungkraft zu verringern und weichere Übergänge, z. B. am Hinterkopf/Nacken, zu schaffen
- Das Einlegen mit Heißwickeln, um Lockenfrisuren mit möglichst glatten Ansätzen zu erstellen
- Das Kreppen der Haare mit dem Kreppeisen, um modische Akzente zu setzen (Bild 2)
- Das Formen der Haare mit dem Lockenstab, um Wellen, Locken, Innen- und Außenrollen in eine Frisur einzuarbeiten
- Das Glätten der Haare mit dem Glätteisen, um modische Akzente zu setzen

Bei den hier aufgeführten Techniken sollte darauf geachtet werden, dass weder die Haut der Kundin noch die Haut der Friseurin durch Hitzeeinwirkung verletzt werden.

5.4.4 Flecht- und Steckfrisuren erstellen

Je nach Anlass, Geschmack und Mode wünschen die Kundinnen Flecht- oder auch Steckfrisuren. Bei diesen Frisuren ist die Kreativität der Friseurin besonders gefordert. Hier kommen viele gestalterische Elemente zum Tragen, die die Wirkung der Flecht- oder Steckfrisur unterstützen. Um die Wirkung zu verstärken, kann man, je nach Frisurenwunsch, Fremdhaar und Haarschmuck einarbeiten.

Das Flechten ist eine besondere Art der Frisurenformung, bei der eine ausreichende Haarlänge zur Verfügung stehen muss. Zöpfe und Flechten können aus drei oder mehreren Strähnen hergestellt werden (Bild 2).

Ähnlich wie bei den Flechtfrisuren muss auch bei den Steckfrisuren eine ausreichende Haarlänge vorhanden sein. Die Gestaltung effektvoller Steckfrisuren ergibt sich aus der Kombination von Steck- und Drehelementen (s. S. 227, Bild 1).

Aufgaben

1. Mit welchen Arbeitstechniken werden Wellen und mit welchen Techniken Locken erzielt?
2. Welche unterschiedliche Wirkung erzielen Sie mit liegenden und stehenden Papilloten?
3. Warum wird das Haar vor dem Ausfrisieren durchgebürstet?
4. Warum sollen Haarpartien nach dem Trocknen vor den nachfolgenden Arbeitsschritten auskühlen?
5. Welche Wirkung erreichen Sie durch das Toupieren?
6. Erstellen Sie selbst aus Haartressen verschiedene Haarteile.

Bild 1 *Erstellung von Zöpfen*

Bild 2 *Zöpfe flechten*

Bild 3 *Flecht- und Steckfrisur erstellen*

6 Exkurs: Hochsteckfrisuren erstellen

6.1 Klassische Hochsteckfrisur

Eine klassische Hochsteckfrisur wird zu besonderen Anlässen wie Hochzeit, Opernbesuch, offizieller Einladung usw. getragen. Merkmale sind Geradlinigkeit, viele glatte, eingesteckte Elemente, eine elegante Gestaltung und wenig Haarschmuck. Klassische Hochsteckfrisuren sind zeitlos und können von Frauen jeden Alters getragen werden.

Schritt 1:
Zunächst werden die zuvor gewaschenen Haare halbtrocken geföhnt und in Frisurenrichtung eingedreht (Bild 1). Dadurch wird Sprungkraft gewährleistet und die Frisur wirkt anschließend locker.

Schritt 2:
Die zusätzlich in Form geföhnte Ponypartie wird gekämmt. Der Bereich dahinter wird bis zum Wirbel zusammengenommen und toupiert. Anschließend werden die Seitenpartien ebenfalls toupiert und glattgestrichen. Sie werden mittig unterhalb des Wirbels zusammengenommen und mit Nadeln festgesteckt (Bild 2).

Schritt 3:
Die zuvor toupierte Vorderpartie wird in Form gekämmt und über den zusammengenommenen Seitenpartien eingeschlagen.Das Haarteil wird am Hinterkopf eingesetzt. (Bild 3).

Schritt 4:
Im Haarteil werden Passés abgeteilt und die Abteilungen werden über Kreuz von außen zur Mitte hin ineinandergeschlagen. Dabei wird nach und nach das Eigenhaar in das Haarteil eingearbeitet, sodass eine Einheit entsteht (Bild 4).

Schritt 5:
Abschließend wird die Ponypartie mithilfe von Haarwachs und Haarspray asymmetrisch zum Gesicht frisiert. Wenn gewünscht, dürfen auch Glanzspray, Glimmerpuder und dezente Schmuckelemente verwendet werden.

Die folgenden Bilder stellen die fertig ausgearbeitete klassisch-glamouröse Frisur aus zwei Perspektiven dar.

Bild 1 *Eindrehen der Frisur*

Bild 2 *Toupage*

Bild 5
Die fertige Frisur von vorne

Bild 3 *Haarteil einsetzen*

Bild 4 *Ausarbeitung am Hinterkopf*

Bild 6
Die fertige Frisur von hinten

6.2 Moderne Hochsteckfrisur

Eine moderne Hochsteckfrisur kann zu fast allen Anlässen getragen werden. Sie darf verspielt wirken, Haarschmuck enthalten, sie kann Kontraste zwischen glatten und lockigen Partien aufweisen und auch geflochtene Elemente einbeziehen. Aufspringende Frisurenteile können besondere Akzente setzen.

Schritt 1:

Die zuvor gewaschenen Haare werden, nachdem sie halbtrocken geföhnt sind, auf große Wickel gedreht. Dabei wird der Ansatz dort stark überzogen, wo in der fertigen Frisur das Volumen entsteht (Bild 1). Um eine Scheitelbildung zu vermeiden und die Leichtigkeit in der fertigen Frisur zu unterstreichen, wird nachgeföhnt. Auch der Pony wird geföhnt.

Schritt 2:

Anschließend wird der Oberkopf direkt hinter dem Pony rautenförmig bis zum Wirbel abgeteilt und stark antoupiert. Am Wirbel wird dann ein Donut auf den toupierten Haaren fixiert und das zuvor toupierte Passée wird von rechts nach links ordentlich darüberfrisiert (Bild 2).

Schritt 3:

Am seitlichen Vorderkopf wird danach eine Strähne direkt hinter dem Pony von der linken Seite über die Oberkopftoupage auf die rechte Seite geführt (Bild 3) und dort fixiert.

Schritt 4:

Der Hinterkopf wird durch übereinandergelegte Haarsträhnen gestaltet. Von den Seiten werden Passés über Kreuz gelegt. Anschließend wird am Hinterkopf in der Mitte ein Passé von unten nach oben geführt (Bild 4). Dabei bleiben die Spitzen der Passés aus der Frisur heraus und werden ordentlich glatt gekämmt.

Schritt 5:

Zum Schluss führt man die restlichen Haare am Hinterkopf von den Seiten zur Mitte zusammen, legt die Spitzen in Form und fixiert sie teilweise am Hinter- und Oberkopf durch Nadeln. Einige Spitzen bleiben aus der Frisur heraus. Auf der linken Seite wird eine Spange als Haarschmuck eingearbeitet (Bild 5). Die Frisur wirkt durch diese Gestaltung von der Seite und von hinten locker und verspielt. Von vorne wird mit dem Volumen am Oberkopf und den übereinanderfrisierten Strähnen eine elegante Note erzielt (Bild 6).

Bild 1 Eindrehen der Frisur

Bild 2 Toupage mit Donut

Bild 3 Gestaltung am Vorderkopf

Bild 4 Gestaltung am Hinterkopf

Bild 5 Die fertige Frisur von der linken Seite

Bild 6 Die fertige Frisur von vorne

7 Nachbereitung

Wichtig ist, dass die Friseurin der Kundin das Ergebnis von allen Seiten mithilfe eines Spiegels zeigt. Hierbei sollte der Kundin Zeit gelassen werden, das Ergebnis zu betrachten. Die Friseurin kann positive Aspekte, z. B. Volumen am Hinterkopf, die durch die neue Frisur entstanden sind, nochmals darstellen. Zusätzlich bietet sich hier ein Beratungsgespräch über empfehlenswerte Produkte an, damit die Kundin zu Hause die Frisur genauso Erfolg versprechend gestalten kann.

Die Erwartungen und Wünsche der Kundin sollten im Gespräch bezogen auf die Frisur nochmals thematisiert werden, um die Zufriedenheit der Kundin mit dem Ergebnis abzufragen.

Mögliche Fehler müssen korrigiert werden. Dazu gehören:

- Fehlende Spannkraft und Elastizität, dies kann folgende Gründe haben: Die Haare wurden beim Föhnen überhitzt, sie wurden nicht genug getrocknet (zu dicke Passés), das Toupieren wurde nicht fachgerecht durchgeführt oder das Haar vor dem Entfernen der Rundbürste oder Wickel nicht richtig ausgekühlt. Es kann auch am ungenügenden Einsatz eines entsprechenden Finishproduktes liegen.
- Zu wenig Volumen entsteht, wenn bei der Wickelhaltung der entsprechende Winkel nicht steil genug war, zu große Wickel benutzt wurden, die Wuchsrichtung des Haares nicht beachtet wurde oder die falsche Technik gewählt wurde. Föhnen bringt weniger Volumen als Wickeln.
- Fehlender Glanz oder ein unordentlicher Fall der Haare könnte entstehen, wenn beim Föhnen gegen die Schuppenschicht gearbeitet wurde, die Haare vor dem Frisieren der Passés nicht sorgfältig durchgekämmt wurden oder ein anschließendes Ausarbeiten der Frisur versäumt wurde.

In jedem Fall muss nachgearbeitet werden. Im schlimmsten Fall sollten die Haare angefeuchtet werden, meist reicht aber ein Nacharbeiten mit Locken- und Frisierstab sowie entsprechenden Stylingprodukten aus

Mathematik-Aufgaben

1. Während einer Angebotswoche reduziert eine Friseurmeisterin alle Dienstleistungen um 20 %. Ein Trockenhaarschnitt kostet nun 12,00 €.
   Wie viel € spart ein Kunde, wenn er das Angebot nutzt?
2. Wenn die Friseurin die Haare mit Wasser anfeuchtet, nimmt der Durchmesser eines jeden Haares um etwa 15 % zu.
   Berechnen Sie den entsprechenden Durchmesser bei
   a) einem dünnen Haar (0,04 mm),
   b) einem normalen Haar (0,06 mm),
   c) einem dicken Haar (0,09 mm).
3. Für das Einlegen von Haaren benötigt die Friseurauszubildende 28 Minuten. Die Altgesellin erledigt die gleiche Arbeit in 3/7 weniger Zeit.
   Wie lange braucht die Altgesellin für die Arbeit?
4. Ein Spezialfestiger muss mit Wasser im Verhältnis 2:9 verdünnt werden. Für die Einlegearbeit werden insgesamt 110 ml benötigt.
   Berechnen Sie erforderlichen Mengen an Spezialfestiger und Wasser.

Bild 1 *Frisurenergebnis präsentieren*

8 English

8.1 Describing hairstyling processes

SCENARIO

After cutting Susan's hair Anja explains the styling process to her.

Tools and equipment for styling processes

- A **paddle brush** is used to blow-dry hair and produce sleek styles. It adds bounce and gives a smooth finish. Not recommended for very curly results.
- A **round brush** is used to blow-dry the hair and produce a curly or wavy effect. It gives volume and support to the roots and adds bounce and curls to the ends of one-length styles – the smaller the brush the tighter the curls.
- A **vent brush** is used to comb out and blow-dry the hair, creating a natural and casual look.
- A **rake comb** is used to disentangle wet hair after shampooing.
- A **pin-tail comb** is used to part and section the hair, as well as to wind or tuck the ends of the hair around rollers. Good for forming waves when finger waving and also to comb out and dress the hair, especially for backcombing the hair.
- A **dressing comb** is used for backcombing and dressing finishing styles.
- **Rollers** and **(setting) pins** are used to hold the hair in place while drying in order to produce a curly or wavy effect. Helps to give support to the roots. Smaller rollers produce tighter curls. The setting pins secure the rollers during setting and can also be used to dress long hair.
- A **blow dryer** is used to dry and form the hair using hot, warm or cold air.
- A **diffuser** is used to dry curly hair as the airflow is spread in all directions and is less forceful. Also used to scrunch the hair for a natural curly style.
- A **curling iron** or **hot brush** is used on dry hair to produce curls and waves and also for firming up the curls after blow-drying. Important to apply a heat-protecting lotion to the hair before use.
- A **straightening iron** is used to straighten and flatten hair, however, a heat-protecting lotion must be applied to the hair before use.
- A **hood dryer** is used to dry hair set in rollers. The hairdresser is able to serve another client during the drying period.

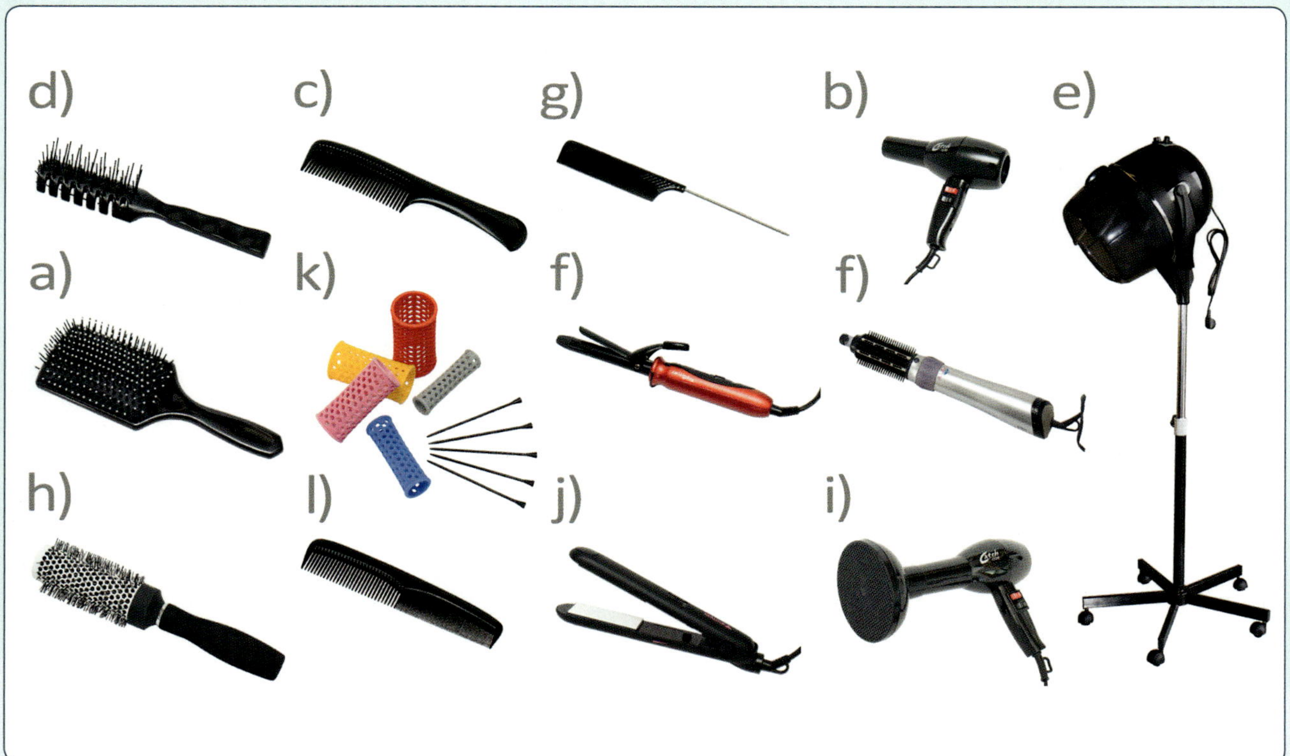

***Picture 1** Tools and equipment for styling processe*

Styling and finishing products:

- **Styling mousse**: This provides hold and volume as well as support for the roots. Protects hair during the use of heat-styling equipment. A tennis ball-sized amount is applied to the roots, lengths and ends of towel-dried hair before blow-drying or setting the hair.
  Attention: Use **styling lotion** on fine hair as it contains less mineral oil which can make the hair look limp and greasy after a short time.
- **Wax**: Defines wisps, is used on very curly hair and gives hold and shine. Apply to dry hair, especially when the hair and scalp are dry because the high amount of mineral oil protects against moisture loss.
- **Gel**: Used to define fringes and produces a strong or natural hold and shine. Apply to towel-dry or dry hair, especially for greasy hair and scalp conditions because of the low amount of mineral oil.
- **Hairspray**: This fixes the style and provides hold and protects against rain and humidity. Apply to dry hair.

Styling techniques:

For **blow drying** (s. p. 224 ff.) use brushes or fingers and a blow dryer to create natural styles.
For **setting** (s. p. 222 ff.) wind hair on rollers and dry under a hood dryer, comb out to create long lasting hairstyles.
For **back-combing** (teasing) (s. p. 226 f.) comb small sections of the hair from the ends towards the scalp to tangle the hair to give lift and volume.
For **finger waving** (s. p. 225) shape the hair into an "S" shape using fingers and a comb.
For **plaiting** or **braiding** (s. p. 227) interweave strands of hair.

Styling process

The styling process is divided into four phases:

1. preparation
2. blow-drying/setting
3. styling/dressing/combing out
4. finishing

In each phase it is important to choose and use suitable tools, equipment and products. Therefore, be sure to answer the questions below for each phase before starting the styling process. Explain this to the client during the client consultation:

- What should be used? (tools, equipment and products)
- How should it/they be used? (usage/method)
- Why should it/they be used? (client's benefit)

Your tasks

1. Look at the pictures on this page and on page 232. Work together with a partner and quiz each other about the reasons for using the different tools a) – m) in picture 1, page 232, and products a) – e) in picture 1, on this page. For example: "What is a.)?" "It's a paddle brush and it's used to blow-dry hair and produce sleek styles."
2. Prepare your work area with the tools, equipment and products needed.
3. Work together with a partner and each find three pictures of different hairstyles:
   a) Describe the styling process for one of these pictures and your partner should guess which hairstyle it is.
   b) Take turns being the client. The hair stylist recommends one of the hairstyles to the client and describes the styling process. The client asks questions: For example:

   "Why will this style suit me?"
   "Because your face is …-"
   "Which …. should I use for my … hair?"
   "This … is very good for … hair."

e) a) b) d) c)

Picture 1 Styling and finishing products

8.2 Performing client consultations for haircuts with hairstyling

Additional contents for a client consultation form for cutting and hairstyling treatments

phase		additional contents
	**client requirements**	• desired length of the hair • special features (fringes, features that have to be concealed or compensated) • time available for daily hairstyling
	**hair and skin test**	**hair analysis:** • hair growth patterns (double crown, nape whorl, cowlick , widow's peak) **client type assessment:** • head and face shape (oval, round, square, triangular (pear shaped), heart-shaped, oblong) • special features of head and face (prominent nose, large ears, prominent or double chin, receding hairline, flat top, long neck, short neck) • body builds and heights (short height, tall height, small body build, large body build) • client types (classic, modern, athletic, romantic)
	**treatment explanation**	**explaining the haircut:** • tools and equipment (cutting collar, neck strip, section clips, cutting comb, hairdressing scissors, thinning scissors, razor, clippers) • techniques for each area of the head (s. p. 200, table 1) • basic style plans (one-length cut, short graduated layer cut, uniform layer cut, long graduated layer cut) • subsectioning (horizontally, vertically, diagonally) • cutting angle/elevation (0°, 0°–45°, 45°–90°, 90°, >90°) • cutting technique (club cutting, scissors or clippers over comb cutting, feathering or slicing, pointing or texturing) **explaining the hairstyling:** • tools and equipment (brushes, combs, rollers, hood dryer, blow dryer, diffuser, curling tongs, straightening iron) • styling and finishing products (styling lotion, styling mousse, gel, wax, hairspray) • styling technique (setting and combing out, blow drying, other) • client benefits (description of the new hairstyle and difference between the old and the new hairstyle)
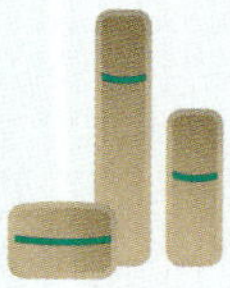	**recommendation for home treatment**	**products:** • for styling (client benefits, usage) • for finishing (client benefits, usage)

***Table 1** Additional contents for a client consultation form for cutting and styling services*

Your tasks

1. Mind map for client consultations.
   a) Add the additional contents (s. p. 234) to your mind map, created in Lernfeld 3 (s. p. 125) and 5 (s. p. 200).
   b) Mark these contents in another colour, different from the contents of "Lernfeld" 3 and 5.
   c) Look for pictures, showing or explaining the contents (s. p. 234). Add them to your mind map.
2. Work together with a partner.
   a) Create a consultation form for cutting and hairstyling treatments.
   b) Write down explanations for each content of the phases in a consultation form for cutting and hairstyling treatments. Use the German explanations (s. "Behandlungsplan") as a guideline.
   c) Perform a consultation talk and make sure you explain everything you are going to do and have decided to do to your partner.

Lernfeld 7

Kontaktieren

Ihre Kundin äußert den Wunsch nach einer dauerhaften Umformung der Haare.

Informieren

Im Gespräch mit der Kundin stellen Sie zunächst offene Fragen. Sie ermitteln so, ob der Kundin vorrangig an Wellen bzw. an Locken gelegen ist, oder ihr Wunsch in Richtung pflegeleichte und haltbare Frisurenformung geht. Ihre Kundin möchte eine natürlich aussehende Wellung.

Nachbereiten

Sie überprüfen das Resultat der dauerhaften Umformung. Eventuelle Fehler gleichen Sie aus. Abschließend tragen Sie alle wichtigen Informationen in den Behandlungsplan ein.

Verabschieden

Sie vereinbaren den nächsten Beratungstermin und verabschieden die Kundin.

Haare dauerhaft umformen

Ausgangssituation analysieren

Mithilfe des Behandlungsplanes ermitteln Sie die wichtigen natürlichen Gegebenheiten der Kundin. Sie hat keine Hautprobleme und reagierte bisher nicht auf Inhaltsstoffe. Das Haar ist nicht chemisch vorbehandelt, aber in den Längen und Spitzen trocken und leicht porös. Der Haarquerschnitt der mittellangen Haare ist oval, die Haarstärke ist normal.

Entscheiden

Sie können der Kundin eine dauerhafte Umformung empfehlen. Zur Berücksichtigung der Porosität in den Längen verwenden Sie ein Vorbehandlungsmittel. Es fördert den Strukturausgleich und begünstigt ein gleichmäßiges Umformungsergebnis. Die Spitzen werden geschnitten. Sie wählen ein Wellmittel für chemisch unbehandeltes Haar und nehmen mittelgroße Wickler. Sie wickeln die Haare in Spiralwicklung, damit die Kundin die Haare auch lufttrocknen kann.

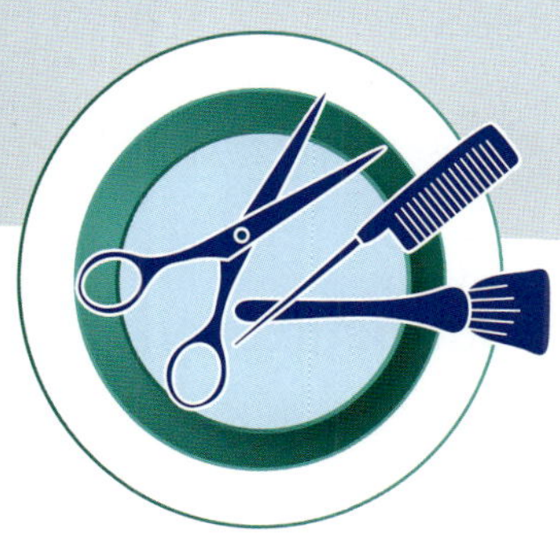

Handeln

Sie bereiten den Arbeitsplatz vor. Sie schützen Kleidung und Haut der Kundin. Dann waschen Sie der Kundin die Haare und führen eine Vorbehandlung durch. Anschließend wickeln Sie die Haare auf mittelgroße Wickler in Spiralwicklung. Sie tragen das Wellmittel auf und lassen es einwirken. Die Einwirkzeit wählen Sie nach Herstellerangaben und kontrollieren das Ergebnis mit dem Probewickel. Sie spülen das Wellmittel gründlich aus und tragen die Fixierung auf. Die dauerhafte Umformung schließen Sie im abgewickelten Haar durch eine saure Nachbehandlung ab.

Haare dauerhaft umformen

Die dauerhafte Umformung des Haares unterscheidet sich von der kurzfristig haltbaren Umformung dadurch, dass sie gegenüber Wassereinwirkung widerstandsfähig ist. Sie wird deshalb auch als irreversible (nicht umkehrbare) Umformung bezeichnet.

Bild 1 Dauergewellte Haare

1 Dauerhafte Umformungen planen und vorbereiten

SZENARIO

Zu Anja kommt eine Kundin, die sich für eine dauerhafte Umformung interessiert. Frau Speck wünscht sich Volumen am Hinterkopf und eine pflegeleichte Frisur. Zunächst nimmt sich Anja Zeit für die Beratung.

1.1 Beratungsgespräch zur dauerhaften Umformung führen

Ein gutes Beratungsgespräch zeigt der Kundin auf, wie die neue Frisur später aussehen soll, wie sie zu Hause gestylt und gepflegt werden kann. Wie in LF 3 beschrieben, dient auch hier der **Behandlungsplan** als Leitfaden für das Beratungsgespräch. Die Abfolge, in der ein Beratungsgespräch zur dauerhaften Umformung durchgeführt wird, ist aus den vorherigen Lernfeldern bereits bekannt:

- Personalien der Kundin aufnehmen
- Kundenwunsch ermitteln
- Kopfhaut und Haare beurteilen
- Behandlungsberatung durchführen
- Pflege- und Stylingpräparate für die Heimbehandlung empfehlen
- Da auch hier gezielte Informationen zur Umformung eingeholt werden müssen, enthalten Behandlungspläne für eine dauerhafte Umformung einige Ergänzungen.

1.1.1 Kundenwunsch ermitteln

Das **Ziel der Umformung** ermittelt die Wünsche der Kundin bezüglich der Dauerwelle. Es kann sein, dass sie einen Wirbel hat, der überdeckt werden soll, oder sie mehr Volumen am Ansatz haben möchte. Auch wird hier erfragt, welcher Art die Wellen oder Locken hinterher sein sollen. Es können große, möglichst natürliche Wellen oder aber kleine Löckchen oder auch Spirallocken gewünscht sein. Die Friseurin entscheidet daraufhin, welche Präparate, Wickler und Wickeltechniken sie anwenden wird.

Die **Haltbarkeit** der gewünschten Umformung lässt Rückschlüsse auf die zu verwendenden Präparate zu. Bei den unterschiedlichen Dauerwell-Präparaten entscheidet der Reduktionsmittel-Anteil über die Haltbarkeit (s. S. 249).

Die **Stylingwünsche** sind ebenfalls entscheidend für die Auswahl der Präparate und Wickler. Möchte die Kundin z. B. hinterher die Haare jeden Morgen glatt föhnen, darf die Krause nicht zu stark sein. Auf der anderen Seite zeigt eine luftgetrocknete Dauerwelle die Locken und Wellen genau so, wie sie gewickelt wurden.

1.1.2 Haare und Kopfhaut beurteilen

Mit der Haar- und Kopfhautdiagnose werden die natürlichen Gegebenheiten der Kundin ermittelt, um sie dann mit dem Kundenwunsch abzugleichen. Zu den für die Pflegeberatung ermittelten Inhalten wurden im Behandlungsplan für einen Haarschnitt schon die Stichpunkte „Wuchsrichtungen und Wirbel" (s. S. 133, 211) und unter „Sonstige Gegebenheiten" die „Kopf- und Gesichtsform" ergänzt (s. S. 148). Beide Inhalte sind auch für eine dauerhafte Haarumformung wichtig. Des Weiteren muss hier noch der Stichpunkt „Haarquerschnitt" hinzugefügt werden:

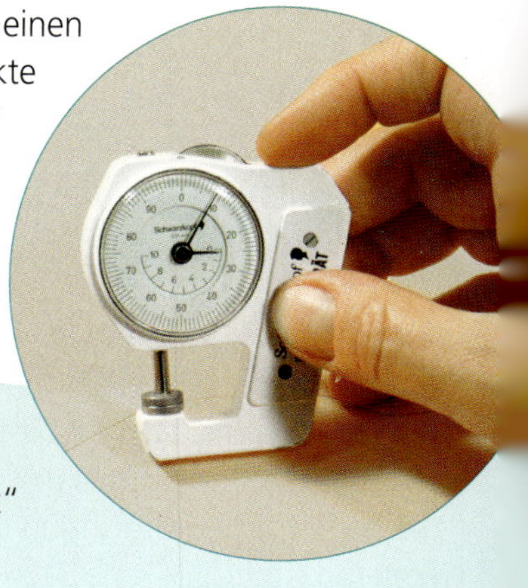

Bild 2 Planmessung

Haarquerschnitt

Der Haarquerschnitt zeigt an, ob das Haar rund, oval oder sogar bandförmig ist (Bild 2). Je ovaler ein Haarquerschnitt ist, desto ungleichmäßiger wird die Wellung. Ein bandförmiges Haar lässt sich überhaupt nicht gleichmäßig umformen.

Die Ermittlung des Haarquerschnitts erfolgt immer zusammen mit der Ermittlung der Haarstärke mithilfe des Haarstärkenmessgerätes in zwei Schritten, und zwar an unterschiedlichen Stellen des Kopfes:

Zuerst wird die Haarstärke gemessen, indem das Haar ohne Zug glatt zwischen die beiden Stempel des Haarstärkenmessgerätes gelegt wird. Das Haar legt sich plan hin und es wird der geringste Haardurchmesser gemessen.

Für die zweite Messung wird das Haar zu einer Schlaufe gelegt und die Haarstärke in der Mitte der Schlaufenbiegung gemessen. Das Haar richtet sich bei einer Schlaufenbildung auf. Es wird der größte Haardurchmesser gemessen.

Sind die Ergebnisse beider Messungen gleich, so liegt ein Haar mit rundem Querschnitt vor. Je größer der Unterschied zwischen den beiden Messungen ist, desto flacher ist das Haar.

Je ovaler ein Haar ist, desto unterschiedlicher fallen die erste und die zweite Messung aus:

- Der Wert der zweiten Messung entspricht dem Wert der ersten Messung → das Haar hat einen runden Querschnitt.
  Beispiel: 1. Messung: 0,05 mm
  2. Messung: 0,05 mm

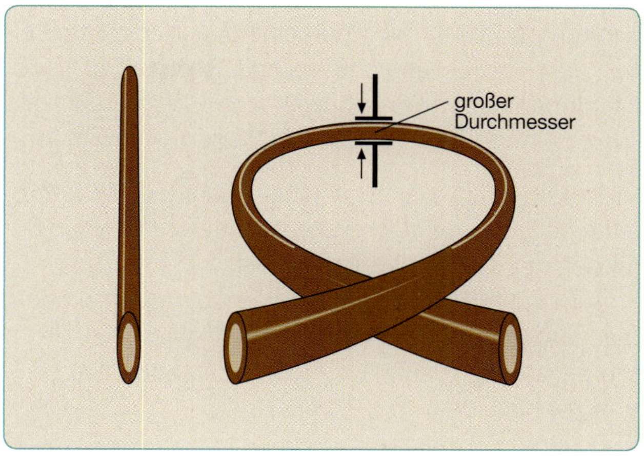

Bild 1 *Schlaufenmessung*

- Der Wert der zweiten Messung ist größer als der Wert der ersten Messung → das Haar hat einen ovalen Querschnitt.
  Beispiel: 1. Messung: 0,05 mm
  2. Messung: 0,08 mm
- Der Wert der zweiten Messung ist doppelt so groß wie der Wert der ersten Messung → das Haar hat einen bandförmigen Querschnitt.
  Beispiel: 1. Messung: 0,05 mm
  2. Messung: 0,10 mm

1.1.3 Behandlungsberatung durchführen

Die Kundin möchte vor Behandlungsbeginn umfassend beraten werden. Dazu gehört die Aufklärung darüber, wie der Kundenwunsch konkret umgesetzt wird. Neben den schon in den vorherigen Lernfeldern beschriebenen

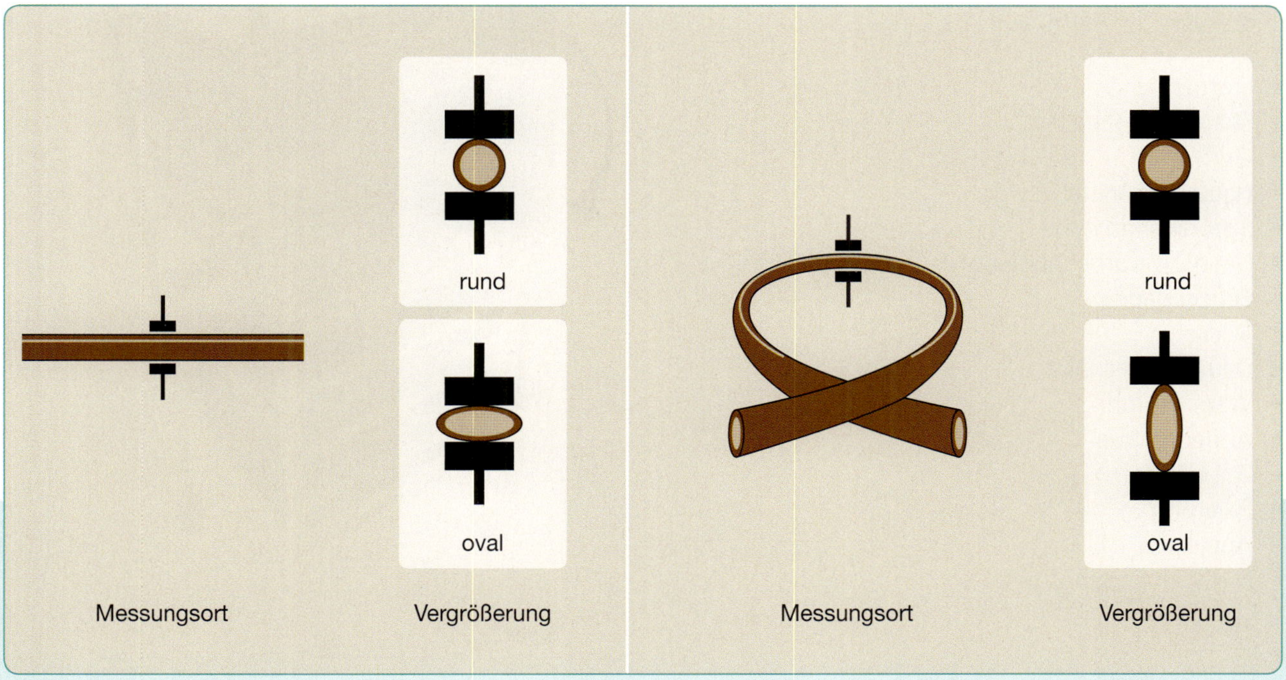

Bild 2 *Ermittlung des Haarquerschnitts*

Beratungspunkten, wird nun eine detaillierte Beschreibung der Wickelwahl- und -technik hinzugefügt (s. Behandlungsplan, vorne im Buchinnendeckel). So kann die Frisur beim nächsten Besuch exakt wiederholt werden.

Die zeichnerische Darstellung der Wickeltechnik vermittelt genau, wie die Wickel an den unterschiedlichen Bereichen des Kopfes platziert werden.

Außerdem wird die Behandlungsberatung ergänzt durch Angaben zu den folgenden Aspekten, die alle im Laufe dieses Lernfeldes näher beleuchtet werden:

- Vorbehandlung
- Dauerwell-Präparate
- Wicklerart und -größe
- Einwirkzeiten
- Nachbehandlung

Auch bei der dauerhaften Umformung erfolgen die Angaben nach einzelnen Partien/Bereichen des Kopfes:

- Hinterkopfpartie/Nackenbereich
- Oberkopfpartie/Wirbelbereich
- Vorderkopfpartie/Stirnbereich
- Seitenpartien/Profilbereich

1.1.4 Pflege- und Stylingpräparate für die Heimbehandlung empfehlen

Die Abstimmung der Pflege- und Stylingpräparate für die Kundin zu Hause erfolgt auf der Grundlage der Haar- und Kopfhautbeurteilung und der erfolgten Behandlung.

Ein dauergewelltes Haar ist durch die Anwendung von Chemikalien in seiner Struktur verändert worden. Es bedarf einer besonderen Pflege, damit es weiterhin gesund glänzt und die Wellung möglichst lange erhalten bleibt. Dementsprechend müssen die Pflege- und Stylingprodukte ausgewählt werden.

Aufgaben

1. Suchen Sie in Fachzeitschriften nach Abbildungen/Fotos von Frisuren mit Wellen- oder Lockenelementen.
2. Beschreiben Sie in kundengerechter Art die wesentlichen Merkmale der Frisuren.
3. Üben Sie das Beratungsgespräch zur dauerhaften Umformung.

1.2 Arbeitsplatz vorbereiten

Zu einer professionellen Arbeit gehört die gute Vorbereitung unbedingt dazu. Alle notwendigen Arbeitsmaterialien und Präparate werden übersichtlich und geordnet auf einem Arbeitswagen bereitgestellt.
Folgendes wird benötigt:

- Schutzkleidung
- Frottiertücher
- Shampoo
- Griffkamm
- Hautschutzmittel
- Schutzhandschuhe
- Dauerwellvorbehandlung
- Spitzenpapier
- Wickel
- Dauerwellpräparat
- Wärmezufuhr
- Abdeckhaube
- Zeitmesser
- Fixierung
- Applikator
- Nachbehandlungsmittel

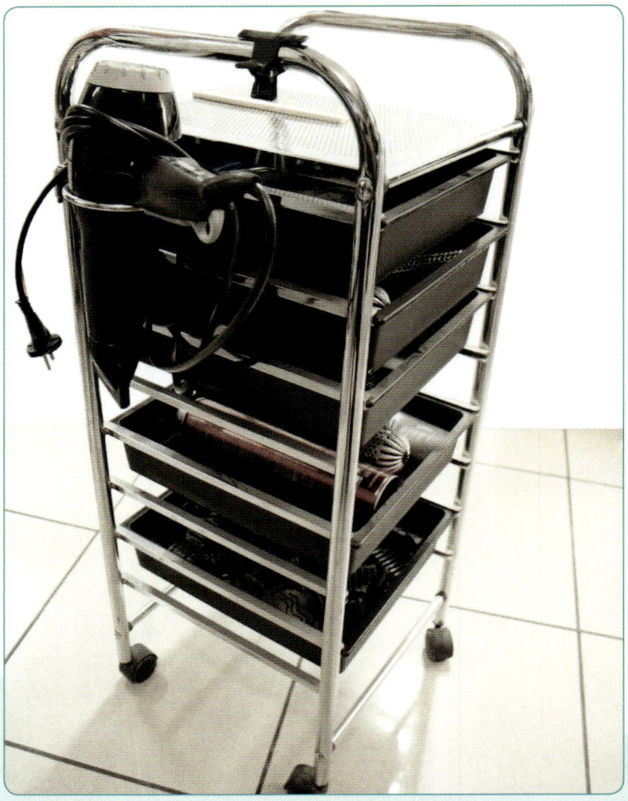

Bild 1 Arbeitsplatz vorbereiten

2 Exkurs: Geschichte der Dauerwelle

SZENARIO

Das Team des Salons plant eine historische Frisurmodenschau. Anja soll sich dazu informieren.

Bild 1 *Lockenfrisur einer Römerin um 20 n. Chr.*

2.1 Umformen von Haaren in früheren Epochen

Kunstwerke aus den verschiedenen Epochen belegen, dass Locken und Wellen seit jeher ein beliebtes Gestaltungselement von Frisuren waren. Alle damaligen Wellverfahren hatten den Nachteil, dass die Umformung nur begrenzt haltbar war und nicht am Kopf ausgeführt werden konnte. Zu groß war die Verletzungsgefahr. Auf Perücken und Haarteilen wendete man das Verfahren jedoch an.

Im 19. Jahrhundert wurde schließlich ein Kochverfahren entwickelt, mit dem abgeschnittene Haare dauerhaft umgeformt werden konnten. Man wickelte das Haar auf Kraushölzer und kochte es einige Stunden in einer alkalischen Lösung, um das Haarkeratin zu erweichen. In diesem Zustand nahm das Haar die Form des Wickels an.

Anschließend beendete man die Umformung mit einer Essiglösung und kühlte das Haar.

2.2 Heißwelle

Für die Behandlung des Kopfhaares entwickelte Karl Nessler (1872 bis 1951) die Heißwelle. Er präsentierte 1906 die erste Dauerwelle und erhielt 1910 ein Dauerwellpatent. Seine Idee war, nach dem Prinzip des Kochverfahrens das Kopfhaar dauerhaft umzuformen.

Bild 2 *Wellergebnis der Spiralwicklung*

Bei seinem Wellverfahren von 1906 wurde das Haar partienweise mit einer alkalischen Lösung angefeuchtet und spiralförmig auf einen Stabwickel gedreht (**Spiralwicklung**). Die Wickel standen senkrecht auf dem Kopf. Angefeuchtete Flanellstreifen wurden um die Haare gebunden, um sie feucht zu halten, das Ablaufen zu verhindern und das Haar vor Verbrennungen zu schützen.

Die Wickel standen auf einem Isolierring, der Hautverbrennungen verhindern sollte. Auf je zwei Wickel wurden vorgeheizte Hülsen gestülpt, die der Friseur während des Kochverfahrens festhielt. Durch Abkühlen und anschließendes Behandeln mit sauren Präparaten wurde die neue Form gefestigt.

Eine Dauerwellbehandlung nach diesem Verfahren dauerte etwa fünf Stunden. Die Haare waren häufig überkraust und ausgetrocknet.

Im Jahre 1909 stellte Nessler erstmals einen Dauerwellapparat vor, bei dem die Heizhülsen direkt durch elektrischen Strom beheizt wurden.

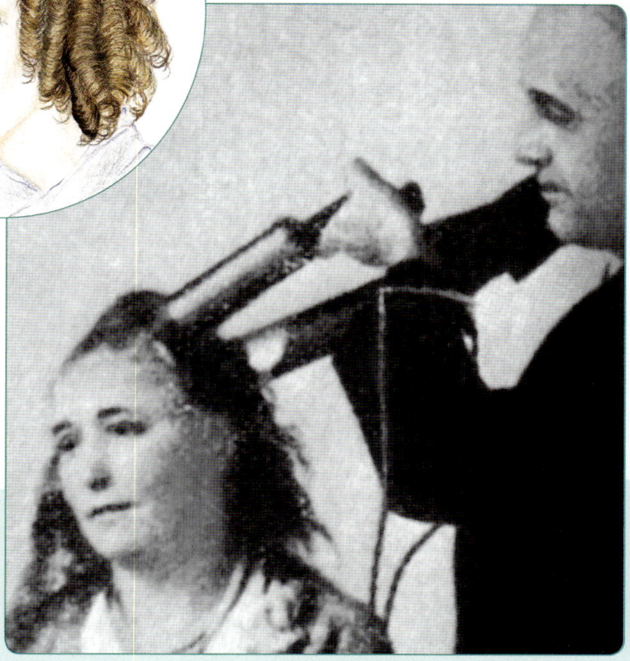

Bild 3 *Karl Nessler demonstriert das Heißwellverfahren*

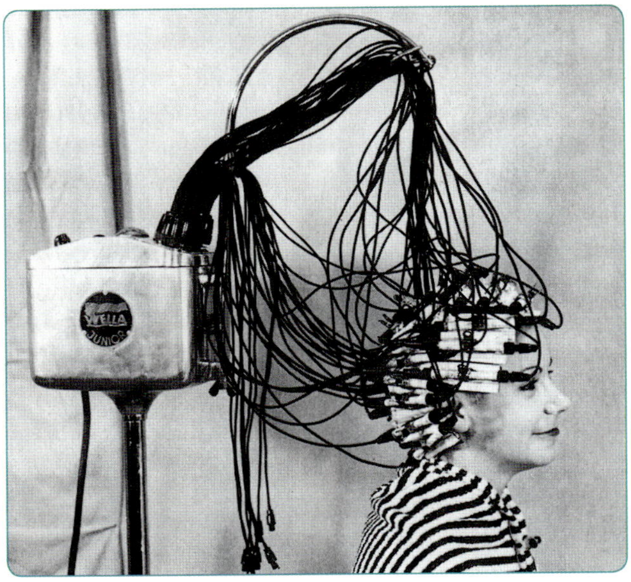

Bild 1 Heißwellgerät – Flachwicklung

Im Jahre 1924 stellte der Friseur Josef Mayer eine grundlegende Veränderung des Heißwellsystems vor, die sogenannte Flachwicklung mit beheizten Wickeln und Klammern. Sie führte zu einer Vielzahl von Verbesserungen:

- Wickel waren erheblich leichter.
- Kurze Haare konnten gewellt werden.
- Wickeln wurde vereinfacht, der Arbeitsablauf dadurch erheblich verkürzt.
- Wickel und Klammern wurden durch elektrischen Strom beheizt. Dadurch konnte der Umformungsgrad der einzelnen Haarabschnitte gesteuert werden.
- Wickelschema konnte auf die geplante Frisur abgestimmt werden.

Bild 2 Wellergebnis der Flachwicklung

Bereits in den 30er Jahren hatte sich die Dauerwelle durchgesetzt und gehörte von nun an zum Arbeitsalltag eines jeden Damenfriseurs.

2.3 Kaltwelle

1942 ließen sich amerikanische Chemiker das sogenannte Kaltwellverfahren patentieren, mit dem ohne zusätzliche Wärme das Haar dauerhaft umgeformt werden konnte. Die Erweichung des Haarkeratins wurde durch den chemischen Vorgang der Reduktion erreicht. Als Chemikalien dienten dazu Thioglykolsäure und ein Alkali.

Das erweichte Haarkeratin nahm die Form des Wickels an. Die Umformung wurde durch die anschließende Fixierung dauerhaft gefestigt. Als Fixiermittel diente eine saure Wasserstoffperoxidlösung.

Ammoniumthioglykolat + Alkalien	Umformung bei Raumtemperatur
Wasserstoffperoxid	Festigung der erreichten Umformung

Tabelle 1 Inhalt des Patents

Die ersten Wellmittel dieser klassisch-alkalischen Dauerwelle lagen im pH-Bereich von pH 9,2 bis pH 9,6. Diese hohe Alkalität führte häufig zu Haar- und Hautschäden und zu überkraustem Haar.

Aufgaben

1. Wie wurde bereits im 19. Jahrhundert abgeschnittenes Haar dauerhaft umgeformt?
2. Beschreiben Sie den Dauerwellvorgang nach dem von Karl Nessler entwickelten Verfahren.
3. Beurteilen Sie die erste Heißwelle in Bezug auf das Wellergebnis und die Haarstruktur.
4. Ab 1909 wurden die Heizhülsen durch den elektrischen Strom beheizt. Welche Vorteile hatte dieses Verfahren?
5. Welche Verbesserungen im Arbeitsablauf und im Ergebnis wurden durch die Einführung der Flachwicklung beim Heißwellen erzielt?
6. Nennen Sie die Chemikalien, mit denen eine dauerhafte Umformung ohne zusätzliche Wärme erzielt werden kann.
7. Beurteilen Sie die Alkalität der klassisch-alkalischen Dauerwellen.
8. Welche Vorteile hatte die erste Kaltwelle gegenüber der Heißwelle?
9. Geben Sie die Nachteile der ersten Kaltwelle im Vergleich zu den modernen Dauerwellen an.
10. Wann wurden die unterschiedlichen Dauerwellverfahren vorgestellt?
    a) Heißwelle – Spiralwicklung
    b) Heißwelle – Flachwicklung
    c) Kaltwelle

3 Haareigenschaften berücksichtigen

SZENARIO

Anja will Frau Specks Kundenwünsche erfüllen. Dazu möchte Anja wissen, welche Eigenschaften des Haares sie bei der dauerhaften Umformung berücksichtigen muss oder welche gar eine Voraussetzung für die Umformung darstellen.

Folgende Merkmale sind wichtig:
- Feinbau des Haares
- Kapillarität
- Saugfähigkeit
- Haarstärke und Querschnittsform
- Haarstruktur

3.1 Feinbau des Haares

Die technologischen Vorgänge beim Dauerwellen finden in der Faserschicht des Haares statt. Die Schuppenschicht und das Mark haben für die Umformung nur eine untergeordnete Bedeutung.

Wie bereits im Lernfeld 3 beschrieben, besteht die Faserschicht aus Spindelzellen, die einen hohen Keratinanteil aufweisen. Es liegt hier als Faserkeratin und als amorphes Keratin vor.
Keratin setzt sich aus Proteinmolekülen zusammen:
- Beim Faserkeratin sind die Proteinmoleküle zu Peptidspiralen geordnet.
- Dagegen besteht das amorphe (formlose) Keratin aus kürzeren Proteinabschnitten, die keine feste Ordnung aufweisen. Dieses Keratin wird auch als Kittsubstanz bezeichnet.

Beide Formen des Keratins werden durch Wasserstoff-, Salz- und Schwefelbrücken stabilisiert.

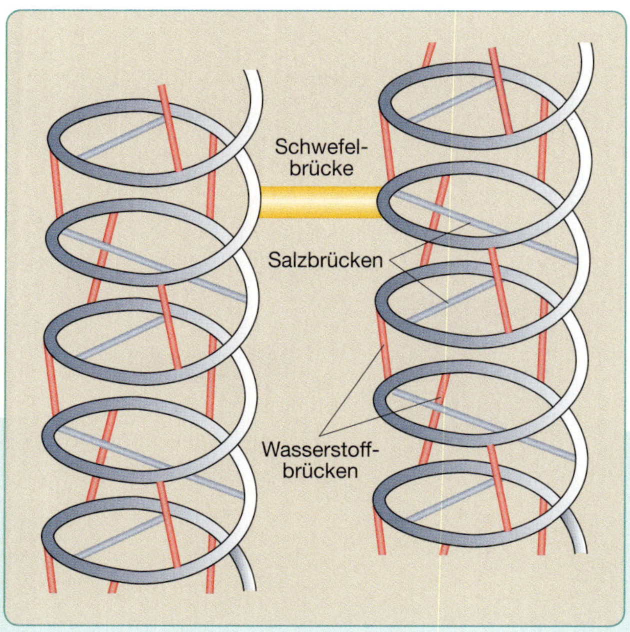

Bild 1 Peptidspiralen mit den chemischen Bindungen

Wasserstoffbrücken bilden sich zwischen Wasserstoff- und Sauerstoffatomen aus. Sie befinden sich innerhalb der Peptidspiralen und sind lockere Verbindungen, die bereits durch Wasseraufnahme gelöst werden. Dabei schieben sich die Wasssermoleküle zwischen die Wasserstoffbrücken. Das Haar quillt und dehnt sich. Diese Ausdehnung muss beim Schneiden nasser Haare besonders im Bereich des Ponys berücksichtigt werden. Beim Trocknen wird das Wassser wieder entzogen. Die Wasserstoffbrücken schließen sich und das Haar erreicht seine ursprüngliche Form und Länge.

Salzbrücken entstehen zwischen positiv und negativ geladenen Atomgruppen von benachbarten Peptidspiralen. Sie sind erheblich stabiler als Wasserstoffbrücken. Salzbrücken werden durch Wasser teilweise und durch

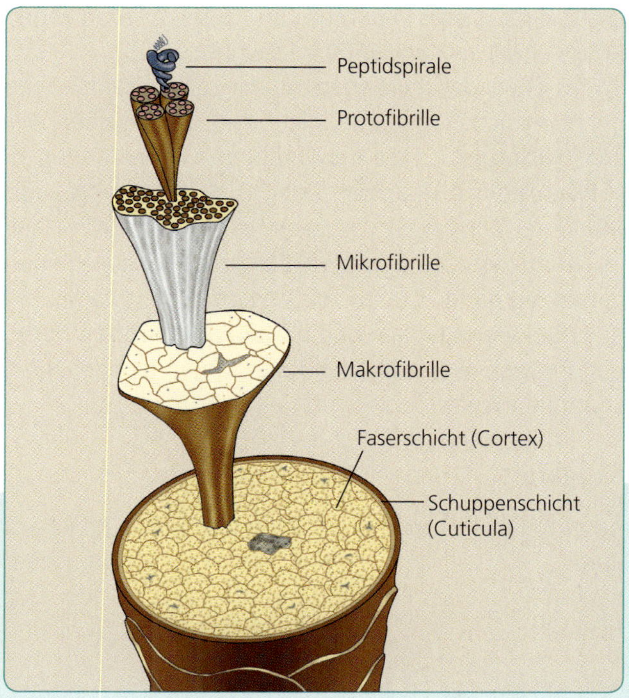

Bild 2 Feinbau der Faserschicht

Alkalien vollständig gelöst und durch Säuren wieder geschlossen.

Schwefelbrücken (Disulfidbrücken) bilden sich zwischen einzelnen Schwefelatomen verschiedener Peptidspiralen aus. Sie sind die stabilsten Verbindungen im Haar. Schwefelbrücken werden durch das Ammoniumthioglykolat (ATG) des Wellmittels gelöst und durch das H_2O_2 der Fixierlösung an anderer Stelle wieder geschlossen.

Das amorphe Keratin umhüllt die Fasern und stabilisiert so das Haar. Die Dauerwellflüssigkeit durchdringt folglich zuerst das amorphe Keratin und löst in erster Linie dort die Schwefelbrücken.

Der Feinbau der Faserschicht im Überblick

Die kleinste Einheit der Faserschicht sind die spiralförmigen Proteinmoleküle, die Peptidspiralen. Sie bestehen aus etwa 20 verschiedenen Aminosäuren.

Zwei bis fünf Peptidspiralen sind untereinander durch die Brücken verbunden. Sie bilden die Protofibrille, die kleinste Faser.

Zirka zehn Protofibrillen schließen sich zur nächst größeren Faser zusammen, der Mikrofibrille.

Aus den Mikrofibrillen bauen sich die größten Fasern des Haares auf, die Makrofibrillen.

Die Makrofibrillen sind die Bausteine der Spindelzellen, die auch als Faserstrangbündel bezeichnet werden.

100 bis 200 Spindelzellen bilden die Faserschicht.

3.2 Kapillarität und Saugkraft

Die Dauerwellflüssigkeit muss das gesamte Haar vom Ansatz bis zur Spitze erreichen und dann ins Haarinnere gelangen, um dort wirksam zu werden. Das ist nur möglich aufgrund der folgenden beiden Eigenschaften des Haares:

- Kapillarität
- Saugkraft

Kapillarität

Kapillaren sind enge Röhrchen, in denen Wasser hochsteigt. Je enger die Kapillaren sind, desto höher steigt das Wasser. Dieses Verhalten von Flüssigkeiten in engen Röhren wird als Kapillarität bezeichnet.

Zwischen den einzelnen Haaren einer Haarsträhne befinden sich Hohlräume, die wie enge Röhrchen wirken. Sie sorgen für die Kapillarität von Haarsträhnen.

Nach dem Anfeuchten erreicht das Wellmittel aufgrund der Kapillarität das gesamte aufgewickelte Haar. Netzmittel in der Dauerwellflüssigkeit beschleunigen diesen Vorgang. Exakte Arbeitstechniken, wie sauber durchgekämmtes Haar und gleichmäßig straffe Wickel, begünstigen ein gleichmäßiges Durchdringen der Haarsträhnen mit Wellflüssigkeit.

Saugkraft

Kommt das Haar mit Wasser in Berührung, saugt es sich damit voll. Beim Dauerwellen gelangen aufgrund der Saugfähigkeit des Haares die im Wasser gelösten bzw. fein verteilten Wirkstoffe der Dauerwellflüssigkeit und der Fixierlösung ins Haarinnere. Das Wasser dient hier als Transportmittel.

Die Saugkraft der Haare ist abhängig von der Struktur und dem Wassergehalt der Haare. Chemisch vorbehandeltes Haar ist wegen seiner gelockerten Haarstruktur saugfähiger als unbehandeltes. Friseurpräparate können in kürzerer Zeit ins Haar eindringen und ihre Wirkung schneller entfalten. Sehr nasse, mit Wasser gesättigte Haare sind nicht mehr saugfähig. Es gelangt zu wenig Wellflüssigkeit ins Haar. Vor dem Auftragen der Wellflüssigkeit sollten Haare deshalb handtuchtrocken sein.

Bild 1 Kapillarität einer Haarsträhne

3.3 Stärke und Querschnitt

Normal starke Haare mit rundem Querschnitt können problemlos umgeformt werden. Nach der Umformung weisen sie eine gute Sprungkraft auf. Haare mit stark ovalem bis bandartigem Querschnitt verhalten sich wie feine Haare. Da diese Haare nach der Umformung weniger Sprungkraft aufweisen, empfiehlt es sich, dünnere Wickel für die Umformung einzusetzen.

Je stärker die Haare zur ovalen bis bandartigen Querschnittsform tendieren, desto kürzer sollten die Haarlängen und dünner die Wickel sein, um das Standvermögen der Haare zu verbessern.

Bild 1 zeigt das Wellergebnis von Haaren mit rundem und stark abgeflachtem Querschnitt, die mit gleichen Wickeln, derselben Wellflüssigkeit und gleich langer Einwirkzeit umgeformt wurden.

Deshalb sollte der Haarquerschnitt bei Kundinnen, die zum ersten Mal ihr Haar umformen lassen, festgestellt werden. Auch bei Kundinnen, die im Beratungsgespräch erwähnen, dass bei ihnen Dauerwellen nicht gut halten, sollte der Haarquerschnitt festgestellt werden. Dafür müssen Haare von mehreren Kopfpartien gemessen werden. Bei Abweichungen von mehr als 25 % bei der Plan- und der Schlaufenmessung liegt ein ovales Haar vor, bei Abweichungen von mehr als 50 % handelt es sich um ein Bandhaar. Haarstärke und Haarquerschnitt bestimmen die Wickelstärke.

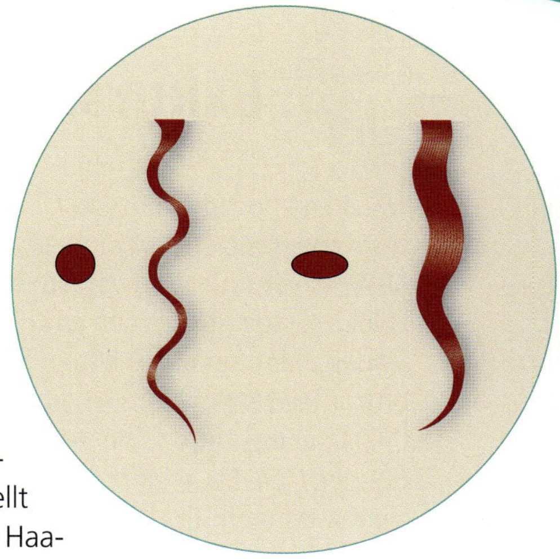

***Bild 1** Wellergebnis bei unterschiedlichem Querschnitt*

3.4 Haarstruktur

Die einzelnen Haare unterscheiden sich in ihrer Struktur vom Ansatz bis zur Spitze. Je länger ein Haar wird, desto stärker wird der Unterschied.

Verantwortlich für die Strukturschäden sind die mechanischen, chemischen und thermischen Belastungen des Haares sowie auf das Haar einwirkende UV-Strahlen. Die unterschiedlichen Haarstrukturen an einem Haarschopf müssen beim Dauerwellen berücksichtigt werden. Andernfalls erzielt man in den gesunden Haarbereichen, wie z. B. am Haaransatz, eine zu schwache und in den strukturgeschädigten Spitzen eine zu starke Umformung. Damit ein einheitliches Wellergebnis vom Ansatz bis zur Spitze erzielt wird, werden spezielle Dauerwellpräparate oder spezielle Arbeitstechniken eingesetzt.

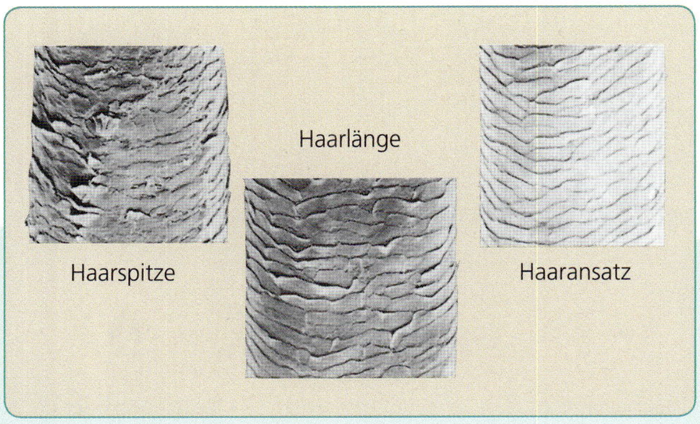

***Bild 2** Unterschiedliche Haarstruktur vom Ansatz bis zur Spitze*

Aufgaben

1. Notieren Sie die Messwerte für Haarstärken und stellen Sie fest, welche Haarstärke Ihre Kundin hat.
2. Ermitteln Sie den Haarquerschnitt Ihrer Kundin.
3. Erörtern Sie Ihre Vorgehensweise bei einem bandförmigen Haarquerschnitt.
4. Beschreiben Sie die Stabilisierung des Haaraufbaus durch die Brückenbindungen im Haar.
5. Begründen Sie, warum das Haar vor dem Auftragen der Wellflüssigkeit handtuchtrocken sein soll?
6. Erörtern Sie, dass der Auftrag des Wellmittels am Haaransatz ausreichend ist, um auch die Längen und Spitzen des Haares umzuformen.
7. Zeigen Sie auf, wie unterschiedliche Haarstärken beim Dauerwellen berücksichtigt werden.
8. Überlegen Sie, unter welchen Voraussetzungen Sie von einer dauerhaften Umformung abraten.

4 Exkurs: Wasserstoffperoxid

1818 erfand Louis Jacques Thènard diesen Stoff, der den Friseurberuf revolutionierte.

Wasserstoffperoxid (Hydrogenperoxid) besteht aus zwei Wasserstoffatomen und zwei Sauerstoffatomen. Seinen Hauptanteil im Friseurbereich hat es als Oxidationsmittel, obwohl es auch als schwache Säue gilt.

Oxidationsmittel sind Moleküle (chemische Verbindungen), die Sauerstoff abspalten bzw. Elektronen entziehen können. Die Begriffe der Oxidation und Reduktion sind ab S. 480 genauer nachzulesen.

Wasserstoffperoxid zerfällt bei der Reakton in Wasser und „aktiven" Sauerstoff. In unserer Luft ist auch Sauerstoff vorhanden. Doch dieser kommt als Molekül in gebundener Form (O_2) vor und ist damit nicht fähig, aktiv in chemischen Prozessen zu wirken. Somit kann nur der aktive Sauerstoff aus dem Zerfall von Wasserstoffperoxid eine Reaktion hervorrufen.

Wasserstoffperoxid findet in folgenden Bereichen seine Anwendung:

- Fixierung bei der Dauerwelle: Schließen der Disulfidbrücken durch das Entfernen des Wasserstoffatoms
- Entwicklung der Farbvorstufen zu Farbmolekülen
- Zerstörung (Oxidation) der natürlichen Pigmente
- Schleichende Oxidation in Aufhellungsfestigern
- Bleichen von verfärbten Nägeln im Handbad
- Desinfektion

Wasserstoffperoxid gibt es in verschiedenen Konzentrationen: 3 %, 6 %, 9 % und 12 %.

Reines Wasserstoffperoxid ist geruchlos, zähflüssig und gut mit Wasser mischbar. Da beim Abbau Produkte entstehen, die auch in der Natur vorhanden sind, kann es als umweltfreundliche Chemikalie bezeichnet und problemlos in den Ausguss geschüttet werden.

Da es leicht zerfällt (s. Bild 2), werden Friseurpräparaten, die H_2O_2 enthalten, immer Stabilisatoren zugefügt. Diese verhindern einen vorzeitigen Zerfall in Wasser und aktiven Sauerstoff.

Im Umgang mit Wasserstoffperoxid und bei der Lagerung sind folgende Dinge zu beachten:

- **Kühl und dunkel lagern** Wärme und UV-Licht beschleunigen den Zerfall. Im Sinne des Unfallschutzes gehört es nicht in durchsichtige Flaschen (lichtempfindlich) oder in die Nähe der Heizung. Die schlimmste Folge wäre eine Explosion.
- **Verschlossen lagern** Sauerstoff würde den Zerfall fördern, was eine Verdünnung der Konzentration zur Folge hätte.
- **Inhalt aus Flaschen in Messbecher überführen** H_2O_2 wird vorm Zerfall bewahrt und behält seine Konzentration
- **Aufbewahrung nur in beschrifteten und dafür geeigneten Flaschen erlaubt**
  So werden eine Verwechslung des Inhalts und damit einhergehende Gefährdungen und Verletzungen ausgeschlossen.

Gesundheitsschutz:

- Wirkt reizend auf die Schleimhäute der Atemwege
- Kann bei hoher Dosierung zu brennenden und juckenden Hautausschlägen führen; dementsprechend wird es mit Sicherheitssätzen deklariert:
  H (Gefährdung): 271 -332-302-314
  P (Sicherheitshinweis): 220-261-280-305
  + 351 +338 + 310

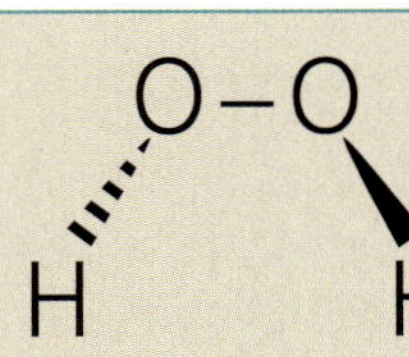

H_2O_2

Bild 1 Struktur- und Summenformel

$2\,H_2O_2 \longrightarrow 2\,H_2O + O_2$

$H{-}\overline{O}{-}\overline{O}{-}H \longrightarrow H{-}\overline{O}{-}H$

$+ \cdot\overline{O}{-}\overline{O}\cdot$

$H{-}\overline{O}{-}\overline{O}{-}H \longrightarrow H{-}\overline{O}{-}H$

Wasserstoffperoxid ⟶ Wasser + Sauerstoff

Bild 2 Zersetzung von Wasserstoffperoxid

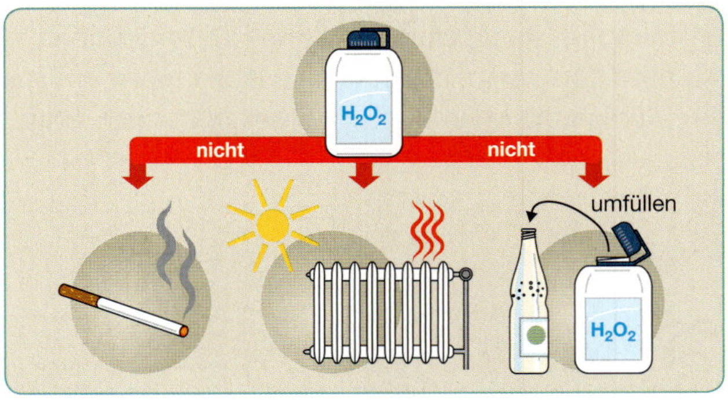

Bild 3 Sicherheitshinweise im Umgang mit H_2O_2

Bild 4 EU-Gefahrenkennzeichen

5 Technologie der Dauerwelle kennenlernen

SZENARIO

Anja weiß nun, welche Eigenschaften des Haares beim Dauerwellen berücksichtigt werden müssen oder gar eine Voraussetzung für das Umformen sind. Nun möchte sie aber wissen, welche Chemikalien in den Präparaten enthalten sind und was sie genau im Haar bewirken.

5.1 Technologische Vorgänge bei der Dauerwelle

Die Dauerwellpräparate der verschiedenen Hersteller reagieren alle nach dem gleichen Prinzip, und zwar in drei Teilschritten:

- Quellen und Erweichen des Haarkeratins
- Umformung des Haarkeratins
- Festigung der Umformung

Je nach Haarstruktur empfiehlt es sich, eine entsprechende Vor- und eine Nachbehandlung durchzuführen.

5.1.1 Vorbehandlung bei der Dauerwelle

Eine Vorbehandlung ist bei strukturgeschädigtem Haar unerlässlich. Als Präparate werden Pflegeemulsionen oder spezielle Vorbehandlungsmittel angeboten. Man trägt sie je nach Gebrauchsanweisung auf das gesamte Haar oder nur auf die strukturgeschädigten Haarbereiche wie Spitzen und aufgehellte Strähnen auf. Die kationaktiven Schutzstoffe lagern sich besonders an den strukturgeschädigten Stellen des Haares an, weil diese eine stärkere negative Ladung aufweisen. Dauerwellvorbehandlungen haben folgende Aufgaben:

- Herabsetzen der Wellwirksamkeit in den strukturgeschädigten Haarpartien
- Vermeidung von weiteren Haarschäden bei strukturgeschädigtem Haar
- Verbesserung der Kämmbarkeit
- Wickelhilfe

5.1.2 Quellen und Erweichen (Bild 1)

Bereits während der Haarwäsche quillt das Haar durch die Einwirkung von Wasser auf. Hierbei werden die Wasserstoffbrücken vollständig und die Salzbrücken zum Teil gelöst. Damit jedoch eine dauerhafte Umformung erzielt werden kann, müssen auch die stabileren Schwefelbrücken im Haar geöffnet werden. Dies wird beim Einwirken der Dauerwellflüssigkeit erreicht (s. Bild 1).

Die Wellflüssigkeit spaltet Wasserstoffatome ab. Diese verbinden sich mit den Schwefelatomen zwischen den Peptidspiralen. Dieser Vorgang wird in der Chemie als Reduktion bezeichnet. Das Haar wird dadurch plastisch und verformbar.

5.1.3 Umformung des Haarkeratins

Das durch die Wellflüssigkeit erweichte Haarkeratin passt sich der Form des Wickels an. Dabei werden die nicht mehr miteinander verbundenen Peptidspiralen gegeneinander verschoben.

- Die Peptidspiralen im äußeren Bereich des Haares werden auseinandergezogen.
- Die Peptidspiralen im inneren Bereich des Haares werden gestaucht (s. S. 248, Bild 1).

Ist die gewünschte Umformung erreicht, wird die Wellflüssigkeit sorgfältig mit Wasser abgespült. Die Haare werden anschließend mit einer Serviette oder einem Handtuch abgetupft.

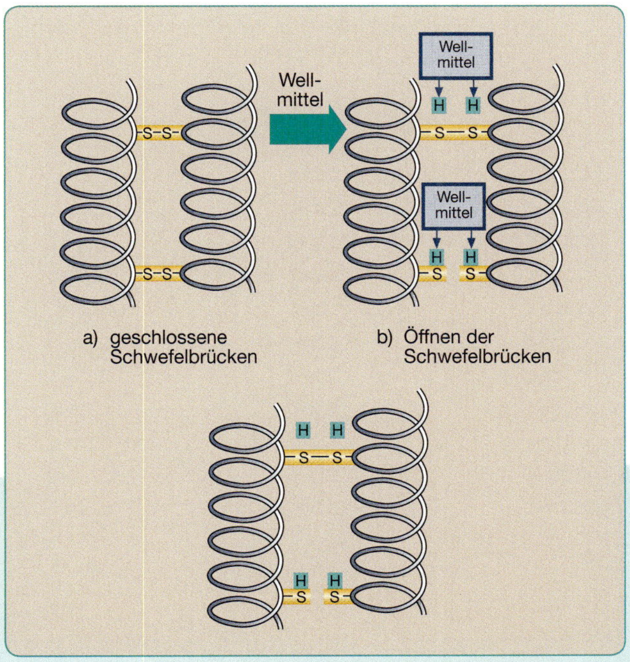

Bild 1 Lösen der Schwefelbrücken

Der hohe Salzgehalt mancher Dauerwellflüssigkeiten bewirkt, dass das Wasser beim Abspülen „explosionsartig" ins Haar eindringt.

Manche Hersteller von Dauerwellpräparaten empfehlen deshalb vor dem Abspülen der Dauerwellflüssigkeit die Verwendung eines Zwischenbehandlungsmittels. Hierdurch soll erreicht werden, dass die Haare durch die starke Wasseraufnahme beim Abspülen nicht zu stark aufquellen. Der sogenannte Quellschock soll dadurch vermieden werden.

5.1.4 Festigung der Umformung

Die Festigung der Umformung erfolgt durch das Fixieren der Haare. Dabei ist es wichtig, dass alle Wickel gründlich mit Fixierflüssigkeit benetzt werden. Sie bewirkt, dass sich neue Schwefelbrücken ausbilden und dass das Haar in der durch den Wickel vorgegebenen Form gefestigt wird.

Bild 2 zeigt, wie der Sauerstoff des Fixiermittels die zwei Wasserstoffatome von den geöffneten Schwefelbrücken abtrennt und sich mit ihnen zu Wasser verbindet. Die Schwefelatome können sich zu neuen Schwefelbrücken verbinden.

Das Schließen der Schwefelbrücken ist eine Oxidation.

Je mehr neue Schwefelbrücken wieder entstehen, desto besser ist die Haltbarkeit der Dauerwelle.

5.1.5 Nachbehandlung

Der Dauerwellvorgang muss durch eine Nachbehandlung abgeschlossen werden. Als Präparate können Spülungen oder spezielle Nachbehandlungsmittel (Apres-Curl-Lotion) eingesetzt werden. Sie haben die Aufgabe, das Haar in seinen natürlichen Zustand zurückzuversetzen. Das wird durch die nachfolgenden Inhaltsstoffe erreicht:

- Organische Säuren neutralisieren restliche Alkalien, entquellen das Haar und adstringieren es.
- Antioxidantien wie Vitamin E binden restliches H_2O_2 der Fixierung und verhindern eine schleichende Oxidation, die zu einer Aufhellung des Haares führen kann.
- Keratinhärter festigen das erweichte Keratin, geben dem Haar so wieder Festigkeit und verbessern die Elastizität des Haares.
- Fette und Wachse geben dem Haar Geschmeidigkeit und den natürlichen Glanz.

5.1.6 Umformungsergebnis

Eine optimale Umformung wird erzielt, wenn ca. 20 % aller Schwefelbrücken gelöst und an anderer Stelle wieder geschlossen werden. Dies wird durch

- die geeignete Wellflüssigkeit,
- eine angemessene Einwirkzeit und
- entsprechende Wärmeeinwirkung erreicht.

Nur das genaue Zusammenspiel dieser drei Faktoren ermöglicht eine gute Umformung. Die Friseurin muss deshalb unbedingt die Hinweise zu den Präparaten beachten und sich zusätzlich durch einen Probewickel vom Grad der Umformung überzeugen. Werden erheblich mehr als 20 % der Schwefelbrücken gelöst, wird das Haar überkraust und strukturgeschädigt. Liegt die Anzahl der gelösten Schwefelbrücken erheblich unter 20 %, so ist die Umformung schwächer.

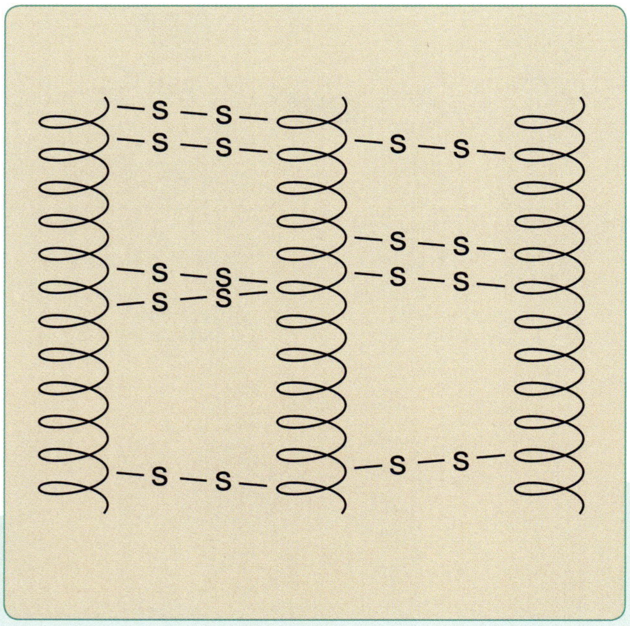

Bild 1 *Stauchung und Dehnung der Peptidspiralen*

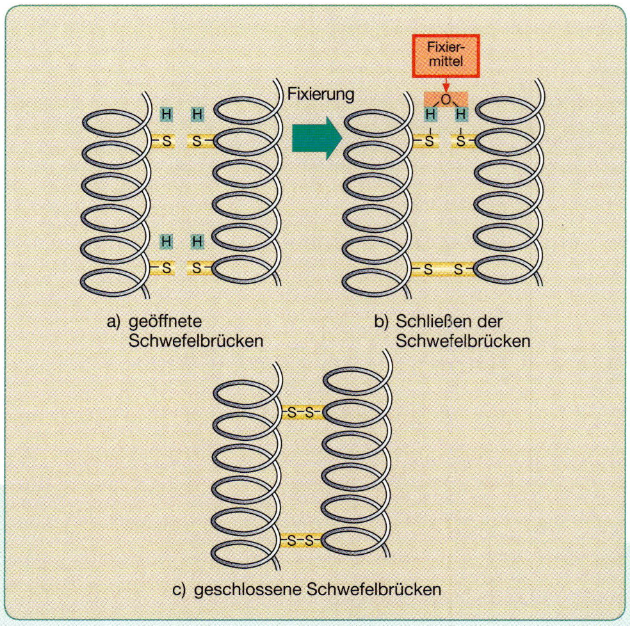

Bild 2 *Schließen der Schwefelbrücken*

5.2 Inhaltsstoffe

Bei den Dauerwellpräparaten handelt es sich mindestens um zwei Substanzen: das Wellmittel, das die Schwefelbrücken im Haar löst, und die Fixierung, die sie nach dem Umformen durch den Wickel an anderer Stelle wieder schließt.

5.2.1 Inhaltsstoffe der Wellmittel

Die wellwirksamen Inhaltsstoffe einer Wellflüssigkeit sind Ammoniumthioglykolat und Alkalisierungsmittel. Sie sind also für das Lösen der Schwefelbrücken verantwortlich. Die übrigen Wirkstoffe optimieren den Wellvorgang. Sie sind auch für das Aussehen, die Konsistenz und den Geruch verantwortlich. In Tabelle 1 sind die gebräuchlichsten Inhaltsstoffe von Dauerwellpräparaten aufgeführt.

5.2.2 Inhaltsstoffe der Fixiermittel

Zur Festigung des Keratins wird eine H_2O_2-Lösung als Wirkstoff eingesetzt, die jedoch ihre volle Wirkung erst im Zusammenspiel mit den übrigen Bestandteilen entfalten kann. Einen Überblick über die Inhaltsstoffe und deren Aufgaben gibt Tabelle 2.

Zur Beschleunigung des Fixiervorgangs kommen auch Schnellfixierungen zum Einsatz, die aufgrund spezieller Netzmittel schneller in das Haar eindringen und so den Fixiervorgang erheblich verkürzen.

Bestandteile	Aufgaben
Reduktionsmittel: Ammoniumthioglykolat (ATG)	Lösen die Schwefelbrücken, dadurch Plastifizieren (Erweichen) des Keratins
Alkalisierungsmittel: Ammoniumcarbonat, Ammoniumhydrogencarbonat	Lösen die Salzbrücken, dadurch zusätzliches Erweichen des Keratins und Quellen des Haares; Steuern den chemischen Vorgang durch pH-Regulierung
Tenside, Emulgatoren, Lösungsvermittler	Emulgieren die Pflegestoffe und schwer löslichen Duftstoffe
Schutz- und Pflegestoffe: Fettstoffe, Proteine, Polymere	Halten die Haarschäden gering
Destilliertes oder entmineralisiertes Wasser	Lösen und verdünnen die Wirkstoffe; transportieren die Wirkstoffe ins Haar
Schaumbildner	Verhindern das Ablaufen; erzeugen die Schaumkappe
Farbstoffe	Dienen der Unterscheidung verschiedener Wellmittel; verbessern das Aussehen
Duftstoffe	Überdecken den unangenehmen Geruch des Ammoniumthioglykolats

Tabelle 1 *Wesentliche Inhaltsstoffe von Wellmitteln*

Bestandteile	Aufgaben
Oxidationsmittel: 1,5 bis 2%ige H_2O_2-Lösung	Schließen die Schwefelbrücken
Säuerungsmittel: Weinsäure, Zitronensäure oder Milchsäure	Stabilisieren das Wasserstoffperoxid während der Lagerung, neutralisieren die Alkalireste im Haar, adstringieren das Haar (schließen die Salzbrücken)
Tenside	Ermöglichen gutes Verteilen auf dem Haar und schnelles Eindringen ins Haar
Verdickungsmittel: Ö/W-Emulsionen, Gelbildner	Verhindern das Ablaufen
Schaumbildner	Verhindern das Ablaufen, erzeugen eine Schaumkappe
Destilliertes oder entmineralisiertes Wasser	Lösen und verdünnen die Wirkstoffe, transportieren die Wirkstoffe ins Haar

Tabelle 2 *Wesentliche Inhaltsstoffe von Fixierungen*

5.3 Dauerwellarten

Bei der Wahl der Dauerwellflüssigkeiten stehen unterschiedliche Präparate zur Verfügung, die jeweils auf eine bestimmte Haarstruktur abgestimmt sind. Sie unterscheiden sich

- in der Konzentration des Reduktionsmittels,
- in der Alkalität des Wellmittels,
- in dem Anteil der Schutzstoffe.

Folgende Dauerwellarten werden unterschieden und erläutert:

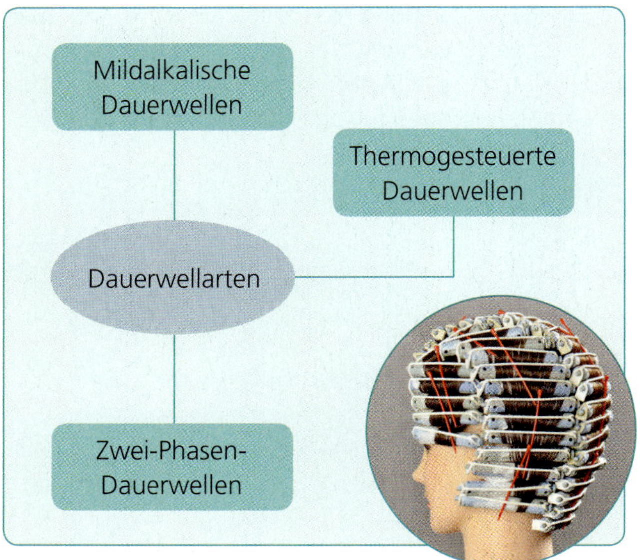

Bild 1 Dauerwellarten

5.3.1 Mildalkalische Dauerwellen

Die mildalkalischen Dauerwellpräparate sind die eigentlichen Standarddauerwellen der modernen Friseurpraxis. Ihre Alkalität und der Anteil des Reduktionsmittels sind auf die jeweilige Haarstruktur abgestimmt.

In der Regel werden unter einem Produktnamen drei unterschiedliche Wellflüssigkeiten für die folgenden Haarstrukturen angeboten:

- gefärbtes/blondiertes Haar
- normales Haar
- schwer wellbares Haar

Zu den mildalkalischen Dauerwellen gehören auch die Schaumwellen. Ihnen sind besondere Schaumbildner zugesetzt.

Aus der mildalkalischen Dauerwelle sind weitere alkalische Dauerwellsysteme entwickelt worden, die sich durch zusätzliche Merkmale unterscheiden.
Zu ihnen gehören die

- thermogesteuerten Dauerwellen und die
- Zwei-Phasen-Dauerwellen.

Für alle mildalkalischen Dauerwellprodukte kann die Wasserstoffperoxid-Standardfixierung, die auch als Schaumfixierung angeboten wird, verwendet werden. Zur Beschleunigung des Fixiervorgangs kommen auch Schnellfixierungen zum Einsatz, die aufgrund spezieller Netzmittel schneller in das Haar eindringen und so den Fixiervorgang erheblich verkürzen.

5.3.2 Thermogesteuerte Dauerwellen

Unter dem Begriff thermogesteuerte Dauerwelle sind alle Dauerwellsysteme zusammengefasst, bei denen eine erhöhte Temperatur für die Umformung erforderlich ist.

Durch die Temperaturerhöhung werden die chemischen Vorgänge im Haar beschleunigt. Deshalb sind für die Umformung weniger wellwirksame Substanzen erforderlich, sodass das Haar weniger stark belastet wird. Die Temperaturerhöhung kann erreicht werden durch

- chemische Reaktionen von zwei Zusatzstoffen,
- Trockenhaube oder Strahler,
- Erwärmen des Wellmittels.

Bei einer zu geringen Temperatur wird das gewünschte Umformungsziel nicht erreicht. Eine zu starke Temperaturerhöhung wirkt dagegen haarschädigend.

5.3.3 Zwei-Phasen-Dauerwellen

Die Zwei-Phasen-Dauerwelle berücksichtigt die Strukturunterschiede des Haares vom Ansatz bis zur Spitze:

- Der Ansatz ist nachgewachsen und deshalb normal bis schwer wellbar.

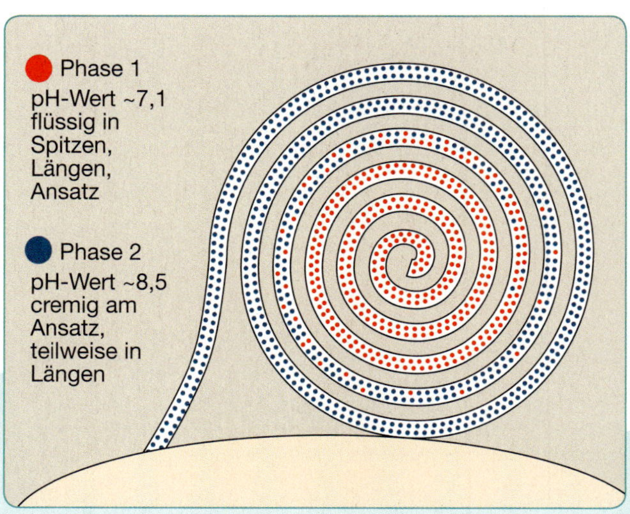

Bild 2 Prinzip der Zwei-Phasen-Dauerwelle

- Die Längen sind porös. Deshalb gelangt die Wellflüssigkeit schneller ins Haar.
- Die Spitzen sind am stärksten vorgeschädigt und deshalb besonders empfindlich.

Die erste Phase dieser Präparate ist flüssig, ihre Wellwirksamkeit ist auf die Haarstruktur der Längen und Spitzen abgestimmt. Sie wird als Erstes aufgetragen und gelangt deshalb in das gesamte Haar.

Die zweite Phase ist in der Konsistenz gelförmig und enthält eine höhere Konzentration an wellwirksamen Substanzen. Sie ist auf die festere Struktur des Haaransatzes abgestimmt.

Die zweite Phase wird am Ansatz aufgetragen und ist auch nur dort wirksam. Sie kann aufgrund der festeren Konsistenz nur im Ansatzbereich wirksam werden.

Die Zwei-Phasen-Dauerwellpräparate sind wie die mildalkalischen Präparate für unterschiedliche Haarqualitäten (normale, gefärbte und schwer wellbare Haare) erhältlich.

Aufgaben

1. Mit welchen Ergebnissen müssen Sie rechnen, wenn bei einer Dauerwelle
   a) erheblich weniger als 20 %,
   b) erheblich mehr als 20 % der Schwefelbrücken gelöst werden?
2. Beschreiben Sie den chemischen Vorgang, der beim Festigen des Haarkeratins während des Fixiervorgangs abläuft.
3. Welche Aufgaben haben die Inhaltsstoffe eines Wellmittels?
4. Nennen Sie die Inhaltsstoffe einer Fixierung und ihre Aufgaben.
5. Welche Aufgaben hat ein Vorbehandlungsmittel?
6. Nennen Sie die Aufgaben von Nachbehandlungspräparaten.

Mathematik-Aufgaben

1. 40 ml Wellmittel werden mit 45 ml Wasser verdünnt. Die Mischung enthält zu 5,2 % Reduktionsmittel.
   Wie hoch ist der Anteil des Reduktionsmittels der unverdünnten Wellflüssigkeit?
2. 600 ml 2 %ige Fixierung werden aus 9 %igem H_2O_2 und Wasser hergestellt.
   Wie viel ml werden jeweils gebraucht?
3. Eine 2,5 %ige Fixierung soll hergestellt werden. Es sind 400 ml 30 %iges H_2O_2 vorrätig.
   a) Wie viel ml des 30 %igen Konzentrats müssen zur Herstellung von 1 Liter Fixierung genommen werden?
   b) Wie viel ml Wasser sind zur Herstellung dieser Fixierung erforderlich?
4. Eine Fixierung wird aus 115 ml Wasser, 5 ml waschaktiver Substanz und 20 ml 15 %igem H_2O_2 zubereitet.
   Wie viel Prozent H_2O_2 sind in der gebrauchsfertigen Fixierung?

Bild 1 *Auftragen des Wellmittels*

Bild 2 *Auftragen der Fixierung*

6 Dauerhafte Umformungen durchführen

SZENARIO

Anja hat den theoretischen Hintergrund des Dauerwellens verstanden. Nun möchte sie erfahren, was sie weiterhin wissen und können muss, um eine gute Dauerwelle zu erstellen und die Kundin zufrieden zu stellen.

6.1 Maßnahmen zum Gesundheitsschutz durchführen

Hautschutz für die Friseurin

Für alle Arbeitsschritte wie Auftragen des Wellmittels, Befeuchten der Wickel, Prüfen des Umformungsgrades und Fixieren sowie beim Auswaschen der verwendeten Chemikalien müssen in jedem Fall Einmalhandschuhe getragen werden, die für die verwendeten Chemikalien undurchlässig sind.

Einen zuverlässigen Schutz für die Haut bieten Vinyl- oder Polyethylenhandschuhe.

Dagegen dürfen Latexhandschuhe nicht benutzt werden, weil sie nicht gegen alle Chemikalien, die in der Dauerwellflüssigkeit und im Fixiermittel enthalten sind, undurchlässig sind.

Einige Bestandteile von Dauerwellflüssigeiten können neben Hautreizungen auch Allergien hervorrufen.

Die Gesundheit der Kundin wird durch folgende Maßnahmen geschützt:

- Keine Verwendung saurer Dauerwellen
  In der **TRGS 540** ist ausdrücklich ein für die Wellflüssigkeit verbotener Wirkstoff aufgeführt (Glycerinmonothioglycolsäureester). Die meisten Hersteller von Friseurpräparaten verzichten deshalb auf die Herstellung dieser Präparate.
- Sanfte Haarwäsche
  Die Kopfhaut wird vor der Dauerwelle nicht gereinigt, sondern nur das Haar. So bleibt ein schützender Fettfilm auf der Kopfhaut.
- Die Wellflüssigkeit wird nicht in Kopfhautnähe aufgetragen.
- Die Konturen werden durch Eincremen geschützt.
- Der mit Wellflüssigkeit vollgesogene Wattestreifen wird nach dem Auftragen der Flüssigkeit entfernt. (Genaue Vorgehensweise beim Auftragen von Wellflüssigkeit und Fixierung s. Kapitel 5.6 und 5.8)

6.2 Haarwäsche

Vor der Dauerwellbehandlung sollte das Haar nur einmal gewaschen und die Kopfhaut dabei nicht massiert werden. So verbleibt der Hauttalg als schützender Film auf der Kopfhaut und verhindert Rötungen und Reizungen. Außerdem wird vermieden, dass Dauerwellflüssigkeit in den oberen Bereich des Haarfollikels eindringt und das dort noch schwächer verhornte Haar schädigt. Ein späterer Haarbruch (s. S. 262, Bild 3) ist bei geschädigtem Haar möglich.

Nach der Haarwäsche wird das überschüssige Wasser mit einem Frottiertuch aus den Haaren entfernt. Wenn zu viel Wasser im Haar verbleibt, kann es nicht genügend Wellflüssigkeit aufnehmen. Die aufgenommene Flüssigkeit wird zu stark verdünnt und die Wellwirksamkeit herabgesetzt.

6.3 Vorbehandlungen

Bei strapaziertem und strukturgeschädigtem Haar muss in jedem Fall eine Vorbehandlung durchgeführt werden.

Vorbehandlungspräparate werden je nach Gebrauchsanweisung gleichmäßig im Haar verteilt oder gezielt auf die strukturgeschädigten Haarbereiche gegeben. Die Menge des Präparates richtet sich nach der Haarlänge und Haarfülle. Poröse Haarbereiche nehmen mehr von dem Präparat auf. Dadurch wird die Wellflüssigkeit dort stärker verdünnt und das Haar zusätzlich durch die Pflegesubstanzen vor den Wirkstoffen der Wellflüssigkeit etwas geschützt. Wird zu viel Vorbehandlungsmittel aufgetragen, ist das Haar mit Flüssigkeit übersättigt, was eine zu schwache Umformung zur Folge hat.

Durch das Vorbehandlungspräparat wird die Wellflüssigkeit jeweils auf die strukturgeschädigten Haarbereiche abgestimmt.

6.4 Haarschnitt

Wird der Haarschnitt vor der Umformung durchgeführt, muss Folgendes berücksichtigt werden:
- Bei einer Kurzhaarfrisur lässt sich das Haar schwieriger wickeln.
- Die Wickelstärke kann unter Umständen zu klein ausfallen.
- Die Spitzenumformung fällt bei Längen- und Spitzeneffilationen zu kräftig aus. Deshalb sollte die Effilation nach der Umformung erfolgen.
- Bei stumpf geschnittenem Haar wird eine gleichmäßige Umformung von Ansatz bis Spitze erzielt.

Wird der Haarschnitt nach der Umformung durchgeführt, ist Folgendes zu beachten:
- Das längere Haar lässt sich leichter wickeln.
- Mit dem Haarschnitt werden Wickelfehler, wie z. B. umgeknickte Haarspitzen, korrigiert.

6.5 Wickeln der Haare

Für das Wickeln sind grundsätzlich folgende Kenntnisse und Fertigkeiten erforderlich:
- Kenntnisse über die Wickelarten,
- Setzen der Wickel (Arbeitstechnik),
- Anordnen der Wickel auf dem Kopf (Wickeltechnik).

6.5.1 Wickelarten

Bei Schemawicklungen und vielen Spezialtechniken wird der Standardwickel (Formwickel) eingesetzt. Mit diesen Wickeln wird ein gleichmäßiger Wellenverlauf erzielt.

Die Formwickel werden in verschiedenen Durchmesserstärken und in zwei unterschiedlichen Längen angeboten. Die verschiedenen Stärken werden durch Farben gekennzeichnet.

Die Oberfläche der Formwickel ist speziell behandelt. Dadurch wird der Formwickel griffig, das Haftvermögen gesteigert und die Arbeit erleichtert.
Die Hohlräume in den Formwickeln:
- schützen die Haarspitzen zusätzlich vor einer Überkrausung,
- erleichtern das Ausspülen der Wellflüssigkeit,
- ermöglichen gutes Verteilen der Fixierlösung.

Eine Verbesserung sind Formwickel mit Höhen und Tiefen. Durch die wechselnden Wickelquerschnitte wird erreicht, dass
- jedes Haar unterschiedlich gewellt wird,
- die Längen und Stärken der Wellen wechseln,
- der Ansatz viel Stand bekommt.

Diese Wickel fördern einen natürlichen Wellenverlauf. Zusätzlich wird einer Schlaufenbildung entgegengewirkt.

Spezielle Dauerwellwickel

Neben den Formwickeln gibt es eine Vielzahl an verschiedenen Wickeln, um spezielle Effekte zu erzielen.

Die Auswahl richtet sich nach dem Modetrend, dem Frisurenwunsch und der Haarlänge.

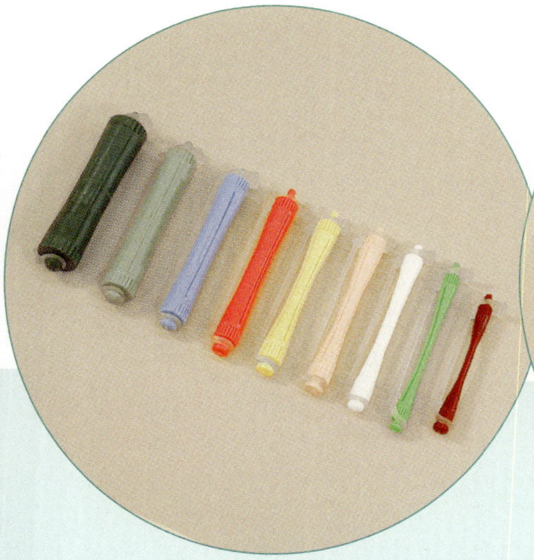

Bild 1 *Verschiedene Größen der Dauerwellwickel*

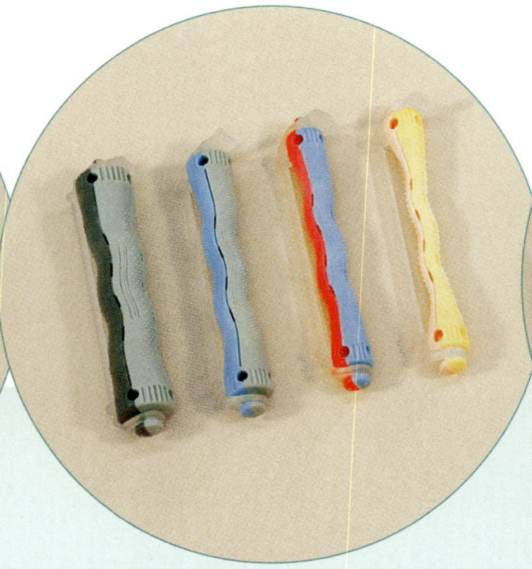

Bild 2 *Dauerwellwickel mit Höhen und Tiefen*

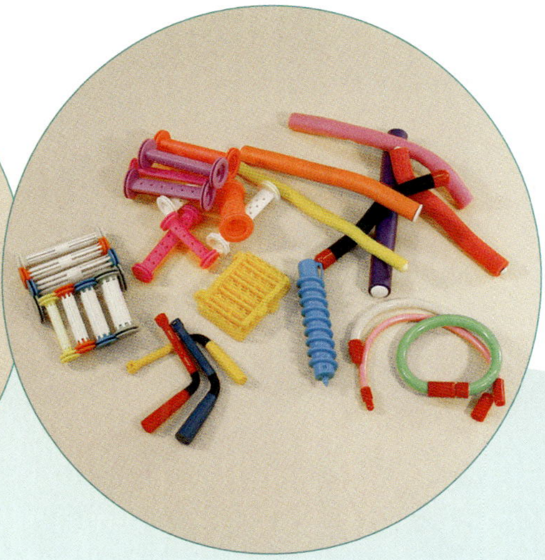

Bild 3 *Spezielle Dauerwellwickel*

Bild 1 *a) Wellergebnis mit dünnen Dauerwellwickeln; b) Wellergebnis mit großen Dauerwellwickeln*

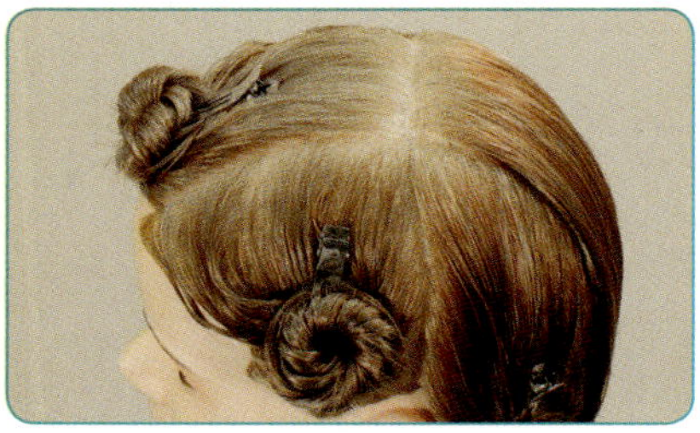

Bild 2 *Abteilen der Haare*

Bild 3 *Erstes Passé abteilen*

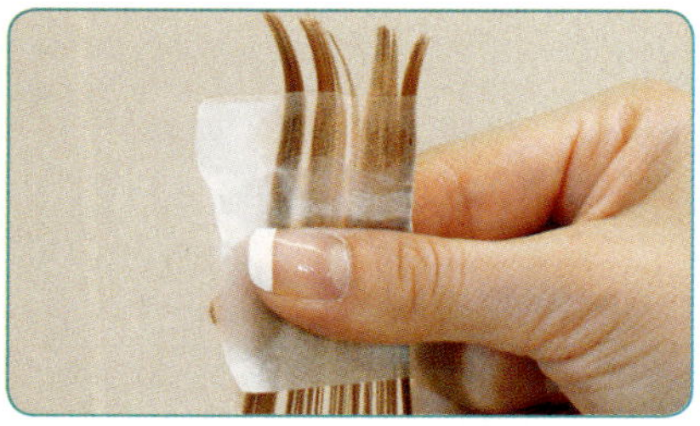

Bild 4 *Spitzenpapier anlegen*

Bild 5 *Dauerwellwickel eindrehen*

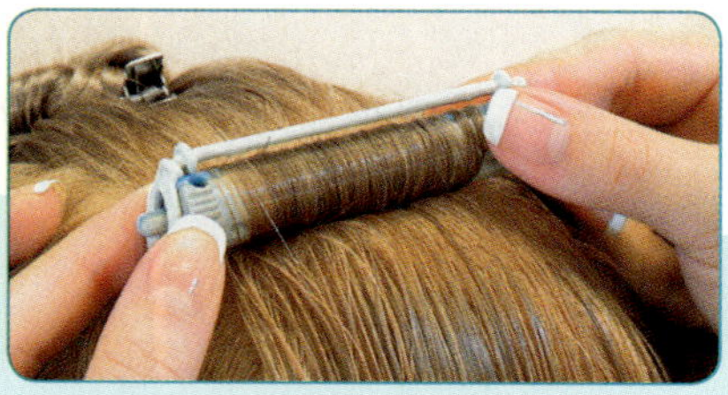

Bild 6 *Befestigung des Wickels*

6.5.2 Auswahl der Dauerwellwickel

Die Dauerwellwickel werden in verschiedenen Stärken angeboten. Die Wahl der Wickelstärke richtet sich nach:

- Haarstärke und dem Haarquerschnitt
- Grad der gewünschten Umformung
- gewünschter Frisurenform

Bei der Wahl des Wickels gelten folgende Regeln:

- Dünnere Wickel ergeben eine kleinbogige Welle mit starker Sprungkraft.
- Größere Wickel ergeben eine großbogige Welle mit geringer Sprungkraft.

Das Wickeln wird durch die Verwendung von Spitzenpapier erleichtert. Es trägt dazu bei, dass die Haarspitzen glatt und ohne Knickstellen auf dem Wickel liegen.

Das Setzen des ersten Dauerwellwickels gliedert sich in folgende Arbeitsschritte:

1. Haare abteilen

- Zwei parallel verlaufende Scheitel von der Stirn zum Nacken ziehen.
- Das entstandene Feld durch einen Querscheitel unterteilen und das übrige Haar festklammern.

2. Wickelpartie abteilen

- Das Passé entsprechend der Wickellänge und -breite abteilen.
- Die abgeteilte Wickelpartie gleichmäßig durchkämmen und im 90°-Winkel zum Kopf halten.

3. Spitzenpapier anlegen

- Das vorgefalzte Spitzenpapier am mittleren Teil der straff gehaltenen Haarpartie anlegen.
- Mit dem Spitzenpapier zu den Haarspitzen hingleiten, sodass sich diese vollständig zwischen dem Papier befinden.

4. Wickel ansetzen und wickeln

- Wickel dicht unter dem Daumen parallel zur Abteillinie ansetzen.
- Daumen auf den Wickel legen und Wickel bis zu den Haarspitzen ziehen.
- Das Haar mit leichter Spannung bis zum Haaransatz aufwickeln und stets mit dem Daumen nachfassen, damit sich alle Haarspitzen der Rundung des Wickels anpassen.
- Beim Drehen darauf achten, dass der Wickel waagerecht bleibt und die Haare unter gleichmäßiger Spannung glatt aufgewickelt werden.

5. Wickel befestigen

- Gummilasche mit Daumen und Zeigefinger halten und befestigen.
- Wickel nicht zu locker setzen.

6.5.3 Anordnen der Wickel

Grundsätzlich können die Wickel nach dem klassischen Schema oder individuell nach der zu erstellenden Frisur angeordnet werden.

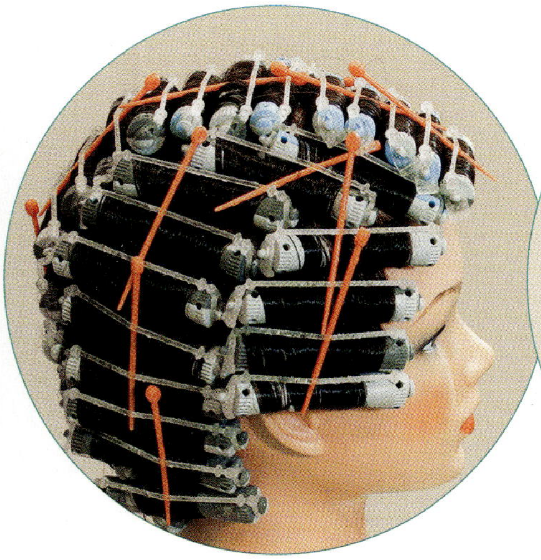

Bild 1 Klassische Wickeltechnik

Bild 2 Frisurenbezogene Wickeltechnik

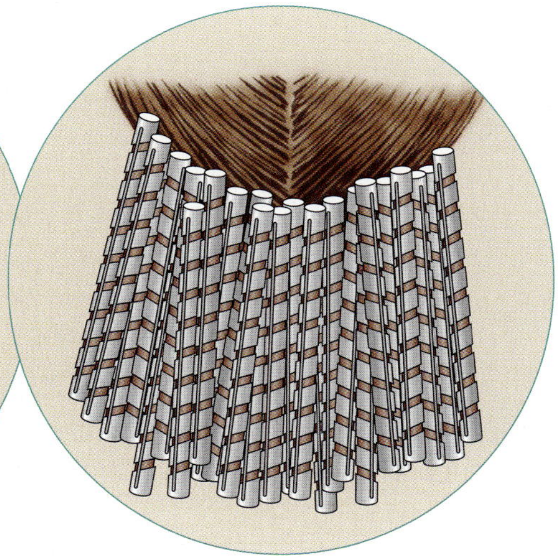

Bild 3 Spiralwicklung

Klassische Wickeltechnik (Bild 1)

Die klassische Wickeltechnik wird auch als Standard-, Schema- oder Kreuzwicklung bezeichnet. Sie ist das am häufigsten angewandte Wickelschema. Bei dieser Technik werden Haarwuchsrichtung und die Frisurenform nicht berücksichtigt.

Frisurenbezogene Wickeltechniken (Bild 2)

Sie werden auch als Formwicklungen bezeichnet. Die Wickelrichtung entspricht genau dem geplanten Verlauf der Frisur. Dadurch erhält die neue Frisur mehr Halt und erleichtert der Kundin das Stylen der Frisur. Die einfachste frisurenbezogene Wickeltechnik erfolgt bei einer Scheitelfrisur.

Spiralwicklung (Bild 3)

Die Spiralwicklung eignet sich für längere Haare. Sie erzielt eine gleichmäßige Wellung vom Ansatz bis in die Spitzen. Es entstehen korkenzieherartige Locken.

Bei dieser Technik wird jede einzelne Haarpartie vertikal abgeteilt. Das lange Haar wird spiralförmig auf Spiralwickel gewickelt.

Die Friseurin muss dabei beachten, dass sich die Wickelfläche an der Länge des Haares orientiert. Je länger die Haare sind, desto mehr Wickelfläche wird benötigt.

Die Wicklung beginnt im Nacken. Jede neue Reihe wird entgegengesetzt gewickelt.

Pyramidenwicklung (Bild 4)

Diese Wickeltechnik ist besonders für längeres Haar geeignet.

Man erzielt mit ihr lange glatte Ansätze und viel Bewegung und Fülle in den Haarlängen und Spitzen.
Die Wickeltechnik beginnt im Nacken, wobei von der Nackenpartie an in einem immer größer werdenden Abstand zur Kopfhaut gewickelt wird. Die Abstände um den Kopf herum müssen gleichmäßig sein, damit die Proportionen in der Frisur gleichmäßig verlaufen. Diese Wickeltechnik ist sehr zeitaufwändig und setzt viel Erfahrung und Sicherheit der Friseurin im Dauerwell-Wickeln voraus.

Weitere Wickeltechniken

Für Frisuren, bei denen nur die Umformung bestimmter Haarpartien erforderlich oder mehr Stand gewünscht wird, bieten sich die Teildauerwelle oder die Ansatzwelle an.

Teildauerwelle

Bei der Teildauerwelle formt man nur Teilbereiche des Haarschopfes um. Damit fließende Übergänge zwischen den glatten und den gewellten Haaren entstehen, werden für die Übergänge dickere Dauerwellwickel oder Papilloten verwendet. Oft werden diese Wickel auch schon kurz vor dem Fixieren oder nach dem ersten Abspülen abgewickelt. Dadurch entstehen sehr weiche Übergänge.

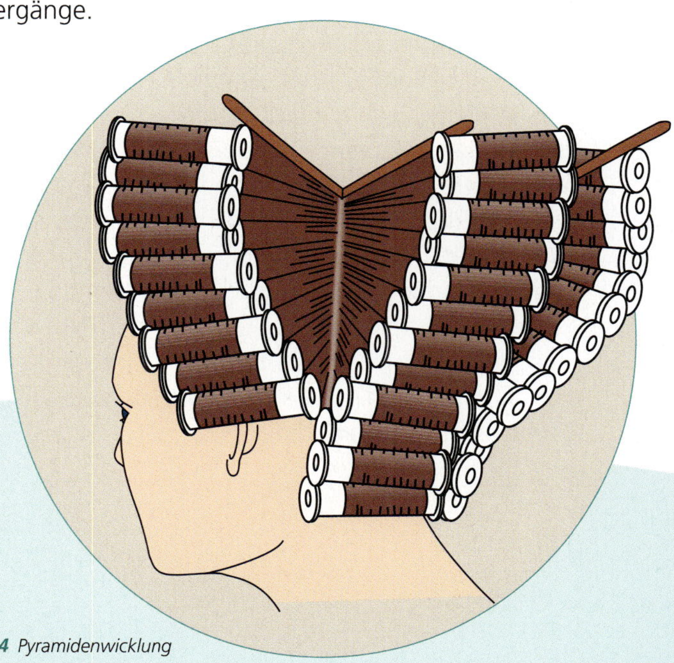

Bild 4 Pyramidenwicklung

Ansatzdauerwelle

Sollen Volumen und Stand am Haaransatz ohne Wellung der Haarlängen erfolgen, werden die Haarlängen und -spitzen in Spezialfolie eingepackt. Sie sind für die Dauerwellflüssigkeit undurchdringlich. Auf Längen und Spitzen kann vorher zusätzlich eine Haarkur aufgetragen werden. Eine Umformung des Ansatzes ist auch mit einer Zwei-Phasen-Dauerwelle möglich.

Huckepack-Wicklung

Die Huckepack-Wicklung oder auch Zwillingswicklung ermöglicht unterschiedliche Wellenbögen innerhalb einer Haarsträhne.

Bei dieser Wickeltechnik werden für jede Haarsträhne zwei unterschiedlich dicke Wickel verwendet (Bild 1).

Das Ergebnis ist eine großbogige Ansatzwelle und eine kleinbogige Spitzenwelle.

Man kann auch für den Ansatz einen dünneren und für die Spitzen einen dickeren Wickel verwenden.

Dabei entsteht eine kleinbogige Ansatzwellung und eine großbogige Spitzenwellung.

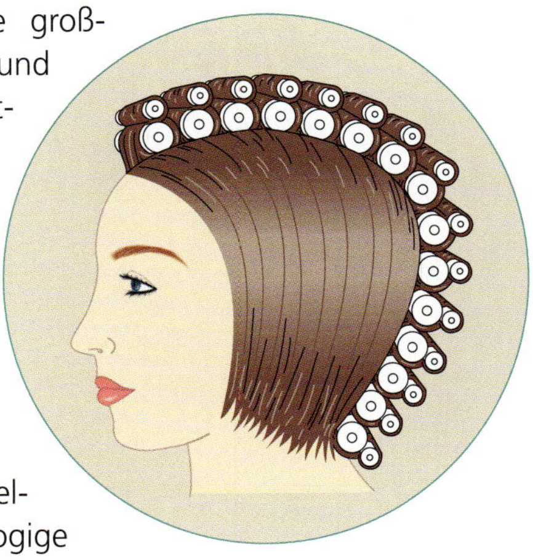

***Bild 1** Huckepack-Wicklung*

6.6 Auftragen des Dauerwellpräparates

Die Wellflüssigkeit wird in ausreichender Menge gleichmäßig aufgetragen. Durch eine systematische Vorgehensweise beim Auftragen werden alle Wickel mit Wellflüssigkeit versorgt und eine optimale Durchfeuchtung der Haare erzielt.

Bei dieser Arbeit müssen unbedingt Schutzhandschuhe getragen werden, um Hautschäden zu vermeiden und Hautallergien vorzubeugen.

Die Haut der Kundin muss ebenfalls vor der Wellflüssigkeit geschützt werden:

Durch sorgfältiges Auftragen wird vermieden, dass die Wellflüssigkeit auf die Kopfhaut gelangt. Zum Schutz der Gesichtshaut kann vor dem Auftragen des Wellpräparates eine Schutzcreme an der Stirn, im Tampel- und Nackenbereich aufgetragen werden.

Ein Wattestreifen um die Gesichtskontur nimmt ablaufende Wellflüssigkeit auf. Dieser muss jedoch vor Beginn der Einwirkzeit entfernt werden.
Um eventuell ablaufende Flüssigkeit aufzufangen, empfiehlt es sich, eine Saugserviette oder einen Wattebausch direkt unterhalb des gerade zu behandelnden Wickels zu halten. Gelangt dennoch Wellflüssigkeit auf die Kopfhaut, wird sie sofort mit einer Saugserviette entfernt.

Die Wellflüssigkeit durchdringt die auf dem Wickel liegenden Haare und verteilt sich aufgrund der Kapillarität im gesamten Haar. Ein Vorfeuchten ist deshalb im Normalfall nicht erforderlich.

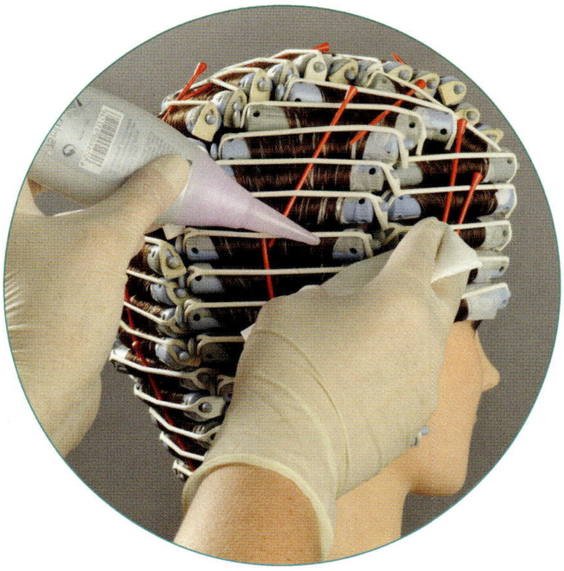

***Bild 2** Auftragen der Wellflüssigkeit*

Darin liegen folgende Vorteile:

- Geringerer Zeitaufwand
- Gleichmäßigere Einwirkzeit
- Zusätzliche Schonung der Hände

Bei Haarlängen von über 20 cm sollte jedoch vorgefeuchtet werden, weil die Wellflüssigkeit sonst nicht bis zu den Haarspitzen gelangt. Dazu wird das Haar in mehreren großen Partien abgeteilt, mit der Wellflüssigkeit angefeuchtet und anschließend gewickelt.

6.7 Einwirkzeit

In der Gebrauchsanweisung der Dauerwellpräparate sind vom Hersteller empfohlene Richtzeiten angegeben. Die Friseurin sollte sich an der kürzesten Einwirkzeit (EWZ) orientieren. Nach beendeter EWZ kann der Umformungsgrad durch das Aufdrehen von Probewickeln um zwei bis drei Umdrehungen überprüft werden.

Die EWZ ist abhängig von der Temperatur. Generell gilt, dass bei einer Temperaturerhöhung um 10 °C die chemischen Prozesse doppelt so schnell ablaufen.

Möglichkeiten der Temperaturregulierung sind:

- Raumtemperatur ohne Abdeckung
- Raumtemperatur mit Abdeckung
- Wärmezufuhr mit Abdeckung

Bei strukturgeschädigten Haaren sollte auf Wärmezugabe verzichtet werden, um weitere Haarschädigungen zu vermeiden.

6.8 Auftragen der Fixierung

In der Friseurpraxis kommen je nach Dauerwellpräparat unterschiedliche Fixierungen zum Einsatz. Die Herstellerangaben sind unbedingt einzuhalten, da ein Großteil der Dauerwellfehler beim Fixieren gemacht wird. Der Fixiervorgang trägt entscheidend zur Haltbarkeit der Umformung bei.

Nach beendeter Einwirkzeit der Dauerwellflüssigkeit beginnt der Fixiervorgang mit dem gründlichen Ausspülen der Wellflüssigkeit aus dem Haar. Dabei gilt, möglichst viel Wellflüssigkeit aus dem Haar herauszuspülen.

Das Haar wird nach dem Ausspülen für die Fixierlösung vorbereitet. Dazu wird mit einer Saugserviette die überschüssige Feuchtigkeit aus dem Haar getupft.

Die Fixierung wird immer zuerst auf das aufgewickelte Haar aufgetragen. Gebrauchsfertige Fixierungen werden direkt aus der Portions- bzw. Auftrageflasche appliziert. Danach wird abgewickelt und die Restmenge im Haar verteilt.

Neben den Standardfixierungen werden noch spezielle Fixierungen angeboten, für die unterschiedliche Auftragetechniken gelten.

Schaumfixierung

Schaumfixierungen enthalten spezielle Tenside, die eine verstärkte Schaumbildung ermöglichen.

Die Schaumfixierung wird mit einem Fixierschwamm auf den Wickeln verteilt. Durch Druck- und Saugbewegungen wird der Schaum erzeugt, der eine geschlossene Schaumkappe bildet. Dieser Vorgang wird mehrmals wiederholt.

Die Schaumkappe wirkt isolierend und sorgt so für eine etwas höhere Temperatur. Ein weiterer Vorteil liegt darin, dass eine Schaumfixierung beim Auftragen nicht abläuft.

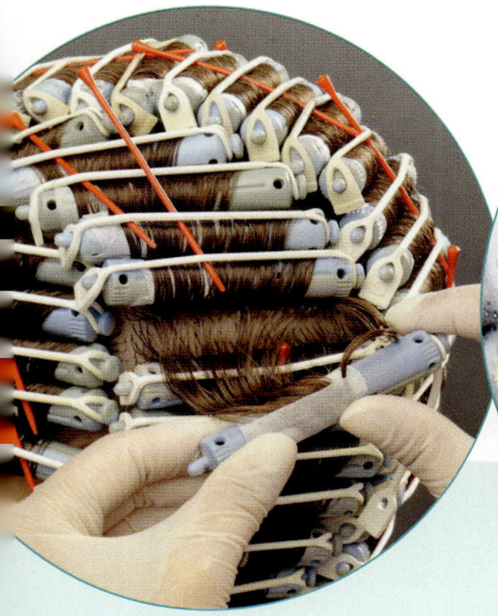

Bild 1 *Öffnen eines Probewickels*

Bild 2 *Auftragen der Spülfixierung*

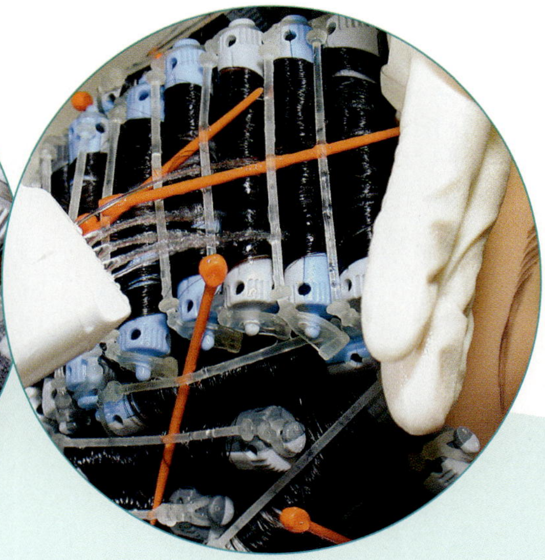

Bild 3 *Auftragen der Sofortfixierung*

Sofortfixierung

Durch spezielle Tenside wird ein schnelles Eindringen der Sofortfixierung ins Haar ermöglicht. Dadurch läuft der chemische Vorgang des Fixierens schneller ab.

Nach kurzer Einwirkzeit wird nachfixiert und anschließend gründlich ausgespült.

Für alle Fixierungen gilt:

1. Dauerwellpräparat und Fixierung müssen aufeinander abgestimmt sein.
2. Fixierung muss nach Gebrauchsanweisung zubereitet und angewendet werden.
3. Gewissenhaftes und sorgfältiges Fixieren bestimmen maßgeblich die Haltbarkeit einer Umformung.
4. Die Fixierlösung darf nicht ins Gesicht gelangen.

6.9 Nachbehandlung

Eine Nachbehandlung schließt den Dauerwellvorgang ab. Als Nachbehandlungsmittel dienen Spülungen oder spezielle Präparate. Sie werden nach dem Fixiervorgang aufgetragen und gleichmäßig im Haar verteilt. Nach einer kurzen Einwirkzeit werden sie wieder ausgespült.

6.10 Arbeitsplatz aufräumen

Nach Abschluss der Dauerwellbehandlung werden der Arbeitsplatz und die Hilfsmittel wieder in einen sauberen und geordneten Zustand gebracht.

Reste von abgefüllten Well- und Fixierpräparaten dürfen nicht zurückgeschüttet werden. Leichte Verunreinigungen können die Wirksamkeit dieser Präparate herabsetzen. Sie müssen umweltgerecht entsorgt werden.

6.11 Bedienungspreise von Dauerwellen

Die Dauerwellbehandlung wird mithilfe des Kalkulationsschemas (s. S. 512) berechnet.

Ermitteln Sie die Bedienungspreise von Dauerwellbehandlungen (s. S. 512, Aufgaben 1a und 4).

Bild 1 Fertige Dauerwelle von hinten

Bild 2 Fertige Dauerwelle von der Seite

Bild 3 Fertig gestyltes Dauerwellergebnis

7 Exkurs: Dauerhafte Haarglättung

In der Frisurenmode sind Locken ein immer wiederkehrendes Thema, welches wie gezeigt auch dauerhaft gestaltet werden kann. Ebenso erfreuen sich auch die glatten Looks (Sleek-Looks) (Bild 1) einer andauernden, großen Beliebtheit. Viele Frauen mit naturkrausem Haar verbringen täglich viel Zeit damit, ihre Haare mittels Föhn oder Glätteisen (Bild 2) zu bändigen. Doch wie kann man auch die glatten Looks dauerhaft gestalten?

Zur Glättung der Haare bieten zahlreiche Hersteller verschiedene Produkte an, welche störrisches, fliegendes (frizzy) Haar mit Keratin oder Tannin bändigen. Ein anderes Vorgehen ist die chemische Haarglättung. Diese funktioniert im Prinzip wie eine dauerhafte Umformung.

Glättung ohne chemische Veränderung der Haarfaser

Seit einigen Jahren sind Produkte auf dem Markt, die eine gegenüber dem chemischen Verfahren schonendere Haarglättung mit Keratin darstellen. Die Hersteller versprechen je nach Inhaltsstoffen eine Haltbarkeit von mehreren Wochen bis zu fünf Monaten. Somit können die Konsumenten ihren täglichen Aufwand für das Glätten der Haare reduzieren. Die Vorteile dieses Verfahrens sind:

- krauses, widerspenstiges Haar zu bändigen
- Wellen zu mildern
- die Haarstruktur zu glätten
- die tägliche Stylingzeit zu reduzieren
- eine längerfristige Haltbarkeit
- die Anwendbarkeit für alle Haartypen
- eine Kompatibilität mit Farbanwendungen
- ein langanhaltender Glanz
- keine chemische Veränderung der Haare

Anders als bei der dauerhaften Umformung lässt die Wirkung der Glättungsmittel auf natürliche Weise nach. Bei jeder Haarwäsche löst sich dabei eingelagertes Keratin aus dem Haar, sodass dieses nach und nach wieder zu seiner ursprünglichen Form zurückkehren wird. Hierbei entstehen keine unschönen herausgewachsenen Haaransätze.

Einige Friseure bieten eine solche sogenannte Disziplinierung der Haare an, welche sich in den folgenden Schritten vollzieht:

Schritt 1
Die Haare des Kunden werden zunächst gereinigt und auf die anschließende Pflege vorbereitet.

Schritt 2
Die disziplinierende Pflege wird Strähne für Strähne auf das handtuchtrockene Haar aufgetragen. Diese soll zusätzlich für Glanz sorgen.

Schritt 3
Das Haar wird trocken geföhnt und die Pflege wird mittels Glätteisen ins Haar eingearbeitet.

Schritt 4
Das Haar wird erneut gewaschen, um Rückstände zu entfernen. Hierbei wird ebenfalls ein keratinhaltiges Produkt verwendet, um das Ergebnis zu intensivieren und die Oberflächenstruktur der Haarefaser zu glätten.

Schritt 5
Nun folgt das Styling der Haare entsprechend der Kundenwünsche.

Bild 1 Glätten von lockigem Haar

Bild 2 Produkte für die Glättung ohne chemische Veränderung der Haarfaser

Chemische Glättung

Die chemische Haarglättung funktioniert wie eine umgekehrte dauerhafte Umformung. Dabei werden die Schwefelbrücken zunächst geöffnet. Nachdem das Haar in seine neue glatte Form gebracht wurde, werden die Schwefelbrücken wieder geschlossen. Als Reduktionsmittel dient oft Ammoniumthioglykolat.

Die Produkte, die für die chemische Haarglättung genutzt werden, heißen Straightener oder Relaxer. Diese sind stark alkalisch und besitzen eine cremige oder gelförmige Konsistenz. Sie werden mit einem Pinsel satt auf das Haar aufgetragen, welches anschließend mit einem grobzinkigen Kamm gut durchgekämmt wird. Nach einer entsprechenden Einwirkzeit von etwa 15 Minuten wird das Produkt wieder ausgespült. Die anschließende Fixierung festigt die neuen Schwefelbrückenbindungen und sorgt für ein dauerhaft glattes Ergebnis. Durch eine saure Abschlussbehandlung sollen Alkalireste neutralisiert und das Haar adstringiert sowie gepflegt werden. Aufgrund der höheren Alkalität ist die Schädigung der Haarstruktur ein entscheidender Nachteil des chemischen Verfahrens.

Die Anwendung der chemischen Haarglättung erfolgt nach einer entsprechenden Beratung wie folgt:

Bevor die Glättung durchgeführt wird, muss zunächst

- die Haar- und Kopfhautbeurteilung zur Produktauswahl durchgeführt und
- der gewünschte Umformungsgrad bzw. die Lockenreduzierung (Anti Frizz Effekt) mit der Kundin besprochen werden.

Bild 1 *Haare glätten*

Bild 2 *Glätteisen*

Dann erfolgt der Produktauftrag vom Nacken zum Oberkopf hin. Am Haar wird zunächst im Mittelstück begonnen, daraufhin folgen die Ansätze und zuletzt wird das Produkt bis in die Spitzen verteilt.

- Mischungsverhältnis Shape : Smooth = 1:1
- gleichmäßiges Verteilen ist wichtig

Die sich anschließende Einwirkzeit der Produkte beträgt ca. 15 Minuten ohne Wärme oder Haarabdeckung.

Nachdem die Produkte eingewirkt sind, wird das Haar Strähne für Strähne bei ca. 100 °C glatt geföhnt. Hierfür ist eine Paddle Brush gut geeignet. Im nächsten Schritt wird das Haar nun ebenfalls Strähne für Strähne mit einem Glätteisen (Bild 2) geglättet. Begonnen wird dabei im Nacken. Jedes Passé wird vier- bis sechsmal geglättet. Zu ihrem Schutz sollte die Friseurin dabei Handschuhe tragen.

Zum Abschluss wird das Haar gewaschen, um Rückstände zu beseitigen, und mit einem Serum versiegelt. Danach kann es wie gewohnt bzw. wie mit der Kundin besprochen gestylt werden. Während der oben dargestellten Prozedur werden in der Faserschicht des Haares die Schwefelbrücken gelockert und anschließend durch spezielle Inhaltsstoffe neu stabilisiert.

Je nach Firma/Produkt wird dieses Ziel mit Formaldehyd, Aminosäuren oder Glyoxylsäure erreicht. Erstgenannter Aktivstoff ist in der EU verboten, da Formaldehyd zu Augen- und Atemwegsirritationen führen kann sowie krebserregend ist. Aminosäuren bewirken nur eine kurze Haltbarkeit bei geringer Entkrausung und erfüllen somit nicht die Kundenwünsche. Produkte mit Glyoxylsäure hingegen bieten Sicherheit bei stabiler Haltbarkeit von ca. fünf Monaten und sind dadurch für die dauerhafte Haarglättung zu empfehlen.

8 Dauerwellfehler erkennen und mögliche Korrekturen ausführen

SZENARIO

Anja hat schon beobachtet, dass die Dauerwellergebnisse nicht immer wunschgemäß ausfallen. Sie möchte wissen, durch welche Arbeitsfehler sie entstehen können und welche Fehlergebnisse korrigierbar sind.

Bild 1 Zu schwach gewellte Haare

8.1 Dauerwellfehler

Bei unsachgemäßer Arbeitsweise und fehlender Abstimmung der Dauerwellpräparate auf die Haarstruktur können Fehler auftreten.

In den folgenden Bildern werden die in der Praxis am häufigsten vorkommenden Dauerwellfehler und ihre Ursachen dargestellt.

Umformung zu schwach

- Wickel zu dick
- Haare zu locker
- Wellflüssigkeit zu schwach
- EWZ zu kurz
- Fixierung nicht sorgfältig durchgeführt

Umformung zu stark

- Wickel zu klein
- Wellflüssigkeit zu stark
- Abteilung zu schmal

Ungleichmäßiges Wellergebnis

- Wickelpartie zu breit/zu dick
- Ungleichmäßige Wickelspannung
- Haare zu feucht beim Auftragen der Wellflüssigkeit
- Haare nicht gleichmäßig durchgefeuchtet

Zu geringe Sprungkraft

- EWZ zu kurz
- Fixierung nicht sorgfältig durchgeführt

Knickstellen an den Haarspitzen

- Haarspitzen nicht sorgfältig aufgewickelt
- Kein Spitzenpapier verwendet

Bild 2 Zu stark gewellte Haare

Bild 3 Ungleichmäßig gewellte Haare

Bild 4 Zu geringe Sprungkraft

Bild 5 Umgeknickte Haarspitzen

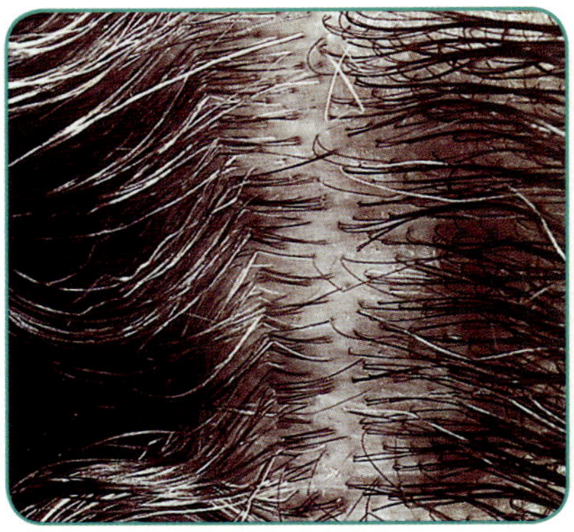

Bild 1 Haar mit Knickstellen

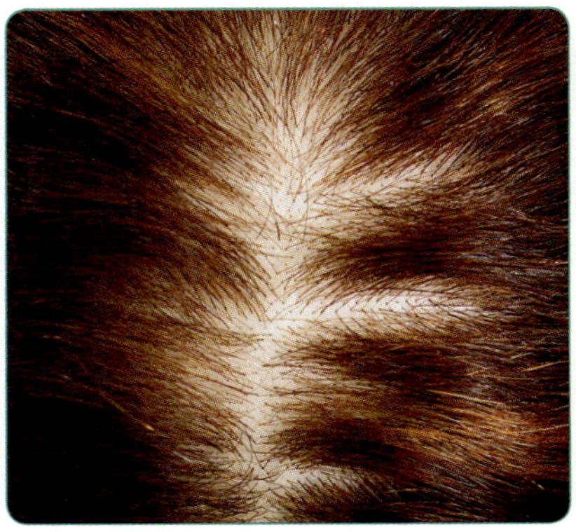

Bild 2 Bleibende Abscheitelungen nach der Umformung

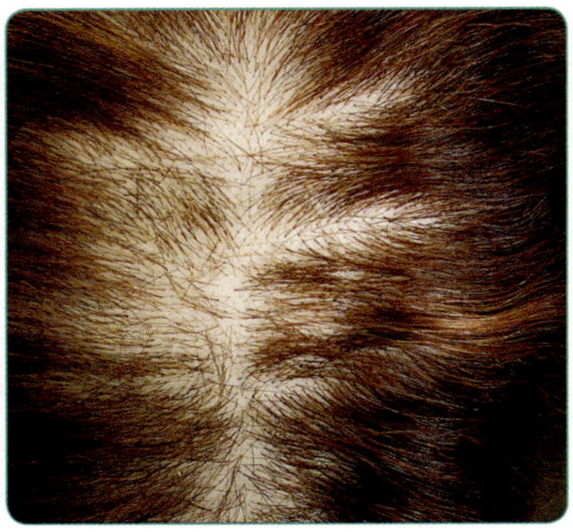

Bild 3 Haarbruch nach der Umformung

Knickstellen am Haaransatz

- Haarpartien zu breit abgeteilt
- Gummilaschen falsch befestigt

Sichtbare, bleibende Abscheitelungen

- Zu viel Wellflüssigkeit aufgetragen
- Wellflüssigkeit auf die Kopfhaut aufgetragen

Haarbruch

- Wellflüssigkeit in den Haarfollikel gelangt
- Haare entgegen der Wuchsrichtung gewickelt

Hautschäden

- Wattestreifen nicht gewechselt
- Haut nicht geschützt

Ergebnis	Arbeitsfehler	Erklärung
Umformung zu schwach	• Wellflüssigkeit zu schwach • Zu wenig Flüssigkeit • Einwirkzeit zu kurz • Fixierungsfehler • Haare zu feucht beim Auftragen der Wellflüssigkeit • Wickel zu dick • Haare zu locker aufgewickelt	• Zu wenig Schwefelbrücken gelöst • Schwefelbrücken nur im Randbereich der Faserschicht gelöst • Zu wenig Schwefelbrücken gelöst • Zu wenig Schwefelbrücken wieder geschlossen • Dauerwellflüssigkeit zu stark verdünnt • Umformungsbogen zu groß, wenig Spannkraft • Nur geringe Verschiebung der Peptidspiralen
Umformung zu stark	• Wellflüssigkeit zu intensiv • zu lange EWZ • Wickel zu klein, Abteilungen zu schmal	• Mehr als 20 % der Schwefelbrücken gelöst • Mehr als 20 % der Schwefelbrücken gelöst • Umformungsbogen zu klein, viel Spannkraft
Ungleichmäßiges Wellergebnis	• Ungleichmäßig gewickelt • Haare nicht gleichmäßig mit Wellflüssigkeit durchfeuchtet	• Große und kleine Umformungsbögen • An Stellen mit geringer Wellflüssigkeit zu wenig Schwefelbrücken gelöst
Haarschäden • Strukturgeschädigtes Haar • Knickstellen • Umgeknickte Spitzen, Haarbruch	• Zu starke Wellflüssigkeit, zu lange EWZ, Wärmezufuhr zu intensiv • Gummilaschen falsch befestigt • Ohne Spitzenpapier gewickelt	• Zu starker Abbau des Haarkeratins • Kittsubstanz teilweise oder vollständig aus dem Haar gelöst • Gummilasche drückt mit der Kante auf das erweichte Haar • Beim Wickeln sind die Spitzen nicht sauber auf den Wickel gelegt
Hautschäden • Hautreizungen am Oberkopf • Hautschäden an den Konturen	• Haarwäsche zu intensiv • Wellflüssigkeit in Kopfhautnähe aufgetragen • Hautschutz nicht durchgeführt • Mit Wellflüssigkeit vollgesogener Wattestreifen nicht entfernt	• Der natürliche Fettschutz der Haut ist entfernt worden • Wellflüssigkeit überwindet den natürlichen Fettschutz und dringt in die Haut ein • Wellflüssigkeit gelangt auf die Haut, Wärmestau fördert die schädigende Wirkung • Wellflüssigkeit hat direkten Hautkontakt

Tabelle 1 Fehler beim Dauerwellen

Überblick über Fehler beim Dauerwellen

In der Tabelle auf S. 262 sind Fehler, die beim Dauerwellen auftreten können, systematisch aufgeführt.

- Unter „Ergebnis" sind die fehlerhaften Resultate der Facharbeiten aufgeführt. Sie werden von der Kundin wahrgenommen.
- Unter „Arbeitsfehler" sind die fehlerhaften Verhaltensweisen der Friseurin aufgelistet, die zu den Fehlern führen. Sie beziehen sich auf die Auswahl der Chemikalien und die Arbeitsweisen.
- In der Spalte „Erklärung" wird beschrieben, welche Vorgänge im Haar die unerwünschten bzw. fehlerhaften Resultate auslösen.

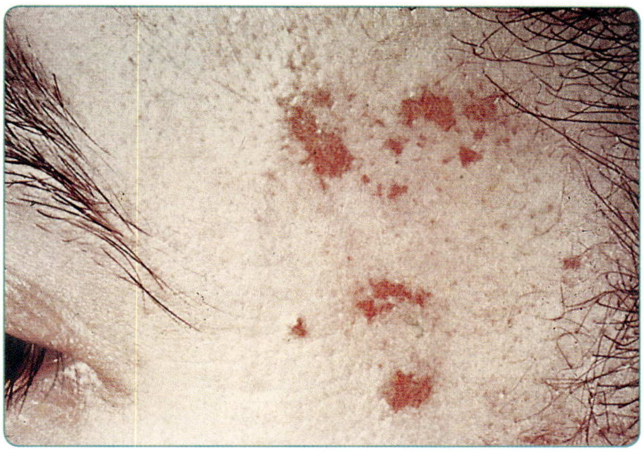

Bild 1 *Wellflüssigkeit auf die Haut gelangt*

8.2 Korrekturmöglichkeiten bei Dauerwellfehlern

Dauerwellfehler sind, wie bereits dargestellt, in der Regel auf fehlerhaftes Arbeitsverhalten der Friseurin zurückzuführen.

Eine Korrektur ist in vielen Fällen nicht empfehlenswert, da das Haar bei einer direkten Folgebehandlung zu stark geschädigt wird. Außerdem kann durch eine erneute Wellbehandlung nicht unbedingt ein besseres Wellergebnis erzielt werden.

Bei einigen Dauerwellfehlern ist eine Korrektur möglich. Sie sollte jedoch im Abstand einiger Tage durchgeführt werden. In dieser Zeit kann sich das Haarkeratin wieder festigen und starke Strukturschäden können so vermieden werden.

Zu den korrigierbaren Fehlern gehören:

- Zu schwache Umformung
- Die Umformung kann nach einigen Tagen wiederholt werden.
- Ungleichmäßig gewelltes Haar
- Auch in diesem Fall ist eine Wiederholung der Dauerwelle möglich.
- Zu stark gewelltes Haar
- Die starke Umformung kann abgeschwächt werden. Es ist zu empfehlen, die Wellflüssigkeit mit einer Pflegeemulsion zu mischen und sie auf das Haar aufzutragen. Während der Einwirkzeit wird das Haar wiederholt durchgekämmt. Danach wird das Wellmittel ausgespült und das Haar normal fixiert.
- Umgeknickte Spitzen werden durch vorsichtiges Nachschneiden entfernt.

Bei den folgenden Schäden ist eine Korrektur nicht möglich. Hier sollte man versuchen, sich mit der Kundin auf einen Haarschnitt und eine Frisur zu einigen, mit denen die Fehler kaschiert werden können.

Zu diesen Arbeitsfehlern zählen:

- Knickstellen
- Bleibende Abscheitelungen
- Haarbruch
- Überkraustes Haar

Bei dem überkrausten Haar (Bild 2) sind zu kleine Wickel bei zu langer Einwirkzeit und zu starker Wellflüssigkeit gewählt worden. In diesem Fall ist von einer Wiederholung der Dauerwelle abzuraten. Das Ergebnis kann nicht verbessert werden und die Haarstruktur würde weiter geschädigt. Mit Haarpflegemitteln können die Frisierbarkeit und das Aussehen verbessert werden.

Bei starken Hautschäden ist eine Behandlung durch den Hautarzt zu empfehlen. So können der Heilungsprozess beschleunigt und Folgeinfektionen vermieden werden.

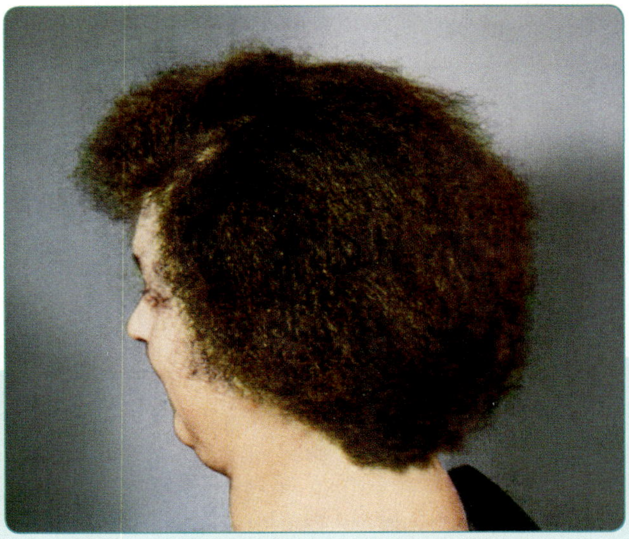

Bild 2 *Überkraustes Haar*

Aufgaben

1. Durch welche Vorgehensweise wird die Gesundheit der Friseurin bei einer Dauerwellbehandlung geschützt?
2. Bei einer Dauerwellbehandlung kann auch die Gesundheit der Kundin gefährdet werden. Wie schützen Sie die Kundin vor gesundheitlichen Gefahren?
3. Der Haarschnitt kann vor oder nach der Dauerwellbehandlung durchgeführt werden. In welchen Fällen würden Sie vor der Dauerwellbehandlung das Haar schneiden und wann nachher?
4. Was muss bei der Haarwäsche vor der Dauerwellbehandlung beachtet werden?
5. Erklären Sie, auf welche Weise eine Vorbehandlung das Haar präpariert, sodass trotz unterschiedlicher Haarstrukturen das Haar gleichmäßig umgeformt wird und größere Haarschäden vermieden werden.
6. Was muss beim Auftragen des Dauerwellpräparates beachtet werden?
7. Welchen Einfluss hat die Wickelstärke auf das Umformungsergebnis?
8. Beschreiben Sie die Vorteile der Wicklung in Frisurenform gegenüber der Schemawicklung.
9. Welche Voraussetzungen müssen gegeben sein, wenn die Technik der Spiralwicklung angewendet werden soll?
10. Nennen Sie weitere Wickeltechniken.
11. Wie kann es bei einer Dauerwellbehandlung zu Haarbruch kommen?
12. Welche Dauerwellfehler führen zu Knickstellen am Ansatz und welche führen zu umgeknickten Spitzen?
13. Nennen Sie Arbeitsfehler, die zu einem schwachen Wellergebnis führen können.
14. Bei welchen Dauerwellfehlern ist eine Korrektur möglich und bei welchen ist sie nicht möglich?

Mathematik-Aufgaben

1. Zu einer H_2O_2–Lösung gibt man die vierfache Menge Wasser und erhält 250 ml 2 %ige Fixierung. Wie hoch war die H_2O_2-Konzentration der Ausgangslösung?
2. Aus 3 %igem H_2O_2 und 12 %igem H_2O_2 soll 4,2 %iges H_2O_2 hergestellt werden. Die Friseurin erhält die Anweisung, dass von dem 12 %igem Konzentrat der Rest von 35 ml aufgebraucht werden soll. Welche Gesamtmenge erhält die Friseurin?
3. Die Facharbeit zur Dauerwellbehandlung erfordert insgesamt eine Arbeitszeit von 1,7 Stunden. Der Stundenlohn beträgt 9,65 €. Berechnen Sie die Lohnkosten.
4. Eine Spülung wird aus Zitrone, Essig und Wasser im Verhältnis 2 : 5 : 13 hergestellt. Die Friseurin verwendet eine Restmenge an Zitronenflüssigkeit von 40 ml.
   a) Welche Mengen an Essig und Wasser muss sie für die gebrauchsfertige Mischung dazugeben?
   b) Welche Gesamtmenge gebrauchsfertiger Lösung erhält sie?
5. 7 Mitarbeiter eines Salons verbrauchen zum Schutz ihrer Hände bei Feuchtarbeiten 161 Paar Handschuhe an 14 Arbeitstagen. Wie viel Paar Handschuhe verbrauchen 5 Mitarbeiter an 18 Arbeitstagen bei ähnlichem Arbeitsaufwand?
6. Ein Friseur bezieht 1 Liter Dauerwellflüssigkeit zum Preis von 57,– €. Wie hoch ist der Materialpreis für die Dauerwellflüssigkeit, wenn bei einer Teildauerwelle 45 ml benötigt werden?
7. Dem Salon werden von einem Händler 1000 ml Fixierung zum Preis von 18,10 € angeboten. Ein anderer Lieferant möchte für die gleiche Menge einen Preis von 17,65 €.
   a) Wie viel Prozent macht der Preisunterschied aus?
   b) Zum gleichen Prozentsatz günstiger werden auch 1000 ml Dauerwellflüssigkeit eingekauft (52,00 €). Wie viel Euro müsste der Saloninhaber dem anderen Anbieter mehr zahlen?

9 English

9.1 Describing the work process for perming treatments

SCENARIO

Susan's next client would like to have her hair permed. So before the client arrives, she and Anja prepare the work area to make sure that everything is there and no time is wasted.
When the work area is prepared, Anja practises for her exam and explains the perming process to Susan, who acts as her client.

Preparing the work area

1. Collect all tools, equipment and professional products you are going to use during the service:

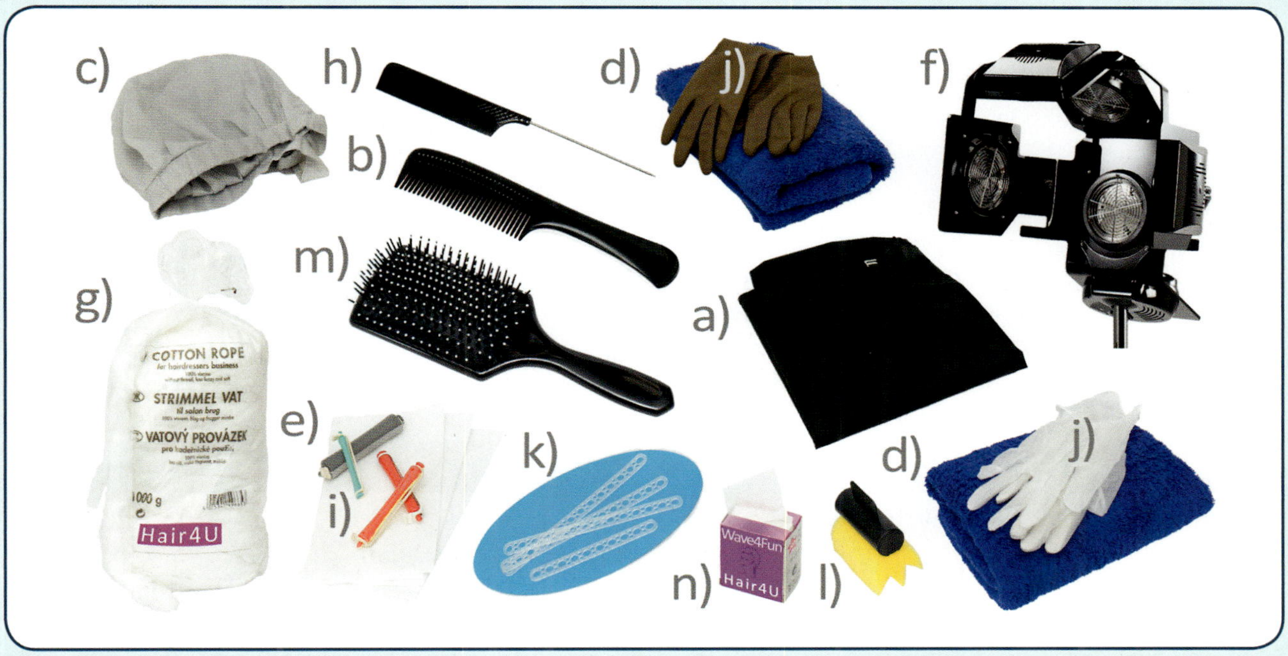

Picture 1 Tools and equipment for perming treatments

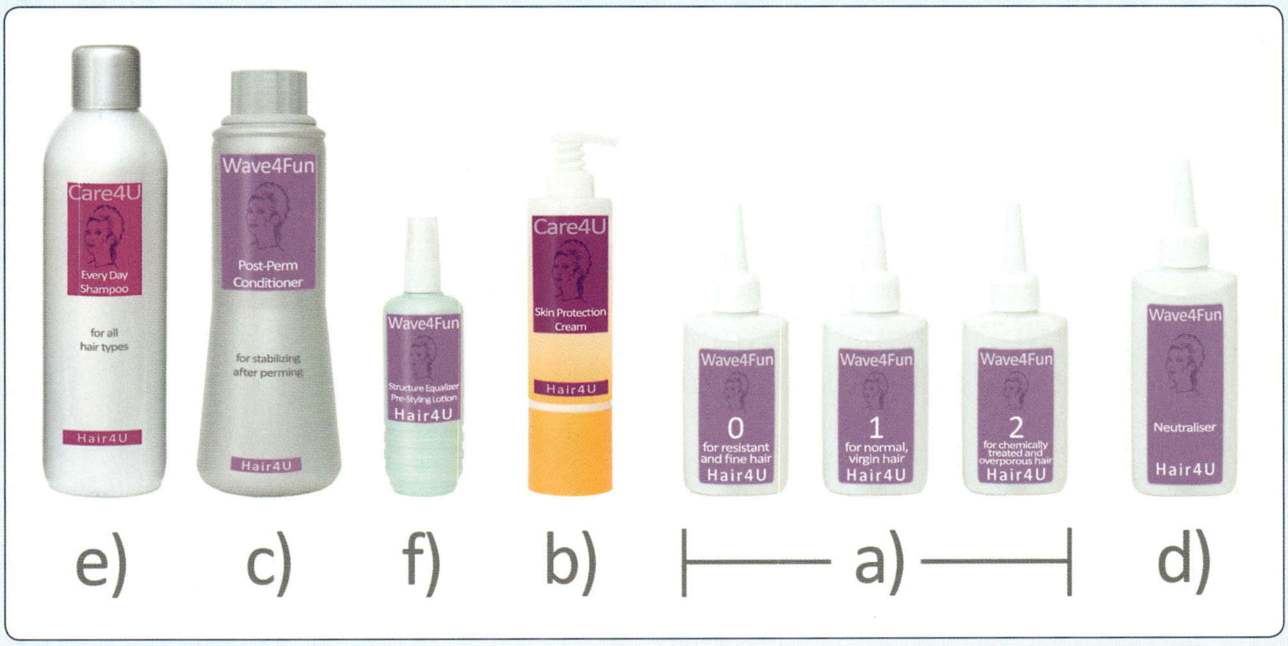

Picture 2 Products for perming treatments

Preparing the client

2. Gown up the client with two towels and a protective gown/cape.
3. Put on protective gloves.
4. Disentangle the client's hair with a brush or a rake comb.
5. Gently shampoo the hair once and towel-dry.
6. Use a pre-perm treatment, if necessary.

Winding

7. Section the hair with a pin-tail comb according to the winding-technique you are going to use.
8. Sub-section the hair according to the length and width of the perm rods to be used.
9. Use end papers and then wind the rods down to the scalp.
10. Insert protective sticks to stabilize the rods and to eliminate any tension caused by the elastic bands.

Applying perm lotion

11. Wear protective gloves when applying perm lotion to the hair.
12. Apply skin protection cream to the hairline and use a strip of dampened cotton wool to prevent the lotion from running onto the skin.
13. Apply the perm lotion slowly and carefully to each rod.
14. Hold a piece of cotton wool just below the perm rod to absorb any excess lotion.
15. Cover the hair completely with a perm cap.

Processing and checking the curl development

16. Set the processing time according to the manufacturer's directions. As a general rule, processing at room temperature usually takes less than twenty minutes.
17. Use an accelerator to speed up the process.
18. Check curl development frequently by unwinding the rod and checking the S pattern formation.

Neutralising

19. Wear protective gloves throughout the neutralising procedure.
20. When processing is completed, rinse the hair thoroughly for at least five minutes to remove all perm lotion from the hair.
21. Use a dry absorbent towel or a paper tissue to blot excess water from rods.
22. Apply two-thirds of the neutraliser (according to the manufacturer's directions) thoroughly to each rod directly from the neutraliser bottle with the special applicator nozzle or with a sponge.
23. Leave the neutraliser on for about five minutes.
24. Unwind the rods gently without applying any tension or pulling the hair.
25. Apply the remaining neutraliser to the ends of the hair with a sponge and leave this on for a few minutes.

After-perming treatment

26. Rinse the hair thoroughly.
27. Apply a post-perm, anti-oxidant and acid-balanced conditioner to prevent creeping oxidation.
28. Style the hair as desired.
29. Undrape the client.

Your tasks

1. Look at the pictures on page 265. Work together with a partner and quiz each other about the reasons for using the different tools a)–n) in picture 1 and products a)–f) in picture 2. For example: "What is a.)?" "It's a protective gown and it's used to protect the clients clothing."
2. Prepare your work area with the necessary tools, equipment and products.
3. Work with a partner and explain the different phases of the perming process to each other.

classic winding	brick winding	spiral winding
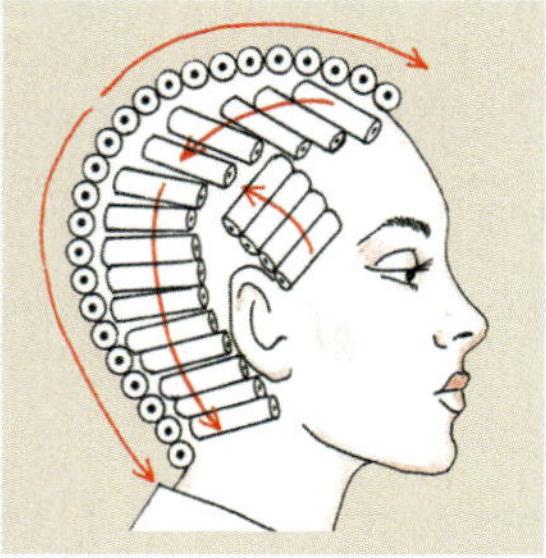	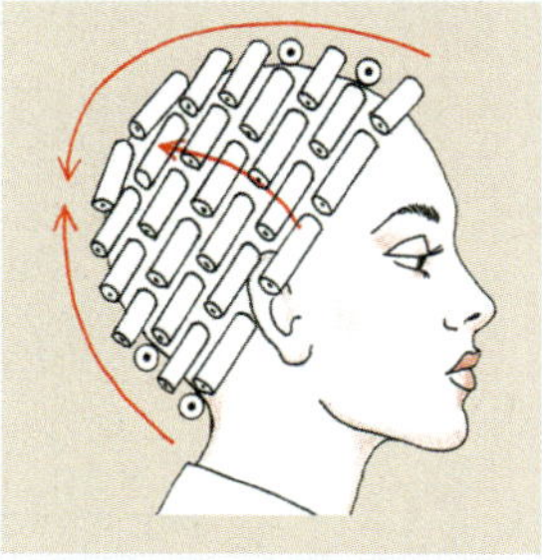	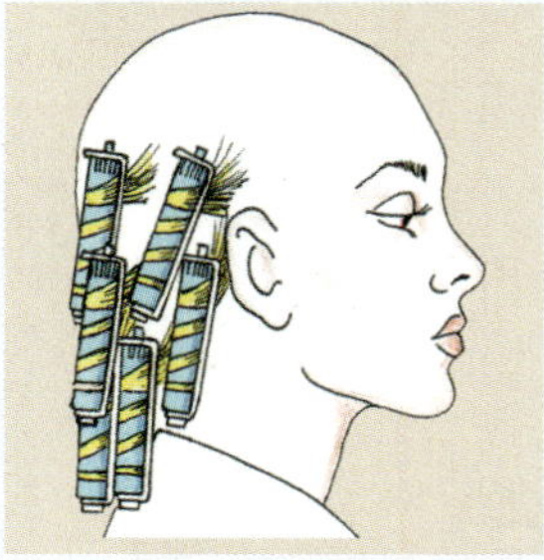

Table 1 Winding techniques

9.2 Performing client consultations for perming treatments

SCENARIO

Anja and Susan are still role playing a client wanting a perm. Therefore, it is important that Anja obtains more information from Susan before starting the perming process.

It's important for her to know

- the curl size so that she can choose the correct rod size. Does the client want tight curls like an African Caribbean hairstyle or softer larger curls?
- the required duration, this means, how long the perm should last. This is important so that the correct rod size and perm lotion can be used. Perms can last from 4 weeks to permanently (until it grows out).
- if there are any other requirements, for example more volume, a root lift etc. In this case natural partings and whorls have to be taken into account and compensated.
- the preferred styling technique: setting, blow-drying or straightening.

When doing the hair and skin test, Anja also has to look at

- a cross-section of the hair, if it's round, oval or flat, to decide, if perming is possible.
- the head and face shape to decide what would be suitable for the client.

Additional contents for a client consultation form for perming treatments

phase		additional contents
	**client requirements**	• curl size (tight, medium, large (soft)) • duration (for a long period of time, for a short period of time) • other requirements (volume, root lift, whorls and natural partings that have to be compensated) • preferred styling technique (blow drying, setting, straightening)
	**hair and skin test**	**hair analysis:** • cross-section of the hair (round, oval, flat) **client type assessment:** • head and face shape (oval, round, square, heart-shaped, oblong)
	**treatment explanation**	**explaining the perming treatment:** • tools and equipment (towels, protective gown, protective gloves, cotton wool, pin-tal comb), perm rods (large, medium, small), end paper, (protective) sticks, perm cap, sponge, accelerator, paper tissues • products (skin protection cream, pre-perm lotion, perm lotion, neutraliser, post-perm conditioner • winding technique for each area of the head (s. p. 266, table 1) (classic winding, brick winding, spiral winding) • development time (...min, with heat, without heat)

Table 1 *Additional contents for a client consultation form for perming treatments*

Your tasks

1. Mind map for client consultations.
   a) Add the additional contents above to your mind map, created in Lernfeld 3, 5 and 6 (s. p. 125, 200 and 234).
   b) Mark these contents in another colour, different from the contents of "Lernfeld" 3, 5 and 6.
   c) Look for pictures, showing or explaining the contents above. Add them to your mind map.
2. Create a consultation form for perming treatments.
3. Work together with a partner and role play a client consultation for a perm. The client has never had a perm before.
   a) Brainstorm all questions the client might ask.
   b) One of you is the client and the other is the hair stylist. The hair stylist should answer all the client's questions.

Lernfeld 8

Kontaktieren

Nach dem Haarschnitt äußert die Kundin den Wunsch ihre Haarfarbe aufzufrischen. Da Ihre Kollegin einen neuen Termin hat, übernehmen Sie die Kundin.

Informieren

Sie stellen im Gespräch gezielte Fragen, welche Farbveränderung die Kundin sich genau wünscht. Die Kundin betont, dass sie nur ihrer Naturhaarfarbe mehr Glanz, Ausdruck und eine warme Nuancierung verleihen möchte. (siehe S. 270 ff.)

Nachbereiten

Sie überprüfen die Gleichmäßigkeit und die Sauberkeit des Tönungsergebnisses. Mit Ihrer Kollegin besprechen und reflektieren Sie den gesamten Arbeitsprozess. War das Ergebnis gleichmäßig, entspricht es dem Wunsch der Kundin und sind Sie mit der geplanten Zeit ausgekommen?

In der Kundenkartei dokumentieren Sie das Präparat, Menge, Einwirkzeit sowie Stylingprodukte und den Behandlungspreis.

Verabschieden

Nach dem Kassieren verabschieden Sie eine zufriedene Kundin und vereinbaren gerne schon einmal einen nächsten Termin.

Haare tönen

Ausgangssituation analysieren

Anhand des Behandlungsplanes für eine Farbbehandlung ermitteln Sie die individuellen natürlichen Gegebenheiten der Haare und der Kopfhaut Ihrer Kundin. Dabei stellen Sie fest, dass die Naturhaarfarbe mittelbraun ist und die Längen leicht ausgeblichen und strukturgeschädigt sind. Aufgrund der von Ihnen festgestellten Merkmale handelt es sich bei der Kundin um einen warmen Farbtypen. (siehe S. 272)

Entscheiden

Sie gleichen die Gegebenheiten der Kundin mit dem Kundenwunsch ab und suchen ein passendes Tönungspräparat aus. Sie schauen sich gemeinsam mit der Kundin die Haarfarbe mithilfe von Farbsträhnen und der Farbkarte an. Dann erläutern Sie ihr die Vorteile einer Tönung. Die Kundin ist sehr interessiert. Sie erklären Ihr die Unterschiede verschiedener Tönungspräparate und Ihre Entscheidung. Die Kundin freut sich auf das Ergebnis.

Handeln

Sie tragen das Produkt gleichmäßig vom Ansatz bis zur Spitze auf das gesamte Kopfhaar auf und achten auf eine saubere Kontur. Nach der vorgeschriebenen Einwirkzeit spülen Sie das Produkt wieder aus. Anschließend föhnen Sie die Frisur und gestalten ein typgerechtes Styling.

1 Tönungsbehandlung planen und vorbereiten

SZENARIO

Die Auszubildende Anja hat heute im Terminbuch eine Kundin zur Farbveränderung eingetragen. Die Kundin ist neu.
Das Auftragen von Färbungen und Tönungen gehört zu Anjas täglichen Arbeiten. Heute aber vereinbart Anja mit ihrer Chefin, Frau Müller, dass sie die Farbbehandlung bei der Neukundin gemeinsam von Beginn bis zum Ende betreuen. Die Chefin beauftragt Anja, einige Vorüberlegungen anzustellen.
Entnehmen Sie wichtige Informationen der Handlungsschleife auf S. 268 und planen Sie die Behandlung vom ersten Schritt der Information bis zur Nachbereitung.

Bild 1 Beratungsgespräch zu farbverändernden Haarbehandlungen

1.1 Beratungsgespräch zur Farbveränderung führen

Arbeitsabläufe wie Tönen, Färben und Blondieren werden im Allgemeinen unter dem Oberbegriff „Farbverändernde Haarbehandlungen" zusammengefasst. Durch diese Arbeiten wird die Farbgebung des Haares verändert. Die Grundlage für eine fachgerechte Farbveränderung ist der Behandlungsplan.

Die Friseurin entscheidet auf der Grundlage von Kundenwunsch und den Ergebnissen der Haar- und Kopfhautbeurteilung, welche Behandlung durchgeführt werden muss. Das Ziel ist es, den Wunsch der Kundin zu erfüllen und ein fachlich gutes Ergebnis zu erreichen.

1.1.1 Kundenwunschermittlung

Im Beratungsgespräch versucht die Friseurin, ein genaues Bild von der Farbvorstellung der Kundin zu bekommen. Die möglichst genaue Ermittlung des Kundenwunsches umfasst folgende Bereiche:

- Haltbarkeit der Farbveränderung
- Abdeckung des Weißanteils
- Einheitlichkeit der Haarfarbe
- Farbtiefe und Farbrichtung der Farbveränderung

Die Haltbarkeit der Farbveränderung ist ein wichtiges Kriterium für die Präparatewahl, denn Tönungen werden mit der Zeit aus dem Haar gewaschen, während oxidative Haarfarben und Blondierung dauerhaft im Haar verbleiben.

Auch die gewünschte Abdeckung eines Weißanteils im Haar erfordert unterschiedliche Präparate.

- Mit Oxidationsfarben kann ein Weißanteil bis 100 % vollständig abgedeckt werden.
- Mit Tönungen im Naturbereich werden dagegen maximal 30 % Weißanteil abgedeckt.

Die gewünschte Einheitlichkeit des Farbergebnisses bestimmt die Auftragetechniken. Hier muss ermittelt werden, ob eine Einfarben- oder Mehrfarbentechnik angewandt weden soll. Auch die Frage nach der Stärke und der Anordnung der gewünschten Strähnen oder Paintigs muss geklärt werden.

Als Letztes müssen Farbtiefe und Farbrichtung der gewünschten Farbveränderungen geklärt werden. Das entscheidet zum einen die Präparatewahl, denn wenn z. B. in einem dunklen Haar helle Farbsträhnen platziert werden sollen, muss vorher aufgehellt werden. Zum anderen wird so auch die Arbeitsabfolge festgelegt, wenn mehrere Schritte für das gewünschte Farbergebnis notwendig sind.

1.1.2 Motive für eine Farbveränderung ermitteln

Die Motive einer Kundin, also ihr Grund und der Anlass für die Farbveränderung bestimmen maßgeblich die Entscheidung für eine bestimmte Farbe. Die Friseurin versucht das Hauptmotiv im Gespräch durch Befragen und durch das Betrachten der Kundin zu ergründen. Auch die Berücksichtigung des Farbtyps (s. Kap. 3.4) und die Beschaffenheit des Haares der Kundin dient dazu, die optimale Farbe auszusuchen.

Die Bedürfnisse, die sich hinter den Motiven/Gründen zur Auswahl einer Dienstleitung verbergen, können vorwiegend rational (vernunftsbetont) oder emotional (gefühlsbetont) sein. Oft werden die rationalen Motive von gefühlsbetonten Motiven überlagert. So entscheidet sich eine Kundin nicht nur für einen Haarschnitt weil er zu lang ist, sondern auch, weil es gut aussieht.

Grundsätzlich gibt es für die Kundinnen, die Farbveränderungen wünschen, eine ganze Reihe unterschiedlicher Motive.

Ansehen, Modebewusstsein

Die Kundin weiß, dass die Haarfarbe einer Frau als Erstes wahrgenommen wird. Sie wünscht sich eine interessante Haarfarbe, um zu signalisieren, dass sie im aktuellen Modetrend liegt. Sie möchte nicht unmodern sein.

Prestige, Geltungsbedürfnis

Die Kundin wünscht sich eine nicht alltägliche Haarfarbe. Sie will mit ihrer Haarfarbe das Gefühl vermitteln, etwas Besonderes zu sein.

Bild 1 Wahl der Farbe mithilfe von Farbsträhnen

Unterstreichen der Persönlichkeit

Die Kundin möchte durch die Haarfarbe ihren persönlichen Typ unterstreichen.

Schönheit, Ästhetik

Die Kundin legt großen Wert auf Farbharmonie, die Haarfarbe soll vor allem ihr äußeres Bild positiv beeinflussen.

Jugendlichkeit

Jugendliches Aussehen kann durch modische Farben und das Kaschieren der ersten weißen Haare erzielt werden.

Nachahmung

Die Kundin hat im Fernsehen eine bekannte Moderatorin gesehen und möchte eine ähnliche Haarfarbe haben. Sie orientiert sich in ihrer Farbwahl an Trendsettern, Medien und den aktuellen Influencern der Gesellschaft.

Experimentierfreude, Geltungsbedürfnis, Provokation

Die Kundin ist mit ihrer Haarfarbe nicht mehr zufrieden. Sie teilt der Friseurin mit, dass sie die Farbe schon sehr lange hat und völlig anders aussehen möchte. Mit einer neuen Farbe möchte sie auffallen oder gar provozieren.

Diese Motive bestimmen maßgeblich die Entscheidung für eine bestimmte Farbe.

Die Friseurin versucht, das Hauptmotiv durch Fragen und Betrachten der Kundin zu ergründen und unter Berücksichtigung des Farbtyps der Kundin eine optimale Farbe auszusuchen.

Aufgaben

1. Erstellen Sie eine Übersicht aller farbverändernden Mittel.
2. Sammeln Sie zunächst alle Mittel, die Haarfarben verändern können. Benennen Sie dabei keine Produktnamen sondern arbeiten Sie mit Oberbegriffen (z. B. Tönung, oxidative Farbe). Diese sehr umfangreiche Liste soll nun sinnvoll in eine Übersicht gebracht werden. Erstellen Sie eine Tabelle und begründen Sie Ihre Zuordnung im Gespräch mit einer Partnerin bzw. einem Partner.
3. Welche Fragetechniken (s. S. 80 f.) wenden Sie im Gespräch zur Ermittlung des Kundenwunsches und der Kundenmotive zur Veränderung einer Farbbehandlung bei der Kundin an? Benennen Sie zwei Fragetechniken und formulieren Sie je zwei Beispiele.

2 Haar- und Kopfhautbeurteilung durchführen

SZENARIO

Anja setzt sich zur Kundin und geht gemeinsam mit ihr den Behandlungsplan durch. Um die weiteren Schritte der Tönungsbehandlung zu planen, muss sich zunächst ein Bild von den Haaren und der Kopfhaut der Kundin machen. Der Behandlungsplan führt sie Schritt für Schritt durch die Beurteilung.

Bild 1 *Behandlungsplan*

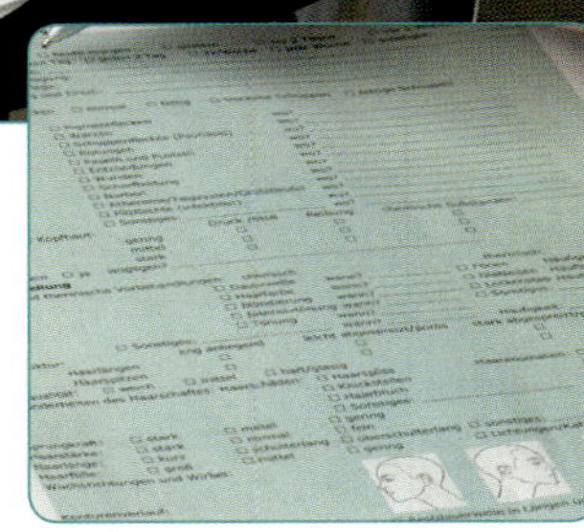

Bild 2 *Ausschnitt aus dem Behandlungsplan*

2.1 Haar- und Kopfhautbeurteilung

Mit der Haar- und Kopfhautbeurteilung werden die individuellen natürlichen Gegebenheiten der Kundin ermittelt. Diese Informationen werden in den Behandlungsplan eingetragen (s. Faltplan im Buch). Neben den für die Pflegeberatung ermittelten Inhalten und den im Lernfeld 4 schon besprochenen „Wuchsrichtungen und Wirbeln" (s. S. 133) muss eine Haar- und Kopfhautbeurteilung für farbverändernde Haarbehandlungen um folgende Inhalte ergänzt werden (s. auch Kap. 3.1):

- Ausgangshaarfarbe und Zielfarbe (s. 3.1.4)
- Weißanteil (s. Kap. 3.1.3)
- Haarqualität und Haarstärke (s. Kap. 3.2.1)

2.2 Ausgangshaarfarbe und Zielfarbe

Die vorhandene Haarfarbe ist die Farbbasis, auf der die neue Farbe aufgebaut werden kann. Sie wird von der natürlichen Haarfarbe oder bereits vorhandenen Färbungen und Aufhellungen bestimmt. Diese (bestehenden Voraussetzungen) muss die Friseurin genauestens bei der Haarbeurteilung erfragen und betrachten. Zu beachten sind vor allem auch Farbunterschiede am Ansatz oder den Längen und Spitzen. Denn die Betrachtung und Befragung entscheiden über die einzusetzenden Präparate und die Zielfarbe. Das bedeutet konkret: Mit Tönungen können Farbnuancen (Veränderungen der Farbrichtung) im Bereich der vorhandenen Farbtiefe erzielt werden. Dunklere Farbergebnisse sind mit einer Tönung ebenfalls möglich. Aber ein hellerer Farbton kann nur durch oxidative Farbveränderungen wie Färben, Hellerfärben und Blondieren erzielt werden.

2.3 Behandlungsplan einsetzen

Ein gutes Beratungsgespräch informiert die Kundin ausführlich über die festgestellten Ausgangsvoraussetzungen, die im Gespräch gemeinsam getroffenen Entscheidungen und die Vorgehensweise bei der Durchführung der Tönungsbehandlung. Mithilfe gezielter Fragetechniken und den hilfreichen Stichworten des Behandlungsplanes können alle Begebenheiten betrachtet und notiert werden.

Damit werden die Ergebnisse für die nachfolgenden Besuche der Kundin nachvollziehbar.

3 Basiswissen für die Empfehlung und Durchführung einer Tönung aneignen

SZENARIO

Florian weiß, dass es eine Vielzahl von unterschiedlichen Haarfarben gibt. Er kann sich die Vielfalt der Haarfarben nicht erklären, informiert sich hier über die Gründe und eignet sich das Basiswissen für die Haarfärbung an.

Bild 1 Beurteilung der Haarfarbe

3.1 Die natürliche Haarfarbe

Ob schwarz, braun, blond, rot – auch die natürlichen Haarfarben gibt es in verschiedenen Tönen und Nuancen. Wie natürliche Haarfarben entstehen, wie Naturhaarfarben sich im Laufe der Jahre verändern und in welchem Ordnungssystem sie sich wiederfinden, erläutern die folgenden Kapitel.

3.1.1 Entstehung der natürlichen Haarfarben

Für die Farbigkeit der Haare sind die Pigmente verantwortlich. Sie werden in den **Melanozyten**, die zwischen den Matrixzellen in der Haarwurzel liegen, hergestellt. Die Melanozyten haben verzweigte Zellfortsätze, über die sie die natürlichen Pigmente (das sogenannte Melanin) an die Zellen des Haares abgeben. Dadurch erscheint das Haar farbig (Bild 2).

Die Pigmente des Haares enthalten den Farbstoff Melanin. Es werden zwei Melanin- oder Pigmentarten unterschieden:

- Das dunkle Pigment, das den graubraunen Farbstoff **Eumelanin** enthält.
- Das gelblich rote Pigment, das den rötlichen Farbstoff **Phäomelanin** enthält.

Die natürliche Haarfarbe wird durch die **Menge der dunklen** und der **gelblich roten Pigmente** bestimmt.

Die Menge der dunklen Pigmente bestimmt vorrangig die **Farbtiefe** (Helligkeitsgrad) des Haares.

Je mehr Eumelanin Pigmente im Haar enthalten sind, desto dunkler ist die Haarfarbe. Die Farbtiefe reicht von Lichtblond bis Schwarz.

Der Anteil der gelblich roten Pigmente bestimmt wesentlich die **Farbrichtung** des Haares.

- Bei einem mittleren Anteil der gelblich roten Pigmente entstehen Haarfarben mit einem schwachen gelblich braunen Schimmer. Sie werden als **Natur- oder Grundtöne** bezeichnet.
- Bei einem erhöhten Anteil der gelblich roten Pigmente entstehen die Nuancen **Gold** und **Rotgold**.
- Bei einem geringeren Anteil der gelblich roten Pigmente ist kein leuchtender Reflex wahrnehmbar. Die Farbrichtung ist **Asch** und **Matt**.

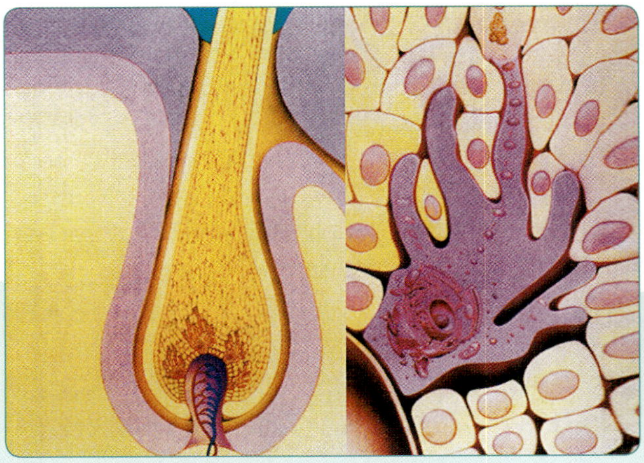

Bild 2 Melanozyten schleusen Pigmente in die Haarzellen

Bild 3 Unterschiedlich pigmentierte Haare eines Haarschopfes

Bild 1 Verteilung der Pigmente im Haar

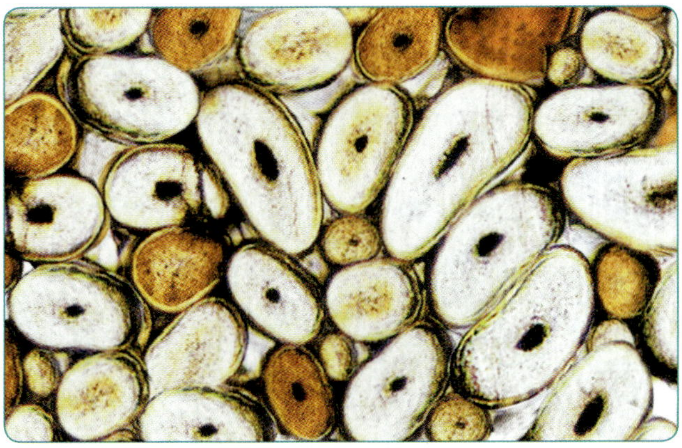

Bild 2 Hoher Weißanteil/meliertes Haar

3.1.2 Verteilung der Pigmente im Haar

Die einzelnen Haare eines Haarschopfs sind unterschiedlich pigmentiert. Bei der Untersuchung der Haarquerschnitte erkennt man auch eine uneinheitliche Pigmentverteilung bei den einzelnen Haaren (Bild 1).

3.1.3 Weißanteil, Ergrauung

Verliert ein Haar seine natürliche Farbigkeit und wird weiß, verändert es auch seine Qualität. Häufig ergrauen zuerst die Schläfen- und der Konturenbereich. Daher hat die Kundin oft schnell den Eindruck eines hohen Weißanteils des gesamten Haares. Es ist wichtig für jegliche Farbbehandlung den Weißanteil für jede Partie des Kopfes hin zu überprüfen (s. Bild 2). Das weiße, pigmentlose Haar wird von der Haarstruktur hart und glasig, das bedeutet konkret: fester verschlossen gegenüber Chemikalien, die die Schuppenschicht quellen bzw. öffnen. Fertig entwickelte Farbstoffe (sogenannte **direktziehende Farbstoffe** oder **Direktzieher**) der Tönungsprodukte können sich dann nur in der Schuppenschicht anlagern. Eine tiefe und damit haltbarere Einlagerung in den Rand der Faserschicht ist nur sehr schwer möglich (s. Kapitel 3.5.3). Bis zu einem Weißanteil von 30 % ist eine Tönung sinnvoll und wirkt natürlich. Bei einem höheren Weißanteil müssen dann allerdings andere Arbeitstechniken und Produkte angewendet werden, um die Farbe tief in das Haar (die Faserschicht) einzulagern (siehe LF 9).

Farbrichtung		Buntfarbe	Aufgabe der Buntfarben
Natur	(0)		
Asch	(1)	Blau	Deckt Orangetöne ab
Matt	(2)	Grün	Deckt Rottöne ab
Gold	(3)	Gelb	Erzielt Goldtöne
Rotgold	(4)	Orange	Erzielt Rotgoldtöne
Purpur	(5)	Rot	Erzielt Rottöne
Violett	(6)	Violett	Deckt Gelbtöne

Tabelle 1 Buntfarbenanteil in den Farbnuancen

3.1.4 Ordnungssystem der natürlichen Haarfarben; Aufbau der Farbkarte

Die Naturhaarfarben und zu erzielende Haarfarben sind in den Farbkarten systematisch erfasst. Eine vereinfachte Farbkarte sehen Sie auf S. 275.

Die **Farbtiefe** ist senkrecht angeordnet. Sie gibt die Helligkeitsabstufungen von Helllichtblond bis Schwarz an. Die Abstufungen der Farbtiefe beginnen bei den meisten Farbherstellern bei 2 für Schwarz und nicht bei 1. Ursprünglich war unterhalb von Schwarz die Farbtiefenbezeichnung Blauschwarz angeordnet. Sie sollte das Schwarz der Asiaten charakterisieren, das durch Lichtreflexion leicht bläulich wirkt. Da aber eine Farbe nicht dunkler als Schwarz sein kann, ist die Farbtiefe Blauschwarz (1) aus den Farbkarten der meisten Hersteller gestrichen worden.

Die **Farbrichtung** (s. Farbkarte S. 275) ist waagerecht angeordnet. Häufig wird als erstes die Naturreihe aufgeführt. Sie wird mit der Ziffer 0 oder mit dem Buchstaben N für Natur gekennzeichnet. Die Anordnung der übrigen Farbnuancen entspricht der Reihenfolge der Farben des sechsteiligen Farbkreises, beginnend mit Blau (1), das in Aschtönen enthalten ist, über Grün (2), das den Mattfarbtönen zugemischt ist, bis Violett (6). Statt der Zahlen werden hier auch Buchstaben verwendet, wie z.B. „V" für Violett.

In den **Farbkarten** sind weitere Nuancen aufgeführt.

- Durch Mischen benachbarter Farben des Farbkreises entstehen Zwischentöne. Sie entsprechen den Mischfarben 1. Ordnung. Ein Beispiel hierfür ist der Farbton Gold-Orange/34, der durch Mischen von Gold/3 und Rotgold/4 entsteht.

- Braun ist eine getrübte Farbe, die durch Mischen von Gold/Orange mit Schwarz entsteht. Als Farbrichtung ist Braun in der Farbkarte nach Violett angesiedelt. Es hat die Nummernbezeichnung/7.
- Mit der Einordnung/8 folgt die Nuance Perl-Cendre. Es ist ein intensiverer Blauton als Asch. Mit ihm werden im Blondbereich Silbernuancen erzielt.

Die Namen der Haarfarben der Asch- und Mattreihe werden aus der jeweiligen Farbtiefe und der Farbrichtung gebildet wie z. B. Mittelaschblond.

Dagegen haben sich für die weiteren Nuancen Begriffe durchgesetzt, unter denen man sich die Farbe gut vorstellen kann. Beispiele hierfür sind Kastanie, Mahagoni, Aubergine, Palisander, Bordeaux, Beaujolais usw.

Um die Informationen zu den Haarfarben der Farbkarte zu ergänzen benötigt man das Wissen aus Kap. 3.3 „Grundlagen der Farbenlehre verstehen".

Aufbau einer vereinfachten Farbkarte

Farbrichtung (Nuance) →

Farbtiefe ↓

Natur/ 0	Asch/1	Matt/2	Gold/3	Rotgold/4	Purpur/5	Violett/6	Braun/7	Perl-Cendre/8 oder auch 9
helllichtblond 10/0	helllichtaschblond 10/1							
lichtblond 9/0	lichtaschblond 9/1	lichtmattblond 9/2	goldblond 9/3					
hellblond 8/0	hellaschblond 8/1	hellmattblond 8/2	cognac 8/3	kupfergold 8/4	hellrosenholz 8/5			
mittelblond 7/0	mittelaschblond 7/1	mittelmattblond 7/2	haselnussblond 7/3	tizianrot 7/4	dunkelrosenholz 7/5	malaga 7/6	rehbraun 7/7	
dunkelblond 6/0	dunkelaschblond 6/1	dunkelmattblond 6/2	mocca 6/3	mahagonikupfer 6/4	purpurbraun 6/5	samos 6/6	schokobraun 6/7	dunkelcendre 6/8
hellbraun 5/0	hellaschbraun 5/1		goldbraun 5/3	hellkastanienbraun 5/4	hellmahagoni 5/5			
mittelbraun 4/0				mittelkastanienbraun 4/4				
dunkelbraun 3/0								
schwarz 2/0								blauschwarz 2/8

Arbeitsauftrag

1. Vergleichen Sie die Farbkarten der verschiedenen Haarfarbkosmetikhersteller. Welche Unterschiede können Sie feststellen?
2. Manche Haarfarbkosmetikhersteller nutzen Buchstaben zur Beschriftung der Farbkarten. Lassen sich die Farben anhand der Buchstaben leicht erschließen? Testen Sie sich selbst an Beispielen.

3.2 Haarqualität und ihre Wirkung auf das Aussehen

Die Haarqualität setzt sich zusammen aus der Menge der vorhandenen Haare, deren Dicke, aber auch deren Form. Die folgenden Kapitel geben dazu Informationen.

3.2.1 Haarstärke und Haarqualität

Damit die Farbauswahl gelingen kann, sollte man wissen, dass die Farbergebnisse der Strähnen einer Farbkarte auf einer normalen Haarstärke und einer normalen Haarqualität gefärbt werden (Haarstärke von 0,05 bis 0,07mm). Eine Abweichung der Haarstärke zum normalen Haar bedeutet für die Friseurin ein Umdenken bei der Farbauswahl. Denn färbt man die aus der Farbkarte ausgewählte Tönung auf ein feines Haar desto dunkler kann das Farbergebnis ansonsten ausfallen. Je dicker ein Haar desto weniger intensiv aber dafür transparenter fällt dann eventuell das Endergebnis aus. Regulieren kann man diese Problematik über die Einwirkzeit, die Menge des Präparates und die Auswahl der Farbtiefe.

Auch die Haarqualität spielt eine entscheidende Rolle für den Farbeindruck des Gesamtergebnisses (s. Kap. 3.2.2 Lichtreflexion), wie gut ein Haar angefärbt werden kann und wie haltbar dieses Farbergebnis gerade bei den Tönungen ist. Der Zustand der Schuppenschicht (Cuticula) ist verantwortlich für die Haltbarkeit der direktziehenden Farbstoffe.

Die Schuppenschicht (Cuticula) ist für kleine Farbmoleküle (Direktzieher in Tönungen) durchlässig. Deshalb können kleine Farbmoleküle auch durch die Schuppenschicht in das Haar eindringen. Je poröser ein Haar ist, desto mehr Farbmoleküle können eindringen. Besonders im Fall von porösen Spitzen kann das Ergebnis damit intensiver und satter werden. Weiterhin muss man wissen, dass an und in einem porösen Haar auch mehr negativ geladene Stellen im Haarkeratin zu finden sind. An diese können sich Direktzieher besonders gut anlagern. (s. Kap. 3.5.3) Aber gleichzeitig ergibt sich das Problem, dass die Farbmoleküle an porösen Stellen schneller wieder ausfallen (z.B. durch Waschen oder Beanspruchungen im Sommerurlaub). Umso wichtiger wird die genaue Betrachtung und das Befühlen der Haarstruktur des gesamten Kopfes als auch des Haares in den Bereichen des Ansatzes und der Längen und Spitzen.

Bild 1 *Haarqualität prüfen*

3.2.2 Reflexion und Lichtbrechung

Die Haarfarbe wird auch durch die Oberflächenstruktur des Haares beeinflusst. Je glatter die Oberfläche ist, desto mehr Licht wird reflektiert und desto intensiver und leuchtender ist der Farbeindruck.

Der Farbeindruck in einer gewellten, lockigen oder durchgestuften also aktivierten Textur (Haaroberfläche) unterscheidet sich vom Farbeindruck einer ruhigeren, glatten, nichtaktivierten Textur. Ruhige, glatte Texturen verstärken den Farbeindruck und lassen daher eine besonders intensive Farbauswahl zu.

Körper mit einer rauen Oberfläche reflektieren die Lichtstrahlen nicht in eine Richtung, sondern diffus, d.h. in verschiedene Richtungen. Deshalb erscheinen Haare mit einer geöffneten oder geschädigten Schuppenschicht stumpf und glanzlos.

Farbreflexe ganz besonderer Art entstehen bei gesundem Haar durch die Cuticularänder. Die Kanten wirken wie ein Prisma, das das weiße Licht in die Spektralfarben zerlegt. So entstehen durch die Cuticularänder besondere Farbreflexe.

Ist das Haar von Schmutz überzogen, sind die Cuticularänder überdeckt. Es fehlen der natürliche Glanz und die Farbreflexe.

Bei stark fettigem Haar fehlt die natürliche Oberflächenstruktur des Haares. Die glatte Fettschicht sorgt für eine unnatürliche Lichtreflexion und das Haar weist den typischen Fettglanz auf.

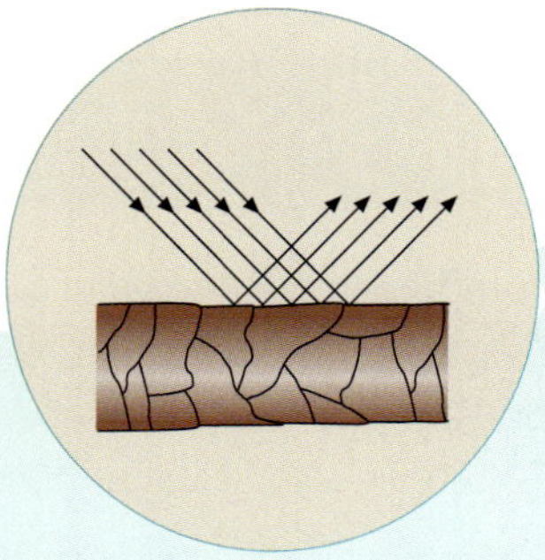

Bild 2 *Lichtreflexion bei nicht geschädigter Schuppenschicht*

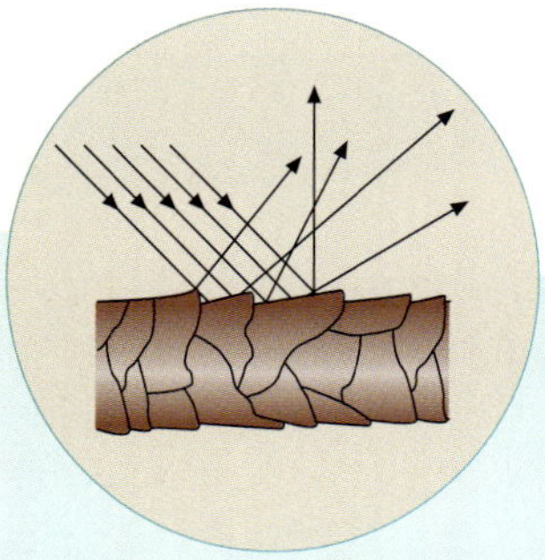

Bild 3 *Lichtreflexion bei geschädigter Schuppenschicht*

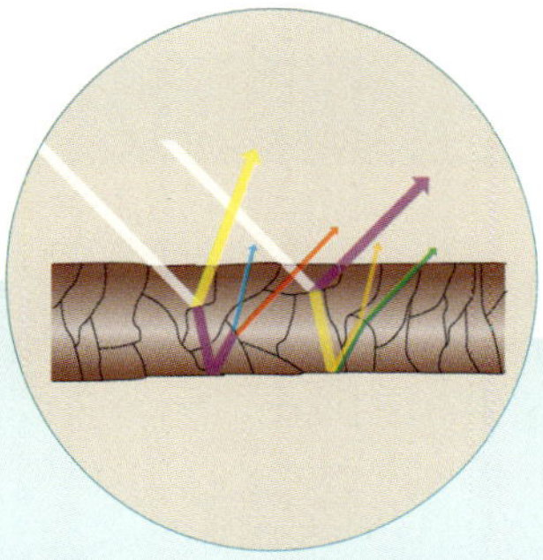

Bild 4 *Farbreflexe an Cuticularändern*

3.3 Grundlagen der Farbenlehre verstehen

SZENARIO

Anja weiß aus der Farbenlehre, dass beim Mischen der Wasserfarben Rot und Gelb ein Orangeton entsteht. Beim Tönen der Haare spricht die Chefin aber immer von einem Goldton oder einer Silbertönung. Die Erfahrungen im Salon haben Anja gezeigt, dass sich bestimmte Farben in ihrer Wirkung auf dem Haar gegenseitig aufheben. Anja kann aber die Farben des Farbkreises noch nicht den Farben der Farbkarte zuordnen. Welche Informationen fehlen ihr noch?

Bild 1 *Pastellfarbene Strähnchen*

3.3.1 Ordnung der Farben

Die Kenntnisse aus der Farbenlehre sind erforderlich für die

- Ermittlung des Kundenwunsches,
- Auswahl der geeigneten Präparate,
- Korrektur unerwünschter Farbtöne.

Farben werden in **Grundfarben** (Primärfarben) und **Mischfarben** (Sekundärfarben) eingeteilt. Sie werden in einem allgemeinen Ordnungsschema, dem Farbkreis, dargestellt. Grundfarben sind Rot, Gelb und Blau. Das Besondere an diesen Farben ist, dass sie sich nicht durch Mischen anderer Farben herstellen lassen.

Durch das Mischen von jeweils zwei Grundfarben erhält man die **Mischfarben 1. Ordnung**: Orange, Violett und Grün. Die Grundfarben und die Mischfarben 1. Ordnung ergeben zusammen den sechsteiligen Farbkreis.

Mischt man zwei benachbarte Farben des sechsteiligen Farbkreises miteinander, erzielt man die **Mischfarben 2. Ordnung**: Gelborange, Rotorange, Rotviolett, Blauviolett, Blaugrün, Gelbgrün. Bei der Benennung dieser Farben steht die Grundfarbe immer zuerst im Wort.

Werden diese Farben in den sechsteiligen Farbkreis eingeordnet, entsteht der zwölfteilige Farbkreis. Die Bedeutung dieser Farben erscheint zunächst nicht direkt im Zusammenhang mit den natürlichen Haarfarben oder den Färbemitteln. Sie haben einen Bezug zum Ordnungsmittel der Farben, der Farbkarte. (s. Kap. 3.1.4 und Tabelle 1, S. 274). Die Färbemittel sind chemische Mischungen aus den verschiedenen Farben des Farbkreises in unterschiedlichen Anteilen. Vorstellen können wir uns, dass ein warmer Blondton viel Anteil an Gelb und Orange hat, dafür aber weniger Grün.

Farben, die sich im Farbkreis gegenüberstehen, werden als **Gegenfarben** oder **Komplementärfarben** bezeichnet. Je nach ihrem Mischungsverhältnis können sie sich gegenseitig aufheben. Mit den Gegenfarben lassen sich unerwünschte Farbnuancen z. B. nach dem Blondieren und Färben korrigieren.

Gegenfarbenpaare, auch Komplementärfarben, sind Rot und Grün, Blau und Orange sowie Gelb und Violett. Weitere Begriffe zur Beschreibung von Farben:

- Wenn Gegenstände Licht ausgesetzt sind, erscheinen diese durch das reflektierte Licht farbig. Diese farbige Erscheinung von Oberflächen durch Reflexion nennt man **Körperfarbe**. Dies ist die Bezeichnung der Farbe des Gegenstandes.
- **Bunte Farben** (Buntfarben) sind die Farben, die frei von Weiß, Schwarz und Grau sind. Man unterscheidet sechs reinbunte Farben: Gelb, Orange, Rot, Violett, Blau und Grün.
- Die Mehrzahl der chemischen Haarfarben Farben ist jedoch **gedämpft** oder **getrübt**.
- Die intensivsten Farben sind die ungemischten, gesättigten, reinbunten Farben. Werden diesen Farben beigemengt, diese miteinander vermischt oder verdünnt, so verringert sich die Intensität der reinbunten Farbe. Es entstehen getrübte Farben.

Getrübte Farben enthalten neben den Buntfarben auch noch einen Grauanteil. Zu ihnen gehören die natürlichen Haarfarben, die neben den rötlichen Pigmenten einen mehr oder weniger hohen Anteil an dunklen Pigmenten enthalten.

Pastellfarben enthalten neben den Buntfarben einen Weißanteil. Beispiele hierfür sind Hellrot (Rosa), Hellblau usw. Pastellfarbene Haarsträhnen erzielt man durch Tönen von stark aufgehelltem Haar mit bunten Tönungspräparaten.

Bild 2 *Grundfarben*

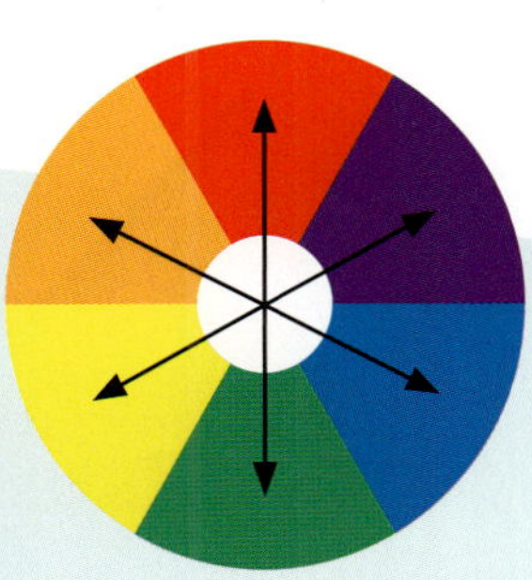

Bild 3 *Sechsstelliger Farbkreis (Pfeile kennzeichnen die Gegenfarben)*

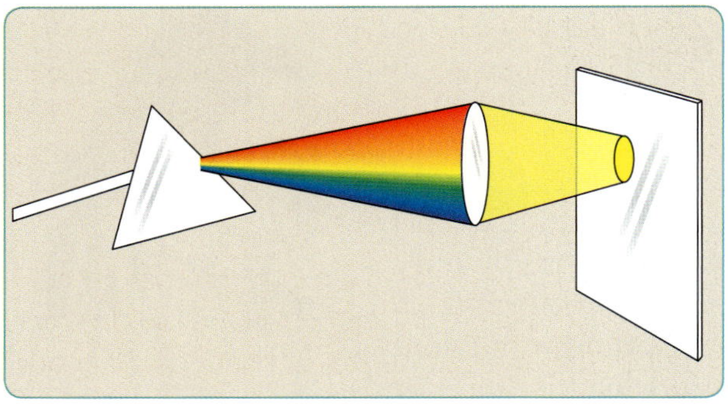

Bild 1 *Prisma zerlegt weißes Licht in Spektralfarben, Sammellinse bündelt sie zu weißem Licht*

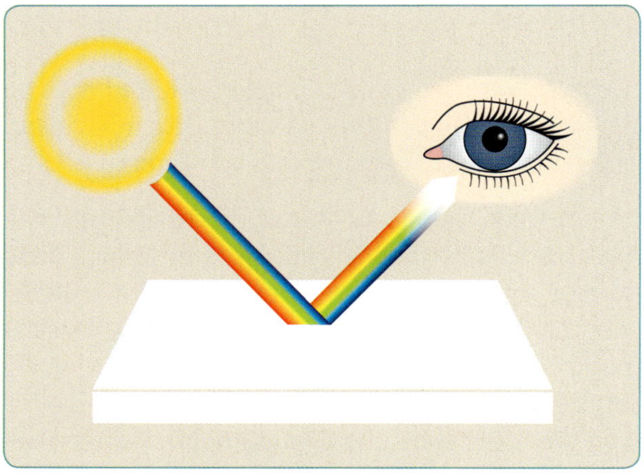

Bild 2 *Wahrnehmen eines weißen Gegenstandes*

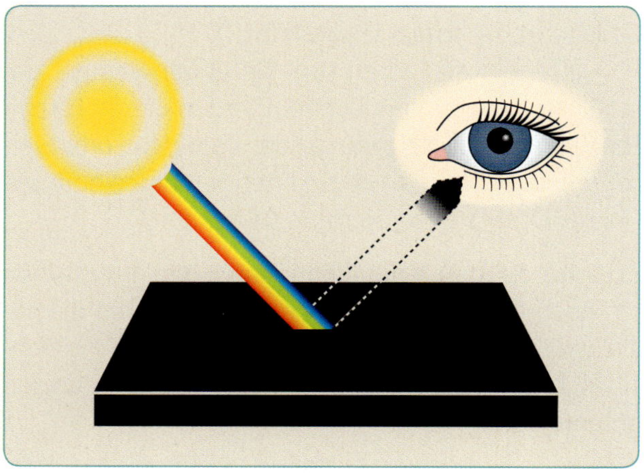

Bild 3 *Wahrnehmen eines schwarzen Gegenstandes*

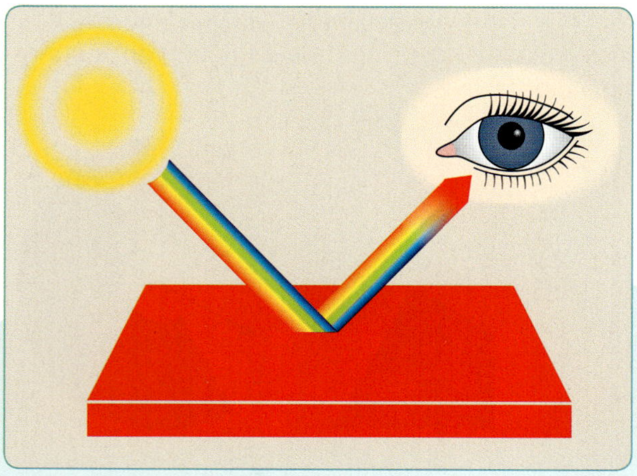

Bild 4 *Wahrnehmen eines roten Gegenstandes*

3.3.2 Farbiges Sehen

„Nachts sind alle Katzen grau" heißt es.
Um Farben korrekt wahrnehmen zu können, ist „weißes Licht" erforderlich. Das „weiße Licht" setzt sich zusammen aus den **Spektralfarben** Rot, Orange, Gelb, Grün, Blau und Violett. Dies kann mithilfe eines Prismas gezeigt werden. Es zerlegt das weiße Licht in die Spektralfarben. (Bild 1)

Ein weißer Gegenstand reflektiert („zurückstrahlen") alle Spektralfarben.

Fällt weißes Licht auf den Gegenstand, wird es vollständig reflektiert und als Weiß wahrgenommen. (Bild 2)

Ein schwarzer Gegenstand „verschluckt" (absorbiert) das gesamte Licht, das auf ihn fällt. (Bild 3) Der Gegenstand erwärmt sich dadurch auch. Es gelangen also keine Lichtstrahlen ins Auge, die einen Farbeindruck entstehen lassen können.

Diese Fähigkeit, Farben wahrzunehmen liegt in der Besonderheit, wie Menschen Farben im Auge wahrnehmen. Das menschliche Auge besitzt auf der Netzhaut sogenannte Zapfen und Stäbchen. Die Stäbchen auf der Netzhaut nehmen nur Helligkeitsunterschiede wahr. Die Zapfen sind für das Sehen von Farben verantwortlich. Wenn Licht ins Auge fällt, werden die Zapfen und Stäbchen angeregt und leiten diese Erregung als Impuls an das Gehirn weiter. Daraus ergibt sich eine Farbe, die wir nun wahrnehmen/„denken" und mit einer Farbbezeichnung kennen.

Wie kommt es, dass uns Haarfarben oder das Make-up farbig erscheinen?

Die natürlichen als auch die künstlichen Haarfarben oder das Make-up erhalten ihre Farbe erstens dadurch, dass sie mit Licht beschienen werden. Das Licht kann aus unterschiedlichen Quellen kommen (s. Kap. 3.3.4). Weiterhin besitzt das Haar oder das Make-up der Kundin bereits Farbpigmente. Im Haar finden wir von Natur aus das Eumelanin und Phäomelanin, im Make-up finden wir künstliche Farbstoffe und in der künstlichen Haarfarbe die eingefärbten Farbstoffe in der Faserschicht und Schuppenschicht. Diese Farbpigmente können wie in Abbildung 1 und 2 bestimmte Teile des Lichtes zurückstrahlen (reflektieren) oder andere aufnehmen (absorbieren).

Farbige Sinneseindrücke entstehen dadurch, dass die farbigen Gegenstände die Gegenfarbe (Komplementärfarbe) aus dem Licht absorbieren (verschlucken) und die übrigen Spektralfarben reflektieren. So absorbiert ein roter Gegenstand die Gegenfarbe Grün (Bild 4).

3.3.3 Additive und subtraktive Farbmischung

Beim Mischen farbiger Lichtstrahlen wird die entstandene Lichtfarbe heller, weil jede Spektralfarbe Helligkeit hinzufügt (addiert). Werden alle Spektralfarben gemischt, entsteht weißes Licht (Bild 1 a). Die Mischung von Lichtstrahlen wird **additive Farbmischung** genannt und spielt für das Färben der Haare keine Rolle.

Beim Mischen stofflicher Farben (Pigmente) wird die entstandene Farbe dunkler, weil jede Körperfarbe einen Teil des weißen Lichtes verschluckt (subtrahiert). Werden alle stofflichen Farben gemischt, entsteht Schwarz.

Die Mischung bzw. Überlagerung der Farben wird als **subtraktive Farbmischung** (Bild 1b) bezeichnet.

Bild 1a *Additive Farbmischung*

Bild 1b *Subtraktive Farbmischung*

3.3.4 Wirkung verschiedener Lichtquellen

Licht bestimmt unsere Wahrnehmung, Licht erzeugt Aufmerksamkeit, Licht schafft Wohlbefinden oder Unbehagen, Licht beeinflusst Gefühle und ist daher von hoher Bedeutung für die Friseurpraxis. Eine Friseurin, die an ihrem Arbeitsplatz keine optimalen Beleuchtungsbedingungen vorfindet, kann kein gutes und sauberes Schnittergebnis erzielen und auch das Farbergebnis nicht optimal beraten und erreichen. Aber auch in der Außenwirkung eines Salons ist das Licht nicht zu unterschätzen. Es ist ein Instrument, um sich für Kunden interessant zu machen und zu einem Dienstleistungsversprechen einzuladen.

Nur weißes Licht, das dem Farbspektrum des Sonnenlichtes entspricht, erzeugt einen korrekten Farbeindruck. Fällt anders zusammengesetztes Licht auf das Haar oder das Make-up, so entsteht ein verfälschter Farbeindruck. Beleuchtungsquellen wie Glühlampen oder Kerzen haben nicht die spektrale Zusammensetzung des Sonnenlichtes, sie enthalten mehr Rot- und weniger Blauanteil als das Sonnenlicht. Dadurch wirken die so beleuchteten Haare oder das Make-up eher lebhaft, leuchtend und warm. Dem Farbspektrum einer Energiesparlampe fehlen die roten Anteile. Für eine bessere Farbwiedergabe im Salon sollte man zu Energiesparlampen mit der Bezeichnung „tageslichtweiß" greifen. Leuchtstoffröhren enthalten mehr Blau- und weniger Rotanteile. Dadurch wirken die Gegenstände eher aschig-matt, blass und kalt. Bei solchen Lichtverhältnissen führt die Beurteilung von Haarfarben und Make-up zu Fehlergebnissen.

Die Farbwirkung wird auch durch die Menge an Licht beeinflusst. Daher werden für ein Abend-Make-up auch kräftigere Farben bevorzugt.

Bei der Saloneinrichtung sollte man bestimmte Plätze im Salon für die Farbberatung reservieren.

3.4 Wirkung von Farben und Farbgestaltung kennen

Farben haben einen Einfluss auf Körper und Seele des Menschen. Sie wirken beruhigend oder anregend und sie können automatisch-unbewusste Reaktionen oder Assoziationen (Begriffe oder Verknüpfungen von Gedanken) hervorrufen. Diese psychologische Wirkung von Farben entsteht durch Erfahrung und wird durch unsere Umwelt (aber beispielsweise auch durch Werbung) geprägt. So haben wir verinnerlicht, dass man zur Farbe Blau häufig an Himmel oder Wasser denkt, bei Grün an Pflanzen oder Kräuter. Wir ordnen Farben aber auch Begriffen zu und geben ihnen eine symbolische Bedeutung. Beispielsweise steht die Farbe Rot für die Liebe und das Feuer und schwarz in den mitteleuropäischen Kulturen für den Tod.

In dieser Tabelle lassen sich die Wirkungen von Farbtönen auf den Friseur und die Kundin ablesen:

Rot und Orange vermitteln Wärme und Geborgenheit. Dagegen wirken Blau, Violett und Türkistöne eher kalt. Helle Farben wirken eher freundlich und belebend, während dunkle Farben eher als bedrückend empfunden werden.

Eine positive Wirkung von Farben wird erzielt, wenn bei der Farbgestaltung bestimmte Grundlagen und Gesetzmäßigkeiten beachtet werden. Hierzu gehören das Wissen zu den Wirkungen von Farben, dem Farbkontrast und den Farbharmonien (s. S. 280).

(Rot)	Rot empfinden wir als warm wie Glut.
(Orange)	Orange wirkt heiß wie Feuer.
(Gelb)	Gelb wirkt anregend und belebend wie die Sonne.
(Grün)	Grün empfinden wir als beruhigend wie Wälder und Wiesen.
(Blau)	Blau wirkt kalt wie Eis und Schnee.
(Violett)	Violett wirkt eher geheimnisvoll.

Tabelle 1 *Wirkung von Farbtönen*

Zu einer kompetenten Beratung zur Farbveränderung zählt der Farbtyp der Kundin. Die zu erzielende Haarfarbe sollte immer dem Farbtyp der Kundin entsprechen. Ansonsten entsteht eine farbliche Disharmonie, die den Kundentyp unvorteilhaft verändert und nicht Ziel einer harmonischen Farbauswahl sein kann.

3.4.1 Farbkontrast

Ein Kontrast ist ein Gegensatz. Einige Beispiele für Kontrastarten, die bei der Farbwahl eingesetzt werden, sind:

Kalt-warm-Kontrast: Kombinationen von kalten und warmen Farben oder reine kalte oder warme Farbwahl in einem Farbergebnis .

In Versuchen hat man getestet, dass beispielsweise blaue Wände als „kalt" empfunden werden, bei gleicher Zimmertemperatur orange-rote Wände aber als angenehm „warm" beschrieben werden.

In der Regel wird Blaugrün als die kälteste und Rotorange als die wärmste Farbe empfunden. Da der Kalt-Warm-Kontrast direkt und stark emotional wirkt, ist dieser mit der Kundin ausführlich zu besprechen. (s. Kap. 3.4.2)

Helligkeitskontraste: Kombination von hellen und dunklen Farben

Zu beachten ist hier: eine Farbe erscheint neben einer sehr hellen Farbe dunkler, als sie in Wirklichkeit ist. Dies muss bei Farbkombinationen berücksichtigt werden. Eine Zwei-Farben-Färbung mit Farben von stark unterschiedlichen Helligkeitswerten kann unharmonisch wirken.

Haarfarbe, Teint, Make-up und Kleidung sind Farbkombinationen, die sich in ihrer Farbwirkung gegenseitig beeinflussen. Goldblond gefärbtes Haar wirkt in der Kombination mit dunkelblauer Kleidung strahlender als mit weißer Kleidung. Ein starker Hell-Dunkel-Kontrast zwischen Teint und Haarfarbe wirkt aber auch hart und unharmonisch.

Farbkontraste: Kombination von Gegenfarbenpaaren
Ein Farbkontrast durch die Gegenfarbe ist zwischen der Farbe der Haare und des Gesichts kaum möglich. Dagegen können die Kontraste im Zusammenspiel mit der Kleidung sehr harmonisch und verstärkend wirken. Eine rothaarige Kundin in einem grünen Kleidungs-Ensemble wirkt im Komplementärkontrast harmonisch. Die Farben verstärken sich in ihrer Wirkung sogar gegenseitig.

3.4.2 Farbtypen und Farbharmonien

Zu einer professionellen und ganzheitlichen Beratung einer farbverändernden Farbbehandlung gehört auch eine Betrachtung des Farbtyps der Kundin. Wer Lust auf einen neuen Look bekommt, hat viele Möglichkeiten diesen im Bereich Farbe und Make-up umzusetzen. Doch nicht jeder Farbton passt zu jedem Kundentyp. Die passenden Farbnuancen in der Haarfarbwahl und der Auswahl des Make-up unterstreichen den Kundentyp vorteilhaft. Es entsteht ein harmonischer Gesamteindruck. Unpassende Farben können das Gesicht blasser und älter wirken lassen.

Praktisch gesehen werden bei der Farbharmonie Farben kombiniert, die im Farbkreis näher beieinander liegen. So entstehen Farbkompositionen, die sehr beruhigend wirken. Zum anderen hat sich das Gestaltungsprinzip der Farbtypen durchgesetzt, bei dem die Farben des Make-ups und die Farbnuancen der Haare auf die natürlichen Gegebenheiten der Kundin wie Augenfarbe, Hautton und Naturhaarfarbe abgestimmt werden. Der Grundfarbtyp des Menschen ist also genetisch festgelegt und wird in vier verschiedene Grundtypen unterschieden. Diese Unterscheidung ist eine grobe Orientierung, die im Gespräch mit der Kundin, unterstützt durch eine Farbkarte aufgezeigt werden sollte. Ein Kundenwunsch bleibt ein Wunsch, der durch die richtige Argumentation und eine Betrachtung des harmonischen, ganzen Kundentyps ernst genommen werden muss. Anhaltspunkte zur Schmuck- und Kleidungsfarbwahl der Kundin geben eine erste Orientierung und intuitiv spüren Kundinnen welche Farben sie harmonisch wirken lassen.

3.4.3 Farbtypen und ihre Merkmale

Eine Orientierung für die Beratung: Es werden vier Farbtypen unterschieden. Häufig werden die Farbtypen auch den Jahreszeiten zugeordnet.

- hell-warmer Farbtyp
- hell-kalter Farbtyp
- dunkel-warmer Farbtyp
- dunkel-kalter Farbtyp

hell-warmer Farbtyp

- Der Hautton des hellwarmen Farbtyps ist gelblich bis golden mit leichten Sommersprossen.
- Die hellen Augen schimmern blau, oft wasserblau bis grünlich.
- Die Haarfarbe weist häufig eine Goldnuance auf, wie z. B. Goldblond, Goldbraun oder Kupfer.

Bild 1 Farbtyp hell-warm

- Warme, zarte Farben harmonieren gut mit dem hell-warmen Farbtyp, wie z.B. Lindgrün, Apricot, Beige, Cremeweiß, Türkis, Kamelhaar, Rosa und Gold.

Zu den Haarfarben:
Der hell-warme Farbtyp hat von Natur aus einen höheren Gold und Gelb Anteil im Haar. Daher sind Asch- und Matttöne ungeeignet. Goldblond, Honigblond, Goldbraun, Kupfer, wie Goldrot oder ein warmes Hell- bis Mittelbraun sind ideal. Die Töne sollten nicht zu dunkel sein, der Schneewittchen-Look passt eher zu kalten Hauttypen.

hell-kalter Farbtyp

- Der Hautton des hell-kalten Farbtyps ist blass mit bläulich-rosigem Unterton.
- Die Augenfarbe ist grau, graublau oder graugrün.
- Die Haarfarbe ist blond in allen Abstufungen mit aschigen Reflexen.
- Gut harmonierende Farben sind Jeansblau, Himmelblau, Silber, Flieder, Lavendel, Himbeerrot und Mintgrün.

Zu den Haarfarben:
Für die Farbveränderung eines hell-kalten Farbtyps sollte Aschblond, Aschbraun oder auch Platinblond wählen. Rote Farben sollten einen bläulichen Unterton haben, wie z.B. die Farben Bordeaux oder Violett. Farben mit hohem Rotanteil wie Mahagoni, Kupfer oder goldblonde Haartönungen sind ungeeignet; diese lassen die Kundin älter wirken.

dunkel-warmer Farbtyp

- Der Hautton des dunkel-warmen Farbtyps ist goldgrundig, er kann von Elfenbein bis Bronze schimmern. Sommersprossen bilden oft lustige Farbtupfer.
- Die Augenfarbe ist braun oder auch grünbraun.
- Die Farbtiefe der Haarfarbe liegt im mittel- bis dunkelblonden sowie im hellbraunen Bereich.
- Vorteilhafte Farben für diesen Typ sind Orange, Rostrot, Olivgrün, Schokobraun, Beige, Goldgelb und Kupfer.

Zu den Haarfarben:
Die Haarfarbe sollte mit warmen Rot- und Kupfertönen betont werden. Auch kann die Wahl auf warme Brauntöne, wie Goldbraun, Kupfergold und Kastanie fallen. In blondem Haar passt am besten ein Goldblond, da aschfarbene Töne nicht zu Ihrem Teint passen (s. Bild 2).

dunkel-kalter Farbtyp

- Der dunkel-kalte Farbtyp ist kontrastreich mit kühlem bläulichen Hautton.
- Augenfarben (dunkelblau, dunkelgrau; grau-grün) stehen im Kontrast zum Augenweiß.
- Die dunkle aschige Haarfarbe reicht von Braun bis Blauschwarz (mediterraner Typ).
- Zum dunkel-kalten Farbtyp passen neben Schwarz und Weiß folgende Farbnuancen: Pink, Zitronengelb, Enzianblau, Blauviolett, Rubinrot und Silber.

zu den Haarfarben:
Da die Haare des dunkel-kalten Farbtyps von Natur aus einen satten Farbton haben, reicht in der Regel eine Glanzspülung. Den Naturton zu unterstreichen gelingt mit Aubergine und Mahagoni oder mit einer Tönung in der Naturhaarfarbe.

Tönungen sollten aus der Farbpalette der aschigen Töne ausgesucht werden. Unbedingt vermeiden sollte der dunkel-kalte Farbtyp die gelblich-goldenen Nuancen, die den Teint matt aussehen lassen (s. Bild 3).

Bild 1 *Farbtyp hell-kalt*

Bild 2 *Farbtyp dunkel-warm*

Bild 3 *Farbtyp dunkel-kalt*

3.4.4 Durchführung einer Farbtypbestimmung im Salonalltag

Für die Farbtypanalyse ist ein gut mit Tageslicht ausgeleuchteter Beratungsplatz erforderlich. Der Farbtyp kann nur bei ungeschminkter Haut und natürlicher Haarfarbe und dem Betrachten der Augenfarbe korrekt ermittelt werden. Farblich verändertes Haar verfälscht den Farbeindruck. Das Haar sollte aus dem Gesicht gekämmt und abgedeckt werden. Farbfächer, Farbtücher sowie kupferfarbene Folien und Silberfolien erleichtern die Bestimmung des Farbtyps.

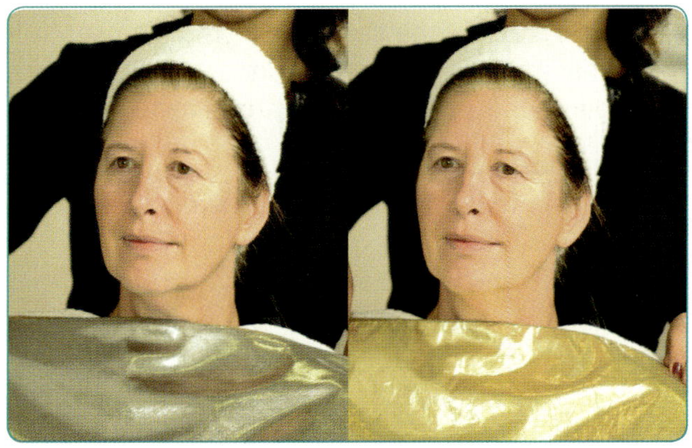

Bild 1 *Farbtypberatung mit Farbtüchern*

3.5 Theorie des Tönens – Auswahl des geeigneten Präparates

SZENARIO

Anja und ihre Chefin stehen bei der Neukundin vor der Beratung zur Farbveränderung. Verschiedene Möglichkeiten zur Farbveränderung können der Kundin aufgezeigt werden. Um im Beratungsgespräch den Argumenten folgen zu können, informiert sich Anja über die wesentlichen Unterschiede zwischen Tönen und Färben. Die Chefin macht Anja noch einmal darauf aufmerksam, dass mit einer Tönungsbehandlung immer nur die Färbung mit ausschließlich direkti ziehenden Farbstoffen gemeint ist und nicht mit der Intensivtönung verwechselt werden sollte. Anja liest daraufhin dieses Kapitel genauer, um die Unterschiede genau zu verstehen.

3.5.1 Tönungspräparate – Einsatzmöglichkeiten und Grenzen

Unter dem Begriff Tönen sind alle Farbveränderungen der Haare zu verstehen, bei denen kein Oxidationsmittel eingesetzt wird. Tönungspräparate enthalten ausschließlich Fertigfarbstoffe (direktziehende Farbstoffe, Direktzieher oder Nuancierungsfarbstoffe). Sie sind gebrauchsfertig und können direkt angewendet werden. Damit sind die Intensivtönungen nicht zu den klassischen Tönungsprodukten zu zählen.

Bei einer Tönungsbehandlung werden vom Farbeindruck für das Auge die Pigmente des Haares mit den direktziehenden Farbstoffen „gemischt". Das Farbergebnis beim Tönen entsteht also durch das „Mischen" der vorliegenden Haarfarbe und der Farbe des Tönungspräparates.

Die Tönungspräparate können **nicht**:

- Haare aufhellen,

Aufgabenbereich	Wirkung	Aufgabenbereich	Wirkung
Naturtöne auffrischen		Direktziehende Farbstoffe vor Färbungen anlagern (Rot)	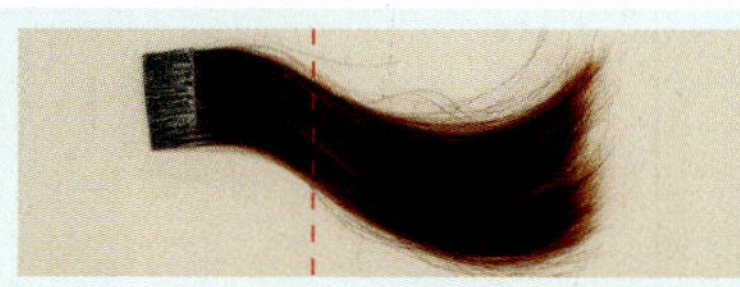
Farbrichtung verändern, z. B. Silbertönung bei weißem Haar	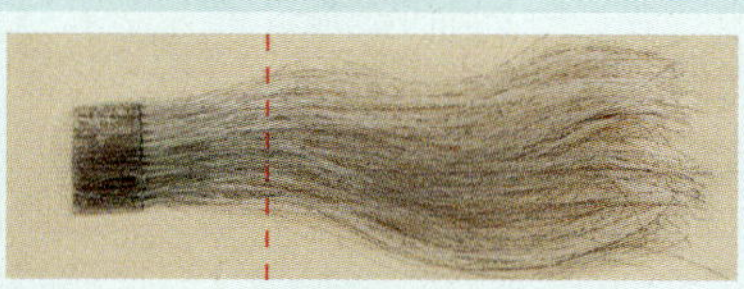	Erste weiße Haare kaschieren	
Farbkorrektur, z. B. Orangestich nach Blondierungen	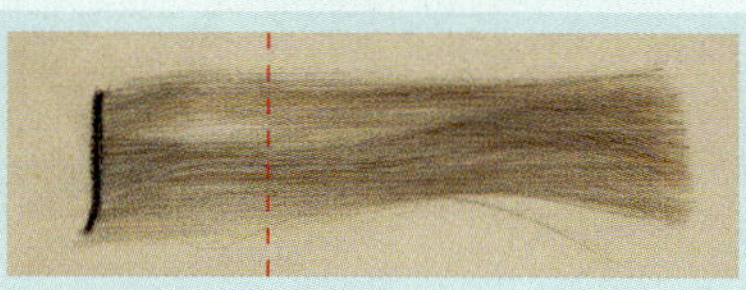	Bis zu drei Tönen dunklere Natur- oder Modetöne erzielen	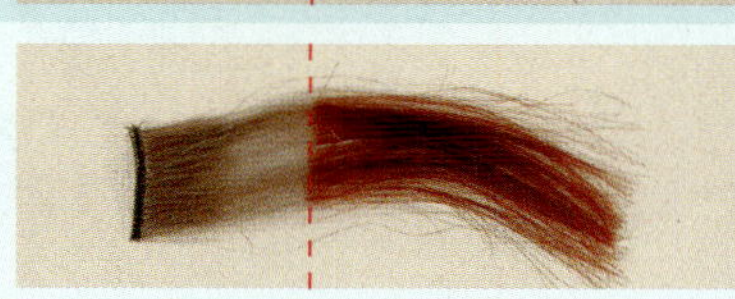

Tabelle 1 *Aufgabenbereiche von Tönungspräparaten*

- einen Weißanteil von mehr als 30 % abdecken,
- dauerhafte Farbveränderungen erzielen.

Tönungen oder direktziehende Farbstoffe können eingesetzt werden:

- zur Auffrischung von ausdruckslosen Naturtönen und Glanzveredelung (als sogenannte „Power shots" in Pflegeprodukten)
- zur Veränderung der Farbrichtung (als trendige Modetöne/Directions oder Silbertönungen auf weißem Haar)
- zur Korrektur von unerwünschten Farbergebnissen (z.B. Fehlfärbungen oder Rot- und Gelbstich bei Blondierungen)
- zur Voranlagerung von direktziehenden Farbstoffen (z. B. in Rot) vor einer oxidativen Färbung zum Ausgleich der Naturpigmentierung
- zum Über-Tönen der ersten weißen Haare bis ca. 30 %
- zum Tönen als Haar-Make up zum Kaschieren erster grauer Ansätze
- als Ergänzung in oxidativen Haarfarben zur Vervollständigung der Farbnuancen im Rotgold-Bereich. Es ist oft nicht möglich alle Farbnuancen allein durch oxidative Kupplungsreaktionen herzustellen. (s. LF 9)

3.5.2 Präparateauswahl

Die kosmetische Industrie bietet unterschiedliche Tönungspräparate an. Diese unterscheiden sich durch die Farbstoffmenge der direktziehenden Farbstoffe, durch ihre Trägersubstanzen mit denen sie in das Haar gelangen und durch ihre Anwendung.

Tönungen ohne besondere Zusatzaufgaben

Diese Tönungen sind Ö/W-Emulsionen (Öl in Wasser-Emulsionen). In der Wasserphase der Ö/W-Emulsion sind die Farbstoffe in hoher Konzentration enthalten. Außerdem sind organische Säuren in ihr gelöst, die das Haar adstringieren und ihm dadurch zusätzlich Glanz verleihen.

In der Ölphase befinden sich neben den Fettstoffen noch Pflegestoffe, wie sie in Pflegepräparaten enthalten sind. Eine Spülung oder eine Kur ist deshalb nach der Tönung nicht erforderlich.

Diese Tönungen sind erhältlich als:

Schaumtönung

Das Treibgas in der Sprühflasche schäumt die Ö/W-Emulsion beim Austreten aus der Dose auf. Der besondere Vorteil der Schaumtönung besteht darin, dass der Schaum sehr schnell aufgetragen und gleichmäßig verteilt werden kann.

Cremetönung

Die Ö/W-Emulsion sorgt für ihre cremeartige Beschaffenheit. Sie erleichtert das Auftragen und verhindert das Ablaufen des Präparates. Cremetönungen werden in systematischer Scheiteltechnik aufgetragen.

Balsamtönung

Dieses Präparat ist ähnlich zusammengesetzt wie die Cremetönung. Als Trägersubstanz kommen hierbei häufig Gemische aus Ö/W-Emulsion und einem Gel zum Einsatz. Die Konsistenz ist dadurch flüssiger, wodurch das Auftragen vereinfacht wird.

Tönungen mit zusätzlichen Aufgaben

Diese Farbveränderung kann mit folgenden Präparaten erzielt werden:

Farbfestiger

Bei diesen Produkten handelt es sich um Festiger in Flüssig- oder Schaumform, in denen Farbstoffe gelöst sind.

Präparat	Anwendungsbereich	Hauptinhaltsstoffe
Tönungsfestiger, Farbfestiger, Föhnlotion und auch Farbsprays	• Leichte Farbauffrischung und Farbkorrektur bei gleichzeitiger Festigung der Frisur	Direktzieher in geringer Konzentration, Wasser als Verdünnungs- und Alkohol als Lösungsmittel für die Kunstharze
Tönungs- oder Farbshampoo oder auch „ColorShots" in Pflegespülungen	• Leichte Belebung des Naturtons • Leichte Farbkorrektur	Direktzieher in höherer Konzentration, milde Tenside zur Reinigung und Wasser als Lösungs- und Verdünnungsmittel
Tonspülung	• Intensive Farbauffrischung, • intensive Farbkorrektur, • Anlagerung von Farbstoffen vor der Färbung	Direktzieher in höherer Konzentration, Tenside als Netzmittel und Wasser als Lösungs- und Verdünnungsmittel
Tönungen als Creme oder Balsam, flüssig oder gelförmig	• Abdecken bis zu 30 % Weißanteil • Anlagerung von Farbstoffen vor der Färbung	Direktzieher in höherer Konzentration, Tenside als Netzmittel und Schaumbildner, Wasser als Lösungs- und Verdünnungsmittel
Schaumtönungen	• Intensive Farbkorrekturen	Aerosol als Treibgas in Schaumtönungen

Tabelle 1 Tönungspräparate im Überblick und nach ansteigender Farbkonzentration

Sie werden wie normale Festiger aufgetragen. Mit ihnen kann eine leichte Farbauffrischung bzw. Farbkorrektur erzielt werden.

Tonspülung

Sie enthält neben den Pflegestoffen eine höhere Konzentration an Farbstoffen als die Farbfestiger. Mit ihr erzielt man neben der Pflegebehandlung eine intensivere Farbveränderung der Haare.

Tönungsshampoo

Dies ist ein Shampoo, das einen geringen Farbstoffzusatz aufweist. Mit ihm erzielt man beim Waschen eine leichte Farbauffrischung bzw. Farbkorrektur. Ein Tönungsshampoo enthält milde Tenside, die die aufziehenden Farbstoffe nicht wieder auswaschen.

Die Tabelle 1 (s. S. 283) vermittelt einen Überblick über die gebräuchlichsten Tönungspräparate in der Friseurpraxis. Im weitesten Sinne gehören auch die abdeckenden Färbemittel, die sich um das Haar legen, zu den Tönungspräparaten:

Farbspray

Die Farbpigmente sind im Kunstharz verteilt und haften durch den Klebeeffekt des Kunstharzes am Haar. Mit dem Farbspray lassen sich kurzfristige Farbeffekte erzielen.

Hair-Mascara

Die Pigmente sind in einer Suspension verteilt. Sie wird mit einem Mascarabürstchen aufgetragen.
In der Regel haftet Hair-Mascara bis zur nächsten Haarwäsche.

3.5.3 Haftmechanismen und Wirkungsweise der Tönungspräparate

Tönungen enthalten direktziehende Farbstoffe, die in unterschiedliche Trägersubstanzen (z. B. Wasser, Aerosole oder Pflegepräparate) eingearbeitet sind, mit deren Hilfe sie gut auf das Haar aufgetragen und ins Haar eindringen werden können.

Die Tönungen enthalten oft Gemische verschiedener Farbstoffe. Um diese nachzuweisen, kann man diese versuchsweise mithilfe von Papierchromatographie oder einem weißen Filterpapier trennen. Die Farbstoffe sind in einem Lösungsmittel fein verteilt. Wird das Tönungspräparat auf ein Filterpapier gegeben, verteilt sich das Lösungsmittel und nimmt die Farbstoffe unterschiedlich weit mit. Farbstoffe, die gut an der Papieroberfläche haften, wandern langsamer und bleiben in der Nähe der Auftragestelle (s. Bild 1).

Vor allem rötliche Farbstoffe in Tönungen haften gut am Haar. Blond- und Brauntöne haben sehr große Farbmoleküle, die schlecht in das Haar eindringen. Naturtöne zu Färben ist daher problematisch. Vor allem auf weißem Haar, dessen glasig-harte Struktur das Eindringen zusätzlich verhindern.

Im wässrigen Teil der Trägersubstanz sind die Farbstoffe (Direktzieher) gelöst. Aufgrund der Saugfähigkeit des Wassers gelangen die Direktzieher mit dem Wasser in das Haar hinein.

Die bei Tönungen gewünschte, sehr geringe Haltbarkeit ist auf die Größe der Direktzieher und auf die Haftungskräfte durch chemische Ladungen am Haarkeratin zurückzuführen. In Tönungspräparaten werden zwei verschiedene direktziehende Färbemöglichkeiten genutzt.

Die sogenannten nichtionischen (ungeladenen), sehr kleinen Direktzieher färben das Haar durch direktes Eindringen bis in den Rand der Faserschicht an. Man spricht von **Adhäsionskräften**. Das sind Anziehungskräfte zwischen zwei Stoffen. Sie bestehen auch zwischen den Farbstoffen und dem Keratin des Haares. Diese Kräfte sind sehr schwach. Deshalb werden Tönungen, die ausschließlich nach diesem Prinzip am Haar haften, wie z. B. Tönungsfestiger, schnell wieder ausgewaschen. Je größer die Direktzieher desto schlechter können sie durch die Schuppenschicht (Cuticula) eindringen. Große Farbstoffe haften daher überwiegend an der Außenseite der Schuppenschicht. Auch diese werden verständlicherweise schnell wieder abgewaschen.

Bild 1 *Chromatogramm von roter Filzstiftfarbe*

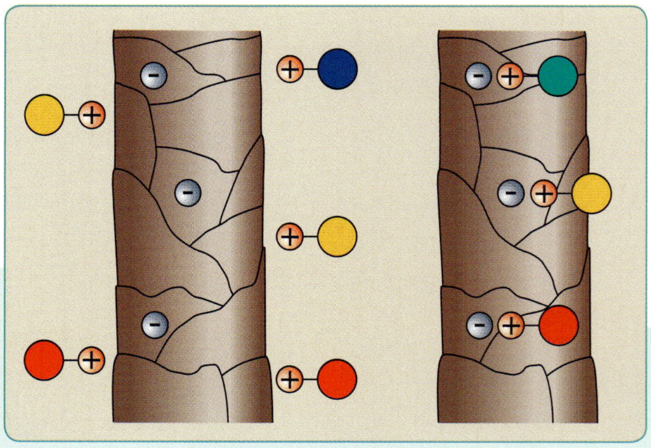

Bild 2 *Negative Ladung des Haares und kationische Farbstoffe*

Elektrostatische Anziehungskräfte bestehen zwischen Stoffen mit unterschiedlichen Ladungen (s. Bild 2). Manche Direktzieher können mit positiven elektrischen Ladungen ausgestattet sein. Sie wirken dann **kationaktiv**, wie ein Magnet und haften an den negativ geladenen chemischen Gruppen im Haarkeratin, vor allem an der Schuppenschicht (Cuticula). Je stärker ein Haar geschädigt ist, umso mehr negative Ladungen sind im und am Haar vorhanden. Es können mehr Direktzieher anhaften und aufgenommen werden. Besonders in den Längen und Spitzen kann das zu einem unerwünscht satten, zu dunklen Ergebnis führen.

Farbstoffe, die nach diesem Prinzip wirken, haften länger am Haar und werden erst nach mehreren Haarwäschen aus dem Haar entfernt.

Typische Farben dieser kationaktiven Direktzieher (sogenannte Nitrofarbstoffe) sind Blau, Gelb und Rot.

3.6 Pflanzenhaarfarben als spezielle Tönungspräparate einsetzen

Dieses Kapitel gibt Überblick zu den Pflanzenfarben.

Die Pflanzenfarben werden hier als spezielles Tönungsprodukt erwähnt, da sie ohne Oxidation auskommen. Sie färben mit natürlichen, naturreinen Pflanzenfarbstoffen. Die Quellung des Haares wird durch Wärme und Feuchtigkeit erzielt.

Geschichte der Pflanzenhaarfarben

Pflanzenhaarfarben sind wasserlösliche Pflanzenextrakte. Die Grundlage für die Pflanzenfarbstoffe bieten Blüten, Blätter und Stengel. Schon im Altertum wurden Blätter des Henna- und des Indigostrauches zum Färben der Haare verwendet. Henna erzeugte einen roten bis rot-orangen Farbton. Indigo lieferte ein blaues Farbergebnis und sorgte für die „Farbtiefe". Mit Mischungen dieser beiden Pflanzenfarbstoffe ließen sich Farbtöne von Rotbraun bis Schwarz erzielen.

Im Mittelalter wurden zusätzlich Farbstoffe aus Walnuss, Malve, Eiche, Färberdistel, Krappwurzel gewonnen. (s. S. 286). Mit ihnen konnten auch Farbnuancen im Blondbereich erzeugt werden.

Die Pflanzenfarbstoffe ließen nur eine begrenzte Farbveränderung zu. Ihre Deckkraft (auch bei Weißanteil) war oftmals nicht ausreichend und das Farbergebnis war nicht exakt vorherzubestimmen. Deshalb verloren die Pflanzenhaarfarben mit der Entwicklung moderner Tönungen und Oxidationshaarfarben an Bedeutung.

In den letzten Jahren stieg jedoch das Gesundheits- und Umweltbewusstsein, was wieder zu einer steigenden Nachfrage nach Pflanzenhaarfarben führte.

Naturreine Pflanzenfarben

Die haarkosmetischen Firmen sind diesem Trend gefolgt und haben die Pflanzenhaarfarben weiterentwickelt, d. h., die naturreinen Pflanzenhaarfarben sind überwiegend frei von synthetischen Farbstoffzusätzen (ein Blick in die Inhaltsstoffe des Produktes geben aber erst endgültige Sicherheit), Konservierungsstoffen, Schwermetallen sowie Pflanzenschutzmitteln und unterliegen einer ständigen und sehr strengen Qualitätskontrolle. Auch die Konsistenz der Pflanzenhaarfarben wurde verändert. Statt des Pulvers werden heute überwiegend Pflanzenhaarfarben als Granulat angeboten.

Dadurch ergeben sich folgende Vorteile:
- Geringere Staubentwicklung bei der Dosierung
- Besseres Ab- und Umfüllen bzw. Dosieren
- Einfacheres Zubereiten und Anwenden
- Leichteres Ausspülen nach der Einwirkzeit

Die Anwendung naturreiner Pflanzenhaarfarben ermöglicht eine Farbveredelung und Nuancierung des Naturtones. Sie geben dem Haar einen außergewöhnlichen Glanz und verbessern die Haarstruktur.

Auch Pflanzenhaarfarben sind Grenzen gesetzt. Sie ermöglichen keine extremen Nuancierungen, blau-violette Nuancierungen sind nicht erreichbar, ein Hellerfärben ist nicht möglich und das Dunklerfärben ist eingegrenzt (z. B. von Blond auf Schwarz ist nicht möglich). Pflanzenfarben können nur sehr begrenzt weißes Haar abdecken. Eine bessere Deckkraft bei meliertem Haar kann erzielt werden, wenn das Haar mit einer „normalen Tönung" vorbehandelt wird.

Bild 1 *Walnuss*

Bild 2 *Malve*

Bild 3 *Eichel*

Bild 4 *Färberdistel*

Bild 5 *Krappwurzel*

Meliertes Haar kann mit Pflanzenfarben nicht so gleichmäßig eingefärbt werden wie mit Oxidationshaarfarben.

Pflanzentönungen

Die Pflanzentönungen sind Mischungen aus naturreinen, natürlichen Pflanzenfarben und synthetischen Farbstoffen (Direktziehern). Der Anteil der Pflanzenfarbstoffe ist viel höher als der der Direktzieher. In der Beratung sollte die Kundin also auf den Unterschied einer Tönung mit reinen Pflanzenfarbstoffen und einer Pflanzentönung mit Direktziehern aufmerksam gemacht werden. Die Pflanzentönungen erzielen eine größere Nuancenvielfalt als die naturreinen, natürlichen Pflanzenfarben. Dabei bleiben die Vorteile einer Veredlung durch die naturreinen, natürlichen Pflanzenfarbstoffe erhalten.

Die Pflanzentönungen haben gegenüber den naturreinen, natürlichen Pflanzenfarben folgende Vorteile:
- Schonung der Atemwege
  Durch Öl-Zusätze sind Pflanzentönungen absolut staubfrei
- Erweiterte Nuancenvielfalt durch synthetische Farbstoffe und ein höherer Anteil an Weißabdeckung.
- Spezielle Farbstoffzusätze ermöglichen eine Nuancenerweiterung im Braunrot- und Blaurotbereich sowie das Verändern der Farbtiefe
- Der pH-Wert der Pflanzentönung ist neutral eingestellt. Diese Einstellung bringt den Vorteil, dass die Farbstoffe tiefer in das Haar gelangen. Chemisch gesehen wirkt ein neutraler pH-Wert des Produktes auf die Schuppenschicht leicht quellend.
- Pflege und Stärkung der Haare durch das Adstringieren der Schuppenschicht (Cuticula)
- Die Haltbarkeit der Pflanzentönung liegt zwischen einer klassischen Tönung und einer Intensivtönung. Sie hängt von der Struktur des Haares sowie der Anwendungshäufigkeit ab. Bei der ersten Anwendung färben die Pflanzenfarbstoffe die Cuticula an. Erst nach mehrmaliger Behandlung mit Pflanzentönung gelangen immer mehr Farbstoffe in das Haarinnere und lagern sich dort an. Dadurch wird das Haar immer stärker durchgefärbt.
- Aufgrund der ölversetzten Rezeptur lässt sich der Farbbrei leichter und schneller auftragen, bröckelt nicht mehr und ist gut auszuemulgieren.
- Das Wasser bleibt während der Einwirkzeit gebunden, sodass die Pflanzentönung während des Färbevorgangs nicht austrocknet.

Bei stark porösem Haar wird die Haltbarkeit der Farben schlechter, da die Farbstoffe keinen Halt finden. Die Gerbstoffe (als natürlicher Inhaltsstoff einer Pflanzenfarbe) können das Haar stumpf und hart machen. Es kann zu Haarbruch kommen.

Je heller die Ausgangsfarbe ist, desto intensiver wird das Farbergebnis. Bei blondierten Haaren wird das Farbergebnis entsprechend leuchtender. Grundsätzlich ist es möglich, eine Dauerwellbehandlung und eine Pflanzentönung an einem Tag durchzuführen. In diesem Fall sollte man mit der Dauerwelle beginnen. Die Quellung des Haares durch die Dauerwelle ermöglicht ein besseres und tieferes Eindringen der Pflanzenfarbstoffe und Direktzieher.

Farbstoff	Pflanzenteile	Anbaugebiet	Farbwirkung
Catechu	Holz des Catechubaums	Hinterindien, Afrika	Hellbraun
Henna 	Blätter des Zypernstrauches	Nordafrika, Orient, Indien	Rot-Orange
Indigo	Blätter der Rengpflanze	Afrika, Persien	Indigoblau, Jeansfarbe
Kamille 	Kamillenblüten	Europa, Mittelmeerraum	Gelb, warme, helle Blondtöne
Sedre	Blätter des Sedrestrauches	Persien, Irak	Sandfarbene Naturtöne
Salbei 	Blätter der Salbeipflanze	Mittelmeerraum	Aschtöne

Tabelle 1 Überblick über wichtige natürliche, naturreine Pflanzenfarbstoffe und ihre Gewinnung aus welchen Pflanzenteilen

Bild 1 *Pflanzentönungen*

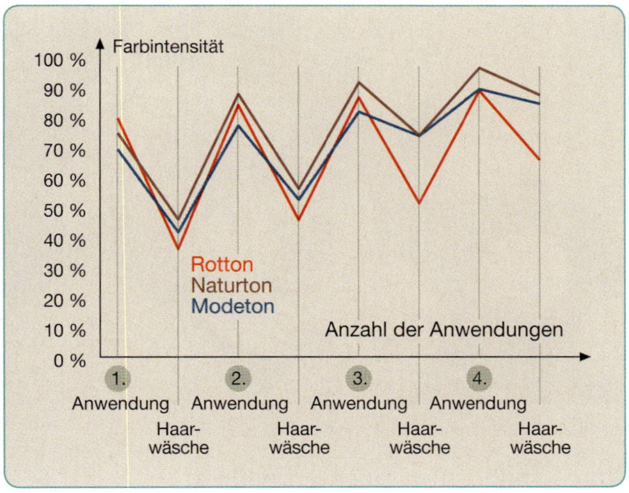

Bild 2 *Farbintensität von Pflanzentönungen*

Deckkraft und Haltbarkeit der Pflanzentönungen

Die Haltbarkeit und Farbintensität von Pflanzentönungen steigt mit der Anzahl ihrer Anwendungen.

Das Farbergebnis wird immer intensiver und haltbarer. Die Haltbarkeit erstreckt sich über ungefähr 6 bis 8 Haarwäschen. Die Haltbarkeit ist von Nuance zu Nuance unterschiedlich, weil Farbstoffe mit unterschiedlicher Bindung am Haar eingesetzt werden. So halten z.B. die klassischen Modetöne länger als intensiven Rotnuancen.

Bei Haaren mit einem Weißanteil bis zu 30 % ist nach Anwendung der Pflanzentönung noch ein einheitliches Farbergebnis in der neuen Wunschfarbe zu erkennen. Bei einem höheren Weißanteil ist die Anwendung der Pflanzentönung nicht empfehlenswert.

Mit dem folgenden Verfahren kann man aber auch bei hohem Weißanteil ein zufriedenstellendes Ergebnis erzielen: Vor dem Auftragen der Pflanzentönung wird eine normale Tönung mit Direktziehern, aber keine Intensivtönung im Naturton aufgetragen. Dadurch erhält das weiße Haar eine leichte Abdeckung. Nach beendeter Einwirkzeit wird auf die Tönung direkt die Pflanzentönung gegeben. Durch das Zusammenwirken der Tönung und der Pflanzentönung erhält das Haar die gewünschte Farbtiefe.

Das Diagramm (Bild 2) zeigt, wie die Farbintensität von Pflanzenfarben durch die Häufigkeit der Anwendung und der Haarwäschen beeinflusst wird.

Arbeitsablauf einer Pflanzentönung

Werkzeuge und Hilfsmittel bereitstellen

Wasserdichter Umhang, Frottiertücher, Servietten, Auftragschale, Auftragepinsel, Kamm, Waschhandschuhe, Handschutz, Hautschutz für die Kundin, Arbeitswagen, Waage, Vorbehandlungsmittel, Pflanzentönung, 70 Grad heißes Wasser.

Haarwäsche durchführen

Das Haar muss vor dem Auftragen der Pflanzentönung gewaschen werden, damit alle Rückstände, wie z. B. Haarfestiger, Haarspray, Haargel und Pflegemittel, vom Haar entfernt werden. Andernfalls können die Farbstoffe nicht gleichmäßig ins Haar gelangen und ein optimales Farbergebnis kann nicht erzielt werden.

Bild 3 *Deckkraft der Pflanzenfarbe bei unterschiedlichem Weißanteil der Haare*

Bild 4 *Abdecken von weißem Haar mit Pflanzenfarben*

Bild 1 *Präparate, Werkzeuge und Hilfsmittel*

Bild 2 *Auftragen der Pflanzentönung*

Hautschutzmaßnahmen vornehmen

Pflanzenfarben und Pflanzentönungen können allergische Reaktionen hervorrufen.

Eine Belastung der Kopfhaut wird dadurch vermieden, dass sie bei der Haarwäsche nicht entfettet und die Pflanzenfarbe gewissenhaft aufgetragen wird. Die Friseurin trägt beim Auftragen der Pflanzenfarbe Handschuhe (Bild 2).

Farbbrei anrühren

Die Pflanzenfarbstoffe werden mit dem ca. 70 Grad warmem Wasser verrührt. Eine geringere Temperatur führt zu einem schwächeren Farbergebnis. Zu heißes Wasser zerstört dagegen einen Teil der empfindlichen Pflanzenfarbstoffe und das Farbergebnis fällt schwächer aus. Das Mischen des Farbbreis und eine kurze Wartezeit ermöglichen eine hautverträgliche Temperatur.

Für eine Farbbehandlung mit Pflanzenfarben mischt eine Friseurin grundsätzlich im Verhältnis 1:5. Für 30 g Pflanzenfarbe werden 150ml heißes Wasser angerührt.

Durchführung

Der Farbbrei wird auf das handtuchtrockene Haar aufgetragen.

Bei einer Erstbehandlung erfolgt das Auftragen von Ansatz bis Spitze.

Bei der Nachwuchsbehandlung wird der Farbbrei zunächst nur auf den Ansatz aufgetragen. Die Einwirkzeit beträgt je nach Haarstärke 20–35 Minuten. Im Anschluss an die erste Einwirkzeit wird dann frisch zubereiteter Farbbrei in die Längen und Spitzen aufgetragen. Es folgt eine weitere Einwirkzeit von 10–15 Minuten.

Die Einwirkzeit richtet sich nach der Haarstruktur, der Haarstärke und der gewünschten Farbintensität. In der Regel lässt man die Pflanzentönung ca. 40 bis 60 Minuten einziehen. Es kann zur Unterstützung auch Wärme eingesetzt werden. Nach beendeter Einwirkzeit wird die Pflanzentönung mit warmem Wasser aufemulgiert und so lange gründlich ausgespült, bis das Wasser klar bleibt.

Zum Nachshampoonieren wird ein normales Shampoo ohne besondere Pflegezusätze verwendet. Spezialshampoos enthalten häufig Wirksubstanzen mit besonderen Aufgaben, die das Farbergebnis beeinflussen können.

3.7 Gesundheits- und Umweltschutz bei Tönungen und Pflanzenhaarfärbungen

Tönungspräparate, reine Pflanzenhaarfarben und Pflanzentönungen werden regelmäßig auf ihre Hautverträglichkeit und auf die von ihnen ausgehenden gesundheitlichen Gefahren untersucht. Dabei wurden überwiegend zufriedenstellende Ergebnisse erzielt. Bei weiteren Untersuchungen konnte nachgewiesen werden, dass Spuren von Tönungspräparaten durch die Haut in den Körper gelangen. Um gesundheitliche Schäden bei den Kunden auszuschließen, darf man die Kopfhaut bei der Haarwäsche nicht intensiv reinigen und das Präparat muss gewissenhaft aufgetragen werden. Es geht nie um das Anfärben der Haut, sondern um die Färbung des Haares.

Die Friseurin meidet den Hautkontakt mit den Präparaten, indem sie Applikatoren verwendet und Handschuhe trägt. Die TRGS 530 schreibt das Tragen von Einmalhandschuhen und Vinyl-, bzw. Nitrilhandschuhen vor.

Zur Schonung der Umwelt sollten folgende Regeln beachtet werden:

- Flaschen und Tuben und Dosen vollständig leeren
- Reste nicht ins Abwasser geben – Behältnisse umweltgerecht entsorgen
- Sparsamer Umgang mit Tönungspräparaten

Aufgaben

1. Kontrollieren Sie Ihr Wissen zum Thema „Farblehre".
2. Geben Sie die Grundfarben und Mischfarben 1. Ordnung an.
3. Wie entstehen die Mischfarben 2. Ordnung.
4. Was haben die Farben des 12-teiligen Farbkreises mit der Theorie des Haarfärbens zu tun? Erläutern Sie den Zusammenhang. Wo und wie finden sich die Farben in Ihrer Salontätigkeit wieder?
5. In welchen Mengenanteilen nutzt man Gegenfarben zur Korrektur unerwünschter Farbergebnisse?
6. Warum ist das Wissen um die Komplementärfarben im Farbkreis wichtig? Nennen Sie Beispiele aus Ihrer Praxis, in denen sie zur Anwendung kommen.
7. Für das menschliche Auge ist das Sonnenlicht mit seinen Spektralfarben nicht sichtbar. Doch haben die Spektralfarben eine Bedeutung für die Farbwahrnehmung von Haarfarben, den Farben des Nagellacks und des Make-up.
   a. Wie entsteht ein Farbeindruck im Auge des Betrachters?
   b. Welchen Einfluss hat die Haarqualität der Haaroberfläche für die Farbwahrnehmung?
8. Durch das Tönen werden Farbmoleküle auf unterschiedliche Weise auf das Haar gebracht. Fassen Sie zusammen, welche natürlichen Gegebenheiten im Naturtonbereich im Zusammenspiel mit der aufgebrachten Tönung den Eindruck der neu entstandenen Haarfarbe entstehen lassen. Erläutern Sie in diesem Zusammenhang auch den Begriff der subtraktiven Farbmischung.
9. Friseurfirmen bieten Farbkarten und Strähnen zur Demonstration der Farbeffekte im Haar an. Diese sind häufig bereits in kalte und warme Farbtöne unterteilt.
   a. Welchen Vorteil bringt Ihnen im Beratungsgespräch das Wissen um kalte und warme Farbtypen.
   b. Kontrollieren Sie, wie fit Sie in der Unterscheidung der 4 Farbtypen sind. Suchen Sie sich aus den Frisurenzeitschriften Färbebeispiele/Frisuren und ordnen Sie die Haarfarben den kalten oder warmen Farben zu.
   c. Schauen Sie in eine Farbkarte und formulieren Sie in Sätzen worin sich die verschiedenen Rotnuancen unterscheiden.

Mathematik-Aufgaben

1. Bei einem gleichmäßig verteiltem Weißanteil eines Haarschopfes wird beim Auszählen einer Haarsträhne festgestellt, dass 17 Haare pigmentiert und 8 Haare weiß sind.
   Wie viele weiße Haare sind in einem Haarschopf von 115.000 Haaren zu finden?
2. Nach dem Mischen von Pflanzentönungen und Wasser im Verhältnis 1 : 5 sind 216 g angerührter Farbbrei entstanden.
   Wie viel Gramm Pflanzentönung und wie viel Gramm Wasser sind gemischt worden?
3. Zum Anrühren einer Pflanzentönung werden Pflanzenfarben mit 210 g Wasser im Verhältnis 1 : 7 gemischt.
   Berechnen Sie die Menge des entstandenen Farbbreis.
4. Die Anzahl der Kundinnen, bei denen blondiert, gefärbt und getönt wird, verhalten sich wie 3 : 4 : 7. Insgesamt fielen in einem bestimmten Zeitraum 112 farbverändernde Behandlungen an.
   Wie viele Kundinnen entfielen jeweils auf die drei farbverändernden Facharbeiten?
5. Für die Behandlung mit Pflanzentönungen werden 36 g Pflanzentönung und 216 g Wasser empfohlen.
   Berechnen Sie das Mischungsverhältnis.
6. Frau Grau hat bei ihren 125000 Haaren einen festgestellten Weißanteil von 35 %. In Ihrem Beratungsgespräch weisen Sie Frau Grau darauf hin, dass mit einer Pflanzentönung maximal 30 % Weißanteil befriedigend abgedeckt werden können.
   Wie hoch ist die Anzahl der Haare, die nach der Farbbehandlung noch weiß sind?
7. Für eine Farbbehandlung mit einer Pflanzentönung benötigt die Friseurin eine Gesamtmenge an Farbbrei von 360 g. Die Mischung erfordert ein Verhältnis von 2 : 7.
   Wie hoch sind die Materialkosten für die benötigte Menge an Pflanzentönung, wenn 120 g davon im Einkauf 32,10 € kosten?
8. Die Kundin Frau Buchmann schwärmt gegenüber ihrer Freundin von dem guten Ergebnis ihrer Pflegebehandlung bei Spliss. Damit die Freundin das einmal selbst ausprobieren kann, überlässt Frau Buchmann ihr den Rest von dem Hennapulver (28 g).
   Welche Menge an gebrauchsfertiger Splisskur (s. Aufgabe 3) kann die Freundin von Frau Buchmann daraus herstellen?

4 Tönungsbehandlung kundenorientiert durchführen

SZENARIO

Anjas Kundin hat sich für eine Tönungsbehandlung entschieden. Den Arbeitsprozess selbst hat Anja bereits mehrfach beobachtet. Ein Qualitätskriterium des Salons ist die kundenorientierte und fachgerechte Vorbereitung sowie Durchführung der Arbeit. Anja geht nun systematisch vor.

4.1 Behandlungsberatung und Vorbereitung

Bei der Erstellung der Behandlungspläne sind der Kundenwunsch ermittelt, die Haar- und Kopfhautbeurteilung durchgeführt und die Präparate sowie Arbeitstechniken bestimmt worden.

Bevor die eigentliche Arbeit mit dem Tönungspräparat beginnt, sind die erforderlichen Werkzeuge und Hilfsmittel griffbereit zu ordnen, die Hautschutzmaßnahmen durchzuführen und die Haare zu waschen:

Werkzeuge und Arbeitsmittel auswählen

Zum Tönen der Haare wird Folgendes benötigt:

- Wasserdichter Umhang
- Schutzhandschuhe
- Hautschutzcreme
- Frottiertuch
- Saugservietten
- Griffkamm
- Messbecher
- Applikator
- Auftrageflasche

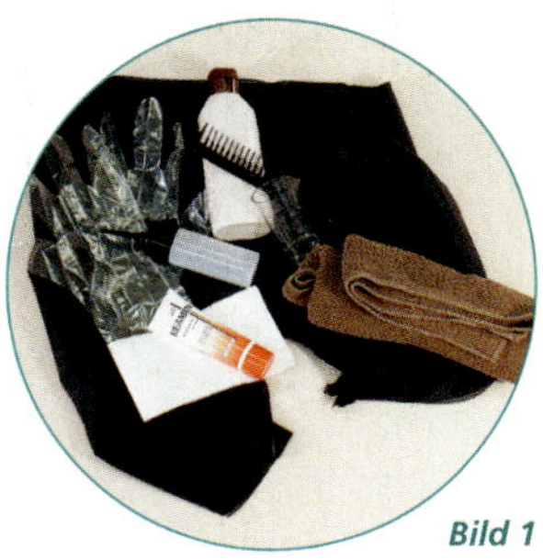

Bild 1 *Werkzeuge und Hilfsmittel zum Tönen*

Hautschutzmaßnahmen durchführen

- Die Haut der Kundin wird dadurch geschützt, dass das Tönungspräparat nicht auf die Kopfhaut gelangt.
- Sie schützen Ihre Haut, indem Sie Applikatoren einsetzen und Handschuhe tragen.

Haare waschen

- Das gesamte Haar wird gründlich gewaschen. Dadurch werden Fett und Festschmutz, also Reste von Finish- und Stylingprodukten entfernt, sodass das Tönungspräparat gleichmäßig aufziehen kann.
- Eine Reinigungsmassage der Kopfhaut wird nicht durchgeführt. Die Haarwäsche dient vor allem der Reinigung des Haares. Die Kopfhaut wird eher vorsichtig gewaschen, sodass Farbstoffe nicht so leicht in die Kopfhaut gelangen können.

4.2 Durchführung und Arbeitstechniken

Die Tönung wird in folgenden Schritten durchgeführt:

- Gewaschenes Haar für die anzuwendende Auftragetechnik (s. S. 291) vorbereiten
- Tönung nach Gebrauchsanweisung zubereiten und auftragen
- Wärmezufuhr und Einwirkzeit beachten
- Tönung aufemulgieren und gründlich ausspülen

Arbeitstechniken für verschiedene Produkte

Auftragen von Farbfestiger

Farbfestiger in jeglicher Konsistenz trägt man auf das gewaschene, handtuchtrockene Haar gleichmäßig auf. Sie verbleiben im Haar.

Auftragen von Tonspülungen

Tonspülungen werden je nach gewünschter Farbintensität mit Wasser verdünnt und mit einem Applikator auf das gewaschene Haar gegeben.

Beim Verdünnen müssen unbedingt die vom Hersteller angegebenen Mischungsverhältnisse eingehalten werden, damit der gewünschte Farbton erzielt wird.

Die jeweiligen Mengen der Tonspülung und des Wassers werden mithilfe des Mischungsrechnens bestimmt.

Bild 1 Auftragen von Farbfestiger

Bild 2 Auftragen einer Tonspülung

Bild 3 Auftragen direkt aus dem Originalgefäß

Bild 4 Auftragen mit einer Auftrageflasche

Übungen zum Verteilungsrechnen finden Sie in diesem Kapitel S. 289.

Zuerst werden bei der Tonspülung der Seiten- und Stirnkonturenbereich benetzt, bevor die Tonspülung systematisch von Seite zu Seite nach unten aufgetragen wird. Eine gleichmäßige Verteilung verhindert übermäßiges Ablaufen der Tonspülung. Die Kundin bleibt dabei am Rückwärtswaschbecken sitzen.

Niedrig konzentrierte Tonspülungen verbleiben im Haar. Stärker konzentrierte Tonspülungen wirken je nach Gebrauchsanweisung ein und werden anschließend gründlich ausgespült.

Auftragen von Schaum-, Creme- und Balsamtönungen

Sie werden je nach Bedarf mit dem Pinsel, der Auftrageflasche oder direkt aus dem Behältnis auf das gewaschene, handtuchtrockene Haar aufgetragen. Damit das Tönungspräparat zügig und gleichmäßig ins Haar gegeben werden kann, sollte das Haar zuerst grob gescheitelt werden.

Unterschiedliche Auftragetechniken sind in den Abbildungen 1 und 4 dargestellt.

4.3 Vermeidung von Arbeitsfehlern

Arbeitsfehler können durch die Beachtung folgender Regeln vermieden werden:

- Gebrauchsanweisung des Herstellers beachten, um den gewünschten Farbton zu erzielen
- Tönungspräparat im Farbschälchen gut durchmischen, um eine gleichmäßige Verteilung der Farbstoffe im Präparat zu erzielen
- Sauberes Abscheiteln/Abteilen der Haare und Tönung gleichmäßig auftragen
- Nicht zu dicke Haarpartien abteilen, damit die Tönung auch in den inneren Bereich der Haarpartie gelangt
- Tönung gleichmäßig dick auftragen und zügig durcharbeiten, um ein einheitliches Farbbild zu erzielen
- Weißanteil des Haares berücksichtigen; Tönungen decken unterschiedlich hohe Weißanteile ab; unbedingt die Angaben des Herstellers beachten

4.4 Pflege- und Stylingempfehlungen geben

Die Abstimmung der Pflege- und Stylingpräparate für die Kundin zu Hause erfolgt auf Grundlage der Haar- und Kopfhautbeurteilung und der erfolgten Behandlung.

Ein getöntes Haar ist durch die Anwendung in seiner Struktur nicht verändert worden. Es geht vor allem um den Erhalt der Farbe und des Glanzes im Haar. Häufig werden Haare getönt, die durch Vorbehandlungen bereits stark chemisch verändert sind. Diese bedürfen dann zusätzlich einer besonderen Pflege.

Die Friseurfirmen bieten bereits zur Reinigung spezielle Farbshampoos an. Spezielle Pflegepräparate bieten Farbschutz, Pflege und Glanz zum Erhalt der Farbauffrischung.

5 Tönungsbehandlung überprüfen, nachbereiten und reflektieren

SZENARIO

Anja bittet die Chefin nach Beendigung der Tönungsbehandlung um eine konstruktive Rückmeldung zum Arbeitsablauf und zum Ergebnis. Sie möchte sich als Auszubildende weiterentwickeln und ihr Können und Wissen weiter verbessern.

5.1 Abgleich mit Kundenwunsch und Kundenzufriedenheit

Die Ergebniskontrolle wird im handtuchtrockenen Haar durchgeführt. Wenn die Tönung den Vorstellungen der Kundin nicht entspricht, kann eine Farbkorrektur erfolgen:

- Bei einem zu schwachen oder ausdruckslosen Farbergebnis wird die Tönung wiederholt.
- Ist das Farbergebnis zu intensiv, wird durch weitere gründliche Haarwäschen ein Teil der Farbstoffe aus dem Haar gezogen.
- Unerwünschte Farbergebnisse können auch mit der Komplementärfarbe behandelt werden (s. Kapitel 3.3).

5.2 Führen der Karteikarte und Verbesserung der eigenen Arbeitsleistung

Für alle farblichen Veränderungen gilt, dass die Haar- und Kopfhautbeurteilung (s. S. 272) mit größter Sorgfalt durchgeführt und erfasst werden sollte. Das Hilfsmittel zur Erfassung ist der Behandlungsplan für friseurkosmetische Dienstleistungen (Bild 1).

Nur so gelingt ein zufriedenstellendes Ergebnis und ein Abgleich mit dem angegebenen Kundenwunsch zur Farbveränderung. Auch mögliche Farbkorrekturen nach einem gemeinsamen Gespräch zum Ergebnis der Farbbehandlung mit der Kundin gehören in eine transparente Kundenkartei. So können sich alle Mitglieder des Salonteams orientieren und die Kundin sich darauf verlassen, dass die Salonarbeit professionell durchgeführt wird. Zu einer professionellen Arbeitsgestaltung zählt sowohl der im Kundengespräch erfasste Zufriedenheitswert der Kundin als auch die mögliche Verbesserung der eigenen Arbeitsleistung. Das Ergebnis und der Arbeitsprozess, bzw. Arbeitsablauf sowie die Organisation und Zeiteinteilung der Dienstleistung selbst sollten zum Abschluss einer jeden Kundenbehandlung kritisch betrachtet werden. Damit schließt jede Friseurin, jeder Friseur die vollständige Handlung eines Kundenkontaktes ab. Ab S. 270 sind dazu die Schritte der Selbstbetrachtung der eigenen Arbeit beschrieben worden und können hier nochmals unterstützend eingesetzt werden.

4.4 Farbveränderung

Vorbehandlung: Präparat: ______ Firma: ______
Einwirkzeit: ______ Min. ☐ mit Wärme ☐ ohne Wärme

Farbbehandlung:

	Farbe 1	Farbe 2	Farbe 3
Präparatewahl: (Name/Firma)	Farbe/Blondierung: ______ Oxidationsmittel: ______ %	Farbe/Blondierung: ______ Oxidationsmittel: ______ %	Farbe/Blondierung: ______ Oxidationsmittel: ______ %
Rezeptur:	Farben/Blondierung: ___ : ___ g ___ : ___ g ___ : ___ g Oxidationsmittel ___ : ___ g → Mischungsverhältnis: ___ : ___ Sonstige Beimengungen: ___ : ___ g ___ : ___ g ___ : ___ g	Farben/Blondierung: ___ : ___ g ___ : ___ g ___ : ___ g Oxidationsmittel ___ : ___ g → Mischungsverhältnis: ___ : ___ Sonstige Beimengungen: ___ : ___ g ___ : ___ g ___ : ___ g	Farben/Blondierung: ___ : ___ g ___ : ___ g ___ : ___ g Oxidationsmittel ___ : ___ g → Mischungsverhältnis: ___ : ___ Sonstige Beimengungen: ___ : ___ g ___ : ___ g ___ : ___ g
Auftragetechnik:	☐ Ansatzfärbung ☐ Ganzfärbung ☐ Strähnen Strähnenstärke: ______ Wo? ______ ☐ Sonstiges: ______	☐ Ansatzfärbung ☐ Ganzfärbung ☐ Strähnen Strähnenstärke: ______ Wo? ______ ☐ Sonstiges: ______	☐ Ansatzfärbung ☐ Ganzfärbung ☐ Strähnen Strähnenstärke: ______ Wo? ______ ☐ Sonstiges: ______
Einwirkzeit:	______ Min. ☐ mit Wärme ☐ ohne Wärme	______ Min. ☐ mit Wärme ☐ ohne Wärme	______ Min. ☐ mit Wärme ☐ ohne Wärme
Reihenfolge des Farbauftrags:	______	______	______

Farbkorrektur: Präparat: ______ Firma: ______
Rezeptur: ______
Einwirkzeit: ______ Min. ☐ mit Wärme ☐ ohne Wärme

Nachbehandlung: Name: ______ Firma: ______
Einwirkzeit: ______ Min. ☐ mit Wärme ☐ ohne Wärme

Bild 1 Behandlungsplan Farbveränderung

6 English

6.1 Using a Colour Chart

SCENARIO

Susan has a very pale complexion and she is tired of her dark hair, which is not her natural colour. She would like to change the colour of her hair but is not sure which colour to choose.
She and Anja are looking at the different colours available and at the same time Anja is revising for a test at vocational school.

Susan asks her the following questions:
"What is International Colour Chart System (ICC)?"

"It's a numbering system used by all manufacturers to categorize all the colours used in hair colouring."

"What information can be seen vertically?"
"The base colours, in other words how light or dark the hair is. The darkest hair is number 1, the lightest hair is number 10."
"What information is given horizontally?"
"This provides the tone or shade of the basic colours numbered from .0 to .8, or labeled with letters (N, G etc.)"

Tone (shade of the basic colour) ↔

Depth (base colour) ↓

Tone Shade Depth Base	**.0 (N) (Green) Nature**	**.1 (A) (Blue) Ash**	**.13 (GB) Beige**	**.3 (G) (Yellow) Gold**	**.4 (K) (Orange) Copper**	**.5 (R) (Red) Mahogany**	**.6 (V) (Violet) Red**	**.7 (B) (Brown) Brown**	**.8 (P) (Indigo) Pearl**
10 Lightest Blonde	10.0 10N								10.8 10P
9 Very light Blonde			Very light Beige Blonde						
8 Light Blonde			8.13 8 GB			Light Mahogany Blonde			
7 Medium Blonde					Medium Copper Blonde				
6 Dark Blonde				6.3 6G			Dark Red Blonde		
5 Light Brown						Light Mahogany Brown			
4 Medium Brown					Medium Copper Brown		4.6 6V		
3 Dark Brown	3.0 3N								
1/2 Black		2A Blue Black							2.8 Pearl Black

***Picture 1** International Colour Chart System (ICC)*

How to choose a hair colour:
Often manufacturers use fictitious names to label a hair colour, e.g. savannah or hazelnut brown. However, the real colour behind these names can differ from manufacturer to manufacturer.

Two common ways to be precise when choosing a hair colour is to:
- use the numbering system when talking to a colleague
- use the names for depth and tone when talking to a client who isn't familiar with the colour chart system:
  - name the depth or base colour
  - name the tone or shade

Some colours have two numbers after the depth number. The first number after the point is the stronger tone:

Light Beige Blonde (8.13) can be described as Light Ash blonde with a slight golden shimmer.

Your tasks

1. Find other questions to quiz Anja about the colour chart.
2. Look at the colour chart, read the description and identify the colour:
   a) "5.7, 9.1, 7.3, 3V, 4R, 3.73, 8.03"
   b) "Light Ash Blonde, Dark Nature Brown, Medium Mahogany Blonde, Lightest Ash Blonde with a slight pearl schimmer."
   c) Find other combinations and quiz a partner.

6.2 Differentiating colour treatments

SCENARIO

Not only does Anja have to know about the colour chart but she also has to learn about the colouring products available on the market. This can be confusing, as often there are different names for the same product:
hair colour = hair color = tint = dye

Hair colouring products also generally fall into two categories. There are:
- non-permanent hair colours which are used directly and don't need to be mixed with a developer, for example hydrogen peroxide.
- permanent hair colours which need to be mixed with a developer.

type of colourant	nonpermanent hair colours		permanent hair colour		
	temporary colour	semi-permanent colour	quasi-permanent colour	permanent colour and highlift colour	bleach
description	• coats the outside of the hair • does not need to be mixed with hydrogen peroxide • is ammonia-free	• colours the cuticle of the hair • does not need to be mixed with hydrogen peroxide • is ammonia-free	• colours the cuticle and the outer part of the cortex • needs to be mixed with a low-volume hydrogen peroxide (1.9% – 4%): mixing ratio: 1:2 • contains an alkaline agent other than ammonia	• colours the cortex and removes natural colours from the hair • needs to be mixed with hydrogen peroxide: • mixing ratio for permanent colours: 1:1 (6%) • mixing ratio for highlift colours: 1:2 (9%–12%) • contains ammonia	• removes natural and artificial colour from the hair • needs to be mixed with hydrogen peroxide (1.9%–12%) • has to be mixed to a smooth paste
durability	• washes out in first shampoo	• lasts 6–8 shampoos	• lasts approximately 15–20 shampoos	• does not wash out • is permanent	• does not wash out • is permanent

type of colourant	nonpermanent hair colours		permanent hair colour		
	temporary colour	**semi-permanent colour**	**quasi-permanent colour**	**permanent colour and highlift colour**	**bleach**
client benefits	• enhances the present hair colour • creates an instant colour change • adds stronger tones to natural, artificially coloured or bleached hair • naturalises golden shades • blends in a few white hairs • is quick to apply • does not need development time • does not need to be removed	• colours and conditions hair at the same time • adds subtle colour results • colours prelightened hair: the second step of double-process colouring, for example to achieve very cool light blonde shades • blends in a small amount of white hair (<30%) • is easy to apply – directly out of the bottle • does not leave any regrowth	• colours hair without lightening (deposit-only colour) • adds a natural looking tone to natural or artificially coloured or bleached hair • refreshes permanent colour • for lowlighting • corrects colouring (for example golden shades) • blends in white hair translucent (<50%) • leaves only a slight regrowth	• colours and lightens hair at the same time • has the best and broadest range of colours • covers white hair completely (100%) • for lowlighting and highlighting	• lightens the hair without colouring • creates light blond shades • used for highlighting • nearly all blond shades are possible • for prelightening: first step of double-process colouring, e.g. to achieve very cool light blonde shades
product examples	• colour mousse • colour setting lotion • colour shampoo • colour rinse	• colour gel • colour cream • colour mousse • colour liquid	• colour cream • colour liquid • colour emulsion	• colour cream • colour liquid • colour emulsion	• emulsion bleach • powder bleach

Table 1 *Different types of colourants*

Your tasks

1. Which colouring products do you use at your salon? Draw up a table for all your products dividing them into the above five groups.
2. Work together with a partner and draw up a table of the advantages and disadvantages of using the different colour treatments.
3. Now role play different situations where customers of different ages want to colour their hair. Which treatment would you advise them to use and why?

a) Young girl of sixteen with fair hair

b) Man of 55 which greying temples

c) Young woman of 35 who has just discovered her first white hairs

d) Young boy who wants a quick change for a party

e) An elderly woman whose white hair shimmers an ugly yellow

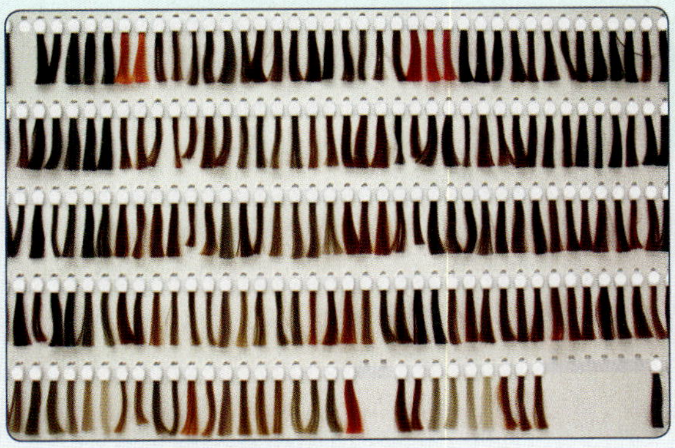

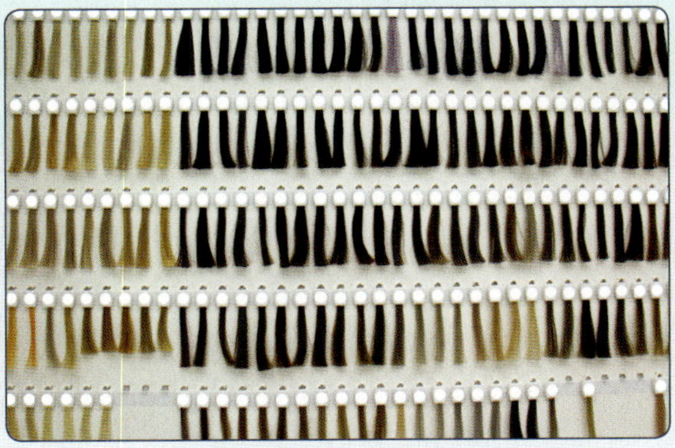

Lernfeld 9

Kontaktieren

Ihre Kundin hat mittelblondes Haar. Am Ansatz ist bereits wieder der Naturton zu sehen. Die Längen und Spitzen sind ausgeblichen und leicht strapaziert.

Informieren

Ihre Kundin ist mit dem helleren Blondton ganz zufrieden, allerdings stört sie der dunkle Ansatz. Sie selbst spricht sich gegen eine Komplettfärbung aus, wünscht sich aber eine lebendigere Farbe vom Ansatz bis zur Spitze sowie mehr Glanz. Außerdem wünscht sie sich für das Styling mehr Volumen.

Verabschieden

Nachdem Sie der Kundin die Pflege verkauft haben, verabschieden Sie sie freundlich bis zum nächsten Termin.

Nachbereiten

Sie überprüfen die Sauberkeit und Gleichmäßigkeit des Farbergebnisses sowie den gesamten Arbeitsprozess.
In den Behandlungsplan übernehmen Sie alle relevanten Informationen.

Haare färben und blondieren

Ausgangssituation analysieren

Sie ermitteln mithilfe des Behandlungsplans alle wichtigen Begebenheiten zur Entscheidung für ein farbveränderndes Haarbehandlungsmittel. Sie stellen Folgendes fest: Die Haarstruktur ist in den Längen und Spitzen leicht strapaziert, die Haare sind fein, der Ausgangsfarbton mittelblond.
Die Kundin haben Sie als kalten Farbtyp ermittelt.

Entscheiden

Gemeinsam mit der Kundin suchen Sie aus der Farbkarte Farbtöne aus, die infrage kommen. Die Kundin entscheidet sich für einen kühlen, platinblonden Farbton. Im nächsten Schritt entscheiden Sie sich gegen eine Blondierung und für die Hellerfärbung, da Sie nur wenig aufhellen müssen und nur mit der Haarfarbe eine gezielte Nuancierung erreichen können. Als Technik wählen Sie Foliensträhnen in der Webtechnik, weil die Kundin keine Komplettfärbung wünscht. Eine Strähnentechnik wirkt auch natürlicher und unterstützt das Volumen. Für die Nachbehandlung sprechen Sie mit der Kundin über eine Intensivkur, um den gewünschten Glanz zu erreichen.

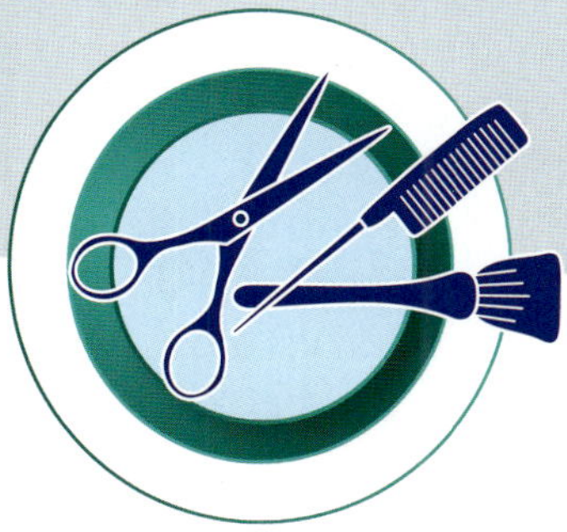

Handeln

Sie mischen Ihr Produkt laut Herstellerangaben an und teilen sich die Haare ab, um anschließend die Foliensträhnen zu erstellen. Die Einwirkzeit ist individuell und in Anhängigkeit der Herstellerangaben zu kontrollieren. Sie beginnen mit der Auftragetechnik am Hinterkopf und arbeiten zügig, um unterschiedliche Farbergebnisse zu vermeiden. Nach der Einwirkzeit wird das Präparat ausgewaschen und eine saure Nachbehandlung erfolgt. Weiterhin erstellen Sie den gewünschten Haarschnitt und die besprochene Frisur.

Haare färben und blondieren

Färben und Blondieren sind oxidative Farbbehandlungen, bei denen immer das Oxidationsmittel Wasserstoffperoxid (H_2O_2) eingesetzt wird.

- Beim Färben können in einem Arbeitsgang Farbtiefe und Farbrichtung verändert werden.
- Beim Blondieren wird die natürliche Haarfarbe, aber auch gefärbtes Haar aufgehellt.
- Bei einer Intensivtönung wird mit einer schwächeren H_2O_2-Konzentration als beim Färben gearbeitet. Dadurch ist eine Aufhellung des Farbtons nicht möglich.

Die Behandlungspläne für die oxidative Farbveränderung stimmen mit denen im Lernfeld 8 zunächst überein, weil die Kundin in Richtung Farbveränderung beraten wird. Entscheidet sich die Kundin als Ergebnis des Beratungsgesprächs für eine Färbung, so müssen noch der Weißanteil der Haare sowie die Färbepräparate angesprochen werden.

1 Farbbehandlungen planen und vorbereiten

SZENARIO

Eine Neukundin mit dunkelblondem Haar wünscht sich eine Farbveränderung wie im Bild 1 abgebildet.
Anja muss prüfen, mit welchem Arbeitsverfahren sie das gewünschte Farbergebnis erzielen kann. Sie arbeitet zunächst den allgemeinen Behandlungsplan für Farbveränderungen (LF 8) ab. So erkennt sie, ob das Farbziel durch eine Tönung zu erreichen ist oder ob eine oxidative Farbveränderung erforderlich sein wird.

Bild 1 *Oxidative Farbveränderung*

Vor der Behandlung muss als erstes das Alter der Kundin ermittelt werden. Da seit dem 01.09.2011 eine neue Verordnung gilt.

Diese besagt, dass das Haarefärben mit Oxidationsmitteln unter 16 Jahren nicht mehr erlaubt ist. Das Verbot trifft auch dann zu, wenn Eltern schriftlich eine Erlaubnis erteilen. Im Sinne des Jugendschutzes sollte sich jeder an diese altersmäßige Beschränkung halten, um nicht haftbar zu werden. Grundlage der neuen Verordnung ist die immer wieder geführte Diskussion über die allergieauslösende Wirkung der Inhaltstoffe.

Kosmetikverordnung

Die ersten Oxidationsfarben wurden ursprünglich zum Färben von Pelzen eingesetzt. Wegen ihrer guten Deckkraft setzte man diese Substanzen auch als Haarfarben ein. Sie führten jedoch sehr häufig zu allergischen Reaktionen. Deshalb wurden sie bereits im Jahr 1906 für das Färben von Haaren verboten.

In der Folgezeit wurden chemisch veränderte Oxidationshaarfarben entwickelt, von denen eine geringere gesundheitliche Gefährdung ausgeht. Studien aus den USA belegen jedoch, dass diese Oxidationshaarfarben neben allergischen Reaktionen auch Blasenkrebs hervorrufen können.

Heute werden alle Chemikalien, die in kosmetischen Präparaten verwendet werden, gründlich getestet. Substanzen, die aus gesundheitlichen Gründen nicht geeignet sind, findet man in der **Kosmetikverordnung**. Sie sind in Kosmetika entweder verboten (§ 1) oder nur eingeschränkt zugelassen (§ 2).

Die Kosmetikverordnung wird ständig überarbeitet und um neue gesundheitsgefährdende Stoffe ergänzt. Neben den in Färbepräparaten enthaltenen Stoffen sind noch weitere Stoffgruppen getestet und im Fall einer Gesundheitsgefährdung in der Kosmetikverordnung als nicht erlaubte Stoffe aufgeführt. Hierzu gehören vor allem Stoffe aus folgenden Bereichen:

- Duft- und Aromastoffe
- UV-Filter
- Lösungsmittel
- Konservierungsmittel

1.1 Motive für die Farbveränderung ermitteln

1.1.1 Geschichte der Farbveränderung

Der Wunsch des Kunden, die Haarfarbe zu verändern, ist sehr alt. Das Hauptmotiv, welches früher im Vordergrund stand, war anders auszusehen, um entweder aufzufallen (griechisches schwarzes Haar sollte blond wirken) oder als Schutz. Hierbei sollte die natürliche rote Farbe nicht zum Vorschein kommen, um nicht als Hexe angesehen zu werden.

Nur standen den Menschen zur Farbveränderung noch nicht so zahlreiche Mittel zur Verfügung. Somit waren die Farbvarianten sehr beschränkt.

Im Folgenden wird ein kurzer Überblick über die Geschichte der Farbveränderung dargestellt:

Farbaufhellende Mittel

Zur Aufhellung der Haare wurden alkalische Mittel wie Pottasche und Kalkwasser verwendet, die die Naturpigmente abbauen. Die Römer feuchteten die Haare auch mit Meerwasser und einem Sud aus Kamillenblüten an und ließen sie anschließend in der Sonne bleichen.

Im Jahr 1818 gelang es erstmals, Wasserstoffperoxid herzustellen. Es wird entsprechend seiner chemischen Formel auch einfach als H_2O_2 bezeichnet. Seit Ende des 19. Jahrhunderts wird es als Bleichmittel eingesetzt.

Metallsalzfarben

Diese Substanzen wurden bereits im Altertum in Form von Metallsalzlösungen benutzt. Blei reagiert ebenso wie Kupfer, Eisen oder Silber in Essig zu einem leicht löslichen Salz. Gibt man dazu eine schwefelhaltige Lösung (Sulfidlösung), entstehen dunkelbraune bis schwarze wasserunlösliche Salze. Entsprechendes passiert, wenn Metallsalze mit den Sulfidbrücken des Haares in Verbindung kommen. Es entsteht ein dunkles Salz.

Metallsalzfarben ergeben jedoch einen unnatürlichen metallischen Glanz auf den Haaren. Viele der verwendeten Metallsalze sind gesundheitsschädlich oder sogar giftig.

Auch wenn Metallsalzfarben in Deutschland verboten sind, werden sie immer noch in anderen Ländern verwendet. Kommt eine Kundin mit gefärbten Haaren in den Salon, sollte immer an einer Strähne ein Test mit Wasserstoffperoxid durchgeführt werden. Hierbei wird eine Haarsträhne in Wasserstoffperoxid-Lösung gelegt. Befinden sich Metallsalzfarben im Haar, kommt es zu einer chemischen Reaktion und Bläschen steigen auf. In diesem Fall sollten die Haare nicht gefärbt werden, da dies zu schweren Haarschäden führt.

Synthetische Farbstoffe

Ihre Entwicklung begann mit der Entdeckung der ersten Anilinfarbstoffe im Jahr 1861. In der Folgezeit wurde eine Vielzahl von fertigen Farbstoffen und Oxidationsfarbstoffen entwickelt.

Diese hatten sich in der Pelzfärberei bewährt und wurden dann auch als Haarfärbemittel verwendet. Es zeigte sich aber, dass der Oxidationsfarbstoff stark hautreizend und allergieauslösend war. Er wurde 1906 verboten.

Bild 1 *Intensive Nuancen*

In den 20er Jahren wurden chemisch veränderte Oxidationsfarbstoffe entwickelt. Sie sind bis heute die Hauptbestandteile der Oxidationshaarfarben.

1.1.2 Aktuelle Gründe

Mit der Änderung des sozialen Status der Frau, stieg der Wunsch und das Bedürfnis, sich die Haare farblich zu verändern.

Durch die fortschreitende Entwicklung der Oxidationsfarbstoffe, konnte durch die Vielfalt der Farbauswahl jeder Kundenwunsch erfüllt werden.

Neben dem Hautmotiv der **Typveränderung,** kommen weitere Gründe zum Tragen:

- Intensive Nuancen
- Grauabdeckung
- Farbbrillianz
- Aufhellung des Farbtons
- Deutliche Dunklerfärbung
- Ansätze durch nachwachsende Haare

Bei der Ermittlung des Kundenwunsches wird zunächst geprüft, mit welcher Arbeitstechnik der Farbwunsch der Kundin erreicht werden kann, mit einer Blondierung oder einer Färbung.

Eine Färbung muss in den folgenden Fällen durchgeführt werden:

- Hoher Weißanteil
- Aufhellung des Farbtons
- Deutliche Dunklerfärbung

1.2 Haar- und Kopfhautdiagnose durchführen

Die Behandlungspläne für die oxidative Farbveränderung stimmen mit denen im Lernfeld 8 zunächst überein, weil die Kundin in Richtung Farbveränderung beraten wird.

Zur Auswahl des geeigneten Mittels müssen folgende Faktoren berücksichtigt werden:

- Haarstärke
- Haarstruktur
- Ausgangsfarbe
- Weißanteil
- Vorhandene farbliche Veränderung
- Verschmutzungsgrad des Haares

Die Haarfarben sind auf „normales" Haar abgestimmt. Normal bedeutet hier, dass das Haar von der Stärke und Farbe dem mitteleuropäischen Haar entspricht, eine gesunde Haarstruktur aufweist, nicht oder nur gering ergraut ist und keine übermäßige Verschmutzung vorliegt. Das Haar kann in diesem Fall direkt mit der Zielfarbe eingefärbt werden. Abweichungen vom Normalfall sind Faktoren, die Einfluss auf das Farbergebnis haben. Sie müssen beim Färben berücksichtigt werden.

1.3 Grundwissen zur Empfehlung und Durchführung

Haarstärke (Bild 1)

Mittleres Haar

Bei mittlerem Haar gelangen in der vorgeschriebenen Einwirkzeit ausreichend viele Farbbildner in das Haar, um die erforderliche Menge an Pigmenten zu bilden. In diesem Fall entspricht das Farbergebnis der Zielfarbe.

Feines Haar

Bei feinem Haar kann das Farbergebnis wegen der höheren Pigmentdichte dunkler erscheinen. Deshalb wählt man den Farbton z. B. einen halben Ton heller aus als die Zielfarbe.

Starkes Haar

Bei dickem Haar kann das Farbergebnis wegen der geringeren Pigmentdichte heller ausfallen. Der Farbton wird etwas dunkler gewählt.

Glasig hartes Haar ist dagegen wegen seiner festen Struktur schwerer zu färben.

Bild 1 *Farbergebnis bei unterschiedlicher Haarstärke*

Haarstruktur

Strukturgeschädigtes Haar

Dieses Haar verhält sich beim Färben anders als unbehandeltes Haar. Es nimmt mehr Farbbildner auf, sodass eine hohe Pigmentdichte entsteht. Aus diesem Grund wird das Haar dunkler.

Um das gewünschte Farbergebnis zu erzielen, sollte der Farbton einen halben Ton heller gewählt oder die Einwirkzeit etwas verkürzt werden.

Die direktziehenden Farbstoffe finden im strukturgeschädigten Haar nicht genügend Halt; sie lassen sich leicht wieder auswaschen. Da es sich bei diesen Farbstoffen vor allem um die Töne des Rotbereichs handelt, entwickeln sich bei strukturgeschädigtem Haar graue bis grünliche Reflexe. In diesem Fall ist ein **Voranlagern von Rotfarbstoffen** (Vorpigmentieren) zu empfehlen. Man verwendet dazu Tönungen der Rotnuancen. Sie werden auf Längen und Spitzen aufgetragen und nicht ausgewaschen.

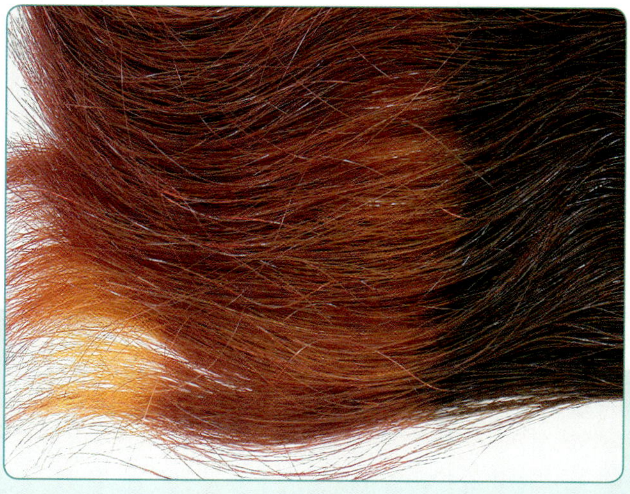

Bild 2 *Haarstruktur beeinflusst das Farbergebnis*

Glasig hartes Haar

Haar von glasig harter Struktur ist schwer anfärbbar. Mit der sogenannten Borstenmischung wird das Angebot an Farbbildnern erhöht und eine höhere Konzentration an Alkalisierungsmitteln eingesetzt. Damit das Farbergebnis durch das vermehrte Angebot von Farbbildnern nicht zu dunkel wird, muss das Färbemittel einen halben Ton heller als die Zielfarbe gewählt werden. Die Farbcreme und die 12%ige H_2O_2-Lösung werden im Verhältnis 2:1 gemischt.

Ausgangsfarbe

Liegt die Haarfarbe im Blondbereich, also von Dunkelblond bis Lichtblond, so kann das Haar heller, dunkler bzw. Ton-in-Ton gefärbt werden. Ist die Ausgangsfarbe jedoch dunkler als Dunkelblond, so kann das Haar nicht in einem Arbeitsgang nach Hellblond aufgehellt werden. Es muss zuerst blondiert und dann weiter farblich behandelt werden.

Hoher Weißanteil

Bei einem hohen Weißanteil fällt das Farbergebnis bei Färbungen im Rot- und Modetonbereich wesentlich leuchtender und lebhafter aus als bei naturfarbenem Haar. Dagegen kann das Farbergebnis bei Aschtönen graublau werden.

Damit der Farbton natürlich ausfällt, mischt man den Nuancierfarbton mit dem entsprechenden Grundton.

- Bei einem Weißanteil ab 50 % werden Grundton und Nuancierfarbton im Verhältnis 1:1 gemischt.
- Bei einem Weißanteil ab 70 % werden Grundton und Nuancierfarbton im Verhältnis 2:1 gemischt.

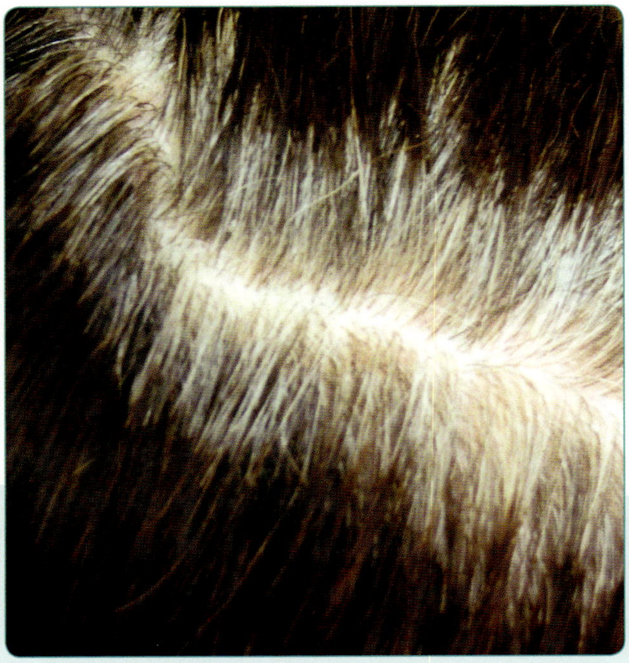

Bild 1 *Kundin mit weißem Haaransatz*

Weiße Ansätze

Sollen weiße Ansätze mehrere Töne dunkler gefärbt werden, so wird mit einer Färbung die gewünschte Farbtiefe nicht immer erzielt. Um ein gleichmäßiges Farbergebnis zu erreichen, müssen dem Haar zusätzlich Pigmente zugeführt werden. Das wird durch das Vorpigmentieren erreicht. Dabei wird die Farbe ohne Wasserstoffperoxid auf das Haar aufgetragen. Der höhere Alkalianteil lockert die Haarstruktur und die Farbbildner können während der ca. 10-minütigen Einwirkzeit in das Haar eindringen. Anschließend wird mit der Zielfarbe wie gewohnt gefärbt. Das im Farbbrei enthaltene Wasserstoffperoxid oxidiert auch die bereits im Haar befindlichen Farbbildner, sodass zusätzliche Pigmente entstehen und die gewünschte Farbtiefe erreicht wird.

Farblich verändertes Haar

Gefärbtes Haar

Die Pigmente der kosmetischen Haarfarben verfestigen sich nach längerer Zeit. Sie haben dann eine Stabilität erreicht, sodass sie z. B. durch das Hellerfärben nicht genügend aufgehellt werden können. In diesen Fällen muss das Haar zunächst blondiert und dann entsprechend eingefärbt werden.

Strähnen

Durch Rückpigmentieren (Pigmentieren) werden weit herausgewachsene aufgehellte Haare sowie nicht mehr erwünschte Strähnen in den Naturton zurückgefärbt. Der Vorteil dieser Behandlung besteht darin, dass der Naturton nicht verändert wird. Zusätzlich ist die Pigmentierung sehr haltbar und wirkt natürlich.

Stark verschmutztes Haar

Vor Färbungen werden die Haare im Normalfall nicht gewaschen, weil der Hauttalg als schützender Film auf Haar und Kopfhaut verbleiben soll. Alle Färbepräparate enthalten ausreichend Tenside, mit deren Hilfe die normale Verschmutzung des Haares beseitigt wird, sodass die Wirkstoffe ins Haar gelangen können.

Erst bei extremer Verschmutzung ist mit einem unerwünschten Farbergebnis zu rechnen. In diesem Fall muss eine leichte Haarwäsche vorgenommen werden.

Die Kopfhaut wird dabei nicht massiert. Das Haar muss angetrocknet werden, weil die Farbe auf trockenes Haar eingestellt ist und das im Haar befindliche Wasser die Wirkstoffe verdünnen würde.

Auf S. 310 und 318 sind alle Haarmerkmale, die vom „Normalfall" abweichen, und die davon abhängigen Fehlergebnisse aufgeführt. Auf S. 320 wird gezeigt, wie diese Fehler korrigiert werden können.

Saugfähigkeit und Quellung als die Eigenschaft zur Durchführung

Die in 1.3 festgestellten Faktoren beeinflussen die Eigenschaften des Haares in ihrer Saug- und Quellfähigkeit. Dadurch sind sie auch Einflussfaktoren auf die Wahl des eingesetzten Produkts und der Nachbehandlung.

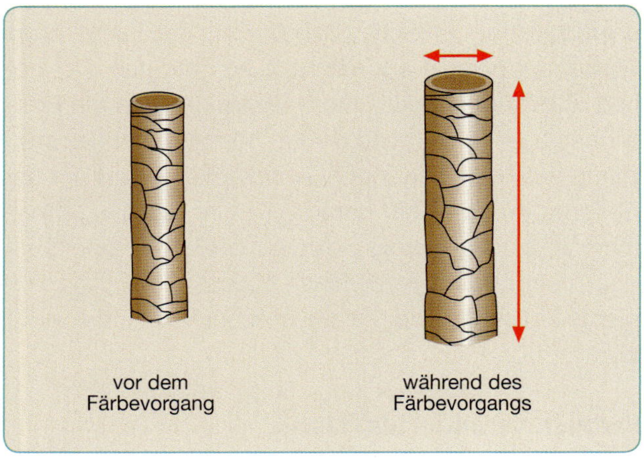

Bild 1 Qellung des Haares beim Färben

Bei allen oxidativen Farbveränderungen müssen die Wirkstoffe in die Faserschicht gelangen, um dort zunächst die Pigmente aufzuhellen und dann aus Farbbildnern künstliche Pigmente herzustellen. Die Wirkstoffe sind im Wasser der Trägersubstanzen (Ö/W-Emulsion, Gel) gelöst oder verteilt. Aufgrund der Saugfähigkeit des Haares gelangen sie mit dem Wasser ins Haar.

Damit auch größere Teilchen, wie z. B. die Pigmentvorstufen (Farbbildner), ins Haarinnere gelangen können, ist es jedoch erforderlich, die Haarstruktur zu lockern. Dieser Vorgang wird auch als Quellung bezeichnet. Die erste Stufe der Quellung wird bereits durch das Lösen der Wasserstoffbrücken beim Waschen erreicht. Durch die im Blondier- und Färbemittel enthaltenen Alkalien werden auch die Salzbrücken gelöst. Das Haar erreicht eine weitere Quellung. Die Cuticulazellen stehen ab. Das Haar ist nun für die Aufnahme der größeren Teile geöffnet.

1.4 Schritte der Beratung

Die Behandlungsberatung umfasst die Punkte
- Vorbehandlung
- Färbepräparate
- Arbeitstechniken und Arbeitsablauf
- Nachbehandlung
- Farbkorrektur
- Pflege- und Stylingpräparate

Die Behandlungsberatung erfolgt, indem die Friseurin die gewonnen Daten aus den Diagnosebogen richtig deutet und auf Grund ihrer Fachkenntnisse umsetzen kann.

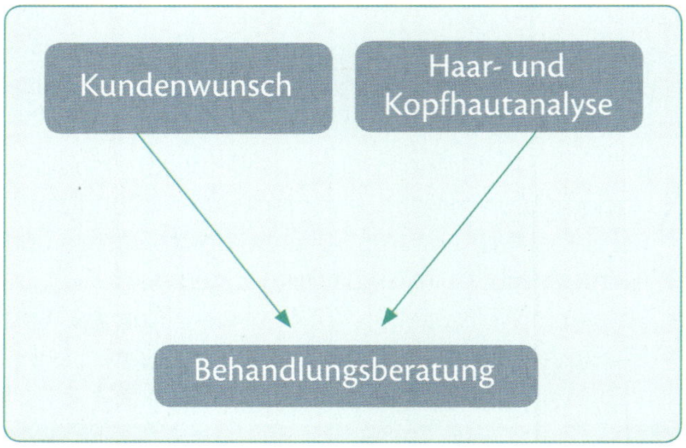

Bild 2 Zusammenhang der Beratung

Aufgaben

1. Auf welche Art und Weise wurden im Altertum Haare aufgehellt?
2. Seit wann ist die oxidative Aufhellung mit H_2O_2 bekannt?
3. Geben Sie die beiden bekanntesten Pflanzenfarben, mit denen bereits im Altertum Haare farblich verändert wurden, an.
4. Welche Gründe sprechen gegen die Verwendung von Metallsalzfarben?
5. Seit wann werden Oxidationsfarbstoffe zum Färben von Haaren eingesetzt?
6. Erstellen Sie eine Tabelle, in der Sie in Stichworten die Faktoren und ihre Auswirkungen auf die Färbung darstellen.
7. Führen Sie mit einer Mitschülerin ein Beratungsgespräch zur Farbbehandlung durch.

2 Gestaltungsmöglichkeiten und Wirkung verschiedener Auftragetechniken

SZENARIO

Frau Schuster erzählt im Laden, dass sie letzte Woche auf einer Modemesse war, wo ein Friseur neueste Trends vorstellte. Daraufhin sagt sie zu Anja: „Ich möchte auch bewegte Strähnen im Haar haben!"
Neben der Globalfärbung (das ganze Haar wird in einem Ton gefärbt), nutzt die Kundin die Möglichkeit der Strähnen- und Zonenfärbung.

2.1 Strähnentechniken

Bevor auf die unterschiedlichen Techniken eingegangen wird, sollte auf die Effekte, die die Abteilungsrichtungen hervorrufen, eingegangen werden.

- Die häufigste Abteilungsrichtung ist die Horizontale. Hier wird ein flächiges Ergebnis erzeugt.
- Die vertikale Abteilung ist eher ungewöhnlich, da sie einen plakativen Aspekt erzielt.
- Die diagonale Abteilung schafft ein weiches Farbergebnis, da dort fließende Übergänge geschaffen werden.
- Dies gilt auch für V-förmige Abteilungen. Dabei wird ein weiches Farbergebnis am Haaransatz erreicht.

Für das Anfertigen von Strähnen sind vielfältige Arbeitstechniken möglich. Die Wahl der richtigen Technik richtet sich nach dem Kundenwunsch, der Haarlänge und dem Effekt der erzielt werden soll.

Foliensträhnen

Foliensträhnen sind für jede Haarlänge geeignet und können sehr exakt angeordnet werden. Bei dieser Strähnentechnik werden einzelne Haarpartien abgeteilt, die vorbereitete Folie darunter gelegt und mit Blondiermasse versehen. Anschließend wird die Folie um die Strähne gefaltet. Die Alupäckchen dürfen aber nicht zu dicht verschlossen werden, damit kein Hitzestau entsteht.

Wichtig ist auch, dass der Farbbrei nicht aus der Folie herausquillt.

Bei dieser Technik kann die Friseurin je nach Effekt drei Methoden nutzen:

Websträhnen

Mithilfe eines Stielkammes werden aus einem dünnen Passé Haarsträhnen herausgewebt.

Diese Technik schafft einen natürlichen und weichen Strähnenverlauf.

Scheibensträhnen

Im Gegensatz dazu steht die Scheibensträhne. Dabei wird ein gerades Passé abgeteilt. Wichtig hierbei ist, dass der Übergang zum Ansatz harmonisch verläuft, d. h. weder als gerader Trennstrich, noch in Streifen. Diese Methode eignet sich für kontrastreiche Ergebnisse.

Bild 1 *Foliensträhnen*

Bild 2 *Blocksträhnen*

Bild 3 *Halo-Lights*

Bei den Passéarten werden die Web-, Scheiben- und Blocktechnik (z. B. Undercolour) unterschieden.

Um Bewegung in der Frisur zu erzeugen, reichen einfache Highlights. Diese werden mit wenigen helleren Strähnen erzeugt.

Sollte das Gesicht betont werden, können am Oberkopf helle Strähnen gesetzt werden. Diese erzeugen einen „Heiligenschein" (**Halo-Lights**) um das Gesicht und heben es hervor.

Damit Bereiche des Gesichts verstärkt oder verkleinert werden, wird die Technik des Contouring angewendet. Dabei wird der Effekt der optischen Wirkung von hellen und dunklen Strähnen im Konturbereich genutzt.

Ein Beispiel für eine **Freihandtechnik** ist Balayage (kommt aus dem Französischen für „kehren"). Hierbei wird die Farbe auf dem Haar mit einem Pinsel verteilt, sodass die Enden heller werden. Dadurch ergibt sich ein weich fließender Übergang mit natürlichen Farbergebnissen. Die Ansätze werden dabei vom Betrachter nicht so intensiv beim Herauswachsen wahrgenommen.

2.2 Zonenfärbung

Dabei wird der Kopf in Zonen unterteilt. Eine Zonenfärbung kann auch mit Strähnen kombiniert werden.

Bei der Zonenfärbung wird in den einzelnen Zonen mit unterschiedlichen Farben gearbeitet. Dies führt dazu, dass man in der Frisur durch Farbe und Abteilung der Zonen, Höhen und Tiefen in den Farbverlauf einbaut.

Dieses Verfahren kann optisches Volumen erzeugen. Als Beispiel lässt sich die Ombrè-Technik nennen. Das obere Drittel des Haaransatzes wird dunkel gefärbt und zu den Spitzen werden die Haare immer heller.

Ein Eye-catcher bei der Zonenfärbung ist die Dip-Dye-Methode, bei der die Haarspitzen in Kontrasttönen eingefärbt werden.

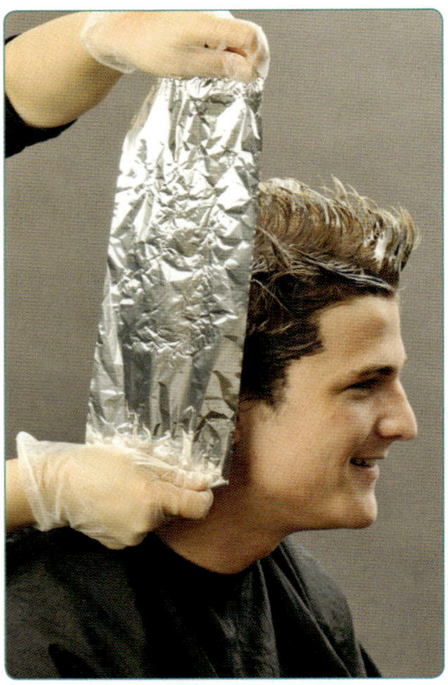

Bild 1 Shoe-Shine-Methode

Bild 2 Balayage

Bild 3 Ombré

3 Blondieren

SZENARIO

Bei ihrem Museumsbesuch ist Anja aufgefallen, dass schon die Römerinnen ihre Haare aufhellten. Allerdings erreichte das Haar nicht die Helligkeit, wie es heute mit Blondiermitteln möglich ist. Anja möchte wissen, mit welchen chemischen Wirkstoffen die Haare heute aufgehellt werden und was dabei im Haar passiert.

3.1 Inhaltsstoffe und ihre Aufgaben kennen

Beim Blondieren werden die Pigmente im Haar durch Oxidationsmittel aufgehellt. Teilaufhellungen wie Strähnen und Blondierwäschen wirken nach dem gleichen chemischen Prinzip. Sie werden deshalb als Blondiervarianten bezeichnet.
Zur Theorie des Blondierens gehören Kenntnisse über
- Zusammensetzung der Blondierpräparate,
- chemische Abläufe beim Blondieren.

Mit diesen Kenntnissen kann die Friseurin die Abläufe beim Blondieren verstehen, Fehler vermeiden und Rezepturen für individuelle Kundenwünsche erstellen.

Blondierpräparate bestehen aus zwei Komponenten:
- Blondiermittel
- Oxidationsmittel

Als Blondiermittel stehen Blondierpulver, Blondiergranulat und Blondiercreme zur Verfügung. Das Oxidationsmittel ist eine H_2O_2-Lösung, deren Wirkung durch Oxidationsverstärker intensiviert werden kann. Die Komponenten werden zum gebrauchsfertigen Blondierbrei gemischt. Während der Einwirkzeit setzt der Blondierbrei aktiven Sauerstoff frei, durch den die Pigmente aufgehellt werden.

Bestandteile des Blondiermittels	**Aufgaben**
• Persulfate	• Verstärken die Oxidationswirkung des H_2O_2
• Alkalien, z. B. Hirschhornsalz	• Neutralisieren die Stabilisierungssäure im H_2O_2 • Quellen das Haar • Starten und beschleunigen den chemischen Vorgang
• Pufferstoffe	• Halten den pH-Wert konstant
• Trägersubstanzen, z. B. Puderstoffe	• Erleichtern das Auftragen • Verhindern das Ablaufen
• Tenside	• Ermöglichen gleichmäßiges Benetzen des Haares • Ersparen den Waschvorgang bei normal verschmutztem Haar • Erleichtern das Ausemulgieren
• Pflegestoffe, z. B. Proteine	• Schützen das Haar vor zu starker Belastung
• Cellulose	• Binden als Quellmittel Wasser
• Gelbildner	• Dicken Blondierbrei an
• Blauviolette Farbstoffe	• Decken entstehenden Gelbrotstich teilweise ab
Bestandteile der Oxidationsmittel	**Aufgaben**
• Wasserstoffperoxid 9–12 %	• Hellt die Pigmente auf
• Säure	• Stabilisiert das H_2O_2
• Wasser	• Löst H_2O_2 und Säuren • Verdünnt das H_2O_2 • Transportiert die Wirkstoffe ins Haar

Tabelle 1 Inhaltsstoffe von Blondierpräparaten

Arbeitsauftrag

Eine mittelblonde Haarsträhne wird in 3 gleiche Teile geteilt.

Strähne 1 wird mit Wasser angefeuchtet und in Blondierpulver gedrückt.

Strähne 2 wird in 6%iges Wasserstoffperoxid getaucht.

Strähne 3 wird zuerst in das 6%ige H_2O_2 getaucht und dann in das Blondierpulver gedrückt.

a) Welche Aufhellungsergebnisse stellen Sie fest?

b) Welche beiden Substanzen im Blondierbrei sind „blondierwirksam"?

3.2 Das Wirkprinzip verstehen

Die technologischen Abläufe des Blondierens beginnen beim Mischen des Blondierpulvers mit dem Wasserstoffperoxid. Sie werden fortgesetzt beim Einwirken der Chemikalien im Haar und abgeschlossen mit der Nachbehandlung. Dabei laufen folgende chemische Vorgänge ab:

Neutralisation beim Mischen des Blondierpulvers mit Wasserstoffperoxid

Das Alkali im Blondierpulver neutralisiert die Säure im H_2O_2. Die Stabilisierung des H_2O_2 wird aufgehoben und der Sauerstoff wird frei.

Oxidationsvorgänge im Haar

Das H_2O_2 zerfällt in Wasser und Sauerstoff. Der frei werdende Sauerstoff oxidiert die Melanine in den Pigmenten. Sie werden dadurch gebleicht.

- Die **rötlichen Phäomelanine** werden leichter von der alkalischen Peroxidlösung gelöst und abgebaut.
- Die **dunklen Eumelanine** sind dagegen widerstandsfähiger. Sie werden stufenweise abgebaut. Dabei können rotbraune, orangefarbene und gelbliche Zwischentöne entstehen.

Dies bedeutet, je dunkler ein Haar ist, um so mehr Eumelanin enthält es. Hinzu kommt, dass bei dunklen Haaren das Eumelanin nicht nur im Cortex (Faserschicht), sondern auch in der Cuticula (Schuppenschicht) vorhanden ist. Hier haftet es über Polypeptidreste am Keratin. Somit kann es beim Oxidieren des Eumelanin dazu kommen, dass schwer abbaubare Reste übrig bleiben. Diese führen zu einem ungewünschten gelblich-rötlichen Farbergebnis. Dementsprechend ist es wichtig, den Helligkeitsgrad genau zu beobachten und den Prozentgehalt des Wasserstoffperoxids auf die Haarfarbe abzustimmen.

Sobald der gewünschte Helligkeitsgrad erreicht ist, wird der Oxidationsprozess beendet. Der Blondierbrei wird ausgewaschen. Eine zu starke Aufhellung führt zu erheblichen Schädigungen des Haarkeratins.

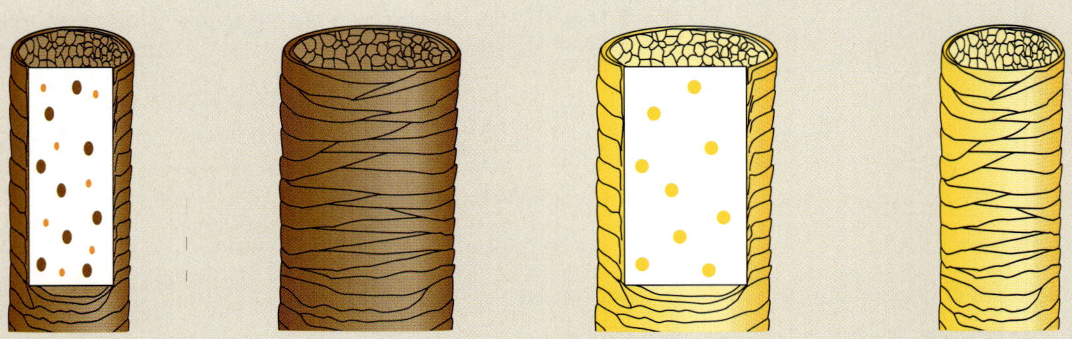

Haar vor der Blondierung mit Eumelaninen (dunkel) und Phäomelaninen (rötlich)

Quellen des Haares durch Alkalien

Aufhellen des Haares durch alkalische H_2O_2-Lösung und Persulfat
- Bleichen der Eumelanine
- Abbau der Phänomelanine

Adstringieren des Haares durch saure Nachbehandlung

Bild 1 Technologische Vorgänge beim Blondieren

Neutralisation bei der Nachbehandlung

Säuren im Nachbehandlungsmittel neutralisieren das Restalkali, das sich nach dem Auswaschen noch im Haar befindet. Die Schuppenschicht wird geschlossen, indem sich das Haar zusammenzieht (adstringieren).

Beenden des Oxidationsprozesses durch Antioxidantien

Antioxidantien, wie z. B. Vitamin E, machen das restliche Wasserstoffperoxid unwirksam und verhindern so eine weitere Aufhellung, die auch als **schleichende Oxidation** bezeichnet wird. Antioxidantien sind in Nachbehandlungsmitteln und Spezialfestigern enthalten.

3.3 Praktische Durchführung der Blondierung

Blondieren ist die chemisch intensivste Methode, die zur Aufhellung von naturfarbenem und gefärbtem Haar eingesetzt wird.

Bei der Ermittlung des Kundenwunsches ist bereits entschieden worden, ob die Zielfarbe durch das Blondieren erreicht werden kann und welche Präparate und Arbeitstechniken dafür erforderlich sind.

Wenn die Friseurin zu dem Ergebnis kommt, dass bei der vorliegenden Haarstruktur und der gewünschten Aufhellung erhebliche Haarschäden auftreten können, muss sie von der Behandlung abraten. Im Fall von extrem starken Haar- und Kopfhautschäden ist sie haftbar und kann auf **Schadenersatz** und zu **Schmerzensgeld** verurteilt werden.

3.4 Durchführung der Blondierung

Zunächst werden auf der Grundlage des Behandlungsplanes die Präparate ausgewählt, die zum Erreichen der Zielfarbe erforderlich sind, und die benötigten Werkzeuge und Hilfsmittel bereitgestellt.
Die Blondierung wird wie folgt durchgeführt:

Haarwäsche

Das Haar wird vor einer Blondierung nicht gewaschen, damit der Hydrolipidmantel auf der Haut erhalten bleibt und Hautreizungen vermieden werden.

Die Blondierpräparate enthalten ausreichend Tenside, um den auf dem Haar befindlichen Schmutz und die Reste von Haarfestigern und Haarspray zu überwinden.

Hautschutzmaßnahmen

Gesichtskonturen werden mit einer Fettcreme zusätzlich geschützt.

Beim Blondiervorgang müssen Handschuhe getragen werden.

Blondierbrei anrühren

Blondierpulver muss vorsichtig eingerührt werden, um eine Staubentwicklung zu vermeiden.

Blondierbrei auftragen

Die Auftragetechnik richtet sich nach dem Farbwunsch der Kundin. Grundsätzlich gilt, dass der Blondierbrei zuerst auf den dunkelsten Stellen aufgetragen wird.

Haare während des Blondiervorgangs lockern

Durch die chemischen Vorgänge entsteht Wärme, die wiederum die weiteren chemischen Vorgänge beschleunigt. In nicht gelockertem Haar kann während des Blondiervorgangs einen Wärmestau entstehen. Dadurch kann das Haar zu stark aufgehellt und die Struktur des Haares stark geschädigt werden. Im Extremfall kann es zur Haarzerstörung und zu Hautverätzungen kommen.

Einwirkzeit

Durch Wärmezufuhr wird die Einwirkzeit zwar verkürzt, aber es steigt die Gefahr der Haar- und Hautschädigung.

- Aufhellungsgrad kontrollieren
- Blondierbrei auswaschen
- Ergebniskontrolle durchführen und Zustimmung der Kundin einholen
- Nachbehandlung zur Optimierung der Farbe und zur Verbesserung der Haarstruktur durchführen

Bild 1 Hilfsmittel und Werkzeuge zum Blondieren

3.5 Methoden des Farbauftrags

Ansatzblondierung

Bei der Ansatzblondierung wird der Blondierbrei auf den nachgewachsenen Ansatz gleichmäßig und zügig aufgetragen. Im Normalfall beginnt man dort, wo die Haare am dunkelsten sind. Nach Beendigung der Einwirkzeit erfolgt die Ergebniskontrolle. Ist die erwünschte Aufhellung noch nicht erzielt, wird die EWZ verlängert. Am Ende der Einwirkzeit kann der Blondierbrei zum Farbausgleich durchemulgiert und danach mit Wasser ausgespült werden. Das Haar wird anschließend gewaschen und nachbehandelt.

Ganzblondierung

Mit einer Ganzblondierung kann naturfarbenes und gefärbtes Haar aufgehellt werden.

Der Blondierbrei wird auf die Längen und Spitzen aufgetragen. Man beginnt dort, wo die Haare am dunkelsten sind. Dieser Vorgang ist zügig durchzuführen. Erst wenn Längen und Spitzen das Aufhellungsziel erreicht haben, wird der Ansatz mit neu angerührtem Blondierbrei behandelt. Nach dem Auftragen wird das Haar gut aufgelockert.

Das Aufhellungsergebnis wird am Ende der Einwirkzeit kontrolliert. Ist die gewünschte Aufhellung noch nicht erreicht, wird die Einwirkzeit verlängert. Nach dem Ausspülen, Shampoonieren und Nachbehandeln kann eine weitere Farbbehandlung, z. B. eine Pastell-Intensivtönung, erfolgen.

Blondierwäsche

Mit einer Blondierwäsche kann naturfarbenes und gefärbtes Haar leicht aufgehellt werden.

Rezeptur einer Blondierwäsche:
1 Messlöffel Blondierpulver
60 ml warmes Wasser
30 ml Wasserstoffperoxid 6%ig oder 9%ig
5 ml Shampoo

Zuerst werden Längen und Spitzen des ungewaschenen Haares behandelt, danach die kopfhautnahen Partien. Der Aufhellungsvorgang wird beobachtet und beendet, sobald die gewünschte Aufhellung erzielt worden ist. Abschließend wird die Lösung mit etwas Shampoo ausgewaschen und das Haar nachbehandelt.

Blondiersträhnen

Für das Anfertigen von Blondiersträhnen sind vielfältige Arbeitstechniken möglich. Die Wahl der richtigen Strähnentechnik richtet sich nach dem Kundenwunsch, der Haarlänge und dem Haarvolumen.

Bild 1 Haubensträhnen

Haubensträhnen werden mit einer sehr feinen Häkelnadel durch die Haube gezogen. Mit dem Pinsel wird der Blondierbrei sorgfältig auf die Haarsträhnen aufgetragen, sodass keine Blondiermasse durch die Löcher auf die Kopfhaut dringen kann. Die Haubentechnik ist sehr rationell und wird eingesetzt, wenn viele feine Strähnen in der Frisur gewünscht werden. Für lange Haare ist diese Technik ungeeignet. Als Haube verwendet man entweder Hauben mit vorgestanzten Löchern oder durchsichtige Folienhauben. Die Folienhauben haben den Vorteil, dass die Strähnen individuell platziert werden können.

Aufhellung durch Haarfestiger

Mit einem Festiger, der bis zu 3 % H_2O_2 enthält, wird eine leichte Aufhellung des Haares erreicht. Dieser Aufhellungsvorgang läuft über einen längeren Zeitraum ab. Deshalb ist ein genaues Aufhellungsergebnis nicht vorherzusagen. Außerdem kommt es durch die schleichende Oxidation zu einer nicht kontrollierbaren Haarschädigung. Die Aufheller werden aus diesem Grund im Salon selten eingesetzt. Stattdessen sollte die Blondierwäsche bevorzugt werden, die mit einer Nachbehandlung abschließt.

Aufgaben

1. Erstellen Sie einen Behandlungsplan für eine Blondierung.
2. Beschreiben Sie die unterschiedlichen Strähnentechniken. Wann werden sie jeweils eingesetzt?
3. Geben Sie an, warum von einer Haar- und Kopfhautwäsche vor der Blondierung dringend abgeraten werden muss.
4. Erklären Sie, warum das Haar während des Blondiervorgangs gelockert werden muss.
5. Warum sollte eine Friseurin die Aufhellung mithilfe eines Aufhellers nicht empfehlen?
6. Führen Sie ein Beratungsgespräch über eine Blondierung durch.

4 Färben

SZENARIO

Anja weiß, dass beim Färben mit Oxidationshaarfarben in einem Arbeitsgang weißes Haar abgedeckt, das Haar heller oder dunkler gefärbt und die Farbrichtung verändert werden können. Sie möchte wissen, welche „Wundersubstanzen" in der Lage sind, diese Farbveränderungen zu erzielen.

Zur Theorie des Färbens gehören Kenntnisse über:
- Ordnung der Haarfarben (s. LF 8; Kap. 3.1.4)
- Inhaltsstoffe der Oxidationshaarfarben
- Chemische Abläufe beim Färbevorgang

Mithilfe dieser Kenntnisse kann die Friseurin die Abläufe beim Färben verstehen, Fehler vermeiden und Farbmischungen für individuelle Kundenwünsche entwickeln.

4.1 Inhaltsstoffe und ihre Aufgaben kennen

Die zum Färben erforderlichen Mittel bestehen immer aus zwei Komponenten, die unmittelbar vor der Anwendung gemischt werden, der Oxidationshaarfarbe mit den Pigmentvorstufen (Farbbildnern) und dem H_2O_2 als Oxidationsmittel. Sie sind in der Tabelle 1 aufgelistet.

Konzentration des Oxidationsmittels

Es ist wichtig, zwischen der Konzentration der Wasserstoffperoxidlösung und der Wasserstoffperoxidkonzentration im Farbbrei zu unterscheiden. Für das Ergebnis der Facharbeit ist die Wasserstoffper-

Bestandteile der Oxidationshaarfarbe	Aufgaben
Farbbildner	Werden durch den Sauerstoff zu künstlichen Pigmenten verbunden, die aufgrund ihrer Größe nicht aus dem Haar ausgewaschen werden können
Direktziehende Farbstoffe	Ergeben zusammen mit den künstlichen Pigmenten die endgültige Farbrichtung Haften aufgrund ihrer positiven Ladung am Haar (kationaktiv)
Alkalien	Neutralisieren die Stabilisierungssäure im H_2O_2 Quellen das Haar Starten und beschleunigen den chemischen Vorgang
Pufferstoffe	Halten den pH-Wert konstant
Trägersubstanzen: Ö/W-Emulsion, Gel	Erleichtern das Auftragen und verhindern das Ablaufen
Wasser in der Trägersubstanz	Löst die Wirkstoffe Verdünnt die Wirkstoffe Transportiert die Wirkstoffe ins Haar
Tenside	Ermöglichen gleichmäßiges Benetzen des Haares Ersparen den Waschvorgang bei normal verschmutztem Haar Erleichtern das Ausemulgieren
Schutzstoffe: Fette, Polymere	Schützen das Haar vor zu großer Belastung
Bestandteile der Oxidationsmittel	**Aufgaben**
Wasserstoffperoxid 3–12 %	Hellt die Pigmente auf und stellt aus den Farbbildnern künstliche Pigmente her
Säure	Stabilisiert das H_2O_2
Wasser	Löst H_2O_2 und Säuren Verdünnt das H_2O_2 Transportiert die Wirkstoffe ins Haar

Tabelle 1 Wesentliche Inhaltsstoffe von Färbemitteln

oxidkonzentration im Farbbrei entscheidend; in Rezepturen wird die notwendige Konzentration des Oxidationsmittels angegeben. Die Konzentration der Wasserstoffperoxidlösung richtet sich nach dem gewünschten Farbergebnis (s. Mathematik-Aufgabe S. 322).

Der aus dem H_2O_2 abgespaltene Sauerstoff übernimmt zwei Aufgaben:

- Er reagiert er mit den Farbvorstufen zum farbigen Molekül.
- Er reagiert er mit den natürlichen Pigmenten, sodass die natürliche Haarfarbe aufgehellt wird.
- Dunklerfärbungen sind grundsätzlich mit einer 3%igen Wasserstoffperoxidlösung möglich, da eine Aufhellung der Naturpigmente nicht nötig ist.
- Bei Ansatzfärbungen ist 6%iges H_2O_2 erforderlich, um Farbüberlagerungen im Übergang von Ansatz und Länge zu vermeiden.
- Bei Ton-in-Ton-Färbungen und Hellerfärbungen um einen Ton wird 6%iges H_2O_2 benötigt.
- Bei Hellerfärbungen um zwei bis drei Töne wird 9%iges oder 12%iges H_2O_2 eingesetzt.

Die Angaben zu den H_2O_2-Konzentrationen sind Richtwerte, die bei verschiedenen Produkten unterschiedlich sein können. Deshalb muss in jedem Fall die Gebrauchsanweisung des Herstellers beachtet werden.

Aufgaben

1. Welche Farbveränderungen sind mit Haarfärbepräparaten möglich?
2. Erklären Sie den Unterschied zwischen Farbbildnern und direktziehenden Farbstoffen.
3. Welche Aufgaben hat die Säure in einer Wasserstoffperoxidlösung?
4. Von welchen Faktoren hängt die beim Färben erforderliche Wasserstoffperoxidkonzentration ab?
5. Erklären Sie, warum beim Hellerfärben trotz der Zugabe von Pigmenten das Haar heller wird.
6. Welche Bedeutung hat die Kosmetikverordnung?

4.2 Besondere Mischungsverhältnisse bei Spezialfällen

Bei der Ermittlung des Kundenwunsches ist bereits entschieden worden, dass die Zielfarbe nur durch das Färben erreicht werden kann und welche Präparate und Arbeitstechniken eingesetzt werden.

Beispiel für eine Borstenmischung:
Zielfarbe: Dunkelblond 6/0
Rezeptur:
15 ml Dunkelblond 6/0
15 ml Mittelblond 7/0
15 ml H_2O_2-Lösung 12 %

Rezepturvorschläge für das Vorpigmentieren:

- Bei einer Färbung im Natur- und Aschbereich wird ein um einen Ton hellerer Grundton gewählt. So wird z. B. beim Farbziel Dunkelaschblond mit Mittelblond vorpigmentiert.
- Bei einer Rotfärbung wählt man den Grundton in der gleichen Farbtiefe wie die verwendete Nuance. So wird z. B. bei dem Farbziel Mahagoni 5/5 mit Hellbraun 5/0 vorpigmentiert.
- Beim Hellerfärben wählt man einen hellen Grundton mit der komplementären Nuancierung, z. B. Farbziel liegt im Asch-Perl-Cendre-Bereich. Es wird mit einem Goldblond 9/3 vorpigmentiert.

Art der Färbung	Besondere Maßnahmen
Färben von Natur- und Aschtönen	Alle Naturtöne haben ein 100%iges Deckvermögen Aschnuancen sollten nur unter 50% Weißanteil verwendet werden. Bei weißen Ansätzen vorpigmentieren
Färben im Rot- und Modebereich	Bei helleren oder weißen Konturen grundsätzlich den Rot-/Modeton mit dem Naturton mischen Bei gleichmäßigem Weißanteil den Rot-/Modeton mit dem Naturton 1 : 1 mischen, z. B. 20 g 6/4 + 20 g 6/0
Hellerfärbungen	Erst ab ca. 30%igem Weißanteil in der Farbrezeptur berücksichtigen: Bei ca. 30–50 % Weißanteil muss 1/3 Naturton beigemischt werden Bei über 50 % Weißanteil sollte das Färbemittel im Verhältnis 1:1 mit dem Naturton gemischt werden

Tabelle 1 Färben bei Weißanteil

Rückpigmentierung in 2 Schritten:

1. Einbringen der Farbbildner

- Wasser und Farbe werden im Verhältnis 3:1 gemischt.
- Das zubereitete Präparat wird auf das gesamte handtuchtrockene Haar aufgetragen. Das aufgehellte Haar ist strukturgeschädigt, es saugt das Präparat auf, während das unbehandelte Haar nur wenig aufnimmt.
- Die Einwirkzeit beträgt 30 Minuten ohne Wärme.

2. Oxidation der Farbbildner

- 50 ml 1,8%ige H_2O_2-Lösung werden hergestellt.
- Die H_2O_2-Lösung wird aufgetragen, ohne die Farbe vorher auszuspülen.
- Nach einer Einwirkzeit von 15 Minuten ohne Wärmezufuhr wird das Haar gründlich ausgespült, shampooniert und nachbehandelt.

Bei der Farbwahl sollten nur Naturtöne verwendet werden. Man wählt den Ton eine Nuance dunkler als der Naturton ist, z. B. Naturton 6/0, Farbwahl 5/0.

4.3 Das Wirkprinzip verstehen

Beim Färben laufen folgende chemische Vorgänge ab:

- Neutralisation beim Mischen der Farbe mit dem Wasserstoffperoxid: Das Alkali in der Farbe neutralisiert die Säure in der H_2O_2-Lösung. Die Stabilisierung des Wasserstoffperoxids wird aufgehoben und der Sauerstoff freigesetzt.
- Oxidationsvorgänge im Haar durch den Sauerstoff
  Beim Färben laufen zwei Oxidationsvorgänge ab, der **Aufhellungsvorgang** und der **Kupplungsvorgang**. Beide Oxidationsvorgänge benötigen jeweils einen Teil des entstehenden Sauerstoffs.
  Beim **Aufhellungsvorgang** werden die künstlichen und die natürlichen Pigmente des Haares aufgehellt. Je höher die H_2O_2-Konzentration im Farbbrei ist, desto stärker wird das Haar aufgehellt.
  Beim **Kupplungsvorgang** werden aus den Farbbildnern mithilfe des Sauerstoffs künstliche Pigmente hergestellt. Erst dieser **doppelte Oxidationsvorgang** ermöglicht den großen Einsatzbereich der modernen Oxidationshaarfarben wie Hellerfärben, Ansatzfärben und Färben bei einem Weißanteil.
- Neutralisation bei der Nachbehandlung:
  Säuren im Nachbehandlungsmittel neutralisieren das Restalkali, das sich nach dem Auswaschen noch im Haar befindet. Außerdem adstringieren sie das Haar.
- Beenden des Oxidationsprozesses durch Antioxidantien.

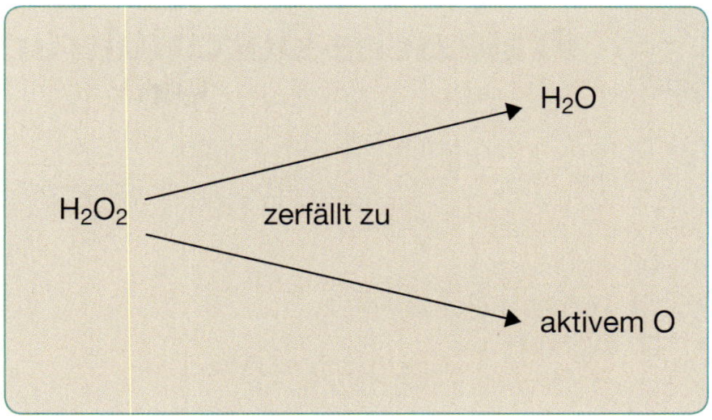

Bild 1 Zerfall von Wasserstoffperoxid

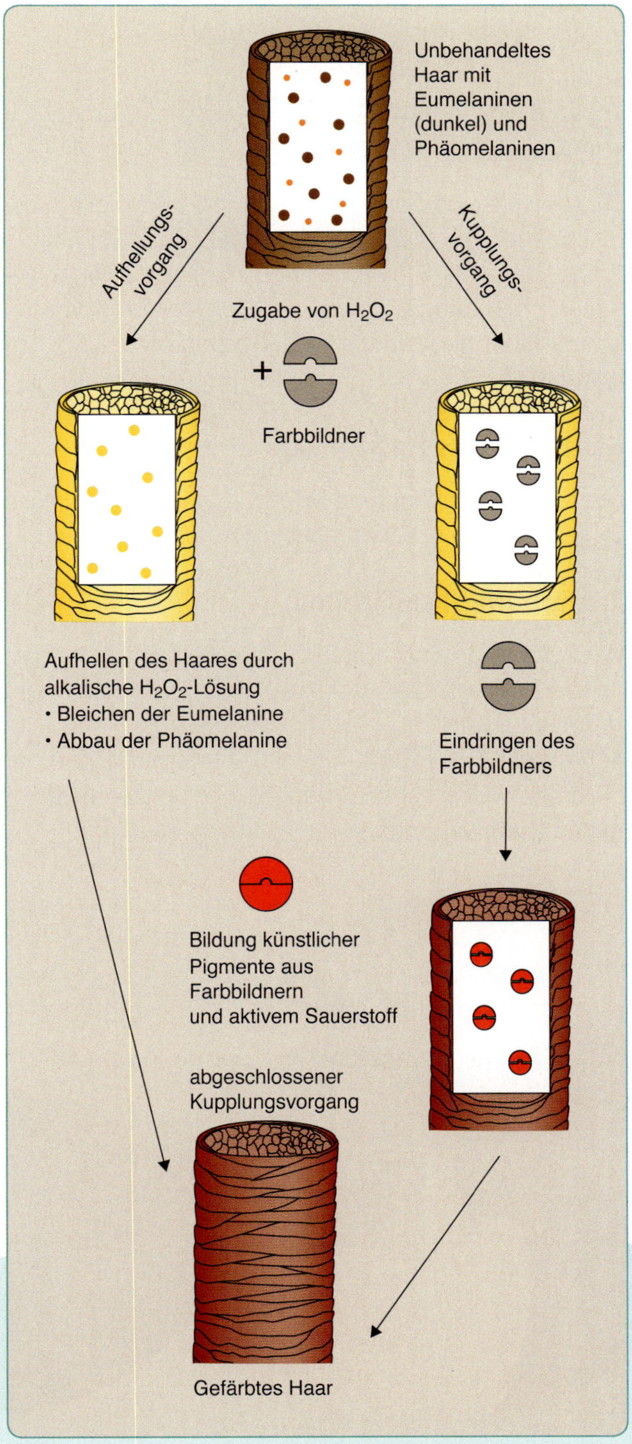

Bild 2 Wirkungsweise des doppelten Oxidationsvorganges

4.4 Praktische Durchführung der Färbung

Die Durchführung erfolgt wie im Kapitel 3.3 und 3.4 (s. S. 307 ff). beschrieben. Der Arbeitsplatz sollte entsprechend eingerichtet sein:

- Behandlungsplan
- ggf. Vorbehandlungsmittel
- Färbehandschuhe
- Schutzumhang und Färbeschürze
- Hautschutzcreme
- Handtücher und Papierservietten
- Wecker
- Climazon
- Pinsel
- Farbschale mit Farbbrei
- Pflegeshampoo und Haarkur

Die Umwelt- und Gesundheitsschutzaspekte sollten berücksichtigt sein (siehe hierzu Kapitel 6, s. S. 317).

Die Länge der Einwirkzeit liegt zwischen 20 bis maximal 45 Minuten. Zwischen der 30igsten bis 45igsten Minute lässt die Wirkung des Wasserstoffperoxids sowieso nach.

Methoden des Farbauftrags

Die farbliche Behandlung erfolgt je nach individuellen Gegebenheiten in verschiedenen Auftragetechniken.

Erstfärbung/(Neufärbung)

Wird das Haar einer Kundin erstmalig farblich behandelt, richtet sich die Auftragetechnik nach dem angestrebten Farbziel.

- Bei einer Ton in Ton- und Dunklerfärbung wird der Farbbrei sofort vom Ansatz bis zur Spitze aufgetragen (Ganzfärbung).
- Bei einer Färbung im Rot- und Modebereich wird die zubereitete Farbe zuerst auf die Längen und Spitzen 1–2 cm entfernt vom Ansatz aufgetragen. Nach ca. 10 Minuten EWZ mit Wärme wird der Ansatz behandelt. Danach erfolgt eine weitere EWZ von ca. 15 Minuten mit Wärme. Der Einsatz von Wärme von Beginn an ist hier besonders wichtig, weil sich ohne Wärmeunterstützung die Farbe am Ansatz schneller und intensiver entwickelt. Die angegebenen Einwirkzeiten sind Richtwerte, die an den individuellen Fall angepasst werden müssen.
- Bei einer Hellerfärbung wird die Farbe wie bei einer modischen Erstfärbung aufgetragen. Die Einwirkzeit für Längen und Spitzen sollte unter Wärmezufuhr mindestens 20 Minuten betragen. Anschließend wird neu zubereitete Farbe auf den noch freigelassenen Ansatz aufgetragen. Die restliche EWZ beträgt noch ca. 25 Minuten mit Wärme oder 50 Minuten ohne Wärme. Ein bereits gefärbtes Haar lässt sich nicht heller färben, in diesem Fall ist eine Blondierung erforderlich.

Ansatzfärbung

Bei einer Ansatzfärbung wird der Farbbrei nur auf den nachgewachsenen Ansatz aufgetragen. Dabei hat sich neben der Kreuzscheiteltechnik die Abteilung von Ohr zu Ohr bewährt. Man beginnt an Stellen mit einem hohen Weißanteil. Feinere Haare an der Kontur werden zuletzt mit Farbbrei bestrichen.

Ist nach beendeter Einwirkzeit ein Farbausgleich erforderlich, so wird die Farbe vom Ansatz in das mit einer Sprühflasche angefeuchtete Haar durchgearbeitet. Zur Unterstützung des Farbausgleichs in Längen und Spitzen setzt man auch Tönungen ein.

Bild 1 *Erstfärbung*

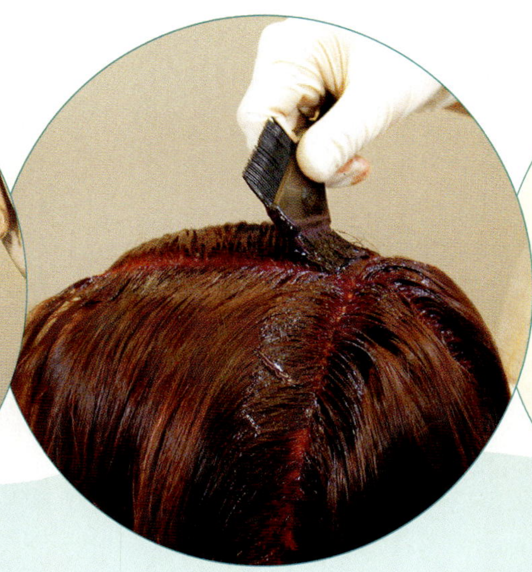

Bild 2 *Ansatzfärbung*

Bild 3 *Farbsträhnen*

Farbsträhnen

Die Arbeitstechniken sind auf Seite 303 und 304 beschrieben worden. Diese Techniken können sowohl beim Erstellen von Blondierungen als auch bei Farbsträhnen angewandt werden. Die Unterschiede liegen in der Wahl der Präparate. Hier gelten die gleichen Regeln wie beim Färben.

- Helles Haar und dunklere Strähnen:
  Gewünschte Zielfarbe wählen und mit der vom Hersteller angegebenen H_2O_2-Konzentration mischen.
- Dunkles Haar und helle Strähnen:
  Zielfarbe wählen und mit höherer H_2O_2-Konzentration z. B. 9 oder 12 % mischen.
- Gefärbtes Haar und helle Strähnen:
  Zuerst die Strähnen blondieren und dann mit der Zielfarbe einfärben.
- Farbsträhnen in der gleichen Farbtiefe wie das übrige Haar:
  In diesem Fall können auch Tönungen bzw. Intensivtönungen eingesetzt werden.

Aufgaben

1. Nennen Sie Faktoren, die das Färbeergebnis beeinflussen.
2. Warum muss beim Färben die Haarstärke berücksichtigt werden?
3. Welchen Einfluss hat die Haarstruktur auf das Färbeergebnis?
4. Warum muss ein hoher Weißanteil beim Färben berücksichtigt werden?
5. Was versteht man unter einer Borstenmischung und wann wird diese Technik eingesetzt?
6. In welchen Fällen setzen Sie die Technik des Vorpigmentierens ein?
7. Erklären Sie die Technik des Rückpigmentierens bzw. Pigmentierens.
8. Warum müssen Sie stark verschmutztes Haar vor dem Färben waschen?
9. Beschreiben Sie den Arbeitsablauf bei einer Erstfärbung.
10. Nennen Sie verschiedene Arbeitstechniken, die beim Erstellen von Farbsträhnen eingesetzt werden.
11. Zur Berechnung von Mischungsmengen und Prozentsätzen dient das Mischungsrechnen (s. ab S. 503 f.). Berechnen Sie die Aufgaben.
12. Erklären Sie die chemischen Vorgänge, die beim Färben ablaufen.
13. Was verstehen Sie unter dem Begriff „doppelter Oxidationsvorgang"?

Bild 1 *Vor dem Färben*

Bild 2 *Nach dem Färben*

5 Sonderformen der Farbveränderungen

SZENARIO

Anja weiß, dass das wesentliche Kriterium für die oxidative Farbveränderung der Oxidationsvorgang ist. Aus diesem Grund zählen nach ihrer Meinung auch Farbveränderungen mit einer niedrigen H_2O_2-Konzentration, bei der die Farbtiefe nur geringfügig verändert wird und Präparate, die mit dem Luftsauerstoff reagieren, zu den oxidativen Farbveränderungen.

5.1 Intensivtönung

Die Intensivtönung wird auch als oxidative Tönung oder Coloration bezeichnet. Wegen des schwächeren Alkalis und der geringeren Konzentration des Wasserstoffperoxids wird die Haarstruktur geringer belastet als beim Färben. Wenn das Farbziel mit einer Intensivtönung erreicht werden kann, sollte sie deshalb einer Färbung vorgezogen werden. Dies gilt für folgende Fälle:

- Farbauffrischung
- Farbausgleich
- Nuancierung des Naturtons
- Längerfristige Farbveränderung
- Abdeckung des Weißanteils bis zu 50 %
- Pastelltönung von blondierten Haaren

Die Intensivtönung ist in ihrer Wirkweise der oxidativen Färbung sehr ähnlich. Oxidativ gebildete Pigmente und direktziehende Farbstoffe werden im Haar angelagert.

Intensivtönungen sind ähnlich zusammengesetzt wie Oxidationsfarben, jedoch sind die Menge der Farbbildner und die Konzentration des Alkalis geringer. Deshalb kann ein Weißanteil von mehr als 50 % nicht mit einer Intensivtönung abgedeckt werden.

Die Konzentration des Oxidationsmittels für die Intensivtönung liegt zwischen ca. 1,5 und 1,9 %. Wegen der geringen H_2O_2-Konzentration werden die Pigmente im Haar nicht aufgehellt.

Für leichte Aufhellungen von etwa einem Ton haben einige Hersteller ihr Sortiment durch ein ca. 4%iges Oxidationsmittel erweitert.

Anwendung von Intensivtönungen

- Haare waschen
- Hautschutzmaßnahmen durchführen
- Farbrezeptur anrühren
- Färbepräparat gleichmäßig von Ansatz bis Spitze auftragen, bei erkennbarem Ansatz (z. B. bei 50 % Weißanteil) zuerst auf den Ansatz auftragen und nach der Hälfte der EWZ in Längen und Spitzen verteilen.
- Die EWZ beträgt ohne Wärme ca. 20 Minuten, mit Wärme ca. 15 Minuten.
- Nach beendeter EWZ die Intensivtönung mit Wasser aufemulgieren und sorgfältig ausspülen.

5.2 INOA

INOA zählt, im Gegensatz zu den üblichen Farbcremes, zu den Haarfärbegelen. Bei diesem Produkt handelt es sich um eine oxidative Haarfarbe, die ohne Ammoniak auskommt. Der Verzicht auf das Alkalisierungsmittel bewirkt eine Schonung der Haarstruktur. Durch ein spezielles Ölgemisch werden die Farbmoleküle zum Cortex befördert, ohne dass mithilfe von Ammoniak die Cuticula vorher durch die Alkalisierung geöffnet wurde.

INOA besteht aus zwei Bestandteilen: der Farb-Öl-Lösung und dem Oxidanten.

Die Abteilung erfolgt im Kreuzscheitel. Wie gewohnt trägt die Friseurin das Farbgel auf die Ansätze auf. Das Verteilen des Gels in Längen und Spit-

Bild 1 *Oxidant und Farb-Öl-Lösung*

Bild 1 *Schritt 1: Abwiegen des Oxidanten*

Bild 2 *Schritt 2: Zugeben der Farb-Öl-Lösung*

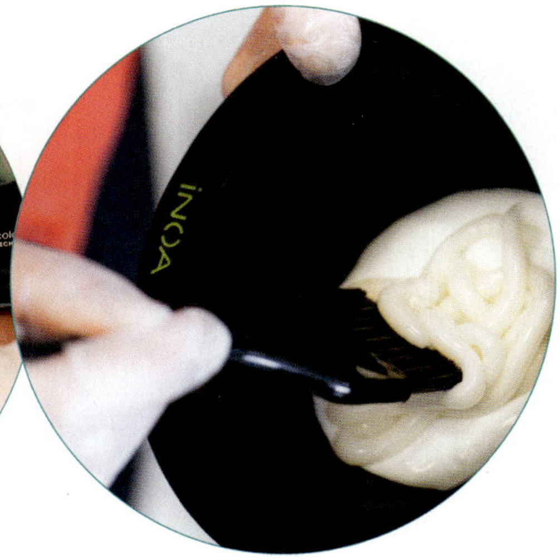

Bild 3 *Schritt 3: Vermischen der beiden Komponenten*

zen hängt vom Ausgangszustand der Haare und der Einwirkzeit ab. Bei einem Nuancenwechsel wird es sofort in Länge und Spitzen verteilt. Bei verblassten Nuancen erfolgt das Durchziehen des Farbgels ca. nach der Hälfte der Einwirkzeit. Findet kein Nuancenwechsel statt, sondern sollen nur die Ansätze gefärbt werden, wird das Gel fünf Minuten vor Ende der Einwirkzeit durchgezogen, um einen guten Farbübergang zu gewährleisten. Die gesamte Einwirkzeit beträgt ca. 35 Minuten.

Bezüglich der Farbauswahl sind die Farben von INOA vergleichbar mit anderen L'Oréal-Produkten. Die Farbtiefe ist von 1 bis 10 unterteilt. Die Farbrichtung unterteilt sich in die 6 Standardnuancierungen. Zusätzlich beinhaltet sie kaltes und warmes Beige, welches auch als Marron bezeichnet wird.

Das Ausspülen der Farbe wird wie folgt durchgeführt:

- erst einige Minuten aufemulgieren ohne Wasser
- danach einige Minuten aufemulgieren mit wenig Wasser
- das Ausspülen der Farbe erfolgt solange, bis das Wasser klar bleibt
- anschließend muss das Haar zwei Mal mit einem Spezialshampoo behandelt werden

Bild 4 *Färbeprodukte*

Da es sich bei diesem Produkt um ein Ölgemisch handelt, nimmt der Ausspülvorgang einer längeren Zeit in Anspruch. Dieser Vorgang bedarf besonderer Sorgfalt, damit die Reste des Öls vollständig entfernen werden.

Bild 5 *Farbergebnis*

Bild 6 *Intensive Haarwäsche*

5.3 Haarfarbenwiederhersteller

Haarfarbenwiederhersteller enthalten Farbbildner, aus denen im Haar durch den Luftsauerstoff Pigmente gebildet werden.

Sie sprechen den großen Kreis der Männer und Frauen an, die in der Regel ihre ergrauten Haare noch nicht färben lassen wollen. Die Abdeckung der weißen Haare erfolgt dabei schrittweise, sodass die Farbveränderung nicht so stark auffällt. Der Vorgang wird Re-Nature genannt. Es handelt sich um einen Vorgang bei dem mithilfe des Luftsauerstoffes Pigmente im Naturton aufgebaut werden.

Bewährt haben sich diese Präparate zur Wiederherstellung der natürlichen Farbtöne von Mittelblond bis Dunkelbraun bei einem hohen Weißanteil.

Die Creme ist nicht für asiatische, hellblonde oder rötliche Haare geeignet. Das Farbergebnis sieht in diesem begrenzten Einsatzbereich oft natürlich aus. Die Haarstruktur wird nicht angegriffen. Wegen der einfachen Anwendung ist das Präparat auch gut für Heimbehandlungen geeignet.

Die Haarfarbenwiederhersteller sind in folgenden Fällen nicht geeignet:

- Für Farbrichtungen außerhalb der Naturreihe
- Für blondiertes und gefärbtes Haar
- Für alle Farbveränderungen, die den doppelten Oxidationsvorgang erfordern (Ton in Ton bei Abdeckung des Grauanteils und Hellerfärben)

Die gebrauchsfertige Creme wird auf das trockene Haar gegeben. Die Einwirkzeit beträgt zwischen 5 bis 20 Minuten, je nach ursprünglicher Haarfarbe. Danach wird das Produkt ausgespült und die Haare normal gewaschen.

Bild 1 Natürliches Farbergebnis

Die Färbesubstanz enthält spezielle Farbbildner, die mit dem Luftsauerstoff künstliche Pigmente bilden. Zusätzliche Oxidationsmittel, wie z. B. H_2O_2, werden nicht eingesetzt. Das Haar wird also chemisch nicht belastet. Da das Re-Nature-Produkt mit dem Sauerstoff aus der Luft wirkt, baut der Luftsauerstoff die künstlichen Pigmente über einen Zeitraum von mehreren Tagen (2 bis 5) auf. Dabei entstehen nach einem oder zwei Tagen häufig unerwünschte und unansehnliche blaue und violette Zwischentöne, bevor der endgültige Farbton erreicht wird. Dieser unerwünschte Schimmer lässt aber nach 24 bis 48 Stunden nach.

Bei der Anwendung sind die gleichen Sicherheitshinweise wie bei oxidativen Färbungen zu berücksichtigen:

- Allergietest an einer unauffälligen Hautstelle durchführen
- Bei der Anwendung Handschuhe tragen
- Kontakt mit den Augen vermeiden.

Der Haarfarbenwiederhersteller ist nicht zur Färbung von Augenbrauen und Wimpern geeignet.

Aufgaben

1. Erläutern Sie die technologischen Unterschiede zwischen Tönung, Intensivtönung (Coloration) und Färbung.
2. Warum ist eine Aufhellung der Haarfarbe mit einer Intensivtönung nicht möglich?
3. Erklären Sie, warum eine Intensivtönung bei einem hohen Weißanteil nicht eingesetzt werden soll.
4. Warum sollten Sie eine Intensivtönung einer Farbe vorziehen, wenn Sie das Farbziel auch mit der Intensivtönung erreichen können?
5. Eine Kundin mit 50 %igem Weißanteil hat sich die Haare mit einem Haarfarbenwiederhersteller gefärbt. Das Ergebnis ist scheckig geworden.
   a) Erklären Sie, wie es zu diesem Ergebnis kommen konnte.
   b) Wie können Sie diese Fehlfärbung korrigieren?
6. Vergleichen Sie unterschiedliche Haarfarbenwiederhersteller miteinander.

6 Arbeitsfehler vermeiden und korrigieren

SZENARIO

Anja hat bereits erfahren, dass bei farbverändernden Facharbeiten, bei denen chemische Prozesse ablaufen, die Gesundheit der Kundin und der Friseurin gefährdet werden kann. Sie fragt sich, ob die entweichenden Dämpfe und die falsche Entsorgung von Restchemikalien nicht auch die Umwelt belasten.
Des Weiteren hat sie erlebt, dass Kundinnen mit dem Ergebnis der Farbbehandlung überhaupt nicht zufrieden waren und die Arbeit reklamierten. Wie soll sie sich in diesen Fällen verhalten?
Anja beobachtete, dass die Friseurin in der Lage war, die Kundin zu beruhigen und die Fehler zu ihrer Zufriedenheit zu korrigieren.

6.1 Gesundheitsschutz

Beim Blondieren kommt es durch die Oxidationsmittel zu einer Veränderung der Haarstruktur. Die Aufgabe der Friseurin besteht darin, die Haarschäden durch gute Präparate und fachgerechte Arbeit gering zu halten.

Auf der Haut kann der Blondierbrei Hautreizungen, im Extremfall sogar Hautverätzungen verursachen. Bei fachgerechter Arbeit und Einhaltung der Hautschutzvorschriften bestehen jedoch keine gesundheitlichen Gefahren für die Friseurin und die Kundin.

Beim Umfüllen und Einrühren des Blondierpulvers muss darauf geachtet werden, dass keine Stäube in die Atemwege gelangen. Die in den Färbepräparaten enthaltenen Farbbildner gehören zu einer Stoffgruppe, die allergische Hautreaktionen hervorrufen können. Deshalb empfehlen die Hersteller, vor einer Färbung einen Allergietest von einem Arzt durchführen zu lassen.

Dabei wird ein mit Farbcreme betupftes Testpflaster auf die Innenseite des Unterarms geklebt. Nach 24 Stunden wird das Pflaster entfernt. Bei einer Allergie ist die Haut an dieser Stelle stark gerötet. Ein negatives Testergebnis (keine Rötung) ist jedoch keine Garantie dafür, dass bei späteren Färbungen nicht doch allergische Reaktionen auftreten können.

Um sich vor allergischen Reaktionen zu schützen, müssen beim Auftragen von Haarfarben Handschuhe getragen werden. Der Färbebrei enthält ein Alkali und H_2O_2. In ihrer Kombination sind sie in der Lage, das Melanin zu bleichen. Dabei wird auch das Haarkeratin geschädigt.

Gelangen die Färbepräparate auf die Haut, so wird zunächst die Haut angegriffen. Nachweislich gelangen auch Bestandteile des Färbemittels durch die Haut in den Körper, unter ihnen auch die Farbbildner. Einige stehen unter dem Verdacht, gesundheitsschädlich zu sein.

Die Friseurin sollte den Farbbrei gewissenhaft auftragen und die Kopfhaut nach Möglichkeit nicht belasten. Die Kopfhaut darf deshalb vor der Behandlung nicht gewaschen werden, da Fett und Hautschüppchen eine natürliche Schutzschicht für die Haut bilden.

6.2 Umweltschutz

Reste des Farbbreis und der Blondierung gehören nicht ins Abwasser. Sie müssen zusammen mit den übrigen Chemikalienresten in einem speziellen Behälter gesammelt und dann als Sondermüll entsorgt werden.

Beim Mischen der Präparate sollte man die erforderlichen Präparatemengen gut abschätzen, sodass möglichst keine Farbbreireste übrig bleiben. Durch diesen sparsamen Umgang mit den chemischen Präparaten werden Kosten gespart und die Umwelt geschont.

Die Chemikalien müssen gründlich aus dem Haar ausgespült werden. Dennoch können Wasser und Energie gespart werden, wenn die Temperatur einstellbar ist und das Wasser nicht unnötig läuft.

6.3 Ursachen für fehlerhafte Farbresultate

Unzureichende Farbergebnisse resultieren meist aus nicht fachgerechten Arbeitsabläufen oder falscher Produktauswahl.

In der nachfolgenden Tabelle werden die häufigsten fehlerhaften Farbergebnisse und deren Ursachen aufgeführt:

Fehler	Ursachen
Ungleichmäßiges, scheckiges Farbergebnis	Haarpartien zu dick abgeteilt EWZ zu kurz Unterschiedliche Haarstruktur nicht berücksichtigt Starke Verschmutzung des Haares
Zu dunkles Farbergebnis	Farbe zu dunkel ausgewählt Haarstärke nicht beachtet H_2O_2-Konzentration zu gering
Zu helles Farbergebnis	Farbe zu hell ausgewählt Weißanteil nicht berücksichtigt EWZ zu lang
Farbbalken	Ungleichmäßig abgeteilt und Farbbrei ungleichmäßig aufgetragen Farbe für die Ansätze zu dunkel ausgewählt
Mangelhafte Deckkraft	EWZ zu kurz Farbbrei zu dünn aufgetragen Weißanteil nicht berücksichtigt Farbe für den weißen Ansatz zu hell Starke Verschmutzung nicht beachtet
Nicht haltbare Rottöne	Farbbrei zu dünn aufgetragen EWZ zu kurz Haarstruktur porös
Zu starke Nuancierung (Gold, Rot, Asch)	Farbmasse zu früh vom Ansatz in die Längen und Spitzen gearbeitet Gelbe Längen und Spitzen mit Aschnuancen behandelt

Tabelle 1 *Fehlerhafte Ergebnisse und ihre Ursachen*

6.4 Reklamationen und deren Bearbeitung

Farbveränderungen sind Dienstleistungen, bei denen zwischen der Friseurin und der Kundin ein Werkvertrag abgeschlossen wird, der die Friseurin verpflichtet, eine fachgerechte Arbeit zu erstellen.

Es kommt jedoch immer wieder vor, dass Kundinnen bei einer Farbbehandlung mit dem Farbergebnis aus folgenden Gründen nicht zufrieden sind:

- Das Farbergebnis entspricht nicht der im Beratungsgespräch festgelegten Zielfarbe.
  In diesem Fall ist die Reklamation berechtigt.
- Das Farbergebnis entspricht der Zielfarbe.
  Die Reklamation ist nicht berechtigt.

Rechtsansprüche der Kundin bei Mängeln

Grundsätzlich sollte die Friseurin versuchen, auf die Kundin einzugehen und sie zufriedenzustellen.

Bei gravierenden Arbeitsfehlern kann es jedoch zum Streit zwischen Kundin und Friseurin kommen. Für diese Fälle hat der Gesetzgeber Bestimmungen erlassen, die die Rechte der Kundinnen regeln.

- Nacherfüllung:
  Der Fehler wird unentgeltlich behoben.
- Selbstvornahme:
  Die Kundin behebt den Fehler selbst und bekommt angemessenen Ersatz für ihre Aufwendungen.
- Rücktritt:
  Der Vertrag wird rückgängig gemacht und das Geld erstattet.
- Minderung:
  Die Kundin tritt nicht vom Vertrag zurück. Sie erhält einen angemessenen Betrag erstattet.
- Schadenersatz:
  Beim Färben kann Farbe auf die Kleidung der Kundin gelangen. Die Kosten für die Reinigung bzw. den Ersatz der Kleidung muss die Friseurin tragen.

Reklamationen

Unabhängig davon, ob ein Verschulden der Friseurin vorliegt oder nicht, ist es wichtig, dass die Friseurin über Strategien verfügt, mit eventuellen Reklamationen richtig umzugehen.

Zunächst ist zu prüfen, ob die Ware im eigenen Salon gekauft wurde bzw. ob die Dienstleistung in diesem Salon erstellt wurde. In beiden Fällen ist die Friseurin der rechtliche Vertragspartner der Kundin. Auch wenn die Friseurin in vielen Fällen nicht schuldig ist, hat die Kundin trotzdem kaum Verständnis dafür, wenn die Friseurin die Verantwortung auf Dritte abschiebt. Deshalb sollte die Friseurin zuerst einmal Ruhe ausstrahlen und der Kundin gut zuhören. Wenn eine Kundin reklamiert, ist sie oft emotional erregt und deshalb nicht immer sachlich. Die Friseurin sollte sich bei der Kundin für die

Unannehmlichkeiten entschuldigen und ihr kurzfristig eine Lösung des Problems anbieten. Je schneller der Kundin eine Lösung angeboten wird, desto schneller wird ihre Unzufriedenheit überwunden sein.

Es ist gut, wenn die Reklamation in einem ruhigen Bereich des Salons entgegengenommen werden kann, ohne dass andere Kundinnen beteiligt werden. Oft kann es sinnvoll sein, bei der Überprüfung der Sachlage eine Kollegin hinzuzuziehen, um weitere mögliche Auswege aus dem Problem aufzuzeigen.

Ist eine Reklamation berechtigt, hat die Kundin aufgrund des Vertragsrechts gesetzlich festgelegte Rechte. Die Möglichkeiten zur Behebung des Schadens sollte die Friseurin genauestens kennen. Sie sollte nicht auf die Forderungen der Kundin warten, sondern selbst Lösungsvorschläge machen. Sollten Kundin und Friseurin sich einmal nicht einig werden, sieht der rechtliche Weg bei Reklamationen Folgendes vor:

- Die reklamierende Kundin geht zur Handwerkskammer.
- Dort wird ein Gutachten über die erbrachte Leistung der Friseurin erstellt.
- Geht dieses Gutachten zu Lasten der Friseurin aus, tritt ihre Berufshaftpflicht für den entstandenen Schaden ein.

Das oberste Ziel sollte immer sein, dass die Kundin den Salon zufrieden verlässt. Im folgenden Beispiel wird die positive Abwicklung einer Kundenreklamation dargestellt.

Beispiel zur Abwicklung einer Kundenreklamation:

1. Reklamation der Kundin: „Vor einer Woche habe ich mir einen Splissschnitt machen lassen. Ich habe das Gefühl, dass meine kaputten Haarspitzen dadurch nicht weniger geworden sind. Einen Unterschied zu vorher sehe ich kaum. Auch meine Arbeitskolleginnen meinen, die Zeit und das Geld beim Friseur hätte ich mir sparen können. Das macht mich wütend. Jetzt habe ich Zeit und Geld investiert und trotzdem sehen meine Haare noch kaputt aus!"
2. Die Kundin wird an die verantwortliche Friseurin verwiesen: Die Friseurin begrüßt die Kundin freundlich und zeigt Verständnis für die Verärgerung.
3. Die Kundin wird in eine ruhige Umgebung geführt: Die Friseurin bittet die Kundin an einen Behandlungsplatz und setzt sich zu ihr (Bild 1).
4. Die Kundin ernst nehmen und Verständnis zeigen: Die Friseurin lässt die Kundin erst einmal erzählen, hört sich alles in Ruhe an und zeigt Verständnis für das Problem.
5. Sachverhalt bzw. Rechtsgrundlage prüfen: Nachdem die Kundin ihre Beschwerde vorgebracht hat, muss die Friseurin entscheiden, ob es eine berechtigte oder unberechtigte Reklamation ist. Selbst wenn die Friseurin sich über die Berechtigung der Reklamation im Unklaren ist, kann sie zunächst ihr Bedauern ausdrücken. Auf keinen Fall sollte sie eine andere Kollegin beschuldigen. Im Falle einer berechtigten Reklamation zeigt die Friseurin der Kundin mögliche Fehlerquellen in verständlicher Form auf. Sie entschuldigt sich bei der Kundin für den Fehler und bietet der Kundin einen sofortigen oder kurzfristigen Termin zur Schadensregulierung an. Die erneute Behandlung erfolgt natürlich kostenlos. Handelt es sich um eine unberechtigte Reklamation, erklärt die Friseurin der Kundin, warum die Reklamation nicht berechtigt ist. Aus Kulanzgrün-

Bild 1 *Empfang einer unzufriedenen Kundin*

Bild 2 *Reklamationsgespräch in sachlicher und ruhiger Atmosphäre*

den kann sie der Kundin ein Nachschneiden der Haarspitzen anbieten oder ihr Bedauern äußern und die Reklamation höflich, aber bestimmt ablehnen.

6. Positives Klima zum Abschluss erzeugen:
Damit die Kundin auch wirklich zufrieden den Salon verlässt, versichert sich die Friseurin abschließend, dass es keine Missverständnisse mehr zwischen ihr und der Kundin gibt. Als kleine Wiedergutmachung für die Unannehmlichkeiten kann sie der Kundin z. B. eine Haarkur für poröse Haarspitzen mitgeben.

Tipps zum Umgang mit Reklamationen

- Hören Sie sich die Reklamation an einem ruhigen Platz an, um Ablenkungen bzw. Störungen zu vermeiden.
- Bieten Sie der Kundin einen Platz an. Im Sitzen reklamiert es sich schwerer als im Stehen.
- Lassen Sie die Kundin erst einmal ausreden, damit sie sich ihren Ärger von der Seele redet und offen wird für Ihre Argumente.
- Bleiben Sie ruhig und höflich, auch wenn die Kundin aus der Rolle fällt.
- Vergewissern Sie sich genau, ob die Kundin im Recht ist.
- Geben Sie einen Fehler zu, wenn die Kundin im Recht ist. Der Verlust einer Kundin ist schwerwiegender als der Verlust eines Behandlungspreises.
- Beheben Sie den Schaden schnellstmöglich.
- Verlieren Sie nicht Ihr Selbstvertrauen. Fehler können jedem passieren.
- Sehen Sie eine Reklamation positiv, aus Fehlern lernt man.

6.5 Farbkorrekturen

Fehlerhafte Farbresultate betreffen die Farbrichtung und die Farbtiefe:

Korrekturen der Farbrichtung

Bei Korrekturen der Farbrichtung können farbverändernde Mittel mit direktziehenden Farbstoffen, wie Tönungsfestiger oder Tönungen, eingesetzt werden. Sie arbeiten nach dem Prinzip der Komplementärfarben, die sich in ihrer Wirkung aufheben. So wird z. B. ein Gelbrot-Stich durch einen Silberfestiger aufgehoben.

Ist die Farbrichtung zu schwach ausgefallen, so kann die Tönung wiederholt oder der Farbeindruck durch einen Farbfestiger verstärkt werden.

Korrekturen der Farbtiefe

Bei ausdruckslosen und zu hellen Farbergebnissen sind zu wenig Pigmente und Farbstoffe ins Haar gekommen. Durch Tönungsprodukte können viele dieser Fehler relativ leicht korrigiert werden.

Ist das Haar beim Färben zu dunkel geworden, so sind zu viele Pigmente in das Haar gelangt. Sie müssen entweder aufgehellt oder wieder aus dem Haar gezogen werden. Dies kann mit dem alkalischen oder dem sauren Farbabzug erzielt werden.

Alkalischer Farbabzug

Er entspricht der Blondierung bzw. der Blondierwäsche und wird wie diese durchgeführt.

Die Inhaltsstoffe sind wie beim Blondieren das Wasserstoffperoxid und ein Alkali. Durch Oxidation werden die durch das Färben hergestellten künstlichen Pigmente und auch die natürlichen Pigmente des Haares aufgehellt.

Beim alkalischen Abzug ist eine Aufhellung über die ursprüngliche Farbtiefe möglich. Dabei kann ein bestimmtes Farbziel in der Regel nicht direkt erreicht werden. Eine farbliche Nachbehandlung ist in den meisten Fällen erforderlich.

Saurer Farbabzug

Beim sauren Farbabzug werden die Pigmente wieder in die Farbbildner zerlegt und ausgespült.

Dieses Verfahren wird heute nicht mehr eingesetzt.

Aufgaben

1. Nennen Sie gesundheitliche Schäden, die beim Blondieren und Färben auftreten können.
2. Wie können Sie Schäden bei Farbbehandlungen am Haar und an der Kopfhaut vermeiden?
3. Welchen Beitrag zum Umweltschutz können Sie beim Färben und Blondieren leisten?
4. Welche Rechte hat eine Kundin, wenn das vereinbarte Farbziel nicht erreicht worden ist?
5. Nennen Sie Möglichkeiten der Farbkorrektur.

7 Pflege- und Stylingpräparate empfehlen

SZENARIO

Anja hört, wie sich zwei Kundinnen unterhalten:
„Die Friseure wollen immer ihre überteuerten Produkte nach der Behandlung an uns verkaufen. Ich hole mir lieber selbst etwas im Kaufhaus."

Eine Empfehlung von Pflege- und Stylingprodukten nach der Behandlung ist ratsam. Da chemische Prozesse in der Faserschicht des Haares ablaufen, ist es wichtig, die Effekte des Färbens oder Blondierens durch pflegende Substanzen zu korrigieren. Zum Teil sind diese Substanzen schon in die Färbemittel eingearbeitet.

Das Ende der Behandlung sollte mit einer Spülung oder Kur abgeschlossen werden. Es bedarf jedoch immer einer weiteren Heimpflege. Diese sollte der Kundin fachkompetent erläutert werden.

Im Folgenden werden die durch Färbung eintretenden Haarveränderungen dargestellt und geeignete Präparate genannt, die dem Entgegenwirken.

***Bild 1** Stylingpräparate*

7.1 Funktionsverluste bei Farbbehandlungen

Bei allen oxidativen Farbbehandlungen treten Funktionsverluste des Haares auf. Durch die Wahl geeigneter Präparate und durch fachgerechte Arbeit können die Schädigungen jedoch gering gehalten werden.

Funktionsverlust durch Aufhellung der Pigmente

Die ursprüngliche Aufgabe der Pigmente besteht darin, das Haarkeratin vor den UV-Strahlen zu schützen.

Bei einer Aufhellung des Haares werden jedoch Pigmente zerstört, sodass das Haarkeratin den UV-Strahlen mehr oder weniger schutzlos ausgesetzt ist und eine photochemische Schädigung ermöglicht wird.

Durch UV-Filter in Friseurpräparaten kann das Haarkeratin vor photochemischer Schädigung durch starke Sonneneinwirkung geschützt werden.

Funktionsverlust durch Oxidation des Keratins

Seine Stabilität erlangt das Haarkeratin durch die Schwefelbrücken (Zystinbrücken). Sie verbinden zusammen mit den Salzbrücken die Peptidspiralen untereinander. Ein Teil dieser strukturgebenden Zystinbrücken wird beim Einwirken des Oxidationsmittels zerstört und zu den sogenannten Zysteinsäuren oxidiert. Diese chemische Veränderung ist irreversibel, d. h. nicht umkehrbar. Dem Keratin fehlt nun die stabilisierende Wirkung der Zystinbrücken. Dadurch verändern sich einige seiner Eigenschaften:

- Die Reißfestigkeit wird gemindert.
- Das Haar wird in hohem Maße anfällig gegenüber Laugen und Säuren.
- Das elektrostatische Gleichgewicht verändert sich.
- Die Wasserlöslichkeit des Proteins wird erhöht.

Durch keratinaffine Polymere und kationische Pflegestoffe können die Schäden am Haarkeratin teilweise behoben bzw. kaschiert und die für die Frisurengestaltung verantwortlichen Eigenschaften des Haares verbessert werden.

Funktionsverlust durch Veränderung der Haaroberfläche

Die Schuppenschicht des Haares wird durch Oxidationsmittel besonders stark belastet. Die Kittsubstanz kann aus der Cuticula herausgelöst werden, die Schuppenschicht steht ab. Durch weitere mechanische Belastungen beim Kämmen und Toupieren können die Cuticulazellen aus dem Haar brechen.

Das Haar sieht trocken und glanzlos aus, es fühlt sich stumpf an. Es bedarf einer intensiven Behandlung mit Pflegepräparaten.

7.2 Pflege- und Stylingpräparate empfehlen

Diese Präparate werden auf der Grundlage der Haar- und Kopfhautdiagnose und der erfolgten Behandlung empfohlen. Ein gefärbtes oder blondiertes Haar ist in seiner Struktur verändert. Durch geeignete Pflege- und Stylingprodukte wird die Haarstruktur wieder verbessert und dem Haar der natürliche Glanz zurückgegeben. Dies wird durch geeignete Pflege- und Stylingprodukte erreicht.

Mathematik-Aufgaben

1. Für eine Färbearbeit werden 180 ml 9 %iges H_2O_2 benötigt. Es wird aus 120 ml 6 %igem H_2O_2 und einer zweiten H_2O_2 – Lösung hergestellt.
   Wie hoch ist die Prozentstärke dieser Lösung?
2. Zur Herstellung eines Blondierbreis werden 60 ml 9 %iges H_2O_2 und Blondierpulver gemischt. Da das benötigte H_2O_2 ausgegangen ist, stellt die Färbespezialistin es aus 6 %igem H_2O_2 und 15 ml einer H_2O_2-Lösung her.
   Welcher Prozentwert steht auf der H_2O_2-Flasche der 2. Lösung?
3. Für eine Blondierung sind 90 ml einer 15 %igen H_2O_2-Lösung erforderlich, die aus 12 %igem und 24 % Wasserstoffperoxid hergestellt werden.
   Welche Mengen dieser H_2O_2-Lösungen werden benötigt?
4. Der Oxidationswert eines Farbbreis soll 2,7 % betragen. Er wird aus 50 ml Farbcreme, 40 ml Wasser, 15 ml Shampoo und 9 %igem H_2O_2 hergestellt.
   Wie viel ml H_2O_2 müssen hinzugegeben werden?
5. Zum Farbausgleich für Längen und Spitzen nimmt eine Friseurmeisterin eine Mischung, die sie aus 25 ml Farbe, 25 ml Wasser und 12 %igem H_2O_2 herstellt. Der Oxidationswert der Pigmentierung beträgt 25 %.
   Wie viel ml des 12 %igem H_2O_2 gibt sie in die Mischung und wie viel ml der Pigmentiermischung entstehen?
6. Die Friseurauszubildende hat 6 %iges H_2O_2 und 12 %iges H_2O_2 zur Verfügung. Daraus soll sie 7,5 %iges H_2O_2 herstellen. Es werden insgesamt 60 ml der gebrauchsfertigen Lösung benötigt.
   Wie viel ml H_2O_2 werden von den zu mischenden H_2O_2-Konzentrationen jeweils benötigt?

Aufgaben

1. Welche Schäden können durch Oxidationsvorgänge am Haar entstehen?
2. Welche Eigenschaften des Haares werden durch starke Aufhellung verändert?.

Wie schon auf der Seite zuvor erwähnt, erleidet das Haar einen Oxidationsschaden (gebrochene Schwefelbrücken), ggf. einen Materialschaden (Abbau der Pigmente) und eine raue, geschädigte Kutikula (Haaroberfläche) entsteht. Damit Haare diese Schäden zum größten Teil ausgleichen können, sind Produkte auf dem Markt, die speziell diese Probleme mit effektiven Wirkstoffen (z. B. Bis-Aminopropyl Diglycol Dimaleate) ausgleichen sollen. Zu den Produkten gehört Olaplex oder Protection Cheveux Complexe. Beides sind Systempflegeprodukte, die regelmäßig durch den Friseur angewendet werden sollten, um trotz chemischer Behandlug und deren Auswirkungen die Haarstruktur zu schützen.

Bild 1 *INCI Liste lesen*

8 Sonderwunsch: Dauerwellen und Färben

SZENARIO

Eine Kundin möchte sich ihre Haare an einem Tag färben und dauerwellen lassen. Die Friseurin rät ihr davon ab. Sie erklärt der Kundin, dass das Ergebnis der 1. Behandlung durch die nachfolgende Behandlung beeinträchtig wird und das Haar dabei stark strukturgeschädigt werden kann. Anja möchte wissen, ob es dennoch in bestimmten Fällen möglich ist, beide Behandlungen an einem Tag durchzuführen, und was gemacht werden muss, um die Kundin zufriedenzustellen.

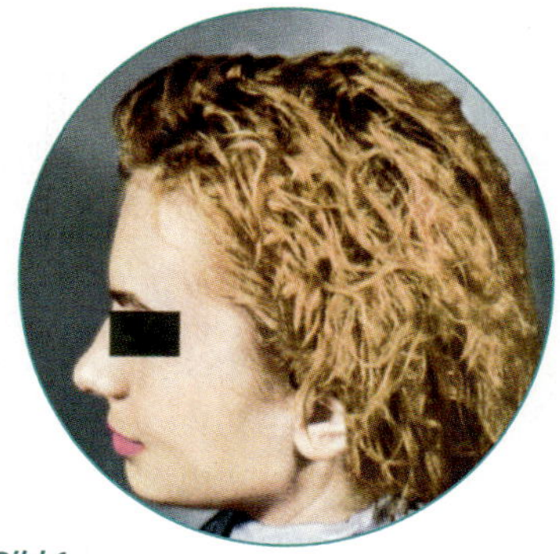

Bild 1
Fehlergebnis nach Farb- und Dauerwellbehandlung

Werden von Kundinnen beide Behandlungen an einem Tag gewünscht, so empfiehlt es sich, den Kundenwunsch mit fachlichen Argumenten zu entkräften. Eine Zeitspanne von mehreren Tagen zwischen den Behandlungen wäre ein guter Lösungsvorschlag.

Bild 1 zeigt eine Kundin, deren Haare im Mittelblondbereich gefärbt und anschließend dauergewellt wurden. Beim Färben sind durch den doppelten Oxidationsvorgang (Seite 209) die Haare zunächst aufgehellt und dann im gewünschten Bereich eingefärbt worden.

Durch die nachfolgende Dauerwellbehandlung (Reduktionsvorgang) sind die künstlichen Pigmente wieder in die Farbbildner zerlegt und anschließend ausgespült worden. So ist der helle orangefarbene Farbton zu erklären.

Durch die bei der Färbung und bei der anschließenden Dauerwellbehandlung ablaufenden chemischen Vorgänge sowie der Einwirkung der Alkalien in beiden Vorgängen ist die Haarstruktur so stark geschädigt, dass keine Umformung erzielt worden ist. Das Haar fühlt sich gummiartig an.

Eine Zeitspanne von mehreren Tagen zwischen beiden Behandlungen wäre ein guter Lösungsvorschlag. Dabei empfiehlt es sich, das Haar zuerst zu färben und dann die DW-Behandlung durchzuführen.

Durch die Färbung erhält das Haar eine annähernd gleiche Struktur von den Ansätzen bis zu den Spitzen. Das Wellpräparat wird dann auf das gefärbte Haar abgestimmt.

Frisch gefärbtes Haar reagiert schnell auf Dauerwellbehandlungen. Deshalb sollte der Umformungsgrad öfter kontrolliert werden.

Es kann aber auch in der Praxis vorkommen, dass eine Kundin beide Behandlungen an einem Tag verlangt. Hierfür gelten folgende Empfehlungen:

Bei kurzen Farbansätzen (bis max. 2 cm) wird zuerst die Dauerwellbehandlung mit einer Wellflüssigkeit für gefärbtes Haar vorgenommen. Eine schwächere Umformung der kurzen Ansätze muss dabei in Kauf genommen werden.

Bei der anschließenden Färbung kommt es zur Abschwächung des Wellergebnisses. Dieses kann mit etwas dünneren Wickeln vermieden werden. Da frisch dauergewelltes Haar mehr Farbstoffe aufnimmt, sollte die übliche Farbrezeptur mit einer nächsthelleren Nuance gemischt werden.

Bei längeren Farbansätzen sollte zuerst gefärbt werden. Dadurch erhält das Haar in etwa eine einheitliche Struktur, sodass eine gleichmäßige Umformung mit einem Wellmittel für gefärbtes Haar erzielt werden kann.

Außerdem muss mit einer Aufhellung der Zielfarbe gerechnet werden, weil durch den Reduktionsvorgang beim Dauerwellen ein Teil der neuen Pigmente wieder in die kleinen Farbbildner zerlegt wird. Diese würden beim Abspülen mit ausgewaschen. Um das zu verhindern, wird vor dem Abspülen des Wellmittels eine Zwischenfixierung durchgeführt. Dabei werden aus den Farbbildnern wieder Pigmente gebildet. Nach einer Einwirkzeit von ca. fünf Minuten wird das Haar gespült und die Fixierung wie gewohnt ausgeführt.

Aufgaben

1. Führen Sie ein Beratungsgespräch mit einer Kundin, die an einem Tag eine Färbung und eine Dauerwellbehandlung wünscht.

2. Behandeln Sie drei mittelblonde Haarsträhnen.
   a) Haarsträhne 1 wird dunkelblond gefärbt und anschließend mit einem Dauerwellpräparat behandelt und fixiert.
   b) Haarsträhne 2 wird gleich behandelt, nur nach der Einwirkung des Wellmittels wird vor dem Abspülen eine Zwischenfixierung durchgeführt.
   c) Haarsträhne 3 wird erst mit den Wellpräparaten behandelt und dann eingefärbt.

   Erklären Sie die unterschiedlichen Resultate.

9 English

9.1 Describing the work process for colour treatments

SCENARIO

Susan has decided to have her hair coloured light ash brown with some woven highlights. Anja is assisting Frau Schmidt who will colour Susan's hair. Anja prepared the work area and is now assisting Frau Schmidt who is colouring Susan's hair.

Preparing the work area

Collect all tools, equipment and professional products you are going to use during the colouring process.

Picture 1 *Tools and equipment for colour treatments*

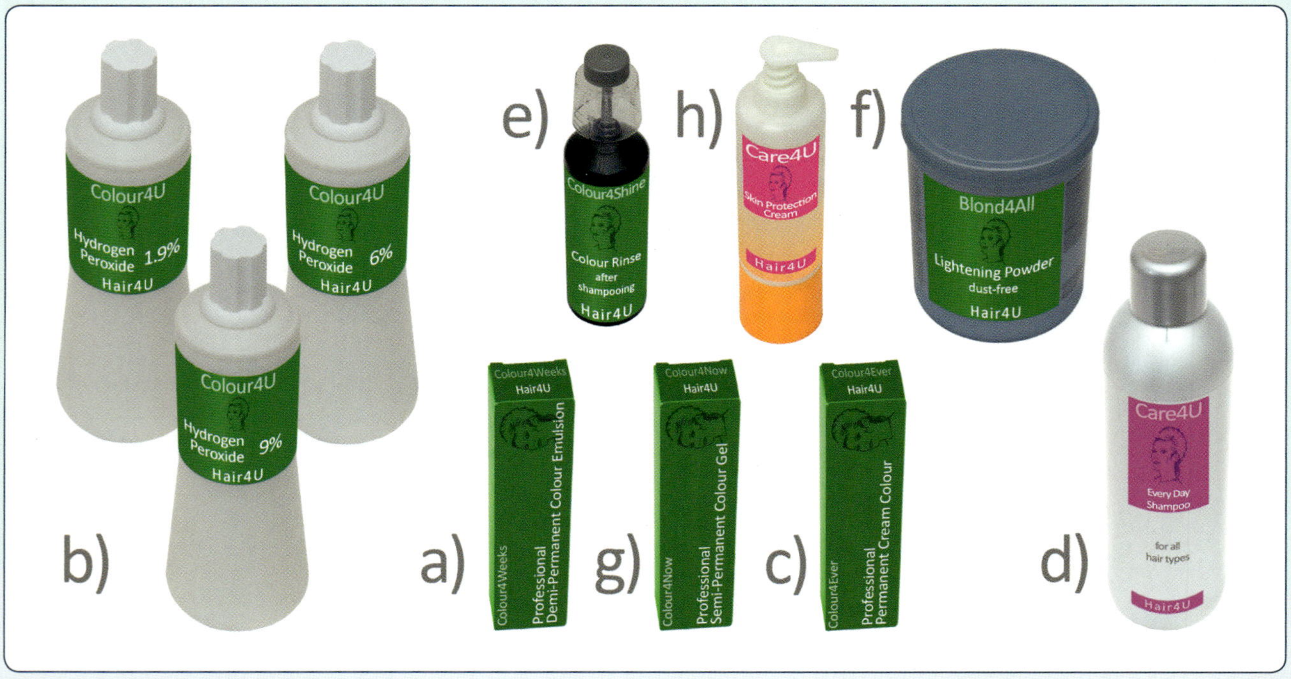

Picture 2 *Products for colour treatments*

Preparing the client

Anja has put on her protective gloves and gowned Susan up using two towels and a protective gown. She has combed Susan's hair after shampooing it once and the hair is towel-dry, as Susan is having a quasi-permanent hair colouring with bleaching to achieve lighter streaks. Now it's Frau Schmidt's turn.

Tint hair color application

She shows Anja how to divide the hair into four large sections and secure these with clips. After that she lets Anja apply the skin protection cream to the hairline.

While Anja puts more paper tissues round Susan's neck on top of the gown. Frau Schmidt is mixing the hair colour and the bleach according to the manufacturer's directions. She uses **colour bowls** and a **scale** for measuring the colouring product and the **hydrogen peroxide**. At the same time she explains to Anja that only an **applicator bottle** is needed to mix and apply certain kinds of colouring products.

After mixing, Frau Schmidt weaves out some hair, puts the strands onto a **foil** and applies the bleach with a **colour brush**. Then she folds the foil to form a neat packet.

After that she applies the hair colour to the rest of Susan's hair by making neat, even partings with the pin-tail comb for each sub-section.

Processing time

She might use an accelerator or a **steamer** which produces warm steam, to keep the colour wet and to speed up the process.

Anja will check the colour development frequently by doing a **strand test**. To do this she sprays a strand with water from a **water bottle** and removes the colouring product with a paper tissue to check the colour of the hair.

After-colouring treatment

To remove colour and bleach the hair is rinsed thoroughly until the water runs clear. It is then shampooed gently and an anti-oxidant and acid-balanced conditioner, which returns the hair to its natural acid state and closes the cuticle scale, is applied.

Anja can then style Susan's hair.

Your tasks

1. Look at the pictures on page 324. Work together with a partner and quiz each other about the reasons for using the different tools a)–m) in picture 1 and products a)–h) in picture 2. For example: "What is a.)?" "It's a protective gown and it's used to protect the clients clothing."
2. Prepare your work area with the necessary tools, equipment and products.
3. Work with a partner and explain the different phases of the colouring process to each other.

whole head application 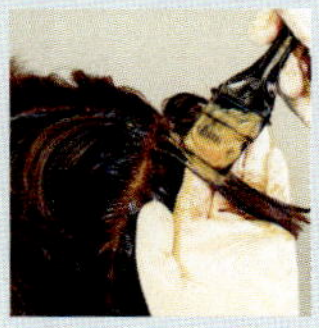	a) Start the application where the hair is most resistant. b) Apply the hair colour or bleach to the mid-length (1/2 inch = 1,3 cm away from the scalp) first, leaving the ends out. c) Do a strand test to check the colour development. d) Apply the colour to the ends. e) Do a strand test to check colour developement. f) Apply to roots.
regrowth application 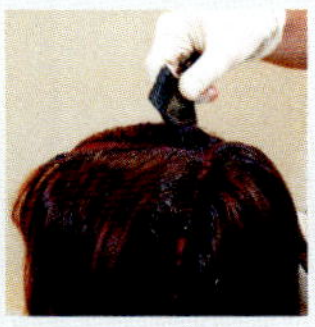	a) Start the application at the back of the head from the crown downwards. b) Apply the tint or bleach to the roots using 6 mm partings. c) Do a strand test to check the colour development. d) If the ends are faded the colour may need to be combed through during the last few minutes of the development time.
woven highlights or lowlights 	a) Section the hair according to the desired effect. b) Start from the nape and work upwards. c) Take small sub-sections of hair and weave out the hair close to the scalp with a pin-tail comb. d) Place the woven strands on a foil and apply tint or bleach. e) Fold the foil over the hair to form a packet.

***Table 1** Application methods*

9.2 Performing client consultations for colour treatments

SCENARIO

Before Frau Schmidt colours Susan's hair, Anja practises a client consultation on her. Once again she needs additional information before any colour treatment can be done.

It's important for her to know

- the desired type of colour. This means, how light or dark the colour and what the shade/tone should be.
- the required application method. This could be a regrowth application, a whole head application or highlights or lo wlights. For the highlights and lowlights it's necessary to know the approximate number of streaks the client requires, as well as the size of the streaks and where they should be.
- how long the colour should last in order to choose the right colouring product.
- if any white hair should be covered completely.

When doing the hair and skin test, Anja also has to look at

- the natural hair colour to decide if it's necessary to lighten the hair to achieve the desired colour.
- the amount of white hair to decide which product to use and whether a special mixing ratio for more ammonia should be used in order to open the resistant hair.
- the personal colour type to select a suitable hair colour matching the complexion, eye and skin colour of the client.

Additional contents for a client consultation form for colour treatments

phase		additional contents
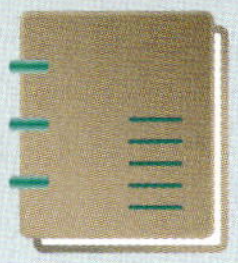	**client requirements**	• desired hair colour (depth, tone or shade) • application method (whole head application, regrowth application, high- or lowlights) • duration (temporary, permanent) • covering of white hair (yes, no)
	**hair and skin test**	**hair analysis:** • natural hair colour (depth, tone) • amount of white (grey) hair (<10%, 10%–30%, 30%–50%, 50%–70%, >70%) **client type assessment:** • personal colour type: warm/light, cool/light, warm/dark, cool/dark
	**treatment explanation**	**explaining the colouring treatment:** • tools and equipment (towels, paper tissues, clips, pin-tail comb, tint brush and tint bowl or applicator bottle, scales, protective gloves, water bottle, protective gown , foil, steamer) • products (skin protection cream, hydrogen peroxide (1.9%, 3%, 6%, 9%, 12%) colourant (temporary colour, semi-permanent colour, quasi-permanent colour, permanent colour or bleach) • mixing ratio (colourant:developer) • application methods (regrowth application, whole head application, woven highlights or lowlights) • processing time (... minutes, with heat, without heat) • colour correction (no, yes, product) • after-colouring treatment (product, development time)

Table 1 *Additional contents for a client consultation form for colouring treatments*

Your tasks

1. Mind map for client consultations.
   a) Add the additional contents above to your mind map created in Lernfeld 3, 5, 6 and 7
   b) Mark these contents in another colour different from the contents of "Lernfeld" 3, 5, 6 and 7.
   c) Look for pictures showing or explaining the contents above. Add them to your mind map.
2. Create a consultation form for colouring treatments.
3. Work together with a partner and role play a client consultation for hair colouring. The client has never had one before.
   a) Brainstorm all questions the client might ask.
   b) One of you is the client and the other is the hair stylist. The hair stylist should answer all the client's questions.

Picture 1 *Colour blocking: warm, red hair with cold, pink streaks*

Lernfeld 10

Kontaktieren

Eine Kundin klagt während der Haarbehandlung über brüchige Fingernägel und raue Hände.

Informieren

Während des Gespräches erfahren Sie, dass die Kundin in einer Spülküche eines Krankenhauses arbeitet. Somit kommt sie viel mit Wasser und Desinfektionsmittel in Kontakt. In ihrer Freizeit nimmt sie sich nicht viel Zeit für die Nagelpflege und das Verwenden von Nagellack.

Verabschieden

Sie vereinbaren einen Termin in vier Wochen zum Auffüllen der Nagelplatte und verabschieden die Kundin bis zum nächsten Termin.

Nachbereiten

Alle durchgeführten Schritte werden auf dem Behandlungsplan vermerkt. Sie geben der Kundin noch Tipps zum Design, falls sie einmal etwas verändern möchte. Außerdem empfehlen Sie ihr während Nassarbeiten Handschuhe zum Schutz von Haut und Nägeln zu tragen. Für Zuhause empfehlen Sie ihr eine pflegende und rückfettende Handcreme.

Hände und Nägel pflegen und gestalten

Ausgangssituation analysieren

Die Nägel und Hände werden mit dem Beurteilungsbogen analysiert. Die Handform ist schmal. Die Haut benötigt dringend eine ausreichende Hautpflege. Die Nägel sind brüchig und spröde. Das Wasser und Desinfektionsmittel greift diese an und trocknet sie aus.

Entscheiden

Sie raten der Kundin zu einer nähr- und fetthaltigen Haut- und Nagelpflege. Zur Verstärkung der Nagelplatte empfehlen Sie ihr eine Verstärkung durch Gel. Dadurch wird das Motiv der „Zeitersparnis" der Kundin berücksichtigt.

Handeln

Nach einer Maniküre führen Sie zuerst die Hautbehandlung durch.
Nach einem Peeling, einer Massage und einem Paraffinbad, das die Haut pflegt, entfetten Sie die Nägel.
Danach verstärken Sie die Nagelplatte mit Gel.

1 Behandlungsplan für die Maniküre erstellen

SZENARIO

Anja schaut auf den Behandlungsplan für die Maniküre. Ihr fällt auf, dass es Unterschiede in der Hand- und Nagelform gibt sowie Veränderungen im Aussehen der Nagelplatte. Die Gesellin sagt zu Anja: „Anhand der Nägel kannst du viel über Menschen erfahren."

Das Aussehen der Hände und Fingernägel gibt Hinweise auf körperliche Tätigkeiten, Alter und Pflegebewusstsein des Menschen. Gepflegte Hände spielen in der Kommunikation eine wichtige Rolle. Gleich nach dem Gesicht und den Haaren fallen die Hände am stärksten ins Auge. Sie schaffen Kontakte und unterstreichen die Sprache. Farbige Nägel gehören zu den modischen Accessoires einer Frau und kommen nur bei gepflegten Händen gut zur Geltung.
Um die Hände und Fingernägel einer Kundin individuell pflegen und gestalten zu können, sind folgende Kenntnisse und Fertigkeiten wichtig:

- Bau der Hände
- Bau und Wachstum der Fingernägel
- Nagelveränderungen
- Werkzeuge
- Pflegeprodukte
- Durchführung der Maniküre
- Pflege und Gestaltung der Fingernägel

Ziel des Behandlungsplans ist das Erfassen von personenspezifischen Daten sowie Nagelveränderungen (= Anomalien), Kundenwünschen und des Einsatzes von Produkten. Darüber hinaus wird eine kontinuierliche und optimale Behandlung der Kundin gewährleistet, falls beim nächsten Mal eine andere Mitarbeiterin die Kundin bedient. Ein Behandlungsplan sollte bestimmte Kriterien enthalten, aus denen die Friseurin Rückschlüsse auf ihr weiteres Vorgehen (Behandlung), die Beratung und den Produktverkauf schließen kann. Der Behandlungsplan befindet sich in der vorderen Umschlaginnenseite dieser Fachkunde.

Bild 1 Ausfüllen des Behandlungsplans (s. Umschlaginnenseite)

Hände sind ständig im Einsatz, sowohl im Beruf als auch in der Haus- und Gartenarbeit. Bereits das Händewaschen entzieht der Haut **Feuchtigkeit**. Während man in der Regel nur einmal täglich duscht, ist das Händewaschen ein sich täglich mehrfach wiederholender Prozess.

Der Aufbau der Haut der Hände ist ähnlich wie der der Kopfhaut. Sie besteht ebenso aus wenig Subcutis und ist dadurch relativ dünn. Die Besonderheiten der Handinnenflächen sind die **Leuchtschicht** in der Epidermis sowie die nicht vorhandenen Talgdrüsen und Härchen. Dafür sind darin vermehrt Schweißdrüsen enthalten. Somit unterscheidet sich der Hydrolipidfilm der Hände von dem der übrigen Haut. Durch diesen Aufbau ist die Haut der Hände in den Innenflächen strapazierfähiger, aber auch empfindlicher, was die Hautalterung und Austrocknung betrifft. Dadurch sollte bei dem Beratungsgespräch und der Analyse nicht nur auf die Nägel, sondern zusätzlich auf die Haut der Hände geachtet werden, um gezielt Pflegeprodukte empfehlen zu können.

Außer den sicht- und fühlbaren Aspekten muss auch die Lebensweise der Kundin bei der Beratung berücksichtigt werden. Ne-ben der Ernährung (zu wenig Flüssigkeit oder Mineralstoffmangel), kann Nikotin sowohl Nägel und Haut verfärben, als auch die Hautalterung beschleunigen. Des Weiteren spielen Erkrankungen eine Rolle. Psoriasis oder bestimmte Medikamente führen zu Nagelveränderungen. Ein niedriger Blutdruck kann sich auf die Haut und das Nagelwachstum auswirken. Einen großen Einfluss auf das Erscheinungsbild der Hände kann die **berufliche Tätigkeit** haben. Wie im Fallbeispiel erwähnt, führt der Umgang mit Wasser schnell zu trocknen Nägeln und Händen und bedarf daher besonderer Pflege. Aber das gleiche Phänomen kann auch bei Flugbegleitern beobachtet werden.

Durch das **Betrachten, Fühlen der Hand und Befragen** der Kundin sowie das vollständige Ausfüllen des **Behandlungsplans** (s. Umschlaginnenseite) kann ein erfolgreiches **Behandlungs- und Pflegekonzept** erstellt werden.

Um dies zu gewährleisten, werden in Kapitel 2 und 3 die theoretischen Kenntnisse vermittelt.

2 Die Hand – berufsübergreifende Kenntnisse über den Aufbau erwerben

SZENARIO

Anja will von Randa wissen: „Woher kommt eigentlich der Begriff Maniküre?" „**Manus** ist das lateinische Wort für Hand und **curare** steht für pflegen!" Daraufhin fragt Anja sich, was denn gepflegt werden muss?

Die Hände haben mit den Nägeln zusammen die Funktion des Tast- und Greiforgans, wobei sie sowohl einen Kraft- als auch einen Präzisionsgriff ausüben können. Zur Wahrnehmung ihrer Funktionen besteht die Hand aus Nerven, Tastkörperchen, Muskeln und Sehnen. Die Nerven und Tastkörperchen, die in der ganzen Hand verteilt sind, verleihen der Hand die notwendige Sensibilität, um Kälte, Wärme, Feuchtigkeit oder Gegenstände wahrnehmen zu können. Die Muskeln und Sehnen dienen dem Greifen und Loslassen von Gegenständen und der Bewegung. Somit dient eine Handmassage nicht nur der Pflege der Hände, sondern auch dem Entspannen der Muskeln.

Die Knochen der Hand sind in drei Bereiche gegliedert: Fingerglieder, Mittelhand und Handwurzel. Sie bestehen aus 27 einzelnen Knochen: 14 Fingergliedern, 5 Mittelhandknochen und 8 Handwurzelknochen. An der Handwurzel gehen die Unterarmknochen Elle und Speiche ab.

2.1 Der Fingernagel

Fingernägel sind Anhangsgebilde der Haut. Sie bestehen im Wesentlichen aus Keratin und haben deshalb viele Gemeinsamkeiten mit den Haaren und der Hornschicht der Haut. Der Nagel, wie das Haar, befindet sich in einer Epidermiseinstülpung der Haut.

2.1.1 Funktion

Der Nagel unterstützt die Greiffunktion der Hand, indem er z. B. beim Aufheben kleinerer Gegenstände hilft (Pinzettengriff). Zusätzlich schützt er die empfindlichen Fingerkuppen und das Nagelbett vor Verletzungen. Des Weiteren hat er, wie auch die Haare, für seine Trägerin eine Schmuckfunktion, wie sie durch die verschiedenen Designformen (s. LF 13) zum Ausdruck kommt.

2.1.2 Aufbau und Wachstum

In dem Bild 3 auf dieser und Bild 1 auf der folgenden Seite sind die wichtigsten sichtbaren und unsichtbaren Bestandteile des Fingernagels für die Maniküre abgebildet.

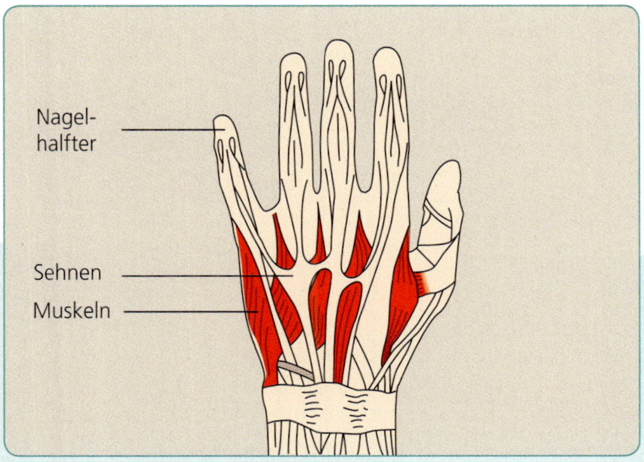

Bild 1 Die Muskeln und Sehnen der Hand

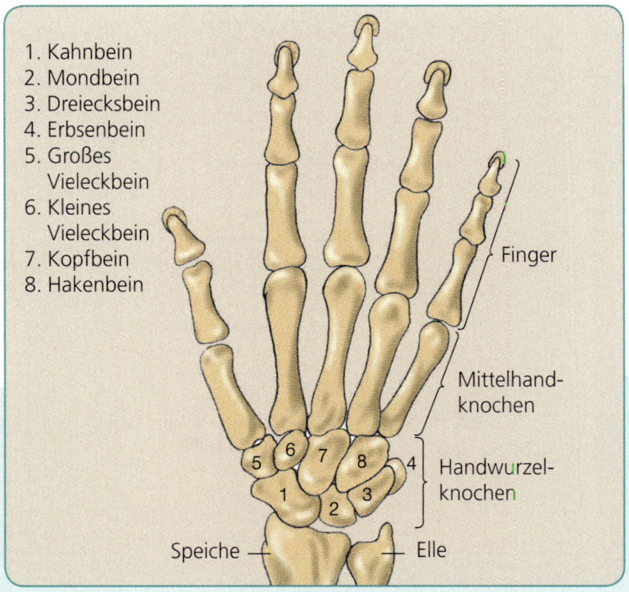

Bild 2 Das Handskelett

Nagelplatte

In der **Nagelwurzel (Matrix)** werden mehrere Schichten Keratinzellen (= Hornzellen) gebildet. Diese sind, wie die Epidermiszellen, plättchenförmig und transparent. Die Keratinzellen beginnen nach und nach zu verhornen, somit lässt sich die Nagelplatte in Schichten einteilen, die unterschiedliche Härtegrade aufweisen. Die unterste Schicht, die auf dem Nagelbett liegt, ist sehr weich. Somit kann sie sich der Form des Nagelbetts anpassen. Die mittlere Schicht dient der Verbindung zwischen der unteren und der oberen Schicht. Die obere Schicht ist im Gegensatz zu den anderen hart und schützt das Nagelbett vor dem Eindringen von Keimen. Es handelt sich um 100–150 Lagen von unregelmäßig geformten Keratinzellen (vergleichbar mit einer Spanplatte).

Diese Schichten werden durch wasser- und fetthaltige Substanzen zusammengehalten.

Der Nagelhalbmond weist eine hellere Farbe auf, als der Rest des Fingernagels. Der Grund dafür ist, dass die Platte in diesem Bereich am weitesten von den Blutgefäßen entfernt liegt.

Im Laufe des Wachstums wird die **Nagelplatte** dünner und legt sich immer enger an das Nagelbett an, sodass das darunterliegende Gewebe stärker durchscheint. Der Nagel erhält hierdurch seine rosa Farbe. Die Nagelplatte gehört zu den sichtbaren Bestandteilen des Fingernagels. Sie ist gewölbt und transparent. Ihre vordere Begrenzung wird als freier Nagelrand oder Nagelsaum bezeichnet. Insgesamt ist die Nagelplatte zwischen 0,5 und 0,75 mm dick. Im Alter oder bei bestimmten Erkrankungen wird sie noch dicker.

Werden die Fingernägel nicht gepflegt, wachsen sie spiralförmig und werden dick und rau. Außerdem verfärbt sich die Nagelplatte gelblich. Dies passiert auch oft durch Nikotinablagerungen bei Rauchern.

Da die Nagelplatte aus toten Hornzellen besteht, wird sie nicht mit Sauerstoff und Nährstoffen versorgt. Dementsprechend wirken sich hormonelle Einflüsse, Mangelerscheinungen oder andere Erkrankungen längerfristig auf die Nagelplatte aus

Nagelhalfter (Capistrum)

Es handelt sich um eine bindegewebsähnliche Verstärkung der Nageltasche. Diese liegt parallel zur Nagelwurzel über dem Nagelendglied und ist mit den Sehnen der Hand verbunden. Der Nagelhalfter neigt leicht zu Verletzungen.

Nagelwall (Vallum unguis)

Der Nagelwall ist die Hauterhebung um den Nagel. Er bedeckt den nicht sichtbaren Teil des Nagels. Durch den Nagelwall bekommt der Nagel halt und wird vor schmerzhaften Einrissen geschützt.

Nagelfalz (Perionychum)

Der Nagelfalz ist der Ausläufer des Nagelwalls und beginnt an der Stelle, an der der Nagel seitlich in die Haut eingelassen ist und an der dadurch bedingt eine Rille entsteht. Deshalb wird der Nagelfalz auch als Gleitschiene des wachsenden Nagels bezeichnet. Er ist bis zur Fingerkuppe fest mit dem Nagel verbunden.

Nagelhaut (Cuticula)

Sie schützt Nagelfalz und Nagelwall vor dem Eindringen von Mikroorganismen (= Bakterien, Viren und Pilzen) sowie vor Schmutzstoffen. Somit muss beim Zurückschieben der Nagelhaut während der Maniküre immer darauf geachtet werden, dass sie nicht einreißt oder verletzt wird. Sonst entstehen immer schmerzhafte Entzündungen. Eine zu stark ausgeprägte Nagelhaut lässt die Nagelhornplatte kleiner erscheinen.

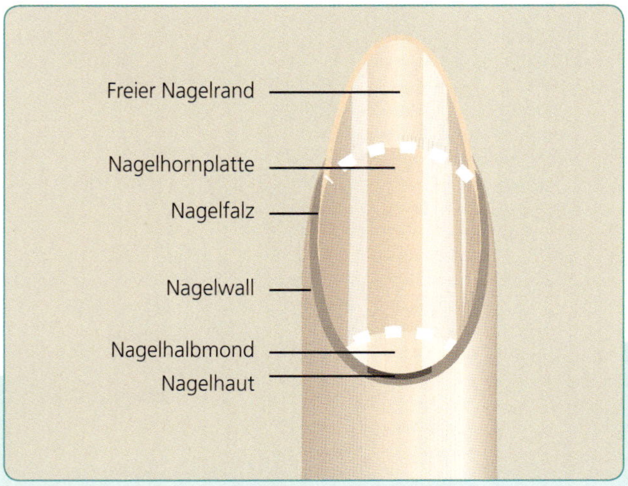

Bild 1 *Sichtbare Bestandteile des Fingernagels*

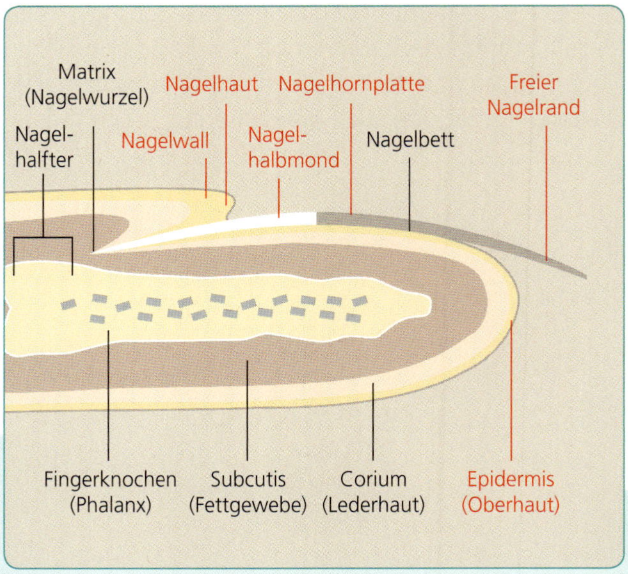

Bild 2 *Sichtbare und unsichtbare Bestandteile des Fingernagels*

Nagelhalbmond (Lunula)

Er bildet die Trennlinie zwischen den lebenden Zellen und der verhornten Schicht. Der Nagelhalbmond ist die sichtbare Verlängerung der Nagelwurzel. Am Daumen ist er am deutlichsten ausgeprägt. An den übrigen Fingern ist der Mond von der Nagelhaut und der Hauterhebung um den Nagel überwachsen.

Nagelbett

Das Nagelbett ist das Gewebe unterhalb der Nagelplatte. Es ist die unsichtbare Verlängerung der Nagelwurzel und verläuft ohne Abgrenzungen in die Haut der Fingerkuppen und in die übrige Haut der Finger. Das Nagelbett ist für das **Dickenwachstum** des Nagels zuständig. Die zahlreichen Blutgefäße und Nerven, die sich im Nagelbett befinden, machen es empfindlich und sind für die natürliche Rosafärbung des Fingernagels verantwortlich.

Bild 1 *Wirkung gepflegter Nägel*

Nagelwurzel (Matrix)

Die Bildung des Fingernagels erfolgt in der Nagelwurzel. Sie liegt im unsichtbaren Bereich. Die Nagelwurzel besteht aus der zellbildenden Keimschicht und ist der aktive Bestandteil des Nagels. Dort entstehen neue Zellen, die die alten in Längsrichtung nach außen schieben **(Längenwachstum)**. Der Fingernagel wächst zwischen 0,75 und 1 mm pro Woche. Fußnägel wachsen langsamer. Mit einer Massage kann das Wachstum beeinflusst werden.

Bei älteren Menschen und auf Grund von Erkrankungen, die Durchblutungsstörungen auslösen, verlangsamt sich das Wachstum, da sich die Versorgung mit Nährstoffen verringert. Die Qualität der Zellen ist ausschlaggebend für das Aussehen des Nagels. Eine Verletzung der Nagelwurzel kann das Wachstum aufhalten oder Missbildungen der Nagelplatte verursachen.

Aufgaben

1. Erstellen Sie einen Steckbrief zur Hand in Form einer Mindmap. Diese Mindmap sollte folgende Punkte enthalten: Fachbegriffe Hand, Aufgaben, Bestandteile allgemein, Aufbau Handskelett.
2. Welche Kenntnisse und Fertigkeiten sind für die Durchführung der Hand- und Fingernagelpflege von Bedeutung?

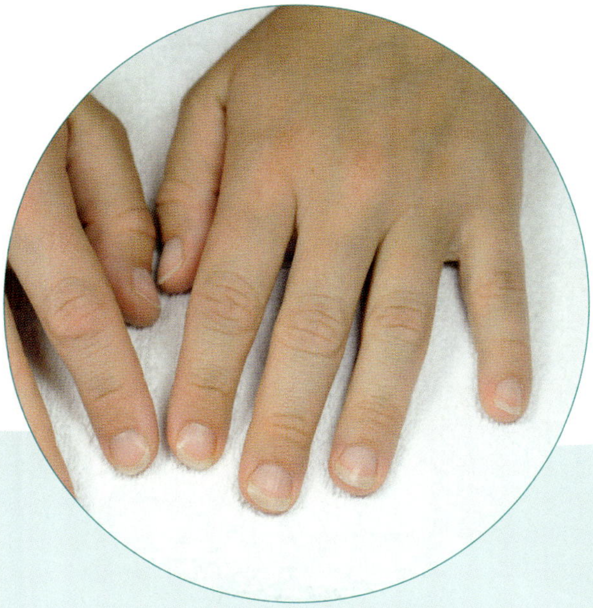

Bild 2 *Kurze, kompakte Handform*

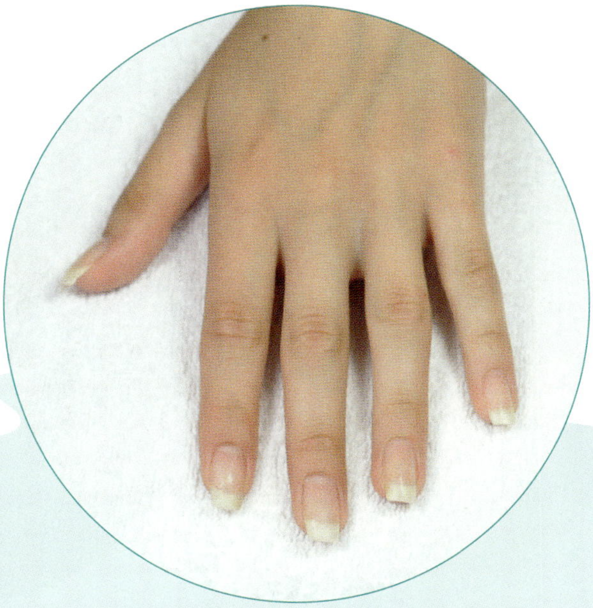

Bild 3 *Lange, rechteckige Handform*

3 Nagelveränderungen erkennen und Ursachen beschreiben

SZENARIO

Anjas Freundin Susanne war in Amerika als Austauschschülerin. Heute treffen sie sich. Anja hat ihr als Willkommensgeschenk eine Maniküre versprochen. Susanne zeigt Anja ihre Fingernägel und sagt: „Schau einmal, meine Nägel haben sich verändert. Ist das etwas Schlimmes?"

Dauerhafte Veränderungen an den Nägeln und an der Nagelhaut können durch äußere Einflüsse verursacht werden. Ebenso können sie anlagebedingt (erblich) durch Wachstumsstörungen (Anomalien) ausgelöst werden. Bestimmte Störungen im Organismus haben häufig zeitlich begrenzte Nagelveränderungen zur Folge. Während die inneren Einflüsse medizinisch behandelt werden können, werden die Folgen der äußeren Einflüsse durch kosmetische Maßnahmen gemindert.

3.1 Nagelanomalien

Weiße Flecken (Bild 1)

In den meisten Fällen handelt es sich um luftgefüllte Hohlräume zwischen den verhornten Zellen der Nagelplatte.Sie können auch durch äußere Einflüsse wie z. B. Druck oder Stoß entstehen. Aber auch innere Einflüsse wie z. B. Kreislaufstörungen oder Mangelerscheinungen können die Verursacher sein. Die Behandlung weißer Flecken erfolgt durch den Arzt. Bei der Maniküre sollte die erweichte Nagelhaut nur mit dem Pferdefüßchen entfernt werden.

Längsrillen (Bild 2)

Sie sind eine altersbedingte Erscheinung. Vielfach ist damit ein Aufsplittern des Nagels verbunden. Krankheiten, wie z. B. Flechten oder Polyathritis, können für die Erscheinung von Längsrillen verantwortlich sein. Längsrillen können nur mit kosmetischen Produkten, wie z. B. Nagelhärter, Rillenfüller oder Nagelglätter, behandelt werden.

Querrillen (Bild 3)

Sie entstehen durch Verletzungen in der Wurzel. Dadurch wird das Wachstum des Nagels verzögert. Querrillen können ausgelöst werden durch Vergiftungen, Infektionskrankheiten, als Folge unsachgemäßen Nagelhautentfernens sowie durch Quetschungen.

Querrillen werden, wie Längsrillen, mit Rillenauffüller und Polierfeilen geglättet.

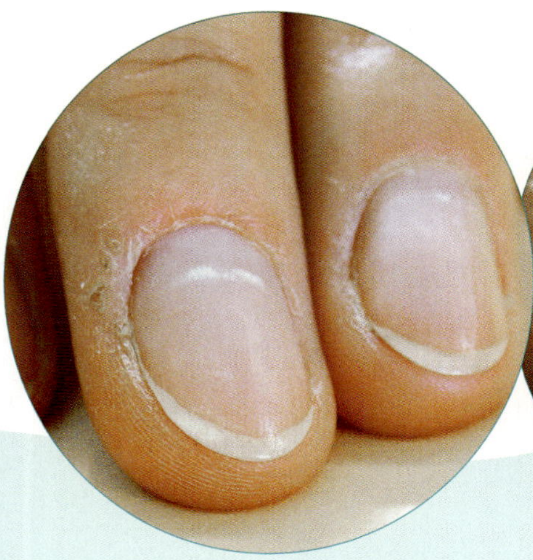

Bild 1 *Weiße Flecken*

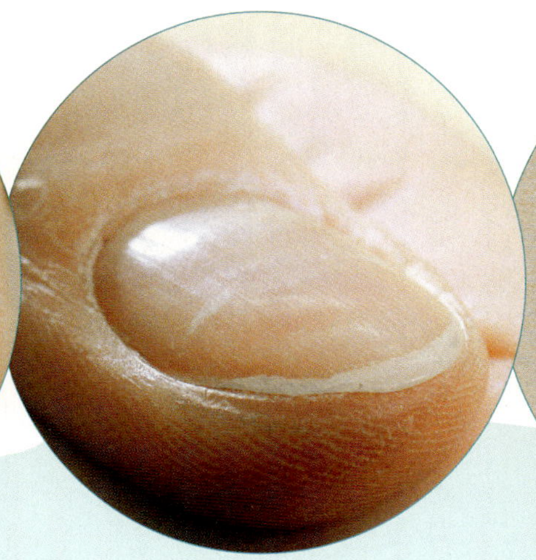

Bild 2 *Längsrillen*

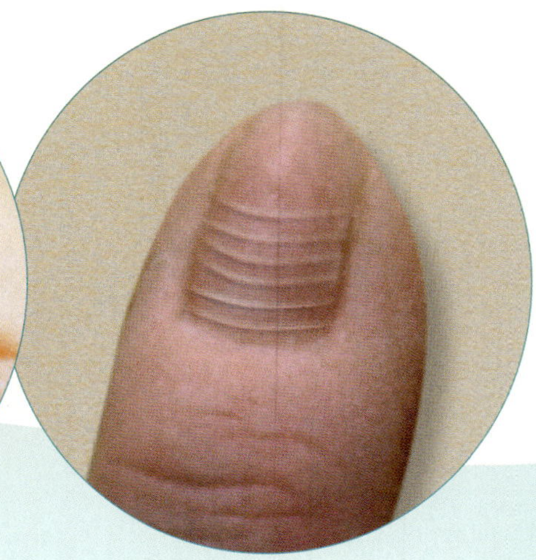

Bild 3 *Querrillen*

Krallennagel (Holznagel)

Hierbei verdickt die Nagelplatte durch erhöhte Zellteilung. Diese Verdickung geht einher mit einem unregelmäßigen Wachstum, welches den Nagel dicker und unregelmäßiger aussehen lässt. Ursachen von Holznägeln können sowohl Nagelmykosen als auch andere Infektionen des Nagelbettes sein.

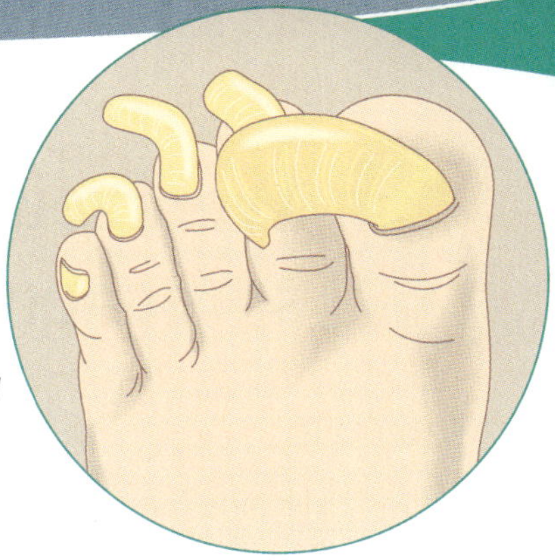

Bild 1 Krallennagel

3.2 Nagelschäden

Niednägel (Bild 2)

Mangelnde Pflege der Fingernägel und zu trockene Hornhaut sind die Ursachen von Niednägeln. Die Hornhaut verhärtet sich und wächst extrem auf die Nägel. Niednägel sollten regelmäßig mit Nagelöl behandelt werden, um die Nagelhaut geschmeidig zu erhalten. Bei eingerissener Nagelhaut ist die Behandlung mit einer bakterienabtötenden Creme erforderlich. Die überstehende Nagelhaut sollte vorsichtig entfernt werden.

Nagelmykosen (Bild 3)

Dies sind Pilzerkrankungen des Nagels. Der Pilzerreger ernährt sich hierbei von der Hornsubstanz des Nagels. Dadurch verfärbt sich der Nagel weiß-gelblich bis hellbraun und wird rau und spröde. Mykosen sind ansteckend, deshalb darf die Friseurin an diesen Nägeln keine Maniküre durchführen. Die Infektionsgefahr für sie und andere ist zu groß. Der **Nagelpilz** wird vom Arzt mit einer Tinktur oder Tabletten behandelt.

Brüchige oder spröde Nägel

Sie können durch Trockenheit, Fett-, Eiweiß- oder Mineralstoffmangel entstehen. Aber auch scharfe Reinigungsmittel und hornlösende Substanzen verursachen diese Nagelveränderungen. Starke mechanische Belastungen der Nagelspitze und unsachgemäßes Feilen führen ebenso zu brüchigen und spröden Fingernägeln.

Hämatom (Bild 4)

Durch Quetschung des Nagels entsteht ein Bluterguss im Nagelbett. Es wird durch den Erguss Durck auf den Nagel ausgeübt, sodass er sehr schmerzhaft sein kann. Lässt der Schmerz nicht nach, muss ein Loch in die Nagelplatte gebohrt werden, um das Blut abfließen zu lassen. Das Hämatom wächst mit der Zeit aus dem Nagel raus. Wichtig ist, dass ein Hämatom nicht mit einer krebsartigen Veränderung verwechselt wird. Optisch handelt es sich hierbei um die gleiche Erscheinung. Jedoch wächst die farbliche Veränderung nicht heraus und ist nicht Ursache einer Verletzung.

Aufgaben

1. Fertigen Sie eine Tabelle zu den Nagelveränderungen an. (Ursache, Aussehen, Behandlung). Recherchieren Sie im Internet.
2. Skizzieren Sie noch nicht abgebildete Nagelveränderungen.
3. Schreiben Sie einen kurzen Dialog mit einer Kundin, die eine Nagelmykose hat.

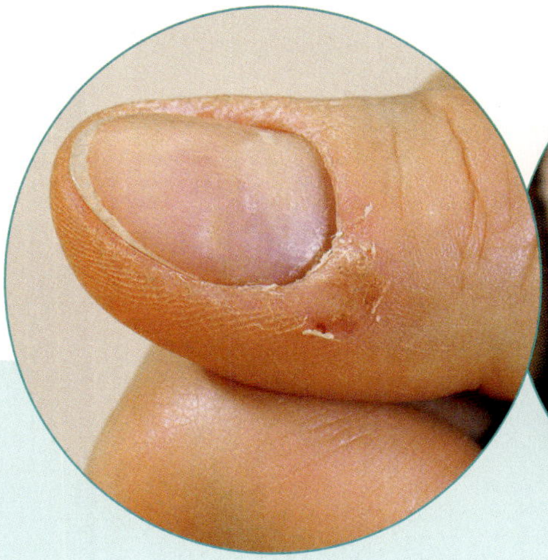

Bild 2 Niednagel

Bild 3 Nagelmykose

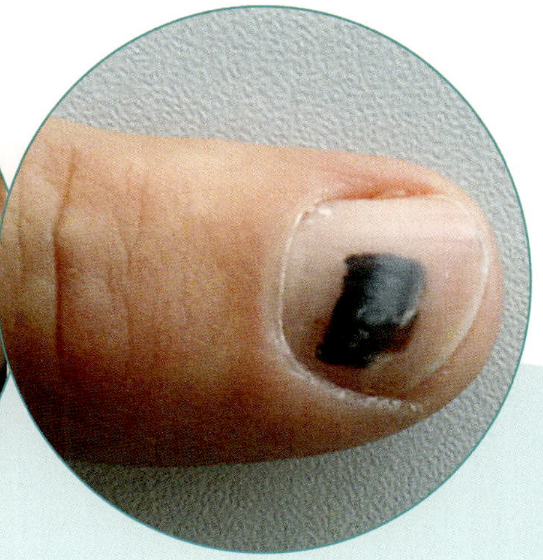

Bild 4 Hämatom

4 Werkzeuge und kosmetische Präparate entsprechend der Arbeitsschritte zuordnen können

SZENARIO

Anja soll eine Maniküre vorbereiten. Sie sucht die entsprechenden Werkzeuge und Präparate heraus und informiert sich über deren Funktion und Wirkung.

4.1 Werkzeuge auswählen

Um den unterschiedlichen Ansprüchen einer Maniküre gerecht zu werden, ist auf eine komplette Ausstattung in der Praxis zu achten:

Nagelschere
Sie ist zum Vorformen der Nägel erforderlich.

Diamant- oder Saphirfeile
Sie wird zur Formgebung der Nägel eingesetzt.

Glasfeile
Sie wird zur Formgebung für weiche und brüchige Nägel eingesetzt, da sie schonend feilt.

Sandblattfeile
Wegen ihres schwachen Abriebs ist sie für brüchige Fingernägel geeignet.

Pferdefüßchen
Es eignet sich aufgrund seiner weichen Beschaffenheit sehr gut zum Entfernen empfindlicher Nagelhaut.

Rosenholzstäbchen
Er dient zum Entfernen der Nagelhaut und ist auch unter dem Namen Orangenholzstäbchen bekannt.

Hautheber
Er löst besonders schwer zu entfernende Nagelhaut.

Hautmesser
Es dient zum Entfernen von Hautresten auf der Nagelplatte.

Nagelhautschere/Nagelhautzange
Sie wird zum Entfernen der Nagelhautreste verwendet. Mit der Schere darf nicht die Nagelhaut weggeschnitten werden.

Nagelpolierer
Erzeugt eine glatte Fläche und Glanz auf dem Nagel.

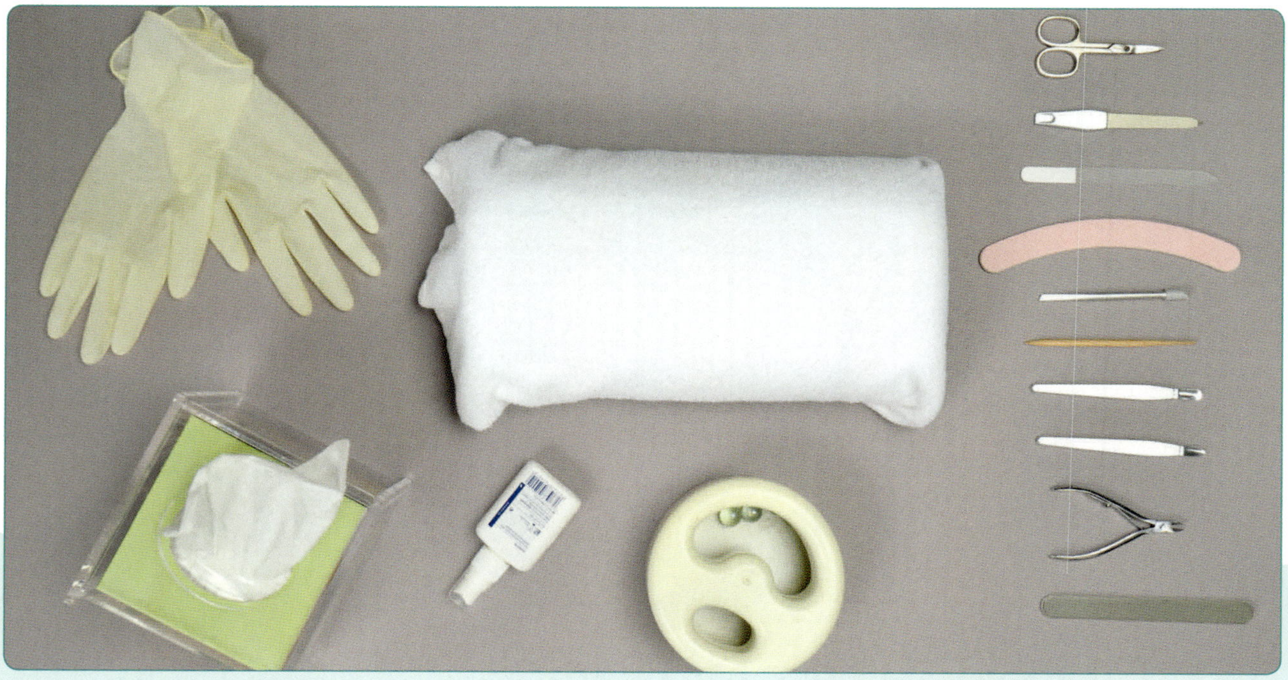

Bild 1 Material für den Arbeitsplatz

4.2 Kosmetische Präparate empfehlen

Bei der Durchführung der Maniküre können je nach Kundenwunsch und -problem verschiedene kosmetische Hilfsmittel eingesetzt werden. Sie dienen sowohl der Reinigung und Pflege von Händen und Fingernägeln als auch deren Gestaltung.

Nagellackentferner

Sie müssen ein rasches Entfernen des Nagellacks ermöglichen. Hochwertige Nagellackentferner enthalten spezielle Substanzen, die den Nagel sanft behandeln und den Lack lösen, ohne den Nagel und die umliegende Haut auszutrocknen. Durch Lanolin und pflanzliche Öle werden die Nägel nicht zu stark entfettet, da sie sonst spröde und brüchig werden. Die in Nagellackentfernern enthaltenen Lösungsmittel verdunsten schnell und sind im Normalfall brennbar. Nagellackentferner müssen deshalb gut verschlossen aufbewahrt und vor Hitze geschützt werden. Sie werden als flüssige oder cremeförmige Produkte sowie als getränkte Wattepads angeboten.

H_2O_2-Lösung

Eine 3 %-ige Wasserstoffperoxidlösung wird verwendet, um die Nägel zu entfärben und zu desinfizieren.

Nagelhautentferner

Sie erweichen die Nagelhaut, sodass sie sich ohne starken Druck zurückschieben und ablösen lässt. Als hauterweichende Substanzen werden Alkalien (pH-Wert ca. 10) oder Verbindungen der Thioglykolsäure eingesetzt.

***Bild 1** Kosmetische Hilfsmittel*

Handpeeling

Es wird in der Maniküre überwiegend selbst hergestellt. Dazu verwendet man z. B. Mandel- oder Jojoba-Öl und Zucker. Die Zuckerkristalle erzeugen durch die Reibung eine Durchblutungssteigerung der Haut und den gewünschten Peeleffekt, dies ist das Abtragen von überschüssigen Hornschuppen. Die natürlichen Öle machen die Haut zart und geschmeidig, während der Zucker wasserbindend ist.

Nagelöle oder Nagelcremes

Sie sind Öle oder Emulsionen, die auf die Nagelhaut oder die Nagelplatte aufgetragen werden. Nach der Anwendung von Nagelhautentfernern geben sie der Nagelhaut das entzogene Fett zurück und halten sie so geschmeidig. Bei brüchigen Nägeln kann man Nagelöle und Nagelcremes auch auf die Nagelplatte auftragen. Dies ist besonders nach dem Gebrauch von stark fettlösenden Nagellackentfernern sinnvoll.

Nagelhärter

Sie enthalten keratinhärtende Substanzen. Diese stärken den Nagel und geben gespaltenen oder rauen Nägeln schnell ihr normales Aussehen wieder. Auch Kunststoffe, die auf den Nagel aufgetragen werden, können ihn stabilisieren und kleine Unebenheiten verdecken.

Handcremes

Sie sind ähnlich wie Gesichtscremes aufgebaut. Sie sollten auf den Verwendungszweck und den Hauttyp abgestimmt sein. Spezielle Handschutzcremes enthalten Siliconöle, pflanzliche oder tierische Fette. Sie bilden einen dünnen Schutzfilm auf der Haut, der Luft und Wasserdampf nach außen durchlässt, aber Wasser von der Haut abstößt. Gleichzeitig fettet er die Hornschicht (Epidermis), damit diese geschmeidig bleibt und nicht einreißt.

Nagelweißstifte

Sie verleihen dem Nagelsaum ein sauberes und gepflegtes Aussehen. Der Stift wird leicht angefeuchtet und das Weiß unter dem freien Nagelrand aufgetragen. Die Farbe besteht aus einer Wachsgrundlage und weißen Pigmenten.

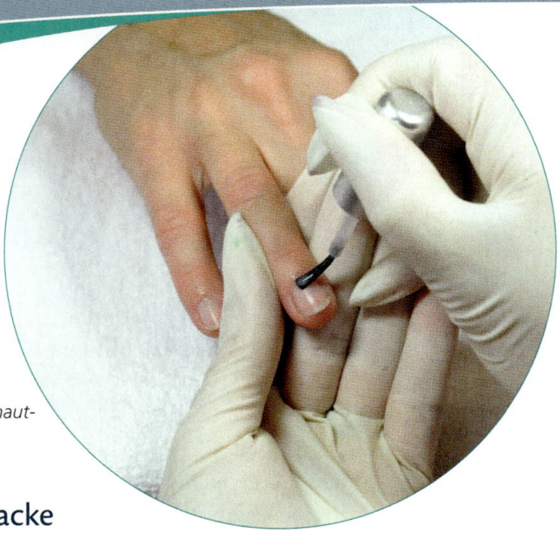

Bild 1 *Auftragen von Nagelhautentferner*

Nagellacke

Sie wirken dekorativ und schützen die Nagelplatte vor äußeren Einflüssen. Hauptbestandteile sind Kunstharze und Filmbildner, die in Lösungsmitteln gelöst sind. Nach dem Verdunsten des Lösungsmittels bildet sich eine Lackschicht. Weichmacher sorgen dafür, dass der Lack nicht brüchig wird.
Angeboten werden
- Decklacke
- Pearl- und Neonlacke
- Transparentlacke

Decklacke enthalten überwiegend Pigmente. Sie ergeben eine deckende, glatte und glänzende Lackschicht.

Pearl- und Neonlacke unterscheiden sich von normalen Nagellacken nur durch die verwendeten Pigmente.
Transparente Lacke enthalten überwiegend gelöste Farbstoffe. Sie ergeben durchsichtige bis durchscheinende, leicht gefärbte Lackschichten.
Wichtige Qualitätsmerkmale von Nagellacken sind
- Haltbarkeit der Lackschicht
- Auftragbarkeit
- Deckvermögen
- Schutzwirkung gegenüber chemischen Substanzen.

Nagellackverdünner

Sie dienen dazu, vor Beginn des Lackierens die Konsistenz des Nagellacks zu korrigieren.

Colorfix

Dies sind farblose Nagellacke, die einen harten, elastischen und glänzenden Film bilden. Dieser Film schützt den Lack vor dem Abblättern.

Nagellackschnelltrockner

Sie trocknen den Lack in Sekundenschnelle und verhindern das Abblättern. Zusätzlich intensivieren sie die Farbe des Lacks. Sie werden nach dem Auftragen der letzten Lackschicht aufgesprüht. Bereits nach einer Minute ist der Lack völlig trocken.

Korrekturstifte

Dies sind Filzstifte, deren Spitzen eine einfache Korrektur von Lackierfehlern erlauben. Sie enthalten ein mildes Lösungsmittel, das rasch und problemlos den Lack um den Nagel herum löst.

Aufgaben

1. Geben Sie wichtige Werkzeuge zur Nagelpflegebehandlung an.
2. Beschreiben Sie die Funktionen von Nagelöl und Nagelcreme.
3. Nennen Sie die Inhaltsstoffe von Nagellacken.
4. Geben Sie Qualitätsmerkmale guter Nagellacke an.

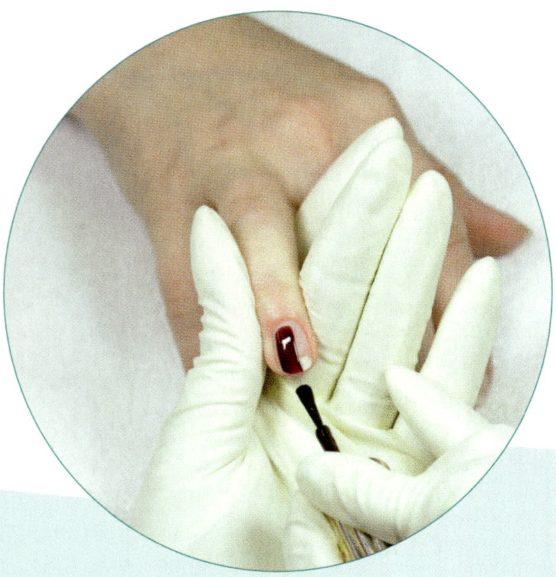

Bild 2 *Nagellackauftrag*

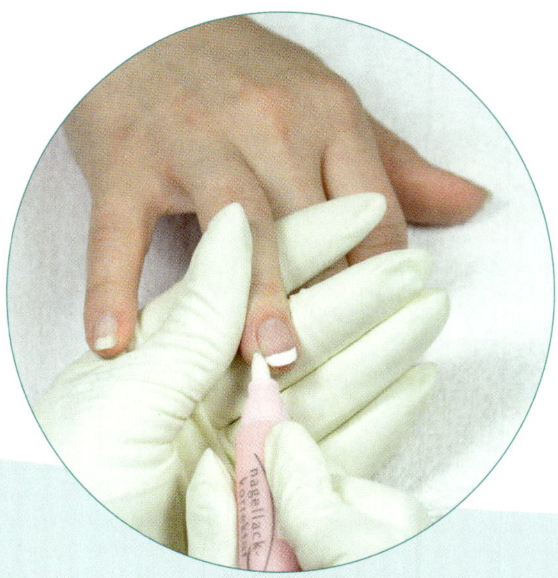

Bild 3 *Nagellackkorrektur*

5 Praktische Durchführung der Maniküre

SZENARIO

Anja soll eine Maniküre an einer Kundin durchführen. Sie geht noch einmal gedanklich die einzelnen Schritte der Maniküre durch. Dabei reflektiert sie die wichtigsten Schritte mit ihren Aufgaben und überlegt sich verschiedene Methoden des Nageldesigns.

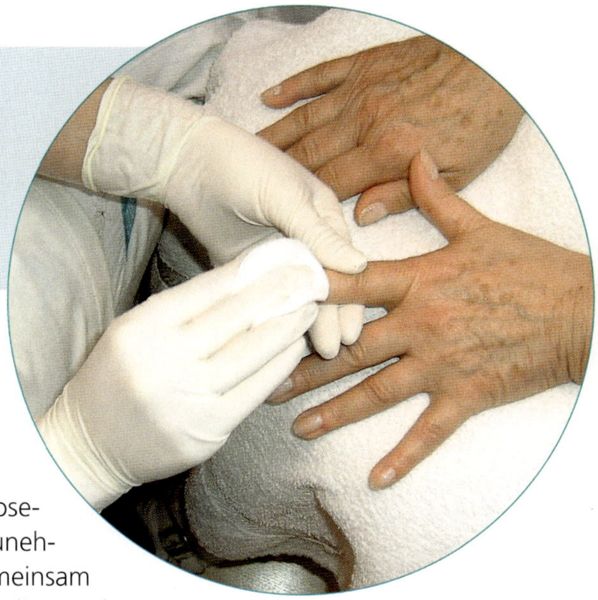

Bild 1 Entfernen des Lackes

5.1 Pflege der Fingernägel

Vorbereitende Arbeiten

Zu Beginn einer Maniküre werden alle erforderlichen Werkzeuge und Hilfsmittel für einen reibungslosen Arbeitsablauf bereitgestellt. Es dürfen nur saubere und desinfizierte Werkzeuge verwendet werden (s. S. 334 Bild 1).

Um eine einwandfreie Beurteilung und Diagnose der Nägel vornehmen zu können, muss zunächst vorhandener Nagellack entfernt werden (Bild 1).

Dazu wird ein Wattepad mit Nagellackentferner getränkt, auf die Nagelplatte gedrückt und leicht drehend zur Nagelspitze hin abgezogen. Mit einem zweiten Wattepad wird anschließend nachgereinigt. Zum Hautschutz sollte die Friseurin Handschuhe tragen. Da die Lösungsmittel des Nagellackentferners die strapazierten Hände der Friseurin reizen und austrocknen können.

Nagelbeurteilung

Zu Beginn der Maniküre werden die Fingernägel anhand eines Diagnoseplans beurteilt. Nicht nur Form und Zustand der Fingernägel sind für die nachfolgenden Arbeiten wichtig, sondern auch die Wünsche und Probleme der Kundin sind zu berücksichtigen und ggf. in den Diagnoseplan aufzunehmen. Gemeinsam mit der Kundin werden die anzustrebende Form und Länge der Fingernägel, die Art der Nagelhautbehandlung, die Farbauswahl des Nagellacks und die Auftragetechnik des Lackierens bestimmt.

Formen der Fingernägel

Die Friseurin setzt sich gegenüber der Kundin hin und legt ein Frottiertuch als Unterlage über die Beine der Kundin. Die Hand der Kundin wird mithilfe einer Auflage gestützt. Dazu kann folgende Vorgehensweise als Empfehlung gelten: Bei einer Rechtshänderin beginnt man an der linken Hand (bei einer Linkshänderin mit der rechten). Somit kann die „Arbeitshand" der Kundin für die anschließende Nagelhautbehandlung länger im Nagelbad verbleiben.

Das Formen der Nägel erfolgt dann mit der entsprechenden Nagelfeile. Weiche und empfindliche Nägel sind mit der Sandblattfeile zu formen, da sie biegsamer ist und einen geringeren Abrieb verursacht. Glasnagelfeilen sind auch zu empfehlen. Da ihre mikrofeine

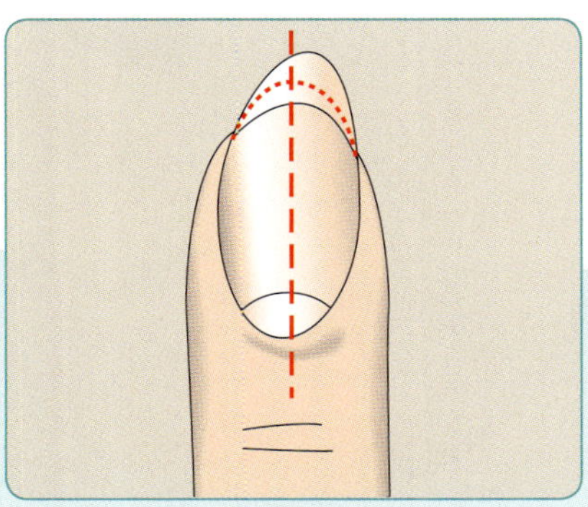

Bild 2 Ausrichten an der Mittelachse

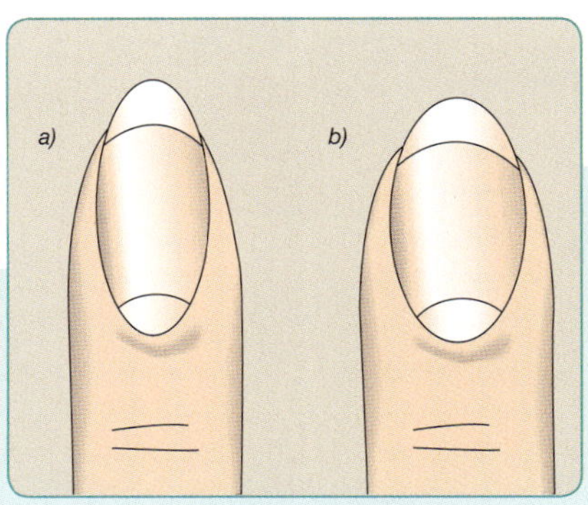

Bild 3 a) Langer Nagel b) Ovaler Nagel

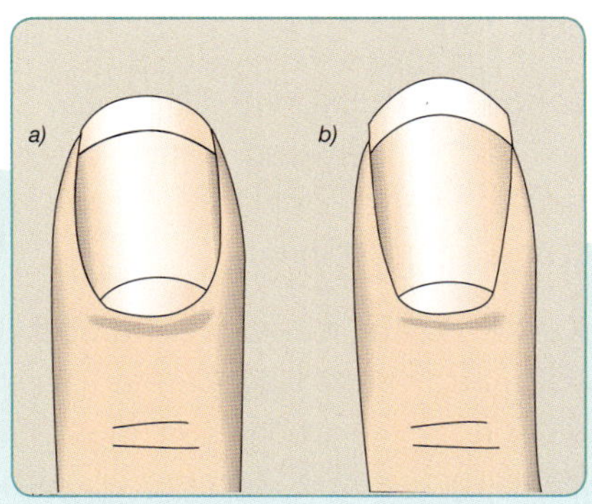

Bild 4 a) Eckiger Nagel b) Trapezförmiger Nagel

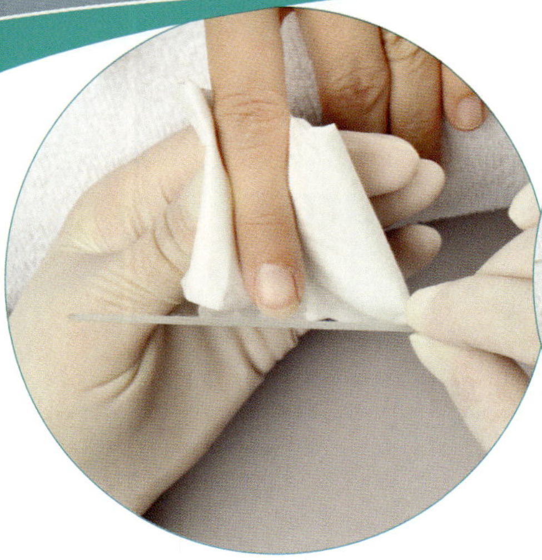

Bild 1 Ansetzen der Nagelfeile

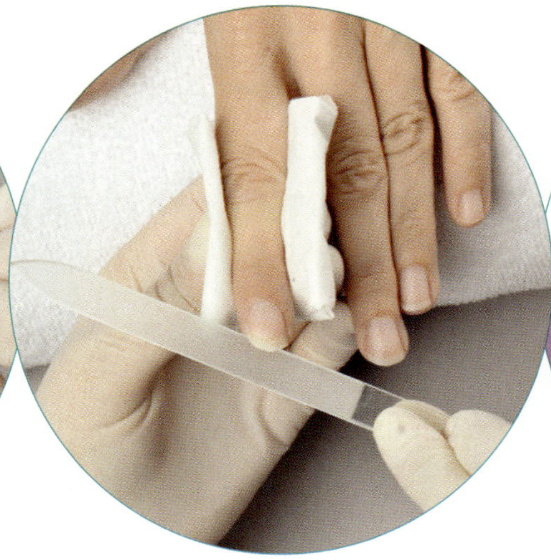

Bild 2 Brechen der Feilgrate

Bild 3 Nagelbad

Schleiffläche eine schonende Formgebung ermöglicht. Sehr lange, harte und dicke Nägel werden entweder mit der Nagelschere oder der Nagelzange vorgeformt.

Die Nagelfeile wird gerade im 45°-Winkel, mit wenig Druck, seitlich an den Nagel gesetzt (Bild 1). In langen Zügen wird sie von der Seite bis zur Nagelspitze geführt. Sind die Nägel unempfindlich, darf die Feile hin- und herbewegt werden. Sollte es sich um empfindliche Nägel handeln, die leicht splittern, ist es wichtig, mit der Feile von der Falz zur Nagelspitze zu arbeiten, damit die Nägel nicht weiter splittern. Nach jedem Feilzug ist die Nagelfeile erneut anzusetzen.

Die Nagelecken dürfen nicht zu stark ausgefeilt werden, da es an diesen Stellen zum Nagelbruch oder zu schmerzhaften Verletzungen und Entzündungen am Nagelbett kommen kann. Die Form des Nagels ist auf die Mittelachse des Fingers auszurichten. Bei schiefen Fingernägeln ist das besonders wichtig (Seite 337, Bild 2).

Zum Schluss werden die Feilgrate (durch das Feilen entstandene Häutchen) entfernt, indem die feine Seite der Feile ohne Druck von oben nach unten über die Nagelspitze geführt wird (Bild 2).
Die Formgebung der Fingernägel richtet sich nach:
- Kundenwunsch und Mode
- Beruf der Kundin
- Hand-, Finger- und Nagelform

Das Aussehen der Finger und damit der ganzen Hand kann durch die Form der Fingernägel optisch verändert werden.

Lange, oval geformte Nägel lassen die Finger und damit die ganze Hand schlanker und schmaler erscheinen.

Kurze, runde, quadratische und trapezförmige Nagelformen lassen die Finger und damit die ganze Hand breiter und grober erscheinen. (Seite 337, Bild 3 u. 4)

Nagelbad (Bild 3)

Nach dem Formen der Fingernägel folgt das Nagelbad. Im Nagelbad werden die Nägel gereinigt und die Nagelhaut erweicht. Dazu verwendet man eine Lösung aus handwarmem Wasser und milder Seife, der auch desinfizierende und bleichende Mittel zugesetzt werden können.

Nagelhautbehandlung (Bild 4 und 5)

Mit einem Auftragepinsel, einem Watte- oder Manikürestäbchen wird Nagelhautentferner ausschließlich auf die Nagelhaut aufgetragen. Nach einer kurzen Einwirkzeit von ca. 2 Minuten schiebt man mit einem Pferdefüßchen oder einem Hautheber die Nagelhaut vorsichtig zurück.

Dabei löst sich der überstehende Rand. Er kann mit einem Tuch entfernt werden. Mit der Nagelhautzange oder der Nagelhautschere werden die Reste der gelösten Nagelhaut entfernt.

Der Nagelhautentferner wird gründlich mit Wasser abgespült. Danach kann Nagelöl oder eine spezielle Nagelcreme aufgetragen und in Richtung Nagelwall einmassiert werden. Diese Pflegemittel sollen das Splittern und Brechen der Nägel verhindern und die Nagelhaut geschmeidig halten.

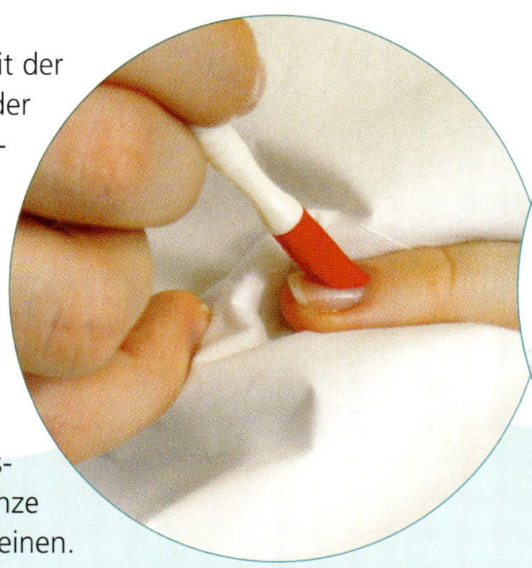

Bild 4 Zurückschieben der Nagelhaut

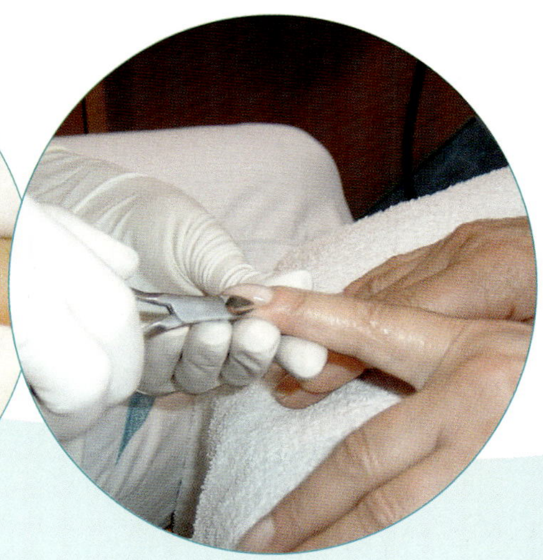

Bild 5 Entfernen von Nagelhautresten

5.2 Pflege der Hände

Neben der Pflege der Fingernägel ist auch die Pflege der Hände Bestandteil der Maniküre. Zur Handpflege gehören das Handpeeling und die Handmassage.

Handpeeling (Bild 1)

Das Handpeeling wird vor der Handmassage durchgeführt. Der Peelingbrei wird auf dem Handrücken aufgetragen und kann bis zur Ellenbeuge verteilt werden. Mit den Händen oder einer weichen Massagebürste wird das Peeling in kreisenden Bewegungen einmassiert. Abschließend wird mit einer feuchten und warmen Kompresse das Peeling abgenommen.

Handmassage

Zu einer kompletten Maniküre gehört immer eine Handmassage. Als Erstes wird eine Pflegeemulsion oder Handcreme aufgetragen und gleichmäßig verteilt. Mit streichenden sowie knetend-kreisenden Massagegriffen werden die Hände gelockert und entspannt. Die Massage wird von den Fingerspitzen ausgehend bis zur Handwurzel ausgeführt.

Eine gut durchgeführte Handmassage wirkt sich positiv auf das körperliche Wohlbefinden aus. Sie baut Stress ab, da sie sehr entspannend wirkt.

In den folgenden Arbeitsschritten wird eine umfangreiche Handmassage beispielhaft aufgeführt:

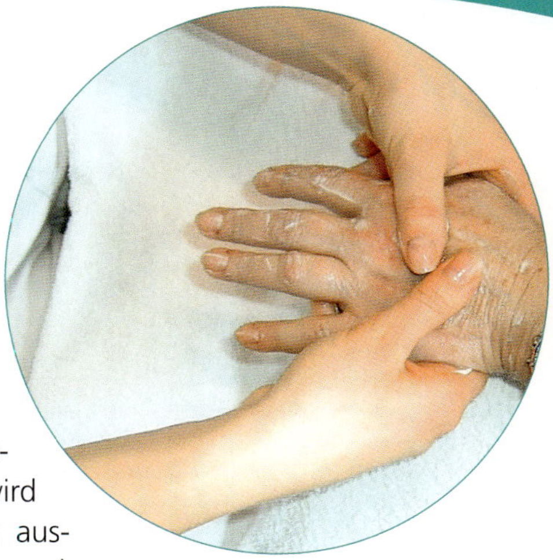

Bild 1 *Durchführung eines Handpeelings*

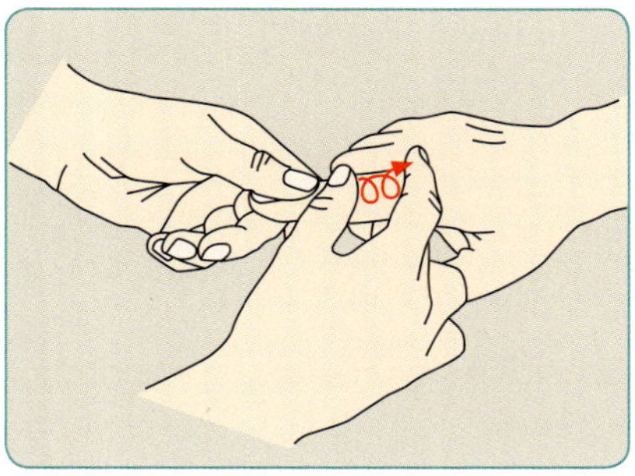

Schritt 1 *Friktionen der Finger mit den Daumen*

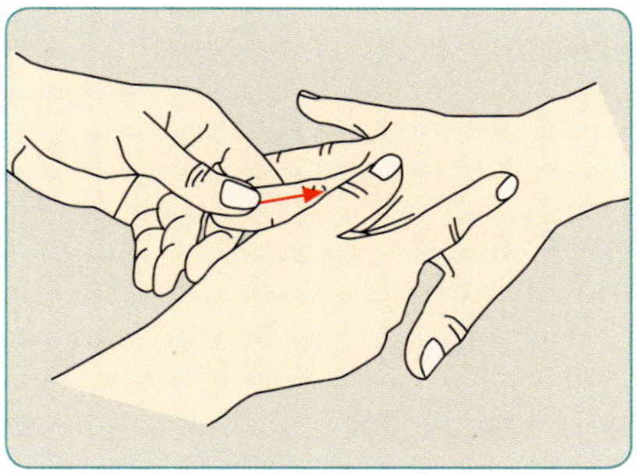

Schritt 2 *Ausstreichen der Finger*

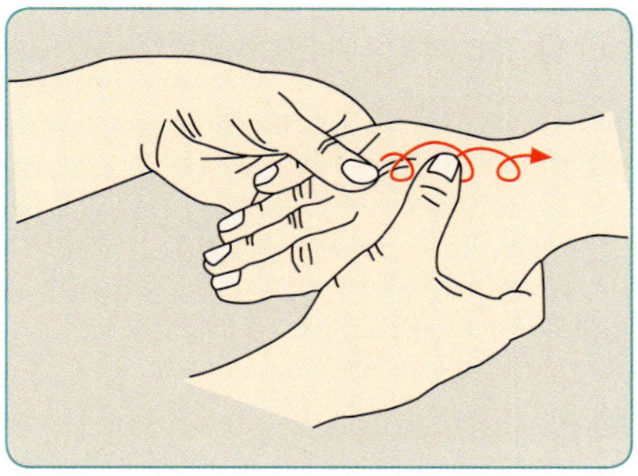

Schritt 3 *Friktionen des Handrückens mit dem Daumen*

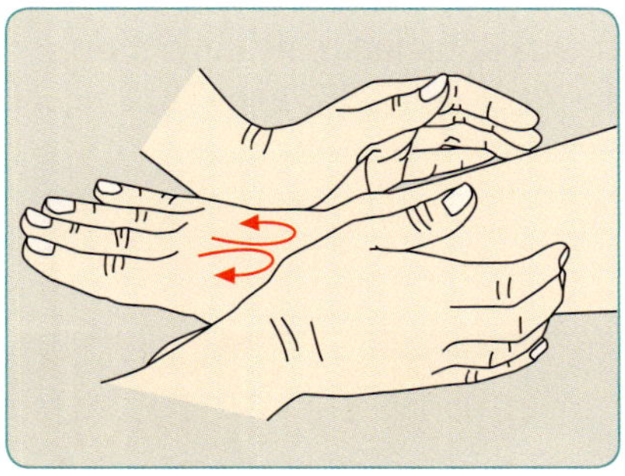

Schritt 4 *Kreisförmiges Streichen des Handrückens mit den Daumenballen*

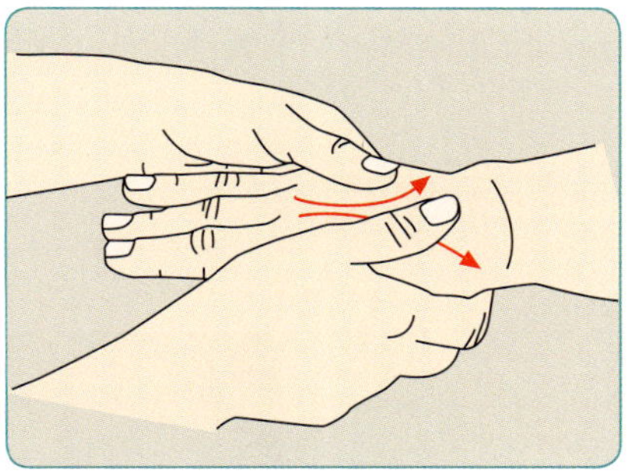

Schritt 5 *Ausstreichen des Handrückens*

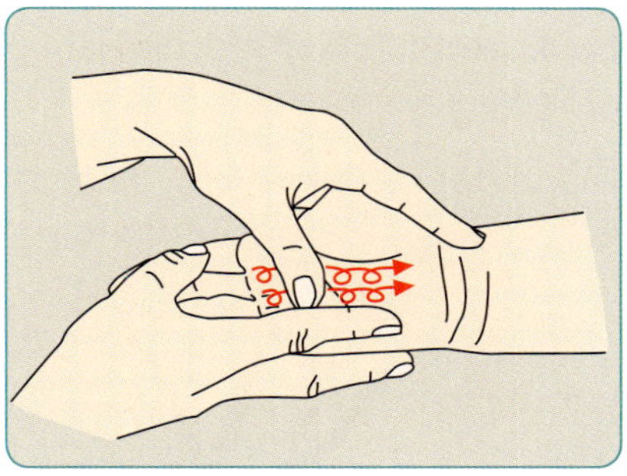

Schritt 6 *Friktionen der Handinnenflächen mit beiden Daumen*

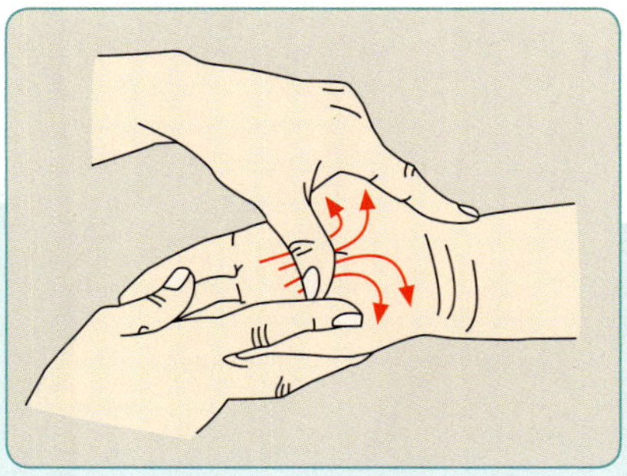

Schritt 7 *Kräftiges Ausstreichen der Handinnenflächen mit beiden Daumen*

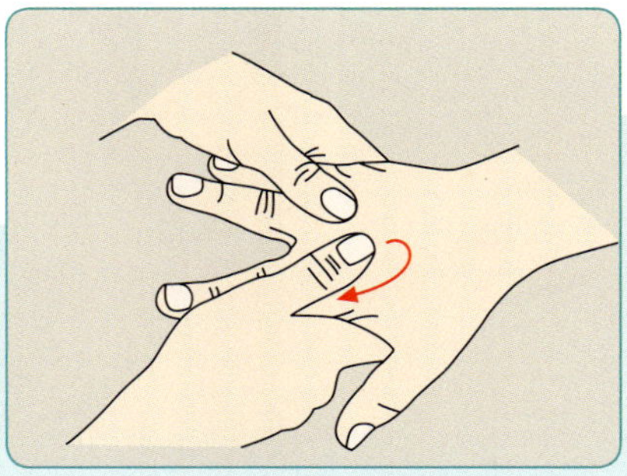

Schritt 8 *Kreisförmiges Ausstreichen der Haut zwischen den Fingern mit den Daumen*

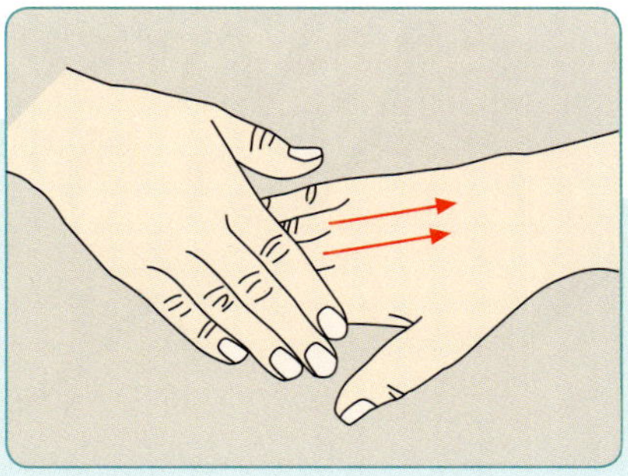

Schritt 9 *Ausstreichen von den Fingerspitzen beginnend zum Unterarm hin mit der ganzen Hand*

Der Ausführung einer Handmassage sind keine Grenzen gesetzt. Sie kann um Folgendes ergänzt werden:

- Vor der Massage wird ein Peeling durchgeführt.
- Die Handmassage kann bis zum Ellenbogen erweitert werden.
- Anstatt der Creme kann eine Feuchtigkeitspackung aufgetragen werden.
- Das Eindringen der Inhaltsstoffe kann durch eine Kompresse intensiviert werden.

Auch mit einer **Aroma-Handmassage** lässt sich das Wohlbefinden der Kundin steigern. Hierzu benötigt man ca. 30 ml Trägeröl und je nach Verwendungszweck ca. 2 Tropfen ätherisches Öl.

Trägeröle:

Pfirsichkernöl ist ein sehr feines Öl. Es enthält viel Vitamin E, ist gut für die empfindliche Haut und fördert die Geschmeidigkeit.

Avocadoöl wird vom tieferen Hautgewebe leicht aufgenommen. Es ist deshalb empfehlenswert für die reifere Haut. Zusätzlich lindert es Trockenheit und Juckreiz bei Ekzemen und Psoriasis (= Schuppenflechte).

Jojobaöl enthält viele Mineralstoffe und natürliche Vitamine. Reines Jojobaöl reguliert den Feuchtigkeitsgehalt der Haut, bewahrt deren Säureschutzmantel und ist antiallergen. Es zieht sehr schnell ein und ist für jeden Hauttyp geeignet.

Macadamianussöl ist ein hochwertiges fettes Öl. Der Anteil an ungesättigten Fettsäuren ist sehr hoch. Von der Haut wird es rasch aufgenommen. Durch seine hautregenerierende Wirkung ist es besonders für die alternde Haut geeignet. Es glättet die Haut und verleiht ihr einen samtartigen Schimmer.

Mandelöl gehört wegen seiner stark pflegenden Wirkung zu den klassischen Massageölen. Es ist reich an Vitamin E sowie den Vitaminen A, B_1, B_6 und ungesättigten Fettsäuren und hat eine beruhigende Wirkung.

Ätherische Öle:

Litsea, Angelika (Engelwurz) und **Rosmarin** wirken entspannend.

Patchouliöl, Myrrheöl und **Sandelholzöl** sind gut für trockene und aufgerissene Haut.

Geraniumöl, Basilikumöl und **Orangenöl** helfen bei Erschöpfungszuständen.

Kampferöl, Rosmarin und **Limettenöl** haben eine belebende Wirkung.

Aufgaben

1. Begründen Sie, warum zu Beginn einer Maniküre alte Lackreste entfernt werden müssen.
2. Erklären Sie den Ablauf einer Nagelpflegebehandlung.
3. Beschreiben Sie die Vorgehensweise beim Formen der Fingernägel.
4. Welche Funktion hat das Handpeeling?
5. Wodurch unterscheiden sich Handmassage und Aroma-Handmassage?
6. Eine Kundin hat gedrungene Hände und kurze Finger. Wie sollten die Nägel geformt werden?
7. Nennen Sie fünf Qualitätsmerkmale, an denen Sie eine gute Maniküre erkennen können.

Bild 1 Rosmarinöl wirkt belebend

Bild 2 Patchouli pflegt trockene Haut

5.3 Dekorative Gestaltung der Fingernägel

Farbiger Nagellack kann in verschiedenen Formen aufgetragen werden. Dadurch wird das Erscheinungsbild der Nagelfläche, der Finger und somit der ganzen Hand optisch beeinflusst. Weist ein Nagel Unebenheiten in Form von Längs- und Querrillen auf, trägt man zuerst einen **Rillenfüller** auf. Die Farbwirkung ist auf geglätteter Unterlage intensiver.

Um die Nagelplatte vor Verfärbungen zu schützen, wird ein farbloser **Unterlack** aufgetragen. Darauf haftet der nachfolgende Decklack besser und ist somit länger haltbar. Der **Decklack** wird gleichmäßig in zwei bis drei dünnen Schichten aufgetragen. Damit er besser hält, müssen die einzelnen Lackschichten gut getrocknet sein.

Das Auftragen des Nagellacks wird wie in der Anleitung unten auf der Seite dargestellt.

Nagellackplatzierung

Zum Lackieren der Nägel gibt es keine allgemeingültigen Regeln. Am einfachsten ist es, die gesamte Oberfläche des Nagels mit Lack zu überziehen. Da nicht jede Hand- und Nagelform dem Ideal entspricht, kann die Friseurin mithilfe der Farbwahl und Platzierung optische Effekte erzielen.

Der ideale Nagel ist an der Basis oval und am oberen Ende leicht abgerundet. Leider besitzen nur wenige Kundinnen diese Traumnägel. Um die Nägel optisch schmaler oder länger erscheinen zu lassen, können die Nagelseiten leicht freigelassen werden.

Aufgaben

1. Worauf ist beim Auftragen von Nagellack zu achten?
2. Warum ist die Auftragetechnik beim Lackieren für das Aussehen der Hände und der Nägel von besonderer Bedeutung?
3. Welche Funktion erfüllt der Unterlack?
4. Eine Kundin hat kleine Hände und quadratisch geformte Nägel. Wie sollten diese Nägel lackiert werden?
5. Warum muss der Nagel vor dem Lackieren fettfrei sein? Wie erreichen Sie ggf. diesen Zustand?
6. Welche Wirkungen haben unterschiedliche Nagellackfarben?

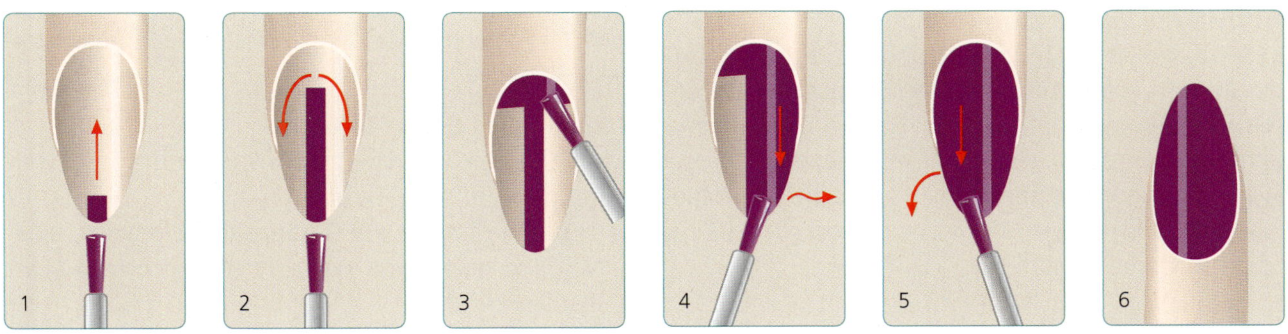

Bild 1 *Überprüfen Sie, ob der Nagel fettfrei und der Nagellack dünnflüssig genug und nicht verunreinigt ist. Dies geschieht, indem Sie den Pinsel auf die Nagelspitze setzen.*
Bild 2 *In der Mitte des Nagels den ersten Strich in Längsrichtung ziehen.*
Bild 3 *Den zweiten Strich in Querrichtung am unteren Rand entlang parallel zur Nagelhaut aufsetzen.*
Bild 4 *Auf beiden Seiten mit Längsstrichen die Freiräume füllen.*
Bild 5 *Den Lackauftrag überprüfen und falls erforderlich Korrekturen vornehmen. Verschmierte Stellen mit einem in Nagellackentferner getränkten Manikürestäbchen oder Korrekturstift reinigen.*
Bild 6 *Idealer Nagel*

Bild 7 *Punktförmiger Lackauftrag*

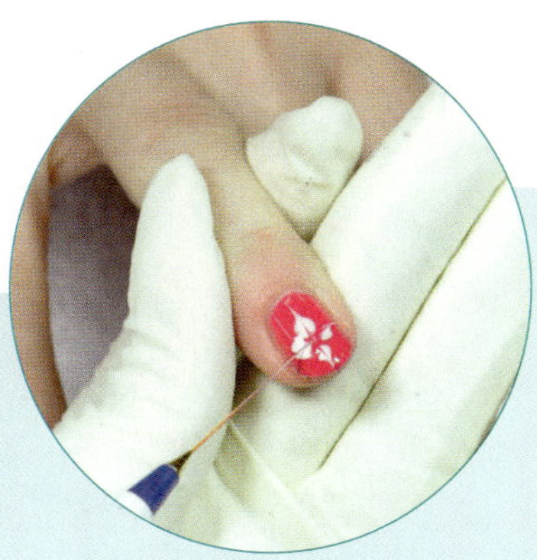

Bild 8 *Verziehen der Punkte*

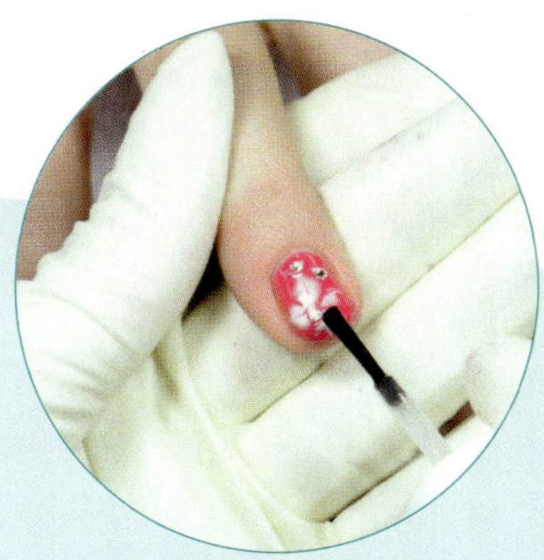

Bild 9 *Festigen mit Klarlack*

5.4 Nagellack als Ausdruck von Individualität

Während früher Haare und Kleidung genutzt wurden, einen besonderen, wenn nicht gar individuellen Trend zu entwickeln, boomen in den letzten Jahren immer mehr außergewöhnliche Styles bei der Nagellackindustrie.

Der Nagel wird immer mehr zum Schmuckstück. Im Internet gibt es spezielle Blogs oder unter dem Begriff „Nagel" posten viele in sozialen Netzwerken ihren besonderen „Look". Es ist das Berufsbild des „Nageldesigners" entstanden. Aber die Kundin möchte dies auch zu Hause verwirklichen und sich persönlich in Szene setzen.

5.4.1 Geschichtliche Entwicklung

Betrachtet man die reichliche Auswahl an Nagellacken, muss es uns in Erstaunen versetzen, dass diese Erfindung noch nicht einmal 100 Jahre alt ist.

Zu verdanken haben die Frauen diese Erfindung der Automobilindustrie. Die ersten Lacke mit Pigmenten kamen erst in den 20er Jahren des letzten Jahrhunderts auf den Markt. Vorher wurden die Nägel nur poliert und gecremt oder mit eingefärbten Ölen behandelt.

1932 gründeten Charles und Joseph Revson mit dem Chemiker Charles Lachmann die Firma Revlon.

Lachmann verfeinerte die Autolacke, sodass sie als Kosmetikprodukte erfolgreich wurden.

Mit ausgeklügelten Vermarktungskonzepten kurbelten sie das Verlangen nach diesem Produkt an. Die Lacke bekamen imposant klingende Namen, um Aufmerksamkeit zu erregen. Jedes Jahr erweiterte eine neue Farbkomposition das Spektrum. Eine zusätzliche Neuerung war, dass Revlon Nagellacke entwickelte, die zur Lippenstiftfarbe passten.

5.4.2 Eigenschaften

Neben der Trendfarbe bzw. einer besonderen Eigenschaft, die später noch dargestellt wird, werden an Nagellacke grundsätzlich folgende Anforderungen gestellt:

- Streichfähigkeit
- guter Halt auf der Nagelplatte
- elastisch, d. h. kein Abblättern
- langer Halt
- Farblebendigkeit
- schnelle Trocknungszeit
- Glanz
- Hautverträglichkeit

Gerade der Bereich Hauterträglichkeit wird unterschätzt. Die Kundin berührt häufiger mit den Nägeln das Gesicht, als sie sich das vorstellen kann. Dadurch besteht die Gefahr, dass im Gesicht durch die Inhaltstoffe des Lackes eine Allergie hervorgerufen wird.

Viele Hersteller von Nagellacken haben sich deshalb auf die „3-Free"-Formel geeinigt. Diese besagt, dass man auf die Inhaltstoffe Dibuthyl, Formaldehyd und Methylbenzol verzichtet. Diese Chemikalien können zu Hautreizungen und Unverträglichkeiten führen. Gerade schwangeren Frauen sollte zu ökologischen Lacken geraten werden, auch wenn diese teurer sind.

5.4.3 Besondere Strukturlacke

Jeder der Mode für sich entdeckt hat, möchte sich von den Massen abheben und sich durch individuelle und kreative Styles abheben. Diese Trends sind durch Modeblogs im Internet weit verbreitet. So zeigt sich, dass nicht nur der Trend zu ungewöhnlichen Farben, wie z. B. blau oder grün den Markt beeinflusste. Farbe war gestern, heute setzt die modebewusste Trägerin zusätzlich auf Textur. Diese wird durch spezielle Effekte hervorgerufen. Hierzu zählen nicht nur Metall- und **3-D-Effekte**, sondern auch sogenannte Crackle-Looks (to crackle = aufbrechen). Zusätzlich wird die Kundin mit neuartigen Duft- oder langanhaltenden Lacken gelockt. Neuster Trend ist der **Tafellack**. Auf diesem lassen sich Muster und Botschaften, wie auf einer richtigen Tafel anbringen. Im Folgenen sollen einige dieser neuen Trends präsentiert werden.

Metall- bzw. Glitzer-Effekte

Diese Effekte können durch drei Varianten erzeugt werden.

- Durch die Zugabe von **Glitzerpartikeln** entsteht Bewegung in der Farbe, was auf dem Schimmern dieser Partikel beruht.
- Zum anderen gibt es das Verfahren, eine Folie auf die Nägel zu übertragen. Die Nägel werden normal lackiert, im Anschluss wird ein Fixierkleber auf den

Bild 1 Tafellacke auf Neonbasis

Bild 1 Glitzereffekte

Bild 2 Kaviar-Look

Bild 3 Sugar-Coat-Look

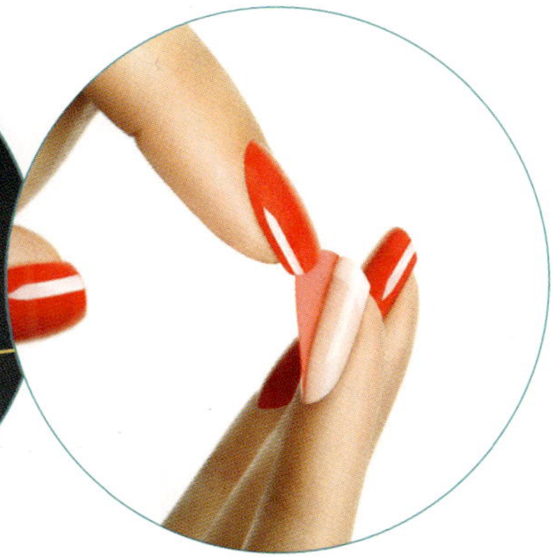

Bild 4 Ablösen des Strip-Lacks

Lack aufgetragen und eine Folie an die betreffende Stelle des Nagels gehalten. Teile dieser werden auf den Nagel übertragen und im Anschluss noch einmal mit einem Überlack fixiert.

- Die dritte Möglichkeit bilden Metallpartikel. Bei diesen Lacken ist das vorherige Schütteln besonders wichtig, damit immer eine gleichmäßige Verteilung der Metallsplitter im Lack gewährleitet wird. Nach dem Auftrag des Lackes wird ein Magnet für zehn Sekunden über den lackierten Nagel gehalten. Die Metallsplitter richten sich entsprechend der Anziehung durch den Magneten aus und es entsteht ein Muster.

Thermo- oder UV-Lacke

Hier wird mit Inhaltstoffen gearbeitet, die die Energie aus der Umgebungswärme (Thermolack) oder aus UV-Strahlung nutzen, um wechselnde Farben zu erzeugen oder besonders im Schwarzlicht zu strahlen (UV).

3-D-Effekte

Hier haben sich in den letzten Saisons unterschiedliche optische Variationen herausgebildet. Dieser Lack dient aber ausschließlich als Showeffekt für einen besonderen Anlass und ist ebenfalls nicht alltagstauglich. Dies liegt daran, dass die glatte Oberfläche, die normalerweise beim Lacken entsteht, durch Einsatz von verschiedenen Mechanismen entweder aufgebrochen oder in Höhen und Tiefen verlaufen und durch kugelartige Inhaltstoffe optisch verändert wird.

Es wird unterschieden zwischen Crackle-Look oder dem Kaviareffekt.

Beim Crackle-Look, der auch unter der Bezeichnung Sugar-crush läuft, wird mit zwei Lacken gearbeitet. Das Prinzip beruht darauf, dass durch unterschiedlich schnelle Verdunstung der Lösungsmittel (Ethanol-Basis) eine Textur auf der Oberfläche entsteht. Der erste Lack trocknet langsamer als der zweite Lack. Dadurch entstehen netzartige Strukturen. Je dünner der zweite Lack aufgetragen wird, desto breiter werden die Risse. Neben der netzartigen Struktur kann nach Farbgebung der Effekt des Animalprints hervorgerufen werden. Diese Muster sehen nach der Trocknung des Lackes aus wie ein Leoparden- oder Schlangenmuster. Je aufgeworfener die Schicht ist (3-D-Effekt), umso eher wird diese als Sugar-crush bezeichnet.

Während der Kaviarlook etwas für einen glamourösen Auftritt ist, ist der Sand-Look die abgeschwächte, tagestaugliche Form. Der Kaviarlook wird durch folgende Methode hervorgerufen: Zuerst wird ein Haftlack auf den Nagel aufgetragen, auf den werden Mikroperlen gestreut, welche angedrückt werden müssen.

Anschließend wird das Ganze mit einem Top-Coat-Lack fixiert. Bei den Sandeffekten, befinden sich schon winzige Mikroperlen bzw. Partikel im Lack selber. So kommt es zu einer 3-dimensionalen Oberfläche. Gerade solche Lacke sind besondere Hingucker bei einem schlichten Outfit.

Parfumnagellacke

Neben dem optischen Highlight geht der Trend dazu, alle Sinne anzuregen. Wer kennt nicht den Effekt, dass er von dem Duft bestimmter Shampoos magisch angezogen wird? Darauf setzt auch die Lackindustrie und versetzt die üblichen Lackkomponenten noch mit einem künstlichen Duftaroma. Somit sieht der Nagellack z. B. nicht nur rot aus, sondern duftet auch noch intensiv nach Erdbeere.

Striplack

Es handelt sich um ein System, bei dem mithilfe einer LED-Lampe lichthärtende Kunststoffe auf die Nageloberfläche gebracht werden. Vorteile sind die Haltbarkeit von bis zu zehn Tagen und das Aufbringen des Lackes ohne Beschädigung der Nagelplatte durch Anrauen, da diese hierbei nur poliert werden muss. Des Weiteren zeichnet sich dieses System durch eine kurze Trocknungszeit von 60 Sekunden aus. Zusätzlich wird der Lack nicht durch lösungsmittelhaltige Entferner abgelöst, sondern kann im Ganzen abgezogen werden und schont dadurch die Nagelplatte.

5.5 Nagelmodellage

Fingernägel können künstlich verlängert und verschönert werden. Dazu werden verschiedene Methoden angewendet.

Tiptechnik (Bild 1)

Künstliche Nagelspitzen werden „Tips" genannt. Durch das Anbringen künstlicher Nagelspitzen erreicht man eine Verlängerung der natürlichen Nägel. Zur Auswahl stehen verschiedene Formen, Längen und Breiten, sodass für jeden Finger der passende Tip ausgewählt werden kann.

Um den Tip zu befestigen, muss die Nagelplatte mit einer Feile angeraut werden.

Schablonentechnik (Bild 3)

Diese Technik kann auch bei kurzen, spröden, abgebissenen und deformierten Nägeln angewendet werden. Die Schablone wird der Wölbung des Nagels angepasst. Zum freien Modellieren werden Schablonen aus einem papierähnlichen Material verwendet.

Befestigung und Behandlung künstlicher Nägel

Aushärtende Kunststoffe werden verwendet zum Überziehen der Nägel und Tips sowie zum Modellieren. Hierzu sind zwei Methoden möglich:

1. **Zweikomponenten-Methode,** bei der ein Modellierpulver bzw. gelförmiger Kunststoff, nach dem Vermengen mit einer speziellen Flüssigkeit, zu einer Kunststoffschicht aufgetragen wird.
2. **Lichthärtungsmethode:** Ein durch UVA-Licht aushärtendes Gel wird in zwei bis drei Schichten aufgetragen.

Hinzu kommen noch weitere unterschiedliche Systeme verschiedener Anbieter, bei deren Anwendung man sich unbedingt nach der Gebrauchsanweisung richten muss.

Vor dem Anbringen künstlicher Nägel jeglicher Art müssen die natürlichen Nägel sorgfältig vorbereitet werden. Sie müssen fettfrei und kurz sein. Die Oberfläche der Nagelplatte sollte leicht aufgeraut sein, um eine optimale Haftung der künstlichen Nägel zu erreichen. Danach können die künstlichen Nägel angebracht und die Übergänge ausgeglichen werden. Nach ausreichender Trocknungszeit erfolgt das Kürzen, Glätten und Polieren der künstlichen Nägel mit einer Spezialfeile (Buffer). Anschließend können die künstlichen Nägel wie gewohnt mit farbigem Lack oder Klarlack behandelt werden. Es sind auch passend zur Garderobe kunstvolle Verzierungen mit Ornamenten, Strasssteinen, Federn, Nageltattoos, Glitzer oder Piercings möglich (Nageldesign). Mit einem einfachen Zahnstocher können kunstvolle Effekte durch das Verziehen des zweiten, andersfarbigen Auftrags erzielt werden. Beim Gebrauch von Nagellackentfernern ist auf acetonfreie Produkte zu achten, um ein Aufweichen der Kunststoffmasse zu vermeiden.

Bild 2 *Verstärken eines Nagels*

Bild 1 *Tiptechnik*

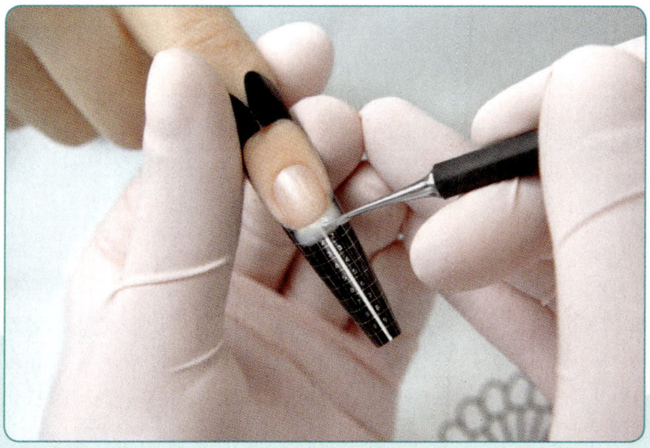

Bild 3 *Schablonentechnik*

5.6 Projekttag: Nageldesign

Für den Projekttag „Nageldesign" wird ein ganzer Schultag benötigt. Die Vorarbeit stellt eine Hinführung auf praktische Prüfungen dar, da die Schülerinnen ihr Vorgehen begründen sollen. Am Ende des Tages könnten die besten drei Designs gewählt werden. Insgesamt erfolgt an fünf Gruppentischen eine theoretische Wiederholung zu Gestaltungselementen und Formen sowie eine Anregung für spätere Arbeiten.

Im Vorfeld sollen die Schülerinnen sich verschiedene Anlässe überlegen, zu denen ein entsprechendes Nageldesign erforderlich ist. Es wäre ratsam, wenn sie ihre Ideen auf einem weißen Blatt Papier festhalten und eine Skizze anfertigen. Um die Fachbegriffe zu vertiefen, sollten hier die gestalterischen Schwerpunkte aus dem Lernfeld 4, Kap. 4.2 Anwendung finden. So sollten die Formen Punkt, Linie und Fläche dargestellt und mindestens eine der verschiedenen Linienformen in ihrer Wirkung beschrieben werden.
Zusätzlich können die Formenelemente

- Asymmetrie,
- Symmetrie,
- Reihung,
- Rhythmus,
- Steigerung und
- Kontrast

in der Aufgabenstellung bearbeitet werden.

Den Schülerinnen muss daher vorher der Praxisauftrag des jeweiligen Gruppentisches und die Zeitvorgabe bekannt sein, damit sie ihr Nageldesign nicht zu aufwendig planen.
Folgende Themen werden in Gruppen bearbeitet:

- Arbeit mit verschiedenen Farben und Glimmer
- Mustererstellung mithilfe eines Zahnstochers
- French-Nail-Variationen
- Arbeiten mit Nagelaccessoires
- Erstellen eines Bildes

Vorbereitung

- Das Zubehör fürs Nageldesign liegt an den fünf Gruppentischen bereit (Bild 1).
- Es werden fünf Gruppen gebildet.
- Pro Schülerin werden fünf vorbereitete Kunstnägel benötigt. Die Schülerinnen befestigen die Kunstnägel mithilfe der Heißklebepistole auf einem Zahnstocher (S. 348, Bild 1).

Gruppe 1: (S. 348, Bild 2) Arbeit mit verschiedenen Farben und Glimmer

An diesem Gruppentisch sollen verschiedene Nagellackfarben aufgetragen werden. Meist wird eine Farbe als Grundfarbe aufgetragen und eine oder mehrere Farben werden nach einem entsprechenden Muster hinzugefügt. Der Nagel kann auch in verschiedene Flächen aufgeteilt werden. Diese Flächen werden mit unterschiedlichen Farben ausgefüllt. Hierbei eignet sich besonders der Einsatz von Lackstiften. Diese besitzen keinen Pinsel, sondern der Nagellack läuft über eine Mine auf den Nagel. Dies ermöglicht ein filigraneres Arbeiten im Gegensatz zum Pinsel. Glimmer dient oft zur Abgrenzung zwischen zwei Flächen oder zum Schraffieren.

Gruppe 2: (S. 348, Bild 3) Mustererstellung mithilfe eines Zahnstochers

An diesem Gruppentisch wird auf die getrocknete Grundfarbe ein weiterer Farbton als Klecks aufgetragen. Dieser wird mithilfe eines Zahnstochers in verschiedenen Linien- oder Kreisformen verzogen. Hierbei kann auch zweifarbig gearbeitet werden, dabei muss darauf geachtet werden, dass zunächst die erste Farbe getrocknet ist.

Bild 1 *Zubehör Nageldesign*

Gruppe 3: French-Nail-Variationen

French-Nail ist das Einfärben der Nagelspitze mit weißem oder farbigem Lack.

Um dies zu erreichen, wird eine Schablone vor den Nagelrand gelegt oder ein Klebestreifen im Oval auf den Nagel geklebt, sodass die Spitze frei bleibt (Bild 4). Die gewünschte Lackfarbe wird auf der Spitze aufgetragen und die Schablone entfernt. Nachdem der Lack getrocknet ist, wird mit einem rosafarbenen oder mit Klarlack überlackiert.

Gruppe 4: Arbeiten mit Nagelaccessoires

Hierbei können die Schülerinnen mit Perlen, Nageltatoos, Strasssteinen, Nagelpiercings und Muschelsplittern ihre Kreativität entfalten und verschiedene Motive erstellen. Die Accessoires werden entweder auf den feuchten Lack aufgetragen oder mit Spezialklebstoff befestigt (Bild 5).

Gruppe 5: Erstellen eines Bildes

Durch einfache Mittel soll ein Motiv entstehen. Je nach Motivwahl eignen sich Lackstifte, die ein filigranes Arbeiten ermöglichen (Bild 6).

Bewertungskriterien

Arbeitet man ohne Skizze, könnte zu Bewertungszwecken der Name der Schülerin am Ende als Fähnchen an den Zahnstocher befestigt werden. Alternativ können die fertigen Nägel anschließend auf den Arbeitspapieren befestigt und zur Bewertung abgegeben werden.

- Wie präzise und ausführlich sind die Beschreibungen der dargestellten Formen und Elemente?
- Entspricht das Nageldesign der Skizze?
- Sauberkeit
- Schwierigkeitsgrad
- Farbharmonie
- Proportion

Tipp Internetseiten

www.nailpro.de (Beispiele für Nail-Art aus der Fachzeitschrift Beauty Forum in der Galerie)
www.schmucknägel.de (verschiedene Nail-Art-Anleitungen)
www.youtube.de (zahlreiche Video-Anleitungen unter dem Suchbegriff „Nail Design")

Bild 1 *Vorbereiten der Kunstnägel*

Bild 2 *Beispiele fürFarbvarianten (Quelle: alessandro International)*

Bild 3 *Marmoriertechnik*

Bild 4 *Vorbereiteter Nagel für die French-Nail-Technik*

Bild 5 *Beispiele für Nagelaccessoires*

Bild 6 *Beispiele für Nagelmotive (Quelle: alessandro International)*

6 Hygieneregeln einhalten und empfehlen

SZENARIO

Anja macht sich Gedanken darüber, welche Hygieneregeln sie während und nach der Maniküre einhalten muss und ob sie der Kundin zur besseren Pflege Hygieneregeln mit auf den Weg gibt.

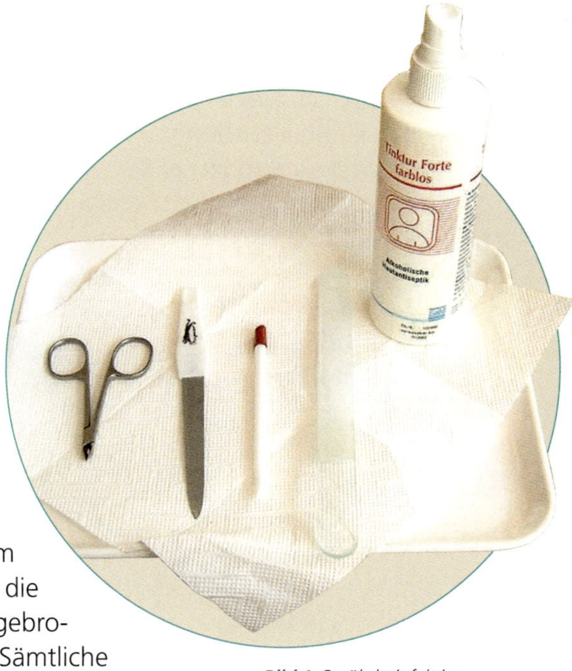

Bild 1 *Sprühdesinfektion*

6.1 Hygiene während der Maniküre

Vor Beginn der Maniküre sollte die Friseurin sich die Hände vorschriftsmäßig je nach Herstellerangabe 30 Sekunden bis 1 Minute desinfizieren.

Während der Maniküre ist darauf zu achten, nicht die Nagelhaut zu verletzen. Dies sollte durch eine ausreichende Einwirkzeit (= EWZ) beim Handbad erreicht werden, damit die Nagelhaut gründlich erweicht. Denn schon durch kleinste Verletzungen können Mikroorganismen in die Haut eindringen und Entzündungen verursachen. Kommt es trotz aller Vorsicht zu Verletzungen, muss die Haut der Kundin desinfiziert werden. Außerdem sollte die Friseurin nicht mit dem Blut der Kundin in Berührung kommen (ggf. AIDS- oder Hepatitis-Ansteckungsgefahr). Es dürfen keine blutstillenden Stifte angewendet werden. Die Werkzeuge müssen unverzüglich desinfiziert werden.

Laut einer Studie leidet cirka jeder dritte Deutsche an Fuß- oder Nagelpilz. Juckende, schuppige Haut und Nagelveränderungen werden nicht bewusst wahrgenommen. Da es sich um eine infektiöse (= ansteckende) Erkrankung handelt, muss die Friseurin beim Kunden darauf achten. Besteht der Verdacht auf eine Onychomykose (= Nagelpilz) sollte die Kundin zum Hautarzt geschickt werden. Da sie wegen der Ansteckungsgefahr für die Friseurin und andere Kunden nicht behandelt werden darf. Pilzsporen (Vermehrungs- und Verbreitungsorgane des Pilzes) überleben in winzigen Haut- und Hornschuppen.

Sollte die Mykose zu spät erkannt werden, muss zum Schutz Dritter die Behandlung abgebrochen werden. Sämtliche kontaminierten (= verunreinigten) Werkzeuge und Arbeitsflächen sind unverzüglich zu desinfizieren und die Handtücher auf 90 °C auszukochen.

Tipps, die die Friseurin der Kundin zur Hygiene für zu Hause empfiehlt, sind folgende:

- Tägliches Einpflegen der Nägel beugt Rissen in den Nägeln und der Nagelhaut vor und schützt vor Entzündungen.
- Handschuhe schützen bei der Hausarbeit. Spül- und Putzmittel trocknen die Nägel aus, sodass sie brüchig werden.
- Nicht zu stark oder zu oft die Nägel polieren, dies dünnt die Nagelplatte aus, dadurch kann sie schneller brechen.
- Bleichen der Nägel: Gelbe Verfärbungen der Nägel, z. B. durch das Nikotin von Zigarettenrauch, lassen sich durch Zitronensaft oder Wasserstoffperoxid entfernen.

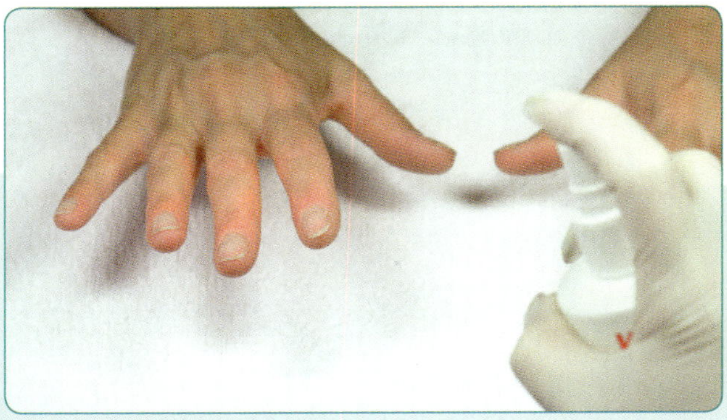

Bild 2 *Desinfektion der Hände*

Bild 3 *Desinfektionsbad*

6.2 Hygiene nach der Maniküre

Nach § 2 der Hygiene-Verordnung müssen die Werkzeuge entsprechend desinfiziert und gereinigt werden. Da Krankheitserreger wie Hepatitisviren, Pilzsporen und andere Erreger nicht ohne weiteres zu erkennen sind. Sandblattfeilen oder andere Werkzeuge, die einer Desinfektion nicht standhalten, dürfen nur für diese Kundin wieder benutzt oder müssen entsorgt werden.

Nagelfeilen, Nagelknipser, Zangen, Scheren und Bohrer für das Nagelpiercing sind nach dem Gebrauch zu desinfizieren. Dabei geht die Friseurin folgendermaßen vor:

- Die Werkzeuge werden in ein Desinfektionsbad gelegt, wobei sie ausreichend mit Desinfektionsflüssigkeit bedeckt sein müssen.
- Nach der entsprechenden EWZ werden die Instrumente entnommen, abgespült, ggf. von Hautresten befreit und entsprechend getrocknet. Das Abspülen und Trocknen ist besonders wichtig, da sich kein Rost bilden darf.
- Im Anschluss ist auf die Funktionsfähigkeit der Werkzeuge zu achten, d. h. darauf ob die Schere noch scharf und entsprechend gängig ist oder ob die Zange noch ordnungsgemäß schließt.
- Allgemeine Regeln zum Herstellen des Desinfektionsbades: die Lösung mit kaltem Wasser herstellen, Dosierungsvorgabe beachten, EWZ einhalten und den Deckel auf der Desinfektionswanne lassen (Verdunstungsgefahr). Ist das Desinfektionsbad verschmutzt, muss es erneuert werden.
- Die Arbeitsflächen sollten mit einer Sprühdesinfektion gereinigt werden.
- Während des Umganges mit Desinfektionsmitteln sind entsprechende Schutzhandschuhe zu tragen und im Anschluss die Regeln zur Handpflege aus dem Hautschutzplan (siehe TRGS 530) einzuhalten.

Tipps

- Die Nägel seitlich nicht zu stark abfeilen, da sie sonst leichter abbrechen.
- Den Lack in dünnen Schichten auftragen und die erste Schicht vor dem Auftragen der zweiten Schicht gut trocknen lassen. Achten Sie auf einen gleichmäßigen Lackauftrag mit glatter Oberfläche.
- Bei Haushalts- und Gartenarbeiten Schutzhandschuhe tragen, Kontakt mit scharfen Reinigungsprodukten vermeiden.
- „Lackpatzer" mit einem Korrekturstift wegradieren.
- Regelmäßig in der Woche eine Maniküre vornehmen und die Hände jeden Tag eincremen.
- Die Hände nicht zu häufig der Sonne aussetzen und im Winter gut schützen.
- Eingedickter Lack lässt sich mit Nagellackverdünner wieder streichfähiger machen.

Aufgaben

1. Erklären Sie, was unter Nageldesign zu verstehen ist.

2. Legen Sie in Ihrer Klasse ein Thema zum Nageldesign fest, z. B. Hochzeit. Zeichnen Sie zu diesem Thema einen Vorschlag.
   a) Vergleichen und besprechen Sie in der Klasse alle Entwürfe.
   b) Fertigen Sie in der Klasse eine Arbeitsmappe mit den Entwürfen als Anschauungsmaterial für Ihre Prüfung an.

3. Beschreiben Sie die Tiptechnik.

4. Eine Kundin legt großen Wert auf ihr äußeres Erscheinungsbild. Sie kleidet und schminkt sich sehr modisch. Bei der Beratung teilt Ihnen die Kundin mit, dass sie zu einer Festlichkeit eingeladen ist und zu diesem Termin besonders aussehende Hände haben möchte. Sie überlegen: „Wie kann ich diese Kundin auf ein Nageldesign aufmerksam machen?"
   a) Geben Sie ein Beispiel, wie Sie mit der Kundin darüber ins Gespräch kommen.
   b) Erstellen Sie einen Vorschlag für die schmalen Hände und Fingernägel dieser Kundin.

7 English

7.1 Performing manicure services

SCENARIO

Susan has agreed to be Anja's nail model.
Anja has practised on her mother and friends and now it's Susan's turn.

Preparing the work area

Anja has prepared the work area and has collected all tools, equipment and professional products and is ready to begin.

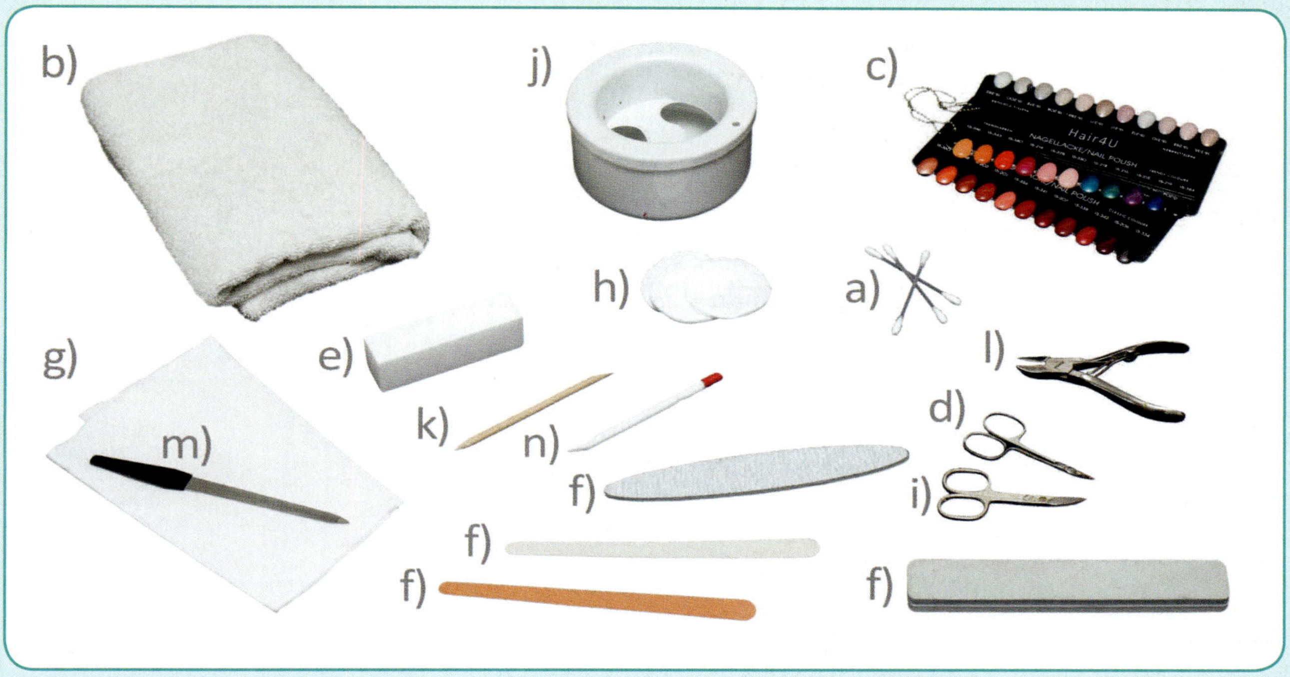

Picture 1 *Tools and equipment for manicure services*

Picture 2 *Products for manicure services*

Before she starts, she reads through the instructions Susan wrote down for her. Anja is going to England next year and she needs to understand instructions in English.

Before starting

1. Wash hands with soap and water.
2. Disinfect hands with a hand sanitizer.
3. Show the client to the manicure table and make sure the client is comfortable before starting.
4. Always begin each step with the little finger of your client's left hand.

Polish removal

5. Saturate a cotton pad with nail polish remover.
6. Remove old nail polish using a stroking motion moving towards the free edge.
7. Be careful not to smear polish on skin.

Nail shaping

8. Shape nails with a nail file.
9. Always remember to file from corner to center to prevent nails from splitting.
10. If the nails need to be shortened more then use a lower-grit nail file or cut them with nail scissors or nail clippers before filing.
11. After filing the nails of the left hand, place the fingertips of the left hand in a finger bowl filled with soapy water to soften the cuticles.
12. Now file the nails of the right hand.
13. Dry client's left hand with a towel and place the other hand in the soapy water.
14. To remove any rough edges on the free edge, hold a fine-grit nail file or a buffer at a 45-degree angle to the underside of the nail and file with an upward stroke.

Cuticle care

15. Apply cuticle remover to the cuticles with a cotton swab.
16. Use the rubber-ended hoof stick or a manicure stick to gently push back the cuticles.
17. Remove any hangnails with sharp cuticle scissors.
18. Clean carefully under the free edge using the manicure stick.
19. Repeat cuticle care on the right hand.

Hand and arm massage

20. Apply nail cream or nail oil to each nail plate.
21. Apply hand massage cream to the client's hand and arm.
22. Perform massage.
23. After the massage, remove all excess cream or oil from the nail plate and under the free edge using nail remover.

Polish application

24. Apply a base coat to prevent the polish from staining the nails.
25. Nail hardener is an option for clients with thin and weak nails. This is applied before the base coat.
26. Apply nail polish to the client's dominant hand first to give this hand a head start in drying and to reduce the likelihood of smudging.
27. Apply two coats of coloured nail polish to each nail. For correction use a cotton swab.
28. Apply a top coat to each nail to prevent chipping.

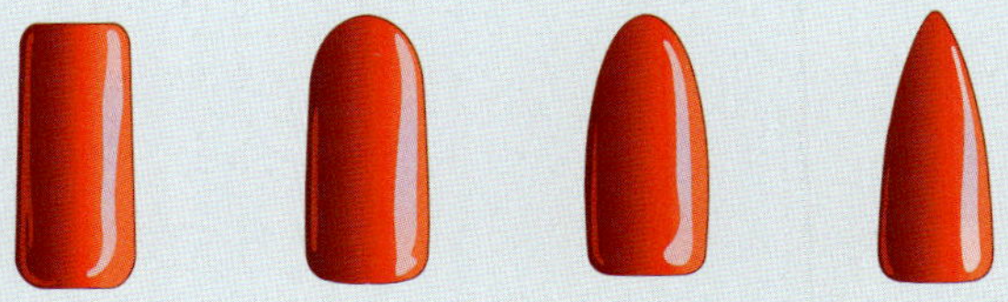

square nail shape	round nail shape	oval nail shape	pointed nail shape
• makes smaller nails look shorter and broader	• for short nails • looks natural • makes broad nails look narrower	• adds length with a graceful tip	• makes the hand look smaller • lengthens the fingers

Table 1 Nail shapes

Your tasks

1. Look at the picture on page 351. Work together with a partner and quiz each other about the reasons for using the different tools a) – n) in picture 1 and products a) –j) in picture 2. For example: "What is a.)?" "It's a hand sanitizer and it's used to disinfect your hands."
2. Prepare your work area with the necessary tools, equipment and products.
3. Work with a partner and explain the different phases of the manicure service to each other.
4. Search the internet for additional services for spa manicures, e.g. a special hand and arm massage, paraffin wax treatment or aromatherapy. Give a presentation to your classmates and explain how to perform this type of treatment on a client.

7.2 Performing client consultations for manicures

It is important to carry out a manicure consultation before a manicure, so that the client is satisfied and there are no complaints.

First of all it is important to know
- the desired length of the nail
- the desired nail colour by showing the client the nail polish colour chart.

Always find out about the following when doing the client assessment and nail test:
- the client's life style. For example type of work and hobbies to help decide about the nail length and shape
- the personal colour type in order to select a suitable colour nail polish
- nail diseases or disorders such as vertical ridges (s. p. 334, pic. 2), horizontal ridges (s.p. 334, pic. 3), white spots (s.p. 334, pic. 1), hangnails (s.p. 335, pic. 2), brittle and split nails, thin and very soft nails and nail fungus (s.p. 335, pic. 3) in order to select additional treatment.
- the shape and length of hands and fingers
- the shape of the nail plate to decide about a suitable nail shape

Contents of a client consultation form for manicure services

phase		contents
	**personal details**	• name • address • phone number • date of birth
	**client requirements**	• length of nails • nail colour
	**client type assessment and nail test**	**client survey:** • client's lifestyle (type of work, hobbies) • personal colour type (warm/light, cool/light, warm/dark, cool/dark) **hand and nail test:** • nail diseases or disorders (vertical ridges, horizontal ridges, white spots, hangnails, brittle and split nails, thin and very soft nails, nail fungus, special features) • shape of hands and fingers (big knuckles, plump fingers, crooked fingers, small fingers, other) • length of the fingers (short, medium, long) • shape of the nail plate (oval, long and narrow, short and wide, other)
	**treatment explanation**	**explaining the manicure treatment:** • tools and equipment (towel, cotton swabs, cotton pads, polish colour chart, finger bowl, nail scissors, nail nipper, cuticle scissors, rubber-ended hoof stick, manicure stick, nail files and buffers (lower-grit, medium-grit and fine-grit) • products (hand sanitizer, nail polish remover, nail cream or oil, cuticle remover, hand massage cream, base coat, nail hardener, coloured nail polish, top coat) • techniques (polish removing, nail shaping, cuticle care, hand and arm massage, polish application) • client benefits (advantage of the chosen treatment)

***Table 1** Client consultation form for manicure treatments*

Your tasks

1. Create a client consultation form for manicure services.
2. Work together with a partner and role play a client consultation for a manicure service. The client has never had one before.
   a) Brainstorm all questions the client might ask.
   b) One of you is the client and the other is the hair stylist. The hair stylist should answer all the client's questions.

Lernfeld 11

Kontaktieren

Eine Kundin, Mitte 20, betritt den Salon.
Die Rezeptionistin begrüßt sie freundlich und fragt nach ihren Wünschen.
Bis zum Beginn der Behandlung wird die Kundin in den Wartebereich geführt, wo ihr Getränke und Literatur angeboten werden.
Sie holen die Kundin dort ab und geleiten sie an Ihren Platz.

Informieren

Bei den Fragen nach ihren Wünschen erzählt Ihnen die Kundin, dass sie morgen ein Vorstellungsgespräch hat und dafür eine professionelle Typ- und Make-up-Beratung wünscht. Sie fragen detailliert nach und erfahren, dass sie sich für den Verkauf in einem Geschäft für Szene-Bekleidung beworben hat. Sie ist sich etwas unsicher, wie ein anlassentsprechendes Make-up aussehen könnte, da sie sich ansonsten eher wenig schminkt.

Verabschieden

An der Rezeption übergeben Sie der Kundin ihren Schminkpass, zusammen mit den empfohlenen Pflege- und Make-up-Präparaten und sprechen die Details gegebenenfalls noch einmal mit ihr durch. Nachdem Sie die Dienstleistung und den Verkauf mit der Kundin abgerechnet haben, verabschieden Sie die Kundin freundlich und geleiten sie zur Tür.

Nachbereiten

Nach Fertigstellung des Make-ups überprüfen Sie die Sauberkeit und Gleichmäßigkeit.
Anschließend notieren Sie im Behandlungsplan, wo Sie eventuelle Abweichungen von der ursprünglichen Planung vorgenommen haben.
Nach der Verabschiedung der Kundin desinfizieren, reinigen und pflegen Sie den Arbeitsplatz und Ihre Arbeits- und Hilfsmittel nach den gültigen Hygienerichtlinien.

Haut dekorativ gestalten

Ausgangssituation analysieren

Um für den Kunden das bestmögliche Ergebnis zu erzielen, führen Sie mithilfe des Behandlungsplans eine detaillierte **Beurteilung des Kundentyps und des Gesichts** durch.
Dabei stellen Sie fest, dass die Kundin ein hell-kalter Farbtyp mit leicht trapezförmiger Gesichtsform ist. Die Augen neigen zu Schlupflidern, ihre Haut ist empfindlich und neigt zu Rötungen sowie Unreinheiten.

Entscheiden

Sie beraten die Kundin dahingehend, dass Sie ihr für heute eine pflegende Vorbehandlung empfehlen, um das Hautbild zu verbessern. Zur Ergänzung der Grundierung empfehlen Sie ihr die Verwendung eines antiseptischen Abdeckstiftes gegen die Unreinheiten, grünen Concealer gegen die Rötungen und einen dunkleren Grundierungston zur Modellierung der Gesichtsform.
Alle verwendeten Farben werden auf den hell-kalten Farbtyp abgestimmt.
Anschießend geben Sie der Kundin noch Tipps für die Pflege der Haut zu Hause und stellen ihr einen Schminkpass mit allen Präparaten und Anwendungstipps aus.

Handeln

Anschließend richten Sie Ihren Arbeitsplatz unter Berücksichtigung der Hygienevorschriften mit allen notwendigen Arbeitsmaterialien und Hilfsmitteln ein und bereiten die Kundin auf die nachfolgenden Behandlungen vor.
Nach der pflegenden Gesichtsbehandlung tragen Sie eine schützende Tagescreme auf und erläutern der Kundin während der Make-up-Erstellung, wie Sie die einzelnen Präparate anwenden.
Zum Kaschieren der Schlupflider schminken Sie eine künstliche Lidfalte, die dem Auge mehr Kontur gibt.
Während der gesamten Behandlung achten Sie auf die hygienisch einwandfreie Anwendung aller Präparate, Arbeits- und Hilfsmittel.

Haut dekorativ gestalten

Die dekorative Kosmetik ist die Abrundung der Gesichtspflege.

Mit der erfolgreichen Anwendung von grundlegendem Wissen und der Kunst, durch Farben und Schattierungen das Gesicht, die Augen und den Mund vorteilhafter erscheinen zu lassen, kann die Friseurin das Wohlbefinden und Selbstbewusstsein der Kundin steigern. Dadurch optimiert sie die individuellen Erfolgsmöglichkeiten der Kundin im beruflichen wie auch im privaten Bereich. Der Trend zum Individuellen ist bei den Kundenwünschen vorrangig, das heißt, Frisur, Make-up und Kleidung werden typgerecht aufeinander abgestimmt.

Häufig ist die Kundin sich nicht sicher, wie sie ihre modische Erscheinung durch ein typgerechtes Make-up unterstreichen kann. Für eine harmonische Abstimmung des Erscheinungsbildes benötigt die Friseurin Kenntnisse über dekorative Kosmetikpräparate und die entsprechenden Schminktechniken.

Die dekorative Kosmetik erfüllt somit folgende Aufgaben:

- Gesicht optimal zur Geltung bringen
- Vorzüge des Gesichts unterstreichen
- Ausstrahlung und Frische in das Gesicht zaubern
- Kleine Unebenheiten und Mängel kaschieren bzw. korrigieren
- Den Typ verändern oder unterstreichen
- Selbstbewusstsein steigern
- Harmonie zwischen Kleidung und Frisur unterstreichen

Die dekorative Gesichtsbehandlung wird in vier Aufgabenbereiche unterteilt:

- Verbraucher-Make-up (s. Bild 1 a)
- Visagistik (s. Bild 1 b)
- Maskenbildnerei (s. Bild 1 c)
- Permanent-Make-up (s. Bild 1 d)
- Tätowieren (s. Bild 1 e)

Die Übergänge zwischen diesen Bereichen sind fließend: Im Friseursalon werden überwiegend Verbraucher-Make-ups erstellt. Dazu zählen das Tages-Make-up, das festliche Make-up für verschiedene Anlässe, wie des Ball- oder Opern-Besuchs bis hin zu Braut-Make-ups. Die Visagistik ist die professionelle Linie der dekorativen Gesichtsgestaltung mit den Schwerpunkten Laufsteg, Fotografie und Fernsehen.

Verbraucher-Make-up und Visagistik unterscheiden sich deutlich von der Maskenbildnerei. Während für Theater, Film und Fernsehen häufig eine ganz andere Persönlichkeit geschaffen werden muss, sollen das Verbraucher-Make-up und die Visagistik den eigenen Typ unterstreichen und verschönern.

Permanent-Make-up, wozu auch die Kreation von Tattoos gehört, bietet die Möglichkeit, dauerhafte Verschönerungen und Veränderungen vorzunehmen.

Im Gegensatz zur Maskenbildnerei muss ein individuelles Make-up folgende Güte-Merkmale aufweisen:

- Natürliches Aussehen – keine maskenartige Wirkung
- Berücksichtigung des Anlasses
- Harmonie von Alter und Make-up
- Farbabstimmung auf den Farbtyp
- Abstimmung auf individuelle Gegebenheiten wie Augen-, Lippen- und Gesichtsform

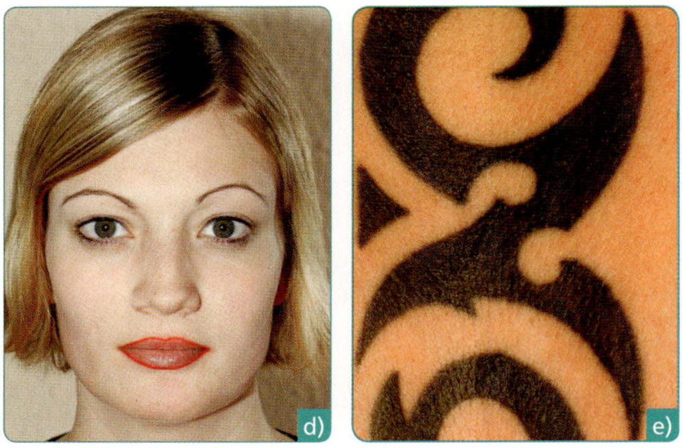

a) b) c)

Bild 1 Aufgabenbereiche der dekorativen Gesichtsbehandlung

1 Dekorative Gesichtsbehandlungen planen und vorbereiten

SZENARIO

Der Salon Haargenau hat heute einen großen Auftrag zu erfüllen. Harald Rieger, Regieassistent im örtlichen Fernsehsender, ist mit seiner Freundin, Deike Möbius, zur diesjährigen Bambi-Verleihung eingeladen und hat sie daraufhin zum Beratungs- und Probetermin angemeldet. Frau Müller hat die Aufgaben im Salon klar verteilt: Randa und Florian sollen sich um die Erstellung der Frisur für Deike Möbius kümmern und Anja ist unter der Anleitung von Frau Schneider, der Kosmetikerin, für die Make-up-Gestaltung zuständig. Im Vorfeld überlegen sie sich, was dafür alles geplant und vorbereitet werden muss.

1.1 Beratungsgespräche zu dekorativen Gesichtsbehandlungen führen

Die Grundlage für ein gelungenes Make-up ist ein detailliertes Beratungsgespräch. Dazu muss Anja alle für die Behandlung notwendigen Informationen eingeholen und auf einem Behandlungsplan dokumentieren (s. Buchinnendeckel).

Anschließend unterbreitet sie der Kundin Vorschläge zum Make-up und stimmt diese mit ihr ab, damit bei der Behandlung ein optimales Ergebnis erzielt wird.

Anja sorgt während des Gesprächs für eine positive Atmosphäre, indem sie sich schräg vor die Kundin setzt und auf Augenhöhe mit ihr spricht.

Bild 1 *Beratungsgespräch zur dekorativen Gesichtsbehandlung*

1.1.1 Kundenwunsch ermitteln

Der **Kundenwunsch**, der **Anlass**, für den das Make-up erstellt werden soll, und die für diesen Anlass vorgesehenen **Kleidung** bestimmen die Wahl der Grundierungsart, die Intensität der Farben sowie mögliche Zusatzkomponenten wie Glitzer, künstliche Wimpern und Ähnliches.

1.1.2 Kundentyp und Gesicht beurteilen

Für die **Beurteilung des Kundentyps und des Gesichts** müssen Sie folgende Informationen in Erfahrung bringen:

Kundenbefragung

- Beruf
- Sonnengewohnheiten
- Lebensgewohnheiten
- Allergien und Unverträglichkeiten
- Medikationen
- Besondere Hautprobleme
- Kontaktlinsen/Brillenträger/in
- Hautpflegegewohnheiten
- Schminkgewohnheiten

Beurteilung des Stil- und Farbtyps

- Stiltyp
- Farbtyp
- momentane Haarfarbe
- Farbe der Kleidung

Beurteilung des Gesichts

- Hauttyp
- Hautzustand
- Spannungszustand (Tonus) und Gewebespannung (Turgor) der Haut
- Hautveränderungen
- Gesichtsform
- Nasenform
- Augenform und -stellung
- Mundform

Während der Beurteilung sollte die Kundin immer nachvollziehen können, was Sie sich anschauen und welche Erkenntnisse Sie daraus ziehen. Daher ist es wichtig, dass Sie während dieser Phase mit der Kundin im Gespräch bleiben.

Kundenbefragung

Der **Beruf** der Kundin gibt Ihnen Auskunft über die mögliche Gestaltung des Tages-Make-ups. In konservativen Berufen, wie z.B. dem der Bankkauffrau, sollte das Make-up eher dezent sein und Seriösität ausstrahlen. In kreativen Berufen, z.B. in der Modebranche, kann ein unkonventionelles Make-up die Kreativität der Trägerin unterstreichen.

Zusätzlich benötigen Sie für eine professionelle Pflegeberatung Kenntnisse über die **Lebensgewohnheiten**, eventuelle **Hautprobleme** und **Medikationen** der Kundin. Die Lebensumstände, wie z.B. Ess- und Trinkgewohnheiten, der Konsum von Genussmitteln, wie Alkohol und auch das Rauchen spiegeln sich direkt im Hautbild wieder. Besuche im Solarium haben neben dem erwünschten Wohlfühleffekt für Ihre Kundin vor allem negative Effekte, die mit der Häufigkeit der Besuche zunehmen. Natürliche und auch künstliche Sonnenbestrahlung fördern das Hautkrebsrisiko, strapazieren die Haut und lassen sie vorzeitig altern. Kundinnen, für die eine ganzjährig gebräunte Haut zum subjektiv empfundenen Schönheitsideal gehört, benötigen häufig schon in jüngeren Jahren reichhaltigere Pflegeprodukte, um der ständigen Hautreizung zu begegnen. Daher sollten Sie die **Sonnengewohnheiten** der Kundin erfragen, um gezielt beratend eingreifen zu können.

Darüber hinaus können aber auch mit Krankheiten oder Medikationen einhergehende Hautirritationen spezielle vorbereitende Behandlungen und Kaschierungen erforderlich machen beziehungsweise verbieten.

Allergien und **Unverträglichkeiten** sollten Sie immer mit erfragen, damit die Verwendung von Inhaltsstoffen, auf die die Kundin allergisch oder empfindlich reagiert, vermieden werden können.

Hat Ihre Kundin **besondere Hautprobleme**, wie z.B., dass sich die Haut leicht rötet oder in bestimmten Regionen zu Unreinheiten neigt, ist ihr das meistens schon bekannt, wenn sie auch nicht immer die Ursache dafür benennen kann. Zum einen können diese Informationen wichtig für die Produktwahl und die Auswahl möglicher Make-up-Techniken sein. Zum anderen können Sie ihr helfen, indem Sie durch gezielte Fragen und Untersuchungen die Ursache herausfinden, um Lösungsvorschläge anzubieten.

Die Frage, ob die Kundin **Kontaktlinsen** trägt oder Brillenträger/in ist, ist wichtig für die Behandlung der Augenpartie. Wird die bei der nachfolgenden Behandlung stärker beansprucht, kann die Kundin entweder gebeten werden, die Kontaktlinsen so lange raus zu nehmen, oder aber Sie müssen entsprechend vorsichtig agieren.

Die **Hautpflege- und Schminkgewohnheiten** der Kundin bilden letztendlich die Grundlage für eine gezielte Beratung bezüglich der Hautpflege und für Schminktipps.

Beurteilung des Stil- und Farbtyps

Auch der **Stiltyp** und die Garderobe der Kundin entscheiden über die Gestaltung des Make-ups.

Eine unauffällige Kundin wird, egal für welchen Anlass, eher ein dezentes, schlichtes Make-up bevorzugen, während das Make-up für eine extravagante Kundin durchaus auch unkonventionell und auffällig

hell-warm *Esther Schweins*

hell-kalt *Cameron Diaz*

dunkel-warm *Sandra Bullock*

dunkel-kalt *Megan Fox*

Bild 1 *Prominente mit unterschiedlichem Farbtypen*

gestaltet werden kann. Die Farbe der Garderobe ist mitbestimmend für die Farbwahl des Make-ups.

Der **Farbtyp** ist ausschlaggebend für die Farbwahl des gesamten Make-ups. Die vier Haupt-Farbtypen „hell-warm", „hell-kalt ", „dunkel-warm" und „dunkel-kalt" lassen sich schnell mithilfe der Kriterien „Farbrichtung der Naturhaarfarbe", „Eigenfarbe der Haut" und „Augenfarbe" bestimmen (nach Beatrix Isabel Lied, Beauty is Life, Hamburg).

Die Einteilung in „warm" und „kalt" sowie in „hell" und „dunkel" lässt sich schnell vornehmen:

- Decken Sie dafür die Kleidung der Kundin mit einem weißen Tuch ab, damit diese Farben keinen Einfluss auf Ihre Beurteilung haben.
- Halten Sie dann nacheinander eine goldene und eine silberne Folie unter das Kinn und beobachten Sie die Reflexion auf dem Gesicht der Kundin (s. S. 282, Bild 1). Die „falsche" Folie lässt unschöne Besonderheiten des Gesichts (s. S. 361) stärker hervortreten und die Haut krank und fahl aussehen. Die „richtige" Folie wirkt dahingegen leicht kaschierend und lässt die Haut, die Haare und die Augen strahlen.
- Für eine weitere Unterteilung in die vier Farbtypen werden Tücher in den charakteristischen Farben verwendet (Bild 1).

Nicht zu vernachlässigen sind allerdings auch die Farben der Kleidung, die bei dem speziellen Anlass getragen werden sollen, sowie die momentane Haarfarbe, die nicht immer dem eigentlichen Farbtyp entsprechen, dann aber ausschlaggebend für die Farbgestaltung ist.

Beurteilung des Gesichts

Die **Beschaffenheit der Haut** mit Hauttyp und Hautzustand, sowie Turgor und Tonus bestimmen die Wahl der Make-up-Produkte.

Der **Hauttyp** ist genetisch bedingt und die Kennzeichen bleiben das ganze Leben lang erhalten. Sie bestimmen ihn mithilfe der Kriterien „Porengröße" und „Hautoberflächenfilm" in der T-Zone (Stirn, Nase und Kinn) und im Wangenbereich:

Demgegenüber ändert sich der **Hautzustand** mit dem Alter durch äußere und innere Einflüsse sowie körperliche Gegebenheiten. Man unterscheidet daher zum einen bei altersbedingten Hautzuständen „jugendlich/unrein", mit vielen Komedonen, entzündeten Papeln und Pusteln (s. S. 361, Tab. 1), „normal" und „regenerationsbedürftig" bzw. „atrophisch/reif" ein Hautzustand, bei dem die Haut mehr Falten bildet, dünner und empfindlicher wird.

Bild 1 a) hell-warm b) hell-kalt c) dunkel-warm d) dunkel-kalt

Zum anderen gibt es, durch äußere und innere Einflüsse bedingt, die Hautzustände „empfindlich", „feuchtigkeitsarm", „gefäßlabil", mit Teleangiektasien und anderen Gefäßveränderungen (s. S. 361, Tab. 1) sowie „sonnengeschädigt".Dabei wirkt die Haut gegerbt, oft mit ausgeprägter Lichtschwiele und gehäuften Pigmentveränderungen.

Der **Tonus** gibt Auskunft über den Spannungszustand der elastinen Fasern in der Lederhaut. Er wird ermittelt, indem Sie die Wangenpartie am Jochbein oder am Wangenknochen leicht mit der Handkante nach oben schieben und sofort wieder loslassen.

Hauttyp	Follikelgröße		Hautoberflächenfilm	
	T-Zone	Wangen	T-Zone	Wangen
Normal	normal	normal	nicht spürbar	nicht spürbar
Trocken (Sebostase)	fein	fein	nicht spürbar	nicht spürbar
Mischhaut (Seborrhoe sicca)	groß	fein bis normal	fettig-wachs-artig	nicht spürbar (fettig-wachsartig)
Fettige Haut (Seborrhoe oleosa)	groß	groß	fettig-ölig	fettig-ölig

Tabelle 1 Bestimmung des Hauttyps

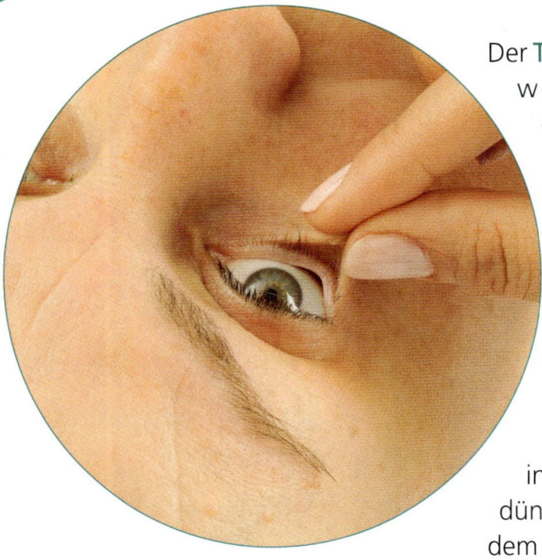

Bild 1 Beurteilung des Turgors der Haut

Der Turgor ist die Gewebespannung der Haut, zurückzuführen auf den Feuchtigkeitsgehalt der Hautzellen und der collagenen Fasern in der Lederhaut. Er wird überprüft, indem Sie die dünne Haut unter dem Auge leicht mit Daumen und Zeigefinger zusammenschieben und sofort wieder loslassen (Bild 1). Je schneller sich die gebildete Falte zurückentwickelt, desto besser ist der Turgor.

Die Beschaffenheit der Haut bestimmt das jeweilige Grundierungsprodukt. So benötigt eine trockene Haut beispielsweise eine feuchtigkeitshaltigere Grundierung, während bei einer fettigen Haut mit Unreinheiten eine hohe Abdeckungskraft im Vordergrund steht.

Die Empfindlichkeit der Haut auf Druck, Reibung und bestimmte Präparate, gibt Hinweise für die praktische Umsetzung und die Vorsicht, die beim Einsatz der gewünschten Präparate geboten ist. Sollen zum Beispiel Strasssteine geklebt werden und die Haut reagiert empfindlich auf Nagelkleber oder Mastix®, müssen hautverträglichere Alternativen gesucht werden.

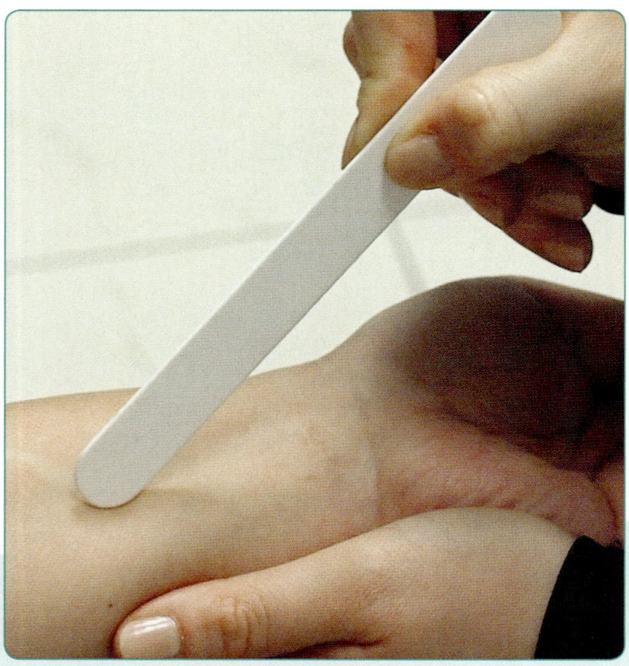

Bild 2 Hautschreibung (Dermographismus)

Ein Anzeichen für empfindliche Haut sind Rötungen, die bereits bei leichten Berührungen auftreten. Die Empfindlichkeit der Haut können Sie mithilfe der Hautschreibung (Dermographismus) überprüfen (Bild 1):

Mit einem Spatel zeichnen Sie auf der Stirn oder am inneren Unterarm mit leichtem Druck ein Kreuz: Je schneller und langangaltender die entstehende Rötung ist, desto empfindlicher ist die Haut.

Mithilfe der Hautschreibung können Sie auch feststellen, ob Ihre Kundin an einer Atopie leidet. Die Atopie bezeichnet eine genetisch bedingte Neigung zu Allergien, wie z. B. Heuschnupfen, Nahrungsmittelallergien, Neurodermitis, allergisches Asthma und das atopische Kontaktekzem.

Kennzeichen für diese systemische Erkrankung sind z. B.

- häufig eine stark ausgeprägte Hautfelderung,
- seitlich ausgedünnte Augenbrauen,
- eine doppelte Lidfalte am Unterlid
- und der sogenannte „Weiße Dermographismus".

Nach der Hautschreibung wird das aufgemalte Kreuz zwar kurzzeitig leicht rot, dann aber weiß (s. Bild 2). Die Haut beginnt bei Irritation und beim Schwitzen zusätzlich häufig stark zu jucken. Dies ist insbesondere beim Einsatz von Produkten mit Mineralölen zu berücksichtigen, da diese zu einem Wärmestau auf der Haut führen und somit Auslöser für Juckreiz sein können.

Die Hautveränderungen im Gesicht (s. S. 361 f., Tabelle 1) geben Ihnen Hinweise darauf, welche vorbereitenden Behandlungen notwendig sind. Eine Narbe oder ein Feuermal am Kinn muss mit anderen Präparaten kaschiert werden als eine Narbe in der empfindlichen Augenpartie. Eine zu kompakte Abdeckung würde Fältchen noch verstärkt zum Ausdruck bingen.

Die Gesichtsform, die Augenform und -stellung sowie die Mund- und Nasenform können kaschiert und mithilfe der Dekorativen Kosmetik an die angestrebte Idealform angeglichen/modelliert werden (s. S. 148 ff). Desweiteren muss berücksichtigt werden, ob die Kundin Brillenträgerin ist. Korrigierende Augengläser können die Größe der Augen verändern (s. S. 388).

Hautveränderungen	Beschreibung	Bild		Beschreibung	Bild
Nicht entzündliche Hautunreinheiten:					
Komedonen (Mitesser) (engl. comedones)	offene (bräunlich-schwarz) oder geschlossene (gelblich-weiße Knötchen) durch verstärkte Verhornung und Talgansammlungen in den Follikeln der Hautbehaarung	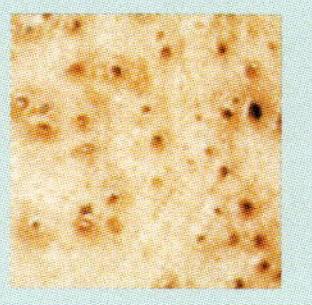	Milien (engl. milia)	gelbliche, leicht erhabene Knötchen, vor allem auf dem Jochbeinrand	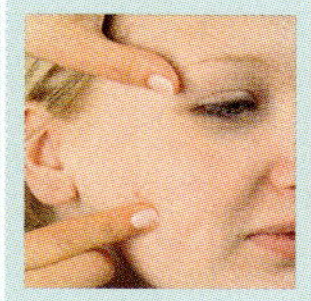
Entzündliche Hautunreinheiten: (engl. inflammations)					
Papeln	rötliche erhabene Knötchen können auch entzündete Komedonen sein	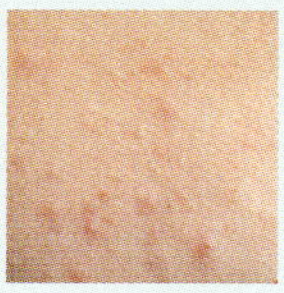	Pusteln (Pustula)	gelbliches Eiterbläschen → entzündete Komedonen	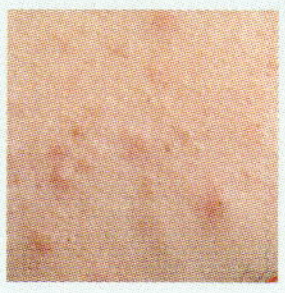
Pigmentveränderungen: (engl. hyperpigmentations)					
Leberflecken (Pigmentmale, Nävus) (engl. moles)	gleichmäßig, bräunliche, glatte oder leicht erhabene Flecken	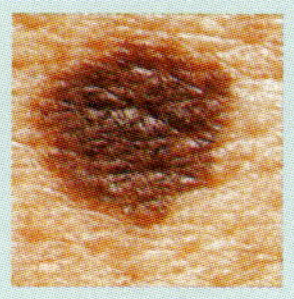	Altersflecken	bis zu 1 cm große braune Hautflecken auf sonnenexponierter, reifer Haut	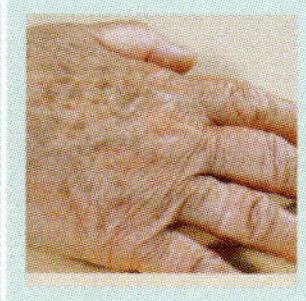
Sommersprossen (engl. freckles)	kleine, einzeln stehende, gehäuft auftretende, gelblich-bräunliche Flecken an sonnenexponierten Hautarealen	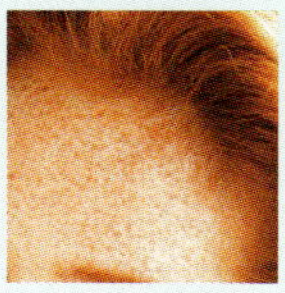	Vitiligo (Weißfleckenkrankheit) (engl. vitiligo)	weiße Flecken aufgrund fehlender Pigmentbildung	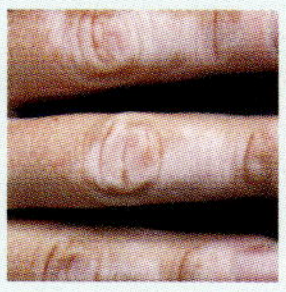
Gefäßveränderungen:					
Rötungen (engl. redness)	flächige Rotfärbung der Haut, häufig durch Entzündungen		Rosacea (engl. rosacea)	stark ausgeprägte blaurote Verfärbung der Nase und der Wangen mit Papeln und Pusteln	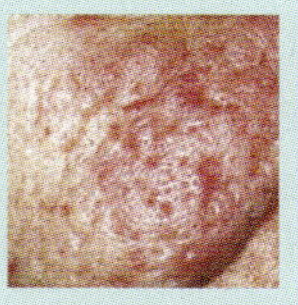
Blutschwamm	erhabene, bläulich-rote Gefäßschwulst Gefäßgeschwulst	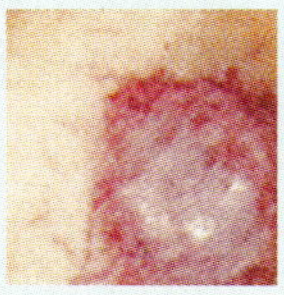	Spinnenmal (engl. spider angioma)	vereinzelt auftretende, sternförmige Gefäßerweiterung, bläulich-rot	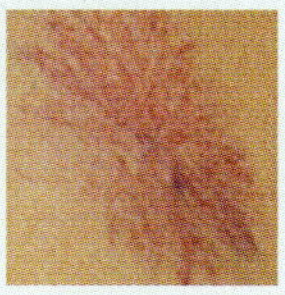
Teleangiektasien/Couperose (engl. telangiectasia)	Erweiterung der Kapillare, bläulich-rot	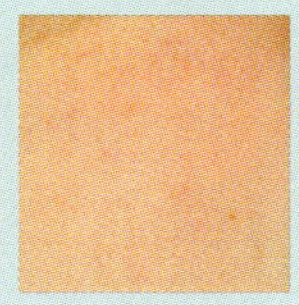	Feuermal	flächige, bläulich-rote Gefäßerweiterung	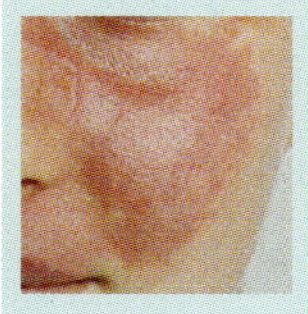
Verhornungsstörungen:					
Schwielen	begrenzte, leicht erhabene, gelbliche Hornvermehrung aufgrund langandauernder Druckeinwirkung	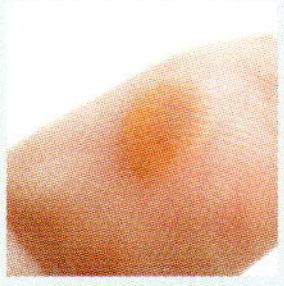	Vermehrte Schuppen	Ablösung der obersten Hornschicht als größere sichtbare Hornplatten	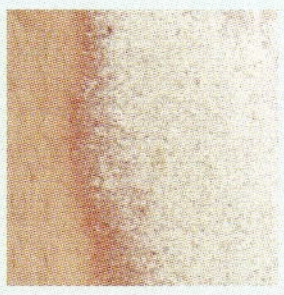
Lichtschwiele	Verdickung der Hornschicht aufgrund von Sonneneinstrahlung		Schuppenflechte (Psoriasis) (engl. psoriasis)	plattenartige, leicht erhabene, rötliche Herde mit dicker, silbrig-glänzender Schuppenauflage	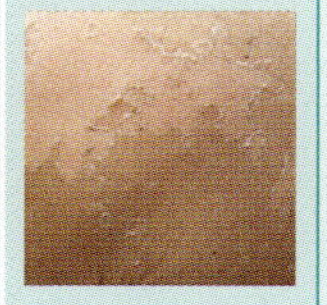

Tabelle 1 *Hautveränderungen (engl. skin abnormalities)*

Fortsetzung auf S. 362

Fortsetzung von S. 361

Hautveränderungen	Beschreibung	Bild		Beschreibung	Bild
Fältchen: (engl. wrinkles)					
Mimisch	aufgrund von Gesichtsbewegungen (z. B. Lachfalten)	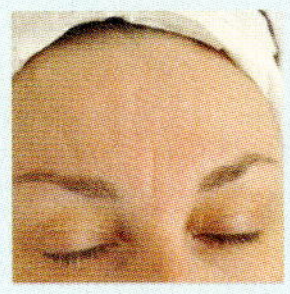	Atrophisch	aufgrund von Gewebeverlust (z. B. Hautalterung)	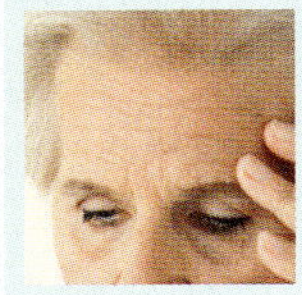
Sonstiges:					
Warzen (engl. warts)	hornig-harte Knötchen	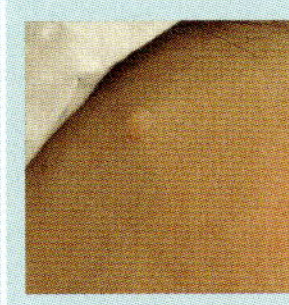	Überbehaarung	Bildung von Langhaar im Gesichtsbereich, z. B. in Form eines „Damenbartes" auf der Oberlippe	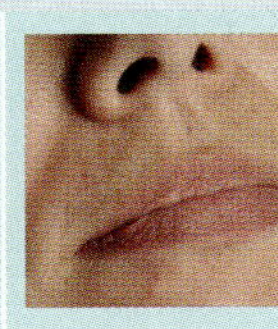
Narben (engl. scars)	weißliche, bindegewebige Geschwulst, nach einer tieferen Wunde	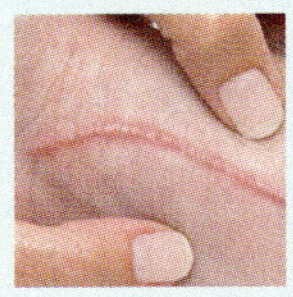	Herpes (engl. herpes)	Bläschen am Übergang von Schleimhaut zur normalen Haut	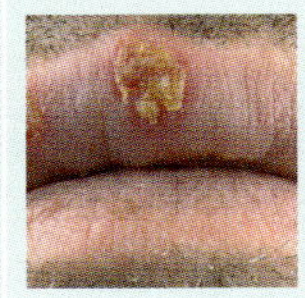

Tabelle 1 Hautveränderungen (engl. skin abnormalities)

1.1.3 Behandlungsberatung durchführen

Während der Beratung besprechen Sie mit der Kundin alle Entscheidungen, die Sie bezüglich der zu verwendenden Arbeitsmaterialien, Präparate und Schminktechniken treffen. Diese basieren auf der Grundlage der bisher gesammelten Informationen aus Kundenwunsch, Anlass und Beurteilung des Kundentyps und Gesichts.

Das Gespräch zwischen Ihnen und der Kundin sollten Sie gemäß der Abfolge einer Make-up-Erstellung folgendermaßen aufbauen:
Vorbereitende Behandlungen:

- Reinigung
- spezielle Vorbehandlungen

Bild 1 Vorbereitende Behandlungen

Dekorative Gestaltung des Gesichts

- Grundieren
- Fixieren
- Augen-Make-up
- Lippen-Make-up
- Rougieren

Erstellen Sie eine zeichnerische Vorlage, die Ihre Erläuterungen hilfreich unterstützt.

Bei der Beratung sollten alle Entscheidungen begründet werden, um der Kundin den Nutzen aufzuzeigen.

Vorbereitende Behandlungen empfehlen

Diese Aufgabe übernimmt die Hautreinigung (s. S. 365 ff) mit auf den Hauttyp- und Hautzustand abgestimmten Reinigungspräparaten. Sie wird mit einer Tagespflege als Schutz und Make-up-Grundlage abgeschlossen.

Ergänzend zur Reinigung kann es notwendig sein, dass Sie der Kundin spezielle vorbereitende Behandlungen (s. S. 365 ff) zur Verbesserung des Haut- und Erscheinungsbildes vorschlagen. Je gepflegter und gleichmäßiger das Hautbild zu Beginn der dekorativen Behandlung ist, desto schöner wird das Make-up. Auf einer ungleichmäßig verhornten Hautoberfläche mit Milien und Komedonen wird die Grundierung fleckig und unregelmäßig. Dunkle Augenbrauenhärchen fallen auf hellem Lidschatten besonders auf. Oftmals müssen zu helle Augenbrauen und Wimpern der momentanen Haarfarbe angeglichen werden, um ein einheitliches Bild zu erreichen. Fehlende oder zu kurze Wimpern können durch künstliche Wimpern ergänzt werden.

Zu den speziellen vorbereitenden Behandlungen gehören:

- Peeling
- Entfernen von Milien und Komedonen
- Masken und Packungen
- Augenbrauen und Wimpern formen und färben
- Wimpern kleben

Diese Behandlungen sollten Sie, bis auf das Wimpern kleben, mindestens einen Tag vor der Make-up-Erstellung vornehmen, damit bei den Maßnahmen möglicherweise auftretende Hautirritationen bis zur Make-up-Erstellung wieder abklingen können.

Dekorative Gestaltung des Gesichts empfehlen

Die Beratung der **Dekorativen Gestaltung des Gesichts mit zeichnerischer Vorlage** visualisiert der Kundin das fertige Make-up.

Darüber hinaus haben Sie durch diesen Teil des Behandlungsplans (s. Umschlaginnenseite, S. 8) die Möglichkeit, jederzeit das Make-up in der gleichen Qualität reproduzieren zu können.

Sie können der Kundin die zeichnerische Vorlage als Hilfestellung für zu Hause mitgeben, falls diese das Make-up dort wiederholen möchte.

Bild 1 Dekorative Gestaltung des Gesichts empfehlen

Zu den Empfehlungen gehören:

- Produktempfehlungen für den jeweiligen Hauttyp und -zustand.
- Farbempfehlungen: die Grundierung, das Augen-Make-up, das Lippen-make-up und Rouge.
- Technikempfehlungen: z. B. für das Kaschieren von Besonderheiten, das Augen- und Lippen-Make-up und das Setzen des Rouge.

1.1.4 Behandlungspläne erstellen

Der **Behandlungsplan** „Dekorative Kosmetik" (s. Umschlaginnenseite, S. 7/8) dokumentiert alle aufgelisteten Informationen und Entscheidungen, die zu einem typgerechten, dem Anlass entsprechenden Make-up führen. Auf ihm halten Sie im Wesentlichen den Wunsch der Kundin, die Ergebnisse der Beurteilung des Gesichts sowie den Behandlungsablauf für das zu erstellende Make-up fest.

Ein **„Schminkpass"** ist eine Möglichkeit, der Kundin die wichtigsten Punkte aus dem Behandlungsplan für die tägliche Anwendung zuhause mitzugeben. Er ermöglicht der Kundin ein typgerechtes, dem Hauttyp und Hautzustand entsprechendes Tages-Make-up zu erstellen. Er stellt eine zusätzliche Dienstleistung dar und ist in seiner Ausgestaltung individuell anpassbar. Sie bestimmen, welche Informationen Sie an die Kundin weitergeben möchten. Ein absolutes Muss ist die schriftliche Weitergabe der Empfehlungen, da vom mündlichen Erzählen vor allem eine ungeübte Kundin nicht in der Lage ist, das Make-up selbstständig zu erstellen.

Aufgaben

1. Begründen Sie mithilfe von Beispielen die Notwendigkeit einer Beurteilung des Kundentyps und des Gesichts für die Erstellung eines Make-ups.
2. Formulieren Sie zwei mögliche, für die Kundin als negativ zu empfindende, Merkmale des Gesichts positiv.
3. Entwickeln Sie einen einseitigen Schminkpass für die Kundin zu Hause.

2 Dekorative Gesichtsbehandlungen durchführen

SZENARIO

Nachdem Anja mit der Kundin den Behandlungsplan ausgefüllt und Frau Schneider alles genau erläutert hat, begibt sie sich unter den wachsamen Augen der Kosmetikerin an die Umsetzung. Frau Möbius soll einen Eindruck davon erhalten, wie das Make-up am Abend der Bambi-Verleihung aussehen wird.

2.1 Arbeitsplatz einrichten

Bevor die Kundin für die Behandlung Platz nimmt, richtet Anja ihren Arbeitsplatz ein. Hierzu gehört neben der Gestaltung des Arbeitsumfeldes auch die Einhaltung der Hygienevorschriften.

Gestaltung des Arbeitsumfeldes

Der Arbeitsplatz sollte möglichst gut ausgeleuchtet sein, sodass keine Schatten auf das Gesicht der Kundin fallen. Von der Seite einfallendes Licht kann dazu führen, dass die dem Licht zugewandte Gesichtsseite stärker geschminkt wird als die dem Licht abgewandte Seite. Für ein Tages-Make-up eignet sich am besten das natürliche Tageslicht oder aber spezielle Tageslicht-Lampen, die keine Farben verschlucken oder sie mit einem ungewollten Gelbstich erscheinen lassen.

Um während der Arbeit die Arbeitsergebnisse zu überprüfen, wird die Kundin vor einem Spiegel platziert. Gleichzeitig wird sie in den Arbeitsvorgang mit einbezogen.

Die für die Behandlung benötigten Präparate und Arbeitsmittel werden auf einer sauberen Unterlage, z. B. einem weißen Handtuch (Bild 1 c), in Reichweite plaziert, um sich später zeitraubendes Suchen zu ersparen.

Hygienische Maßnahmen

Ebenso wie bei der pflegenden Kosmetik müssen auch bei der dekorativen Kosmetik hygienische Maßnahmen sehr genau beachtet werden. Die Ziele bestehen darin:

- die Friseurin vor Infektionen zu schützen,
- die Kundin vor Infektionen, die durch vorherige Kundinnen oder auch durch die Friseurin selbst übertragen werden könnten, zu schützen und
- Kleidung und Haare der Kundin bestmöglich vor Verunreinigungen zu schützen.

Wesentliche hygienische Maßnahmen für Sie als Friseurin sind:

- Nehmen Sie Ihren Schmuck ab, um die Kundin nicht zu verletzen.
- Waschen und desinfizieren Sie Ihre Hände, da ein direkter Hautkontakt stattfindet. Dies kann z. B. mit desinfizierender Waschlotion oder mit spezieller Hände-Desinfektion (Bild 1 d) erfolgen.
- Benutzen Sie nur gereinigte und/oder desinfizierte Arbeitsgeräte, um die Übertragung von Keimen zu vermeiden. Eine Desinfektion und Reinigung der Arbeitsmaterialien sollten Sie nach jeder Behandlung vornehmen und ist im Einzelnen ab S. 392 nachzulesen.
- Entnehmen Sie Präparate aus Tiegeln oder Lippenstift immer mit einem Zwischenträger, z. B. einem Spatel (Bild 1 g), bevor Sie die Produkte auf die Haut der Kundin auftragen. So lässt sich die Übertragung von Krankheitserregern vermeiden und das Produkt wird nicht verschmutzt.

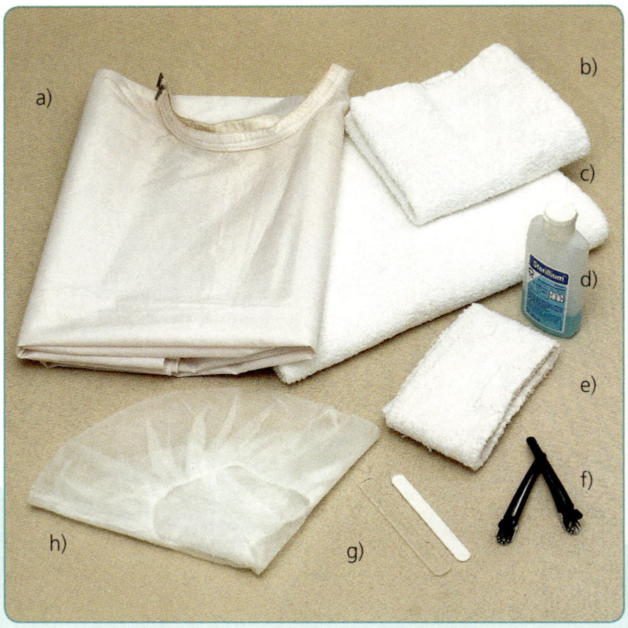

Bild 1 Arbeitsmittel Hygiene

Wesentliche hygienische Maßnahmen für die Kundin sind:
- Schützen Sie die Kleidung der Kundin mit einem weißen Handtuch (s. S. 364, Bild 1 b) oder Umhang (s. S. 364, Bild 1 a).
- Stecken Sie die Haare mit Klemmen (s. S. 364, Bild 1 f) zurück oder benutzen Sie ein Stirnband (s. S. 364, Bild 1 e) bzw. eine Fleecehaube (s. S. 364, Bild 1 h).
- Tragen Sie eine dem Hauttyp und Hautzustand entsprechende Tagescreme auf, um die Haut unter dem Make-up ausreichend mit Pflege zu versorgen.

2.2 Vorbereitende Behandlungen durchführen

Eine gründliche und systematische vorbereitende Behandlung der Gesichtshaut ist notwendig, um eine möglichst gleichmäßige Hautstruktur für das Make-up zu erhalten. Sie gliedert sich in
- Pflegende Vorbehandlung
- Spezielle Vorbehandlungen

2.2.1 Pflegende Vorbehandlung

Vor jeder dekorativen Gesichtsbehandlung müssen Sie eine pflegende Vorbehandlung vornehmen, um auf der Haut liegende Verschmutzungen zu entfernen und die Haut auf das Make-up vorzubereiten.

Reinigung der Haut

In der kosmetischen Behandlung übernimmt die Reinigung der Haut folgende wichtige Aufgaben:
- Entfernung von überschüssigem Hauttalg
- Entfernung von Make-up- und Cremeresten
- Entfernung von Hautschüppchen und Verhornungen
- gezielte Hautuntersuchung
- Verbesserung des Aufnahmevermögens der Haut für Wirkstoffe
- Verbesserung des Hautbildes

Sie reinigen die Haut mithilfe von streichenden und friktierenden (kreisenden) Bewegungen der Finger. In der Praxis werden diese Bewegungen überwiegend kombiniert eingesetzt (s. S. 366, Tabelle 1). Bei der Reinigung der Gesichtshaut gehen Sie in folgender Reihenfolge vor:

Augen-Make-up entfernen

Augen-Make-up-Entferner (Eye-Make-up-Remover) sind speziell für die empfindliche Augenpartie entwickelte Präparate, die in verschiedenen Konsistenzen oder als fertig getränkte Pads im Handel angeboten werden.

Sie tragen das Präparat rund um das geschlossene Auge auf und verteilen es mit kreisenden Bewegungen: Beginnen Sie an den Schläfen, fahren Sie leicht unter dem Auge in Richtung Nase und auf dem Augenlid wieder zurück (s. S. 365, Bild 1). Streichen Sie die Wimpern zusätzlich nach unten hin aus.

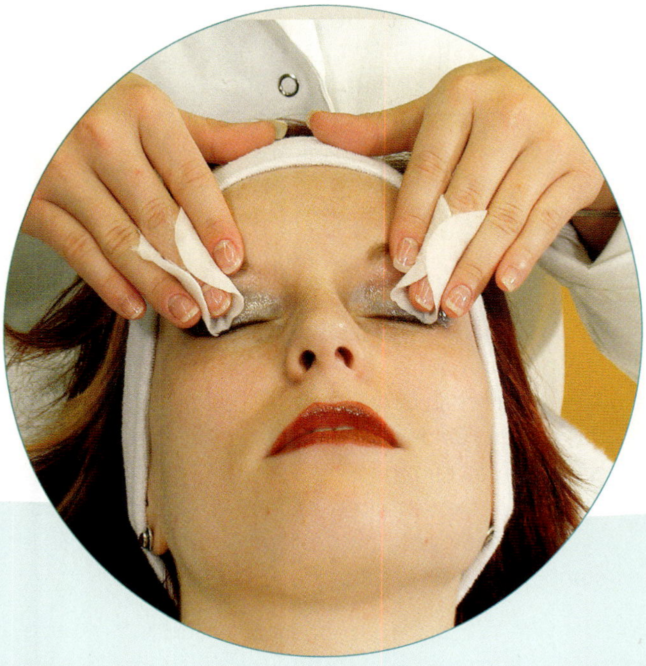

Bild 1 *Augen-Make-up entfernen*

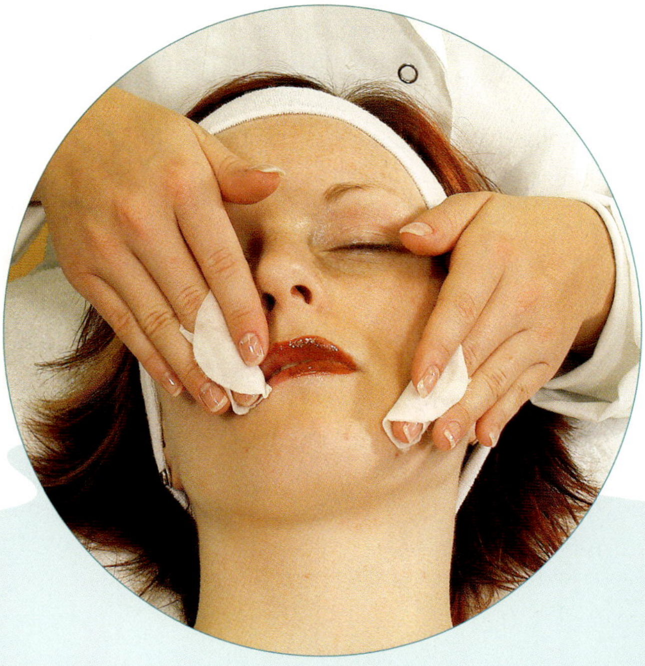

Bild 2 *Lippen-Make-up entfernen*

Anschließend nehmen Sie das Präparat mit feuchten Wattepads mit den gleichen Bewegungen wieder ab. Eventuelle Make-up-Reste am Unterlid können Sie abschließend mit einem Wattestäbchen oder der Kante des Wattepads entfernen.

Lippen-Make-up entfernen

Mithilfe des Augen-Make-up-Entferners können Sie auch das Lippen-Make-up entfernen. Führen Sie das fertige Pad oder das getränkte Wattepad von außen nach innen über den geschlossenen Mund (s. S. 365, Bild 2).

Gesichtshaut reinigen

Zur Reinigung der Gesichtshaut verwenden Sie auf den Hauttyp und Hautzustand abgestimmte Reinigungspräparate.

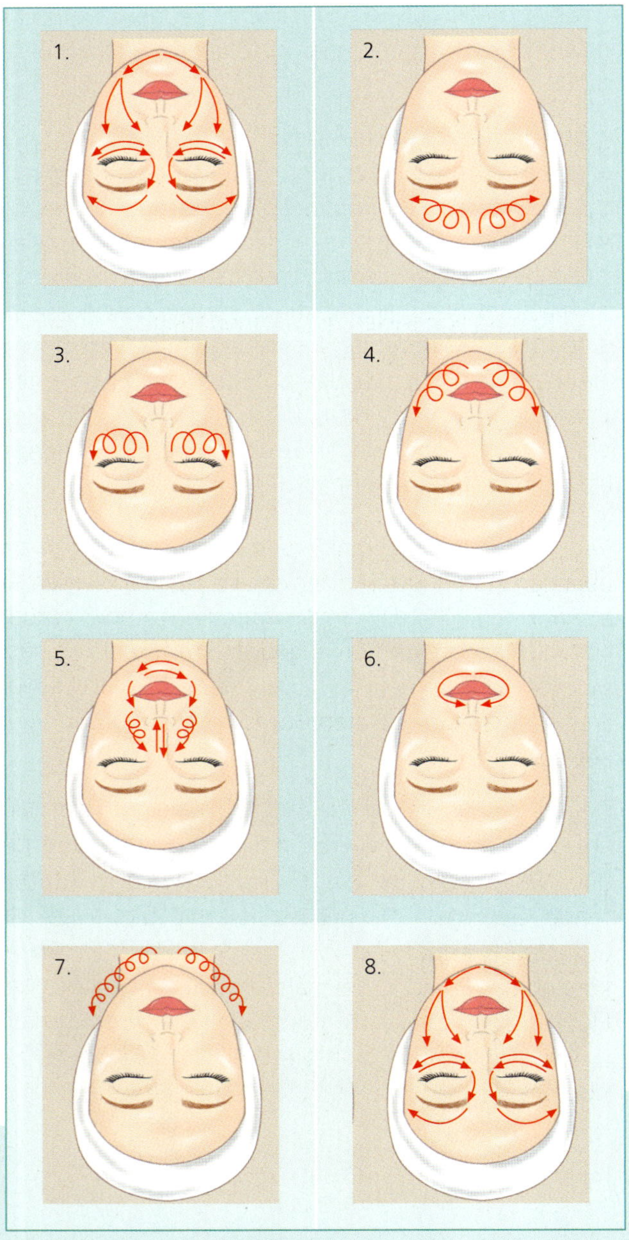

Tabelle 1 Griffe der Reinigungsmassage

Geben Sie die erforderliche Menge Reinigungspräparat in die hohle Hand und erwärmen Sie sie kurz durch Zuhalten der Hand.

Verteilen Sie das Präparat mit großzügigen Streichbewegungen quer über Stirn, Wangen, Nase, Kinn und evtl. Hals.

Lösen Sie anschließend mithilfe der Reinigungsmassage Verschmutzungen von der Gesichtshaut. Führen Sie die Griffe der **Reinigungsmassage** immer nur mit leichtem Druck aus und gehen Sie in der angegebenen Reihenfolge vor (s. Tabelle 1):

1. Großer Gesichtsausstreichgriff
2. Friktionen (kreisende Bewegungen) auf der Stirn
3. Friktionen von der Nasolabialfalte zu den Schläfen
4. Friktionen von der Kinnpartie zu den Ohren
5. Verschieben der Mittelfinger in der Kinnrille, an den Nasenwänden kreisen und auf dem Nasenrücken auf- und abstreichen
6. Ausstreichen des Mundringmuskels
7. Friktionen unterhalb des Kinns
8. Großer Gesichtsausstreichgriff

Um die Halspartie in die Reinigung mit einzubeziehen, ergänzen Sie die Reinigungsmassage um Friktionen am Hals von oben nach unten.

Grundsätzlich sollte die Reinigungsmassage nie länger als 2 bis 3 Minuten dauern, denn das Reinigungspräparat darf nicht in die Haut einziehen.

Anschließend an die Massage nehmen Sie das Reinigungspräparat mithilfe von zwei bis drei warmen und einer abschließenden kalten Kompresse in folgender Weise wieder ab:

1. Falten Sie das angefeuchtete Kompressentuch der Länge nach in der Mitte und bilden Sie an einer Seite durch nochmaliges Falten eine Tasche.
2. Legen Sie es straff unter dem Kinn an und fassen Sie es mit beiden Enden über der Stirn zusammen.
3. Mund und Nase bleiben frei. Hier nehmen Sie das Reinigungspräparat ab, indem Sie, während das Kompressentuch auf dem Gesicht liegt, mit den Zeigefingern in die gebildete Tasche greifen und so mit der Kompresse vorsichtig über Mund und Nase fahren.
4. Rollen Sie die Kompresse an den Enden ein. Mit dieser Bewegung nehmen Sie das Reinigungspräparat bis zum Kinn auf.
5. Zum Abnehmen der Kompresse halten Sie die Rollen mit beiden Händen fest und ziehen Sie das Tuch seitlich über das Kinn hinweg ab.
6. Spülen Sie die Kompresse aus und wiederholen Sie den Vorgang so oft, bis das Reinigungspräparat vollständig entfernt ist.

Mit dem Einsatz spezieller Apparate, wie Bedampfungsgerät und Bürstenreinigungsgerät, intensivieren Sie die reinigende Wirkung und öffnen die Poren, was z. B. für

Bild 1 *Abrollen einer Kompresse*

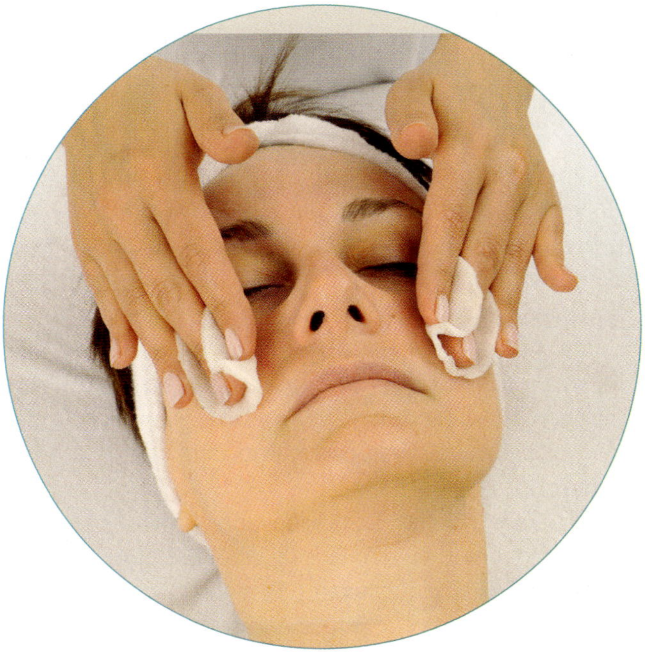

Bild 2 *Anwendung von Gesichtswasser*

eine anschließende spezielle vorbereitende Behandlung sehr sinnvoll ist.

Nachreinigung

Nach der Reinigung schließen Sie die Gesichtspflege mit der Anwendung von **Gesichtswasser** und dem Auftragen einer hauttyp- und hautzustandgerechten **Tagespflege** ab.

Das Gesichtswasser hat eine nachreinigende und adstringierende Wirkung, durch die die Haut unterstützt wird, den hauteigenen Säureschutzmantel wiederherzustellen. Gehen Sie bei der Anwendung von Gesichtswasser in folgender Weise vor, um keine Hautpartie zu vergessen:

1. Durchfeuchten Sie einen Wattepad mit Gesichtswasser und teilen Sie ihn in zwei Hälften. Legen Sie beide Hälften über Zeige- oder Mittelfinger.
2. Streichen Sie das Gesicht immer von der Gesichtsmitte zu den Seiten hin aus.
3. Beginnen Sie an der Stirn und streichen Sie sie von der Stirnmitte zu den Schläfen hin aus.
4. Wiederholen Sie diesen Vorgang auf den Wangen und der Kinnpartie
5. Streichen Sie anschließend Kinnrille, Nasenwand und Nasenrücken in einem Zug aus.
6. Unter dem Kinn wird die Partie bis zu den Ohren hin ausgestrichen.
7. Für einen zweiten Durchgang oder das Nachreinigen der Halspartie werden die Wattepads gewendet.

Abschließend tragen Sie eine, auf Hauttyp und -zustand der Kundin abgestimmte Tagespflege als Make-up-Grundlage mit streichenden und kreisenden Bewegungen auf.

2.2.2 Spezielle Vorbehandlungen

Spezielle Vorbehandlungen dienen der Verbesserung des Haut- und Erscheinungsbildes der Kundin. Sie ergänzen die pflegende Vorbereitung.
Dazu gehören:

- Peeling
- Entfernen von Milien und Komedonen
- Masken und Packungen
- Augenbrauen und Wimpern formen und färben
- Wimpern kleben

Peeling

Peelings reinigen intensiv und tragen zusätzlich die obersten Hornhautschichten ab. Im Handel werden sie als **manuelle Peelings** mit synthetischen oder natürlichen Schleifpartikelchen angeboten. Alternativen dazu sind **enzymatische Peelings**, die z.B. mithilfe von Fruchtsäuren die obersten Hornschichten auflösen und abtragen.

Tragen Sie die Peelingmasse großzügig auf die Haut auf (s. S. 368, Bild 1), was auch partiell, z. B. nur an Kinn- und Nasenpartie, geschehen kann. Durch leicht kreisende Bewegungen der Fingerkuppen tragen die Schleifpartikelchen die obersten Hornschichten ab. Sie können das Ergebnis bei manuellen Peelings durch den Einsatz eines **Bürstenreinigungsgerätes** intensivieren.

Anschließend nehmen Sie das Peeling mithilfe von Kompressen und warmem klaren Wasser wieder ab.

Entfernen von Milien und Komedonen

Komedonen und **Milien** können durch das Anritzen mit einer Lanzette oder einem Milienmesser, durch das Herausheben mit einem Komedonenheber oder mit den Fingern entfernt werden. Die Finger sollten dabei aus hygienischen Gründen mit einem Kosmetiktuch umwickelt sein, Komedonenheber und Milienmesser werden anschließend gründlich desinfiziert und gereinigt.

Das Anritzen der Haut bietet dem Komedo oder der Milie die Möglichkeit, bei Druck nach außen zu entweichen. So wird verhindert, dass die Hautkapsel oder der Follikel nach innen platzt und dort Entzündungen hervorruft.

Apperativ können Sie Milien und Komedonen nach dem Anritzen durch den Einsatz eines Vakuum-Sauggerätes (s. Bild 2) herausheben. Es erspart das schmerzhafte „Ausdrücken" der Komedone und Milien, indem sie durch Unterdruck regelrecht aus der Haut „gesaugt" werden.

Masken und Packungen

Masken und Packungen dienen der gezielten und intensiven Einschleusung von Wirkstoffen.

Masken werden in der Regel während der Einwirkzeit hart und lassen sich dann entweder im Ganzen von der Haut abziehen oder müssen vor dem Entfernen mit feuchtwarmen Kompressen wieder aufgeweicht werden. Unter der Maske entsteht auf der Haut ein Wärmestau, der die Hautfunktionen steigert. Masken dienen daher vor allem der tieferen Reinigung, Fettabsorption und Durchblutungssteigerung.

Packungen bleiben weich auf der Haut und ziehen entweder vollständig ein oder müssen mit warmen Kompressen wieder von der Haut entfernt werden. Sie dienen vor allem der gezielten Wirkstoff- und Feuchtigkeitseinschleusung und der Beruhigung der Haut. Packungen werden als Cremepackungen oder auch als Puderpackungen angeboten. Puderpackungen können z. B. Heilerde oder Kaolin zum Fettentzug und zur Desinfektion enthalten.

Sie wenden Masken und Packungen wie folgt an:

1. Tragen Sie die Maske oder Packung nach der Gesichtsreinigung etwas dicker als Pflegecreme mit einem Pinsel von der Gesichtsmitte nach außen hin auf. Beachten Sie dabei den Verlauf der Spaltlinien.
2. Lassen Sie die Augen und den Bereich unter der Nase frei.
3. Sparen Sie bei feuchtigkeits- und fettentziehenden Masken auch den Hals aus.
4. Decken Sie die Augen für die Einwirkzeit mit Wattepads, getränkt mit Augenlotion, ab (Bild 3).
5. Die Einwirkzeit beträgt 15 bis 30 Minuten. Die Wirkung von Masken und Packungen kann durch den Einsatz eines Bedampfungsgerätes während der Einwirkzeit noch verstärkt werden.
6. Anschließend nehmen Sie die Maske oder Packung mithilfe von feuchtwarmen Kompressen wieder ab.
7. Adstringieren Sie abschließend die Haut mit Gesichtswasser.

Augenbrauen und Wimpern formen und färben

Die Augen sind neben dem Mund der zentrale Bereich im Gesicht. Ihnen wird bei der ersten Betrachtung die meiste Aufmerksamkeit gewidmet. Daher sollten sie möglichst effektiv zur Geltung gebracht werden.

Die Augenbrauen bilden den Rahmen für die Augen und können durch ihren Verlauf sowohl die Wirkung der Augen als auch die des Gesichts verändern.

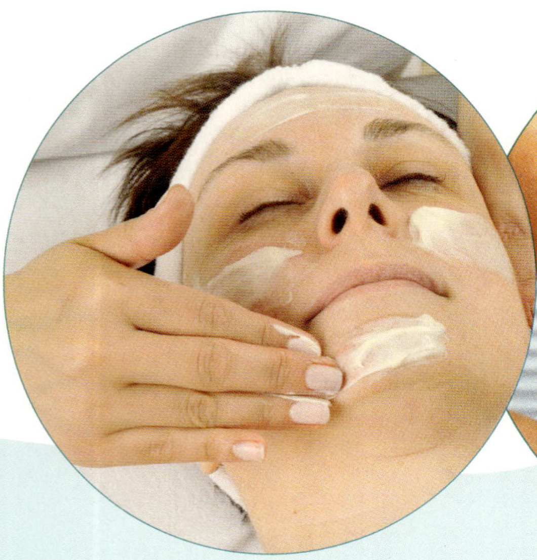

Bild 1 *Auftragen eines Peelings*

Bild 2 *Einsatz eines Vakuum-Sauggerätes*

Bild 3 *Packung mit Augenkompressen*

Aussehen der Augenbraue	Wirkung	Aussehen der Augenbraue	Wirkung
	Der schmale Bogen erscheint hart und erinnert an Marlene Dietrich.		Eine zum Ende abfallende Augenbraue verleiht dem Gesicht ein trauriges Aussehen.
	Die dichte, etwas buschige Augenbraue wirkt burschikos.		Die stark betonte Augenbraue wirkt jugendlich und erinnert an Audrey Hepburn.

Tabelle 1 *Wirkung verschiedener Augenbrauenformen*

Wimpern öffnen die Augen und bringen sie zum Strahlen. Ohne dunkel getuschte Wimpern wirkt ein Augen-Make-up nur halb fertig.

Im Vorfeld einer dekorativen Gesichtsbehandlung werden die Augenbrauen in eine Idealform gebracht und die Farbe der Augenbrauen und Wimpern der Haarfarbe angepasst.

Augenbrauen formen

Für das harmonische Gesamtbild sind der Linienverlauf und die Form der Augenbrauen wichtige Faktoren. Ihre Form und Üppigkeit beeinflussen das Aussehen wesentlich (siehe Tabelle 1).

Der ideale Linienverlauf fängt mit dem inneren Augenwinkel an, ist innen breiter, zieht sich leicht geschwungen über den höchsten Punkt, senkrecht über dem äußeren Rand der Iris, und läuft zum Abschluss spitz aus.

So kontrollieren Sie die Augenbrauenform (s. S. 370, Bild 1):

1. Bestimmen Sie den Ansatz der Augenbrauen, indem Sie einen Augenbrauenstift an den Nasenflügel legen und senkrecht am inneren Augenwinkel vorbei nach oben führen. Dort, wo der Stift die Haut berührt, ist der Ansatz der Augenbraue.
2. Das Ende der Augenbraue fixieren Sie, indem Sie den Augenbrauenstift an den Nasenflügel legen und ihn direkt am äußeren Augenwinkel vorbei nach außen führen.
3. Der höchste Punkt der Braue sollte direkt in der Verlängerung Nasenwinkel-Pupillenmitte liegen, wenn die Kundin geradeaus schaut.

Anhand dieser Vorgehensweise lässt sich erkennen, ob eine Korrektur der Augenbrauen erforderlich ist.

Zu jeder Typbestimmung und zu jedem Make-up gehört die gemeinsame Überlegung mit der Kundin, welche Form die Brauen erhalten sollen. Folgendes sollte bei der Form- und Farbgebung der Augenbrauen beachtet werden:

Die Brauenform sollte sich unter Berücksichtigung modischer Trends harmonisch in das Gesamtbild einfügen.

Die gebräuchlichste Art, die Augenbrauen zu formen, ist das Zupfen mit der Pinzette. Hierbei werden einzelne Haare, durch ein leichtes Spannen der Haut mit zwei

a) steigender Linienverlauf	b) fallender Linienverlauf	c) gerundeter Linienverlauf	d) gewinkelter Linienverlauf

Wirkung: öffnet und streckt macht leicht, verjüngt	**Wirkung:** schließt und verengt wirkt erdrückend, traurig	**Wirkung:** wirkt weich	**Wirkung:** wirkt hart und kantig und mondän

Tabelle 2 *Wirkung verschiedener Augenbrauenformen*

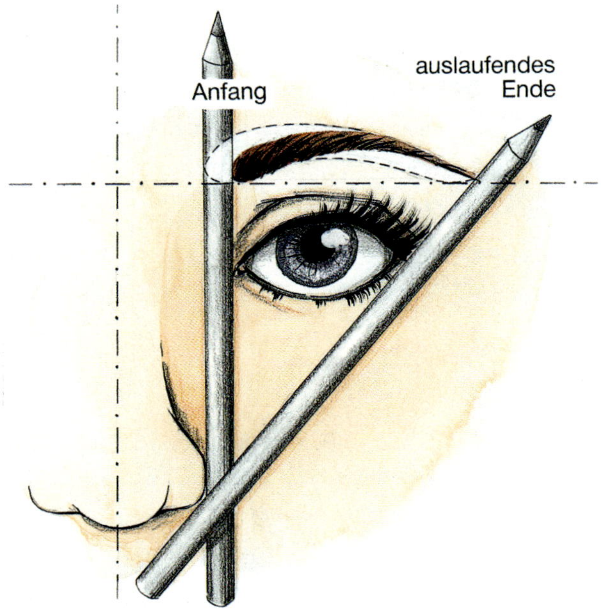

Bild 1 Ideale Augenbrauenform

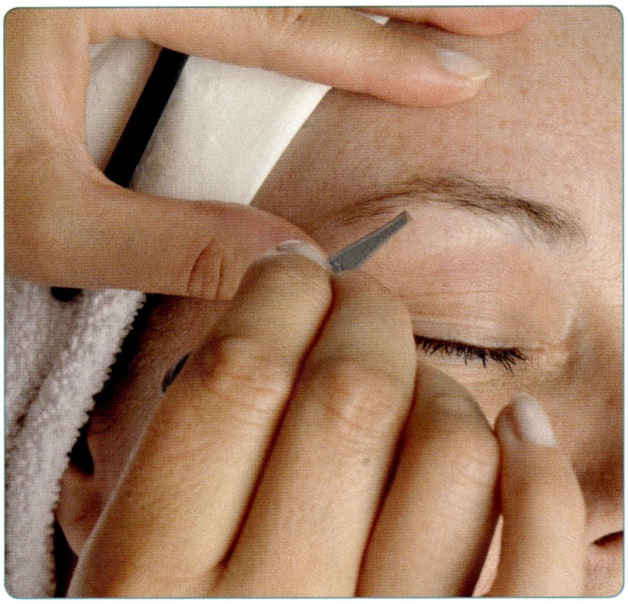

Bild 2 Zupfen der Augenbrauen

Fingern, mit der Haarwurzel aus dem Follikel gezupft (Bild 2). Das Nachwachsen dauert daher wesentlich länger.

Eine weitere Methode ist das Zupfen mit einem Faden. Dabei können auch feine Flaumhaare entfernt werden. Einige Kunden bevorzugen trotzdem das Rasieren und verzichten auf die längere Haltbarkeit des Formens per Pinzette oder Faden.

Augenbrauen und Wimpern färben

Sehr helle Augenbrauen und Wimpern wirken konturenarm. Das Färben der Augenbrauen und Wimpern ist eine ideale Möglichkeit, um diese stärker zu betonen und dem Gesicht dadurch mehr Ausdruck zu verleihen. Weitere Vorteile des Färbens sind:

- Einheitliche Farbgebung vom Ansatz bis zur Spitze
- Lebhafter Gesichtsausdruck
- Dauerhafte Haltbarkeit

Die Augenbrauen- und Wimpernfärbepräparate sind Oxidationsfarben und haben eine dauerhafte Haltbarkeit.

Bei der Farbwahl sind die Haut- und Haarfarbe der Kundin zu berücksichtigen. Äußert die Kundin keine anderen Wünsche, so sollten Sie als die Friseurin Folgendes beachten:

- Die Wimpern dunkel bis schwarz färben
- Die Augenbrauen nicht zu dunkel färben

Für das Färben der Wimpern und Augenbrauen benötigen Sie folgende Materialien:

- Behandlungsplatz mit Kopfstütze (Alternativ: das Rückwärtswaschbecken, sofern der Kundin für die bequeme Kopfablage ein zusammengerolltes Handtuch in den Nacken gelegt wird.)
- Umhang oder Handtuch
- Wimpern- und Augenbrauenfarbe
- Zubehör-Set
- Hautschutzcreme
- Schutzblätter
- Watte bzw. Wattepads
- Augenpflegegel

Das Färben der Augenbrauen ist weniger aufwendig:

1. Nachdem die Augenpartie gereinigt und die Augenbrauen geformt sind, tragen Sie die Farbe mit dem Applikator satt in Wuchsrichtung und Form auf die Augenbrauen auf.
2. Die Einwirkzeit ist individuell und richtet sich nach der Gebrauchsanweisung.
3. Nach der Einwirkzeit nehmen Sie die Farbe mithilfe von feuchten, lauwarmen Wattepads von den Augenbrauen ab. Dabei arbeiten Sie in Wuchsrichtung der Härchen.
4. Verbliebene Farbflecken auf der Haut entfernen Sie, indem Sie die Haut eincremen und die Farbe durch sanftes Reiben mit einem trockenen Wattebausch oder -Pad entfernen.
5. Abschließend tragen Sie Creme zur Augenpflege auf die Augenbrauen auf.

Die Wimpern färben Sie wie folgt:

1. Nachdem Sie die Augenpartie gereinigt haben, tragen Sie unterhalb der Augenpartie eine etwas dickere Schicht Hautschutzcreme auf.
2. Legen Sie bei geöffneten Augen die Schutzblätter auf die unteren Augenlider und schieben Sie diese bis an den Wimpernansatz heran. Der Blick der Kundin ist hierbei nach oben gerichtet (s. S. 371, Bild 1).
3. Anschließend schließt die Kundin die Augen und Sie kontrollieren den Sitz der Schutzblätter noch einmal.

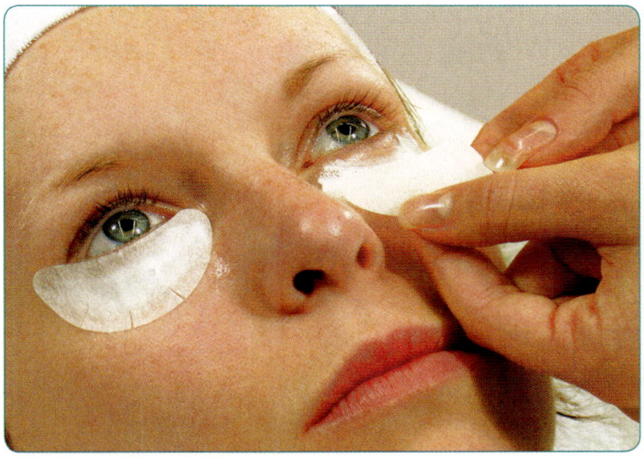

Bild 1 *Anlegen der Schutzblätter*

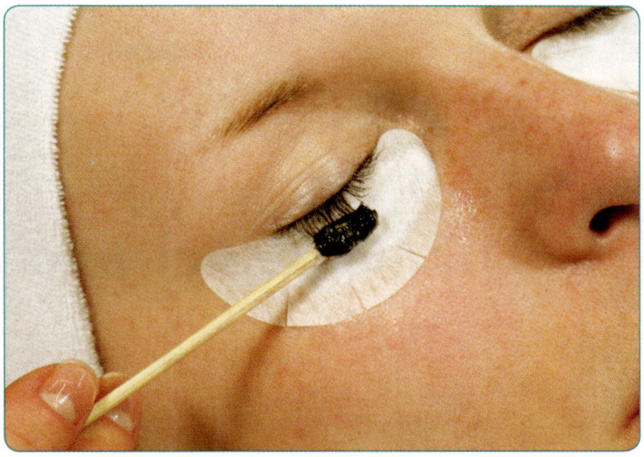

Bild 2 *Auftragen der Wimpernfarbe*

4. Mit dem Applikator tragen Sie die Wimpernfarbe auf: Nehmen Sie etwas Wimpernfarbe mit dem Applikator auf, setzen Sie ihn in der Mitte der Wimpernlänge an und tragen Sie die Farbe bis zu den Spitzen in leicht rollenden Bewegungen auf. Wiederholen Sie den Vorgang, bis alle Wimpern gleichmäßig mit Farbe bedeckt sind (Bild 2).
5. Die Einwirkzeit beträgt etwa 10 Minuten.
6. Nach der Einwirkzeit legen Sie angefeuchtete Watte oder Wattepads auf die Wimpern und ziehen mit ganz leichtem Druck des Zeigefingers auf die Wimpernpartie die Watte zusammen mit den Schutzblättern ab.
7. Reinigen Sie die Wimpern mit feuchter Watte oder feuchten Wattepads nach, bis keine Farbspuren mehr in der Watte sichtbar sind.
8. Tragen Sie abschließend ein Augenpflegegel auf.

Werden Wimpern und Augenbrauen zusammen gefärbt, so behandeln Sie beim Auftragen der Farbe zuerst die Wimpern und dann die Augenbrauen. Beim Abnehmen der Farbe arbeiten Sie dann in umgekehrter Reihenfolge, da die Einwirkzeit für Augenbrauen meistens kürzer ist.

Wimpern kleben

Künstliche Wimpern betonen den Ausdruck der Augen. Sie können zu jeder Tageszeit getragen werden und überstehen sogar das Duschen, Saunieren und Schwimmen.

Sie werden in verschiedenen Längen und Dicken, als Echt- oder Kunsthaar, Wimpernband oder als Einzelwimpern angeboten und können je nach Kundenwunsch und Trend ausgewählt werden (Bild 3).

Die künstlichen Wimpern können am Ober- und am Unterlid angeklebt werden, aber auch nur einseitig am Ober- oder Unterlid. Sie können z. B. die äußeren Augenwinkel durch das gezielte Setzen einzelner längerer Wimpern betonen.

Zum Applizieren der künstlichen Wimpern geben Sie zuerst Spezialkleber auf den Wimpernrand. Spezialkleber für Wimpernbänder ist meist durchsichtig und auch im getrockneten Zustand flexibel, um das Abreißen des Wimpernbandes bei Augenbewegungen zu vermeiden. Wimpernkleber für Einzelwimpern hingegen ist meist dunkel, damit er im Wimpernkranz nicht auffällt, und wird vollständig hart. Beim Aufsetzen der Wimpern am Oberlid muss die Kundin die Augen schließen. Kleben

Bild 3 *Verschiedenartige künstliche Wimpern*

Sie die Wimpern mithilfe einer Pinzette an den Lidrand. Die Wimpernbänder werden so dicht wie möglich an den natürlichen Wimpernkranz geklebt. Die Einzelwimpern werden direkt zwischen die natürlichen Wimpern appliziert. Danach sollte die Kundin die Augen für ca. zwei Minuten geschlossen halten. Abschließend kämmen Sie mit einem Spezialbürstchen die künstlichen Wimpern in die natürlichen Wimpern ein.

2.3 Make-up-Varianten unterscheiden

Bei der Gestaltung eines Make-ups finden sowohl der Kundentyp als auch der Anlass gleichermaßen Berücksichtigung.

Daher gibt es in der Praxis verschiedene Make-up-Varianten. Das Verbraucher-Make-up unterscheidet zwischen:

- Tages-Make-up
- Festliches Make-up (für bersondere Anlässe)

Beim Gestalten eines Make-ups können Sie die Reihenfolge der Arbeitsschritte unterschiedlich wählen. Folgende Vorgehensweise empfiehlt sich:

1. Abdecken kleiner Hautunebenheiten und fleckiger Veränderungen der Hautfarbe.
2. Auftragen der Teintgrundierung.
3. Abpudern und Fixieren der Grundierung.
4. Erstellen des Augen-Make-ups inkl. Augenbrauen.
5. Erstellen des Lippen-Make-ups.
6. Applizieren des Rouges.

2.3.1 Tages-Make-up

Je nach Wunsch der Kundin kann ein Tages-Make-up sehr schlicht oder aufwendig sein. Auch die Lichtverhältnisse müssen berücksichtigt werden, denn alle Farben wirken bei Tageslicht – besonders bei Sonnenschein – wesentlich intensiver.

Ein Tages-Make-up sollte möglichst dezent und natürlich sein. Es empfiehlt sich eine nicht so stark deckende Grundierung, welche nicht alle Besonderheiten der Haut abdeckt. Das Augen-Make-up beschränkt sich meist auf maximal zwei Lidschattenfarben. Die Lippen werden nur dezent oder mit Gloss betont. Das Rouge sorgt für ein frisches Aussehen.

2.3.2 Festliches Make-up

Für viele besondere Anlässe wird ein möglichst festliches Make-up erstellt.

Das festliche Make-up kann intensiver und auch auffälliger sein als das Tages-Make-up. Künstliches und gedämpftes Licht schluckt Farbe. Die Augen, der Mund und die Wangen dürfen daher stärker akzentuiert werden. Zusätzlich können künstliche Wimpern, Applikationen und glitzernde Schminkpräparate verwendet werden.

Die Haut sollte möglichst makellos erscheinen. Deswegen werden sämtliche Unebenheiten und fleckige Veränderungen der Haut gründlich abgedeckt. Die Grundierung wird stärker deckend als beim Tages-

Bild 1 *Dezentes Tages-Make-up*

Bild 2 *Festliches Make-up*

Make-up gewählt und Hals und Dekolletee werden mit einbezogen.

Das Augen-Make-up darf farbenfroher und auffälliger gestaltet werden. Künstliche Wimpern und ein auffälliger Lidstrich runden das Erscheinungsbild ab.

Für ein haltbares Lippen-Make-up müssen die Lippen mit grundiert und abgepudert werden. Ein zum Lippenstift passender Lipliner verhindert das Auslaufen der Lippenstiftfarbe in die kleinen Lippenfältchen. Lipgloss gibt den abschließenden Glanz.

Rouge gibt auch hier dem Gesicht ein frisches Aussehen, wird aber stärker aufgetragen und dient gleichzeitig zur leichten Modellierung der Gesichtsform.

2.4 Arbeits- und Hilfsmittel auswählen

Unabhängig davon, wie kreativ ein Mensch ist: Ohne das richtige Arbeitsmaterial erzielt man keine zufrieden stellenden Ergebnisse. Sicher wäre es möglich, nur allein mit den Händen ein gutes Make-up zu kreieren, aber allein aus hygienischen Gründen sollten Sie den Kontakt der Hände mit dem Gesicht der Kundin weitestgehend vermeiden. Zudem bieten die in einer großen Vielfalt angebotenen Arbeitsmaterialien viele Möglichkeiten exakt und kreativ zu arbeiten.

Von der Industrie wird eine ganze Reihe von Arbeitsmaterialen für das Erstellen eines dekorativen Make-ups angeboten. Für die Make-up-Gestaltung sollten folgende Arbeits- und Hilfsmittel zur Auswahl stehen:

- Schwämmchen
- Pinsel und Applikatoren
- Wimpern- und Augenbrauenbürstchen
- Weitere Hilfsmittel, wie z.B. Wattestäbchen, Pads und Kosmetiktücher

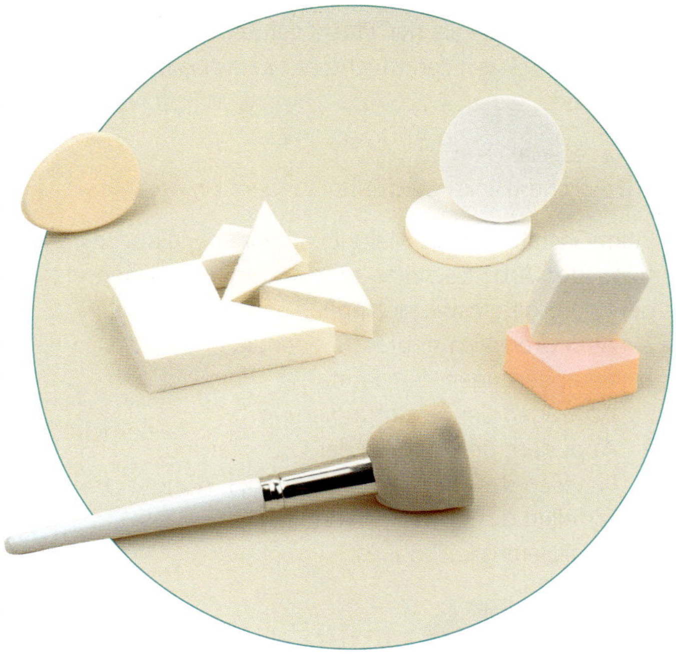

Bild 1 *Make-up-Schwämmchen*

2.4.1 Schwämmchen

Schwämmchen dienen dem Auftragen und Einarbeiten der Grundierung. Sie bestehen entweder aus Schaumstoff, Latex oder latexfreiem, sehr feinporigem Material. Ihre Form kann sehr unterschiedlich sein: Runde Schwämmchen eignen sich besonders für großflächiges Auftragen, während man mit der rautenförmigen, elliptischen oder dreieckigen Form besser in die Winkel und Furchen des Gesichts, z.B. am Auge, kommt (Bild 1).

Bei der Auswahl der Schwämmchen sollten Sie darauf achten, dass sie möglichst flexibel sind.

2.4.2 Pinsel und Applikatoren

Pinsel, Applikatoren und Linesoftner sind für das Auftragen von puderigen und pastösen Präparaten wie Transparentpuder, Lidschatten, Augenbrauenpuder, Rouge und Lippenstift gefertigt. Ihre Größe, Form und Materialbeschaffenheit bestimmen die Einsatzmöglichkeiten.

Pinsel werden von verschiedenen Herstellern in einer Vielzahl angeboten:

- **Puderpinsel** (s. S. 374, Bild 1 a) sind meist aus Pony- oder Ziegenhaar. Diese Pinsel sind sie sehr weich und elastisch. Durch die mit ca. 36 mm Durchmesser sehr breite, rund gebundene Form eignen sie sich hervorragend für großflächiges Auftragen von losem oder kompaktem Puder.
  Eine Alternative zum Puderpinsel bildet der aus Textilien gefertigte **Puderquast**. Er wird vor allem zum Einarbeiten von Fixierpuder benutzt.
- Der **Rougepinsel** (s. S. 374, Bild 1 b) hat einen Durchmesser von 16 bis 24 mm. Er wird zum Auftragen von Rouge und für kleinflächige Schattierungen verwendet.
- Der **Lippenpinsel** (s. S. 374, Bild 1 c) ist sehr elastisch und trotzdem formstabil. Mit einem Durchmesser von 1–2 mm sind sie sehr schmal. Da sie spitz zulaufen, gewährleisten sie ein möglichst exaktes Schminken der Lippen.

- **Augenbrauenpinsel** (s. Bild 1 h) haben sehr kurze, abgeschrägte, harte Borsten und sind sehr schmal. Mit ihrer Hilfe kann man mit möglichst feinen, gezielten Strichen die Augenbrauen unauffällig modellieren oder vorhandene Haare farblich verstärken, ohne die Haut mit anzufärben.
- **Applikatoren** (s. Bild 1 f) sind meist aus Schaumstoff, Latex oder Velours. Sie sind dementsprechend ebenso wie die Schwämmchen sehr feinporig und weich. Dadurch ist gewährleistet, dass die empfindliche Lidhaut nicht verletzt wird. Durch die Porenstruktur ist der Farbauftrag mit einem Applikator erheblich intensiver als mit einem Pinsel. Dies muss beim Applizieren beachtet werden, damit das gewünschte Ergebnis erzielt wird. Applikatoren werden vor allem für den gezielten Auftrag von Lidschatten, sowie das Verwischen von Kajal und anderer Umrandungen verwendet.
  Die Alternative zum Applikator ist der Lidschattenpinsel (s. Bild 1 e). Er wird vor allem dort eingesetzt, wo exaktes, punktgenaues Auftragen und klare Linien notwendig sind.
- **Linesoftner** (s. Bild 1 g) sind eine Alternative zum Applikator. Sie sind aus Moosgummi, das erheblich formstabiler als Schaumstoff oder Latex ist, aber trotzdem weich und damit gefahrlos für das Augenlid. Sie werden hauptsächlich zum Verwischen von Kajal und anderen Linien und Umrandungen verwendet, daher auch der Name.

2.4.3 Wimpern- und Augenbrauenbürstchen

Wimpern- und Augenbrauenbürstchen trennen durch Mascara verklebte Wimpern voneinander und bringen die Augenbrauen in Form. Die spiralige Form nennt man **„Wimpernspirale"** (s. Bild 1 d) Oftmals wird eine flache Bürstenform in Ergänzung mit einem gröberen Wimpernkämmchen für stärkere Verklebungen angeboten.

2.4.4 Hilfsmittel

Neben den bisher erläuterten Arbeitsmaterialien sind folgende Hilfsmittel für das Erstellen eines Make-ups notwendig (Bild 2):

- Weißes Handtuch oder Umhang
- Stirnband, Clipse und/oder Fleecehaube
- Wattestäbchen für kleinere Korrekturen
- Trockene und feuchte Kosmetiktücher für großflächigere Korrekturen, zum zwischenzeitlichen Reinigen der Arbeitsgeräte und zum Schutz schon fertig geschminkter Partien, z. B. beim Auftragen des Mascaras
- Pinzette
- Anspitzer für Lippenkontur- oder Kajalstifte

Bild 1 *Pinsel, Applikatoren und Bürstchen*

Bild 2 *Hilfsmittel*

2.5 Dekorative Kosmetikpräparate unterscheiden

Ein Make-up steht und fällt mit der Auswahl der richtigen Präparate. Sie werden individuell auf der Grundlage der Beurteilung von Haut und Kundentyp sowie des Anlasses ausgewählt. Zu den für die Erstellung eines Make-ups wichtigen Warengruppen gehören:

- Präparate zum Abdecken bzw. Kaschieren von Hautveränderungen
- Präparate zur Grundierung des Gesichts
- Präparate zur Fixierung
- Präparate zum Rougieren und Modellieren
- Präparate zur farblichen Gestaltung der Augen
- Präparate zur farblichen Gestaltung des Mundes

2.5.1 Präparate zum Abdecken bzw. Kaschieren von Besonderheiten

Jedes Gesicht hat Hautveränderungen wie Pigment- und Gefäßveränderungen oder auch kleine Entzündungen, Augenschatten oder Fältchen. Sie sollen zu besonderen Anlässen, zu denen man möglichst „perfekt" aussehen möchte, nicht zu sehen sein. Während tagsüber der Teint natürlich sein soll, ist abends und bei künstlicher Beleuchtung Makellosigkeit gefragt, da Glühbirnen- oder Neonröhrenlicht jede Unregelmäßigkeit deutlich hervortreten lässt. In diesen Fällen ist es sinnvoll, Hautveränderungen mit geeigneten Präparaten „unsichtbar" zu machen. Abdeckpräparate sind stark deckend und mit einem sehr hohen Pigmentanteil ausgestattet. Sie können sowohl punktuell als auch großflächig angewandt werden und sind in pastöser und fester Form erhältlich.

Weißer, Beiger Kajalstift (s. Bild 1 c)

Weißer und Beiger Kajal ist ein gern verwendetes Mittel, um leichte Fältchen oder auch Augenringe zu kaschieren. Durch seine spitze, dünne Form kann er sehr gezielt aufgetragen werden. Allerdings erscheint er durch seine weiße Farbe auf dem Hauthintergrund oftmals leicht gräulich und sollte daher nur im Notfall für großflächige Kaschierungen, wie z. B. Augenringe, verwendet werden.

Abdeckstifte (s. Bild 1 d)

Coversticks sind sehr helle, beige Abdeckstifte, die meist in Lippenstiftform angeboten werden. Sie dienen vor allem der gezielten Kaschierung von kleinen, nicht entzündlichen Hautveränderungen, Augenschatten und Falten.

Antiseptische Abdeckstifte sind eine Sonderform der Coversticks, die zusätzliche desinfizierende und antiseptische Bestandteile beinhalten. Sie werden vor allem bei entzündlichen Hautveränderungen eingesetzt.

Ein Nachteil beider Abdeckstift-Formen ist allerdings die geringe farbliche Varianz, die ein komplementäres Kaschieren nur bedingt zulässt. Des Weiteren sind sie von der Konsistenz her im Auftrag so kompakt, dass sie bei großflächiger Applikation und auf dünneren Hautpartien, wie z. B. unter dem Auge, leicht maskenhaft wirken.

Concealer (s. Bild 1 a, b, e)

Concealer werden in Varianten von hellem Gelb über Beige bis hin zu Grün angeboten und sind dickflüssig bis pastös. Sie lassen sich erheblich dünner und großflächiger auftragen als Coversticks und bieten die Möglichkeit, auch farblichen Hautveränderungen entgegenzuwirken. So werden z. B. rote Hautveränderungen mit grünem Concealer kaschiert, da Grün die Komplementärfarbe von Rot ist. Für dunkle Augenschatten wird bevorzugt Hellgelb verwendet, um einen gräulichen Schimmer zu vermeiden.

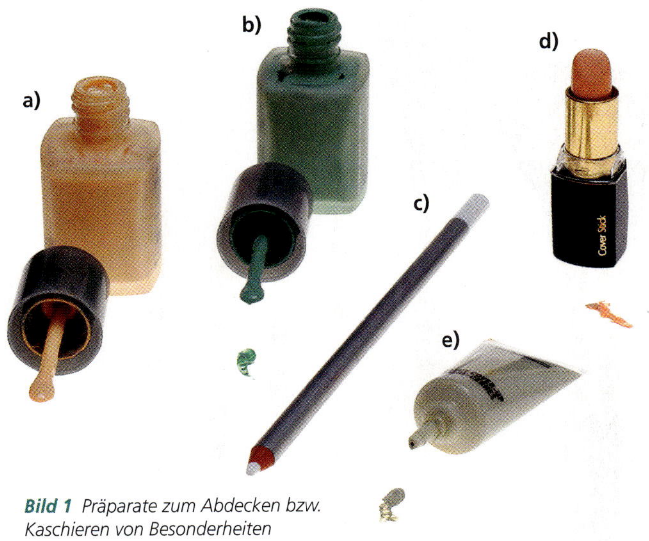

Bild 1 Präparate zum Abdecken bzw. Kaschieren von Besonderheiten

2.5.2 Präparate zur Grundierung des Gesichts

Grundierung, auch Foundation genannt, soll zusammen mit den kaschierenden Präparaten die Makellosigkeit eines Gesichts unterstreichen, ohne es maskenhaft wirken zu lassen. Das Hautbild soll verbessert werden, ohne dass es geschminkt wirkt. Hierzu muss die Foundation so gut wie möglich mit der Hautoberfläche verschmelzen und der gewählte Farbton muss stimmen. Zur Bestimmung des richtigen Farbtons wird die Foundation seitlich im Kinnbereich aufgetragen und mit dem ungeschminkten Hautton abgeglichen.

Des Weiteren können moderne Grundierungsarten den Erscheinungsformen unterschiedlicher Hauttypen entgegenwirken, indem sie z. B. fettige Haut mattieren und trockener Haut Feuchtigkeit zuführen.

Welche Grundierungsart gewählt wird, ist abhängig von:
- Hauttyp und Hautzustand
- Hautveränderungen
- Tages-Make-up und festliches Make-up.

Die einzelnen Foundations unterscheiden sich voneinander durch ihren:
- Pigmentanteil, der den Grad der Farbveränderung bestimmt,
- Puderstoffanteil, der den Grad der Abdeckung bestimmt
- Fettanteil, der die Konsistenz und damit Auftrageeigenschaften ausmacht.

Je nach den Anteilen dieser Komponenten im Präparat kann man die gesamte Foundation-Palette grob in folgende Grundtypen einteilen:

Bild 1 Präparate zum Grundieren

Getönte Tagescreme (s. Bild 1 a)

Getönte Tagescremes haben einen sehr geringen Pigment-, Puderstoff- und Fettanteil. Sie verändern den natürlichen Teint kaum und eignen sich vor allem für leichte Tages-Make-ups bei normaler bis trockener Haut. Sie verleihen Frische, da der Haut Feuchtigkeit zugeführt wird.

Flüssig-Make-up (s. Bild 1 c)

Flüssige Make-ups haben einen etwas höheren Pigment- und Puderstoffanteil, wodurch eine etwas stärkere Farbveränderung und auch bessere Abdeckung von Hautveränderungen erzielt wird. Durch den immer noch sehr geringen Fett- und hohen Feuchtigkeitsanteil sind sie flüssig und lassen sich sehr dünn auf der Haut verteilen. Flüssige Make-ups eignen sich daher vor allem für normale und leicht trockene Haut mit nur leichten Hautveränderungen als Tages-Make-up, bei dem eine leichte farbliche Veränderung gewünscht ist.

Creme-Make-up (s. Bild 1 e)

Cremige Make-ups haben einen hohen Pigment- und Puderstoffanteil. Daher ermöglichen sie eine starke Farbveränderung mit guten Abdeckungseigenschaften. Der erhöhte Fettanteil bietet eine pastöse Konsistenz, was einen sehr kompakten Auftrag ermöglicht. Creme-Make-ups eignen sich durch den hohen Pflegestoffanteil vor allem für leicht trockene Haut und für den Abend, da der natürliche Teint fast vollständig abgedeckt wird. Im Handel werden sie meist als Tuben, Tiegel oder in Fläschchen mit speziellem Entnahmespatel angeboten.

Compact-Make-up (s. S. Bild 1 d)

Compact-Make-ups haben durch ihren sehr hohen Pigment- und Puderstoffanteil die beste Farbveränderungs- und Deckkraft. Da sie fast ausschließlich aus Fett bestehen, sind sie sehr fest und lassen sich kompakt auftragen. Der natürliche Teint wird vollständig überdeckt. Gleichzeitig bieten sie die beste Haltbarkeit und eignen sich für jeden Hauttyp. Allerdings sollte eine solche Grundierung nicht für den allgemeinen Tagesgebrauch verwendet werden, da der Abschluss der Haut nach außen sehr hoch ist und durch die fettige Konsistenz die Entstehung von Unreinheiten gefördert wird. Daher wird dieser Foundation-Typ vor allem für Abend-Make-ups und für besondere Anlässe eingesetzt.

Camouflage (s. Bild 1 g)

Camouflage enthält den höchsten Pigment- und Puderstoffanteil. Es bietet damit die beste Abdeckung aller Grundierungen und kaschiert sogar dunkle Tattoos. Die

Basis von Camouflage ist eine reine Fettgrundlage. Es hat meist eine pastöse bis feste Konsistenz und sollte nicht über den ganzen Tag hinweg getragen werden, um der Entstehung von Unreinheiten vorzubeugen.

Camouflage eignet sich für jeden Hauttyp. Es wird zum gezielten Kaschieren von Hautveränderungen und zum Schattieren des Gesichts oder aber für besondere Anlässe, zu denen eine vollständige Abdeckung oder sogar Typ- und Farbveränderung erwünscht ist, z. B. für Abend-Make-up, Laufsteg-Make-up und Theater-Make-up verwendet.

Gel-Make-up (s. Bild 1 b)

Gel-Make-ups enthalten einen verhältnismäßig hohen Pigmentanteil, wohingegen der Puderstoffanteil relativ gering und Fette gar nicht vorhanden sind. Sie haben wenig Deckkraft und werden vor allem für stark fettige Haut und jugendliche Problemhaut, sowie zum leichten Auffrischen und Colorieren, verwendet. Wegen der geringen Deckkraft ist allerdings eine Kaschierung von Unreinheiten nicht möglich, was dann mithilfe antiseptischer Abdeckstifte geschehen muss.

Mousse-Make-up (s. Bild 1 f)

Die neueste Entwicklung ist es, cremige oder flüssige Grundierungen zu mischen und so ein Creme-Mousse bzw. ein Schaum-Make-up herzustellen. Der Puder- und Pigmentanteil in diesen Präparaten ist sehr hoch, wodurch eine für die Konsistenz sehr gute Deckkraft erzielt wird.

2.5.3 Präparate zur Fixierung der Grundierung

Die Fixierung der Grundierung hat vor allem folgende Aufgaben:

- Sie soll die Foundation längerfristig haltbar machen und vor Abrieb schützen.
- Der Auftrag puderiger Make-up-Präparate wie Puderrouge und Puderlidschatten soll ermöglicht werden, ohne dass diese auf der fett- und feuchtigkeitsbasierten Grundlage fleckig werden.
- Das „fettige Glänzen" der Haut soll vermieden werden.
- Übergänge zwischen grundierter und ungrundierter Haut sollen kaschiert und farblich angeglichen werden.

Bild 1 Präparate zum Fixieren der Grundierung

Fixierpuder (s. Bild 1 c) sollte immer farblich auf die Grundierung abgestimmt werden. Dabei gilt: Je heller das verwendete Puder, desto ebenmäßiger wirkt das Gesamtbild. Grundsätzlich darf Fixierpuder niemals dunkler sein als die verwendete Grundierung, da es ansonsten fleckig aussieht. Vor allem zur Fixierung von Camouflage wird häufig ein spezielles farbloses Puder verwendet (s. Bild 1 a, d).

Im Handel wird Puder entweder lose oder in gepresster Form, den sogenannten Kompaktpudern (s. Bild 1 b), angeboten. Kompaktpuder lässt sich sehr dünn und gleichmäßig mithilfe eines Pinsels auftragen. Loses Puder ermöglicht eine erheblich bessere Fettabsorption und damit Haltbarkeit, da es mit einem Puderquast oder Pinsel in die Haut und die Grundierung regulär „eingearbeitet" werden kann.

Eine Sonderstellung nimmt das „Sunglow-Powder" ein. Es wird entweder auf die ungrundierte Haut oder auf das eigentliche Fixierpuder aufgebracht und verleiht der Haut mit seinen Glanz- und Schimmer-Pigmenten einen leichten Bräunungstouch.

2.5.4 Präparate zum Rougieren und Modellieren

Rougieren und Modellieren dient vor allem der optischen Gestaltung der Gesichtsform. Hierbei sollen unvorteilhafte Gesichtsformen, wie ein Doppelkinn oder eine lange Nase, kaschiert und vorteilhafte Merkmale, wie gut modellierte Wangenknochen, hervorgehoben werden. Gleichzeitig soll durch gezielt gesetzte Farbnuancierungen das Gesicht markanter und frischer aussehen.

Zum Rougieren und Modellieren des Gesichts eignen sich sowohl cremige als auch puderige Präparate. Hierzu gehören beispielsweise:

- Dunkle Grundierung
- Dunkles Fixierpuder
- Sunglow-Powder/Bronzer
- Rouge in Puder- oder Cremeform
- Lippenstift
- Weißer Kajal
- Lidschatten

Rougepräparate (Bild 1) sind sind in verschiedenen Rot- und Rosa-Schattierungen erhältlich und sollen das natürliche, frische Aussehen des Gesichts hervorheben. Modellierpräparate (Bild 1) hingegen dürfen keine Glanzpartikel enthalten und sollten eine möglichst hautähnliche Grundfarbe haben.

Grundsätzlich gilt Folgendes beim Modellieren eines Gesichts:

- Helle, irisierende Farbnuancen heben Partien eines Gesichts hervor.
- Dunkle, matte Farben drängen Partien eines Gesichts in den Hintergrund.

Wichtig ist die Farbwahl, die zum Modellieren an die verwendete Grundierung und zum Rougieren an den Farbtyp der Kundin und die Lidschatten- und Lippenstiftfarbe angepasst sein sollte.

2.5.5 Präparate zur farblichen Gestaltung der Augen

Die farbliche Gestaltung der Augen steht meist im Mittelpunkt eines dekorativen Make-ups. Hierfür werden die Augenbrauen, die Wimpern, der Liddeckel sowie der Augensims gestaltet.

Zu den Präparaten für ein Augen-Make-up gehören:

Lidschatten (s. Bild 2)

Lidschatten wird für die farbliche Gestaltung der Haut um die Augen verwendet, kann aber auch zum Ziehen eines Lidstrichs oder zum Rougieren dienen. Die Vielfalt an Farben und Formen, wie Puder, Creme und Mousse, ist sehr groß. Die Präparatauswahl und Auftragetechnik ist abhängig:

- von der Augenform und der Augenstellung
- vom Farbtyp
- vom Anlass und dem Kundenwunsch

Grundsätzlich gilt: dunkler, matter Lidschatten drängt Hautpartien zurück und irisierende, helle Lidschatten lassen Hautpartien hervortreten.

Die Haltbarkeit eines Lidschattens auf dem Auge ist abhängig von der Vorbereitung der Lidhaut. Bei schlecht vorbereiteter Haut, z. B. fehlende Grundierung und/oder Fixierung, rutschen die Farbpigmente des Lidschattens gerne schnell in die Lidfalte. Optimiert wird die Haltbarkeit des Lidschattens durch die Anwendung einer sogenannten Lidschatten-Base, die als Haftgrundlage fungiert. Sie besteht zum Großteil aus in Paraffin eingebettetem Puder und Mikrokristallen, die den Hauttalg „aufsaugen" und den Lidschatten so länger an seinem Platz hält.

In den Handel kommt Lidschatten aus hygienischen Gründen in sehr kleinen Faktiesen, damit ein schneller Verbrauch gewährleistet ist.

Kajalstifte und Eyeliner (s. S. 379, Bild 1)

Kajalstifte und Eyeliner werden vorrangig zum Ziehen eines Lidstriches am oberen und unteren Wimpernkranz verwendet.

Kajalstifte werden in in einer Vielzahl von Farben angeboten. Die Farbpigmente sind in eine Fettgrundlage eingebettet. Ein Kajalstift muss so weich sein, dass man den Kajalstrich verwischen und so in den Lidschatten mit einarbeiten kann. Außerdem darf die empfindliche Augenhaut nicht verletzt werden. Kajalstifte in Holzhüllen können durch einen Anspitzer in Form gebracht werden, während Kajals in Plastikhülle sich durch Abreiben auf Papier wieder optimal formen lassen.

Eyeliner sind immer flüssig. Sie sollen sich gut auftragen lassen, dann aber schnell trocknen und einen haltbaren Strich bilden, der sich nicht verwischen lässt und nicht ins Auge läuft.

Bild 1 Präparate zum Rougieren und Modellieren

Bild 2 Lidschatten

Bild 1 *Kajalstift und Eyeliner*

Bild 3 *Augenbrauenpuder und -stift*

Mascara (s. Bild 2)

Mascara wird auch als Wimperntusche bezeichnet und zum Anfärben der Wimpern verwendet. Daneben soll sie die einzelnen Wimpernhärchen stärken, die Wimpern pflegen und nach Wunsch verlängern oder verdichten. Hierzu sind in die mit Farbpigmenten angereicherte Cremegrundlage entweder pflegende Öle oder aber spezielle, fädenbildende Proteine, Nylon oder Kunstharze eingearbeitet. Sie ziehen auf die einzelnen Wimpern auf und erzielen so den gewünschten optischen Effekt.

Waterproofed Mascara sind vollständig wasserfreie Präparate und damit wasserfest. Sie verlaufen beim Baden oder starken Schwitzen nicht.

Maßgeblich für die Wirkung eines Mascara ist das Auftragebürstchen, das die Wimpern einzeln mit Farbe überziehen soll, ohne dass sie miteinander verkleben. Diese sind in unterschiedlichen Formen erhältlich und bestimmen die Wirkung.

Augenbrauenpuder und Augenbrauenstifte

Augenbrauenpuder und Augenbrauenstifte dienen der Gestaltung der Augenbrauen. Der Farbbereich liegt zwischen Dunkelgrau und Braun.

Augenbrauenpuder ist wie ein Puderlidschatten, enthält aber keine Glanzpigmente. Es ist stärker gepresst, da das für den Auftrag verwendete Bürstchen härter ist.

Der Augenbrauenstift ist, wie der Kajal, auf Fettbasis aufgebaut. Dabei ist er allerdings von der Konsistenz härter, um gezielte, dünne Striche zeichnen zu können, die nicht verwischen.

Bild 2 *Mascara*

Die Entscheidung, ob mit einem Augenbrauenpuder oder einem Augenbrauenstift gearbeitet wird, ist abhängig vom Zustand der Augenbrauen:

- Ein Augenbrauenpuder kann nur vorhandene Härchen anfärben.
- Mit einem Augenbrauenstift können zusätzliche feine Härchen gezeichnet und damit die Augenbraue verdichtet und fehlende Bereiche ergänzt werden.

2.5.6 Präparate zur farblichen Gestaltung des Mundes

Neben den Augen ist der Mund die Partie des Gesichts, die zuerst die Blicke auf sich zieht. Seine exakte Gestaltung trägt daher maßgeblich zum Eindruck eines gelungenen Make-ups bei. Hierzu werden folgende Präparate benötigt:

Lipliner

Lippenkonturenstifte, auch Lipliner genannt, dienen der Korrektur der Lippenform und verhindern das Auslaufen des Lippenstiftes in die feinen Mundfältchen. Die Pigmente sind in einer Fettbasis eingebettet. Sie werden in Stiftform in unterschiedlichen Farben angeboten, die individuell auf die Lippenstiftfarbe abgestimmt werden.

Bild 4 *Präparate zur farblichen Gestaltung des Mundes*

Lippenstift

Lippenstifte, auch **Lipsticks** genannt, sind meist entweder in pastöser Stiftform oder in kleinen Tiegeln auf Fettbasis in vielen unterschiedlichen Farben im Handel erhältlich. Die Farbwahl sollte immer eine Einheit mit dem Farbtyp, dem Augen-Make-up, dem Rouge und der Kleidung sowie der Haarfarbe der Kundin bilden.

Lipgloss

Lipgloss ist ein dünnflüssiges Präparat auf Fettbasis, das meist durchsichtig ist und mit oder ohne eingearbeitete Glitzer- und Farbpartikel die Lippen glänzen lässt.

Lipgloss kann entweder über den Lippenstift als „Highlight" oder auf ungrundierten und ungeschminkten Lippen verwendet werden.

Im Handel wird Lipgloss entweder relativ fest in Tiegeln oder flüssig in kleinen Fläschchen mit speziellem Applikator angeboten (s. Bild 1).

Bild 1 Lipgloss

2.6 Schminktechniken anwenden

Die Schminktechniken richten sich nach den ermittelten Gegebenheiten der Kundin. Die zentralen Fragen sind:

- „Was muss kaschiert und modelliert werden?"
- „Was soll hervorgehoben und akzentuiert werden?"

Hiernach richten sich die Reihenfolge der einzelnen Arbeitsschritte und die Schminktechniken.

2.6.1 Schminktechniken zum Kaschieren und Grundieren

Beim Kaschieren und Grundieren ist die Arbeitsreihenfolge abhängig von den Hautveränderungen, die kaschiert werden müssen, und von den Präparaten, die dazu eingesetzt werden.

Grundieren einer idealen ovalen Gesichtsform ohne Hautveränderungen

Bei einer ovalen Gesichtsform ohne Hautveränderungen wird die Grundierung direkt nach der Make-up-Grundlage aufgetragen und anschließend abgepudert oder rougiert.

Wählen Sie die Farbe der Grundierung entweder direkt im Hautton oder aber, vor allem für das festliche Make-up, einen Ton heller. Sie sollte niemals dunkler als die Hautfarbe sein, da die Gesichtsfarbe dann nicht mehr zur restlichen Haut, z. B. an Hals und Dekolletee, passt.

Verteilen Sie die Grundierung mit einem sauberen Make-up-Schwämmchen partienweise gleichmäßig auf dem Gesicht. Beginnen Sie dabei in der Gesichtsmitte und arbeiten Sie sich dann nach und nach zu den Gesichtsrändern vor. Es dürfen keine Flecken entstehen. Augenbrauen und Wimpern werden freigelassen. Am Haaransatz und an der Halspartie sollen die Übergänge sanft verlaufen. Den Mund sollten Sie mit grundieren, um ihn später leichter modellieren zu können (s. Bild 2). Auch die Ohrläppchen und die Nasenlöcher bekommen einen Hauch Grundierung.

Bei einem Tages-Make-up grundieren Sie nur bis zum Hals und streichen die Übergänge sauber aus. Für ein festliches Make-up kann es notwendig sein, Hals und Dekolletee und eventuell sogar die Arme mit zu grundieren, um ein gleichmäßiges Hautbild zu erhalten. Cremerouge wird direkt nach der Grundierung appliziert, während vor der Verwendung von Puderrouge die Grundierung erst gepudert werden muss.

Bild 2 Auftragen der Grundierung

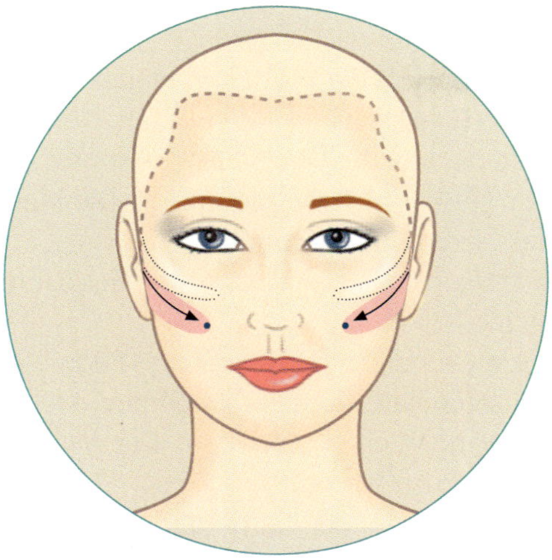

Bild 1 Rouge auftragen

Tragen Sie das Rouge direkt unter dem Wangenknochen bzw. Jochbeinrand auf. Der Auftrag erfolgt in einer flüssigen Bewegung von außen nach innen, damit die Farbe harmonisch zur Gesichtsmitte hin ausläuft. Rougieren Sie prinzipiell nur bis zur Wangenmitte, damit das Jochbein optisch hervorgehoben wird. Das Gesicht erhält dadurch mehr Tiefe und wirkt ausdrucksstärker und frischer. Abschließend wird das Rouge nach oben und unten leicht verwischt, damit keine harten Ränder entstehen.

Kaschieren punktueller Hautveränderungen

Zu den punktuellen Hautveränderunge zählen:
- Pigmentveränderungen (s. S. 361, Tab. 1)
- Entzündete und nicht entzündete Hautveränderungen wie Komedone und Milien (s. S. 361, Tab. 1)
- Hautwucherungen wie Warzen (s. S. 361, Tab. 1)

Kleine punktuelle Hautveränderungen kaschieren Sie vor dem Grundieren mithilfe von Abdeckstift oder Concealer. Sind sie nicht entzündet und wenig auffällig, kann auch nach dem Grundieren auf diese Stellen mit dem Pinsel etwas mehr Grundierung getupft werden. Diese Methode empfiehlt sich vor allem bei unebenen Besonderheiten.

Bei **kleinen, entzündlichen Hautarealen** verwenden Sie unbedingt einen antiseptischen Abdeckstift vor dem Auftragen der Grundierung. Der verhindert, dass sich die Entzündung unter der Grundierung weiter verstärkt.

Grundsätzlich gilt, dass **nässende Hautveränderungen**, wie z. B. aufgeplatzte Herpes-Bläschen und Pusteln, aus hygienischen Gründen nicht behandelt werden dürfen, um eine Verbreitung der austretenden Gewebeflüssigkeit und damit Ausbreitung der Erreger zu verhindern.

Wird vor dem Grundieren kaschiert, darf die Grundierung hinterher an diesen Stellen nur vorsichtig mit dem Schwämmchen aufgetupft werden, damit Concealer oder Abdeckstift nicht wieder abgetragen werden.

Kaschieren großflächiger Hautveränderungen

Zu den großflächigeren Hautveränderungen zählen:
- Augenringe und tiefe Falten
- Pigmentveränderungen
- Gefäßveränderungen
- Entzündete Hautveränderungen
- Hautwucherungen (s. S. 362, Tab. 1)

Großflächliche Hautveränderungen sollten immer vor dem Grundieren kaschiert werden.

Das gewählte Abdeckpräparat muss in der jeweiligen Farbe ausgewählt und dünn sowie großflächig aufgetragen werden.

Augenringe und tiefere Falten können Sie mit gelblichem Concealer kaschieren.

Rötliche Gefäßveränderungen kaschieren Sie mit grünem Concealer.

Zum Kaschieren von **Vitiligo** und **Tattoos** benötigen Sie eine stark deckende Camouflage in der Hautfarbe.

Auch bei großflächigen Hautveränderungen darf die Grundierung nach dem Kaschieren nur vorsichtig mit dem Schwämmchen aufgetupft werden, damit der Concealer nicht wieder abgetragen wird. Bei der Verwendung von Camouflage erübrigt sich das Grundieren im Nachhinein aufgrund der guten Deckkraft.

Bild 2 Kaschieren punktueller Besonderheiten

Modellieren der Gesichtsform

Die Gesichtsform können Sie entweder mit Grundierung oder aber mit Puder modellieren.

Wird mit Grundierung modelliert, geschieht dies, bevor das Gesicht abgepudert wird. Wird mit Puder modelliert, muss das Gesicht nach dem Grundieren erst einmal gründlich abgepudert werden.

Zum Modellieren werden matte, nicht glänzende Brauntöne verwendet. Im Wangenbereich kann auch rötliches Rouge verwendet werden.

Grundsätzlich gilt:
- Dunkle Töne lassen ein Gesichtsareal zurücktreten.
- Helle Töne lassen ein Gesichtsareal hervortreten.

Die Gesichtsform wird modelliert, indem sie der idealen ovalen Gesichtsform angeglichen wird:

Rechteckiges, länglich-schmales Gesicht

Das länglich-schmale Gesicht ist gegenüber der ovalen Gesichtsform zu lang und zu schmal. Die Stirnpartie ist sehr hoch und leicht eckig. Die Wangenpartie ist durch stark abgerundete Kieferknochen weniger stark ausgeprägt. Die Kinnpartie fällt lang und spitz aus (s. Bild 1).

Dementsprechend wird das rechteckige, länglich-schmale Gesicht folgendermaßen modelliert:
- Dunkle Grundierung oder dunkles Puder auf die Stirn, direkt unter den Haaransatz und auf das Kinn geben. Dadurch treten diese Partien zurück und das Gesicht wirkt kürzer.
- Helle Grundierung oder helles Puder direkt auf die Wangenknochen auftragen. Dadurch werden sie hervorgehoben und das Gesicht wirkt breiter. Unterstützt werden kann dieser Effekt noch, indem dunkles Rouge unterhalb der Wangenknochen aufgetragen wird, wodurch das Gesicht weiter an Kontur gewinnt.

Rundes Gesicht

Das runde Gesicht (Bild 2) ist gegenüber der ovalen Gesichtsform (Bild 3) zu kurz und zu breit. Die Stirn ist sehr rund und niedrig. Die Wangenpartie ist breit, die Kieferknochen sind nicht stark ausgeprägt. Die Kinnpartie ist ebenfalls sehr kurz und rund.

Dementsprechend wird das runde Gesicht folgendermaßen modelliert:
- Dunkle Grundierung oder dunkles Puder in Dreiecksform zwischen Augenbrauenende, Kieferknochen und Wangenmitte auftragen. Der Wangenbereich wirkt dadruch schmaler.
- Zusätzlich kann der Stirn- und Kinnbereich durch helle Grundierung oder helles Puder hervorgehoben und dadurch optisch gestreckt werden.

Quadratisches Gesicht

Das quadratische Gesicht ist gegenüber der ovalen Form zu kurz und zu breit. Die Stirn ist ebenfalls niedrig, allerdings auch kantig und breit. Das Gleiche gilt für die Kinnpartie, in der die stark ausgeprägten Kieferknochen für einen breiten und eckigen Eindruck sorgen (s. S. 383, Bild 1).

Dementsprechend wird das quadratische Gesicht folgendermaßen modelliert:
- Die gesamte Seitenpartie wird von den Stirnecken bis über den Kieferknochen hinaus dunkel schattiert. Dadurch tritt dieser Bereich zurück und das Gesicht wirkt im Ganzen schmaler.
- Im Wangenbereich läuft die Schattierung zur Wangenmitte hin dreieckförmig aus.
- Zusätzlich kann die Kinnspitze mit heller Grundierung oder hellem Puder optisch hervorgehoben werden, welches das Gesicht nach unten verlängert.

Dreieckiges Gesicht

Auch das dreieckige Gesicht ist gegenüber der ovalen Gesichtsform zu kurz und zu breit. Allerdings fällt hier

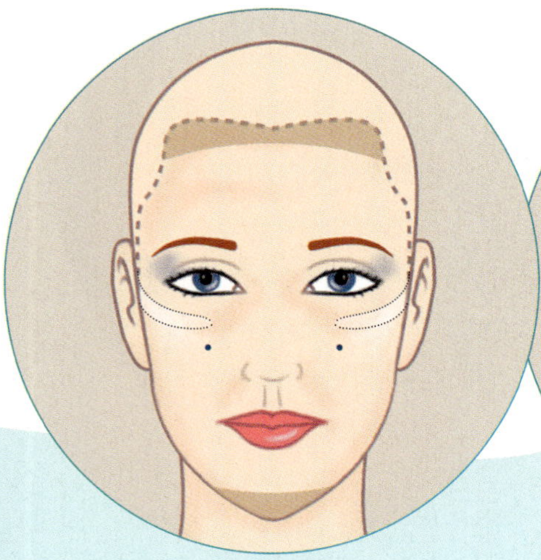

Bild 1 *Modellieren eines rechteckigen, länglich-schmalen Gesichts*

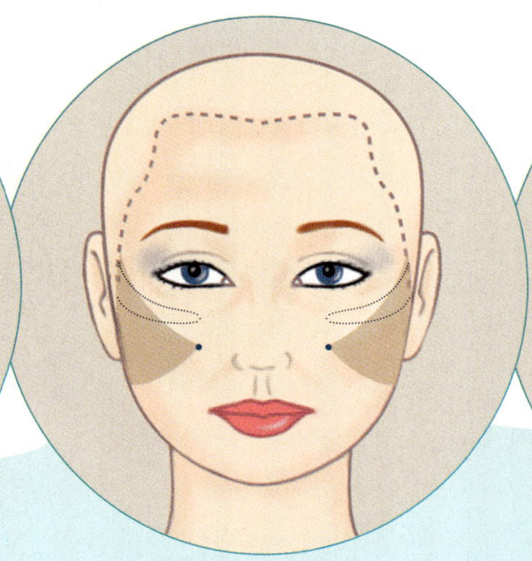

Bild 2 *Modellieren eines runden Gesichts*

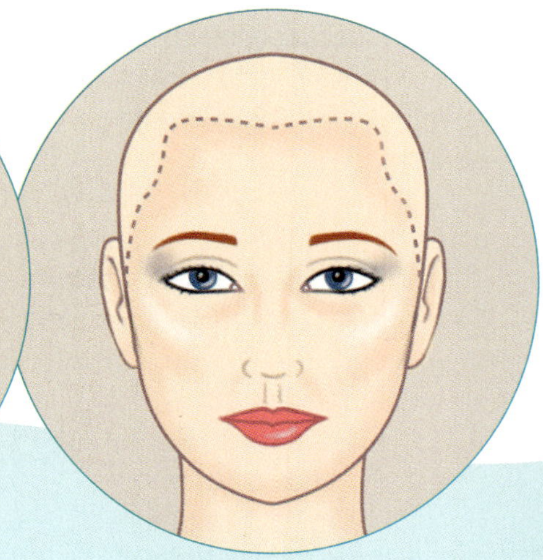

Bild 3 *Ovales Gesicht*

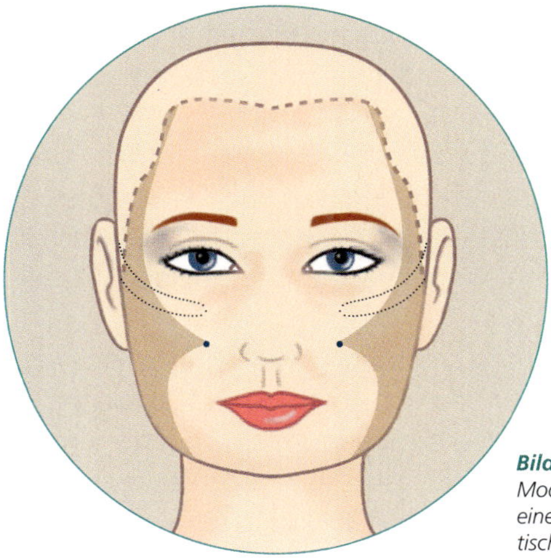

Bild 1 *Modellieren eines quadratischen Gesichts*

nur die niedrige Stirn zu breit und kantig aus. Die Wangenpartie ist eher unauffällig und das Kinn läuft lang und spitz zu (s. Bild 2).

Dementsprechend wird das dreieckige Gesicht folgendermaßen modelliert:

- Die Stirnseiten werden mit dunkler Grundierung oder dunklem Puder schattiert. Sie treten dadurch zurück und die Stirn wirkt nicht mehr so breit.
- Die Kinnspitze wird ebenfalls dunkel schattiert. Dadurch wirkt die Kinnpartie runder.
- Im Wangenbereich wird dunkle Grundierung oder dunkles Puder dreieckig zwischen Augenbrauenende, Ohr- und Wangenmitte aufgetragen. Die Wangenknochen treten dadurch zurück und das Gesicht wirkt schmaler.

Trapezförmiges Gesicht

Beim trapezförmigen Gesicht ist der Kinnbereich zu lang. Die Stirnpartie ist schmal und leicht rundlich, die Kinnpartie hingegen durch ausgeprägte Kieferknochen sehr breit und kantig (s. Bild 3).

Dementsprechend wird das trapezförmige Gesicht folgendermaßen modelliert:

- Die Seiten des Gesichts werden von den Ohren bis über die Kieferknochen hinaus dunkel schattiert. Diese Bereiche treten dadurch zurück und die Kinnpartie wirkt schmaler.
- Diese Schattierung kann bis zum Kinn fortgeführt werden, je nachdem, wie stark ausgeprägt die Kinnpartie ist. Die Kinnspitze muss frei bleiben und kann optisch durch helles Puder hervorgehoben werden.
- Zusätzlich kann helle Grundierung oder helles Puder auf die Stirnpartie appliziert werden. Sie wird dadurch hervorgehoben und optisch gestreckt.

Modellieren der Stirn

Die Möglichkeiten, die Stirn zu modellieren, orientieren sich an den Vorgehensweisen für die Gesichtsformen:

- Bei einer **hohen Stirn** wird direkt unter dem Haaransatz dunkel schattiert, damit dieser Teil zurücktritt und die Stirn optisch niedriger wirkt.
- Bei einer **breiten Stirn** werden die Stirnseiten dunkel schattiert. Die Stirn wirkt schmaler.
- Bei einer **niedrigen Stirn** wird helle Grundierung oder helles Puder direkt am Haaransatz aufgetragen. Dadurch wird die Stirn optisch gestreckt.

Modellieren des Kinns

Auch die Möglichkeiten, das Kinn zu modellieren, richten sich nach den Vorgehensweisen für die Gesichtsformen:

- Ein **spitzes Kinn** wird mit einem dunklen Tupfer auf die Kinnspitze verkürzt und verbreitert.
- Ein **breites Kinn** wird an den Kinnseiten durch dunkle Schattierungen optisch schmaler gestaltet.
- Bei einem **schmalen Kinn** wirkt helle Grundierung oder helles Puder verbreiternd.
- Ein **Doppelkinn** kann kaschiert werden, indem dunkle Grundierung oder dunkles Puder direkt auf die Hautfalte unter dem Kinn aufgetragen wird (s. Bild 4).

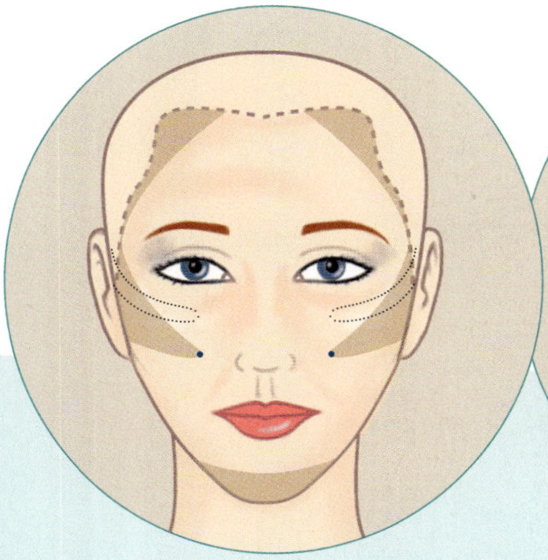

Bild 2 *Modellieren eines dreieckigen Gesichts*

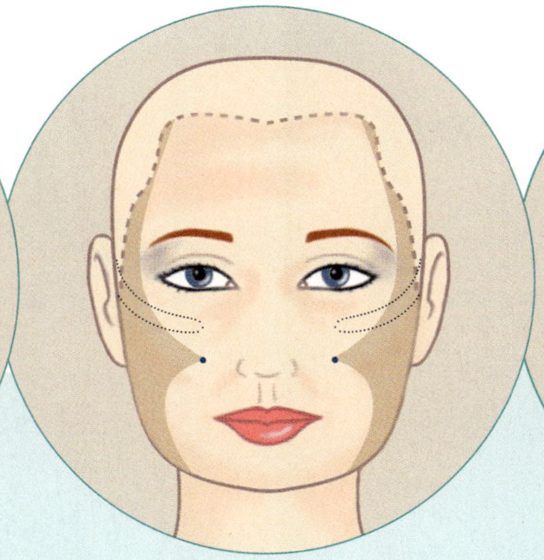

Bild 3 *Modellieren eines trapezförmigen Gesichts*

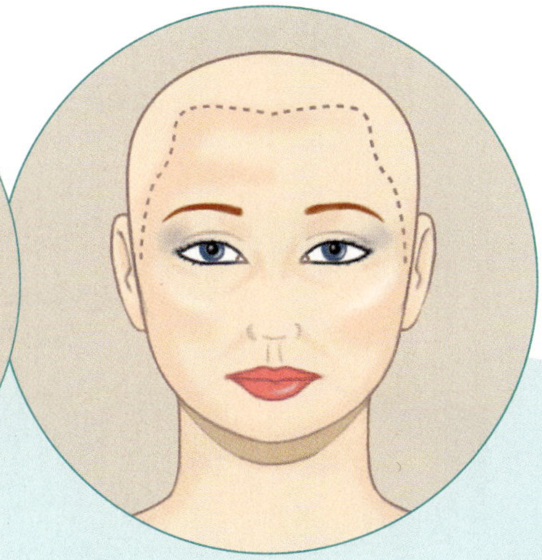

Bild 4 *Modellieren eines Doppelkinns*

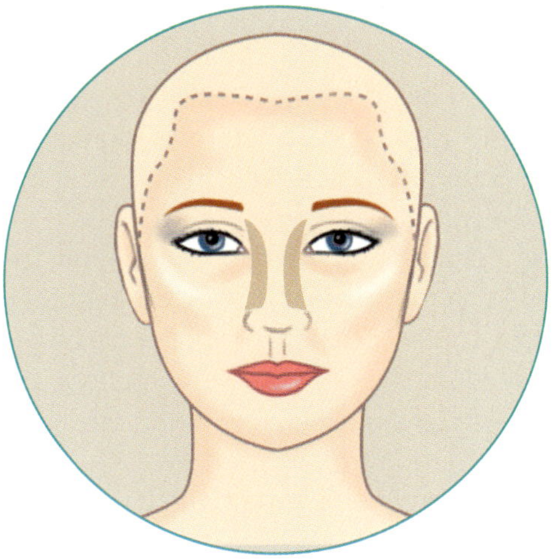

Bild 1 *Modellieren einer breiten Nase*

Modellieren der Nase

Die Nase ist ein auffälliges Merkmal des Gesichts. Kleine, schmale Nasen erfüllen das „Kindchen-Schema" und werden gegenüber anderen Nasenformen favorisiert. Es gibt folgende Modelliermöglichkeiten für Nasen:

- Lange Nasen werden mit einem dunklen Tupfer auf die Nasenspitze verkürzt.
- Breite Nasen werden an den Seitenwänden dunkel schattiert und dadurch verschmälert. Die Nasenflügel sind davon ausgenommen (s. Bild 1).

2.6.2 Schminktechniken zum Fixieren und Abpudern

Vor dem Auftrag von fixierendem Puder muss geklärt sein, welche Präparate für die weitere Make-up-Erstellung verwendet werden: Wird für das Augen-Make-up, das Modellieren oder als Rouge ein cremiges Präparat oder ein Mousse verwendet, darf vorher nicht abgepudert werden. Denn Puder bildet mit Cremerouge oder Cremelidschatten unansehnliche Schlieren, die zum einen das Aussehen, zum anderen auch die Haltbarkeit des Make-ups beeinträchtigen. Hier empfiehlt es sich, das Make-up erst nach der vollständigen Fertigstellung zu fixieren.

Fixierpuder wird entweder mit einem großen Puderpinsel oder mit einem Puderquast auf die Grundierung gegeben. Wird loses Puder verwendet, muss überschüssiges Puder vor dem Auftragen abgeschlagen werden. (s. Bild 2 a).

Fixierpuder für Camouflage wird mithilfe eines Puderquastes tief in die Grundierung eingearbeitet. Es muss dann eine Weile ruhen, um sich gut zu binden. Zum Schluss wird das überschüssige Puder mithilfe eines Puderpinsels entfernt (s. Bild 2 b).

2.6.3 Schminktechniken zum Gestalten der Augenpartie

Die Augen sind der Mittelpunkt eines Gesichts. Sie signalisieren Interesse, Aufmerksamkeit, Freude, Trauer, Zuneigung oder Ablehnung. Daher sollten die Augen und Wimpern betont werden. Das Augen-Make-up ist ein wichtiges Gestaltungselement der dekorativen Kosmetik, denn es kann Unvollkommenheiten der Natur korrigieren. Ebenso kann eine kunstvolle Technik, verbunden mit der typgerechten Auswahl der Lidschattenfarbe, zu einem erstaunlichen Ergebnis führen. Mit ausdrucksvollen Augen lassen sich Blickkontakte überzeugender herstellen.

Die richtige Auswahl der Lidschattenfarbe und die Auftragetechnik sind für ein gelungenes Augen-Make-up von großer Bedeutung.

Schminktechniken für die ideale Augenform und Augenstellung

Die ideale Augenform ist leicht mandelförmig und beide Augen sind gleich groß. Eine ideale Augenstellung ist dann gegeben, wenn zwischen den beiden

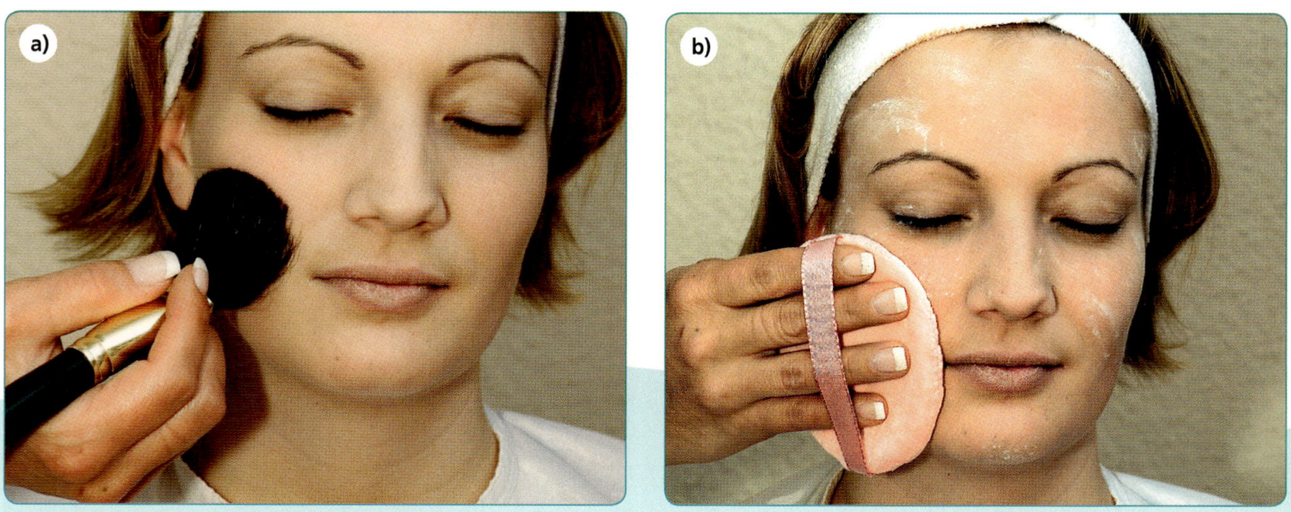

Bild 2 *Fixieren der Grundierung a) mit einem Puderpinsel b) mit einem Puderquast*

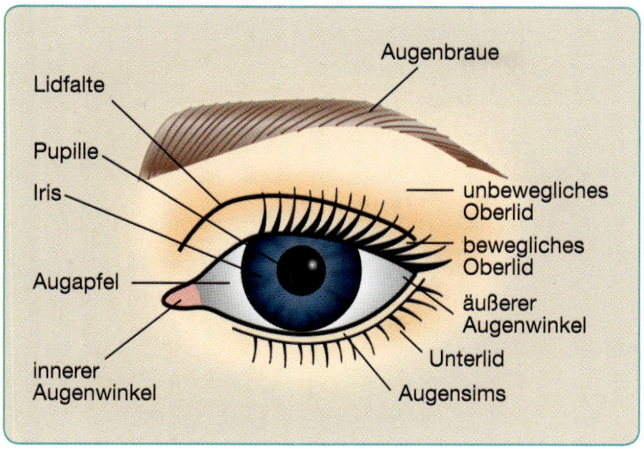

Bild 1 *Aufbau des Auges*

inneren Augenwinkeln noch einmal eine Augenbreite Platz ist (s. Bild 2).

Ideale Augen sind sehr selten. Meistens ist, selbst wenn Form und Stellung ideal sind, ein Auge größer als das andere. Sie müssen dementsprechend mithilfe des Augen-Make-ups aneinander angeglichen werden.

Arbeitsanleitung:

Allgemeines:

1. Wird mit Puderlidschatten gearbeitet, ist darauf zu achten, dass die Grundierung auf und unter dem Auge gut mit Fixierpuder abgedeckt ist. Soll zur besseren Haltbarkeit des Lidschattens eine Lidschatten-Base (s. S. 377) benutzt werden, wird diese direkt vor dem Platzieren des Lidschattens auf das grundierte und abgepuderte Oberlid aufgetragen.
2. Bei der Verwendung von dunklem Lidschatten empfiehlt es sich, das Jochbein vor dem Erstellen des Augen-Make-ups mit einer dicken losen Puderschicht zu bedecken. So wird verhindert, dass dunkle Lidschattenreste unter dem Auge verschmieren und dunkle Schatten bilden, die nur sehr schwer wieder zu entfernen sind. Diese Puderschicht wird dann nach Beendigung des Augen-Make-ups mithilfe eines großen Puderpinsels wieder abgenommen.

Reihenfolge der Arbeitsschritte:

1. Tragen Sie zuerst einen hellen Lidschattenton auf das gesamte Oberlid bis zur Augenbraue auf.
2. Betonen Sie dann mit einem dunklen Kajal den Wimpernkranz. Dazu ziehen Sie einen feinen Kajalstrich bei geschlossenem Auge auf dem Oberlid direkt am Wimpernkranz vom inneren bis zum äußeren Augenwinkel. Der untere Wimpernkranz wird nur auf der äußeren Hälfte betont, um das Auge nicht zu verkleinern. Die Kundin muss dazu die Augen öffnen. Wichtig ist, dass Sie den Kajal direkt im Wimpernkranz auftragen. Der Augensims bleibt frei. Würde der dunkle Kajal dort aufgetragen werden, verkleinert er das Auge zu sehr und der gewünschte öffnende Effekt wäre nicht gegeben.
3. Verwischen Sie den Kajalstrich anschließend mit dunklem Lidschatten und ziehen Sie die Schattierung in den äußeren Augenwinkeln bis in die Lidfalte hoch. Dabei wird nur die äußere Hälfte der Lidfalte betont, da das Auge sonst, durch die dunkle Farbe, erdrückt würde. Die betonte Lidfalte sollte bei geöffnetem Auge leicht zu sehen sein. Dadurch wird das Auge in seiner Mandelform unterstützt und die Konturen werden verstärkt. Es bekommt mehr Ausdruckskraft (s. Bild 3).
4. Zur Betonung der Augenbraue können Sie direkt unter dem Augenbrauenbogen eine feine, nach außen hin breiter werdende Linie mit sehr hellem, irisierendem Lidschatten, dem sogenannten „Highlighter", setzen.
5. Die Übergänge zwischen den einzelnen Farben können entweder weich verwischt werden oder als harte Kanten stehen bleiben. Das ist Geschmackssache und richtet sich nach dem Kundenwunsch.
6. Anschließend tragen Sie den Mascara in zwei Schichten auf. Er bringt die Augen zum Strahlen und öffnet sie. Verklebte Wimpern trennen Sie nach dem Trocknen mithilfe der Wimpernspirale voneinander.
7. Wenn die Kundin es wünscht, können Sie jetzt mithilfe eines Eyeliners den Wimpernkranz zusätzlich betonen. Ziehen Sie ihn in einem Strich von innen nach außen. Ein Eyelinerstrich darf nicht verwackeln, da er nicht korrigiert werden kann.
8. Abschließend bringen Sie die Augenbrauen mithilfe des Augenbrauenbürstchens in Form. Helle Augen-

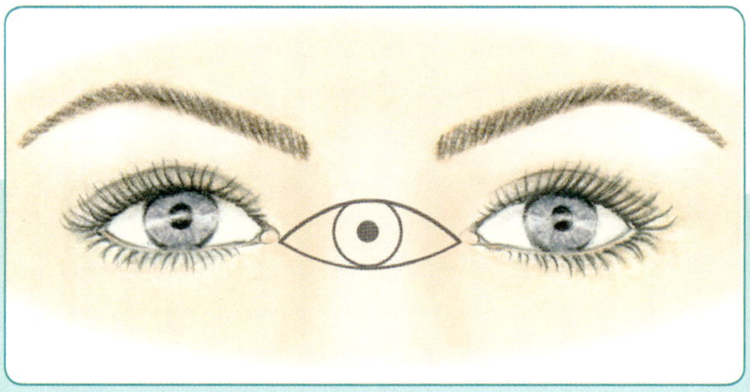

Bild 2 *Ideale Augenform und -stellung*

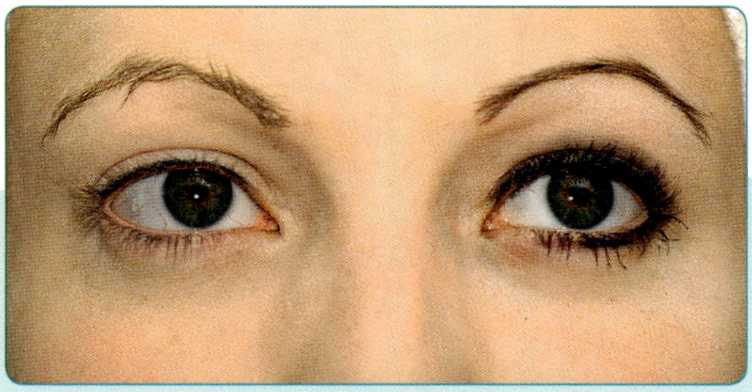

Bild 3 *Wirkung eines Augen-Make-ups*

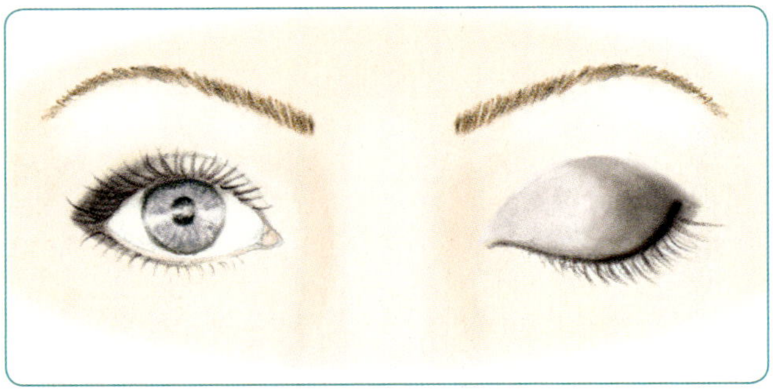

***Bild 1** Lidschattenauftrag bei idealer Augenform und -stellung*

***Bild 3** Kaschieren von großen Augen*

brauen können Sie durch Augenbrauenpuder betonen. Dabei ist es wichtig, dass Sie die Haut nicht mit anfärben, da die Brauen sonst zu hart wirken. Formkorrekturen können mithilfe des Augenbrauenstiftes vorgenommen werden. Mit seiner Hilfe werden an den Stellen, wo die Augenbraue zu dünn ist, kleine Striche in Härchenform auf die Haut gezeichnet.

Kaschieren von Augenformen und -stellungen

Bei den meisten Menschen sind Augenform und -stellung zueinander nicht ideal. Durch ein geschicktes Farbspiel und Auftragetechniken können sie ausgeglichen und der Idealform angepasst werden.

Große Augen (s. Bild 3):
Große Augen müssen, um sie der Idealform anzunähern, mithilfe von dunklen Farben verkleinert werden.

1. Schattieren Sie das gesamte Oberlid bis in die Lidfalte mit dunklem Lidschatten. Die Schattierung sollte auch bei geöffnetem Auge leicht zu sehen sein.
2. Tragen Sie einen dunklen Kajal auf den Augensims auf.
3. Schattieren Sie das Unterlid ebenfalls vollständig mit dunklem Lidschatten.
4. Tragen Sie Highlighter unter der Augenbraue auf.
5. Tuschen Sie die Wimpern sehr dunkel.

Kleine Augen (s. Bild 2)
Kleine Augen müssen, um sie der Idealform anzugleichen, mithilfe von hellen Farben vergrößert werden:

1. Tragen Sie auf das gesamte Augenlid hellen Lidschatten auf.
2. Betonen Sie nur die Lidfalte und den oberen Wimpernkranz mit einem dunklen Ton.
3. Tuschen Sie die Wimpern des Oberlides intensiv. Die Wimpern des Unterlides nur wenig oder gar nicht. Das öffnet das Auge.

Runde Augen (s. Bild 4)
Runde Augen müssen, um sie der Idealform anzugleichen, optisch gestreckt werden:

1. Tragen Sie am inneren Augenlid zur Nase hin hellen Lidschatten auf und arbeiten Sie nach außen mit einem dunklen Lidschatten.
2. Lassen Sie den Lidstich am oberen und unteren Lid jeweils nach außen hin breiter werden. Das streckt das Auge.
3. Betonen Sie die Lidfalte stark mit einem dunklen Ton und heben Sie sie nach außen hin leicht an.

Schlupflider (s. S. 387, Bild 1)
Bei Schlupflidern „schlupft" das bewegliche Oberlid unter den unbeweglichen Teil und wird daher überdeckt. Wimpernkranz und Lidfalte sind nicht mehr zu sehen. Um Schlupflider an die Idealform anzugleichen, muss eine künstliche Lidfalte geschaffen werden, die dem Auge mehr Kontur gibt.

1. Betonen Sie den oberen Wimpernkranz mit einem dunklen Ton.
2. Bitten Sie die Kundin, die Augen zu öffnen und geradeaus zu schauen. Setzen Sie mit dem Pinsel oder der Applikatorspitze dort, wo der Wimpernkranz das Oberlid berührt, einen bis mehrere Punkte. Bis zu diesen Punkten ziehen Sie den dunklen Lidschatten in der Lidfalte von außen hin hoch und schattie-

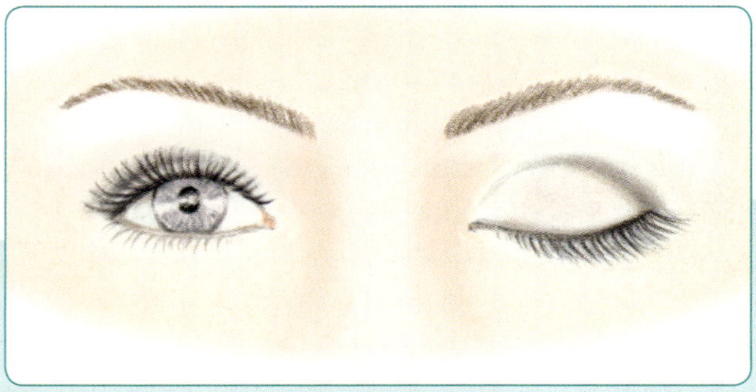

***Bild 2** Kaschieren von kleinen Augen*

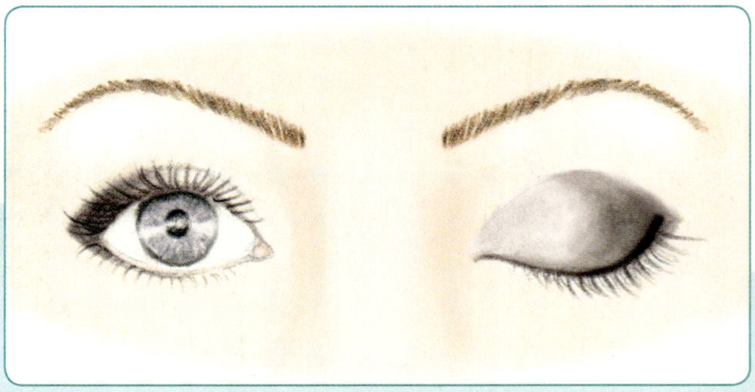

***Bild 3** Kaschieren von runden Augen*

ren sie breit und kräftig aus. Das kann durchaus ¾ der Lidfalte und mehr sein, je nachdem, wie stark das unbewegliche Oberlid überhängt.

3. Schattieren Sie den äußeren Augenwinkel im Oberlidbereich bis zum höchsten Punkt der Lidfalte dunkel. So wird der überdeckende Teil des unbeweglichen Oberlides farblich zurückgedrängt.

Eng zusammenstehende Augen (s. Bild 2)
Passt weniger als eine Augenlänge zwischen die Augen, spricht man von eng zusammenstehenden Augen. Sie müssen daher optisch auseinandergezogen werden.

1. Tragen Sie die den helleren Lidschatten auf die inneren Hälften des Ober- und Unterlides auf, die äußeren Hälften mit dunklem Lidschatten aus.
2. Ziehen Sie den dunklen Lidschatten über den äußeren Augenwinkel hinaus leicht nach oben.
3. Betonen Sie den oberen und unteren Wimpernkranz erst ab der Augenmitte nach außen hin dunkel. Werden Sie mit dem Lidstrich dabei nach außen hin etwas breiter und ziehen Sie ihn über den äußeren Augenwinkel hinaus leicht nach oben.
4. Verkürzen Sie die Augenbrauen an der Nasenwurzel und verlängern Sie sie nach außen hin.

Weit auseinander stehende Augen (s. Bild 3)
Passt mehr als eine Augenlänge zwischen die Augen, spricht man von weit auseinander stehenden Augen. Sie müssen optisch zusammengezogen werden.

1. Tragen Sie den dunklen Lidschattenton auf die inneren Hälften des Augenlids auf und den hellen Lidschattenton auf die äußeren Hälften.
2. Betonen Sie den oberen und unteren Wimpernkranz nur von innen bis zur Augenmitte mit einem Lidstrich.
3. Verlängern Sie die Augenbrauen in Richtung Nasenwurzel und kürzen Sie sie nach außen hin.

Hervorstehende Augen (s. Bild 4)
Hervorstehende Augen müssen, um sie dem Idealzustand anzugleichen, optisch zurückgesetzt werden.

1. Tragen Sie den dunklen Lidschatten auf das gesamte Oberlid bis über die Lidfalte hinaus auf.
2. Verzichten Sie auf helle Lidschattenfarben.
3. Betonen Sie den gesamten oberen und unteren Wimpernkranz mit einem dunklen Lidstrich, der nach außen hin etwas stärker wird.
4. Tuschen Sie die Wimpern kräftig.

Tief liegende Augen (s. Bild 5)
Tief liegende Augen müssen, um sie dem Idealzustand anzugleichen, optisch hervorgehoben werden.

1. Tragen Sie auf dem gesamten Ober- und Unterlid hellen Lidschatten auf.

Bild 1 *Kaschieren von Schlupflidern*

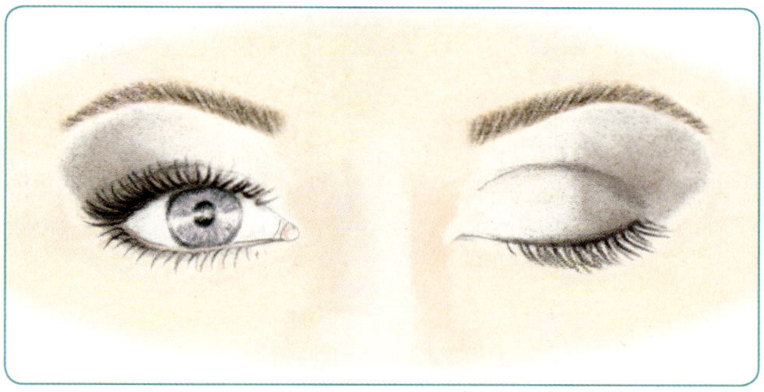

Bild 2 *Kaschieren eng zusammenstehender Augen*

Bild 3 *Kaschieren weit auseinander stehender Augen*

Bild 4 *Kaschieren hervorstehender Augen*

Bild 5 *Kaschieren tief liegender Augen*

2. Verwenden Sie dunklen Lidschatten nur zur leichten Betonung des oberen Wimpernkranzes und äußeren Hälfte der Lidfalte.
3. Verzichten Sie auf einen dunklen Lidstrich und tuschen dafür die Wimpern lieber etwas kräftiger, um das Auge zu öffnen.
4. Formen Sie die Augenbrauen sehr dünn und mit starker Wölbung.

Brillen-Make-up

Viele Menschen leiden an einer Fehlsichtigkeit der Augen und müssen eine Brille tragen. Brillen gelten mittlerweile auch als modisches Accessoire, das den Typ der Trägerin unterstreichen soll. Der obere Linienverlauf der Brille sollte dem Linienverlauf der Augenbrauen folgen und die Brille entweder unter den Augenbrauen oder aber mit ihnen enden.

Die Brillengläser können sich optisch auf das Erscheinungsbild der Augen auswirken. Bezüglich der Auswirkungen auf die Augenform unterscheidet man zwischen Kurz- und Weitsichtigkeit.

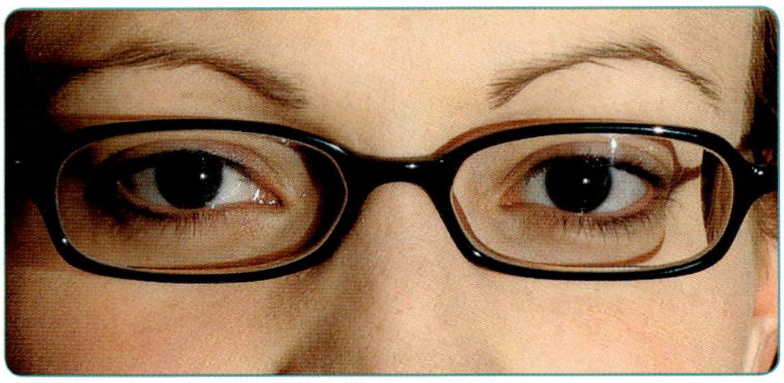

Bild 1 Optimale Anpassung einer Brille an das Gesicht

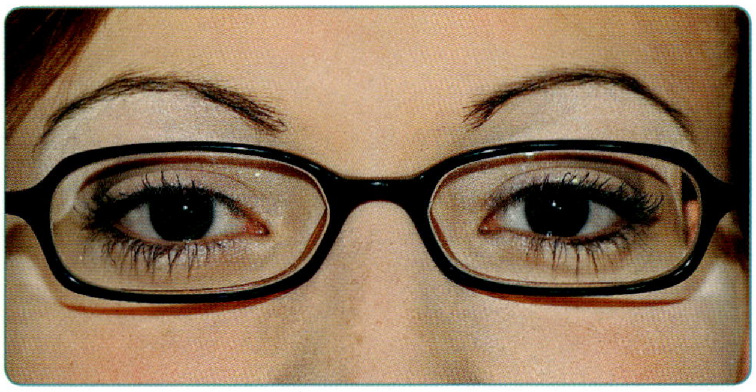

Bild 2 Brillen-Make-up für Kurzsichtige

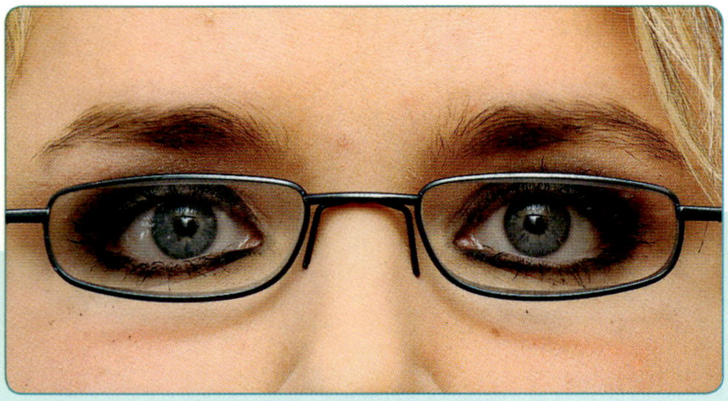

Bild 3 Brillen-Make-up für Weitsichtige

Kurzsichtigkeit

Brillen gegen Kurzsichtigkeit verkleinern das Auge. Das Augen-Make-up muss dem entgegenwirken und die Augen wieder optisch vergrößern.

1. Verwenden Sie kräftige, kontrastreiche Farben.
2. Tragen Sie einen hellen, glänzenden Lidschatten auf das Ober- und Unterlid auf.
3. Betonen Sie den oberen und unteren Wimpernkranz mit einem leichten Lidstrich, ohne das Auge zu verkleinern.
4. Wenn die Kundin es möchte, betonen Sie den Augensims mit einem weißen Kajal. Das vergrößert das Auge.
5. Tuschen Sie die Wimpern kräftig.

Weitsichtigkeit

Brillen gegen Weitsichtigkeit vergrößern das Auge. Härchen und Fältchen um die Augen treten mehr hervor. Das Augen-Make-up muss dem entgegenwirken und die Augen optisch verkleinern. Zusätzlich ist es wichtig, die Partie um die Augen vorher gut zu grundieren und mit Puder zu mattieren, damit Poren und kleine Fältchen abgedeckt sind.

1. Verwenden Sie vor allem dunkle, matte und kontrastarme Farben, um Ober- und Unterlid damit vollständig zu schattieren.
2. Ziehen Sie auf dem Augensims einen dunklen Kajalstrich, um das Auge zu verkleinern.
3. Färben Sie die Wimpern nur, aber tuschen Sie sie nicht, da auch die Wimpern durch die Brillengläser vergrößert werden und das Auge dann optisch „erdrücken" können.

2.6.4 Schminktechniken zum Gestalten der Mundpartie

Der Mund ist ein weiterer Blickfang im Gesicht und unser Hauptkommunikationsmittel. Er kann, ohne dass ein Wort gesprochen wird, Trauer, Freude oder wütende Entschlossenheit ausdrücken.

Die gleichmäßige Gestaltung der Mundpartie ist oftmals der schwierigste Part bei einer dekorativen Gesichtsbehandlung. Der Mund ist so gut wie nie symmetrisch und muss daher meistens korrigiert werden.

Zur Mundpartie zählen zwei Bereiche, die beim Schminken beachtet werden müssen (s. S. 389, Bild 2):

- Die Lippen in ihrer, im Normalfall, blassrosa Farbe. Sie gliedern sich in Ober- und Unterlippe und werden von der **inneren Kontur** begrenzt.
- Der die Lippen umgebende, leicht vorgewölbte Lippenrand. Er wird von der **äußeren Kontur** begrenzt.

Die Haut der Lippen ist sehr dünn und neigt bei Trockenheit dazu, einzureißen und kleine Schüppchen zu

Bild 1 *Ideale Mundform*

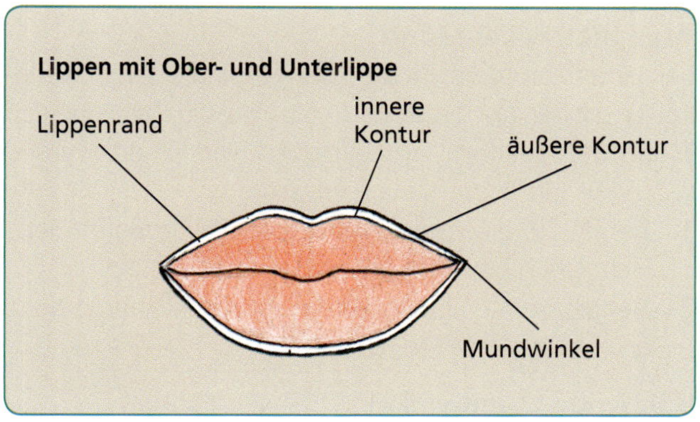

Bild 2 *Aufbau des Mundes*

bilden. Sie muss besonders gut gepflegt werden. Dazu eignen sich spezielle Lippenpflegestifte.

Vor dem Auftragen eines Lippen-Make-ups muss der Mund sorgfältig mit grundiert und abgepudert sein. Nur so ist eine Korrektur der Mundform möglich, da die Grundierung die Lippenfarbe kaschiert und Lippen und umgebende Haut nun einfarbig sind. Das Puder bietet den Effekt, die Lippenstiftfarbe auf den Lippen länger zu fixieren. Eine Ausnahme von dieser Regel wird nur gemacht, wenn zur Gestaltung des Mundes allein farbloses Lipgloss verwendet werden soll. In diesem Fall werden die Lippen weder grundiert noch gepudert. Sie würden ansonsten konturlos wirken und das Puder im Gloss gut sichtbare, weiße Schlieren bilden.
Wichtig ist, auch beim Lippen-Make-up zu beachten, dass jede Form von Glanz die Lippen hervorhebt und damit größer und voller erscheinen lässt. Dunkle, matte Farben hingegen wirken verkleinernd.

Schminktechniken für die ideale Mundform

1. Zeichnen Sie mit einem Lippenkonturenstift die gewünschte Kontur vor. Hierbei orientieren Sie sich an der inneren Kontur der Lippen. Zur Arbeitserleichterung und als Orientierungshilfe können Sie vorab Hilfspunkte markieren, die dann miteinander verbunden werden (s. Bild 1). Beginnen Sie in der Mitte der Oberlippe. Konturieren Sie die Seiten von den Mundwinkeln zu den höchsten Punkten der Lippe. Eine Linienführung in die andere Richtung führt oftmals zu einem zu starken Abfall der Linien hin zu den Mundwinkeln. Konturieren Sie die Unterlippe in der gleichen Reihenfolge.
2. Entnehmen Sie anschließend die Lippenstiftfarbe mit einem Spatel und tragen sie mit dem Lippenpinsel dünn auf. Arbeiten Sie den Lippenkonturenstift dabei mit in den Lippenstift ein. Für eine bessere Haltbarkeit sollten Sie die Lippenstiftfarbe in zwei dünnen Schichten aufgetragen. Überschüssige Farbe entfernen Sie nach jedem Auftrag mithilfe eines Kosmetiktuchs.
3. Abschließend können Sie eine Schicht Lipgloss auf die Lippen geben.

Modellieren der Mundform

Abweichende Lippenformen können durch geschickte Präparateauswahl und Auftragetechnik ausgeglichen werden. Bitte beachten Sie dabei, dass die Lippenform der linken und rechten Gesichtshälfte meist nicht identisch ist.

Großer Mund mit vollen Lippen

Ein großer Mund mit vollen Lippen muss, um ihn der Idealform anzugleichen, optisch verkleinert werden (s. Tab. 1, a):

1. Ziehen Sie die Lippenkontur innerhalb der inneren Kontur.
2. Verwenden Sie dunkle, matte Farben.
3. Benutzen Sie kein Lipgloss.

Kleiner Mund mit schmalen Lippen

Ein kleiner Mund mit schmalen Lippen muss, um ihn der Idealform anzugleichen, optisch vergrößert werden (s. Tab. 1, b):

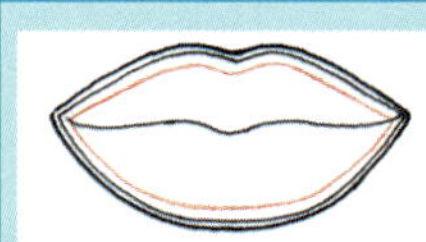	a) Großer Mund mit vollen Lippen
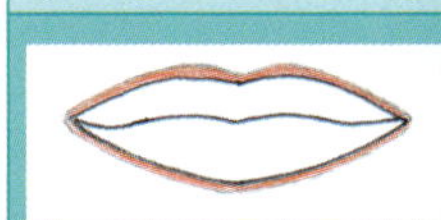	b) Kleiner Mund mit schmalen Lippen
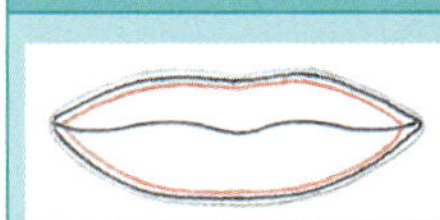	c) Breiter Mund
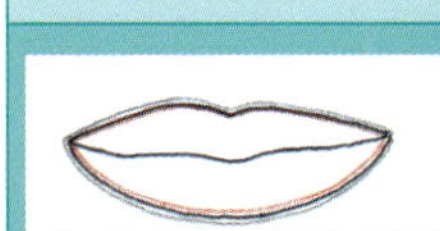	d) Mund mit ungleichmäßigen Lippengrößen
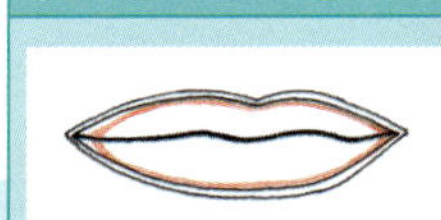	e) Asymmetrischer Mund
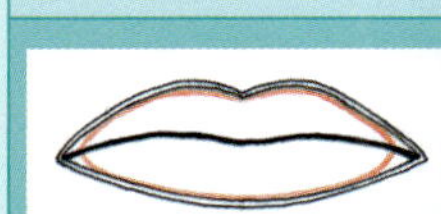	f) hängende Mundwinkel

Tabelle 1 *Modellieren der Mundform*

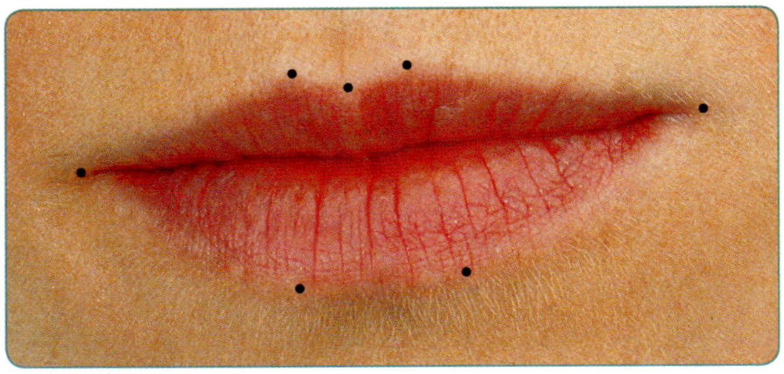

Bild 1 Hilfspunkte zum Zeichnen der Lippenkontur

1. Ziehen Sie die Lippenkontur auf dem Lippenrand.
2. Verwenden Sie helle, irisierende Farben.
3. Tragen Sie abschließend eine Schicht Lipgloss zur Unterstützung der optischen Vergrößerung auf.

Breiter Mund

Ein breiter Mund wird, um ihn der Idealform anzupassen, in den Mundwinkeln optisch verkürzt (s. Tab. 1, c):

1. Ziehen Sie die Lippenkontur nicht bis in die Mundwinkel.
2. Verwenden Sie keine grellen Farben, da die Korrektur sonst zu zu sehr auffällt im Vergleich zur natürlichen Lippenfarbe.

Mund mit ungleichmäßigen Lippengrößen

Bei einem Mund mit ungleichmäßigen Lippengrößen wird die größere Lippe, um den Mund der Idealform anzugleichen, verkleinert (s. S. 389, Tab. 1, d):

1. Ziehen Sie die Lippenkontur auf der kleineren Lippe direkt auf der inneren Kontur.
2. Ziehen Sie die Lippenkontur auf der größeren Lippe etwas innerhalb der inneren Kontur.
3. Wählen Sie den Farbton für die kleinere Lippe etwas heller als für die größere Lippe.
4. Tragen Sie in die Mitte der kleineren Lippe etwas Gloss auf. Die Lippe wirkt dadurch optisch voller.

Asymmetrischer Mund

Bei einem asymmetrischen Mund ist die eine Mundhälfte größer als die andere. Sie muss daher, um den Mund der Idealform anzugleichen, verkleinert werden (s. S. 389, Tab. 1, e):

1. Ziehen Sie die Lippenkontur auf der größeren Seite nicht bis in den Mundwinkel hinein.
2. Ziehen Sie die Lippenkontur auf der kleineren Seite bis direkt in den Mundwinkel.

Hängende Mundwinkel

Bei hängenden Mundwinkeln wird der Mund, um ihn der Idealform anzugleichen, an den Seiten optisch etwas angehoben (s. S. 389, Tab. 1, f):

1. Beginnen Sie die Lippenkontur der Unterlippe in der Lippenmitte auf der inneren Kontur.
2. Wechseln Sie zu den Mundwinkeln hin auf die äußere Kontur und enden Sie kurz vor den Mundwinkeln. Die Unterlippe wirkt dadurch an diesen Stellen breiter.
3. Ziehen Sie die Lippenkontur auf der Oberlippe vollständig auf der inneren Kontur und enden Sie ebenfalls kurz vor den Mundwinkeln.

2.7 Make-up-Trends

Jeden Tag werden wir mit neuen Make-up Trends und Techniken aus der ganzen Welt überrascht.

Durch die globalisierte Welt und die unterschiedlichen Kanäle der Medien werden Trends schnell und flächendeckend verbreitet. Mode gehört für viele Menschen zur Freizeitbeschäftigung. In jeder Saison entstehen neue Trends, die auch nach wenigen Monaten wieder aus der Mode kommen können.

Unsere Kunden sind heute gut informiert. Daher ist es im Beruf der Friseurin wichtig, sich regelmäßig zu informieren und fortzubilden. Sie sollten wissen, was sich hinter bestimmten Begriffen verbirgt und sich mit der Umsetzung beschäftigen.

Diese Make-up Begriffe sollten Sie kennen:

Contouring:

Beim Contouring wird die Gesichtsform mit Make-up-Präparaten optisch perfektioniert. Mit hellen Tönen werden die Vorzüge des Gesichts bewusst hervorgehoben und mit dunklen Tönen Problemzonen kaschiert).

Reverse Contouring:

Beim Reverse Contouring wird nur ein helles oder transparentes Puder/Make-up verwendet.

Die Nuancen werden unter den Wangenknochen bis hin zum Kinn aufgetragen. Die Gesichtsform kann dadurch perfektioniert werden, ohne dass mehrere Schichten von Make-up aufgetragen werden müssen.

Baking

Beim Baking wird helles Puder mit einem Make-up-Schwämmchen/Puderquast sehr dick auf die Gesichtspartien aufgetragen, die heller wirken sollen und dadurch hervorgehoben werden. Oftmals wird das Baking unter den Augen, auf der Nase oder am Kinn angewendet. Nach 10-minütiger Einwirkzeit werden die Überschüsse mit einem Make-up-Bürstchen/Pinsel abgetragen. Danach erscheinen die Gesichtszüge klarer, markanter und definierter.

Strobing
Beim Strobing wird mit hellen, leicht irisierenden Tönen gearbeitet. Das Gesicht wird mit glänzenden Highlights geformt. Die Glanzeffekte werden auf die Gesichtspartien aufgetragen, auf die Licht fällt, d.h. auf die Wangenknochen, Schläfen und Nasenrücken. Anschließend werden mit einem Foundation Pinsel oder einem Make-up-Schwämmchen die Auftragestellen verblendet, damit ein weicher Übergang entsteht.

Smokey Eyes:
Smokey Eyes können, je nachdem wie dunkel die verwendeten Farben sind, für ein Abend-Make-up aber auch für ein Tages-Make-up geschminkt werden.

Die Schminktechnik zeichnet sich durch einen dunklen Lidschattenrahmen um das Auge aus und zaubert dadurch einen Kontrast zum Augenweiß. Die Iris wird in Szene gesetzt.

Tragen Sie zuerst einen hellen Lidschatten bis unter die Augenbrauen auf. Der dunkle Lidschattenton wird auf die Lidfalte, das bewegliche Lid sowie leicht am unteren Wimpernkranz aufgetragen. Der dunkelste Punkt sollte immer der äußere Augenwinkel sein, deswegen bietet es sich an, dort zu beginnen.

Zeichnen Sie im Anschluss mit einem schwarzen Kajalstift den oberen und unteren Wimperkranz nach und verblenden Sie beide Linien mit einem Lidschattenpinsel. Falls gewollt, kann am oberen Wimperkranz ein zusätzlicher Lidstrich mit einem Eyeliner gezogen werden, dadurch wird der Look verstärkt. Zum Schluss werden die Wimpern mit schwarzer Mascara kräftig getuscht.

Ombré-Effekte:
Ombré-Effekte finden nicht nur bei Haarfarben Verwendung, sondern auch im Bereich der dekorativen Kosmetik (Augen- und Lippen-Make-up).

Bei Ombré-Effekten wird mit mehreren Farben und fließenden Übergängen von dunkel bis hell gearbeitet.

Beim Ombré-Lippen-Make-up wird nicht mehr nur eine, sondern mindestens zwei Farben verwendet. Zuerst werden die Lippen mit der dunkleren Liplinerfarbe umrandet. Dieser wird anschließend nach innen verblendet, sodass sich die Farbe auch an den inneren Rändern der Lippen verteilt. Anschließend wird der hellere Lippenstift im inneren der Lippen aufgetragen, sodass sie an die Farbe des Lipliners anschließt. Der Übergang wird mit dem Lippenpinsel verblendet, sodass die Farben perfekt ineinander übergehen.

Sprechen Sie während der Beratung mit Ihrer Kundin über Make-up-Trends und überlegen Sie gemeinsam, ob und wie sie diese in Ihrer Umsetzung einbeziehen können. Zeigen Sie der Kundin, dass Sie aktuelle Trends verfolgen und in der Lage sind diese fachgerecht umzusetzen.

Für alle Make-up-Techniken braucht es Übung. Sie sollten diese nur anbieten, wenn Sie in der Lage sind, diese perfekt umzusetzen.

Aufgaben

1. Zählen Sie die hygienischen Maßnahmen auf, die vor vor einer dekorativen Gesichtsbehandlung notwendig sind.
2. Beschreiben Sie zwei vorbereitende Behandlungen einer dekorativen Gesichtsbehandlung.
3. Nennen Sie vier Unterschiede zwischen einem Tages-Make-up und einem festlichen Make-up.
4. Erstellen Sie eine Liste aller Arbeits- und Hilfsmittel, die für eine dekorative Gesichtsbehandlung benötigt werden.
5. Zwei Kundinnen möchten sich für ein Tages-Make-up Präparate zum Grundieren kaufen. Beraten Sie sie bezüglich geeigneter Präparate und begründen Sie Ihre Empfehlungen.
   a) Kundin mit jugendlicher Problemhaut.
   b) Kundin mit anspruchsvoller Haut.
6. Erklären Sie, wodurch sich Kajal und Eyeliner hinsichtlich ihrer Wirkung voneinander unterscheiden.
7. Beschreiben Sie die ausgleichenden Schminktechniken für folgende Hautveränderungen:
   a) Kleine, entzündliche Hautveränderungen
   b) Feuermal
   c) Dreieckiges Gesicht
   d) Schlupflider
   e) Hängende Mundwinkel

3 Dekorative Gesichtsbehandlungen nachbereiten und auswerten

SZENARIO

Anja hat es geschafft! Ihr erstes Make-up war in ihren Augen ein voller Erfolg. Frau Schneider bittet sie allerdings, das Ergebnis noch einmal gründlich zu überprüfen, damit im Nachhinein keine Reklamationen erfolgen. Hinterher soll Anja die Arbeits- und Hilfsmittel desinfizieren und reinigen, damit sie für den nächsten Einsatz entsprechend vorbereitet sind.

3.1 Make-up-Ergebnisse überprüfen

Eine dekorative Gesichtsbehandlung wird mithilfe von drei Kriterien überprüft:

- Gleichmäßigkeit
- Symmetrie
- Lichtverhältnisse

Die **Überprüfung auf Gleichmäßigkeit** nimmt den vorgenommenen Farbauftrag unter die Lupe. Sie überprüfen, ob die Grundierung, das Augen- und das Lippen-Make-up überall gleichmäßig intensiv aufgetragen sind. Hier werden auch die Übergänge an der Haarkontur, an den Ohren und am Hals einer genauesten Prüfung unterzogen.

Bei der **Überprüfung der Symmetrie** vergleichen Sie die linke und rechte Gesichtshälfte miteinander. Das Augen- und Lippen-Make-up und der Rougeauftrag sollen auf beiden Seiten absolut identisch sein und abweichende Augen- und Lippenformen ausgeglichen sein. Kontrollieren Sie das Augen-Make-up bei geschlossenen und bei geöffneten Augen (s. Bild 1).

Die **Überprüfung der Lichtverhältnisse** zeigt das Make-up in dem Licht, für das es erstellt wurde:

***Bild 1** Überprüfung des Make-up-Ergebnisses*

- Tages-Make-up bei Tageslicht
- Festliches Make-up bei Kunstlicht

So stellen Sie sicher, dass der Farbauftrag den Lichtverhältnissen entspricht und nicht zu dezent oder zu kräftig ausgefallen ist.

Kleinere Korrekturen können Sie mithilfe eines Wattestäbchens oder Kosmetiktuchs vornehmen. Bei größeren Unregelmäßigkeiten sollten Sie die entsprechende Partie vollständig abschminken und inklusive Grundierung und Puder neu gestalten.

3.2 Arbeitsmittel reinigen und pflegen

Für die dekorative Gesichtsbehandlung dürfen nur gereinigte und/oder desinfizierte Arbeitsmaterialien benutzt werden, um die Übertragung von Keimen zwischen Friseurin und Kundin zu vermeiden. Eine Desinfektion und Reinigung der Arbeitsmaterialien sollte daher nach jeder Behandlung erfolgen.

Desinfektion, Reinigung und Lagerung

Arbeitsmittel werden prinzipiell erst desinfiziert und dann gereinigt. Die Desinfektion tötet Krankheitserreger ab. Erst wenn das erfolgt ist, dürfen die abgetöteten Keime von den Arbeitsmitteln entfernt werden. So wird verhindert, dass sich noch lebende Krankheitserreger über das Reinigungswasser weiter ausbreiten.

Die Methoden, mit denen die Arbeitsmittel desinfiziert und gereinigt werden, sind abhängig von den Materialien, aus denen sie bestehen.

Ihnen stehen verschiedene Verfahren der Desinfektion zur Verfügung. Wenn Chemikalien dabei zum Einsatz kommen, müssen Sie diese fachgerecht entsorgen.

Schwämmchen:

1. Desinfizieren Sie die Schwämmchen mit einer mindestens 40 %igen Alkohollösung.
2. Reinigen Sie sie mit einer seifenfreien Waschlotion und warmem Wasser. Alternativ dazu können Sie die Schwämmchen in ein kleines Netzsäckchen verpacken und dann in der Waschmaschine bei 40 °C im Schonwaschgang waschen.
3. Trocknen Sie die Schwämmchen gründlich an der Luft, damit Schimmelbildung oder die Vermehrung von Keimen im feuchtwarmen Milieu vermieden werden.
4. Lagern Sie die Schwämmchen immer trocken, z. B. in einem Säckchen, um neuerliche Verschmutzungen und Kontaminierung mit Keimen zu verhindern.

Pinsel:

1. Reinigen Sie die Pinsel erst einmal grob mit einem feuchten oder trockenen Kosmetiktuch, um Lidschatten, Lippenstift und sonstige Verunreinigungen zu entfernen.
2. Desinfizieren Sie sie mit Alkohol oder Sprühdesinfektion.
3. Reinigen Sie die Pinsel danach gründlich mit lauwarmem Wasser und Pinselseife. Waschaktive Substanzen (WAS) würden die Borsten zusätzlich entfetten und damit den Pinsel auf die Dauer unbrauchbar machen.
4. Trocknen Sie sie mit geformter Spitze an der Luft liegend, damit die Feuchtigkeit nicht in den Schaft zieht. Heizkörper eignen sich nicht, da die heiße Luft die Naturborsten schädigt und das Holz des Stiels brüchig macht.
5. Bewahren Sie die Pinsel grundsätzlich trocken und luftig auf, um Schimmelbildung an den Naturfasern zu vermeiden.

Applikatoren, Wimpern- und Augenbrauenbürstchen:

1. Reinigen Sie die Arbeitsmittel zunächst grob mit einem trockenen oder feuchten Kosmetiktuch, um Verunreinigungen zu entfernen. Das Kosmetiktuch wird nach der Grobreinigung direkt entsorgt.
2. Desinfizieren Sie anschließend mit einer mindestens 40%igen Alkohollösung.
3. Reinigen Sie danach gründlich mit lauwarmem Wasser und seifenfreier Waschlotion.
4. Trocknen Sie sie im Liegen an der Luft, damit die Feuchtigkeit nicht in den Schaft zieht.
5. Lagern Sie sie wie Pinsel.

Sonstige Arbeits- und Hilfsmittel:

- Reine **Metall- und Plastikgegenstände**, wie Milienmesser, Komedonenheber, Spatel und Pinzetten können Sie in einem Desinfektions- oder Ultraschallbad mit speziellen Desinfektionsmitteln desinfizieren und gleichzeitig reinigen. Die Angaben des Herstellers bezüglich Konzentration des Desinfektionsmittels und Einwirkzeit sind zu beachten. Danach müssen Sie die Arbeitsmittel noch mal mit klarem Wasser von Desinfektionsmittelresten befreien.
- **Handtücher, Stirnbänder und Umhänge** desinfizieren Sie in der Waschmaschine mit einem speziellen desinfizierenden Waschmittel bei 40 °C. Hitzestabile Wäsche können Sie alternativ auch mit einem handelsüblichen Waschmittel bei 90 °C waschen werden.
- **Verbrauchsmaterialien** wie Wattestäbchen, Kosmetiktücher und Wattepads müssen Sie direkt nach dem Gebrauch entsorgen.

Sie sollten immer bedenken:
„Nach der Behandlung ist vor der Behandlung!"
Nur wenn die Nachbereitung gründlich und gewissenhaft erfolgt ist, kann die nächste dekorative Gesichtsbehandlung ein voller Erfolg werden.

Aufgaben

1. Beschreiben Sie die drei Möglichkeiten zur Überprüfung einer dekorativen Gesichtsbehandlung.
2. Erläutern Sie die Desinfektions- und Reinigungsmaßnahmen
   a) für einen Pinsel.
   b) für Spatel und Pinzette.
3. Begründen Sie anhand eines konkreten Beispiels die Reihenfolge von Desinfektion und Reinigung bei Arbeitsmaterialien.
4. Erklären Sie den Grundsatz „Nach der Behandlung ist vor der Behandlung."
5. Erstellen Sie einen Hygieneplan für dekorative Gesichtsbehandlungen, der alle vor- und nachbereitenden Maßnahmen berücksichtigt.

Aufgabe PLUS

SZENARIO

Durch Anja haben Sie mittlerweile viel über die Vorbereitung, Durchführung und Nachbereitung einer dekorativen Gesichtsbehandlung gelernt. Nun ist es an Ihnen, Anjas Fall (s. S. 357) aufzugreifen und eigene Lösungsvorschläge zu entwickeln.
Deike Möbius ist das erste Mal im Salon Haargenau. Während des Gespräches erfahren Sie, dass Deike einen neuen Job im 5-Sterne-Hotel angetreten hat und sich nun etwas unsicher darüber ist, ob ihr Make-up immer angemessen ist. Sie bieten ihr eine Make-up-Beratung an.

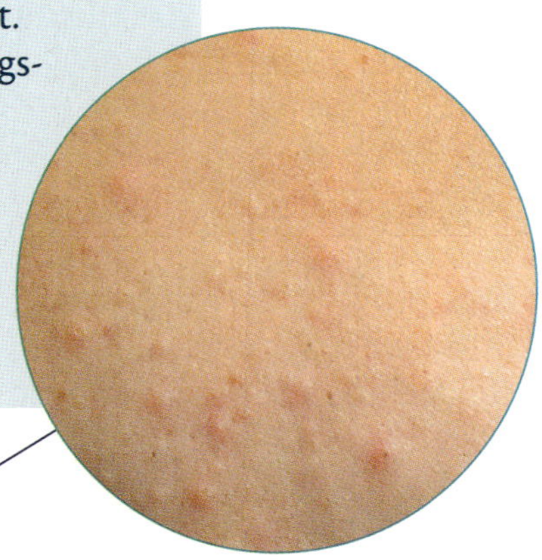

Zusatzinformationen:

- Alter: 23 Jahre
- Kleidung zur Bambi-Verleihung: rostbraunes, langes Kleid
- Berufskeidung: schwarz mit weißer Bluse
- Allergien: keine
- Kontaktlinsen, aber keine Brille
- Hautpflege: Wasser, seifenfreie Waschlotion, Babycreme
- Schminkgewohnheiten: Nur Mascara und goldoranger Lippenstift
- Stiltyp: klassisch
- Hauteigenfarbe: gelblich
- Porengröße: T-Zone und Wangenpartie klein
- Hautoberflächenfilm: T-Zone leicht fettig, Wangenpartie nicht spürbar
- Spannungszustand und Gewebespannung: sehr gut
- Empfindlichkeit: stark empfindlich

Aufgabe PLUS

Level I

**Kundenwunsch:
dezentes, elegantes Tages-Make-up**

1. Ausgangssituation anlysieren
   a) Füllen Sie die Punkte 1.–3. des „Behandlungsplans für eine dekorative Gesichtsbehandlung" (s. Umschlaginnenseite, S. 7) gemäß der oben gegebenen Informationen aus.

2. Beraten und Entscheiden
   a) Planen Sie auf Grundlage der von Ihnen notierten Gegebenheiten Ihre Vorgehensweise zur Erstellung des Tages-Make-ups und füllen Sie „4. Behandlungsberatung" (s. Muster eines Behandlungsplans, S. 8) aus.
   b) Erstellen Sie die zeichnerische Vorlage (s. Umschlaginnenseite, S. 8).
   c) Entwerfen Sie einen Schminkpass (s. S. 363) den die Kundin mit nach Hause nehmen kann.

3. Handeln
   a) Erstellen Sie eine Liste aller für die Ausführung des Make-ups benötigten Präparate, Arbeits- und Hilfsmittel.
   b) Notieren Sie Ihre Arbeitsschritte und machen Sie sich einen groben Zeitplan.
   c) Führen Sie das Make-up an einem Modell oder Übungskopf gemäß Ihrer Angaben durch.

4. Nachbereiten
   a) Überprüfen Sie Ihr Ergebnis (s. S. 391). Vergleichen Sie es auch mit Ihrer zeichnerischen Vorlage.
   b) Korrigieren Sie ggf. Ihr Make-up.
   c) Reflektieren und beurteilen Sie Ihre Vorgehensweise bezüglich der eingesetzten Präparate und Arbeitsmittel und der von Ihnen aufgestellten Arbeits-und Zeitplanung.
   d) Reinigen und pflegen Sie die von Ihnen eingesetzten Arbeitsmittel (s. S. 391).

Level II

**Kundenwunsch:
Make-up für eine Bambi-Verleihung**

1. Ausgangssituation analysieren
   a) Benutzen Sie die für das Tages-Make-up ausgefüllte erste Seite des Behandlungsplans (s. Umschlaginnenseite, S. 7).

2. Beraten und Entscheiden
   a) Planen Sie sich auf dieser Grundlage Ihre Vorgehensweise zur Erstellung des Make-ups für den besonderen Anlass und füllen Sie „4. Behandlungsberatung" (s. Umschlaginnenseite, S. 8) aus.
   Berücksichtigen Sie dabei eventuell notwendige vorbereitende Behandlungen und entscheiden Sie, ob dafür eine vorgelagerte Terminvergabe notwendig ist.
   b) Erstellen Sie die zeichnerische Vorlage (s. Umschlaginnenseite, S. 8).

3. Handeln
   a) Erstellen Sie eine Liste aller für die Ausführung des Make-ups benötigten Präparate, Arbeits- und Hilfsmittel.
   b) Notieren Sie Ihre Arbeitsschritte und machen Sie sich einen genauen Zeitplan.
   c) Führen Sie das Make-up an einem Modell oder Übungskopf gemäß Ihrer Angaben durch.

4. Nachbereiten
   a) Überprüfen Sie Ihr Ergebnis (s. S. 391). Vergleichen Sie es auch mit Ihrer zeichnerischen Vorlage.
   b) Korrigieren Sie Ihr Make-up.
   c) Reflektieren und beurteilen Sie Ihre Vorgehensweise bezüglich der eingesetzten Präparate und Arbeitsmittel und der von Ihnen aufgestellten Arbeits- und Zeitplanung.
   d) Reinigen und pflegen Sie die von Ihnen eingesetzten Arbeitsmittel (s. S. 391).

4 English

4.1 Applying facial make-up

SCENARIO

In addition to their new hairstyle, clients often also want to have a facial as, for example, it's their birthday, or they are going to a wedding or have another special event on.

Before starting the facial be sure to prepare and have all tools and products ready.

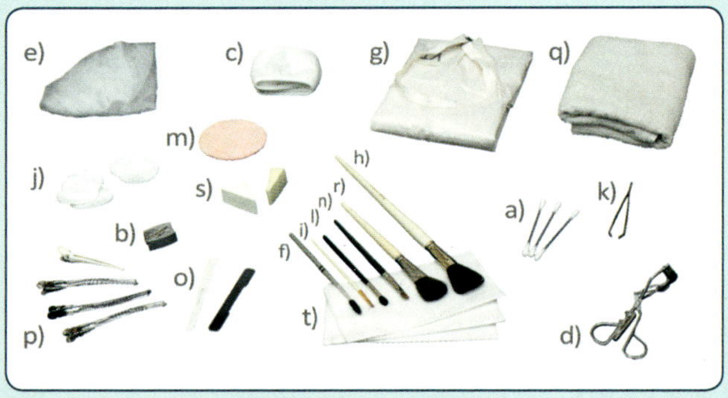

Picture 1 Tools and equipment for facial treatments and make-up

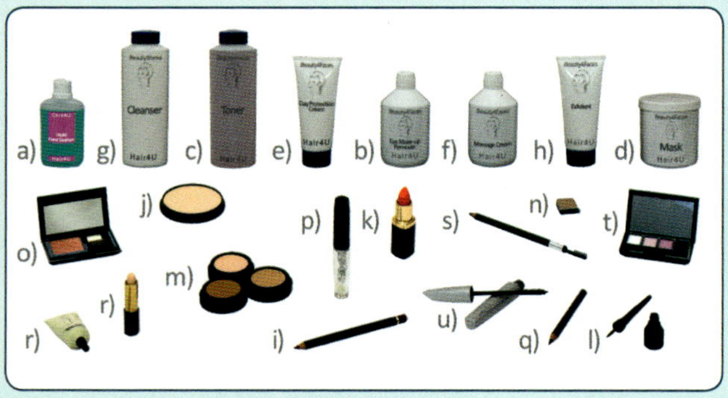

Picture 2 Products for facial treatment and make-up

Wash your hands with soap and water before you start. Be sure to use a hand sanitizer.

Make sure you've got additional tools, such as tweezers and a pencil sharpener, as well as enough corrective equipment, such as paper tissues and cotton swabs at hand.

Step 1: Preparatory facial treatment

1. Drape the client with a make-up cape and use clips, a headband and a white towel or a protective cap to keep the hair out of the face.
2. If the client is wearing eye make-up, apply eye make-up remover to two cotton pads and remove the eye make-up with even strokes.
3. Spread the cleanser on the face and clean the skin with stroking and circular movements (s. p. 366).
4. Remove the cleanser with a warm, moist towel.
5. Special treatments such as exfoliation, the use of a special massage cream or facial mask, correcting of eyebrow shapes or colouring eyebrows and eyelashes (s. p. 369 ff) should always be carried out one or two days in advance.
6. Apply toner to the skin with cotton pads.
7. Protect the skin with an appropriate moisturizer or day protection product.

Step 2: Facial Make-up

8. Choose type and colour of concealer and scrape a small amount onto a spatula.
9. Use a small brush or soft sponge to apply the concealer lightly where needed.
10. Select the proper foundation type for the client's skin type and needs.
11. Put a small amount of foundation on the back of your hand.
12. Apply the foundation with a foundation sponge wedge evenly over the entire face and around the neckline. Start at the center of the face and blend with outward and downward motions.
13. Apply face powder with a powder brush or powder puff.
14. Using an eye shadow applicator, apply a light-medium tone eye shadow as a base on to the whole eyelid.
15. Draw a small line on the eyelid close to the lashe line with a liquid or a pressed eyeliner to make the lashes appear fuller.
16. Use an eye shadow brush to soften the line and shadow the crease with a deeper toned eye shadow.
17. Brush the eyebrows into place with a mascara wand. Apply eyebrow colour or rebuild the eyebrows by using an eyebrow pencil, if necessary.
18. Apply mascara to the eyelashes two times.

19. Separate the eyelashes with a mascara wand.
20. If required, curl the eyelashes with an **eyelash curler**.
21. Let the client pull in their cheeks to emphasise the cheek bones.
22. With a **blush brush**, apply the **cheek colour** under the check bone. Start at the temples and blend downwards and inwards.
23. Use a **lip liner** to outline the lips.
24. Use a spatula to carefully scrape some of the **lip colour** from the container and use a **lip brush** to apply to the lips.
25. Blot the lips with a tissue to remove excess lipstick/gloss.
26. Repeat the outlining, if necessary, with a second layer lip colour and **lip gloss**, as recommended.

Your tasks

1. Look at the pictures on page 397. Work together with a partner and quiz each other about the reasons for using the different tools a) – t) in picture 1 and products a) – u) in picture 2. For example: "What is a)?" "It's a hand sanitizer and it's used to disinfect your hands."
2. Work with a partner and explain the different phases of the facial service to each other.
3. Search the internet for special corrective facial make-up techniques. Give a presentation and explain how to perform the facial on a client to your classmates.

4.2 Performing client consultations for facial make-ups

In order to guarantee satisfaction, find out

- the reason for the facial and the occasion
- the dress code of the occasion

During the client type assessment and skin test check

- the client's lifestyle. For example: the type of work, the client does or special habits the client has, like smoking or drinking which could influence the skin condition.
- general diseases or disorders such as allergies, diabetes, haemophiliac (bleeders) and current medications such as birth control pills, skin-affecting drugs, blood-thinners which could also affect the skin condition or need special precautions.
- skin care products currently used in order to recommend better or additional products
- the personal colour type to choose suitable colours
- the face shape and special features for corrective make-up techniques (s. p. 383 ff)
- the skin type (s. p. 359, Tab 1), skin conditions (s. p. 359 f.) and skin abnormalities (s. p. 361 f, Tab 1) to select appropriate products and covering techniques.

Your tasks

1. Look at the table on page 399. Create a client consultation form for facial make-up.
2. Prepare your work area with the necessary tools, equipment and products.
3. Work together with a partner.
   a) Role play a client consultation for a facial make-up. The client has never had one before.
   b) Brainstorm all questions the client might ask.
4. One of you is the client and the other is the hair stylist. The hair stylist should answer all the client's questions.
5. Create an instructions sheet for your client to take home. This will help her to refer back to your advice when she wants to do a facial make-up on her own.

phase	contents
personal details	• name • address • phone number • date of birth
client requirements	• occasion • dress code

client type assessment and skin test	**client survey:**
	• client's lifestyle (type of work, habits such as smoking or drinking alcohol)
	• general diseases or disorders (allergies, diabetes, haemophiliac)
	• current medication/drugs (birth control pills, skin-affecting drugs, blood-thinners)
	• home care products used (skin care products, facial make-up products)
	client type assessment:
	• personal colour type (light-warm, light-cool, dark-warm, dark-cool)
	• client types (classic, modern, athletic, romantic)
	• face shapes (oval, round, square, heart-shaped, oblong)
	• special features of face:
	  ◦ forehead area (low forehead, protruding forehead)
	  ◦ chin area (prominent chin, double chin)
	  ◦ nose a rea (prominent nose, broad nose)
	  ◦ eyes (big eyes, small eyes, round eyes, hooded eyes, narrow-set eyes, wide-set eyes, protruding eyes, deep-set eyes)
	  ◦ lips (large, full lips, small mouth, thin lower lip or thin upper lip, uneven lips, drooping corners)
	skin test:
	• skin type (s. p. 359, Tab 1) (normal, dry, combination oily, oily)
	• skin condition (aging, acne, sensitive, dehydrated, sun-damaged)
	• skin abnormalities (s. p. 361 f., Tab 1) (comedones, inflammations, milia, hyperpigmentations such as freckles and moles, vitiligo, redness, telangiectasia, spider angioma, rosacea, psoriasis, wrinkles, warts, scars, herpes)

treatment explanation	**explaining the preparatory facial treatment:** • tools and equipment (headband, make-up cape, hair clips, white towels, protective cap, spatula, cotton pads, cotton swabs, paper tissues, tweezers) • products (cleansing, special treatments, skin protection) • techniques (cleansing, special treatments, skin protection) **explaining the facial make-up:** • tools and equipment (additional: pencil sharpener, powder brush, powder puff, blush brush, eye shadow brush, lip brush, make-up sponge/wedges, eye shadow applicators, mascara wand, eyelash curler) • products e. g. (foundation, primer, concealer, contourer, highlighter, bronzer, blush, setting powder, eye shadows, eye liner, khol, mascara, lip liner, lipstick, lip gloss? • specific procedures (e.g. a series of steps while contouring) • techniques (while apllying: e.g. to apply, to dab, to spread, to contour, to stroke, to brush, to fill in, to line, to cover, to blend, to add, to line, to sweep, to use, to layer, to hide, to pat)
recommendation for home treatment	skin care products (client benefits, usage) facial make-up products (client benefits, usage)

Table Client consultation form for facial make-ups

Lernfeld 12

Kontaktieren

Eine Kundin kommt verärgert in den Salon. Sie ist unzufrieden mit der vor einer Woche vorgenommenen Haarfärbung.

Informieren

Sie bitten die Kundin zur Klärung des Sachverhaltes an einen ruhigen Platz. Zunächst hören Sie ruhig zu und vergewissern sich, ob die Kundin im Recht ist. Aber unabhängig von der Rechtslage (berechtigte/unberechtigte Reklamation) versuchen Sie auf die Kundin einzugehen und sie zufriedenzustellen.

Nachbereiten

Sie überprüfen die Sauberkeit und Gleichmäßigkeit des Farbergebnisses sowie den gesamten Arbeitsprozess. Vergewissern Sie sich, dass die Kundin wirklich zufrieden ist.
In den Behandlungsplan übernehmen Sie alle wichtigen Informationen.

Verabschieden

Sie bedanken sich bei der Kundin für ihr Vertrauen und verabschieden sie herzlich.

Betriebliche Prozesse mitgestalten

Ausgangssituation analysieren

Eine Kundin hat Anspruch auf korrekte Ware und korrekt ausgeführte Dienstleistungen. Die Kundin bemängelt die fehlende Deckkraft der Haarfarbe. In diesem Falle entspricht das Farbergebnis nicht der im Beratungsgespräch festgelegten Zielfarbe und die Reklamation ist somit berechtigt. Die Kundin hat das Recht auf Nacherfüllung.

Entscheiden

Sie entschuldigen sich, achten darauf Schuldzuweisungen zu vermeiden und bieten Nachbesserung an. Je nach Situation werden Sie zeitnah einen Termin mit der Kundin vereinbaren oder sofort aktiv werden. Für die mangelnde Deckkraft können diverse Faktoren in Frage kommen, die Sie erklären: die Einwirkzeit war zu kurz, zu dünn aufgetragener Farbbrei, keine oder mangelnde Berücksichtigung des Weißanteils, die Farbe wurde zu hell ausgewählt, bzw. dass das Haar stark verschmutzt war wurde missachtet. Gegebenenfalls bitten Sie eine Kollegin hinzu, um Lösungsvorschläge zu machen.

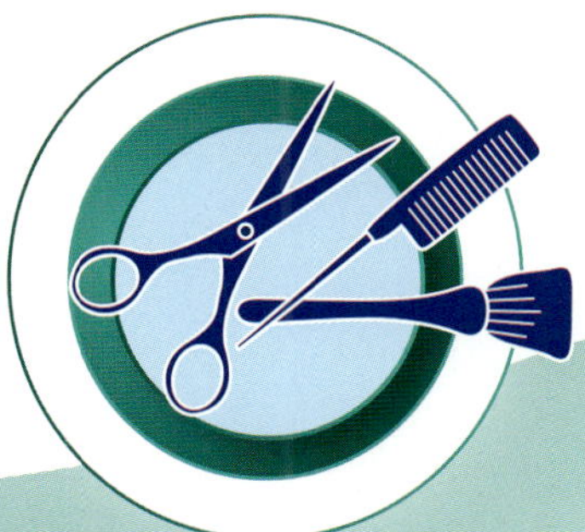

Handeln

Die Kundin hat Zeit und deshalb können Sie sofort handeln. Ihnen ist daran gelegen, den Schaden schnellstmöglich zu beheben. Achten Sie während der Behandlung auf die Körpersprache der Kundin und sorgen Sie für eine angenehme Atmosphäre.

1 Betriebsabläufe planen und organisieren

SZENARIO

Anja ist im dritten Ausbildungsjahr und bestens vertraut mit den betrieblichen Abläufen. Sie arbeitet selbstständig am Kunden und übernimmt auch Verantwortung für die Auszubildenden im 1. und 2. Ausbildungsjahr. Der wöchentliche Übungsabend dient als Training der praktischen Fertigkeiten. Das Team des Salons Haargenau trifft sich zusätzlich regelmäßig zur Mitarbeiterbesprechung. Hier geht es um die betriebliche Arbeitsorganisation und die Entwicklung von Qualitätsstandards. Anja findet das überflüssig und beschwert sich bei ihrer Freundin Sabine über den hohen Zeitaufwand. Sabine, die Einzelhandelskauffrau ist, kontert: „Das wurde aber auch mal Zeit, dass ihr Friseure euch mit Betriebswirtschaft beschäftigt. Wie willst du denn später ein Geschäft führen, wenn du keine Ahnung vom Markt hast?"

Bild 1 *Alltag im Betrieb*

Bild 2 *Überlegungen zur Selbstständigkeit*

Alljährlich werden Friseurgeschäfte aus den unterschiedlichsten Gründen eröffnet und geschlossen. Selbstständig ein Geschäft zu führen, will gut vorbereitet sein. Das Ziel einer Unternehmensgründung ist das Erwirtschaften von Gewinn. Um auf dem Markt bestehen zu können, ist daher wirtschaftliches Know-how gefragt. Das Wissen um betriebliche Prozesse und Abläufe ist entscheidend, um das eigene Verhalten im Hinblick auf die Wirtschaftlichkeit des Betriebes reflektieren zu können. Ebenfalls unerlässlich für den wirtschaftlichen Erfolg ist ein Qualitätsmanagement, das sich in den Dienst der Kundengewinnung und Kundenbindung stellt.

1.1 Salonkonzepte entwickeln

Unter einem Salonkonzept kann man sich ein Dach vorstellen, das über alle unternehmerischen Entscheidungen gespannt wird. Verantwortlich für das Salonkonzept ist die Unternehmerin, aber das gesamte Team verkörpert es! Das Salonkonzept ist die Grundlage jeder betrieblichen Entscheidung und gibt Antworten auf folgende Fragen:

- Welche Unternehmensform hat der Betrieb?
- Wieviel Mitarbeiter hat der Betrieb?
- Wo befindet sich der Salon?
- Welche Größe hat der Salon?
- Wie ist der Salon eingerichtet?
- Welche Zielgruppen spricht der Salon an?
- Welche Dienstleistungen werden angeboten?
- Wie ist die Preisgestaltung?
- Wie werden Kunden angeworben und gebunden?
- Welche Werbemittel werden eingesetzt?
- Wie werden Mitarbeiter geschult?
- Wer sind die Geschäftspartner?

1.1.1 Rechtsform des Unternehmens

Mit der Gründung entscheidet man sich für eine Rechtsform. Aus dieser ergeben sich Rechte aber auch Pflichten für die Gründerin. Jede Unternehmensform bietet Vor- und Nachteile, die man abwägen muss. In Deutschland unterscheidet man zwischen drei Rechtsformen:

- Einzelunternehmen
- Gesellschaftsunternehmen (Personen-/Kapital-)
- Besondere (Genossenschaften)

Die Unternehmensformen unterscheiden sich in folgenden Fragen:
- Wer kann rechtswirksam tätig werden?
- Wer ist Geschäftsführer?
- Wer kontrolliert den Geschäftsführer?
- Wer beschafft das Kapital?
- Wie werden Gewinne und Verluste verteilt?

Einzelunternehmen
Gerade zu Beginn der unternehmerischen Tätigkeit lockt diese Unternehmensform viele Friseure, denn wie der Name schon sagt, handelt es sich hierbei um einen alleinigen Inhaber, der alle Rechte und Pflichten zu tragen hat. Er haftet allein und ausschließlich mit seinem gesamten (geschäftlich und privat) Vermögen. Diese Unternehmensform ist in Deutschland besonders oft im Handwerk vertreten.

Gesellschaftsunternehmen
Personengesellschaften bestehen i. d. R. aus natürlichen Personen (Menschen), während es sich bei Kapitalgesellschaften um Rechtskonstruktionen (Juristische Personen) handelt. Juristische Personen müssen von einem Geschäftsführer oder Vorstend vertreten werden, damit sie nach außen handeln können. Bei Personengesellschaften ist das Verhältnis untereinander eng und zumindest ein Teil der Gesellschafter ist an der Geschäftsführung beteiligt und haftet persönlich. Im Vordergrund der Kapitalgesellschaften steht die Kapitalbeschaffung. Die persönliche Bindung zum Unternehmen muss nicht gegeben sein. Die Gesellschafter haften nicht persönlich.

OHG – Offene Handelsgesellschaft
Angenommen das Friseurunternehmen floriert und der Wunsch nach Expandierung wird größer, so bietet sich hiermit eine Möglichkeit. Nimmt der Friseur einen Partner in sein Einzelunternehmen auf, so entsteht unter bestimmten Bedingungen eine OHG. Zwei oder auch mehrere Geschäftspartner schließen sich zusammen und führen die Firma gemeinsam. Es bestehen keine Vorschriften bezüglich der Höhe der Einlagen und des Kapitals, aber alle Gesellschafter haften uneingeschränkt mit dem gesamten Geschäfts- und Privatvermögen. Jeder Gesellschafter trägt folglich mit seinem Kapital (Bargeld, Waren, Arbeitsmittel, Grundstücke) und seinen persönlichen Fähigkeiten (Fachkenntnisse, Arbeitskraft) zum Geschäftserfolg bei. Wie die Gesellschafter im Einzelnen ihre Einlagen, Gewinn- und Verlustverteilungen sowie Mitarbeit organisieren, wird im Gesellschaftsvertrag der OHG fixiert. Die unmittelbare Haftung aller Gesellschafter hat zur Folge, dass Gläubiger direkt an Gesellschafter herantreten können, die dann für die Gesamtschuld aufkommen müssen.

Kommanditgesellschaft
Die Kommanditgesellschaft ist eine Handelsgesellschaft, bei der mindestens ein Gesellschafter (Kommanditist) nur bis zur Höhe einer bestimmten, im Handelsregister eingetragenen Einlage haftet. Mindestens ein Gesellschafter (Komplementär) haftet den Gesellschaftsgläubigern gegenüber unbeschränkt. In einer KG gibt es zwei Gesellschafterarten. Der Komplementär und der Kommanditist. Ersterer ist Vollhafter, während letzterer Teilhafter ist. Die Partner sind nicht gleichberechtigt. Die volle Kontrolle und das entsprechende Risiko trägt der Komplementär. Er entscheidet über alle geschäftlichen Belange. Der Kommanditist steuert weniger Kapital bei und ist dementsprechend niedriger risikobehaftet. Er kann nur bis zu der Höhe seiner Kapitaleinlage haftbar gemacht werden. Diese Unternehmensform kann beispielsweise gewählt werden, wenn Kinder mit in das Geschäft einsteigen wollen.

Einzelunternehmen	Gesellschaftsunternehmen		
	Personengesellschaften	**Kapitalgesellschaften**	**Besondere Gesellschaften**
Unternehmer ist eine natürliche Person.	Gesellschafter (natürliche oder juristische Personen) sind Eigentümer.	Die Gesellschaft (juristische Person) ist Eigentümer.	
	Offene Handelsgesellschaft (OHG) Kommanditgesellschaft (KG) GmbH & Co. KG Gesellschaft bürgerlichen Rechts (GbR)	Gesellschaft mit beschränkter Haftung (GmbH) Aktiengesellschaft (AG)	Genossenschaften

Tabelle 1 Rechtsformen

GmbH und Co.KG

Diese Unternehmensform ist eine Kombination. Man spricht auch von Rechtsformverbindung. Vollhafter ist die GmbH. Sie haftet nur mit dem Gesellschaftsvermögen. Die Kommanditisten können nur bis zur Höhe ihrer Einlagen haftbar gemacht werden.

GbR – Gesellschaft bürgerlichen Rechts

Diese Unternehmensform bietet sich an, wenn mit hohem Kapitaleinsatz gerechnet wird. Sie ist gekennzeichnet durch einen Zusammenschluss von mehreren Personen. Diese haften mit ihrem gesamten Betriebs- und Privatvermögen. Deshalb genießt sie bei Kreditinstituten einen höheren Status. Die Gesellschaft des bürgerlichen Rechts wird nicht ins Handelsregister eingetragen. Es entsteht keine Firma aus ihr.

GmbH – Gesellschaft mit beschränkter Haftung

Die GmbH muss über ein Stammkapital verfügen. Die Gesellschafter müssen mind. 25.000 Euro bereitstellen und für diese Summe haften. Die Anzahl der Gesellschafter ist nicht festgelegt. Es ist somit auch eine Ein-Mann-GmbH möglich.
Ein notariell beglaubigter Gesellschaftsvertrag ist Pflicht, sowie die Eintragung in das Handelsregister. Die Gesellschafter einer GmbH haben das Recht auf Anteile des Gewinnes. Die Anteile stehen immer im Verhältnis zu den Geschäftsanteilen, es sei denn die Satzung sieht etwas anderes vor. Ebenfalls richtet sich nach den Geschäftsanteilen das Stimmrecht in der Gesellschafterversammlung. Des Weiteren besteht das Recht an Liquidationserlösen.
Die Gesellschafter haben die Pflicht der Einlage des Stammkapitals und der Verlustbeteiligung.

1.1.2 Geschäftsmodelle

Ist die Unternehmensform erfolgreich gewählt, so geht es an die Umsetzung derselben. Geht man aufmerksam durch die Städte, so findet man im Friseurbereich folgende Modelle:

Bild 1 *Einzelunternehmen*

Einzelunternehmen

Man kann ein Einzelunternehmen neu gründen oder ein eingesessenes Geschäft übernehmen. Ein Inhaberwechsel birgt immer Risiken, da sich viele Kunden an bestimmte Angestellte und/oder Inhaber binden. Ein-

	Einzelunternehmen	Personengesellschaften	Kapitalgesellschaften
Haftung und Gewinn	Der Unternehmer haftet persönlich mit seinem Privatvermögen – alleiniger Gewinnanspruch.	Neben der Gesellschaft haftet ein Teil der Gesellschafter persönlich. Die Gewinbeteiligung ergibt sich aus dem Gesellschaftervertrag.	Es haftet ausschließlich die Kapitalgesellschaft als juristische Person. Über die Gewinnbeteiligung entscheidet die Gesellschafterversammlung (GmbH) oder der Aufsichtsrat (AG).
Vertretung nach außen	Durch der Unternehmer	Durch einen oder mehrere der Gesellschafter	Durch den Geschäftsführer oder Vorstand
Mitarbeit	Persönliche Mitarbeit ist Voraussetzung.	Ein Teil der Gesellschafter ist zur Mitarbeit verpflichtet.	Es besteht keine Verpflichtung zur Mitarbeit.
Kontrolle der Leitung	Nicht erforderlich	Gegenseitige Kontrolle durch die Gesellschafter	Der Aufsichtsrat übernimmt diese Funktion.
Mindestkapital	Nicht erforderlich	Kein vorgeschriebenes Mindestkapital	Vorgeschriebenes Mindeststammkapital von 25 000 €.
Gründungsvorschriften	Keine – außer Anmeldung beim Handelsregister, Gewerbeanmeldung beim Gewerbe.		

Tabelle 1 *Überblick Rechtsformen*

zelunternehmen haben den Vorteil, dass sie überschaubar sind und die Saloninhaberin ständig anwesend sein kann.

Shop in Shop

Manchmal sind in einem Geschäft zwei Unternehmer ansässig. Oder die Friseurin bietet einen Bedienplatz für die Nageldesignerin an. Damit nicht der Verdacht einer Scheinselbstständigkeit entsteht, müssen die handwerks- und gewerberechtlichen Voraussetzungen erfüllt sein. Die Friseurin muss als selbstständige Handwerkerin in die Handwerksrolle eingetragen sein. Das Rechtsverhältnis zwischen Saloninhaber und Stuhlmieterin muss speziell geregelt werden. Dies kann in Form eines modifizierten Miet- und Untermietvertrages geschehen. Daneben sollten die Einzelheiten der Überlassung des Bedienungsplatzes festgelegt werden. Wichtig ist, dass die Stuhlmieterin ihr Geschäft deutlich sichtbar nach außen erkennbar macht (eigene Preiskarte, eigenes Logo, Rechnungen usw.).

Franchisesalons

Wollen Sie sich selbstständig machen mit einem bereits erfolgreich eingeführten Salonkonzept, dann bietet sich das Franchising an. Der Franchise-Geber verkauft ein komplettes Rund-um-Paket, angefangen von der Auswahl des Standortes über die Einrichtung und Produktlieferanten, bis hin zur Preisgestaltung und Werbung. Deshalb vermitteln die Franchise-Salons nach außen einen einheitlichen Eindruck wie beispielsweise eine Salonkette. Die Inhaberin eines einzelnen Franchise-Salons, die Franchise-Nehmerin, arbeitet eng mit dem Franchise-Geber zusammen. Dieser stellt den Namen, die Ausstattung, das Logo, er legt das Waren- und Dienstleistungssortiment fest, entwickelt Werbestrategien und bestimmt die Preispolitik. Zentrale Mitarbeiterschulungen gewährleisten einheitliche Qualitätsstandards. Entscheidet sich eine Friseurin für ein solches Franchise-Konzept, so ist sie dennoch eine selbstständige Unternehmerin mit allen Risiken. Sie muss z.B. ein einmaliges Entgelt an den Franchise-Geber entrichten oder diesen regelmäßig am Umsatz beteiligen. Der Franchise-Geber hat Kontrollbefugnisse, berät und unterstützt die Saloninhaberin. Diese profitiert von den Erfahrungen des Franchise-Gebers. Bekannte Beispiele für erfolgreiche Franchise-Konzepte sind weltweit verbreitete Fast-Food-Unternehmen. In unseren Nachbarländern sind diese Geschäftsmodelle auch im Friseurbereich weit verbreitet. So entwickelt mod's hair in Frankreich eigene Schnitt- und Colorationstechniken für seine vielen Salons.

Salonketten

Das Salonkonzept findet so viel Anklang bei den Kunden, dass die Unternehmerin Filialen gründet. Sie baut ein Netzwerk von Standorten über eine Stadt oder Region. Die Vorteile liegen in den günstigeren Kalkulationsmöglichkeiten aufgrund der höheren Abnahmemengen bei Produkten von den Herstellerfirmen und den besseren Absatzmöglichkeiten. Weiterhin kann der Personaleinsatz in den einzelnen Filialen bedarfsgerecht geplant werden, da die Mitarbeiter ausgetauscht werden können. Mit wachsender Salonanzahl versteht es sich, dass die Unternehmerin Aufgaben delegieren muss. Sie kann nicht überall gleichzeitig vor Ort sein. Die verschiedenen Geschäfte müssen nicht einheitlich gestaltet sein, sondern können sogar bewusst unterschiedliche Zielgruppen ansprechen. In der Friseurbranche gibt es viele Beispiele für eine gelungene Verbreitung, z.B. Friseur Klier GmbH mit rund 900 Filialen in Deutschland. Oder KLINCK DER Friseur mit rund hundert Salons in Nord- und Mitteldeutschland.

1.2 Betriebliche Entscheidungen

Die betrieblichen Entscheidungen betreffen:

- Zielgruppe
- Standort des Salons
- Salongröße/Personaleinsatz
- Salonoptik
- Öffnungszeiten

Zielgruppe

Zur Formulierung des Salonkonzeptes gehört die Zielgruppe. Personenkreise mit ähnlichem Kaufverhalten und Ansprüchen kann man zu einer Gruppe zusammenfassen. Die Aufteilung in Altersklassen ist eine weitere gängige Methode zur Erfassung der verschiedenen Kundeninteressen. Eine Unternehmerin will sicherlich keinen Kundenkreis ausschließen, weiß jedoch sehr genau, dass ihr Dienstleistungs- und Warenangebot auf die Zielgruppe abgestimmt sein muss. Ein junges Publikum verlangt andere Kommunikationsformen, Salonausstattungen, Preisgestaltungen und Werbeaktionen, als ein vornehmlich älteres Publikum. Die Zielgruppenbeschreibung kann sich, wie im LF2 dargestellt an Persönlichkeitsmerkmalen orientieren. Sie kann aber auch ökonomisch gestaffelt sein und das Einkommen bzw. die Kaufkraft umschreiben. Folgende Beispiele zeigen die Vielfalt auf:

Männer, Frauen, Kinder, Teenager, Flippige Kunden, Konservative Kunden, BestAger, 50+, Umweltbewusste Kunden, etc.

Standort

Bei der Standortwahl legt man sich langfristig fest. Die Friseurin sollte folgende Aspekte genau prüfen:

- Geeignetes Raumangebot
- Eigener finanzieller Spielrahmen (Budget)
- Konkurrenz vor Ort
- Bevölkerungsdichte/Altersstruktur
- Kaufkraft
- Verkehrsanbindung

Sie haben ihr Salonkonzept entworfen und suchen nun die dazu passenden Räumlichkeiten. Nach einer Faustregel sollen auf einen Friseurbetrieb etwa 1600–1700 Einwohner kommen. Soll der Salon im ländlichen Raum oder in der Stadt gelegen sein? Die Standortwahl hat enorme Konsequenzen, denn die regionalen Unterschiede (Stadt/Land; Ost/West, s. Tabelle 1) sind gewaltig. In strukturschwachen Gebieten ist die Konkurrenzdichte nicht so groß, dafür aber die Do-it-yourself-Mentalität möglicherweise ausgeprägter. In Ballungszentren sind dagegen die Lebenshaltungskosten höher, was die Betriebskosten in die Höhe treibt.

Die Friseurbranche zeigt, dass selbst ungewöhnliche Rahmenbedingungen erfolgreich praktiziert werden können. Es lassen sich Szenefriseure in abgelegenen ländlichen Räumen finden – und die Kundinnen nehmen beschwerliche Anfahrten in Kauf. Das ist allerdings nicht die Regel und daher müssen alle Entscheidungen wohl überlegt sein.

Salongröße/Personaleinsatz

Der Personaleinsatz ist durch die Salongröße und die gewählte Verkaufsform beeinflusst. Bei der Einstellung neuer Mitarbeiterinnen muss die Saloninhaberin die aufkommenden Personalkosten berücksichtigen, damit sie kostendeckend arbeitet.

Sie kann feste Mitarbeiterinnen und/oder Aushilfskräfte beschäftigen. Feste Mitarbeiterinnen haben den Vorteil, dass sie Kundinnen stärker an sich und damit an den Salon binden.

Durch die Einstellung von Aushilfen kann die Friseurin schnell und flexibel auf die Auftragslage reagieren.

Salonoptik

Ein Einzelunternehmen wird immer die individuelle Handschrift der Unternehmerin tragen. Sie kann selbst planen oder sich professionelle Hilfe holen. Viele Firmen bieten Teillösungen oder komplette Ausstattungen an.

Ein anderes Ziel wird beim Franchisekonzept verfolgt. Wiedererkennung ist hier oberste Maxime. Der Kunde erkennt die vertraute Einrichtung, unabhängig vom Ort/von der Stadt. Bei der Ausstattung eines Friseursalons müssen die unterschiedlichen Arbeitsbereiche berücksichtigt werden.

Die Einrichtung, Beleuchtung, Dekoration, das Farbkonzept – alles zusammen wirkt auf die Kundin und sollte zielgruppengerecht und dem Salonkonzept angemessen ausgewählt werden. Stimmt das Gesamtkonzept, dann wird sich die Kundin angesprochen und wohl fühlen!

Genauso wie sich der Zeitgeist und die Mode wandeln, ändert sich der Kundengeschmack. Deshalb muss sich jeder Unternehmer in regelmäßigen Abständen fragen, ob seine Salonausstattung noch den aktuellen Ansprüchen genügt.

Standortbeschreibung	Vorteile/Nachteile	Zielgruppe
Innenstadt/City Fußgängerzone, Fußgängerpassage, Salon in einem Kaufhaus oder Dienstleistungszentrum	Hohe Passantendichte, hohe Mietkosten	Überwiegend Laufkundschaft
Innenstadt/Nebenlage Gut erreichbar von der Fußgängerzone	Günstigere Mietkosten, gute Parkmöglichkeiten, ruhiger als die Innenstadt, geringere Passantendichte	Z. T. Laufkundschaft, überwiegend Stammkundschaft
Größere Stadt im ländlichen Gebiet	Großes Einzugsgebiet, Friseurbesuch wird mit Erlebniseinkauf verbunden	Kundinnen aus der ländlichen Umgebung und aus der Stadt
Vorortlage, Einzellage im Wohngebiet	Gute Verkehrsanbindung, ausreichende Parkmöglichkeiten, geringe Passantendichte	Stammkundschaft

Tabelle 1 Auswirkung verschiedener Standorte

Hierbei stellt das Salonkonzept die Weichen. Eine Unternehmerin, die trendig und szeneorientiert ist, wird die Salonoptik in kürzeren Zeitabständen ändern müssen. Aktuell setzt man auf helle, lichtdurchflutete Räume, die mit edlen natürlichen Baumaterialien gestaltet sind. Die Cleanheit und Coolness der Milleniumsperiode ist einer neuen Behaglichkeit gewichen.

Öffnungszeiten

Die Öffnungszeiten sind durch das Gesetz über den Ladenschluss (LadSchlG) geregelt. Außerhalb der Schlusszeiten ist die Wahl der Ladenöffnungszeiten den Unternehmern freigestellt. Im Zuge der Föderalismusreform wurde 2006 die Gesetzgebungskompetenz in Punkto Ladenschluss auf die Länder übertragen. Seitdem bestimmt jedes Bundesland selbst. Die Öffnungszeiten des Friseursalons sind den Bedürfnissen der Zielgruppe angepasst. Ist z. B. überwiegend mit Laufkundschaft zu rechnen, macht es wenig Sinn, außerhalb der regulären Öffnungszeiten zu öffnen. Befindet sich der Salon innerhalb einer Mall, so ist man an die übergeordneten Öffnungszeiten gebunden. Eine sorgfältige Bedarfsanalyse und Beobachtung des Geschäftsumfeldes ist in jedem Fall vonnöten. Flexible und motivierte Mitarbeiter sind für die Planung der Öffnungszeiten wichtig. Individuelle Einsatzpläne, die persönliche Termine/Verpflichtungen berücksichtigen können, erhöhen im Gegenzug die Mitarbeiterzufriedenheit.

1.3 Qualitätsstandards entwickeln

Heutzutage ist das Erarbeiten, Einhalten und ständige Verbessern von Standards wesentlich für den Erfolg eines Unternehmens. Damit ist gemeint, dass es ein gemeinsames Niveau gibt, das alle Tätigkeitsbereiche durchdringt. Hierzu zählen die Kommunikation der Mitarbeiter mit den Kunden, aber auch die Kommunikation der Mitarbeiter untereinander. Gemeint sind aber auch die handwerklichen Tätigkeiten. Gibt es einheitliche Vorgaben für das Abteilen der Haare beim Schnitt? Wenden alle Mitarbeiter die gleichen Techniken an? Werden die Kunden nach einem Konzept beraten? Die Standards können vorgegeben werden (s. Franchisesalons) oder entstehen – als Prozess der Teamarbeit – in gemeinsamen Sitzungen. Qualitätsstandards sind auch ein wesentlicher Faktor der Außenwirkung. Das gilt für fachliche (handwerkliche) wie aber auch menschliche Qualität (Service, Freundlichkeit, Personalführung und Salonatmosphäre). In jedem Fall sollten die festgelegten Qualitätsstandards einer regelmäßigen Kontrolle unterworfen sein. Es muss überprüft werden, ob die Standards erfüllt werden, ob sie sinnvoll sind und ob sie auch mit den Kundenerwartungen übereinstimmen.

Zur Entwicklung von Standards kann die Unternehmerin auf Angebote vieler Firmen zurückgreifen oder die Mitarbeiter erarbeiten sie eigenständig im Team. Das könnte dann wie folgt aussehen:

Bild 1 *Telefonische Terminvereinbarung*

Im Salon Haargenau haben wir uns auf Standards zur Terminvereinbarung geeinigt:
• Wir informieren unsere Kunden über unsere Terminvergabe.
• Wir bemühen uns jedem Kunden seinen Wunschtermin zu geben.
• Wir bieten Kunden ohne Terminreservierung schnellstmöglich einen Termin an.
• Wir trainieren regelmäßig die Terminvergabe.
• Wir bieten Kunden während ihres Besuches immer einen neuen Termin an.
• Wir rufen Kunden, die nicht zum vereinbarten Termin erscheinen, nach 30 Minuten an.
• Wir informieren unsere Kunden, falls sich krankheitsbedingte Änderungen ergeben.
• Wir bedauern kurzfristige Terminabsagen, bedanken uns aber dennoch. Außerdem bieten wir gleich einen Ersatztermin an.
• Wir führen unser Terminbuch sorgfältig und werten es in regelmäßigen Abständen aus.

Tabelle 1 *Qualitätsstandards zur Terminvereinbarung*

1.3.1 Zeitmanagement

Hiervon sind betroffen:

- die Terminplanung
- die Kundenzufriedenheit
- die Preiskalkulation

Terminplanung

Häufig nachgefragte Besuchszeiten (Freitag/Samstag, Nachmittag) können bei telefonischer Terminvergabe zunächst frei gelassen werden.

Spezielle Tarife könnten für selten nachgefragte Zeiten angeboten werden.

Bei der Terminplanung sollte der Kundenwunsch und der damit verbundene reibungslose Ablauf betrieblicher Prozesse im Vordergrund stehen. Standardisierte Abläufe, die im Team geübt werden, erleichtern die Planung (s. S. 411 Tab. 1).

Kundenzufriedenheit

Ein Zeitmanagement, das auch die Zeitplanung der Kundinnen berücksichtigt, wird von den Kundinnen begrüßt. Die Friseurin sollte sich bewusst machen, dass die Kundinnen nicht unendlich viel Zeit haben. Gerade Berufstätige sind oft terminlich eingespannt. Jede Verzögerung im Betriebsablauf wird als störend empfunden und unnötige Wartezeiten hinterlassen bei den Kunden einen schlechten Eindruck. Oftmals ist der Druck auf die Friseurin groß. Viele Kunden, wenig Zeit und hohe Ansprüche können zu großer Stressbelastung führen.

Die Folge von hoher Stressbelastung kann die Vernachlässigung der Kundenbedürfnisse bis hin zur Qualitätsminderung sein. Empfinden die Mitarbeiter eine persönliche Einschränkung ihres Wohlbefindens, so schlägt sich das auf die Stimmung nieder. Es beginnt ein verhängnisvoller Kreislauf, der zu zunehmend stärkerer Unlust an der Arbeit führt. Es können sogar körperliche Beschwerden und Erkrankungen auftauchen, wie z. B. Niedergeschlagenheit, Kopfschmerzen, Magen- und Darmerkrankungen. Dies sollte unbedingt vermieden werden.

Preiskalkulation

Bei der Preiskalkulation von Dienstleistungen spielt die Arbeitszeit eine Rolle. Ebenso muss aus unternehmerischer Sicht berücksichtigt werden, wessen Arbeitszeit (Auszubildende, Gesellin, Meisterin) mit einkalkuliert werden muss. Betriebsabläufe sind so zu planen, dass sie reibungslos von statten gehen.

Unnötige Verzögerungen kosten die Unternehmerin Geld und beeinträchtigen die Kundenzufriedenheit.

Bild 1 *Terminplaner*

1.3.2 Teamarbeit

Jeder Mitarbeiter im Friseursalon ist Teil eines Teams. Je nach Salonkonzept gibt es die Spezialisten oder die Alleskönner. Ganz gleich welche Entscheidung der Unternehmer für seinen Betrieb getroffen hat, es ist in jedem Fall unerlässlich, sie zu kommunizieren.

Die Mitarbeiter im Salon müssen sowohl ihre Aufgaben als auch die an sie gestellten Erwartungen kennen. Teamarbeit ist auch Entwicklungsarbeit, sie ist ein dynamischer Prozess. Einer kann vom anderen lernen, ein Team kann gemeinsam sein Wissen erweitern. Jedes Teammitglied nutzt seine Stärken zur gemeinsamen Zielerreichung.

Es ist ein erstrebenswertes Ziel und mit viel Arbeit verbunden, den geschäftlichen Erfolg als Ziel für das ganze Team festzuschreiben.

1.3.3 Feedback

Das Wort Feedback kommt aus dem Englischen und heißt eigentlich Rückmeldung. Jeder Mensch unterscheidet zwischen der eigenen Wahrnehmung (Selbstwahrnehmung) und der Fremdwahrnehmung (s. S. 409, Bild 1).

Bei weitgehender Übereinstimmung von Selbst- und Fremdwahrnehmung entwickelt sich der Mensch zu einer Persönlichkeit mit Selbstsicherheit, Selbstachtung und Selbstvertrauen.

Das sogenannte Johari-Fenster beschreibt, was der Einzelne von sich selbst (Selbstwahrnehmung) und andere von ihm (Fremdwahrnehmung) wahrnehmen können.

Die Fensterfläche A wird auch als „öffentlicher Bereich" beschrieben. Das persönliche Auftreten und Handeln sind bewusst und für alle wahrnehmbar, z. B. die freundliche Begrüßung einer Kundin.

Anders verhält es sich dagegen bei der Fensterfläche B. Eine Auszubildende ist häufig unsicher, wird dies aber vor Kunden verbergen wollen.

Der „blinde Fleck" bezeichnet jenen Bereich, der der eigenen Person unbekannt ist (Fensterfläche C). Erst durch die Rückmeldung anderer wird dieser Bereich für einen selbst sichtbar.

Fensterfläche D beinhaltet alle Dinge, die sowohl einem selbst als auch den anderen verborgen bleiben. So kann z. B. eine unterschwellige Unzufriedenheit einer Mitarbeiterin die Teamarbeit im Friseursalon beeinträchtigen.

Das Feedback ist eine Methode zur Vergrößerung der Fläche A bzw. zur Persönlichkeitsentwicklung. Die Bereitschaft, eigene Werte und Verhaltensweisen zu überdenken und das Selbstverständnis zu verändern, sind ebenfalls unabdingbare Voraussetzungen zur Weiterentwicklung der Persönlichkeit.

Das Team kann dieses Wissen nutzen, um gemeinsam Ziele zu erreichen! Über die Art und Weise, wie ein Feedback gegeben wird, sollte sich aber verständigt werden.

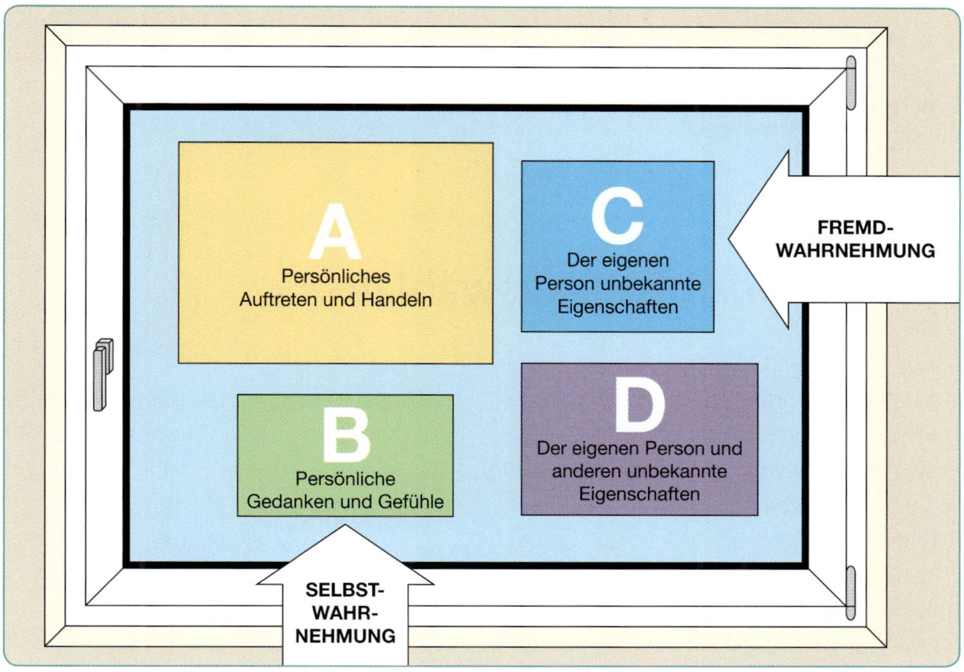

Bild 1 *Das Johari-Fenster*

1.4 Außendarstellung des Salons

SZENARIO

Anja hat sich nun einen Überblick über das Salonkonzept und seine Auswirkungen verschafft. Im nächsten Schritt soll sie sich Gedanken über die Außendarstellung ihres Salons machen. Die Wirkung eines Unternehmens auf die Kundinnen/Passanten steht hier im Mittelpunkt. Zunächst ist der Name des Unternehmens entscheidend.

1.4.1 Firmenname

Über den Firmennamen wird der erste Kontakt zur Kundin aufgebaut. Er kann der persönliche Name (Firmeninhaber), ein sachlich gewählter Name (Hinweis auf die Dienstleistung) oder ein Fantasiename sein. Er kann traditionell („Der Friseur") oder modern klingen. Häufig werden englische (hair cut) oder französische (coiffeur) Ausdrücke verwendet, um sich von den Mitbewerbern abzuheben. Immer häufiger sieht man auch Zahlen-Wort-Kombinationen (Hair 4you).

Als eine Richtschnur zur Namensfindung kann das Prinzip: Einfachheit, Verständlichkeit, Zukunftstauglichkeit und Individualität gelten. Wenn man einen Namen gefunden hat, sollte man sicher gehen, dass dieser nicht von anderen Mitbewerbern verwendet wird. Dazu kann man ihn beim Deutschen Patent- und Markenamt schützen lassen (www.dpma.de).

1.4.2 Logo

Gemeinsam mit dem Namen entwickelt der Unternehmer ein Logo für seinen Betrieb. Ein Logo ist einprägsam, einzigartig und schafft Identität. Der Schriftzug des Namens oder die Verbindung von Symbol und Schriftzug zusammen können das Logo ergeben.

Dieses Logo taucht dann auf allen Schriftstücken des Betriebes auf, z. B.:

- Visitenkarten
- Briefköpfen
- Bonusheften
- Rechnungen
- Schaufenster

Bild 1 Beispiele für Logos

1.4.3 Homepage

Zur Außendarstellung gehört selbstverständlich die Homepage, evtl. sogar verbunden mit der Möglichkeit einer Terminvereinbarung online. Hier kann die Unternehmerin ganz zeitnah Informationen an ihre Kundschaft weiterleiten. Die Salonphilosophie wird unmittelbar transportiert. Wichtiges Kriterium für die Errichtung der Homepage – und deren Gestaltung – ist die Zielgruppe bzw. das Salonkonzept. Ein Salon, der sich durch hochpreisige Dienstleistungen auszeichnet, wird anders auftreten als ein junger, flippiger Salon. Die Ansprache einer Kundengruppe, der „community" kann mit diesem Medium bewusst individualisiert geschehen. Der Friseur kann seine Mitarbeiter vorstellen, über Fortbildungen berichten, seine Aktionen ankündigen, neue Trends lancieren etc.

1.5 Organisationsmittel auswählen

Betriebsabläufe so zu planen, dass sie kunden- und serviceorientiert unter Beachtung wirtschaftlicher, ökologischer, organisatorischer und ergonomischer Maßnahmen gelingen, ist eine umfassende Aufgabe.

Trotz umsichtiger Planung sind Störungen unvermeidbar. Kurzfristige Änderungen der Behandlung, spezielle Kundenwünsche, ein ausführliches Verkaufsgespräch, Erkrankung von Mitarbeitern oder die Absage einer Kundin können den geplanten Arbeitsablauf verändern. Eine flexible Handhabung der Terminplanung ist daher unerlässlich.

Einige Regeln, die man beherzigen sollte:

- Alle Termine und Veränderungen sofort in den Terminkalender eintragen.
- Für Neukunden mehr Zeit einplanen.
- Ausfallzeiten der Friseurin (Urlaub, Fortbildung etc.) möglichst frühzeitig eintragen.
- Unattraktive Termine zuerst vergeben.
- Immer nur zwei alternative Termine zur Auswahl anbieten.
- Der Kundin Terminkarten mitgeben. Verspätungen und versäumte Termine kenntlich machen.
- Bei versäumten Terminen telefonisch nachfragen.
- Bei Terminverzug wartende Kundinnen informieren.
- Spontankundinnen werden nach Möglichkeit bedient, sofern dadurch keine Verzögerungen auftreten.
- Zeitpuffer (Pausen) einplanen.

Der Friseur nutzt verschiedene Hilfsmittel, die ihm helfen. Zu diesen Organisationsmitteln gehören z. B.:

- Terminkalender
- Bedienungszettel
- Kundenkartei
- Karteikarte
- EDV-Kundenverwaltung

1.5.1 Terminkalender

Der Terminkalender ist sicherlich das wichtigste Organisationsmittel. Er ist unerlässlich für Betriebe, die nach Termin arbeiten. Dies wiederum ist abhängig von dem Salonkonzept.

Bild 1 Terminkalender

Bild 1 *Beispiel für eine Kundenkartei*

Bild 2 *Beispiel für eine Kundenkartei*

Die Kundin vereinbart einen Besuchstermin bei ihrer Friseurin und erhält dafür die Gewährleistung einer geringen Wartezeit. Die Rezeptionistin bzw. Mitarbeiterin plant realistische Bedienungszeiten ein. Diese Bedienungszeiten sind bei der Festlegung der Termine zu berücksichtigen. Bei einigen Behandlungen müssen Einwirkzeiten (z. B. Dauerwelle, Tönen, Färben) beachtet werden. Während dieser kann die Friseurin andere Behandlungstermine wahrnehmen. Es muss aber immer darauf geachtet werden, dass die begonnene Behandlung ordnungsgemäß zu Ende geführt wird. Im Terminkalender wird der Name der Kundin, ihr Wunsch und der Name der zuständigen Friseurin eingetragen. Die nachfolgende Tabelle vermittelt Richtwerte für die Behandlungsdauer.

Einige Friseure arbeiten mit Bedienungszetteln. Sie verbleiben am Platz und die zuständige Friseurin trägt fortlaufend die erfolgten Behandlungen ein bzw. markiert sie. Wenn zugleich die Bedienungspreise ersichtlich sind, ist die Kundin auch darüber informiert. Die genauen Informationen über die Kundinnen ermöglichen zielgerichtete Maßnahmen, die auf die Bedürfnisse der Kundinnen zugeschnitten sind und durchgeführt werden können. Dadurch kann die Friseurin den Kundinnen einen besseren, individuelleren Service bieten und die Kundinnen stärker an den Salon binden. Die erforderlichen Informationen dazu entnimmt sie einer ausführlich geführten Kundenkartei.

Art der Behandlung	Abkürzung	Dauer der gesamten Behandlung	Neue Terminvergabe nach
Waschen/Legen	WL	60 Min.	30 Min.
Waschen/Föhnen	WF	45 Min.	45 Min.
Herrenhaarschnitt (trocken)	S (H)	30 Min.	30 Min.
Waschen/Schneiden/ Föhnen (Damen)	WSF	90 Min.	90 Min.
Waschen/Schneiden/ Legen (Damen)	WSL	90 Min.	60 Min.
Waschen/Schneiden/ Föhnen (Herren)	WSF (H)	45 Min.	45 Min.
Tönen	TÖ	60 Min.	25 Min.
Färben	FÄ	90 Min.	30 Min.
Foliensträhnen Langhaar	FSTR	120 Min.	bis 40 Min.
Dauerwelle	DW	90 Min.	30 Min.

Tabelle 1 *Richtwerte für die Dauer einiger Behandlungen*

1.5.2 Kundenkartei

In vielen Friseurbetrieben wird handschriftlich eine Kundenkartei angelegt. Die Kundenkartei sollte neben der Adresse der Kundin auch die Informationen über den Haarzustand, die Behandlungsdaten und verkaufte Produkte beinhalten. Oftmals werden aber nicht alle Kunden erfasst, sondern nur die, bei denen eine farb- oder formverändernde Haarbehandlung durchgeführt wurde. Leider vergibt der Friseur so die Möglichkeit, auch Daten über die anderen Kundinnen festzuhalten. Diese Informationen können dann für Kundenbindungsmaßnahmen verwandt werden und helfen allgemein dabei, alle Kunden bestmöglich zu bedienen. Im Friseursalon kann das Führen einer Kundenkartei sowohl auf einer Karteikarte als auch per EDV erfolgen. Eine ausführlich geführte Kundenkartei hat für die Friseurin folgende Vorteile:

- Schneller Zugriff auf die persönlichen und fachlichen Daten der Kundin
- Möglichkeit zur gezielten Nachfrage über die Zufriedenheit der Anwendung (Dienstleistung und Produkt)
- Bedürfnisorientierte Terminplanung für die Kundin
- Individuelle Beratung
- Trotz Mitarbeiterwechsel gleich bleibende Qualität der Dienstleistung
- Zielgruppengerechte Planung von Werbemaßnahmen

Die Karteikarte

Je nach formaler Gestaltung der Karteikarten und ihrer Anordnung im Karteikasten ermöglichen sie das Erfassen der wichtigsten Informationen auf einen Blick. In der täglichen Praxis bieten Sie der Friseurin folgenden Nutzen:

- Die Eintragungen dienen als Basis für das Beratungsgespräch am Behandlungsplatz und für Produktempfehlungen für zu Hause.
- Sie gewährleisten eine optimale und kontinuierliche Behandlung der Kundin, besonders bei Ausfall einer Stammfriseurin.
- Sie bieten weitere Möglichkeiten zur saloninternen Analyse oder auch zur Planung verkaufsfördernder Maßnahmen, z. B. können die Kundinnen in einer Werbebriefaktion über die neueste Mode oder interessante Produkte informiert werden. Aber auch Stammkundinnen, die schon längere Zeit nicht mehr zur Behandlung im Salon waren, können mit einem netten Anschreiben wieder auf den Salon aufmerksam gemacht werden. Zusätzlich können die Eintragungen für Statistiken ausgewertet werden, wie z. B. Besuchshäufigkeit und Altersschicht der Kundinnen.

1.5.3 EDV-Kundenverwaltung

Eine gute Friseur-EDV enthält ausführliche Kundenverwaltungsmodule, die einfach beim Kassiervorgang zu aktualisieren sind. Dieser Vorgang ersetzt im Gegensatz zur Karteikarte mehrere Arbeitsschritte, wie z. B. das Heraussuchen der Karteikarte und das handschriftliche Eintragen der Daten. Oft besteht auch die Möglichkeit, dass bei Saloneintritt der Kundin ein Kundenlaufzettel ausgedruckt werden kann, der auch gleichzeitig als Kassen- oder Bedienungszettel verwendet wird.

Bei der elektronischen Kundenverwaltung kann die Rezeptionistin oder die Friseurin per Knopfdruck die Kundenkartei nach verschiedensten Kriterien sortieren, wie z. B. Alter, Geschlecht, Einzugsgebiet, Anwendungen, Besuchshäufigkeit, letzter Besuch, Frequentierung an einzelnen Wochentagen, Geburtsdatum. Mithilfe der EDV-Kundenverwaltung lassen sich viele Aktionen zielgruppenorientierter planen und durchführen.

Bild 1 *Kundenverwaltung per EDV*

Einige Beispiele für Anwendungen sind:

- Wochentags-Auswertungen
- Mitarbeiter-Berichte
- Umsatzentwicklung
- Zahlung per Rechnung (Überweisung und Abbuchung)
- Mailing/Serienbrief
- Lagerverwaltung
- Lagerbestandsführung
- Automatische Lagerabbuchung bei Verkauf
- Warenzugänge und Warenabgänge
- Bestellwesen
- Besuchszeitanalysen anfertigen
- Besuchshäufigkeit der Kunden erfassen
- Dienstleistungs-/Artikelhitliste (Renner/Penner)
- Warengruppen-Hitliste

1.6 Sortiment

Unter dem Begriff Sortiment versteht man alle Waren und Dienstleistungen, die im Friseursalon angeboten werden. Zu den Dienstleistungen gehören z. B. folgende Tätigkeiten der Friseurin:

- Haar- und Kopfhautreinigung
- Haar- und Kopfhautpflege
- Farbveränderung des Haares
- Formveränderung des Haares
- Haarschnitt
- Frisurenfinish
- Haarverlängerung und Haarverdichtung
- Dekorative Kosmetikbehandlung
- Maniküre

In der Regel werden verschiedene Dienstleistungen miteinander kombiniert, z. B. Waschen, Schneiden, Tönen, Föhnen der Haare und Maniküre.

Das Sortiment in den einzelnen Friseursalons ist unterschiedlich. Die Zusammensetzung des Sortiments richtet sich nach der Kundengruppe. Dazu muss die Friseurin die Ansprüche ihrer Zielgruppe, d. h. der Kundinnen, die sie erreichen will, bestimmen und ein auf diese Zielgruppe ausgerichtetes Sortiment zusammenstellen. Ein modischer Trendsalon muss ein anderes Sortiment anbieten als ein klassisch eingerichteter Salon.

1.6.1 Sortimentsbeschreibung

Sortimente werden nach Branche, Umfang und Niveau unterschieden:

Branche

Das Sortiment wird durch den Geschäftszweig bestimmt, z. B. Lebensmittel, Textil/Bekleidung oder Hausrat/Glas/Porzellan. Die Waren, die die Friseurin anbietet, gehören überwiegend zur Branche der Kosmetik bzw. Parfümerie. Die Dienstleistungen der Friseurin sind eigenständig. Sie finden sich in keiner anderen Branche wieder. Friseurdienstleistungen, das ist in der Handwerksordnung (HwO) geregelt, dürfen nur von Friseurinnen und Friseuren erbracht werden.

Die Produkte, die in einem Friseursalon von den Kundinnen in jedem Fall erwartet werden, wie z. B. Haarspray, Festiger, Shampoo usw., bilden das **Kernsortiment.** Hierzu zählen auch die handwerklichen Dienstleistungen der Friseurin.

Sämtliche Waren und Dienstleistungen, die nicht unbedingt von den Kundinnen im Friseursalon erwartet werden, bilden das **Randsortiment.** Obwohl die Kosmetik zum Berufsbild der Friseurin gehört, erwarten nur wenige Kundinnen von ihrer Friseurin, dass sie alle kosmetischen Dienstleistungen anbietet.

In diesem Fall würde die Kosmetik zum Randsortiment gehören. Werden auch branchenfremde Artikel, wie z. B. Modeschmuck, in das Sortiment aufgenommen, gehören diese ebenso zum Randsortiment.

Sortimentsumfang

Jedes Sortiment hat eine bestimmte Sortimentsbreite und eine Sortimentstiefe.

Die **Sortimentsbreite** (Bild 1) ergibt sich aus der Zahl der verschiedenen Warengruppen, die in einem Friseursalon angeboten werden, z. B. Shampoos, Haarkuren, Farbveränderungsmittel, Kosmetik, Bürsten und Haarschmuck.

Die **Sortimentstiefe** (Bild 2) wird durch die Anzahl der verschiedenen Artikel innerhalb einer Artikelgruppe gebildet, wie z. B. Shampoos verschiedener Marken oder mit spezieller Wirkung.

Weiterhin gibt es noch das **schmale Sortiment** und das **flache Sortiment** (s. S. 414, Bild 1). Das schmale Sortiment beinhaltet nur wenige verschiedene Artikelgruppen. Dem schmalen Sortiment steht das flache Sortiment gegenüber. Es beinhaltet wenige verschiedene Artikel innerhalb einer Gruppe.

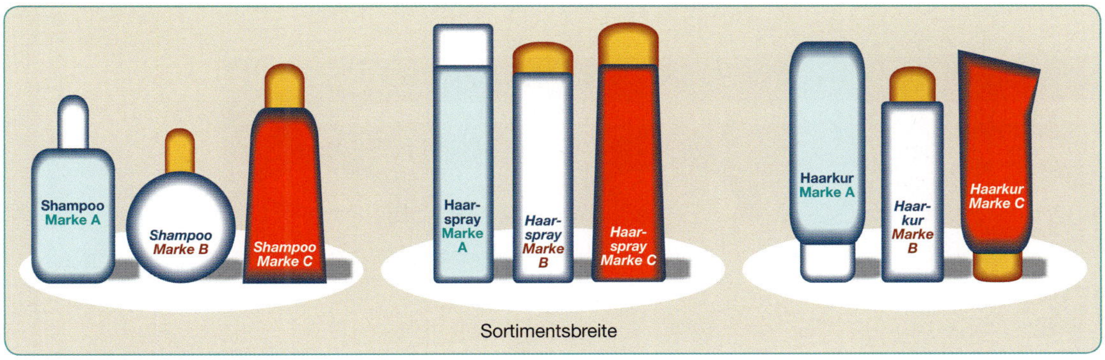

Bild 1 Beispiel für die Sortimentsbreite

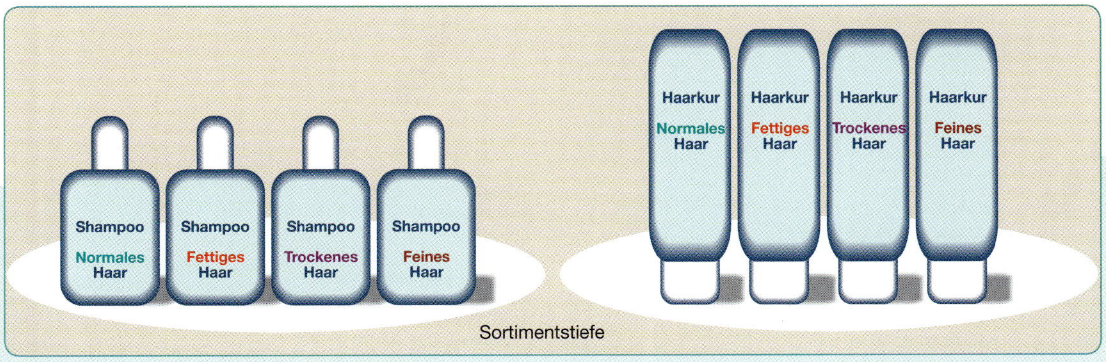

Bild 2 Beispiel für Sortimentstiefe

Fachgeschäfte haben oft nur ein schmales und tiefes Sortiment. Sie beschränken sich auf wenige Warengruppen, haben innerhalb dieser Gruppen aber eine sehr große Auswahl unter den verschiedenen Artikeln. Verbrauchermärkte haben dagegen meistens ein breites, aber flaches Sortiment.

Bei den meisten Friseursalons ist das Sortiment im Bereich der Waren schmal, aber tief. Es werden wenige Pflegemittel und Kosmetika angeboten, diese sind jedoch aufeinander abgestimmt. Im Bereich der Friseurdienstleistungen ist das Sortiment hingegen breit. Denn Friseursalons bieten alle fachtypischen Dienstleistungen an. Werden auch kosmetische Dienstleistungen angeboten, wird das gesamte Angebot breiter. Friseursalons, die sich nur auf Haarschnitte beschränken (z. B. Cut-and-go-Konzept), haben hingegen nur ein schmales Dienstleistungssortiment.

Sortimentsniveau

Die Sortimente der einzelnen Friseursalons können unterschiedliche Qualitäts- und Preisniveaus aufweisen. Dies sagt nichts über die Qualität einer Friseurin als Handwerkerin aus. Wichtig ist, dass Qualitäts- und Preisniveau zur Kundengruppe passen. Die Friseurin sollte darauf achten, dass ihr Gesamtsortiment ein einheitliches Bild ergibt.

Eine Friseurin, die exklusive, hochpreisige Kosmetika verkaufen will, kann nicht gleichzeitig sehr preiswerte Haarpflege anbieten, um mit einem Drogeriemarkt zu konkurrieren.

1.6.2 Sortimentsbildung

Welche Dienstleistungen und Waren das Sortiment bilden, hängt von folgenden Aspekten ab:

- Kundenwünsche
- Größe und Lage des Salons
- Gewinnerwartungen
- Beratungsaufwand

Die inhaltliche Gestaltung des Sortiments ist für ein positives Verkaufsergebnis ausschlaggebend. Die Kundin hat den Wunsch, zwischen verschiedenen Angeboten wählen zu können.

Damit die Friseurin ihre Kompetenz, z. B. in Sachen Haarpflege, überzeugend vermitteln kann und die Kundinnen qualifiziert bedient werden, sind sowohl eine durchdachte Sortimentsbreite als auch eine ausgewogene Sortimentstiefe erforderlich.

Welche und wie viele Marken und Dienstleistungen im Sortiment geführt werden, hängt unter anderem von der Größe und Lage des Friseursalons ab. In einem großzügig geschnittenen Salon in bester Lauflage sind die Chancen für ein selbstbedienungsorientiertes Verkaufskonzept günstiger als in einem relativ kleinen Salon an einem selten frequentierten Standort.

Im Zusammenhang mit dem Standort und der Kundenstruktur sollte auch auf eine Ausgewogenheit der Preiskategorien geachtet werden.

Weder eine Alleinstellung hochpreisiger Serien noch die Konzentration auf Billigangebote bringen der Friseurin den gewünschten Erfolg.

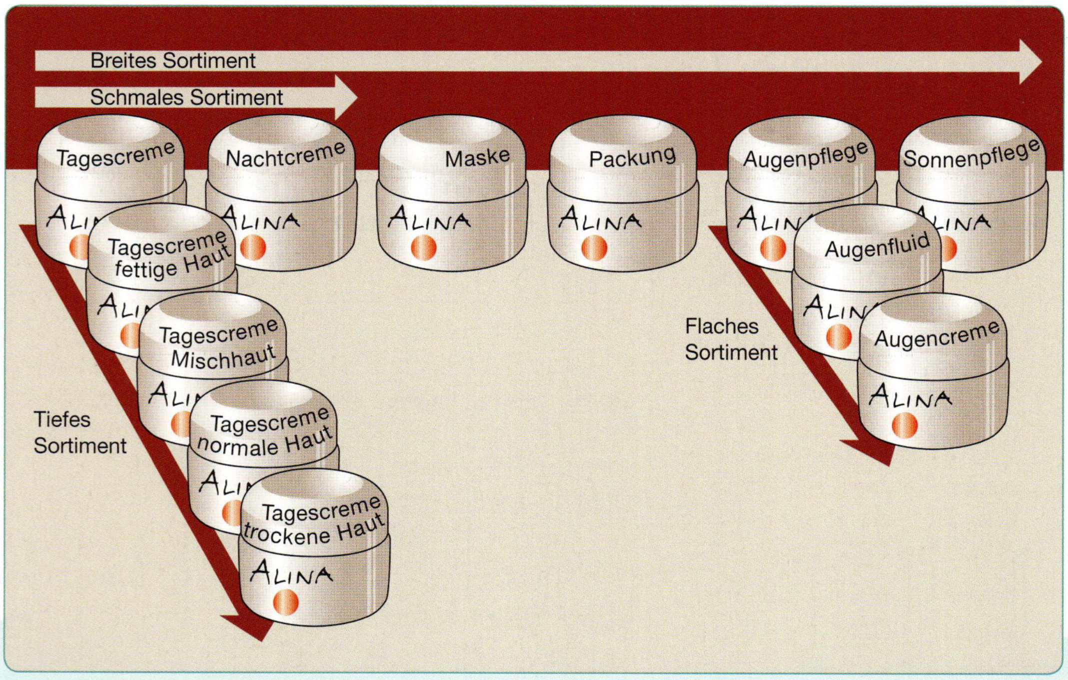

Bild 1 Sortimentsumfang

Die Kundin entscheidet selbst, wie viel Geld sie ausgeben möchte.

Für die räumliche Gestaltung eines Sortiments gilt, dass z. B. verkaufsstarke Ware mehr Raum im Gesamtsortiment erhält als die Produkte, die seltener verkauft werden.

Für die Gestaltung eines Sortiments sollte auch der Beratungsaufwand berücksichtigt werden. Manche Produkte, z. B. Gel, müssen so gut wie gar nicht erklärt werden. Andere hingegen, z. B. pflegende Kosmetika, erfordern oft eine intensivere Beratung. Grundsätzlich ist es einfacher, mit bekannten Marken zu arbeiten. Denn je bekannter die Marke ist, desto größer ist das Vertrauen der Kundinnen in das Produkt. Dieses Vertrauen erleichtert jedes Beratungs- und Verkaufsgespräch.

1.6.3 Verkaufsform

Die Verkaufsform ist abhängig von der Art der Ware und der Notwendigkeit, sie der Kundin zu erklären. Bei Warenverkauf in Selbstbedienung braucht man wenig Personal, während der Beratungsverkauf personalintensiv ist.

Grundsätzlich wird zwischen folgenden drei Anbieteformen unterschieden:

- Bedienungssystem
- Selbstbedienungssystem
- Vorwahlsystem

Bedienungssystem

Im Bedienungssystem werden Waren angeboten, die überwiegend erklärungsbedürftig oder nicht selbstbedienungsfähig sind. Die Kundin nennt ihre Wünsche und die Friseurin ermittelt, welche Produkteigenschaften wichtig sind. Für die Kundin wählt sie ein entsprechendes Angebot aus, legt die Ware vor, berät sie, kassiert und händigt die Ware aus. Häufig werden die gekauften Artikel auch von der Friseurin verpackt. Im Bedienungssystem steht die Tätigkeit der Friseurin im Vordergrund. Daher ist das Bedienungssystem personalintensiver und kostenaufwendiger als andere Verkaufsformen.

Da die Kundinnen aus Supermärkten eine sehr große Auswahl gewohnt sind, kann das Bedienungssystem bei einem kleineren Sortiment sinnvoll sein. Viele Warenverkäufe lassen sich im Friseursalon während der Behandlungsphase vorbereiten und durchführen. Aufgrund des guten Kontakts zur Kundin kann die Friseurin das Gespräch lenken und auch Zusatzkäufe anregen. Dies setzt aber voraus, dass die Friseurin ohne großen Aufwand oder lange Wege auf diese Artikel zugreifen kann.

Selbstbedienungssystem

Beim System der Selbstbedienung nimmt die Kundin die Ware selbst aus dem Regal, transportiert sie zur Kasse und bekommt die Ware nach dem Bezahlen ausgehändigt. Nur bei wenigen Waren steht ein Muster zum Ausprobieren für die Kundin bereit, wie z. B. Lippenstifte, Puder oder Nagellacke. Werden Waren nur in Selbstbedienung angeboten, müssen sie selbstbedienungsfähig sein, d. h., sie müssen

- relativ unempfindlich sein,
- geschützt stehen,
- möglichst unbeschädigt bleiben,
- besonders gegen Diebstahl gesichert sein,
- selbsterklärend sein.

Das Selbstbedienungssystem spart Personal und damit Kosten. Eine besondere Bedeutung kommt dabei der Präsentation der Waren im Verkaufsraum zu. Die Kundinnen müssen die Ware leicht finden und bequem erreichen können. Im Selbstbedienungssystem ist deshalb für das gleiche Warenangebot mehr Verkaufsfläche notwendig als im Bedienungssystem.

Bild 1 *Beispiel für ein Selbstbedienungssystem*

Im Selbstbedienungsgeschäft informiert sich die Kundin selbst über die Ware und trifft dann die Auswahl. Die dazu notwendigen Produktinformationen muss sie selbst erwerben, z. B. aus der Werbung im Fernsehen, in Frauenzeitschriften.

Im Friseursalon gibt es noch eine andere verkaufsfördernde Möglichkeit: Vor dem ersten Kauf erhält die Kundin eine ausführliche Beratung und Empfehlung durch die Friseurin. Die Kundin hat das Produkt im Bedienungssystem angeboten bekommen. Beim Nachkauf dieses Produkts besitzt die Kundin bereits die notwendigen Informationen. War beim ersten Kauf noch eine ausführliche Beratung erforderlich, kann das Produkt beim zweiten Mal im Selbstbedienungssystem gekauft werden.

Deshalb bietet sich häufig für den Friseursalon ein **Mischsystem** an. Das Produkt wird am Behandlungsplatz im Bedienungssystem verkauft und an der Rezeption wird der Kundin durch die Zweitplatzierung im Verkaufsregal die Möglichkeit zur Selbstbedienung gegeben. Kundinnen wünschen die Selbstbedienung vorrangig, weil:

- Sie direkten Zugriff zur Ware haben
- Sie die Ware selbst prüfen können
- Geringere Wartezeiten entstehen
- Einkäufe schneller erledigt sind

Vorwahlsystem

Beim Vorwahlsystem kann sich die Kundin z. T. selbst über die Ware informieren. Jedoch kann sie die Originalware nicht ausprobieren. Deshalb muss die Ware so präsentiert sein, dass die Kundin schnell eine gute Übersicht erhält. Waren, die zusammengehören, wie Puder und Puderpinsel, sollen auch gemeinsam präsentiert werden. Das Vorwahlsystem eignet sich für Produkte, die nicht stark erklärungsbedürftig sind. Duftwässer und

Bild 1 *Vorwahlsystem*

dekorative Kosmetik werden z. B. in vielen Fällen im Vorwahlsystem angeboten. Die Kundin kann an Probierflakons oder Vorführlippenstiften ihre Auswahl treffen und erhält anschließend die Originalware durch die Friseurin ausgehändigt.

Die Vorwahlprodukte können im Friseursalon an der Rezeption, im Wartebereich und im Behandlungsbereich präsentiert werden. Die Friseurin sollte aber bedenken, dass die Ware beim Vorwahlsystem leicht durch die Kundin beschädigt werden kann.

1.6.4 Sortimentspflege

Ein erfolgreiches Sortiment orientiert sich immer an den Wünschen der Kundinnen und an der Konkurrenzsituation. Kommen neue Produkte auf den Markt, muss die Unternehmerin überlegen, ob sie in ihre Produktpalette aufzunehmen sind. Sie sollte ein offenes Ohr für Hinweise oder Anfragen von Kundinnen haben. Verbraucherinnen, die ein bestimmtes Produkt kaufen wollen, möchten nicht warten, bis die Bestellung eingetroffen ist. Sie gehen lieber zur Konkurrenz. Deshalb sollte das Angebot regelmäßig im Hinblick auf „Renner" und „Penner" überprüft und ergänzt werden. Die Friseurdienstleistungen verändern sich ständig durch die Einflüsse der Mode, neue Techniken, Werkzeuge und Präparate. Damit die entstehenden neuen Leistungen angeboten werden können , ist die permanente Weiterbildung der Friseurin unerlässlich. Artikel, die keine Gewinne mehr erwarten lassen, werden aussortiert. Dafür werden neue und gewinnträchtige Artikel in das Sortiment aufgenommen.

1.7 Beschaffung

SZENARIO

Nachdem die Mitarbeiterinnen des Salons Haargenau eine Schulung zur pflegenden Kosmetik erfolgreich absolviert haben, soll der Verkauf von Hautpflegeprodukten verstärkt werden. Die Chefin bittet Anja, sich mit den Kaufvertragsbedingungen der Firma JUGENDSCHÖN vertraut zu machen.

Für einen reibungslosen Betriebsablauf muss die Unternehmerin Ware in ausreichender Menge und zum richtigen Zeitpunkt beschaffen. Sie wird darauf achten, einerseits möglichst wenig Ware zu lagern, aber andererseits stets ausreichend Ware für Dienstleistungen und Verkauf vorrätig zu haben. Sie überlegt:

- Wie viel kaufe ich?
- Wann kaufe ich?
- Bei wem kaufe ich?

1.7.1 Bestellmenge und Bestellzeitpunkt

Bevor die Unternehmerin die Bestellung ausführt, plant sie zunächst ihren Bedarf. Dazu benötigt sie Daten zum Verkauf und Verbrauch. Die Warenmenge richtet sich dann nach:

- Der Lagergröße
- Dem Lagerbestand
- Der Umschlagshäufigkeit

Zum Schutz vor unvorhersehbaren Ereignissen, z. B. plötzliche starke Nachfrage eines Produktes, ist ein **Mindestbestand** nötig. Dieser sollte ständig am Lager sein.

Die Bestellung muss dann so zeitig erfolgen, dass die Nachfrage jederzeit gedeckt werden kann, ohne auf diesen Mindestbestand zurückgreifen zu müssen. Der **Meldebestand** (verkaufte Menge während der Lieferzeit + Mindestbestand) bestimmt deshalb den Bestellzeitpunkt für eine neue Lieferung.

Bei der Verkaufsdatenanalyse ergibt sich im Salon Haargenau für ein **Produkt X** ein durchschnittlicher Verkaufswert von 20 Verkäufen pro Monat

$$\frac{\text{Anzahl der Produktverkäufe}}{\text{Zahl der Monate}} = \text{durchschnittlicher Verkauf}$$

Möchte die Unternehmerin z. B. auf saisonale Besonderheiten eingehen, wird sie mit der gleitenden Durchschnittsrechnung zusätzlich die neueren Verkaufswerte stärker gewichten als die älteren. Eine Haarpflege mit UV-Schutz wird in den Sommermonaten besser verkauft werden als in den Wintermonaten.

Preisnachlässe (Rabatte) werden von Herstellern bei der Abnahme von großen Mengen gewährt (Mengenrabatt). Mitunter enthalten Kaufverträge Vorgaben für Bestellmengen (Mindestbestellmenge). Bei der Entscheidung, ob sie zu den gegebenen Konditionen kauft oder nicht, muss die Unternehmerin dann Kosten und Nutzen abwägen. Sie sollte die Bezugspreise der verschiedenen Anbieter vergleichen, um das tatsächlich beste Angebot auswählen zu können (s. Naturwissenschaftlicher Exkurs, ab S. 480).

Die Unternehmerin wird sich auch immer über die Lieferzeiten einer Firma informieren. Darüber hinaus sollte sie ständig ihre Bedarfsmenge pro Tag und den aktuellen Bestand im Auge behalten, damit es nicht zu unliebsamen Überraschungen kommt.

Bild 1 *Vertrag*

1.7.2 Kaufvertrag

Hat sich die Unternehmerin zur Bestellung entschlossen, schließt sie einen Kaufvertrag. Durch den Kaufvertrag wird der Verkäufer einer Sache verpflichtet, dem Käufer die Sache zu übergeben und das Eigentum an der Sache zu verschaffen (§ 433 BGB). Der Käufer verpflichtet sich, dem Verkäufer den vereinbarten Kaufpreis zu zahlen und die gekaufte Ware abzunehmen.

Die Unternehmerin hat ein Recht darauf, die Ware einwandfrei zu erhalten. Ist die Ware nicht einwandfrei, können nach § 434 BGB folgende Sachmängel unterschieden werden:

Mängel in der Güte

- Ein Glätteisen ist schon nach zweimaliger Benutzung defekt
- Der gelieferte Föhn lässt sich nicht auf höchster Stufe in Betrieb nehmen
- Der Perlenschmuck auf einer Haarspange bricht ab
- Generell fehlt der Ware oder Dienstleistung eine zugesicherte Eigenschaft

Mängel in der Beschaffenheit

- Beschädigte Verpackungen
- Abgebrochener Sprühkopf beim Haarlack
- Ranzige Creme
- Generell ist die Ware beschädigt, untauglich oder verdorben

Mängel in der Menge

- Falsche Stückzahllieferung
- Halbleere Cremedose
- Im Angebot aufgelistete Zusatzteile fehlen
- Generell ist die Ware unvollständig

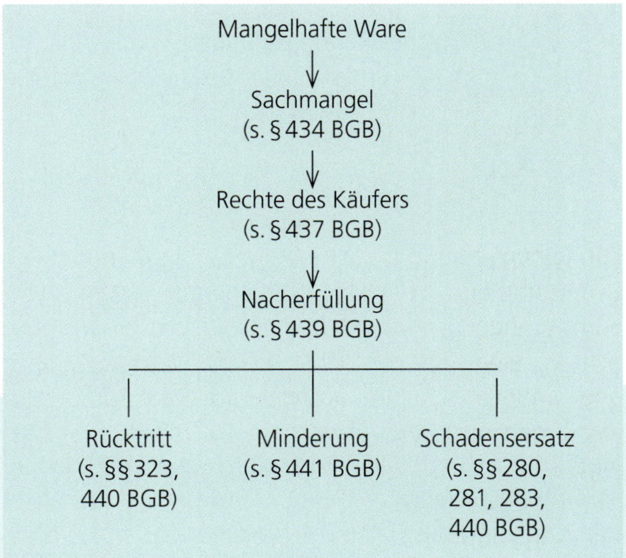

Bild 2 *Rechte des Käufers bei Sachmängeln*

Nachdem die Ware im Betrieb angenommen und ausgepackt wurde, wird sie geprüft. Es wird überprüft, ob die Qualität und die gelieferte Menge mit der Bestellung übereinstimmen. Auch die beiliegende Rechnung muss auf ihre sachliche Richtigkeit geprüft werden. Wenn jetzt ein Mangel festgestellt wird, muss ein Vermerk auf dem Lieferschein gemacht werden und dieser an die Chefin weitergeleitet werden. Diese wird nun unverzüglich eine Mitteilung an den Verkäufer/Lieferer schicken (Mängelrüge).

Im Bild 2, s. S. 417, sind die unterschiedlichen Rechtsansprüche aufgeführt, die sich aus dem BGB ergeben:

Tritt ein Mangel auf, kann der Käufer entweder auf der Beseitigung des Mangels bestehen oder die Lieferung einer fehlerfreien Ware verlangen.

Man muss dem Verkäufer Zeit geben, den Mangel zu beseitigen. Es ist nicht rechtens, sofort vom Kaufvertrag zurückzutreten. Man spricht von vorrangigem Recht (im ersten Fall) und nachrangigem Recht (im zweiten Fall). Nach einer angemessenen Nachfrist kann die Käuferin dann aber vom Vertrag zurücktreten und gegebenenfalls Schadensersatz verlangen.
Ist die Sache mangelhaft, kann der Käufer:

Bild 1 *Schadensersatz*

- nach § 439 Nacherfüllung verlangen,
- nach den §§ 323 und 440 von dem Vertrag zurücktreten,
- oder nach § 441 den Kaufpreis mindern,
- und nach den §§ 280, 281, 283 und 440 Schadensersatz verlangen.

Die Nacherfüllung kann scheitern, weil

- sie nicht zumutbar ist (zu lange Wartezeit auf die Ersatzlieferung),
- die Nacherfüllung verweigert wird (vom Händler),
- die Fehlerbeseitigung wiederholt fehlgeschlagen ist.

Statt zurückzutreten kann der Käufer aber auch den ursprünglich vereinbarten Kaufpreis mindern. Dabei bleibt der Kaufvertrag erhalten. Schadensersatz muss dann geleistet werden, wenn die Unternehmerin durch die mangelhafte Ware einen Schaden erleidet.

Der Verkäufer hat den Schaden zu vertreten, wenn

- der Ware eine von ihm garantierte Eigenschaft fehlt,
- er einen Mangel der Ware arglistig verschweigt,
- er die Verzögerung der Nacherfüllung verschuldet hat.

Wird eine Bestellung nicht rechtzeitig geliefert, hat das für die Unternehmerin mitunter unangenehme Konsequenzen. Um die Dienstleistungen im Betrieb erbringen zu können, muss die Ware womöglich bei einem anderen Anbieter zu höheren Preisen geordert werden.

Bei Lieferverzug hat der Käufer folgende Rechte

- Er hat sofort das Recht, die Lieferung weiterhin zu fordern. Das ist z. B. wichtig, wenn er die Ware woanders gar nicht oder nicht zum vereinbarten Preis erhalten kann!
- Nach Ablauf einer angemessenen Nachfrist kann der Käufer vom Vertrag zurücktreten. Dies ist dann sinnvoll, wenn er die Ware nicht mehr benötigt, oder sie anderweitig günstiger erhält!
- Der Verkäufer muss Zeit erhalten, die Ware zu liefern.

Der Käufer gerät in Zahlungsverzug, wenn er

- den vereinbarten Kaufpreis nicht rechtzeitig,
- nicht vollständig
- oder gar nicht bezahlt.

Eine regelmäßige Überprüfung der Wareneingänge und ihrer Bezahlung schützt vor dem Zahlungsverzug. Kommt es dennoch dazu, dann entsprechen die Rechte des Verkäufers denen des Käufers.

1.7.3 Zahlungsverkehr

Im Zahlungsverkehr werden **Barzahlung**, **halbbare und bargeldlose Zahlungsarten** unterschieden.

Bei **Barzahlung** wird vom Kunden (Zahlender) direkt vor Ort bezahlt.

Bild 2 *Barzahlung*

Er hat Anspruch auf einen Zahlungsbeleg (Kassenbon oder Quittung). In der Friseurbranche ist dies vielerorts die typische Zahlweise, weil sie ohne großen Aufwand für die Unternehmerin (Zahlungsempfängerin) ist. Natürlich müssen die Rahmenbedingungen beachtet werden. Es muss ausreichend Wechselgeld vorhanden sein. Das Bargeld sollte verschlossen und sicher aufbewahrt sein und täglich zur Bank oder zum Nachttresor gebracht werden.

Bei der **halbbaren Zahlungsart** hat mindestens ein Beteiligter ein Konto. Entweder wird bar auf ein Konto eingezahlt oder bar von einem Konto ausgezahlt. Zur Eröffnung eines Girokontos bei einem Geldinstitut (Bank oder Sparkasse) müssen folgende Kriterien erfüllt sein:

- Volljährigkeit oder Einverständnis der Eltern
- Ausweispflicht/Legitimation
- Unterschriftsleistung.

Die Unterschriften werden bei der Bank hinterlegt. Dadurch können die Bankangestellten jederzeit – z. B. bei einer Geldabhebung – nachschauen, ob der Beleg auch wirklich von dem Kontoinhaber oder den Eltern unterschrieben wurde. Der Kontoauszug gibt Auskunft über alle Kontobewegungen und sollte regelmäßig kontrolliert werden. Auf dem Kontoauszug sind alle Einnahmen (Haben = H) und Ausgaben (Soll = S) aufgelistet. Üblicherweise führt die Bank jeweils zum Ende eines Vierteljahres einen Rechnungsabschluss durch. Widerspricht man dem nicht innerhalb von sechs Wochen, erkennt man den Abschluss rechtlich an.

Das sollte möglichst innerhalb von sechs Wochen geschehen. Dann gibt man seiner Bank den Auftrag, den Betrag zurückzubuchen.

Der **Verrechnungsscheck** ermächtigt den Empfänger dazu, sich die ausgewiesene Summe bei seiner Bank gutschreiben zu lassen. Das Konto des Zahlenden wird somit belastet.Die Zahlung **per Nachnahme** zählt zur halbbaren Zahlungsart. Bevor die bestellte Ware ausgehändigt wird, muss sie vom Käufer bezahlt werden.

Mit einem **Scheck** gibt man seiner Bank die Anweisung, gegen Vorlage eine bestimmte Summe an den Scheckinhaber zu zahlen. Soll der Empfänger das Geld bar ausgezahlt bekommen, so benutzt man einen **Barscheck**.

Mehr als die Hälfte aller **bargeldlosen Zahlungen** werden als **Überweisungen** getätigt. Der Kontoinhaber beauftragt seine Bank, vom eigenen Konto einen bestimmten Betrag abzubuchen und auf das Konto des Empfängers zu übertragen. Überweisungen sind immer dann sinnvoll, wenn man einmalige, nicht wiederkehrende Zahlungen tätigen muss.

Mit einem **Dauerauftrag** gibt der Zahlende seiner Bank den Auftrag, eine Überweisung immer wieder und zu einem bestimmten Termin auszuführen. Hat man also jeden Monat eine bestimmte Rechnung zu bezahlen, die über den gleichen Betrag lautet und immer an denselben Empfänger zu zahlen ist (z. B. Miete, Vereinsbeiträge, etc.), sollte man diese Form der Überweisung nutzen. So wird keine Zahlung vergessen. Der Auftrag wird so lange ausgeführt, bis man ihn bei der Bank löscht.

Regelmäßige Zahlungen können unterschiedlich hoch sein. In einem solchen Fall empfiehlt sich das **Lastschriftverfahren**. Hierbei gibt man dem Zahlungsempfänger, z.B. der Telefongesellschaft, die Erlaubnis, einen fälligen Rechnungsbetrag vom Girokonto abbuchen zu lassen (Einzugsermächtigung). Falls jemand unberechtigt oder zu viel abbuchen lässt, kann man dem widersprechen. Das sollte möglichst innerhalb von sechs Wochen geschehen.

Bequem lassen sich viele finanzielle Transaktionen per **Online banking** ausführen.

Bei fast allen Banken hat man die Möglichkeit, einen elektronischen Zugang zu seinen Konten zu bekommen. Für die elektronische Kommunikation kann man verschiedene Geräte benutzen, beispielsweise einen PC für den Zugriff von zu Hause aus oder Laptops und Smartphones für unterwegs.

Ein mögliches Legitimationsverfahren ist das PIN/TAN-Verfahren. Voraussetzung dafür ist die Freischaltung der Konten durch die Filiale und die Vergabe einer Zugangsnummer (PIN), die man geheim halten muss, denn mit der PIN kann man wichtige Informationen über die zugehörigen Konten erlangen.

Um eine Transaktion (z. B. eine Überweisung) ausführen zu können, benötigt man eine weitere Nummer, eine sogenannte TAN, die nur einmal gültig ist. Diese kann z. B. die mobile TAN sein, die per SMS aufs Mobiltelefon geschickt wird oder die photoTAN, die in einer weiteren Bank-App generiert wird.

Bild 1 Bargeldlose Bezahlung

1.7.4 Lagermanagement

Ein großes Lager verursacht hohe Raumkosten (Miete). Es ist schnell unübersichtlich und bindet viel Kapital. Dieses Kapital steht der Unternehmerin nicht zur Verfügung und schwächt ihre Zahlungsfähigkeit (**Liquidität** des Salons).

Darum ist eine laufende Kontrolle der Lagerbestände (Lagermanagement) unerlässlich. Hierzu ermittelt die Unternehmerin den durchschnittlichen **Lagerbestand** während eines Jahres. Er drückt aus, wie viel Ware während des Jahres durchschnittlich am Lager vorhanden war.

$$\frac{\text{Lagerbestand 1 + Lagerbestand 2}}{2} = \text{durchschnittlicher Lagerbestand}$$

Die **Umschlagshäufigkeit** sagt aus, wie oft sich der durchschnittliche Lagerbestand während des Jahres aufgebraucht hat.

$$\frac{\text{Warenverbrauch}}{\text{durchschnittl. Lagerbestand}} = \text{Umschlagshäufigkeit}$$

Die **Umschlagsdauer** in Monaten sagt aus, in wie vielen Monaten sich der duchschnittliche Lagerbestand aufgebraucht hat.

$$\frac{\text{12 Monate}}{\text{Umschlagshäufigkeit}} = \text{Umschlagsdauer in Monaten}$$

Sind diese Werte ermittelt, kann der **Meldebestand** festgelegt werden. Er gibt die Lagerbestandsmenge an, ab der bei Unterschreitung eine Neubestellung ausgelöst wird. Zur Festlegung des Meldebestands muss auch die Zeitspanne bis zum Eintreffen der Ware berücksichtigt werden.

Der **Maximalbestand** gibt Auskunft über die maximale Warenmenge, die ein Lager enthalten sollte, um zu hohe Kosten und Bindung des Kapitals zu verhindern.

Der Mindestbestand bezeichnet die untere Warenbestandsgrenze. Diese sollte eventuelle Lieferschwierigkeiten berücksichtigen.

Hat man diese Werte ermittelt, kann man sagen welches die Renner und Penner eines Warenlagers sind und sie dementsprechend aus dem Sortiment nehmen oder zusätzliche Artikel einkaufen.

1.8 Inventur

Immer zum Ende des Geschäftsjahres wird Inventur gemacht. Die Inventur (von **lateinisch** invenire = etwas bzw. es vorfinden) ist die Bestandsaufnahme aller vorhandenen **Vermögenswerte** und **Schulden** einer **Unternehmerin** zu einem bestimmten Stichtag. Hat die Unternehmerin eine EDV-Kundenverwaltung, kann sie auf folgende Inhalte zurückgreifen:

- Lagerbestandsführung
- Automatische Lagerabbuchung bei Verkauf
- Warenzugänge und Warenabgänge
- Lagerverwaltung

Sie ermittelt den Ist-Wert, d. h. den tatsächlichen Warenbestand zu einem bestimmten Zeitpunkt. Nach § 240 HGB und nach §§ 140, 141 der Abgabenordnung (AO) ist eine Kauffrau verpflichtet, wenn sie ein Unternehmen gründet oder übernimmt, wenn sie es schließt sowie zum Schluss eines jeden **Geschäftsjahres,** ihr Vermögen und ihre Schulden genau festzustellen. Oft ergeben sich durch Schwund, Diebstahl, Verderb und fehlerhafte Eintragungen Abweichungen zu dem Warenbestand, der laut Buchhaltung vorhanden sein müsste (Sollwert).

Grundsätzlich ist die Inventur zum Bilanzstichtag durchzuführen, also am 31. 12. eines Kalenderjahres oder am letzten Tag des Geschäftsjahres.

1.8.1 Inventurarten

Man unterscheidet die **Körperliche Inventur** und die **Buchinventur**. Die körperlichen Vermögensgegenstände (Verkaufs- und Kabinettware) werden durch **Zählen**, **Messen** oder **Wiegen** aufgenommen. Eine Schätzung mit anschließender Bewertung ist ebenfalls erlaubt, wenn eine exakte Aufnahme wirtschaftlich unzumutbar oder unmöglich ist (z. B. Haarklemmen, Haarnadeln). Alle Artikel werden einzeln in der Inventurliste erfasst, und zwar mit:

- der handelsüblichen Bezeichnung (Artikelname und Artikelnummer),
- dem Nettobezugspreis,
- der vorhandenen Menge,
- dem Gesamtwert (Menge x Wert je Einheit).

Die Inventurliste wird mit Datum und Unterschrift versehen.

Buchinventur

Die Buchinventur erfasst wertmäßig alle nicht körperlichen Gegenstände und Schulden, z. B. **Forderungen** (unbezahlte Kundenrechnungen), **Verbindlichkeiten** (unbezahlte Ware) oder Bankguthaben, anhand von buchhalterischen Aufzeichnungen (**Belegen**) oder anderen Unterlagen.

1.8.2 Inventurverfahren

Folgende Inventurverfahren werden unterschieden:

- Stichtagsinventur
- Verlegte Inventur
- Permanente Inventur
- Stichprobeninventur

Stichtagsinventur

In vielen Geschäften wird eine Stichtagsinventur durchgeführt. Dann wird für einen oder einen halben Tag das Geschäft geschlossen. Die Bestände werden an diesem Tag mengenmäßig erfasst und in Inventurlisten eingetragen. Die Bestandsaufnahme muss nicht direkt am Bilanzstichtag erfolgen. Zulässig für die zeitversetzte Aufnahme ist eine Frist von 10 Tagen vor oder nach dem Stichtag. Stichtage sind z. B. der Tag der Geschäftseröffnung, der Tag der Geschäftsschließung oder das Ende des Geschäftsjahres.

Die Zu- und Abgänge zwischen dem Aufnahmetag und dem Stichtag, auch die Bewegungen am Stichtag selbst, werden anhand von Belegen mengen- und wertmäßig fortgeschrieben beziehungsweise zurückgerechnet (s. Tabelle 1). Die Bewertung der Ware erfolgt zu den Anschaffungskosten, beschädigte Ware kann abgewertet werden. Die Berücksichtigung von Wertsteigerungen ist jedoch nach dem **Niederstwertprinzip** nicht erlaubt.

Bei der Stichtagsinventur werden die Bestände so abgebildet, wie sie am Stichtag tatsächlich sind. Sie führt jedoch zu einem großen Arbeitsanfall innerhalb weniger Tage, der oft Störungen des Betriebsablaufes zur Folge hat oder sogar eine Betriebsschließung notwendig macht. Das kann dann zu Umsatzeinbußen führen, die die Kauffrau nicht vertreten kann.

Anja zählt bei der Inventur am 27. 12. (Stichtag 31. 12.) einen Bestand von zehn Tuben Haargel. Bis zum Stichtag werden noch vier Tuben verkauft und zehn weitere vom Hersteller geliefert. Der Einkaufspreis für die Tube Haargel beträgt 3,29 Euro.

Bestandsfortschreibung:

Bestand am 27. 12.	10 Tuben
+ Zugänge bis 31. 12.	10 Tuben
– Abgänge bis 31. 12.	4 Tuben
Stichtagsbestand	16 Tuben à 3,29 Euro
Gesamtwert = 52,64 Euro	

Tabelle 1 Beispiel zur Stichtagsinventur

Verlegte Inventur

Bild 1 Inventur

Hierbei handelt es sich um eine körperliche Inventur, die nicht am Stichtag durchgeführt wird. Sie kann in Frage kommen, wenn die Aufnahme zum Stichtag unmöglich ist (z. B. bei sehr großen Beständen oder zu erwartenden hohen Umsatzeinbußen), oder wenn die Voraussetzungen für eine permanente Inventur fehlen. Die körperliche Bestandsaufnahme erfolgt an einem beliebigen Tag innerhalb der letzten 3 Monate vor oder der ersten 2 Monate nach dem Bilanzstichtag. Der am Aufnahmetag ermittelte Bestand wird nur wertmäßig (nicht mengenmäßig) auf den Stichtag fortgeschrieben oder zurückgerechnet (s. Tabelle 2).

Permanente Inventur (permanente Bestandskontrolle)

Die aufwendige körperliche Inventur kann durch eine fortlaufende Erfassung der Zu- und Abgänge vereinfacht werden. Voraussetzung dafür ist die Führung eines **Lagerbuches** sowie nachprüfbarer Unterlagen für alle Zu- und Abgänge. Der Stichtag der Erfassung ist von der Unternehmerin frei wählbar. Einmal im Geschäftsjahr muss dann eine körperliche Inventur durchgeführt werden und der **Sollbestand** der Lagerbuch-

Wertfortschreibung	Wertrückrechnung
Wert am Tag der Inventur (z. B. 30. 11.)	Wert am Tag der Inventur (z. B. 31. 01.)
+ Wert der Zugänge vom 30. 11. bis 31. 12.	– Wert der Zugänge vom 01. 01. bis 31. 01.
– Wert der Abgänge vom 30. 11. bis 31. 12.	+ Wert der Abgänge vom 01. 01. bis 31. 01.
= Wert am Abschluss-Stichtag (31. 12.)	= Wert am Abschluss-Stichtag (31. 01.)

Tabelle 2 Verfahren zur verlegten Inventur

führung mit dem **Istbestand** verglichen werden. Wenn das Ergebnis der Inventur von den gebuchten Beständen abweicht, führt dies zu einer Berichtigung des Sollbestandes.

Der Vorzug der permanenten Inventur liegt darin, dass die körperliche Bestandsaufnahme über das ganze Jahr verteilt und sinnvoll geplant werden kann.

Aufgaben

1. Formulieren Sie den Namen und entwerfen Sie das Logo für einen Friseursalon, der sich überwiegend an junge Leute mit kleinem Budget richtet.
2. Beschreiben Sie das Salonkonzept Ihres Ausbildungsbetriebes.
3. Gestalten Sie die Außendarstellung eines Friseursalons, der sich hauptsächlich an die ältere Zielgruppe (50 +) richtet.
4. Formulieren Sie Qualitätsstandards für den reibungslosen Kundenservice.
5. Formulieren Sie Vor- und Nachteile der drei Verkaufsformen.
6. Gestalten Sie per EDV eine Karteikarte.
7. Um das Sortiment optimal gestalten zu können, benötigt die Unternehmerin auch Informationen über die Erwartungshaltung der Kunden. Beschreiben Sie Möglichkeiten zur Erhebung von Kundenwünschen.
8. Entwickeln Sie in Gruppen einen Fragebogen zur Ermittlung der Kundenzufriedenheit und stellen Sie ihn im Plenum vor.
9. Erkunden Sie das Sortiment Ihres Ausbildungsbetriebes im Hinblick auf die Branche, die Zielgruppe, die Sortimentsgestaltung, die Warengruppen und das Preisniveau. Präsentieren Sie die Ergebnisse in der Klasse.
10. Gestalten Sie
    a) ein breites und flaches Sortiment und
    b) ein schmales und tiefes Sortiment.
11. Für welchen Betrieb eignen sich die Sortimentsgestaltungen aus den Aufgaben 10 a bzw. 10 b) vorzugsweise?
12. Informieren Sie sich über die Lieferzeiten gängiger Friseurartikelhersteller.
13. Führen Sie in Ihrem Klassenzimmer eine Inventur durch.

Aufgaben PLUS

1. Begründen Sie, welche Zahlungsart in den folgenden Beispielen sinnvoll ist:
   a) Monatliche Rechnung des Getränkelieferanten
   b) Zahlung der Versicherungsprämie für Feuer und Diebstahl
   c) Leasingraten für das Fotokopiergerät
   d) Drei zum 17. März fällige Rechnungen gegenüber verschiedenen Lieferanten
   e) Monatliche Rechnung der Zulieferfirma
2. Erstellen Sie ein Persönlichkeitsprofil (Selbstbild). Hierzu können Sie sich zunächst im Plenum auf Eigenschaften einigen, wie z.B. hilfsbereit, ehrgeizig, freundlich, anpackend, geduldig, etc. Ordnen Sie den Eigenschaften die Noten 1 (sehr gut) bis 4 (schlecht) zu.
   Ermitteln Sie das Persönlichkeitsprofil einer Mitschülerin (Fremdbild) anhand der obigen Eigenschaften und verdeutlichen Sie durch den Vergleich mit deren Selbstbild ihren „blinden Fleck".
3. Situation:
   Anja ist völlig ausgelaugt. Die letzte Woche war eine Katastrophe. Zum Wochenanfang waren kaum Kunden da gewesen. Anja und Florian hatten auf Geheiß von Frau Müller Großputz veranstaltet. Die Stimmung war, nicht zuletzt wegen der geringen Auslastung, schlecht. Zum Wochenende wandelte sich die Stimmung. Plötzlich war die Hölle los. Viele Kundinnen verlangten noch einen Termin und hatten spezielle Wünsche. Frau Mayer verlangte eine festliche Frisur für die Oper und Herr Luft musste zur Vorstandssitzung seines Vereins.
   Analysieren Sie in der Gruppe,
   - wie in Ihrem Salon die Auslastung über die Woche verteilt aussieht,
   - wie in Ihrem Salon die Organisation der Termine gehandhabt wird,
   - welche Strategien zur Vermeidung der beschriebenen Situation Erfolg versprechend sein können.

   Visualisieren Sie Ihre Strategien und präsentieren Sie diese im Plenum.
4. Formulieren Sie Qualitätsstandards zum Ablauf bestimmter betrieblicher Prozesse, z. B. zum Strähnen, Färben.

2 Marketinginstrumente zur Kundengewinnung und Kundenbindung einsetzen

SZENARIO

Anja wundert sich, warum einige Kundinnen nicht mehr wiederkommen, obwohl die Dienstleistung im Betrieb doch immer super war. Wie kann ich sicher sein, dass meine Kundinnen zufrieden sind, fragt sie sich. Sie spricht ihre Chefin darauf an.

Bild 1 Wenn Kunden ausbleiben

Produktpolitik	Preispolitik	Distributionspolitik	Kommunikationspolitik
Dienstleistungen	Preisgestaltung	Vertriebsmethoden	Werbung
Warensortiment	Preisstrategien	Logistik	Public Relations
Zusatzangebote	Preistransparenz	Versand	Verkaufsförderung
Warenpräsentation		Transport	Corporate Identity
			Corporate Design
			Event-Marketing

Tabelle 1 Marketing

2.1 Marketinginstrumente

Anjas Chefin erklärt ihr, dass jeder Unternehmer nicht nur im Salon arbeiten muss, sondern auch am Salon und dass alle Aktivitäten, die auf den Markt, also die Kunden ausgerichtet sind, als Marketing bezeichnet werden.

Wenn eine Unternehmerin Marketingaktivitäten startet, geht es ihr häufig darum neue Kunden zu gewinnen und die vorhandenen Kunden enger an den Betrieb zu binden.

Viele Unternehmer nutzen dazu die professionelle Unterstützung von Unternehmensberatern, erklärt die Chefin Anja.

Aber Marketing bedeutet nicht nur Werbung, sondern beinhaltet noch viel mehr:

Eine erfolgreiche Unternehmerin nutzt alle Bereiche des Marketings in einem Mix. Gutes Marketing setzt planvolles Handeln voraus. Das bedeutet, die Prozesse im Friseursalon planvoll und zielgerichtet auszuüben. Dabei legt die Unternehmerin einen Schwerpunkt fest. Sie kann beispielsweise die Verkaufszahlen steigern oder ihren Bekanntheitsgrad erhöhen. Das Ziel, z.B. Umsatzsteigerung, beeinflusst die Wahl der Mittel. Generell kann sich die Aktivität auf einen oder mehrere Zweige des Marketings beziehen – Auswirkungen hat sie immer auf alle Zweige!

2.1.1 Produktpolitik

Zur Produktpolitik zählt die Gestaltung des Dienstleistungs- und Warenangebotes. Hier sind auch Zusatzangebote und Spezialisierungen gefragt.

Zu den Nebenleistungen zählen Kundenservice und Garantieleistungen. Kundenservice beinhaltet z.B. das Anbieten kostenloser Getränke, das Nachschneiden des Ponys etc. Die Garantieleistungen beziehen sich sowohl auf die Waren als auch auf Dienstleistungen. (Für elektrische Geräte räumt der Hersteller die gesetzliche Garantiedauer von zwei Jahren ein.) Für die einwandfreie Ware steht die Unternehmerin ein.

Die Zusatzangebote betreffen beispielsweise die Heimpflege. Die Friseurin kann passend zur neuen Dauerwelle ein Shampoo und ein Pflegeprodukt zu einem Gesamtpreis anbieten.

Überlegungen, die die Friseurin darüber hinaus zur Produktpolitik anstellen kann, sind:

- Welche Produkte erwarten die Kunden aufgrund des Salonkonzeptes im Sortiment?
- Gibt es Produkte, die unser Image positiv verändern oder ergänzen können?
- Gibt es andere Mitbewerber mit denselben Produkten am Markt?
- Sollte ich meine eigene Produktlinie entwickeln?

Die Rahmenbedingungen für die Sortimentsgestaltung haben wir schon beschrieben (s. Kap. 1.6). Für den Verkauf ist eine optimale Präsentation der Waren unerlässlich. Daher müssen wir die Grundregeln zur Warenpräsentation kennen, um die Aufmerksamkeit der Kundinnen zu erregen.

Das Kaufverhalten der Kundinnen hat sich im Laufe der Zeit verändert. Viele Produkte werden in Selbstbedienung gekauft. Um bekannte Produkte nachzukaufen, benötigen die Kundinnen keine Bedienung durch eine Friseurin.

Warenpräsentation

Die Warenpräsentation ist immer von großer Bedeutung, auch wenn Waren überwiegend im Bedienungssystem am Behandlungsplatz oder an der Rezeption verkauft werden.

Eine Kontaktstrecke führt ein Produkt bereits bei der Kundin ein, bevor es die Friseurin tut. Kundinnen lassen sich leichter überzeugen, wenn sie die Ware oder die Werbeaussagen bereits kennen gelernt haben. Dies gelingt mit Werbeanzeigen im Sonntagsblatt, der hiesigen Tageszeitung, Flyern, Homepageauftritten und natürlich der Mund-zu-Mund-Propaganda. Unterschätzen Sie nie das Potenzial dieser Kundenwerbung. In unmittelbarer Nähe zum Salon und im Salon ist die Kontaktstrecke durch folgende Pukte markiert:

- Außenfassade, Schaufenster
- Außenplatzierung
- Warenpräsentation im Verkaufsraum
- Warenpräsentation am Behandlungsplatz

Eine überlegte Gestaltung und Pflege dieser Kontaktstrecke ist entscheidend für ein erfolgreiches Verkaufsgeschäft im Friseursalon. Es ist sehr wichtig, dass die Kundin so früh, so oft und so intensiv wie möglich mit dem Angebot vertraut gemacht wird.

Die Präsentation muss deutlich signalisieren, dass es sich um Verkaufsware handelt. Darum ist es wichtig, viele Produkte in zahlreichen Mengen zu zeigen. Wenig

Bild 1 *Teilbereich einer Kontaktstrecke*

Bild 2 *Beispiel für die Außenansicht eines Salons*

Ware weckt wenig Interesse. Ware gehört nicht ins Lager, sondern in den Salon. Dabei ist darauf zu achten, dass die Präsentation systematisch und übersichtlich bleibt und die Kundin nicht mit Informationen überfrachtet wird.

Die **Kontaktstrecke** ist die Gesamtstrecke, auf der eine Kundin mit Ware in Berührung kommen kann. Je häufiger der Kontakt mit dem Angebot, desto besser sind die Verkaufschancen:

Außenfassade

Den ersten Eindruck erhält die Kundin durch die Außenfassade. Sie vermittelt das Image und die Kompetenz des Salons. Das Geschäft muss klar als Friseurgeschäft erkennbar und der Salonschriftzug von allen Seiten sowie aus der Nähe und der Ferne deutlich lesbar sein.

Schaufenster

Das Schaufenster ist die Visitenkarte des Salons – es liefert den ersten Eindruck für eine Passantin. Dieser Eindruck entscheidet über Interesse oder Desinteresse der Passantin und kann somit dazu beitragen, dass diese zur Neukundin wird. Das Schaufenster ist mit der Titelseite einer Zeitschrift vergleichbar. Durch eine interessante Gestaltung soll die Aufmerksamkeit der Kundin geweckt werden. Wichtige Informationen werden dadurch vermittelt. Die Gestaltung muss signalisieren, dass die Kompetenz der Friseurin nicht beim Haarschnitt aufhört, sondern auch den Verkauf von Haar- und Hautpflegeprodukten umfasst. Im Schaufenster kann die Kundin nicht nur die Leistungsfähigkeit, sondern auch die Atmosphäre des Salons erkennen.

Das Schaufenster muss auffallen, den Betrachter anziehen und zum Stehenbleiben veranlassen. Durch verschiedene Möglichkeiten, wie Spannung, Aktion, Überraschung, Sympathie oder Informationen können die Betrachter an die Schaufensterscheibe und in den Salon gelockt werden. Dafür ist ein effektvoller Blickfang entscheidend. Auch die Außenfassade kann in die Gestaltung mit einbezogen werden.

Für die Schaufensterdekoration sollten einzelne Themenschwerpunkte gesetzt werden. Alles, was dekoriert wird, muss zu diesem Thema passen. Die Kundinnen dürfen nicht durch zu viele Informationen überfordert werden. Sie sollen zudem alles Wesentliche erkennen können.

Bei der Schaufensterdekoration ist weiterhin zu beachten, dass der Salon hält, was das Schaufenster verspricht. Kann der Betrachter durch das Fenster in das Saloninnere schauen, sollte die Salongestaltung mit dem Schaufenster harmonieren. Dadurch entsteht ein stimmiges Gesamtbild.

Die Dekoration im Schaufenster muss selbstverständlich immer sauber und gepflegt sein. Vergilbte und verstaubte Packungen sowie tote Insekten in den Schaufensterecken erwecken einen schlechten Eindruck. Auch die Fensterscheibe sollte unbedingt regelmäßig gereinigt werden.

Sollten die Salonmitarbeiter nicht selbst die nötige Zeit und Kreativität für die Schaufenstergestaltung aufbringen, kann dies professionell durch Gestalter für visuelles Marketing erledigt werden. Diese sorgen dafür, dass Schaufenster und Verkaufsräume die Kunden anlocken.

Jedes Produkt im Schaufenster muss ausgezeichnet werden. Entweder durch ein separates Preisschild oder durch ein Preisetikett auf der Verpackung. Die Preisauszeichnung ist gesetzlich vorgeschrieben.

Bei der Schaufenstergestaltung ist unbedingt auf die Lauf- und Blickrichtung der Passanten zu achten. Kommen die meisten Passanten von rechts, sollte der Dekorationsschwerpunkt im linken Teil des Fensters liegen. Kommen sie von der linken Seite, ist der rechte Teil des Schaufensters von Bedeutung. Auch die jeweiligen Seitenwände können mit einbezogen werden. Plakate für spezielle Angebote sollten in Augenhöhe platziert werden, sie müssen auch von der gegenüberliegenden Straßenseite aus noch lesbar sein.

Das Schaufenster sollte gut ausgeleuchtet sein, da Licht Leute anlockt. Dafür eignen sich unterschiedliche Niedervolt-Halogenleuchten, die auf einer Schiene variabel angebracht sind. Sie können die Schaufensterdekoration effektvoll betonen. Bei jeder neuen Schaufensterdekoration müssen die Strahler neu ausgerichtet werden.

Wie oft die Schaufensterdekoration gewechselt wird, muss individuell entschieden werden. Die Lage des Salons ist dafür entscheidend. Befindet sich der Salon in einer stark frequentierten Lauflage oder Fußgängerzone (1a-Lauflage), sollte die Dekoration durchschnittlich alle drei Wochen gewechselt werden. In der weniger stark frequentierten Lauflage oder Fußgängerzone (1b-Lauflage) genügt es, wenn ein Rhythmus von vier bis sechs Wochen eingehalten wird. Sollte ein Schaufenster zu einem besonderen Anlass dekoriert werden, wie z. B. zum Muttertag, muss sofort nach diesem Termin neu dekoriert werden.

Je gelungener die Schaufensterdekoration ist, desto größer ist die Anziehungskraft des Salons.

Bei der Erstellung einer Schaufensterdekoration sollte die Friseurin folgende Aspekte berücksichtigen:

- **Werbeziel festlegen**
  Welches Thema ist Anlass der Dekoration?
- **Ideen zur Dekoration sammeln**
  Welche Waren sollen ausgelegt werden?

- **Auslage entwerfen**
  Welche Hilfsmittel und Farben stehen zur Verfügung?
- **Arbeitsplan zur Verwirklichung der Dekoration erstellen**
  Wie soll die Ware angeordnet werden? Eventuell Skizze anfertigen.

Außenplatzierung

Die Platzierung von Werbemitteln außerhalb des Salons erfolgt aus mehreren Gründen. Die Passanten sollen
- neugierig gemacht werden,
- stehen bleiben,
- auf aktuelle Angebote hingewiesen werden,
- in den Friseursalon geleitet werden.

Besonders geeignet zur Erfüllung dieser Ziele sind z. B. Schütten. Die Passantin kann die darin ausgestellten Waren in Ruhe vergleichen und sich dann einen Überblick verschaffen. So soll die Hemmschwelle, einen unbekannten Friseursalon zu betreten, herabgesetzt werden. Attraktive Aktionen, günstige Preisangebote und individuelle fachkompetente Beratung unterstützen das Ziel, den Salon auch als Einkaufsstätte interessant zu machen.

Warenpräsentation im Verkaufsraum

Im Verkaufsraum sollten die Verkaufsmöbel so angeordnet sein, dass die Kundin in einem Bogen links herum, gegen den Uhrzeigersinn, durch den Raum geführt wird. Untersuchungen haben ergeben, dass 95 % der Menschen diesen Weg bevorzugen.

Der Weg sollte bequem zu begehen sein. Man hat beobachtet, dass die Kundinnen eine Ware, für die sie noch keine festen Kaufabsichten haben, sofort in das Regal zurückstellen, wenn sie von anderen drängelnden Kundinnen angestoßen werden. Im Durchschnitt sind 2 Meter Breite für einen Gang ausreichend.

Die Kundinnen sollen bei ihrem Einkauf möglichst weit in das Geschäft hineingelockt werden, damit sie mit vielen Waren in Kontakt kommen. Deshalb werden die Artikel, die von den Kundinnen gezielt gesucht werden, im hinteren Teil des Verkaufsraums angeboten. Da die meisten Menschen der rechten Seite mehr Beachtung schenken, wird die Ware, die bevorzugt verkauft werden soll, auf der rechten Seite des Ganges platziert. Artikel, die ohnehin gekauft werden, sollen auf der linken Seite angeboten werden.

Wenn Kundinnen ein Regal betrachten, dann versuchen sie zuerst, das gesamte Bild zu erfassen. Meistens wandert ihr Blick von links nach rechts und beschäftigt sich dann erst mit den Einzelheiten. Die Mitte des Regals erhält die erste und stärkste Aufmerksamkeit. Je größer die Aufmerksamkeit der Kundin ist, desto stärker ist die Verkaufswirksamkeit der einzelnen Regalplätze. Für den erfolgreichen Verkauf ist es wichtig, die waagerechten und senkrechten Zonen der Verkaufsregale genauestens zu kennen.

Zu den **senkrechten Regalzonen** (Bild 1) gehören folgende Zonen:
- Randzone links, Verkaufsnote 3
- Mittelzone, Verkaufsnote 1
- Randzone rechts, Verkaufsnote 2

Innerhalb des Regals ist die Mittelzone die verkaufsstärkste Zone. Wenn innerhalb einer Zone gleichartige Ware in einer Reihe nebeneinander präsentiert wird, wandert der Blick der Kundin von links nach rechts. Am Ende der Reihe verharrt der Blick etwas länger und in-

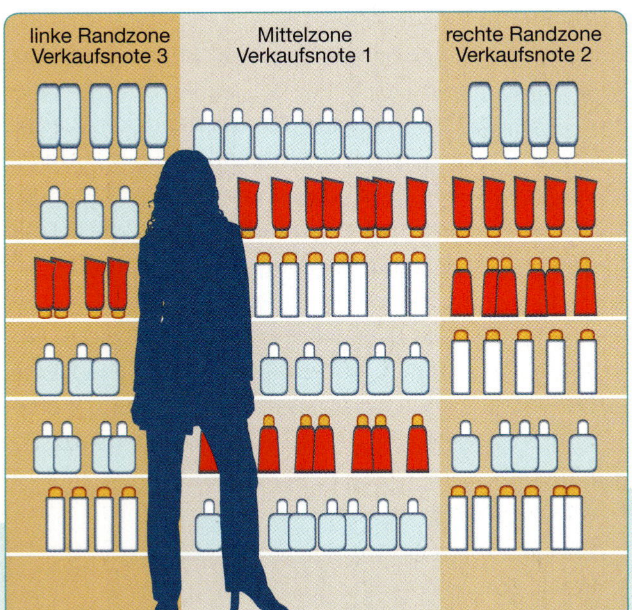

Bild 1 Senkrechte Regalzonen

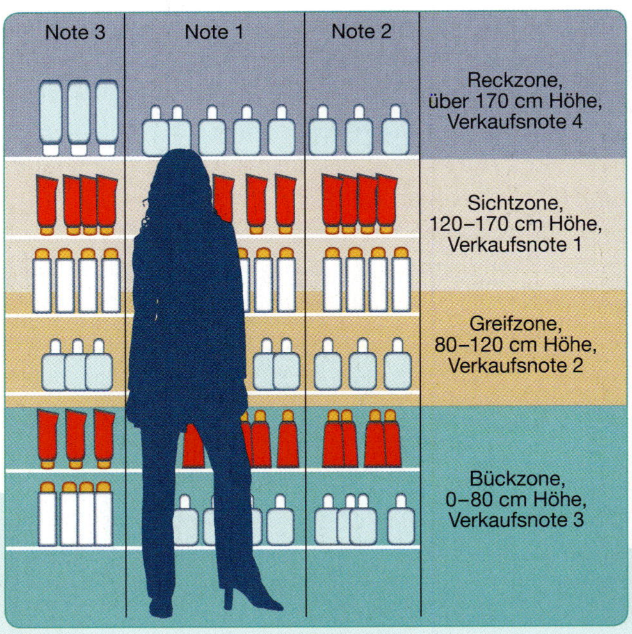

Bild 2 Waagerechte Regalzonen

tensiver. Dieser Platz im Regal erhält also eine größere Aufmerksamkeit. Ware, deren Verkauf gefördert werden soll, wird deshalb rechts von gleichartiger Ware präsentiert.

Die **waagerechten Regalzonen** (s. S. 426, Bild 2) werden folgendermaßen unterteilt:

- Reckzone (über 1,70 m), Verkaufsnote 4
- Sichtzone (1,20 m bis 1,70 m), Verkaufsnote 1
- Greifzone (0,80 m bis 1,20 m), Verkaufsnote 2
- Bückzone (unter 0,80 m), Verkaufsnote 3

In den meisten Fällen sind in einem Verkaufsregal vier bis sechs Regalböden vorhanden. Diese einzelnen Regalböden kann man, je nachdem in welcher Höhe sie sich befinden, verschiedenen Regalebenen oder senkrechten Regalzonen zuordnen. Die Kundinnen schenken diesen einzelnen Ebenen nicht die gleiche Beachtung. Die meiste Aufmerksamkeit erhält die Ware, die den Kundinnen am leichtesten ins Auge fällt. Damit die Kundinnen alle Waren im Regal gut sehen und erreichen können, sollte ein Regal im Salon nicht höher als 1,80 m sein.

Die **Sichtzone** befindet sich in einer Höhe von 1,20 m–1,70 m. Sie liegt im Blickfeld der meisten Kundinnen und ist deshalb die verkaufsstärkste Zone. Die Verbraucherinnen nehmen die hier angebotenen Waren auf jeden Fall wahr, da sie sich in Blickhöhe befinden. Hier sollte die Friseurin Waren anbieten, die sie besonders gern verkaufen möchte.
Dies können sein:

- Neuheiten
- Saisonartikel
- Trendprodukte
- Waren mit hohem Gewinn
- Restbestände

Bild 1 *Blockplatzierung im Regal*

Unter der Sichtzone befindet sich die **Greifzone**. Hier kann die Kundin im Selbstbedienungssystem leicht an die Ware gelangen und sie bequem aus dem Regal in den Warenkorb legen. Die Unternehmerin kann in dieser Zone vor allem Markenartikel, die einen hohen Wiedererkennungswert besitzen, positionieren. Ebenfalls günstig ist es, dort Waren anzubieten, die der Unternehmerin einen hohen Gewinn garantieren. Die Kundinnen werden die Produkte miteinander vergleichen und gegebenenfalls ausprobieren. Danach folgen die **Reck-** und die **Bückzone.** Sie sind sehr verkaufsschwach. Daher sollte die Friseurin Folgendes berücksichtigen:

- In der Bückzone sind große Produkte vorteilhafter.
- Die Kundin erwartet preiswertere Produkte eher unten in der Bückzone.

Eine besondere Aufmerksamkeit erzielen Waren, wenn sie in einem Block sowohl waagerecht als auch senkrecht platziert werden. Bei der **Blockplatzierung** (Bild 1) kann sich die Kundin schnell orientieren und mehrere Warenarten bekommen einen Anteil an den verkaufswirksamsten Plätzen im Regal.

Der Warenblock soll aber keine geschlossene, abweisende Front bilden. Kleine Abstände zwischen den Packungen und die Kombination von unterschiedlich großen Packungen können **Grifflücken** schaffen, die der Kundin die Warenentnahme erleichtern.

Im Warenblock können unterschiedliche Produkte zusammen angeordnet werden. Werden sie nach ihrer Verwendung sortiert, so wird dies als **Verbundplatzierung** bezeichnet. Hier können Synergieeffekte ausgenutzt werden, wie z. B. die gemeinsame Präsentation von Reinigungs- und Pflegepräparaten. Zusätzlich können Produkte für verschiedene Hauttypen berücksichtigt werden und komplette Pflegeserien können nebeneinander platziert werden.

Sollen Artikel hervorgehoben und intensiv zur Geltung gebracht werden, dann wird die **Aktionsplatzierung** genutzt. Die Ware kann besonders gekennzeichnet und durch Licht oder andere visuelle Effekte hervorgehoben werden. Dazu können Warenträger genutzt werden; diese sollten modern und auf das Sortiment sowie die Salonatmosphäre abgestimmt sein.

Verkaufshilfen der Hersteller können zusätzliche Akzente setzen. Mobile Warenträger ermöglichen eine leichte Veränderung der Warenpräsentation und bieten den Kundinnen schnell ein neues Erscheinungsbild. Zu den Warenträgern zählen beispielsweise:

- Warenständer
- Regale, Vitrinen
- Wühltische
- Displays
- Mobile Warenträger (s. S. 428, Bild 1)

Soll die Ware in **Selbstbedienungsform** angeboten werden, muss sie für die Kundinnen auch gut zugänglich sein. Die Bereiche, in denen sich die Kundin aufhält, sind hierfür besonders gut geeignet. Im Wartebereich informiert sie sich und schaut sich neugierig um. Deshalb ist diese Zone wunderbar geeignet, um Prdukte zu präsentieren. Am Bedienplatz sollten Pflegeprodukte und aktuelle **Aktionsartikel** präsentiert werden. Beim Verkauf im Vorwahlsystem bietet sich hier für die Friseurin auch eine gute Gelegenheit zur Beratung. Die Kassenzone ist nur zur Präsentation von **Impulsprodukten** geeignet.

Im **Bedienungssystem** ist es wichtig, dass die Ware verkäufergerecht platziert wird. Die Waren mit der größten Umsatzhäufigkeit werden dort angeboten, wo sie die Friseurin oder Rezeptionistin am leichtesten erreichen kann. Im Friseursalon müssen Produkte, die sich leicht zusätzlich zur Dienstleistung verkaufen lassen, auch im Behandlungsbereich befinden, damit sie dort angeboten werden können.

Darüber hinaus hat die Unternehmerin die Möglichkeit, durch eine ansprechende Beleuchtung, Farbgebung, Dekoration, Musik und Duftgebung verkaufsfördernd einzuwirken.

Die **Lichtgestaltung** im Friseursalon muss unterschiedliche Funktionen erfüllen. Sie soll eine Wohlfühlatmosphäre im Wartebereich vermitteln. Sie kann entspannend im Wasch- oder Kosmetikbereich sein und sollte dort, wo mit Farbe gearbeitet wird, möglichst dem Tageslicht entsprechen. Sie kann außerdem gezielt zur Warenpräsentation genutzt werden.

Farben wirken beeinflussend auf die Stimmung. Farbe kann eine ansprechende, anregende Wirkung ausüben oder aber beruhigend sein.

Zur Dekoration zählt alles, was nicht zur dauerhaften Saloneinrichtung gehört. Bilder bieten Frisurenanregungen, präsentieren aktuelle Trends. Blumenschmuck unterstreicht die Raumgestaltung. Der Kreativität sind bei der Dekoration kaum Grenzen gesetzt, solange die Friseurin sie in ihr Salonkonzept einbindet.

Musik vermittelt sofort eine bestimmte Stimmung. Hier kann die Unternehmerin sehr kundenorientiert planen. Ein Raumduft kann dann zur weiteren Unterstreichung der Stimmung eingesetzt werden.

Damit das Verkaufsgeschäft im Friseursalon sowohl für die Kundin als auch für die Friseurin zufriedenstellend verlaufen kann, sollte die Friseurin Kenntnisse über Grundregeln zur Präsentation im Verkaufsraum und im Verkaufsregal besitzen.

Regeln für die Präsentation im Verkaufsregal:

- Die Waren müssen nach Warenart, Herstellername, Verwendungszweck usw. geordnet werden.
- Die Verkaufswirksamkeit der verschiedenen Regalplätze muss gezielt ausgenutzt werden.
- Mehrere gleiche Waren nebeneinander erhöhen die Aufmerksamkeit.
- Blockbildung erhöht die Aufmerksamkeit.
- Die Waren müssen sauber und ordentlich eingeräumt sein.
- Die verkaufte Ware muss regelmäßig nachgefüllt werden.
- Es muss auf Grifflücken geachtet werden, damit sich die Waren leichter und bequemer entnehmen lassen.
- Exklusive Produkte müssen in den mittleren Zonen platziert werden, da eine tiefere Platzierung sie im

Bild 1 Mobiler Warenträger

Bild 2 Erlebniswelt Friseursalon (Mit allen Sinnen genießen)

Bewusstsein der Kundin abwerten würde. Kleine, bruch- und stoßempfindlichere Artikel sollten nicht auf den unteren Regalplätzen angeboten werden.
- Die Stirnfläche eines frei stehenden Regals sollte für Aktions- oder Sonderangebote genutzt werden, da diese Fläche von den Kundinnen sehr stark beachtet wird.
- Regeln für die Präsentation im Verkaufsraum:
- Der Salon muss übersichtlich eingerichtet sein, damit sich die Kundin schnell orientieren kann und die Diebstahlgefahr verringert wird.
- Die Kundin muss auf ihrem Weg durch den Salon mit möglichst vielen Waren in Berührung kommen.
- Die Ware muss so platziert werden, dass sie für die Kundin interessant und spannend ist.
- Verschiedene Waren sollten unter einem gemeinsamen Gesichtspunkt dekorativ zusammengestellt werden, damit sie das Interesse der Kundin wecken.
- Die Dekoration muss in regelmäßigen Abständen wechseln, damit sie für die Kundin immer wieder neu und interessant ist.

Gesetzliche Vorschriften zur Warenpräsentation

Bei der Warenpräsentation sind gesetzliche Vorschriften zu beachten. Folgende sind wichtig:

- Gesetz gegen den unlauteren Wettbewerb (UWG)

- Es enthält Wettbewerbsregeln. So untersagt es z. B. unwahre oder irreführende Aussagen in der Werbung.
  Eine irreführende Werbung liegt vor, wenn unrichtige Angaben über Dienstleistungen und Waren gemacht werden. Diese unwahren Angaben können sich sowohl auf die verschiedenen Produkt- und Dienstleistungsmerkmale wie auch auf die Produkt- und Dienstleistungseigenschaften beziehen. Unwahre Angaben in der Werbung über den Betrieb oder den Inhaber gehören ebenso zur irreführenden Werbung.
  Unter speziellen Voraussetzungen, die im UWG angegeben sind, ist eine vergleichende Werbung von Dienstleistungen und Waren mit denen eines Mitbewerbers erlaubt. Bevor eine vergleichende Werbung gestartet wird, sollten die Vor- und Nachteile genauestens durchdacht werden. Häufig ist damit zu rechnen, dass Mitbewerber bei vergleichender Werbung rechtliche Schritte einleiten.
  Die unzumutbare Werbung stellt grundsätzlich eine Belästigung für Kundinnen dar, wenn hierzu vorab keine Einverständniserklärung abgegeben wurde. In der Regel erfolgt die Werbung über Telefonanrufe oder zu jeder Tageszeit per SMS oder Mail. In der Friseurbranche ist sie nicht üblich. Die Direktwerbung durch Werbepost mit persönlicher Anschrift gehört nicht dazu.

- Ladenschlussgesetz
  Es legt den Rahmen für die Öffnungszeiten des Salons fest. Die Öffnungszeiten müssen für Kundinnen sichtbar dargestellt werden, z. B. durch Aufkleber oder Schilder im Schaufenster oder im Eingangsbereich.

- Preisangabenverordnung (PAngV)
  Sie schreibt vor, dass alle angebotenen Waren und Dienstleistungen mit ihrem Endpreis inklusive Mehrwertsteuer ausgezeichnet werden müssen. Für die Dienstleistungen im Salon genügt es, wenn eine Preistafel an gut sichtbarer Stelle ausgehängt ist. Es gelten die Grundsätze: Preiswahrheit, Preisklarheit, Preisvollständigkeit.

- Kennzeichnungsvorschriften
  Sie leiten sich aus den verschiedenen Kennzeichnungsverordnungen und aus der Kosmetikverordnung ab. Sie gelten z. B. für Inhaltsstoffe, Haltbarkeits- und Verfallsdatum.

2.1.2 Preispolitik

Alle Preise in einem Friseurbetrieb müssen sehr sorgfältig berechnet werden, denn von der richtigen Preisgestaltung hängt die Zukunft des Betriebes ab. Ein Friseur, der die Preise lediglich schätzt, riskiert, dass er sie zu hoch oder zu niedrig ansetzt. Sind die Preise zu hoch, dann gehen die Kunden zur Konkurrenz, sind sie zu niedrig, dann decken sie die entstandenen Kosten nicht ab. Der Friseur erzielt keinen angemessenen Gewinn und gefährdet dadurch die Existenz seines Betriebes.

Die Schwerpunkte liegen auf
- der kostenorientierten Preisbildung,
- der konkurrenzorientierten Preisbildung,
- der kundenorientierten Preisbildung.

Bild 1 Buchführung

Kostenorientierte Preisbildung

Bei der kostenorientierten Preisbildung liegt das Hauptaugenmerk auf der Kostendeckung. Jede Unternehmerin muss die Preise so kalkulieren, dass neben der Kostendeckung ein Gewinn erzielt wird. Zu den **Unternehmenskosten**, die berücksichtigt werden müssen, zählen z. B.:

- Lohnkosten
- Mietkosten
- Kosten für Verbrauchsmaterial (Shampoo, Kur, Farbe etc.)
- Kosten für Verkaufswaren (Haarspray, Gel, Festiger etc.)
- Steuern und Zinsen
- Versicherungskosten
- Kosten für den Werbeetat
- Energiekosten

Bei der kostenorientierten Preisbildung geht die Friseurin nach einem **Kalkulationsschema** vor. Dabei unterscheidet sie die Warenkalkulation und die Dienstleistungskalkulation.

Warenkalkulation

Die Zahlenwerte der Kalkulationsgrößen unterscheiden sich je nach Hersteller und Ware. Hier sind die verschiedenen Rabattierungsmöglichkeiten, die Handlungskosten (Strom, Miete, Wasser) und der Gewinn, der erzielt werden soll, zu nennen.

Die Mehrwertsteuer ist gesetzlich vorgeschrieben und nicht veränderbar (zurzeit 19 %). Die Unternehmerin wird für Waren, die einen erhöhten Bedienungsaufwand haben, auch einen höheren Preis kalkulieren, da sie die Lohnkosten als einen Bestandteil der Handlungskosten immer berücksichtigen muss. Die einzelnen Kalkulationsgrößen werden addiert bzw. subtrahiert.

In Tabelle 1 wird die Kalkulation für den Bruttoverkaufspreis einer Flasche Haarspray beispielhaft dargestellt.

Diese Kalkulationsmethode ist sehr zeitaufwendig, wenn sie für jedes Produkt durchgeführt werden soll. Man fasst daher die Kalkulationsgrößen der Handlungskosten, den Gewinn und die Mehrwertsteuer in einem Prozentsatz – dem Kalkulationszuschlag – zusammen. Der Kalkulationszuschlag ist ein prozentualer Zuschlag auf den Bezugspreis. Der Bezugspreis entspricht hierbei 100 %. Man gelangt durch Addieren des Kalkulationszuschlages sofort zum Bruttoverkaufspreis.

Bild 1 zeigt die Berechnung des Bruttoverkaufspreises für ein Haarspray bei Anwendung des Kalkulationszuschlags.

Anwendung des Kalkulationszuschlags:

Bezugspreis	5,45 Euro
+ Kalkulationszuschlag (57,25 % des Bezugspreises)	3,12 Euro
= Bruttoverkaufspreis	8,57 Euro

Bild 1 Vereinfachte Warenkalkulation

Um die Höhe des Kalkulationszuschlages zu bestimmen, muss die Unternehmerin zunächst beispielhaft für

Kalkulationsgrößen	Erläuterung	Beispiel für ein Haarspray
Listenpreis	Herstellerpreis der Ware	5,90 Euro
– Rabatt (z. B. 10 %)	Prozentualer Nachlass des Herstellers, z. B. bei Abnahme größerer Mengen	– 0,59 Euro
= Rechnungspreis	Auf der Rechnung ausgewiesener Preis	= 5,31 Euro
– Skonto (z. B. 2 %)	Prozentualer Nachlass des Herstellers bei unverzüglicher Zahlung der Rechnung	– 0,11 Euro
= Einkaufspreis	Preis des Herstellers, zu dem die Friseurin die Ware erhält	= 5,20 Euro
+ Bezugskosten	Kosten für Verpackung, Porto, Lieferung	+ 0,25 Euro
= Bezugspreis	Preis der Ware nach der Lieferung	= 5,45 Euro
+ Handlungskosten (z. B. 10 % des Bezugspreises)	Kosten der Friseurin für z. B. Miete, Strom, Lohn, Wasser	+ 0,55 Euro
= Selbstkosten	Kosten, die der Friseurin für die Verkaufsware insgesamt entstehen	= 6,00 Euro
+ Gewinn (z. B. 20% der Selbstkosten)	Angesetzter Gewinn für die Friseurin	+ 1,20 Euro
= Nettoverkaufspreis	Unversteuerter Preis der Ware	= 7,20 Euro
+ Mehrwertsteuer (19 %)	Steuer, die vom Verbraucher zu zahlen ist	+ 1,37 Euro
= Bruttoverkaufspreis	Preis, den die Kundin zahlen muss	= 8,57 Euro

Tabelle 1 Kalkulation für den Bruttoverkaufspreis einer Haarkur

einen Artikel den Bruttoverkaufspreis berechnen. In dem Beispiel liegt er bei 8,57 Euro. Davon wird der Bezugspreis, hier 5,45 Euro, subtrahiert. Es bleiben 3,12 Euro als Kalkulationszuschlag übrig.

Dass aber der Bezugspreis bei allen Waren unterschiedlich ist, muss die Unternehmerin berücksichtigen. Sie setzt den Bezugspreis gleich 100 % und hat somit in unserem Beispiel einen Kalkulationszuschlag von 57,25 % ermittelt. Diesen Prozentwert kann sie zukünftig bei allen Waren auf den Bezugspreis aufschlagen und hat somit den Bruttoverkaufswert erhalten.

Dienstleistungskalkulation

Die Friseurunternehmerin gestaltet ihr Sortiment entsprechend ihrem Salonkonzept. Die angebotenen Dienstleistungen müssen von ihr, genau wie zuvor bei der Warenkalkulation, kalkuliert werden. Auch hierfür kann die Unternehmerin ein Schema nutzen. Allerdings unterscheiden sich die Kalkulationsgrößen von denen einer Warenkalkulation.

Es müssen z. B. die Lohnkosten eingerechnet werden. Die Kosten, die nicht direkt durch die Dienstleistung selbst entstehen, z. B. Miete, Sozialversicherungsabgaben, Energiekosten, Versicherungsprämien, Werbung, Lagerhaltung, Gewerbesteuer, werden Gemeinkosten genannt.

Diese und den Gewinn legt die Unternehmerin wiederum aufgrund von Erfahrungswerten fest. Sie sollte ihre Preise regelmäßig überprüfen und der aktuellen Situation (z. B. gestiegene Energiekosten) anpassen.

Konkurrenzorientierte Preisbildung

In Gegenden, in denen die Friseursalondichte hoch ist, d. h. viel Konkurrenz in der Nähe ist, muss sich die Unternehmerin bei der Preisgestaltung auch an den Mitbewerbern auf dem Markt orientieren. Dies birgt für sie verschiedene Risiken. Zum einen muss jede Unternehmerin auf Kostendeckung achten. Dazu ist zu überprüfen, inwieweit nach Abzug des kalkulierten Gewinns vom Nettoverkaufspreis der Ware bzw. der Dienstleistung die Selbstkosten gedeckt sind. Bei einer zu niedrigen Kalkulation ist ihr Gewinn niedriger als nötig. Zum anderen muss sie sich vor überhöhten Preisen hüten, denn es besteht die Gefahr, dass die Kundinnen diese nicht akzeptieren. Die Friseurin wird sich sorgfältig überlegen, ob ihr Waren- und Dienstleistungsangebot so exklusiv ist, dass sie keine Konkurrenz fürchten muss.

Kundenorientierte Preisbildung

Bei dieser Art der Preisbildung steht das Preisbewusstsein der Kundin im Mittelpunkt. Die Unternehmerin kann dieses Preisbewusstsein konsequent nutzen. Anders als die Unternehmerin verbindet die Kundin den Preis mit Qualität. Bei einem hohen Preis erwartet sie auch hohe Qualität.

In der nachfolgenden Tabelle wird die Kalkulation des Bruttobedienpreises einer Dauerwelle beispielhaft dargestellt.

Kalkulationsgrößen	Erläuterung	Beispiel für eine Dauerwellbehandlung
Materialkosten	Preis für die eingesetzten Materialien, z. B. Dauerwellflüssigkeit und Fixierung	5,00 Euro (Dauerwellflüssigkeit) + 3,00 Euro (Fixierung) = 8,00 Euro (Gesamt)
+ Lohnkosten (z. B. 75 Minuten, 13,00 Euro je Stunde)	Personalkosten, die für die Erstellung der Dienstleistung entstehen	+ 16,25 Euro
+ Gemeinkosten (z. B. 45 % der Lohnkosten)	Kosten, die nicht direkt durch die Dienstleistung entstehen, wie Miete, Sozialversicherungsabgaben, Energiekosten, Versicherungsprämien, Werbung, Lagerhaltung, Gewerbesteuer etc.	+ 7,31 Euro
= Selbstkosten	Kosten, die dem Friseur für die Dienstleistung insgesamt entstehen	= 31,56 Euro
+ Gewinn (z. B. 25 %)	Angesetzter Gewinn für die Friseurin	+ 7,89 Euro
= Nettobedienungspreis	Unversteuerter Preis der Dienstleistung	= 39,45 Euro
+ Mehrwertsteuer (19 %)	Steuer, die vom Verbraucher zu zahlen ist	+ 7,50 Euro
= Bruttobedienungspreis	Preis, den die Kundin zahlen muss	= 46,95 Euro

***Tabelle 1** Kalkulation des Bruttobedienpreises einer Dauerwelle*

Da der Preis als Maßstab für die Qualität eines Produktes bzw. einer Dienstleistung gesetzt wird, nutzt die Unternehmerin ihn für ihre Preisstrategie. Sie muss sich entscheiden, ob sie ein teures, begrenztes und qualitativ hochwertiges Angebot (Hochpreisstrategie) oder lieber ein preiswerteres, aber dafür breit gestreutes anbietet. Wenn sie sich mit ihrem Salon auf hochwertige Schnitte und Farbbehandlungen spezialisiert, kann sie diese Leistung teurer verkaufen, vorausgesetzt die Qualität stimmt.

Die Unternehmerin sollte sich darüber im Klaren sein, dass es aus Kundensicht äußerst schwer ist, Unterschiede in der fachlichen Arbeit zu erkennen. Im Vergleich zum Drogeriemarkt muss sie die Haarfarbe inklusive Dienstleistung anders kalkulieren. Aus Sicht der Kundin ist der Preisunterschied enorm.

Wenn die Friseurin allerdings ihre handwerkliche Leistung aufwerten und sich von den Mitbewerbern abheben (s. Qualitätsstandards) kann, durch z. B. neue Strähnentechniken, interessantes optisches Erscheinungsbild der Haarfarbe, ungewohnte Arbeitstechniken (z. B. die Farbe wird am Platz angemischt), wird dies aus Kundensicht den Preis rechtfertigen.

Die Unternehmerin muss darauf achten, dass alle Mitarbeiterinnen Auskunft über die Preisgestaltung geben können. Eine qualitativ hochwertige handwerkliche Dienstleistung verdient auch den angemessenen Rahmen. Wird z. B. eine besondere Verwöhnmassage angeboten, sollten alle Angestellten die speziellen Vorzüge dieser Verwöhnmassage kennen und sie den Kundinnen auch mitteilen.

Die Unternehmerin muss ihre Zielgruppe immer im Auge behalten und sich fragen: passt mein Angebot zur Altersstruktur, zum Einkommen und zum sozialen Status meiner Kunden?

Wenn in Umfragen viele Kundinnen behaupten, dass der Friseur zu teuer sei, ist die Ursache nicht nur in der „Geiz ist geil"-Mentalität zu suchen, sondern dies deutet auch auf ein schlechtes Preis-Leistungs-Verhältnis, auf mangelnde Preistransparenz und unzureichende Preis-Kommunikation hin.

Eine erfolgreiche Preispolitik zeichnet sich letztlich genau dadurch aus, dass Angebot, Preis und Dienstleistung in der richtigen Balance zueinander stehen.

2.1.3 Distributionspolitik

Die Distributionspolitik, auch **Vertriebspolitik** genannt, beschreibt die Wege, auf denen die Produkte zu den Kunden gelangen. Die Unternehmerin kann Friseurprodukte direkt beim Hersteller kaufen. Sie kann aber auch beim Großhändler einkaufen. Die Friseurin verkauft die Ware an ihre Kundinnen weiter (= indirekter Absatzweg).

Ihre Dienstleistungen verkauft die Friseurin direkt an die Kunden (= direkter Absatzweg).

Andere Absatzwege als diese klassischen sind der Versandhandel (Ware wird mittels Katalog angeboten) und das Onlineshopping/Teleshopping (Internet).

2.1.4 Kommunikationspolitik

Unter Kommunikation versteht man im Allgemeinen den Austausch von Informationen zwischen einem Sender und einem Empfänger (s. S. 70 ff.).

Durch Kommunikation werden Beziehungen gestaltet, und zwar von Menschen untereinander, aber auch

Bild 1 *Preistafel mit Dienstleistungssortiment*

Bild 2 *Belebte Einkaufspassage*

zwischen Menschen und Unternehmen. Findet der Kommunikationsprozess zwischen einem Unternehmen und seinen Interessengruppen (z. B. Kunden, Lieferanten, Mitarbeitern, der Öffentlichkeit) statt, spricht man von Unternehmenskommunikation.

Über die Kommunikationspolitik gestaltet die Unternehmerin folglich ihre Beziehungen zu allen in Frage kommenden Gruppen.

Das Motto der Kommunikationspolitik könnte man mit folgendem Satz beschreiben:
- Wer sagt was
- auf welchem Wege
- zu wem
- mit welcher Wirkung?

Zum Verständnis ist das **erweiterte Kommunikationsmodell nach Schulz von Thun** (Die vier Seiten einer Nachricht, s. S. 71 f.) hilfreich. Der Sender ist in diesem Fall die Unternehmerin, die ihre Botschaft an die Kundin (Empfänger) sendet.

Welche Botschaft sie sendet und wie sie das tut, entscheidet sie selbst. Die Botschaft benötigt einen „Träger". Dies bedeutet, dass sie durch mediale Instrumente zur Kundin transportiert werden muss.

Die Mittel und Wege, mit denen dies bewerkstelligt werden kann, sind z. B.:
- Werbung
- Public Relations
- Verkaufsförderung
- Corporate Identity
- Corporate Design
- Event-Marketing

Werbung

Der Werbung kommt eine zentrale Rolle zu. Die planmäßige Information, um Interesse, Motive und Handlungen von Personen so zu beeinflussen, dass man daraus Vorteile für Produkte und Dienstleistungen zieht, bezeichnet man als Werbung. Sie soll über die Vorzüge des Produktes bzw. der Dienstleistung informieren.

Die bekannteste Werbetrategie ist unter der Abkürzung AIDA bekannt und vollzieht sich in vier Schritten. Die einzelnen Buchstaben bedeuten:
- Attention (Aufmerksamkeit erregen)
- Interest (Interesse wecken)
- Desire (Kaufverlangen stärken)
- Action (Handlung, (Kauf-)Aktion)

In Tabelle 1 wird AIDA am Beispiel des Werbeplakats erklärt.

Das beinhaltet beispielsweise:
- Das Sortiment
- Die Warenpräsentation, das Schaufenster
- Das Auftreten der Mitarbeiterinnen
- Die Qualitätsstandards, das Briefpapier

Public Relations

Unter Public Relations (Öffentlichkeitsarbeit) ist die Gestaltung der Beziehungen zwischen dem Unternehmen und verschiedenen Interessengruppen zu verstehen.

Verkaufsförderung

Die Verkaufsförderung bezieht sich auf zeitlich begrenzte und kurzfristig wirkende Maßnahmen zur Förderung des Verkaufs.

Corporate Identity

Die Corporate Identity beschreibt das einheitliche Erscheinungsbild des Unternehmens nach innen und außen.

	Strategiestufen	**Beispiel Werbeplakat**
A	Attention (Aufmerksamkeit erzielen) Von der Werbung geht ein sinnlicher Reiz (Sehen, Hören, Fühlen, Riechen etc.) aus. Die Werbung wird wahrgenommen.	Wodurch wird die Aufmerksamkeit erregt? Auffällig sind die leuchtenden Farben und die große Schrift.
I	Interest (Interesse wecken) Die Werbeaussage weckt das Kundeninteresse.	Wie wird Interesse für die Haarfarbe geweckt? Die Ankündigung neuer Haarfarben im Salon weckt bei der Kundin den Wunsch nach mehr Information.
D	Desire (Kaufverlangen stärken) Das Interesse wird durch weitere Aussagen, die z.B. den Kundennutzen deutlich herausstellen, verstärkt.	Wie wird der Besitzwunsch angeregt? Die Aktualität und Betonung des günstigen Preises fördern das Verlangen zum Kauf.
A	Action (Aufforderung zum Kauf) Die Werbung enthält in der Regel eine Kaufaufforderung.	Wodurch wird die Kundin zum Kauf aufgefordert? Die zeitliche Begrenzung des Angebotes und die Aufforderung „Testen Sie jetzt" animieren die Kundin, der Werbung zu folgen.

***Tabelle 1** AIDA-Strategie in der Werbung*

Die Friseurunternehmerin muss ein Salonkonzept haben, das sie konsequent nach innen und außen gestaltet.

Corporate Design

Das Corporate Design zählt zur Außendarstellung des Betriebes. Es visualisiert die Salonphilosophie. Das Unternehmen und seine Produkte sollen unverwechselbar zu erkennen sein. Es gibt viele erfolgreiche Beispiele, wie das Corporate Design ein Firmenbild maßgeblich geprägt hat, z. B. McDonalds, Mercedes Benz.

Event-Marketing

Das Event-Marketing ist die Durchführung von Veranstaltungen zu Marketingzwecken. Das Anbieten von Zusatzangeboten mit starker Außenwirkung (Friseur und Fotoshoot) ist hierfür ein Beispiel.

Werbeziele

Mit Werbung will die Unternehmerin ihren Umsatz steigern. Vielleicht will sie deshalb neue Kunden gewinnen oder alte Kunden, die schon einige Zeit nicht mehr im Salon waren, wieder ansprechen.

Hieraus können sich beispielsweise die folgenden Werbeziele ergeben:

- Neukundengewinnung
- Verkaufssteigerung
- Steigerung des Bekanntheitsgrades
- Stammkundenpflege, Kundenrückgewinnung
- Imageaufwertung

Zur Erreichung der Werbeziele setzt die Unternehmerin Direkt- und Mediawerbung sinnvoll ein und erstellt einen Jahreswerbeplan. Sie wird darauf achten, dass die geplanten Werbeaktionen zu ihrem Salonkonzept passen und aufeinander abgestimmt sind. Die verschiedenen Werbemittel sollen zueinander passen und das Geschäft von den Mitbewerbern abheben.

Direkt- und Mediawerbung

Unter Mediawerbung versteht man alle Arten der Werbung, die allgemein zugänglich sind. Beispiele sind:

- Plakate
- Prospekte als Postwurfsendung oder als Zeitungsbeilage
- Zeitungsannoncen
- Homepage im Internet
- Schaufenster
- Radiowerbung
- Kinowerbung

Die Friseurin hat bei dieser Form der Werbung keinen Einfluss auf die Kontakthäufigkeit der Kundinnen mit der Werbung. Die Direktwerbung dagegen umfasst alle

Bild 1 Beispiel für eine Anzeige

Bild 2 Beispiel für eine Anzeige

Bild 3 Flugblatt

Bild 1 *Direktwerbung mit Flyer*

Formen der Werbung, die sich direkt an die Kundin richten. Hierzu zählen:
- Direkt an den Empfänger adressierte oder persönlich ausgehändigte Prospekte und Kataloge
- Schriftliche Informationen in Form eines Serienbriefes (direct mail advertising)
- Aushändigung von Warenproben
- Warendemonstrationen und Messepräsentationen
- Flugblätter
- Weihnachtskarten

In diesem Fall kann die Werbung inhaltlich auf die Zielgruppe zugeschnitten sein. Man muss beachten, dass die Kundin der Verwendung ihrer Daten zu Werbezwecken ausdrücklich zugestimmt haben muss.

Jahreswerbeplan

Am Ende des Geschäftsjahres legt die Unternehmerin ihr **Werbebudget** für das kommende Jahr fest. Die Höhe des Werbeetats ist abhängig von verschiedenen Faktoren:
- Vom Jahresumsatz
- Vom Bekanntheitsgrad des Salons
- Von den speziellen Gegebenheiten des Salons

Im Jahreswerbeplan könnten Themen bzw. Mottos für Werbeaktionen und Werbemittel erfasst sein. Der Zeitpunkt und die Dauer der Werbemaßnahme sind abhängig vom Werbeziel. Will die Unternehmerin ihren Bekanntheitsgrad steigern, sollte sie über einen längeren Zeitraum regelmäßig werben. Für ein Sonderangebot wird nur in einem kurzen Zeitraum intensiv geworben.

Werbeerfolgskontrolle

Zum Abschluss einer Werbemaßnahme sollte die Unternehmerin überprüfen, ob sie ihre Ziele auch erreicht hat. Je genauer sie das Ziel definiert hat, desto leichter lässt sich der Erfolg der Werbung bestimmen.

Steigerung des Bekanntheitsgrades	Kundenbefragung
Verbesserung des Salonimages	Kundenbefragung, Fragebogen
Erhöhung der Kundenkontakte	Kundenfrequenzvergleich, d. h. Vergleich der Kundenzahlen mit denen im vergleichbaren Zeitraum des Vorjahres
Steigerung der Kaufintensität	Registrierung der verkauften Waren
Umsatzsteigerung	Vergleich der Umsätze mit denen des vergleichbaren Zeitraumes im Vorjahr

Tabelle 1 *Werbeziele und Methoden zu ihrer Überprüfung*

2.2 Kundenbindung

SZENARIO

Anja hat im Laufe der Ausbildung gelernt, wie wichtig der Kontakt zu den Kundinnen ist. Selbst wenn sie Kritik von Kundinnen manchmal unangemessen findet, ist ihr doch bewusst, dass jede unzufriedene Kundin möglicherweise nicht wiederkommt. Mittlerweile kennt sie die Regeln der erfolgreichen Gesprächsführung. Dennoch ist sie mitunter ratlos, wie sie gerade bei energischen Kundinnen argumentieren kann.

Kundeneinwände

Nicht immer läuft die Kundenkommunikation reibungslos. Manchmal haben Kundinnen Einwände gegenüber den Aussagen der Friseurin. Diese Einwände können sich gegen die Eigenschaften der Ware oder Dienstleistung oder den Preis richten.

Viele Kundinnen haben im Laufe der Zeit schlechte Erfahrungen gemacht, wenn sie sich vertrauensvoll an eine Friseurin gewandt haben. Sie bekamen häufig nichtssagende Antworten und eine unbefriedigende Empfehlung zum Produkt oder zur Dienstleistung. Solche Erfahrungen führen dazu, dass manche Kundinnen nicht mehr fragen, sondern erst einmal eine Gegenbehauptung in den Raum stellen.

Beispiel:
Kundin: „Würden mir rote und kupferfarbene Strähnen überhaupt stehen?"
Friseurin: „Mit diesen Farbsträhnen kann man nicht viel falsch machen!"
Kundin: „Ich wollte nicht wissen, ob ich etwas falsch mache, sondern ob Strähnen zu meinem Typ passen würden!"

Die Kundin will auf diese Weise lediglich ihren Wunsch nach mehr Informationen ausdrücken. Ihr fehlen noch Argumente für eine begründete Kaufentscheidung, sie möchte aber nicht direkt nachfragen. Die Friseurin sollte deshalb alle Einwände grundsätzlich als Fragen nach weiteren Informationen auffassen. Sie zeigen ihr auch, auf welchen Gebieten sie noch nicht hinreichend informiert und überzeugt hat. Je sachlicher und kundenorientierter sie die Einwände behandelt, desto mehr Vertrauen wird die Kundin im nächsten Beratungsgespräch haben.

Oft werden auch erst durch Kundeneinwände weitere wichtige **Kundenansprüche** erkennbar. So bekommt die Friseurin Ansatzpunkte für weitere Argumentationen. In manchen Fällen bringen Kundinnen auch unechte Einwände vor. Mit diesen Einwänden möchten sie erreichen, dass das Beratungsgespräch beendet wird. Diese unechten Einwände treten häufig auf, wenn die Friseurin vorher im Verlauf des Beratungsgesprächs wichtige Kundensignale, z. B. Ablehnung oder Unsicherheit, nicht wahrgenommen und berücksichtigt hat.

Umgang mit Einwänden

Grundsätzlich sollte die Friseurin den Einwänden der Kundin auf den Grund gehen. Dazu kann sie sich verschiedener Methoden bedienen.

Für Beratungsgespräche im Friseursalon haben sich folgende Methoden bewährt:
- Aktives Zuhören
- Fragemethode
- Ja-aber-Methode
- Bumerang-Methode
- Vorteil-Nachteil-Methode
- Ausweichangebot

Aktives Zuhören

Während des gesamten Beratungsgesprächs muss die Friseurin der Kundin das Gefühl geben, dass sie sich intensiv um die Wünsche und Probleme kümmert. Dies gilt insbesondere, wenn die Kundin Einwände vorbringt. In dieser Phase bedeutet aktives Zuhören, dass die Friseurin genau und konzentriert zuhört, was ihr die Kundin sagt. Während die Kundin spricht, gibt ihr die Friseurin durch Blickkontakt, Nicken oder durch Worte, wie z. B. „Ja, ich verstehe was Sie meinen", zu verstehen, dass sie sich für ihre Wünsche und Probleme interessiert. Anschließend gibt sie der Kundin eine Rückmeldung über das, was sie verstanden hat.

Die Friseurin kann dies tun, indem sie das Wesentliche aus der Kundenaussage noch einmal mit eigenen Worten zusammenfasst. Diese Vorgehensweise zwingt die Friseurin dazu, bis zum Schluss genau zuzuhören und die Kundin nicht sofort mit Ratschlägen oder Lösungen zu überfallen.

Vorteile des aktiven Zuhörens sind:

- Die Kundin wird zum Sprechen ermuntert.
- Sie fühlt sich verstanden und akzeptiert.
- Sie muss sich nicht rechtfertigen.
- Sie bleibt offen für Argumente.

Beispiel:

Eine Kundin erhält einen neuen Haarschnitt. Während des Gesprächs fragt sie, ob man die Frisur nicht noch etwas interessanter gestalten könnte. Die Friseurin schlägt ihr eine lebhaftere Haarfarbe vor.

Kundin: „Nein ich weiß nicht so recht. Ich habe meine Haare noch nie gefärbt. Nachher sehe ich ganz anders aus und muss wochenlang so herumlaufen."

Friseurin: „Ich kann Sie sehr gut verstehen. Sie fürchten, dass Ihre neue Haarfarbe Ihr Aussehen zu stark verändert. Dass es vielleicht unnatürlich aussieht und nicht zu Ihrem Typ passt."

Kundin: „Ja."

Friseurin: „Mit einem Farbshampoo oder einer Tönung kann ich Ihren Naturfarbton ganz leicht lebhafter gestalten. Ihre natürliche Farbe wird dadurch nicht verändert, sie wirkt dadurch interessanter und ausdrucksstärker. Und zusätzlich bekommen Ihre Haare noch mehr Glanz."

Kundin: „Das möchte ich gerne ausprobieren. Wenn es mir gefällt und ich möchte die neue Haarfarbe noch intensiver haben, dann kann ich meine Haare ja immer noch färben lassen."

Fragemethode

Die Fragemethode ist sinnvoll, wenn die Kundin einen allgemeinen Einwand vorbringt, aus dem man ihr Problem nicht genau erkennen kann. In diesen Fällen ist es sinnvoll, zuerst einmal durch eine Gegenfrage den Einwand einzugrenzen und von der Kundin zusätzliche Informationen zu erfragen.

Beispiel:

Eine Stammkundin ist zum Waschen, Schneiden und Föhnen angemeldet. Die Friseurin geht davon aus, dass die Kundin ihre Frisur nicht verändern möchte.

Friseurin: „Hallo Frau Gress, möchten Sie die Haare wie beim letzten Mal geschnitten haben?"

Kundin: „Ich bin mir nicht sicher. Eigentlich möchte ich mal etwas Neues ausprobieren."

Friseurin: „Was gefällt Ihnen nicht an Ihrer Frisur?"

Ja-aber-Methode

Wenn die Friseurin den Einwand einer Kundin nicht für gerechtfertigt hält, kann sie die Ja-aber-Methode verwenden.

Sie gibt der Kundin zuerst einmal Recht. Dabei mildert sie die negativen Formulierungen der Kundin schon etwas ab. Die Kundin fühlt sich dadurch verstanden und ernst genommen. Sie ist bereit, weiter zuzuhören. Anschließend kann die Friseurin versuchen, den Einwand auszuräumen, indem sie neue Argumente vorbringt.

Widerspricht die Friseurin der Kundin direkt, fühlt sich diese angegriffen und zur weiteren Verteidigung ihrer Meinung herausgefordert.

Beispiel:

Eine Kundin probiert und vergleicht Lippenstifte. Einwand der Kundin gegen den Preis: „Der ist aber teuer."

Bild 1 *Aktives Zuhören*

Friseurin: „Ja, auf den ersten Blick erscheint der Lippenstift recht teuer, aber dies ist zugleich ein Pflegestift für Ihre Lippen. Bedingt durch spezielle Pflegestoffe und UV-Filter schützt er die Lippen und schenkt ihnen trotzdem eine lang anhaltende Farbe."

Einwand der Kundin gegen Produkteigenschaften:

„Der Lippenstift ist aber sehr klein."
Friseurin: „Ja, das stimmt, aber da der Lippenstift sehr sparsam in der Anwendung ist und sehr gute Haftung besitzt, verbraucht er sich auch nicht so schnell wie herkömmliche Lippenstifte."

Bumerang-Methode

Auch bei dieser Methode stimmt die Friseurin der Kundin erst einmal zu. Im Anschluss daran entwickelt sie aber aus den geäußerten Bedenken eine positive Argumentation.

Das, was in den Augen der Kundin ein Nachteil war, wird in einen Vorteil umgewandelt. Nur wenn die Friseurin ein überzeugendes Gegenargument bringt, wird die Kundin die positive Gegenaussage akzeptieren können. Die Friseurin muss deshalb sehr sorgfältig prüfen, wann sie diese Methode verwenden kann.

Beispiel:
Im Rahmen einer Beratung klagt die Kundin darüber, dass ihre Haare schnell fetten und die Frisur zusammenfällt.
Die Friseurin schlägt der Kundin eine Dauerwellbehandlung vor, um dem Haar mehr Stand und Volumen zu geben.
Kundin: „Eine Dauerwelle schadet doch sicher meinen Haaren."
Friseurin: „Es ist richtig, dass durch die Dauerwelle Ihre Haarstruktur etwas angegriffen wird. Dies führt aber dazu, dass die Haare etwas Fett aufnehmen können. Dadurch würden Ihre Haare nicht mehr so schnell nachfetten."

Bild 1 Bumerang

Vorteil-Nachteil-Methode

Wenn ein berechtigter Einwand der Kundin vorliegt, bietet sich diese Methode an. Der Nachteil des Produkts oder der Dienstleistung besteht, ist aber nicht so bedeutsam, dass ein vollständig anderes Angebot gemacht werden müsste. Die Friseurin stimmt der Kundin zu und bestätigt ihren Einwand. Im Anschluss daran stellt sie diesem Nachteil aber einen anderen Vorteil gegenüber. Die Kundin kann dann entscheiden, ob der Nachteil oder der Vorteil für ihre Entscheidung wichtiger ist.

Bild 2 Beratungsgespräch

Beispiel:
Eine Kundin mit der Naturhaarfarbe Dunkelaschblond hat ihre Haare bisher dunkelgoldblond getönt. Nun wünscht sie sich eine hellere und lebhaftere Haarfarbe. Im Verlauf der Farbberatung schlägt ihr die Friseurin eine Hellerfärbung mit Hellgoldblond vor.
Kundin: „Bisher habe ich meine Haare nur getönt. Eine Hellerfärbung würde meine Haare doch sicherlich schädigen."
Friseurin: „Ja, es ist richtig, dass bei einer Hellerfärbung die Haarstruktur etwas angegriffen wird. Ihren Farbwunsch Hellgoldblond kann ich aber mit einer Tönung nicht erreichen. Die Aufhellung lässt sich nur mit der Hellerfärbung erzielen."

Ausweichangebot

Ein Ausweichangebot sollte die Friseurin immer dann machen, wenn der Einwand der Kundin berechtigt ist und das Produkt oder die Dienstleistung wichtige Ansprüche der Kundin nicht erfüllt. Bei der Auswahl des neuen Angebots muss die Friseurin dann sehr sorgfältig darauf achten, dass es wirklich die Hauptansprüche der Kundin erfüllt.

Beispiel:
Eine Neukundin ist zur Dauerwelle angemeldet. Im Beratungsgespräch erzählt sie der Friseurin, dass sie ihr mittellanges Haar gerne fülliger haben möchte.
Friseurin: „Damit Ihr Haar mehr Volumen bekommt, empfehle ich Ihnen die Volumenwelle XY. Die bringt Schwung und Fülle in Ihr Haar, sodass es ganz natürlich aussieht. Nach ca. 6–8 Wochen lässt die Volumenwelle nach."

Kundin: „Das hört sich gut an. Erhöht die Volumenwelle denn auch die Standfestigkeit der Haare und die Haltbarkeit meiner Frisur? Denn ich habe das Problem, dass meine Frisur immer schnell zusammenfällt."

Friseurin: „Die Volumenwelle wird dann nicht optimal für Ihr Haar sein. Sie kommen wahrscheinlich besser mit einer 2-Phasen-Dauerwelle zurecht. Damit kann ich gezielt auf Ihre Wünsche eingehen. Den Haaransatz behandle ich dann mit der Ausrichtung Forte, damit Ihr Haar genügend Standfestigkeit bekommt, während für die Haarlängen und Spitzen die Ausrichtung Normal ausreicht, um dem Haar Volumen und Bewegung zu geben. Somit ist auch die Haltbarkeit Ihrer Frisur gewährleistet."

Kundin: „Damit bin ich einverstanden. Können Sie mir denn auch noch einige Tipps zum Styling geben? Ich bin heute Abend mit meinem Mann bei Freunden eingeladen."

Friseurin: „Natürlich, gerne. Ich kann Ihnen die Haare offen und volumig gestalten oder für den besonderen Anlass etwas hochstecken. Damit Sie sich das besser vorstellen können, werde ich Ihnen ein Bild zeigen und Sie entscheiden dann, welche Variante Ihnen für heute Abend besser gefällt."

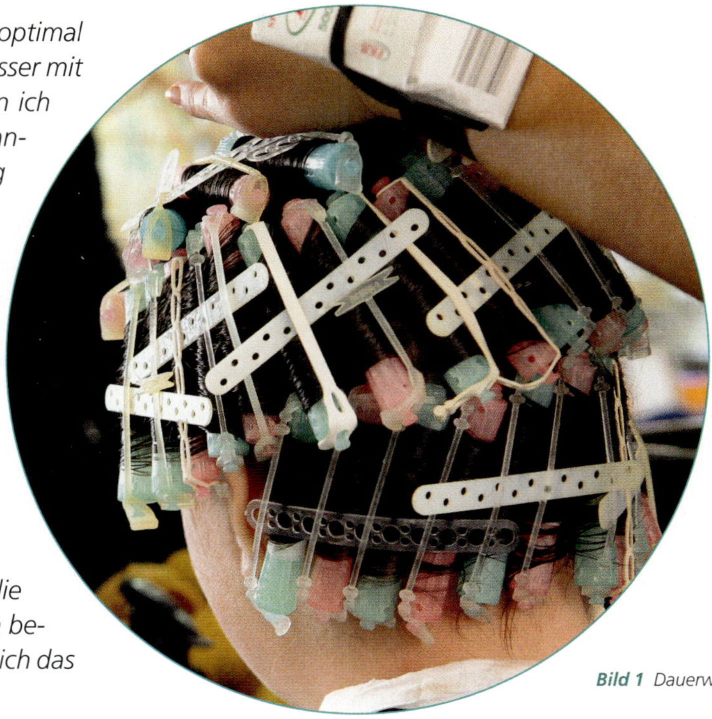

Bild 1 Dauerwelle

Mathematik-Aufgaben

1. Für ein Kosmetikprodukt muss die Kundin 12,75 € bezahlen.
   a) Wie hoch ist der Betrag, den der Salon davon als Mehrwertsteuer an das Finanzamt abführen muss?
   b) Wie viel € beträgt der Kalkulationszuschlag, wenn dieser mit 65 % veranlagt wird?

2. Der Betrieb veranschlagt für die Erstellung eines Herrenhaarschnittes eine durchschnittliche Arbeitszeit von 28 Minuten. Die Lohnkosten betragen 11,65 €, die Gemeinkosten werden mit 87 % und der Gewinn mit 36 % veranschlagt.
Wie hoch ist der Bruttobedienpreis für diese Dienstleistung?

3. Der Gemeinkostenprozentsatz eines Betriebes wird aus den betrieblichen Kosten (Kalkulatorische Gemeinkosten) sowie den produktiven Löhnen nach folgender Formel errechnet:

$$\frac{\text{Kalkulatorische Gemeinkosten} \times 100}{\text{Produktive Löhne}}$$

Berechnen Sie den Gemeinkostenprozentsatz bei kalkulatorischen Gemeinkosten von 57000 € und produktiven Lohnkosten von 48000 €.

4. Da bei einer Kundin der Wunsch nach einer Dunklerfärbung besteht, wird ein geringer konzentriertes H_2O_2 benötigt. Meist wird in dem Salon dabei mit 4,5 %igem H_2O_2 gearbeitet.
Die gewünschte Konzentration steht jedoch nicht zur Verfügung und muss aus 10 %igem H_2O_2 und 3 %igem H_2O_2 gemischt werden. Insgesamt sind 70 ml der gewünschten H_2O_2-Konzentration erforderlich.
Wie viel ml von dem 10 %igem und 3 %igem H_2O_2 müssen miteinander gemischt werden?

5. Die Meisterin möchte, dass der Rest des 4 %igen H_2O_2, nämlich 25 ml, mit 7,5 %igem H_2O_2 zu 5 %igem H_2O_2 gemischt werden.
Wie viel ml müssen dazu von dem 7,5 %igem H_2O_2 genommen werden und welche Gesamtmenge an gebrauchsfertiger Lösung erhält man?

6. Für eine Blondierung werden 100 ml 8 %iges H_2O_2 benötigt. Die Konzentration wird aus 18 %igem H_2O_2 und 3 %igem H_2O_2 gemischt.
Welche Mengen der zu mischenden H_2O_2-Konzentrationen werden jeweils benötigt?

3 Betriebsabläufe nachbereiten

SZENARIO

Jede Woche trifft sich das Team des Salons Haargenau zur Mitarbeiterbesprechung. Dann stellt die Chefin die aktuellen Zahlen vor.

Die **Kundenbindung** ist das zentrale Anliegen im Salon. Die Chefin erläutert Anja, dass es ungefähr siebenmal so viel Anstrengung kostet, eine neue Kundin zu gewinnen, wie eine bestehende Kundenbindung zu intensivieren. „Unsere Stammkunden nutzen im Laufe der Zeit nicht nur immer wieder dieselbe Dienstleistung, sondern erkunden zunehmend die gesamte Bandbreite unseres Dienstleistungs- und Warenangebotes." In der Fachsprache bezeichnet man dieses Phänomen als „Cross-Selling". Die individuelle Beratung und der persönliche, freundliche Service im Friseursalon sind neben der guten handwerklichen Leistung eine wesentliche Stütze in der Kundenbindung.

Man muss wissen, dass die Kundenbindung mit einem Zyklus verglichen werden kann. Die Kundenbeziehung durchläuft dabei mehrere Phasen:
- Kundengewinnungsphase
- Aufbau der Kundenbeziehung
- Kundenbindungsphase
- Kundensicherungsphase
- Kundenrückgewinnungsphase

In der 1. Phase interessiert sich der Kunde für einen Betrieb. Er erkundet das Waren- und Dienstleistungsangebot. Er erhält Informationen, z. B. durch das Schaufenster, die Preistafel oder durch eine persönliche Beratung.

Nimmt er eine Dienstleistung in Anspruch, beginnt die 2. Phase. Die Bindung ist zunächst gering und noch sehr unsicher. In der 3. Phase kommt es darauf an, eine emotionale Bindung aufzubauen. Gelingt dies, ist die Hemmschwelle beim Kunden groß, den Friseur zu wechseln.

Die Kundensicherungsphase ist von entscheidender Bedeutung. Im Laufe jeder Beziehung kommt es zu „Gewöhnungseffekten". Jetzt kann die Bereitschaft zur Bindung beim Kunden sinken. Die Unternehmerin muss auf mögliche Signale der Kundenunzufriedenheit achten, z. B. durch Befragungen oder Analyse des Beschwerdemanagements (häufig wiederkehrende Gründe für Beanstandungen, Kundenschwund, sinkende Verkaufszahlen einzelner Mitarbeiter usw.).

Sind tatsächlich Kunden verloren gegangen, wird die Unternehmerin versuchen, sie durch gezielte Ansprache (Werbebrief) zurückzugewinnen.

Bild 1 Aufbau der Kundenbeziehung

Controlling

Der Begriff Controlling stammt aus dem Englischen und bedeutet soviel wie Steuerung. Die Unternehmerin nutzt das Controlling zur Beeinflussung der betrieblichen Prozesse. Wichtig ist, dass jede Unternehmerentscheidung Auswirkungen auf den Erfolg des Friseurgeschäfts hat. Um frühzeitig Missständen bzw. Fehlentwicklungen entgegenzuwirken, ist eine ständige Beobachtung sinnvoll. Die Unternehmerin kann beispielsweise auswerten:

- Häufigkeit der Kundenbesuche
- Frequentierung an einzelnen Wochentagen
- Kundeneinzugsgebiet
- Umsatzzahlen allgemein
- Umsätze der Mitarbeiter
- Verkauf bestimmter Dienstleistungen
- Verbrauch an Produkten
- Werbeerfolg

Im Team können die Mitarbeiter mögliche Schwachstellen im betrieblichen Ablauf finden und Lösungsstrategien entwickeln. Das **Qualitätsmanagement** ist mit dem Controlling eng verbunden. Notwendige Voraussetzung für Qualität ist eine ständige Aus- und Weiterbildung. So kann jeder im Team entsprechend seinen Kompetenzen gefördert werden und selber fördern. Dies setzt aber auch die Bereitschaft voraus, sich für Unternehmensziele einzusetzen und kollegial miteinander umzugehen.

Aufgaben

1. Gestalten Sie eine Mindmap, die die Möglichkeiten der Friseurunternehmerin zur Kundenakquise veranschaulicht.
2. Beschreiben Sie Signale, die Kunden in den verschiedenen Phasen senden.
3. Überlegen Sie sich Maßnahmen, die die Unternehmerin gezielt in der Kundensicherungsphase einsetzen kann. Erarbeiten Sie dazu im Team einen Maßnahmenkatalog und präsentieren Sie das Ergebnis in der Klasse.
4. Formulieren Sie einen Werbebrief, der in der Kundenrückgewinnungsphase eingesetzt werden kann.

Mathematik-Aufgaben

1. Eine Friseurmeisterin bestellt bei einer Kosmetikfirma Schminkpräparate für das Verkaufsgeschäft. Der Listenpreis eines Lippenstiftes liegt bei 2,35 €. Die Firma räumt ihr einen Rabattsatz von 25 % und 2 % Skonto ein. Die Bezugskosten liegen anteilmäßig bei 0,12 €. Der Kalkulationszuschlag beträgt in diesem Betrieb 85 %.
Wie hoch ist der kalkulierte Preis eines Lippenstiftes?

2. Der Bezugspreis einer Kosmetikserie liegt bei 32,60 €. Die Meisterin rechnet mit einem Kalkulationszuschlag von 75 %.
Berechnen Sie den Bruttoverkaufspreis.

3. Vom Rechnungspreis einer Pflegeserie in Höhe von 63,20 € zieht die Betriebsinhaberin 2 % Skonto ab. Die Bezugskosten für den Versand betragen 2,30 €. Der Kalkulationszuschlag liegt bei 63 %.
Berechnen Sie den Bezugspreis und den Bruttoverkaufspreis.

3. Der Bruttoverkaufspreis einer Karnevalsschminke beträgt 9,80 €.
- **a)** Wie viel € sind an Mehrwertsteuer in dem Bruttoverkaufsreis enthalten?
- **b)** Wie viel € beträgt der Kalkulationszuschlag bei einem prozentualen Aufschlag von 75 %?

5. In einem Kosmetikstudio liegen der Handlungskostenaufschlag bei 23 % und der Gewinn bei 35 %. Hinzu kommt noch die gesetzliche Mehrwertsteuer von 19 %. Die Meisterin möchte die Kalkulation vereinfachen und den Prozentsatz des Kalkulationszuschlages ihres Betriebes feststellen.
Wie hoch ist der Kalkulationszuschlag?

6. In einem Salon werden Tönungsprodukte mit einem Kalkulationszuschlag von 79 % belegt. Der Bruttopreis für ein Tönungspräparat beträgt 5,95 €.
Wie hoch ist der Bezugspreis?

4 English

4.1 Dealing with complaints

SCENARIO

Susan was very unhappy when she came to Germany, because her salon manager was angry with her. She held her responsible for a very dissatisfied client who stopped coming to the salon because of the way Susan treated her.
Susan tells Anja what happened:

…I was working at reception when a very upset client entered the salon. She demanded to speak to Vanessa, a colleague, who was not in that day.

I couldn't pay much attention to the client as the phone rang at that moment and I had to answer it.

After the phone call I got into an argument with the client although the waiting area was full and the people could hear our conversation.

I didn't know exactly how to act but I wanted to solve the problem myself as the salon was very busy.

I asked the client why she was upset and she exploded: Look at my hair! The colour is fading! It looks horrible! It's orange and not red!

I felt sorry for the client and told her that it really didn't look that bad. Unfortunately, I couldn't do anything for her at that moment because all appointments were fully booked and the colleague, who had served her, was ill.

The client exploded again and said that she would sue the salon for damages.

I tried to defend the salon and asked the client, how she had treated her hair at home.

The client shouted at me. She asked if I thought it was her own fault. She saw my behaviour as an attack and said she would never set foot in the salon again.

Before I could say or do anything to soothe her, she just turned around and stormed out of the salon slamming the door.

You can imagine how I felt. I was shaking and very upset. And then my boss…

Picture 1 Dealing with complaints

However well you prepare for clients, problems can occur and clients can be dissatisfied and complain.

Some typical reasons for complaints:

- mixed-up schedules causing delays
- overbooking
- faults caused through hair or skin treatment
- unfriendly service
- incomplete service/parts of a treatment not done
- wrong invoicing

When dealing with complaints always remember these guidelines:

Guidelines for dealing with complaints:

- If the client is very upset, try to separate her from other clients and offer her a seat and something to drink.
- Always be patient and not on the defensive.
- Find out exactly why the client is unhappy. Get her to specify the problem.
- Show the client you care by listening to her and understanding her point of view.
- Don't argue with the client about the reasons that caused the problem.
- If necessary, ask the supervisor for help.
- Try to solve the problem immediately or at least as soon as possible.
- Offer more than one solution to the problem or at least minimize the client's disappointment.
- Explain what you are going to do and why.
- Act generously in line with the culture of your salon.

Picture 2 Upset Clients, something went wrong

Your tasks

1. Together with a partner discuss how Susan's boss could have reacted in this situation.
2. Susan doesn't know what she did wrong and asks for your help. List everything Susan did wrong.
3. Look for phrases you could use when dealing with complaints:
   a) to soothe the client
   b) to specify the problem
   c) to solve the problem/minimize the client's disappointment
4. Work together with a partner and role-play being an unhappy client and the stylist.

Lernfeld 13

Kontaktieren

Eine junge Kundin hat bei Ihnen einen Termin für ein komplettes Styling. Sie möchte Bewerbungsfotos machen lassen, die direkt im Anschluss erstellt werden sollen.

Informieren

Im Beratungsgespräch teilt sie Ihnen mit, dass sie einen Hosenanzug in einem dunklen Kaffeebraun sowie eine weiße Bluse tragen wird. Die Fotos müssen seriös wirken, da sie sich damit bei mehreren Banken bewerben möchte.

Nachbereiten

Nachdem Sie eine Schnittkontrolle im trockenen Haar durchgeführt haben, zeigen Sie der Kundin das Farbergebnis bei Tageslicht. Diese ist mit der Farbe und mit dem Make-up zufrieden und Sie helfen ihr nun, die Kleidung anzulegen. Neben den Preisen werden alle Produkte, Einwirkzeiten und Dienstleistungen von Ihnen in den entsprechenden Behandlungsbögen dokumentiert.

Verabschieden

Am Ende der Behandlung zeigt sich die Kundin zufrieden mit dem Ergebnis und Sie verkaufen ihr zum Abschluss noch den Lip-Gloss, den sie gerade trägt sowie einen mattierenden Puder. Nachdem die Kundin bezahlt hat, verabschieden Sie sie freundlich.

Komplexe Friseurdienstleistungen durchführen

Ausgangssituation analysieren

Sie betrachten die relevanten Kundenmerkmale und füllen die Behandlungsbögen für die Haar- und Kopfhautdiagnose, den Schnitt, die Farbe, das Make-up und das Styling aus. Eine Maniküre wird nicht gewünscht. Folgende Merkmale weist die Kundin auf: kühler Farbtyp, klassischer Bob, eine rötliche, ausdruckslose Haarfarbe mit Ansatz in mittelaschblond, eine normale Haarstärke und geschädigte Längen und Spitzen. Sie hat eine ebenmäßige Haut in einem ovalen Gesicht mit leichten Rötungen an den Wangen.

Entscheiden

Sie beraten die Kundin insbesondere hinsichtlich des Schnitts, der Haarfarbe und des Make-ups. Die Frisur soll so bleiben, jedoch müssen die strapazierten Spitzen gekürzt werden. Da die Farbe seriös wirken soll, raten Sie zu einem dem Farbtyp entsprechenden Schokobraun. Als Produkt schlagen Sie eine Intensivtönung vor, damit die Haare glänzen und die Haarschädigung gering gehalten wird. Das Make-up im Nude-Look soll das seriöse Erscheinungsbild unterstreichen.

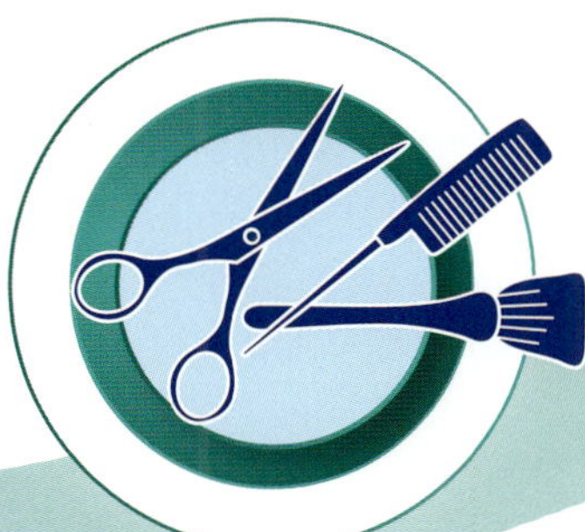

Handeln

Nach der ausführlichen Beratung führen Sie alle Dienstleistungen wunschgemäß aus. Beim Schnitt achten Sie besonders auf Wirbel und schneiden ohne Spannung im natürlichen Fall, um eine Graduierung zu vermeiden. Die Intensivtönung tragen Sie aufgrund der Haarschädigung zunächst auf den Ansatz und erst später in Längen und Spitzen auf. Damit wird auch ein gleichmäßiges Farbergebnis gewährleistet. Beim Make-up achten Sie darauf, die Rötungen mit grünem Camouflage abzudecken. Weiterhin mattieren Sie gründlich mit Puder, damit auf den Fotos kein Glanz zu sehen ist. Abschließend föhnen Sie die Haare über eine große Rundbürste sorgfältig glatt um ihnen besonderen Glanz zu verleihen.

1 Kultur begreifen

Komplexe Friseurdienstleistungen erfordern von Ihnen ein hohes Maß an fachlichem Können. Sie müssen unterschiedliche Techniken der Haargestaltung, der Gestaltung der Nägel und des Make-ups beherrschen. Zur Haargestaltung gehören:

- Farbveränderungen
- Haarumformungen
- Haarschnitte
- Frisurengestaltung

Neben dem fachlichen Können spielen persönliche Kreativität und gestalterische Fähigkeiten eine große Rolle. Beachten Sie zusätzlich den Kundenwunsch und die Gegebenheiten (z. B. Typ, Gesichtsform, Haarwuchsrichtung, Nagelform) bei der Kundin, werden Sie diese bei der komplexen Friseurdienstleistung erfolgreich beraten und anschließend die Behandlung bestmöglich durchführen können.

SZENARIO

Anja macht sich Gedanken über die Gestaltung eines Stylings zu einem besonderen Anlass. Bei ihrer Internetrecherche stößt sie auf ein interessantes Bild des Karnevals in Venedig (Bild 1). Dabei wird ihr deutlich, dass solche Traditionen zur Kultur des Landes gehören. „Eigentlich", überlegt sie sich, „kann ich mich auch noch über andere Kulturen informieren. Vielleicht finde ich da ja auch Anregungen."

Bild 1 Karneval in Venedig

Bild 2 Hennaornamente

1.1 Den Kulturbegriff definieren

Kultur leitet sich von dem lateinischen Wort „cultura" ab, das die Pflege des Körpers und des Geistes bezeichnet. Kultur umfasst u. a. die Kunst, die Musik, das Essen und Bräuche bzw. Sitten von Menschen in einer bestimmten Gesellschaft. Kultur entwickelt sich und wird von den Menschen gelebt und repräsentiert. Dies geschieht auch über Äußerlichkeiten. In allen Regionen der Erde findet man spezifische Eigentümlichkeiten, die sich in Kleidung, Schmuck, Körperschmuck und auch Make-up ausdrücken.

Für Sie als Friseurin hat die Kultur einen Stellenwert, wenn es um die Beratung von Kundinnen geht, die etwas Besonderes erwarten. In diesem Fall können Sie sich durch traditionelle Merkmale einer Kultur, wie z. B. Kleidung, Make-up oder Körperschmuck, inspirieren lassen und so neue Ideen schöpfen.

1.2 Merkmale ausgewählter Kulturen kennen

1.2.1 Asien

China und Japan

Die chinesische und die japanische Kultur erscheinen uns sehr ähnlich. Dies gilt ebenfalls für das Aussehen und die Mode der Frauen. Sie sind häufig klein, zierlich, haben mandelförmige Augen und schwarze Haare. Ihre Kleidung ist farbenfroh. Typisch für die japanische Kultur sind u. a. die Geishas. Besonders auffällig ist ihr blasses Make-up. Ihre Kleidung ist der traditionelle Kimono (Bild 2).
Eine sehr lange Tradition haben in Japan Tätowierungen. Man findet z. B. Drachen oder Dämonen aus alten Sagen. Auch japanische Schriftzeichen (Bild 3) sind sehr beliebt.

Indien

Die indische Kultur wird häufig als sehr bunt und lebendig empfunden. Dies wird unterstrichen durch die „Bollywood"-Filmindustrie. Das traditionelle Kleidungsstück in Indien ist der Sari, aber auch andere Trachten, z. B. mit Rock, sind üblich.
Eine weitere Tradition ist das Tragen von Bindis. Die ursprünglich religiöse Bedeutung des „Punktes" auf der Stirn ist heute in den Hintergrund getreten. Bindis werden als Modeaccessoires getragen. Sie können viele Formen und Farben haben und auch aufgeklebte Strasssteine und Ornamente enthalten. Der indische Schmuck (Bild 4) ist sehr auffällig und schmückt vielfach das Gesicht mit, indem z. B. Nasenstecker über Kettchen mit dem Ohr verbunden sind. Für die Frisur einer Inderin ist der Mittelscheitel typisch, von dem aus auch wieder ein Schmuckstück in die Stirn hängen kann.

Hennaornamente schmücken die Hände (Bild 1) und die Augen werden sehr ausdrucksvoll geschminkt.

1.2.2 Orient

Der Begriff Orient hat im Laufe der Jahrhunderte seine Bedeutung geändert. Früher zählte ganz Asien dazu. Heute bezeichnet man die Arabische Halbinsel, Kleinasien, Nordafrika und Vorderasien (Irak, Iran, Afghanistan) als Orient. Das traditionelle Bild des Orients ist geprägt durch Beduinenvölker, Männer mit Turbanen, verschleierte Frauen und Tänzerinnen (s. S. 448 Bild 2). Das orientalische Make-up ist ausdrucksvoll und die Augen werden mit schwarzem Kajal betont. Dazu wird handgearbeiteter Silber- oder Goldschmuck getragen.

Bild 1 Geisha mit traditioneller Frisur und Make-up

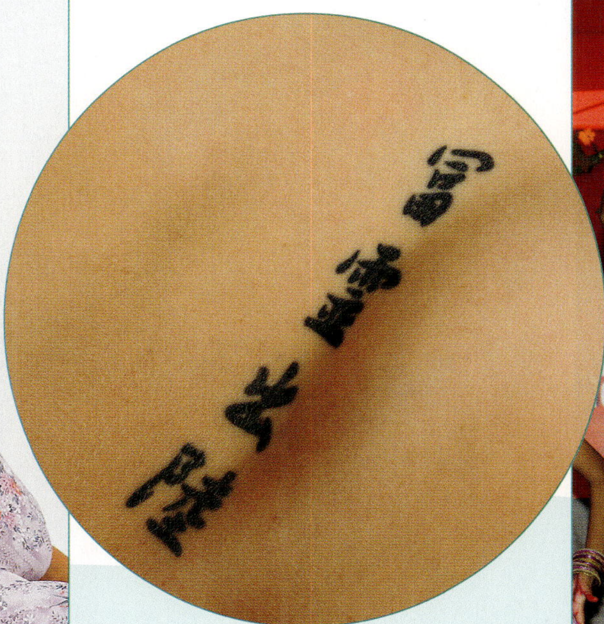

Bild 2 Tätowierung mit japanischen Schriftzeichen

Bild 3 Inderinnen

1.2.3 Afrika

Das ursprüngliche Bild des Afrikaners ist das des unbekleideten wilden Menschen. Jedoch auch Afrika hat seine Traditionen, seine Religionen und regionalen Eigenheiten. Ein traditionelles Kleidungsstück ist in Afrika der Kanga oder Leso (Bild 3). Er besteht aus zwei farbenfrohen Tüchern, die um Hüften, Schultern und Kopf geschlungen werden. Noch heute findet man bei den Ureinwohnern sehr auffälligen Körperschmuck, hergestellt aus Holz, Metall, Muscheln und anderen Naturmaterialien. Der Körper wird vielfach mit Erdfarben bemalt. Die Haare werden kunstvoll geflochten.

Bild 1 *Nordamerikanische Ureinwohnerin mit Kopfschmuck*

1.2.4 Amerika

Amerika hat als neue Welt viele Kulturen in sich vereint. Ursprünglich besiedelt von den Ureinwohnern, kamen im 15. Jahrhundert mit Columbus Spanier nach Amerika. Später folgten Engländer, Franzosen, Holländer und auch Deutsche. Alle beeinflussten die kulturellen Entwicklungen in den verschiedenen Regionen Amerikas. Die ursprünglichen Traditionen der Ureinwohner haben die Zeiten überdauert und werden noch heute intensiv gepflegt.

Die nordamerikanischen Ureinwohner fallen äußerlich durch aufwendigen Kopfschmuck auf (Bild 1), hergestellt aus Leder, Federn, Holz und anderen Naturmaterialien.

Ihre Haare werden oft gescheitelt und in Zöpfen geflochten getragen. Die Gewänder bestehen teils aus Leder, teils aus bunt gewebten Stoffen. Für den Schmuck werden Perlen und bunte Bänder verwendet.

Bild 2 *Orientalische Tänzerin*

Bild 3 *Afrikanerin in traditioneller Kleidung*

Bild 4 *Mexikanerin*

Die südamerikanischen Kulturen sind ebenso vielfältig wie die nordamerikanischen. Auffällig in ihrem Äußeren sind z. B. die Mexikanerinnen (s. S. 448, Bild 4). Ihre Kleidung besteht aus langen Kleidern und Röcken mit Stickereien und Pailletten. Die Haare werden vielfach lang in Zöpfen getragen oder nach spanischer Art im Nackenknoten. Spanische Einflüsse und Einflüsse der südamerikanischen Ureinwohner sind unübersehbar.

1.2.5 Europa

In Europa sind verschiedene Kulturen vereint. Jeder Kulturkreis in Europa hat seine spezielle traditionelle Kleidung, auch **Tracht** genannt (Bild 1 und 2).

Trachten werden fast nur noch zu bestimmten Anlässen oder Kulturfesten getragen. Meist gehören zu einer Tracht auch charakteristische Frisuren, Kopfbedeckungen und Schmuckstücke.

Bei der in Bild 2 gezeigten spanischen Tracht handelt es sich um ein Flamenco-Kleid. Das Outfit einer Flamenco-Tänzerin wirkt feminin und rassig. Die Haare werden zu einem Nackenknoten oder Chignon gesteckt, das Make-up ist verführerisch und betont Lippen und Augen.

Mit Ausnahme von wenigen Regionen kleiden sich die Menschen im täglichen Leben kaum noch traditionell. Das europäische Erscheinungsbild ist vorrangig geprägt durch schnelllebige Mode und Trends.

Bild 1 Bayrische Tracht

Bild 2 Spanische Tracht

1.3 Subkulturen

Eine Subkultur ist eine Untergruppe einer Kultur. Sie unterscheidet sich in einigen Bereichen von der Hauptkultur und übernimmt nicht alle Werte und Normen. Zu den Subkulturen zählen auch die Jugendkulturen. Sie definieren sich durch eigene Vorstellungen über ihr äußeres Erscheinungsbild, Musikrichtungen sowie Verhaltens- und Ausdrucksweisen. Auch politische Ansichten können hierbei eine Rolle spielen. Zu den bekannten Jugendkulturen zählen:

- Gothics
- Hippies
- Punks
- Emos

Das äußere Erscheinungsbild ist in diesen Jugendkulturen geprägt durch besondere Moderichtungen, Körperschmuck (Tätowierungen, Piercings usw.) sowie Frisuren und Haarfarben.

Gothics (Bild 2) – auch als Grufties bezeichnet – fallen durch ihr düsteres Outfit auf. Die Haare sind meist schwarz gefärbt, die Haut ist hell geschminkt mit dunklen Augen und rotem Mund. Die Kleidung kann einfach schwarz sein, fällt aber auch z. T. durch romantische Accessoires auf.

Die **Hippie**-Bewegung (Bild 1) wurde in den 1960er Jahren zur Massenbewegung. Erkennungsmerkmale der „Blumenkinder" sind lange Haare, wallende bunte Batikgewänder, Fransen Jesuslatschen und Stirnbänder.

Emo (Bild 4) ist ein weltweit verbreiteter Jugendtrend. Es sind besonders 14- bis 18-jährige Jugendliche, die sich emotional (Ursprung des Begriffs), sensibel und melancholisch zeigen. Kennzeichen sind enge schwarze Kleidung und aufwendig gestylte, dunkle Frisuren, deren asymmetrischer, oft kinnlanger Pony einen Teil des Gesichts verdeckt. Beliebte Muster für die Kleidung sind z. B. Karo, Punkte, Streifen oder kleine Sternchen. Mädchen und Jungen fallen durch dick aufgetragenen Kajal an den Augen auf. Ein häufiges Kennzeichen sind auch symmetrische Unterlippenpiercings an den Mundwinkeln (Snakebites; engl. Schlangenbisse). Da sich männliche und weibliche Anhänger der Emo-Bewegung nicht deutlich unterscheiden, wird eine androgyne (weibliche und männliche Merkmale vereinigende) Wirkung erzielt.

Bild 1 Hippie

Bild 2 Gothics

Bild 4 Emo

Bild 3 Punks

Punk entstand in den späten 1960er Jahren. Heutige Punks (Bild 3) zeichnen sich durch auffällig gefärbte Haare aus. Bei den Frisuren ist der Irokesenschnitt (Iro) stark vertreten. Piercings, z. B. Nasenringe und Sicherheitsnadeln, finden sich als Accessoires. Zur Kleidung gehören Nieten auf Jacken, Gürteln usw. Beim Make-up sind dunkel gefärbte Augen und Wangenpartien nicht nur für weibliche Punks ein Merkmal.

2 Mode

SZENARIO

Für ihre Gesellenprüfung macht sich Anja Gedanken über eine geeignete Frisur. Ihre Kollegin Randa rät ihr: „Die Frisur muss in jedem Fall modern und trendy sein." Anja sucht in verschiedenen Zeitungen. Dort findet sie unterschiedliche Frisuren, kann jedoch nicht mehr entscheiden, welche davon trendy, welche modern oder sogar extravagant sind und damit nicht der aktuellen Mode entsprechen. Sie fragt sich: „Wer bestimmt überhaupt Mode?"

Mode wird assoziiert mit Kleidung, Frisuren, Make-up, Accessoires und Schmuck. Sie umfasst jedoch auch Architektur, Kunst, das Aussehen von Gegenständen des täglichen Lebens, Parfums usw. Mode ändert sich ständig und ist ein Prozess, der durch gesellschaftliche Veränderungen bedingt wird. Der Mensch als Konsument passt sich diesen Modeentwicklungen immer wieder an, da dies seinen Bedürfnissen nach Abwechslung, Individualität, Konformität („in sein", dazugehören), Gefallen (Attraktivität), Identifikation, Beachtung (auffallen, wahrgenommen werden) und Bedeutung („jemand sein", Bewunderung) entspricht.

2.1 Mode und Trend

Im engeren Sinne umfasst Mode die Art sich zu kleiden, zu frisieren, zu schminken, zu schmücken und zu benehmen. Im Vergleich zur Kultur ist Mode nicht regional begrenzt, sondern im Zeitalter der Globalisierung international. Da Mode ständig im Wandel begriffen ist, braucht sie Trendsetter, die einen Trend festlegen und damit angeben, in welche Richtung sich die Mode entwickelt. Trendforscher beobachten den Markt, d. h., sie analysieren Kundenbedürfnisse und -wünsche. Aus den Ergebnissen kreieren sie neue Trends. Was heute noch Trend ist, ist morgen schon Mode.

2.2 Mode im Wandel der Zeit

Wie sich die Mode in den vergangenen Jahrtausenden und Jahrhunderten entwickelt und verändert hat, lässt sich anhand von Zeitdokumenten eindrucksvoll nachvollziehen. Die folgenden Bilder geben einen kleinen Einblick in die verschiedenen Stile zu unterschiedlichen Zeiten.

Diese Modeerscheinungen der verschiedenen Epochen werden häufig als Anregung für das Styling zu besonderen Anlässen genutzt.

Zu diesem Thema lohnt es sich, die geschichtliche Entwicklung der Frisurenerstellung (s. S. 204 ff.) zu vertiefen. Sie bietet Anregungen und liefert Ideen zur Umsetzung von besonderen Kundenwünschen. Auch im Internet lassen sich hierzu viele Bilder und Beschreibungen finden.

Bild 1 *Mode in den 1920er Jahren*

Bild 1 *Mode im Rokoko*

Bild 2 *Mode in den 1960er Jahren*

Bild 3 *Mode in den 1990er Jahren*

3 Besondere Anlässe in der Kulturgemeinschaft kennen

SZENARIO

Anja erwartet heute eine Kundin, die zu einer großen Ü-50-Party eingeladen ist. Auf verschiedenen Tanzflächen gibt es für die Gäste Gelegenheiten, die Musikstile und das Flair der 70er Jahre noch einmal nachzuempfinden und Erinnerungen daran wieder aufleben zu lassen.
Die Kundin möchte sich darauf entsprechend vorbereiten und vor Ort „stilecht" erscheinen, denn das beste Outfit soll prämiert werden. Sie vertraut bei der Vorbereitung des Events auf die fachkompetente Beratung und Unterstützung ihrer Friseurin bezüglich der passenden Gestaltung von Frisur, Make-up und Nageldesign.
Um diesem Kundenwunsch zufriedenstellend nachkommen zu können, hat sich Anja zuvor darüber informiert, was unter dem Stil der 70er Jahre zu verstehen ist. Sie hat dazu im Internet und in Büchern die folgenden Hinweise gefunden: langes Haar, Afrolook, Gegensätzlichkeiten in der Frisur durch Kombinationen von Fläche und Locke, Verwendung von Haarteilen, Blumenschmuck usw. Anja hat diese Hinweise in ihre Überlegungen zu einer möglichen Gestaltung einbezogen und freut sich darauf, der Kundin von ihrer Idee zu erzählen und sie für ihren Vorschlag „Saturday Night Fever" (Bild 1) zu begeistern.

Besondere Anlässe lassen sich nach den folgenden Gesichtspunkten beschreiben:

- Unter einem „besonderen Anlass" werden in einer Kulturgemeinschaft Feste, Feiern, Veranstaltungen und Begegnungen verstanden, die vom Alltag abweichen.
- Ein Merkmal des besonderen Anlasses ist auch die Art und Weise, wie man ihn (er)lebt. Hierzu können z. B. Bräuche angeführt werden, die sich durch große Emotionalität – also Freude, Begeisterung und Anteilnahme – auszeichnen. Beispiele dafür sind Karneval oder Veranstaltungen, die eher ernsthafter Natur sind.
- Zudem zeichnen sich derartige Anlässe in der Regel durch ihren repräsentativen Charakter aus. So feiern die Menschen in Räumen, die in besonderer Weise gestaltet sind, und auch ihre Kleidung und ihr Verhalten heben sich vom Alltäglichen ab.
- Schließlich ist für viele besondere Anlässe ganz typisch, dass sie in regelmäßiger Folge wiederkehren. Jahreszyklisch angelegte religiöse Feste sind z. B. Ostern, Weihnachten, Ramadan oder nationale politische Feste, wie z. B. „Tag der deutschen Einheit". Im Zusammenhang mit personenbezogenen Festen sind Geburt, Taufe, Kommunion und Konfirmation, Schulabschluss, Examen, Hochzeit sowie bei Tod die Trauerfeier zu nennen.

Auf jeden Anlass stellen sich die meisten Menschen in besonderer Weise ein. Sie tun das durch ein der Situation angemessenes Verhalten und Auftreten sowie Erscheinungsbild. Zum **Auftreten und Verhalten** gehören unter anderem die folgenden Punkte:

- Benehmen
- Kommunikationsbereitschaft
- Aktive Teilnahme
- Offenheit
- Respekt und Rücksichtnahme
- Körperhygiene

Bild 1 John Travolta in „Saturday Night Fever"

Das äußere Erscheinungsbild bezieht sich auf die folgenden Gesichtspunkte:
- Kleidung und Schuhe
- Frisur
- Make-up
- Nageldesign

Insbesondere was Frisurengestaltung, Make-up und Nageldesign betrifft, wird von der Friseurin eine auf den besonderen Anlass bezogene Beratung und Umsetzung erwartet. Diese muss sich an kundenspezifischen Gegebenheiten, wie z. B. Farbtyp, Kopfform, Körpergröße, Haarstruktur orientieren. Werden diese Gesichtspunkte in angemessener Weise berücksichtigt, steht der Umsetzung des geplanten Stylings nichts mehr im Wege.

3.1 Die offizielle Einladung

Bei der offiziellen Einladung werden die Gäste in der Regel schriftlich eingeladen. Dem Einladungsschreiben ist zu entnehmen, was der Anlass dafür ist, in welcher Umgebung das Ereignis stattfinden soll und zu welchem Zeitpunkt das geschehen soll. Gleichzeitig werden mit dem Einladungsschreiben manchmal Hinweise verknüpft, welche Kleidung erwartet wird und dass bei einer geplanten Teilnahme eine Rückmeldung erforderlich ist. Ist so ein Hinweis auf einen bestimmten Kleiderwunsch gegeben, muss davon ausgegangen werden, dass sich alle Gäste auch danach richten. Für das Erscheinungsbild (Bild 1) des weiblichen Gastes empfehlen sich:
- Entsprechend der Kleidung des Mannes – z. B. dunkler Anzug oder Smoking – eine passende Abendgarderobe
- Ein typgerechtes – eher dezentes – Make-up
- Ein sauber ausgearbeitetes Frisurenstyling
- Ein Nageldesign ohne extravagante Accessoires und schrille Farben

Bild 1 *Kleidung von Dame und Herr anlässlich einer offiziellen Einladung*

3.2 Der Empfang

Der Empfang ist gleichbedeutend mit einer offiziellen Begrüßung von Gästen, Mitarbeitern, Freunden, Verwandten etc. Anlässe für Empfänge sind z. B. Firmeneröffnungen/-erweiterungen, Amtseinführungen, Verabschiedungen, Jubiläen, Ehrungen und Auszeichnungen für besondere Leistungen.

Diese besondere Form der Begrüßung findet meist in ritualisierter Form statt. Das bedeutet, dass sich die – in der Regel schriftlich – geladenen Gäste zu einem festgelegten Zeitpunkt in besonders geschmückten (Fest)

Bild 2 *Seriöses Erscheinungsbild*

Räumen versammeln. Die Veranstaltung wird offiziell durch eine kurze Ansprache eröffnet.
Für das Erscheinungsbild des weiblichen Gastes (s. S. 450 Bild 2) empfehlen sich:

- Seriöse und gepflegte Kleidung
- Gedeckte Farben
- Unauffälliges Frisurenstyling
- Dezentes Make-up und Nageldesign

3.3 Das Fest am Abend

Das Fest am Abend wird gesellschaftlich höher eingestuft als ein solches am Tage. Hintergrund dafür ist ein ausgeprägter Rahmen, was den Raumschmuck des Veranstaltungsraumes, die Musik, das Menü sowie die Getränke angeht. Dies gilt insbesondere für das Bankett oder den Ball. Gäste eines solchen Ereignisses kleiden sich entsprechend festlich. Der Mann trägt einen dunklen Anzug, Frack, Smoking, Stresemann oder Cut. Die verschiedenen Kleidungsstücke unterscheiden sich darin, dass z. B. der Frack aus einer kurzen taillierten Jacke und einer schwarzen Hose mit Doppelstreifen, der Smoking aus einer weißen oder schwarzen Jacke und einer schwarzen Hose mit Längsstreifen und der Cut aus einer schwarzgrau gestreiften Hose und einer kurzen Jacke mit Schwalbenschwänzen besteht.

Für das Erscheinungsbild der Dame (Bild 1) empfehlen sich:

- Ein dunkles, elegantes kürzeres Kleid oder ein langes Abendkleid (je nach Anzug des Mannes)
- Das Tragen des besten und wertvollsten Schmucks
- Gepflegtes und seriöses Nageldesign
- Kräftigeres – jedoch nicht überzeichnetes – Make-up
- Eine gepflegte – meist mit Haarschmuck bestückte – Hochsteckfrisur

3.4 Der Opern- und Theaterbesuch

Der Besuch einer Oper oder Theaterveranstaltung wird ebenfalls als ein gesellschaftlich hochrangiges Ereignis angesehen. Im Gegensatz zu „gewöhnlichen" Theaterbesuchen, bei denen der Herr einen (dunklen) Anzug mit Krawatte trägt und die Dame ein schickes Kleid, erfordern besondere Veranstaltungen, wie Opernpremieren, wieder die festliche Kleidung. Der Herr trägt den Smoking, die Dame das Abendkleid. (Bild 1)

In diesem Zusammenhang empfiehlt sich für das Styling der Dame:

- Gepflegte, unauffällige Frisur, ggf. Hochsteckfrisur ohne Haarschmuck
- Etwas kräftigeres, typgerechtes Abend-Make-up
- Typgerechtes, sauberes und ruhiges Naildesign in klaren Farben

In den letzten Jahren ist der festliche Charakter eines gewöhnlichen Theaterbesuches etwas in den Hintergrund gerückt, sodass auch bei der „Kleiderordnung" lediglich der Anspruch an Eleganz und Qualität geblieben ist.

Bild 1 *Abendkleid*

3.5 Die Party

Neben diesen offiziellen und sehr förmlichen Festen gibt es auch Feiern, die in einem zwanglosen Rahmen stattfinden. Sie werden als Party oder in schlichterer Form auch als Fete bezeichnet. Sie unterliegen nicht oder nur eingeschränkt einer erwarteten Kleiderordnung oder ritualisierten Verhaltensweisen. Dennoch sollte darauf geachtet werden, das zu tragen, was im Bekannten- und Freundeskreis als zum Anlass passendes Outfit angesehen wird. Die Verständigung darüber, was „gängig" ist, ist relativ schnelllebig und stark orientiert an modischen und trendigen Entwicklungen. Entscheidend ist aber immer, dass das persönliche Outfit typgerecht, figurbezogen und gepflegt ist.

Eine besondere Form der Party ist die Cocktailparty. Sie zeichnet sich durch Kürze (in der Regel zwei Stunden) und Zwanglosigkeit aus. Außerdem sind Beginn und Ende auf den Zeitraum zwischen 17.30 Uhr und 21.00 Uhr festgelegt. Zu einer Cocktailparty wird die normale Tageskleidung getragen. Handelt es sich bei einer solchen Party jedoch um eine offizielle Veranstaltung, wird dazu schriftlich eingeladen. In diesem Fall gilt auch eine besondere Kleiderordnung. Der Mann trägt einen dunklen Anzug und die Frau ein Cocktailkleid (Bild 2). Dieses Kleid (von Coco Chanel in den 20er Jahren kreiert) ist figurbetont geschnitten und reicht bis zu den Waden. Es wirkt feminin und ist zugleich ein festliches Kleidungsstück. Manchmal wird es mit einer kurzen Jacke kombiniert.

In diesem Zusammenhang empfiehlt sich für das Styling der Dame:
- Eine sportliche Kurzhaarfrisur, ggf. im Stile des Bubikopfes
- Ein blasses Make-up mit etwas Rouge, kräftig ausgemalte Lippen, dunkles Augen-Make-up und dünn gezupfte Augebrauen
- Dunkelroter Nagellack

3.6 Karneval

Im Zeitraum von November bis Aschermittwoch wird Karneval, Fastnacht oder Fasching in ausgeprägter Fröhlichkeit gefeiert. Die Menschen nutzen dieses besondere Fest, um ausgelassen der Tristesse des Alltags in verschiedenen Rollen zu entfliehen. Dieser Brauch hat seinen Ursprung darin, die dunkle und bedrückende Zeit des Winters zu vertreiben. Insbesondere durch das Maskieren (Bild 1) sollten böse Kräfte vertrieben werden.

Beim Styling macht die jeweils gewählte Rolle eine spezifische Gestaltung erforderlich. Lediglich die folgenden Gestaltungsprinzipien gelten als absolutes Muss:
- Überzeichnung
- Kreativität und Fantasie
- Rollenbezogener Wiedererkennungswert

***Bild 1** Geschminkte Karnevalsmaskierung*

***Bild 2** Modernes Cocktailkleid*

3.7 Personenbezogene Feste

Neben den großen gesellschaftlichen Festen gibt es im privaten und persönlichen Bereich genügend Anlässe zu feiern. Hier sind insbesondere Taufe, Kommunion, Abiturfeier und Hochzeit zu nennen. Diese Familienfeste erfordern für den teilnehmenden Personenkreis ebenfalls ein auf den Anlass bezogenes Erscheinungsbild.

3.7.1 Hochzeit

Die Hochzeit ist eines der größten Feste in der Familie und wird daher gemeinhin als der schönste Tag im Leben der Brautleute bezeichnet. Das Schöne dieses Tages unterstreicht insbesondere die Braut durch das Tragen des traditionellen Brautkleides. Das Styling ist insgesamt seriös und unterstreicht den Typ der Braut. Besonderer Schmuck hebt die Bedeutsamkeit des Anlasses hervor. Folgende Merkmale sollten beim Styling der Braut bedacht werden:

- Natürliche Frisurengestaltung mit eingearbeitetem Haarschmuck, häufig auch Hochsteckfrisuren
- Dezentes und typbezogenes Tages-Make-up
- Geschmackvolles – mit dem Schmuck harmonierendes – feines Nageldesign

Bild 1 Hochzeitspaar

Für die weiblichen Hochzeitsgäste gilt bezüglich der Kleiderordnung, dass das Weiß ausschließlich der Braut vorbehalten ist. Mit Blick auf das in der Regel lange Brautkleid können sie ebenfalls in langen Kleidern erscheinen. Sie sollten jedoch darauf achten, dass ihr Styling nicht zu auffällig gestaltet ist und sie sich damit nicht gegenüber der Braut hervorheben. Die Herren tragen üblicherweise einen schwarzen Anzug und stellen damit sicher, dass sie nicht feierlicher erscheinen als der Bräutigam.

3.7.2 Taufe, Konfirmation/ Kommunion, Geburtstag

Taufe, Konfirmation, Kommunion und Geburtstag werden meist innerhalb der Familie oder im kleinen Kreis mit Verwandten, Freunden und Bekannten gefeiert. Die anwesenden Gäste kennen sich gut, sodass in der Regel keine fest vorgeschriebene Kleiderordnung besteht. Allerdings sollte das Outfit schon danach ausgewählt werden, was zu dem Kreis der Freunde passt. Das typgerechte Styling darf sehr individuell und ausgefallen gearbeitet sein. Für den jungen weiblichen Gast empfehlen sich:

- Modische bis trendige Frisur
- Wechselnde Farb- und Lichteffekte in der Haarfarbe
- Individuelles Make-up
- Ausgefallenes Naildesign

3.7.3 Trauerfeier

Auch aufgrund der Teilnahme an einer Trauerfeier wenden sich Kunden zur Beratung für das passende Erscheinungsbild an Sie als Friseurin. In Europa gilt Schwarz als Zeichen der Trauer. Dementsprechend sind die Kleidungsstücke des Herrn der dunkle Anzug, die schwarze Krawatte, schwarze Strümpfe und Schuhe.

Zur dunklen Bekleidung wird das weiße Hemd getragen, das im Gegensatz zu einem schwarzen weniger modisch erscheint. Auch für die Damen ist die schlichte schwarze Kleidung angezeigt. Das Styling fällt dezent aus und sollte folgende Merkmale aufweisen:

- Nichtaktivierte Textur in der Frisurgestaltung
- Unauffälliges Make-up
- Nägel mit einfarbigem Decklack
- Wenig Schmuck

4 Der besondere Anlass

SZENARIO

Eine Kundin äußert im Beratungsgespräch mit Anja, dass sie in Kürze bei einer Touristikmesse als Repräsentantin den Stand eines japanischen Reiseunternehmens betreuen wird. Sie hat für das Styling eine entsprechende Bildvorlage mitgebracht (Bild 1). Ihr Wunsch ist, dass für das Styling traditionelle und moderne Stylingmerkmale vermischt werden, damit sie sowohl auffällt, als auch in ihrer Funktion als Repräsentantin des Landes zu erkennen ist. Anja will versuchen, die Vorlage und die typischen Gegebenheiten ihrer Kundin bei der Planung und Umsetzung des Stylings gleichermaßen zu berücksichtigen.

4.1 Arbeitsschritte planen, durchführen und nachbereiten

Das Styling zu einem besonderen Anlass ist eine komplexe Handlung, die zahlreiche Planungsüberlegungen notwendig macht, bevor die Dienstleistung ausgeführt werden kann. Zum Schluss muss das Ergebnis überprüft werden. Nachfolgend ist die Vorgehensweise detailliert erklärt.

4.1.1 Informieren

Zunächst legen Sie mit der Kundin fest, zu welchem Anlass das Styling erfolgen soll. Solche Anlässe sind etwa Hochzeiten, Bälle, Empfänge usw. Anschließend muss das „Thema" festgelegt werden. Darunter ist zu verstehen, welche Rolle die Kundin im Zusammenhang mit dem Anlass einnimmt.

Beispiel:
Anlass: Hochzeit
Themen: z. B. Braut, Brautjungfer, Hochzeitsgast

Beispiel:
Anlass: Karnevalsfeier
Themen: z. B. Pirat, Tiger, Hofdame

Beispiel:
Anlass: Beachparty
Themen: z. B. Badenixe, Lambadatänzerin

Das Styling umfasst Frisur, Farbgebung, Make-up und Naildesign. Zu jedem Thema müssen Sie überlegen, welche grundsätzlichen Merkmale das Styling erfordert.

Wenn Ihnen klar ist, welches Thema umgesetzt werden soll, informieren Sie sich über anlass- und themenbezogene Stylingmerkmale (z. B. welche Frisur getragen wird und welche Merkmale das Make-up hat). Weiterhin erfragen Sie individuelle Voraussetzungen der Kundin.

Befragungsaspekte: Vorstellung der Kundin, Kleidung und Schmuck, Unverträglichkeiten, Allergie, Haarpflege

4.1.2 Ausgangssituation analysieren

Sie verschaffen sich durch Betrachten und Untersuchen ein eigenes Bild.

Bild 1 *Bildvorlage zur Touristikmesse*

Beurteilungsaspekte (s. Behandlungsplan): Vorbehandlungen, Haarqualität, Haarstärke, Wirbel, Wuchsrichtung, Hauttyp, Farbtyp, Körperform, Kopfform, Augen- und Gesichtsform, Nagelform

4.1.3 Entscheiden

Ein zielgerichtetes Arbeiten erfordert ein geplantes Vorgehen. Hierzu erstellen Sie einen Arbeitsplan, in dem Sie alle erforderlichen Schritte in sachlogischer Reihenfolge nacheinander auflisten. Folgende Vorgehensweise bietet sich an, Variationen sind je nach Gegebenheiten und Kundenwunsch notwendig:

1. Schnitt
2. Umformung
3. Farbbehandlung
4. Formgebung (Frisur, Haarschmuck)
5. Make-up
6. Anlegen der Kleidung zum Anlass
7. Dekorative Nagelgestaltung

Für die tatsächliche Planung ist eine detaillierte Beschreibung (Planungsmatrix) der einzelnen Facharbeiten notwendig.

4.1.4 Handeln

Bei der Einrichtung des Arbeitsplatzes legen Sie alle benötigten Materialien und Werkzeuge bereit. Während der Durchführung der Arbeitsschritte müssen Sie immer wieder für Ordnung sorgen, damit der Überblick nicht verloren geht oder durch z. B. Farbreste und Make-up-Produkte die Kleidung der Kundin verunreinigt wird. Grundsätzlich achten Sie auch auf die Einhaltung der TRGS 530 und sonstige arbeitsschutzrechtliche Bestimmungen.

4.1.5 Nachbereiten

Nach Beendigung der Arbeit betrachten Sie das Endergebnis kritisch und nehmen notwendige Korrekturen vor. Im Rahmen der Nachbereitung sollten sie die folgenden Kriterien berücksichtigen:

- Übereinstimmung der Haarfarbe mit dem Arbeitsplan
- Ergebnis und Ausführung der Farbe
- Übereinstimmung der Frisur mit der Vorlage
- Sauberkeit des Make-ups

Bild 1 *Längenkontrolle*

- Auswahl der Make-up-Farben mit Blick auf den Farbtyp und den besonderen Anlass
- Ausführung des Nagel-Designs hinsichtlich Sauberkeit und Übereinstimmung mit der Vorlage
- Harmonische Erscheinung der gesamten Gestaltungsarbeit mit Blick auf den besonderen Anlass

Treten Fehler auf, müssen Sie diese korrigieren. Zur Kontrolle des Arbeitsergebnisses (Bild 1) und zu Fehlerkorrekturen, z. B. beim Haarschnitt oder bei der Formveränderung geben die vorangegangenen Lernfelder viele hilfreiche Hinweise.

Nicht zuletzt zählt auch das Urteil der Kundin, denn diese muss sich mit dem Ergebnis wohlfühlen. Geben Sie der Kundin Ihrerseits eine positive Rückmeldung, wenn es darum geht, sie vom Ergebnis zu überzeugen.

Um mögliche Fehlerquellen im Vorfeld zu identifizieren und auszuschließen oder zukünftig zu vermeiden, ist es in manchen Fällen sinnvoll, zuvor mindestens einen Übungstermin zu vereinbaren.

Im Anschluss finden Sie vier Beispiele für „komplexe Friseurdienstleistungen" (ab S. 460). Die jeweiligen Entscheidungen werden in Textform in einen direkten Bezug zu Gegebenheiten, Besonderheiten und Problemen der Kundinnen gebracht und in Schritt-für-Schritt-Anleitungen erklärt.

4.2 Anlass 1: Bewerbungsgespräch

Planungsmatrix

Informieren

Kundin: Frau Simone Tewes

Besonderer Anlass: Bewerbungsgespräch

Thema: Styling für ein Bewerbungsgespräch als Angestellte bei einer Bank

Kleidung und Schmuck zum Anlass:
Dunkles Sakko in gedecktem Blau, weiße Bluse, kleine Kristallohrstecker

Anlass- und themenbezogene Stylingmerkmale und Kundenerwartungen:

Frisur	Make-up	Dekorative Nagelgestaltung
Schnitt: • Deckhaare sollen länger bleiben, Volumen am Hinterkopf • Die ausdrucksvollen Augen sollen hervorgehoben werden • pflegeleicht • modern, frech Farbe: • Grauabdeckung gewünscht • Modisch dezenter Farbton Styling: • Einfach zu stylen	• Die ausdrucksvollen Augen sollen hervorgehoben werden • Lippen sollen dezent und seriös geschminkt werden • Rötungen abdecken, um ebenmäßigen Teint zu erreichen	• Dezent • French-Lack für gepflegten Eindruck • Wenig kürzen

Ausgangssituation analysieren

Gegebenheiten, Besonderheiten und Probleme der Kundin (festgestellt anhand der Behandlungspläne):

- **Schnitt:** kurze Haarlänge, strapazierte Längen und Spitzen
- **Farbgebung:** 2 cm Haaransatz mit hohem Weißanteil, leicht strapazierte Haarstruktur in Längen und Spitzen
- **Formgebung:** Kurze Haare, normale Sprungkraft, normale Haarstärke
- **Make-up:** farblose, diffuse Augenbrauen, wenig Wimpern, ausgeprägte Kieferknochen, leichte Erhebung unter der Nasenwurzel, störende Rötungen, Brillenträgerin, etwas zu dünne Oberlippe, leicht ausgeprägte Nasolabialfalten
- **Nägel:** oval, ohne Nagelverlängerung, brüchig, wenig Länge

Bild 1 Zickzackscheitel

Entscheiden und Handeln

1. Schnitt
Techniken: Das Deckhaar bleibt länger, um den Frisurenschwerpunkt und das Volumen im hinteren Oberkopfbereich zu halten. Oberhalb der Hutlinie wird die Oberkopfpartie spitz nach hinten zulaufend abgeteilt (s. S. 460, Bild 1). Der Wirbelbereich bleibt dadurch etwas länger. Im 45°-Winkel wird die erste Schnittlinie am Hinterkopf festgelegt (s. S. 460, Bild 1) und um den Kopf herum als variable Stufung weitergeführt. Die Seiten werden nach vorne hin stationär geschnitten. Im Anschluss werden die Kontur über dem Ohr (Bild 1) sowie die Koteletten mit der Schere erarbeitet (Bild 2).

Die Nackenkontur wird mit dem Razor gesoftet. Dies ergibt eine weiche, fransige Struktur, welche dem Kundenwunsch nach einer modernen und frechen Frisur entspricht.

Von einem Punkt am linken Oberkopf aus werden nun Sektionen sternförmig abgeteilt (Bild 3) und anschließend in Kopfrundung vom Ausgangspunkt nach außen mit dem Razor gekürzt. Die Verbindung vom Hinterkopf zum Oberkopf wird mittels Razor erarbeitet. Der Pony wird asymmetrisch gesliced.

2. Keine Umformung notwendig

3. Farbbehandlung
Zielfarbe: Dunkelblond mit Akzenten, um Lebendigkeit zu erreichen.

Produktauswahl und Farbrezeptur: Oxidative Haarfarbe (Dunkelblond im Mischungsverhältnis 1:1 mit 6%igem H_2O_2) und Intensivtönung (Dunkelblond im Mischungsverhältnis 1:2 mit 1,5%igem H_2O_2), Folien: Blondierung mit 6%igem H_2O_2.

Auftragetechnik: Die Ansatzfärbung in Kreuzscheiteltechnik wird aufgrund des hohen Weißanteils am Vorderkopf begonnen, um dort eine längere Einwirkzeit zu gewährleisten. Nach der Ansatzfärbung werden die Augenbrauen gezupft (Bild 4) und die Wimpern und Augenbrauen gefärbt (Bild 5). Dann wird die Blondierung auf die Folien im Vorderkopfbereich aufgetragen (Bild 5). Direkt im Anschluss wird die Intensivtönung in Längen und Spitzen durchgezogen, dies schädigt die leicht strapazierten Haare weniger als eine oxidative Haarfarbe. Nach der Einwirkzeit werden die Folien herausgenommen und die Blondierung ausgewaschen. In diese aufgehellten Strähnen wird beim Auswaschen die Farbe/Intensivtönung emulgiert, sodass die Strähnen ebenfalls leicht Farbe annehmen. Das Ergebnis ist ein lebendiger Ton-in-Ton-Effekt.
Einwirkzeit oxidative Haarfarbe: 30 Min. ohne Wärme
Einwirkzeit Blondierung und Intensivtönung: 20 Min. ohne Wärme

Nachbehandlung: Haarkur für coloriertes Haar

4. Formgebung
Föhnen und Styling: Die Haare werden mit Schaumfestiger versehen und über eine große Rundbürste in Fallrichtung geföhnt (Bild 6). Das Finish erfolgt mit Haarwachs und Haarspray. Dabei werden die Haare an den Konturen des Gesichts ausgehend vom Pony bis zu den Koteletten mit Haarwachs fransig ins Gesicht gezupft. Auch innerhalb der Frisur wird mit Haarwachs gearbeitet, um die aktivierte Textur zu akzentuieren.

Produkte/Finish: Schaumfestiger (normaler Halt), Haarwachs, Haarspray

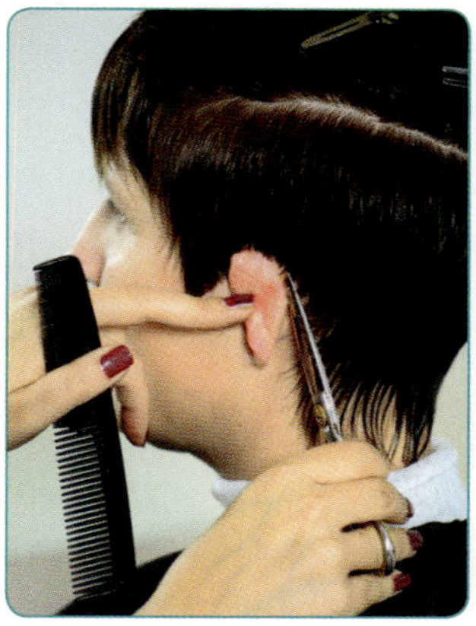

Bild 1 *Seitenkontur am Ohr*

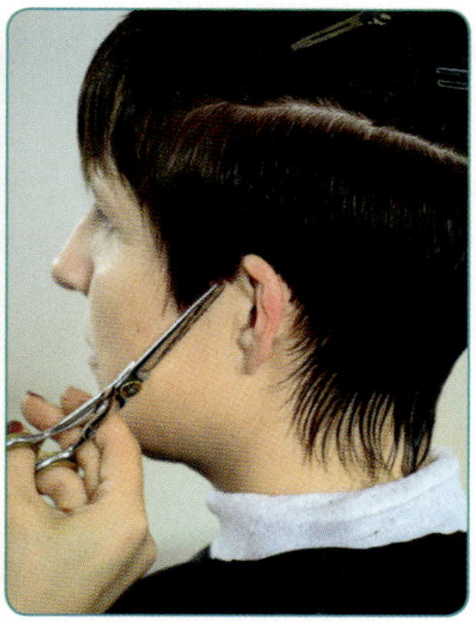

Bild 2 *Koteletten*

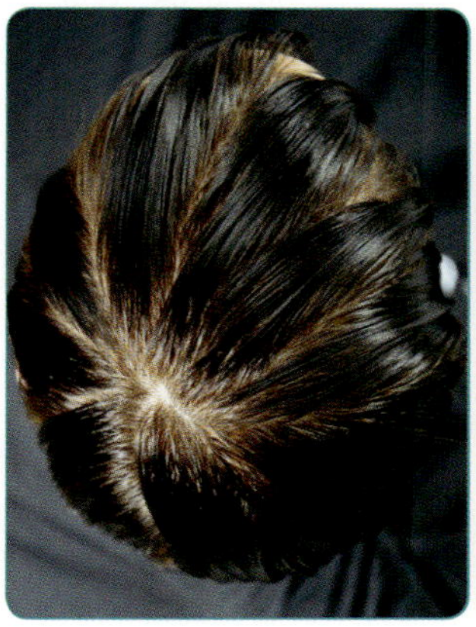

Bild 3 *Sternförmige Abteilung*

Bild 4 *Augenbrauen zupfen*

Bild 5 *Foliensträhnen*

Bild 6 *Föhnen über Rundbürste*

5. Make-up

Techniken und Produkte: Nachdem die Rötungen mit grünem Camouflage abgedeckt werden, erfolgt eine Grundierung im Hautton (Bild 1). An den ausgeprägten Kieferknochen wird mit Camouflage (2 Töne dunkler als die Grundierung) modelliert, sodass diese optisch zurücktreten. Ein Highlighter in den Nasolabialfalten erzeugt Höhen und kaschiert diese somit. Anschließend wird das Gesicht abgepudert.

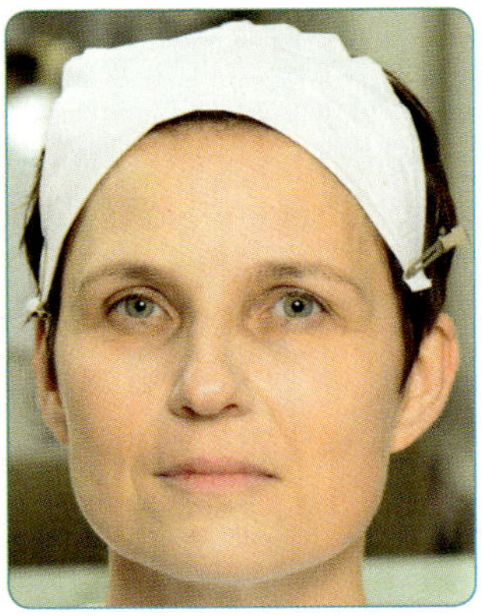

Bild 1 *Grundierung*

Das Augenmake-up (Bild 2) wird in Bananentechnik mit gedeckten, pudrigen Tönen erarbeitet und die Augenkontur mit grauem Eye-Liner hervorgehoben.

Dadurch sollen, wie von der Kundin gewünscht, die Augen betont werden. Anschließend wird schwarze Wimperntusche aufgetragen. In Bild 2 ist im Vergleich deutlich zu erkennen, dass das geschminkte Auge viel ausdrucksvoller wirkt, als das ungeschminkte Auge. Zur Vergrößerung der etwas zu kleinen Oberlippe wird weißer Lip-Liner am äußeren Rand der Oberlippenkontur aufgetragen. Dies verhindert gleichzeitig auch ein „auslaufen" des Lippenstiftes in die kleinen Fältchen der Lippenkontur. Anschließend wird der gesamte Mund mit Lippenstift versehen. Den letzten Schliff erhält das Make-up durch Modellierpuder, der auch gleichzeitig als Rouge dient (Bild 3). Zum Schluss werden Einmalwimpern im äußeren Bereich des Oberlids zwischen die Wimpern gesetzt, um diese zu verdichten und die Augen zusätzlich zu betonen.

6. Anlegen der Kleidung

7. Dekorative Nagelgestaltung

Techniken: Die relativ kurzen Nägel werden nach der Maniküre in French-Technik lackiert (Bild 4), um diese möglichst natürlich und gepflegt erscheinen zu lassen, ohne dabei auffällig zu wirken. Dazu wird zunächst eine Schicht Klarlack aufgetragen (alternativ könnte ein heller Roséton verwendet werden), dann werden die Nagelspitzen mit einem schmalen bogenförmigen Streifen weißen Lacks versehen und zum Abschluss erfolgt die Versiegelung mit einer weiteren Schicht Klarlack. Auf eine Verzierung wird verzichtet, um dem Kundenwunsch nach einer dezenten Gestaltung gerecht zu werden.

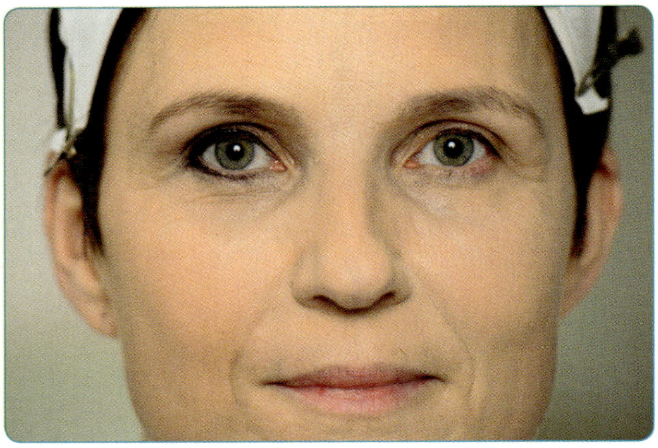

Bild 2 *Augenmake-up vorher und nachher*

Bild 4 *French-Technik*

Bild 3 *Modellierpuder*

Bild 5 *Fertiges Styling für das Bewerbungsgespräch*

4.3 Anlass 2: Opernball

Planungsmatrix

Informieren

Kundin: Frau Clara Sommer

Besonderer Anlass: Opernball

Thema: Gast beim Opernball

Kleidung und Schmuck zum Anlass:

Festliche schwarze Longjacke, weißes Blusentop, am Decolleté mit silbernem Rand abgesetzt, silberne und goldene Ohrringe mit Kristallen

Anlass- und themenbezogene Stylingmerkmale und Kundenerwartungen:

Frisur	Make-up	Dekorative Nagelgestaltung
Schnitt: • Mittlere Haarlänge erforderlich • typgerecht, alltagstauglich Farbe: • Dunkles Blond • Lichtreflexe wie von der Sonne aufgehellt (Balayage, Two-Tone-Look) Styling: • Elegante Abendfrisur mit Volumen • Für den Alltag gut zu frisieren	• Typgerechte Farben • Künstliche einzelne Wimpern • Augen ausdrucksvoll schminken, Schlupflid heben • Lippenstift und Lipliner in kühlem, kräftigem Rot • Hautbild ebenmäßiger erscheinen lassen, Linien ausgleichen	• Harmonierend mit Make-up und Kleidung • Offen für Ideen • Aufwendige Gestaltung, z. B. Ombre-Technik

Ausgangssituation analysieren

Gegebenheiten, Besonderheiten und Probleme der Kundin (festgestellt anhand der Behandlungspläne):

- **Schnitt:** ungleichmäßig gestuft, Naturwellen müssen am Wirbel besonders berücksichtigt werden, da sich die Haare dort leicht hoch ziehen
- **Farbgebung:** ca. 2 cm Ansatz, 95 %iger Weißanteil, an den Konturen ist die Farbe dunkler als der Rest, leichter Mattschimmer, poröse, sehr aufnahmefähige Haare
- **Formgebung:** feine Haarstärke, normale Haarfülle
- **Make-up:** kalter Farbtyp, grüne Augen, Schlupflid, leicht asymmetrische Lippen, mimische Falten, Teleangiektasien, ovales Gesicht
- **Nägel:** ovale Nägel, Länge vorhanden, oval in Form gefeilt

Bild 1 Objektverschiebung

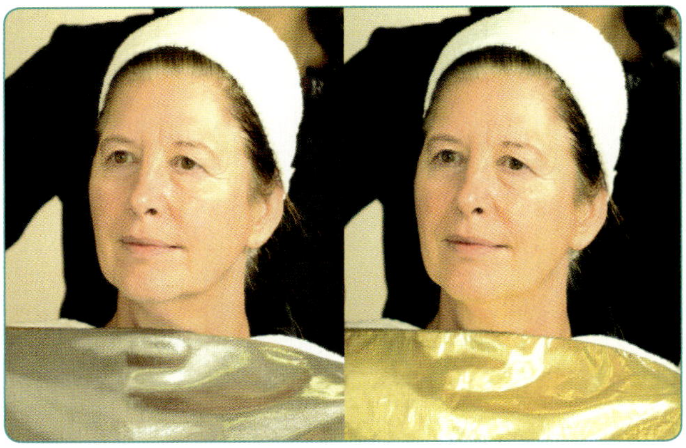

Bild 1 Farbtypbestimmung

Entscheiden und Handeln

Vor der Behandlung wird bei der Kundin mithilfe von Farbtüchern eine Farbtypbestimmung durchgeführt (Bild 1), da unklar ist, ob es sich um einen eher warmen oder eher kalten Farbtypen handelt. Dabei wird festgestellt, dass es sich um einen tendenziell kalten Farbtypen handelt. Der Kundin wird daher empfohlen, den Silberschmuck anzulegen, den sie mitgebracht hat. Auch die Farben des Make-ups und die Nagellackfarben werden darauf abgestimmt.

1. Schnitt

Techniken: Der Haarschnitt ist in Grundzügen bereits vorhanden. Zunächst wird die Kontur festgelegt. Im Anschluss daran werden die ungleichmäßig gestuften Seiten daran angeglichen. Eine ansteigende Stufung bildet die Grundlage des Haarschnittes, wobei die Länge am Wirbel erhalten bleibt, damit sich die Haare in diesem Bereich nicht hochziehen. Durch eine Objektverschiebung s. S. 463, Bild 1 wird diese Stufung vervollständigt. Dabei wird darauf geachtet, dass die Länge so gestaltet wird, dass die Kundin die Haare noch hinter die Ohren stecken kann, da eine alltagstaugliche Frisur gewünscht ist.

2. Keine Umformung notwendig

3. Farbbehandlung

Zielfarbe: Dunkelblond mit hellen, natürlich wirkenden Farbakzenten, wie „von der Sonne aufgehellt".

Produktauswahl und Farbrezeptur: Oxidative Haarfarbe (3 Teile Dunkelblond und 1 Teil Dunkelgoldblond im Mischungsverhältnis 1:1 mit 6%igem H_2O_2), Intensivtönung (1 Teil Dunkelblond und 1 Teil Mittelgoldblond im Mischungsverhältnis 1:2 mit 1,5%igem H_2O_2) und Blondierung mit 3%igem H_2O_2. Auftragetechnik: Die Ansatzfärbung in Kreuzscheiteltechnik wird aufgrund des hohen Weißanteils am Vorderkopf begonnen (Bild 2), um dort eine längere Einwirkzeit zu gewährleisten und ein gleichmäßiges Farbergebnis zu erzielen. Nach der Kontrolle der Konturen werden die Längen und Spitzen mit der Intensivtönung versehen (Bild 3). Diese ist heller gewählt als die Farbe für den Ansatz, da die Haare aufgrund ihrer Porosität sehr aufnahmefähig sind und daher die Gefahr besteht, dass sie bei gleicher Rezeptur dunkler würden als der Ansatz.

Nachdem die Intensivtönung aufgetragen ist, werden Passés in kleinen Dreiecken abgeteilt. Die seitlichen Strähnen der Passés werden mit Blondierung bearbeitet (Bild 4), das untere Drittel wird komplett mit Blondierung versehen. Dazu werden die Haare auf einen großen Spatel gelegt und mit einem Pinsel flächig mit der Blondierung bestrichen (Bild 5). So entsteht ein Aquarelleffekt (Balayage, Two-Tone-Look), der dem Wunsch der Kundin nach einem Farbton mit natürlichen Akzenten entspricht. Der Übergang zwischen den zwei Farbtönen ist dabei ganz weich und wirkt dadurch besonders natürlich.

Nach Beendigung der Einwirkzeit werden Farbe, Intensivtönung und Blondierung in einem Schritt ausgewaschen.

Einwirkzeit oxidative Haarfarbe: 35 Min. ohne Wärme
Einwirkzeit Blondierung und Intensivtönung: 25 Min. ohne Wärme

Nachbehandlung: Haarkur für coloriertes Haar

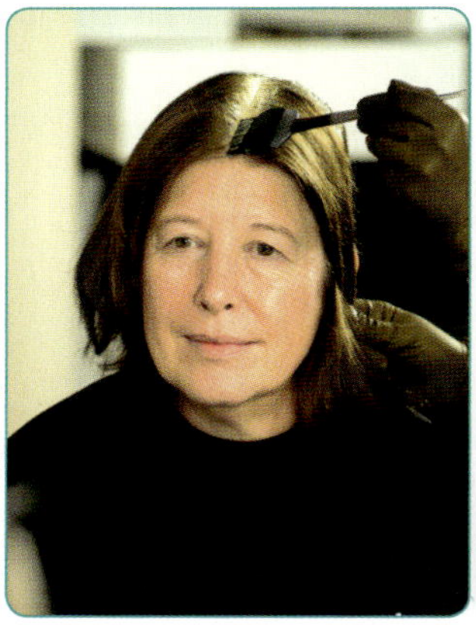

Bild 2 Ansatzfärbung

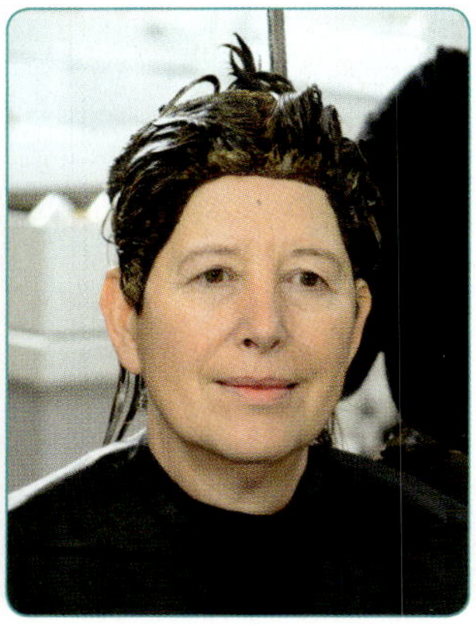

Bild 3 Intensivtönung

Bild 4 Balayage Schritt 1

Bild 5 Balayage Schritt 2

4. Formgebung

Föhnen und Styling: Die Haare werden mit Schaumfestiger versehen und mit dem Föhn getrocknet. Anschließend erfolgt das Aufdrehen in Frisurenrichtung auf Heißwickel (Bild 1). Durch die Heißwickel wird mehr Spannung und damit auch mehr Sprungkraft erzeugt als beim Föhnen. Dadurch können das gewünschte Volumen und eine gute Haltbarkeit der Frisur erreicht werden. Das Finish erfolgt mit Haarspray.

Produkte/Finish: Schaumfestiger für normalen Halt, Haarspray

5. Make-up

Techniken und Produkte: Mit grünem Camouflage werden die Rötungen abgedeckt, auch an den Ohren. Ein Anti-Age-Make-up (Bild 2) reflektiert das Licht und gleicht damit feine Linien aus, Compact-Puder wirkt Glanz entgegen. Das Augen-Make-up wird mit pudrigen Tönen in Fächertechnik von innen nach außen dunkler werdend aufgetragen. Damit soll das Schlupflid optisch angehoben werden. Anschließend wird am Oberlid flüssiger grauer Eyeliner darüber gelegt, am Unterlid kommt smaragdfarbener Kajal zum Einsatz. Danach werden die Wimpern mit Wimperntusche versehen. Das Augen-Make-up wird mit Einzelwimpern im äußeren Bereich des oberen Wimpernkranzes abgerundet. Das Ergebnis sind offene und ausdrucksvolle Augen (Bild 3). Die Augenbrauen werden mit einem Augenbrauenstift nachgezeichnet.

Die leicht asymmetrischen Lippen werden mit Lipliner ausgeglichen und mit einem Lippenstift in einem kräftigen Fuchsiaton ausgemalt (Bild 3).

Bild 4 *Nägel in Ombre-Technik*

Mit einem passenden Rouge wird dem Gesicht mehr Strahlkraft verliehen.

6. Dekorative Nagelgestaltung

Techniken: Die Nägel werden nach dem Auftragen eines Unterlackes mit einem Nagellack versehen.

Anschließend wird mit der Ombre-Technik gearbeitet (Bild 4). Dazu wird mit farbigem grobporigen Schwämmchen zunächst schwarzer Nagellack von der Spitze auslaufend in Richtung Nagelmöndchen aufgetragen. Dem festlichen Anlass angemessen wird Lack in silberfarbener Glitzeroptik über den schwarzen Lack getupft und mit Decklack versiegelt.

Bild 1 *Heißwickel*

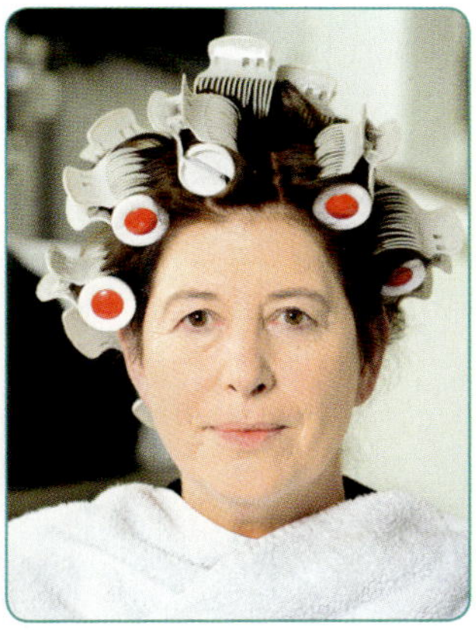

Bild 2 *Anti-Age-Make-up*

Bild 3 *Augen- und Lippen-Make-up*

Bild 5 *Fertiges Styling für den Opernball*

4.4 Anlass 3: Hochzeit

Planungsmatrix

Informieren

Kundin: Frau Sandra Droste

Besonderer Anlass: Hochzeit

Thema: Braut

Kleidung und Schmuck zum Anlass:

Brautkleid, Haarschmuck

Anlass- und themenbezogene Stylingmerkmale und Kundenerwartungen:

Frisur	Make-up	Dekorative Nagelgestaltung
Schnitt: • Symmetrisch • Langhaarfrisur Farbe: • Hellblond/Extralichtblond • Im Vorderkopfbereich Highlights Styling: • Seriös, elegant	• Typgerechte Farben • Künstliche Wimpern • Augen ausgleichend betont	• Harmonierend mit Make-up und Kleidung • Fantasievoll • Perlen

Ausgangssituation analysieren

Gegebenheiten, Besonderheiten und Probleme der Kundin (festgestellt anhand der Behandlungspläne):

- **Schnitt:** normale Haarstärke, normale Haarfülle
- **Farbgebung:** poröse Haarstruktur, vorblondierte Strähnen, oxidativ gefärbte Haare
- **Formgebung:** Hochstecken, Volumen durch Curling
- **Make-up:** kalter Farbtyp, blaue Augen, heller Hautton, leichte Rötungen
- **Nägel:** oval, mittlere Länge

Bild 1 Slicetechnik

Entscheiden und Handeln

1. Schnitt

Bezüglich des Haarschnittes haben sich Kundin und Friseurin auf eine kompakte Form geeinigt. Diese ermöglicht bei angestrebter Beibehaltung der Grundlänge die Umsetzung der verschiedenen Formelemente der Hochsteckfrisur. Für ein rückenschonendes Arbeiten sowie die regelmäßige Präzisionskontrolle der Konturenlinie wird der Schnitt im Stehen erarbeitet.

Mit der ersten Abteilung im Hinterkopfbereich wird die Grundlänge bestimmt und geschnitten. Die weiteren Abteilungen richten sich auf diese Grundlinie aus und werden ohne Spannung geschnitten (Bild 1).

Anschließend muss der Längenangleich an die Seiten erfolgen. Der Vorderkopfbereich schließt sich symmetrisch in schräger und gepointeter Linienführung an die Grundlinie der Seiten an. Ist dieser Vorgang an beiden Seiten vollzogen, entwickelt sich die typische konkave Form (Bild 2).

2. Keine Umformung notwendig

3. Farbbehandlung

Zielfarbe: Mischung aus Naturton- sowie Extra – Lichtblondsträhnen.

Produktauswahl und Farbrezeptur: Zur Anwendung kommen oxidative Haarfarben, die sich im naturtonbezogenen Bereich aus der Mischung der Farben Mittelblond und Hellblond in der Nuancierung Gold (Verhältnis 1:1) und der gleichen Menge an 6%igem H_2O_2 zusammensetzen. Für die Strähnen im Extra-Lichtblondbereich werden die Farben Extra –Lichtblond in den Nuancierungen Braun und Asch (11.07 und 11.01) zu gleichen Teilen vermengt und mit der gleichen Menge an 12%igem H_2O_2 gemischt.

Auftragetechnik: Zunächst wird der Arbeitsplatz eingerichtet. Hierbei ist es notwendig, dass die erforderlichen Geräte und Materialien vollständig und übersichtlich angeordnet bereitgestellt werden. Dieses erleichtert das systematische und zielgerichtete Vorgehen.

Bild 1 *Orientierung Grundlinie*

Bild 2 *Konkave Ponypartie*

Anschließend teilt sich die Friseurin einen Kreuzscheitel ab und steckt die Haare der einzelnen Sektionen hoch.

Danach wird die Hutlinie gerade abgeteilt und die erste Strähne zentral am Hinterkopf genommen. Die angemischte Farbmasse aus 11,07 und 11,01 und 12%igem H_2O_2 wird, nachdem eine Folie unterlegt ist, 5 mm vom Ansatz auf die Strähne aufgestrichen. Die Spitzen werden hierbei bewusst ausgelassen, um eine zusätzliche chemische Belastung bei bereits vorhandener Strukturschädigung auszuschließen (Bild 3).

Zur Vermeidung von Balken am Ansatz werden die einzelnen Passés webend (Bild 4 und 5) abgeteilt. In regelmäßigem Wechsel wird nach jeweils zwei Abteilungen die dritte mit einer Farbmischung aus 7,0 und 8,3 sowie 6%igem H_2O_2 eingestrichen.

Diese Farbkomposition nimmt die Tiefe und Richtung des Naturtones auf und soll das Gesamtergebnis der Farbe als nicht zu flächig und einheitlich erscheinen lassen.

Einwirkzeit oxidative Haarfarbe: Ohne Wärme 30 Minuten

Nachbehandlung: Haarkur für coloriertes Haar

4. Formgebung

Bild 3 *Schonung der Spitzen*

Bild 4 *Gewebtes Passé*

Bild 5 *Passé mit 5 mm Abstand zum Haaransatz*

Bewegung im Haar: Nach Abschluss der Farbbehandlung wird das Haar trockengeföhnt.

Das anschließende Erarbeiten von Locken mit dem Curler dient den späteren Zielen, daraus natürliche Bewegungen des Haares und zusätzlich das notwendige Volumen für die Frisur zu entwickeln.

Als Besonderheit dieser Arbeit gilt es anzumerken, dass die Richtung des Eindrehens stets variiert, um vielfältige Interpunktionen der Frisurengestaltung zu ermöglichen (Bild 1).

Styling: Am Hinterkopf wird ein Passé schräg nach rechts abgeteilt, glatt gearbeitet und mit Gummi fixiert. Anschließend toupiert man davon zwei Sektionen an und formt sie zu einem Chignon.

Die nächste Abteilung wird oberhalb davon genommen, mit einem Kamm geglättet, von Hand eingedreht und mit Nadeln fixiert. Nun fügt sich an diese Textur ein ebenfalls geglättetes und in der Hand gedrehtes Passé von der linken Seite an (Bild 2).

Durch dieses Vorgehen wird die Schaffung von Volumen und Akzentuierung mit einem Schwerpunkt der Frisur auf der rechten Seite angelegt. Zur Auflösung der Kompaktheit laufen einzelne Locken verspielt ineinander. Anschließend nimmt man auf der linken Seite in Höhe der Hutlinie eine Strähne, kordelt sie und führt sie dann parallel zum rechten Hinterkopf.

Oberhalb der Hutlinie wird nun eine Abteilung am Hinterkopf antoupiert, um Volumen am Oberkopf zu schaffen. Anschließend erfolgen das flächige Auskämmen des Passés und seine Ausrichtung nach hinten rechts.

Auf diese Schicht wird in einer nach hinten links ausgerichteten Sektion das nächste Passé aufgelegt. Dazu kommunizierende dynamische Kammführungslinien laufen in unterschiedlichen Passés ineinander und werden mit Nadeln fixiert. Nach Fertigstellen der Grundstrukturen dieser Frisur erfolgt die Feinarbeit, indem die verschiedenen kreativen Linienführungen mit dem Kamm nachgearbeitet und mit Spray fixiert werden. Den Abschluss dieser Arbeit bildet das Einarbeiten des Haarschmuckes, der sich als Ausgleich zum rechten stärkeren Volumen auf der linken Frisurenseite befindet. Die Modulationsarbeiten zur Idealisierung der Proportionslinien runden das Gesamtergebnis harmonisch ab (Bild 3).

5. Make-up

Bei der grundlegenden Farbwahl zum Make up legen sich Friseurin und Kundin auf kalte Grundtöne – passend zum Farbtypen – fest.

Der Abstand der Augen scheint etwas eng, sodass hier ein heller modellierender Ausgleich und gleichzeitig eine dunkle Rahmung des äußeren Lidrandes zur Kompensation vereinbart werden (Bild 4). Die leicht hervortretenden Augen werden ebenfalls durch eine dunkle Einfassung ausgeglichen. Mit grüner Camouflage lassen sich leicht gerötete Areale der Gesichtshaut abdecken. Eine Modellage im Stirnbereich (hell) und auf dem Nasenrücken sowie den Nasenspitzen (dunkel) dient dem Ausgleich ungünstiger Proportionen.

6. Anlegen des Hochzeitskleides

7. Naildesign

In Korrespondenz zum Anlass entscheidet sich die Kundin für weißen Decklack, der um verschiedene Schmuck – und Gestaltungselementen ergänzt ist (Bild 5).

Bild 1 *Richtungswechsel der Locken*

Bild 2 *Eingedrehtes Passé links*

Bild 3 *Gesamteindruck Frisur*

Bild 4 *Rahmung äußerer Lidrand*

Bild 5 *Naildesign*

Bild 6 *Die Braut*

4.5 Anlass 4: Oktoberfest

Planungsmatrix

Informieren

Kundin: Frau Sandrine Bergmann

Besonderer Anlass: Oktoberfest

Thema: Teilnahme am Oktoberfest

Kleidung und Schmuck zum Anlass:
Dirndl und in die Flechtelemente der Frisur eingearbeiteter Blumenschmuck

Anlass- und themenbezogene Stylingmerkmale und Kundenerwartungen:

Frisur	Make-up	Dekorative Nagelgestaltung
Schnitt: • Haarlänge erforderlich Farbe: • Rhythmisierende Kombination verschiedener Farbtiefen und Nuancen • Farbtypgerecht • Lichtreflexe Styling: • Biedere, sportliche Frisur mit Flechtelementen und Blumenschmuck • Hollywoodcharakter	• Kraftvolle, typgerechte Farben • Künstliche Wimpern • Augen betont	• Transparenter Decklack mit aufgeklebten, themenbezogenen Bildmotiven

Ausgangssituation analysieren

Gegebenheiten, Besonderheiten und Probleme der Kundin (festgestellt anhand von Behandlungsplänen):

- **Schnitt:** normale Haarstärke, strapazierte Längen und Spitzen
- **Farbgebung:** Naturhaarfarbe am Ansatz im mittelblondasch Ton
- **Formgebung:** normale Haarfülle, strapazierte Haare
- **Make-up:** kalter Farbtyp, grüne Augen, rosiger Hautton, rundes Gesicht
- **Nägel:** oval, mittlere Länge

Entscheiden und Handeln

1. Schnitt

Techniken: Bei diesem Schnitt ist beabsichtigt, die Grundlänge der Haare zu erhalten, um später noch nachhaltige Flechtelemente erstellen zu können.

Ebenfalls ist geplant, die Schnitttextur nicht zu aktivieren, um das Flechtergebnis nicht durch eventuell herausstehende kürzere Haarlängen zu beeinträchtigen. Dazu wird zunächst das Haar der Kundin gründlich durchgekämmt und anschließend durch einen Mittelscheitel (A-Achse) gleichmäßig gegliedert (Bild 1). Von der Mittelachse aus wird vom höchsten Punkt über die gesamte Länge des Oberkopfes bis zur Stirn ein Passé abgeteilt. Dieses zieht man dann im 45° Winkel nach vorne über die Stirn hinaus (Bild 2).

Bild 1 *Abteilen der A-Achse*

Bild 2 *Passé im 45° Winkel*

Bild 3 *Abteilung in der Kopfrundung*

Bild 4 *Kürzen des Passés auf definierte Grundlänge*

Bild 5 *Konkave Linie*

Bild 6 *Wattestreifen am Ansatz der Farbsträhne*

Anschließend wird die Endlänge der Abteilung festgelegt und sauber geschnitten (Bild 3). Auf diese Grundlinie werden nun die nachfolgenden Passés ausgerichtet und gekürzt. Dazu teilt man sich parallel zur A-Achse durch großzügige Abstände weitere Abteilungen in die Kopfrundung ab (Bild 3), zieht diese auf die Mittelachse und kürzt sie auf die definierte Grundlänge ein (Bild 4).

Um die Verbindung zum Vorderkopf herzustellen, wird das gesamte Haar kompakt nach vorne gekämmt und eine konkave Linie erarbeitet (Bild 5). Anschließend wird das gesamte Haar trocken geföhnt und mit einer mittleren bis großen Rundbürste glatt gearbeitet.

2. Umformung nicht erforderlich

3. Farbbehandlung

Zielfarben: Hellblond mit goldigen Nuancen, Lichtblond in den Nuancierungen Asch und Braun, Blondierung

Produktauswahl und Farbrezeptur: Es wird vereinbart, dass die vorhandenen Strähnen im Naturtonbereich „Blond" thematisch nachgearbeitet werden, um die damit vorgegebene grundlegende Farbtiefe zu erhalten. Darüber hinaus sollen dazu korrespondierend lichtblonde Strähnen gesetzt werden, die zudem durch einige Lichtreflexe im Vorderkopfbereich ergänzt sind. Damit soll eine insgesamte Strahlkraft angelegt werden, die die geplante Flechttechnik pointierter hervortreten lassen kann. Dazu werden unterschiedliche Farbmischungen hergestellt:

1. 8,3 und 7,0 mit 3%igem H_2O_2
2. 10,1 und 10,7 mit 12%igem H_2O_2
3. Blondiermasse (3%iges H_2O_2)

Auftragetechnik: Das weitere Vorgehen sieht nun zunächst das Abteilen eines Kreuzscheitels vor. Außerdem wird geplant, dass zur Vermeidung des Auslaufens der jeweiligen Farbmischung in die andere, ein Wattestreifen an den Ansatz der jeweiligen anderen Farbsträhne eingebracht wird (Bild 6).

Nach diesen Planungsgrundsätzen werden die einzelnen Strähnen webend abgeteilt und im Wechsel 1:1 (Blond/Natur) mit Farbmasse eingestrichen. Zur Generierung der geplanten Lichtreflexe im Vorderkopfbereich werden zwei Folien jeweils auf der rechten und linken Seite gesetzt und die abgeteilten Strähnen mit der Blondiermasse eingestrichen.

Einwirkzeit: Ohne Wärme 45 Minuten

Nachbehandlung: Haarkur für coloriertes Haar

Bild 1 Beginn der Flechtarbeit

Bild 2 Fertiges Flechtelement

Bild 3 Auseinanderziehen der Zöpfe

Bild 4 Französischer Zopf

4. Formgebung

Nach der Farbbehandlung wird das gesamte Haar trocken geföhnt und mit einer mittleren bis großen Rundbürste glatt gearbeitet. Anschließend werden die Haare im Oberkopfbereich bis zur Hutlinie abgeteilt und festgesteckt. Die Erstellung des ersten Flechtelementes kann beginnen. Dieses wird auf der rechten Seite unter Einbeziehen der Haarfläche zwischen Haarkontur und Hutlinie vom vorderen Seitenprofil startend erarbeitet. (Bild 1 und 2).

Dieser Vorgang wird in gleicher Weise auf der rechten Seite durchgeführt. Um den erstellten Zöpfen nun ein wenig die Strenge zu nehmen, zieht man sie behutsam auseinander und verschafft ihnen damit gleichzeitig auch mehr Volumen (Bild 3).

Zentral am Hinterkopf wird schließlich ein weiterer schmaler Zopf erarbeitet. Den Abschluss dieses Gestaltungsteils bildet die Erstellung eines großen und flächigen französischen Zopfes, der etwas unterhalb der Hutlinien am Hinterkopf seinen Beginn hat (Bild 4).

Die auslaufenden Zopfenden müssen abschließend nur noch ineinander verschlungen und zu einem Knoten aufgebaut werden (Bilder 5).

Eingearbeitete fliederfarbene und weiße Margeriten runden schließlich die Gesamterscheinung dieser Formgebung ab.

Bild 5 Zopfknoten

5. Make-up

Beim Augen-Make-up wird der Lidrand nach außen hin betont, um den Zwischenabstand der Augen optisch zu vergrößern. Das unbewegliche Lid erhält eine Schattierung in einem dunklen Fliederton. Dieser harmoniert mit dem Haarschmuck und den Farbnuancen im Dirndlkleid. Mit Highlights werden die etwas flach ausgebildeten Wangenknochen hervorgehoben und die eher runde Gesichtsform durch Schattierungen in der Kontur in eine optisch ovale Form überführt. Zum Auffüllen und Betonen der Wimpern werden Extensions geklebt.

6. Anlegen der Kleidung

7. Dekorative Nagelgestaltung

Beim Naildesign entscheidet man sich für einen transparenten Decklack, der mit verschiedenen themenbezogenen Bildmotiven verziert ist.

Bild 6 Fertiges Gesamtergebnis

5 Weitere Dienstleistungen anbieten

SZENARIO

Anja soll bei einer Kundin, die heute Abend zu einem Theaterbesuch eingeladen ist, neben der Frisur und dem Make-up eine Maniküre durchführen. Sie stellt fest, dass die Kundin extrem trockene Haut an den Händen hat. Sie überlegt, ob sie ihr noch eine Zusatzdienstleistung anbieten kann.

Im Rahmen der Planung eines kundenorientierten Konzeptes zu einem besonderen Anlass können Sie neben den bereits genannten Dienstleistungen weitere Zusatzdienstleistungen anbieten. Dazu zählen beispielsweise folgende vorbereitende Maßnahmen, welche im Endergebnis nicht mehr „sichtbar" sind:

- Beratung hinsichtlich des besonderen Anlasses
- Haar- und Kopfhautdiagnose
- Maniküre
- Kopfmassage
- Haarreinigung und -pflege
- pflegende kosmetische Behandlungen (Bild 1)

Manchmal werden auch besondere Friseurdienstleistungen gewünscht. Hierzu zählen:

- Nagelmodellage
- Haarverlängerung/-Verdichtung
- spezielle Colorationstechniken
- besondere Hochsteckfrisuren/Langhaarfrisuren
- spezielle Make-up-Techniken (Braut-Make-up, Stage-Make-up, Brillen-Make-up usw.)

Einige Dienstleistungen können vorbereitenden Charakter haben. Das bedeutet, sie sind Voraussetzung dafür, dass die durchzuführenden Facharbeiten für den besonderen Anlass gelingen.

Bild 1 Pflegende kosmetische Behandlung

- Ein Make-up kommt nur auf einer gepflegten Haut richtig zur Geltung. Eine vorbereitende kosmetische Behandlung bereits einige Wochen vor dem Termin, evtl. sogar mit mehreren Sitzungen, kann notwendig sein.
- Ein Nageldesign kommt nur auf schönen Nägeln und an gepflegten Händen zur Geltung. Auch hier kann es notwendig sein, bereits einige Tage zuvor eine fachgerechte Maniküre mit entsprechenden Hand- und Nagelpflegeprodukten durchzuführen. Ergänzend können Sie auch ein Paraffinhandbad einsetzen.
- Gepflegte Haare sind Grundvoraussetzung für das Gelingen einer perfekten Frisur. Die Haarpflege ist nicht nur am Tag der Durchführung der komplexen Dienstleistung notwendig, sondern die Kundin muss von Ihnen auch im Vorfeld im Rahmen einer Beratung zu entsprechenden Haareinigungs- und Haarpflegeprodukten darauf hingewiesen werden.
- Häufig ist es, wie bereits erwähnt, notwendig, dass Sie vor dem eigentlichen Tag des besonderen Anlasses mindestens ein Übungstermin einplanen.

Das bedeutet, dass die komplexe Dienstleistung nicht nur auf den Tag der Durchführung beschränkt ist, sondern in den Tagen oder Wochen vor dem Anlass bereits beginnt. Damit stellt sich ein weiteres Problem, nämlich das der Kalkulation einer solchen Dienstleistung.

Aufgaben

1. Erstellen Sie eine Liste mit „besonderen Anlässen" und möglichen Themen zu diesen Anlässen.
2. Wählen Sie einen „besonderen Anlass" mit einem Thema aus. Erstellen sie eine Liste der zur Erstellung notwenigen Dienstleistungen. Berücksichtigen Sie auch vorbereitende Dienstleistungen.

6 Eine komplexe Friseurdienstleistung kalkulieren

SZENARIO:

Anja erhält den Auftrag, eine komplexe Dienstleistung zu einem besonderen Anlass durchzuführen. Ihre Kundin heiratet in drei Monaten und möchte mit ihr die Details planen. Sie bringt ein Foto als Vorlage mit (Bild 1). Sämtliche Facharbeiten zur Erstellung der Brautfrisur mit passendem Make-up und passendem Nagel-Design sollen im Salon durchgeführt werden. Anjas Kundin ist eine junge Frau (22 Jahre) mit unreiner Haut, langen, nicht vorbehandelten Haaren und kurzen, spröden Fingernägeln. Natürlich hat Anja auch die Aufgabe, sich Gedanken über die Preisgestaltung zu machen. Die Kundin soll alle notwendigen Dienstleistungen in einem „Hochzeitspaket" zu einem Festpreis erhalten.

Zunächst überlegt Anja, welche Vorarbeiten notwenig sind. Damit sind nicht nur die Dienstleistungen, die am Tag der Hochzeit anfallen, gemeint. Sie plant daher für die Kundin mehrere Termine mit den in Tabelle 1 aufgeführten Dienstleistungen ein.

Anja hat nun zwei Möglichkeiten, einen Preis zu gestalten.

- Sie könnte alle Dienstleistungen einzeln abrechnen, da die Preisliste des Salons für jede dieser Arbeiten einen Preis enthält.
- Eine weitere Möglichkeit besteht darin, alle notwendigen Arbeitszeiten und Materialkosten zu berechnen und eine Dienstleistungskalkulation durchzuführen (s. Kalkulationsrechen, Kalkulation von Dienstleistungen mit Materialverbrauch).

Zeitpunkt	auszuführende Facharbeiten
3 Monate vor der Hochzeit	• ausführliche Beratung der Kundin, Erstellen einer Planungsskizze • 1. Kosmetiktermin (Basisbehandlung für unreine Haut)
ca. 6 Wochen vor der Hochzeit	• 2. Kosmetiktermin (Basisbehandlung für unreine Haut) • Termin für die Durchführung der Farbbehandlung (Komplette Neufärbung mit Farbreflexen), eines Haarschnitts und der Testfrisur.
ca. 4 Wochen vor der Hochzeit	• Termin für eine Nagelmodellage (Neumodellage), Auswahl des Nageldesigns für den Hochzeitstag
ca. 2 Wochen vor der Hochzeit	• 3. Kosmetiktermin (Basisbehandlung für unreine Haut)
1 Tag vor der Hochzeit	• Termin zum Auffüllen der Nägel und Erstellen des Nagel-Designs • besondere Pflegebehandlung für die Haut • Ansatzfärbung und Auffrischen der Farbreflexe, Schneiden
Hochzeitstag	• waschen, auf Volumenwicklern trocknen und Hochzeitsfrisur erstellen • Paraffinhandbad • Hochzeits-Make-up

Tabelle 1 Dienstleistungen für die Braut

Bild 1 Vorstellung der Braut vom Ergebnis

Aufgaben

1. Recherchieren Sie in Ihrem Salon die Preise für die aufgeführten Einzeldienstleistungen (s. Tab. 1) (evtl. ähnliche Dienstleistungen) und rechnen Sie diese zusammen.
2. Berechnen Sie die Materialkosten für die aufgeführten Facharbeiten (s. Tab. 1) und ermitteln Sie die benötigten Arbeitszeiten. Kalkulieren Sie mit dem für Ihren Betrieb zutreffenden Stundenlohn die Kosten für das „Hochzeitspaket", indem Sie mit einem Gemeinkostenzuschlag von 65 % und einem Gewinn in Höhe von 15 % rechnen.

7 Portfolio: Komplexe Friseurdienstleistungen planen, durchführen und nachbereiten

In einigen Wochen ist es soweit, Sie sind fertige Friseurin. Im Salon wird von Ihnen ein Höchstmaß an Fachkompetenz und Selbständigkeit erwartet. Neben einfachen Facharbeiten werden Kundinnen nach besonders aufwändigen Friseurdienstleistungen fragen. Sie erwarten beispielsweise ein Styling zu einem besonderen Anlass. In diesem Fall müssen Sie fachkompetent und eigenständig alle notwenigen Schritte, angefangen bei der Planung über die Preiskalkulation und die Durchführung bis hin zum fertigen Styling, vornehmen können.

Im Folgenden sollen Sie diese Verantwortung in Form einer Portfolioarbeit übernehmen.

Begriffserklärung: Portfolio

- Ein Portfolio ist eine Mappe (Bild 1), in der Sie Materialien zu einem Thema sammeln.
- Die Portfolioarbeit ist handlungsorientiert. Sie zeigt dem Lehrer, wo Sie im Lernprozess stehen und welche Lernfortschritte Sie machen.
- Es handelt sich um eine komplexe, selbstbestimmte Form des Lernens, welche von Ihnen ein hohes Maß an Schüleraktivität fordert.
- Ein Ziel der Portfolioarbeit ist die Bewertung Ihres eigenen Arbeitsprozesses und -ergebnisses. Die sich daraus ergebenden Konsequenzen (Fehlerbearbeitung/-behebung/-vermeidung) sollen erkannt und ebenfalls in das Portfolio aufgenommen werden.
- Aus den Erkenntnissen, die Sie während der Portfolioarbeit über sich selbst gewinnen, können Sie Konsequenzen für die persönliche, schulische und berufliche Weiterentwicklung ableiten.

Vorgehensweise während der Portfolioarbeit

Sie erfolgt entsprechend der in Lernfeld 13 aufgezeigten Vorgehensweise, d. h. Sie sollten das Kapitel vorher durchgearbeitet haben.
Zum Sammeln Ihrer Materialien benötigen Sie einen Schnellhefter oder ein Ringbuch.

1. Informieren

- Wählen Sie einen „besonderen Anlass" mit einem Thema aus, zu welchem Sie das Portfolio anlegen möchten.
- Sammeln Sie Informationen zu dem besonderen Anlass (Ort, Umstände, Inhalt, Charakteristika, beteiligte Personen usw.) in Ihrer Mappe. Arbeiten Sie besondere Kennzeichen und Merkmale eines passenden Stylings zu diesem Anlass schriftlich heraus. Ergänzen Sie durch Skizzen.

2. Ausgangssituation analysieren

- Suchen Sie sich ein Modell für die Durchführung. Füllen Sie notwendige Behandlungspläne (z. B. aus dem Betrieb) aus und stellen Sie für die Planung relevante Besonderheiten heraus.

3. Entscheiden

- Planen Sie anschließend Ihre Vorgehensweise indem Sie eine eigene Planungsmatrix (s. S. 460 ff.) erstellen. Berücksichtigen Sie dabei die Kennzeichen und Merkmale des Stylings, sowie die persönlichen Gegebenheiten, Besonderheiten und Probleme des Modells. Fertigen Sie Beschreibungen und Skizzen zu dem geplanten Styling an Ihrem Modell an.
- Erstellen Sie einen Zeitplan.
- Optional kann eine Preiskalkulation der komplexen Dienstleistung erfolgen.

4. Handeln

- Führen Sie die Facharbeiten entsprechend ihren Planungen durch (im Salon oder in der Schule) und erstellen Sie für Ihre Mappe eine Fotodokumentation mit Bildern der Durchführung und des Endergebnisses. Ergänzen Sie durch Notizen.

Bild 1 Schülerinnen mit Portfolio

5. Nachbereiten

- Überprüfen Sie im Anschluss das Endergebnis kritisch, indem Sie es mit den von Ihnen formulierten Zielen abgleichen. Dazu gehört auch eine selbstkritische Bewertung der eigenen Arbeit incl. möglicher Fehler.

Berücksichtigen Sie folgende Leitfragen:

- Konnte die Umsetzung entsprechend meiner Planung erfolgen?
- Stimmt das Ergebnis mit den Zielen überein? Wenn „nein", warum?
- Was muss ich zukünftig ändern? Was könnte ich besser machen?

Den eigenen Lernprozess reflektieren

Reflektieren Sie abschließend Ihre Portfolioarbeit schriftlich, indem Sie folgende Fragen beantworten:

- Wie habe ich mich während der Portfolioarbeit erlebt?
- Was ist mir besonders leicht gefallen? Warum?
- Was ist mir schwer gefallen? Warum?
- Wie hat mir die Portfolioarbeit als Methode gefallen? Warum?
- Was habe ich über mich selbst gelernt?
- Welche Konsequenzen haben diese Erkenntnisse für meine persönliche, schulische und berufliche Zukunft?

Mathematik-Aufgaben

1. Eine Blondierwäsche zur Farbkorrektur soll nach Vorgabe aus 7 ml Blondierpulver, 2 ml Shampoo, 125 ml Wasser und 8 ml H_2O_2 hergestellt werden.

a) Stellen Sie das Mischungsverhältnis der oben beschriebenen Vorgabe dar.

b) Berechnen Sie, welche Mengen der einzelnen Bestandteile erforderlich werden, wenn eine Blondierwäsche nach diesem Mischungsverhältnis für eine Gesamtmenge von 250 ml hergestellt werden soll!.

2. Die Aufräumarbeiten in einem Salon erledigen 6 Friseurinnen in 25 Minuten.
Wie viel Zeit benötigen dazu 5 Mitarbeiterinnen?

3. Der Preis für ein Tönungspräparat wurde von 8,43 € auf 6,25 € gesenkt.
Berechnen Sie den Preisnachlass in Prozent.

4. Eine Facharbeit wird in 1,7 Stunden erledigt. Der Stundenlohn beträgt 9,65 €. Der Gewinn wird mit 35 %, die Gemeinkosten werden mit 87 % kalkuliert. Die benötigten Materialien machen einen Betrag von 6,37 € aus.
Berechnen Sie den Bruttobedienpreis.

5. Eine Friseurin mischt 65 ml Wasser, 7 ml Shampoo und 15 ml 30 %iges H_2O_2 .
Wie hoch ist die H_2O_2-Konzentration der gemischten Lösung?

6. Eine Spülung wird aus Zitrone, Essig und Wasser im Verhältnis 2:5:13 hergestellt. Die Friseurin verwendet 225 ml Zitrone.
Welche Gesamtmenge an gebrauchsfertiger Spülung erhält sie?

7. Eine Meisterin möchte aus 8,5 %igem und 4,6 % igem H_2O_2 eine 6,5 %ige H_2O_2 – Lösung herstellen. Sie benötigt von der gebrauchsfertigen Lösung 59 ml.
Berechnen Sie die erforderlichen Mengen.

8. 125 ml 9 %iges H_2O_2, 70 ml Wasser und 36 ml 5,6 %iges H_2O_2 werden gemischt.
Berechnen Sie, wie viel prozentig die gebrauchsfertige Lösung ist.

9. Für die Erstellung eines Herrenhaarschnittes werden 36,5 Minuten benötigt.
Berechnen Sie den Bruttoverkaufspreis der Dienstleistung, wenn der Stundenlohn 8,95 € beträgt, die Gemeinkosten mit 78 %, Wagnis und Gewinn mit 25 % kalkuliert werden.

10. 7 Mitarbeiter eines Salons verbrauchen an 14 Arbeitstagen 160 Paar Handschuhe.
Wie viel Paar Handschuhe benötigen 5 Mitarbeitern an 18 Arbeitstagen?

11. Eine Friseurin mischt 65 ml Wasser, 9 ml Shampoo, 20 ml von 15 %igem H_2O_2 und 12 ml eines 6 %igen H_2O_2.
Wie hoch ist die H_2O_2 – Konzentration der gemischten Lösung?

12. Bei einer Kundin werden die Haare gefärbt. Die Farbe kostet 14,43 €. Der Listenpreis für das H2O2 beläuft sich auf 13,64 € pro Liter. Es werden davon 45 ml benötigt. Für das Nachbehandlungsmittel zahlt der Betrieb 4,95 €. Die für die Dienstleistung benötigte Arbeitszeit beträgt 1 Stunde, 36 Minuten (Stundenlohn 9,65 €).
Der Betrieb kalkuliert mit Gemeinkosten in Höhe von 74 % und einem Gewinn von 44 %.
Berechnen Sie den Bruttoverkaufspreis.

8 English

8.1 Working in a foreign country

SCENARIO

Anja's English has improved so much since Susan came to the salon. She would really like to gain a work experience in either England or America to find out what it is like to work abroad.
She searches the internet to find out about job opportunities in an English-speaking country.

Cosmetologists work in the professional beauty industry as a:

- hairdresser/stylist
- make-up artist
- skin care specialist (sometimes separately licensed)
- nail technician (sometimes separately licensed)

Other specially licensed careers in the professional beauty industry are:

- an electrologist (permanent hair removal)
- a trichologist (deals with problems like hair loss)
- a massage therapist
- a permanent make-up artist
- a school instructor
- a salon manager

Places to work:

- on films, TV or in the theatre
- in day spas
- in hotels (s. picture 1 e)
- on cruise ships (s. picture 1 f)
- in health clubs
- in hospitals
- at home
- as a freelancer, e.g. editorial or photo session stylist, nail technician or make-up artist for photo shoots or for fashion shows (s. picture 1 c)
- for manufacturers, for example, as a demonstrator, educator, distributor or representative (s. picture 1 d)
- in beauty schools, colleges or training centres
- as an employee, booth renter or, after a few years of practice, as a salon owner in different salon types:
- **small independent salons** (s. picture 1 a), owned by an individual or two or more partners
- **independent salon chains** of five or more salons, owned by an individual or two or more partners
- **large national salon chains**, operating throughout the country and even internationally, often as **in-store salons** in department stores
- **franchise salons** with a national name and a consistent image that is used in every location as national salon chains but owned by individuals who pay a fee to use the name and image

Picture 1 *Working possibilities for a licensed cosmetologist*

- **basic value-priced operating salons** in low-rent shopping centres, depending on a high volume of walk-in traffic
- **mid-priced full-service salons** offering a complete range of hair, nail and skin services
- **high-end image salons or day spas** (s. picture 1 b) offering higher-priced services with luxurious extras and spa treatments, often located in luxurious hotels and upscale sections of large cities
- **booth rental** renting a booth in a salon to work independently

Your tasks:

1. Choose five places you would like to work. Discuss the pros and the cons of the different job opportunities. Compare in plenary.
2. Which of these places of work would you choose?
3. Search the internet for a job of your choice.

8.2 Applying for a job

SCENARIO

Anja has written her cover letter for a job vacancy. She has also finished writing her CV (curriculum vitae). She asks Susan to check it for her.

Anja Mahoula
Richtenbergstraße 98
23095 Hamburg
Germany
Phone: 0049-40-5476987095
Email: anja.mahoula@pinkmail.com

Hair4U
Mrs B Johnson
Salon Manager
69 Regent Street
London W1B 6ED
England

14 February 20..

Dear Mrs Johnson

Vacancy for a junior hair stylist

I am writing in response to your advertisement for a junior hair stylist in the Guardian dated 10 February and I enclose my CV for your review and consideration.

As you can see from my CV, I'm currently a cosmetology trainee at Salon ***Haargenau*** in Germany and am taking my final exam as a hair stylist in July. During my apprenticeship, I did further qualifications to become a licensed make-up artist and image consultant.

I am very interested in your job offer, as this gives me the chance to gain experience in a large international salon chain and also to improve my English and knowledge of the British culture.

I am familiar with all the requirements for the offered position and really love working as a team member in a salon and serving clients.

I am creative, energetic, and devoted to the cosmetology industry. As a licensed make-up artist and image consultant, I have a sound knowledge of trends, colour relationships and all-over makeovers, including hair styles, facials and wardrobe.

I would appreciate hearing from you within the next weeks to let me know if any further information is needed for my application. I could start work from August 20.. and would be happy to participate in a telephone interview at your convenience.

I look forward to hearing from you.

Yours sincerely

Anja Mahoula

Advice for writing a cover letter:

- Addresses are written differently to German addresses. (s. picture 1)
- Leave an empty line between paragraphs.
- Don't use abbreviations.
- Use short sentences.
- If requested, write the letter by hand, otherwise, make sure it's the same style as your CV and written on the computer.
- Send the letter to:
  a) Dear Sir/Madam
  b) Dear Mr/Mrs/Ms
- Close the letter with:
  for a) Yours faithfully
  for b) Yours sincerely

Picture 1 *Cover letter from Anja*

Name:	Anja Mahoula
Address:	Richtenbergstraße 98 23095 Hamburg Germany
Telephone:	0049-40-5476987095
Email:	anja.mahoula@pinkmail.com
Date of Birth:	10.10.1997

Education:

2013/08-present	Berufliche Schule Rosengarten, Hamburg (Vocational School)
2008/08-2013/07	Stadtteilschule Buchholzstraße (Secondary School)
2004/08-2008/07	Grundschule Moorweg, Hamburg (Primary School)

Qualifications / Certificates:

2016	Visagistik-Diplom, Hamburg Make-up-Artist School (Certified Make-up Artist)
2015	Diplom für Farb- und Stilberatung, Hamburg Make-up-Artist School (Certified Image Consultant)
2013	Hauptschulabschluss (Secondary school leaving certificate)

Professional Experience:

August 2013-present Salon Haargenau, Hamburg

Professional skills and achievements:

- won student contest for best hair colour, 2015
- fluent in English at B2 level
- good knowledge of MS Word, Excel and PowerPoint
- internet competence
- created a Facebook page for Salon Haargenau, which brought ten new clients into the salon
- supervised a student "salon team" in the creation of client consultation forms and helpful phrases for performing client consultations in English

Interests:

- socializing with friends
- reading beauty and hairdressing magazines in English

References:

available upon request

Picture 1 Anja's CV

Advice for writing a CV:

- Do not enclose a photo unless requested.
- No heading at the top. Start the CV with your contact information.
- Personal information regarding gender, race, religion or marital status is not necessary.
- List your education and work experience in chronological order, starting with the present.
- Write the German school leaving qualification and the English explanation in brackets behind it. For example "Hauptschulabschluss (Secondary school leaving certificate)"
- Include only hobbies or interests that are relevant to the job
- Don't use fancy fonts.
- Be positive.
- Use a serious email address.
- Do not date or sign your CV.
- Check spelling and grammar.

Preparation for a job interview:

- Find out as much as possible about the company and the job you applied for.
- Make sure you know how to get to the company.
- Be sure to have all your documentation with you, for example CV, school leaving certificate, etc.
- Your outfit, make-up and hairstyle should be fashionable, smart and comfortable, and fitting with the salon image where your interview will be. Avoid new, uncomfortable shoes, lots of jewellery and clothing that looks "sexy".
- Be prepared to perform a service.
- Be on time.
- Before you step into the interview room, take three deep breaths, stand up straight and smile while entering the room.

Your tasks:

1. List all contents of a cover letter and a CV.
2. Create templates for your own cover letter and CV.
3. Search the internet for job offers described on page 474 and apply for one of them.
4. Prepare a portfolio with all necessary documents for an application, such as current CV, diploma, certificates, list of names and dates of former employers, education and references and letters of reference. Add before and after photographs of technical skills services you have performed.

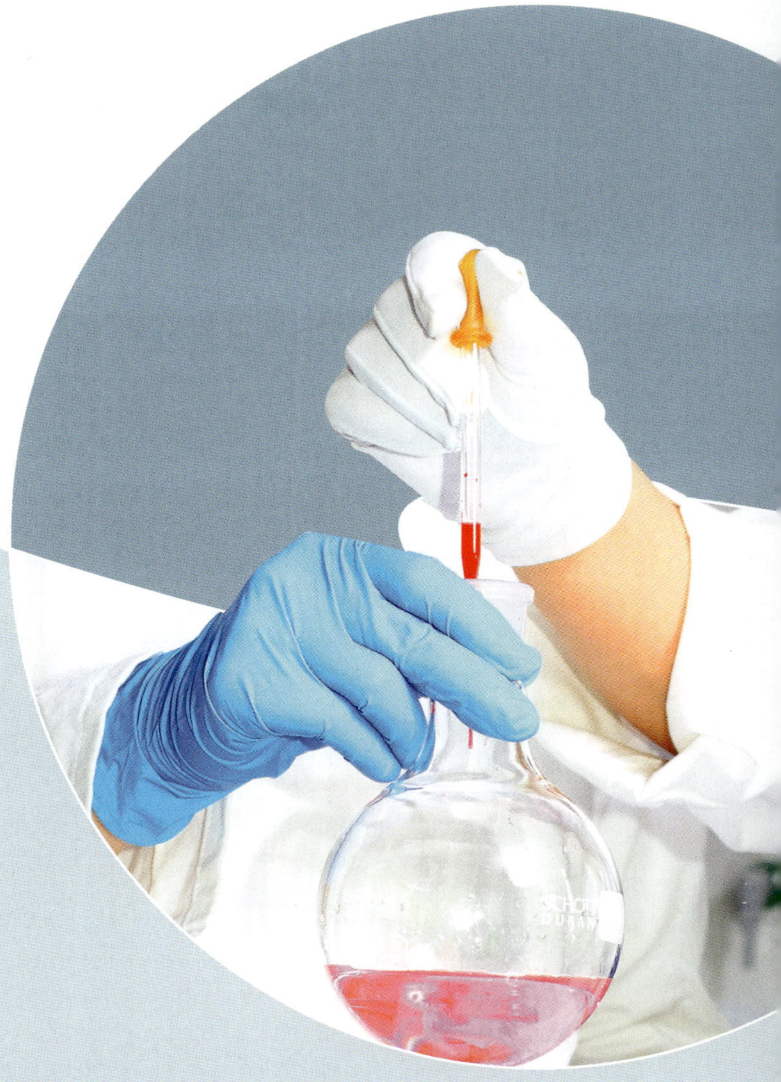

Naturwissenschaftlicher Exkurs – Chemie und Mathematik –

1 Chemische Grundlagen

Ihre Aufgaben als Friseurin bestehen darin, Haut und Haare zu schützen, zu pflegen und zu gestalten. Hierzu sind chemische Präparate erforderlich. Kenntnisse der Chemie ermöglichen ihnen, die Präparate richtig einzusetzen, die Vorgänge bei chemischen Reaktionen zu verstehen und somit Fehler zu vermeiden.

1.1 Wasser

Viele Friseurpräparate enthalten neben anderen Inhaltsstoffen Wasser als **Lösungsmittel**. Kaum eine Facharbeit wird ohne Beteiligung von Wasser durchgeführt. Wasser ist preiswert, gut verträglich, löst keine Allergien aus und ist in ausreichender Menge vorhanden.

Eigenschaften von Wasser

Ein Wassermolekül besteht aus einem Sauerstoffatom (O) und zwei Wasserstoffatomen (H). Das Sauerstoffatom hat eine leichte negative Ladung (δ-) und die Wasserstoffatome sind leicht positiv geladen (δ+).

Das Wassermolekül hat eine gewinkelte Struktur (Bild 1). Dadurch konzentrieren sich auf einer Seite des Moleküls die positiven Ladungen (δ+) und auf der anderen Seite die negativen Ladungen (δ-). Es entsteht ein Molekül, das zwei entgegengesetzte Pole hat. Man bezeichnet das als **Dipol**.

Wegen der Ladungen ziehen sich die Wassermoleküle gegenseitig an. Es bilden sich schwache Bindungen zwischen den leicht negativ geladenen Sauerstoff- und den leicht positiv geladenen Wasserstoffatomen der einzelnen Moleküle aus. Diese in Bild 2 dargestellten Bindungen werden **Wasserstoffbrückenbindungen** (Wasserstoffbrücken, H-Brücken) genannt.

Beim Erwärmen des Wassers bewegen sich die Wassermoleküle schneller und die Wasserstoffbrücken werden dadurch teilweise geöffnet. Einige Wassermoleküle entweichen in die Luft und werden zu Wasserdampf. Dieser Vorgang läuft z. B. beim Trocknen der Haare ab.

Die Anziehungskraft zwischen den Wassermolekülen ist auch dafür verantwortlich, dass sich Tropfen mit einer kleinstmöglichen Oberfläche ausbilden. Die so entstandene Oberfläche wirkt wie ein „Wasserhäutchen". Auf ihr können z. B. flache Metallgegenstände (Büroklammern, Rasierklingen) liegen, ohne dass diese sinken (Bild 3).

Wasserabweisende Oberflächen, z. B. fettige Haut oder fettiges Haar, verstärken die Tropfenbildung, und das Wasser perlt ab. Deshalb kann Wasser allein nicht zur Entfernung von Fett- und Schmutzteilchen auf Haut und Haaren benutzt werden. Man benötigt Tenside, wie Seife oder Shampoo, die die **Oberflächenspannung** herabsetzen und eine Benetzbarkeit ermöglichen. Sie dringen in das Wasser ein, lösen die Wasserstoffbrücken und heben damit die Oberflächenspannung auf. Somit ermöglichen sie das Eindringen des Wassers in das Haar.

Wasserhärte

Wasser kommt in der Natur nicht chemisch rein vor. Es enthält gelöste Salze, hauptsächlich Calcium- und Magnesiumscarbonate (temporäre oder vorübergehende Härte) und Calcium- und Magnesiumsulfate (perma-

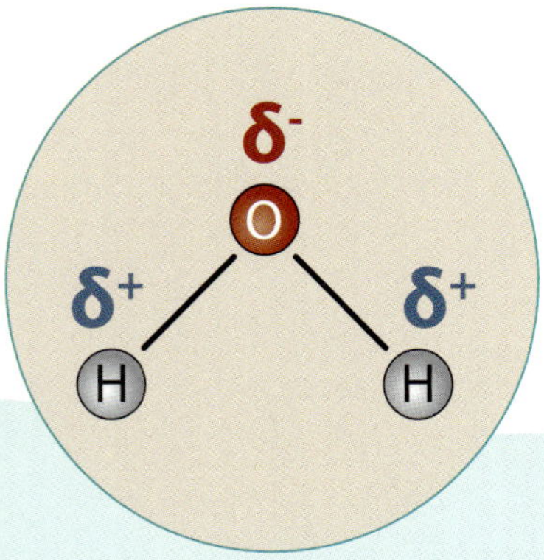

Bild 1 *Ladungsverteilung im Wassermolekül*

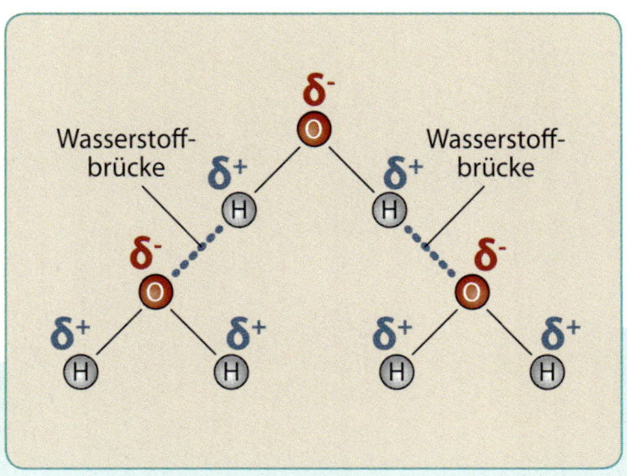

Bild 2 *Wasserstoffbrückenbindungen*

Bild 3 *Rasierklinge auf Wasser*

nente oder bleibende Härte sind im Wasser gelöst). Im Leitungswasser enthaltene Salze sind für die **Wasserhärte** verantwortlich. Man nennt sie deshalb Härtebildner. Nach der Menge der Härtebildner wird Wasser in drei Härtebereiche eingeteilt (Tabelle 1).

Härtebereich	Wasserhärte
1	weich
2	mittel
3	hart

Tabelle 1 Wasserhärte

- Die Härtebildner bewirken Kalkablagerungen (Kesselstein) in Wasserleitungen und Heißwassergeräten. Bei Heißwassergeräten führt der Kesselsteinbelag zu Überhitzung, geringerer Leistung und erhöhtem Energieverbrauch. In manchen Fällen können die Geräte sogar zerstört werden. Abhilfe schaffen Filter und Ionentauscher bzw. chemische Enthärter (z. B. in Spül- und Waschmaschinentabs enthalten).
- Auch die Haarreinigung wird durch Wasserhärte beeinflusst. Hartes Wasser führt zu einem erhöhten Verbrauch von Shampoo, vermindert das Schäumen und beeinflusst den Halt der Frisur. Daher werden in Shampoos und anderen Kosmetika Komplexbildner (Chelatbildner) eingesetzt, welche die Härtebildner an sich binden und somit unschädlich machen.
- Beim Waschen mit Seife bildet sich mit hartem Wasser eine graue, wasserunlösliche Substanz, die sogenannte Kalkseife. Sie ist die beim Waschen von dunklem Haar mit Seife als graue Schicht deutlich erkennbar. Früher, als die Haare noch mit Seife gewaschen wurden, entfernte man die Reste der Kalkseife mit einer Essigspülung, da Essigsäure den Kalk auflöst. Heute sollten Kundinnen daher darauf hingewiesen werden, sich die Haare mit Shampoo statt mit Seife zu waschen.

Wasserkreislauf

Ein großer Teil des auf der Erde vorhandenen Wassers befindet sich in einem ständigen Kreislauf (Bild 1). Wasser verdunstet aus den Meeren, Seen und Flüssen in die Atmosphäre, kondensiert zu Wolken und fällt als Regen wieder auf die Erde zurück. Durch diesen Kreislauf bleibt die Wassermenge unseres Planten praktisch konstant.

Mit der Zunahme der Weltbevölkerung und der Industrie steigt der Wasserverbrauch stetig. Außerdem bewirkt die Klimaveränderung, dass die Verteilung der Niederschläge sich weltweit ändert. Während große Gebiete vor allem in Afrika unter der Dürre leiden, führen verstärkte Regenfälle in anderen Regionen zu Überschwemmungen.

Wasser ist inzwischen auch in Mitteleuropa ein knappes und kostbares Gut, mit dem man privat und auch beruflich sparsam umgehen muss.

Bild 1 Wasserkreislauf

Aufgaben

1. Beobachten Sie den Umgang mit Wasser in Ihrem Salon und erstellen Sie eine Liste mit Möglichkeiten zur Wassereinsparung.
2. Gestalten Sie auf einer DIN A4-Seite einen ansprechenden Leitfaden zum Umgang mit Wasser in Ihrem Salon.
3. Beschreiben Sie den Wasserkreislauf, der in Bild 1 dargestellt ist, in Textform.
4. Informieren Sie sich im Internet oder bei Ihrem örtlichen Wasserversorger über die Funktionsweise von Klärwerken.

1.2 Gemische

Friseurpräparate sind Gemische verschiedener Stoffe. Je nach Art der gemischten Stoffe und ihrer Verteilung werden verschiedene Gemischarten unterschieden (Tabelle 1).

Art der Gemische	Merkmale	Beispiele
Lösung	Feste oder flüssige Stoffe sind in einer Flüssigkeit gelöst.	Rasierwasser, Haarwasser, Gesichtswasser, Haarfestiger, H_2O_2-Lösung, Fixierung
Gel	Gelbildner sind langkettige Moleküle, die in den Zwischenräumen Wasser einlagern. Dadurch erhält das Gel eine dickflüssige oder feste Konsistenz.	Haargel, H_2O_2-Emulsion, Duschgel und Shampoo
Aerosol	Kleinste Feststoff- oder Flüssigkeitsteilchen sind in einem Treibgas verteilt.	Haarspray, Deospray, Rasierschaum
Emulsion	Öl und Wasser sind fein ineinander verteilt. Durch einen Emulgator wird die Emulsion stabilisiert.	Creme, Haarkur, Spitzenemulsion, Frisiercreme, Reinigungsmilch, Farbcreme
Suspension	Ungelöste Feststoffteilchen befinden sich in einer Flüssigkeit. Sie können sich absetzen. Deshalb sollen flüssige Suspensionen vor dem Gebrauch geschüttelt werden.	Wimperntusche, Nagellack, Heilerdepackung, angerührte Pflanzenfarbe, angerührte Blondierung
Gemenge	Feste Stoffe sind gemischt.	Puder, Blondierpulver, Pflanzenfarbe, Trockenshampoo

Tabelle 1 *Gemische im Friseurbereich*

1.3 Redoxreaktionen

Der Begriff Redoxreaktion setzt sich aus den Anfangsbuchstaben der Wörter **Reduktion** (Red) und **Oxidation** (Ox) zusammen. Beide Reaktionen finden immer zeitgleich statt. Dabei sind zwei Reaktionspartner vorhanden. Der eine wird während der Reaktion reduziert und der andere wird zur selben Zeit oxidiert. Eine Redoxreaktion ist eine **chemische Reaktion**. Möchte man die Reaktion einfach erklären, kann man sagen, dass zwei Stoffe miteinander reagieren und dabei Sauerstoff und Wasserstoff austauschen. Am Ende der Reaktion sind neue Stoffe entstanden (Bild 1).

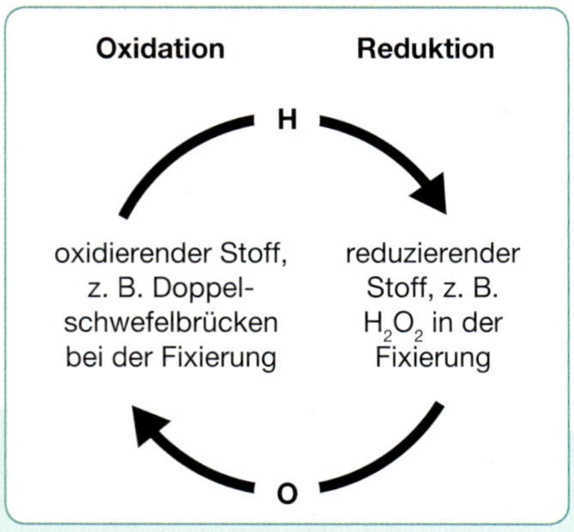

Bild 1 *Redoxreaktion am Beispiel der Fixierung einer Dauerwelle*

1.3.1 Oxidationsvorgänge

Unter Oxidation versteht man die **Aufnahme von Sauerstoff**. Der Sauerstoff stammt entweder aus der Luft oder von einem Oxidationsmittel wie z. B. Wasserstoffperoxid.

Da gleichzeitig vom oxidierenden Stoff Wasserstoff abgespalten werden kann, kann die Oxidation auch als **Abgabe von Wasserstoff** gesehen werden (siehe Fixierung, Bild 1).

Oxidation = Aufnahme von Sauerstoff (O)
Oxidation = Abgabe von Wasserstoff (H)

H_2O_2 – das wichtigste Oxidationsmittel im Friseurbereich

Bei Friseurfacharbeiten ist man auf den Sauerstoff, der während eines chemischen Vorgangs vom H_2O_2 abgegeben wird, angewiesen, z. B. beim Haarefärben:

- Das H_2O_2 wird in die Farbcreme bzw. in das Blondierpräparat eingerührt und gelangt mit dem Präparat ins Haar.
- Es zerfällt in Wasser und einzelne Sauerstoffatome (atomarer Sauerstoff). Reaktionsgleichung: $H_2O_2 \leftrightarrow H_2O + O$

- Der dabei entstehende atomare Sauerstoff (O) ist wesentlich reaktionsfreudiger als der Luftsauerstoff (O_2). Der atomare Sauerstoff sucht nach einem Reaktionspartner und beschleunigt so die Reaktion, die mit Luftsauerstoff erheblich langsamer und unvollständig ablaufen würde. Daher verändert sich die Oberfläche einer Haarfarbe ohne H_2O_2 zwar nach langem Luftkontakt auch etwas, sie verändert sich jedoch nicht so schnell und nicht vollständig.

Gegenüber anderen Oxidationsmitteln hat das H_2O_2 besondere Vorteile:
- Es ruft keine Allergien hervor.
- Es zerfällt in Wasser und Sauerstoff, sodass keine umweltschädigenden Reste entstehen.
- In stabilisierter Form ist es bei sachgerechter Lagerung lange haltbar.

Oxidationsvorgänge im Friseurbereich

Oxidationsvorgänge kommen beim Fixieren, Blondieren, alkalischen Farbabzug und Färben vor.

- Beim Fixieren schließt der Sauerstoff die geöffneten Schwefelbrücken, indem er diesen den Wasserstoff entzieht (s. S. 482, Bild 1).
- Beim Blondieren bleicht der Sauerstoff die natürlichen Pigmente.
- Beim alkalischen Farbabzug (Entfärben von gefärbtem Haar durch Blondiermittel) bleicht der Sauerstoff die künstlichen und auch die natürlichen Pigmente.
- Beim Färben bleicht der Sauerstoff die natürlichen Pigmente und stellt aus den Farbbildnern künstliche Pigmente her (doppelter Oxidationsvorgang).

1.3.2 Reduktionsvorgänge

Chemisch gesehen ist die Reduktion das Gegenteil der Oxidation.

Reduktion = Aufnahme von Wasserstoff (H)
Reduktion = Abgabe von Sauerstoff (O)

Bei Facharbeiten dient Wasserstoff als Reduktionsmittel. Wasserstoffträger sind die Chemikalien, die im Haar Wasserstoff abgeben können. Das wichtigste Reduktionsmittel ist das Ammoniumthioglykolat.

Reduktionsvorgänge im Friseurbereich

Reduktionsvorgänge kommen beim Dauerwellen und beim sauren Farbabzug vor.
- Beim Dauerwellen löst Wasserstoff die Doppelschwefelbrücken (Disulfidbrücken) im Haar und macht es verformbar (plastisch).
- Beim sauren Abzug (Entfärben von gefärbtem Haar durch Rückgängigmachen des Färbevorgangs) zerlegt Wasserstoff die künstlichen Pigmente wieder in die Farbbildner, die dann ausgespült werden können.

1.4 Der pH-Wert

Der pH-Wert ist ein Maß, mit dem die Stärke von Alkalien und Säuren angegeben wird.

Er reicht von	pH 0–pH 14
Säuren haben einen pH-Wert von	pH 0–pH 7
Der pH-Wert einer neutralen Lösung liegt bei	pH 7
Basen besitzen einen pH-Wert von	pH 7–pH 14

Grundsätzlich unterscheidet man starke und schwache Alkalien. Ebenso unterscheidet man starke und schwache Säuren.

Verantwortlich für die Stärke von Säuren ist der Anteil von Säureteilchen (H^+), die in der Chemie auch als Wasserstoffionen bezeichnet werden:
Viele Wasserstoffionen → stark saure Lösung

Verantwortlich für die Stärke von Laugen ist der Anteil von Basenteilchen (OH^-), die in der Chemie auch als Hydroxidionen bezeichnet werden:
Viele Hydroxidionen → stark alkalische Lösung

Der pH-Wert eines Präparats kann mit Universalindikatorpapier (Bild 1) oder Lackmuspapier gemessen werden.

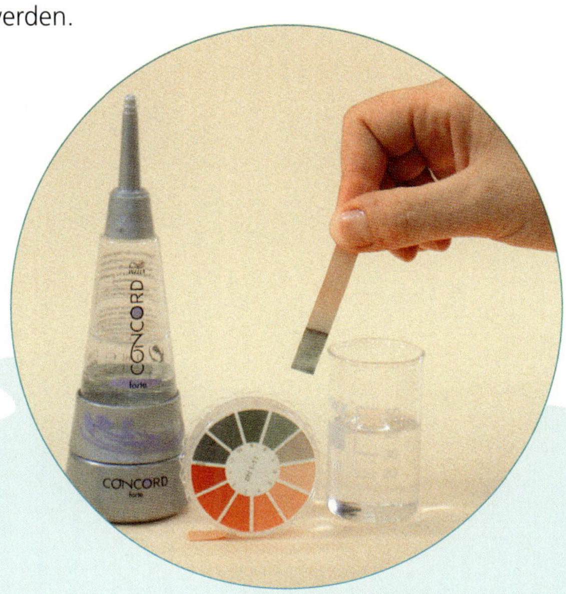

Bild 1 pH-Wert-Messung mit Universalindikatorpapier

Der pH-Wert von Friseurpräparaten

- Die pH-Werte der Friseurpräparate liegen zwischen pH 3 und pH 10. Die Säuren zwischen pH 0 und pH 3 sind zu stark für Haut und Haar. Das Gleiche gilt für Alkalien zwischen pH 10 und pH 14 (Tabelle 1).

PH-Werte	Substanzen/Präparate
10	Nagelhautentferner, Haarentfernungsmittel
9	Starke alkalische Wellmittel, Rasierseife
8	Mildalkalische Wellmittel Blondierung, Färbepräparate
7	Destilliertes Wasser
6	Shampoo, Hautcreme
5	Gesichtswasser, Rasierwasser
4	Haarkuren, Spülungen
3	H_2O_2-Lösungen, Fixiermittel

Tabelle 1 pH-Werte von Friseurpräparaten

- Die Friseurin kann den pH-Wert eines Präparates praktisch nicht verändern.
- Um den pH-Wert eines Wellmittels um eine Stufe von pH 9 auf pH 8 abzusenken, müssen Präparate durch Wasserzugabe auf das Zehnfache verdünnt werden. Das hätte eine zu starke Verdünnung der wellwirksamen Chemikalien zur Folge.
- Der pH-Wert vieler Präparate ist durch Pufferstoffe besonders gesichert, sodass er nicht verändert werden kann.

1.4.1 Alkalien

Unter Alkalien sind in der Friseurfachsprache alle Chemikalien zu verstehen, die Lackmuspapier blau färben (Bild 1). Sie werden auch als **Basen** oder **Laugen** bezeichnet.

Wirkung von Alkalien

Schwache Alkalien, wie Hirschhornsalz und Ammoniakwasser,
- quellen Haar und Haut,
- zerstören den Säureschutzmantel,
- begünstigen die chemischen Vorgänge beim Dauerwellen, Blondieren und Färben.

Starke Alkalien in hoher Konzentration oder im Zusammenspiel mit anderen Chemikalien, wie z. B. Ammoniumthioglykolat,
- zerstören das Haar,
- zersetzen die Haut (Verätzungen),
- führen zu schlecht heilenden Wunden.

Beispiele für alkalisch eingestellte Präparate

- Blondierpulver, Färbepräparate, Dauerwellflüssigkeit
- Nagelhautentferner, Haarentfernungsmittel
- Seife

1.4.2 Säuren

Säuren sind chemisch gesehen die Gegenspieler der Alkalien. Sie färben Lackmuspapier rot (Bild 2). Im Friseurbereich werden nur schwache organische Säuren eingesetzt.

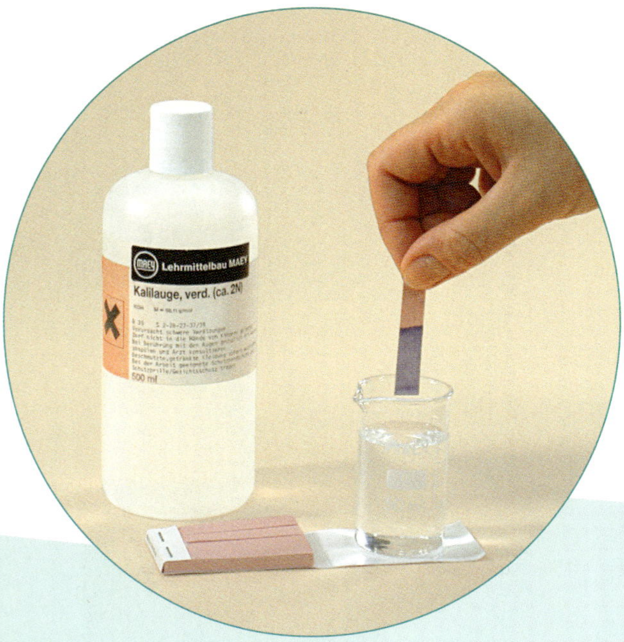

Bild 1 Prüfen von Laugen mit Lackmuspapier

Bild 2 Prüfen von Säuren mit Lackmuspapier

Wirkung von Säuren

Schwache Säuren, wie Zitronensäure, Milchsäure und Weinsäure,

- adstringieren Haut und Haar,
- stellen den Säureschutzmantel der Haut wieder her,
- verhindern den Zerfall von Wasserstoffperoxid in der Flasche (Stabilisierung),
- werden in Friseurprodukten eingesetzt, um den pH-Wert einzustellen

Starke Säuren, wie Salzsäure, Schwefelsäure und Salpetersäure,

- zerstören das Haar,
- zersetzen die Haut (Verätzungen).

Beispiele für sauer eingestellte Präparate

- Nachbehandlungspräparate für das Haar, wie Spülungen, Packungen, Haarkuren
- Nachbehandlungspräparate für die Haut, wie Gesichtswasser, Rasierwasser, Lotionen
- Wasserstoffperoxidlösungen

1.4.3 Neutralisationsvorgänge

Begriff: Eine Neutralisation liegt vor, wenn sich Säuren und Alkalien in ihrer Wirkung aufheben.
Mischt man gleiche Mengen gleich starker Säuren und Alkalien, so erhält man eine Lösung mit dem pH-Wert 7 (= chemisch neutral).

Alkalien neutralisieren Säuren (Bild 2)

- Neutralisation beim Mischen des Färbepräparats mit H_2O_2:
  Das Alkali im Färbepräparat neutralisiert die Stabilisierungssäure in der H_2O_2-Lösung. Das H_2O_2 zerfällt in Wasser und Sauerstoff; die Oxidation beginnt.
- Neutralisation beim Mischen des Blondierpräparats mit H_2O_2:
  Auch hier neutralisiert das Alkali des Blondierpräparats die Stabilisierungssäure in der H_2O_2-Lösung, sodass Sauerstoff frei wird.
- Neutralisation beim Fixieren:
  Die Alkalireste, die sich nach dem Abspülen der Dauerwellflüssigkeit noch im Haar befinden, neutralisieren die Stabilisierungssäure in der H_2O_2-Lösung, sodass Sauerstoff frei wird.

Säuren neutralisieren Alkalien (Bild 3)

Nach Facharbeiten, bei denen der Friseur Alkalien einsetzt, wie z. B. beim Dauerwellen, Färben und Blondieren, muss eine Abschlussbehandlung mit sauren Präparaten (Spülungen, Packungen) durchgeführt werden. Beispiele:

- Neutralisation bei der Nachbehandlung von Färbe- und Blondiervorgängen:
  Die Säure in der Nachbehandlung neutralisiert die Alkalireste im Haar und adstringiert es.
- Neutralisation bei der Dauerwelle:
  Die Säure in der Fixierung neutralisiert die Alkalireste im Haar und adstringiert es.
- Neutralisation bei der Nassrasur:
  Die Säure im Rasierwasser neutralisiert die Alkalireste der Rasierseife auf der Haut und stellt den Säureschutzmantel wieder her.

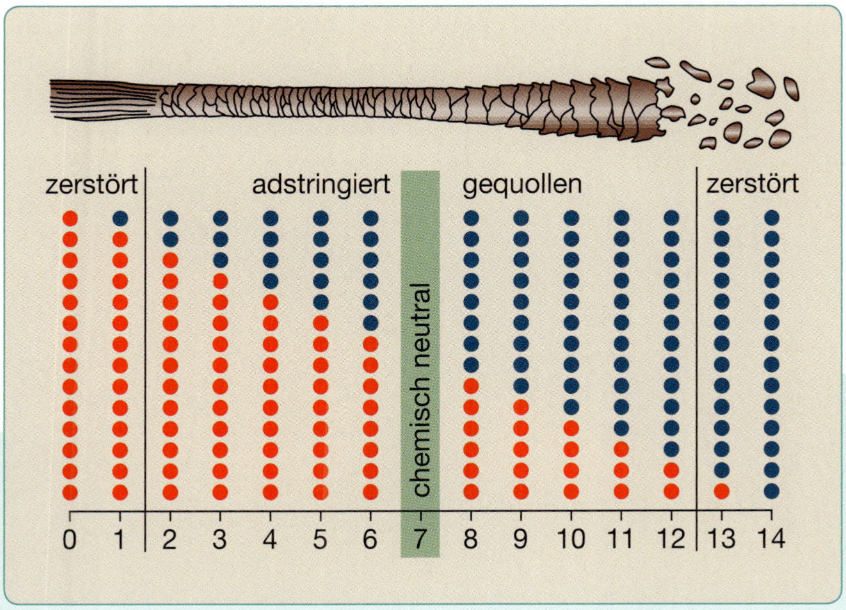

Bild 1 pH-Wert-Skala

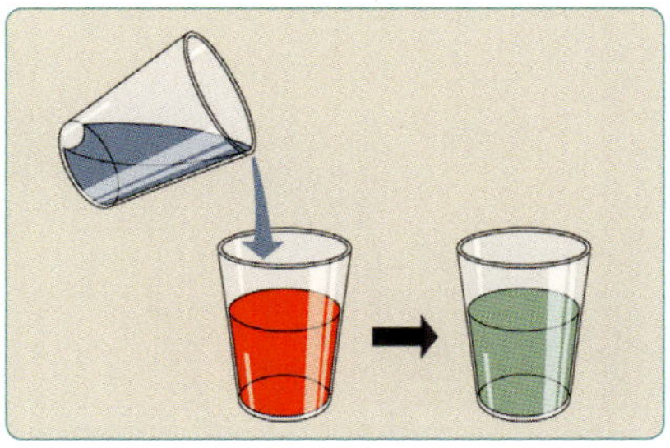

Bild 2 Alkalien neutralisieren Säuren

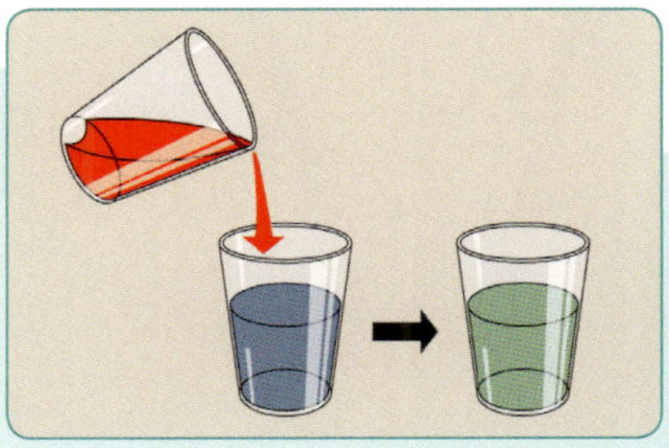

Bild 3 Säuren neutralisieren Alkalien

1.4.4 Pufferstoffe

Puffer sind Chemikalien, die den pH-Wert in Friseurprodukten auch bei Zugabe von Alkalien, Säuren oder Wasser in bestimmten Grenzen konstant halten.

Beispiel aus der Fachpraxis:
Die sauer eingestellte H_2O_2-Lösung wird in die alkalisch eingestellte Farbe eingerührt. Der Farbbrei ist aber nur im alkalischen Bereich wirksam. Bei einer erhöhten H_2O_2-Zugabe, z. B. bei Spezialrezepturen, könnte durch den Überschuss an Säuren der pH-Wert in den sauren Bereich verschoben werden. Die Pufferstoffe in der Farbcreme fangen aber alle zusätzlichen Säureteilchen, die den pH-Wert verändern würden, ab. Dadurch garantieren sie einen konstanten pH-Wert.

Versuch
Vermischen Sie Farbcreme und H_2O_2-Lösung im Verhältnis 1:1, 1:3 und 1:10 und messen Sie den pH-Wert der Mischungen.
Ergebnis:

1 Teil Farbcreme pH 9 + 1 Teil H_2O_2-Lösung pH 4 → Farbbrei pH 9

1 Teil Farbcreme pH 9 + 3 Teile H_2O_2-Lösung pH 4 → Farbbrei pH 9

1 Teil Farbcreme pH 9 + 10 Teile H_2O_2-Lösung pH 4 → Farbbrei pH 9

Fazit: Wegen der in der Farbcreme enthaltenen Pufferstoffe bleibt der pH-Wert konstant.

1.5 Kationische und anionische Wirkstoffe

Atome oder Atomgruppen, die elektrische Ladungen aufweisen, werden Ionen genannt.
Man unterscheidet:
- Positiv geladene Ionen = Kationen
- Negativ geladene Ionen = Anionen

Kationische Wirkstoffe

Wirkstoffe, die am Haar gut haften sollen, werden mit positiver Ladung versehen. Sie werden dadurch zu Kationen und haften am negativ geladenen äußeren Teil des Haares.
Zu den kationischen Wirkstoffen gehören:
- Polymere zur Pflege des Haares, zur Verbesserung der Kämmbarkeit und zur Vermeidung elektrostatischer Aufladung (Bild 1 und 2)
- Farbstoffe in Tönungen und Färbungen (Bild 3)
- kationische Tenside

Anionische Wirkstoffe

Als Reinigungsmittel haben sich anionische Tenside besonders bewährt. Die wasserfreundliche Seite des Tensids ist negativ geladen. Sie wird von den Ladungen des Wassers angezogen. Die nicht geladene Seite des Tensids ist fettfreundlich. Sie stößt Wasser ab und zieht Fett an. Auf diese Weise werden Fetttröpfchen emulgiert.
Anionischen Tenside sind enthalten in:
- Seifen
- Reinigungsmitteln mit synthetischen Detergenzien (Syndets)

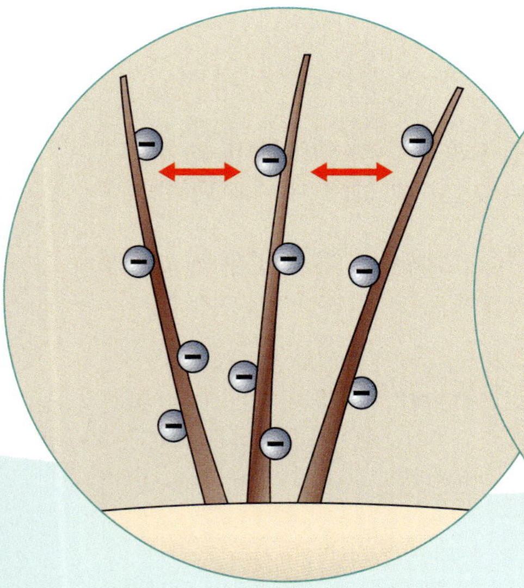

Bild 1 *Elektrostatische Aufladung des Haares*

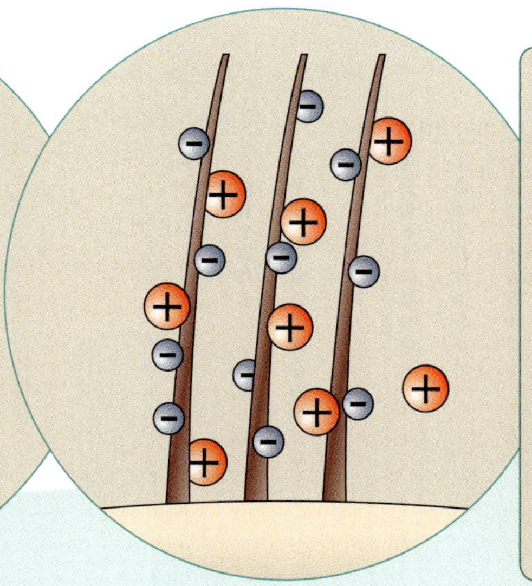

Bild 2 *„Entladung" des Haares durch kationaktive Substanze*

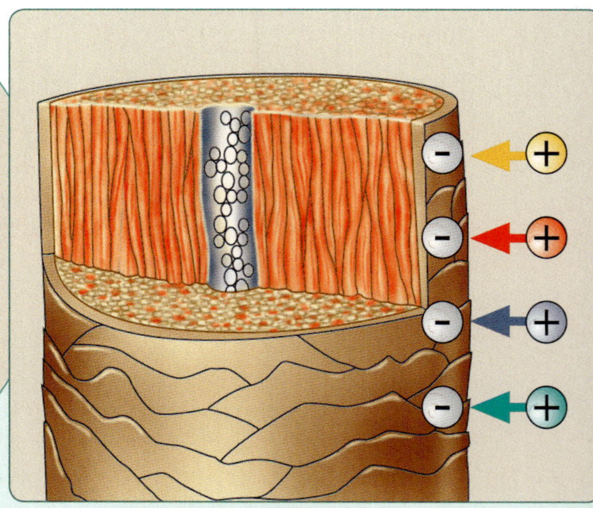

Bild 3 *Kationische Wirkstoffe haften am Haar*

1.6 Alkohole

Am häufigsten werden Ethanol und Isopropanol in Friseurpräparaten eingesetzt. Daneben kommen weitere Alkohole zum Einsatz.

Ethanol und Isopropanol

Wirkungen und Eigenschaften:
- wirken kühlend, erfrischend und austrocknend
- wirken bei höherer Konzentration desinfizierend
- sind Lösungsmittel für Duftstoffe, Fettstoffe und Kunstharze

Verwendung:
- In Festigern und Haarsprays dienen sie als Lösungsmittel für die Kunstharze und Pflegestoffe.
- In Rasier-, Haar- und Kopfhautwässern lösen sie Duft- und Wirkstoffe, wirken kühlend, erfrischend sowie leicht desinfizierend.
- In Gesichtswässern für unreine Haut sind sie in höherer Konzentration (ca. 50 %) enthalten. Sie lösen den Hauttalg und desinfizieren die Haut.
- 70 %-iges Isopropanol darf zur Händedesinfektion eingesetzt werden.

Weitere Alkohole in Friseurpräparaten

- **Butanol** dient als schonendes Lösungsmittel für Nagellack und Nagellackentferner.
- **Glycerin**, Sorbitol und Xylit gehören auch zur Gruppe der Alkohole. Sie sind stark hygroskopisch. Deshalb werden sie als Wasser bindende Mittel (Feuchthaltefaktoren) in kosmetischen Präparaten eingesetzt.
- **Cetylalkohol** ist ein Fettalkohol. Er dient als Konsistenzgeber für Emulsionen.

1.7 Fette

In der Kosmetik werden vier verschiedene Arten von Fetten verwendet: echte Fette, Mineralfette, Silikonfette und fettähnliche Stoffe.

Echte Fette sind z. B. die Speisefette. Sie sind tierischer oder pflanzlicher Herkunft. Dadurch entspricht ihre Struktur den Hautfetten und sie können gut einziehen und die Haut pflegen.

Mineralfette stammen aus dem Erdöl. Sie ziehen kaum in die Haut ein, sondern bilden auf ihr einen wärme- und feuchtigkeitsstauenden Film. Mineralfette sind in der Kosmetik unter dem Begriff Paraffin oder Weißöl bekannt. Zu ihnen gehört z. B. die Vaseline. Paraffine werden häufig in Lippenpflege- oder Kälteschutzprodukten verwendet.

Silikone werden in der Kosmetik bereits seit über 50 Jahren eingesetzt. In den Inhaltsstoffangaben erkennt man sie an den Wortendungen – icone (z. B. Dimethicone) oder –siloxane (z. B. Cyclopentasiloxane). In Haarkosmetika glätten sie die Schuppenschicht, machen das Haar geschmeidig, leichter kämmbar, erhöhen den Glanz und wirken gegen elektrostatische Aufladung. Da Silikone eine sehr geringe Oberflächenspannung besitzen, können sie sich als hauchdünner, seidig schimmernder Film auf Haut und Haar legen. Dieser Film hat keine undurchlässigen und versiegelnden Eigenschaften, die den Silikonen häufig nachgesagt werden. Auch lassen sich die modernen Silikone leicht mit Shampoo wieder entfernen. Somit sind Fehler bei der Dauerwelle oder Haarfärbung heutzutage auszuschließen. Das häufig bemängelte Beschweren feiner Haare durch Silikone ist bei Anwendung von Spezialshampoos und Pflegepräparaten für feines Haar ebenfalls nicht zu erwarten.

Fettähnliche Stoffe sind pflanzlichen und tierischen Ursprungs. Zu ihnen zählen Lanolin, Lecithin, Bienenwachs, Jojobaöl, Fettsäuren, Fettalkohole und Cholesterin.

Sie haben ganz unterschiedliche Eigenschaften. Sie können z. B. geschmeidig machend, hautpflegend, antistatisch, emulgierend oder haarkonditionierend wirken.

Allgemeine Eigenschaften von Fetten:
- Wasser abweisend
- schützen Haut und Haar vor äußeren Einflüssen
- verhindern das Austrocknen, weil sie das Wasser in der Haut halten
- pflegen Haut und Haar und sorgen für Geschmeidigkeit

Verwendung von Fetten in der Kosmetik:
- in reiner Form mit Zusätzen als Sonnenöle, Pomade, Haarwachs
- in gelöster Form in Haarwasser, Rasierwasser, Festiger und im Haarspray
- in emulgierter Form in allen Emulsionen
- als Rückfetter in Seifen, Shampoos und im Duschgel

1.8 Tenside

Tenside (Bild 1) werden in grundsätzlich in zwei Gruppen unterteilt: Die WAS (waschaktive Substanzen) und die Emulgatoren. Die WAS wiederum können in Seifen (Natrium- und Kaliumsalze von Fettsäuren) und Syndets (Synthetische Detergenzien) unterteilt werden. Bei letzteren werden in anionische, kationische, amphotere und nichtionogene Tenside unterschieden. Die Emulgatoren kann man grob in W/Ö- und Ö/W-Emulgatoren aufteilen.

Der Aufbau von Tensiden ist immer gleich. Es gibt eine wasserfreundliche (hydrophile, lipophobe) Seite und eine fettfreundliche (lipophile, hydrophobe) Seite (s. S. 111, Bild 1). Dieser Aufbau ist die Grundlage für den vielfältigen Einsatz der Tenside in Kosmetika. Sie können:

- Fettschmutz von Haut und Haar entfernen.
- die Oberflächenspannung herabsetzen und die Benetzbarkeit der Haare verbessern und damit die Haarwäsche und das „Aufziehen" von Haarfarben, Dauerwellmitteln und Pflegeprodukten möglich machen.
- Wasser und Fett in Emulsionen miteinander verbinden.
- als Lösungsvermittler in wässrigen Produkten Fette in eine klare Lösung bringen.
- Schaum bilden.

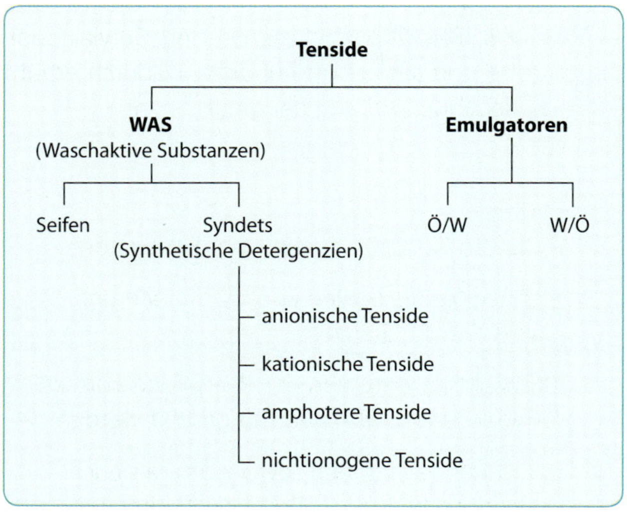

Bild 1 Übersicht Tenside

Seifen und Syndets im Vergleich

Seife ist eines der ältesten Reinigungsmittel. Grundstoffe für die Seifenherstellung sind Fette tierischen oder pflanzlichen Ursprungs und Lauge (z. B. Natrium- oder Kalilauge). Aus diesem Gunde reagiert Seife alkalisch und somit quellend auf Haut und Haar. Außerdem hinterlässt sie Kalkseifenrückstände, die das Haar stumpf und glanzlos erscheinen lassen. Syndets hingegen können in ihrem pH-Wert haut- und haarneutral eingestellt werden und bilden keine Kalkseife, sodass in Verbindung mit den weiteren Pflegestoffen in einem Shampoo das Haar nach der Wäsche glänzt.

Bild 2 zeigt einige Beispiele für die Verwendung von Tensiden in der Friseurpraxis.

Bild 2 Beispiele für die Verwendung von Tensiden

1.9 Emulsionen

Öle und Wasser sind normalerweise nicht mischbar. Wird ein Emulgator hinzugegeben, verbindet sich dessen wasserfreundliche Seite mit dem Wasser und die fettfreundliche Seite verbindet sich mit dem Öl. Dabei entsteht ein milchig-trübes Gemisch, die Emulsion. Durch den Emulgator ist diese Emulsion stabil, sie kann sich aber beispielsweise durch Kälte, Hitze oder lange Lagerungszeiten teilweise oder ganz entmischen. Öl und Wasser trennen sich dann wieder.

Emulsionstypen:

Es werden zwei Emulsionstypen unterschieden, die Ö/W-Emulsion und die W/Ö-Emulsion.

Bei Ö/W-Emulsionen ist Öl im Wasser verteilt (dispergiert). Öl ist die innere Phase, Wasser die umgebende äußere Phase (Bild 1). Weil die äußere Phase aus Wasser besteht, nehmen Ö/W- Emulsionen Wasser auf. Man kann sie mit Wasser verdünnen und abwaschen.

Bei W/Ö-Emulsionen ist Wasser im Öl dispergiert. Wasser ist die innere Phase, Öl die äußere Phase (Bild 2). W/Ö-Emulsionen stoßen Wasser ab. Sie sind wasserabweisend, Wasser kann also nicht eingerührt werden. Zum Abwaschen sind daher zusätzlich Tenside erforderlich.

In der Haarkosmetik kommen normalerweise Ö/W-Emulsionen zur Anwendung, z.B. in Haarkuren/-packungen, Spülungen, Farbcremes und Tönungspräparaten. Sie lassen sich problemlos mit Wasser wieder aus dem Haar ausspülen. W/Ö-Emulsionen eignen sich nicht, da sie mit Shampoo wieder ausgewaschen werden müssten und fettige Rückstände im Haar verbleiben würden.

In Hautpflegepräparaten kommen beide Emulsionstypen zum Einsatz. W/Ö-Emulsionen werden besonders bei trockener Haut oder zum Massieren verwendet, Ö/W-Emulsionen sind z.B. die Grundlage für Tagespflege, Sonnenmilch, Gesichtspackungen oder Handcremes.

Der Vorteil von Emulsionen liegt in den beiden Lösungsmitteln (Öl und Wasser), die in der Emulsion enthalten sind. Somit können sowohl fett- als auch wasserlösliche Wirkstoffe in die Produkte eingearbeitet werden.

Konsistenzgeber verleihen der Emulsion ihre „cremige" Eigenschaft. Als Konsistenzgeber dienen u.a. Wachse, z.B. Bienenwachs, Lanolin und Cetylalkohol. Diese Stoffe sind sehr hautfreundlich. Dadurch erhöht sich die pflegende Wirkung der Emulsionen.

Aufgaben

1. Erläutern Sie die Aufgabe eines Emulgators.
2. Nennen Sie die beiden Emulsionstypen und unterscheiden Sie diese.
3. Erklären Sie, warum in der Haarpflege normalerweise Ö/W-Emulsionen eingesetzt werden.
4. In Emulsionen können sowohl fett- als auch wasserlösliche Wirkstoffe eingearbeitet werden. Begründen Sie, warum das so ist.

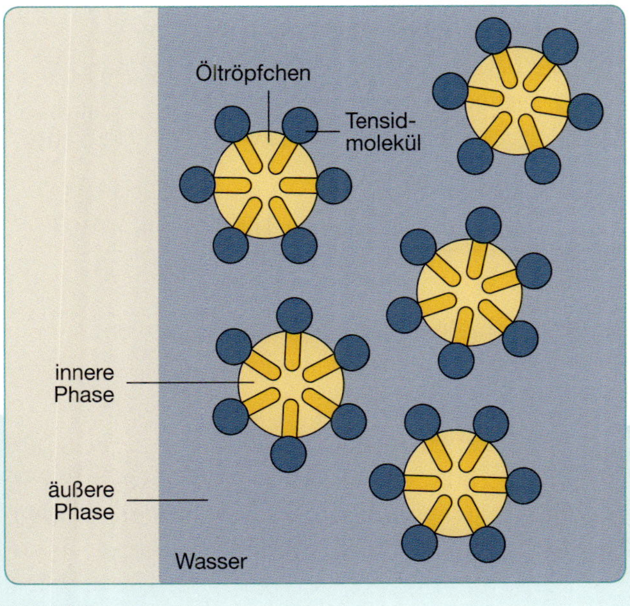

Bild 1 *Ö/W-Emulsion*

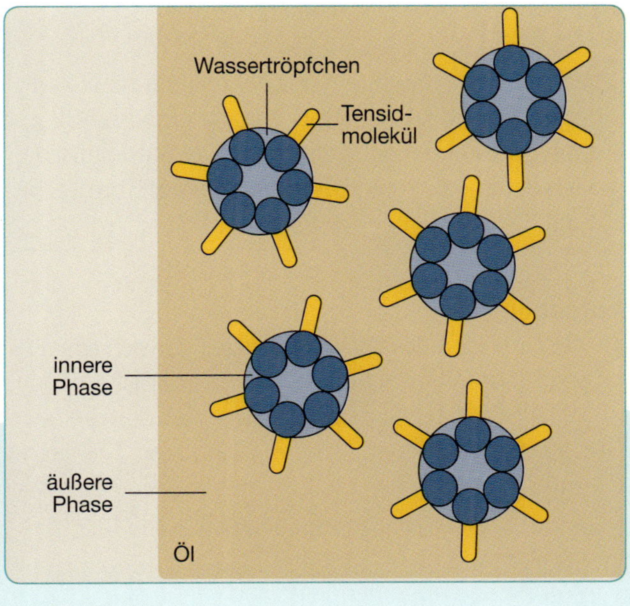

Bild 2 *W/Ö-Emulsion*

2 Mathematische Grundlagen

2.1 Grundrechenarten

Addition:	Summand	plus	Summand	gleich	Summe
Beispiel:	25	+	5	=	30
Subtraktion:	Minuend	minus	Subtrahend	gleich	Differenz
Beispiel:	25	–	5	=	20
Multiplikation:	Faktor	mal	Faktor	gleich	Produkt
Beispiel:	25	?	5	=	125
Division:	Dividend	durch	Divisor	gleich	Quotient
Beispiel:	25	:	5	=	5

Tabelle 1 Begriffe der Grundrechenarten

Wichtige Grundregel:
Punktrechnung (Multiplizieren und Dividieren) geht vor Strichrechnung (Addieren und Subtrahieren)

Einführungsaufgabe

Eine Meisterin kauft auf einer Messe 6 Flaschen Festiger zu je 1,30 €, 4 Flaschen Haarspray zu je 1,45 € und 3 Portionen Schaumtönung zu je 1,90 €.
Wie viel Geld hat sie insgesamt ausgegeben?

Lösung:

$6 \cdot 1{,}30\,€ + 4 \cdot 1{,}45\,€ + 3 \cdot 1{,}90\,€ = 19{,}30\,€$

1. Schritt: Multiplikation (Punktrechnung)

$6 \cdot 1{,}30\,€ = 7{,}80\,€$
$4 \cdot 1{,}45\,€ = 5{,}80\,€$
$3 \cdot 1{,}90\,€ = 5{,}70\,€$

2. Schritt: Addition (Strichrechnung)

$7{,}80\,€ + 5{,}80\,€ + 5{,}70\,€ = 19{,}30\,€$

Versuchen Sie, mit Ihrem Taschenrechner diese Aufgabe zu lösen. Löst Ihr Taschenrechner diese Aufgabe bei Direkteingabe, so rechnet er automatisch nach der Regel: Punktrechnung geht vor Strichrechnung.

Erhalten Sie ein anderes Ergebnis als 19,30 €, so müssen Sie diese Aufgaben mit dem Speicher rechnen:
M (Memory) bedeutet Speicher.
Beim Addieren wählt man die Taste M+, beim Subtrahieren die Taste M–.
Mit der MR-Taste (Memory Recall) holt man den gesamten gespeicherten Wert in das Display. Mit dem angezeigten Wert kann weitergerechnet werden.
Vor der nächsten Aufgabe muss der Speicher mit der MC-Taste (Memory Clear) geleert werden. Das M im Display erscheint dann nicht mehr.
Statt der beiden Tasten MR und MC haben manche Taschenrechner nur eine MRC-Taste.
Einmal drücken entspricht MR, zweimal drücken entspricht MC.

6 · 1,30 M+ 4 · 1,45 M+ 3 · 1,90 M+ MR = 19,30

Aufgaben

1. Aus Gründen des Umweltschutzes hat sich eine Friseurmeisterin entschieden, das Standardshampoo in 10-Liter-Kanistern zu bestellen. Aus dem ersten Kanister werden am Montag 125 ml, am Dienstag 240 ml, am Donnerstag 265 ml sowie an den restlichen Werktagen der Woche jeweils 280 ml entnommen.
Welche Shampoomenge ist nach der ersten Woche noch im Kanister?

2. Eine Kosmetikfirma bietet Arbeitsgeräte und Zubehör zu Sonderkonditionen an.
Die Meisterin bestellt:

2 Haarschneidemaschinen	zu je 56,00 €
3 Haarschneidescheren	zu je 22,25 €
20 Haarklammern	zu je 0,20 €
4 Haarbürsten	zu je 4,20 €
6 Frisierumhänge	zu je 18,30 €
5 Haarschneidekämme	zu je 3,20 €

Berechnen Sie den Rechnungsbetrag.

3. Beim Auspacken einer Lieferung findet eine Auszubildende die beiliegende Rechnung. Ihre Chefin bittet sie, den Betrag auf Richtigkeit zu überprüfen.

15 Flaschen Festiger	je Stück 1,15 €
12 Portionen Schaumtönung	je Stück 2,10 €
9 Flaschen Haarspray	je Stück 2,60 €

Wie hoch ist der Rechnungspreis?

4. Das Kopfhaar wächst täglich durchschnittlich 0,3 mm. Um wie viel cm muss das Haar eines Kunden gekürzt werden, wenn er 6 Wochen nach dem letzten Haarschnitt erscheint und die Haare genauso kurz haben will wie beim letzten Besuch?

5. Eine Kundin verfügt über ca. 105000 Kopfhaare. Das Wachstum ihrer Haare liegt bei 0,32 mm täglich. Um welche Gesamtlänge (Summe des Haarwachstums aller Haare) ist das Haar an einem Tag gewachsen? Geben Sie die Länge in mm, cm, m und km an.

6. Eine junge Dame misst am 1. 1. 2002 ihr langes Haar. Bei der nächsten Messung ist es um 4,8 cm gewachsen. Ihr tägliches Haarwachstum liegt bei 0,31 mm.

Wann erfolgte die zweite Messung?

7. Der menschliche Haarschopf besteht im Durchschnitt aus 110000 Haaren. Davon fallen täglich ca. 60 Haare aus, die dann durch neue Haare ersetzt werden.

Nach welcher Zeit sind alle Haare einmal ausgefallen? Geben Sie die Zeit in Jahren, Monaten und Tagen an.

8. Von den 28 Auszubildenden einer Klasse, die ihre Ausbildung beginnen, scheiden bereits während der Probezeit $1/7$ aus. Vier weitere Schülerinnen haben die Hautschutzmaßnahmen nicht richtig befolgt und müssen wegen Hautproblemen die Ausbildung abbrechen. $1/5$ der verbleibenden Auszubildenden legt vorzeitig die Prüfung ab. Von den restlichen Schülerinnen besteht $1/8$ die Prüfung mit der Gesamtnote „Gut“.
Wie viele Auszubildende haben bei dieser Prüfung mit gutem Erfolg abgeschnitten?

9. Die Gesamtkosten für die Erwärmung des Wassers betrugen in einem Friseurbetrieb 112 € pro Monat. Durch sparsameres Umgehen mit dem warmen Wasser können $2/7$ der Energiekosten eingespart werden. Um die Mitarbeiterinnen zum Sparen zu motivieren, verspricht die Meisterin, $1/3$ des gesparten Jahresbetrags an die 6 Mitarbeiterinnen auszuzahlen. Mit welchem Betrag könnte jede Mitarbeiterin rechnen?

10. Eine Auszubildende überprüft die Durchschrift eines Kassenzettels. Den Betrag für das Färben kann sie nicht entziffern.

Haarschnitt	22,50 €
Färben	
Spezialkur	7,40 €
Shampoo	1,10 €
gesamt	52,50 €

Welcher Betrag wird für das Färben berechnet?

11. Eine Friseurin arbeitet in der Vorweihnachtszeit am

Montag	8 $3/4$ Std.
Dienstag	8 $1/3$ Std.
Mittwoch	7 $1/5$ Std.
Donnerstag	4 $1/4$ Std.
Freitag	8,1 Std.
Samstag	5,6 Std.

Ihre wöchentliche Arbeitszeit beträgt 37 Stunden.

a) Berechnen Sie die tatsächlichen Arbeitsstunden.
b) Wie viele Überstunden hat sie geleistet?
c) Berechnen Sie die Mehrarbeit in Minuten.

12. In einem Kanister befinden sich 5 Liter Shampoo. Es werden 4 Flaschen zu je 0,2 Liter und 2 Flaschen zu je $1/3$ Liter abgefüllt. Wie viel Liter Shampoo befinden sich noch im Kanister?

13. Eine Friseurin hat mit dem Vertreter ihres Lieferanten vereinbart, dass sie bei einem Gesamteinkauf von 3.500 € innerhalb eines Kalenderjahres einen Rabatt von 8 % erhält. Bisher hat sie die folgenden Waren erhalten:

02.02.	268,80 €
06.04.	740,70 €
27.05.	182,50 €
17.08.	685,90 €
29.09.	720,85 €

Für wie viel € muss die Friseurmeisterin noch Waren bestellen, damit sie den Rabatt erhält?

14. Auf dem Kontoauszug des Girokontos eines Friseurbetriebes sind die folgenden Buchungen ausgewiesen:

03.10.	Bestand	5.965,30 €
08.10.	Überweisung	435,70 €
18.10.	Scheckgutschrift	245,80 €
06.11.	Barauszahlung	560,00 €
12.11.	Lastschrift	340,00 €
30.11.	Gehaltsüberweisungen	3.425,60 €

a) Berechnen Sie, wie hoch das Guthaben am 10. 11. war.
b) Wie hoch ist der Kontostand am Tag der letzten Buchung?

15. Ein Fingernagel wächst durchschnittlich 0,3 mm täglich. Nach der letzten Maniküre am 2.4. bis zur nächsten Behandlung sind die Nägel einer Kundin um 0,51 cm nachgewachsen. Wann ist sie wieder zur Maniküre erschienen?

16. Für die Warmwasserzubereitung in einem Friseurbetrieb werden monatlich 195 € verbraucht. Im Damensalon ist der Verbrauch 2 1/4-mal so hoch wie im Herrensalon. Berechnen Sie die Anteile für den Damen- und den Herrensalon.

17. Das Sortiment eines Friseurfachhändlers besteht aus 100 Artikeln. Die Preise liegen bei vollen Eurobeträgen von 1 € bis 100 €. Der erste Artikel kostet also 1 €, der zweite 2 € usw. Wie viel muss ein Kunde bezahlen, wenn er jeweils einen Artikel einer Preisgruppe kauft? Suchen Sie einen kurzen Rechenweg.

2.2 Dreisatzrechnung

Der Dreisatz ist die wichtigste Rechenart im beruflichen Bereich einer Friseurin.
Mit dem Dreisatz können auch die nachfolgenden Prozentaufgaben gelöst und die Lösungswege für das Mischungsrechnen abgeleitet werden.

2.2.1 Der einfache Dreisatz

Einführungsaufgabe

Ein Karton mit 24 Flaschen Farbfestiger kostet 13,20 €. Wie viel kosten 9 Flaschen?

Zunächst wird der Lösungsansatz formuliert, d. h., die Aufgabe wird geordnet hingeschrieben, wobei der gesuchte Wert rechts unten steht.

Lösungsansatz:

24 Flaschen	≙	13,20 €	Aussagesatz
9 Flaschen	≙	x	Fragesatz

Lösung mit dem Dreisatz (das Ergebnis wird in drei Sätzen ermittelt):

1. Aussagesatz
Der Aussagesatz wird aus dem Lösungsansatz übernommen: 24 Flaschen ≙ 13,20 €

2. Mittelsatz
Es wird immer auf die einfache Anzahl (hier 1 Flasche) geschlossen: 1 Flasche ≙ $\frac{13{,}20\,€}{24}$
- Wird der Wert geringer R dividieren (proportionales Verhältnis)
- Wird der Wert größer R multiplizieren (antiproportionales Verhältnis)

3. Schlusssatz (Lösungsbruch)
Es wird auf die gesuchte Mehrzahl (hier 9 Flaschen) geschlossen: 9 Flaschen ≙ $\frac{13{,}20\,€ \cdot 9}{24}$

Durch Ausrechnen des Lösungsbruchs erhält man die Lösung: x = 4,95 €

Die drei Schritte des Dreisatzes müssen nicht schriftlich erfolgen. Mit etwas Übung kann der Lösungsbruch direkt hingeschrieben werden.

Aufgaben

1. Für 6 Tuben Haarfarbe zahlt eine Meisterin 25,20 €. Wie hoch ist der Rechnungsbetrag für 15 Tuben?

2. Eine Dose Blondierpulver zu 500 ml kostet 4,60 €. Wie hoch ist der Materialpreis für 60 ml Blondierpulver?

3. Der Inhalt einer 0,5-Liter-Flasche Spülung reicht durchschnittlich für 35 Behandlungen. Für wie viele Spülungen reicht eine Flasche mit 1/5 Liter Spülung?

4. Zur Blondierung braucht eine Meisterin 60 ml 12 %iges H_2O_2. Wie viel ml benötigt sie von 15 %igem H_2O_2, aus dem sie das 12 %ige H_2O_2 herstellt?

5. Für die Renovierung eines Salons sind 4 Fliesenleger 12 Tage eingeplant. Wie viele Facharbeiter müssten eingesetzt werden, wenn die Arbeiten nach 8 Tagen abgeschlossen sein sollen und alle Fliesenleger gleich schnell arbeiten?

6. Im Technologieunterricht stellen die Schülerinnen ihre kosmetischen Präparate selbst her. Für 1680 ml einer Tagescreme brauchen sie Zutaten im Wert von 9,28 €. Sie füllen die Creme in Töpfchen zu 50 ml, runden den 3-fachen Betrag der entstandenen Kosten auf den nächsten vollen Euro auf und verkaufen sie auf einem Schulbasar. Zu welchem Preis werden 50 ml der Creme angeboten?

7. Die Friseurinnen eines Salons sind am Verkaufsumsatz beteiligt. Petra erzielt einen Umsatz von 845 € und erhält dafür eine Verkaufsprovision von 21,13 €. Wie hoch ist ihr Verkaufsumsatz, wenn sie im folgenden Monat 32,43 € Provision erhält?

8. Beim Einkauf einer Kosmetikserie von einem amerikanischen Kosmetikkonzern ist der Preis in Dollar und Euro ausgewiesen. Die Friseurmeisterin kann wählen, ob sie 2.221,64 US $ oder 2.420,60 € überweist. Wie hoch ist der Eurobetrag einer anderen Rechnung, wenn bei gleichem Wechselkurs 3.125,25 US $ in Rechnung gestellt werden?

9. Die Schülerinnen stellen im Technologieunterricht Festiger her. Den Alkohol verdünnen sie auf die gewünschte Prozentstärke. Bei der Verwendung von 60 %igem Alkohol kostet er insgesamt 23,50 €. Wie teuer ist die gleiche Menge eines 40 %igen Alkohols?

10. Der Inhalt einer 0,2-Liter-Flasche Shampoo reicht durchschnittlich für 16 Haarwäschen.
a) Für wie viele Haarwäschen reicht eine Flasche mit 1/3 Liter Shampoo?
b) Welche Restmenge bleibt bei der größeren Flasche übrig, wenn immer die gleichen Mengen für die Haarwäschen abgemessen werden?

11. Für 9 Friseurinnen reicht der Vorrat an Handschuhen 63 Arbeitstage. Nach 13 Tagen verlassen 4 Friseurinnen den Betrieb. Wie lange reicht der verbliebene Vorrat bei gleich bleibendem Verbrauch?

12. In einem Friseurbetrieb, in dem 6 Friseurinnen beschäftigt sind, wird in 17 Tagen ein bestimmter Shampoovorrat verbraucht. Nach 5 Tagen werden 2 weitere Friseurinnen eingestellt. Wie lange würde der restliche Vorrat bei gleichem Verbrauch je Friseurin noch reichen?

2.2.2 Der zusammengesetzte Dreisatz

Der zusammengesetzte Dreisatz besteht aus mehreren einfachen Dreisätzen, die nacheinander gelöst werden.

Einführungsaufgabe

Eine Packung mit 24 Flaschen Haarwäsche, die je 45 ml enthalten, kostet 18,00 €.
Wie teuer müssten 40 Flaschen mit je 75 ml Inhalt sein, wenn der Preis für 1 ml gleich ist?

Lösungsansatz:

24 Flaschen	je	45 ml	kosten	18,00 €	*Aussagesatz*
40 Flaschen	je	75 ml	kosten	x	*Fragesatz*

Lösung in 5 Sätzen:

1. Satz:	24 Flaschen	je	45 ml	kosten	18,00 €
2. Satz:	1 Flasche	je	45 ml	kostet	$\frac{18{,}00\,€}{24}$
3. Satz:	40 Flaschen	je	45 ml	kosten	$\frac{18{,}00\,€ \cdot 40}{24}$
4. Satz:	40 Flaschen	je	1 ml	kosten	$\frac{18{,}00\,€ \cdot 40}{24 \cdot 45}$
5. Satz:	40 Flaschen	je	75 ml	kosten	$\frac{18{,}00\,€ \cdot 40 \cdot 75}{24 \cdot 45}$

Lösungsbruch:

$$x = \frac{18{,}00\,€ \cdot 40 \cdot 75}{24 \cdot 45}$$

$$x = 50\,€$$

Lösen Sie die folgenden Aufgaben, indem Sie zunächst den Lösungsansatz formulieren und dann den Lösungsbruch hinschreiben.

Aufgaben

1. Für 5 Friseurinnen im 3. Gesellenjahr zahlt ein Friseurmeister in 8 Monaten 46382,40 € Lohn. Wie viel verdienen 7 Friseurinnen, die alle den gleichen Lohn erhalten, in 6 Monaten?
2. Zur Herstellung von Haarteilen wird ein Stück Gaze von 18 cm Länge und 10 cm Breite benötigt.

   Wie teuer ist die Gaze, wenn der Preis für ein 1,50 m langes und 80 cm breites Stück 62,20 € beträgt?
3. Für ein geknüpftes Haarteil von 30 cm² Größe werden für 36 € europäisches Haar benötigt, das 420 € je kg kostet. Ein 42 cm² großes Haarteil wird mit vergleichbarem asiatischen Haar hergestellt. Wie teuer ist das benötigte asiatische Haar bei einem Kilopreis von 280 €?
4. Zur Herstellung von Festigern verwenden die Schülerinnen einer Klasse 60 %igen Alkohol. Der Preis pro Liter beträgt 13,50 €. Wie teuer sind 80 ml eines 40 %igen Alkohols, der aus dem 60 %igen Alkohol durch Wasserzugabe hergestellt wird?
5. Eine bestimmte Menge eines Spezialshampoos im Wert von 14,25 € steht zur Verfügung. Werden 8 ml für eine Behandlung verbraucht, so reicht die Menge für 42 Kundinnen. Wie teuer ist das Shampoo für
   35 Kundinnen bei einem Verbrauch von 6 ml je Haarwäsche?
6. Das Pflegeshampoo für 24 Haarwäschen, bei denen jeweils 15 ml Shampoo verbraucht werden, liegt bei 6,70 €. Wie teuer ist das Material für 45 Haarwäschen, wenn nur 10 ml Shampoo pro Haarwäsche erforderlich sind?
7. Für die Erstellung von 12 Dauerwellen, für die jeweils 1 Stunde Arbeitszeit angesetzt ist, fallen Lohnkosten in Höhe von 108 € an. Wie hoch ist der Lohnanteil für 9 Teildauerwellen, für die jeweils 20 Minuten Arbeitszeit erforderlich sind?

8. Für 800 € bekommt ein Sparer in 3 1/2 Jahren 80 € Zinsen. Wie viel Geld müsste er anlegen, um unter gleichen Voraussetzungen in 1 3/4 Jahren 240 € Zinsen zu erhalten?

9. Eine Friseurmeisterin legt 6000 € zu 3 2/3 % für 4 1/2 Jahre an. Wie groß muss der angelegte Betrag sein, wenn sie in 3 1/3 Jahren bei einem Zinssatz von 5 1/3 % den gleichen Zinsbetrag erhalten will?

10. Das Kräutershampoo für 22 Haarwäschen kostet bei einem Verbrauch von 15 ml je Haarwäsche 6,15 €. Wie viel ml von demselben Shampoo werden pro Haarwäsche eingesetzt, wenn für 54 Haarwäschen Shampoo im Wert von 12,05 € verbraucht wird?

11. Das Schuppenshampoo für 28 Haarwäschen kostet 3,10 € bei einem Verbrauch von 8 ml pro Haarwäsche. Wie viele Haarwäschen sind bei einem Verbrauch von 6 ml Shampoo möglich, wenn für 5,14 € Shampoo zur Verfügung steht?

12. In einer Fabrik werden Haararbeiten durchgeführt. Um dort 18 Haarteile von gleicher Größe herzustellen, brauchen 4 Facharbeiter bei 5 1/2-stündiger täglicher Arbeitszeit 3 Tage. Welche Zeit benötigen 12 Fachkräfte für 24 dieser Haarteile, wenn die tägliche Arbeitszeit 8 1/4 Stunden beträgt? Geben Sie die benötigte Zeit in Tagen, Stunden und Minuten an.

2.3 Prozentrechnung

Das Prozentrechnen ist die im privaten und im beruflichen Bereich am häufigsten angewandte Rechenart. Ein Beispiel für die Anwendung des Prozentrechnens ist die folgende Pressemitteilung:

> „Am vergangenen Montag nahmen 25 Auszubildende des Friseurhandwerks an der Gesellenprüfung teil, von denen 12 % die Prüfung mit der Note „Gut" bestanden. Die 3 jungen Fachkräfte wurden besonders geehrt."

Einführung der Begriffe Grundwert, Prozentwert und Prozentsatz

- Der **Grundwert** ist das Ganze. In diesem Fall ist der Grundwert 25. Der Grundwert entspricht immer 100 %.
- Der **Prozentwert** ist ein bestimmter Anteil vom Grundwert, in diesem Fall ist der Prozentwert 3.
- Der **Prozentsatz** gibt diesen Anteil bezogen auf 100 an. In diesem Fall beträgt der Prozentsatz 12 % (12 Prozent heißt 12 von Hundert).

Beim Prozentrechnen sind 2 der 3 Werte bekannt. Der fehlende 3. Wert muss ausgerechnet werden. Dies kann z. B. mit dem Dreisatz erfolgen.

2.3.1 Berechnen des Prozentwerts

Einführungsaufgabe

Von den 25 Schülern der erwähnten Friseurklasse bestehen 12 % mit der Note „Gut". Berechnen Sie die Anzahl der guten Schüler.

I. Lösungsansatz:

100 % ≙ 25 Azubis

12 % ≙ x

II. Lösungsbruch:

$$x = \frac{25 \cdot 12}{100}$$

x = 3 Azubis der Klasse bestehen mit „Gut".

Der Prozentwert kann direkt mit der %-Funktion des Taschenrechners berechnet werden:

Grundwert ·	Prozentsatz	%-Taste	→	Prozentwert
25 ·	12	%-Taste	→	3

Aufgaben

1. Der Anteil von waschaktiven Substanzen (WAS) in einem Shampoo liegt bei 35 %. Wie viel g WAS sind in 65 g des Shampoos enthalten?

2. In einer Zitronenspülung sind 3,2 % Zitronensäure und 5,6 % andere Säuren (Apfelsäure, Weinsäure, Milchsäure) zum Adstringieren des Haars enthalten. Wie viel ml der Säuren befinden sich in 0,7 l dieser Spülung?

3. Der Wasseranteil eines Shampoos liegt bei durchschnittlich 30 %. Wie viel ml Wasser sind in 0,75 l des Shampoos enthalten?

4. Ein Schuppenshampoo enthält Pyrithionverbindungen und Salicylsäure. Diese Schuppenwirkstoffe machen in einem Spezialshampoo 3,5 % aus. Wie hoch ist ihr Anteil in 250 g eines solchen Shampoos?

5. Die Vergütung einer Auszubildenden beträgt 430,00 €. Sie wird um 8 % erhöht. Wie viel Euro verdient sie nach der Erhöhung?

6. Von den 95000 Haaren einer Kundin befinden sich 84 % in der Wachstumsphase, 15 % in der Ruhephase und die restlichen Haare in der Übergangsphase. Berechnen Sie, wie viele Haare sich in den einzelnen Phasen befinden.

7. Die Reißfestigkeit von Haaren nimmt durch chemische Behandlungen ab. Durch Messen der Zugkraft stellen Sie fest, dass ein dauergewelltes Haar um 12 % und ein hochgradig blondiertes Haar bereits um 70 % früher reißt als ein vergleichbares unbehandeltes Haar, das erst bei einer Zugkraft von 105 g reißt. Bei welcher Belastung reißen die chemisch behandelten Haare?

8. Bei einer Kundin befinden sich 13 1/3 % aller 105000 Kopfhaare in der Ruhephase. Berechnen Sie die Zahl der Kolbenhaare.

9. In einem angerührten Pflanzenfarbbrei sind 16 2/3 % Pflanzenfarbe enthalten. Wie viel g Pflanzenfarbe befinden sich in 198 g eines Farbbreis?

10. Der Wasseranteil eines Pflanzenfarbbreis liegt bei 83 %. Wie viel g Wasser sind in 160g des angerührten Farbbreis enthalten?

11. Ein Gesichtswasser für unreine Haut enthält 60 % Isopropanol. Wie hoch ist der Anteil des reinen Alkohols bei 150 ml dieses Gesichtswassers?

12. In einem Friseurbetrieb ist die Prämie für Zusatzverkäufe gestaffelt. Bei einem Umsatz bis 100 € beträgt die Verkaufsprämie 3 1/3 %. Für den Betrag, der zwischen 100 und 200 € liegt, erhöht sich die Prämie um 1 %. Für die Beträge, die über 200 € liegen, werden 5 1/4 % Prämie gewährt. Wie hoch ist die Prämie bei einem Umsatz von 345 €?

13. Die Querschnittsfläche eines Haares mit rundem Querschnitt beträgt 0,005 mm^2. Wie groß ist der Durchmesser eines anderen Haars, das 35 % dünner ist?

2.3.2 Berechnen des Prozentsatzes

Einführungsaufgabe

In Ihrer Klasse sind insgesamt 25 Auszubildende, von denen 3 männlich sind. Wie viel Prozent sind das?

I. Lösungsansatz:

25 Azubis ≙ 100 %

3 männl. Azubis ≙ x %

II. Lösungsbruch:

$$x = \frac{100\,\% \cdot 3}{25}$$

$$x = 12\,\%$$

Kontrolle mit dem Taschenrechner:

Grundwert	·	Prozentsatz	%-Taste	→	Prozentwert
25	·	12	%-Taste	→	3

Aufgaben

1. Der Preis für einen Kinderhaarschnitt ist von 12,60 € auf 13,20 € gestiegen. Berechnen Sie die prozentuale Preiserhöhung.

2. Die Auszubildenden eines Friseursalons haben die Aufgabe, die Gesamtzahl der Haare und den Weißanteil bei einer Kundin zu schätzen. Petra glaubt, die Kundin habe 105000 Haare und davon seien ca. 42000 ergraut. Dagegen geht Doreen davon aus, dass von den geschätzten 95000 Haaren der Kundin 40000 ergraut sind. Wie hoch wird in beiden Fällen der Prozentsatz der ergrauten Haare geschätzt?

3. Für eine Haarwäsche werden in einem Salon durchschnittlich 12 Liter Wasser verbraucht. Durch sparsameres Umgehen mit dem Wasser kann die gleiche Wirkung auch mit 8,5 Litern erzielt werden. Wie viel Prozent sind dadurch gespart worden?

4. Der Einkaufspreis einer Flasche Shampoo von 1 Liter beträgt 9,20 €. Dagegen kostet eine Portionsflasche mit 50 ml des gleichen Shampoos 0,80 €. Um wie viel Prozent ist das Shampoo in diesem Fall in Portionsflaschen teurer als in Literflaschen?

5. Eine Auszubildende im 1. Ausbildungsjahr möchte den Weißanteil von Haaren richtig einschätzen. Um ihre Treffsicherheit zu testen, zählt sie eine Strähne von 85 Haaren aus, von denen 9 weiß sind.
Wie hoch ist der prozentuale Weißanteil?

6. Im Friseurfachmarkt erhält Petra für einen Föhn, der mit 35 € ausgezeichnet ist, einen Preisnachlass von 6,80 €. Wie viel Prozent Rabatt sind das?

7. Von den 105000 Haaren eines Kunden sind 1575 Haare in der Übergangsphase, 16800 Haare in der Ruhephase und die übrigen Haare in der Wachstumsphase. Berechnen Sie den prozentualen Anteil der Haare der jeweiligen Phase.

8. Im Technologieunterricht werden Dehnungsversuche von Haaren durchgeführt. Ein unbehandeltes Haar von 12 cm Länge reißt bei einer Dehnung um 4,3 cm. Um wie viel Prozent ist es gedehnt worden?

9. Ein 15 cm langes Haar wird um 5 cm gedehnt. Anschließend wird das Haardehnungsgerät wieder auf die Ausgangslänge von 15 cm zurückgekurbelt. Das gedehnte Haar zieht sich bis auf einen Dehnungsrückstand von 2 mm auf die alte Länge zurück. Um wie viel Prozent ist das Haar irreversibel gedehnt?

10. Beim Färben mit Pflanzenfarben wird das Pulver mit warmem Wasser zu einem sämigen Brei verrührt. In 185 g eines angerührten Pflanzenbreis sind 35 g Pflanzenfarbe enthalten. Wie hoch ist der prozentuale Anteil der Pflanzenfarbe im Farbbrei?

11. Eine Friseurin erzielte in einem Monat einen Verkaufsumsatz von 628,00 € und erhielt dafür eine Prämie von 17,27 €. Wie viel Prozent des erzielten Umsatzes erhält sie als Verkaufsprovision?

12. Der Thioglykolatanteil einer Dauerwellflüssigkeit für normale Haarstruktur liegt bei 9 %. Durch Zugabe von 20 % Wasser kann die Wellflüssigkeit auf eine geschädigte Haarstruktur eingestellt werden. Wie hoch ist in dieser Wellflüssigkeit der Thioglykolatanteil?

13. Eine Dauerwelle kostete bis zum 31. 12. 2001 75,00 DM. Die Meisterin zeichnete die Preise zum 1.1.2002 in Euro aus. Sie entschied sich, die Preise auf volle Eurowerte auf- oder abzurunden. Der Umrechnungskurs betrug 1 € = 1,95 DM.

a) Wie viel betrug die prozentuale Preiserhöhung, wenn sie aufrundete?

b) Um wie viel Prozent reduzierte sie den Preis, wenn sie abrundete?

14. Nach Abzug der Steuern und Sozialversicherungen bekommt eine Friseurin 946,45 € ausgezahlt. Ihr Bruttolohn liegt bei 1.365,60 €. Wie viel Prozent betragen die gesamten Abzüge?

15. Mit einem Haarmessgerät können Sie den Durchmesser des Haars und die Form des Haarquerschnitts feststellen. Ihr Haar hat einen runden Querschnitt und ist 0,05 mm dick. Das Haar Ihrer Nachbarin ist ebenfalls rund, hat aber einen Durchmesser von 0,07 mm.

a) Um wie viel Prozent ist das Haar Ihrer Nachbarin dicker als Ihr Haar?

b) Um wie viel Prozent ist die Querschnittsfläche des Haars größer?

2.3.3 Berechnen des Grundwerts

Einführungsaufgabe

Die 3 männlichen Auszubildenden einer Friseurklasse machen 12 % der Gesamtschülerzahl dieser Klasse aus. Wie groß ist die Klasse?

I. Lösungsansatz:

12 % ≙ 3 Schüler

100 % ≙ x %

II. Lösungsbruch:

$$x = \frac{3 \text{ Schüler} \cdot 100}{12}$$

x = 25 Schüler

Kontrolle mit dem Taschenrechner:

Grundwert	·	Prozentsatz	%-Taste	→	Prozentwert
25	·	12	%-Taste	→	3

Aufgaben

1. In einem Shampoo liegt der Tensidanteil bei 28 %. Bei der Herstellung eines Shampoos stehen 135 ml Tenside zur Verfügung. Wie viel ml Shampoo können daraus hergestellt werden?

2. Im Technologieunterricht werden Shampoos selbst hergestellt. Eine Gruppe errechnet, dass 2,8 g Kräuterextrakte zugesetzt werden müssen, wenn ihr Anteil 0,8 % betragen soll. Wie viel g Kräutershampoo erhalten die Schülerinnen nach dieser Rezeptur?

3. Von den Haaren eines Schopfes befinden sich 84 % in der Wachstumsphase (Anagenphase). Berechnen Sie die Haare eines Kopfes, wenn die Anzahl der Anagenhaare 92400 beträgt.

4. Wie viel Haare befinden sich auf einem Kopf, wenn die 15 % der in der Ruhephase (Telogenphase) befindlichen Haare 16200 betragen?

5. Eine Kundin verliert durchschnittlich 80 Haare täglich. Das entspricht ungefähr 0,07 % aller Haare. Wie viele Haare befinden sich auf dem Kopf der Kundin?

6. Das Haar besteht aus 5 chemischen Elementen mit den folgenden Anteilen:

50 % Kohlenstoff = C
23 % Sauerstoff = O
17 % Stickstoff = N
5 % Wasserstoff = H
5 % Schwefel = S

a) In einem Haarschopf sind 25,3 g Sauerstoff gebunden. Wie schwer ist in diesem Fall das gesamte Kopfhaar?

b) Wie viel wiegt der Haarschopf eines Mädchens, in dem 11,75 g Schwefel enthalten sind?

7. Nach einer Tariferhöhung setzt eine Friseurmeisterin die Preise um durchschnittlich 4,5 % herauf. Bei einer Dauerwelle beträgt die Preiserhöhung 1,80 € und beim modischen Herrenhaarschnitt 1,00 €. Wie hoch waren die Preise vor der Erhöhung?

8. Wie hoch ist das Bruttogehalt einer Friseurin, wenn ihr gesetzlicher Krankenkassenanteil von 6,7 % 83,75 € beträgt?

9. Eine Auszubildende spart monatlich 21,50 €. Das sind exakt 5 % ihrer Bruttobezüge.
Wie viel verdient sie brutto?

10. Petra kauft in ihrem Betrieb Haarpflegepräparate für sich und ihren Freund. Sie nimmt den Personalrabatt von 25 % in Anspruch. Ihr werden am Monatsende für diese Artikel 16,20 € einbehalten. Wie viel hätte ein Kunde für diese Artikel zahlen müssen?

11. Eine Cremedose ist mit einer Tagescreme gefüllt. Die Creme enthält 6 % Emulgatoren und 3 1/3 mal so viel Fettstoffe. Der Fettanteil beträgt insgesamt 25 g. Wie viel g Creme sind in der Dose?

12. Zur Herstellung eines Pflanzenfarbbreis werden 35 g Pflanzenfarbe verwendet, was einem prozentualen Anteil von 16 2/3 % entspricht. Wie viel g Farbbrei stehen zur Verfügung?

13. Der Preis für einen Kosmetikkoffer wurde um 2,10 € heraufgesetzt. Das entspricht einer Preiserhöhung von 3 %. Wie hoch war der alte Preis und was kostet der Koffer nach der Preiserhöhung?

14. Ein Friseurbetrieb hat seinen Umsatz durch Werbeaktionen um 1150 € im Monat gesteigert. Das sind 2,5 % des bisherigen Umsatzes.
Welche Umsätze wurden vor und nach der Werbeaktion erzielt?

15. Ein Dermatologe erstellt bei einer Patientin, die unter Haarausfall leidet, ein Trichogramm (Haaruntersuchung), um herauszufinden, wie viele Haare sich in den einzelnen Phasen des Haarwechsels befinden. Danach sind nur 19 Haare in der Wachstumsphase, was einem Prozentsatz von 76 % entspricht.
Wie viele Haare hat er untersucht?

16. In einer Aktionswoche erhöht eine Friseurmeisterin die Verkaufsprämie um das $1\,^1/_4$-fache auf $6\,^3/_4$ %. Anja hat in dieser Woche 7,50 € mehr erhalten, als sie für den gleichen Umsatz in der Vorwoche bekommen hätte.
Wie hoch war Anjas Verkaufsumsatz in der Aktionswoche?

2.3.4 Vermehrter und verminderter Grundwert

Bei diesen Aufgaben ist der Grundwert erhöht oder vermindert worden. Der veränderte Grundwert ist bekannt bzw. kann ermittelt werden.

Einführungsaufgabe

Nach Auflösung einer Parallelklasse kommen neue Schüler in die Klasse. Die Klassenstärke erhöht sich um 20 % auf 30 Schüler. Wie viele Schüler waren ursprünglich in der Klasse?

Grundwert	=		100 %
Erhöhung um	+	20 %	
Vermehrter Grundwert			120 %

I. Lösungsansatz:

120 % ≙ 30 Schüler

100 % ≙ x %

II. Lösungsbruch:

$$x = \frac{30 \text{ Schüler} \cdot 100}{120}$$

x = 25 Schüler

Kontrolle mit dem Taschenrechner:

Grundwert	+	Prozentsatz	%-Taste	=	vermehrter Grundwert
25	+	20	%-Taste	=	30

Aufgaben

1. Nach Einführung einer neuen Marke reduziert eine Chefin den Preis für ein Shampoo um 15 %. Eine Flasche kostet jetzt 2,55 €. Wie hoch war der alte Preis?

2. Im Herrensalon sind die Preise um ca. 6 % erhöht worden. Die Bedienungspreise für den Kinderhaarschnitt liegen nun bei 8,50 €, für den Trockenhaarschnitt bei 13,50 € und für den modischen Haarschnitt mit Waschen und Föhnen bei 21,20 €. Wie hoch waren die Preise vor der Erhöhung?

3. Bei einer Dauerwellübung an einer Haarsträhne hat das Haar einen Gewichtsverlust von 4,5 % erlitten. Eine Strähne wiegt nun 11,46 g. Wie schwer war sie vor der Behandlung?

4. Durch längere Lagerung können sich Haarpackungen zersetzen. Aus diesem Grund sollen in einem Salon die alten Bestände schnell verkauft werden. Der Preis je Packung wird um 18 % und nochmals um 0,04 € herabgesetzt. Der neue Verkaufspreis beträgt 1,60 €. Wie hoch war der ursprüngliche Preis?

5. Nach einer Lohnerhöhung um 5,5 % verdient eine Friseurin brutto 1181,60 €. Wie viel hat sie vor der Erhöhung brutto verdient?

6. Eine Auszubildende erhält aufgrund von Umsatzbeteiligungen 34 % ihrer Ausbildungsbeihilfe als besondere Gratifikation ausgezahlt. Insgesamt erhält sie am Monatsende 428,80 € auf ihr Konto überwiesen. Wie hoch ist ihre Ausbildungsvergütung?

7. Bei Übungen zur Haardehnung wurde ein Haar um 55 % gedehnt. Es riss bei einer Länge von 16,8 cm. Wie lang war das Haar ursprünglich?

8. Durch eine Umsatzbeteiligung am Verkaufsgeschäft verdient eine Friseurin 24 % zusätzlich. Sie bekommt 1366,48 € ausgezahlt. Wie hoch ist ihr Nettoeinkommen ohne Umsatzbeteiligung?

9. Eine Geltönung, die aus der Flasche direkt oder mit dem Pinsel aufgetragen werden kann, ist um 5 % auf 8,84 € verteuert worden. Zu welchem Preis wurde die Tönung vor der Erhöhung angeboten?

10. Zu einem angerührten Pflanzenbrei gibt eine Meisterin noch 3 % einer Ö/W-Emulsion, um die Pflegewirkung und die Konsistenz zu verbessern. Es entstehen so 196,10 g. Wie viel g Pflanzenfarbbrei hat sie angerührt?

11. Eine 200-ml-Sprühflasche „Keratin-Flüssighaar-Kur" wird in einem Katalog angeboten. Die gleiche Kur kostet in der 1-Liter-Nachfüllflasche 19,80 €, das ist 40 % günstiger pro ml als das gleiche Produkt in der 200-ml-Sprühflasche. Wie teuer sind 200 ml in der kleineren Flasche?

12. Eine Friseurmeisterin bekommt von ihrem Lieferanten einen Rabattsatz von 32 % eingeräumt. Sie bezahlt die Rechnung innerhalb von 14 Tagen und darf deshalb nochmals 2 % Skonto abziehen. Wie hoch ist der Listenpreis einer Lieferung, wenn die Chefin sofort nach Erhalt der Rechnung 1 135,00 € überweist?

13. Der Preis für ein Haarteil wurde zunächst um 20 % erhöht und nach drei Monaten um 10 % reduziert. Der aktuelle Verkaufspreis beträgt nun 113,40 €. Wie teuer war das Haarteil ursprünglich?

14. Eine Perücke konnte zunächst nicht verkauft werden. Die Meisterin reduzierte den Preis 4-mal um jeweils 10 %, rundete ihn dann um 1,27 € auf 80,00 € auf. Wie hoch war der ursprüngliche Preis?

15. Eine Friseurmeisterin erhöht den Verkaufspreis ihrer Föhne um 10 %. Zum Jahresende reduziert sie den Preis der nicht verkauften Geräte um 10 % und zeichnet sie mit 29,70 Euro aus. Berechnen Sie den ursprünglichen Verkaufspreis eines Föhns.

16. Ein Haar wird mit einem Haardehnungsgerät um 35 % gedehnt. Anschließend zieht es sich wieder um 10 % zusammen. Es misst nun 12,15 cm. Wie lang war das Haar, bevor es gedehnt wurde?

2.4 Verteilungsrechnen

Aus Kostengründen und aus Gründen des Umweltschutzes werden immer häufiger Friseurpräparate als Konzentrate angeboten. Die Friseurin muss nun nach einem angegebenen Mischungsverhältnis aus dem Konzentrat das gebrauchsfertige Präparat herstellen. Dazu sind Kenntnisse aus dem Verteilungsrechnen erforderlich.

2.4.1 Verteilungsrechnen bei gegebenem Mischungsverhältnis

Einführungsaufgabe

1. Die Gesamtmenge der Verdünnung wird gesucht

20 ml eines Haarwaschmittelkonzentrats sind im Verhältnis 1:5 zu verdünnen.

Wie viel ml Wasser sind erforderlich?
Wie viel ml gebrauchsfertiges Shampoo entstehen?

Die zu mischenden Mengen sind ein Vielfaches der Verhältniszahlen 1 und 5.

Bei 20 ml eines Konzentrats (Menge 1 = **M1**) wird also die 5fache Menge Wasser, also 100 ml, hinzugegeben (Menge des Wassers = **M2**).

Die Gesamtmenge (**Mg**) ergibt sich aus der Addition der Mengen M1 und M2.

Die Verhältniszahlen werden als Mengenteil (**Mt**) bezeichnet.

Die Mengenteile der Gesamtmenge (**Mtg**) ergeben sich aus der Addition der Mengenteile **Mt1** und **Mt2**.

$Mt_1 = 1$	$M_1 = 20\,ml$
$Mt_2 = 5$	$M_2 =$
$Mt_g = 6$	$M_g =$

Lösung mit dem Dreisatz:

$1\ Mt_1$ (Konzentrat) $= 20\,ml$
$5\ Mt_2$ (Wasser) $= M2$

$$M_2 = 20\,ml \cdot 5$$
$$M_2 = 100\,ml$$
$$M_g = M1 + M2$$
$$M_g = 20\,ml + 100\,ml$$
$$M_g = 120\,ml$$

2. Die Mengen des Konzentrats (M1) und des Verdünnungsmittels (M2) werden gesucht

Bei der gleichen Aufgabe sind diesmal das Verdünnungsverhältnis von 1 : 5 und die Gesamtmenge der entstandenen gebrauchsfertigen Waschlösung von 120 ml gegeben. Zu berechnen sind die Menge des Konzentrats und des Wassers.

$Mt_1 = 1$ $M_1 =$
$Mt_2 = 5$ $M_2 =$
$Mt_g = 6$ $M_g = 120\,ml$

Lösung mit dem Dreisatz:

$6\,Mt_g = 120\,ml$
$5\,Mt_2 = M_2$

$$M_2 = \frac{120\,ml \cdot 5}{6}$$

$M_2 = 100\,ml$ Wasser

Durch Subtraktion erhält man M_1:
$M_1 = Mg - M_2$ $M_1 = 120\,ml - 100\,ml$
$M_1 = 20\,ml$

Aufgaben

1. In einem Friseursalon werden sehr häufig Konzentrate eingesetzt, um so die Kosten zu senken und den Abfall gering zu halten. Die Konzentrate werden nach den aufgeführten Mischungsverhältnissen verdünnt.

Mischungsverhältnis	Konzentrat	Verdünnungsmittel	Gebrauchsfertiges Präparat
1:3	60 ml		
1:5		180 ml	
1:4			125 ml
1,5:2,5	45 ml		

Berechnen Sie die in der Tabelle fehlenden Mengen.

2. Eine naturblonde Tonspülung (7/0) wird für dunkelblondes Haar im Verhältnis 1:25 gemischt. Die Friseurin stellt 150 ml der gebrauchsfertigen Tonspülung her.
Wie viel ml des Tönungskonzentrats und wie viel ml Wasser gibt sie zusammen?

3. Eine gebrauchsfertige Tonspülung wird aus 5 ml Tönungskonzentrat und Wasser hergestellt. Das Mischungsverhältnis beträgt 1:23.
Wie viel ml fertige Tonspülung werden zubereitet?

4. Durch Mischen eines Haarwaschmittelkonzentrats mit Wasser im Verhältnis 1:3 sind 90 ml gebrauchsfertiges Shampoo hergestellt worden. Wie viel ml des Konzentrats und wie viel ml Wasser wurden gemischt?

5. Für eine empfindliche Kopfhaut muss ein Shampoo mit Wasser im Verhältnis 2:5 verdünnt werden. Wie viel Shampoo und Wasser sind erforderlich, um 175 ml gebrauchsfertiges Haarwaschmittel herzustellen?

6. In einem Shampoo sind die Wirkstoffe, Tenside und Wasser im Verhältnis 2:3:5 gemischt.
a) In wie viel ml Shampoo sind 42 ml reines Tensid enthalten?
b) Wie viel ml der Wirkstoffe und des Wassers sind in dieser Shampoomenge enthalten?

7. 40 ml eines Haarwaschmittels sollen im Verhältnis 1:12 verdünnt werden. Wie viel ml gebrauchsfertige Waschlösung entstehen dabei und wie viel ml Wasser müssen hinzugegeben werden?

8. Für strukturgeschädigtes Haar muss eine Dauerwellflüssigkeit im Verhältnis 1:2 verdünnt werden. Wie viel des Konzentrats und wie viel Wasser sind erforderlich, um 60 ml gebrauchsfertige Dauerwellflüssigkeit herzustellen?

9. Zur Verdünnung einer Dauerwelle im Verhältnis 2:3 mischt eine Friseurin 60 ml Wasser mit einem Konzentrat. Wie viel ml gebrauchsfertige Dauerwellflüssigkeit sind dabei entstanden?

10. Laut Rezeptur werden Pflanzenfarbe und Wasser im Verhältnis 1:6 zusammengegeben. Dabei entstehen 224 g angerührter Farbbrei.
Wie viel g Pflanzenfarbe und wie viel g Wasser sind gemischt worden?

11. Eine Friseurmeisterin mischt für eine Blondierwäsche Shampoo, Blondiergel, 12 %iges H_2O_2 und Wasser im Verhältnis 1:1 1/4:2 1/4:4 1/2. Sie stellt insgesamt 45 ml der Blondierwäsche her. Wie viel ml der einzelnen Komponenten hat sie zusammengegeben?

12. In einem Shampoo sind Tenside, spezielle Wirkstoffe zur Pflege von Haar und Kopfhaut sowie Wasser enthalten. Der Wirkstoffanteil ist 2 1/4-mal so hoch wie der Tensidanteil und der Anteil des Wassers ist 1 1/3- mal so hoch wie der Anteil der Wirkstoffe. Wie viel ml der einzelnen Bestandteile sind in 625 ml Shampoo enthalten?

13. In einem Friseurbetrieb verhielten sich im vergangenen Monat die Zahlen der Kundinnen des Nagelstudios, des Farbstudios und des Bereichs Schneiden und Gestalten wie 1:3:5. Das Farbstudio verzeichnete in diesem Zeitraum 87 Kundinnen.

a) Wie viele Kundinnen besuchten insgesamt den Betrieb?

b) Wie viele Kundinnen kamen ins Nagelstudio?

2.4.2 Verteilungsrechnen bei gegebenen Mengen

Einführungsaufgabe

Das Mischungsverhältnis wird gesucht.
20 ml Konzentrat und 100 ml Wasser werden gemischt. Das Mischungsverhältnis soll berechnet werden. Die beiden Werte werden als Bruch geschrieben und so weit wie möglich gekürzt. In diesem Fall werden Zähler und Nenner durch 20 dividiert.

$\frac{20\,\text{ml } M_1}{100\,\text{ml } M_2} = \frac{1}{5} = 1{,}5$ Das Mischungsverhältnis ist also 1:5.

Aufgaben

1. Im Salon sind zu 45 ml 18 %igem H_2O_2 135 ml Wasser gegeben worden. In welchem Mischungsverhältnis sind H_2O_2 und Wasser gemischt worden?

2. 55 ml eines Fixierkonzentrats müssen mit Wasser ge-mischt werden. Es entstehen 165 ml gebrauchsfertige Fixierung. Berechnen Sie das Mischungsverhältnis.

3. Durch Zugabe von 180 ml Wasser zum Konzentrat entstehen 240 ml gebrauchsfertiges Shampoo. In welchem Verhältnis ist gemischt worden?

4. Eine Meisterin mischt 42,5 g Pflanzenfarbe und 212,5 g Wasser zu einem sämigen Farbbrei. Berechnen Sie das Mischungsverhältnis.

5. Aus 35 ml Shampookonzentrat werden durch Wasserzugabe 210 ml gebrauchsfertiges Shampoo hergestellt. In welchem Verhältnis sind die beiden Komponenten zu mischen?

6. Für eine Blondierwäsche werden 10 ml Shampoo, Blondiercreme, 30 ml H_2O_2-Lösung und 45 ml Wasser zu 100 ml Blondierwaschlösung gemischt. Berechnen Sie das Mischungsverhältnis der einzelnen Bestandteile.

7. Für eine Blondierwäsche werden 15 ml Blondiermittel benötigt. Die Shampoomenge beträgt 50 % des Blondiermittels. Die Menge des H_2O_2 ist um 50 % größer als die Menge des Blondiermittels. Die Menge des zugegebenen Wassers ist um 100 % größer als die Menge der H_2O_2-Lösung. Berechnen Sie das Mischungsverhältnis der Komponenten beginnend mit der kleinsten Zahl.

8. Zur Herstellung einer Haarkur gibt man zu 100 ml eines Emulgators die 2 2/5fache Menge an Spezialwirkstoffen und die 1 1/3fache Menge der Spezialwirkstoffe an Ölen hinzu. Durch Zugabe von destilliertem Wasser entstehen 1100 ml Haarkur. Berechnen Sie das Mischungsverhältnis der Bestandteile.

9. In einem Shampoo sind Tenside, Konditionierungsmittel, 62,5 ml spezielle Wirkstoffe und Wasser gemischt. Die Wirkstoffmenge ist das 1 1/4fache der Konditionierungsmittel und diese sind die 4fache Menge des Tensids. Die zugegebene Wassermenge ist der 1 3/7te Teil der Summe aus den Tensiden, den Konditionierungsmitteln und den Wirkstoffen. Berechnen Sie die Gesamtmenge des Shampoos und das Mischungsverhältnis der vier Komponenten.

2.5 Mischungsrechnen

Im Friseurbereich werden oft Konzentrate von H_2O_2, Alkohol etc. mit Wasser verdünnt. Ebenfalls werden Lösungen gleicher Substanzen, wie z. B. H_2O_2-Lösungen unterschiedlicher Stärke, untereinander gemischt. Mit dem Mischungsrechnen können die Mengen und die Konzentrationen der Lösungen berechnet werden.

2.5.1 Mischungsrechnen I (H_2O_2 und Wasser)

Einführungsaufgabe

Aus 60 ml 18 %igem H_2O_2 soll durch Zugabe von Wasser 6 %iges H_2O_2 hergestellt werden.
Wie viel ml der verdünnten Lösung entstehen?

Lösen mit dem Dreisatz (antiproportionales Verhältnis):

Von 18 %igem H_2O_2	benötigt man	60 ml	
Von 6 %igem H_2O_2		x	
Von 18 %igem H_2O_2	benötigt man	60 ml	(um eine bestimmte Arbeit durchzuführen)
Von 1 %igem H_2O_2	benötigt man	$60\,\text{ml} \cdot 18$	(18-mal so viel, da die Lösung schwächer ist)
Von 6 %igem H_2O_2	benötigt man	$\frac{60\,\text{ml} \cdot 18}{6}$	(6-mal weniger, da die Lösung stärker ist)
	Lösungsbruch	$\frac{60\,\text{ml} \cdot 18}{6}$	= 180 ml

Ableiten einer allgemeinen Formel:

Das Konzentrat füllen wir zuerst in den Messbecher. Das Konzentrat ist die Lösung 1. Sie hat zwei Werte, eine Menge (M_1) und einen Prozentsatz (P_1). Zum Konzentrat werden Wasser oder andere Substanzen ohne H_2O_2-Zusätze (M2) gegeben. Es entsteht die gebrauchsfertige Lösung (Gesamtlösung, Gemisch). Die Menge dieser Lösung erhält die Abkürzung M_g und die Prozentstärke P_g.

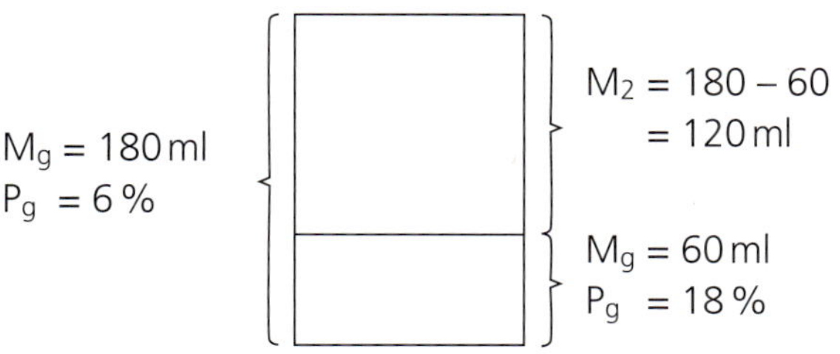

Die Werte der Einführungsaufgabe werden den Buchstaben zugeordnet.

Ersetzen der Zahlen des Bruchstrichs durch die Buchstaben

$$\frac{60\,\text{ml} \cdot 18}{6} = 180\,\text{ml} \qquad \frac{M_1 \cdot P_1}{P_g} = M_g$$

Durch Umstellen dieser Formel (mit P_g multiplizieren) erhält man die Grundgleichung des Mischungsrechnens, die nach den gewünschten Buchstaben umgestellt wird.

$$\mathbf{M_1 \cdot P_1 = M_g \cdot P_g}$$

Übungsaufgabe:

Für eine Spülfixierung werden 300 ml 1,5 %iges H_2O_2 benötigt. Da diese Stärke ausgegangen ist, soll sie aus 12 %igem H_2O_2 hergestellt werden. Wie viel ml des Konzentrats und wie viel ml Wasser werden benötigt?

$M_1 = x$
$P_1 = 12\,\%$
$M_2 = x$
$M_g = 300\,\text{ml}$
$P_g = 1{,}5\,\%$

Grundformel: $M_1 \cdot P_1 = M_g \cdot P_g$

Umstellen nach M_1: $M_1 = \frac{M_g \cdot P_g}{P_1}$

Einsetzen der Zahlen: $M_1 = \frac{300\,\text{ml} \cdot 1{,}5\,\%}{12\,\%}$

Ergebnis $M_1 = 37{,}5\,\text{ml}$
$M_2 = 300\,\text{ml} - 37{,}5\,\text{ml} = 262{,}5\,\text{ml}$

Es werden 37,5 ml des Konzentrats und 262,5 ml Wasser benötigt.

Aufgaben

1. Berechnen Sie die in der Tabelle fehlenden Werte:

Menge 1 (M_1)	Prozentsatz (P_1)	Menge 2 (M_2)	Menge gesamt (M_g)	Prozentsatz (P_g)
30 ml	18 %	90 ml		
60 ml		120 ml		3 %
50 ml		40 ml		6 2/3 %
	15 %		120 ml	6 %
	6 %		135 ml	1,5 %

2. Wie viel ml 15 %iges H_2O_2 und Wasser müssen zur Herstellung von 180 ml 9 %igem H_2O_2 gemischt werden?

3. Für eine Spezialrezeptur wird empfohlen, 12 %iges H_2O_2 und Farbcreme zu mischen. Dabei entstehen 120 ml Farbbrei mit einem 3,6 %igen Oxidationswert. Wie viel ml Farbcreme müssen mit dem H_2O_2 gemischt werden?

4. Wie viel ml Blondiercreme enthält eine 3 %ige Blondierwäsche, die aus 30 ml 12 %igem H_2O_2, 5 ml Shampoo, 35 ml Wasser und Blondiercreme hergestellt wird?

5. Eine Friseurmeisterin will aus 18 %igem H_2O_2 4 %iges H_2O_2 herstellen. Wie viel ml Wasser muss sie zu 20 ml des Konzentrats hinzugeben?

6. Nach einer Hellerfärbung ist das Haar der Kundin stark strukturgeschädigt. Die Färbung wurde mit 45 ml 18 %igem H_2O_2, 60 ml Spezialfarbe und 15 ml Wasser durchgeführt. Wie hoch war der H_2O_2-Anteil der Mischung?

7. Wie viel ml destilliertes Wasser müssen zu 240 ml 18 %igem H_2O_2 hinzugegeben werden, damit eine 9 %ige Lösung entsteht?

8. Für eine Blondierwäsche mischt eine Auszubildende 15 ml Shampoo, 40 ml 6 %iges H_2O_2 und 25 ml Wasser. Wie hoch ist die H_2O_2-Konzentration der gebrauchsfertigen Mischung?

9. Ein Hersteller schreibt für eine Intensivtönung 40 ml 6 %iges H_2O_2, 20 ml Wasser und 40 ml Oxidationsfarbe vor. Wie hoch ist die H_2O_2-Konzentration der fertigen Intensivtönung?

10. Ein Fingerbad zur Maniküre wird aus 100 ml Wasser, 5 ml waschaktiver Substanz und 20 ml 15 %igem H_2O_2 zubereitet. Wie hoch ist die H_2O_2-Konzentration des fertigen Fingerbads?

11. Zu einer H_2O_2-Lösung gibt man die dreifache Menge Wasser und erhält 240 ml 9 %iges H_2O_2. Wie stark war die Konzentration der Ausgangslösung?

12. Damit glasig hartes Haar die Farbe besser annimmt, verwenden manche Friseurinnen die so genannte Borstenmischung. Eine Friseurmeisterin stellt ihre Borstenmischung her, indem sie 12 %iges H_2O_2 und Oxidationshaarfarbe im Verhältnis 1:2 mischt. Sie erhält 90 ml Farbbrei. Berechnen Sie die H_2O_2-Konzentration der Borstenmischung.

13. Nach einem reduktiven Farbabzug wird mit einer verdünnten H_2O_2-Lösung kontrolliert, ob die Farbbildner aus dem Haar ausgespült worden sind. Wie stark ist die H_2O_2-Konzentration der Kontrollspülung, die aus 400 ml warmem Wasser und 80 ml 6 %igem H_2O_2 hergestellt worden ist?

14. Durch unsachgemäße Lagerung ist 18 %iges Wasserstoffperoxid nur noch 16 %ig. Sie messen 66 ml ab und wollen durch Zugabe von Wasser eine 12 %ige Lösung herstellen. Wie viel ml Wasser müssen Sie nehmen?

15. Für die Farbbehandlung einer Perücke wird ein Farbbrei aus 60 ml 9 %igem H_2O_2 mit 60 ml Farbcreme und 120 ml Wasser gemischt. Wie hoch ist der H_2O_2-Gehalt des fertigen Farbbreis?

16. Ein Fingerbad zur Maniküre wird aus 125 ml Wasser, 5 ml waschaktiver Substanz und 20 ml H_2O_2 zubereitet. Der Oxidationswert des Fingerbads beträgt 2,4 %. Wie stark ist das H_2O_2-Konzentrat?

17. Zur Farbbehandlung benötigen Sie 3 %iges H_2O_2. Wie viel ml Wasser müssen Sie zu 30 ml 18 %igem H_2O_2 hinzugeben, um die gewünschte Stärke zu erreichen?

18. Aus 18 %igem H_2O_2 soll eine 3 %ige Lösung hergestellt werden.
    a) In welchem Verhältnis sind 18 %iges H_2O_2 und Wasser zu mischen?
    b) Wie viel € kosten 150 ml der verdünnten Lösung, wenn 1 Liter der 18 %igen H_2O_2-Lösung mit 6,20 € berechnet werden?

19. Für eine Rückpigmentierung werden 50 ml 1,8 %iges H_2O_2 benötigt, das aus 9 %igem H_2O_2 hergestellt werden soll. Wie viel ml dieser Lösung und wie viel ml Wasser sind dazu erforderlich?

20. Eine 18 %ige H_2O_2-Lösung wird in 60 ml Blondiercreme eingerührt. Der entstandene Blondierbrei hat einen Oxidationswert von 6 %. Wie viel ml des 18 %igen H_2O_2 sind genommen worden?

2.5.2 Mischungsrechnen II (H_2O_2 und H_2O_2)

Wasserstoffperoxid kann statt mit Wasser auch mit einer H_2O_2-Lösung unterschiedlicher Stärke gemischt werden.

Einführungsaufgabe

Einführungsaufgabe:

Ein Betrieb hat einen größeren Rest von 3 %igem H_2O_2 und 18 %igem H_2O_2. Durch Mischen dieser beiden Lösungen können alle Prozentstärken, die zwischen 3 % und 18 % liegen, hergestellt werden.
Die Meisterin nimmt 240 ml der 3 %igen H_2O_2-Lösung und mischt sie mit 60 ml des 18 %igen H_2O_2. Wie stark ist die entstandene H_2O_2-Lösung?
Das bereits bekannte Schema wird ergänzt um die Prozentstärke der zweiten H_2O_2-Lösung.

$M_1 = 240\,\text{ml}$ $M_2 = 60\,\text{ml}$ $M_g = 300\,\text{ml}$

$P_1 = 3\,\%$ $P_2 = 18\,\%$ $P_g = x$

Entwickeln der Formel:

Mengen mit gleicher Prozentstärke können addiert werden. So ergeben z. B. 10 ml 18 %iges und 40 ml 18 %iges H_2O_2 50 ml 18 %iges H_2O_2.
Aus der 3 %igen und der 18 %igen H_2O_2-Lösung wird nun theoretisch 100 %iges H_2O_2 hergestellt, indem das darin enthaltene Wasser entzogen wird. Das entstandene 100 %ige H_2O_2 kann dann addiert werden.

Menge der 100 %igen H_2O_2-Lösung 1 + Menge 100 %ige H_2O_2-Lösung 2 → Menge 100 % H_2O_2 Lösung g

Ausrechnen der Mengen des 100 %igen H_2O_2:

Bei 3 % sind es	240 ml	Bei 18 % sind es	60 ml	Bei P_g % sind es	300 ml
Bei 100 %	x ml	Bei 100 %	x ml	Bei 100 %	x ml
Menge des 100 %igen H_2O_2 der Lösung 1	$\frac{240\,\text{ml} \cdot 3}{100}$	Menge des 100 %igen H_2O_2 der Lösung 2	$\frac{60\,\text{ml} \cdot 18}{100}$	Menge des 100 %igen H_2O_2 der Lösung g	$\frac{300 \cdot P}{100}$

Die Mengen der 100 %igen H_2O_2-Lösungen 1 und 2 werden addiert. Man erhält die Menge des 100 %igen H_2O_2 der gesamten Lösung:

$$\frac{240\,\text{ml} \cdot 3}{100} + \frac{60\,\text{ml} \cdot 18}{100} = \frac{300 \cdot P}{100}$$

Die Gleichung wird mit 100 erweitert

$$240 \cdot 3 + 60 \cdot 18 = 300 \cdot Pg$$

Die Buchstaben werden für die Zahlen eingesetzt.
Man erhält die Grundgleichung des Mischungsrechnens II.

$$\boldsymbol{M_1 \cdot P_1 + M_2 \cdot P_2 = M_g \cdot P_g}$$

Durch Umstellen nach P_g erhält man die Formel

$$\boldsymbol{P_g = \frac{M_1 \cdot P_1 + M_2 \cdot P_2}{M_g}}$$

Durch Einsetzen der angegebenen Werte aus der Einführungsaufgabe erhält man die Stärke der entstandenen H_2O_2-Lösung.

$$P_g = \frac{240\,\text{ml} \cdot 3\,\% + 60\,\text{ml} \cdot 18\,\%}{300\,\text{ml}} \qquad P_g = 6\,\%$$

Die Mischungsformel wird nach P_2 umgestellt.

Einführungsaufgabe:

Es werden 60 ml 12 %iges H_2O_2 mit 200 ml H_2O_2 von nicht bekannter Stärke gemischt. Man erhält 18 %iges.
Wie stark ist die 2. H_2O_2-Lösung?

$M_1 = 60\,\text{ml}$ $M_2 = 200\,\text{ml}$ $M_g = 260\,\text{ml}$ $P_1 = 12\,\%$ $P_2 = x$ $P_g = 18\,\%$

$M_1 \cdot P_1 + M_2 \cdot P_2 = M_g \cdot P_g$ Subtrahieren von M_1 x P_1 auf beiden Seiten der Gleichung

$M_2 \cdot P_2 = M_g \cdot P_g - M_1 \cdot P_1$ Dividieren durch M_2 auf beiden Seiten der Gleichung

$$\boldsymbol{P_2 = \frac{M_g \cdot P_g - M_1 \cdot P_1}{M_2}}$$

Einsetzen der Werte: $P_2 = \frac{260\,\text{ml} \cdot 18\,\% - 60\,\text{ml} \cdot 12\,\%}{200\,\text{ml}}$ $P_2 = 19{,}8\,\%$

Aufgaben

1. Berechnen Sie die in der Tabelle fehlenden Werte.

Menge 1 (M_1)	Prozentsatz (P_1)	Menge 2 (M_2)	Prozentsatz (P_2)	Menge gesamt (M_g)	Prozentsatz (P_g)
120 ml	18 %	60 ml	9 %		
	9 %	90 ml	3 %	150 ml	
		135 ml	6 %	165 ml	9 %
70 ml	3 %			210 ml	12 %
24 ml	18 %	120 ml	6 %		
	12 %		3 %	180 ml	6 %

2. Wie stark ist eine H_2O_2-Lösung, die aus 30 ml 18 %igem und 50 ml 6 %igem Wasserstoffperoxid hergestellt worden ist?

3. Eine Meisterin mischt 40 ml 6 %iges H_2O_2 mit 12 %igem und erhält 180 ml von nicht bekannter Stärke. Wie stark ist die entstandene Lösung?

4. Es werden 140 ml 3 %iges H_2O_2 mit 60 ml 18 %igem gemischt. Berechnen Sie die Konzentration des H_2O_2-Gemisches.

5. Wie stark ist eine H_2O_2-Lösung, von der man 120 ml mit 200 ml einer 18 %igen H_2O_2-Lösung mischt und 15 %iges Wasserstoffperoxid erhält?

6. Eine H_2O_2-Lösung hat durch lange Lagerung 4 % ihrer Konzentration verloren. Durch Mischen von 330 ml dieser H_2O_2-Lösung mit 220 ml einer 6 %igen H_2O_2-Lösung entsteht 9 %iges H_2O_2. Wie stark war die erste H_2O_2-Lösung ursprünglich?

7. Es werden 60 ml 12 %iges H_2O_2 mit 200 ml Wasserstoffperoxid von nicht bekannter Stärke gemischt. Man erhält 18 %iges H_2O_2. Wie stark ist die zugegebene H_2O_2-Lösung?

8. Eine Friseurmeisterin benötigt für ihre Färbearbeiten H_2O_2-Lösungen unterschiedlicher Stärke. Für spezielle Arbeiten stellt sie sich einen Vorrat von 720 ml 9 %iger H_2O_2-Lösung her. Dazu mischt sie 480 ml 6 %iges H_2O_2 mit einer zweiten H_2O_2-Lösung. Wie hoch ist die Prozentstärke dieser Lösung?

9. Es sollen 270 ml $12\frac{2}{3}$ %iges H_2O_2 zur Hellerfärbung hergestellt werden. Die Meisterin hat 150 ml 18 %iges H_2O_2 zur Verfügung. Wie stark ist die H_2O_2-Lösung, die sie hinzugeben muss?

10. Eine Meisterin stellt 160 ml H_2O_2 für eine Hellerfärbung her. Sie verwendet 45 ml 9 %iges und 18 %iges H_2O_2. Wie stark ist die entstandene H_2O_2-Lösung?

11. Zum Desinfizieren von Schneidewerkzeugen wird 70 %iges Ethanol verwendet. Eine Meisterin stellt sich die Desinfektionslösung selbst her, indem sie einen Rest von 150 ml Ethanol mit 200 ml 96 %igem Ethanol mischt. Welche Alkoholkonzentration hat das restliche Ethanol?

12. Eine Kosmetikerin stellt 40 %iges Rasierwasser her. Sie mischt 500 ml Weingeist und 700 ml 15 %iges Ethanol. Wie stark ist der Weingeist?

13. Wie stark ist eine alkoholische Lösung, die aus 100 ml 94 %igem Alkohol, 50 ml 60 %igem und 20 ml 70 %igem Alkohol hergestellt wird?

14. Zum Anrühren von Pflanzenfarben wird 70° heißes Wasser benötigt. Eine Friseurin bringt 100 ml Wasser zum Sieden und lässt es eine Zeit abkühlen. Wie war die Temperatur, wenn nach Zugabe von 50 ml 20° warmem Leitungswasser die gewünschte Mischtemperatur genau erreicht wurde? (Verwenden Sie beim Berechnen von Temperaturen den Buchstaben T anstelle von P.)

15. Um einen Pflanzenfarbbrei anzurühren, mischt eine Friseurin 90 ml siedendes Wasser (100°) mit 60 ml Leitungswasser von 20°. Laut Gebrauchsanweisung darf die empfohlene Temperatur von 70° nicht um mehr als 3° über- oder unterschritten werden. Berechnen Sie, ob das Wasser im richtigen Temperaturbereich liegt.

16. Wie stark ist eine H_2O_2-Lösung, die aus 150 ml $6\frac{2}{3}$ %igem H_2O_2 und 1,4-mal so viel 12 %igem Wasserstoffperoxid hergestellt wird?

17. Eine Friseurin mischt eine 3 %ige H_2O_2-Lösung mit der doppelten Menge einer anderen H_2O_2-Lösung und erhält so 270 ml 18 %iges H_2O_2. Wie stark ist die zugegebene H_2O_2-Lösung?

18. Eine 9 %ige H_2O_2-Lösung wird mit der $2\frac{1}{3}$fachen Menge von 15 %igem H_2O_2 gemischt, wobei 200 ml entstehen. Wie stark ist die entstandene H_2O_2-Lösung?

19. Es soll eine 12 %ige H_2O_2-Lösung hergestellt werden. Wie viel ml einer 15 %igen H_2O_2-Lösung muss man zu 90 ml 6 %igem Wasserstoffperoxid geben, um die gewünschte H_2O_2-Konzentration zu erhalten?

20. Eine Friseurmeisterin mischt 3 %iges H_2O_2 mit 40 ml 6 %igem, 9 %igem und 12 %igem H_2O_2 im Verhältnis $1:1\,^1/_4:2\,^1/_4:3\,^2/_3$. Wie stark ist die entstandene H_2O_2-Lösung?

21. Eine H_2O_2-Lösung wird aus 60 ml 6 %igem, 9 %igem und 12 %igem H_2O_2 hergestellt. Die Menge der 2. H_2O_2-Lösung ist $2\,^1/_4$-mal so groß wie die Menge der ersten und die Menge der dritten $1\,^1/_3$-mal so groß wie die Menge der zweiten H_2O_2-Lösung. Welche Konzentration hat die entstandene H_2O_2-Lösung?

2.5.3 Mischungsrechnen mit dem Andreaskreuz

Das Andreaskreuz ist ein Rechenschema, mit dem auf einfache Weise Mischungsaufgaben gelöst werden können, bei denen 2 Mengenwerte fehlen.

Einführungsaufgabe

Für Blondierarbeiten wird 15 %iges H_2O_2 benötigt. Es soll aus 135 ml 12 %igem und 24 %igem H_2O_2 hergestellt werden. Welche Mengen sind jeweils erforderlich?

Schema Andreaskreuz:

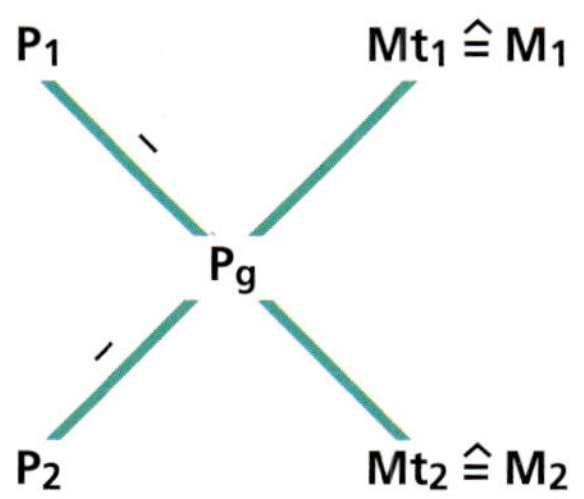

Die Begriffe Mt_1 und Mt_2 sind bereits beim Verhältnisrechnen eingeführt worden. Es sind Verhältniszahlen, die zeigen, in welchem Verhältnis die Mengen M_1 und M_2 zueinander stehen.
Den Verhältniszahlen wird die bekannte Menge zugeordnet und die fehlende Menge wird mit dem Dreisatz ausgerechnet.

Lösung der Einführungsaufgabe:

$M_1 = 135\,ml$
$P_1 = 12\,\%$
$M_2 = x$
$P_2 = 24\,\%$
$M_g = x + 135\,ml$
$P_g = 15\,\%$

Die Prozentwerte werden entsprechend dem Schema eingetragen und die Differenzen gebildet.

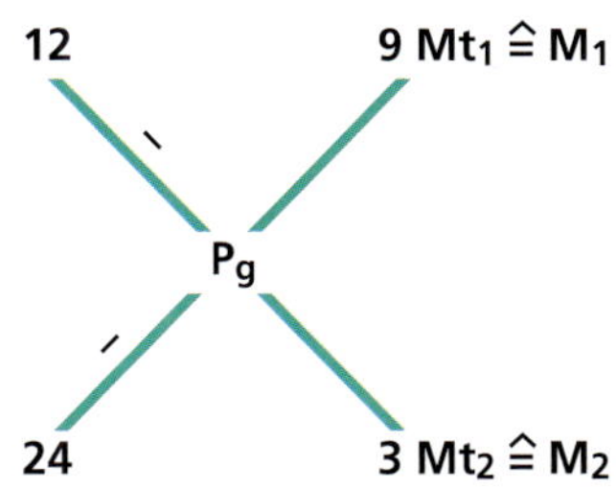

$$M_2 = \frac{135 \cdot 3}{9}$$
$M_2 = 45\,ml$
$M_g = 135\,ml + 45\,ml$
$M_g = 180\,ml$

Aufgaben aus dem Bereich Mischungsrechnen I, bei denen die Menge des Wassers (M_2) angegeben ist und die übrigen Mengenwerte fehlen, können auch mit dem Andreaskreuz gerechnet werden. Die Prozentstärke des Wassers wird mit 0 % angegeben.
Beispiel: Eine 15 %ige H_2O_2-Lösung verdünnt man mit 120 ml Wasser. Dabei entsteht 6 %iges H_2O_2. Berechnen Sie die fehlenden Mengenwerte.

$M_1 = x$
$P_1 = 15\,\%$
$M_2 = 120\,ml$
$P_2 = 0\,\%$
$M_g = x + 120\,ml$
$P_g = 6\,\%$

Aufgaben

1. Berechnen Sie die in der Tabelle fehlenden Werte.

Menge 1	Prozentsatz (P_1)	Menge 2	Prozentsatz (P_2)	Menge gesamt	Prozentsatz (P_g)
	12 %	150 ml	3 %		9 %
90 ml	15 %		6 %		12 %
	9 %	240 ml	0 %		6 %
	12 %	120 ml	0 %		1,5 %
	3 %		12 %	750 ml	9 %

2. Es soll 12 %iges H_2O_2 für eine hochgradige Hellerfärbung hergestellt werden. Wie viel 15 %iges Konzentrat muss man zu 95 ml 6 %igem Wasserstoffperoxid geben, um das 12 %ige H_2O_2 zu erhalten?

3. Eine Friseurmeisterin mischt 9 %iges mit 3 %igem H_2O_2, um 192 ml einer 4,5 %igen H_2O_2-Lösung herzustellen. Welche Mengen muss sie von den beiden H_2O_2-Lösungen zusammengeben?

4. Aus 18 %igem H_2O_2 und 60 ml 3 %igem H_2O_2 soll für eine Blondierung 9 %iges H_2O_2 hergestellt werden.

a) Wie viel ml des Konzentrats werden benötigt?

b) Wie viel ml gebrauchsfertige Lösung erhält man?

5. Für eine Dunklerfärbung ist eine schwächere H_2O_2-Konzentration erforderlich, weil kein Farbausgleich notwendig ist. Die Friseurin Petra hat bisher gute Erfahrungen mit 4 1/2 %igem Wasserstoffperoxid gemacht. Zu 60 ml 9 %igem H_2O_2 gibt sie 3 %iges H_2O_2 und erhält so die benötigte 4 1/2 %ige H_2O_2-Lösung. Wie viel ml erhält sie?

6. Eine Kundin wünscht eine Hellerfärbung. Dafür werden 60 ml 12 %iges H_2O_2 benötigt. Da die H_2O_2-Lösung mit dieser Konzentration ausgegangen ist, stellt die Meisterin sie aus 6 %igem und 24 %igem Wasserstoffperoxid her. Welche Mengen der zu mischenden H_2O_2-Lösungen werden benötigt, um die erforderliche Menge des 12 %igen H_2O_2 herzustellen?

7. Zu einer 12 %igen H_2O_2-Lösung werden 90 ml Wasser gegeben. Die Prozentstärke verändert sich dadurch um 8 %. Welche Menge der 12 %igen H_2O_2-Lösung ist genommen worden?

8. Zu 7,5 %igem Alkohol gibt man 140 ml Wasser, sodass die Prozentstärke auf 3,3 % reduziert wird. Wie viel ml der verdünnten Lösung sind entstanden?

9. Um eine Fixierung mit einem 1 1/5 %igen H_2O_2-Anteil herzustellen, nimmt eine Meisterin 6 %iges Wasserstoffperoxid und gibt 280 ml Wasser hinzu. Wie viel ml Fixierung erhält sie?

10. Zur Herstellung von einer Fixierung mit 2,8 %iger H_2O_2-Konzentration werden 12 %iges H_2O_2, 85 ml Wasser und 7 ml Shampoo gemischt. Berechnen Sie die fehlenden Mengen.

11. Eine 2 1/4 %ige H_2O_2-Lösung wird als Fixierung verwendet. Sie soll aus 190 ml Wasser, 10 ml waschaktiver Substanz und 6 %igem H_2O_2 hergestellt werden. Wie viel ml Fixierung werden hergestellt?

12. Zu 9 %igem H_2O_2 gibt ein Meister 200 ml Wasser und erhält 3 %iges Wasserstoffperoxid. Berechnen Sie die fehlenden Mengen.

13. Um eine Fixierung mit einer 1 4/5 %igen H_2O_2-Konzentration herzustellen, nimmt eine Friseurmeisterin 340 ml Wasser, 20 ml Shampoo als Netzmittel und gibt noch 14 2/5 %iges H_2O_2 hinzu. Wie viel ml Fixierung entstehen?

14. Für eine Spezialtönung mischt eine Friseurin 60 ml Farbe, 15 ml Wasser und 18 %iges H_2O_2. Der Oxidationswert des fertigen Farbbreis liegt bei 3 %. Wie viel Farbbrei ist entstanden?

15. Eine Friseurmeisterin braucht häufig 12 %iges H_2O_2, das sie durch Mischen von unterschiedlichen H_2O_2-Resten herstellen will. Sie mischt 120 ml 24 %iges H_2O_2 mit 60 ml 15 %igem H_2O_2 und gibt nochmals 6 %iges H_2O_2 hinzu. Wie viel ml von dem 6 %igen hat sie genommen und wie viel 12 %iges H_2O_2 hat sie insgesamt hergestellt?

16. Für das Anrühren einer Pflanzenfarbe sind 140 ml 68° warmes Wasser erforderlich, das man durch Mischen von 95° heißem Wasser und Leitungswasser von 20° bekommt. Welche Wassermengen müssen zusammengegeben werden?

17. Eine Meisterin mischt ihre Spülung aus 2 Komponenten. Die Komponente 1 ist die Basisspülung und kostet 5,60 € je Liter. Die Komponente 2 enthält spezielle Wirkstoffe für strukturgeschädigtes Haar. Ihr Preis liegt bei 13,60 € je Liter. Der Preis für die Spezialmischung beträgt 12,40 € je Liter. Die Meisterin stellt 180 ml her.

a) Wie viel ml der Komponenten 1 und 2 hat sie gemischt?

b) Wie teuer ist die hergestellte Menge der Spülung? (Ordnen Sie die Preise den P-Werten zu.)

18. Eine Zwei-Komponenten-Dauerwelle besteht aus einer Welllotion zu 8,20 € je Liter und einer Pflegelotion zu 12,40 € je Liter. Durch Mischen der Komponenten kann die Dauerwellflüssigkeit individuell auf die jeweilige Haarstruktur abgestimmt werden. Die Meisterin stellt eine Mischung für normale Haarstruktur her, deren Literpreis 11,56 € beträgt. Wie viel der beiden Komponenten sind in 80 ml dieser Wellflüssigkeit enthalten?

2.6 Kalkulationsrechnen

Mithilfe des Kalkulationsrechnens werden die Verkaufspreise von Handelswaren und die Bedienungspreise für Facharbeiten berechnet.

2.6.1 Kalkulation von Handelswaren

Einführungsaufgabe

Eine Friseurmeisterin bestellt eine Kosmetikserie für den Verkauf. Der in der Preisliste aufgeführte **Listenpreis** beträgt 134,42 €. Weil der Betrieb einen großen Teil seiner Salon- und Verkaufswaren bei diesem Lieferanten bestellt, erhält sie auf alle Waren einen Rabatt von 25 %. Der auf der Rechnung ausgewiesene Betrag ist der **Rechnungspreis**. Die Meisterin begleicht die Rechnungen grundsätzlich eine Woche nach Erhalt der Ware, um noch 2 % Skonto abziehen zu können. Der zu zahlende Betrag ist der **Einkaufspreis**.
Bezugskosten entstehen durch Bestellung, Verpackung und Porto. Zum Einkaufspreis werden die Bezugskosten von 1,20 € addiert. Man erhält so den **Bezugspreis**.
Dem Betrieb entstehen Kosten für Verkaufspersonal, Miete, Strom, Heizung, usw. Sie machen 20 % des Bezugspreises aus. Man bezeichnet sie als **Handlungskosten**. Sie werden auf den Bezugspreis aufgeschlagen. Handlungskosten und Bezugskosten ergeben die **Selbstkosten**.
Auf die Selbstkosten schlägt die Meisterin noch den **Gewinn** von 35 % auf.
So erhält man den **Nettoverkaufspreis**.
Zum Nettoverkaufspreis wird die **Mehrwertsteuer** addiert. Der aktuelle Mehrwertsteuer-Satz beträgt 19 %.
Das Ergebnis ist der **Bruttoverkaufspreis**.

Kalkulationsschema:

Listenpreis		134,42 €
– Rabatt 25 %		– 33,60 €
Rechnungspreis		100,82 €
– Skonto 2 %		– 2,02 €
Einkaufspreis		98,80 €
+ Bezugskosten		+ 1,20 €
Bezugspreis		100,00 €
+ Handlungskosten	20 % des Bezugspreises	+ 20,00 €
Selbstkosten		120,00 €
+ Gewinn	35 % der Selbstkosten	+ 42,00 €
Nettoverkaufspreis		162,00 €
+ Mehrwertsteuer	19 % des Nettoverkaufspreises	+ 30,78 €
Bruttoverkaufspreis		192,78 €

Da die Handlungskosten plus Gewinn plus Mehrwertsteuer für einen Betrieb feste kalkulatorische Größen sind, können sie zur Vereinfachung der Preisberechnung zum **Kalkulationszuschlag** (Kalkulationsfaktor) zusammengefasst werden.
Der Kalkulationszuschlag beträgt in diesem Fall 92,78 €. Ausgehend vom Bezugspreis, der in der Einführungsaufgabe 100,00 € beträgt, sind das 92,78 % (und nicht 74 %, wenn fälschlicherweise die 3 Prozentaufschläge 20 %, 35 % und 19 % addiert werden).

Vereinfachte Kalkulation:
Um die Berechnung des Bruttoverkaufspreises von Handelswaren zu vereinfachen, wird auf den Bezugspreis der Kalkulationszuschlag aufgeschlagen.

Kalkulationsschema:

Bezugspreis (Einführungsaufgabe)		100,00 €
+ Kalkulationszuschlag	92,78 % des Bezugspreises	92,78 €
Bruttoverkaufspreis		192,78 €

Aufgaben

1. Eine Friseurmeisterin erhält die in der Tabelle aufgelisteten Artikel. Berechnen Sie die Bruttoverkaufspreise.

Artikel	Listenpreis	Rabatt	Skonto	Bezugskosten	Handlungskosten	Gewinn	Mehrwertsteuer
a) Perücke	110,50 €	35 %	2 %	1,10 €	65 %	42 %	19 %
b) Toupet	140,85 €	34 %	3 %	0,45 €	62 %	35 %	19 %
c) Lockenteil	24,25 €	32 %	1,5 %	0,85 €	47 %	42 %	19 %
d) Kosmetikserie	40,50 €	28 %	2 %	0,85 €	45 %	40 %	19 %
e) 12 Flaschen Haarwasser	60,55 €	40 %	2 %	1,40 €	38 %	32 %	19 %

2. Eine Friseurmeisterin bestellt bei ihrem Lieferanten 50 Flaschen Haarspray zum Angebotspreis von 150 €. Die Meisterin erhält einen Rabatt von 34 % und 2 % Skonto eingeräumt. Die Bezugskosten liegen bei 1,20 €. Die Handlungskosten betragen 34 % des Bezugspreises. Es wird mit einem Gewinn von 30 % der Selbstkosten kalkuliert. Der gesetzliche Mehrwertsteuersatz ist 19 %.
Wie hoch ist der kalkulierte Preis einer einzelnen Flasche Haarspray?

3. Ein Friseurbetrieb bestellt für den Verkauf eine Tönung zu einem Listenpreis von 2,10 €. Der Lieferant räumt einen Rabattsatz von 35 % und 2 % Skonto ein. Die Bezugskosten betragen 0,12 €. Der Kalkulationszuschlag liegt in diesem Betrieb bei 87,92 %. Wie hoch ist der kalkulierte Preis der Tönung?

4. Der Bezugspreis einer Kosmetikserie liegt bei 42,50 €. Die Meisterin rechnet mit einem Kalkulationszuschlag von 72 %.Berechnen Sie den Bruttoverkaufspreis.

5. Der Bezugspreis für eine Dose Haarspray beträgt 3,36 €. Wie hoch ist der Bruttoverkaufspreis bei einem Kalkulationszuschlag von 78 %?

6. Vom Rechnungspreis einer Pflegeserie in Höhe von 63,20 € zieht der Betriebsinhaber 2 % Skonto ab. Die Bezugskosten für den Versand belaufen sich auf 2,30 €. Der Kalkulationszuschlag beträgt 63 %. Berechnen Sie den Bezugspreis und den Bruttoverkaufspreis.

7. Eine Friseurmeisterin bezieht 20 Flaschen einer Farbglanztönung zum Preis von 38,04 €. Für wie viel € verkauft sie eine Flasche der Farbglanztönung, wenn sie mit einem Kalkulationszuschlag von 63 % kalkuliert?

8. Für das Verkaufsgeschäft bestellt eine Friseurmeisterin bei ihrem Fachhändler ein Paket Selbstbräuner. Der Listenpreis für eine Tube des Selbstbräuners beträgt 6,85 €. Die Lieferfirma räumt ihr einen Rabattsatz von 30 % ein. Weil sie die Rechnung innerhalb von 14 Tagen bezahlt, darf sie nochmals 2 % Skonto abziehen. Die Bezugskosten liegen anteilsmäßig bei 0,28 € je Tube. Die Meisterin arbeitet in ihrem Betrieb mit einem Kalkulationszuschlag von 85 %. Die gesetzliche Mehrwehrtsteuer beträgt 19 %. Wie hoch ist der kalkulierte Preis einer Tube des Selbstbräuners?

9. Ein Fachhändler für Friseurbedarf hat seine Zahlungsbedingungen wie folgt festgelegt:
2,5 % Skonto bei Zahlung innerhalb einer Woche
5 % Rabatt bei Bestellungen bis 200 €
10 % Rabatt bei Bestellungen ab 200 €
15 % Rabatt bei Bestellungen ab 400 €
20 % Rabatt bei Bestellungen ab 500 €

Warenlieferungen im Bestellwert bis 200 € werden mit 5 € Portokosten belastet, ab 200 € sind sie für die Friseurin portofrei. Berechnen Sie die Bezugspreise der folgenden Bestellungen:
a) 20 Flaschen Geltönung, je Flasche 3,50 €; 15 Glanzschaumtönungen, je Flasche 2,60 €
b) 3 Sortimentkästen Dauerwellwickler, je Kasten 35 €; 4 Kästen mit Volumenwicklern, je Kasten 34 €
c) 60 Tuben Oxidationshaarfarben, je Tube 4,20 €; 8 Flaschen Non-Aerosol-Haarspray, je Flasche 4,20 €; 2 Fünf-Liter-Nachfüllkanister, je Kanister 82,50 €

10. Ein Lieferant für Kosmetikartikel bietet eine dauerhafte und wasserfeste Augen- und Wimpernfarbe einschließlich der erforderlichen Menge 3 %iger Wasserstoffperoxidlösung für 6,20 € an.
a) Wie hoch ist der Bezugspreis, wenn ein Rabatt von 20 % und Skonto von 3 % gewährt werden sowie 1,20 € als Bezugskosten anfallen?
b) Wie viel € beträgt der Bruttoverkaufspreis bei Zuschlägen von 36 % für die Handlungskosten, von 38 % Gewinn und von 19 % Mehrwertsteuer?

11. Der Bruttoverkaufspreis einer Tönung beträgt 4,30 €. Die Firma arbeitet mit einem Kalkulationszuschlag von 76 %.
Wie hoch ist der Bezugspreis?

12. Der Bruttoverkaufspreis einer Nährcreme liegt bei 9,80 €.
a) Wie viel € müssen an das Finanzamt als Mehrwertsteuer abgegeben werden?
b) Wie viel € beträgt der Kalkulationszuschlag bei einem prozentualen Aufschlag von 58 %?

13. In einem Friseurbetrieb liegt der Handlungskostenaufschlag bei 26 %, der Gewinn bei 33 %. Hinzu kommt noch die gesetzliche Mehrwertsteuer von 19 %.
Berechnen Sie den Kalkulationszuschlag dieses Betriebs.

14. Ein Spezialshampoo gegen Schuppen wird für 3,20 € verkauft. Der Kalkulationszuschlag liegt bei 68 % des Bezugspreises. Berechnen Sie den Bezugspreis.

2.6.2 Kalkulation von Dienstleistungen mit Materialverbrauch

In den folgenden Aufgaben sind immer die **Bezugspreise** für das Material angegeben.

Einführungsaufgabe

Einführungsaufgabe

Für eine Färbung wird 1 Tube Oxidationshaarfarbe zum Bezugspreis von 5,20 € gebraucht. Es werden 60 ml H_2O_2 benötigt zu 8,20 € je Liter. Der Preis des Spezialfestigers liegt bei 1,80 €.
Die Preise für das sonstige Material (Shampoo, Spülung etc.) sind in den **Gemeinkosten** enthalten.
Die Lohnkosten betragen 12,50 € pro Stunde. Der Arbeitsaufwand für eine Färbung liegt bei 35 Minuten.
Die Gemeinkosten eines Betriebs sind zusätzliche Kosten. Sie enthalten den Arbeitgeberanteil für die Sozialversicherungen, Kosten für Urlaub, Feiertage, Fehltage und Wartezeiten sowie die Kosten für Miete, Strom, Heizung, Wasser, Reinigung etc.
Die Gemeinkosten betragen in diesem Betrieb 55 % der Lohnkosten.
Der Gewinnaufschlag liegt bei 42 % der Selbstkosten.
Addiert man die 19 % Mehrwertsteuer auf den **Nettobedienungspreis,** so erhält man den **Bruttobedienungspreis.**

Kalkulationsschema:

Materialberechnung			
1 Tube Farbe	je Tube	5,20 €	5,20 €
60 ml H_2O_2	je Liter	8,20 €	+ 0,49 €
1 Stück Festiger	je Stück	1,80 €	+ 1,80 €
Materialkosten			7,49 €
Lohnkosten	35 Minuten je Std.	12,50 €	+ 7,29 €
Gemeinkosten	55 % der Lohnkosten		+ 4,01 €
Selbstkosten			18,79 €
Gewinn	42 % der Selbstkosten		+ 7,89 €
Nettobedienungspreis			26,68 €
Mehrwertsteuer 19 %			+ 5,07 €
Bruttobedienungspreis			31,75 €

Aufgaben

1. Berechnen Sie die Bruttobedienungspreise der aufgeführten Dienstleistungen. Für alle Dienstleistungen gilt der gesetzliche Mehrwertsteuersatz von 19 %.

Facharbeiten		Bezugspreis des Materials	Arbeitszeit	Stundenlohn	Gemeinkosten	Gewinn
a)	Dauerwellen	3,80 €	90 Min.	10,20 €	75 %	35 %
b)	Färben	5,20 €	40 Min.	11,10 €	84 %	42 %
c)	Blondieren	3,60 €	45 Min.	9,80 €	65 %	32 %
d)	Tönen	2,10 €	25 Min.	12,15 €	72 %	35 %
e)	Colorieren	3,20 €	75 Min.	12,25 €	56 %	38 %
f)	Strähnchen	3,20 €	65 Min.	10,85 €	63 %	40 %

2. Für eine Blondierung werden 60 ml Blondierpulver benötigt. Der Bezugspreis für 1000 ml beträgt 14,20 €. Es sind zusätzlich 60 ml 12 %iges H_2O_2 zu 8,20 € je Liter erforderlich. Als Nachbehandlung dient eine Packung zu 2,50 €. Der Spezialfestiger kostet 1,80 €.
Die Arbeitszeit beträgt 45 Minuten. Die Lohnkosten liegen bei 12,50 € je Stunde. Der Gemeinkostensatz

des Betriebs beträgt 70 % der Lohnkosten. Der Meister kalkuliert mit einer Gewinnspanne von 43 %. Die gesetzliche Mehrwertsteuer liegt bei 19 %. Berechnen Sie den Bruttobedienungspreis.

3. Berechnen Sie den Bedienungspreis einer Färbung, für die folgende Präparate benötigt werden: eine Tube Oxidationshaarfarbe, deren Bezugspreis 4,15 € beträgt. Außerdem werden 60 ml H_2O_2 gebraucht zu 16,10 € je Liter. Der Spezialfestiger kostet 1,80 €. Die Preise für das sonstige Material (Shampoo, Spülung etc.) sind in den Gemeinkosten enthalten. Die Lohnkosten betragen 13,50 € pro Stunde. Der Arbeitsaufwand für eine Färbung liegt bei 35 Minuten. Der Gemeinkostensatz des Betriebs beträgt 65 % der Lohnkosten und der Gewinnaufschlag liegt bei 45 % der Selbstkosten. Auf den Nettoverkaufspreis werden 19 % Mehrwertsteuer aufgeschlagen. Berechnen Sie den Bedienungspreis.

4. Zur Erstellung einer Dauerwelle sind 60 ml Dauerwellflüssigkeit erforderlich. Der Bezugspreis liegt bei 11,50 € je Liter. Die Bezugspreise für die Fixierung, von der ebenfalls 60 ml gebraucht werden, und für die Spezialkur betragen 7,60 € je Liter bzw. 2,10 € je Portionsflasche. Die Gesamtarbeitszeit beläuft sich auf 85 Minuten bei einem Stundenlohn von 12,80 €. Der Gemeinkostenzuschlag beträgt 62 % der Lohnkosten und der Gewinn wird mit 35 % veranschlagt. Der gesetzliche Mehrwertsteuersatz liegt bei 19 %. Berechnen Sie den Bruttobedienungspreis.

2.6.3 Kalkulation von Dienstleistungen ohne Materialverbrauch

Bei Dienstleistungen, wie z. B. Waschen und Föhnen, werden nur geringe Mengen an Verbrauchsmaterial benötigt. Diese Mengen werden nicht einzeln berechnet, sondern sind in den Gemeinkosten enthalten.

Einführungsaufgabe

Für einen Herrenhaarschnitt werden 40 Minuten benötigt. Der Stundenlohn liegt bei 12,60 €. Die Gemeinkosten des Betriebs betragen 85 % der Lohnkosten. Der Betrieb kalkuliert mit einem Gewinnsatz von 42 %.
Wie hoch ist bei einem gesetzlichen Mehrwertsteuersatz von 19 % der Bedienungspreis?

Kalkulationsschema:

Lohnkosten	40 Minuten, je Std.	12,60 €	8,40 €
Gemeinkosten	85 % der Lohnkosten		+ 7,14 €
Selbstkosten			15,54 €
Gewinn	42 % der Selbstkosten		+ 6,53 €
Nettobedienungspreis			22,07 €
Mehrwertsteuer 19 %			+ 4,19 €
Bruttobedienungspreis			26,26 €

Mit dem **Minutenkostensatz** (MKS) kann die Kalkulation vereinfacht werden.
Der MKS gibt die Lohnkosten und den Gemeinkostenanteil pro Arbeitsminute an.
Wird der Minutenkostensatz mit den Arbeitsminuten multipliziert, so erhält man die Selbstkosten der erbrachten Dienstleistung.
Für eine Nassrasur werden durchschnittlich 15 Minuten berechnet. Wie hoch ist der Bedienungspreis bei einem Minutenkostensatz von 0,41 €, einem Gewinnzuschlag von 42 % und dem Mehrwertsteueraufschlag von 19 %?

Kalkulationsschema:

Selbstkosten	0,41 €/Min * 15 Minuten	6,15 €
Gewinn	42 % der Selbstkosten	+ 2,58 €
Nettobedienungspreis		8,73 €
Mehrwertsteuer 19 %		+ 1,66 €
Bruttobedienungspreis		10,39 €

Aufgaben

1. Berechnen Sie die Bruttobedienungspreise der aufgeführten Dienstleistungen. Die Mehrwertsteuer beträgt 19 %.

Facharbeit	Zeit in Minuten	Stundenlohn	Gemeinkosten	Gewinn
a) Kinderhaarschnitt	25	9,50 €	35 %	45 %
b) Mod. Herrenhaarschnitt	35	12,00 €	42 %	36 %

Facharbeit	Zeit in Minuten	Minutenkostensatz	Gewinn
Fassonhaarschnitt	20	0,36 €	38 %
Moderner Damenhaarschnitt	40	0,42 €	42 %

2. Eine Kundin erhält einen Haarschnitt und eine Tonspülung. Die Kosten für die geringen Mengen des Verbrauchsmaterials wie Shampoo, Tonspülung, Festiger und Haarspray sind in diesem Betrieb in den Gemeinkosten enthalten. Der Minutenkostensatz beträgt 0,43 €/Min.
Die Arbeitszeit beträgt 65 Minuten. Der Betrieb rechnet mit einem Gewinn von 38 % der Selbstkosten.
Wie hoch ist der Bruttobedienungspreis bei einem 19 %igen Mehrwertsteueraufschlag?

3. Im Salon Millenium werden für einen Fassonschnitt 25 Minuten angesetzt. Der Stundenlohn beträgt 12,75 €, der Gemeinkostensatz 72 %, der Gewinn 45 % und die Mehrwertsteuer 19 %.
Wie hoch ist der kalkulierte Bedienungspreis?

4. Für einen Kinderhaarschnitt werden in einem Salon 20 Minuten kalkuliert. Der Minutenkostensatz beträgt 0,33 € und der Gewinn 36 %. Berechnen Sie den Preis für den Haarschnitt.

2.6.4 Kalkulationsrechnen „rückwärts"

Beim Kalkulationsrechnen „rückwärts" ist der Bruttoverkaufspreis bzw. Bruttobedienungspreis gegeben und die Zwischenergebnisse der Kalkulation bis zum Listenpreis müssen berechnet werden.

Einführungsaufgabe

Der Bruttoverkaufspreis einer Kosmetikserie beträgt 192,78 €.
Auf den Listenpreis, der berechnet werden soll, erhält die Meisterin einen Rabatt von 25 % und 2 % Skonto eingeräumt. Die Bezugskosten belaufen sich auf 1,20 €. Die Handlungskosten betragen 20 % und der Gewinn 35 %.
Die gesetzliche Mehrwertsteuer liegt bei 19 %. Berechnen Sie den Bruttoverkaufspreis.
Ausgehend von dem Bruttoverkaufspreis können die einzelnen Positionen der Kalkulation berechnet werden.

Kalkulationsschema: / **Kalkulationsschema „rückwärts" in 6 Schritten:**

			1. Schr.	2. Schr.	3. Schr.	4. Schr.	5. Schr.	6. Schr.
Listenpreis		134,42 €						100 %
– Rabatt 25 %		– 33,60 €						– 25 %
Rechnungspreis		100,82 €					100 %	75 %
– Skonto 2 %		– 2,02 €					– 2 %	
Einkaufspreis		98,80 €				98,80 €	98 %	
+ Bezugskosten		+ 1,20 €				+ 1,20 €		
Bezugspreis		**100,00 €**			100 %	100,00 €		
+ Handlungsk.	20 % des Bezugspr.	+ 20,00 €			+ 20 %			
Selbstkosten		120,00 €		100 %	120 %			
+ Gewinn	35 % der Selbstk.	+ 42,00 €		+ 35 %				
Nettoverkaufspreis		162,00 €	100 %	135 %				
+ Mehrwertsteuer	19 % des Nettoverk.	+ 30,78 €	+ 19 %					
Bruttoverkaufspreis		**192,78 €**	119 %					

Erklärung der 6 Schritte:

1. Schritt: Vom Bruttoverkaufspreis zu den Mehrwertsteuern

119 % = 192,78 €
19 % = x

Lösungsbruch $x = \frac{192{,}78\,€ \cdot 19}{119}$ x = 30,78 €

Bruttoverkaufspr.	–	Mehrwertsteuer	=	Nettoverkaufspreis
192,78 €	–	30,78 €	=	162,00 €

2. Schritt: Vom Nettoverkaufspreis zum Gewinn

135 % = 162,00 €
35 % = x

Lösungsbruch $x = \frac{162{,}00\,€ \cdot 35}{135}$ x = 42,00 €

Nettoverkaufspreis	–	Gewinn	=	Selbstkosten
162,00 €	–	42,00 €	=	120,00 €

3. Schritt: Von den Selbstkosten zum Bezugspreis

120 % = 120,00 €
20 % = x

Lösungsbruch $x = \frac{120\,€ \cdot 20}{120}$ x = 20,00 €

Selbstkosten	–	Handlungsk.	=	Bezugspreis
120,00 €	–	20,00 €	=	100,00 €

4. Schritt: Vom Bezugspreis zum Einkaufspreis

Bezugspreis	–	Bezugskosten	=	Einkaufspreis
100 €	–	1,20 €	=	98,80 €

5. Schritt: Vom Einkaufspreis zum Rechnungspreis

98 % = 98,80 €
2 % = x

Lösungsbruch $x = \frac{98{,}80\,€ \cdot 2}{98}$ x = 2,02 €

Einkaufspreis	+	Skonto	=	Rechnungspreis
98,80 €	+	2,02 €	=	100,82 €

6. Schritt: Vom Rechnungspreis zum Listenpreis

75 % = 100,82 €
25 % = x

Lösungsbruch $x = \frac{100{,}82\,€ \cdot 25}{75}$ x = 33,60 €

Rechnungspreis	+	Rabatt	=	Listenpreis
100,82 €	+	33,60 €	=	134,42 €

Aufgaben

1. In fünf verschiedenen Salons werden modische Herrenhaarschnitte unterschiedlich kalkuliert.

a) Berechnen Sie mithilfe des Kalkulationsschemas die fehlenden Werte der Tabelle und die jeweiligen Nettobedienungspreise, Selbstkosten und Gemeinkosten.

b) Die kalkulierten Bruttobedienungspreise werden auf den nächsten vollen € aufgerundet. Berechnen Sie die prozentuale Preiserhöhung.

2. Ein Tönungsbalsam für die Heimbehandlung wird für 4,20 € verkauft. Der Meister erhält von seinem Lieferanten einen Rabatt von 36 % eingeräumt und kann noch einmal 2 % Skonto für pünktliches Bezahlen von der Rechnung abziehen. Der Anteil der Bezugskosten liegt bei 0,35 €. Die Aufschläge für Handlungskosten von 25 %, Gewinn von 35 % und Mehrwertsteuer von 19 % werden hinzugerechnet. Berechnen Sie den Listenpreis und alle Zwischenpositionen.

Bruttobedienungspreis	Mehrwertsteuer	Gewinn	Gemeinkosten	Lohnkosten	Stundenlohn	Zeit
20,45 €	19 %	30 %	30 %		13,00 €	
15,73 €	19 %	45 %	45 %		12,50 €	
15,53 €	19 %	42 %	42 %			32 Min.
17,83 €	19 %	40 %	40 %			38 Min.
25,00 €	19 %	36 %	40 %			40 Min.

3. Der Bruttoverkaufspreis einer Kosmetikserie liegt bei 65,00 €. Der Kalkulationszuschlag beträgt 85 %. Dem Betriebsinhaber wurden ein 30 %iger Rabatt und 2 % Skonto für die Begleichung der Rechnung innerhalb von 14 Tagen eingeräumt. Bezugskosten fallen nicht an.
Wie hoch war der Listenpreis der Kosmetikserie?

4. Schneiden, Waschen und Legen kosten in einer Aktionswoche 25,00 €. Der Kalkulationszuschlag liegt bei 75 %. Für diese Arbeit rechnet man eine Zeit von 55 Minuten.
Wie hoch ist der Stundenlohn veranschlagt?

5. Die Auszubildende Michaela hat den Bruttobedienungspreis für eine Färbung kalkuliert. Leider hat ihr kleiner Bruder einige Zahlen ausradiert. Versuchen Sie, möglichst alle fehlenden Zahlen herauszubekommen.

Materialberechnung:			
1 Tube Oxidationsfarbe	je Tube	5,70 €	€
60 ml H_2O_2	je Liter	€	0,49 €
1 Festiger	je Stück	1,60 €	€
Materialkosten			€
Lohnkosten			
Minuten	je Std.	12,50 €	7,20 €
Gemeinkosten			
% der Lohnkosten			€
Selbstkosten			€
Gewinn 38 % der Selbstkosten			€
Nettobedienungspreis			€
Mehrwertsteuer 19 %			€
Bruttobedienungspreis			31,19 €

6. Bei der folgenden Kalkulation einer Blondierung fehlen Zahlen. Versuchen Sie, möglichst viele herauszufinden.

Materialberechnung:			
60 ml Blondierpulver	je Liter	€	€
60 ml H_2O_2	je Liter	€	0,49 €
1 Festiger	je Stück	1,60 €	€
Materialkosten			2,62 €
Lohnkosten			
Minuten	je Std.	12,60 €	€
Gemeinkosten			
% der Lohnkosten			4,97 €
Selbstkosten			€
Gewinn 38 % der Selbstkosten			€
Nettobedienungspreis			€
Mehrwertsteuer 19 %			€
Bruttobedienungspreis			27,29 €

7. Ein Friseurbetrieb hat die Kosten nur für die Umformung kalkuliert. Die übrigen Dienstleistungen und Verbrauchsmaterialien zur Erstellung des Haarschnitts und der Frisur werden getrennt berechnet. Der kalkulierte Preis für die Dauerwelle liegt bei 28,72 €.
Berechnen Sie die fehlenden Positionen in der Kalkulation.

Materialberechnung:			
ml Dauerwellfl.	je Liter	12,00 €	€
60 ml Fixierung	je Liter	€	0,30 €
Spitzenemulsion		1,20 €	€
Materialkosten			2,22 €
Lohnkosten			
Minuten	je Std.	13,20 €	€
Gemeinkosten			
% der Lohnkosten			3,85 €
Selbstkosten			€
Gewinn 41,4 % der Selbstkosten			€
Nettobedienungspreis			€
Mehrwertsteuer 19 %			€
Bruttobedienungspreis			28,72 €

2.7 Gemischte Aufgaben

1. Für eine Dose eines Haarsprays zahlt man 1,40 € und dazu noch ein Drittel des Preises.
Wie teuer ist das Haarspray?

2. Der Auszubildende Jens hat ebenso viele weibliche wie männliche Kollegen. Die Mitarbeiterinnen haben dagegen doppelt so viele Kollegen wie Kolleginnen.
Wie viele weibliche und männliche Mitarbeiter sind in dem Salon beschäftigt?

3. In einem Betrieb werden Haarteile hergestellt. Die Belegschaft besteht aus einer Meisterin und 9 jüngeren Mitarbeiterinnen, die noch wenig Erfahrung haben. In einer Woche fertigte jede der jungen Gesellinnen 15 Haarteile, die Meisterin 9 Teile mehr als jedes aller 10 Firmenmitglieder im Durchschnitt.
Wie viele Haarteile werden in einer Woche hergestellt?

4. Auf der einen Waagschale einer Waage liegt ein Riegel Kernseife, auf der anderen liegen drei Viertel eines Riegels und noch $1/8$ kg. Die Waage befindet sich im Gleichgewicht. Wie viel wiegt ein Riegel?

5. Ein Haarschnitt mit Haarwasser kostet 11,00 €. Der Haarschnitt kostet 10,00 € mehr als das Haarwasser. Wie teuer ist das Haarwasser?

6. Eine Friseurmeisterin fragt ihre Auszubildende, welche Noten sie in den Technologiearbeiten des letzten Schuljahres geschrieben habe. „Nur Dreien", antwortet sie. „Das stimmt doch nicht, ich erinnere mich an eine 4", entgegnet die Meisterin. Darauf antwortet die Auszubildende, dass 4 die gleiche Note wie 3 sei, was sie wie folgt beweist:

$$\begin{aligned} 7a &= 5b \\ 28a - 21a &= 20b - 15\,b \\ 28a - 20b &= 21a - 15b \\ 4\,(7a - 5b) &= 3\,(7a - 5b) \\ \frac{4\,(7a - 5b)}{(7a - 5b)} &= \frac{3\,(7a - 5b)}{(7a - 5b)} \\ 4 &= 3 \end{aligned}$$

Wo liegt der Fehler?

7. Eine Meisterin erhält vom Großhändler 3 Flaschen 6 %iges H_2O_2, 6 Tuben Oxidationshaarfarbe und 9 Spezialfestiger. Der Rechnungsbetrag beläuft sich auf 72,40 €. Beim Auspacken sieht eine Auszubildende die Rechnung und sagt spontan, dass sich der Lieferant verrechnet habe. Weisen Sie nach, dass die Auszubildende Recht hat.

8. Bakterien verdreifachen sich in einer Stunde unter optimalen Lebensbedingungen. Es befinden sich 100 Bakterien auf einem Nährboden. Wie viele Bakterien sind es nach 15 Minuten bzw. nach 30 Minuten?

9. Eine Friseurmeisterin kaufte auf einer Fachmesse eine Trockenhaube für $3/4$ ihres Bargelds. Hätte sie 45 € mehr bezahlt, so hätte sie $4/5$ ihres Bargelds ausgegeben.

Wie teuer war die Trockenhaube?

10. Zwei Auszubildende machen eine Frühstückspause. Die eine hat 2 belegte Baguettes und 2 Flaschen eines Vitamingetränks, während die andere 3 Baguettes und 3 Flaschen gekauft hat. Die Meisterin hat ihr Frühstücksbrot vergessen. Sie wird von ihren Auszubildenden eingeladen. Man teilt sich Baguettes und Getränke zu gleichen Teilen. Die Meisterin gibt den Auszubildenden 5 € und bittet sie, das Geld gerecht zu verteilen. Wie viel € stehen jeder der beiden Auszubildenden zu?

11. Eine Friseurmeisterin sammelt alte Werkzeuge. Besonderes Interesse erwecken drei Haarschneidemaschinen, die in einer Vitrine ausgestellt sind. Die Auszubildenden des Betriebs wollen wissen, wie alt diese Maschinen sind. Darauf antwortet die Meisterin, dass sie das wohl ausrechnen können, wenn sie folgende Informationen haben:

Das Produkt aus dem Alter der Geräte ist 36 und die Summe aus dem Alter entspricht der Hausnummer. Auf den Einwand, sie brauchten aber noch eine weitere Information, entgegnet die Meisterin, dass sie das jüngste der Modelle in England gekauft habe.

Wie alt sind die drei Maschinen?

12. Eine Friseurmeisterin räumt eine Lieferung Haarspray in ihre Verkaufsvitrine. Sie will die Spraydosen in mehreren Reihen anordnen. Stellt sie 13 in eine Reihe, so fehlen ihr 2 Dosen, nimmt sie dagegen 12, so hat sie 2 Dosen übrig. Wie viele Dosen Haarspray sind insgesamt geliefert worden?

13. Eine Auszubildende räumt eine Lieferung von Portionsflaschen eines Spezialshampoos ein. Ihre Kollegin möchte wissen, wie viele Flaschen das insgesamt sind. Darauf antwortet ihr die Auszubildende: „Wenn du fünfmal so viele Flaschen nimmst, dann sind es genauso viele, als wenn du zu 120 Flaschen noch das Dreifache der Lieferung hinzugibst." Wie viele Flaschen sind geliefert worden?

14. In einem Friseurfachhandel kostet eine Flasche Dauerwellflüssigkeit 15 €, eine Portionsflasche Spezialkur 1 € und Clips 0,25 € je Stück. Eine Friseurmeisterin kauft eine bestimmte Menge von jedem der drei Artikel. Sie zahlt für insgesamt 100 Teile 100,00 €. Wie viele der jeweiligen Artikel hat sie gekauft?

15. Nach einem eintägigen Seminar kommt die Chefin wieder in ihren Salon und möchte wissen, wie viele Kundinnen während ihrer Abwesenheit den Salon besuchten. Die Salonleiterin antwortet ihr: „Wenn du die Zahl versechsfachst und noch 12 hinzunimmst, sind es genau 300 Kundinnen."

16. Im Schaufenster eines Friseurbetriebs stehen Spraydosen mit normalem, starkem, extra starkem, ultra starkem Haarspray und eine Dose Haarlack nebeneinander.

a) Wie viel verschiedene Anordnungen sind bei den 5 Spraydosen möglich?

b) Wie viele Kombinationsmöglichkeiten gibt es bei 7 verschiedenen Spraydosen?

17. Der Preis für eine Haarpflege ist um 14 % gesenkt worden. Das Produkt wird nun zu einem Preis von 5,95 € angeboten. Wie hoch war der Ursprungspreis?

18. An einem Wettbewerb „Hochstecken" beteiligen sich insgesamt 34 Friseurauszubildende. Darunter sind 8 männliche Kollegen. Wie viel Prozent sind das?

19. Es soll der Preis für eine Dauerwellbehandlung neu kalkuliert werden. Die Arbeitszeit beträgt 1 Stunde, 35 Minuten. Eine Stunde Arbeit wird mit 13,50 € berechnet. Es werden 60 ml Dauerwellflüssigkeit benötigt. Der Bezugspreis liegt bei 14,50 € je Liter. Außerdem sind 80 ml Fixierung erforderlich zu 10,50 € je Liter. Die Spezialkur kostet 3,75 €. Der Gemeinkostenzuschlag beträgt 68 % und der Gewinn wird mit 47 % veranschlagt. Berechnen Sie den Bruttoverkaufspreis der Dienstleistung.

20. Die Selbstkosten für eine Dauerwelle betragen 45,50 €. Der Gewinn wird mit 35 % veranschlagt. Berechnen Sie Netto- und Bruttobedienpreis.

21. In einem Salon werden für eine Blondierwäsche Wasser, H_2O_2, Blondierung und Tensid im Verhältnis 25 : 13 : 10 : 2 gemischt. Wie viel Milliliter wurden von jedem Bestandteil genommen, wenn insgesamt 450 ml gebrauchsfertige Blondierwäsche hergestellt wurden?

22. Laut einer Rezeptur müssen Pflanzenfarbe und Wasser im Verhältnis 3 : 10 zusammengeben werden. Dazu soll der Rest an Pflanzenfarbe (45 g) verarbeitet werden. Berechnen Sie die erforderliche Menge an Wasser und die Gesamtmenge des gebrauchsfertigen Farbbreis.

23. Für eine Fixierung wird 2,5 %iges H_2O_2 benötigt. Dieses soll aus 7,5 %igem H_2O_2 und Wasser gemischt werden. Insgesamt soll eine Menge von 245 ml gebrauchsfertiger Lösung hergestellt werden. Berechnen Sie die erforderlichen Mengen an H_2O_2 und Wasser.

24. Eine Friseurin mischt 45 ml 9,5 %iges H_2O_2 und 36 ml 4 %iges H_2O_2 zusammen. Wie stark ist die gebrauchsfertige Lösung?

25. Für eine Hellerfärbung werden 50 ml 18 %iges H_2O_2, 65 ml Spezialfarbe und 10 ml Wasser gemischt. Wie hoch ist der H_2O_2-Anteil der Mischung?

26. Für eine Färbung werden 1 Tube Oxidationshaarfarbe zum Preis von 9,65 € und 60 ml H_2O_2 zu 10,60 € je Liter gebraucht. Der Preis des Spezialfestigers liegt bei 3,95 €. Die Lohnkosten betragen 12,70 € pro Stunde, wobei der Arbeitsaufwand für eine Färbung bei 45 Minuten liegt. Die Gemeinkosten werden mit 55 % veranschlagt und der Gewinnaufschlag liegt bei 35 %. Berechnen Sie den Bruttobedienpreis.

27. Wie viel Milliliter destilliertes Wasser müssen Sie zu 150 ml 12 %igem H_2O_2 hinzugeben, damit Sie eine 9 %ige Lösung erhalten?

28. Der Bezugspreis für ein Hautpflegeprodukt liegt bei 24,55 €. Zu welchem Bruttoverkaufspreis wird das Produkt angeboten, wenn der Kalkulationszuschlag 70 % beträgt?

29. Ein Unternehmer bezieht von einem Hersteller 50 Tönungen zu einem Listenpreis von 3,50 € je Stück. Dafür wird ihm ein Rabatt von 25 % gewährt sowie Skonto von 2,5 %. Berechnen Sie den Bruttoverkaufspreis je Tönung bei einem Kalkulationszuschlag von 74 %.

30. Eine Friseurin erhält einen Bruttolohn von 1250,- €. Es wurde ein Lohnsteuerbetrag in Höhe 47 € einbehalten. Der Kirchensteueranteil beläuft sich auf 8 %. Der Abzug an Sozialabgaben beträgt 20,6 %. Wie hoch ist der Nettolohn?

Anhang

Bildquellenverzeichnis

Adobe Stock.com, Dublin, Irland
Umschlag: © mh-werbedesign (oben links), © Kzenon (mittig links), © Subbotina Anna (großes Foto, unten links), 23/1 © percent, 33 © pfluegler photo, 37/2 © Barbara Pheby, 46/1 © Kzenon, 49/3 © Tyler Olson, 53/1 © contrastwerkstatt, 62/2 © Kzenon, 65/1 © Patrizia Tilly, 65/2 © georgerudy, 73/2 © olly, 76 © odluap, 79 © Lucky Dragon, 91 © Tyler Olson, 97/1 © Tiler 84, 114/1 © dianamower, 114/2 © g215, 115/1 © Steffen Sinzinger, 115/2 © Marina Gorskaya, 116/1 © doncarlo, 116/2 © Miguel Garcia Saaved, 119/4 © bertys30, 131 © ctvvelve, 158/1 © Picture-Factory, 158/2 © Gina Sanders, 188/1 © casfotoarda, 193/1 © Rene, 193/2 © matusciac, 213/1 © luchshen, 213/2 © Alen-D, 213/3 © albertobogo, 220/1 © unlim3d, 220/2 © contrastwerkstatt, 231/1 © Kzenon, 240/1 © Mammut Vision, 246/4 © T. Michel, 259/1 © javitrapero, 260 © PhotoSG, 269 © Subbotina Anna, 285/1 © mates, 285/2 © FomaA, 285/3 © Dionisvera, 285/4 © HLPhoto, 286/1 © fotoeg, 286/2 © Liliia Rudchenko, 286/3 © scis65, 295 © Peggy Anke, 297 © Subbotina Anna, 299/1 © juefraphoto, 316 © Daniel Mock, 322/1 © Yuri Arcurs, 327 © Patrizia Tilly, 329/1 © anyaivanova, 330 © goodluz, 342/1 © dianamower, 342/2 © Gabriele Rohde, 348/5 © Subbotina Anna, 361/12 © nadine, 361/16 © Farina3000, 361/17 © ArenaCreative, 362/6 © Gina Sanders, 380/1 © Christin, 391/1 © Subbotina Anna, 394 © fotogestoeber, 395/1 © Svetlana Fedoseeva, 395/2 © Anton Maltsev, 399/1 © korabkova1, 399/2+3 © tverdohlib, 411/2 © Luckas, 411/3 © demarco, 415/1 © Robert Kneschke, 416/1 © CD_PIX, 417/1 © Pictures4you, 418/1 © Marco2811, 418/2 © eyewave, 429/1 © cirquedesprit, 432/2 © .shock, 438 © Tyler Olsen, 442/2 © Masson, 443/2 © Scott Griessel, 445/1 © Scott Griessel, 446/2 © Kailash Kumar, 448/1 ©winterbilder, 448/2 © fotogestoeber, 449/1 © Volker Witt, 449/2 © afxhome, 450/1 © Andreas Gradin, 450/4 © Paul Hill, 451 © Sayonara, 452/2 © Hemant, 456/2 © konradbak, 462 © Sabine Hürdler, 468/5 © bykobrinphoto, 472/1 © starush, 473/1 © malyugin, 474/1 © Diana Kosaric, 476/1 © Stanislav Komogorov, 488/1 © thomasp24, 488/2 © g215, 488/3 © HLPhoto, 488/4 © Gerhard Seybert, 488/5 © PhotoSG, 488/6 © Heiko Barth, 493/2 © graphlight, 511/1 © djama, 511/2 © xiquence, 516/1 © Robert Kneschke, 516/2 © Robert Kneschke

Attia, Daniel, Düsseldorf: 460, 461, 462/1–3+5, 463, 464, 465/1–3+5, 466/1, 467, 468/1–4+6, 469, 470, 471

alessandro International, Düsseldorf: 344, 345/2–4, 346/1+3, 348/2+6

Badhaus Museum, Kulmbach: 20/2

Beauty is Life, Hamburg: 359/1

BGW, Hamburg: 29, 31

Buir, Benno, Solingen: 272, 335/4, 360/2

Bundesverband Handschutz e. V., Oberhausen: 32/2

Coty Inc., New York, USA, coty.com: 287/1, 288

Deutsche Gesellschaft für Ernährung e. V., Bonn: 37/1

DocCheck Medical Services GmbH: 335/3

DPA Picture-Alliance GmbH, Frankfurt: 61/1 © Geisler-Fotopress, 99 © dpa – Fotoreport, 155/1 © dpa, 193/4 © POP-EYE, 281/1 © landov, 281/2 © Geisler-Fotopress, 281/3 © dpa, 285/5 © Arco Images GmbH, 358/2 © landov, 358/3 © Geisler-Fotopress, 358/4 © dpa, 439 © dpa, 453 © dpa, 454 © dpa, 455 © dpa

Focus Agentur, Hamburg: 98

Great Lengths Haarvertriebs GmbH, A-St. Stefan im Rosental: 152/1, 153/1+2

Grimm, Cora, Duisburg: 284/1

Hans Schwarzkopf GmbH, Hamburg: 136/2+3, 137/2, 188/2, 262, 263

Henkel AG & Co. KGaA, Düsseldorf: 95/2, 263/2, 321/1

Hülsken, Margot, Münster: 221/1, 222/1–3, 223/1–3

IKK Nordrhein, Bergisch Gladbach: 36

Kérastase, L'ORÉAL Professionell, Düsseldorf: 259/2

L'ORÉAL Professionell Deutschland GmbH, Düsseldorf: 219, 314, 315/1–5, 321

Knapp, Martina, Wuppertal: 71/1

MEV Verlag GmbH, Augsburg: 126, 161/9–12, 165, 197/1–3, 293/1, 373/1+2, 423, 434, 437, 442/1, 478/4–6

Nilsson: 24/1

Orochemie GmbH & Co. KG, Kornwestheim: 27

Shutterstock.com, New York: 155/3 © Just Dance, 155/4 FX Quadro, 193/3 © FX Quadro, 196/1 © New Africa, 196/2 © Dmitrii Pridannikov, 238/1 © Olga Ekaterincheva, 303/3 © Qzian, 304/2 Radu Bercan, 304/3 ladie_c, 345/1 © Irina Pechyorina, 361/8 © Rob Byron, 372/2 © Lia Koltyrina, 399/4 © korabkova, 410/1 © puchan, 419/1 © Creativa, 421 © spflaum

Springer, Heidelberg: 24/2

Style Concept SC KG, Beckingen: 154/2

TONDEO / United Salon Technolgies, Solingen: 39/1, 168, 169, 170

Ullstein-Bild, Berlin: 19/2 © Mehrl, 20/1 © Archiv Gerstenberg, 207 © Ullstein, 280 © C.T. Fotostudio, 358/1 C. T. Fotostudio, 447/3+4 © Ullstein, 448/3 © Caro/Trappe, 450/2 © Eckel, 450/3 © Seyboldt, 452/1 © Teutopress, 452/3 © dpa

Verlag Europa-Lehrmittel, Haan-Gruiten: 96/1–4, 97/2–3, 149/4, 150/1–3, 151, 152/2–4, 154/1, 204/2–5, 205, 206, 215/3–5, 241/1, 301, 334, 335/2, 341/1, 348/1+3+4, 349/1, 361/1–7, 9–11, 13–15, 362/3+4, 404, 446/1, 457, 465/4

Viva Mexiko, J. Reyes, Bergheim: 448/4

Wella AG, Darmstadt: 60, 63, 101/2–4+6, 103/1+2, 104, 129, 134/1+3–5, 212/1–3, 222/4, 223/4+5, 241/3, 242/1, 245/2, 273/2+3, 274, 277/1, 298, 303/1+2, 323/1, 325/3, 428

Wella Friseur Einrichtungen – Friseur Wolf, Lenggries: 424/2

Wella Friseur Einrichtungen – Intercoiffure Straub, Bad Neustadt: 428/2

Wella Professionals, Darmstadt: 171/1

Wiggelinghoff, Bernhard, Datteln: 134/1

Sachwortverzeichnis